D1718820

Karl Lenz, Frank Nestmann (Hrsg.)
Handbuch Persönliche Beziehungen

Karl Lenz, Frank Nestmann (Hrsg.)

Handbuch
Persönliche Beziehungen

Juventa Verlag Weinheim und München 2009

Bibliografische Information der Deutschen Nationalbibliothek

Die Deutsche Nationalbibliothek verzeichnet diese Publikation in der Deutschen Nationalbibliografie; detaillierte bibliografische Daten sind im Internet über http://dnb.d-nb.de abrufbar.

© 2009 Juventa Verlag Weinheim und München
Umschlaggestaltung: Atelier Warminski, 63654 Büdingen
Printed in Germany

ISBN 978-3-7799-0792-3

Inhalt

Karl Lenz und Frank Nestmann
Persönliche Beziehungen – eine Einleitung 9

Theoretische Zugänge und interdisziplinäre Forschungsfelder

Karl Lenz
Persönliche Beziehungen: Soziologische Traditionslinien 29

Hans-Werner Bierhoff und Elke Rohmann
Persönliche Beziehungen aus sozialpsychologischer Sicht 49

Anton-Rupert Laireiter
Soziales Netzwerk und soziale Unterstützung 75

Wolfgang Rechtien
Gruppendynamik: (Un-)persönliche Beziehungen 101

Heike Matthias
Persönliche Beziehungen in der Familienforschung 123

Silke Birgitta Gahleitner
Persönlicher Beziehungen aus bindungstheoretischer Sicht 145

Cornelia Koppetsch
Persönliche Beziehungen in der Geschlechterforschung 171

Zweierbeziehungen – Paarbeziehungen

Karl Lenz
Paare in der Aufbauphase 189

Günter Burkart
Paare in der Bestandsphase 221

Guy Bodenmann
Paare in der Auflösungsphase 241

Maja S. Maier
Homosexuelle Paare 259

Persönliche Beziehungen im Familienkontext

Beate H. Schuster und Harald Uhlendorff
Eltern-Kind-Beziehung im Kindes- und Jugendalter 279

Gabriela Zink und Hubert Jall
Eltern-Kind-Beziehung im Erwachsenenalter 297

François Höpflinger
Beziehungen zwischen Großeltern und Enkelkindern 311

Rosemarie Nave-Herz
Geschwisterbeziehungen 337

Erhard Olbrich
Mensch-Tier-Beziehungen 353

Persönliche Beziehungen jenseits der Familien

Steve Stiehler
Freundschaften unter Erwachsenen.........................383

Karin Wehner
Freundschaften unter Kindern.........................403

Martin Diewald, Sebastian Sattler, Verena Wendt und Frieder R. Lang
Verwandtschaft und verwandtschaftliche Beziehungen.........................423

Julia Günther
Nachbarschaft und nachbarschaftliche Beziehungen.........................445

Ursel Sickendiek
Persönliche Beziehungen am Arbeitsplatz.........................465

Persönliche Beziehungen im Lebensalter

Hans Oswald
Persönliche Beziehungen in der Kindheit.........................491

Uwe Uhlendorff, Stephanie Spanu und Christopher Spenner
Persönliche Beziehungen im Jugendalter.........................513

Vera Bamler
Persönliche Beziehungen im Alter.........................527

Professionelle Rollen und persönliche Beziehungen

Ruth Großmaß
Therapeutische Beziehungen: Distante Nähe.........................545

Georg Hörmann und Ruperta Mattern
Arzt-Patient-Beziehungen.........................565

Martin R. Textor
Erzieherin-Kind-Beziehungen.........................587

Werner Helsper und Merle Hummrich
Lehrer-Schüler-Beziehung.........................605

Cornelia Wustmann
Persönliche Beziehungen in der Arbeit mit Jugendlichen.........................631

Persönliche Beziehungen in Zeiten der Entgrenzung

Nicola Döring
Mediatisierte Beziehungen.........................651

Norbert F. Schneider
Distanzbeziehungen.........................677

Bernhard Nauck
Binationale Paare.........................695

Persönliche Beziehungen unter Belastungen

Sabine Walper und Mari Krey
Familienbeziehungen nach Trennungen 715

Albert Lenz
Kinder und ihre psychisch kranken Eltern 745

Irmgard Vogt
Paare mit Suchtproblemen 767

Dunkle Seiten persönlicher Beziehungen

Margrit Brückner
Gewalt in Paarbeziehungen 791

Günther Deegener
Gewalt in Eltern-Kind-Beziehungen 813

Claudia Brügge
Sexueller Missbrauch 835

Intervention in persönlichen Beziehungen

Andrea Ebbecke-Nohlen
Systemische Paarberatung 859

Rudolf Sanders
Ehe- und Beziehungstraining 879

Michael Fucker
Mediation 901

Achim Haid-Loh, Martin Merbach und Ingeborg Volger
Familienberatung und Familientherapie 925

Frank Nestmann
Netzwerkintervention und soziale Unterstützungsförderung 955

Sachregister 979
Personenregister 987
Die Autorinnen und Autoren 1008

Karl Lenz und Frank Nestmann

Persönliche Beziehungen – eine Einleitung

Menschen als soziale Wesen erhalten und sichern insbesondere über persönliche Beziehungen zu anderen ihre Sozialität und ihre soziale Integration. Persönliche Beziehungen ermöglichen und prägen unser Leben von Geburt bis zum Tod. Kind und Mutter haben gar schon vor der Geburt eine persönliche Beziehung und diese transzendiert in verinnerlichter Form auch den Endpunkt des individuellen Lebens. Wir denken an unsere verstorbenen Eltern, reden mit ihnen und richten unsere Handlung an ihren erinnerten Vorgaben aus. Persönliche Beziehungen helfen uns von Anfang an ‚Mensch zu werden', unsere Persönlichkeit in der Bezogenheit auf andere und mit anderen zu entwickeln und unsere Potenziale zu entfalten. In persönlichen Beziehungen entwickeln wir unser Bild von der Welt und ein Selbstbild von uns in dieser Welt. Sie geben uns Sicherheit der Zugehörigkeit zu unserem sozialen Mikrokosmos und gleichzeitig ermöglichen sie uns den Zugang zu neuen sozialen Räumen. Persönliche Beziehungen haben prominenten Einfluss auf unsere Sozialisation, sie flankieren unser Aufwachsen und unsere Entwicklung vor allem in herausfordernden und riskanten Lebensübergängen. Sie werden zu Kristallisationspunkten unseres Denkens, Fühlens und Handelns in der kindlichen Bindung an die Eltern und Abhängigkeit von den Eltern, der jugendlichen Attraktion und Affiliation zu Gleichaltrigen, der Gestaltung des Erwachsenenlebens mit Partnern und Partnerinnen und der Lebensführung und Alltagsbewältigung im Alter. Persönliche Beziehungen verändern sich im Lebenslauf in vielerlei Hinsicht. Ihre Qualitäten und maßgeblichen Inhalte, Strukturen und Funktionen und auch die Prioritäten und Relevanzen verschiedener Personen bleiben nicht stabil. Aber die persönlichen Bindungen, egal in welcher Gestalt, bleiben existenziell. Persönliche Beziehungen können verschiedenste Formen annehmen und sie können fördernde und einschränkende, schützende und schädigende, hilfreiche und belastende Wirkungen haben. Sie können uns zu größerer persönlicher Autonomie aus einer gesicherten Bindung heraus verhelfen, aber auch Entwicklungsspielräume eingrenzen und Entfaltungsmöglichkeiten verhindern. Oft genug umfassen sie in ihrer Komplexität viele dieser möglichen Facetten.

Da alle Lebensbereiche im privaten wie öffentlichen Raum mit persönlichen Beziehungen durchzogen sind – häufig grundlegend auf diesen aufbauen –, verwundert es nicht, dass ihre Beschreibung bzw. Nachbildung in der Kunst einen dominanten Raum einnimmt. Kein Roman, kein Theaterstück, keine Oper, in der nicht persönliche Beziehungen den Handlungsrahmen schaffen. Auch in der bildenden Kunst verweisen die dargestellten Körper vielfach auf dahinter stehende Beziehungsgeschichten. Ihre emotionalen Qualitäten finden in der Musik Nachhall und Ausdruck oder werden im Lied vielfach beschrieben. Ihre hohe soziale Relevanz hat auch bewirkt, dass persönliche Beziehungen in vielen wissenschaftlichen Disziplinen thematisiert werden. Soziologie, Psychologie, Pädagogik, Philosophie und Theologie – um nur diese Disziplinen zu nennen – haben spezifische Zugänge zu persönlichen Beziehungen gesucht und gefunden. Allerdings sind diese Disziplinen vielfach mit persönlichen Beziehungen befasst ohne diese beim ‚Namen' zu nennen. Ihre soziale Relevanz und große Präsenz hat nicht dazu geführt, dass sich der Begriff der persönlichen Beziehungen in der Soziologie und (Sozial)Psychologie – als den beiden dafür eigentlich zuständigen Leitdisziplinen – als Grundbegriff hätte etablieren können. Stattdessen hat sich die breite Erforschung persönlicher Beziehungen unter dem Dach anderer Begriffe wie Paar, Familie, Gruppe, Peers, Clique, Netzwerk usw. vollzogen.

Einzelne Beziehungsformen, allen voran die Eltern-Kind-Beziehung, haben bereits eine lange Geschichte einer umfangreichen wissenschaftlichen Analyse aus unterschiedlichen Disziplinen. Beim näheren Hinschauen wird sehr schnell deutlich, dass sich die wissenschaftliche Neugier sehr unterschiedlich über die verschiedenen Formen persönlicher Beziehungen verteilt hat. Das lange Fehlen eines soziologischen bzw. (sozial-)psychologischen Grundbegriffes der persönlichen Beziehungen hatte zur Folge, dass die Forschungsarbeiten zu den Beziehungsformen nebeneinander und vielfach ohne Bezüge aufeinander erfolgten. Im deutschsprachigen Raum liegt bis heute keine Publikation vor, in der die verschiedenen Beziehungskonstellationen und -kontexte aus unterschiedlichen Perspektiven und Zugängen überblickend und zusammenfassend dargestellt und zur Diskussion gestellt werden. Diese Lücke zu schließen, ist das zentrale Anliegen des Handbuchs Persönliche Beziehungen.

1. Wodurch zeichnen sich persönliche Beziehungen aus?

In einer ersten Annäherung lassen sich persönliche Beziehungen sowohl von *Interaktionen* wie auch von *Organisationen* unterscheiden (vgl. auch Lenz 2006). Ein zentrales Strukturmerkmal von Organisationen ist die Differenzierung zwischen Person und Position. Eine Organisation besteht im Normalfall auch dann fort, wenn Mitglieder ausscheiden und diese durch neue ersetzt werden. Anders dagegen eine persönliche Beziehung: Die Beziehungspersonen sind nicht austauschbar; mit dem (dauerhaften) Ausscheiden einer Person endet die Beziehung. Eine persönliche Beziehung lässt einen Personalwechsel nicht zu, sie kann nur durch eine neue persönliche Beziehung abgelöst werden (Hildenbrand 1999). Persönliche Beziehungen sind also durch das *Moment der personellen Unersetzbarkeit* geprägt.

Unter Interaktion wird die Kopräsenz von zwei oder mehreren Akteuren in einer raumzeitlich bestimmten Situation verstanden. Persönliche Beziehungen sind darauf angewiesen, sich fortgesetzt in Interaktionen zu aktualisieren. Allerdings unterscheiden sich Interaktionen und persönliche Beziehungen dennoch grundlegend: Im Unterschied zur Interaktion zeichnet sich eine persönliche Beziehung durch Kontinuität und Dauerhaftigkeit aus. Dieses Unterscheidungsmerkmal hat auch Johannes Huinink (1995) im Blick, wenn er eine „dialogische Beziehung" – und dies ist durchaus synonym zu persönlicher Beziehung zu verstehen – durch eine „Unendlichkeitsfiktion" konstituiert auffasst. Ähnlich bezeichnet Tilman Allert (1998) mit Blick auf Paarbeziehungen die „Unterstellung ewiger Dauer" als beziehungskonstitutiv. Wesentlich bei diesem Unterscheidungsmerkmal ist – aus subjektiver Sicht – nicht der „Glaube", dass eine Beziehung tatsächlich „ewig währt", sondern das pragmatische Motiv, dass diese Beziehung, so wie sie ist, auf absehbare Zeit sich fortsetzt. Ohne eine „Unendlichkeit" oder „ewige Dauer" in Anspruch zu nehmen, soll dieses Strukturmerkmal aus diesem Grunde im Weiteren als *Fortdauer-Idealisierung* bezeichnet werden.

Neben diesen beiden zentralen Abgrenzungsmerkmalen lassen sich weitere Strukturmerkmale nennen: Eine persönliche Beziehung ist gekennzeichnet durch das *Vorhandensein eines persönlichen Wissens*, das in jede Interaktion eingeht und deren Verlauf entscheidend mitprägt. Unter Rückgriff auf Erving Goffmans Dichotomie von persönlicher und sozialer Identität (1967) kann von persönlicher Beziehung immer dann gesprochen werden, wenn in der gegenseitigen Wahrnehmung die persönliche Identität Vorrang vor der sozialen Identität besitzt, wenn also an die Einzigartigkeit der Person gebundenes Wissen (persönliches Wissen) über ein an die soziale Typik gebundenes Wissen (z. B. ein Student, ein Professor) dominiert. Mit diesem Bestimmungsmerkmal lassen sich persönliche Beziehungen von Rollenbeziehungen abgrenzen, die auf einer bloßen sozialen Kategorisierung aufbauen.[1]

Die fortgesetzte Kontinuität einer Beziehung bringt eine *emotional fundierte gegenseitige Bindung der Beziehungspersonen* hervor. Die Beziehungspersonen „stehen einander nahe", „sorgen" oder „freuen" sich füreinander oder leiden miteinander. Wichtig ist es dabei, darauf hinzuweisen, dass der Emotionen-Haushalt einer persönlichen Beziehung sowohl positive (z. B. Liebe, Zuneigung oder Vertrauen) wie auch negative Emotionen (z. B. Hass, Rachegefühle oder Eifersucht) umfasst. Die Unersetzbarkeit der daran beteiligten Personen qualifiziert persönliche Beziehungen in einer einmaligen Weise dafür, eine Befriedigung des „Grundbedürfnisses nach persönlicher Fundierung" (Huinink 1995) zu leisten.

---

1 In unserem Verständnis sind die Begriffe der sozialen Beziehung und der interpersonellen Beziehung weiter gefasst; sie umfassen sowohl persönliche Beziehungen wie auch Rollenbeziehungen.

Persönliche Beziehungen besitzen zudem eine *ausgeprägte Interdependenz*. Dass sich die Beteiligten gegenseitig beeinflussen, ist auch für jede Begegnung grundlegend, aber durch das persönliche Vertrautsein und die emotionale Bindung in einem auf (relative) Dauer gestellten Miteinander gewinnt die Interdependenz in der persönlichen Beziehung eine besondere Ausprägung (vgl. auch Simmel 1985). Das Vorhandensein des persönlichen Wissens und auch die emotionale Bindung erleichtern in einem hohen Maße das Miteinander-in-Kontakt-treten. Viele Vorleistungen, die in Interaktionen mit Fremden erst zu erbringen sind, fallen zwischen Personen weg, die miteinander eine persönliche Beziehung bilden. Man ‚weiß‘, mit wem man es zu tun hat, man ‚weiß‘, was man voneinander erwarten kann, und darauf kann man die eigenen Verhaltensweisen vorab einstellen. Interaktionen, eingebettet in eine persönliche Beziehung, ermöglichen es, sich ‚informeller‘ zu geben, auch weisen die Kommunikationsinhalte eine große Breite auf.

Wenn man von persönlichen Beziehungen spricht, denkt man sicherlich zuallererst an Eltern-Kind-Beziehungen, Ehen bzw. – mit verbreitetem Fokus – Zweier- oder Paarbeziehungen[2], Geschwisterbeziehungen oder auch an Verwandtschaftsbeziehungen. Mit dieser Aufzählung sind aber die möglichen Formen oder Strukturtypen persönlicher Beziehungen nicht erschöpft. Wichtig erscheint es zu betonen, dass persönliche Beziehungen keineswegs auf Familienkonstellationen beschränkt sind. Sie erstrecken sich auch auf Freundschafts-, Nachbarschafts- oder Arbeitsbeziehungen. Gerade der letztgenannte Strukturtypus macht deutlich, dass persönliche Beziehungen nicht nur im privaten Lebenszusammenhang vorkommen. In einem auf relative Dauer gestellten beruflichen und professionellen Kontext ist das reziproke Generieren von persönlichem Wissen unvermeidlich und erleichtert vielfach die Arbeitsabläufe. Durch den Einbezug dieser Vielfalt unterschiedlicher Beziehungsformen hat die Analyse persönlicher Beziehungen das Potential, vielfach unverbundene, nebeneinander liegende Forschungsfelder zusammenzubringen (vgl. auch Lenz 2001).

2. Persönliche Beziehungen und soziale Netzwerke

Diese Auflistung dieser Beziehungsformen lässt zugleich die große Nähe und eine hohe Anschlussfähigkeit zur *Netzwerkforschung* erkennen (ausführlicher zur Netzwerkforschung Laireiter i. d. B.). Eine persönliche Bezie-

---

2 Die Begriffe ‚Zweierbeziehung‘ und Paarbeziehung werden im Handbuch synonym verwendet. Gemeint sind damit jeweils Ehen und alle Formen eheähnlicher Beziehungen. Eine Zweier- bzw. Paarbeziehung kann Personen unterschiedlichen oder gleichen Geschlechts umfassen. Als ein weiteres Synonym findet man in aktuellen Publikationen den Begriff der intimen Beziehung. Nicht verwendet werden sollte als Synonym der Begriff der Partnerschaft. Dieser Begriff sollte darauf beschränkt werden, ein kulturelles Leitbild zu bezeichnen, das vom Prinzip der Gleichberechtigung der Beziehungspersonen getragen ist. Eine Vermengung dieses kulturellen Leitbildes mit einer Formkategorie sollte vermieden werden.

hung ist immer eingebettet in ein Beziehungsgefüge; sie stellt ein Element eines sozialen Netzwerkes dar. Ein soziales Netzwerk ist die Verknüpfung aller persönlichen Beziehungen zu einem sozialen Beziehungssystem. In einem sozialen Netzwerk ergeben die direkten und unmittelbaren Beziehungs-,Fäden' und die vermittelten indirekten Verbindungen zu und zwischen anderen Personen ein komplexes Beziehungsmuster eines Individuums.

Theoretisch (und empirisch) ist das soziale Netzwerk vor allem attraktiv, weil es imstande ist, die überbrückende Funktion zwischen der Mikroebene zwischenmenschlicher Konstellationen zur Makroebene sozialer Beziehungsstrukturen einzunehmen. Das soziale Netzwerk ist eine „analytisch viel versprechende Möglichkeit, den mikrosozialen Strukturzusammenhang durchsichtig zu machen, indem sich der gesellschaftliche Alltag strukturiert und vollzieht" (Keupp 1984: 32). Ohne die einzelnen persönlichen Beziehungen eines Individuums aus dem Auge zu verlieren, bietet sich so in der Netzwerkperspektive die Chance, über einen verbreiteten Individualismus und Familialismus vor allem psychologischer Betrachtungen hinaus, neben kleinen und engen Bezügen auch weitere und entferntere Beziehungsverhältnisse, auch die nur mittelbaren und vermittelten Beziehungsmuster, zu erfassen. Neben engen und familiengebundenen Beziehungen werden auch nachbarschaftliche, berufliche, institutionell organisationsbezogene oder milieu- oder gemeindespezifische soziale Beziehungen betrachtet. Über ihre relationalen Merkmale werden die vorkommenden sozialen Beziehungen in ihrem formalen, qualitativen und persönlich beurteilenden Dimensionen untersucht: Wie lang oder kurz existieren sie; sind sie intim, intensiv oder locker, oberflächlich, kontaktreich oder kontaktarm? Werden sie aktuell gepflegt oder ruhen sie (auf Zeit oder Dauer)? Sind es persönliche Beziehungen, in denen eher viele unterschiedliche Interaktionsformen und Funktionsinhalte aufgehoben sind oder sind sie eindimensional und gleichförmig? Werden sie durch Gegenseitigkeit des Austauschs (von Waren, Informationen, Leistungen oder Emotionen etc.) bestimmt oder sind sie eher unbalanciert und einseitig (Nestmann 1988, 2001). Insbesondere ego-zentrierte soziale Netzwerke – Beziehungssysteme von einer zentralen Person aus rekonstruiert – werden durch eben dieses Individuum (mit)aufgebaut, erhalten oder verändert. Die Person ist Teil ihres Netzwerks und ihr Netzwerk wird zu einem Teil der Person. Ihr Denken, Fühlen und Handeln konstituiert das Netzwerk und das Netzwerk beeinflusst ihr Denken, Fühlen und Handeln. Bei diesen Netzwerken geht es gerade um ‚reale' und ‚verinnerlichte' Beziehungsgeflechte, nicht wie bei einer generellen sozialen Netzwerkbetrachtung (z.B. eines Straßenzugs oder einer Institution etc.) um die ‚künstlichen' Setzungen des Netzwerkforschers (der z.B. nach Forschungsperspektive, Grenzen der Inklusion oder der Exklusion definiert) (Hollstein 2006). Insofern sind diese Netzwerke ‚natürliche' und ‚alltägliche' Begleiter von Menschen über ihren Lebenslauf, die Lebensübergänge flankieren und über die spezifischen Strukturmerkmale, ihre Qualitäten und ihre Funktionen unser aller Leben maßgeblich prägen.

Das Verhältnis des sozialen Netzwerks einer Person zu den einzelnen einge-
schlossenen engen wie weiteren persönlichen Beziehungen ist kein einfaches.
Vielfältige gegenseitige Einflüsse – der spezifischen persönlichen Beziehung
auf das soziale Netzwerk wie des sozialen Netzwerks auf die spezifische persönliche Beziehung – sind vorstellbar. Insbesondere die Wechselwirkungen
von engen Bindungen (z. B. Ehe) und weiteren Beziehungssystemen der Partner (z. B. Freunde), die Frage nach dem Verhältnis gemeinsamer Anteile zu
getrennten Sphären sozialer Netzwerke in einer persönlichen Beziehung oder
die Probleme der netzwerkbezogenen Effekte einer Auflösung und Trennung
persönlicher Beziehungen stehen im Mittelpunkt des Interesses.

Aus der breiten Diskussion zu den funktionalen Merkmalen von sozialen
Netzwerken ergeben sich reichhaltige Einsichten, die unmittelbar auch für
persönliche Beziehungen relevant sind. Beziehungen sind bzw. können mit
sozialen Regulationsprozessen, sozialen Normierungen und sozialer Kontrolle, Belastungen und Konflikten verknüpft sein. Sie können aber auch
soziale Integration, sozialen Rückhalt und soziale Unterstützung leisten.
Vielfach wurde gezeigt, dass die soziale Unterstützung und der soziale
Rückhalt als Funktionen sozialer Netzwerke – die Netzwerke vornehmlich
für die angewandten Sozial- und Gesundheitswissenschaften interessant
gemacht haben – eng in persönliche Beziehungskonstellationen eingebunden und auch nur aus diesen heraus zu verstehen sind. Eine Social-Support-
Forschung, die über Jahrzehnte kritische Lebensereignisse, den Stressbe-
wältigungsprozess und damit Unterstützungsanlässe, -prozesse und -effekte
oft sozial losgelöst und als beziehungsfreie Einzelereignisse konzipiert und
erfasst hat, sieht sich zunehmend gezwungen und aufgerufen, die einbettenden persönlichen Beziehungskontexte als entscheidenden Rahmen für das
Zustandekommen und die Wirkung sozialer Unterstützung zu berücksichtigen. Immer lauter wird deshalb die Forderung (so z. B. Badr et al. 2001),
dass Social-Support-Forschung und Personal-Relationship-Forschung verknüpft werden müssen. Alltägliche persönliche Beziehungskonstellationen
(außer einer Interaktion unter Fremden) sind der Hintergrund, auf dem soziale Unterstützung in Problem- und Krisensituationen erfolgt und ausgetauscht wird. Sie lassen häufig erst erkennen, wie und wann eine Person
von einer anderen als hilfebedürftig erachtet wird, durch wen, wann und in
welcher Form Hilfeleistungen durch die Beteiligten erwartet und gewährt
werden, wie Unterstützung und Rückhalt von Helfer und Hilfeempfänger
wahrgenommen und interpretiert werden und mit welcher Wirkung auf Gesundheit und Wohlbefinden der Unterstützungsprozess schließlich abläuft
und endet (Duck et al. 1991). Soziale Unterstützung ist genau so eine Anpassung an die Erwartungen, Ansprüche und Bedürfnisse einer persönlichen Beziehung wie an die situationalen Auslöserkonstellationen bzw. den
Stressor, der Unterstützung erfordert. Merkmale der persönlichen Beziehung können beeinflussen, ob sich eine Person einer anderen öffnet und an
wen sie sich aus ihrem sozialen Netzwerk wendet, wenn sie Rückhalt und
Hilfe benötigt.

Die persönliche Beziehung ist neben den situational interaktiven Kontexten, die reale wie die interpretative Basis der Support-Prozesse. Support-Motivationen, -Entscheidungen und -Aktionen sind abhängig und geprägt von der vergangenen, aktuellen und antizipierten Beziehung und Beziehungsinteraktionen und deshalb müssen auch die Beteiligten (Helfer wie Hilfeempfänger) in ihren spezifischen persönlichen Beziehungen betrachtet werden. Dies gilt wohl noch stärker für die eher generellen ‚psychologischen' Anteile von sozialer Gemeinschaft und sozialem Rückhalt als für die stärker operationalisierten informellen Hilfeleistungen in der Bewältigungsunterstützung. Wird der persönliche Beziehungskontext beispielsweise ignoriert, lassen sich die Formen instrumenteller und emotionaler Unterstützung scheinbar leicht differenzieren. Unter der Berücksichtigung des Beziehungskontextes hingegen wird deutlich, ob und wann instrumentelle oder emotionale Unterstützungsleistungen ganz entscheidende und möglicherweise sehr viel grundlegendere und weitergehende emotionale Wirkungen zeitigen.

Obwohl die Qualität persönlicher Beziehungen in sozialen Netzwerken einerseits und soziale Unterstützung aus sozialen Netzwerken andererseits jeweils diskrete und eigenständige soziale Konstrukte darstellen, sind sie doch nicht unabhängig, sondern eng verflochten. Beziehungen und Beziehungsinteraktionen prägen sowohl individuelles Verhalten der Hilfesuche, des Hilfegebens wie der Hilfeannahme und die verknüpften kognitiven Prozesse und affektiven Reaktionen der Beteiligten.

Wiederum sind soziale Interaktionen, durch die grundlegende zwischenmenschliche Funktionen ausgedrückt werden, zentrale Bausteine von persönlichen Beziehungen (Heller/Rook 2001). Karen Rook hat in ihren Arbeiten immer wieder die Frage aufgeworfen, inwieweit hier nicht die Dimensionen persönlicher Beziehungen *generell* – d. h. auch ohne eine faktische Social-Support-Transaktion – und eigenständig Gesundheit und Wohlbefinden fördern, primär durch Gefühle eines intensiven Vertrauens in die Beziehung und Gefühle der Zugehörigkeit und Bindung. Allein Gemeinschaft in persönlichen Beziehungen – companionship – schafft Wohlbefinden und fördert Gesundheit weit über akute stressabpuffernde Unterstützungsleistungen in Problem- und Krisensituationen hinaus. Gemeinsamkeit und Geselligkeit in persönlichen Beziehungen regulieren auch potenziell riskantes und Gesundheit gefährdendes Verhalten. Enge persönliche Beziehungen schaffen kontinuierliche Obligationen und stabilisieren damit Verhalten, verhindern Selbstschädigung und Devianz, sei es indirekt ohne spezifische verbalisierte Aufforderung, nur über die Existenz von verpflichtender Einbindung oder auch explizit und durch direktive Anweisungen. Vor allem begrenzt sich ihre Wirkung aber nicht auf die Verhinderung oder Kompensation von Beeinträchtigung und Störung, sondern ermöglicht auch ein *erhöhtes* Wohlfühlen über das ‚Normallevel' hinaus (Rook/Underwood 2000). Diese, verglichen mit konkreten Support-Leistungen, eher diffusen und generalisierten, positiven und gesundheitsförderlichen Wirkungen von allgemeinem Wohlgefühl in Gemeinschaft, Erfahrung von Bezogenheit und

Bindung, gemeinsames Erleben anregender und angenehmer Ereignisse etc. sind ebenso wenig erforscht wie potenziell bedeutsam.

Persönliche Beziehungen und die in sie eingebetteten Interaktionen sind kulturell bestimmt. Neben den kulturellen Vorgaben für die Identitäten bestimmt der kulturelle Kontext, wer, wann und wie als Unterstützer für wen zu fungieren hat und wer als angemessener Ansprechpartner für Hilfebedürfnisse in Frage kommt. Kultur definiert Zuständigkeits- und Verpflichtungshierarchien und darüber hinaus, was als hilfreich erwartet, angesehen, eingeschätzt wird oder nicht. Welche Unterstützung durch welche vertrauten Personen wird als angemessen und angenehm erlebt? Darüber entscheidet nicht nur die Person, die Bedürfniskonstellation und die Situation, sondern auch die jeweils herrschende Kultur persönlicher Beziehungen und die persönliche Beziehung selbst (Duck et al. 1997).

3. Traditionslinien der Erforschung persönlicher Beziehungen

Persönliche Beziehungen wurden vielfach in der Soziologie und Sozialpsychologie Forschungsgegenstand, obwohl der Begriff der ‚persönlichen Beziehung' nicht explizit genutzt wurde.

In den (akademischen) Anfängen der *Soziologie* war die Beziehungskategorie durchaus präsent; hier ist an Georg Simmel und Leopold von Wiese zu erinnern. Ein Beitrag im Handbuch widmet sich ausführlich der Verwendung der Beziehungskategorie in der frühen Soziologie und skizziert, wie Beziehung als soziologischer Grundbegriff „vergessen" bzw. an den Rand gedrängt wurde (vgl. Lenz i. d. B., Soziologische Traditionslinien).

Unabhängig vom Vorhandensein eines soziologischen Grundbegriffs waren und sind einzelne Beziehungsformen Gegenstand von speziellen Soziologien. An prominenter Stelle trifft dies für die *Familienforschung* zu. Die Aufmerksamkeit der Familienforschung ist vor allem auf die Eltern-Kind-Beziehung ausgerichtet. Besonders auffällig ist die lange Zeit fortdauernde starke Vernachlässigung der Ehebeziehung in diesem Zusammenhang (Lenz 2006). Die starke Anlehnung der Familienforschung an das Modell der bürgerlichen Familie hat diese Verengung verursacht. Die enge Koppelung von Ehe und Familie in diesem Modell hatte zur Folge, dass die Ehe weitgehend in der Familie aufgegangen ist und von daher kein eigenständiges Forschungsinteresse hat binden können. Auch Geschwister- und Verwandtschaftsbeziehungen waren in der Familienforschung lange Zeit kein Forschungsgegenstand. Erst in den letzten Jahren wird eine stärkere Öffnung der Familienforschung für andere Formen persönlicher Beziehungen deutlich (vgl. Matthias i. d. B.).

Da im Handbuch vielfach von Familie die Rede ist, erscheint es uns wichtig, aufzuzeigen, was unter Familie verstanden werden soll (vgl. Lenz

2003 b): Von einer Familie kann immer erst dann gesprochen werden, wenn mindestens eine Eltern-Kind-Beziehung vorhanden ist. Durch die Geburt eines Kindes entsteht noch keine Familie, sondern erst, wenn zumindest eine Person eine Mutter- oder Vater-Position übernimmt. Es kann Familien ohne biologische (und ohne rechtliche) Elternschaft geben, nicht aber Familien ohne soziale Elternschaft. Eine Familie wird immer durch die Übernahme und das Innehaben einer oder beider Elter(n)-Position(en) geschaffen und kann nur dadurch fortbestehen. Gleichwohl ist eine Familie darauf nicht begrenzt, sondern sie kann auch drei, vier oder mehr Personen umfassen, die zwei oder mehr Generationen angehören können. Mit einer dritten, vierten usw. Person vermehrt sich das Ensemble der persönlichen Beziehungen in einer Familie; sie umfasst dann vielfach eine Zweierbeziehung oder/und eine oder mehrere Geschwisterbeziehungen. Neben den Mutter-, Vater- und Kind-Positionen können Familien *weitere Positionen* umfassen, die einer weiteren Generation (z. B. Großmutter, Großvater) angehören oder die Eltern-Generation horizontal erweitern (z. B. Onkel, Tante). Zur Familie können diese Personen jedoch nur dann gerechnet werden, wenn sie tatsächlich als Familienmitglieder wahrgenommen und als solche behandelt werden; eine bloße Haushaltsgemeinschaft reicht dafür nicht aus. Während den Kern einer jeden Familie das Vorhandensein von mindestens einer Generationenbeziehung ausmacht, braucht es immer auch eine *Definition der Grenzziehung*, wer neben dieser bzw. diesen Generationenbeziehung/en noch zur Familie gehört und wer außerhalb steht.

Persönliche Beziehungen lassen sich auch in einer Reihe weiterer spezieller Soziologien bzw. inzwischen interdisziplinär erweiterten Forschungsfeldern aufzeigen: Beziehungen zu Gleichaltrigen (Peers) nehmen beispielsweise in der Jugendforschung und der sich später etablierenden Kinderforschung einen breiten Raum ein. In der Soziologie und Sozialpsychologie des Alter(n)s haben sowohl die Fragen nach dem Pflegepotential und der sozialen Integration im Alter das Forschungsinteresse an den vorhandenen Formen sozialer Unterstützung gestärkt, die vor allem von Beziehungspersonen im sozialen Nahfeld getragen wird. Das verbreitete Bild des vereinsamten alten Menschen wurde korrigiert durch das des sozial integrierten alten Menschen, der über intakte Familienbeziehungen und auch über Freundschaftsbeziehungen verfügt. In der Bildungssoziologie, aber noch stärker in der in der Pädagogik angesiedelten Schulforschung, hat die Lehrer-Schüler-Beziehung eine lange Tradition, wobei diese Thematik lange Zeit – stellvertretend auf das Konzept des pädagogischen Bezugs bei Hermann Nohl (1933) verwiesen – stark normativ aufgeladen war. Im Vordergrund stand nicht ihre empirische Erforschung, sondern Aussagen darüber, wie diese Beziehung ‚richtig‘ zu gestalten sei. Auch wenn diese normative Aufladung den Blick verstellt, handelt es sich hierbei um eine Form der Arbeitsbeziehungen. Unabhängig davon stellen Arbeitsbeziehungen überdies einen breiten Forschungsgegenstand in der Organisations- bzw. Arbeitssoziologie dar. Die Arbeitsbeziehungen wurden sowohl auf einer horizontalen – also

zwischen ranggleichen Arbeitskolleg/innen – wie auch auf vertikaler Ebene
– also zwischen Leitung und Untergeordneten – zum Gegenstand. Der primäre Zugang besteht darin, Arbeitsbeziehungen als Rollenbeziehungen zu
betrachten. Die Studien lassen vielfach aber auch erkennen, dass sich hinter
der ‚Rolle' immer auch die ‚Person' hineindrängt.

Aus der *Sozialpsychologie* kann auf die klassischen Arbeiten zu ‚Sozialen
Präferenzen' und zur *Soziometrie* von Jacob L. Moreno (1934) verwiesen
werden, die persönliche Beziehungssysteme zum Gegenstand der Untersuchung machen. Hier wird die soziale Stellung des Einzelnen in einem Beziehungssystem über die jeweilige ‚Beliebtheit' der Person erfasst werden,
die die anderen Mitglieder ihr zumessen. Soziometrische Analysen beispielsweise in Schulklassen haben auch anwendungsbezogene Perspektiven. Neben der Diagnostik von Zentralpersonen oder Außenseitern werden
Interventionen in Beziehungssysteme zur Veränderung von Randständigkeit
und zur Reintegration von Mitgliedern zur Reaktivierung und Optimierung
persönlicher Beziehungen ermöglicht.

Sozialpsychologische Einstellungstheoretiker wie Fritz Heider (1958) oder
Theodore M. Newcomb (1961) stellen das Gleichgewicht eines Systems
zweier Personen und eines sozialen Einstellungs- bzw. Handlungsgegens-
tands in den Mittelpunkt ihrer Betrachtungen. Als ausbalanciert gilt die Beziehung vor allem dann, wenn alle Relationen positiv oder nur eine positiv
und zwei negativ besetzt sind. Die gestaltpsychologisch beeinflusste Mo-
dellvorstellung geht von der kognitiven Repräsentanz der gesuchten Gleich-
gewichtszustände in persönlichen Beziehungen aus.

Sozialpsychologische Austauschtheoretiker wie John W. Thibaut und Harold H. Kelley (1959) hingegen betrachten die Kosten- und Nutzenrelatio-
nen in sozialen Beziehungen als entscheidende Wirkfaktoren ihres Aufbaus
und ihres Bestands. Die Kosten und der Nutzen, den Interaktionen und Beziehungen erbringen, und ein möglichst optimiertes Verhältnis der Ressour-
cenströme über die Zeit bestimmen die Stabilität und das Fließgleichgewicht
des Beziehungssystems. Persönliche Beziehungen werden als antizipierbare
Muster des angestrebten Nutzens und der anfallenden Kosten in konkreten Interaktionssituationen gefasst, die lediglich dann überdauern, wenn sich nicht
andere Beziehungskonstellationen im Vergleich als nützlicher und weniger
kostspielig erweisen. Die Attraktivität der Beziehungspartner (und ihrer Interaktionen) bestimmt den Grad der erlebten Nützlichkeit mit.

Trotz dieser Ansatzpunkte war in der (Sozial-)Psychologie – wie der Soziologie – persönliche Beziehungen lange Zeit kein Grundbegriff. Dies hat
sich allerdings inzwischen geändert. Seit ca. drei Jahrzehnten existiert im
anglo-amerikanischen Raum ein Forschungsbereich der *personal relationship* (ausführlich zur Geschichte vgl. Perlman/Duck 2006). Zu dem schnel-
len Wachstum hat nachhaltig beigetragen, dass das neue Forschungsgebiet
der persönlichen Beziehung in einem bedeutsamen Umfang aus der Kritik
an der gängigen interpersonalen Anziehungsforschung – ein traditionsrei-

cher Gegenstand der Sozialpsychologie – erwachsen ist. Kritisiert wurde, dass die Anziehungsforschung der Dynamik der realen Beziehungen nicht gerecht wird. Seither ist ein sprunghafter Anstieg von wissenschaftlichen Büchern mit „relationships" im Titel zu verzeichnen. Stellvertretend für die Fülle von Publikationen soll an dieser Stelle auf die beiden zentralen Fachzeitschriften („Journal of Social and Personal Relationships" und „Personal Relationships") und auf die vorliegenden Handbücher hingewiesen werden. Nach den beiden Handbüchern von Steve Duck (1988, 1997), dem von Clyde und Susan S. Hendrick (2000) sind vor kurzem zwei neue Sammelbände (Noller/Feeney 2006; Vangelisti/Perlman 2006) erschienen. Im deutschsprachigen Raum wurde diese Diskussion bislang nahezu ausschließlich in der Psychologie aufgegriffen (Bierhoff/Grau 1999; Grau/ Bierhoff 2003). Hans-Werner Bierhoff und Elke Rohmann liefern in ihrem Handbuchbeitrag eine kurze Rekonstruktion der Entwicklung sozialpsychologischer „personal relationship Forschung" und zeigen auf, wie der Begriff der „persönlichen Beziehung" sich in dieser psychologischen Forschungsrichtung durchgesetzt hat. ‚Intime' oder Paarbeziehungen standen und stehen hier sehr oft im Zentrum und so geben sie ein idealtypisches Beispielfeld für sozialpsychologische Empirie und Theoriebildung zu persönlichen Beziehungen ab.

4. Analyserahmen persönlicher Beziehungen

Verschiedene Facetten persönlicher Beziehungen können – wie auch die Beiträge in diesem Handbuch zeigen – zum Forschungsgegenstand gemacht werden. Differenzierbar scheinen uns unterschiedliche Ebenen eines umfassenden Analyserahmens persönlicher Beziehungen, die aus einer soziologischen bzw. (sozial-)psychologischen Perspektive mit einer unterschiedlichen Gewichtung aufgegriffen werden. Hierbei offenbaren sich auch Unterschiede zwischen den Zugängen dieser beiden Disziplinen.

Der auf Seiten der Beziehungspersonen verknüpfte Anspruch der Einzigartigkeit dieser Vergemeinschaftungsformation darf nicht den Blick darauf verstellen, dass sich in persönlichen Beziehungen wiederkehrende Ablaufmuster und Regelmäßigkeiten auffinden lassen (Lenz 2003a). Der Fokus einer *soziologischen* Analyse richtet sich somit nicht auf die beteiligten Personen, ihre Eigenschaften und Dispositionen, sondern auf die wiederkehrenden interaktiven Ablaufmuster oder – wie es Jean-Claude Kaufmann (1999) formuliert – auf „Gewohnheiten". Das Soziale wird zum Thema gemacht; Gegenstand ist die soziale Wirklichkeit oder – anders formuliert – die institutionelle Ordnung und deren Konstruktionsprozesse. In einer (*sozial-)psychologischen Analyse* werden die Eigenschaften und Dispositionen der beteiligten Personen einbezogen. Vielfach liegt darauf auch der besondere Schwerpunkt, was aber nicht ausschließt, dass auch interaktive Ablaufmuster zum Forschungsgegenstand gemacht werden.

In der Analyse persönlicher Beziehungen lassen sich folgende fünf Ebenen unterscheiden, wobei in den Studien vielfach nur eine oder zwei Ebenen gleichzeitig betrachtet werden.

(1) *Ebene des Beziehungsalltags:* Der Beziehungsalltag verweist auf die Handlungsebene oder – anders formuliert – auf die soziale Praxis. Er setzt sich aus einer schier unendlichen Kette von Interaktionen zwischen den Beziehungspersonen zusammen. Für ein Paar stellt sich z. B. der Aufbau fester Ablaufmuster als ein Vorgang dar, in dem Handlungsunsicherheiten nach und nach zurückgedrängt und durch eine hohe Vorhersagbarkeit und breite Gewissheit der Handlungsabläufe im Beziehungsalltag ersetzt werden. Dieser Aufbau kann in verbalen Aushandlungsprozessen erfolgen; vielfach ergibt sie sich aber auch als bloßes Nebenprodukt aufeinander bezogener Handlungsabläufe.

(2) *Ebene der Person:* Aufgegriffen werden die in der Biografie gemachten Beziehungserfahrungen und erworbenen Bindungsstile. Als bedeutsam werden die individuellen Eigenschaften, Motivationen und Kompetenzen aufgefasst, die Menschen mehr oder weniger gut dazu befähigen, persönliche Beziehungen zu haben. Sie werden als Bestimmungsfaktoren betrachtet, ob persönliche Beziehungen erfolgreich oder nicht erfolgreich gesucht, entwickelt und aufrecht erhalten oder vermieden, vernachlässigt und aufgegeben werden. Während in einer persönlichkeitspsychologischen Tradition eine Engführung und Beschränkung auf Persönlichkeitsvariablen gängig ist, betont eine sozialpsychologische Perspektive, dass die individuenbezogenen Merkmale immer in Strukturen und Prozessen des sozialen Austauschs mit den Beziehungspartnern stattfinden.

(3) *Diskursebene:* Darunter wird das aufgegriffen, was oftmals als „Leitideen" oder „Leitvorstellungen" bezeichnet oder was von Niklas Luhmann als Semantik gefasst wird. Zum Ausdruck gebracht wird, dass individuelle Vorstellungen und Wirklichkeitskonstruktionen keine privaten Erfindungen sind; sie erfolgen vielmehr im vielfältigen Rückgriff auf einen kulturell vorgegebenen Vorrat von Handlungs- und Deutungsmustern. Im Unterschied zu diesen und anderen Alternativkonzepten ist der Diskursbegriff besser in der Lage, die Komplexität und Kohärenz diesbezüglicher kollektiver Wissensordnungen zu fassen.

(4) *Sozialstrukturelle Ebene*: Persönliche Beziehungen sind zugleich immer auch ein Element der Gesellschaft; gesellschaftliche Rahmenbedingungen beeinflussen und strukturieren persönliche Beziehungen in vielfältiger Weise. Persönliche Beziehungen verändern sich im Zuge des Modernisierungs- oder des Individualisierungsprozesses. Besonders offenkundig ist dies bei epochalen Umbrüchen, wie dem Übergang von der traditionellen zur modernen Gesellschaft oder von der ersten zur zweiten Moderne. Diese Wandlungstendenzen auf der makrosozialen Ebene sind vielfach eng mit veränderten Kulturmustern verwoben, so dass sich beide Ebenen oft nur analytisch trennen lassen. Ein weiterer wichtiger

Aspekt der sozialstrukturellen Ebene ist die vorhandene Struktur sozialer Ungleichheit: Paarbeziehungen oder auch Eltern-Kind-Beziehungen – um diese beide Formen stellvertretend herauszugreifen – weisen in unterschiedlichen sozialen Milieus eine Reihe wesentlicher Differenzen auf. Schließlich wirken auch einzelne Gesellschaftsbereiche oder Subsysteme wie Arbeitswelt, Konsum oder Bildungssystem auf persönliche Beziehungen ein.

(5) *Ebene der symbolischen Repräsentation:* Da die Beziehungswirklichkeit in dieser sozialen Formation an die Subjekte gebunden ist, ist diese im besonderen Maße fragil und bedarf einer fortlaufenden Bestätigung durch ein breites Repertoire von Beziehungssymbolen. Hinzu kommt auch – geht man von einem aktiven und produktiven Subjekt aus – dass die Beziehung, ihr Zustandekommen und ihr Fortbestand von den Beziehungspersonen zum Gegenstand der Reflexion gemacht wird. Eine herausgehobene Relevanz für die symbolische Repräsentation kommt den Eigengeschichten zu. Unter der Eigengeschichte wird das angehäufte, sedimentierte und erinnerte Wissen über die Beziehung und die Beziehungspartner verstanden, auf das sich sein Selbstverständnis stützt. Beziehungssymbole, durch die der (Fort-)Bestand angezeigt und zum Ausdruck gebracht wird, können auch Jubiläen (z. B. der Hochzeitstag, Kindergeburtstage), Geschenke oder auch lexikalische Besonderheiten im paarinternen Sprachgebrauch sein.

5. Zum Aufbau des Handbuchs

Das Handbuch ,Persönliche Beziehungen' verzichtet darauf, alle Autoren und Autorinnen auf einen einheitlichen Begriff persönlicher Beziehungen festzulegen. So wird dieser Begriff in den Beiträgen unterschiedlich umfänglich verwendet und es werden im Gebrauch auch Bedeutungsnuancen erkennbar. Wichtiger als eine begriffliche Vereinheitlichung war es uns als Herausgeber einen möglichst umfassenden Überblick über den Forschungsstand im jeweiligen Beziehungskontext zu ermöglichen. Das Handbuch in dieser Form will einen ersten Zugang zur Konvergenz verschiedener Diskurse zu persönlichen Beziehungen schaffen. Gemeinsamkeiten wie Unterschiede, disziplinäre Spezifika wie interdisziplinäre Übereinstimmungen sollen hierbei deutlich werden. Angestrebt ist eine Konturierung persönlicher Beziehungen ohne die Reichhaltigkeit unterschiedlicher Beziehungsperspektiven zu beeinträchtigen.

Das Handbuch gibt dem Leser und der Leserin zunächst einen Einblick in *theoretische Zugänge und interdisziplinäre Forschungsfelder.* Neben soziologischen und sozialpsychologischen Traditionslinien persönlicher Beziehungsforschung werden auch einschlägige interdisziplinäre Forschungsfelder mit ihren jeweiligen Empiriebeständen und theoretischen Modellen vorgestellt, die viel zu einer umfassenden Analyse und einem komplexeren Verständnis persönlicher Beziehungen bieten können. Hier handelt es sich um die Netzwerk-/Support-Forschung, die (angewandte) Gruppendynamik, die Familienforschung, die Bindungsforschung und die Geschlechterforschung.

Mit *Zweier- bzw. Paarbeziehungen* wird im Teil zwei eine besondere Beziehungsform ausgewählt, die oftmals als prototypisch für persönliche Beziehungen überhaupt gilt. Mit diesen als Synonyme verwendeten Begriffen wird dem starken Monopolverlust der Ehe Rechnung getragen. Die Ehe ist mittlerweile längst nicht mehr die einzige auf Dauer angelegte, Sexualität einschließende Beziehungsform, die gesellschaftlich anerkannt und akzeptiert ist. Paare können auch unverheiratet in einem Haushalt zusammenleben oder in getrennten Haushalten leben. Bei den ersten drei Beiträgen wird von einem Ablaufmodell ausgegangen und die Phasen der Entstehung, des Bestands und der Auflösung einer Zweierbeziehung werden getrennt betrachtet. Da es für einen systematischen Vergleich von hetero- und homosexuellen Paaren für diese drei Phasen weiterhin zu wenig Forschung gibt, haben wir uns entschlossen, zu homosexuellen Paarbeziehungen einen eigenständigen Beitrag verfassen zu lassen.

Familienorientierte Beziehungsforschung ermöglicht im Teil drei zunächst einen Blick auf Eltern-Kind-Beziehungen im Kindes- und Jugendalter aber (bisher oft vernachlässigt) auch im Erwachsenenalter. Beziehungen zwischen Großeltern und ihren Enkelkindern werden im Zuge gesellschaftlicher und familialer Wandlungsprozesse immer bedeutsamer und auch Geschwisterbeziehungen unterliegen quantitativ wie qualitativ weit reichenden Veränderungen in einer sich stark wandelnden Bevölkerungsstruktur. Der Blick auf die besonderen Beziehungen von Menschen allen Alters zu Tieren (the pet as family member) ist im deutschsprachigen Raum noch ein eher ungewohntes Thema, hat jedoch seit vielen Jahren vor allem im angloamerikanischen Forschungs- und Versorgungsbereich einen festen Platz.

Persönliche *Beziehungen außerhalb der Familie*, die im vierten Teil behandelt werden, zählen zu den wenig beforschten Feldern. Freundschaften im Kindes- und Jugendalter und bei Erwachsenen haben in der jüngeren Vergangenheit bereits eine gewisse empirische Aufmerksamkeit gewonnen. Bei der hier auch behandelten Verwandtschaft und erst recht für Nachbarschaften gibt es aber weiterhin einen erheblichen Forschungsbedarf. Kaum untersucht bleiben trotz ihrer unstrittigen quantitativen und qualitativen Bedeutung auch persönliche Beziehungen am Arbeitsplatz.

Eine *lebensaltersbezogene Perspektive* auf persönliche Beziehungen ermöglicht der folgende Teil des Handbuches. In eigenständigen Beiträgen werden die Kindheit, das Jugendalter und das Alter aufgegriffen. Über die Beziehungstypiken der einzelnen Lebensphasen hinaus wird deutlich, wie wichtig ein biografischer Zugang zur Entwicklung, Kontinuität und Veränderung von Beziehungen ist.

Professionelle Rollen in persönlichen Beziehungen unterscheidet der Teil sechs des Handbuchs von den bisherigen informellen und ‚natürlichen' Beziehungsformen. Therapeutische Beziehungen und Arzt-Patient-Beziehungen gehören in den Gesundheits- und psychosozialen Wissenschaften seit langem zu wichtigen Themen der Forschung und der Entwicklung von Hilfe- und Behandlungskonzepten. Das gilt auch für eine in den Erziehungswissenschaften und der Pädagogik seit eh und je intensiv diskutierte Lehrer-Schüler-Beziehung. Bisher kaum untersucht und thematisiert sind hingegen die Erzieherinnen-Kind-Beziehung einerseits wie die persönliche Beziehung von Sozialarbeitern zu Jugendlichen andererseits. Die Beiträge hierzu sind erste Schritte, diese im Zuge ihrer zunehmenden Sozialisationsbedeutung wichtiger werdenden Beziehungskonstellationen näher unter die Lupe zu nehmen.

Persönliche Beziehungen machen heute vielfältige Veränderungen durch. Diese Veränderungsdynamik kann als Entgrenzung gefasst werden, die unterschiedliche Gestalt annimmt. Teil sieben befasst sich exemplarisch mit *persönlichen Beziehungen in Zeiten der Entgrenzung*. Aufgegriffen wird die mediale Entgrenzung durch das Eindringen von Medien in persönliche Beziehungen. Die Globalisierung, die Zunahme von Migration und Mobilität fördern eine Paarbildung über kulturelle Grenzen hinweg. Auch die Grenzziehung eines gemeinsamen Haushalts ist aufgebrochen, wie die wachsende Zahl von Paaren zeigt, die freiwillig oder aus beruflichen Zwängen in getrennten Haushalten lebt.

Im Folgenden wird ein Blick auf persönliche Beziehungen geworfen, die unter *besonderen Belastungen* stehen. Familienbeziehungen nach Trennung erfahren immer mehr Kinder wie Erwachsene im Laufe ihres Lebens. Kindheit in einer persönlichen Beziehung zu psychisch kranken Eltern schafft eine Vielzahl von Bewältigungsanforderungen an alle Beteiligten, wie Unterstützungsanforderungen an professionelle Hilfesysteme. Der Beziehungsalltag von Paaren mit Suchtproblemen bedarf einer genauen und sensiblen Durchdringung, will Beziehungsforschung zu einer angemessenen Unterstützung von Betroffenen und Beziehungspartnern beitragen.

Auch hier scheint die Grenze der belasteten Beziehungen zu den *„dunklen Seiten" persönlicher Beziehungen* in Teil neun fließend. Behandelt werden Gewalt in Paarbeziehungen in ihren Formen, Ausprägungen, Erklärungsansätzen und Präventions-/Interventionsperspektiven. Ein besonderes und eigenständiges Augenmerk muss der Gewalt in Eltern-Kind-Beziehungen gelten, ebenso wie dem sexuellen Missbrauch, der zum Beispiel hinsichtlich spezifischer Charakteristika von Missbrauchsbeziehungen zu analysieren ist.

Der letzte Teil des Handbuchs Persönliche Beziehungen befasst sich schließlich schwerpunktmäßig mit Möglichkeiten und Grenzen der Prävention und *Intervention in persönlichen Beziehungen*, die nicht (mehr) gelingen, die stören, schädigen, unterdrücken, verletzten etc.; mit persönlichen Beziehungen, die für die Beteiligten zur Belastung und zum Stressor werden und die ohne professionelle Hilfe keine Balance mehr erreichen. Die systemische Paarberatung als ebenso klassische wie moderne Behandlungsform, das Beispiel eines praktischen Partnertrainings, und die immer bedeutsamer werdende und viel praktizierte Mediation beziehen sich primär auf dyadische Konstellationen, während Interventionen in der Familienberatung und Familientherapie und die Netzwerk- und Supportintervention die Bearbeitung persönlicher Beziehungen in größere familiale oder sogar familienübergreifende Beziehungsgeflechte integriert.

Freundschaftliche wie kollegiale persönliche Arbeitsbeziehungen waren auch Grundlage der Entstehung dieses Handbuchs – zwischen den Herausgebern und zu den Autorinnen und Autoren sowie zu allen, die zur Realisierung beigetragen haben. Wir danken hier insbesondere Annett und Romy Kupfer für ihre perfekte organisatorische und redaktionelle Unterstützung und Frau Engel-Haas vom Juventa Verlag für ihre Betreuung des Bandes.

Literatur

Allert, Tilman (1998): Die Familie: Fallstudien zur Unverwüstlichkeit einer Lebensform. Berlin, New York: de Gruyter

Badr, Hoda/Acitelli, Linda K./Duck, Steve/Carl, Walter (2001): Weaving social support and relationship together. In: Sarason, Barbara D./Duck, Steve (eds): Personal relationship. Implications for clinical and community psychology. Chichester: 1-14

Bierhoff, Hans-Werner/Grau, Ina (1999): Romantische Beziehungen. Bindung, Liebe, Partnerschaft. Bern: Huber

Duck, Steve (Hg.) (1988): Handbook of personal relationships. Theory, Research and Interventions. Chichester: Wiley & Sons

Duck, Steve (Hg.) (1997): Handbook of personal relationships. Theory, Research and Interventions. 2. Aufl., Chichester: Wiley & Sons

Duck, West/Acitelli, Linda K. (1997): Sewing the field: The tapestry of relationships in life and research. In: Duck, Steve (ed): Handbook of personal relationships: Theory, research and internventions. Chichester: Wiley

Duck, Steve/Rutt, Deborah J./Hoy, Margaret/Strejc, Hurst Heather (1991): Some evident truths about conservation in everyday relationships: All communication is not created equal. In: Human Communication Research 18: 228-267

Goffman, Erving (1967): Stigma. Über Techniken der Bewältigung beschädigter Identität. Frankfurt a.M.: Suhrkamp (orig. 1963)

Grau, Ina/ Bierhoff, Hans-Werner (Hg.) (2003): Sozialpsychologie der Partnerschaft. Berlin: Springer

Heider, Fritz (1958): The psychology of interpersonal relations. New York: Wiley (dt. 1977)

Heller, Kenneth/Rook, Karen S. (2001): Distinguishing the theoretical functions of social ties: Implications for support interventions. In: Sarason, Barbara R./ Duck, Steve (eds): Personal relationship. Implications for clinical and community psychology. Chichester: 649-670

Hendrick, Clyde/Susan S. Hendrick (Hg.) (2000): Close relationships. A sourcebook. Thousand Oaks: Sage

Hildenbrand, Bruno (1999): Fallrekonstruktive Familienforschung. Anleitungen für die Praxis. Opladen: Leske + Budrich

Hollstein, Bettina (2006): Qualitative Methoden und Netzwerkanalyse – ein Widerspruch. In: Hollstein, Bettina/Straus, Florian (Hg.): Qualitative Netzwerkanalyse. Konzepte, Methoden, Anwendungen. Wiesbaden: 11-35

Huinink, Johannes (1995): Warum noch Familie? Zur Attraktivität von Partnerschaft und Elternschaft in unserer Gesellschaft. Frankfurt a.M.: Campus

Kaufmann, Jean-Claude (1999): Mit Leib und Seele. Theorie der Haushaltstätigkeit. Konstanz: UVK

Keupp, Heiner (1984): Soziale Netzwerke. Eine Metapher des gesellschaftlichen Umbruchs. In: Keupp, Heiner/Röhrle, Bernd (Hg.): Soziale Netzwerke. New York: 11-53

Lenz, Karl (2001): Pädagogische Generationenbeziehungen aus soziologischer Sicht. In: Kramer, Rolf-Torsten/Helsper, Werner/Busse, Susann (Hg.): Pädagogische Generationsbeziehungen. Jugendliche im Spannungsfeld von Schule und Familie. Opladen: 16-39

Lenz, Karl (2003 a): Zur Geschlechtstypik persönlicher Beziehungen – Eine Einführung. In: Lenz, Karl (Hg.): Frauen und Männer. Zur Geschlechtstypik persönlicher Beziehung. Weinheim, München: 7-51

Lenz, Karl (2003 b): Familie – Abschied von einem Begriff? In: Erwägen Wissen Ethik (EWE) 14: 485-498

Lenz, Karl (2006): Soziologie der Zweierbeziehung. 3. aktualisierte Aufl., Wiesbaden: VS

Moreno, Jacob L. (1934): Who shall survive? A new approach to the problem of human interrelations. Washington: Nervous and Mental Disease Publ. Co. (dt. 1954)

Nestmann, Frank (1988): Die alltäglichen Helfer. Berlin: de Gruyter

Nestmann, Frank (2001): Soziale Netzwerke – Soziale Unterstützung. In: Otto, Hans-Uwe/Thiersch, Hans (Hg.): Handbuch Sozialarbeit – Sozialpädagogik. Neuwied: 140-152

Newcomb, Theodore M. (1961): The acquaintance process. New York: Holt, Rinehart & Winston

Nohl, Herrmann (1933): Die pädagogische Bewegung in Deutschland und ihre Theorie. Frankfurt a.M.: Klostermann

Noller, Patricia/Feeney, Judith A. (2006): Close relationships: Functions, forms and processes. New York: Psychology Press

Pearson, Richard E. (1997): Beratung und Soziale Netzwerke. Weinheim: Beltz

Perlman, Daniel/Duck, Steve (2006): The seven seas of the study of personal relationships: From 'the thousand islands' to interconnected waterways. In: Vangelisti, Anita L./Perlman, Daniel (eds): The Cambridge handbook of personal relationships. Cambridge: 11-34

Rook, Karen/Underwood, Lynn G. (2000): Social support measurement and interventions. Comments and future directions. In: Cohen, Shelden/Underwood, Lynn G./Gottlieb, Benjamin H. (eds): Social support measurement and intervention. A guide for health and social scientist. Oxford: 311-334

Simmel, Georg (1985): Fragment über die Liebe. In: Simmel, Georg: Schriften zur Philosophie und Soziologie der Geschlechter. hg. von Dahme, Heinz-Jürgen/Karl Chr. Köhnke. Frankfurt a.M.: 224-281 (aus dem Nachlass, 1. Veröffentlichung: 1921/22)

Thibaut, John W./Kelley, Harold H. (1959): The social psychology of group. New York: Wiley

Vangelisti, Anita L./Perlman, Daniel (2006): The Cambridge handbook of personal relationships. Cambridge: Cambridge University Press

Theoretische Zugänge und
interdisziplinäre Forschungsfelder

Karl Lenz

Persönliche Beziehungen: Soziologische Traditionslinien

Anfang der 60er Jahre hat Friedrich H. Tenbruck darauf hingewiesen, dass der Bereich der persönlichen Beziehungen in der Soziologie ein „Kümmerdasein" fristet. Er hat diese Aussage in einem Artikel zu Freundschaft gemacht, der den Untertitel „Ein Beitrag zu einer Soziologie der persönlichen Beziehungen" trägt. Friedrich H. Tenbruck zeigt nicht nur auf, dass eine soziologische Behandlung des Themas durchaus möglich ist, sondern weist ausdrücklich darauf hin, dass „eine Theorie der persönlichen Beziehungen soziologisch von eminenter Bedeutung" (Tenbruck 1989: 248) wäre. Auch heute – mehr als 40 Jahre später – ist dieser Aussage Friedrich H. Tenbrucks insofern zuzustimmen, da es im breiten Kanon der Bindestrich-Soziologien keine etablierte Soziologie persönlicher Beziehungen gibt und Beziehung eher selten als soziologischer Grundbegriff aufgeführt wird.

Allerdings muss Friedrich H. Tenbrucks Aussage zugleich – für die Gegenwart ebenso wie für die Vergangenheit – widersprochen werden, da sich die Soziologie in den unterschiedlichsten Teilgebieten eingehend und unablässig mit persönlichen Beziehungen befasst. Ausgeprägt ist das in der Familienforschung der Fall (ausführlich dazu vgl. Matthias i.d.B.). Die Familienforschung hat sich vor allem auf die Eltern-Kind-Beziehung konzentriert. Sogar die vielfach in Familien eingebetteten Ehebeziehungen wurden im Vergleich dazu weitgehend vernachlässigt, von anderen persönlichen Beziehungen (z.B. Geschwisterbeziehungen) ganz zu schweigen (Kaufmann 1995; Matthias-Bleck 1997; Lenz 2003a, 2006). Diese Vernachlässigung ist kein wissenschaftlicher „Zufall". Sie resultiert aus der starken Ausrichtung der Familienforschung auf das bürgerliche Familienmodell, in dem die Ehe lediglich als ein kurzer und dadurch auch unbedeutender Vorlauf zu einer als dem „eigentlichen Zweck" oder „eigentlichen Motiv" aufgefassten Familienbildung angesehen wird. Die enge Koppelung von Ehe und Familie in diesem Modell hatte zur Folge, dass die Ehe weitgehend in der Familie aufgegangen ist und von daher kein eigenständiges Forschungsinteresse hat binden können. Sehr deutlich kommt dies in der von René König (1974) geprägten Formel der Ehe als „einer unvollständigen Familie" zum Ausdruck (ausführlicher dazu Lenz 2003b). Erst allmählich hat sich im Umkreis der Familienforschung eine Paarforschung etablieren können und sich das Forschungsinteresse an Geschwister- und Verwandtschaftsbeziehungen verstärkt.

Persönliche Beziehungen sind auch in einer Reihe weiterer spezieller Soziologien ein gängiger Gegenstand. Stellvertretend sollen an dieser Stelle nur einige Beispiele erwähnt werden. Zumindest seit der klassischen Hawthorne-Studie, die anschaulich die hohe soziale Relevanz informeller Gruppen aufgezeigt hat (Roethlisberger/Dickson 1939), haben persönliche Beziehungen einen festen Platz in der Betriebs- und Arbeitssoziologie. In der sozialwissenschaftlichen Kindheits- und Jugendforschung nimmt die Erforschung der Beziehungen der Kinder und Jugendlichen zu ihren Eltern oder Gleichaltrigen (Krüger/Grunert 2002) einen ebenso breiten Raum ein wie die sozialen Kontakte alter Menschen in der Soziologie des Alter(n)s (Backes/Clemens 1998; Kohli/Künemund 2000). Auch eine politische Soziologie kommt bei einer Analyse von Machtprozessen nicht ohne eine Erforschung der zugrunde liegenden Beziehungsgefüge aus (Popitz 1992). Auffällig ist nur, dass in diesen – und auch in einer Reihe anderer – Zusammenhängen der Gegenstand oftmals nicht beim Namen genannt wird. Persönliche Beziehungen sind in speziellen Soziologien fortlaufend Gegenstand, ohne dass sie als persönliche Beziehungen thematisiert werden; verbreitet ist eine Reihe von Synonymen, die in ihrer Fülle den eigentlichen Gegenstand weitgehend verhüllen.

Dieser Beitrag nimmt sich nicht die Herkules-Aufgabe vor, die Thematisierung persönlicher Beziehungen in der Soziologie im Ganzen nachzuzeichnen. Er ist vielmehr damit befasst deutlich zu machen, dass die Beziehungskategorie in den (akademischen) Anfängen der Soziologie als eine Grundkategorie präsentiert war. Damit wird eine weitere Bemerkung von Friedrich H. Tenbruck (1989) aufgegriffen, der in dem bereits zitierten Aufsatz davon spricht, dass „ein gewisses Interesse (..) in der deutschen Soziologie bei Georg Simmel, Alfred Vierkandt, Leopold von Wiese (..) an diesem Thema (einmal) bestand" (Tenbruck 1989: 230). Ich werde mich bei dieser Rekonstruktion nicht auf die drei genannten Namen beschränken. Beabsichtigt ist hier auch keine systematische Darstellung der Verwendungsweise der Beziehungskategorie in der frühen Soziologie. Stattdessen wähle ich mit Georg Simmel, Max Weber, Leopold von Wiese und Alfred Schütz vier frühe Soziologen[1], deren Beziehungskonzepte im Weiteren rekonstruiert werden sollen. Damit ist keineswegs die Behauptung verknüpft, nur diese vier Soziologen haben sich mit Beziehungen befasst. Es würde nicht schwer fallen, eine Reihe weiterer Soziologen zu nennen (vgl. Burkart i.d.B.). Diese Auswahl rechtfertigt sich vor allem damit, dass diese Arbeiten weiterhin für die Erforschung persönlicher Beziehungen anregend sind bzw. sein könnten. Über die Rezeptionsgeschichte soll darüber hinaus in groben Linien skizziert werden, wie Beziehung als soziologischer Grundbegriff „vergessen" bzw. an den Rand gedrängt wurde.

---

1 Im Unterschied zu Friedrich H. Tenbruck halte ich den Beitrag von Alfred Vierkandt für weniger bedeutsam (als Kurzüberblick Daub 1996), so dass ich hier auf eine Darstellung verzichte. Durchaus erwähnenswert sind aus meiner Sicht dagegen die Beziehungskonzepte von Max Weber und Alfred Schütz.

1. Formen sozialer Wechselwirkung: Georg Simmel

Georg Simmel (1858-1918) ist sicherlich der Klassiker, der für eine Soziologie persönlicher Beziehung die meisten Anregungen geben kann. Simmel greift in seinem Werk, und vor allem in seiner großen „Soziologie" (1983; orig. 1908), an verschiedenen Stellen Erscheinungsformen persönlicher Beziehungen auf. Seine Beiträge zu einer Soziologie persönlicher Beziehung bleiben jedoch Bruchstücke, die nicht in einen Gesamtentwurf integriert sind. Neben diesen Bruchstücken ist die von Georg Simmel vorgenommene Grundlegung der Soziologie herauszustellen, die im besonderen Maße für eine soziologische Analyse persönlicher Beziehungen anschlussfähig und anregend ist (vgl. auch Daub 1996; Hohenester 2000).

Das Grundkonzept der Soziologie Georg Simmels ist die Wechselwirkung, und als Aufgabe dieser Disziplin bestimmt er die Erforschung der Formen der Wechselwirkung oder Vergesellschaftung (Bevers 1985; Nedelmann 1988). Dabei kritisiert Georg Simmel (1983: 14 f., 1994: 12 f.), dass sich die Soziologie bislang fast ausschließlich mit den „großen Systemen" und „überindividuellen Organisationen", wie z.B. Staat, Klassen oder Zweckverbänden befasst hat. Als zentrales Anliegen der von ihm begründeten Soziologie bestimmt Georg Simmel die Analyse von „mikroskopisch-molekularen Vorgängen" (Simmel 1983: 15). Als Illustration stellt er eine Analogie zur Medizin her, die sich in ihren Anfängen auch nur mit den großen, festumschriebenen Organen (Herz, Leber usw.) beschäftigte und die zahlreichen Gewebe vernachlässigte, ohne die diese Organe niemals einen lebendigen Leib ergeben würden. Ebenso unerlässlich sei für die Soziologie das Studium der primären Wechselwirkungsprozesse. „Dass die Menschen sich gegenseitig anblicken und dass sie aufeinander eifersüchtig sind, dass sie sich Briefe schreiben oder miteinander zu Mittag essen, (...) dass sie sich füreinander anziehen und schmücken – all die tausend von Person zu Person spielenden momentanen oder dauernden, bewussten oder unbewussten, vorüberfliegenden oder folgenreichen Beziehungen (...) knüpfen uns unaufhörlich zusammen" (Simmel 1983: 15). Diese Ausführungen von Georg Simmel leisten eine Grundlegung der Mikrosoziologie, und auf diesem Fundament sollen im Weiteren einige Ideensplitter aus seinem Fundus für eine Soziologie persönlicher Beziehung vorgestellt werden:

In der Mortalität der Dyade sieht Georg Simmel (1983) das konstitutive Merkmal einer Zweiergruppe. Während „mehrgliedrige Gebilde", selbst wenn sie nur aus drei Personen bestehen, in der Regel beim Ausscheiden eines Mitglieds weiterexistieren, zerstört beim Paar der Austritt eines Einzelnen unvermeidbar bereits das Ganze. Diese völlige Abhängigkeit der Zweiergruppe vom Einzelelement „lässt die Vorstellung ihrer Existenz in näherer und fühlbarerer Weise von der ihres Endes begleitet sein, als es bei anderen Vereinigungen der Fall ist, von denen jegliches Mitglied weiß, dass sie nach seinem Ausscheiden oder nach seinem Tode weiterexistieren können" (Simmel 1983: 59). Und Georg Simmel fährt einige Sätze später fort

(1983: 60): „Dass aber eine Vereinigung von zweien zwar nicht ihrem Leben nach, aber ihrem Tode nach von jedem ihrer Elemente für sich allein abhängt – denn zu ihrem Leben bedarf sie des zweiten, aber nicht zu ihrem Tode –, das muss die innere Gesamtattitüde des Einzelnen zu ihr, wenn auch nicht immer bewusst und nicht immer gleichmäßig, mitbestimmen. Es muss diesen Verbindungen für das Gefühl einen Ton von Gefährdung und von Unersetzlichkeit geben, der sie zu dem eigentlichen Ort einerseits einer echten soziologischen Tragik, andererseits einer Sentimentalität und elegischen Problematik macht."

Anhand des möglichen Auseinanderfallens der Qualität einer Persönlichkeit und der Qualität einer Ehe weist Simmel (1983: 63) darauf hin, „dass dieses Gebilde [gemeint ist die Ehe; K. L.], so sehr es von jedem der Teilnehmer abhängig ist, doch einen Charakter haben kann, der mit dem keines Teilnehmers zusammenfällt". Indem er die Ehe als „etwas Überpersönliches" auffasst, weist er auf ihre emergente Qualität hin, die sich eben *nicht* in der Individualität der Einzelpersonen erschöpft. Auch macht Simmel darauf aufmerksam, dass die „Gemeinsamkeit aller Lebensinhalte" als Beziehungsideal, die geforderte und angestrebte Offenheit in Paarbeziehungen auf Dauer gesehen mit der besonderen Gefahr der Entleerung einhergehe. „Die bloße Tatsache des absoluten Kennens, des psychologischen Ausgeschöpfthabens (…) lähmt die Lebendigkeit der Beziehungen und lässt ihre Fortführung als etwas eigentlich Zweckloses erscheinen. (…) An diesem Mangel gegenseitiger Diskretion, im Sinne des Nehmens wie auch des Gebens, gehen sicher viele Ehen zugrunde, d. h. verfallen in eine reizlos-banale Gewöhnung, in eine Selbstverständlichkeit, die keinen Raum für Überraschungen mehr hat" (Simmel 1983: 271 f.).

Neben der Ehe hat sich Simmel auch eingehend mit Freundschaft als einer Form persönlicher Beziehungen befasst. Ausführlich erörtert er die Frage, ob die „Gesamtpersönlichkeit" eher in der Ehe oder in der Freundschaft vollständig eingebracht werden kann. Bei der Freundschaft geht er dabei vom antiken Ideal aus, das auch in der Romantik aufgegriffen wurde, wonach Freundschaft auf eine „absolute seelische Vertrautheit" (Simmel 1983: 265) fuße. In – modern gesprochen – Paarbeziehungen öffne das sexuelle Begehren den Zugang zum ganzen Ich; seine Dominanz könne aber auch diesen Zugang begrenzen. Simmel konstatiert zugleich Veränderungen in den Freundschaften als Resultat des fortschreitenden sozialen Differenzierungsprozesses: „Vielleicht hat der moderne Mensch zuviel zu verbergen, um eine Freundschaft im antiken Sinne zu haben, vielleicht sind die Persönlichkeiten auch (…) zu eigenartig individualisiert, um die volle Gegenseitigkeit des Verständnisses (…) zu ermöglichen" (Simmel 1983: 269). Unter diesen sozialstrukturellen Rahmenbedingungen kommt es zur Herausbildung von „differenzierten Freundschaften", „die ihr Gebiet nur an einer Seite der Persönlichkeit haben und in die die übrigen nicht hineinspielen" (Simmel 1983: 269).

Ausführlich wie kein anderer soziologischer Klassiker hat sich Georg Simmel zudem mit der Geschlechterdifferenz befasst und damit einem Thema, dass in persönlichen Beziehungen stets virulent ist (vgl. Koppetsch i. d. B.). Das Thema hat Eingang gefunden in seine „große" Soziologie und bildet den Gegenstand mehrerer Aufsätze (als Aufsatzsammlung hrsg. v. Dahme/ Köhnke 1985).[2] Die Geschlechterunterschiede ergeben sich nach Simmel daraus, dass Frauen und Männer von der sozialen Differenzierung unterschiedlich erfasst sind. Aufgrund ihres Verhältnisses zur Arbeitsteilung sind die Männer das sachlich-spezialisierte und Frauen das einheitlich-unspezialisierte Geschlecht. Da sich für Simmel die Individualität aus der Kreuzung sozialer Kreise ergibt, sind Männer zugleich auch das stark individualisierte Geschlecht. Simmel ist weit davon entfernt, hierin nur ein Defizit zu sehen. „Der engere Kreis (...) hemmt die freie Entfaltung der Persönlichkeit, gewährt ihr aber dafür einen Anhalt und eine Stütze, die der auf sich allein gestellte Mensch, der nur Glied einer sehr weiten Allgemeinheit ist, entbehren muss; die kleinere soziale Gruppe hat ein viel größeres Interesse daran, ihr einzelnes Mitglied zu schützen und zu stützen, als die weitere, in der der Kampf ums Dasein heftiger entbrennt und den Einzelnen zur Ausbildung der Spezialität und zur Selbständigkeit zwingt" (Simmel 1985 a: 39; orig. 1890). Eine Benachteiligung der Frauen erwachse aber daraus, dass das Männliche und Weibliche an Normen gemessen werden, die „ihrer Form und ihrem Anspruch nach allgemein menschlich, aber in ihrer tatsächlichen historischen Gestaltung durchaus männlich sind" (Simmel 1985 b: 200; orig. 1911). Daraus resultiere auch, dass Männer und Frauen ein unterschiedliches Verhältnis zur Geltung des Geschlechterunterschieds haben: Der Geschlechterunterschied ist „für die Frau typischerweise etwas Wichtiges als für den Mann, es ist ihr wesentlicher, dass sie Frau ist, als es für den Mann ist, dass er Mann ist. Für den Mann ist Geschlechtlichkeit sozusagen ein Tun, für die Frau ein Sein" (Simmel 1985 b: 204).

An vielen Stellen seines umfangreichen Werkes hat er sich – und auch dies ist für eine Soziologie persönlicher Beziehung von unmittelbarer Relevanz – mit Emotionen befasst (Nedelmann 1983). Für Georg Simmel (1985 c: 255 f.) steht außer Frage, dass ein Zusammenhalt durch Nutzenorientierung und Zwang allein nicht hergestellt und aufrechterhalten werden kann, sondern einer Abstützung durch Emotionen bedarf. Emotionen sind für ihn ein legitimer Forschungsgegenstand der Soziologie, wenn diese unter der ihr eigenen Perspektive der Wechselwirkung zwischen Individuen analysiert werden (ausführlich Nedelmann 1983; Gerhards 1986). Der Zusammenhang von Wechselwirkung und Emotion ist dabei ein zweifacher: Emotionen können Wechselwirkungen verursachen, sie können aber auch durch Wechselwirkungsprozesse verursacht sein. Beide Analyserichtungen sind für Simmels Beschäftigung mit Emotionen tragend, indem er danach fragt,

---

2 Zu diesem Thema hatte Simmel auch einen regen Austausch mit Marianne Weber, den Theresa Wobbe (1997) nachgezeichnet hat.

wie Individuen durch Emotionen in bestimmte Wechselwirkungen miteinander treten, und herausarbeitet, welche sozialen Konstellationen konstitutiv für das Auftreten einer bestimmten Emotion sind. Simmel ergänzt diese
beiden Analyserichtungen, indem er zusätzlich nach ihren Funktionen für
bestehende Formen der Wechselwirkung fragt (Nedelmann 1983, 1988).
Dabei lassen sich „positive" und „negative" Gefühle unterscheiden: Gefühle, die zum Fortbestand der bestehenden Bindungen beitragen und diese
fördern, sowie Gefühle, die durch ihr Vorhandensein destabilisierend und
zerstörend wirken. Liebe, Treue, aber auch Vertrauen und Sympathie sind
für Simmel Beispiele für positive Gefühle, Neid, Eifersucht und Missgunst
lassen sich als Beispiele für negative Gefühle anführen. Simmel (1985 c)
deutet an, dass diese Zuordnung keine eindeutige ist. Liebe z. B. muss keineswegs immer ein positives Gefühl sein, sondern sie kann unter bestimmten Bedingungen eine Zweierbeziehung zerstören. Ebenso ist es möglich,
dass – um nur ein Beispiel aus den oben genannten negativen Gefühlen herauszugreifen – Eifersucht unter bestimmten Umständen auch integrierend
wirkt.

In einem erst posthum als Fragment veröffentlichten Artikel hat sich Georg
Simmel (1985 c) ausführlich mit der Liebe befasst. Als das Kernstück der
romantischen Liebe fasst er die primäre Ausrichtung an der Individualität
des anderen. Georg Simmel (1985 c: 242 ff.) stellt zwei Liebespaare aus dem
Werk Goethes gegenüber: Gretchen und Faust haben keine Vorstellung von
der Einzigartigkeit des anderen; sie „lieben" – wie es Georg Simmel ausdrückt (1985 c: 243) – „an dem Individuellsten des anderen vorbei". Diesem
Paar stellt Simmel Eduard und Ottilie aus den „Wahlverwandtschaften" gegenüber. Bei ihnen wird alles Gattungsmäßige ausgeschaltet, und ihre „Leidenschaft (ist) ganz und gar durch das Faktum der Individualität bestimmt"
(Simmel 1985 c: 244). Eduard und Ottilie sind Prototypen einer romantischen Liebe.

2. Soziales Handeln und soziale Beziehung: Max Weber

„Soziale Beziehung" ist auch einer der zentralen Grundbegriffe bei Max
Weber (1864-1920), der nicht zuletzt erst durch den Einfluss von Georg
Simmel zu der damals neuen Disziplin Soziologie gestoßen ist, auch wenn
er später immer mehr die Unterschiede zu Simmel betonte (Levine 1984;
Nedelmann 1988). Im Anschluss an das „soziale Handeln", das er durch
Momente der Sinnhaftigkeit und der Orientierung am Verhalten anderer bestimmt und das für ihn den Gegenstand der Soziologie umschreibt, führt
Max Weber den Begriff der sozialen Beziehung ein, als deren entscheidende Erweiterung er die Wechselseitigkeit der Sinnorientierung auffasst. „Soziale ‚Beziehung' soll ein seinem Sinngehalt nach aufeinander gegenseitig
eingestelltes und dadurch orientiertes Sichverhalten mehrerer heißen" (Weber 1976: 13). Als Beispiele für eine soziale Beziehung nennt Weber u. a.
Freundschaft und Geschlechtsliebe. Dieser Begriff der sozialen Beziehung

bei Weber scheint sich weitgehend mit dem der Wechselwirkung zu decken, ungeschadet seiner Kritik an diesem Begriff, der diesen in einem zu seinen Lebzeiten unveröffentlichten und auch unvollendeten Manuskript als zu unbestimmt und zu allgemein bezeichnet hat.[3]

Deutlich wird an dieser Stelle bereits ein Unterschied in der Grundlegung der Soziologie bei diesen beiden Autoren: Bei Max Weber kommt ein anderer Akteur – im Grundkonzept des sozialen Handelns – zunächst nur als Ziel der Verhaltensweisen des handelnden Subjekts ins Spiel, während für Georg Simmels Soziologie von Anfang an das Mit-, Für- und Gegeneinander von Akteuren im Mittelpunkt steht. Während bei Simmel „die Prozesse, welche sich *zwischen* Menschen abspielen" (Bevers 1985: 76), die Grundfigur seiner Soziologie darstellen, kommt bei Max Weber ein zweiter Akteur erst in den Blick, wenn sich das soziale Handeln zur sozialen Beziehung ausweitet. Konsequenter als Weber vermeidet Simmel damit die Probleme eines egologischen Ansatzes, und dies in einer Weise, die es möglich macht, die Akteure durchaus auch als Subjekte der Wechselwirkungsprozesse zu fassen (vgl. auch Nedelmann 1988).

Max Weber befasst sich nicht mit unterschiedlichen Formen sozialer Beziehungen. Für ihn liefern nur die Inhalte des sozialen Handelns bzw. der sozialen Beziehung Spezifizierungsmöglichkeiten, da allein die Inhalte Sinn verleihen (Levine 1984). Umgekehrt ist es nicht angemessen – wozu offensichtlich Max Weber neigt – zu unterstellen, dass Simmel den Inhalt einfach als irrelevant ausklammert. Für Simmel bildet die in der kantianischen Erkenntnistheorie vorgenommene Unterscheidung zwischen Form und Inhalt einen wichtigen Ansatzpunkt. Lediglich methodisch gibt er der Untersuchung der Formen den Vorrang, in denen der Inhalt Gestalt gewinnt (Bevers 1985). Da es Weber ausschließlich um den Sinngehalt von sozialen Beziehungen geht, kann er diesen Begriff auch sehr breit fassen. Eine soziale Beziehung kann, so stellt Weber (1976: 14) ausdrücklich fest, „ganz vorübergehenden Charakters sein oder aber auf Dauer, d. h. derart eingestellt sein: dass die Chance einer kontinuierlichen Wiederkehr eines sinnentsprechenden (d. h. dafür geltenden und demgemäß erwarteten) Verhaltens besteht". Für Weber handelt es sich um eine soziale Beziehung, wenn zwei Personen gleichzeitig in die S-Bahn einsteigen wollen, die eine Person der anderen den Vortritt anbietet, was von letzterer dankend angenommen wird. Doch auch eine langjährige Freundschaft oder Ehe ist eine soziale Beziehung. Aber damit noch nicht genug: Für Weber stellt auch ein Staat eine soziale Beziehung dar. Damit wird aber ein soziales Gebilde als soziale Beziehung aufgefasst, in der – im Gegensatz zu den vorangegangenen Beispielen – die Möglichkeit der Unmittelbarkeit für die daran Beteiligten nur noch in einem sehr eingeschränkten Sinne gegeben ist.

---

3 Wohl zu Recht hat Donald N. Levine (1984: 330) dagegen eingewendet, dass es nicht plausibel sei, in welcher Hinsicht der Grundbegriff des sozialen Handelns bei Max Weber selbst präziser und spezifischer sei als Simmels Grundbegriff.

3. Beziehungslehre – eine vergessene Theorieperspektive: Leopold von Wiese

Im Reigen der Namen von Georg Simmel, Max Weber und auch Alfred Schütz ist der von Leopold von Wiese (1876-1969) der einzige, der nicht der Ahnen-Galerie der soziologischen Klassiker angehört. Dies war vor dem Kontinuitätsbruch der Soziologie durch den Nationalsozialismus noch anders. In der damaligen Soziologie hatte die „Beziehungslehre" von Leopold von Wiese, die er in seinem Hauptwerk „System der allgemeinen Soziologie als Lehre von den sozialen Prozessen und den sozialen Gebilden der Menschen (Beziehungslehre)" (1966; orig. 1924 bzw. 1929) dargelegt hat, eine prominente Stellung inne. In den von Leopold von Wiese herausgegebenen „Kölner Vierteljahresheften für Soziologie", die Vorgängerin der heutigen „Kölner Zeitschrift für Soziologie und Sozialpsychologie" und das damalige offizielle Organ der Deutschen Gesellschaft für Soziologie, gab es mit dem „Archiv für Beziehungslehre" einen ständigen Diskussionsteil zu seinem Theorieentwurf (z. B. Plenge 1931).

Mit der Beziehungslehre wollte Leopold von Wiese ein methodisch strenges Fundament legen, auf dem die Disziplin Soziologie errichtet werden kann. Gegenstand der Soziologie ist nach Wiese die „soziale Sphäre", also jene Sphäre, in der die Menschen miteinander umgehen, d.h. zueinander in Beziehung treten. Eine zwischen A und B usw. bestehende Verbindung wird als eine soziale Beziehung bezeichnet und das Geflecht dieser Verbindungen als soziales Beziehungssystem. Das Soziale ist für Leopold von Wiese ein in der Zeit fließendes Geschehen. In der Sozialsphäre gibt es nichts anderes als soziale Prozesse; aus diesem Grunde ist eine dynamische Betrachtung des Zwischenmenschlichen zwingend erforderlich. Neben den sozialen Prozessen stellen die sozialen Gebilde einen weiteren zentralen Begriff bei Wiese dar. Soziale Gebilde, z.B. Vereine, Kirche, Staat, sind nicht sinnlich wahrnehmbar. Wenn ihnen Realität zugesprochen wird, dann nicht jene des Wahrnehmbaren, sondern Realität im Sinne von lebensbeeinflussender Wirksamkeit. Für das soziologische Denken müssen Gebilde ihren vermeintlichen substanzhaften Charakter verlieren; sie müssen auf soziale Prozesse zurückgeführt werden. Wenn bestimmte soziale Prozesse in wesentlichen Aspekten immer wieder gleich verlaufen und zu immer wieder gleichen Beziehungen führen, so ergeben sich soziale Gebilde. Auf dieser Grundlage hat die Soziologie nach Wiese zwei Hauptaufgaben: (1) die Analyse und die Ordnung sozialer Prozesse und (2) die Analyse (einschließlich ihrer Rückführung auf soziale Prozesse) und Ordnung sozialer Gebilde.

Für die Einlösung dieser Hauptaufgaben entfaltet Wiese eine kategorienreiche Systematik für soziale Prozesse und soziale Gebilde. In seiner Systematik der sozialen Prozesse unterscheidet er – um nur den Anfang zu erwähnen – Grundprozesse des Bindens (A-Prozesse), Grundprozesse des Lösens (B-Prozesse) und als dritte Kategorie so genannte gemischte Grundprozesse (M-Prozesse). Diese werden in Prozesse erster und zweiter Ordnung unterschieden. Das Ganze mündet in eine Tafel der menschlichen Beziehungen, die auf eine strenge Systematik und Vollständigkeit abzielt (vgl. auch Wiese 1924).

Bei der Analyse und Systematik sozialer Gebilde unterscheidet Wiese zwischen abstrakten Kollektiva (z.B. Staat, Kirche), Massen und Gruppen. Die Gruppen unterteilt er im nächsten Schritt in große Gruppen, in kleine Gruppen, in dreigliedrige Gruppen sowie in Zweiergruppen oder Paare (vgl. auch Wiese 1927). Nur diese letztere Unterform soll im Folgenden näher betrachtet werden. Entschieden wendet sich Leopold von Wiese gegen die Auffassung, die Lehre vom Paar könne man der (Individual-)Psychologie überlassen. Das Paar sei vielmehr ein genuin soziologischer Gegenstand. In der soziologischen Betrachtung des Paares steht für ihn das Problem im Mittelpunkt, „wie durch Beziehungen des einen Menschen zum anderen jeder von beiden veranlasst wird, sich anders zu verhalten, als wenn er bloß sich selbst (und seiner eigenen Seele) überlassen wäre" (Wiese 1966: 463). Das Paar – so seine Feststellung – handelt immer anders als jeder einzelne allein oder wenigstens (bei starkem Überwiegen eines Partners) als der eine von beiden (der passivere) allein handeln würde. In seinem starken Hang zur Systematik unterscheidet Leopold von Wiese Geschlechts- (Liebes- oder Ehepaar), Generations- und Freundschaftspaare, die er zusammenfassend als typische Paare bezeichnet und von so genannten atypischen oder abgeleiteten Paaren (z.B. Vorgesetzte, Untergebene, Lehrer, Schüler usw.) abgrenzt. Für Wiese ergibt sich eine Reihe von soziologisch relevanten Fragen:

- Was unterscheidet das Paar als das kleinste Gebilde von anderen Gruppen?
- Welche Grundzüge sind allen Paaren gemeinsam?
- Welche sind den einzelnen Hauptarten von Zweiergruppen eigentümlich?
- Wie gestalten sich die Beziehungen im Paargebilde?
- Welche sozialen Prozesse überwiegen, welche sind selten oder kommen bei Paaren gar nicht vor?

Als Besonderheit des Paares oder der Zweiergruppe stellt Wiese heraus, dass das Paar das individuellste unter allen Gebilden ist; im Paar wirkt Individuelles auf Individuelles. „Die Zweiergruppe ist unter allen Gebilden dasjenige, das am meisten (im guten und im schlechten Sinne zu Gedeih oder Verderb) der Individualität Spielraum gewährt. Es ist geradezu ihre Funktion, das Allgemein-Menschliche, das ja zugleich immer das Intime ist, zur Geltung zu bringen" (Wiese 1966: 466). In der Zweiergruppe muss oder will der eine Mensch den anderen ganz erfassen. Gerade dadurch gewinnt das Paar als der kleinste Gruppentyp eine zentrale soziale Funktion: Das eigentlich Wesentliche der Paarung ist die „Vermenschlichung des Sozialverkehrs". Die Paarintimität schafft den sozialen Fundus, um der Kälte und Ungeselligkeit moderner Gesellschaften entgegenzuwirken. Die humane Qualität der Sozialsphäre kommt durch das Paar zustande (Daub 1996). Wie Simmel hat auch von Leopold von Wiese bereits das Thema der Geschlechterdifferenzen in Beziehungen aufgegriffen (Wiese 1918).

In der Beziehungslehre von Leopold von Wiese findet sich für eine Soziologie persönlicher Beziehung eine Reihe wertvoller Anregungen. Allerdings werden diese durch die immerwährenden Systematisierungs- und Klassifikationsbestrebungen erstickt. Wiese ist der „Chemiker" unter den Soziologen, der nach dem Vorbild des periodischen Systems aus der Chemie für seine eigene Disziplin eine vergleichbare Systematik sozialer Elementarformen ausarbeiten wollte (als Überblick Stölting 1986: 280 ff.). Ihm geht es weniger um eine Beschreibung und Durchdringung der sozialen Prozesse, sondern primär um eine Auflistung und Einordnung von Kategorien in eine Übersichtstafel. Diese Systematisierungs- und Klassifikationsmanie ist maßgeblich für den Niedergang der einst so prominenten Theorieperspektive verantwortlich.

4. Wir- und Ihrbeziehung: Alfred Schütz

In dem einzigen zu seinen Lebzeiten publizierten Buch „Der sinnvolle Aufbau der sozialen Welt" (2004; orig. 1932) steht für Alfred Schütz (1899-1959) die Auseinandersetzung mit Max Weber im Zentrum (vgl. die Einleitung von Endreß/Renn 2004). Schütz verfolgt das Ziel einer phänomenologischen Grundlegung der verstehenden Soziologie. Schütz (2004) kritisiert am Beziehungsbegriff von Weber, dass dieser nicht unterscheidet, ob die Wechselseitigkeit des Aufeinanderbezogenseins in der Perspektive eines Handelnden oder in der eines Beobachtenden vorhanden ist (Hohenester 2000).

Für eine Differenzierung des Beziehungskonzepts verwendet Schütz eine Gliederung der Sozialwelt. Neben der Vor- und Folgewelt, die hier außer Acht gelassen werden können, unterscheidet Schütz zwischen der Umwelt und der Mitwelt. Als Umwelt wird der vom Subjekt unmittelbar erlebte Teilausschnitt der Sozialwelt bezeichnet. Die Mitwelt ist zwar gleichzeitig vorhanden, sie liegt aber jenseits der Wahrnehmungsgrenzen des Subjekts. Eine zentrale Bedeutung weist Schütz der Beziehung zu, bei der eine gemeinsame Anwesenheit in einer raum-zeitlichen Situation gegeben ist und die er als „umweltliche soziale Beziehung" oder „Wirbeziehung" bezeichnet. Eine Wirbeziehung entspricht dem, was man heute in Anschluss an Erving Goffman oder auch Niklas Luhmann als Interaktion bezeichnet. Als Kontrast wird dieser Form die „Ihrbeziehung" gegenüber gestellt, die ausschließlich auf die Mitwelt beschränkt ist. Sie kommt zwischen Personen zustande, die zwar gleichzeitig leben, aber (noch) nicht unmittelbar in Kontakt getreten sind. Während die andere Person in einer Wirbeziehung in einem Maximum an Symptomfülle in Erscheinung tritt, ist sie in der Ihrbeziehung immer nur als Typus vertreten.[4]

---

4 Als Beispiel einer Ihrbeziehung in ihrer vollkommensten Ausprägung nennt Schütz an mehreren Stellen die Beziehung eines Briefabsenders zu den Postangestellten, die diesen Brief aus dem Postkasten abholen, weiterleiten und zustellen. Wenn wir einen Brief abschicken, verlassen wir uns darauf, dass die Postangestellten alle notwendigen

Schütz weist auch darauf hin, dass es in der Sozialwelt Übergänge zwischen der Umwelt und der Mitwelt gibt. Personen, die sich gerade kennen gelernt haben, werden irgendwann wieder, vielleicht für immer, auseinander gehen ebenso wie auch in einer Ehe oder Freundschaft umweltliche von mitweltlichen Situationen abgelöst werden. Bei diesem in Ehe oder Freundschaft einhergehenden Wechsel zwischen Umwelt und Mitwelt spricht Alfred Schütz (2004: 334) von einer „wiederkehrenden Beziehung", deren Kennzeichen Diskontinuität und Wiederholbarkeit sind. Anhand von Freundschaften stellt Alfred Schütz drei Besonderheiten von wiederkehrenden Beziehungen heraus: (1) Freunde können an eine Serie umweltlicher sozialer Beziehungen zurückdenken. (2) Freunde können ihr Verhalten in einer mitweltlichen Situation aneinander ausrichten. (3) Die Wiederherstellung einer Wirbeziehung – technische Hindernisse außer Acht lassend – ist jederzeit und beliebig möglich,

Auch wenn sich Alfred Schütz ausführlich mit den Formen sozialer Beziehungen beschäftigt, bleibt seine Betrachtung weitgehend an die Differenz von Umwelt und Mitwelt gebunden. Fragen nach Besonderheiten einer wiederkehrenden Sozialbeziehung werden nicht gestellt, auch bleibt außer Betracht, wie sich „einmalige" Wirbeziehungen von solchen unterscheiden, die in eine wiederkehrende Sozialbeziehung eingebettet sind.

5. Interaktion statt persönliche Beziehung als Grundbegriff

Diese Ansatzpunkte, Beziehung als eine Grundkategorie der Soziologie zu etablieren, wurden nicht systematisch fortgeführt. Bei Max Weber stand die unspezifische Fassung dieser Kategorie einer systematischen Fortführung im Wege. Alfred Schütz konnte dazu nicht beitragen, da er bis weit in die 70er Jahre in der soziologischen Profession ein Unbekannter geblieben ist. Die zu ihrer Zeit bedeutsame Beziehungslehre Leopold von Wieses ist an ihrer Systematisierungs-Manie gescheitert und geriet in Vergessenheit. Dies konnte auch nicht verhindert werden durch die Übersetzung von Howard Becker[5] ins Englische („Systematic Sociology") und Howard Beckers Be-

---

Leistungen auch erbringen werden, damit der Brief möglichst bald am Ziel eintrifft. Die Postangestellten kommen dabei nicht als Individuen in den Blick, wir kennen sie nicht und werden sie vermutlich auch nie kennen lernen. Es reicht für uns als Briefabsender völlig aus, dass wir aufgrund unserer Erfahrungen wissen, dass es Personen gibt, die sich in dieser „typischen" Weise verhalten, die für die Beförderung des Briefs notwendig ist.

5 Howard Becker (1899-1960) darf nicht mit dem aus dem Symbolischen Interaktionismus und Labeling-Ansatz bekannten Howard S. Becker verwechselt werden. Der hier gemeinte Howard Becker war geprägt von der frühen Chicagoer Schule. In den 20er Jahren hielt er sich zu mehreren Studienaufenthalten in Deutschland auf. In der frühen Nachkriegszeit reorganisierte er das hessische Universitätswesen und war auch an der Wiedergründung der Deutschen Gesellschaft für Soziologie beteiligt. Leopold

streben, eine „sociological analysis of dyad" (Becker/Ussem 1942) in der amerikanischen Soziologie zu etablieren. Bleibt das Werk von Georg Simmel. Lange wurde es nur als „Steinbruch" rezipiert, das für vielfältige Anregungen geeignet war. In seinen Grundintentionen wurde es aber kaum zur Kenntnis genommen. Die von Georg Simmel als vordringlich angesehene Hinwendung zu mikroskopisch-molekularen Prozessen in der Soziologie hat lange auf sich warten lassen.

Am fruchtbarsten für die Fortführung der Soziologie Simmels und auch für die Hinwendung zu Mikroprozessen hat sich die *Chicagoer Schule* erwiesen. Sicherlich wäre es verfehlt, die Chicagoer Schule auf eine bloße Fortsetzung der Simmelschen Soziologie reduzieren zu wollen; sie ist maßgeblich durch die Rezeption des Pragmatismus geprägt (Joas 1988), was sich nicht zuletzt in dem hohen Stellenwert der empirischen Forschung niederschlägt. Dennoch ist der starke Einfluss von Simmel auf diese erste amerikanische Soziologie-Schule offenkundig. Schon Albion W. Small, der an der University of Chicago überhaupt das erste Department für Soziologie in den USA gründete und mit dem „American Journal of Sociology" (AJS) auch die erste Fachzeitschrift etablierte, hatte ein großes Interesse an der Soziologie Simmels. Small schickte Studenten nach Berlin zum Studium bei Simmel und sorgte auch dafür, dass eine Reihe übersetzter Arbeiten von Georg Simmel im AJS erschien. Bei Simmel studierte auch Robert E. Park, der eigentliche Begründer der Chicagoer Schule (Christmann 2007). Für Park waren die Vorlesungen bei Georg Simmel „die einzige formale Unterweisung in der Soziologie, die ihm jemals zuteil wurde" (Levine 1981: 36). Zusammen mit seinem jüngeren Kollegen Ernest W. Burgess, der auch aus der Familiensoziologie bekannt ist, veröffentlichte Park 1921 die „Introduction to the Science of Sociology", die lange Zeit *das* Einführungsbuch für amerikanische Soziologiestudent/inn/en war. Die gesamte Stoffauswahl und -anordnung ist stark an Simmel angelehnt, und mit zehn Lesestücken ist Simmel in diesem Buch stärker vertreten als jeder andere Soziologe. Auch übernahm Park für sein eigenes soziologisches Schaffen den Begriff der Wechselwirkung als Leitgedanken. Trotz dieser großen Aufmerksamkeit, die Simmel durch Park zuteil wurde, wich er – auch wenn es nicht selbst explizit formuliert – dennoch von dessen Theorieprogramm ab. Für Park, der vor seiner wissenschaftlichen Karriere als Journalist arbeitete, standen die sozialen Probleme der amerikanischen Großstadt im Vordergrund (Joas 1988). Der empirischen Analyse konkreter Kollektive und dem Kollektivverhalten sind die Arbeiten von Park und seinen Schülern gewidmet, wogegen die Analyse der Formen der Wechselwirkung und vor allem die Erforschung mikroskopisch-molekularer Prozesse in den Hintergrund trat. Diese Differenz findet auch – wie Donald N. Levine (1984: 348 ff.) aufzeigt – in einer Umdeutung zentraler Simmelscher Begriffe ihre konsequente Fortsetzung.

---

von Wiese hätte anstelle von René König gerne Howard Becker als seinen Lehrstuhlnachfolger in Köln gesehen.

Jenseits der Simmel-Tradition, die trotz dieser „anderen" Ausrichtung lebendig blieb, hat vor allem George Herbert Mead, der ebenfalls an der Universität von Chicago lehrte, dazu beigetragen, dass Mikroprozesse in das Blickfeld der Soziologie kamen.[6] Ausgehend vom Pragmatismus befasste sich Mead (1975; orig. 1934) – in kritischer Auseinandersetzung mit dem Behaviorismus – mit den sozialen Grundbedingungen der Selbstreflexivität (Joas 1980). Das Moment der Selbstreflexivität umschreibt einen fundamentalen Unterschied zwischen Tier und Mensch, und ihre Genese verweist auf die Sprache in ihrem Vorkommen in Interaktionssituationen. Mead (1975) unterscheidet zwischen Gesten und signifikanten Symbolen. In einer durch Gesten vermittelten Interaktion, die bei Tieren und Menschen vorkommt, bildet die Handlung der einen Seite einen auslösenden Reiz für die Verhaltensreaktion der anderen Seite. Dagegen zeichnen sich signifikante Symbole dadurch aus, dass sie auf beiden Seiten dieselben Reaktionen auslösen – oder anders formuliert – mit denselben Bedeutungen verbunden sind. Dadurch wird eine innere Repräsentation des eigenen und auch des fremden Verhaltens möglich. Dieser Gebrauch von signifikanten Symbolen, die vor allem, wenn auch nicht ausschließlich, sprachlicher Natur sind, stellt die notwendige Bedingung für das Denken (mind) wie auch für die Ausbildung eines Selbst dar. Zugleich verweist die Ausbildung dieser Fähigkeit notwendigerweise auf die Teilhabe an Interaktionsprozessen. Aufgenommen und fortgeführt wurden diese Überlegungen von Mead in der Soziologie vor allem durch den Symbolischen Interaktionismus. Die Bezeichnung dieser Theorierichtung, die von Herbert Blumer (1973) stammt, beinhaltet mit Symbol und Interaktion bereits die beiden zentralen Konzepte. Die Bedeutungen, die mit Objekten – egal ob von physikalischer, sozialer oder abstrakter Qualität – verbunden werden, bilden die Grundlage des Handelns; Bedeutungen werden in Interaktionsprozessen hervorgebracht, und ihr Gebrauch durch die Interaktionspartner beinhaltet einen Interpretationsprozess (Lenz 2002).

Die Interaktion stellt für George Herbert Mead und den Symbolischen Interaktionismus zwar eine zentrale Kategorie dar, sie wird jedoch in beiden Fällen nicht als eigenständiger Forschungsgegenstand begriffen. Interaktionen werden nicht als eine besondere Form der Wechselwirkung erforscht, sondern erscheinen bei Mead in der Suche nach den sozialen Grundbedingungen der Selbstreflexivität, und im Symbolischen Interaktionismus können Interaktionsprozesse in Verbindung stehen mit diversen Problemstellungen, wie z. B. mit kollektivem Verhalten oder sozialen Organisationen. Trotzdem hat damit eine verstärkte Hinwendung zu Interaktionen begon-

---

6 In den Arbeiten von George Herbert Mead existieren keine Verweisstellen auf Georg Simmel, und es ist auch nicht bekannt, ob George Herbert Mead das Werk von Georg Simmel überhaupt gekannt hat (Dahme 1981: 106). Manche Autoren und Autorinnen (z. B. Schnabel 1974) sprechen von einem „indirekten Einfluss", den Georg Simmel auf George Herbert Mead ausgeübt hat. Auch wenn sich Parallelen durchaus erkennen lassen, fällt es schwer, selbst für einen indirekten Einfluss Belege zu finden.

nen, die dann im Werk von Erving Goffman eine konsequente Steigerung erfährt. Es ist das zentrale Anliegen von Goffman, Interaktionen als eigenständigen Forschungsbereich in der Soziologie zu etablieren (Lenz 1991; Knoblauch 1994). Darauf hat Goffman, der ansonsten mit Kommentaren zu seinem eigenen Werk sehr sparsam war, in seiner Präsidentenadresse ausdrücklich hingewiesen: „Es war in all den Jahren mein Anliegen, Anerkennung dafür zu finden, dass die Sphäre der unmittelbaren Interaktion der analytischen Untersuchung wert ist – eine Sphäre, die man, auf der Suche nach einem treffenden Namen, *Interaktionsordnung* nennen könnte" (Goffman 1994: 55; orig. 1983). Goffman stützt sich dabei nicht unwesentlich auf Simmel, vermittelt vor allem über Everett C. Hughes als seinem wichtigen akademischen Lehrer in seiner Studienzeit an der Chicagoer Universität (ausführlicher vgl. Lenz 1991).

Wenn er Interaktionen als einen eigenständigen Forschungsbereich betrachtet, dann kommt darin neben Simmel unverkennbar der Bezug auf das E-mergenztheorem von Durkheim zum Vorschein (Goffman 1971). Soziale Phänomene, so hat Emile Durkheim (1976; orig. 1895) aufgezeigt, weisen emergente Eigenschaften auf, die sich unter Rückgriff auf die beteiligten Individuen nicht fassen lassen. Daraus leitet Durkheim die Maxime ab, dass soziale Phänomene immer nur auf der Ebene sozialer Phänomene hinreichend erklärbar sind. Den Geltungsbereich des Emergenztheorems erweitert Goffman auf die unterschiedlichen Komplexitätsniveaus sozialer Phänomene. Interaktionsvorgänge weisen besondere Züge auf, die aus dem Blickwinkel des Individuums nicht beschreibbar sind. Zugleich lassen sich Interaktionen auch nicht unter Bezugnahme auf soziale Makrozusammenhänge adäquat erfassen (Rawls 1987; Kendon 1988)[7]. Interaktionen sind nicht einfach das Produkt der daran beteiligten Personen, die in Verfolgung ihrer Pläne die Handlungen der anderen in Betracht ziehen. Oder wie es Goffman (1971: 8) in der Einleitung zu „Interaktionsrituale" formuliert: „Ich setze voraus, dass der eigentliche Gegenstand der Interaktion nicht das Individuum und seine Psychologie ist, sondern eher die syntaktischen Beziehungen zwischen den Handlungen verschiedener gleichzeitig anwesender Personen". Damit werden keineswegs die Handelnden als Subjekte negiert – ausdrücklich weist er gleich anschließend darauf hin, dass sie es sind, die das Grundmaterial liefern; Erving Goffman wollte damit lediglich anzeigen, dass Interaktionen eine Realität sui generis darstellen.

---

7 Erving Goffman weist als eine weitere Begründung für ihre Erforschung darauf hin, dass face-to-face-Interaktionen eine hohe lebenspraktische Relevanz besitzen: Einen großen Teil unseres täglichen Lebens verbringen wir in der unmittelbaren Anwesenheit anderer. Auch gibt es Ereignisse, die nur in einer face-to-face-Konstellation auftreten können. Während das Entwenden von Wertgegenständen aus einer Wohnung durchaus auch bei Abwesenheit des Eigentümers geschehen kann, ist eine eventuell damit einhergehende Gefahr für Leib und Leben an die Anwesenheit in der Situation gebunden.

Ebenso wendet sich Goffman gegen eine soziologische Tradition, die Interaktionen lediglich als Epiphänomene sozialer Organisationen oder anderer makrosozialer Gebilde auffasst. Er impliziert damit weder, dass Interaktionen unabhängig sind von den Individuen und der Makrostruktur, noch dass ihnen eine Priorität zukommt, sondern lediglich, dass Interaktionsprozesse nur zu verstehen sind, wenn sie in ihrer Besonderheit als Interaktionsprozesse auch studiert werden. Goffman hat damit in einem erheblichen Umfang den Boden für eine detailorientierte Erforschung von Interaktionsprozessen bereitet. Er hat damit Grundlagen für Forschungsarbeiten geschaffen, die weit über die Zahl der Studien hinausgehen, die sich unmittelbar auf ihn berufen. Mit dem Forschungsprogramm der „interaction order" hat Goffman die Grundlegung der Soziologie bei Simmel, die sich mit Formen sozialer Wechselwirkungsprozesse zu befassen habe, auf konsequente Weise auf den Teilbereich der Interaktion umgesetzt und äußerst kreativ fortgeführt.

Persönliche Beziehung als eine andere Grundform sozialer Wechselwirkung interessierten ihn nur aus der Perspektive der in diese eingebetteten Interaktionen. Noch am ausführlichsten ist er in einem Kapitel in „Das Individuum im öffentlichen Austausch" auf Beziehungen eingegangen. Er unterscheidet zwischen „verankerten" (anchored relations) und „anonymen Beziehungen" (anonymous relations). Während in den letzteren der Umgang lediglich auf der Basis der unmittelbar wahrgenommenen sozialen Identität beruht, wird in der verankerten Beziehung die andere Person aufgrund eines persönlichen Wissens identifiziert. Auch wenn Erving Goffman in diesem Kapitel noch etwas bei einer weiteren Bestimmung dieser Form der Beziehung verweilt, gilt sein Hauptinteresse – so auch der Titel dieses Kapitels – den „Beziehungszeichen", d. h. Ausdrucksformen, mit denen die Beteiligten ihr Miteinander bekunden (z. B. mit Händehalten). Er beschäftigt sich – wie aufgrund der Ausrichtung seines Forschungsprogramms selbstverständlich erscheint – „mit jenen Beziehungszeichen (..), bei denen die Seiten der Beziehung durchgängig zusammen anwesend" (Goffman 1974: 263) sind, also mit jenen, die in Interaktionen vorkommen.

Damit waren die Grundlagen gelegt, um Interaktion als mikrosoziologischen Grundbegriff zu etablieren. Durchgesetzt hat sich dies nicht nur in der hier skizzierten Theorietradition. Aus einer anderen Theorietradition kommend unterscheidet Niklas Luhmann (1984) neben Gesellschaft und Organisation Interaktion als eine dritte Systemebene. Dagegen bleibt persönliche Beziehung ein wenig konturierter Begriff. Wie bereits einleitend festgelegt, sind persönliche Beziehungen zwar in vielen Fachzusammenhängen der Soziologie Gegenstand, allerdings ohne dass dieser Begriff systematisch entwickelt wird.

Abschließend sei auf eine der wenigen Ausnahmen hingewiesen, in der Interaktion und Beziehungen gleichrangig aufgegriffen werden: Auf die Studie von George J. McCall und Jerry L. Simmons (1974)[8] zur Rollen-Identität. Unter Rollen-Identität verstehen die Autoren „die erdachte Vorstellung von sich selbst, wie man sich selbst als Inhaber dieser Position gern sehen würde, und wie man handeln möchte" (McCall/Simmons 1974: 89). Eine jede Person hat eine ganze Anzahl von Rollen-Identitäten, die keineswegs einfach nebeneinander bestehen, sondern miteinander in Verbindung stehen. Wichtiger noch als Interaktionen – sie sprechen von Begegnung – für die Unterstützung der Rollen-Identitäten sind für die Autoren „interpersonale Beziehungen". Unter einer interpersonalen Beziehung verstehen McCall und Simmons (1974: 183) eine Beziehung, die „notwendigerweise jeden Beteiligten als eine personale Entität einschließt". In der interpersonalen Beziehung wird eine jede Partei von der anderen als ein besonderes Individuum anerkannt, über das ein Vorwissen vorhanden ist. McCall und Simmons machen dadurch deutlich, dass es sich bei interpersonalen Beziehungen um eine andere Form von primärer Wechselwirkung handelt als bei Begegnungen. Während eine Begegnung auf die Dauer der Anwesenheit der Beteiligten in einer Situation begrenzt ist, dauert eine Beziehung auch dann an, wenn die Beziehungspersonen getrennt sind. Nur durch diese Fortdauer kann eine Beziehung die hohe Verlässlichkeit in der Rollen-Unterstützung bieten. Auch wenn in einer interpersonalen Beziehung Begegnungen eine große Bedeutung haben, nehmen diese aufgrund des Vorwissens über die Person des anderen eine andere Gestalt an als zwischen Personen, die einander als Fremde bzw. als Inhaber bestimmter Positionen gegenübertreten (McCall 1988).

Literatur

Backes, Gertrud/Clemens, Wolfgang (1998): Lebensphase Alter. Eine Einführung in die sozialwissenschaftliche Alternsforschung. Weinheim, München: Juventa

Becker, Howard/Useem, Ruth H. (1942): Sociological analysis of the dyad. In: American Sociological Review 7: 13-26

Bevers, Antonius M. (1985): Dynamik der Formen bei Georg Simmel. Eine Studie über die methodische und theoretische Einheit eines Gesamtwerkes. Berlin: Duncker & Humblot

Blumer, Herbert (1973): Der methodologische Standort des symbolischen Interaktionismus. In: Alltagswissen, Interaktion und gesellschaftliche Wirklichkeit. Bd. 1. Reinbek: 80-146

Christmann, Gabriela (2007): Robert E. Park. Konstanz: UVK

---

8 McCall/Simmons (1974) stehen in der Tradition des Symbolischen Interaktionismus, auch wenn sie selbst darauf hinweisen, dass dessen Hauptrichtung – sie dürften hier vor allem den von Herbert Blumer geprägten Zweig im Auge haben – für ihre Arbeit „wenig mehr als ein paar allgemeine Richtlinien" liefert. Stattdessen seien sie einem „schlichten *interaktionistischen* Ansatz (verpflichtet), ohne Beiwörter und Bindestriche, in der allgemeinen Form, wie er von Georg Simmel und Robert E. Park begründet worden ist" (McCall/Simmons 1974: 39).

Dahme, Heinz-Jürgen (1981): Soziologie als exakte Wissenschaft. Georg Simmels Ansatz und seine Bedeutung in der gegenwärtigen Soziologie. 2. Bd. Stuttgart: Enke

Daub, Claus-Heinrich (1996): Intime Systeme. Eine soziologische Analyse der Paarbeziehung. Basel: Helbing & Lichtenhahn

Durkheim, Emile (1976): Regeln der soziologischen Methode. Neuwied: Luchterhand

Endreß, Martin/Renn, Joachim (2004): Einleitung des Herausgebers. In: Schütz, Alfred: Der sinnhafte Aufbau der sozialen Welt. Alfred Schütz Werkausgabe Bd. 2. Frankfurt a.M.: 7-66

Gerhards, Jürgen (1986): Georg Simmel's contribution to a theory of emotions. In: Social Science Information 25: 901-924

Goffman, Erving (1953): Communication Conduct in an Island Community, Ph. D. Dissertation, University of Chicago (unveröffentlicht)

Goffman, Erving (1971): Verhalten in sozialen Situationen. Strukturen und Regeln der Interaktion im öffentlichen Raum. Gütersloh: Bertelsmann (orig. 1963)

Goffman, Erving (1974): Das Individuum im öffentlichen Austausch. Mikrostudien zur öffentlichen Ordnung. Frankfurt a.M.: Suhrkamp (orig. 1971)

Goffman, Erving (1994): Die Interaktionsordnung. In: Goffman, Erving: Interaktion und Geschlecht. hg. von H. A. Knoblauch. Frankfurt a.M.: 50-104 (orig. 1983)

Henning, Marina (2006): Individuen und ihre sozialen Beziehungen. Wiesbaden: VS

Hohenester, Birgitta (2000): Dyadische Einheit. Zur sozialen Konstitution der ehelichen Beziehung. Konstanz: UVK

Joas, Hans (1980): Praktische Intersubjektivität. Die Entwicklung des Werkes von G. H. Mead. Frankurt a.M.: Suhrkamp

Joas, Hans (1988): Symbolischer Interaktionismus In: Kölner Zeitschrift für Soziologie und Sozialpsychologie 40: 417-446

Kaufmann, Franz-Xaver (1995): Zukunft der Familie im vereinten Deutschland. Gesellschaftliche und politische Bedingungen. München: Beck

Kendon, Adam (1988): Goffman's approach to face-to-face-interaction. In: Drew, Peter/Wootton, Andrew (Hg.): Erving Goffman. Exploring the Interaction Order. Cambridge: 14-40

Knoblauch, Hubert A. (1994): Erving Goffman Reich der Interaktion. In: Goffman, Erving: Interaktion und Geschlecht. hg. von H. A. Knoblauch. Frankfurt a.M.: 7-49

Kohli, Martin/Künemund, Harald (Hg.) (2000): Die zweite Lebenshälfte. Gesellschaftliche Lage und Partizipation im Spiegel des Alters-Survey. Opladen: Leske + Budrich.

König, René (1974): Versuch einer Definition der Familie. In: König, René: Materialien zur Soziologie der Familie. Köln: 88-105

Krüger, Heinz-Hermann/Grunert, Cathleen (Hg.) (2002): Handbuch Kinder- und Jugendforschung. Opladen: Leske + Budrich

Lenz, Karl (1991): Erving Goffman – Werk und Rezeption. In: Hettlage, Robert/Lenz, Karl (Hg.): Erving Goffman – ein soziologischer Klassiker der zweiten Generation. Bern: 27-95

Lenz, Karl (2002): Symbolischer Interaktionismus. In: Endruweit, Günter/Trommsdorff, Gisela (Hg.): Wörterbuch der Soziologie. Stuttgart: 251-255

Lenz, Karl (2003 a): Zur Geschlechtstypik persönlicher Beziehungen – Eine Einführung. In: Lenz, Karl (Hg.): Frauen und Männer. Zur Geschlechtstypik persönlicher Beziehung. Weinheim, München: 7-51

Lenz, Karl (2003 b): Familie – Abschied von einem Begriff? In: Erwägen Wissen Ethik (EWE) 14: 485-498

Lenz, Karl (2006): Soziologie der Zweierbeziehung. Eine Einführung. 3. Aufl., Opladen: VS

Levine, Donald N. (1981): Simmels Einfluss auf die amerikanische Soziologie. In: Lepenies, Wolfgang (Hg.): Geschichte der Soziologie, Bd. 4. Frankfurt a.M.: 32-81

Levine, Donald N. (1984): Ambivalente Begegnungen: „Negationen" Simmels durch Durkheim, Weber, Lukács, Park und Parsons. In: Dahme, Heinz-Jürgen/ Rammstedt, Otthein (Hg.): Georg Simmel und die Moderne. Frankfurt a.M.: 319-387

Luhmann, Niklas (1984): Soziale Systeme. Grundriss einer allgemeinen Theorie. Frankfurt a.M.: Suhrkamp

Matthias-Bleck, Heike (1997): Warum noch Ehe? Erklärungsversuche der kindorientierten Eheschließung. Bielefeld: Kleine

McCall, George J. (1988): The organizational life cycle of relationships. In: Duck, Steve (Hg.): Handbook of Personal Relationships. Chichester: 467-484

McCall, George J./Simmons, Jerry L. (1974): Identität und Interaktion. Untersuchungen über zwischenmenschliche Beziehungen im Alltagsleben. Düsseldorf: Schwann (orig. 1966)

Mead, George H. (1975): Geist, Identität und Gesellschaft. Frankfurt a.M.: Suhrkamp (orig. 1934)

Nedelmann, Birgitta (1983): Georg Simmel – Emotion und Wechselwirkung in intimen Gruppen. In: Neidhardt, Friedhelm (Hg.): Gruppensoziologie. Opladen: 174-209

Nedelmann, Birgitta (1988): „Psychologismus" oder Soziologie der Emotionen? Max Webers Kritik an der Soziologie Georg Simmels. In: Rammstedt, Otthein (Hg.): Simmel und die frühen Soziologen. Frankfurt a.M.: 11-35

Park, Robert E./Burgess, Ernest W (1921): Introduction to the science of sociology. Chicago: University of Chicago Press

Plenge, Johann (1931): Zum Ausbau der Beziehungslehre (L. von Wiese gewidmet). In: Kölner Vierteljahrshefte für Soziologie 9: 271-288

Popitz, Heinrich (1992): Phänomene der Macht. Tübingen: Mohr

Rawls, Anne W. (1987): The interaction order sui generis. Goffman's contribution to social theory. In: Sociological Theory 5: 136-149

Roethlisberger, Fritz J./Dickson, William J. (1939): Management and the worker. An account of a research program conducted by the Western Electric Company, Hawthorne Works, Chicago. Cambridge, MA: Harvard University Press

Schnabel, Peter E. (1974): Die soziologische Gesamtkonzeption Georg Simmels. Eine wissenschaftshistorische und wissenschaftstheoretische Untersuchung. Stuttgart: Enke

Schütz, Alfred (2004): Der sinnhafte Aufbau der sozialen Welt. Eine Einleitung in die verstehende Soziologie. Alfred Schütz Werkausgabe Bd. 2. Frankfurt a.M.: Suhrkamp

Simmel, Georg (1983): Soziologie. Untersuchungen über die Formen der Vergesellschaftung. 6. Aufl., Berlin: Duncker & Humblot (orig. 1908)

Simmel, Georg (1985a): Zur Psychologie der Frauen. In: Simmel, Georg: Schriften zur Philosophie und Soziologie der Geschlechter, hg. von Dahme, Heinz-Jürgen/ Köhnke, Klaus Christian. Frankfurt a.M.: 27-59

Simmel, Georg (1985b): Das Relative und das Absolute im Geschlechter-Problem. In: Simmel, Georg: Schriften zur Philosophie und Soziologie der Geschlechter, hg. von Dahme, Heinz-Jürgen/Köhnke, Klaus Christian. Frankfurt a.M.: 200-223

Simmel, Georg (1985c): Fragment über die Liebe. In: Simmel, Georg: Schriften zur Philosophie und Soziologie der Geschlechter, hrsg. von Dahme, Heinz-Jürgen/ Köhnke, Klaus Christian. Frankfurt a.M.: 224-281 (aus dem Nachlass, 1. Veröffentlichung: 1921/22)

Simmel, Georg (1994): Grundfragen der Soziologie. Berlin: de Gruyter

Stölting, Erhard (1986): Akademische Soziologie in der Weimarer Republik. Berlin: Duncker & Humblot

Tenbruck, Friedrich H. (1989): Freundschaft. Ein Beitrag zur Soziologie der persönlichen Beziehung. In: Tenbruck, Friedrich H.: Die kulturellen Grundlagen der Gesellschaft. Opladen: 227-250 (orig. 1964)

Weber, Max (1972): Zwischenbetrachtung: Theorie der Stufen und Richtungen religiöser Weltablehnung. In: Gesammelte Aufsätze zur Religionssoziologie. Bd. 1. Tübingen: 536-573

Weber, Max (1976): Wirtschaft und Gesellschaft. 5. Aufl., Tübingen: Mohr (orig. 1922)

Wiese, Leopold von (1918): Strindberg. Soziologie der Geschlechter. München: Duncker & Humblot

Wiese, Leopold von (1924): Die Tafel der menschlichen Beziehungen. In: Kölner Vierteljahrshefte für Soziologie 3: 250-263

Wiese, Leopold von (1927): Das Paar und der Dritte; die dreigliedrige Gruppe. In: Kölner Vierteljahrshefte für Soziologie 6: 136-145

Wiese, Leopold von (1966): System der Allgemeinen Soziologie als Lehre von den sozialen Prozessen und den sozialen Gebilden der Menschen (Beziehungslehre). Berlin: Duncker & Humblot (orig. 1924)

Wobbe, Theresa (1997): Georg Simmel und Marianne Weber im Dialog. In: Wobbe, Theresa: Wahlverwandtschaften. Die Soziologie und die Frauen auf dem Weg zur Wissenschaft. Frankfurt a.M.: 29-68

Hans-Werner Bierhoff und Elke Rohmann

Persönliche Beziehungen aus sozialpsychologischer Sicht

1. Forschung zu persönlichen Beziehungen: Ein Rückblick auf die ersten 30 Jahre

Der Begriff *persönliche Beziehung* wurde in die sozialpsychologischen Forschung durch zwei Wissenschaftler von der University of Lancaster Anfang der 1980er Jahre populär gemacht: Steve Duck und Robin Gilmour. Er wurde vorher schon von Harold H. Kelley (1979) von der UCLA verwendet, der die Austauschtheorie auf Paarbeziehungen anwandte und diese als *persönliche Beziehungen* bezeichnete.

Steve Duck und Robin Gilmour editierten fünf Sammelbände *Personal Relationships*, die zwischen 1981 und 1984 bei Academic Press in London erschienen. Der erste Band, der den Untertitel *Studying Personal Relationships* aufweist, befasst sich mit Methoden und Theorien, die interpersonelle Beziehungen behandeln. Im Einzelnen werden fünf Beziehungsbereiche thematisiert: Sexuelle Beziehungen; Paare, die zusammen wohnen; Gerechtigkeit in der Ehe; Ehe und Familie sowie Beziehungen am Arbeitsplatz. Der zweite Band trägt den Untertitel *Developing Personal Relationships*. Es geht um die Entwicklung von Beziehungen, aber auch um die Frage, wie Freundschaften in verschiedenen Lebensphasen aufgebaut werden.

Der dritte Band befasst sich mit gestörten persönlichen Beziehungen, wie der Untertitel *Personal Relationships in Disorder* signalisiert. Prozesse, die zur Verschlechterung von Beziehungen beitragen, werden durch Spannungen in sexuellen Beziehungen, in der Ehe und in der Familie veranschaulicht. Darüber hinaus wird auf die Themen Einsamkeit und Depression eingegangen. Der vierte Band *Dissolving Personal Relationships* befasst sich mit der Auflösung von Beziehungen. Im Mittelpunkt steht die Frage, wie die Bindung an den Partner zurückgenommen wird, welche Kommunikationsprozesse dabei ablaufen und welche Attributionsmuster dafür charakteristisch sind. Der letzte Band, der den Untertitel *Repairing Personal Relationships* trägt, fokussiert auf die Themen Paarberatung und Therapie sowie auf die Frage, wie sich das Wohlbefinden der Beziehungspartner erhöhen lässt.

Neben dieser Buchserie hat die amerikanische Sozialpsychologie einen entscheidenden Beitrag zur Entwicklung des Forschungsfeldes der persönlichen Beziehungen geliefert. Neun ihrer bekanntesten Mitglieder fanden sich unter der Leitung von Harold H. Kelley und Ellen Berscheid in einem kooperativem Buchprojekt zusammen (Kelley et al. 1983). Die Darstellung ist durch den austauschtheoretischen Ansatz beeinflusst, der die (gegenseitige) Abhängigkeit unter den Partnern betont. Die Autoren legen besonderen Wert auf die Klärung bestimmter Prozesse in engen Beziehungen. Darunter fallen Interaktion, Emotion, Macht, Geschlechtsrolle, Liebe, Bindung, Veränderung und Konflikt.

Eine erste Zusammenfassung dieser frühen Forschungsphase findet sich in dem *Handbook of Personal Relationships*, das von Steve Duck 1988 herausgegeben wurde. In diesem Handbuch wurde eine interdisziplinäre Zugangsweise gewählt. Neben der Entwicklungspsychologie wurde die Kommunikationsforschung, die Sozialwissenschaft und die Klinische und Gemeindepsychologe berücksichtigt.

Die wichtigsten Felder der Forschung zu persönlichen Beziehungen sind neben Paarbeziehung Freundschaften in verschiedenen Lebensaltern, Geschwisterbeziehungen und Eltern-Kind-Beziehungen. Außerdem ist die Familienforschung zu beachten (Noller/Feeney 2002). Die aktuellen Forschungstrends werden in zwei Handbüchern dargestellt (Noller/Feeney 2006; Vangelisti/Perlman 2006). Ersteres verwendet die Unterscheidung von Beziehungsformen und Beziehungsprozessen. Das *Cambridge Handbook of Personal Relationships* (Vangelisti/Perlman 2006) stellt die bisher umfassendste Informationssammlung zu persönlichen Beziehungen dar. Die 41 Kapitel, die von 65 Autoren und Autorinnen geschrieben wurden, beinhalten das Grundlagenwissen der Forschung zu persönlichen Beziehungen. Enthalten ist ein aufschlussreiches Kapitel über die Geschichte der Forschung zu persönlichen Beziehungen, deren Vorläufer aus den 60er und 70er Jahren des vorigen Jahrhunderts mit in die Betrachtung einbezogen werden (Perlman/Duck 2006).

Forschung zu persönlichen Beziehungen wird in mehreren Zeitschriften veröffentlicht, die sich auf dieses Thema konzentrieren: *Journal of Family Psychology*, *Journal of Social and Personal Relationships* und *Personal Relationships*. Das Themenspektrum ist weit gefasst und geht über die eher allgemein gehaltenen Darstellungen der Anfangsjahre hinaus. Kognitive, emotionale, kommunikative und soziale Prozesse werden als Grundlage für die Entwicklung, Aufrechterhaltung und Auflösung von persönlichen Beziehungen untersucht. Beziehungsqualitäten wie Zufriedenheit, Liebe, Bindung und Intimität werden als Ergebnis dieser Prozesse im jeweiligen Kontext der Beziehung analysiert. Außerdem werden individuelle Unterschiede, die die Partner mit in die Beziehung bringen, in die Betrachtung einbezogen. In diesem Zusammenhang wird das Selbst in Beziehungen thematisiert (Vohs/Finkel 2006) und damit die spezielle Verknüpfung zwischen intrapersonalen und interpersonalen Prozessen.

Generell lässt sich zwischen Forschungsansätzen unterscheiden, die sich auf die Prozesse und Verläufe konzentrieren, die die Stärken einer persönlichen Beziehung ausmachen, und solchen Ansätzen, die sich damit befassen, welche Prozesse zu einer Schwächung der persönlichen Beziehung und eventuell zu ihrer Störung oder Auflösung führen. Diese Unterteilung werden wir im Folgenden anwenden, wenn wir exemplarisch förderliche Prozesse (Stärken) und hemmende Prozesse (Schwächen) in persönlichen Beziehungen darstellen.

Der Begriff *persönliche Beziehung* hat sich in der Beziehungsforschung weitgehend durchgesetzt. Er bezieht sich auf Beziehungen, bei denen ein hohes Ausmaß der Gegenseitigkeit zwischen den Partnern gegeben ist. Wünsche, Wissen über die Beziehung und beziehungsrelevantes Verhalten sind aufeinander abgestimmt. Die Partner zeigen eine gegenseitige Rücksichtnahme, die auf dem Wissen über die persönlichen Gefühle des jeweils Anderen und auf einer offenen Selbstdarstellung beruht. Außerdem entwickeln sich für die Beziehung spezifische Normen und Gewohnheiten, die ihren besonderen persönlichen Charakter kennzeichnen (Beispiel: Verwendung von Spitznamen; Cupach/Metts 1994; Levinger 1994). Gelegentlich wird bei amerikanischen Autoren anstelle von *persönlichen Beziehungen* auch von *enger Beziehung* gesprochen (Kelley/Berscheid et al. 1983; Hendrick/Hendrick 2000).

Geschwister stellen ein Beispiel für persönliche Beziehungen dar, das gleichzeitig auch spezielle Merkmale aufweist. Die Geschwisterbeziehung ist nicht nur durch Gegenseitigkeit, Abstimmung des Verhaltens und Rücksichtnahme gekennzeichnet, sondern sie beinhaltet auch das Potenzial für die Förderung der individuellen Entwicklung der Beteiligten (Howe/Reccia 2005). Außerdem ist die Formung einer geteilten Wirklichkeit zwischen den Geschwistern hervorzuheben, die ihre besondere Beziehung kennzeichnet (Howe et al. 2005).

Ein anderer Bereich persönlicher Beziehungen, der an dieser Stelle nur erwähnt werden kann, sind Freundschaften (Auhagen 1993). Wir beziehen uns im Folgenden auf Paarbeziehungen, mit denen sich der bei weitem größte Teil der Forschung zu persönlichen Beziehungen befasst. Eine alternative Bezeichnung, die öfter in der wissenschaftlichen Literatur verwendet wird, ist *intime Beziehung* (Perlman/Duck 1987).

2. Paarbeziehungen

Paarbeziehungen repräsentieren in vieler Hinsicht typische Merkmale von persönlichen Beziehungen. Sie beinhalten aber auch spezielle Charakteristika, die sich nur in ihnen manifestieren.

2.1 Drei Dimensionen einer Paarbeziehung

Eine Paarbeziehung lässt sich durch die Position auf drei grundlegenden Dimensionen kennzeichnen (Sternberg 1986): Intimität, Leidenschaft und Entscheidung/Bindung.

Intimität bezieht sich auf Gefühle von Nähe, Verbundenheit und Zusammengehörigkeit und beinhaltet ein emotionales Investment, das in Gefühlen der Wärme zum Ausdruck kommt. Die Beziehung ist durch Fürsorgebereitschaft, Verlässlichkeit und gegenseitiges Verständnis gekennzeichnet.

Paarbeziehungen bringen die Dimension der Leidenschaft zum Ausdruck, die mit der Liebe und der sexuellen Anziehung der Partner zusammenhängt (Barnes/Sternberg 1997). Leidenschaftliche Gefühle sind nach Keith E. Davis und Michael J. Todd (1982) ein wesentliches Unterscheidungsmerkmal zwischen Liebesbeziehungen und Freundschaften. Sie umfassen die Faszination durch den Partner, die sexuelle Intimität und das Gefühl der Einzigartigkeit der Beziehung. Wie wir gesehen haben, ist die wahrgenommene Einzigartigkeit der Beziehung auch schon in den Geschwisterbeziehungen der Kinder nachweisbar. Daher eignet sie sich weniger als Differenzierungsmerkmal zwischen Paarbeziehungen und anderen persönlichen Beziehungen. Somit beruht diese Unterscheidung im Wesentlichen auf dem Vorhandensein von sexueller Intimität und dem Erleben einer Faszination durch den Partner.

Entscheidung/Bindung bezieht sich in der Kurzzeit-Perspektive auf die Entscheidung, die Beziehung mit dem Partner aufrechtzuerhalten. In der Langzeitperspektive bezieht sich diese Dimension auf die Bereitschaft zu einer langfristigen Bindung. Das setzt eine Grundsatzentscheidung voraus, an der Paarbeziehung festzuhalten.

Intimität ist für jede Form der persönlichen Beziehung von grundlegender Bedeutung, z. B. auch in Geschwisterbeziehungen oder Eltern-Kind-Beziehungen. Leidenschaft kommt hingegen speziell in Paarbeziehungen zum Ausdruck. Schließlich spielt auch die Entscheidung für oder gegen eine Beziehungsperson eine wichtige Rolle: Man kann sich langfristig binden oder sich dafür entscheiden, die Beziehung zu vernachlässigen, zu vermeiden oder zu beenden.

Tab. 1: Acht Formen der Liebe (nach Sternberg 1987)

Art der Liebe	Komponenten der Beziehung		
	Intimität	Leidenschaft	Entscheidung/ Bindung
Nicht-Liebe	–	–	–
Mögen	+	–	–
Verliebt sein	–	+	–
Leere Liebe	–	–	+
Romantische Liebe	+	+	–
Kameradschaftliche Liebe	+	–	+
Alberne Liebe	–	+	+
Erfüllte Liebe	+	+	+

Wenn jede der drei Dimensionen eine hohe oder eine niedrige Ausprägung annehmen kann, lassen sich nach Robert J. Sternberg (1987) acht Formen der Liebe ableiten (vgl. Tabelle 1). Auf diese Weise bekommen wir ein umfassendes Bezugssystem von Paarbeziehungen.

Die acht Beziehungsformen, die in Tabelle 1 unterschieden werden, lassen sich durch die beiden Extremvarianten der Nicht-Liebe und der erfüllten Liebe eingrenzen. Diese lassen sich wie folgt kennzeichnen (Sternberg 1987).

Wenn alle drei Dimensionen niedrig ausgeprägt sind, hat man es mit einer neutralen Beziehung zu tun. Die Bezeichnung Nicht-Liebe ist treffend, weil keine der Beziehungskomponenten positiv ausgeprägt ist, die die erfüllte Liebe kennzeichnen. Ein Beispiel sind zwei Angestellte einer Bank, die sich bei der Arbeit im Kundencenter abwechseln und sich gegenseitig über die laufenden Geschäfte informieren.

Die erfüllte Liebe stellt demgegenüber das paradigmatische Beispiel einer umfassenden, durch romantische Gefühle gekennzeichneten persönlichen Beziehung dar. Diese Beziehungsform entspricht der Wunschvorstellung, die für die Anbahnung einer glücklichen Ehe besteht. Daher kann man von der Verwirklichung des Idealselbst sprechen, das in der Regel durch höhere Ziele gekennzeichnet ist als das Aktualselbst, das die tatsächlich erreichten Ziele zum Ausdruck bringt. Wunschvorstellungen haben eine große Bedeutung für die Zufriedenheit in der Paarbeziehung und auch für das persönliche Wohlergehen (Rusbult et al. 2005). Wenn es den Partnern gelingt, sich gegenseitig dem Ideal ihrer Beziehung näher zu bringen, dann wird dadurch ihre Zufriedenheit erhöht. Im günstigsten Fall entsteht auf diese Weise eine erfüllte, glückliche Beziehung (siehe unten).

Zwischen den extremen Beziehungsformen lassen sich sechs weitere Formen der Liebe identifizieren. Wenn nur die Intimität hoch ausgeprägt ist, ergibt sich eine hohe interpersonale Attraktion, die mit einer positiven affektiven und kognitiven Bewertung einhergeht. Kognitive Bewertungen beziehen sich auf die Fähigkeiten, Talente und Möglichkeiten des Partners. Affektive Bewertungen beziehen sich auf Eigenschaften wie Wärme, Freundlichkeit und Nähe (Herbst et al. 2003). Diese Beziehungsform wird als „Mögen" bezeichnet.

Unter dem „Verliebtsein" versteht man eine Beziehung, in der nur die Dimension der Leidenschaft hoch ausgeprägt ist. Da die Suche nach einem Partner anfänglich durch das attraktive äußere Erscheinen der anderen Person geleitet wird (Murstein 1986), steht das Verliebtsein häufig am Anfang einer Beziehung. Man spricht dann auch von „Liebe auf den ersten Blick" (Averill 1985) oder von der Vorstellung, dass sich die Liebesbeziehung schicksalhaft ergeben hat (Knee et al. 2004).

Dem Zustand einer oberflächlichen Beziehung entspricht die leere Liebe, bei der nur Bindung besteht, während Intimität und Leidenschaft gering ausfallen. Eine solche Beziehung verdient insofern die Bezeichnung „persönlich", weil sie über eine lange Zeit aufrechterhalten wird. Diese langfristige Aufrechterhaltung der Beziehung beruht meist auf pragmatischen Erwägungen, die zu der Bereitschaft führen, die Paarbeziehung fortzuführen.

Wenn Intimität und Leidenschaft hoch ausgeprägt sind, ohne dass eine langfristige Beziehung eingegangen worden ist, spricht man von romantischer Liebe. Sie lässt sich positiv mit der leeren Liebe kontrastieren, da in ihr die beiden zentralen Dimensionen einer persönlichen Beziehung – nämlich Intimität und Leidenschaft – überwiegen. Romantische Liebe wird im Hier und Jetzt erlebt, so dass die Beziehung spontane und intensive Gefühle auslöst.

Eine andere Konstellation der Dimensionen liegt der kameradschaftlichen Liebe zugrunde, bei der Intimität und Bindung hoch ausgeprägt sind. Vertrauen, Verlässlichkeit und Verständnis sind mit der Entscheidung verbunden, sich langfristig an den Partner oder die Partnerin zu binden. Andererseits kommt der Leidenschaft nur eine geringe Bedeutung zu, so dass die emotionale Dimension zu vernachlässigen ist.

Als alberne Liebe wird eine persönliche Beziehung beschrieben, die durch Leidenschaft und Bindung gekennzeichnet ist. Wenn man davon ausgeht, dass Intimität die Voraussetzung für jede Beziehung ist, die eine tiefer gehende Befriedigung hervorruft, kann man bei dieser Beziehungsform ein Defizit an intimer Kommunikation feststellen. Andererseits lässt sich sagen, dass die hohe Leidenschaft dazu beiträgt, dass die Beziehung durch sexuelle Zufriedenheit gekennzeichnet ist. Allerdings kann eine frühzeitige Bindung aufgrund von leidenschaftlichen Gefühlen Probleme hervorrufen, da das alltägliche Zusammenleben davon profitiert, dass eine hohe Intimität gegeben ist. Ein Beispiel zeigt der Film „Nach 7 Tagen ausgeflittert".

2.2 Romantische und kameradschaftliche Liebe im Vergleich

Von besonderem Interesse ist die Gegenüberstellung von romantischer und kameradschaftlicher Liebe. Die Faktoren, die romantische Liebe stärken, unterscheiden sich von denen, die kameradschaftliche Liebe auslösen. Während die Entstehung kameradschaftlicher Liebe durch Ähnlichkeit in Einstellungen, Interessen und Persönlichkeit sowie durch die Kommunikation des gegenseitigen Mögens gefördert wird, kommt romantische Liebe nicht zuletzt dadurch zustande, dass eine starke physiologische Erregung mit Liebesgefühlen verbunden wird (Rohmann/Bierhoff 2006).

Um die Entstehung leidenschaftlicher Gefühle nachvollziehen zu können, wurde ein Feldexperiment durchgeführt (Dutton/Aron 1974). Es wurden zwei Bedingungen hergestellt. Männer wurden auf einer Brücke interviewt. In einer Bedingung handelte es sich um eine stabile Brücke, die nicht besonders hoch war. In der zweiten Bedingung fand das Interview auf einer schmalen Brücke statt, die bei jedem Schritt schwankte und über einen 50 Meter hohen Abgrund führte. Das Interview führte eine Frau, die äußerst attraktiv aussah.

Wenn das Interview auf der schwankenden Brücke stattfand, erhielt diese Interviewerin mehr Anrufe von den interviewten Männern als dann, wenn das Interview auf der stabilen Brücke stattfand. Die Interviewerin hatte den Befragten für eventuelle Rückfragen ihre persönliche Telefonnummer gegeben. Der Anruf wurde als Ausdruck von persönlichem Interesse des Mannes an der Interviewerin gewertet. Daher kann man sagen, dass die schwankende Brücke mehr romantisches Interesse hervorrief als die stabile Brücke. Weiterhin kann vermutet werden, dass die schwankende Brücke eine höhere physiologische Erregung auslöste als die stabile Brücke.

Eine weitere interessante Frage bezieht sich auf den zeitlichen Entwicklungsverlauf von romantischer und kameradschaftlicher Liebe, die ihren jeweils eigenen zeitlichen Mustern folgen, wie sich in verschiedenen Studien zeigen lässt (Bierhoff/Schmohr 2004; Schmohr et al. im Manuskript). Romantische Liebe tendiert dazu, über die Jahre tendenziell schwächer zu werden. Hingegen nimmt die kameradschaftliche Liebe über die Zeit eher zu, da die Bedeutung der Freundschaft und Intimität ansteigt.

Bei der Beurteilung dieser zeitlichen Verläufe ist zu berücksichtigen, dass die romantische Liebe zu Beginn einer Beziehung auf einem sehr hohen Niveau liegt. Daher bedeutet die langsame Abnahme über die Zeit keinesfalls, dass die romantische Liebe nach einigen Jahren niedrig ausgeprägt ist. Vielmehr liegt sie im Durchschnitt immer noch auf einem hohen Niveau, so dass man feststellen kann, dass viele Paare, die lange zusammen sind, romantisch verliebt sind.

2.3 Stärken und Schwächen in Paarbeziehungen

Die Gestaltung einer Paarbeziehung hängt sowohl von den Persönlichkeitsmerkmalen der Partner als auch von der Situation, in der die Beziehung sich entwickelt, ab. Im Folgenden wird an einigen Beispielen verdeutlicht, wie sich Beziehungsprozesse in Abhängigkeit von Person und Situation entwickeln. Dabei werden sowohl Stärken skizziert, deren Realisierung dazu beiträgt, dass eine Beziehung glücklich verläuft, als auch Schwächen, die den Erfolg einer Paarbeziehung beeinträchtigen.

Die Stärken einer Paarbeziehung liegen auf der Hand. Die Partner befriedigen gegenseitig ihre Bedürfnisse nach Intimität und Sexualität und sie entwickeln eine gemeinsame Sichtweise ihrer sozialen Einbettung in ein größeres soziales Netzwerk. Dadurch klären sie die Bedeutung ihrer Beziehung und ihres persönlichen Lebens. Damit diese Stärken auch tatsächlich zum Tragen kommen, ist es günstig, wenn die Partner voneinander einen positiven Eindruck aufbauen und zur Verwirklichung ihres Idealselbst beitragen. Mit diesen beiden Prozessen – dem positiven Denken über den Partner und der Verwirklichung des Idealselbst in der Beziehung – befassen wir uns im dritten Teil ausführlicher.

Jeder ist aus eigener Erfahrung oder aus Erzählungen von anderen mit der Gefahr vertraut, dass eine Paarbeziehung scheitert. Dazu können zwei subtile Einflüsse beitragen, auf die wir im vierten Teil ausführlich eingehen. Eine Schwäche, die das Beziehungsglück beeinträchtigt, ist die übertriebene Selbstorientierung eines Partners, die sich ungünstig auf seine Bereitschaft, sich auf Selbstöffnung und Intimität einzulassen, auswirkt (Campbell 1999). Dieses Problemfeld verweist auf das Persönlichkeitsmerkmal des Narzissmus.

Eine zweite Schwäche kommt durch das Ausleben negativer persönlicher Emotionen in der Paarbeziehung zustande. Dieser Problembereich wird meist durch die depressiven Neigungen von einem Partner bestimmt. Die negative Emotionalität, die mit Depression zusammenhängt, beeinträchtigt zunächst nur das Erleben der betroffenen Person. Jedoch wird sekundär auch die Gefühlsqualität des Partners gedämpft.

3. Gut miteinander auskommen: Psychologie des Beziehungserfolgs

In diesem Abschnitt geht es um Beziehungsprozesse, die zum Glück in der Beziehung beitragen können. Mit anderen Worten, wir befassen uns damit, „was die Liebe stark macht" (Bierhoff/Rohmann 2005). Wir werden zwei „Glücksbringer" ausführlicher beschreiben:

Positives Denken über den Partner: Während depressive Verstimmtheit eher ein negatives Denken über den Partner fördert, führt umgekehrt eine optimistische Orientierung dazu, dass günstige Einschätzungen der Paarbeziehung überwiegen.

Verwirklichung des Ich-Ideals: Jeder Partner bringt bestimmte Idealvorstellungen in die Paarbeziehung mit, die sich auf die Verwirklichung der eigenen Wünsche beziehen. Eine Paarbeziehung kann ein Höchstmaß von Zufriedenheit erreichen, wenn sich die Partner gegenseitig darin unterstützen, ihr Ideal zu erreichen.

3.1 Positives Denken über den Partner

Wenn sich der Partner unüberlegt verhält, liegt eine Interpretation als ‚impulsives Verhalten' nahe, das eine menschliche Schwäche darstellt. Es besteht aber auch die Möglichkeit, Schwächen in Stärken umzudeuten. Das beinhaltet z. B. die Sichtweise, dass das unüberlegte Verhalten den positiven Eindruck auslöst, ‚mein Partner sagt, was er denkt' (Bierhoff/Rohmann 2005).

Die Macht des positiven Denkens ist vielfach betont worden. Wer optimistische Erwartungen hat, erreicht im Allgemeinen mehr als jemand, der pessimistisch ist (Seligman 1991). Optimismus hängt eng mit Hoffnung zusammen, da optimistische Erwartungen die Hoffnung auf Erfolg wach halten.

Nicht immer läuft alles nach Plan, auch nicht in Paarbeziehungen. Die zahlreichen Erfahrungen, die die Partner miteinander machen, können mit einer positiven Voreinstellung interpretiert werden, neutral analysiert werden oder mit einem negativen Filter durchleuchtet werden. Wenn die Partnerin später als erwartet nach Hause kommt, kann der Partner den Vorgang unterschiedlich interpretieren. Eine Möglichkeit besteht darin zu denken, dass dieser Vorfall einer von vielen in einer langen Serie ist. Eine andere Möglichkeit besteht darin, sich vorzustellen, dass die Partnerin noch wichtige Arbeiten abschließen musste, bevor sie kommen konnte.

Positives Denken über den Partner, wie es durch die zweite Variante der Reaktion auf ein Zuspätkommen veranschaulicht wird, kann zum Glück in der Beziehung beitragen. Das hat mehrere Gründe. Zum einen wird durch die positive Interpretation eines potenziell belastenden Vorgangs die eigene Emotionalität vor Negativität geschützt. Zum anderen wird der Partnerin eine Bestätigung zuteil, weil ihr Tun mit Stärken und Tugenden in Verbindung gebracht wird.

Positives Denken über den Partner wird erleichtert, weil romantische Liebe nach Erfüllung durch Verschmelzung mit dem Partner strebt (Aron et al. 1992). Diese Sichtweise kommt in dem Self-Expansion Model zum Ausdruck, in dem angenommen wird, dass die Anbahnung einer Paarbeziehung die Einbeziehung des Partners in das eigene Selbst mit sich bringt.

Die Theorie spricht von „Inclusion of other in the self". Damit ist gemeint, dass die Partner die Identität des jeweils anderen, seine Denkweise, Vorlieben und Meinungen, in ihr eigenes Selbst aufnehmen (Strong/Aron 2006). Dieser Prozess wird durch gemeinsame Erlebnisse noch verstärkt, die die Verbundenheit zwischen den Partnern erhöhen. Das können z. B. Ereignisse wie kleine Pannen sein, die die Partner gemeinsam mit Humor bewältigen (Fraley/Aron 2004).

„Inclusion of other in the self" kann dazu führen, dass die Bewertung des Partners in eine positive Richtung verschoben wird. Diese Bewertungsverschiebung wird noch verstärkt, wenn positives Denken über den Partner aufgrund von positiven Annahmen und Illusionen gefördert wird. Wenn jemand über seine Partnerin Auskunft gibt, wird er im Allgemeinen ihre Stärken herausstellen, während ihren Schwächen eine geringe Bedeutung zugeschrieben wird. Man kann sogar feststellen, dass vielfach Schwächen als mögliche Stärken interpretiert werden (Murray/Holmes 1999).

Ein Beispiel dafür wurde schon weiter oben gegeben. In glücklichen Beziehungen neigen die Partner dazu, auf diese Weise Schwächen des anderen in Stärken umzudeuten. Das ist natürlich nicht immer ganz einfach, weil einem ein Moment des Nachdenkens zeigen würde, dass mehrere Interpretationen des Problemverhaltens möglich sind. Deshalb wird häufig eine „Ja, aber"-Argumentation benutzt. Diese hat den Vorteil, dass das Auftreten der Schwäche als Faktum akzeptiert wird, so dass man sich nicht Blindheit vorwerfen muss. Im zweiten Schritt wird eine Neubewertung des Vorfalls durchgeführt, die zu einer wesentlich günstigeren Schlussfolgerung im Hinblick auf die Qualitäten des Partners führt.

3.2 Verwirklichung des Idealselbst

Das positive Denken über die Partnerin kommt auch in ihrer Idealisierung zum Ausdruck. Die meisten von uns haben Ideale, die wir sehr wichtig nehmen. Idealisierung kann ein Schlüssel zu einer zufriedenen Paarbeziehung sein. Sie wird dadurch möglich, dass die Wahrnehmung von Eigenschaften und Handlungsmustern des Partners nur teilweise realitätsgerecht erfolgt und teilweise eine subjektive Konstruktion auf der Grundlage einer positiven Einstellung darstellt.

In die subjektive Konstruktion der Person der Partnerin geht – wie wir am Beispiel der „Ja, aber"-Argumentation gesehen haben – das wirkliche Wesen des Partners ein; darüber hinaus findet aber eine Idealisierung der Partnerin statt. Diese kann sich sowohl an den Idealen der Partnerin orientieren als auch an positiven Eigenschaften, die sich der Partner selbst zuschreibt oder die er gerne besitzen möchte.

Da es keine objektive Realität von Alltagsbeobachtung gibt, anhand derer die subjektive Konstruktion auf ihren Wahrheitsgehalt überprüft werden kann, haben die Partner eine große Freiheit darin, sich das Bild vom anderen so zu „schnitzen", wie sie es haben möchten. Das kann sogar dazu führen, dass die Partnerin positiver wahrgenommen wird als sie sich selbst einschätzt. Dann ist die Partnerwahrnehmung aufgrund der inhärenten Idealisierungstendenzen eine positive Überhöhung der Eigenschaften der Partnerin.

Neben einer generellen Idealisierungstendenz kann in dieser Eindrucksbildung auch der Wunsch zum Ausdruck kommen, solche Eigenschaften der Partnerin zu entdecken, von denen man sich selbst wünscht, dass man sie hätte. Wenn das der Fall ist, werden eigene positive Ideale in die Partnerin hineinprojiziert. Es liegt nahe anzunehmen, dass Paarbeziehungen dann glücklicher sind, wenn die Partnerin (und analog der Partner) in dieser Weise idealisiert wird und wenn diese Idealisierung gegenseitig zwischen den Partnern stattfindet. Dadurch kann sich ein Beziehungsklima positiver Gedanken, Strebungen und Gefühle aufbauen, das eine harmonische und belohnende Paarbeziehung fördert.

Wenn die Partnerin durch ihr konkretes Verhalten das in sie projizierte Ideal nicht erfüllt, kann diese Abweichung durch eine beschönigende Wahrnehmung überwunden werden. Die zugrunde liegenden Argumentationsmechanismen wurden weiter oben schon angesprochen. Sie laufen oft darauf hinaus, das gesagt wird: „Das war jetzt zwar nicht so gut, aber sie hat es gut gemeint". Auf diese Weise kann ein nicht besonders freundliches Verhalten des Partners als freundlich uminterpretiert werden. Wenn Freundlichkeit dem Ideal entspricht, wird auf diese Weise das Ideal erfüllt, obwohl die Basis dafür unsicher ist. Insoweit eine solche einseitige Gestaltung der Eindrucksbildung gelingt, dürfte die Zufriedenheit in der Paarbeziehung hoch sein.

Empirische Ergebnisse zeigen, dass in der Wahrnehmung der Partner ein positiver Filter verwendet wird, der den Eindruck vom Partner verbessert (Murray/Holmes 1999). Da ein Teil dieser Interpretation auf eigene Ideale zurückgeht, kann vermutet werden, dass der Eindruck vom Partner umso positiver ausfällt, je günstiger der Beurteiler sich selbst einschätzt. Je positiver eine Person über sich selbst denkt, desto höher sind die Idealvorstellungen, die auf die Partnerin projiziert werden.

Die hier beschriebenen Abläufe in der Paarbeziehung stimmen damit überein, dass die Wahrnehmung der sozialen Wirklichkeit immer eine interpretierte Wirklichkeit erzeugt, in die neben der Realität auch die Denkgewohnheiten, Vorurteile und Ideale der wahrnehmenden Person enthalten sind. Insofern stellt die Paarbeziehung keine Ausnahme, sondern eine Veranschaulichung der allgemeinen Regel dar, der die soziale Konstruktion der Wirklichkeit folgt. Das Besondere bei der gegenseitigen Wahrnehmung der Partner liegt aber darin, dass sie sich auf positive Vorannahmen und positive Ideale gründet.

Positive Illusionen über den anderen haben die Funktion, die Paarbeziehung aufzuwerten. Je idealisierter die Eindrucksbildung vom Partner, desto großer fällt die Zufriedenheit aus. Alltagsbezeichnungen wie „sich geschmeichelt fühlen" kennzeichnen den Vorgang, bei dem die beobachtende Person einen idealisierten Eindruck aufbaut, der von der beobachteten Person (nämlich dem Partner oder der Partnerin) als Kompliment aufgefasst wird, das sich günstig auf die Gefühlslage auswirkt. Jeder hat wohl schon die Erfahrung gemacht, dass man sich kaum den positiven Einflüssen von Schmeicheleien entziehen kann, selbst wenn man weiß, dass die Komplimente eine Schmeichelei darstellen (Byrne et al. 1974).

Dies ist ein Teil des Geheimnisses, das sich hinter der Tatsache verbirgt, dass charmante Mitmenschen bei ihren Gesprächspartnern gut ankommen und beliebt sind. Man weiß zwar, dass der andere die eigenen Eigenschaften schön redet und positive Illusionen verbreitet, aber man mag es trotzdem. Die günstigen Auswirkungen von Schmeicheleien wurden sowohl bei Männern als auch bei Frauen beobachtet (Jones/Pittman 1982). Insofern kann man von einem allgemein gültigen Phänomen sprechen. Durch das Positive, das sich die Partner geben, kann auch ihr Selbstwert aufrechterhalten oder sogar gesteigert werden. Schon subtile Verstärkungen von positiven Gedanken über das eigene Selbst führen zu einer Selbstwertsteigerung, die über den konkreten Kontext, in dem das Gespräch stattgefunden hat, generalisiert wird (Gergen 1965).

Wenn die Realität positiv gefiltert wird, steigt die Zufriedenheit. Allerdings setzt das voraus, dass die Paarbeziehung grundsätzlich positiv verläuft. Es ist schwer vorstellbar, dass es in einer Paarbeziehung, in der Schuldzuweisungen und Vorwürfe dominieren, davon isoliert ähnliche Effekte positiver Rückmeldung geben könnte. In einer solchen angespannten, konflikthaften Paarbeziehung würden Schmeicheleien als deplatziert oder unwirklich erscheinen.

Komplimente erreichen nur dann ihr Ziel, wenn sie glaubwürdig sind (Jones/Pittman 1982). Es ist vermutlich so, dass positive Illusionen solange einen förderlichen Einfluss auf die Zufriedenheit ausüben, wie die Paarbeziehung in ihren Grundzügen positiv verläuft. Wenn die Partner hingegen anfangen, ihre Paarbeziehung in Frage zu stellen, und beginnen, darüber nachzudenken, ob sie mit dem Beginn ihrer Paarbeziehung einen Fehler gemacht haben, werden positive Illusionen glcich mit über Bord geworfen, so dass sie sich nicht mehr beglückend auswirken können. Das erklärt, warum bei einer Verschlechterung der Beziehung dieselbe Partnerin, die vorher angehimmelt wurde, abgewertet wird.

Mit einigen dieser Überlegungen ist schon etwas über die Macht der Liebe gesagt worden, die darin zum Ausdruck kommt, dass die Paarbeziehung persönliches Wachstum ermöglicht. Ein Beispiel dafür ist auch die Annäherung an das eigene Idealselbst. In der Regel liegt das Realselbst, also die Selbsteinschätzung, wie ich wirklich bin, unterhalb des Idealselbst, also die Wunschvorstellung, wie ich sein möchte. Wenn mir die Paarbeziehung dazu verhilft, dem Idealselbst näher zu kommen, sollte das das Glück in der Paarbeziehung und das persönliche Wohlbefinden steigern.

In der Paarbeziehung kann einer der Partner jeweils die Eigenschaften des anderen Partners fördern, die dessen Ideal entsprechen. Wenn dadurch eine Bewegung des Selbst in Richtung auf das Idealselbst verursacht wird, wird eine Verbesserung des Wohlbefindens und des Glücks in der Paarbeziehung hervorgerufen. Diese Dynamik wird als „Michelangelo Phänomen" bezeichnet (Drigotas et al. 1999).

Das Idealselbst wird definiert als eine Konstellation von Dispositionen, Motiven und Verhaltenstendenzen, von denen das Individuum im Idealfall möchte, dass es sie erwerben könnte. Es wird angenommen, dass das persönliche Wohlbefinden mit einer Annäherung an das Idealselbst gesteigert wird. Denn Personen sind besorgt, wenn sie Diskrepanzen zwischen dem Realselbst und dem Idealselbst wahrnehmen. In diesem Fall weichen nämlich die tatsächlichen Dispositionen, Motive und Verhaltenstendenzen von den Idealen ab.

Die Sorgen, die durch solche Abweichungen ausgelöst werden, motivieren die Person dazu, das wirkliche Selbst mit dem idealen Selbst in Übereinstimmung zu bringen. Wenn z.B. eine Person von ihrem Partner dahingehend beeinflusst wird, sich humorvoller zu zeigen, dann wird ihr das dann gut tun, wenn sie ein Idealselbst hat, das die Eigenschaft Humor beinhaltet.

Ein anderes Beispiel ist gegeben, wenn die Person sich als Naturmensch erlebt, der in der Wildnis bei Kälte in einem Zelt übernachtet und wenn sie gleichzeitig das Idealbild von sich hat, dass sie ein Naturmensch ist. Dann möchte sie nämlich dieses Ideal verwirklichen, was durch das Zelten in der Wildnis geschehen kann (Kumashiro et al. 2006).

Die Annäherung des Selbst an das Idealselbst wird dann gefördert, wenn der Partner Erwartungen hat, die mit dem Idealselbst übereinstimmen. Wenn z. B. Mary mit John zusammentrifft, von dem sie glaubt, dass er einen guten Sinn für Humor besitzt, wird sie amüsiert lachen, wenn er einen lustigen Kommentar abgibt. Dadurch wird John ermutigt, sich weiter humorvoll darzustellen. Auf diese Weise können Partner das Beste in dem jeweils anderen hervorbringen. Wenn hingegen Mary erwartet, dass John schwermütig ist, wird sie es vermeiden, auf seine Kommentare hin zu lachen und dadurch verhindern, dass er sich humorvoll darstellen kann. Da sich die Selbstdarstellung auf die Selbstwahrnehmung auswirkt (Jones/Pittman 1982), wird im ersten Fall John dazu veranlasst, sich für sehr humorvoll zu halten, während er im zweiten Fall in seiner Schwermütigkeit verstärkt wird.

Die Prozesse der Selbstverwirklichung können behindert werden, wenn die Wahrnehmung und Verhaltensweisen des Partners zu dem Idealselbst widersprüchlich sind. Das ist dann der Fall, wenn Mary gegenüber John, der sich Idealerweise als humorvoll betrachtet, so tut, als wenn John schwermütig wäre. Dann kann John seinen Humor nicht entfalten und sich dementsprechend auch nicht dem Ideal eines humorvollen Menschen in seiner Paarbeziehung nähern.

Eine andere Möglichkeit besteht darin, dass die Wahrnehmungen und Verhaltensweisen des Partners im Hinblick auf das Idealselbst irrelevant sind. Ein Beispiel dafür ist, dass John Mary dafür lobt, dass sie gut kocht. Das Lob kann in Übereinstimmung mit Verstärkungslernen dazu führen, dass Mary häufiger kocht, weil sie gelobt worden ist. Wenn aber das Kochen nicht zu ihrem Idealselbst gehört, kann sie sich zwar über die positive Rückmeldung von John freuen, aber diese ist irrelevant für die Entwicklung ihres Idealselbst. Dann kann man davon sprechen, dass John Mary aus den falschen Gründen liebt. Er hat etwas verpasst, was mit ihrem Idealselbst zusammenhängt (Kumashiro et al. 2006).

Das Idealselbst ist durch bestimmte Inhalte gekennzeichnet, die mehr oder weniger komplex sein können. Die Selbstkomplexität einer Person variiert stark. Je größer die Selbstkomplexität ist, desto weniger hängt das persönliche Wohlbefinden davon ab, dass ein bestimmter Inhalt des Idealselbst durch den Partner bestätigt wird. Wenn das Idealselbst von John im Wesentlichen nur durch die Eigenschaft humorvoll gekennzeichnet ist, dann ist er in hohem Maße davon abhängig, dass Mary ihm ermöglicht, humorvoll aufzutreten. Wenn hingegen John noch neun andere Eigenschaften in seinem Idealselbst integriert hat, sinkt der Stellenwert der Realisierung der humorvollen Komponente seines Idealselbst. Denn Mary kann ihn dann in vielen anderen Komponenten seines Idealselbst unterstützen und dadurch sein Wohlbefinden steigern. Das zugrunde liegende theoretische Modell („Michelangelo Phänomen") lässt sich wie folgt kennzeichnen: Eine Person möchte ihr Idealselbst realisieren. Das gelingt ihr dann besser, wenn der Partner für das Ideal sensibel ist und daran glaubt, dass sich das Idealselbst verwirklichen wird. Daraus resultiert ein Prozess der Verhaltensbestätigung, der die Bewegung auf das Idealselbst hin ermöglicht. Als Folge dieser Veränderung werden eine Steigerung des persönlichen Wohlbefindens und eine Erhöhung des Glücks in der Paarbeziehung erwartet (s. Abb. 1).

Abb. 1: Das Michelangelo Phänomen, das eigene Wohlbefinden und das des Paares (nach Kumashiro et al. 2006: 321)

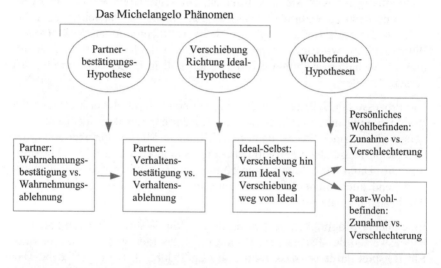

4. Problembereiche in Paarbeziehungen

Zwar sind Paarbeziehungen eine Quelle von Glück und Zufriedenheit, sie können aber auch Konflikte erzeugen oder sich sogar in eine bedrohliche Richtung entwickeln, die einem der Partner oder beiden schadet. Dass dieses negative Potenzial auch vorhanden ist, zeigt sich an vielen Phänomenen wie Gewalt in der Ehe oder Trennung und Scheidung. „Scheidungskriege" beschäftigen die Medien und werden in Filmen wie „Der Rosenkrieg" ironisierend und gleichzeitig anschaulich dargestellt.

Wir werden uns im Folgenden mit zwei weniger offensichtlichen Problembereichen in Paarbeziehungen befassen, die im Extremfall zu Konflikten wie den erwähnten führen können, nämlich einerseits mit den Auswirkungen übertriebener Selbstliebe und andererseits mit den Folgen von depressiver Verstimmtheit. Beide Problembereiche haben ihren Ausgangspunkt in bestimmten Persönlichkeitszügen, die die Partner mit in die Beziehung bringen, entwickeln aber eine eigene Beziehungsdynamik, die sich negativ auf den Beziehungsverlauf auswirkt.

(a) Selbstorientierung

Narzissmus beeinflusst das Erleben und die Strategien in Paarbeziehungen in bedeutsamer Weise. Denn Narzissmus stellt eine Verbindung zwischen dem Selbst und dem Partner her. Einerseits möchte man Andere übertreffen, andererseits möchte man aber auch mit ihnen harmonisch auskommen. In seinem Beitrag über libidinöse Typen hat Sigmund Freud (1931/1948) die narzisstische Persönlichkeit näher gekennzeichnet: Sie wird als unabhängig, energisch, selbstbewusst und aggressiv dargestellt. Diese Beschreibung wurde durch Untersuchungen auf der Grundlage der Big Five-Persönlichkeitstheorie im Wesentlichen bestätigt (Paulhus/Williams 2002). Danach sind Narzissten hoch extravertiert und in der Verträglichkeit niedrig.

Ein tiefer gehendes Verständnis des Narzissmus ergibt sich, wenn man die Selbstregulation und die kognitiven Prozesse von Narzissten kennzeichnet (Campbell et al. 2006). Narzissten verfügen über einen positiven und inflationären Selbstwert, der sich insbesondere auf ihre Intelligenz, Kreativität und physische Attraktivität bezieht. Außerdem sind sie durch einen Mangel an Interesse an intimen Beziehungen gekennzeichnet, der dazu führt, dass die Intimitätsdimension in der Tendenz niedrig ausgeprägt ist. Zum Dritten weisen sie Probleme mit der Selbstregulation auf, die sich aufgrund ihres überhöhten Selbstwertes ergeben.

Narzissten betonen ihre Überlegenheit gegenüber Anderen. Man spricht von dem „The better than average" Effekt. Sie betonen die eigene Urheberschaft bei Erfolgen und führen Misserfolge auf Faktoren zurück, die außerhalb ihres Einflussbereiches liegen. Ihre interpersonale Selbstregulation ist durch einen Widerspruch gekennzeichnet: Auf der einen Seite erreichen sie Vorteile durch ihre hohe Extraversion und Energie, mit denen sie Beziehungen anbahnen. Gleichzeitig haben sie ein geringes Interesse an intimen Beziehungen, in denen die Selbstöffnung hoch ist.

Narzissten suchen die Nähe von bedeutenden Anderen, um die Aufmerksamkeit auf sich zu ziehen. Daher kann für sie ein Partner die Funktion einer Trophäe haben, die sie gewonnen haben. Narzissten sprechen gerne über sich selbst und versuchen, die Aufmerksamkeit auf ihre Person zu lenken. Sie sind unterhaltsame Gesprächspartner. Sie möchten im Glanz der Öffentlichkeit stehen, wie ein Schauspieler, der das Rampenlicht liebt.

Zusammenfassend kann man feststellen, dass sich Narzissten mehr auf die Durchsetzung ihrer eigenen Interessen konzentrieren als auf die Herstellung von Intimität und Wärme. Ihre Selbstregulation ist auf die Steigerung ihres Selbstwertes und dessen Sicherung gerichtet. Damit verbunden sind eine inflationäre Einschätzung der eigenen Person auf zahlreichen Dimensionen und der Glaube, dass eigene hohe Ansprüche berechtigt sind. Die typischen interpersonalen Fähigkeiten von Narzissten sind ihr Selbstvertrauen, ihr Charme, ihre Anschluss suchende Extraversion und ihre Überzeugung, dass sie eine begehrenswerte Person darstellen. Ihre interpersonalen Strategien sind darauf gerichtet, Eigenwerbung zu betreiben und ihren überhöhten Selbstwert zu bestätigen, indem sie ihre Überlegenheit gegenüber dem Durchschnitt hervorheben.

Anstelle einer festen Bindung an einen Partner bevorzugen sie eine spielerische Liebe, bei der sie die Möglichkeit entwickeln, Alternativen zu der bestehenden Paarbeziehung aufzubauen. Das ist insofern für Narzissten von großer Bedeutung, weil sie dadurch ihre Überlegenheit in der Beziehung ausspielen können. Narzissten suchen Partner, die sie mit Selbstwert und Status versorgen können. Daher soll der Partner attraktiv sein, einen hohen Status repräsentieren und erfolgreich sein. Er soll dem Idealselbst entsprechen. Da Narzissten glauben, dass ihr Selbst den Wunschvorstellungen entspricht, wird ein Partner gesucht, der diesen Wunschvorstellungen möglichst ähnlich ist.

Bei der Anbahnung von Beziehungen sind Narzissten aufgrund ihrer Unverfrorenheit besonders erfolgreich. Sie spielen ihre hohe Extraversion und Selbstsicherheit aus, um Personen des anderen Geschlechts zu beeindrucken. Daher können Narzissten persönliche Beziehungen schnell anbahnen, wobei ihnen ihr sicheres Auftreten und ihr Charme von Nutzen sind. Allerdings vermeiden sie es im Allgemeinen, eine intime Beziehung aufzubauen. Stattdessen lässt sich ihr Bindungsstil als gleichgültig-vermeidend beschreiben (Neumann/Bierhoff 2004; Campbell/Foster 2002). Dieser Bindungsstil unterstützt die starke Position der Narzissten, die sie in einer Paarbeziehung für sich beanspruchen.

Ein weiteres Merkmal des Narzissmus ist der ausgeprägte Materialismus. Dieser kommt darin zum Ausdruck, dass der Narzisst Personen und auch Partner für prinzipiell austauschbar hält. Da der Narzisst dazu neigt, den Partner wie eine Trophäe zu betrachten, hat er die Möglichkeit, den Partner auszutauschen, ohne persönlich unter der Trennung zu leiden. Schwierig wird es für den Narzissten nur dann, wenn sein Selbstwert in Frage gestellt wird, so dass die Selbstregulation versagt. Narzissten vermitteln dem Partner das Gefühl, von der Beziehung abhängiger zu sein als sie selbst es sind. Gleichzeitig bringen sie ihren Einfluss und ihre Macht in der Beziehung zum Ausdruck.

Zusammenfassend kann man feststellen, dass Narzissten schwierige Partner sind, da sie spielerisch auftreten, wenig verlässlich sind, geringe Bindungen entwickeln und sich in der Tendenz selbstsüchtig verhalten. Damit stellt sich die Frage, ob überhaupt jemand bereit ist, mit einem Narzissten eine Beziehung einzugehen. Die positive Antwort auf diese Frage liegt darin begründet, dass Narzissten über positive Qualitäten verfügen, die viele Partner bewundern. Sie sind selbstbewusst, extravertiert, energiegeladen und von ihrem guten Aussehen überzeugt. Sie zeigen eine große soziale Kompetenz bei der Beziehungsanbahnung, so dass ihre Partner überzeugt sind, einen großartigen Beziehungspartner gefunden zu haben.

Allerdings stellt sich später in der Langzeitperspektive ihr Desinteresse an Intimität heraus, das zu Enttäuschungen in der Beziehung mit Narzissten führt. Viele Narzissten besitzen ein schauspielerisches Talent, das es ihnen ermöglicht, ein Interesse an Intimität vorzugeben, das nicht echt ist. Diese manipulative Selbstdarstellung kann in Kombination mit dem offensiven, angriffslustigen Auftreten der Narzissten den Eindruck erzeugen, dass sie sehr attraktive Partner sind.

Immerhin besteht die Möglichkeit, dass die manipulative Selbstdarstellung dazu führt, dass nicht nur der Partner überzeugt wird, sondern dass auch der Narzisst sich selbst davon überzeugt, an Intimität in der Beziehung interessiert zu sein. Wenn eine solche Persönlichkeitsentwicklung eintritt, erhöht sich die Beziehungsfähigkeit von Narzissten. Aufgrund ihrer Selbstsicherheit sind Narzissten davon überzeugt, dass der Partner ihnen treu verbunden ist. Daher vermeiden sie es in der Regel, den Partner durch unbegründete Eifersucht zu nerven.

Narzissmus ist ein Beispiel dafür, dass sich die Persönlichkeit der Partner auf Erfahrungen in der Beziehung auswirkt. Der negative Einfluss von Persönlichkeitsmerkmalen auf die Gestaltung sozialer Beziehungen fällt ziemlich stark aus. Das gilt neben dem Narzissmus vor allem für Neurotizismus, Impulsivität und depressive Verstimmtheit, die im folgenden Abschnitt ausführlicher besprochen wird.

(b) Depressive Verstimmtheit

Depressive Verstimmtheit beeinflusst den Beziehungsverlauf in ungünstiger Weise. Es ist nicht nur so, dass Depressive dazu neigen, ihre Zufriedenheit in der Paarbeziehung gering einzuschätzen, sondern auch die Partner von Depressiven schätzen diese Zufriedenheit eher niedrig ein (Bierhoff 1995).

Die negativen Auswirkungen der Depression auf das Erleben in der Paarbeziehung lassen sich besser verstehen, wenn man die interpersonellen Prozesse analysiert, die mit depressiven Verstimmtheiten zusammenhängen. Eine interpersonelle Strategie, die von Depressiven häufig verwendet wird, um ihren Selbstzweifel zu überwinden, besteht in einer exzessiven Bestätigungssuche. Die Suche nach Bestätigung dient dazu, die Selbstzweifel zu überwinden. Das ist aber bedauerlicherweise keine erfolgreiche Strategie, da sie immer nur kurzfristig wirkt. Das hängt damit zusammen, dass depressive Partner die Bestätigung, die sie von anderen erhalten, in ihrem Gehalt abwerten. Daher kann die Bestätigung niemals ausreichen, und die Person verfängt sich in einem Teufelskreis von Suche nach Bestätigung und Zweifel an der Validität der erhaltenen Bestätigung. Außerdem führt die aufdringliche Suche nach Bestätigung durch andere dazu, dass diese mit sozialer Zurückweisung reagieren (s. Abb. 2).

Abb. 2: Determinanten und Folgen der exzessiven Bestätigungssuche (nach
         Van Orden/Joiner 2006, von den Autoren entworfen)

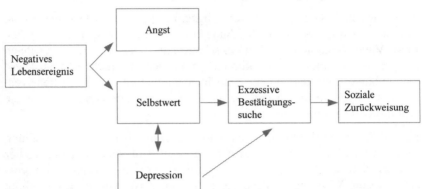

Bestätigungssuche wird durch einen Fragebogen gemessen, der ursprünglich von Thomas E. Joiner und Gerald I. Metalsky (2001) entwickelt wurde.
Dieser Fragebogen zur Messung der Bestätigungssuche (BSS) wurde von
Christian Schwennen und Hans-Werner Bierhoff (2006) ins Deutsche übertragen. Er besteht nur aus vier Items, die im Folgenden an einem Bei-
spielitem veranschaulicht werden: „Manchmal verärgere ich mir nahe stehende Personen dadurch, dass ich wiederholt eine Versicherung von ihnen
suche, dass ich ihnen wirklich etwas bedeute."

Die Bedeutung depressiver Verstimmtheit für interpersonelle Beziehungen
wird in der interpersonalen Theorie der Depression von James C. Coyne
(1976) dargestellt. Im Mittelpunkt steht die Annahme, dass depressiv verstimmte Personen dazu neigen, negative Reaktionen ihres sozialen Umfeldes hervorzurufen. Depression lässt sich nicht einseitig auf die depressive
Reaktion reduzieren, die insofern auch nicht allein für ihre Ausprägung
verantwortlich ist. Vielmehr spielt auch die Rückmeldung der Bezugsperson der depressiven Person eine wichtige Rolle, insbesondere, wenn es sich
um soziale Zurückweisung handelt, die zur Aufrechterhaltung depressiver
Gefühle beiträgt.

Exzessive Bestätigungssuche wird als eine stabile Tendenz der Suche nach
Bestätigung des eigenen Wertes aufgefasst. Diese Suche wird auch dann
fortgesetzt, wenn Bestätigung schon geliefert worden ist. Deshalb ist der
Begriff der „exzessiven" Bestätigungssuche gerechtfertigt. Personen, die zu
einer solchen Tendenz neigen, werden nur in bestimmten Situationen auffällig, in denen Selbstzweifel hervorgerufen wird. Solche Situationen beziehen sich typischerweise auf Kompetenz und soziale Akzeptanz durch
andere. Wenn in solchen sozialen Situationen der Eindruck geweckt wird,
dass das eigene Auftreten einen ungünstigen Eindruck bei anderen hinterlässt, werden Selbstzweifel hervorgerufen, die die exzessive Bestätigungssuche in Gang setzen. In Übereinstimmung mit dieser Analyse wurde gezeigt, dass depressive Verstimmung besonders dann mit sozialer Zurück-

weisung beantwortet wird, wenn die depressive Person exzessiv nach Bestätigung sucht (Joiner/Metalsky 1995).

Ausgangspunkt für die Entstehung einer exzessiven Bestätigungssuche sind negative Lebensereignisse, die Selbstzweifel hervorgerufen haben. Dieser Zusammenhang wird durch zwei Merkmale vermittelt (s. Abb. 2):

- Zum einen rufen die negativen Lebensereignisse eine erhöhte Ängstlichkeit hervor.
- Zum anderen wird durch die negativen Lebensereignisse der Selbstwert beeinträchtigt.

Beide Vermittlungsprozesse (hohe Ängstlichkeit und niedriger Selbstwert) lösen eine exzessive Bestätigungssuche aus. Mit dem niedrigen Selbstwert hängen depressive Tendenzen zusammen, die ihrerseits exzessive Bestätigungssuche aktivieren (s. Abb. 2).

Untersuchungsergebnisse weisen darauf hin, dass die exzessive Bestätigungssuche sich besonders bei depressiven Personen negativ auf ihr soziales Umfeld auswirkt, während nicht depressive Personen weniger soziale Zurückweisung durch ihre Bezugspersonen hervorrufen. Das deutet darauf hin, dass die exzessiven Bestätigungsversuche von depressiven Personen von ihren Bezugspersonen als besonders negativ und sogar aversiv erlebt werden. Es könnte sein, dass depressive Personen von ihren Bezugspersonen für problematische interpersonelle Verhaltensweisen stärker verantwortlich gemacht werden als nicht depressive Personen.

Die Problematik der Bestätigungssuche bei depressiven Personen wird deutlich, wenn man bedenkt, dass ihr Selbstwert negativ ist. Wenn sie nun positive Rückmeldungen über ihren Selbstwert erhalten, ist das Feedback inkonsistent zu ihrer Erwartung. Daher haben sie Schwierigkeiten, das Feedback als glaubwürdig zu nehmen und bezweifeln stattdessen seine Validität. Hier entsteht eine komplexe Situation. Einerseits besteht ein Streben danach, positive Selbstgefühle und eine Selbstwertsteigerung zu erleben. Andererseits entsteht bei positiven Rückmeldungen eine Diskrepanz zu dem vorhandenen niedrigen Selbstwert, die ein Konsistenzstreben in Gang setzt. Diese interessante Konstellation wird als kognitiv-affektives Kreuzfeuer bezeichnet (Swann et al. 1987).

Personen, die sich ihrer selbst unsicher sind, suchen nach Bestätigung. Je größer der Selbstzweifel ist, desto größer ist auch die Suche nach Bestätigung des Selbstwertes. Dadurch fallen diese Personen aber ihren Bezugspersonen auf die Nerven, die nicht verstehen können, warum wiederholt ähnliche Fragen an sie gestellt werden, obwohl sie sie schon positiv beantwortet haben. Die Bezugspersonen haben auch den Eindruck, dass die nach Bestätigung suchende Person ihre Antworten für nicht glaubhaft hält. Dadurch gewinnen sie den Eindruck, dass die nach Bestätigung suchende Person die Bezugsperson als ein Teil ihres Problems ansieht und entsprechend kritische Fragen stellt. Im Endeffekt ergibt sich daraus, dass depressiv ver-

stimmte Personen einen aversiven Einfluss auf ihre Bezugspersonen ausüben.

Die spezielle Kommunikation, dass die Bezugsperson ein Teil des Problems
ist, führt zu einer Beeinträchtigung der interpersonellen Beziehungen. Das
psychologische Bedürfnis der Zusammengehörigkeit wird beeinträchtigt
(Baumeister/Leary 1995). Wenn immer nach Bestätigung gesucht wird, hat
die Bezugsperson, die die Bestätigung liefert, den Eindruck, dass sie für
nicht vertrauenswürdig und für wenig glaubwürdig gehalten wird. Das widerspricht ihrer Selbsteinschätzung der Vertrauenswürdigkeit. Damit werden Abgrenzungstendenzen ausgelöst, um sich dieser unangenehmen Rückmeldung entziehen zu können. Denn die Bezugsperson hat in der Regel ein
positives Selbstwertgefühl und erwartet dementsprechend auch, dass sie für
glaubwürdig und vertrauenswürdig gehalten wird.

Exzessive Bestätigungssuche und depressive Verstimmtheit hängen positiv
zusammen. Christian Schwennen und Hans-Werner Bierhoff (2006) berichten eine Korrelation von r = .33. Wenn man die Frage stellt, wie dieser Zusammenhang zustande kommt, lässt sich auf eine wechselseitige Beeinflussung zwischen Depression und exzessiver Bestätigungssuche verweisen.
Einerseits führt Depression dazu, dass wegen der bestehenden Selbstzweifel
bei depressiver Verstimmtheit eine exzessive Bestätigungssuche in Gang
gesetzt wird. Andererseits erhöht die exzessive Bestätigungssuche aufgrund
der interpersonellen Probleme, die sie zur Folge hat, die depressive Verstimmtheit.

Zusammenfassend kann man feststellen, dass die exzessive Bestätigungssuche Teil eines abwärts gerichteten Kreislaufes ist, der durch persönliche
Verletzbarkeit der depressiven Person zustande kommt, die aus ihren
Selbstzweifeln entsteht. Die Selbstzweifel werden zum Problem, wenn sie
mit exzessiver Bestätigungssuche beantwortet werden. Unglücklicherweise
ist diese Bewältigungsstrategie weitgehend uneffektiv, da sie aversive Konsequenzen im interpersonellen Kontext hervorruft.

Es ist eine interessante Frage, wie dieser negative Kreislauf in einer Paarbeziehung durchbrochen werden kann. Dazu ist es erforderlich, dass der Partner ein eindeutiges Feedback sendet, das die depressive verstimmte Person
akzeptiert, so dass sie ihre fortlaufende Suche nach Bestätigung in der
Paarbeziehung beendet.

Eine andere Perspektive besteht darin, dass exzessive Bestätigung Bestandteil einer interpersonalen Abhängigkeit ist. Es besteht Einigkeit darüber,
dass eine solche Abhängigkeit ein Risikofaktor für die Entstehung von Depressionen ist. Da sich die depressive Person in einem Dilemma befindet,
da sie einerseits Bestätigung sucht und andererseits erhaltene Bestätigung
bezweifelt, entsteht ein negativer Kreislauf. Dieser wird dadurch verstärkt,
dass die zugrunde liegenden Emotionen der depressiven Person sehr stark
sind, so dass sie bei Zurückweisung irritiert und verunsichert ist.

Diese Tendenzen können noch verstärkt werden, wenn sich die exzessive Bestätigungssuche auf sexuelle Abenteuer bezieht. Tatsächlich besteht eine nicht unerwartete positive Korrelation zwischen der exzessiven Bestätigungssuche im Allgemeinen und der Bestätigungssuche in sexuellen Abenteuern. Letztere steht mit einem spielerischen Liebesstil in Zusammenhang, durch den die Zufriedenheit mit der Beziehung beeinträchtigt werden kann.

5. Ausblick

Was sind die charakteristischen Merkmale von Paarbeziehungen, die ihre Erlebnisqualität bestimmen? Einleitend wurden die Dimensionen Intimität, Leidenschaft und Bindung beschrieben. Nun können wir die dargestellten Beziehungsprozesse, die sich förderlich oder hemmend auf die Beziehungsentwicklung auswirken, mit diesen Dimensionen der Beziehung in Zusammenhang bringen.

Positives Denken und Verwirklichung des Idealselbst hängen eng mit der Intimität der Beziehung zusammen. Durch positives Denken wird Kommunikation im Allgemeinen und Selbstöffnung im Besonderen erleichtert. Das fördert den Aufbau einer vertrauensvollen Beziehung (Bierhoff 1992, 2008). Die Verwirklichung des Idealselbst des Partners beeinflusst ebenfalls die Dimension der Intimität. Sie verweist auf kommunikative Prozesse, die dazu führen, dass Beziehungswirklichkeit und Selbst miteinander kongruenter werden. Denn bewertende Rückmeldungen und Idealselbst kommen in ein relatives Gleichgewicht (Swann/Schroeder 1995).

Was die negativen Einflüsse angeht, so wirkt sich der Narzissmus ungünstig auf die Entwicklung der Intimität zwischen den Partnern aus. Denn narzisstische Personen tendieren dazu, Intimität zu vermeiden oder abzublocken, wenn sie ihnen angeboten wird. Man kann feststellen, dass Narzissmus ein negatives Denken in der Paarbeziehung fördert, das die Bedürfnisse des jeweiligen Partners eher ignoriert und die eigenen Ansprüche tendenziell verabsolutiert. Diese Prozesse stehen im Gegensatz zu denen des positiven Denkens.

Niedriger Selbstwert, depressive Verstimmung und exzessive Bestätigungssuche verweisen auf störende Einflüsse, die die Leidenschaft und die Bindung an den Partner verringern. Exzessive Bestätigungssuche kann z. B. Untreue hervorrufen, die Konflikte erzeugt und sich ungünstig auf die leidenschaftlichen Gefühle der Partner auswirkt (Helms/Bierhoff 2001). Außerdem gefährdet Untreue die Stabilität der Beziehung.

In diesem Kapitel wurde kurz die Geschichte der Erforschung persönlicher Beziehungen dargestellt, um dann die Struktur von Paarbeziehungen im Hinblick auf Stärken und Schwächen, die sich positiv oder negativ auf die Beziehungsqualität auswirken, ausführlicher zu analysieren. Diese Übersicht ist in mehrfacher Hinsicht selektiv. Wir haben nur kurz auf Geschwisterbeziehungen, Freundschaften und andere Beziehungsformen verwiesen, die ebenfalls unter persönliche Beziehungen fallen. Außerdem haben wir nur eine Auswahl von Beziehungsprozessen dargestellt. So haben wir nur am Rande die Bedeutung der Bindung in Beziehungen thematisiert, ohne weiter auf die grundlegenden Bindungsdimensionen Angst und Vermeidung einzugehen (siehe aber Neumann et al. 2007; Shaver/Mikulincer 2006): Zum Beispiel hängen Vermeidungstendenzen mit weniger Glück und weniger sexueller Zufriedenheit zusammen und gefährden die Stabilität der Beziehung. Hingegen ruft Angst, die mit einem geringen Selbstwertgefühl zusammenhängt, ein besitzergreifendes, anklammerndes Verhalten dem Partner gegenüber hervor.

Darüber hinaus wurden klassifikatorische Fragen des Erlebens in persönlichen Beziehungen nicht umfassend behandelt. Das betrifft z. B. die Frage nach den Dimensionen, die den Beziehungserlebnissen zugrunde liegen (Bierhoff 2003, unterscheidet die Dimensionen Liebe, Konflikt, Altruismus, Investment und Sicherheit). An dieser Stelle besteht nur die Möglichkeit, die interessierten Leserinnen und Leser auf diese weitergehenden Fragestellungen hinzuweisen.

Ein weiterer Themenbereich, den wir nur am Rande berührt haben, bezieht sich auf den Kommunikations- und Austauschprozess in persönlichen Beziehungen. Dabei spielt das Thema der Gesichtswahrung bzw. des Gesichtsverlusts eine große Rolle. Das gilt vor allem im Kontext von Beschwerden, Anklagen und Konflikten, in dem sich konstruktive und destruktive Kommunikationsmuster unterscheiden lassen (Cupach/Metts 1994). Außerdem sind Austauschprozesse erwähnenswert, durch die die Zufriedenheit und die Beständigkeit einer Beziehung positiv oder negativ beeinflusst werden (Schmohr/Bierhoff 2006). Belohnungen und Investitionen tragen zum Beziehungserfolg bei, während er durch Kosten beeinträchtigt wird.

Persönliche Beziehungen im Erwachsenenalter umfassen vor allem Paarbeziehungen, Freundschaften und verwandtschaftliche Bindungen. Ihr Stellenwert für die individuelle Biographie kann als sehr hoch eingestuft werden. Der Mensch als soziales Wesen verwirklicht sich an erster Stelle auf der Grundlage seiner Einbettung in persönliche Beziehungen. Gleichzeitig lässt sich feststellen, dass persönliche Beziehungen durch eine Vielzahl von Einflüssen bestimmt werden, die sowohl auf dem Selbst der Partner als auch auf interpersonellen Prozessen beruhen, die zur dynamischen Veränderung der Beziehung beitragen.

Ein Beispiel für die Möglichkeit der dynamischen Beziehungsentwicklung stellt das positive Denken über den Partner dar und die damit zusammenhängenden Prozesse der Wahrnehmungs- und Verhaltensbestätigung, wie sie in dem „Michelangelo Phänomen" angesprochen wurden. Dieses Phänomen verweist auf eine Eigendynamik, die in Paarbeziehungen genutzt werden kann, um eine Erfüllung des Glücks des Partners und des persönlichen Glücks zu erreichen. Dem kann ein Ratschlag hinzugefügt werden: Glück und Zufriedenheit werden vor allem von denen erlebt, die von Beginn an neugierig und interessiert der Entwicklung der Beziehung folgen, ohne übertrieben hohe Erwartungen zu hegen. Wer sich eine gewisse Skepsis bewahrt hat und feststellt, dass die Realität besser als erwartet ausfällt, kann darauf hoffen, glücklich zu werden.

Literatur

Aron, Arthur P./Aron, Elaine N./Smollan, Danny (1992): Inclusion of other in the self scale and the structure of interpersonal closeness. In: Journal of Personality and Social Psychology 63: 596-612

Auhagen, Ann Elisabeth (1993): Freundschaften unter Erwachsenen. In: Auhagen, Ann Elisabeth/Salisch, Maria v. (Hg.): Zwischenmenschliche Beziehungen. Göttingen: 215-233

Averill, James R. (1985): The social construction of emotions. With special reference to love. In: Gergen, Kenneth J./Davis, Keith E. (eds): The social construction of the person. Berlin: 89-109

Barnes, Michael L./Sternberg, Robert J. (1997): A hierarchical model of love and its prediction of satisfaction in close relationships. In: Sternberg Robert J./Hojjat, Mahzad (eds): Satisfaction in close relationships. New York: 79-101

Baumeister, Roy F./Leary, Mark R. (1995): The need to belong: Desire for interpersonal attachments as a fundamental human motivation. In: Psychological Bulletin 117: 497-529

Bierhoff, Hans-Werner (1992): Trust and trustworthiness. In: Montada, Leo/Filipp, Sigrun-Heide/Lerner, Melvin J. (eds): Life crises and experiences of loss in adulthood. Hillsdale, NJ: 411-433

Bierhoff, Hans-Werner (1995): Beziehungsqualität und Befindlichkeit. In: Lutz, Rainer/Mark, Norbert (Hg.): Wie gesund sind Kranke? Göttingen: 245-255

Bierhoff, Hans-Werner (2003): Dimensionen enger Beziehungen. In: Grau, Ina/Bierhoff, Hans-Werner (Hg.): Sozialpsychologie der Partnerschaft. Berlin: 257-284

Bierhoff, Hans-Werner (2008): Unsicherheit und Vertrauen. In: Kaplow, Ian/ Fischer, Michael (Hg.): Vertrauen im Ungewissen. Münster: 87-112

Bierhoff, Hans-Werner/Rohmann, Elke (2005): Was die Liebe stark macht. Reinbek: Rowohlt

Bierhoff, Hans-Werner/Schmohr, Martina (2004): Romantic and marital relationships. In: Lang, Frieder R./Fingerman, Karen L. (eds): Growing together. Personal relationships across the lifespan. Cambridge: 103-129

Byrne, Donn/Rasche, Lois/Kelley, Kathryn (1974): When „I like you" indicates disagreement. An experimental differentiation of information and affect. In: Journal of Research in Personality 8: 207-217

Campbell, W. Keith (1999): Narcissism and romantic attraction. In: Journal of Personality and Social Psychology 77: 1254-1270

Campbell, W. Keith/Brunell, Amy B./Finkel, Eli J. (2006): Narcissism, interpersonal self-regulation, and romantic relationships: An agency model approach. In: Vohs, Kathleen D./Finkel, Eli J. (eds): Self and relationships. New York: 317-341

Campbell, W. Keith/Foster, Craig A. (2002): Narcissism and commitment in romantic relationships: An investment model analysis. In: Personality and Social Psychology Bulletin 28: 484-495

Coyne, James C. (1976): Toward an interactional description of depression. In: Psychiatry 39: 28-40

Cupach, William R./Metts, Sandra (1994): Facework. Thousand Oaks, CA: Sage

Davis, Keith E./Todd, Michael J. (1982): Friendship and love relationships. In: Davis, Keith E. (ed): Advances in descriptive psychology. Greenwich, CT: 79-122

Drigotas, Stephen M./Rusbult, Caryl E./Wieselquist, Jennifer/Whitton, Sarah W. (1999): Close partner as sculptor of the ideal self: Behavioral affirmation and the Michelangelo phenomenon. In: Journal of Personality and Social Psychology 77: 293-323

Duck, Steve (1982, 1984): Personal relationships (Bd. 4, 5). London

Duck, Steve (1988): Handbook of personal relationships: Theory, research, and interventions. Chichester: John Wiley

Duck, Steve/Gilmour, Robin (1981): Personal relationships (Bde. 1, 2, 3). London: Academic Press

Dutton, Donald G./Aron, Arthur P. (1974): Some evidence for heightened sexual attraction under conditions of high anxiety. In: Journal of Personality and Social Psychology 30: 510-517

Fraley, Barbara/Aron, Arthur (2004): The effect of a shared humorous experience on closeness in initial encounters. In: Personal Relationships 11: 61-78

Freud, Sigmund (1931/1948): Über libidinöse Typen. In: Gesammelte Werke (Bd. 14). Frankfurt a.M.: 508-513

Gergen, Kenneth J. (1965): The effects of interaction goals and personalistic feedback on the presentation of self. In: Journal of Personality and Social Psychology 1: 413-424

Helms, Lilian/Bierhoff, Hans-Werner (2001): Lässt sich Untreue durch Geschlecht, Einstellung oder Persönlichkeit vorhersagen? In: Zeitschrift für Familienforschung 13: 5-25

Hendrick, Clyde/Hendrick, Susan S. (2000): Close relationships: A sourcebook. Thousand Oaks, CA: Sage

Herbst, Kenneth C./Gaertner, Lowell/Insko, Chester A. (2003): My head says yes, but my heart says no: Cognitive and affective attraction as a function of similarity to the ideal self. In: Journal of Personality and Social Psychology 84: 1206-1219

Howe, Nina/Petrakos, Hariclia/Rinaldi, Christina M./LeFebvre, Rachel (2005): „This is a bad dog, you know ...": Constructing shared meanings during siblings pretend play. In: Child Development 76: 783-794

Howe, Nina/Reccia, Holly (2005): Playmates and teachers: Reciprocal and complementary interactions between siblings. In: Journal of Family Psychology 19: 497-502

Joiner, Thomas E., Jr./Metalsky, Gerald I. (1995): A prospective test of an integrative interpersonal theory of depression: A naturalistic study of college roommates. In: Journal of Personality and Social Psychology 69: 778-788

Joiner, Thomas E., Jr./Metalsky, Gerald I. (2001): Excessive reassurance-seeking: Delineating a risk factor involved in the development of depressive symptoms. In: Psychological Science 12: 371-378

Jones, Edward E./Pittman, Thane S. (1982): Toward a general theory of strategie self-presentation. In: Suls, Jerry (ed): Psychological perspectives on the self. Hillsdale, NJ: 231-262

Kelley, Harold H. (1979): Personal relationships. Their structures and processes. Hillsdale, NJ: Erlbaum

Kelley, Harold H./Berscheid, Ellen et al. (1983): Close relationships. New York: W. H. Freeman

Knee, C. Raymond/Patrick, Heather/Vietor, Nathaniel/Neighbors, Clayton (2004): Implicit theories of relationships: Moderators of the link between conflict and commitment. In: Personality and Social Psychology Bulletin 30: 617-628

Kumashiro, Madoka/Rusbult, Caryl E./Wolf, Scott T./Estrada, Marie-Joelle (2006): The Michelangelo phenomenon: Partner affirmation and self-movement toward one's ideal. In: Vohs, Kathleen D./Finkel, Eli J. (eds): Self and relationships. New York: 317-341

Levinger, George (1994): Figure versus ground. Micro- and macroperspectives on the social psychology of personal relationships. In: Erber, Ralph/Gilmour, Robin (eds): Theoretical frameworks for personal relationships. Hillsdale, NJ: 1-28

Murray, Sandra L./Holmes, John G. (1999): The (mental) ties that bind: Cognitive structures that predict relationship resilience. In: Journal of Personality and Social Psychology 77: 1228-1244

Murstein, Bernard I. (1986): Paths to marriage. Beverly Hills, CA: Sage

Neumann, Eva/Bierhoff, Hans-Werner (2004): Ichbezogenheit versus Liebe in Paarbeziehungen: Narzissmus im Zusammenhang mit Bindung und Liebesstilen. In: Zeitschrift für Sozialpsychologie 35: 33-44

Neumann, Eva/Rohmann, Elke/Bierhoff, Hans-Werner (2007): Entwicklung und Validierung von Skalen zur Erfassung von Vermeidung und Angst in Partnerschaften. Der Bochumer Bindungsfragebogen (BoBi). In: Diagnostica 53: 33-47

Noller, Patricia/Feeney, Judith A. (2002). Understanding marriage. Developments in the study of couple interaction. Cambridge: Cambridge University Press

Noller, Patricia/Feeney, Judith A. (2006): Close relationships: Functions, forms and processes. New York: Psychology Press

Paulhus, Delroy L./Williams, Kevin M. (2002): The dark triad of personality: Narcissism, machiavellianism, and psychopathy. In: Journal of Research in Personality 36: 556-563

Perlman, Daniel/Duck, Steve (1987): Intimate relationships: Development, dynamics, and deterioration. Newbury Park, CA: Sage

Perlman, Daniel/Duck, Steve (2006): The seven seas of the study of personal relationships: From 'the thousand islands' to interconnected waterways. In: Vangelisti, Anita L./Perlman, Daniel (eds): The Cambridge handbook of personal relationships. Cambridge: 11-34

Rohmann, Elke/Bierhoff, Hans-Werner (2006): Liebe und Eifersucht. In: Bierhoff, Hans-Werner/Frey, Dieter (Hg.): Handbuch der Sozialpsychologie und Kommunikationspsychologie. Göttingen: 240-250

Rusbult, Caryl E./Kumashir, Madoka/Stocker, Shevaun L./Wolf, Scott T. (2005): The Michelangelo phenomenon in close relationships. In: Tesser, Abraham/Wood, Joanna V./Stapel, Diederik A. (eds): On building, defending, and regulating the self. New York: 1-29

Schmohr, Martina/Bierhoff, Hans-Werner (2006): Sozialer Austausch. In: Bierhoff, Hans-Werner/Frey, Dieter (Hg.): Handbuch der Sozialpsychologie und Kommunikationspsychologie. Göttingen: 717-726

Schmohr, Martina/Rohmann, Elke/Bierhoff, Hans-Werner (im Manuskript): The course of passionate love and relationship quality across six years: The moderating role of anger-hostility

Schwennen, Christian/Bierhoff, Hans-Werner (2006): Exzessive Bestätigungssuche in sexuellen Abenteuern. In: Zeitschrift für Sozialpsychologie 36: 33-45

Seligman, Martin E. P. (1991): Learned optimism. New York: Knopf

Shaver, Phillip R./Miculincer, Mario (2006): Attachment theory, individual psychodynamics, and relationship functioning. In: Vangelisti, Anita L./Perlman, Daniel (eds): The Cambridge handbook of personal relationships. Cambridge: 251-271

Sternberg, Robert J. (1986): A triangular theory of love. In: Psychological Review 93: 119-135

Sternberg, Robert J. (1987): Liking versus loving: A comparative evaluation of theories. In: Psychological Bulletin 102: 331-345

Strong, Greg/Aron, Arthur (2006): The effect of shared participation in novel and challenging activities on experienced relationship quality: Is it mediated by high positive affect? In: Vohs, Kathleen/Finkel, Eli J. (eds): Self and relationships. New York: 342-359

Swann, William B./Griffin, John J./Predmore, Steven/Gaines, Bebc (1987): The cognitive-affective crossfire: Where self-consistency confronts self-enhancement. In: Journal of Personality and Social Psychology 52: 881-889

Swann, William B./Schroeder, Daniel G. (1995): The search for beauty and truth: A framework for understanding reactions to evaluations. In: Personality and Social Psychology Bulletin 21: 1307-1318

Vangelisti, Anita L./Perlman, Daniel (2006): The Cambridge handbook of personal relationships. Cambridge: Cambridge University Press

Van Orden, Kimberley A./Joiner, Thomas E. (2006): The inner and outer turmoil of excessive reassurance seeking. From self-doubts to social rejection. In: Vohs, Kathleen D./Finkel, Eli J. (eds): Self and relationships. New York: 104-129

Vohs, Cathleen D./Finkel, Eli J. (2006): Self and relationships. Connecting intrapersonal und interpersonal processes. New York: Guilford Press

Anton-Rupert Laireiter

Soziales Netzwerk und soziale Unterstützung

Menschen sind soziale Wesen (vgl. Lenz/Nestmann i. d. B.), deren soziale Beziehungen als ihre ‚dritte Haut' nach der Kleidung, die sie brauchen, um sich zu wärmen, angesehen werden können. Menschen leben in vielerlei Formen sozialer Beziehungen. Eine Beziehungsform, die erst in den letzten Jahrzehnten zunehmend das Interesse der Wissenschaft und der psychosozialen Praxis auf sich gezogen hat, ist das „Soziale Netzwerk". Nach einhelliger Meinung vieler Wissenschafter boomt[1] das Denken in Netzwerken (Schenk 1995), Menschen verkehren primär in Netzwerken (Holzer 2006) und diese stellen ein zentrales Strukturierungsmerkmal unserer Gesellschaft dar. Die Beschreibung und Analyse sozialer Netzwerke ist Bestandteil vieler Wissenschaften, u. a. der Psychologie, die vor allem persönliche Netzwerke von Individuen untersucht.

Der Begriff „Soziale Unterstützung" ist eine zentrale Konstituente sozialer Netzwerke und repräsentiert eine ihrer Funktionen. Die Unterstützungsforschung hat ihren Ursprung in der Sozialepidemiologie der 50er Jahre, als man begann, die Auswirkungen von schweren Belastungen auf den Menschen zu untersuchen und dabei fand, dass nicht alle Betroffenen in gleicher Weise auf die belastenden Ereignisse reagierten. Neben psychologischen Mechanismen (Coping, Ich-Stärke) wurden dafür vor allem soziale Ressourcen, insbesondere die Eingebundenheit in ein soziales Netzwerk und die daraus wahrgenommene und erhaltene Unterstützung verantwortlich gemacht (Cobb 1976; Kaplan et al. 1977).

Beide Begriffe repräsentieren sehr unterschiedliche Gestaltungsprinzipien sozialer Beziehungen und sind vor allem in der Psychologie eng miteinander verknüpft, obwohl sie sehr unterschiedliche Sachverhalte fokussieren. Der vorliegende Beitrag ist beiden Phänomenen gewidmet; es werden dabei vor allem konzeptuelle Aspekte erörtert, abschließend wird auf ihre unterschiedliche Bedeutung für den Forschungsbereich „persönliche Beziehungen" eingegangen.

---

1 Michael Raisch (1996) sieht als Grund für diese boomartige Entwicklung des Netzwerkkonstrukts vor allem gesellschaftliche Veränderungen mit einer Zunahme der Urbanisierung, die erhöhte Mobilitätsnotwendigkeit und -bereitschaft, das erhöhte Bildungsaufkommen und die Veränderung der Rollenanforderungen, die herkömmliche Sozialstrukturen, wie Familie, Verwandtschaft und Nachbarschaft auflösen und größere und weiter verzweigte „interpersonale Umgebungen" zulassen.

1. Soziales Netzwerk

1.1 Der Begriff ‚Soziales Netzwerk' (social network)

Der Netzwerkbegriff hat unterschiedliche historische Wurzeln (ausführlich Jansen 2003; Straus 2002). Zu nennen sind hier insbesondere die *Soziologie* mit Georg Simmel (Geometrie sozialer Beziehungen), Leopold von Wiese (Beziehungen erster und zweiter Ordnung), Theodore Caplow (Verkehrskreise/ambiences) und Paul F. Lazarsfeld (persönlicher Einfluss), die *Sozialpsychologie* mit Kurt Lewin (Feldtheorie) und Jakob L. Moreno (Soziometrie) sowie die *Sozialanthropologie* mit John Barnes, Elisabeth Bott und Alfred Reginald Radcliffe-Brown, die aufbauend auf der Hypothese, dass sich soziale Strukturen (z. B. Gemeinden, Stämme) aus den Verbindungen ihrer Mitglieder aufbauen, verschiedene Studien zur Analyse dieser Beziehungen durchführten. Von ihnen stammt auch der Begriff soziales Netzwerk und eine erste Definition als „… a specific set of linkages among a defined set of persons" (Mitchell 1969: 2). Ähnlich definiert Harro Kähler (1975: 283): „Der Begriff des sozialen Netzwerks bezieht sich auf das Geflecht der – in der Regel: sozialen – Beziehungen, die zwischen einer definierten Menge von einzelnen Einheiten – in der Regel: Individuen – beobachtet werden können". Die Einschränkung „in der Regel" weist darauf hin, dass in der Netzwerkforschung nicht nur soziale Beziehungen von Individuen analysiert werden, sondern auch solche anderer sozialer Einheiten. Zur Analyse und Beschreibung dieser Beziehungen und deren Struktur wurde ein spezielles methodisches Repertoire entwickelt, die so genannte „Netzwerkanalyse", die das Kernstück des Netzwerkansatzes darstellt (Jansen 2003; Trappmann et al. 2005).

Für ein adäquates Verständnis des Netzwerkbegriffs reicht eine einzelne Definition jedoch nicht aus. Eine solche ist eher als eine paradigmatische Klammer einer Sichtweise und eines methodischen Herangehens zu sehen als eine verbindliche konzeptionelle Umschreibung eines spezifischen sozialen Phänomens. Für ein präzises Verständnis des Netzwerkbegriffs ist es wichtig zu verstehen, dass der Begriff in verschiedenen Wissenschaften jeweils unterschiedliche Bedeutungen besitzt – eng damit verbunden, dass es unterschiedliche Arten von Netzwerken gibt, die ihrerseits jeweils unterschiedliche Bedeutungen haben können, und dass der Begriff in verschiedenen Wissenschaftsansätzen eher ein methodisches Herangehen repräsentiert denn eine reale soziale Entität (Hollstein 2006).

Im Hinblick auf den ersten Aspekt ist zu unterscheiden zwischen Ansätzen, die den Begriff als reale soziale Entität verstehen und solchen, die ihn eher analytisch verwenden. Reale Netzwerke, die vor allem in der Psychologie, Mikrosoziologie und Ethnologie (Sozialanthropologie) untersucht werden (Asendorpf/Banse 2000; Schenk 1995; Schweizer 1996; Straus 2002; Wellman 1988), repräsentieren reale soziale Einheiten, die aus unterschiedlichen Mitgliedern bestehen und die sehr unterschiedliche Beziehungen zueinander aufweisen. Dazu gehören in erster Linie so genannte egozentrierte/personale Netzwerke, die mit „unterschiedlichen konzeptionellen und methodischen Zugängen" (Straus 2002: 49) in unterschiedlichen Kontexten (Unterstützung, Familienbeziehungen, Peer- und Freundescliquen, Psychotherapie etc.) und mit unterschiedlichen Fragestellungen und Methoden, auch mit qualitativen (Hollstein/Straus 2006), untersucht werden.

In vielen Fällen besitzen die erfassten Netzwerke jedoch eine weniger eindeutig definierbare soziale Realität als viel mehr eine symbolische (z. B. gegenseitiges Zitieren, die Verbreitung von Innovationen, ein Fußballspiel). In diesen und in vergleichbaren Kontexten, in denen das Netzwerk mehr in den Köpfen der Netzwerkforscher als in denen der Beforschten existiert und eher eine Methode zur Analyse komplexer Ereignisse und Verbindungen darstellt, verkörpert es einen analytischen Begriff im Sinne eines spezifischen methodischen Herangehens an bestimmte Phänomene. Hierdurch entsteht nach Bettina Hollstein (2006: 14) eine Art „virtueller Realität", insbesondere dann, wenn diese durch moderne Computertechnologie eine Visualisierung erfahren. Diese Art des Netzwerkbegriffs nahm ihren Ausgang in den Blockmodellanalysen der 1970er und 1980er Jahre der Harvard-Strukturalisten um Harrison C. White und dessen Schüler Barry Wellman (Wasserman/Faust 1994; Wellman 1988) und hat sich mittlerweile zu einer Art Metakonzept mit einer weiten Verbreitung in verschiedenen Wissenschaften, insbesondere der Soziologie, Anthropologie, Politologie, Ökonomie, Sozialgeografie, Sozialmedizin, Informatik, den Wirtschafts- und den Kommunikationswissenschaften, aber auch in Bereichen der Gemeinde- und Sozialpsychologie entwickelt. Florian Straus (2002: 49 ff.) nennt diese Art des Herangehens die „formale Netzwerkanalyse", Stanley Wasserman und Katherine Faust (1994) die „struktur-analytische" oder „strukturelle". Im Gegensatz zur zuerst genannten zeichnet sich diese durch eine Reihe von Besonderheiten aus:

Zunächst verzichtet sie auf einen realen (ontologischen) Netzwerkbegriff und versteht unter einem Netzwerk alle beliebigen Muster (Struktur, structure), die sich aus den (meist durch die Wissenschafter definierten) Verbindungen (Beziehungen, Kanten, ties) von vorher festgelegten Akteuren (= Knoten, actors) untereinander ergeben (Schenk 1995; Wasserman/Faust 1994). Diese Struktur ist Gegenstand der Analyse: „... social network analysis focuses on relationships among social entities and on patterns ... of these relationships. ... Instead of analyzing individual behaviors, attitudes, and beliefs, social network analysis focuses its attention on social entities or actors in interaction with one another and on how these interactions constitute a framework or structure that can be studied and analyzed *in its own right*" (Galaskiewicz/Wasserman 1993: 12; Hervorhebung A.-R. L.). Die Knoten/Akteure können dabei beliebige Elemente sein (Länder, Gemeinden, Organisationen, Haushalte, Kapitalgesellschaften, Gruppen, Individuen, andere Netzwerke etc.) und die Kanten für Verbindungen beliebiger Art stehen (Austausch, Handel, Macht, Treffen von Politikern, Übernahme von Ideen etc.) innerhalb der Einheit wie auch nach außen. Zum zweiten ist dieser Ansatz theoretisch wie methodisch mathematisch fundiert, beruht auf allgemeinen Theoremen der (mathematischen) Graphen- und Gruppentheorie (Jansen 2003) und besitzt so eine hohe formale Abstraktheit.

Hinsichtlich der Verbindung der Mitglieder von Netzwerken können drei Arten von Netzwerken unterschieden werden, so genannte relationale, positionale und ereignisbezogene. *Relationale* Netzwerke repräsentieren Netzwerke direkter Verbindung zwischen den Akteuren. Im Gegensatz dazu sind *positionale* Analysen an der Identifikation von spezifischen Positionen, die Akteure in Netzwerken einnehmen, interessiert. Es werden die Akteure nicht hinsichtlich ihrer gegenseitigen Verknüpfung analysiert, sondern hinsichtlich identischer Verbindungen zu anderen Mitgliedern ihrer Netzwerke (z. B. Arbeitgeber vs. Arbeitnehmer; Ärzte vs. Patienten; soziale Schichten etc). *Ereignisnetzwerke* – sie werden auch als „affiliative networks" bezeichnet (Faust 2005) – kommen durch die zusätzliche Einführung eines Ereignisses, das die Verbindungen schafft, zustande (z. B. Unfall, Kongressteilnahme). Da zur Definition dieses Netzwerkes zwei Kriterien, ein relationales und ein ereignis- oder zugehörigkeitsbezogenes, nötig sind (Faust 2005), wird diese Art von Netzwerken auch als „two-mode-networks" (= bimodale oder mehrfach bestimmte Netzwerke; synonym: dual networks, membership networks, hypernetworks, Faust 2005: 119) bezeichnet.

Hinsichtlich des Umfangs bzw. Analyseausschnitts werden in der Literatur drei bzw. vier weitere Netzwerke differenziert, Gesamt- oder totale Netzwerke, partielle Netzwerke und ego-zentrierte Netzwerke (Jansen 2003). *Gesamt- oder totale Netzwerke* beziehen sich auf alle Beziehungen einer bestimmten Art in einem untersuchten Set von Akteuren. Beziehungen außerhalb der vorgegebenen Art interessieren nicht. Gelegentlich wird konzeptuell auch zwischen totalen und Gesamtnetzwerken differenziert, insofern sich der Begriff des totalen Netzwerkes auf alle möglichen Beziehungen bezieht, die innerhalb eines bestimmten sozialen Aggregats bestehen, während das Gesamtnetzwerk nur eine spezifische Verbindung berücksichtigt (Schenk 1995). *Partielle Netzwerke* umfassen Teile von totalen, Gesamt- oder egozentrierten Netzwerken oder repräsentieren nur eine oder wenige Verbindungen in diesen (z. B. sich kennen und sich unterstützen, nicht aber verwandt zu sein etc.).

Als Gegenpol zu den Gesamtnetzwerken werden häufig die *„egozentrierten Netzwerke"* angesehen, deren Analyseeinheit einzelne Individuen und nicht Verbindungsstrukturen sind. Diese Art von Netzwerken sind im Kontext persönlicher Beziehungen von besonderer Relevanz und werden daher im Folgenden ausführlicher behandelt.

1.2 Egozentrierte/personale Netzwerke

Egozentrierte Netzwerke sind eigenartige Gebilde, die sich in vielerlei Hinsicht von Gesamtnetzwerken unterscheiden. Sie ergeben sich aus der Fokussierung der Aufmerksamkeit auf einen einzelnen Akteur und beschreiben dessen interpersonale Umgebung (interpersonal environment, Boisse-vain 1977), d. h. „das um eine fokale Person, das Ego, herum verankerte so-ziale Netzwerk" (Jansen 2003: 74). Es werden also nur jene Beziehungen erfasst und untersucht, die eine bestimmte Referenzperson (Ego) mit ande-ren Menschen (seine Netzwerkmitglieder, soziologisch „Alteri" genannt, Jansen 2003) unterhält, incl. deren Verbindungen untereinander. Häufig wird dafür auch der Begriff „personales" oder „persönliches Netzwerk" ge-braucht[2] (Milardo 1992).

In seinem Integrationsmodell nennt John A. Barnes (1969) die Verbindun-gen zwischen Ego und Alteri „first order star" (oft auch als „Ego-Star" be-zeichnet, Boissevain 1977), die zwischen den Alteri eines Ego „first order zone" (Boissevain: „ego-zone"). Die in John A. Barnes Modell enthaltenen weitergehenden indirekten und mehrstufigen Beziehungen, die von den Al-teri zu deren Alteri gehen und immer stärker in den sozialen und gesell-schaftlichen Raum „ausstrahlen" und auch Gruppen und Institutionen bein-halten (Beziehungen 2., 3. bis n-ter Ordnung), werden in egozentrierten Netzwerkanalysen üblicherweise aus ökonomischen und forschungstechni-schen Gründen nicht erfasst. Häufig werden nicht einmal die Verbindungen zwischen den Alteri eines Ego berücksichtigt. Die daraus resultierende Struktur des Ego-Stars ist nach John A. Barnes im eigentlichen Sinn des Begriffs kein soziales Netzwerk, wenngleich es sich durchgesetzt hat, auch dieses Gebilde mit dem Netzwerkbegriff zu versehen (Hollstein 2006).

Egozentrierte/Personale Netzwerke zeichnen sich im Vergleich zu Gesamt-netzwerken durch einige Besonderheiten aus, die zu beachten sind:

1. Personale Netzwerke werden durch ein einzelnes Individuum generiert und repräsentieren damit das Beziehungssystem dieser singulären Person (A-sendorpf/Banse 2000). In diesem Sinn sind egozentrierte Netzwerke Be-standteile von Ego und sind so durch sein/ihr Verhalten und seine/ihre Ei-genschaften in ihrer Ausprägung und Charakteristik beeinflusst, wie sie aber auch das Erleben und Verhalten von Ego beeinflussen können. Sie sind deshalb für psychologische Forschungsfragestellungen interessant.
2. Im Gegensatz zu Gesamtnetzwerken, deren Knoten und Kanten sich pri-mär aus Setzungen von Forschern konstituieren, bestehen egozentrierte Netzwerke aus „natürlichen Beziehungen" (Barnes 1969). Es handelt sich hier also weniger um eine virtuelle als um eine reale soziale Entität (Hollstein 2006).
3. Persönliche Beziehungen von Menschen sind vielgestaltig und kommen durch unterschiedliche Verbindungsformen zustande (Bekanntschaft, so-ziale Rollen, emotionale Beziehung etc.). Entsprechend beinhalten per-sonale Netzwerke unterschiedliche Verbindungsformen und sind mehr-fach bestimmt.

---

2 Die Begriffe „egozentriertes" und „personales" (persönliches) Netzwerk werden im folgenden synonym verwendet

4. Diese unterschiedlichen Verbindungsformen gehen in die Definition und Analyse personaler Netzwerke als sogenannte Netzwerk- oder Namensgeneratoren ein und ergeben so unterschiedliche Teilnetzwerke oder Netzwerksegmente (= partielle Netzwerke) (Milardo 1992).

5. Persönliche Beziehungen konstituieren sich in der Regel nicht aus einer Verbindungs- oder Beziehungsform allein, sie sind im Allgemeinen vielgestaltig („multiplex", Barnes, 1969), d. h. die Mitglieder eines personalen Netzwerkes sind über mehrere Beziehungsformen miteinander verbunden. So kann eine Person im Extremfall Verwandter, Nachbar, Freund, Arbeitskollege und wichtiger Unterstützer gleichzeitig sein. Da multiplexe Beziehungen in der Regel eine hohe Kontakt- und emotionale Intensität besitzen, wird die Multiplexität einer Beziehung und damit auch die Anzahl multiplexer Beziehungen in einem Netzwerk (= Multiplexität des Netzwerks) häufig als Indikator für die emotionale und interaktive Intensität von Beziehungen und von personalen Netzwerken angesehen (Jansen 2003).

6. Personale Netzwerke bestehen nicht nur aus Beziehungen unterschiedlicher Art und Intensität, sie sind hinsichtlich der gegenseitigen Verbindung der Mitglieder heterogen und bilden so verschiedene Subgruppen, die sich vor allem durch eine höhere Kontaktfrequenz in ihrem Inneren und eine höhere Dichte der Interaktionen in sich gegenüber anderen Subgruppen auszeichnen. Die häufigsten Subgruppen (in der Sprache der Netzwerkanalyse als Cluster oder Cliquen bezeichnet) sind die Familie und nahe stehende Verwandte, die Nachbarschaft, der Arbeitsbereich, der Freundes- und Bekanntenkreis, sowie Gruppen, die aus sozialen, Freizeit- und persönlichen Interessen konstituiert sind. Ego ist Mitglied all dieser Substrukturen.

7. Der Begriff des personalen Netzwerks ist als Strukturbegriff zu verstehen, der verschiedene Formen sozialer Beziehungen sowohl strukturell (Dyaden, Gruppen, Systeme) wie auch inhaltlich (Paarbeziehung, Freundschaftscliquen, Mitglieder von Organisationen etc.) einschließt. Damit eröffnet dieser Begriff den Blick auf das Gesamt der sozialen Beziehungen eines Individuums, nicht auf eine bestimmte Einzelform (Asendorpf/Banse 2000). Ein personales Netzwerk ist daher mehr als eine Dyade oder Gruppe und mehr als eine soziale Organisation; es schließt diese ein. Kontrovers diskutiert wird, ob ein Netzwerk ein System (im systemtheoretischen Sinn) repräsentiert oder nicht (Bommes/Tacke 2006; Keul 1993).

1.3 Beziehungsformen in personalen Netzwerken/Partialnetzwerke

Soziale Beziehungen sind durch unterschiedliche Verbindungs- oder Beziehungsformen begründet. Die in der Literatur am häufigsten differenzierten Verbindungs- und Beziehungsformen in persönlichen Netzwerken sind in Tabelle 1 dargestellt.

Tab. 1: Beziehungs- und Erfassungskriterien egozentrierter
sozialer Netzwerke

Beziehungsmerkmal	Netzwerk-bezeichnung	Namensgenerator/Beispielitems
Bloße Bekanntschaft	Bekanntschaftsnetzwerk	Vorgabe von Namenslisten: Welche dieser Personen kennen Sie persönlich?
Sozialer Kontakt/ soziale Interaktion	Interaktions- und Kontaktnetzwerk	Mit welchen Personen treffen Sie sich häufig (mindestens einmal im Monat)?
Soziale Rolle	Rollennetzwerk	Mit welchen Personen aus Ihrer Nachbarschaft haben Sie Kontakt? Wer sind Ihre Arbeitskollegen?
Subjektive Wichtigkeit	Network of significant others	Welche Personen sind für Sie besonders wichtig?
Emotionale Beziehung/ Rolle	Affektives Netzwerk	Wer sind Ihre wichtigsten Freunde? Wer sind Ihre engsten Bezugspersonen?
Interpersonale Belastung	Belastungs-Netzwerk	Mit welchen Menschen Ihrer Umgebung haben Sie öfters Konflikte?
Sozialer Austausch/ Soziale Unterstützung	Unterstützungsnetzwerk Austauschnetzwerk	Mit wem besprechen Sie persönliche Dinge und Probleme?

(nach Boissevain 1977; Milardo 1992; van Sonderen et al. 1990)

Gelegentlich werden die in Tabelle 1 genannten affektiven Kriterien (Wichtigkeit, affektive Beziehung) zu einem einzelnen zusammengefasst, gelegentlich aber auch getrennt verwendet. Zum Kriterium der interpersonalen Belastung ist zu sagen, dass bisher erst einige wenige Versuche unternommen wurden, spezifisch belastende Bezugspersonen als solche zu identifizieren (Lettner 1994).

Es darf nicht unerwähnt bleiben, dass die angeführten Beziehungsformen nicht nur für die Beziehung zwischen Ego und Alteri gelten, sondern auch für die zwischen den Alteri. Es ist allerdings festzuhalten, dass diese Beziehungen kaum differenziert, sondern in der Regel durch sehr allgemeine Kriterien erfasst werden (meist sich kennen oder Kontakt zueinander haben), was Michael Schenk (1995) mit dem enormen methodischen Aufwand und mit der häufigen Unkenntnis der spezifischen Verbindungen der Alteri durch Ego begründet.

Nicht selten werden den unterschiedlichen Namensgeneratoren auch unterschiedliche Netzwerkbegriffe zugeordnet (Milardo 1992; van Sonderen et al. 1990; vgl. Tabelle 1, Spalte 2). In der dritten Spalte sind die damit assoziierten Namensgeneratoren in Form von Beispielitems angeführt. Die begriffliche Differenzierung ist allerdings nicht so zu verstehen, dass sich egozentrierte Netzwerke in seggregierbare Teil- oder Partialnetzwerke differenzieren lassen. Die vorliegenden Befunde (Milardo 1992; Reisenzein et al. 1993; van Sonderen et al. 1990) zeigen, dass der Kernbereich eines egozentrierten Netzwerks (ca. 10 bis 15 Personen) einen Großteil der durch die verschiedenen Kriterien definierten Beziehungsformen auf sich vereint (persönliche Bekanntheit, hohe Kontaktfrequenz, emotionale Wichtigkeit, spezifische Rollen, Unterstützungsaustausch). Lediglich in den Randbereichen scheint eine stärkere Beziehungsdifferenzierung vorzuliegen. Auch wenn sich personale Netzwerke nicht strukturell hinsichtlich verschiedener Beziehungsformen differenzieren lassen, sondern primär multiplex konstituiert sind, erscheint eine analytische Differenzierung in verschiedene Teilbereiche (Partialnetzwerke) für verschiedene Fragestellungen dennoch sinnvoll. So kann es z. B. interessant sein, nur jenen Ausschnitt aus einem egozentrierten Netzwerk zu betrachten, der die unterstützenden Personen (Unterstützungsnetzwerk) oder die emotionalen Bezugspersonen (affektives Netzwerk) oder nur solche mit hoher Kontaktfrequenz (interaktives Netzwerk) einschließt (Milardo 1992). Unter diesem Aspekt betrachtet sind die in Tabelle 1 genannten Begriffe nicht als strukturell, sondern als analytisch zu verstehen, indem sie Ausschnitte aus einem personalen Gesamtnetzwerk unter bestimmten Betrachtungsperspektiven repräsentieren.

1.4 Beschreibungsdimensionen personaler Netzwerke

Neben der Erfassung der relevanten Netzwerkmitglieder einer Person ist es für Netzwerkanalysen von großem Interesse Netzwerke hinsichtlich ihres Aufbaus und ihrer Zusammensetzung zu analysieren. Dazu werden von John A. Barnes (1969) so genannte „name-interpreter-items" („Namensinterpretatoren") eingesetzt und aus deren weiteren Verrechnung so genannte Netzwerkdeskriptoren (Beschreibungsmerkmale von Netzwerken) gebildet (Barnes 1969). Es hat sich eingebürgert, personale Netzwerke auf vier Ebenen zu beschreiben, einer strukturellen, einer interaktionalen, einer funktionalen und einer evaluativen (Pfingstmann/Baumann 1987). Die wichtigsten Parameter der ersten beiden Ebenen, incl. deren Operationalisierung, sind in Tabelle 2 dargestellt.

Wie ersichtlich kann man die strukturellen Parameter in Größen-, Vernetzungs- und Strukturparameter im engeren Sinn unterteilen, wobei allerdings festzuhalten ist, dass die Vernetzungs- und Strukturparameter nur dann zu berechnen sind, wenn die Beziehungen zwischen den Alteri vollständig erhoben wurden.

Bei den interaktionalen Parametern wird sowohl die Richtung der Beziehung berücksichtigt wie auch deren Symmetrie sowie die Beziehungsintensität und Merkmale der Frequenz, Dauer und Entfernung der Bezugspersonen. Daraus lassen sich sowohl Beziehungs- (z. B. Anzahl hochfrequenter, multiplexer, Freundschafts- etc. Beziehungen), wie auch Netzwerkmerkmale errechnen (z. B. Multiplexität des Netzwerks, emotionaler Gehalt, geographische Verteilung des Netzwerks etc.) (dazu ausführlicher Laireiter et al. 1997).

Tab. 2: Strukturelle und interaktionale Parameter
egozentrierter Netzwerkbeschreibung

Struktur-parameter	Beschreibung/Operationalisierung
Größenparameter:	
• Größe/Range	Anzahl der im Netzwerk enthaltenen Akteure/Alteri
Vernetzungsparameter:	
• Konnektivität/ Verbundenheit	Anzahl der Verbindungen/Beziehungen im Netzwerk
• Dichte/Kohäsion	Ausmaß der relativen Verbundenheit des Gesamtnetzwerkes
Relationale Struktur:	
• Cliquen	Regionen/Gruppen höchster Verbundenheit (jedes Mitglied ist mit jedem verbunden; Dichte = 1.0)
• Cluster	Regionen/Gruppen dichterer Verbindungen zwischen den Akteuren, jedoch geringer als in Cliquen
• Sektoren/Segmente	Gruppen identischer Rollen im Netzwerk (Arbeitsbereich, Nachbarschaft, Verwandtschaft, Familie, Freundeskreis etc.)
Interaktionale Parameter	
Direktionalität/Richtung	Richtung der Beziehung, des Austausches, der Interaktion etc.
Reziprozität	Symmetrie im Austausch, der Beziehung etc.
Beziehungsrolle	Soziale/interpersonale Rolle der Beziehung (Freund, Nachbar etc.)
Uni- vs. Multiplexität	Ausmaß des Inhalts des Austauschs/der Arten von Beziehung etc.
Intensität	Ausmaß des Austauschs/der Nähe/Bindung/Interaktion etc. (z. B. emotionale Intensität; quantitative Intensität des Austauschs)
Frequenz	Häufigkeit des Austauschs, des Kontakts, von Transaktionen etc.
„strong tie" vs. „weak tie"	Intensive/hochfrequente vs. wenig intensive/niedrig frequente Beziehung
Homogenität vs. Heterogenität	Psychologische/soziale Ähnlichkeit von Netzwerk-mitgliedern
Dauer/Stabilität	Länge des Bestehens eines Kontaktes/einer Beziehung
Entfernung	Regionale Distanz zwischen den Akteuren
Verteilung/Distribution	Geographische Verteilung des Netzwerks
Erreichbarkeit	Akteure geringer geographischer Entfernung/leichte Erreichbarkeit

Die funktionale und die evaluative Ebene der Netzwerkbeschreibung ist in Tabelle 3 dargestellt.

Tab. 3: Inhaltlich-funktionale und subjektiv-evaluative Parameter
egozentrierter Netzwerkbeschreibung

Inhaltlich-funktionale Parameter
Kommunikation/Kontakt/Interaktion
• Geselligkeit
Austausch
• Information
• Geld
• Arbeit und Leistungen
• Güter
• Immaterielles (Liebe, Anerkennung, Zuwendung, Status etc.)
• emotionaler Rückhalt
• Sichtweisen und Einschätzungen
Normen/Werte
Kontrolle/Regulation
• Macht
Belastung
• Konflikte
• Abwertung
• Ausgrenzung
• Kränkungen etc.
Subjektiv-evaluative Parameter
Wichtigkeit
Zufriedenheit
Angemessenheit

In Tabelle 3 sind neben der häufig als zentrale Funktion sozialer Beziehungen angesehenen sozialen Unterstützung auch eine Reihe weiterer Inhalte und Funktionen von Beziehungen genannt, z.B. die Vermittlung von Werten und Normen, die Kontrolle und Regulation von Verhalten sowie negative/belastende Aspekte, die in der unterstützungsdominierten Netzwerkforschung der Psychologie meist übersehen werden. Bei den evaluativen Parametern repräsentieren die Zufriedenheit und die Angemessenheit (z.B. der Beziehung, des Kontaktes oder der Unterstützung) die am häufigsten verwendeten Variablen. Gelegentlich wird auch nach der Wichtigkeit von Beziehungen und Unterstützung gefragt.

1.5 Theoretische Aspekte Sozialer Netzwerke

Der Netzwerkbegriff repräsentiert, wie gezeigt, einen deskriptiven, (bestenfalls) analytischen, Begriff. Als solcher stellt er eine konzeptuelle Klammer zur Beschreibung und Analyse sozialer Strukturen und sozialer Beziehungen von Individuen dar. Weder im Kontext von Gesamt- noch von egozentrierten Netzwerken gibt es eine Theorie sozialer Netzwerke (Hollstein 2006), wenngleich verschiedene Autoren versucht haben, spezifische Aspekte desselben, so z. B. die soziale Integration oder die soziale Verortung theoretisch zu untermauern (Röhrle 1994; Straus 2002). Darüber hinaus ist er allerdings theoretisch kaum ausgearbeitet. Wie Bettina Hollstein (2006) herausstreicht, liegt der Netzwerkforschung kein einheitlicher theoretischer Bezugsrahmen zugrunde. Dies macht den Begriff einerseits interessant für vielfache und unterschiedliche Verwendung, eröffnet andererseits aber auch die Gefahr einer zu unverbindlichen Verwendung und trägt so auch sehr zur Bedeutungsinflation bei und unterstützt metaphorische Verwendungen wie z. B. die Synonymisierung mit Beziehungsphänomenen jeder Art, z. B. anstatt von einer Beziehung von einem Beziehungsnetz zu sprechen etc. (dazu Wellman 1988).

Eine theoretische Ausarbeitung des Begriffs wird im psychologischen Bereich u. a. auch dadurch verhindert, dass es bis jetzt keine Einheitlichkeit in den Intentionen und Fragestellungen gibt und sich eine psychologische Netzwerkforschung im engeren Sinn noch nicht etabliert hat (Asendorpf/ Banse 2000).

2. Soziale Unterstützung

Die soziale Unterstützung repräsentiert eine zentrale Funktion und ein wesentliches Gestaltungselement sozialer Beziehungen. Im folgenden Abschnitt werden begriffliche und funktionale Aspekte sowie theoretische Überlegungen erörtert.

2.1 Der Begriff „soziale Unterstützung" (social support)

Wie einleitend erwähnt, stammt der Begriff ‚soziale Unterstützung' aus der sozialepidemiologischen, im Weitesten medizin-soziologischen Forschung. Die Analyse der Literatur (Laireiter 1993) lässt erkennen, dass der Begriff von Anfang an unterschiedliche Bedeutungen besaß, deren gemeinsame Grundidee darin liegt, dass soziale Beziehungen und soziale Interaktionen die grundlegenden Bedürfnisse von Menschen nach Zuneigung, Identität, Sicherheit, Informationen, Rückhalt etc. befriedigen und diese daraus Kraft und Stärke für ihre Lebensbewältigung schöpfen, sie damit ihr Befinden stabilisieren und ihre psychische und somatische Gesundheit aufrecht erhalten. Innerhalb dieses konzeptuellen Rahmens können vier verschiedene Bedeutungsvarianten des Begriffs differenziert werden:

1. *Soziale Unterstützung als Ressource* im Sinne der Verfügbarkeit von bestimmten Personen und Personengruppen, die soziale Güter vermitteln. In diesem Sinn versteht Gerald Caplan (1974: 4) unter sozialer Unterstützung „... social aggregates that provide individuals with opportunities for feedback about themselves and for validations of their expectations about others. People have a variety of specific needs that demand satisfaction through enduring interpersonal relationships".

2. *Soziale Unterstützung als Information*: Eine deutliche Alternative im theoretischen Verständnis ergibt sich aus der Konzipierung Stanley Cobb's (1976). Stanley Cobb ging davon aus, dass es nicht die bloße Präsenz anderer Individuen sein könne, die unterstützend wirke, sondern es müsse mehr sein. Aus konzeptuellen Überlegungen und der Analyse der Literatur kam er zu der Überzeugung, dass die zentrale Komponente sozialer Unterstützung und damit das „Eigentliche" an der Unterstützung das subjektive Gefühl der Unterstütztheit sei. Dieses Gefühl, so nahm er an, werde durch Informationen, die die soziale Umwelt vermittle, generiert. Entsprechend verstand er unter sozialer Unterstützung „… the information leading the subject to believe that he is cared for and loved … that he is esteemed and valued … and he belongs to a network of communication and mutual obligation" (Cobb 1976: 300). Aufgrund der Tatsache, dass diese Definition vor allem die Wahrnehmung der sozialen Unterstützung betont, wird in der Folge häufig von einem „*kognitiven Unterstützungsbegriff*" gesprochen.

3. *Soziale Unterstützung als unterstützendes Verhalten*: Raimond L. Kahn (1979: 85) war einer der ersten, der einen verhaltensbezogenen Unterstützungsbegriff propagierte und darunter „… interpersonal transactions that include one or more of the following: the expression of positive affect of one person toward another, the affirmation or endorsement of another person's behaviors, perceptions, or expressed views, the giving of symbolic or material aid to another …" verstand.

4. *Soziale Unterstützung als Bedürfnisbefriedigung:* Bedürfnisbezogene Vorstellungen sehen soziale Unterstützung erst dann als realisiert an, wenn die Verfügbarkeit anderer, deren Verhalten oder die Wahrnehmung von Information aus der Umwelt zur Befriedigung bestimmter menschlicher Bedürfnisse beitragen, was Bernard H. Kaplan, John C. Cassel und Susan Gore (1977: 85) auf die einfache Formel bringen: „Social support is an internal state of met needs". In Anlehnung an diese prägnante Aussage definiert Peggy A. Thoits (1982: 147) soziale Unterstützung als „… the degree to which a person's basic social needs are gratified through interaction with others" (für eine vergleichbare Definition s. a. Veiel/Ihle 1993).

Diese begrifflichen Unterschiede wurden in den ersten 10 bis 15 Jahren der Unterstützungsforschung nicht ausreichend beachtet und führten zu vielen widersprüchlichen Ergebnissen, bis man Mitte der 1980er Jahre begann, begriffliche Klärungen durchzuführen. Seither wird der Begriff als mehrdimensionales paradigmatisches Konstrukt verstanden, das unterschiedliche Ebenen, Komponenten und Perspektiven umfasst. Soziale Unterstützung ist in dieser Konzeption ein komplexes Phänomen, dass sowohl soziale Rahmenbedingungen im Sinne von Personen oder Gruppen von Personen, die als Ressourcen zur Verfügung stehen, beinhaltet, wie auch soziale Interaktionen, in denen diese Ressourcen und Hilfen vermittelt werden, wie auch soziale Wahrnehmungen, die diese dem individuellen Bewusstsein zuführen und so das Gefühl der Unterstütztheit generieren und zur Bedürfnisbefriedigung beitragen.

Die wichtigsten Komponenten dieses Konstrukts sind in Tabelle 4 dargestellt. Dabei sind neben inhaltlichen auch zwei methodische Komponenten dargestellt, die Betrachter- bzw. Beurteilerperspektive sowie methodische Erfassungskriterien. Es macht einen Unterschied, ob die soziale Unterstützung aus der Sicht des Gebers oder des Empfängers oder eines Beobachters und hier wiederum auf der Basis beobachtbarer Austauschprozesse oder des persönlichen Erlebens erfasst wird.

Tab. 4: Komponenten des Konstruktes „Soziale Unterstützung"

Komponenten	Inhalte
Konstruktebenen (Sub- oder Partialkonstrukte)	Subjektives Erleben/soziale Kognition Soziales Verhalten/soziale Interaktion Soziale Beziehungen Bedürfnisbefriedigung
Inhaltsbereiche	Arten unterstützender Informationen und Handlungen, z. B. Informationen, Rückmeldungen, praktische Hilfen, emotionale Zuwendung etc.
Bedarfsbereiche/Anlässe	Alltag Alltagsbelastungen/kleinere Ereignisse Lebensbelastungen, Krisen, Traumata
Direktionalität/Perspektive	Geben von Unterstützung (Geber) Erhalt von Unterstützung (Empfänger)
Quelle/Zielperson	Art der Beziehung: Partner, Familie, Verwandtschaft, Freunde, Vertraute etc.
Betrachter-/ Beurteilerperspektive	Geber der Unterstützung Empfänger der Unterstützung Drittperson
Kriterien der Erfassung	subjektives Erleben/Wahrnehmung beobachtbares Verhalten/Interaktionen

Neben den Konstruktkomponenten und den Inhaltsbereichen, auf die in den nächsten beiden Abschnitten einzugehen ist, spielen für eine präzise Definition des Begriffes vor allem der Bedarfsbereich, die Perspektive oder Richtung der Betrachtung und die Quelle bzw. Zielperson der Unterstützung eine wesentliche Rolle. Hinsichtlich der *Bedarfsbereiche* hat es sich eingebürgert zwischen „alltagsbezogener" und „belastungsbezogener Unterstützung" zu unterscheiden. Hinsichtlich der *Richtung der Applikation* wird differenziert zwischen erhaltener und verabreichter Unterstützung. Die Berücksichtigung der Quelle der Unterstützung hat sich vor allem im Kontext wahrgenommener und erhaltener Unterstützung als wichtig erwiesen; entsprechend wird die Quelle der Unterstützung häufig auch in den Begriff aufgenommen und von „family support", „peer support", „spouse support" oder „close-friends support" etc. gesprochen (Vaux 1992).

2.2 Unterstützungskonstrukte

Mit der Konzeption des Unterstützungsbegriffs als Metakonstrukt werden
eine Reihe unterschiedlicher Teilkonstrukte unterschieden und operationalisiert. Drei haben die meiste Beachtung gefunden: Unterstützungsressourcen, Unterstützungsverhalten und Unterstützungswahrnehmung.

Unter dem Begriff der *„Unterstützungsressourcen"* (support resources) wird
jene Menge an Personen verstanden, die einem Individuum im Alltag wie
auch zu Zeiten belastender Ereignisse zur Vermittlung benötigter Unterstützungsleistungen zur Verfügung steht, stehen würde bzw. bereits zur Verfügung gestanden hat (Vaux 1992). Da dieses Konstrukt meist über eine Auflistung der entsprechenden Personen operationalisiert wird und die so ge-
wonnene Menge wie ein soziales Netzwerk behandelt wird, wird dafür häufig auch der Begriff des *„Unterstützungsnetzwerks"* (support network) verwendet (Laireiter/Baumann 1992). Zur weiteren Beschreibung des so gewonnen Netzwerks werden ähnlich wie beim sozialen Netzwerk verschiedene Parameter erfasst und verrechnet (strukturelle, interaktionale funktionale, evaluative, s. o., sowie Laireiter in Druck).

Der Begriff des *„Unterstützungsverhaltens"* beschreibt spezifische unterstützende Verhaltensweisen, die in real ablaufenden interpersonalen Interaktionen verabreicht werden und somit auch prinzipiell beobachtbar sind.
Zu dessen Beschreibung wurden verschiedene Einzelbegriffe entwickelt. So
fokussiert die *„erhaltene Unterstützung"* („received support") die Empfän-
gerperspektive und die *„gegebene"* oder *„verabreichte Unterstützung"* („en-
acted support") die Geberseite (Vaux 1992).

Das Phänomen der *„Unterstützungswahrnehmung"* bezieht sich auf die Wahrnehmung von Unterstützung aus der Umwelt und wird häufig als *„wahrgenommene Unterstützung"* (perceived support) bezeichnet. Neben der bloßen
Wahrnehmung von Unterstützung wird dieser Begriff in der Folge theoretischer Fundierungsversuche für eine Reihe kognitiver Phänomene verwendet

- z. B. als Bestandteil des „secondary appraisal" (Beurteilung verfügbarer
  Handlungs- und Unterstützungsmöglichkeiten zur Bewältigung einer bevorstehenden oder vorhandenen Belastung) in der Stresstheorie von Richard S. Lazarus (Cohen 1992; Vaux 1992),
- oder als Komponente eines stabilen sozialen Überzeugungssystems die
  Qualität und Funktionen der zwischenmenschlichen Beziehungen betreffend (Lakey/Drew 1997)
- oder als Komponente des sozialen Selbstkonzepts im Sinne von wahrgenommener Akzeptanz, Einbindung, Unterstützung etc., die ein Individuum von Seiten seiner Umwelt genießt (Sarason et al. 1990).

In allen drei Fällen ist das Konstrukt als eine Art kognitives Persönlichkeitsmerkmal konzipiert, das stabile Überzeugungen und Glaubensansich-
ten beinhaltet, die nach Barbara R. Sarason et al. (1990) auf vergangene
Unterstützungserfahrungen und in letzter Konsequenz auf positive Bin-

dungs- und Beziehungserfahrungen in der kindlichen Entwicklung zurückgehen.

2.3 Unterstützungsdimensionen

Eine zentrale Frage bezieht sich darauf, welche Inhalte Austauschprozesse, Wahrnehmungen oder Bedürfnisbefriedigungen umfassen müssen, um als unterstützend bezeichnet werden zu können. In der Literatur finden sich sehr viele Versuche einer inhaltlichen Taxonomisierung (Laireiter 1993). Dennoch hat sich diesbezüglich nur wenig Einheitlichkeit ergeben. Eine Reihe von Ansätzen ist bedürfnistheoretisch fundiert, andere wiederum sind eher pragmatisch, nur wenige sind empirisch. Einigkeit besteht darin, das Unterstützungskonstrukt inhaltlich als mehrdimensional und hierarchisch aufgebaut anzusehen. Es besitzt auf der obersten Ebene einen Generalfaktor „Unterstützung" und auf einer mittleren Ebene zwei globale Dimensionen, die allgemein als psychologische und instrumentelle Unterstützung bezeichnet werden. Dabei bezieht sich der Begriff der „psychologischen Unterstützung" auf Formen, die eine Befriedigung psychologischer Bedürfnisse (s. u.) zum Gegenstand haben – im Englischen wird diese Art der Unterstützung auf Grund ihrer schweren Greifbarkeit oft als „intangible" (intangible support) bezeichnet (Vaux 1992). „Instrumentelle Unterstützung" beinhaltet hingegen konkrete Hilfen und tatkräftige Formen von Unterstützung, die primär instrumentellen Bedürfnissen begegnen. Im Englischen wird dafür, wegen der Greifbarkeit dieser Unterstützungsformen, häufig der Begriff „tangible support" verwendet (Vaux 1992).

Trotz der vielfachen Versuche, Taxonomien für die beiden Globalformen der Unterstützung zu erstellen, muss man heute festhalten, dass dies bislang noch nicht zufriedenstellend gelungen ist. Der Autor selbst hat in einer vorangegangenen Arbeit (Laireiter 1993) versucht, die wichtigsten Unterstützungsmodalitäten auf dieser Ebene herauszuarbeiten. Er hat dabei für jede der beiden Globaldimensionen fünf Modalitäten identifiziert (*psychologische Unterstützung*: Zugehörigkeit und Geborgenheit, emotionale Unterstützung/Rückhalt, kognitive Unterstützung/Klärung, Geselligkeit/Kontakt, Selbstwertstützung; *instrumentelle Unterstützung*: Ratschläge, tatkräftige Hilfe/Arbeit, Sachleistungen zur Verfügung stellen/borgen, finanzielle Hilfen, stellvertretende Bewältigung/Interventionen).

Ein noch ungeklärtes Problem ist die unterste Ebene sozialer Unterstützung, die Einzelverhaltensweisen oder –wahrnehmungen beinhaltet. Es ist unklar, welche Verhaltensweisen z. B. die kognitive Unterstützung, die als Vermittlung von Klärung, Orientierung und das z. B. von Einschätzungen und Sichtweisen über Probleme oder Sachverhalte definiert werden kann, repräsentieren soll und wie diese z. B. von Informationen oder Ratschlägen abzugrenzen sind. Ähnliche Probleme ergeben sich für die emotionale oder Selbstwertstützung, die Zugehörigkeitsunterstützung und den Kontakt und die Geselligkeit. Diese Probleme dürften vermutlich am meisten dafür verantwortlich sein, dass sich inhaltliche Taxonomien empirisch, z. B. mittels Hauptkomponentenanalysen, kaum replizieren lassen (Laireiter 1993), wohl aber ressourcenorientierte, die hinsichtlich der Quelle der erhaltenen oder wahrgenommenen Unterstützung unterscheiden (Familie, Freunde, Partner etc.), weshalb es evtl. sinnvoller sein könnte, die Quelle der Unterstützung als Strukturgeber in den Vordergrund zu stellen.

Ein weiteres Problem inhaltlicher Taxonomien ist die Tatsache, dass bislang der Unterstützungsbedarf nicht systematisch berücksichtigt wurde. Vieles spricht dafür, neben allgemeinen auch belastungsbezogene Taxonomien zu entwickeln. In vielen Arbeiten konnte gezeigt werden, dass bei Belastungen, insbesondere bei der Verarbeitung schwerer Lebensbelastungen, psychologische Formen wichtiger sind als instrumentelle, wohingegen bei Alltagsbelastungen und kleineren Lebensbelastungen kognitive und instrumentelle wichtiger sind (Laireiter 1993). Anhand einer Literaturanalyse wurden von Anton-Rupert Laireiter (1993) folgende *belastungsbezogenen psychologischen Unterstützungsmodalitäten* als wichtig erkannt: Sozialer Rückhalt (Vermittlung von da sein, präsent sein, Sicherheit etc.), loyale Anteilnahme (Ausdruck von Verständnis, Einfühlung, Solidarität etc.), Selbstwertstützung (Polsterung des Selbstwerts, Zusprechen von Mut, Vermittlung von Wertschätzung etc.), emotionale Unterstützung (Ventilation von Gefühlen, Reden über Erleben, Vermittlung von Verständnis etc.), kognitive Unterstützung (Vermittlung von Einsichten, Analyse des Problems, Geben von Erklärungen etc.) und Ablenkung (Ablenkung durch soziale Kontakte, gemeinsame Unternehmungen, Abstand durch positive soziale Erlebnisse etc.). Bezogen auf *instrumentelle Bedürfnisse* wurden zwei als besonders wichtig identifiziert können: Ratschläge und Informationen (Anleitungen, Hinweise etc.) und praktische Hilfen (Abnehmen von Arbeiten, Übernahme von Aufgaben, Erfüllung im Moment nicht ausführbarer Rollenfunktionen etc.).

2.4 Funktionen Sozialer Unterstützung

Soziale Unterstützung ist ein funktionales Konstrukt, das im Kontext der Entstehung von Störungen, dem Erhalt der Gesundheit und der Bewältigung belastender Ereignisse untersucht wird. Stanley Cobb (1976) nahm an, dass die primäre Aufgabe sozialer Unterstützung der Schutz des Individuums vor negativen Konsequenzen belastender Ereignisse sei. In seiner so genannten „Puffereffekthypothese" (*buffering hypothesis*) postulierte er, dass Unterstützung die negativen Effekte von Stress und Belastungen gegenüber dem Individuum und seinem Befinden und seinem Organismus „abpuffere". Die darauf folgende Forschung der 1970er und frühen 1980er Jahre erbrachte sowohl positive wie auch negative Ergebnisse und zeigte, dass soziale Unterstützung nicht nur Effekte im Sinne der Pufferhypothese besitzt, sondern auch direkte und von Belastungen unabhängige.

Es war Sheldon Cohen und seinem gemeinsamen Review mit Thomas Wills vorbehalten, eine gewisse Ordnung in die Befundlage zu bringen. Sheldon Cohen und Thomas Wills (1985) konnten zeigen, dass soziale Unterstützung sowohl zu direkten Effekten wie auch zu Puffereffekten beiträgt, dass aber die beiden Effekte offensichtlich auf unterschiedliche Teilaspekte des Konstrukts zurückgehen. Direkte Effekte – in der Sprache der Varianzanalyse „Haupteffekte" genannt – werden primär durch so genannte „strukturelle Maße", also Indikatoren und Instrumente, die die soziale Einbettung des Individuums widerspiegeln, sowie Merkmale seines Unterstützungsnetzwerkes, insbesondere seine Größe, die Anzahl verfügbarer nahe stehender Personen, familiäre Integration etc. generiert. Puffereffekte hingegen stehen primär mit Maßen in Verbindung, die Formen wahrgenommener Unterstützung repräsentieren, insbesondere kognitive und emotionale sowie Selbstwert bezogene, sowie mit Maßen, die die Verfügbarkeit enger und nahe stehender Personen und die Qualität dieser Beziehungen widerspiegeln. Keine Effekte im Sinne von Haupt- und Puffereffekten konnten für die (bis zu diesem Zeitpunkt verfügbaren) Indikatoren für erhaltene Unterstützung gefunden werden. Dies mag aber primär mit der Art der Messung dieser Variable zu tun haben, denn spätere Studien, die das Ausmaß des Erhalts belastungsbezogener Unterstützung im Zusammenhang mit der Bewältigung der Belastung erfassten, konnten durchaus Effekte zeigen, die sich im Sinne der Pufferhypothese interpretieren lassen.

Ein weiteres wichtiges Ergebnis der Forschung zu den Effekten sozialer Unterstützung ist, dass diese offensichtlich sowohl für die Befindlichkeit und Stimmung relevant ist, wie auch für die Aufrechterhaltung der psychischen und somatischen Gesundheit und für die Prävention und Remission psychischer Störungen und somatischer Erkrankungen und dass sie einen wesentlichen Einfluss auf die Mortalität hat (Schwarzer/Leppin 1989). Dabei konnte gezeigt werden, dass die ätiologische Funktion für bestimmte Störungen, z.B. Depressionen, Angststörungen oder Substanzabhängigkeiten bedeutsamer ist, als für andere, z.B. Schizophrenie oder bestimmte organische Erkrankungen. Allerdings konnte auch gefunden werden, dass Unterstützungsvariablen durchaus einen Einfluss auf den Verlauf der Schizophrenie haben (Perrez et al. 2005).

Die hier angesprochene Forschung konnte zwar die funktionale Relevanz sozialer Unterstützung für Gesundheit und Krankheit nahe legen, allerdings war damit noch wenig ausgesagt darüber, wie diese Funktionen vermittelt werden. Zur Beantwortung dieser Frage wurden eine Reihe theoretischer Modelle entwickelt, auf die im Anschluss einzugehen ist.

2.5 Theoretische Aspekte des Unterstützungskonstrukts

Wie eingangs erörtert, handelt es sich bei dem Unterstützungskonstrukt um ein mehrdimensionales Konzept, das verschiedene Komponenten, Inhalte und Perspektiven umfasst. Das Funktionieren dieses Phänomens wird dadurch nicht erklärt. Dies müsste eine Theorie übernehmen. Eine derartige „Theorie der sozialen Unterstützung" gibt es bis jetzt allerdings (noch) nicht. Wohl aber wurden verschiedene Aspekte des Konstrukts theoretischen Fundierungen unterzogen, die allerdings sehr unterschiedlich sind. Man kann zwei sehr allgemeine Fundierungstraditionen unterscheiden: Solche, die die Funktionen von Unterstützung im Kontext belastender Ereignisse betreffen und solche, die sich auf das Phänomen der wahrgenommenen sozialen Unterstützung beziehen.

Belastungstheoretische Fundierungen integrieren den Unterstützungsbegriff und seine Komponenten und Funktionen in Belastungs-Bewältigungsmodelle, die auf dem *transaktionalen Stressmodell* von Richard S. Lazarus aufbauen (dazu ausführlich Cohen 1992). Nach Sheldon Cohen fungieren die verschiedenen Unterstützungskomponenten in diesem Kontext auf unterschiedliche Weise als protektive Faktoren: Soziale Einbindung, Unterstützungsressourcen und das Gefühl der Zugehörigkeit zu einem sozialen Netzwerk wirken als Schild, der das Auftreten belastender Ereignisse unterbinden bzw. deren (primäre) Einschätzung als bedrohlich reduzieren kann. Wahrgenommene Unterstützung operiert nach Sheldon Cohen auf der Ebene des „secondary appraisal" als verfügbare Ressource, die gegen die Bedrohung oder Belastung eingesetzt werden kann und so die Intensität der Belastungsemotionen reduziert. In Anspruch genommene und erhaltene Unterstützung kann auf der Ebene des „Copingprozesses" auf verschiedene Weise zu einer positiven Lösung des Problems und zur Palliation der Belastungsemotionen beitragen, in Form der Stützung des Selbstwerts, des Aufbaus und der Aufrechterhaltung der Moral, der Stabilisierung der Selbstwirksamkeit etc., aber auch über eine direkte Intervention in den Bewältigungsprozess in Form von „Bewältigungs-Assistenz" und stellvertretender Bewältigung.

Speziell für diese Funktionen wurden von verschiedenen Autoren Einzelmodelle entwickelt und untersucht (s. Cohen 1992). So nehmen Sheldon Cohen und Thomas Wills (1985) im „stress-support-specificity-model" an, dass (wahrgenommene und erhaltene) soziale Unterstützung nur dann zu Effekten führe, wenn sie die Bewältigungs- und Unterstützungsbedürfnisse, die aus einer bestimmten Belastung resultierten, optimal erfülle. Carolyn E. Cutrona und Donald W. Russell (1990) ergänzten diese durch die sogenannte „Matching-Hypothese" und zeigten sowohl theoretisch wie auch empirisch, dass der Bedarf nach einer bestimmten Art von Unterstützung (instrumentell vs. psychologisch) nicht nur durch die Art der Belastung und die damit assoziierten Bewältigungsbedürfnisse, sondern auch durch psychologische Merkmale derselben, wie ihre Kontrollierbarkeit und Vorhersehbarkeit oder durch den Anteil des Individuums an deren Zustandekommen, moderiert wird (Kontrollierbare Ereignisse lassen eher instrumentelle Formen als effektiv erscheinen, unkontrollierbare eher psychologische, insbesondere emotionale, kognitive und Selbstwert bezogene). Auch legten sie nahe, dass Unterstützung dann besonders wirkungsvoll sei, wenn sie von

Personen vermittelt werde, die diese Belastung selbst schon erlebt und zum Teil bereits bewältigt haben.

Als vierten Pfad sieht Sheldon Cohen (1992) eine direkte Wirkung wahrgenommener sozialer Unterstützung sowie der Einbettung in ein soziales Netzwerk auf die Intensität der Belastungsreaktion und der Belastungsemotionen, die bei zufriedenen, sozial gut integrierten und gut eingebetteten Menschen weniger intensiv sein sollten, da sie daneben oder darüber hinaus sehr viele positive Emotionen erleben (kompensatorische Effekte).

Empirisch ist dieses Modell zwar grundsätzlich und in einigen Komponenten, jedoch nicht vollständig abgesichert, sodass man insgesamt schließen muss, dass zwar einige Evidenz für die Validität dieses Modells existiert, sie insgesamt aber noch nicht vollständig belegt ist.

In neueren Ansätzen wird vor allem der Suche nach und der Inanspruchnahme von Unterstützung vermehrt Aufmerksamkeit geschenkt. Es konnte gezeigt werden, dass die Bereitschaft sozialer Unterstützer, Unterstützung zu geben, u. a. auch davon abhängt, wie eine Person ihre Belastung und ihre Unterstützungsbedürftigkeit darstellt und welche Einstellungen sie zur Inanspruchnahme und Annahme von Unterstützung besitzt („Netzwerkorientierung", Röhrle 1994) (Gregory Pierce et al. 1997b). Auch konnte in vielen Studien gezeigt werden, dass neben positiver Unterstützung bei Belastungen immer auch ein Risiko für wenig unterstützende oder gar belastende Interventionen aus der Umwelt besteht (Laireiter et al. 2007). Obwohl diese Formen eher selten auftreten, haben sie doch einen nachweislichen Einfluss auf den Bewältigungserfolg und die Persistenz negativer Emotionen (Laireiter et al. 2007).

Neben der Interpretation und Fundierung der wahrgenommenen Unterstützung als kognitive Persönlichkeitsvariable bzw. als Bestandteil des Selbst und des Selbstkonzepts (s. o.) liegen noch eine Reihe weiterer Ansätze und Versuche vor, diese Komponente der sozialen Unterstützung als Persönlichkeitsmerkmal zu konzipieren und zu fundieren. Zu nennen sind hier vor allem schematheoretische Ansätze, die die Überzeugung der Verfügbarkeit von Unterstützung und deren Adäquatheit als einen Bestandteil allgemeiner kognitiver und affektiver Schemata im interpersonalen Bereich ansehen (Gregory Pierce et al. 1997b) und davon ausgehen, dass diese sowohl die Wahrnehmung interpersonaler Situationen wie auch die Bewältigung belastender Situationen und die soziale und vor allem interpersonale Kompetenz, ebenso wie das interpersonale Vertrauen wesentlich beeinflussen. Eng damit verwandt sind bindungstheoretische Ansätze, die die wahrgenommene Unterstützung als Komponente des inneren Arbeitsmodells nach John Bowlby und damit als Element einer sicheren Bindung verstehen (Bartholomew et al. 1997; Sarason et al. 1990), was zu vergleichbaren Funktionen führt. Eine andere Interpretation geht von der hohen negativen Korrelation zwischen Erhebungen der wahrgenommenen Unterstützung und Persönlichkeitsskalen für Neurotizismus, Depressivität, Trait-Angst etc. aus und nimmt an, dass die subjektive Überzeugung, unterstützt zu sein, eine Komponente des Selbstwertgefühls und einer positiven Affektivität bis hin zu dispositionellem Optimismus widerspiegle (Lakey/Drew 1997).

Ausgehend von diesen Überlegungen legen Tamarha Pierce et al. (1997) eine Reihe von Befunden vor, die für die Validität einer persönlichkeitsbezogenen Interpretation der wahrgenommenen Unterstützung sprechen. So berichten sie über Ergebnisse, die zeigen, dass sich Personen mit einem hohen Ausmaß an Unterstütztheitsüberzeugung in sozialen Situationen anders verhalten als solche mit einer niedrigen. Dass sie von Beobachtern und potentiellen Unterstützern in Belastungssituationen als kompetenter eingeschätzt werden und dass sie sich so verhalten, dass Unterstützer eher geneigt sind, sich unterstützend zu verhalten und dass sie aktiver auf andere zugehen und größere soziale Netzwerke, insbesondere im Freundes- und Bekanntenkreis besitzen. Diese Befunde lassen es sinnvoll erscheinen, davon auszugehen, dass verschiedene Persönlichkeitsmerkmale eng mit der wahrgenommenen Unterstützung assoziiert sind, die sich auf den sozialen und interpersonalen Bereich beziehen und dem Individuum viele Vorteile verschaffen. Zu dem legen sie nahe, dem Individuum einen wesentlichen Anteil an der Etablierung seines sozialen Nahbereiches sowie des Verhaltens und der Funktionen desselben zuzuschreiben: Die Überzeugung, geliebt, geachtet, wertgeschätzt und in Problemsituationen Menschen zu haben, auf die man sich verlassen kann, könnte ein wichtiges eigenständiges Persönlichkeitsmerkmal oder auch ein Bestandteil eines allgemeinen sozialkognitiven Persönlichkeitsmerkmals sein, das interpersonales Verhalten, aber auch Bewältigungsverhalten und den Umgang mit Belastungen in sozialen Situationen sowie das Verhalten enger Bezugspersonen nachhaltig beeinflusst.

3. Soziales Netzwerk, soziale Unterstützung und ihre Bedeutung für „Persönliche Beziehungen"

Wie bis hier gezeigt, sind die Konstrukte soziales Netzwerk und soziale Unterstützung auf vielfältige Art und Weise miteinander verknüpft und aufeinander bezogen; sie repräsentieren aber dennoch sehr unterschiedliche Phänomene und dürfen keinesfalls als identisch angesehen werden.

Der Begriff des sozialen Netzwerkes repräsentiert die Struktur der Verknüpfung von Individuen, Objekten und sozialen Aggregaten, die nach einem bestimmten Kriterium aufeinander bezogen sind. Im Sinne egozentrierter Netzwerke sind damit die Struktur und die Funktion des interpersonalen Nahbereiches von Einzelindividuen gemeint. In diesem Sinne beschreibt der Netzwerkbegriff also die Art und den Grad der sozialen Einbettung eines Individuums in seinen zwischenmenschlichen Nahbereich (Ego-Zone) hinsichtlich seiner Größe, der Anzahl an Gruppen, in denen es verkehrt, hinsichtlich seiner Kontakt- und emotionalen Intensität, seiner rollenmäßigen Untergliederung, seiner geographischen Verteilung und seiner Funktionen, sowohl hinsichtlich Ressourcen wie auch hinsichtlich Belastungen, Kontrolle und Wertvorgaben. Darin ist auch gleichzeitig die Bedeutung dieses Konstrukts für den Forschungsbereich „persönliche Beziehungen" zu sehen, insofern das Konstrukt die Gesamtheit aller Beziehungen eines Individuums umfasst und diese gleichzeitig hinsichtlich verschiedener Merkmalsbereiche (Rollen, Cluster- und Gruppenzugehörigkeiten, Dichte, Kontaktfrequenz, emotionale Wichtigkeit, Belastung, emotionale Beziehungen, Funktionen etc.) beschreibt. Es trägt damit zu einer umfassenden Inventarisierung persönlicher Beziehungen und zur Beschreibung und Analyse ihrer komplexen Verknüpfung und Gestaltung auf unterschiedlichen Ebenen bei. Der Netzwerkbegriff ist also primär beziehungsanalytisch und deskriptiv und richtet den Blick auf das Gesamt der Beziehungen eines Individuums. Damit ist der Beziehungsstatus einer Person, ihre Integration und Einbettung in den interpersonalen Nahbereich und die soziale Verortung eines Individuums umfassend zu beschreiben (Asendorpf/ Banse 2000; Straus 2002).

Im Gegensatz dazu ist der Unterstützungsbegriff auf die Verfügbarkeit, den Erhalt und die Wahrnehmung sozialer Güter und Ressourcen gerichtet, die der Befriedigung zentraler persönlicher und sozialer Bedürfnisse durch die soziale Umwelt dienen. Als solche hat soziale Unterstützung wesentliche Funktionen in der Aufrechterhaltung von psychischer und somatischer Gesundheit und Lebensqualität, in der Bewältigung von Belastungen und in der Prävention negativer Belastungsfolgen, ebenso wie in der Prävention psychischer Störungen und somatischer Erkrankungen. Soziale Unterstützung ist nach dem heutigen Stand der Forschung ein Phänomen, das aus einer komplexen Interaktion von persönlichen und sozialen Bedingungen (Persönlichkeitsmerkmale, Merkmale sozialer Beziehungen, Überzeugungen, Wahrnehmungsbereitschaften, soziale Kompetenzen etc.) entsteht (Gregory Pierce et al. 1997b). In diesem Sinn ist die soziale Unterstützung zwar eine wichtige Funktion sozialer Interaktionen und sozialer Beziehungen und damit auch sozialer Netzwerke, allerdings repräsentieren diese nur eine Komponente unter mehreren an ihrem Zustandekommen.

Unter beziehungstheoretischer Perspektive richtet das Konstrukt der sozialen Unterstützung den Blick auf die positiven und hilfreichen Funktionen sozialer Beziehungen und vor allem auch darauf, wie soziale Beziehungen und soziale Interaktionen gestaltet sein müssen, damit sie zu psychischer Gesundheit, Wohlbefinden und Lebensqualität von Menschen beitragen können. Soziale Unterstützung ist also weniger ein deskriptiv-analytisches als viel mehr ein funktionales Konstrukt, das vor allem gesundheitspsychologische und klinisch-psychologische Implikationen und verschiedene Versuche einer persönlichkeitspsychologischen Integration (Pierce et al. 1997a) besitzt. Erst in letzter Zeit werden gelegentlich auch sozialpsychologische Fragestellungen damit verknüpft (z.B. im Kontext enger Beziehungen, der Paar- und Familienforschung, des prosozialen Verhaltens und bindungstheoretischer Fragestellungen; Asendorpf/Banse 2000).

Die Konzepte „Soziales Netzwerk" und „Soziale Unterstützung" vermitteln zwei sehr unterschiedliche Perspektiven im Hinblick auf das Phänomen „persönliche Beziehungen", eine analytisch-deskriptive und eine funktionale. Dennoch werden sie sehr häufig in einen engen Zusammenhang zueinander gebracht. Dies hat vor allem damit zu tun, dass soziale Beziehungen und damit soziale Netzwerke eine zentrale Funktion in der Befindensregulation und der Etablierung und Aufrechterhaltung von Gesundheit und Lebensqualität haben. Ein zweiter Grund ist darin zu sehen, dass die soziale Unterstützung offensichtlich eine zentrale Determinante sozialer Beziehungen ist. Dies zeigt sich auch darin, dass man einen Großteil der relevanten Bezugspersonen einer Person durch die Vorgabe eines so genannten austausch-orientierten (= funktionalen) Netzwerkgenerators erfassen kann (z.B. bei Burt 1984 und Fischer 1982 oder in deutschen Umfragestudien; Jansen 2003; Schenk 1995).

Es ist allerdings festzuhalten, dass die Gruppe der Unterstützer nur einen Ausschnitt von ca. 50% bis 70% eines egozentrierten Netzwerks einer Person repräsentiert und dass ein durch komplexe Namensgeneratoren erfasstes personales Netzwerk eine Größe von ca. 25 bis 35 Personen umfasst (Laireiter et al. 1997). Vor allem beinhalten breiter erfasste Netzwerke Personen, die kaum bis gar nicht als unterstützend wahrgenommen werden, und vor allem auch solche, die von Ego als ausgesprochen belastend, negativ und kränkend beurteilt werden. Ein gesamtes personales Netzwerk ist keine Unterstützungsressource an sich, dies ist nur der Ausschnitt der „strong ties" (sensu Granovetter; s. Jansen 2003); dies bestätigt auch die Tatsache, dass in der Regel kaum signifikante positive Korrelationen zwischen dem Gesamtnetzwerk und Befindensparametern gefunden werden, wohl aber mit der Anzahl wichtiger Personen oder psychologisch und instrumentell unterstützenden Personen (Laireiter et al. 1997).

Psychologische Netzwerkforschung darf sich nicht nur mit der Gruppe der strong ties, d.h. dem affektiven und funktionalen Netzwerkausschnitt beschäftigen. Eine an persönlichen Beziehungen interessierte Beziehungsforschung muss von einem breiteren Netzwerkbegriff ausgehen und dabei auch soziale Belastungen und soziale Kontroll- und Regulierungsfunktionen, die für die Verhaltens- und Emotionsregulation von Bedeutung sind, berücksichtigen.

Literatur

Asendorpf, Jens/Banse, Rainer (2000): Psychologie der Beziehung. Bern: Hans Huber

Barnes, John A. (1969): Graph theory and social networks. In: Sociology 3: 215-232

Bartholomew, Kim/Cobb, Rebecca J./Polle, Jennifer A. (1997): Adult attachment patterns and social support processes. In: Pierce, Gregory R./Lakey, Brian/Sarason, Irwin G./Sarason, Barbara R. (eds): Sourcebook of social support and Personality. New York, London: 359-378

Bommes, Michael/Tacke, Veronika (2006): Das Allgemeine und das Besondere des Netzwerkes. In: Hollstein, Bettina/Straus, Florian (Hg.): Qualitative Netzwerkanalyse. Konzepte, Methoden, Anwendungen. Wiesbaden: 37-62

Boissevain, Jerome (1977): Friends of friends. Oxford: Basil Blackwell

Burt, Ronald S. (1984): Network items in the general social survey. In: Social Networks 6: 293-339

Caplan, Gerald (1974): Support systems and community mental health. New York: Behavioral Publications

Cobb, Stanley (1976): Social support as a moderator of life-stress. In: Psychosomatic Medicine 38: 300-314

Cohen, Sheldon (1992): Stress, social support, and disorder. In: Veiel, Hans O. F./ Baumann, Urs (eds): The meaning and measurement of social support. Washington: 109-124

Cohen, Sheldon/Wills, Thomas (1985): Stress, social support, and the buffering hypothesis. In: Psychological Bulletin 98: 310-357

Cutrona, Carolyn E./Russell, Daniel W. (1990): Types of social support and specific stress: Toward a theory of optimal matching. In: Sarason, Barbara R./Sarason, Irwin G./Pierce, Gregory R. (eds): Social support: An interactional view. New York: 319-366

Faust, Katherine (2005): Using correspondence analysis for joint displays of affiliation networks. In: Carrington, Peter J./Scott, John/Wasserman, Stanley (eds): Models and methods in social network analysis. Cambridge, New York: 117-147

Fischer, Claude S. (1982): To dwell among friends. Personal networks in town and city. Chicago: Chicago University Press

Galaskiewicz, Joseph/Wasserman, Stanley (1993): Social network analysis. Concepts, methodology, and directions for the 1990ies. In: Sociological Methods & Research 22: 3-22

Hollstein, Bettina (2006): Qualitative Methoden und Netzwerkanalyse – ein Widerspruch. In: Hollstein, Bettina/Straus, Florian (Hg.): Qualitative Netzwerkanalyse. Konzepte, Methoden, Anwendungen. Wiesbaden: 11-35

Hollstein, Bettina/Straus, Florian (Hg.) (2006): Qualitative Netzwerkanalyse. Konzepte, Methoden, Anwendungen. Wiesbaden: VS Verlag für Sozialwissenschaften

Holzer, Boris (2006): Netzwerke. Bielefeld: transcript Verlag

Jansen, Dorothea (2003): Einführung in die Netzwerkanalyse. Grundlagen, Methoden, Anwendungen (2. Aufl.). Opladen: Leske + Budrich

Kahn, Raimond L. (1979): Aging and social support. In: Riley, Matilda White (ed): Aging from birth to death. Interdisciplinary perspectives. Boulder: 77-92

Kähler, Harro (1975): Das Konzept des sozialen Netzwerks: Eine Einführung in die Literatur. In: Zeitschrift für Soziologie 4: 283-290

Kaplan, Bernard H./Cassel, John C./Gore, Susan (1977): Social support and health. In: Medical Care 15: 47-58

Keul, Alexander (1993): Soziales Netzwerk – System ohne Theorie. In: Laireiter, Anton-Rupert (Hg.): Soziales Netzwerk und Soziale Unterstützung: Konzepte, Methoden und Befunde. Bern: 45-54

Laireiter, Anton-Rupert (1993): Begriffe und Methoden der Netzwerk- und Unterstützungsforschung. In: Laireiter, Anton-Rupert (Hg.): Soziales Netzwerk und Soziale Unterstützung: Konzepte, Methoden und Befunde. Bern: 15-44

Laireiter, Anton-Rupert (in Druck): Diagnostik Sozialer Unterstützung. In: Tietjens, Meike (Hg.): Wieso willst Du meine Hilfe nicht? Facetten sozialer Unterstützung. Göttingen: Hogrefe

Laireiter, Anton-Rupert/Baumann, Urs (1992): Network structures and support functions. Theoretical and empirical analyses. In: Veiel, Hans O. F./Baumann, Urs (eds): The meaning and measurement of social support. Washington: 33-56

Laireiter, Anton-Rupert/Baumann, Urs/Untner, Alois/Feichtinger, Ludwig/Reisenzein, Elisabeth (1997): Interview und Fragebogen zum Sozialen Netzwerk und zur Sozialen Unterstützung SONET. In: Rehabilitation 36: 15-30

Lakey, Brian/Drew, Jana Brittain (1997): A social-cognitive perspective on social support. In: Pierce, Gregory R./Lakey, Brian/Sarason, Irwin G./Sarason, Barbara R. (eds): Sourcebook of social support and personality. New York, London: 107-140

Lettner, Karin (1994): Negative Aspekte Sozialer Netzwerke und Sozialer Unterstützung. Dissertation. Salzburg: Paris-Lodron Universität

Milardo, Ronaldo M. (1992): Comparative methods for delineating social networks. In: Journal of Social and Personal Relationships 9: 447-461

Mitchell, Clyde J. (1969): The concept and use of social networks. In: Mitchell, Clyde J. (ed): Social networks in urban situations. Analysis of personal relationships in central African towns. Manchester: 1-50

Perrez, Meinrad/Laireiter, Anton-Rupert/Baumann, Urs (2005): Stress und Coping als Einflussfaktoren. In: Perrez, Meinrad/Baumann Urs (Hg.): Lehrbuch Klinische Psychologie, Psychotherapie (3. Aufl.). Bern: 272-304

Pfingstmann, Gertraud/Baumann, Urs (1987): Untersuchungsverfahren zum sozialen Netzwerk und zur sozialen Unterstützung. In: Zeitschrift für Differentielle und Diagnostische Psychologie 8: 75-98

Pierce, Gregory R./Lakey, Brian/Sarason, Irwin G./Sarason, Barbara R. (eds) (1997a): Sourcebook of social support and personality. New York, London: Plenum Press

Pierce, Gregory R./Lakey, Brian/Sarason, Irwin G./Sarason, Barbara R./Joseph, Helene J. (1997 b): Personality and social support processes: A conceptual overview. In: Pierce, Gregory R./Lakey, Brian/Sarason, Irwin G./Sarason, Barbara R. (eds): Sourcebook of social support and personality. New York, London: 3-18

Pierce, Tamarha/Baldwin, Mark W./Ryan, Richard M. (1997): A relational scheme approach to social support. In: Pierce, Gregory R./Lakey, Brian/Sarason, Irwin G./Sarason, Barbara R. (eds): Sourcebook of social support and personality. New York, London: 19-47

Raisch, Michael (1996): So weit die Netze tragen. Psychiatriebetroffene im Spannungsfeld zwischen Familie und Sozialpsychiatrie. München: Profil

Reisenzein, Elisabeth/Baumann, Urs/Reisenzein, Rainer (1993): Unterschiedliche Zugänge zum Sozialen Netzwerk. In: Laireiter, Anton-Rupert (Hg.): Soziales Netzwerk und soziale Unterstützung. Konzepte, Methoden und Befunde. Bern: 67-77

Röhrle, Bernd (1994): Soziale Netzwerke und soziale Unterstützung. Weinheim: Psychologie Verlags Union

Sarason, Barbara R./Pierce, Gregory R./Sarason, Irvine G. (1990): Social support: The sense of acceptance and the role of relationships. In: Sarason, Barbara R./ Sarason, Irvine G./Pierce, Gregory R. (eds): Social support: An interactional view. New York: 97-128

Schenk, Michael (1995): Soziale Netzwerke und Massenmedien. Tübingen: Mohr

Schwarzer, Ralf/Leppin, Anja (1989): Sozialer Rückhalt und Gesundheit. Eine Meta-Analyse. Göttingen: Hogrefe

Schweizer, Thomas (1996): Muster sozialer Ordnung. Berlin: Dietrich Reimer Verlag

Straus, Florian (2002): Netzwerkanalysen. Gemeindepsychologische Perspektiven für Forschung und Praxis. Wiesbaden: Deutscher Universitäts-Verlag

Thoits, Peggy A. (1982): Conceptual, methodological, and theoretical problems in studying social support as a buffer against stress. In: Journal of Health and Social Behavior 23: 145-159

Trappmann, Mark/Hummell, Hans J./Sodeur, Wolfgang (2005): Strukturanalyse sozialer Netzwerke. Konzepte, Modelle, Methoden. Wiesbaden: VS Verlag für Sozialwissenschaften

Van Sonderen, Eric/Ormel, Johan/Brilman, Els/van Heuvell, Chiquit von Linden (1990): Personal network delineation: A comparison of the exchange, affective and role-relation approach. In: Knipscheer, Kees C. P. M./Antonucci, Toni C. (eds): Social network research: Substantive issues and methodological questions. Amsterdam: 101-120

Vaux, Alan (1992): Assessment of social support. In: Veiel, Hans O. F./Baumann, Urs (eds): The meaning and measurement of social support. Washington: 193-216

Veiel, Hans O. F./Ihle, Wolfgang (1993): Das Copingkonzept und das Unterstützungskonzept: Ein Strukturvergleich. In: Laireiter, Anton-Rupert (Hg.): Soziales Netzwerk und Soziale Unterstützung: Konzepte, Methoden und Befunde. Bern: 55-65

Wasserman, Stanley/Faust, Katherine (1994): Social network analysis: Methods and applications. Cambridge, New York: Cambridge University Press

Wellman, Barry (1988): Structural analysis: From method and metaphor to theory and substance. In: Wellman, Barry/Berkowitz, Seymore D. (eds): Social structures: A network approach. New York: 19-61

Wolfgang Rechtien

Gruppendynamik:
(Un-)persönliche Beziehungen

Die unterschiedlichen Bedeutungen, in denen uns der Begriff Gruppendynamik begegnet, werden in einschlägigen Veröffentlichungen regelmäßig benannt und erläutert (z. B. Rechtien 2007), so dass an dieser Stelle eine kurze Explikation genügt: Gruppendynamik ist eine Bezeichnung für a) die in jeder Gruppe ablaufenden Prozesse, b) die wissenschaftliche Beschäftigung mit diesen Prozessen und c) für die Verfahren, mit deren Hilfe solche Prozesse erhellt und beeinflusst werden sollen. Die Argumentation in diesem Beitrag bezieht sich auf Gruppendynamik in ihrer dritten Bedeutung, d. h. auf Maßnahmen zur Verdeutlichung und Beeinflussung des Geschehens in Gruppen: Es geht um die Frage nach persönlichen Beziehungen im Kontext gruppendynamischer Trainings in ihren verschiedenen Ausprägungen und um Konzepte, die im Zusammenhang damit relevant sind.

Gruppendynamik wird nicht selten mit der Vorstellung intensiver zwischenpersönlicher Beziehungen in Verbindung gebracht, die Bezeichnung von Trainingsformen wie Encounter oder Begegnungsgruppe legen dies nahe. In der Tat befasst sich angewandte Gruppendynamik mit den Beziehungen zwischen den beteiligten Personen[1] – ich selbst habe zum Beispiel den Entwicklungsverlauf von Trainings- und anderen Gruppen anhand der zu verschiedenen Zeitpunkten wahrscheinlich anzutreffenden Beziehungsformen beschrieben (Rechtien 1997, 2003, 2006). Dennoch – oder gerade deshalb – lohnt sich der Blick darauf, ob und wieweit die in gruppendynamischen Veranstaltungen thematisierten *Beziehungen zwischen Personen* tatsächlich *persönliche Beziehungen* im Sinne dieses Handbuches sind. Für diese Betrachtung scheinen mir folgende Aspekte von Bedeutung:

- Es macht wenig Sinn, die Frage nach Art einer Nominalskala beantworten zu wollen: Interpersonelle Beziehungen sind nicht *entweder* persönlich *oder* unpersönlich. Sie weisen die von Karl Lenz und Frank Nestmann in den einleitenden Überlegungen genannten Strukturmerkmale wie z. B. personelle Unersetzbarkeit, Fortdauer-Idealisierung, Vorrang persönlicher vor sozialer Identität usw. in mehr oder weniger großem Ausmaß auf.
- „Gruppendynamik" ist ein Abstraktum. Sie begegnet uns in einer Vielzahl unterschiedlicher Trainingsformen mit unterschiedlichen Zielset

---

1 Selbstverständlich ist eine Gruppe nicht eine bloße Ansammlung der interpersonellen Beziehungen. Gängige Definitionen verweisen z. B. auf Ziele, Werte, normative und Rollenerwartungen als Merkmale.

zungen, in denen interpersonelle Beziehungen unterschiedliche Bedeutungen haben können und vielleicht in unterschiedlichem Ausmaß *persönliche Beziehungen* sein können.

- Interpersonelle Beziehungen spielen *innerhalb* gruppendynamischer Veranstaltungen eine wichtige Rolle, aber natürlich bestehen solche Beziehungen auch vorher und nachher. Erstere spielen bei der „Konstruktion" der Gruppe eine Rolle, sie wirken sich zum Beispiel bei der Zusammensetzung des Teilnehmerkreises aus, und sie liefern, wie noch zu zeigen ist, einen Teil des „Arbeitsmaterials". Letztere werden in der wichtigen und schwierigen Frage nach dem Transfer außerhalb des Trainings thematisiert.

Antworten auf die Frage nach den Beziehungen und ihrer Bedeutung in der Angewandten Gruppendynamik kann man auf unterschiedlichen Wegen suchen. Ich halte zwei für naheliegend: Zum einen die Betrachtung der offiziellen Zielsetzungen verschiedener Anwendungsformen der Gruppendynamik, die nicht immer und unbedingt auch die offenen oder verdeckten Zielsetzungen der Trainingsteilnehmer sind. Zum anderen ein Blick auf sozialpsychologische Konstrukte und Konzepte, die im Zusammenhang mit gruppendynamischen Prozessen Beziehungsphänomene thematisieren und die weiteren Aufschluss über persönliche oder unpersönliche Beziehungen geben können.

1. Intragruppenphänomene und interpersonelle Beziehungen

Dass die Sozialpsychologie in ihren Erklärungsversuchen verschiedene Gründe für das Entstehen und Weiterbestehen von Gruppen benennt, sollte nicht verwundern, schließlich gehören Menschen aus unterschiedlichen Gründen und mit unterschiedlichen Zielsetzungen gruppalen Konstellationen an.[2] In diesen unterschiedlichen Perspektiven werden persönlichen Beziehungen recht unterschiedliche Bedeutungen zugemessen.

So geht z.B. Michael Hogg (1992, 2003) davon aus, dass Personen eine Gruppe aufsuchen, weil individuelle Ziele nur in Kooperation mit anderen realisiert werden können. Es sind dann nicht persönliche Beziehungen, die zur Gruppenbildung führen. Die anschließende Zusammenarbeit ist durch gegenseitige Abhängigkeit und kooperative Interaktion gekennzeichnet, es wird gegenseitige Bedürfnisbefriedigung angestrebt. Das heißt dann auch, dass die anderen Gruppenmitglieder als Quelle der Bedürfnisbefriedigung wahrgenommen werden. Auf dieser Basis können interpersonelle Beziehungen zu persönlichen Beziehungen werden.

---

2 Nicht immer und in jedem Fall liegt der Zugehörigkeit zu einer Gruppe eine individuelle Entscheidung zu Grunde. Naheliegendes, aber nicht einziges Beispiel ist die Familie, in der die Kinder „Zwangsmitglieder" sind.

Betrachtet man andererseits die Gruppe in ihrer psychodynamischen Funktion, so erscheint sie als der Raum, in dem wir zu sozialen Wesen werden. In diesem Raum sind es die intimen und dauerhaften Interaktionen, die persönlichen Beziehungen, die unsere Identität und unsere psychische Gesundheit stützen (Battegay 2000; Tschuschke 2001) oder – wenn sie schief gehen – gefährden.

Im Folgenden werden beispielhaft drei Themen betrachtet, die gruppendynamische Prozesse und interpersonelle Beziehungen in besonderer Weise zueinander in Beziehung setzen: *Kohäsion* als ein Konstrukt, das die Identität einer Gruppe und die Beziehungen zwischen den Mitgliedern in Verbindung bringt, *Teamfähigkeit* als Anlass und Ziel vieler Trainingsmaßnahmen, die als Teilkompetenz die positive Gestaltung von Beziehungen der Teammitglieder beinhaltet, und relative *Unstrukturiertheit* als Gestaltungskonzept von Trainingsmaßnahmen, das intensive interpersonelle Prozesse auslösen soll.

Kohäsion. Die in einer Gruppe vorhandenen mehr oder weniger persönlichen Beziehungen kann man auch unter dem Aspekt des Gruppenzusammenhaltes betrachten. Aus der Alltagserfahrung ist dieses Phänomen als „Wir-Gefühl" unmittelbar bekannt. Aus der Sozialpsychologie stammen verschiedene Erklärungsversuche, die sich nicht ausschließen, zum Teil auch überschneiden. Wenngleich uns in der Fachliteratur Kohäsion oder Kohärenz als ein eher uneinheitliches Konstrukt begegnet, erscheint es doch sinnvoll, unter diesem Sammelbegriff solche Beziehungsphänomene zusammenzufassen, die die Zugehörigkeit zu einer Gruppe markieren. So kann Kohäsion verstanden werden als Attraktivität der Gruppe bzw. als die Bindung der Mitglieder an die Gruppe. Es findet sich meist eine funktionierende Rollenverteilung, durch die das Konfliktpotential der Gruppe vermindert wird; Gruppenkohäsion zeigt sich weiter darin, dass die Mitglieder viel Zeit miteinander verbringen (hierzu und zum Folgenden Bierhoff 2002).

Das ‚Reinforcement-Affect-Model' (Clore/Byrne 1974) erklärt interpersonelle Attraktion unter Bezugnahme auf das klassische Konditionieren. Personen, die räumlich-zeitlich mit angenehmen Reizen gekoppelt sind, lösen positive Reaktionen aus und werden gemocht. Persönliche Beziehungen entstehen damit durch gemeinsames Erleben erfreulicher Ereignisse.

Mit der belohnenden Wirkung von Interaktionen für das Entstehen persönlicher Beziehung argumentiert auch George C. Homans in einer späteren Fassung seiner Sympathieregel[3]: „bis zu welchem Grade jede Person die Aktivität der anderen wertvoll findet, wird sie der anderen gegenüber freundliche Gefühle äußern" (Homans 1961, dt. 1968: 155). Spätere Untersuchungen haben dies bestätigt (Mikula 1977, 1981).

---

3 Anders als in der berühmten und viel kritisierten Erstfassung von 1950, in der er nur mit der Interaktionshäufigkeit argumentierte.

Einen Zusammenhang mit Bedürfnisbefriedigung stellt auch die Austausch-theorie (Thibaut/Kelly 1959) her, die Kohäsion ist auf das Belohnungsni-veau zurückgeführt. Das Investitionsmodell von Carol E. Rusbult (1980), eine Weiterentwicklung, berücksichtigt zusätzlich jene Faktoren, die mit dem Beenden einer Beziehung verloren gehen würden.

Die Equitytheorie, eine Weiterentwicklung der Austauschtheorie unter Be-zugnahme auf die Theorie der kognitiven Dissonanz von Leon Festinger (1957), nimmt wie andere Austauschtheorien an, dass Menschen die Ergeb-nisse ihrer Beziehungen maximieren wollen. Neu ist die Berücksichtigung einer sozialen Vergleichsdimension: Für persönliche Beziehungen bedeutet das, dass man umso zufriedener ist, je ausgewogener und fairer man diese wahrnimmt (Walster et al. 1978). Für dyadische Beziehungen gilt die Gleich-gewichtstheorie als gut bestätigt (z. B. Döring/Dietmar 2003; Mikula 1992).

Auf die Betrachtung weiterer austauschtheoretischer Erklärungsversuche soll hier verzichtet werden, gemeinsam ist ihnen allen, dass quasi-öko-nomische Begriffe zur Charakterisierung des Entstehens und Fortbestehens interpersoneller Beziehungen benutzt werden.

Trotz ihrer Schwächen (dazu Frey/Irle 2002) erfreut sich die Balance-Theorie von Fritz Heider einer gewissen Popularität. Fritz Heider nimmt an, dass durch die Tendenz zur Herstellung ausgeglichener kognitiver Strukturen (Ba-lance) auch die Tendenz ausgelöst wird, dass Gruppenmitglieder untereinan-der Sympathie entwickeln (Heider 1958). Im Gegensatz zu Fritz Heider nimmt Theodore Newcomb (1961) an, dass sich Einstellungen gegenüber Personen von solchen gegenüber Sachen unterscheiden, da man von einem Gegenüber positive oder negative Einstellungen gegenüber der eigenen Person erwartet, was man normalerweise bei einem Objekt nicht tut. Persönliche Beziehungen werden in diesen Ansätzen als Ergebnis eines kognitiven Prozesses betrach-tet, der Unausgeglichenheit beseitigen und Balance herstellen soll.

Hohe Gruppenkohäsion wird meist positiv bewertet: Ein gutes, angenehmes positives Klima. Aber man muss differenzieren, wie die Kleingruppenfor-schung zeigt (Sader 2002: 235 f.):

• Für Problemlösungsprozesse ist ein gewisses Maß an Kohäsion unerläss-lich.
• *Niedrige* Kohäsion kann den *Vorteil* haben, dass die Mitglieder nicht zu stark in den Gruppenprozess einbezogen sind.
• *Niedrige* Kohäsion kann den *Nachteil* haben, dass die Mitglieder ihre wesentlichen Energien nicht auf den Entscheidungsprozess verwenden können, sondern für die Sicherung bzw. den Ausbau des eigenen Status aufwenden müssen.
• *Hohe* Kohäsion kann den *Vorteil* haben, dass ein Klima von Vertrauen und gegenseitiger Wertschätzung besteht: Eine gute Voraussetzung für kreative Problemlösungen.

- *Hohe* Kohäsion kann den *Nachteil* haben, dass Konformitätsdruck und Loyalitätsgefühle die Breite der Argumentation und der Lösungsvorschläge beeinträchtigen.

Der Zusammenhang der interpersonellen Beziehung zwischen Einzelnen mit der Gruppenkohäsion wird manchmal so gesehen, als ob die Kohäsion im Wesentlichen aus der Summe der Einzelbeziehungen (Attraktionen) erwachse. Das ist jedoch fragwürdig: Eine Gruppe kann viele sehr positive Beziehungen enthalten und trotzdem oder gerade deswegen auseinander fallen (z. B. zwei Ehepaare, bei denen eine zwischeneheliche Beziehung besteht) (Sader 2002).

Teamfähigkeit, Leistung und beziehungsrelevante Merkmale. Teamfähigkeit und Teamkompetenz sind gern und viel verwendete Begriffe und stellen ein häufiges Auswahlkriterium für Bewerber dar, aber auch eine Zielsetzung gruppendynamischer Teamtrainings. Schließlich setzen Wirtschaftsunternehmen, aber auch Non-Profit-Organisationen, regelmäßig Teams zur Aufgabenbewältigung ein.

Die Arbeitsfähigkeit von Gruppen im beruflichen Alltag wird leicht für selbstverständlich gehalten, da Arbeits-, Fortbildungs- oder Projektgruppen ihre Kooperations- und Leistungsfähigkeit im allgemeinen fast unbemerkt neben der Bearbeitung ihrer Aufgaben entwickeln. Sympathie, Antipathie oder die gegenseitigen Einschätzungen, die zur kommentarlosen Rollenverteilung führen, entstehen eng verbunden mit den fachlichen Aufgaben sozusagen als Nebenwirkung, obwohl es sich eigentlich um ein „kunstvoll gestaltetes Gemeinschaftswerk" handelt (Antons et al. 2004: 314), zu dem auch die persönlichen Beziehungen gehören. Geredet wird darüber nur in den seltensten Fällen.

„Mit dem Einwand ‚Wir sollten jetzt hier nicht zu persönlich werden!' … wird die gängige Konvention gesichert, dass Arbeitsverhältnisse keine persönlichen Verhältnisse sind. Mit dieser Konvention werden persönliche Freundschaften und Liebesbeziehungen zu Recht ganz deutlich von Arbeitsbeziehungen abgegrenzt. Bei dieser Unterscheidung werden häufig fälschlich alle persönlichen Empfindungen eher den so genannten privaten Erlebniswelten zugeordnet und nicht den Arbeitsbeziehungen" (Antons/Amann et al. 2004: 315).

Wenn unter Teamfähigkeit die Fähigkeit verstanden wird, mit anderen effektiv zu kooperieren und die Zusammenarbeit als positiv zu erleben (Seelheim/Witte 2007), dann werden sowohl aufgabenbezogene Kriterien als auch beziehungsbezogene Kriterien angelegt. Tanja Seelheim und Erich H. Witte nennen als Teilkompetenzen: Kommunikationsfähigkeit, Interaktions- und Kontaktfähigkeit, Kooperationsfähigkeit, Konfliktfähigkeit, Integrationsfähigkeit und Konsensfähigkeit.

Dabei können die beiden erstgenannten Qualifikationen als Beziehungsqualitäten verstanden werden, die instrumentell für die Arbeitsfähigkeit von

Gruppen sind. Interaktions- und Kontaktfähigkeit gelten als Voraussetzung für Kommunikationsfähigkeit (Kleinmann 2005) und diese stellt eine Vorbedingung für Leistung dar. „Das Leistungsergebnis kommt nicht zustande, weil die Mitglieder gut kommunizieren, sondern weil sie kooperieren" (Seelheim/Witte 2007: 79). Die interpersonellen Beziehungen werden also im Hinblick auf die Teamleistung funktionalisiert. Wird Kontakt mehr im Sinne echter persönlicher Beziehungen verstanden werden, als intensive und dauerhafte Interaktion auf persönlicher Ebene, dann ist dies im Hinblick auf die Leistungsfähigkeit des Teams eine Nebenwirkung.[4]

Joshua Sacco (2003) benennt als Komponenten von Gruppeneffektivität:

* Gruppenleistung
* Affektive Erfolgselemente wie Zufriedenheit
* Überlebensfähigkeit der Gruppe

Die beiden letzteren verweisen auf die Bedeutung der zwischenpersönlichen Beziehungen. Sie zählen neben Gruppenzusammenhalt (Kohäsion), Häufigkeit und Intensität von Konflikten und Ausmaß gegenseitiger Hilfeleistung zu den beziehungsorientierten Kriterien.

Wenn man sich also die Literatur zur Teambildung anschaut, dann sind die zwischenmenschlichen Beziehungen entweder Randbedingungen (wenn auch wichtige) oder Nebenwirkungen.

Unstrukturiertheit und Beziehungsgestaltung. Der (weitgehende) Verzicht[5] auf vorgegebene Strukturen ist ein traditionelles Gestaltungsmerkmal einer Vielzahl gruppendynamischer Trainingsmaßnahmen. Das Thema dieses Abschnittes unterscheidet sich damit von den bislang behandelten Konstrukten, die Beziehungsphänomene bzw. Beziehungskompetenzen behandeln, die regelmäßig in Zusammenhang mit gruppendynamischen Maßnahmen als auch mit realen Gruppen des Alltags angesprochen werden, und leitet damit bereits über zum folgenden Kapitel über die Zielsetzungen gruppendynamischer Verfahren.

Relative Unstrukturiertheit bezeichnet den Verzicht auf vorgegebene Beziehungsstrukturen und soll die in der Gruppe vorhandenen latenten Muster interpersoneller Beziehungen aktualisieren. Besonders zu Beginn der gruppendynamischen Bewegung erwartete man, dass durch die relative Unstrukturiertheit etwa in der Anfangsphase des Sensitivity Trainings die verinnerlichte Primärgruppenerfahrung als Basis für jede Form zwischenmenschlicher Beziehung (Foulkes 1974) evoziert wird. Die Re-Inszenierung solcher Beziehungsformen soll die Möglichkeit ihrer Bearbeitung bieten und den

---

4 Die nicht selten misstrauisch beäugt wird.
5 Natürlich sind auch „unstrukturierte" Trainings nicht wirklich ohne Strukturvorgaben: Schließlich müssen alle Teilnehmer wissen, wann sie sich wo treffen, wie lange das Ganze gehen soll, und wann es was zu Essen gibt … und es gibt Trainer (auch wenn diese so tun, als wären sie nicht da).

Raum für neue, der Gegenwart angemessenere Formen der interpersonellen Beziehung öffnen. Auch lerntheoretische Erwägungen werden als Begründung für Unstrukturiertheit genannt: Die initiale Motivation zum Lernen entstammt aus einer Frustration, einer Störung der gewohnten Beziehungsmuster (Skinner 1953; Heigl-Evers/Heigl 1973).

Im Zuge der Diskussion um das Verhältnis von Trainingsrealität und Alltagsrealität auch im Hinblick auf Beziehungsformen relativierte sich die Bedeutung der strukturlosen Initialsituation. An die Stelle der Arbeit an den im Training evozierten Beziehungen trat mehr und mehr die Bearbeitung realer, aus der Alltagswelt stammenden Strukturen und Beziehungen.

Fazit. Relative Strukturlosigkeit als Gestaltungskonzept kann und soll zum Entstehen intensiver Beziehungen dienen. Dabei wird meist angenommen, dass Beziehungsmuster aktualisiert werden, die auch im Alltag realisiert werden. Formen von Kontakt- und Beziehungsgestaltung werden demnach indirekt, d. h. ohne dass die „eigentlichen" Beziehungspartner beteiligt sind, eingebracht. Der Transfer neuer Beziehungserfahrungen auf den Kontext realer Beziehungen ist problematisch.

Die Beziehungen zwischen den Gruppenmitgliedern sind ein wichtiger Faktor für den Zusammenhalt einer Gruppe. Das sozialpsychologische Konstrukt der Kohäsion betrachtet diese Beziehungen primär im Hinblick auf die Leistungsfähigkeit einer Gruppe und zwar aus unterschiedlichen Perspektiven; charakteristisch sind dabei austauschtheoretische, also quasiökonomische und gleichgewichtstheoretische Erklärungen.

Teamfähigkeit beinhaltet als Teilkompetenzen auch Beziehungsqualitäten wie Kommunikations- und Kontaktfähigkeit. Sie werden ebenso wie Zufriedenheit der Gruppenmitglieder und Überlebensfähigkeit des Teams in ihrer Funktion für Teameffektivität betrachtet.

2. Trainingsformen und interpersonelle Beziehungen

Die Geschichte der Angewandten Gruppendynamik beginnt mit der „Entdeckung" des Feedback als einer unmittelbaren Rückmeldung über die Wirkungen des eigenen Verhaltens in interpersonellen Situationen (Back 1972). Obwohl es sich bei diesem ersten und den weiteren Workshops um „Skill Trainings" handelte, es also keineswegs um die Beziehungen zwischen den Teilnehmern, sondern um den Kampf gegen Vorurteile und Diskriminierung von Minderheiten sowie den Erwerb innovatorischer Fertigkeiten ging, führte die von den Gruppenprozessen ausgehende Faszination schnell zu einer Verschiebung in den Zielsetzungen. Insbesondere die auf Carl Ransom Rogers zurückgehende Encounterbewegung setzte darauf, dass Menschen sich und ihre Fähigkeiten am ehesten „in einer engen, beständigen Beziehung" und einem „Klima echter Wärme und echten Verständnisses" (Rogers/Rosenberg 1980: 193) entwickeln können.

Die in der Folge entstandenen Anwendungsformen gruppendynamischer Arbeit lassen sich anhand ihrer Zielsetzung danach einteilen[6], ob

- in ihnen das Schwergewicht auf individuellen Prozessen liegt, die durch die interpersonellen Beziehungen in der Trainingsgruppe ausgelöst oder bedingt sind,
- sich die Arbeit auf die Beziehungen und Beziehungsstrukturen der Gruppe richtet,
- ob und inwieweit bereits vorhandene Beziehungen, etwa aus dem Arbeitsalltag, in das Training hinein genommen werden und dort Arbeitsgegenstand sind, und – gegebenenfalls veränderte – Beziehungen nach dem Training weiter bestehen.

Ich werde im Folgenden ausgewählte Erscheinungsformen der angewandten Gruppendynamik im Hinblick darauf betrachten[7], welche Lern- und Veränderungsprozesse sie in den Fokus ihrer Aufmerksamkeit stellen und welche Bedeutung den interpersonellen Beziehungen dabei zugemessen wird.

Beziehungen als Auslöser individueller Veränderungsprozesse

Encounter-/Begegnungsgruppen. Ziel der Encountergruppe in ihrer Urform ist die unverstellte, offene, ehrliche Begegnung ohne Alltagsmasken, eingeschliffene Verteidigungshaltungen und rollenkonforme Verhaltenszwänge, Ausdruck von Gefühlen und gegenwartszentrierte Erfahrungen im Prozess direkter zwischenmenschlicher Interaktion.

Mit Hilfe der Gruppe soll die persönliche Entwicklung der einzelnen Mitglieder gefördert werden. In einem Klima des Vertrauens und gegenseitiger Achtung erhält jedes Mitglied Feedback über seine Wirkung in der Gruppe. Dabei betrifft dieses Feedback vor allem die persönliche Ausstrahlung im Bereich der Sozio-Emotionalität. So soll die Möglichkeit gegeben werden, sich im Kontakt mit anderen selbst zu entfalten und als Person zu verwirklichen. Mit dem Ziel offener und ehrlicher Begegnung ohne „Alltagsmaske" soll im Gruppenprozess der Ausdruck von Gefühlen und Erfahrungen in der zwischenmenschlichen Interaktion im Vordergrund stehen (z. B. Rogers 1970).

Vorhandene Beziehungen wirken als Verhaltensmuster in die Interaktion und werden sozusagen stellvertretend bearbeitet; die unmittelbare Hereinnahme persönlicher Beziehungen ist meist unerwünscht, da angenommen

---

6 Selbstverständlich ist diese wie jede andere Einteilung in gewisser Weise willkürlich und die Grenzen zwischen den Kategorien sind fließend.

7 Eine so fokussierte und damit sehr kurze Darstellung erhebt natürlich nicht den Anspruch, dem Geschehen in den jeweiligen Veranstaltungen gerecht zu werden. Ausführlicheres findet sich z. B. bei Klaus Antons et al. (2004), Oliver König und Karl Schattenhofer (2006) und Wolfgang Rechtien (2007).

wird, dass zum Beispiel Paarbeziehungen zur Absonderung und damit zu Störungen im Gruppenprozess führen.

Allerdings ist die Übertragung der Beziehungserfahrungen auf die Alltagssituation häufig nicht möglich, da dort andere Werte gelten und andere Verhaltensweisen erwünscht sind und zum Erfolg führen. Veränderungen des Beziehungserlebens und -verhaltens sind daher überwiegend nicht von langer Dauer.

Die daraus resultierende Enttäuschung hat eine nicht unbeträchtliche Anzahl von Encounterteilnehmern veranlasst, immer wieder aufs Neue die intensive Gruppenerfahrung zu suchen und tatsächlich zu einer Art ,Gruppensucht' geführt. So wurde der Sinn des Encounters in vielen Fällen geradezu in sein Gegenteil verkehrt: Von einer besonderen Situation, die intensives Lernen für zwischenmenschliche Situationen und die Gestaltung persönlicher Beziehungen ermöglichen sollte, wurde die Gruppe zu einem Ersatz für solche Beziehungen, der wegen seiner leichteren Verfügbarkeit der mühsamen Arbeit an der Alltagsrealität vorgezogen wurde.

T-Gruppen/Trainingsgruppen. T- oder Trainingsgruppen sind Kleingruppen von meist acht bis fünfzehn Teilnehmern innerhalb einer gruppendynamischen Veranstaltung. Sie entstanden in der Folge der erwähnten Zielverschiebungen aus den Skill Trainings. Die Teilnehmer entstammen verschiedenen Alltagskontexten, sie finden sich zusammen, „um die interpersonellen Beziehungen und die Gruppendynamik zu untersuchen, die sie selbst durch ihre Interaktionen erzeugen" (Bradford et al. 1972: 337). Die Teilnahme von Paaren oder engen Freundschaftsbeziehungen ist kontraindiziert.

T-Gruppen sind nur wenig vorstrukturiert (s. o. zur Unstrukturiertheit als Gestaltungskonzept). Durch weitestgehende Zurückhaltung der Trainer und deren Weigerung, Führung zu übernehmen, Aufgaben zu stellen usw. wird eine Art sozialen Vakuums hervorgerufen, welches bei den Gruppenmitgliedern Spannung und das Bedürfnis hervorruft, dieses Vakuum zu füllen. So entsteht ein Nährboden für Übertragungsphänomene in dem Sinne, „dass rollenförmige Sozialbeziehungen in der Gegenwart unter affektiver Belastung nach dem Muster früher sozialisationstheoretisch bedeutsamer Beziehungen gestaltet werden" (Antons et al. 2004: 29).

Selbsterfahrungsgruppen. Die Arbeit in Selbsterfahrungsgruppen zielt auf die *individuellen* Erlebens- und Verhaltensprozesse und zentriert sich auf die aktuellen Vorgänge in der Gruppe und in den einzelnen Teilnehmern. Je nach Zielsetzung geht es um Einstellungsänderungen, um Verhaltensänderungen oder sogar um Persönlichkeitsveränderungen.

Die Beziehungen zwischen den Teilnehmern bieten das Material und den Ort, durch das und indem sie Erkenntnisse über sich und ihr Verhalten in Gruppen sammeln können. Schon die Bezeichnung dieser Anwendungsform macht deutlich, dass interpersonelle Beziehungen das Spielfeld sind, auf dem die Teilnehmer agieren.

Sensitivity Training. Ebenso wie die Selbsterfahrungsgruppen zielt das Sensitivity Training auf die Persönlichkeitsentwicklung der Teilnehmer, auf die ganzheitliche Stärkung des Individuums (Weschler et al. 1962) ab. *Sensitivity* ist dabei nicht Selbstzweck, sondern die *Voraussetzung für höhere Effizienz der kommunikativen Bemühungen.* Ihre Förderung dient daher der Beziehungsfähigkeit; diese steht letztlich im Fokus.

Um diese Sensibilität dann in einer realen (Arbeits-)Gruppe einsetzen zu können, kann man entsprechende Übungen bei den potentiellen Teilnehmern durchführen, in der Hoffnung, dass diese dann in der konkreten Problemlösegruppe auch diese Verfahren einsetzen, z. B.:

- Konkretes Feedback über das Verhalten einer Person mit positiven und negativen Anteilen.
- Aktives Zuhören als Wiedergabe des Inhalts einer Kommunikation und persönliche Stellungnahme.
- Metakommunikation als Beurteilung und Bewertung der ablaufenden Gruppenprozesse.

Solche Formen der Interaktion in Gruppen können in einer Laborsituation geübt werden, um sie dann in einer realen Beziehung einzusetzen. Dabei fällt es außerordentlich schwer, diese Interaktionsformen in den Alltag zu übertragen.

Marathon-Training. Eine Marathon-Gruppe besteht aus zwölf bis vierundzwanzig Mitgliedern und einem Trainer, die über einen Zeitraum von 24 Stunden oder mehr zusammenarbeiten. Während dieser Zeit versuchen sie mit wenig oder gar keinem Schlaf und unter Anwendung weitgehend ritualisierter Übungen persönliche Erfahrung und Entfaltung, Offenheit, Direktheit und Differenziertheit in den Beziehungen zu den anderen zu erreichen und weiterzuentwickeln.

Die Idee der ‚Non-Stop-Gruppe‘ wurde ursprünglich für den psychotherapeutischen Bereich entwickelt (Stoller 1973). Durch das lange, nur von wenig Pausen unterbrochene Zusammensein der Gruppe und die mit zunehmender Ermüdung geringer werdende Selbstkontrolle sollen viele der üblichen recht stabilen Abwehrmechanismen rasch zusammenbrechen und der angestrebten Direktheit und Unmittelbarkeit Raum geben.

George Bach (1966) übertrug dieses Konzept (zunächst in Zusammenarbeit mit Frederick Stoller) auf nicht-therapeutische Anwendungsbereiche. Insbesondere wurde es in Partnerschaftstrainings und in Kursen zum konstruktiven Umgang mit Aggression eingesetzt.

Sonderfall Paartraining. Persönliche Beziehungen sind unmittelbar im Fokus, wenn das Marathon-Konzept auf Partnerschaftstrainings angewandt wird, also reale langfristig vor, während und nach dem Training bestehende Beziehungen zum Gegenstand der Arbeit gemacht werden. Auch andere gruppendynamische Ansätze, etwa Kommunikationstrainings werden auf reale Paarbeziehungen angewandt. Grundsätzlich geht es um die Klärung bislang unerklärter Anteile (Wünsche, Sorgen usw.) der Beziehung und um eindeutige und partnerbezogene Kommunikation.

Fazit. Die der Arbeit auf dieser Ebene zu Grunde liegende Annahme ist, dass durch die Mitgliedschaft in einer Gruppe latente, zum Teil nicht bewusste Wünsche, Ängste, Interpretations- und Verhaltensmuster, Konflikterlebnisse und Formen des Umgangs mit diesen virulent werden.

Die interpersonellen Beziehungen sind Auslöser, Trainingsfeld oder Stellvertreter. Wenn es um mehr als die individuelle Entwicklung geht, so steht nach den Beziehungserfahrungen im Training ein weiterer Prozess bevor, der zum einen häufig als naturwüchsig und quasi automatisch erfolgend betrachtet und damit den Teilnehmern selbst überlassen wird, und zum anderen auch deshalb nicht immer gelingt: der Transfer.

Eine Ausnahme machen Partnerschaftstrainings. Allerdings stehen die persönlichen Beziehungen jeweils zwischen zwei Personen im Mittelpunkt, die Gruppe und ihre Prozesse dienen dabei als Facilitator, gelegentlich als zusätzliches Übungsfeld. Pointiert gesagt handelt es sich wohl eher um eine Paarberatung, die zur Nutzung der Ressourcen sozialen Lernens und auch aus ökonomischen Gründen in Anwesenheit anderer durchgeführt wird.

Beziehungsdynamik und gruppale Strukturen

Skill Training. Das Skill Training ist ein spezielles Training für soziale und auszubildende Berufe, das auf Veränderung von Einstellungen, die Entwicklung sozialer Fähigkeiten, auf kreatives Verhalten und die Entwicklung von Kooperationsfähigkeiten unter besonderen Stressbedingungen zielt (Hoepfner/Munzinger 1977). Es wendet sich insbesondere an solche Berufe und Tätigkeitsbereiche, in denen mit schwierigen menschlichen Problemen umgegangen wird.

Wichtige soziale Skills sind:

- Diagnose des Verhaltens in sozialen Situationen,
- Differenzierte Betrachtung einzelner Verhaltensbestandteile und ihrer Wirkung,
- Kooperative (sozialintegrative, demokratische) Führung von Arbeitseinheiten speziell unter emotional belastenden Gegebenheiten (z. B. Stress durch Erfolgs- und Leistungsdruck, Zeitdruck, durch Konflikte usw.),
- Beratung in Konfliktsituationen mit Entscheidungsdruck und unter Umständen weit reichenden Konsequenzen (Umstrukturierung, Versetzung usw.),
- Initialisierung und Unterstützung von Kooperation bei Mitarbeitern mit sehr verschiedenen Vorbedingungen (Temperament, Bildung, Berufserfahrung usw.).

Zu den Funktionen einer Gruppe, die auf das Training sozialer Fertigkeiten ausgerichtet ist, gehören u. a. das Fokussieren aktueller Beziehungen zwischen Einzelpersonen und Gruppen (interpersonelle und Intergruppenbeziehungen), das Einüben der angestrebten sozialen Beziehungsfertigkeiten, z. B. in Rollenspielen, und das Vorbereiten der Übertragung des Erlernten in die Praxis (Transfer, Backhome-Situation).

Die gezielte Gestaltung zwischenmenschlicher Beziehungen gehört zum Zielkomplex dieser Trainingsform, die aktuellen Beziehungen innerhalb der Teilnehmergruppe dienen als Lern- und Übungsmaterial.

Kommunikationstraining. Kommunikations- oder Interaktionstrainings bieten eine gruppal organisierte Lernsituation zur Verbesserung der Interaktionskompetenz, d. h. der Fähigkeit, eigene Wünsche, Vorstellungen und Bedürfnisse zu artikulieren, dem Gegenüber die Artikulation zu ermöglichen und zu erleichtern, Interaktionsschwierigkeiten zu thematisieren und dabei die sozialen und emotionalen Anteile angemessen zu berücksichtigen, eingespielte Interaktionsmuster zu erkennen und gegebenenfalls in Übereinkunft mit dem Partner zu verändern und so zu einer befriedigenden Kommunikation in einer Gruppe beizutragen (z. B. Fittkau 1977).

Sie stehen in der Tradition der Skill Trainings aus der Anfangszeit der Angewandten Gruppendynamik. Erklärtes Ziel ist die Optimierung von Kommunikationsprozessen in Gruppen und Organisationen. Interpersonelle Beziehungen werden unter dem Aspekt ihrer Funktionalität oder Dysfunktionalität für diese Prozesse betrachtet, nicht in ihrer Bedeutung für die Beziehungsbedürfnisse der interagierenden Personen.

Themenzentrierte Interaktion. Die von Ruth C. Cohn entwickelte Themenzentrierte Interaktion (TZI) ist ein gruppendynamisches Verfahren, das auf ganzheitliches lebendiges Lernen zielt, in welchem sowohl die affektiven als auch die kognitiven Seiten des Individuums berücksichtigt werden und ein dynamisches Gleichgewicht zwischen Thema, Individuum und Gruppe entsteht (Cohn 1969/70, 1974, 2004). Der theoretische und empirische Hintergrund dieses zu Beginn der sechziger Jahre aus der Arbeit mit Teamgruppen und großen Konzernen entstandenen Ansatzes wird von der (psychoanalytischen) Gruppentherapie, der humanistischen Psychologie, der Gestalttherapie und der Encounter Bewegung gebildet.

Charakteristisch für die TZI ist die Einbeziehung des Körpergewahrseins. Die Sensibilisierung der Sinne eines Menschen für das Gewahrsein seiner selbst sollen ihm helfen, sein Leben tiefer zu erleben und die wechselseitige Abhängigkeit, die ihn mit den anderen Menschen verbindet, zu verstehen.

„TZI dient praktisch dazu, Themen und Aufgaben menschengerecht zu behandeln, respektive zu lösen. In diesem Sinne stehen Thema oder Aufgabe im Zentrum der Absicht, nicht jedoch im Zentrum der Wichtigkeit des menschlichen, der Gemeinschaft, der Umwelt" (Farau/Cohn 1984: 342 f.).

Die Arbeit einer Gruppe verläuft nach Ansicht der TZI dann optimal, wenn Aufgabe, individuelle Person und die interpersonellen Beziehungen in einem dynamischen Gleichgewicht stehen.

Fazit. Im Fokus der Aufmerksamkeit von Skill- und Kommunikationstrainings steht die soziale Dynamik: Beeinflussungsprozesse, Normentwicklung, Rollenentstehung und -veränderung, Hierarchie-, Kommunikations-, Kooperations- und Wettbewerbsstrukturen, Gruppenatmosphäre und Leistung usw. Interpersonelle Beziehungen sind thematisch insofern sie Bestimmungsfaktoren dieser Dynamik sind.

Die Themenzentrierte Interaktion will die Fähigkeiten zum Leiten von Gruppen vermitteln und verbessern. In diesem Rahmen will sie konkretes und berufspezifisches Wissen über Gruppenprozesse und Gruppenstrukturen vermitteln und so zu einem vertieften Verstehen von Person, Gruppe, thematischer Aufgabe und ihren wechselseitigen Zusammenhängen führen. Interpersonelle Beziehungen haben ebenso wie Meinungen und Gefühle einen wichtigen Platz, sind jedoch in ihrer Bedeutung dem Arbeitsthema nachgeordnet und werden thematisiert unter dem Aspekt ihrer Förderlichkeit oder Hinderlichkeit für die Arbeit an diesem Thema.

Reale Alltagsbeziehungen und Angewandte Gruppendynamik

Wenn man vom Sonderfall des Paartrainings absieht, dann sind es i. d. R. Arbeitsbeziehungen, die als Realbeziehungen in Trainingsmaßnahmen hinein genommen werden. Das Besondere an Beziehungen zwischen Arbeitskollegen liegt zum einen darin, dass sie i. d. R. vor und nach der Teilnahme am Training existieren, zum anderen in der ausgeprägten Organisiertheit des sozialen Kontextes, in den sie eingebettet sind und in dessen Einfluss auf diese Beziehungen.

Die Bedeutung von Beziehungsmerkmalen wie Offenheit, Vertrauen, Achtung, Solidarität usw. wurde in den Hawthorne-Untersuchungen aufgedeckt, in deren Folge der Human Relations Ansatz entwickelt wurde, der die sozialen Bedürfnisse im Kontext der Arbeit in Zusammenhang mit Leistung und Produktivität stellt.

Organisationstraining, Organisationsentwicklungstraining. Die *Organisationstrainings* sind recht unmittelbar aus den klassischen, insbesondere den skill-orientierten Laboratoriumsansätzen heraus entstanden und betonen das Training sozialer Fertigkeiten unter dem Aspekt der betrieblichen Leistungssteigerung. Neben dem eigentlichen Organisationstraining gibt es die Sonderform des instrumentierten oder instrumentellen Laboratoriums, in welchem weniger die Organisation und mehr der individuelle Leistungsaspekt im Vordergrund steht.

Das *Organisationsentwicklungstraining* unterscheidet sich von personorientierten Maßnahmen wie z. B. dem Sensitivity Training vor allem durch die Wahl der behandelten Themen und die Gruppenzusammensetzung. Das eigentliche Ziel eines Organisationsentwicklungstrainings besteht in erster Linie darin, das im Unternehmen vorhandene Problemlösepotential zu aktivieren und (nicht immer offen zugegeben) darin, Einstellungsänderungen des Führungsstabes und der Mitarbeiter im Hinblick auf das Unternehmensziel zu bewirken. Themen sind u.a. Institutionalisierungsprozesse, Umgang mit Macht und Abhängigkeit, Kooperation, Konkurrenz und Teamarbeit.

Erreicht werden soll,
• dass intra- und interpersonelle Prozesse harmonisch verlaufen,
• dass das Unternehmen seine ökonomischen Zielsetzungen in einem sich selbst steuernden Sozialgebilde realisiert,
• dass der einzelne Mensch sich im jeweiligen Arbeitszusammenhang gemäß seinen Möglichkeiten und Neigungen entfalten kann.

Typisch für die Organisationsentwicklung im eigentlichen Sinne – im Gegensatz etwa zum klassischen Sensitivity Training oder zum gruppendynamischen Laboratorium, aber auch zu anderen Formen des Organisationstrainings oder der Management-Entwicklung – ist jedoch, dass ihre Träger echte organisatorische Einheiten sind, das *stranger lab* daher hier keinen Platz hat (Comelli 1985).

Personaler Ansatz (Veränderungen der ‚inneren' Situation, z.B. über Gruppendynamik) und strukturaler Ansatz (Veränderung der ‚äußeren' Situation, z.B. durch Zentralisierung) können nicht isoliert voneinander betrachtet werden. Der Beitrag der angewandten Gruppendynamik ist dabei im Bereich des personalen Ansatzes zu sehen, und zwar liegen ihre Interventionen auf drei Ebenen:
• auf der Ebene des Individuums,
• auf der interpersonellen Ebene und
• auf der Intergruppen- und Institutionsebene.

In unseren Zusammenhang interessiert besonders die interpersonelle Ebene. Gruppendynamische Maßnahmen auf dieser Ebene betreffen die Beziehungen zwischen zwei und mehr Personen innerhalb einer Organisation sowie Maßnahmen zur Verbesserung der Arbeit innerhalb eines Teams. Dazu können verschiedene Formen des (Social) Skill Trainings gehören, ferner Kommunikations- und Interaktionstrainings, Laboratorien mit dem Fokus auf Rollenbeziehungen, Konfliktlösung und Kooperation, und Maßnahmen der Teamentwicklung.

Das Human Relations Training. Die Bedeutung sozialer Beziehungsmerkmale wie Offenheit, Vertrauen, Achtung, Solidarität für Arbeitsprozesse wurde Ende der zwanziger Jahre im Rahmen eines Forschungsprojektes entdeckt, das eigentlich der Entwicklung optimaler Arbeitsbedingungen diente und unter dem Namen Hawthorne Studies weltberühmt wurde (Roethlisberger/ Dickson 1947). Wichtigstes Ergebnis war die Entwicklung der interpersonellen Beziehungen unter den Arbeiterinnen, die als Versuchspersonen an dem Projekt teilnahmen: Sie entwickelten ein Zusammengehörigkeitsgefühl.

In der Folge entstand der Human Relations Ansatz, der die Qualität von Arbeitsbeziehungen – allerdings unter dem Gesichtspunkt der Leistungsoptimierung – in den Mittelpunkt stellte und der die Arbeit des Tavistock Institute of Human Relations in London bestimmt.

Dem *Human Relations Training* wird ein besonders starker Bezug zur industriellen Wirklichkeit zugesprochen. Dieser starke Bezug zur industriellen Wirklichkeit entstammt der Tatsache, dass in direkter Entsprechung zur industriellen Situation in Konzept und Praxis von Hierarchie, Führung und Aufgabe gearbeitet wird und die Trainer zugleich auch Industrieberater sind. Das HRT findet themenzentriert in Laboratoriumsform statt und zielt auf die Veränderung von Einstellungen und Verhalten. Zu den Hauptquellen gehört eine Richtung in der Sozialpsychologie, die sich mit den Konzepten von Rolle, Führung, Delegation, Kommunikation u. a. m. befasst.

Teamentwicklung. Wichtig bei der Betrachtung von Teamtrainings ist, ob es sich um Bestandteile der regulären Arbeitsorganisation handelt, die daher über einen längeren Zeitraum existieren. Temporäre Arbeitsgruppen wie QS-Zirkel, KVP-Gruppen (kontinuierliche Verbesserungsprozess-Gruppen), „Kaizen" und Projektgruppen sind nicht Bestandteil der regulären Arbeitsorganisation.

Langfristig sind z. B. klassische AGs, Fertigungsgruppen, teilautonome AGs; in ihnen dürften die ‚realen' interpersonellen Beziehungen eine größere Rolle spielen, auch beim Training.

Das Teamentwicklungstraining geht auf Douglas McGregor (1967) zurück, der zum Aufbau eines effektiven Management-Teams bei Union Carbide eine Bewertungstabelle zu Beziehungen und Arbeitsklima in Teams entwarf und dabei unter anderem die Bedeutung offener Kommunikation gegenseitigen Vertrauens und gegenseitiger Unterstützung betonte.

Teamentwicklung ist in Situationen relevant, in denen es darauf ankommt, wie Führungsprozesse verlaufen, in welchem Ausmaß zielorientiert und prozessbewusst gearbeitet wird, wie hoch die Integration der Teammitglieder ist, wie ausgeprägt das Engagement ist usw. Die Zielsetzungen in solchen Situationen sind dann in erster Linie (Comelli 1985):

- Besseres Verständnis für die Rolle eines jeden Teammitgliedes innerhalb der Arbeitsgruppe.
- Besseres Verständnis für die Beschaffenheit des Teams und für seine Rolle innerhalb der Gesamtabläufe der Organisation.
- Bessere Kommunikation zwischen den Teammitgliedern über alle Punkte, welche die Effektivität der Gruppe angehen.
- Stärkere gegenseitige Unterstützung unter den Gruppenmitgliedern.
- Klareres Verständnis für ablaufende Gruppenprozesse, d. h. für gruppendynamische Ereignisse, die in jeder Gruppe vorkommen, in der Leute eng zusammenarbeiten.

- Entdecken effektiverer Wege, die in der Gruppe bestehenden Probleme auf der Sach- wie auf der Beziehungsebene zu bewältigen.
- Entwicklung der Fähigkeit, Konflikte positiv (statt destruktiv) zu nutzen.
- Verstärkung der Zusammenarbeit zwischen den Teammitgliedern und eine Verringerung von Wettbewerb auf Kosten der jeweiligen Gruppe bzw. der Organisation.
- Verbesserung der Fähigkeit, mit anderen Arbeitsgruppen innerhalb der Organisation zusammenzuarbeiten.
- Förderung des Bewusstseins des gegenseitigen Aufeinanderangewiesen-Seins innerhalb des Teams.

Für erfolgreiche Arbeit in Teams sind demnach nicht nur interpersonelle Beziehungen wie Kommunikation, Unterstützung, Kooperation bedeutend, sondern auch das Bewusstsein dieser Bedeutung.

3. Künstliche und reale Gruppen

Grundsätzlich sind alle in sozialen Gruppen zu beobachtenden Prozesse und Strukturen Gegenstand der gruppendynamischen Arbeit; in ihren Varianten von Organisationstraining, Organisationsentwicklung und Human Relation Training verlässt die Gruppendynamik dabei durchaus den durch den Gruppenbegriff gesteckten Rahmen und bezieht größere soziale Einheiten ein. Intraindividuelle Prozesse, die durch Gruppensituationen initiiert werden oder in ihnen sichtbar werden, stehen in gruppentherapeutischen Verfahren, aber auch in Trainingsformen wie Encounter, Marathon-Training u. a. im Vordergrund.[8]

Kategoriale Zuordnungen beruhen nur zum Teil auf Merkmalen der klassifizierten Gegenstände. Sie sind Konstruktionen des Betrachters und bilden daher auch seine Weltinterpretation, die Perspektiven und (Erkenntnis-)Interessen ab. Ihre Brauchbarkeit erweisen sie im Umgang mit den klassifizierten Erkenntnisobjekten. Bei aller so gebotenen Vorsicht lassen sich gruppendynamische Verfahren auf zwei Ebenen unterscheiden:

- ob in ihnen das Schwergewicht eher auf individuellen Gegebenheiten liegt, die durch das gruppale Setting ausgelöst oder bedingt sind, oder ob es sich um die Arbeit mit Gruppenereignissen und -strukturen handelt;
- ob die gruppendynamische Arbeit in realen Gruppen oder in künstlichen Gruppen stattfindet. Während Realgruppen wie Teams, Abteilungen o. ä. innerhalb einer Organisation existieren, kommen künstliche Gruppen vorübergehend zum Zwecke des Trainings zusammen; die Mitglieder haben darüber hinaus keine relevanten Beziehungen. Es geht also um den „Unterschied der Arbeit mit einem realen System und einem System von Stellvertretern" (König 2007: 155).

---

8 Hier ist allerdings die Frage berechtigt, ob die Bezeichnung „Gruppendynamik" angemessen oder in gewisser Weise irreführend ist.

Individuelle Strukturen und interpersonelle Beziehungen in künstlichen Gruppen

Die der Arbeit auf dieser Ebene zu Grunde liegende Annahme ist, dass durch die Mitgliedschaft in einer Gruppe latente, zum Teil nicht bewusste Wünsche, Ängste, Interpretations- und Verhaltensmuster, Konflikterlebnisse und Formen des Umgangs mit diesen usw. virulent werden. Die Gruppen kommen i.d.R. durch Ausschreibung zustande; die Teilnehmer haben vor und meist auch nach dem Training keine persönlichen Beziehungen. Natürlich können sich mehr oder weniger persönliche Beziehungen im Training entwickeln. Das ist aber nicht Zielsetzung der Veranstalter.[9]

Tab. 1: Künstliche Gruppen: Individuelle Strukturen und interpersonelle Beziehungen

Trainingsform	Vorrangige Zielsetzung	Interpersonelle Beziehungen
Sensitivity Training	Persönlichkeitsentwicklung, Effizienz der kommunikativen Bemühungen	Beziehungen stellen den Raum zur Verfügung, in welchem an der Sensitivity gearbeitet wird.
Encounter	Verbesserung der Begegnungsfähigkeit; Realisierung des angelegten Verhaltenspotenzials	Encounter ist weniger an den Beziehungen innerhalb der Gruppe und eher an der persönlichen Entwicklung des Individuums orientiert, wobei die Gruppe die Funktion hat, Beziehungen als Lernsituation bereitzustellen.
T-Gruppen	Untersuchung des im Training entstehenden sozialen Kontextes und Möglichkeiten seiner Beeinflussung	Früher erworbene Beziehungsmuster werden aktualisiert und in bewusster Isolation von der Alltagsrealität im Hier-und-Jetzt bearbeitet.
Marathon-Training	Aufdeckung verdeckter Bedürfnisse, Wünsche, Ängste usw. durch Abbau der Selbstkontrolle und Abwehrmechanismen	psychotherapienahe Arbeit an Offenheit, Direktheit und Differenziertheit in Beziehungen

Gruppale Strukturen und Beziehungen in künstlichen Gruppen.

Im Focus der Aufmerksamkeit steht die soziale Dynamik: Beeinflussungsprozesse, Normentwicklung, Rollenentstehung und -veränderung; Hierarchie-, Kommunikations-, Kooperations- und Wettbewerbsstrukturen; Gruppenatmosphäre, Gruppenleistung, Bildung von Subgruppen und Paaren, Beziehungen zur Außenwelt usw.

Die Themenzentrierte Interaktion widersetzt sich dieser Zuteilung insofern als künstliche Gruppen als Lern- und Trainingsfeld dienen, die so erworbe-

---

9 ... allerdings – wie im Zusammenhang mit den Encounter-Gruppen beschrieben – möglicherweise einiger Teilnehmer.

nen Fertigkeiten dann unmittelbar als themenzentrierte Arbeit in Realgruppen eingesetzt werden können, ein recht direkter Transfer also möglich ist.

Tab. 2: Künstliche Gruppen: Gruppale Strukturen und
         interpersonelle Beziehungen

Trainingsform	Vorrangige Zielsetzung	Interpersonelle Beziehungen
Themenzentrierte Interaktion (als Lernsituation)	Vermittlung konkreten und berufsspezifischen Wissens über Gruppenprozesse und Gruppenstrukturen; Entwicklung der Fähigkeit zur Gruppenleitung durch gleichberechtigte Behandlung von Person und Aufgabe	Beziehungen sind thematisch den Arbeitsaufgaben der Gruppe untergeordnet, im Hinblick auf die Bedeutung für Arbeitsprozesse und Befindlichkeit der Teilnehmer jedoch der thematischen Arbeit gleichgestellt.
Skill Training	Entwicklung von Fähigkeiten zur Diagnose sozialer Situationen, Führung von Arbeitseinheiten unter belastenden Gegebenheiten wie Stress, Erfolgsdruck usw., Beratung in Konfliktsituationen, Unterstützung von Kooperation in heterogenen Gruppen u. a. m.	Für die gezielte Gestaltung zwischenmenschlicher Beziehungen dienen die aktuellen Beziehungen in der Gruppe als Lernmaterial.
Kommunikations- und Interaktionstrainings	Verbesserung der Informationsaustausch-Kompetenzen und damit der Verständigung in sozialen Systemen	Interpersonelle Beziehungen werden vorrangig unter dem Aspekt ihrer Funktionalität oder Dysfunktionalität betrachtet.

Interpersonelle Beziehungen in Realgruppen.

Anders als in künstlichen Gruppen wird in der gruppendynamischen Arbeit mit Realgruppen mit und an den vor, während und nach dem Training existierenden Beziehungen zwischen den Teilnehmern gearbeitet. Realgruppen entstammen meist der Arbeitswelt.

Tab. 3: Realgruppen und Interpersonelle Beziehungen

Trainingsform	Vorrangige Zielsetzung	Interpersonelle Beziehungen
Themenzentrierte Interaktion (als Anwendung)	Anwendung konkreten und berufsspezifischen Wissens über Gruppenprozesse und Gruppenstrukturen; Gruppenleitung durch gleichberechtigte Behandlung von Person und Aufgabe	Beziehungen sind thematisch den Arbeitsaufgaben der Gruppe untergeordnet, im Hinblick auf die Bedeutung für Arbeitsprozesse und Befindlichkeit der Teilnehmer jedoch der thematischen Arbeit gleichgestellt.
Human Relations Training	Arbeit mit Konzept und Praxis von Hierarchie, Führung und Aufgabe in direkter Entsprechung zur industriellen Wirklichkeit	Soziale Beziehungsmerkmale (Vertrauen, Solidarität, Offenheit usw.) werden in ihrer Bedeutung für Arbeitsprozesse thematisiert.

Teamentwicklung	Entwicklung von Zielvereinba-rungen, offener Kommunikati-onsstrukturen, Vertrauen und Unterstützung, Konfliktlösungs-fähigkeiten, effizienter Umgang mit Gruppenressourcen, Ent-wicklung effizienter Führungs-strukturen	Kommunikation, Unterstützung, Kooperation und das Bewusst-sein ihrer Funktion für Arbeits-prozesse werden gefördert.
Organisations-entwicklung	Aktivierung des in einem Un-ternehmen vorhandenen Prob-lemlösepotenzials anhand realer organisatorischer Einheiten (Teams, Abteilungen usw.), Schaffung angemessener Struk-turen zur Realisierung	Die Beziehungen zwischen zwei oder mehr Personen, Rollenbe-ziehungen, Kommunikation und Interaktion werden zum Ge-genstand skillorientierter Arbeit.

4. (Un-)persönliche Beziehungen in der Gruppendynamik

Ein zusammenfassender Rückblick auf die gruppendynamischen Anwen-dungsformen mag im ersten Moment überraschen. Gerade in jenen Formen, bei denen die Beziehungen zwischen den Personen in besonderer Weise im Fokus stehen und in besonders intensiver Weise erlebt werden, sind diese nur in sehr eingeschränkter Weise *persönlich*. Eine relative Unverbindlich-keit der Beziehungen wird bei der Konstruktion solcher Teilnehmergruppen geradezu angestrebt, da sie einen größeren Freiheitsgrad erlaubt als reale Beziehungen des Alltags. Ihre Thematisierung ist doch eher unpersönlich: Es geht um das Erproben, die Entwicklung von Beziehung(sfähigkeit) in einem sozialen Setting, dessen Mitglieder austauschbar sind und das zeit-lich sehr begrenzt, d. h. von vornherein auf zeitliche Nicht-Fortdauer ange-legt ist und in dem die persönliche Identität zwar für jeden selbst bedeut-sam, für die anderen aber eher Begleiterscheinung und allenfalls sozialer Reibungspunkt ist.

Beziehungsexperimente, so jedenfalls ist die zugrunde liegende Annahme, sind eher möglich, da sie weitgehend folgenlos bleiben können. Zwischen ihnen bzw. den in ihnen gewonnenen Erkenntnissen und Fertigkeiten und den Realbeziehungen liegt der Puffer des Transfer-Prozesses.

Insbesondere wenn wie bei Encounter und angrenzenden Verfahren die Be-ziehungen vor allem als Auslöser für individuelle Erfahrungen und Verän-derungsprozesse dienen sollen, handelt es sich bei den Teilnehmern um „eine Gemeinschaft von Identitätsbastlern ... in einem zeitlich begrenzten und kommerziell gerahmten Erfahrungsraum" (König 2007: 107).

In der später entstandenen Arbeit mit Realgruppen vorwiegend aus der Ar-beitswelt gibt es diese „Als-ob-Qualität" nicht oder nur sehr eingeschränkt. Mehr oder weniger persönliche Beziehungen existieren bei den Teilnehmern vor und nach dem Training. Nicht alle, aber ausgewählte Aspekte dieser Beziehung wie Kooperation, soziale Wahrnehmung, Offenheit u. a. sind Gegenstand des Trainings und werden in den Zusammenhang mit den Arbeitsprozessen außerhalb des Trainings gestellt.

Natürlich sind auch in Teams die Personen austauschbar, austauschbarer als solche in Beziehungen, die wir in vollem Umfang „persönlich" nennen. Nur eingeschränkt persönlich sind sie also dennoch: Letztlich geht es um das bessere Funktionieren von Teams und Organisationen, und in diesem Sinne sind sie instrumentell.

Die eingangs betrachteten Konzepte Kohäsion und Teamfähigkeit unterstützen diesen Eindruck: Beziehungen sind funktional für Gruppenzusammenhalt und Gruppenidentität, die durch relative Strukturlosigkeit entstehenden intensiven Beziehungen sind von der Intention her auf den Trainingkontext beschränkt und gegenüber realen persönlichen Beziehungen abgegrenzt.

Literatur

Antons, Klaus/Amann, Andreas/Clausen, Gisela/König, Oliver/Schattenhofer, Karl (2004): Gruppenprozesse verstehen. Gruppendynamische Forschung und Praxis. 2. Aufl. Wiesbaden: VS Verlag für Sozialwissenschaften

Bach, George R. (1966): The marathon groups: Intensive practice of internate interaction. In: Psychological Report 18: 995-1102

Back, Kurt W. (1972): Beyond words. The story of sensitivity training and the encounter movement. New York: Russell Sage Foundation

Battegay, Raymond (2000): Die Gruppe als Schicksal. Gruppenpsychotherapeutische Theorie und Praxis. Göttingen: Vandenhoek/Ruprecht

Bierhoff, Hans-Werner (2002): Einführung in die Sozialpsychologie. Weinheim: Beltz

Bradford, Leland P./Gibb, Jack R./Benne, Kenneth D. (1972): Gruppentraining, T-Gruppentheorie und Laboratoriumsmethode. Stuttgart: Klett

Clore, Gerald L./Byrne, Donn A. (1974): A reinforcement-affect model of attraction. In: Huston, T. L. (Hg.): Foundations of interpersonell attraction. New York: 143-170

Cohn, Ruth C. (1969/70): Von der Psychoanalyse zur Themenzentrierten Interaktion. In: Gruppenpsychotherapie und Gruppendynamik 3: 251-259

Cohn, Ruth C. (1974): Zur Grundlage des themenzentrierten interaktionellen Systems. Axiome, Postulate, Hilfsregeln. In: Gruppendynamik 3: 150-159

Cohn, Ruth C. (2004): Von der Psychoanalyse zur Themenzentrierten Interaktion. 15. Aufl. Stuttgart: Klett

Comelli, Gerhard (1985): Training als Beitrag zur Organisationsentwicklung. München: Hanser

Döring, Nicola/Dietmar, Christine (2003): Mediatisierte Paarkommunikation. Ansätze zur theoretischen Modellierung und erste qualitative Befunde. Forum Qualitative Sozialforschung (Online Journal), 4 (3), Art. 2. http://www.qualitative-research.net/fsq-texte/3-03/3-03doeringdietmar-d.htm (Download am 17.05.2005)

Farau, Alfred/Cohn, Ruth C. (1984): Gelebte Geschichte der Psychotherapie. Zwei Perspektiven. Stuttgart: Klett

Festinger, Leon (1957): A theory of cognitive dissonance. Stanford: Stanford University Press

Fittkau, Bernd (1977): Kommunikationstraining. In: Meyer, Ernst (Hg.): Handbuch Gruppenpädagogik – Gruppendynamik. Heidelberg: 53-54

Foulkes, Siegmund H. (1974): Gruppenanalytische Psychotherapie. München: Kindler

Frey, Dieter/Irle, Martin (Hg.) (2002): Theorien der Sozialpsychologie. Bd. II. Bern: Huber

Heider, Fritz (1958): The psychology of interpersonal relations. New York: Wiley

Heigl-Evers, Annelise/Heigl, Franz (1973): Gruppenposition und Lernmotivation. In: Heigl-Evers, Annelise (Hg.): Gruppendynamik. Göttingen: 37-48

Hoepfner, Friedrich G./Munzinger, W. (1977): Formen gruppendynamischen Trainings. In: Hoepfner, Friedrich G. (Hg.): Gruppendynamik. Motivation durch maßgeschneidertes Training. München: 23-35

Hogg, Michael A. (1992): The social psychology of group cohesiveness. New York: Harvester

Hogg, Michael A. (Hg.) (2003): Group processes. Malden/Mass.: Blackwell

Homans, George C. (1950): The human group. New York: Harcourt, Brace & World

Homans, George C. (1961): Social behavior. Its elementary forms. New York: Harcourt, Brace & World

Homans, George C. (1968): Theorie der sozialen Gruppe. 3. Aufl. Köln, Opladen: Westdeutscher Verlag

Kleinmann, Andreas (2005): Teamfähigkeit. Schorndorf: Hofmann

König, Oliver (2007): Gruppendynamik und die Professionalisierung psychosozialer Berufe. Heidelberg: Carl-Auer Verlag

König, Oliver/Schattenhofer, Karl (2006): Einführung in die Gruppendynamik. Heidelberg: Carl-Auer Verlag

McGregor, Douglas (1967): The professional manager. New York: McGraw-Hill

Mikula, Gerold (1977): Interpersonale Attraktion. Ein Überblick über den Forschungsgegenstand. In: Mikula, Gerold/Stroebe, Wolfgang (Hg.): Sympathie, Freundschaft und Ehe. Bern: 13-40

Mikula, Gerold (1981): Zwischenmenschliche Anziehung. In: Werbik, Hans/Kaiser, Heinz J. (Hg.): Kritische Stichwörter zur Sozialpsychologie. München: 371-386

Mikula, Gerold (1992): Austausch und Gerechtigkeit in Freundschaft, Partnerschaft und Ehe: Ein Überblick über den aktuellen Forschungsstand. In: Psychologische Rundschau 43: 69-82

Newcomb, Theodore M. (1961): The acquaintance process. New York: Holt, Rinehart & Winston

Rechtien, Wolfgang (1997): Sozialpsychologie. Ein einführendes Lehrbuch. München, Wien: Profil Verlag

Rechtien, Wolfgang (2003): Gruppendynamik. In: Auhagen, Ann E./Bierhoff, Hans-Werner (Hg.): Angewandte Sozialpsychologie. Weinheim: 103-122

Rechtien, Wolfgang (2006): Angewandte Gruppendynamik. In: Bierhoff, Hans-Werner/Frey, Dieter (Hg.): Handbuch der Sozialpsychologie und Kommunikationspsychologie. Göttingen: 655-662

Rechtien, Wolfgang (2007): Angewandte Gruppendynamik. 4., erweiterte und neugestaltete Aufl. Weinheim: PVU/Beltz

Roethlisberger, Fritz J./Dickson, William J. (1947): Management and the worker. Cambridge/Mass.: Harvard University Press

Rogers, Carl R. (1970): Carl Rogers on encounter groups. New York: Harper & Row

Rogers, Carl R./Rosenberg, Rachel L. (1980): Die Person als Mittelpunkt der Wirklichkeit. Stuttgart: Klett

Rusbult, Carol E. (1980): Commitment and satisfaction in romantic associations: A test of the investment model. In: Journal of Experimental Social Psychology 16: 172-186

Sacco, Joshua M. (2003): The relationship between team composition and team effectiveness: A multilevel study. Michigan State University. Unveröff. Diss., zit. nach Tanja Seelheim und Erich Witte 2007

Sader, Manfred (2002): Psychologie der Gruppe. 8. Aufl. Weinheim, München: Juventa

Seelheim, Tanja/Witte, Erich H. (2007): Teamfähigkeit und Performance. In: Gruppendynamik und Organisationsberatung 38: 73-95

Skinner, Burrhus F. (1953): Science and human behavior. New York: Macmillan

Stoller, Frederick H. (1973): Beschleunigte Interaktion: Eine zeitlich begrenzte Methode, basierend auf der kurzdauernden Intensivgruppe. In: Sager, Clifford J./Kaplan, Helen S./Heigl-Evers, Annelise (Hg.): Handbuch der Ehe-, Familien- und Gruppentherapie. Bd. 1. München: 256-272

Thibaut, John W./Kelley, Harold H. (1959): The social psychology of groups. New York: Wiley

Tschuschke, Volker (2001): Gruppenpsychotherapie – Entwicklungslinien, Diversifikation, Praxis und Möglichkeiten. In: Psychotherapie im Dialog. Zeitschrift für Psychoanalyse, Systemische Therapie und Verhaltenstherapie 2: 3-15

Walster, Elaine/Walster, G. William/Berscheid, Ellen (1978): Equity theory and research. Boston: Allyn & Bacon

Weschler, Irving/Massarik, Fred/Tannenbaum, Robert (1962): The self in process: A sensitivity training emphasis. In: Weschler, Irving/Schein, Edgar (Hg.): Issues in human relations training. Washington: 33-46

Heike Matthias

Persönliche Beziehungen in der Familienforschung

Wie in der Einleitung zu diesem Band formuliert, denkt man bei persönlichen Beziehungen vor allem an familiale Beziehungen. Im Folgenden soll die Entwicklung der (deutschen) familiensoziologischen Forschung und Theoriebildung im Hinblick auf die Paar- und Generationenbeziehungen nachgezeichnet werden. Dabei wird deutlich, dass von Anfang an besonders die Stabilität der Beziehungen im Mittelpunkt des Interesses steht. Neben der Frage nach dem Bestand der Familie ganz allgemein werden die charakteristischen Kennzeichen des Verhältnisses zwischen den Partnern sowie zwischen Eltern und Kindern thematisiert. Zu diesen Merkmalen gehören die Autoritätsstruktur und die Machtverhältnisse sowie die emotionale Qualität der Beziehung. Dementsprechend lag der Schwerpunkt der Forschung und der Theorieentwicklung zunächst auf diesen Merkmalen, später wurden vereinzelt neue Aspekte in den Blick genommen. Auffällig ist, dass die Paar- bzw. Ehebeziehung in der deutschen Familiensoziologie ein Randthema war und ist. Weitere innerfamiliale Beziehungen wie die Geschwisterbeziehungen, die Beziehung zwischen Großeltern und ihren Enkeln sowie die Verwandtschaftsbeziehungen haben keine Tradition, sie wurden vernachlässigt oder sind relativ neue Forschungsgebiete (vgl. Nave-Herz i. d. B.; Höpflinger i. d. B.; Diewald et al. i. d. B.).

Das Themenspektrum der familiensoziologischen Forschung ist vielfältig und seit den 1980er Jahren ist eine deutliche Zunahme an empirischen Forschungsprojekten zu verzeichnen (Vaskovics 1994; Schmidt 2002; Lauterbach 2003; Burkart 2006; Huinink 2006). Das wird an den zahlreichen Publikationen deutlich – wie etwa das 3. Sonderheft der Soziologischen Revue (Vaskovics 1994) beweist. Als herausragende Themen werden dort genannt: Partnerschaft; Elternschaft und kindliche Lebenswelten; Ehe und Ehescheidung; Familienformen und -beziehungen; familiale Entwicklungsverläufe unter besonderer Berücksichtigung jüngerer und älterer Menschen; Situation von Frauen; Beruf und Familie; familiale Lebenslagen unter besonderer Berücksichtigung von Familien in deprivierten Lebenslagen; familiale Leistungen und Gestaltungsaufgaben; Generationenbeziehungen; familiale Netzwerke; Familie und Verwandtschaft; Gewalt in der Familie; familiale Arbeitsteilung; Erschließung und Verwendung von Technik im familialen Bereich; Zeitgestaltung in der Familie; familiale Integration versus Desintegration. Die meisten der genannten Themen lassen sich der Forschung über persönliche Beziehungen zuordnen.

Dieser hohe Stellenwert wird auch von Wolfgang Lauterbach (2003) festgestellt. In seiner Analyse weist er anhand der Anzahl der Veröffentlichungen im Bereich „Lebensführung, Interaktion und Beziehungsgestaltung"[1] nach, dass die familialen Beziehungen im Zeitraum von 1980 bis 2001 im Zentrum familiensoziologischer Forschung standen. Mehr als jede dritte Publikation widmete sich diesem Themenbereich (274 von 776 Büchern und Artikeln). Diese Entwicklung kann darauf zurückgeführt werden, dass seit den 1980er Jahren Datensätze zur Verfügung stehen, die empirische Analysen zu diesen familiensoziologischen Fragestellungen erlauben. Zu nennen sind etwa der Familiensurvey des Deutschen Jugendinstituts (München) und der Alterssurvey am Deutschen Zentrum für Altersfragen (Berlin), die Lebensverlaufsstudie des Max-Planck-Instituts für Bildungsforschung (Berlin), das Sozio-ökonomische Panel des Deutschen Instituts für Wirtschaftsforschung (Berlin) sowie der Family and Fertility Survey für Deutschland, und auch die Bamberger Längsschnittstudien „Optionen der Elternschaft und der Lebensgestaltung in nichtehelichen Lebensgemeinschaften" und „Optionen der Lebensgestaltung junger Ehen und Kinderwunsch" sowie die Mannheimer Scheidungsstudie und der Sonderforschungsbereich 186 – Statuspassagen und Risikolagen im Lebensverlauf (gefördert von der Deutschen Forschungsgemeinschaft). Als aktuelle Studie kann der seit 2005 im Bundesinstitut für Bevölkerungsforschung (Wiesbaden) bearbeitete Generations and Gender Survey genannt werden, in dessen Mittelpunkt Familienbeziehungen stehen. Als Errungenschaft der familiensoziologischen Forschung wird das 2004 begonnene Panel Analysis of Intimate Relationsships and Family Dynamics (PAIRFAM) gefeiert, dessen Ziel die theoretische, methodische und empirische Fortentwicklung der Erforschung der Beziehungs- und Familienentwicklung ist (gefördert von der Deutschen Forschungsgemeinschaft). Neben diesen großen Datensätzen liegen zahlreiche quantitative und qualitative Studien vor, in denen die innerfamilialen Beziehungen thematisiert wurden (vgl. Kap. 1 und 2).

Dem Trend in der empirischen Familienforschung ist die Theorieentwicklung nicht gefolgt. Nach einer Theoriedebatte sucht man in der Familiensoziologie vergeblich. Hatte die deutsche Familiensoziologie in den 1960er Jahren innerhalb der Soziologie noch theoretisches Gewicht (Tyrell 1980), so wird die „Theorielosigkeit" der Familiensoziologie seitdem immer wieder beklagt. Neuere theoretisch-orientierte Beiträge liefern vor allem Deutungsmuster für die Wandlungstendenzen der Familie (z.B. Tyrell 1988; Meyer 1993; Nave-Herz 1996) und zu individuellen Entscheidungsprozessen hinsichtlich von Partnerschaft, Elternschaft und Ehescheidung (z.B. Hill/Kopp 1999; Nauck 2001; Esser 2002). Für die Theorieentwicklung

---

1 Unter diesen Bereich werden von Wolfgang Lauterbach folgende Schwerpunktthemen subsumiert: (1) Familiale Interaktionen und Lebensführung (Kontakt, Generationenbeziehungen); (2) Belastungen und Probleme in Familien (Gewalt, Macht, Suchtprobleme, etc.); (3) Innerfamiliale Arbeitsteilung und Geschlechterrollen, familiales Engagement; (4) Familientherapie, -psychologie und -pädagogik (2003: 130).

können zwei wesentliche neue Impulse ausgemacht werden: Einerseits die Debatte über den Familienbegriff und den Gegenstand der Familiensoziologie, die Anfang der 1990er Jahre einsetzte (Schneider 1996; Lenz 2003 b), andererseits die schon genannte Panelstudie PAIRFAM.

In der Diskussion für die Neubestimmung des Gegenstands der Familiensoziologie sind vor allem zwei Modelle: Eine *Soziologie der Lebensformen und der privaten Lebensführung* (Schneider 1996; Schneider et al. 1998) sowie eine *Soziologie persönlicher Beziehungen* (Lenz 2003 a, b). Die von Werner Schneider (2002) vorgeschlagene *Soziologie der Privatheit* wurde in der Familiensoziologie kritisch diskutiert (Bertram 2002; Burkart 2002; Matthias-Bleck 2002) und kaum zur Kenntnis genommen. Während Karl Lenz den Begriff der persönlichen Beziehung dem der Lebensformen vorzieht, weil er deutlich stärker expliziert ist und in der Soziologie über eine lange Tradition verfügt sowie eine Anbindung an Kernbereiche soziologischer Theoriebildung verspricht (Lenz 2003 b), verbindet der Begriff der Lebensformen nach Norbert F. Schneider Mikro- und Makroperspektive, indem die subjektiv konstruierten Wirklichkeiten sowie gesellschaftliche Institutionalisierungsprozesse der Lebensformen und ihre kulturelle Symbolik berücksichtigt werden (Schneider et al. 1998). Im PAIRFAM werden auf der Grundlage einer soziologisch und psychologisch erweiterten und integrierten Theorie der rationalen Wahl die Etablierung und Gestaltung von Paarbeziehungen, die Familiengründung und -erweiterung, die Gestaltung intergenerationaler Beziehungen und die (In-)Stabilität von Paarbeziehungen empirisch untersucht (Feldhaus/Huinink 2005). Mit dem interdisziplinären Zugang sollen neue Erkenntnisse innerfamilialer Prozesse gewonnen werden. Erste Ergebnisse liegen seit kurzem vor, so dass die Diskussion nun erst beginnen kann.

Eine neue theoretische Perspektive im Hinblick auf die Entstehung von Lebensformen wählte Heike Matthias-Bleck (2006). Ausgangspunkt ist die Frage danach, wie sich Lebensformen gesellschaftlich etablieren. Dem Institutionalisierungsgrad der ausgewählten Lebensformen der Ehe, der nichtehelichen verschieden- und gleichgeschlechtlichen Lebensgemeinschaft wird auf mehreren gesellschaftlichen Ebenen nachgegangen. Zentral sind die kulturelle Selbstverständlichkeit, die gesellschaftliche Akzeptanz, die Einstellung und subjektive Bewertung, die rechtliche Verankerung, die Verbreitung und die Entstehungszusammenhänge der Lebensformen. Die Analyse verdeutlicht die unterschiedlichen Prozessverläufe der Institutionalisierung der ausgewählten Lebensformen. So ist die Ehe eine vom Staat gesetzte Norm, d. h. hier kann von einer geplanten, institutionellen Entstehung einer Norm gesprochen werden. Die Institutionalisierung der nichtehelichen verschiedengeschlechtlichen Lebensgemeinschaft ist eher einer evolutionären Entwicklung zuzuschreiben, d. h. durch (massenhaft) individuelles Handeln ist die Lebensform als ein Ergebnis sozialer Entwicklung zu sehen. Die Legitimierung nichtehelicher gleichgeschlechtlicher Lebensgemeinschaften ist dagegen eher als Resultat einer sozialen Bewegung zu verstehen, also einer geplanten Entwicklung, die durch gezieltes Handeln politischer Akteure vorangetrieben wurde. Als wesentlich für die Institutionalisierung von Lebensformen haben sich die gesellschaftliche Akzeptanz, die rechtliche Entwicklung und die individuellen Handlungsmotive herausgestellt.

1. Paarbeziehung

Anders als im englischsprachigen Raum, in dem die drei ehebezogenen Themenbereiche „Partnerwahl, Ehequalität und Scheidungen" Tradition haben (Lenz 2003a: 9), fristet die Eheforschung in der deutschsprachigen Familiensoziologie ein Randdasein (Lenz 1990, 2003a; Nave-Herz 1994; Kaufmann 1995; Matthias-Bleck 1997). Und auch andere Formen der Paarbeziehung sind erst in den letzten Jahren thematisiert worden (z.B. Schneider et al. 1998). Während allgemein bei der Paarforschung nur verschiedengeschlechtliche Paare gemeint sind, wird in jüngsten Publikationen auch die gleichgeschlechtliche Paarbeziehung berücksichtigt (z.B. Lenz 2003c; Matthias-Bleck 2006; Maier 2007). Hinsichtlich der Paar- bzw. Ehebeziehung lassen sich als relevante Themen das Machtverhältnis und die Arbeitsteilung zwischen den Geschlechtern sowie die Instabilität der Paarbeziehung ausmachen. Die wesentlichen Übergänge in der Paarbeziehung wie die Gründung einer nichtehelichen Lebensgemeinschaft, die Eheschließung, die Familiengründung, die Trennung und Ehescheidung werden an den entsprechenden Stellen thematisiert.

Bereits in der Nachkriegszeit wird die *Geschlechterbeziehung* hinsichtlich des Machtverhältnisses in der Ehe und der innerfamilialen Arbeitsteilung in zahlreichen Studien als Entwicklung „vom Patriarchat zur Partnerschaft" interpretiert. Die ersten wichtigen empirischen Untersuchungen nach dem Zweiten Weltkrieg widmeten sich den Gegenwartsproblemen der Familie im zerstörten Deutschland (z.B. Wurzbacher 1951; Schelsky 1953; Baumert 1954). Zentrales Thema dieser Studien war die Binnenstruktur der Familie, insbesondere interessierten die Macht- und Autoritätsverhältnisse. Dabei wurde in Anlehnung an die These von Ernest W. Burgess und Harvey J. Locke (1945), die den Wandel der Familie als Entwicklung „from institution to companionship" beschrieben, von einer allmählichen Egalisierung im Verhältnis von Mann und Frau sowie von Eltern und Kindern ausgegangen.

Machtverhältnisse in Ehen werden vor allem ressourcentheoretisch an den Entscheidungsbereichen der Partner empirisch untersucht. In der Studie von Robert O. Blood und Donald M. Wolfe (1960), die für diesen Bereich als Klassiker gilt, wurde anhand von acht Entscheidungsbereichen ein hohes Maß an gemeinsamen Entscheidungen bei einem gewissen Machtvorsprung des Mannes festgestellt. Die Dominanz des Ehemannes korrespondiert mit seinem gesellschaftlichen Status, seinem Einkommen, seinem Berufsprestige und seiner Bildung. Diese Ergebnisse deuten darauf hin, dass die externen Ressourcen der Partner Auswirkungen auf das Machtverhältnis in der Ehe haben. So formulierten Robert O. Blood und Donald M. Wolfe: Je größer die externen Ressourcen, die ein Partner im Vergleich zu seinem Partner besitzt, desto wahrscheinlicher verschiebt sich die Entscheidungsmacht zu seinen Gunsten (Lenz 2003 a).

Im deutschsprachigen Raum wurde dieser Ansatz z. B. von Roland Eckert, Alois Hahn und Marianne Wolf (1989) aufgegriffen. In einem Teil ihrer Untersuchung fragten sie in Anlehnung an Robert O. Blood und Donald M. Wolfe nach 14 Entscheidungsbereichen in jungen Ehen. Auch sie stellten überwiegend gemeinsame Entscheidungen, aber auch weibliche und männliche Domänen, fest. Ein bemerkenswertes Ergebnis ist, dass die weiblichen Entscheidungsbereiche eher Zuständigkeiten denn Vorrechte bedeuten. Die wichtigen Entscheidungen werden vom Mann getroffen. Die Autoren gehen – anders als die klassischen ressourcentheoretischen Überlegungen – davon aus, dass diese Verteilung normativ geprägt ist. Die Entscheidungsstruktur in der Ehe offenbart eine immer noch vorhandene traditionelle Vorstellung über den letztlich entscheidenden Ehemann. Die egalitäre Zweierbeziehung bleibt wohl in mancher Hinsicht eine Illusion. Dies wird auch an dem, hinsichtlich der Machtverhältnisse, neuen Thema der Geldverwaltung und -verteilung in Paarbeziehungen deutlich. Eine Reduktion oder Auflösung der Geschlechterungleichheit im Privaten durch je eigenes Geld der Partner bleibt weiterhin relativ unwahrscheinlich (Schneider et al. 2006). Sowohl in Deutschland als auch in anderen Ländern sind Formen der gemeinsamen Geldverwaltung am weitesten verbreitet – ganz der Vorstellung von einer partnerschaftlich-egalitären Paarbeziehung folgend (Ludwig-Mayerhofer 2006; Schneider et al. 2006). Symbolisch muss die Geldverwaltung jedoch im Kontext des Beziehungskonzepts gesehen werden. Bei Doppelverdienerpaaren sind vielfältige wechselseitige Verpflichtungs- und Entpflichtungsmuster zu erkennen, bei denen dem Geld innerhalb der jeweiligen Beziehungswirklichkeiten unterschiedliche Bedeutungen zugeschrieben wird. Im Dreieck „mein-dein-unser Geld" gilt das eigene Geld entweder als Zeugnis des individuellen Engagements in der gemeinsamen Beziehung oder als Mittel, die Egalität in der Paarbeziehung zu festigen. Insgesamt wird deutlich, „dass das eigene Geld von Frauen einen wesentlichen Anteil an der Pluralisierung und Differenzierung intimer Beziehungsformen hat, die den gegenwärtigen Individualisierungsprozess kennzeichnen" (Schneider et al. 2006: 295).

Als bedeutsamstes Ergebnis der Erforschung der *Arbeitsteilung* in Paarbeziehungen und Familien ist die geschlechtstypische Arbeitsteilung zu sehen (Huinink/Röhler 2005). Die Typisierung weiblicher und männlicher Tätigkeiten hat sich in den letzten Jahrzehnten kaum verändert. Frauen übernehmen – ganz der traditionellen Rollenzuweisung folgend – den „Löwenanteil" der Hausarbeit und erledigen insbesondere alltägliche Routinearbeiten und verwenden dafür mehr Zeit als Männer. Die Verteilung der Hausarbeit zwischen den Partnern ist von Faktoren wie dem Alter, dem Bildungsniveau der Partner, der Berufstätigkeit der Frau, der Dauer der Beziehung und dem Vorhandensein von Kindern im Haushalt abhängig (ebd.). Interessant ist, dass sich kaum Milieudifferenzierungen in der Arbeitsteilung zwischen den Partnern zeigen, lediglich die Bedeutung der Hausarbeit variiert in den Milieus (Koppetsch/Burkart 1999). Unterschiede der Hausarbeitsverteilung nach Lebensformen lassen sich nur anhand von wenigen Studien nachweisen. Demnach ist die Arbeitsteilung zwischen Partnern in nichtkonventionellen Lebensformen wie den nichtehelichen Lebensgemeinschaften und den nichtehelichen Paaren ohne gemeinsamen Haushalt weniger traditionell als in Ehen (z. B. Meyer/Schulze 1988). Neuere empirische Studien verweisen auf eine zunehmende Tendenz, Hausarbeit an Dritte abzugeben. Dies verändert zwar die Arbeitsteilung zwischen den Partnern, reproduziert allerdings die geschlechtstypische Arbeitsteilung auf der gesellschaftlichen Ebene, denn Dienstleistungen im Haushalt werden üblicherweise von Frauen verrichtet (Huinink/Röhler 2005: 103).

Die Erklärung der Arbeitsteilung in Paarbeziehungen wird anhand von drei zentralen Theorierichtungen vorgenommen (Huinink/Röhler 2005): Handlungstheoretische[2], rollentheoretische und emotionssoziologische Ansätze. Während bei den handlungstheoretischen Ansätzen die Übernahme konkreter Aufgaben und der unterschiedliche Zeitaufwand im Wesentlichen mit dem ungleichen Machtverhältnis der Partner erklärt wird (Blood/Wolfe 1960; Held 1978), rekurrieren rollentheoretische Ansätze auf die Geschlechternormen, die handlungsleitend bei der Übernahme von bestimmten Hausarbeiten wirken (Koppetsch/Burkart 1999). Emotionssoziologische Ansätze gehen über die Rollenerwartungen hinaus und interpretieren die Erledigung von Hausarbeit unter anderem als Liebesbeweis (Maier et al. 1996; Koppetsch/Burkart 1999).

Die empirischen Ergebnisse und die theoretischen Diskussionen weisen auf eine zentrale Erkenntnis hin: Macht in Paarbeziehungen muss immer auch mit kulturellen Mustern zusammen gesehen werden (Koppetsch/Burkart 1999; Lenz 2006). Entscheidungsfindung und die Arbeitsteilung in Paarbeziehungen sind von gesellschaftlich etablierten Rollenerwartungen geprägt. Deshalb müssen innereheliche Machtverhältnisse und Arbeitsteilungen immer im gesellschaftlichen Kontext gesehen werden (Hochschild 1990; Becker-Schmidt 1991). Diese Perspektive wurde von der Familienforschung kaum eingenommen, vielmehr hat hier die feministische Forschung wesentliche Impulse gegeben (Nave-Herz 1994). Karl Lenz (2006) weist auf zwei weitere Probleme bei der Erforschung der innerehelichen Machtverhältnisse hin. Einerseits beschränkt sich die Familienforschung auf ein statisches Bild von Macht, andererseits konzentriert sie sich auf Machtresultate. Macht ist jedoch als Prozess zu verstehen, in dem subjektive Bewertungen und auch

---

2 Darunter sind nach Johannes Huinink und Karl Alexander Röhler (2005) Austauschtheorie, Ressourcentheorie, neue ökonomische Haushaltstheorie, Zeitbudget-Ansätze und Netzwerkhypothese zu verstehen.

Nicht-Entscheidungen wirken und so zu Redefinitionsprozessen führen. Nach Karl Lenz verspricht die Einbettung in die allgemeine sozialwissenschaftliche Machtdiskussion eine Perspektivenerweiterung, wie die amerikanische Diskussion zeigt.[3]

Auch wenn die *emotionale Qualität* der Paarbeziehung im Hinblick auf ihren Bestand eine enorme Rolle spielt, fehlt der Familienforschung eine Soziologie der Liebe oder der Emotionen. Die Themen „Liebe, Erotik, Sexualität" sind nach wie vor unterbelichtet. Mitte der 1990er Jahre gab es Bemühungen, eine „Soziologie der Liebe" auf den Weg zu bringen (Hahn/Burkart 1998; auch Lenz 2006). Abgesehen von einzelnen Arbeiten (Maier et al. 1996; Koppetsch 2001) hat diese Binnenstruktur von Paarbeziehungen keinen weit reichenden Eingang in die familiensoziologische Forschung gefunden. In einer aktuellen Studie werden Fragestellungen der Familiensoziologie und der Sexualforschung zu den Veränderungen des Beziehungsverhaltens verbunden („Beziehungsbiographien im Wandel", Schmidt et al. 2006). Ansonsten bewegen sich die Aussagen zu Liebe in Paarbeziehungen auf allgemeiner, modernisierungstheoretischer Ebene: Zentral für die moderne Beziehungsgestaltung ist die persönliche Befriedigung der Partner (Schneider 2002). Nach Anthony Giddens (1993) hat sich ein Wandel von der romantischen Liebe hin zur partnerschaftlichen Liebe vollzogen. Intim-expressive – nach Anthony Giddens „reine" – Beziehungen basieren heute auf leidenschaftlicher Liebe. Die leidenschaftliche Liebe ist – im Unterschied zur romantischen Liebe der Vergangenheit, die auf eine lebenslange Verbindung ausgerichtet war – vergänglich. „Reine" Beziehungen werden nur um ihrer selbst Willen eingegangen und aufrechterhalten. Ihr Hauptzweck ist die emotionale Befriedigung der Partner. Wird dieser Zweck nicht mehr hinreichend erfüllt, wird die Beziehung beendet. Die zentrale Bedeutung der Emotionen in der Partnerschaft und Ehe begünstigen gleichzeitig die Bereitschaft zur Auflösung, denn Enttäuschungen über den Partner können nicht durch andere Funktionen kompensiert werden. Dadurch, dass die Befriedigung eigener Bedürfnisse in den Mittelpunkt von Partnerschaften gerückt ist, wird die Beziehungsgestaltung erschwert, werden Ansprüche nach oben geschraubt. Der Austausch über die Ansprüche und Erwartungen ist eine neue Anforderung im Verhandlungshaushalt. Verhandeln ist als kommunikativ-reflexiver Prozess zu sehen, der sich auf die eigenen Bedürfnisse und Emotionen bezieht. Hier können Ansprüche geäußert und legitimiert werden, auch als „Versprachlichung von Emotionen" (Gerhards 1988) bezeichnet. Interaktionsstile und Konfliktverhalten in Paarbeziehungen werden erst neuerdings untersucht (Kaufmann 1999; Hill 2005; Wagner/Weiß 2005).

Die Bedeutung der Kommunikation hat für die Beziehungsqualität enorm gewonnen, das zeigt sich in den Studien zu den Scheidungsursachen (Bo-

---

3 Vgl. die bei Lenz erläuterten Aspekte und die entsprechenden Autoren (2003a: 100 ff.).

denmann et al. 2002; i.d.B.). In der deutschen familiensoziologischen Forschung überwiegt hinsichtlich der *Auflösung von Paarbeziehungen* die Erforschung sozialstruktureller Variablen. Datenbasis bilden sieben große sozialwissenschaftliche Forschungsprojekte: die Mannheimer Scheidungsstudie, das Sozioökonomische Panel (SOEP), der Familiensurvey, die Lebensverlaufsstudie, der Family and Fertility Survey (FFS) für Deutschland, die Allgemeine Bevölkerungsumfrage der Sozialwissenschaften (Allbus) und die Kölner Gymnasiastenstudie (Wagner/Weiß 2003). Michael Wagner und Bernd Weiß (2003) zeigen in ihrer Meta-Analyse der deutschen Scheidungsforschung für den Zeitraum von 1987 bis 2001 die zentralen Variablen der zuvor genannten Studien auf. So wurden Indikatoren folgender Variablenbereiche untersucht: Informationsniveau über den Partner vor der Heirat (z.B. Kohabitation/-sdauer), Suchkosten bzw. Aufwand der Partnersuche (z.B. Heiratsalter), Investitionen in die Ehe (z.B. Kinder, Wohneigentum), externe Barrieren (z.B. Religionszugehörigkeit), Arbeitsteilung in der Ehe (Erwerbstätigkeit der Partner), sozialer Kontext (z.B. Heiratsjahr, Wohnort), Homogamie (Bildung, Alter, Religion), soziale und personale Ressourcen (Bildung), Transmission des Ehescheidungsrisikos und Eheerfahrung. Ein hohes Scheidungsrisiko haben demnach Konfessionslose, Städter, Kinderlose und Frühehen. Stabilisierend wirken sich Kinder und Hauseigentum aus (z.B. Hartmann 2003). Als Fazit lässt sich festhalten, dass die sozialstrukturellen Faktoren in erster Linie die Scheidungsbarrieren und die Chancen zur Wiederheirat, dagegen weniger die innere Stabilisierung der Ehen regulieren. Sozialstrukturelle Faktoren sind somit als nicht ausreichend zur Aufdeckung von Scheidungsursachen zu werten. Erklärt werden Ehescheidungen hier vorrangig anhand von handlungstheoretischen Theorien – der Austauschtheorie und der mikroökonomischen Theorie. In austauschtheoretischer Perspektive ist die eheliche Stabilität das Ergebnis eines Balanceaktes zwischen den Attraktionen der Ehepartner, den Scheidungsbarrieren und den Attraktionen von Alternativen (Levinger 1976; Nye 1979). Nach Hartmut Esser (2002) hat das Framing zu Beginn der Ehe einen entscheidenden Einfluss auf den weiteren Beziehungsverlauf und auf das Scheidungsrisiko: Wenn zu Ehebeginn ein gedankliches Modell „gute Ehe" besteht und im Eheverlauf seine bindende Kraft nicht verliert, ist das Scheidungsrisiko gering.

Einen anderen Zugang zur Auflösung von Paarbeziehungen haben kleinere Studien gewählt, deren Schwerpunkt auf den retrospektiv erhobenen subjektiven Trennungs- und Scheidungsgründen liegt (Nave-Herz et al. 1990; Schneider 1990). Die Gründe wurden sowohl mit standardisierten Fragebögen als auch mit offenen Interviews erhoben. Unter modernisierungstheoretischen Annahmen werden die Ursachen von Ehescheidungen als Folge des gesellschaftlichen Wandels interpretiert. Die zunehmende Zahl der Ehescheidungen lässt sich demnach im Wesentlichen auf den Wertewandel, den Funktionswandel der Ehe und die Veränderungen in der Rolle der Frau zurückführen. So ist die Abnahme von Pflicht- und Akzeptanzwerten, d.h. die

Identifizierung mit Tugenden, die auch ein Zurückstellen der eigenen Lebensinteressen im Falle der Nichterfüllung nahe legen, zugunsten der Zunahme von Selbstentfaltungswerten, d. h. die Betonung der Autonomie, Gleichbehandlung und Selbstverwirklichung, im Hinblick auf die Ehestabilität von zentraler Bedeutung. Der Verpflichtungs- und Verbindlichkeitscharakter der Ehe lässt nach. Im Zentrum stehen dagegen die individuellen Glückserwartungen. Hinzu kommt, dass Männer und Frauen unterschiedliche Erwartungen an die Ehe und an die Qualität einer guten Beziehung haben. Während Männer die instrumentelle Seite von Liebe und Ehe, ihre Versorgung im Alltag, die sexuelle Zufriedenheit und das „Spaß haben" betonen, legen Frauen – neben der wachsenden Betonung ihrer Selbständigkeit – mehr Wert auf Gefühle, innere Nähe und gegenseitiges Verständnis (Peuckert 2005).

Die deutsche familiensoziologische Scheidungsforschung hat sich auf die Ursachen der Instabilität konzentriert. Erst später geriet die Frage „Was hält Ehen zusammen?" in den Blickpunkt (BMFSFJ 1991; Wagner 1997). Scheidungsfolgen wurden so gut wie gar nicht untersucht. Dieses Thema ist vor allem in der amerikanischen Forschung verankert (Wallerstein et al. 2002; Hetherington/Kelly 2002) und wurde der deutschen Familienpsychologie überlassen (z. B. Walper/Schwarz 1999). Trennungen von nichtehelichen Paaren sind lediglich von Norbert F. Schneider (1990) und in der Bamberger Längsschnittstudie (Vaskovics et al. 1997) thematisiert worden. Dies ist erstaunlich, denn es wird immer wieder auf das höhere Trennungsrisiko im Vergleich zu Ehepaaren hingewiesen (Kaufmann 1988; Nave-Herz et al. 1996). Insgesamt gesehen hat die Familiensoziologie die „Bindungsforschung" mit ihren verschiedenen Facetten in den letzten Jahren an die Familienpsychologie sozusagen abgetreten (vgl. die Übersicht bei Bodenmann 2006; Gahleitner i. d. B.).

Zur Bindungsforschung gehören auch die *Übergänge* wie die Gründung einer nichtehelichen Lebensgemeinschaft, die Eheschließung und die Familiengründung. Zunächst ist festzuhalten, dass der Prozess der *Institutionalisierung von Paarbeziehungen* weitgehend unbekannt ist. Welche kleinen und großen Übergänge im Entwicklungsprozess bis zur Eheschließung von Bedeutung sind, wurde theoretisch wie empirisch kaum thematisiert. Theoretische Erklärungen lassen sich aus individualisierungs- und handlungstheoretischer Perspektive ableiten. Während aus individualisierungstheoretischer Perspektive auf gewachsene individuelle Entscheidungsspielräume und auf vermehrte Optionen verwiesen wird, deren Folge entscheidungsoffenere Statuspassagen sind, die in ihrer Aufeinanderfolge teilweise frei kombinierbar und leichter revidierbar sind (Beck/Beck-Gernsheim 1990; auch Tyrell 1988; Nave-Herz et al. 1996); lässt sich aus handlungstheoretischer Perspektive der Phasenablauf modellieren, indem angenommen wird, dass Individuen die Lebensform wählen bzw. sich für die Statuspassage entscheiden, die für sie, in ihrer momentanen Lebenssituation, den größten Nutzen stiftet (Becker 1981; Hill/Kopp 1999). Hartmut Esser integriert wesentliche Teile der diversen Handlungstheorien und Verhaltensmodelle in einem Konzept, dem „Modell der Frame-Selektion", und bezieht im Hinblick auf die Entstehung von Lebensformen neben rationalen Kalkülen auch die Modi der individuellen Informationsverarbeitung[4], normative Vorgaben und gesellschaftliche Bedingungen ein (2002; auch Huinink 1999).

In der Tradition des Forschungsbereichs der „personal relationships" hat Karl Lenz (2006, 2003 a) aus mikrosoziologischer Perspektive einen Ansatz zur Wirklichkeitskonstruktion und zur Prozesshaftigkeit von Zweierbeziehungen in der Tradition der Arbeiten von Georg Simmel, Alfred Schütz und Erving Goffman vorgelegt, in dem er, ausgehend von der Subjekt- und von der Beziehungsebene, nach „Regelstrukturen" im Beziehungsalltag und damit auch in der Paardynamik fragt.

Inhaltlich zu ergänzen sind diese Überlegungen um zwei weitere Aspekte, den austausch- und den investmenttheoretischen. Die Beziehungsentwicklung erfolgt im Zusammenhang mit Investitionen der Partner in die Paarbeziehung selbst. Investitionen erstrecken sich dabei auf materielle Güter, emotionales Engagement, auf Verhaltensanpassungen und auf die Produktion gemeinsamer Güter, zu denen auch Kinder zu rechnen sind (Hill/Kopp 2001). Aus austauschtheoretischer Perspektive entwickeln und stabilisieren sich partnerschaftliche Beziehungen dann, wenn die Bilanz der wahrgenommenen Kosten und Belohnungen der Paarbeziehung, die mit Bezug auf die subjektiven Erwartungen erfolgt, positiv ausfällt (Kelley 1979; Nye 1982).

Im Hinblick auf die *Familiengründung* hat Anfang der 1990er Jahre die Ereignisanalyse für einen Aufschwung der empirischen Forschung gesorgt. Im Zentrum dieser Methode steht der Zusammenhang zwischen dem Timing von Ereignissen und den mutmaßlichen Bestimmungsgründen der Ankunftszeiten. Die Bedeutung von Bildung und Erwerbstätigkeit für die Familiengründung und -erweiterung lässt sich damit ebenso wie der Auszug aus dem Elternhaus, der Übergang zur Ehe und die Bestimmungsgründe des Ehescheidungsrisikos analysieren (Diekmann/Weick 1993). Die Forschung zur Familienentwicklung wird von quantitativ mikroanalytischer Herangehensweise beherrscht, motivationale und andere psychosoziale Faktoren werden selten berücksichtigt (Huinink 2006). Johannes Huinink führt die noch ausstehende systematische Erforschung des Kinderwunsches auf drei Gründe zurück: 1. Die Theoriebildung zur soziologischen Familienentwicklungsforschung ist auf strukturelle Erklärungsfaktoren ausgerichtet. 2. Die subjektiven Prozesse sind schwer zu modellieren. 3. Die momentane Datenlage erlaubt die Modellierung der subjektiven Prozesse nicht. Bislang können adäquate Ansätze und Daten nur wenigen Studien entnommen werden (Huinink 2006).[5] Die Folgen des Übergangs zur Elternschaft werden vor al-

---

4 Dazu gehören die der Handlungssituation beigemessene subjektive Bedeutsamkeit, das Involvement und das Ergebnis der Abschätzung der Handlungsfolgen.
5 Vgl. die bei Huinink genannten Studien (2006: 233 f.).

lem aus psychologischer Perspektive analysiert (Gloger-Tippelt 1988; Reichle/Werneck 1999; Schneider/Matthias-Bleck 2002). Aus soziologischer Perspektive können auf der Basis der Studie „Optionen der Lebensgestaltung junger Ehen und Kinderwunsch" die differentiellen Folgen für Frauen und Männer durch die Geburt von Kindern nachgewiesen werden (Rost/Schneider 1995; Schneewind et al. 1996).

2. Generationenbeziehungen

Die deutschsprachige Familiensoziologie hatte lange Zeit im Hinblick auf die Eltern-Kind-Beziehung folgende thematische Schwerpunkte: Die Autoritätsstruktur, die emotionale Qualität sowie Erziehungsstile und -ziele. Erst in den letzten Jahren hat sich die Beziehung zwischen den erwachsenen Kindern und ihren Eltern als Forschungsbereich heraus differenziert (Burkart 2006; Huinink 2006). Im Sprachgebrauch hat sich durchgesetzt von der „Eltern-Kind-Beziehung" zu sprechen, wenn das Verhältnis von Eltern zu ihren heranwachsenden Kindern gemeint ist, und den Begriff „Generationenbeziehung" zu verwenden, wenn vom Verhältnis von Eltern zu ihren erwachsenen Kindern gesprochen wird, obwohl „Generationenbeziehung" beides bedeutet (Lüscher 1993).

In der Nachkriegszeit stand – wie bereits erwähnt – die Binnenstruktur der Familie im Zentrum der familiensoziologischen Untersuchungen. Übereinstimmendes Ergebnis der wesentlichen Studien ist, dass sich die patriarchalische Familienstruktur aufzulösen beginnt und ein „Übergang von der Elternbestimmtheit der Kinder zur Kindbezogenheit der Eltern" (Wurzbacher 1961: 84 f.) erfolgt. Schon damals änderte sich der Erziehungsstil zu einem partnerschaftlichen Beziehungsverhältnis zwischen Eltern und Kind. Diese Entwicklung wird zu einem zentralen Kennzeichen der modernen Eltern-Kind-Beziehung. Durch die Emanzipation des Kindes fand ein Wandel vom Erziehungs- zum Beziehungsverhältnis bzw. vom *Befehls- zum Verhandlungshaushalt* statt (Bois-Reymond et al. 1994; Büchner et al. 1996). Als Ursache dieser Entwicklung wird – ähnlich wie bei der Paarbeziehung – die Emotionalisierung der Beziehung gesehen. Grundlage vieler Eltern-Kind-Beziehungen ist eine hoch emotionalisierte, partnerschaftlich-egalitäre Beziehung mit veränderten Erziehungszielen und Erziehungsstilen. Selbständigkeit und Selbstverantwortung haben Gehorsam und Pflichtbewusstsein als Erziehungsziele abgelöst. Autoritatives, d.h. offenes, am Leben der Kinder interessiertes Erziehungsverhalten, bei dem auch Regeln aufgestellt und kontrolliert werden, hat die autoritäre Erziehung abgelöst, zumindest normativ. Empirisch dominiert weiterhin autoritär-kontrollierendes, gleichgültiges, vernachlässigendes oder inkonsistentes Erziehungsverhalten (Peuckert 2005). Der Erziehungsstil ist durch das soziale Herkunftsmilieu der Familie geprägt (Büchner et al. 1996), das zeigte sich auch im interkulturellen Vergleich (Bois-Reymond et al. 1994). Die Form des Befehlshaushaltes, als der Haushaltsform, in welcher die elterliche Kontrolle dominiert, ist zumeist in den sozial schwachen Milieus der Gesellschaft zu finden. Die finanziellen Mittel der Eltern sind begrenzt, wie auch die Partizipation der Familie am gesellschaftlichen Leben. Diese Faktoren begünstigen ein angespanntes Eltern-Kind-Verhältnis und innerfamiliäre Konflikte sind keine Seltenheit. Es ist anzunehmen, dass die schlechte Situation der Familie den Eltern bewusst ist und dies nicht selten dazu führt, die Frustration über die Situation auf die Kinder zu projizieren. Die Kinder sind hohen Ansprüchen ausgesetzt, werden bei Regelübertritten sanktioniert. Sie erfahren die Eltern als nicht einfühlsam. Emotionalität innerhalb der Familie spielt eine untergeordnete Rolle, die Eltern begegnen ihren Kindern selten auf gefühlvolle Art. Anders ist es im Verhandlungshaushalt, in welchem die Eltern ihren Kindern mit Gefühlen begegnen und versuchen ihren Kindern die Unterstützung zu gewährleisten, welche diese für die Entwicklung eines positiven Selbstbildes benötigen. Es wird zum Ziel, das Kind zu einer eigenständigen Persönlichkeit zu erziehen, wobei Konflikte beziehungsweise das gesamte Eltern-Kind-Verhältnis darauf ausgerichtet sind, dass ein ständiger situativ begründeter Prozess des Aushandelns stattfindet. Der Verhandlungshaushalt ist eher in den oberen und mittleren Sozialmilieus zu finden. Begründen lässt sich diese Vermutung zum Beispiel dadurch, dass in diesen Milieus die finanzielle Lage der Familie gesichert ist und diese nicht zu Problemen zwischen Eltern und Kindern führt (Peuckert 2005). Insgesamt wird deutlich, dass die Elternrolle für die moderne gebildete Mittelschicht – besonders für die Mutter – immer anspruchsvoller, umfangreicher, widersprüchlicher und konfliktreicher wird (Schneider/Matthias-Bleck 2002).

Einen breiten Raum hinsichtlich der Erforschung der Eltern-Kind-Beziehung nahm in den 1970er Jahren die (schichtenspezifische) Sozialisationsforschung ein, bei der die Eltern im Mittelpunkt des Interesses standen. Die Bedeutung der Eltern wurde hinsichtlich der Persönlichkeitsentwicklung des Kindes, der innerfamilialen Interaktion und der sozialen Platzierung untersucht. Stand zunächst insbesondere die emotionale Qualität der frühen Mutter-Kind-Beziehung im Vordergrund, wurde in der 1980er Jahren die Aufmerksamkeit auch auf den Vater, die Geschwister, die Großeltern und andere Bezugspersonen als bedeutsame Sozialisationsinstanzen gelenkt (Schütze 2002: 75).

Die zentrale Stellung des Kindes führte in den späten 1970er und 1980er Jahren zu einem neuen Thema hinsichtlich seiner Persönlichkeitsentwicklung: Das Kind erhält einen „psychischen Nutzen". Der Nutzen von Kindern wird im Rahmen der Value-of-Children-Forschung thematisiert, die zur Erklärung des generativen Verhaltens und von Generationenbeziehungen an Bedeutung gewann (Nauck 2001). Kinder bekommen einen Wert zugeschrieben, der „primär mit Lebenserfüllung, mit Sinnstiftung, mit persönlichen Glückserwartungen, auch mit der symbolischen, Verlängerung der eigenen Existenz' verbunden wird" (Münz 1983: 241). Erklärt werden kann damit u.a. die Norm der „Zwei-Kind-Familie". Aufgrund der Emotionalisierung der Eltern-Kind-Beziehung sind die sozial-emotionalen Befriedigungen, die Kinder bieten, bereits mit einem oder zwei Kindern voll ausgeschöpft. Da das Kind immer stärker in den Mittelpunkt des Familiengeschehens rückt, besteht die Tendenz zur „Minderung des Eigenwertes der Paarbeziehung" (Schütze 2002: 77 f.).

Ein weiteres Thema in dieser Zeit ist die *Familialisierung des Vaters* (Schütze 2002: 77). Er wird vom Ernährer zum Erzieher. Die „neuen Väter" werden heute bei der Geburtsvorbereitung einbezogen und sind bei der Geburt dabei, sie beteiligen sich mehr an der Pflege und Erziehung ihrer Kinder. Dies ist Folge ein neues Selbstverständnisses, das expressives Verhalten gegenüber den Kindern einschließt (zusammenfassend: Nave-Herz 2007: 54 ff.). Auch wenn die traditionelle Vaterrolle von den „neuen Vätern" abgelehnt wird und tradierte Männlichkeitsvorstellungen in Frage gestellt werden, bedeutet das nicht gleichzeitig, dass sich dies auch im Verhalten der Väter zeigt. Hauptverantwortlich für die Familienarbeit bleibt nach wie vor die Mutter. Insgesamt ist festzustellen, dass ein Entdifferenzierungsprozess auf der affektiven Beziehungsebene zwischen Vater und (Klein-)Kind eingesetzt hat, von einem Rollenwandel kann dennoch nicht gesprochen werden. Neu ist jedoch, dass Väter die Ungleichverteilung der Familienarbeit begründen (Peuckert 2005: 286; Nave-Herz 2007: 59).

Die zwei großen Themen der 1990er Jahre sind das Kind als „Akteur in eigener Sache" und die *differenziellen Lebensverhältnisse von Kindern* (Schütze 2002: 83). Während sich in der vorhergehenden Forschung das Interesse auf die Eltern konzentrierte, verlagerte es sich nur auf das Kind. Mit dem Kindersurvey (Zinnecker/Silbereisen 1996) wird die Sozialberichterstattung über Kinder und Kindheit dominierendes Forschungsfeld. Methodisch werden die Perspektiven von Kindern und Eltern sowie die soziale Umwelt der Kinder (Freunde, Mitschüler, Verwandte) einbezogen. Mit differenziellen Lebensverhältnissen sind nicht nur Unterschiede nach sozialen Milieus gemeint, sondern auch die Beziehung zwischen Eltern und Kindern in verschiedenen Familienformen. Insbesondere die Eltern-Kind-Beziehung nach einer Scheidung wird angesichts der steigenden Ehescheidungszahlen zu einem wichtigen Forschungsfeld (z. B. Napp-Peters 1995). Problematische Eltern-Kind-Beziehungen im Sinne von Vernachlässigung, Misshandlung und sexueller Missbrauch werden in gesonderten Untersuchungen thematisiert (Lamnek/Ottermann 2004).

Nach dem Boom der Sozialisationsforschung in den 1970er Jahren verschwand dieses Forschungsfeld – mit wenigen Ausnahmen – aus der Familiensoziologie (Schmidt 2002). Sozialisationsthemen werden seitdem von der Entwicklungspsychologie, der Sozialpsychologie und der pädagogisch orientierten Sozialisationsforschung bearbeitet (Burkart 2006). Während soziologische Sozialisationstheorien den Fokus auf Vermittlungsprozesse und -instanzen legen, richtet sich der Fokus psychologischer Theorien auf die Aneignung und Zuschreibung von Handlungsperspektiven (Tillmann 2004; Grundmann 2006). In den 1990er Jahren hat sich eine soziologische Kindheitsforschung etabliert, deren Schwerpunkt allerdings auf der kindlichen Lebenswelt und nicht auf familialer Sozialisation liegt (z. B. Markef-ka/Nauck 1993; Behnken/Zinnecker 2001). Daneben hat sich die Jugend-forschung institutionalisiert. Ihr Schwerpunkt liegt in den letzten Jahren auf Themen wie „Gewalt und abweichendes Verhalten", „Jugend mit Migrati-onshintergrund", „Jugend, Gesundheit und Drogenkonsum" und „Jugend und Armut" (Griese/Mansel 2003; auch Markefka/Nave-Herz 1989).

Theoretisch wurde die Analyse der Eltern-Kind-Beziehungen lange vom Strukturfunktionalismus (Parsons) dominiert, vor allem die schichtspezifi-sche Sozialisationsforschung arbeitete mit diesem Ansatz (Schmidt 2002). Die neueren zentralen Studien vereinen verschiedene theoretische Perspek-tiven mit neuen Forschungsansätzen: Modernisierungstheorien, Zivilisati-onstheorien, kultursoziologische Ansätze sowie biographie- und lebensver-laufstheoretische Forschungsbezüge (Bois-Reymond et al. 1994; Büchner et al. 1996; Griese/Mansel 2003) und wählen auch einen interdisziplinären Zugang (Zinnecker/Silbereisen 1996). Dabei werden Fallstudien mit Sur-veydaten verbunden (Bois-Reymond et al. 1994; Büchner et al. 1996) bzw. Mehrebenenmodelle angewandt (Zinnecker/Silbereisen 1996).

Mit der Lebensverlaufsforschung erlangte auch die *familiale Generationen-beziehung* Anfang der 1980er Jahre einen neuen Stellenwert in der empiri-schen Forschung. Wurden Generationen vorher allgemeiner – eher als Zu-gehörige einer Altersgruppe – betrachtet, wandte sich die Aufmerksamkeit nun den Bezugspersonen in Familie, Schule, Beruf, Freizeit und Politik zu (Lüscher 1993). Schwerpunkte der Forschung, die in der Regel wiederum auf großen Datensätzen wie dem Sozioökonomischen Panel und dem Al-terssurvey basiert, lagen auf der Praxis der sozialen Interaktion zwischen den Angehörigen der verschiedenen Generationen in der Familie. Diese er-streckten sich auf intergenerationale Tauschbeziehungen (ökonomische und zeitliche Ressourcen), auf räumliche Nähe und Kontakthäufigkeit sowie auf Vererbung und Vermögenstransfers. Als zentrale Kennzeichen der familia-len Generationenbeziehungen lassen sich folgende benennen: Die Generati-onenbeziehungen erweisen sich im Lebensverlauf als eine Verbindung zwi-schen Reziprozität und Solidarität. Es handelt sich um ein diachron ausba-lanciertes dauerhaftes Tauschverhältnis, das durch den Wechsel der Abhän-gigkeit von Eltern und Kindern im Lebensverlauf gekennzeichnet ist. Gene-rationen wohnen heute nicht mehr unbedingt in einem Haushalt zusammen, deshalb wird von der „multilokalen Mehrgenerationenfamilie" gesprochen (Bien 1994; Bertram 2000; Lauterbach 2004). Trotz der getrennten Haus-halte bestehen enge emotionale Beziehungen, häufige soziale Kontakte und rege Transferbeziehungen ökonomischer und dienstleistungsbezogener Art bis zum Tod der Eltern. Diese „Intimität auf Abstand" (Rosenmayr/Köckeis 1961) oder „innere Nähe durch Distanz" (Tartler 1961) gewinnt für moder-ne Generationenbeziehungen an Bedeutung. Nur etwa ein Zehntel aller Kind-Eltern-Verhältnisse sind nach den Ergebnissen des Alterssurveys als weitgehend abgebrochen und „entfremdet" zu charakterisieren, die große Mehrzahl ist eng und unterstützend (Szydlik 2000). Die meisten erwachsenen Kinder wohnen in der Nähe der Eltern (Kohli/ Künemund 2005). Dies vielleicht auch, weil die Großeltern eine wichtige Funktion im Rahmen der Enkelbetreuung haben. In der feministischen Forschung ist die besondere Rolle der Frauen bei der Gestaltung der Generationenbeziehungen herausgearbeitet worden. Demnach ist Solidarität weiblich (Walter 1993), denn die Betreuung und Pflege alter Eltern sowie die Kontaktpflege wird von Töchtern und Schwiegertöchtern übernommen (Schütze 1993; Krüger 1997).

Theoretisch fundierte Erklärungen der familialen Generationenbeziehungen[6] kommen vor allem aus historischer, lebenslauftheoretischer, ambivalenztheoretischer und modernisierungstheoretischer Perspektive. Eine allgemeine Theorie der familialen Generationenbeziehungen existiert nicht (Szydlik 2000). Die historische und lebenslauftheoretische Perspektive ist in der amerikanischen Forschung verankert. Tamara K. Hareven (1995) verbindet diese beiden Sichtweisen. Darüber hinaus hat sich eine „Soziologie des Alter(n)s" etabliert (Backes 2000), die als Spezialisierung auf eine bestimmte Lebenslaufphase verstanden werden kann. Ein wichtiger Impuls ging vom Konzept der „intergenerationalen Solidarität" aus. Hier wird angenommen, dass die Interaktion, Kohäsion, Bindung und Unterstützung zwischen Eltern und Kindern, Großeltern und Kindern als jeweils langfristige Beziehung besteht und sich in unterschiedlichen Solidaritätsdimensionen messen lässt (Bengtson 2001). Deutsche soziologische Surveyforschungen sind in Anlehnung an dieses Konzept entstanden, auch wenn da bei eine Konzentration des Austauschs – wie bereits erwähnt – von ökonomischen, zeitlichen Ressourcen, die räumliche Nähe und Kontakthäufigkeit erfolgte (Lauterbach 1995; Kohli/Szydlik 2000; Szydlik 2000; Kohli/Kühnemund 2005). Darüber hinaus sind die Themen Vererbung und Vermögenstransfers ausgebaut worden (Szydlik 1999; Lettke 2003). Wolfgang Walter diskutierte die Frage nach der Logik von Generationenbeziehungen: Folgen sie einem rationalen Kosten-Nutzen-Kalkül in einem Tauschprozess oder werden sie durch Normen und Verpflichtungen geleitet, die sich in der Bindungsgeschichte von Eltern und Kindern etablieren (1993)? Zentrales Ergebnis seiner Überlegungen ist, dass Generationenbeziehungen durch moralische Ansprüche und Erwartungen geprägt sind, deren Erfüllung unterschiedliche Ausgestaltung erfährt, die auch von der Lebenslage und der räumlichen Nähe abhängig sind. Überhaupt steht die familiale Solidarität im Mittelpunkt der Surveyforschung. Dabei wird zwischen funktionaler (finanzielle Unterstützung), affektiver (Beziehungsenge) und assoziativer Solidarität (Kontakte) unterschieden. Auf der Grundlage dieser Solidaritätsdimensionen wurde eine Beziehungstypologie entwickelt, die die enge und unterstützende Verbindung der erwachsenen Kinder zu ihren Eltern verdeutlicht (Szydlik 2000). Das ambivalenztheoretische Konzept wurde von

---

6 Kurt Lüscher (1993) gibt einen Überblick über sozialwissenschaftliche Generationentheorien, Forschungsstrategien und -themen.

Kurt Lüscher (2000) als Reaktion auf das Solidaritätskonzept in die Diskussion eingebracht. Demnach sind Generationsbeziehungen „genuin ambivalente Beziehungen", d. h. die Beziehungen zwischen Eltern und Kindern sind geprägt durch den polaren Gegensatz von Autonomie und Dependenz. Damit wird betont, dass familiale Generationenbeziehungen nicht nur harmonisch sind, sondern auch von Widersprüchen gekennzeichnet sind. Ein anderer Zugang wird in der feministischen Forschung nicht nur theoretisch, sondern auch methodisch verfolgt, indem quantitative und qualitative Verfahren verbunden werden. Aus modernisierungstheoretischer Sicht wird auf den Wandel der Geschlechterrollen und deren Folgen für die Generationenbeziehungen eingegangen und damit die Einbettung der familialen Beziehungen in den gesellschaftlichen Kontext betont (z. B. Krüger 1997).

Literatur

Backes, Gertrud M. (2000) (Hg.): Soziologie und Alter(n). Neue Konzepte für Forschung und Theorieentwicklung. Opladen: Leske + Budrich

Baumert, Gerhard (1954): Deutsche Familien nach dem Kriege. Darmstadt: Roether

Beck, Ulrich/Beck-Gernsheim, Elisabeth (1990): Das ganz normale Chaos der Liebe. Frankfurt a.M.: Suhrkamp

Becker, Gary S. (1981): A treatise on the family. Cambrigde: Harvard University Press

Becker-Schmidt, Regina (1991): Individuum, Klasse und Geschlecht aus der Perspektive der Kritischen Theorie. In: Zapf, Wolfgang (Hg.): Die Modernisierung moderner Gesellschaften. Verhandlungen des 25. Soziologentages in Frankfurt a.M., New York: 383-394

Behnken, Imbke/Zinnecker, Jürgen (2001) (Hg.): Kinder, Kindheit, Lebensgeschichte. Ein Handbuch. Seelze-Velber: Kallmeyer

Bengtson, Vern L. (2001): Beyond the nuclear family: The increasing importance of multigenerational bonds. In: Journal of Marriage and Family 63: 1-16

Bertram, Hans (2000): Die verborgenen familiären Beziehungen in Deutschland: Die multilokale Mehrgenerationenfamilie. In: Kohli, Martin/Szydlik, Marc (Hg.): Generationen in Familie und Gesellschaft. Opladen: 97-121

Bertram, Hans (2002): Intimität, Ehe, Familie und private Beziehungen. In: Soziale Welt 53: 415-421

Bien, Walter (1994) (Hg.): Eigeninteresse oder Solidarität? Beziehungen in Mehrgenerationenfamilien. Opladen: Leske + Budrich

Blood, Robert O./Wolfe, Donald M. (1960): Husbands and wives. New York: Free Press

(BMFSFJ) Bundesministerium für Familie, Senioren, Frauen und Jugend (1991): Prävention von Trennung und Scheidung – Internationale Ansätze zur Prädiktion und Prävention von Beziehungsstörungen. Stuttgart: Kohlhammer (Schriftenreihe des BMFSFJ, Bd. 151)

Bodenmann, Guy (2006): Positionsbestimmung in der Paar- und Familienpsychologie. In: Zeitschrift für Familienforschung 18: 148-170

Bodenmann, Guy/Bradbury, Thomas/Madarasz, Sabine (2002): Scheidungsursachen und -verlauf aus der Sicht der Geschiedenen. In: Zeitschrift für Familienforschung 14: 5-20

Bois-Reymond, Manuela du/Büchner, Peter/Krüger, Heinz-Hermann/Ecarius, Jutta/ Fuhs, Burkhard (1994): Kinderleben. Modernisierung von Kindheit im interkulturellen Vergleich. Opladen: Leske + Budrich

Büchner, Peter/Fuhs, Burkhard/Krüger, Heinz-Hermann (1996) (Hg.): Vom Teddybär zum ersten Kuss. Wege aus der Kindheit in Ost- und Westdeutschland. Opladen: Leske + Budrich

Burgess, Ernest W./Locke, Harvey J. (1945): The family – from institution to companionship. New York: American Book Co.

Burkart, Günter (2002): Stufen der Privatheit und die diskursive Ordnung der Familie. In: Soziale Welt 53: 397-413

Burkart, Günter (2006): Positionen und Perspektiven. Zum Stand der Theoriebildung in der Familiensoziologie. In: Zeitschrift für Familienforschung 18: 175-205

Diekmann, Andreas/Weick, Stefan (1993) (Hg.): Der Familienzyklus als sozialer Prozeß. Bevölkerungssoziologische Untersuchungen mit den Methoden der Ereignisanalyse. Berlin: Duncker & Humblot

Eckert, Ronald/Hahn, Alois/Wolf, Marianne (1989): Die ersten Jahre junger Ehen. Verständigung durch Illusionen? Frankfurt a.M.: Campus

Esser, Hartmut (2002): In guten wie in schlechten Tagen? Das Framing der Ehe und das Risiko zur Scheidung. Eine Anwendung und ein Test des Modells der Frame-Selektion. In: Kölner Zeitschrift für Soziologie und Sozialpsychologie 54: 27-63

Feldhaus, Michael/Huinink, Johannes (2005): Längsschnittliche Beziehungs- und Familienforschung. Darstellung eines Forschungsprogramms. In: Busch, Friedrich W./Nave-Herz, Rosemarie (Hg.): Familie und Gesellschaft. Beiträge zur Familienforschung. Oldenburg: 187-205

Gerhards, Jürgen (1988): Soziologie der Emotionen. Fragestellungen, Systematik und Perspektiven. Weinheim, München: Juventa

Giddens, Anthony (1993): Wandel der Intimität. Sexualität, Liebe und Erotik in modernen Gesellschaften. Frankfurt a.M.: Fischer

Gloger-Tippelt, Gabriele (1988): Schwangerschaft und erste Geburt. Psychologische Veränderungen der Eltern. Stuttgart: Kohlhammer

Griese, Hartmut M./Mansel, Jürgen (2003): Sozialwissenschaftliche Jugendforschung. Jugend, Jugendforschung und Jugenddiskurse: Ein Problemaufriss. In: Orth, Barbara/Schwietring, Thomas/Weiß, Johannes (Hg.): Soziologische Forschung: Stand und Perspektiven. Opladen: 169-194

Grundmann, Matthias (2006): Sozialisation. Skizze einer allgemeinen Theorie. Konstanz: Universitätsverlag

Hahn, Kornelia/Burkart, Günter (Hg.) (1998): Liebe am Ende des 20. Jahrhunderts. Studien zur Soziologie intimer Beziehungen. Opladen: Leske + Budrich

Hareven, Tamara K. (1995): Historical perspectives on the family and aging. In: Blieszner, Rosemary/Hilkevitch Bedford, Victoria (Hg.): Handbook of aging and the family. Westport, London: 13-31

Hartmann, Josef (2003): Ehestabilität und soziale Einbettung. Würzburg: Ergon

Held, Thomas (1978): Soziologie der ehelichen Machtverhältnisse. Darmstadt: Luchterhand

Hetherington, E. Mavis/Kelly, John (2002): For better or for worse. Divorced reconsidered. New York, London: W. W. Norton & Company

Hill, Paul B. (2005) (Hg.): Interaktion und Kommunikation. Eine empirische Studie zu Alltagsinteraktionen, Konflikten und Zufriedenheit in Partnerschaften. Würzburg: Ergon

Hill, Paul B./Kopp, Johannes (1999): Nichteheliche Lebensgemeinschaften – theoretische Aspekte zur Wahl von Lebensformen. In: Klein, Thomas/Lauterbach, Wolfgang (Hg.): Nichteheliche Lebensgemeinschaften. Analysen zum Wandel partnerschaftlicher Lebensformen. Opladen: 11-35

Hill, Paul B./Kopp, Johannes (2001): Strukturelle Zwänge, partnerschaftliche Anpassung oder Liebe – einige Überlegungen zur Entstehung affektiver Bindungen. In: Klein, Thomas (Hg.): Partnerwahl und Heiratsmuster. Sozialstrukturelle Voraussetzungen der Liebe. Opladen: 11-33

Hochschild, Arlie Russell (1990): Das gekaufte Herz. Zur Kommerzialisierung der Gefühle. Frankfurt a.M.: Campus

Huinink, Johannes (1999): Die Entscheidung zur nichtehelichen Lebensgemeinschaft als Lebensform – Ein Vergleich zwischen Ost- und Westdeutschland. In: Klein, Thomas/Lauterbach, Wolfgang (Hg.): Nichteheliche Lebensgemeinschaften. Analysen zum Wandel partnerschaftlicher Lebensformen. Opladen: 113-138

Huinink, Johannes (2006): Zur Positionsbestimmung der empirischen Familiensoziologie. In: Zeitschrift für Familienforschung 18: 212-252

Huinink, Johannes J./Röhler, H. Karl Alexander (2005): Liebe und Arbeit in Paarbeziehungen. Zur Erklärung geschlechtstypischer Arbeitsteilung in nichtehelichen und ehelichen Lebensgemeinschaften. Würzburg: Ergon

Kaufmann, Franz-Xaver (1988): Familie und Modernität. In: Lüscher, Kurt/Schultheis, Franz/Wehrspaun, Michael (Hg.): Die „postmoderne" Familie. Familiale Strategien und Familienpolitik in einer Übergangszeit. Konstanz: 391-415

Kaufmann, Franz-Xaver (1995): Zukunft der Familie im vereinten Deutschland. Gesellschaftliche und politische Bedingungen. München: Beck

Kaufmann, Jean-Claude (1999): Schmutzige Wäsche. Zur ehelichen Konstruktion von Alltag. Konstanz: Universitätsverlag

Kelley, Harold H. (1979): Personal relationships. Their structures and processes. Hillsdale: Erlbaum

Kohli, Martin/Künemund, Harald (2005) (Hg.): Die zweite Lebenshälfte. Gesellschaftliche Lage und Partizipation im Spiegel des Alters-Surveys. 2. erw. Aufl., Wiesbaden: Verlag für Sozialwissenschaften

Kohli, Martin/Szydlik, Marc (2000): Generationen in Familie und Gesellschaft. Opladen: Leske + Budrich

Koppetsch, Cornelia (2001): Die Pflicht zur Liebe und das Geschenk der Partnerschaft: Paradoxien in der Praxis von Paarbeziehungen. In: Huinink, Johannes/Strohmeier, Klaus Peter/Wagner, Michael (Hg.): Solidarität in Partnerschaft und Familie. Zum Stand familiensoziologischer Theoriebildung. Würzburg: 219-239

Koppetsch, Cornelia/Burkart, Günter (1999): Die Illusion der Emanzipation. Zur Wirksamkeit latenter Geschlechtsnormen im Milieuvergleich. Konstanz: Universitätsverlag

Krüger, Helga (1997): Familie und Generationen. Der Gender Gap in den Paarbeziehungen. In: Mansel, Jürgen/Rosenthal, Gabriele/Tölke, Angelika (Hg.): Generationen-Beziehungen, Austausch und Tradierung. Opladen: 31-42

Lamnek, Siegfried/Ottermann, Ralf (2004): Tatort Familie. Häusliche Gewalt im gesellschaftlichen Kontext. Opladen: Leske + Budrich

Lauterbach, Wolfgang (1995): Die gemeinsame Lebenszeit von Familiengenerationen. In: Zeitschrift für Soziologie 24: 22-41

Lauterbach, Wolfgang (2003): Mythenjägerin, oder was sonst? Zur Biografie der Familiensoziologie in den letzten zwei Dekaden. In: Orth, Barbara/Schwietring,

Thomas/Weiß, Johannes (Hg.): Soziologische Forschung: Stand und Perspektiven. Opladen: 125-138

Lauterbach, Wolfgang (2004): Die multilokale Mehrgenerationenfamilie. Zum Wandel der Familienstruktur in der zweiten Lebenshälfte. Würzburg: Ergon

Lenz, Karl (1990): Institutionalisierungsprozesse in Zweierbeziehungen. In: Schweizerische Zeitschrift für Soziologie 16: 223-244

Lenz, Karl (2003 a) (Hg.): Frauen und Männer. Zur Geschlechtstypik persönlicher Beziehung. Weinheim, München: Juventa

Lenz, Karl (2003 b): Familie – Abschied von einem Begriff? In: Erwägen, Wissen, Ethik 14: 485-498

Lenz, Karl (2006): Soziologie der Zweierbeziehung. Eine Einführung. 3., aktual. u. überarb. Aufl., Wiesbaden: Verlag für Sozialwissenschaften

Lettke, Frank (2003) (Hg.): Erben und Vererben. Gestaltung und Regulation von Generationenbeziehungen. Konstanz: Universitätsverlag

Levinger, George (1976): A social psychological perspective on marital dissolution. In: Journal of Social Issues 32: 21-47

Ludwig-Mayerhofer, Wolfgang (2006): Geldverwaltung und -verteilung in Paarbeziehungen. In: Zeitschrift für Sozialreform 52: 467-491

Lüscher, Kurt (1993): Generationenbeziehungen – Neue Zugänge zu einem alten Thema. In: Lüscher, Kurt/Schultheis, Franz (Hg.): Generationenbeziehungen in „postmodernen" Gesellschaften. Analysen zum Verhältnis von Individuum, Familie, Staat und Gesellschaft. Konstanz: 17-47

Lüscher, Kurt (2000): Die Ambivalenz von Generationenbeziehungen. Eine allgemeine heuristische Hypothese. In: Kohli, Martin/Szydlik, Marc (Hg.): Generationen in Familie und Gesellschaft. Opladen: 138-161

Maier, Maja S. (2007): Paaridentitäten. Homosexuelle und heterosexuelle Paarbeziehungen im Vergleich. Weinheim, München: Juventa

Maier, Maja S./Koppetsch, Cornelia/Burkart, Günter (1996): Emotionen in Partnerbeziehungen. In: Zeitschrift für Frauenforschung 14: 129-148

Markefka, Manfred/Nauck, Bernhard (1993) (Hg.): Handbuch der Kindheitsforschung. Neuwied: Luchterhand

Markefka, Manfred/Nave-Herz, Rosemarie (1989) (Hg.): Handbuch der Familien- und Jugendforschung. Bd. II: Jugendforschung. Neuwied: Luchterhand

Matthias-Bleck, Heike (1997): Warum noch Ehe? Erklärungsversuche der kindorientierten Eheschließung. Bielefeld: Kleine

Matthias-Bleck, Heike (2002): Soziologie der Lebensformen und der privaten Lebensführung. In: Soziale Welt 53: 423- 436

Matthias-Bleck, Heike (2006): Jenseits der Institution? Lebensformen auf dem Weg in die Normalität. Würzburg: Ergon

Meyer, Sibylle/Schulze, Eva (1988): Nichteheliche Lebensgemeinschaften – Eine Möglichkeit zur Veränderung des Geschlechterverhältnisses? In: Kölner Zeitschrift für Soziologie und Sozialpsychologie 40: 337-356

Meyer, Thomas (1993): Vom Teilsystem Familie zum Teilsystem privater Lebensformen. In: Kölner Zeitschrift für Soziologie und Sozialpsychologie 45: 23-40

Napp-Peters, Anneke (1995): Familien nach der Scheidung. München: Kunstmann

Nauck, Bernhard (2001): Der Wert von Kindern für ihre Eltern. „Value of Children" als spezielle Handlungstheorie des generativen Verhaltens. In: Kölner Zeitschrift für Soziologie und Sozialpsychologie 53: 407-435

Nave-Herz, Rosemarie (1994): Familiensoziologie. In: Deutsche Forschungsgemeinschaft (Hg.): Sozialwissenschaftliche Frauenforschung in der Bundesrepublik Deutschland. Berlin: 98-109

Nave-Herz, Rosemarie (1996): Zeitgeschichtliche Differenzierungsprozesse privater Lebensformen am Beispiel des veränderten Verhältnisses von Ehe und Familie. In: Clausen, Lars (Hg.): Gesellschaften im Umbruch. Verhandlungen des 27. Kongresses der Deutschen Gesellschaft für Soziologie in Halle an der Saale 1995. Frankfurt a.M.: 60-77

Nave-Herz, Rosemarie (2007): Familie heute. Wandel der Familienstrukturen und Folgen für die Erziehung. 3. überarb. und ergänzte Aufl. Darmstadt: Primus

Nave-Herz, Rosemarie/Daum-Jaballah, Marita/Hauser, Sylvia/Matthias, Heike/Scheller, Gitta (1990): Scheidungsursachen im Wandel. Eine zeitgeschichtliche Analyse des Anstiegs der Ehescheidungen in der Bundesrepublik Deutschland. Bielefeld: Kleine

Nave-Herz, Rosemarie/Matthias-Bleck, Heike/Sander, Dirk (1996): Zeitgeschichtliche Veränderungen im Phasenablauf bis zur Eheschließung. Die heutige Bedeutung der Verlobung. In: Buba, Hans Peter/Schneider, Norbert F. (Hg.): Familie zwischen gesellschaftlicher Prägung und individuellem Design. Opladen: 231-244

Nye, Francis I. (1979): Choice, exchange and the family. In: Burr, Wesley R./Hill, Reuben (eds): Contemporary theories about the family, Vol. II: General theories, general orientations. New York: 1-41

Nye, Francis I. (1982): The basic theory. In: Nye, Francis I. (ed): Family relationships. Rewards and costs. Beverly Hills: 13-31

Peuckert, Rüdiger (2005): Familienformen im sozialen Wandel. 6. Aufl. Wiesbaden: Verlag für Sozialwissenschaften

Reichle, Barbara/Werneck, Harald (1999) (Hg.): Übergang zur Elternschaft. Aktuelle Studien zur Bewältigung eines unterschätzten Lebensereignisses. Stuttgart: Enke

Rosenmayr, Leopold/Köckeis, Eva (1961): Sozialbeziehungen im höheren Lebensalter. In: Soziale Welt 12: 214-229

Rost, Harald/Schneider, Norbert F. (1995): Differentielle Elternschaft – Auswirkungen der ersten Geburt auf Männer und Frauen. In: Nauck, Bernhard/Onnen-Isemann, Corinna (Hg.): Familie im Brennpunkt von Wissenschaft und Forschung. Neuwied: 177-194

Schelsky, Helmut (1953): Wandlungen der deutschen Familie in der Gegenwart. Stuttgart: Enke

Schmidt, Gunter/Matthiesen, Silja/Dekker, Arne/Starke, Kurt (2006): Spätmoderne Beziehungswelten. Report über Partnerschaften und Sexualität in drei Generationen. Wiesbaden: Verlag für Sozialwissenschaften

Schmidt, Uwe (2002): Deutsche Familiensoziologie. Entwicklung nach dem zweiten Weltkrieg. Wiesbaden: Westdeutscher Verlag

Schneewind, Klaus A./Vaskovics, Laszlo A./Gotzler, Petra/Hofmann, Barbara/Rost, Harald/Schlehlein, Bernhard/Sierwald, Wolfgang/Weiß, Joachim (1996): Optionen der Lebensgestaltung junger Ehen und Kinderwunsch. Stuttgart (Schriftenreihe des Bundesministeriums für Familie, Senioren, Frauen und Jugend, Bd. 128.1)

Schneider, Norbert F. (1990): Woran scheitern Partnerschaften? Subjektive Trennungsgründe und Belastungsfaktoren bei Ehepaaren und nichtehelichen Lebensgemeinschaften. In: Zeitschrift für Soziologie 19: 458-470

Schneider, Norbert F. (1996): Nichtkonventionelle Lebensformen – Zwischen Individualisierung und Institutionalisierung. In: Zeitschrift für Frauenforschung 14: 12-24

Schneider, Norbert F. (2002): Zur Lage und Zukunft der Familie in Deutschland. In: Gesellschaft – Wirtschaft – Politik 51: 511-544

Schneider, Norbert F./Rosenkranz, Doris/Limmer, Ruth (1998): Nichtkonventionelle Lebensformen. Entstehung, Entwicklung, Konsequenzen. Opladen: Leske + Budrich

Schneider, Norbert F./Matthias-Bleck, Heike (2002) (Hg.): Elternschaft heute. Gesellschaftliche Rahmenbedingungen und individuelle Gestaltungsaufgaben. Sonderheft 2 der Zeitschrift für Familienforschung. Opladen: Leske + Budrich

Schneider, Werner (2002): Von der familiensoziologischen Ordnung der Familie zu einer Soziologie des Privaten. In: Soziale Welt 53: 375-395

Schneider, Werner/Wimbauer, Christine/Hirseland, Andreas (2006): Das eigene Geld von Frauen – Individualisierung, Geschlechterungleichheit und die symbolische Bedeutung von Geld in Paarbeziehungen. In: Bertram, Hans/Krüger, Helga/Spieß, Katharina (Hg.): Wem gehört die Familie der Zukunft? Expertisen zum 7. Familienbericht der Bundesregierung. Opladen: 279-300

Schütze, Yvonne (1993): Generationenbeziehungen im Lebensverlauf – eine Sache der Frauen? In: Lüscher, Kurt/Schultheis, Franz (Hg.): Generationenbeziehungen in „postmodernen" Gesellschaften. Analysen zum Verhältnis von Individuum, Familie, Staat und Gesellschaft. Konstanz: 287-298

Schütze, Yvonne (2002): Zur Veränderung im Eltern-Kind-Verhältnis seit der Nachkriegszeit. In: Nave-Herz, Rosemarie (Hg.): Kontinuität und Wandel der Familie in der Bundesrepublik Deutschland. Eine zeitgeschichtliche Analyse. Stuttgart: 71-97

Szydlik, Marc (1999): Erben in der Bundesrepublik Deutschland: Zum Verhältnis von familialer Solidarität und sozialer Ungleichheit. In: Kölner Zeitschrift für Soziologie und Sozialpsychologie 51: 80-104

Szydlik, Marc (2000): Lebenslange Solidarität? Generationenbeziehungen zwischen erwachsenen Kindern und Eltern. Opladen: Leske + Budrich

Tartler, Rudolf (1961): Das Alter in der modernen Gesellschaft. Stuttgart: Enke

Tillmann, Klaus-Jürgen (2004): Sozialisationstheorien. Eine Einführung in den Zusammenhang von Gesellschaft, Institution und Subjektwerdung. 13. Aufl. Reinbek bei Hamburg: Rowohlt

Tyrell, Hartmann (1980): Altes und Neues von der Familie. In: Soziologische Revue 3: 11-21

Tyrell, Hartmann (1988): Ehe und Familie – Institutionalisierung und Deinstitutionalisierung. In: Lüscher, Kurt/Schultheis, Franz/Wehrspaun, Michael (Hg.): Die „Postmoderne" Familie. Familiale Strategien und Familienpolitik in einer Übergangszeit. Konstanz: 145-156

Vaskovics, Laszlo A. (1994) (Hg.): Soziologie familialer Lebenswelten. In: 3. Sonderheft der Soziologischen Revue

Vaskovics, Laszlo A./Rupp, Marina/Hofmann, Barbara (1997): Lebensverläufe in der Moderne I – Nichteheliche Lebensgemeinschaften. Opladen: Leske + Budrich

Wagner, Michael (1997): Scheidung in Ost- und Westdeutschland. Zum Verhältnis von Ehestabilität und Sozialstruktur seit den 30er Jahren. Frankfurt a.M.: Campus

Wagner, Michael/Weiß, Bernd (2003): Bilanz der deutschen Scheidungsforschung. Versuch einer Meta-Analyse. In: Zeitschrift für Soziologie 32: 29-49

Wagner, Michael/Weiß, Bernd (2005): Konflikte in Partnerschaften. Erste Befunde
der Kölner Befragung. In: Zeitschrift für Familienforschung 17: 217-250
Wallerstein, Judith S./Lewis, Julia M./Blakeslee, Sandra (2002): Die Kinder tragen
die Last. Eine Langzeitstudie über 25 Jahre. Münster: Votum
Walper, Sabine/Schwarz, Beate (Hg.) (1999): Was wird aus den Kindern? Chancen
und Risiken für die Entwicklung von Kindern aus Trennungs- und Stieffamilien.
Weinheim, München: Juventa
Walter, Wolfgang (1993): Unterstützungsnetzwerke und Generationenbeziehungen
im Wohlfahrtsstaat. In: Lüscher, Kurt/Schultheis, Franz (Hg.): Generationenbe-
ziehungen in „postmodernen" Gesellschaften. Analysen zum Verhältnis von Individuum, Familie, Staat und Gesellschaft. Konstanz: 331-354
Wurzbacher, Gerhard (1951): Leitbilder gegenwärtigen deutschen Familienlebens.
Dortmund: Ardey
Zinnecker, Jürgen/Silbereisen, Rainer K. (1996): Kindheit in Deutschland. Aktuel-
ler Survey über Kinder und ihre Eltern. Weinheim, München: Juventa

Silke Birgitta Gahleitner

Persönliche Beziehungen
aus bindungstheoretischer Sicht

Ich werde am Du; ich werdend spreche ich Du. (Buber 1983)
Wie man sich als handelndes Individuum versteht, entsteht primär
aus dem Zusammensein mit den Bindungspersonen. (Grossmann/Grossmann 2004)

Der Erfolg professioneller Begleitung steht und fällt mit der Qualität der
helfenden Beziehung. Aber wie verhält es sich mit dieser Beziehung, und
warum erweist sie sich als so ‚wirksam'? Die Bindungsforschung, die sich
in den letzten Jahren zunehmend damit befasst hat, Behandlungskonzepte
auf der Grundlage der Bindungstheorie zu untersuchen und die Ergebnisse
für die Praxis zugänglich zu machen, hat hier eine entscheidende Lücke geschlossen.

Sie begann in den 50er und 60er Jahren mit Beobachtungen im Säuglings-
und Kleinkindalter und befasste sich zunächst mit der allgemeinen Bindungsentwicklung, dem Einfluss der mütterlichen Feinfühligkeit und unterschiedlichen Bindungsqualitäten. Inzwischen exploriert und überprüft Bindungsforschung international Gemeinsamkeiten und Unterschiede im sozial-emotionalen Verhalten zwischen Menschen über alle Altersstufen hinweg. Davon zeugt das im angloamerikanischen Sprachraum erschienene
‚Handbook of Attachment' (Cassidy/Shaver 1999), welches nicht nur ein
quantitativ großes, sondern auch qualitativ mannigfaltiges Spektrum verschiedener Untersuchungen und Ergebnisse präsentiert.

In Deutschland begannen 1976 und 1980 in Bielefeld und Regensburg (für
eine Übersicht Spangler/Grossmann 1995) zwei Längsschnittuntersuchungen, angeregt durch Karin und Klaus Grossmann, denen wesentliche Impulse für die deutsche Bindungsforschung und -theorie zu verdanken sind. „Ob
das Gefüge psychischer Sicherheit das eigene Leben dominiert, hängt weitgehend davon ab, ob die Bereitschaft und die Möglichkeit zu sicheren Bindungen bestehen" (Grossmann/Grossmann 2004: 612), lautet eines der Re-
sümees aus den beiden Studien.

Eine Untersuchung zur Bewältigung früher Traumatisierung (Gahleitner
2005a, 2005c) unterstreicht erneut die zentrale Bedeutung unterstützender
Beziehungserfahrungen, sowohl im unmittelbaren Umfeld als auch in der
Begegnung mit professionellen Helfer/innen. Der vorliegende Artikel ist
daher aus einer Verknüpfung von Forschung, Theorie und Praxis entstanden
und wird nach der Darstellung der zentralen theoretischen Konzepte und

des aktuellen Forschungsstandes (Kapitel 1) einen Auszug aus einer Fallbiographie der oben genannten Untersuchung heranziehen (Kapitel 2). Sie
soll zum Verständnis dessen beitragen, warum „Bindungen uns so sehr in
unserem Fühlen, Denken, Planen und Tun beeinflussen" (Grossmann/Gross-
mann 2004: 19). Der Einblick in die Kraft der Ressource ‚Beziehung' ist für
helfende Berufe besonders wertvoll. Im dritten Kapitel werden daher einige
handlungsrelevante Aspekte für helfende Professionen insbesondere im Bereich der Sozialarbeit und Sozialpädagogik angesprochen. Im abschließenden Ausblick sollen weiterführende Fragestellungen dazu anregen, das
Thema stärker interdisziplinär zu diskutieren und in Forschung, Theorie
und Praxis fortzuentwickeln.

1. ‚Bindungstheorien': Zentrale Konzepte und Stand der Forschung

1.1 Ursprünge und Begriffsklärung

In der kinderpsychiatrischen Abteilung der Londoner Tavistock-Klinik
stieß der englische Psychoanalytiker John Bowlby (1907–1990) in den Biographien schwer beeinträchtigter Kinder und Jugendlicher immer wieder
auf frühkindliche Entbehrungen und Traumata. Im Gegensatz zum damals
vorherrschenden Mainstream der psychoanalytischen Theoriebildung hielt
er die von den Kindern berichteten Erfahrungen nicht für Phantasien, sondern erkannte deren Bedeutung für ihre Persönlichkeitsentwicklung. Die
frühen Schädigungen im Lebensverlauf der Kinder rückten daraufhin immer weiter in den Vordergrund seines Interesses (Brisch 1999).

Auf der Grundlage dieser Erfahrungen entwickelte John Bowlby (1969/
2005, 1973/2005, 1980/2005) die Bindungstheorie. *Bindung* wird dabei als
ein selektives, spezifisches, emotional und kognitiv verankertes Band zwischen zwei Personen begriffen, das sie über Raum und Zeit hinweg miteinander verbindet. *Bindungstheorie* befasst sich mit der „emotionalen Entwicklung des Menschen" und „seinen lebensnotwendigen soziokulturellen
Erfahrungen". *Bindungsforschung* untersucht „die Art individueller Verin-
nerlichung unterschiedlicher Bindungserfahrungen und ihre Auswirkungen
auf die Organisation der Gefühle, des Verhaltens und der Ziele einer Person" (Grossmann/Grossmann 2004: 29 f.).

In den Kernpublikationen (WHO-Studie 1951/1973; Trilogie ‚Attachment;
Seperation; Loss' 1969/2005, 1973/2005, 1980/2005) vertritt John Bowlby
die Auffassung, dass Kinder aufgrund einer evolutiv vorgegebenen Bin-
dungsneigung die Nähe vertrauter Personen aufsuchen. Er geht davon aus,
dass diese frühen Bindungen Kindern als sichere Basis und Grundstruktur
für die gesamte weitere Entwicklung dienen. Die Bindungstheorie verbindet
damit – für den damaligen Zeitpunkt revolutionär – ethologisches, entwick-
lungspsychologisches, psychoanalytisches und systemisches Denken und

betrachtet Säugling und Fürsorgeperson als aktive Interaktionsteilnehmer (auch Brisch 1999; Dornes 2000).

In Situationen von Verunsicherung wird das Bindungsverhalten aktiviert, das Kind strebt nach Nähe zur Fürsorgeperson, nach emotionaler Sicherheit. Wenn das Sicherheitsbedürfnis gestillt ist, kann Exploration stattfinden. Nur auf der Basis mindestens einer stabilen Bindung ist es für den Säugling daher möglich, die Welt zu erkunden. „Die Entwicklung psychischer Sicherheit hat ihre Wurzeln in der Sicherheit der Bindung und in der Sicherheit beim Explorieren" (Grossmann/Grossmann 2004: 251).

Die Abwesenheit stabiler Bindungspersonen hingegen behindert die Exploration der Umwelt und damit eine gesunde Entwicklung emotionaler, kognitiver und sozialer Fähigkeiten. „Es braucht also eine ausgewogene Balance zwischen Sicherheit durch Nähe zur Bindungsperson und Sicherheit durch angeleitete, unterstützte Exploration im Dienste psychologischer Anpassungsfähigkeit" (Grossmann/Grossmann 2004: 603). Damit wird (mindestens eine vorhandene) sichere Bindung zu einem der zentralen Schutzfaktoren für „die seelische Gesundheit und die Charakterentwicklung" (Bowlby 1953/2005: 11).

1.2 Konzept der Feinfühligkeit, Bindungstypen und Internale Arbeitsmodelle

Aus den Erfahrungen, die der Säugling mit seinen Betreuungspersonen macht, resultiert ein Gefühl der Gebundenheit, das verschiedene Qualitäten annehmen kann. Ausschlaggebend für das Gelingen einer sicheren Bindung ist die Verfügbarkeit mindestens einer Bezugsperson im Hinblick auf die Bedürfnisse und Signale des Kindes. Um eine stabile Bindung zu ermöglichen, müssen Fürsorgepersonen nach Mary D. S. Ainsworth, Silvia M. Bell und Donelda J. Stayton (1974) die Bedürfnisse der Säuglinge in einer ‚feinfühligen Weise' beantworten. Dies bedeutet, dass die Signale richtig wahrgenommen und interpretiert sowie prompt und angemessen beantwortet werden (Konzept der Feinfühligkeit).

Auf dieser Basis unterscheidet man verschiedene Bindungstypen (Ainsworth/Wittig 1969): Verhält sich die zentrale Bindungsperson dem Säugling gegenüber ‚feinfühlig', entwickelt er eine sichere Bindung, welche von Vertrauen, Gegenseitigkeit und Kontinuität geprägt ist (in nicht klinischen Stichproben ca. 65% der Kinder). Reagiert die Bindungsperson mit Ablehnung auf Bindungsbedürfnisse, ist die Wahrscheinlichkeit hoch, dass beim Säugling eine unsicher-vermeidende Bindung entsteht (ca. 25% der Kinder). Beantwortet die Bindungsperson die Signale manchmal emotional zugewandt, häufig aber auch mit Zurückweisung oder Aggressivität, entwickelt sich eine unsicher-ambivalente Bindung (ca. 10% der Kinder). Entstehen mehrere Bindungsbeziehungen, entwickelt sich eine Rangordnung, an deren Spitze sich die primäre Bezugsperson befindet. Bindungen sind nicht austauschbar. Jede Bindung hat ihre eigene Spezifität, Tragfähigkeit, Kontinuität und emotionale Qualität (Brisch 2006; auch Endres/Hauser 2002).

Das Verhaltensmuster sicher gebundener Kinder spiegelt wider, dass die Kinder darauf vertrauen, Trost bei der Betreuungsperson zu finden. Das unsicher-vermeidende Muster zeigt sich bei Kindern, die nicht auf die Verfügbarkeit der Betreuungsperson vertrauen. Unsicher-ambivalent gebundene Kinder versuchen sich verzweifelt die Aufmerksamkeit der Betreuungsperson zu sichern, derer sie sich eigentlich nicht sicher sein können (Endres/Hauser 2002). Über die Interaktion mit der Bindungsperson entwickelt der Säugling Erwartungen, die sich mit der Zeit verfestigen und zu ‚Internalen Arbeitsmodellen' (Main et al. 1985) werden.

‚Internale Arbeitsmodelle' kann man als verinnerlichte ‚Schemata von sich in der Welt' begreifen. Diese Beobachtungen finden eine Entsprechung auf neurophysiologischer Ebene (Spangler 2001).[1] Das Zentralnervensystem ist in den ersten Lebensmonaten und -jahren noch stark formbar und muss angemessen stimuliert werden, damit es später funktionieren kann. Aufgabe des Gehirns ist es, „ein inneres Abbild der äußeren Welt zu konstruieren, das gleichsam als Schablone dient, an der sich die weitere Entwicklung ausrichten kann" (Kolk 1999: 50). Man spricht dabei auch von ‚Aktivationsmustern des Gehirns'.

Selbstempfindungen sind dabei lange vor der sprachlichen Entwicklung vorhanden. Nähe und Körperkontakt mit vertrauten Artgenossen z.B. stellen für Säugetiere insgesamt ein positives Entwicklungsklima bereit, wie Harry F. Harlow und Margaret K. Harlow (1969) für Primaten aufzeigen konnten. Sie „festigen den Bindungsprozess physiologisch" (Grossmann/Grossmann 2004: 44). Werden diese Sequenzen im Kontakt mit Kindern jedoch empathisch unterstützt, können die vagen Selbstempfindungen zunehmend mit Sprache gefüllt, kognitiv erfasst, vom Kind selbst kommuniziert und damit auch besser reguliert werden. Gelungene Interaktionen werden auf diese Weise zu einem grundlegenden Organisationsprinzip der emotionalen, sozialen und kognitiven Entwicklung.

Kinder entdecken bald, dass es Gefühle bei ihren Bezugspersonen gibt, die sie auch selbst wahrnehmen, und dass sie diese Erfahrungen mit ihnen teilen und austauschen können. Diese ‚Fähigkeit zur sozialen Perspektivübernahme' eröffnet – bindungstheoretisch betrachtet – die Möglichkeit zur ‚zielkorrigierten Partnerschaft'. Das Kind kann nun eigene und die Emotionen anderer erfassen und im Dialog mit ihnen mit gestalten. Diese Fähig-

---

1 „Hirnphysiologische Strukturen sind gelegentlich überzeugendere, greifbare Indikatoren und haben ‚Substanz' im Vergleich zu den komplexen Zusammenhängen im Verhalten, die die Sozialforschung entdeckt. Trotzdem sind Hirnstrukturen während der Entwicklung des Gehirns hauptsächlich die Folge und weniger die Ursache sozialer Erfahrungen" (Grossmann/Grossmann 2004: 40).

keit gilt als „Kennzeichen psychischer Sicherheit" (Grossmann/Grossmann 2004: 58) und hat große Bedeutung für helfende Professionen (siehe unten). Bis zum dritten Lebensjahr ist das Kind auf mindestens eine primäre Bindungsperson und dauernde Rückversicherungen durch sie angewiesen. Danach entwickelt sich die Fähigkeit, diese kontinuierliche Beziehung auch in Abwesenheit der primären Bindungsperson aufrecht zu erhalten. Erst im Alter von sieben oder acht Jahren jedoch kann die Bindung eventuelle Kontaktabbrüche von einem Jahr oder länger verkraften (Grossmann/Grossmann 2004: 73 ff.). In die Bindungsbeziehung gehen damit alle Gefühle, Erwartungen und Erfahrungen ein, die ein Kind mit zentralen Bezugspersonen gemacht und entwickelt hat.

1.3 Bindung und Beziehung im weiteren Lebensverlauf

Der Bindungstheorie wurde häufig vorgeworfen, menschliche Beziehungen auf die Mutter-Kind-Dyade in den ersten Jahren zu reduzieren und zu individuenzentriert, ethologisch und normorientiert ausgerichtet zu sein. Dies trifft in den Anfängen der Theoriebildung in dem Versuch, trennscharfe Untersuchungen möglich zu machen, durchaus zu. Bindungstheorie lässt sich jedoch hervorragend ‚sozial öffnen' und Entwicklung als eine Reihe von Interaktionserfahrungen unter Einbezug gesellschaftlicher und historischer Perspektiven verstehen. Sie böte damit eine elementare Schnittstelle zwischen Psychologie und (Mikro-)Soziologie, zweier noch an vielen Stellen unverbundener Disziplinen (z. B. für eine detaillierte sozialpsychologische Übersicht über Bindungen und Beziehungen im Lebenverlauf Schmidt-Denter/Spangler 2005).

Erlebens- und Verhaltensmuster hängen neben individuell geprägten Umständen vor allem von den Erfahrungen ab, die Menschen mit anderen Menschen in ihrem Leben gemacht haben und die sich wie durch ein Prisma „aktiv wirkender Biografie" (Röper/Noam 1999: 244) in ihre psychische Struktur implementieren. Dabei kann von einem lebenslangen Lernprozess ausgegangen werden. Diese ‚psycho-soziale' und ‚life-span-developmental'-orientierte Perspektive erweist sich als hilfreich für das Verständnis persönlicher Beziehungen im Alltag und als bedeutsam für helfende Professionen, die stets ‚durch die Beziehung hindurch' mit Klient/innen verbunden sind und gemeinsam mit ihnen an Veränderungsprozessen arbeiten.

Die ‚internalen Arbeitsmodelle' entwickeln sich in ständiger Interaktion des Individuums mit seinem Umfeld zu ‚Bindungsrepräsentationen'. Beide Begrifflichkeiten sind als theoretische Konstrukte zu verstehen. Man kann sie nicht direkt wahrnehmen, sondern erschließt sie „aus der Qualität des Umgangs mit den Bindungs- oder anderen Personen …, vor allem aber aus der Art der sprachlichen Darstellung bindungsrelevanter Ereignisse" (Grossmann/Grossmann 2004: 417), z. B. im eigens dafür entwickelten ‚Adult Attachment Interview' (AAI, George et al. 1985; aktuell Gloger-Tippelt 2001).

Angelehnt an die drei Bindungsqualitäten der Kinder unterscheidet man im Erwachsenenalter folgende Bindungsrepräsentationen (für eine Übersicht Hesse 1999):

1. Personen mit lebhafter Erinnerung an Kindheitserfahrungen, die offen auch über widersprüchliche Erfahrungen sprechen können. Sie verfügen über ein autonomes, sicheres Bindungsmodell (entsprechend der sicheren Bindung bei Kindern).
2. Personen mit nur wenigen oder vagen Erinnerungen an Beziehungen in der Kindheit, welche entweder durch Idealisierung oder durch Abwertung gekennzeichnet sind. Sie zeigen einen unsicher-distanzierten Bindungsstil (entsprechend der unsicher-vermeidenden Bindung bei Kindern).
3. Personen, die emotionale Verwicklungen mit den Bezugspersonen aus ihrer Kindheit aufweisen. Sie sind durch ein präokkupiertes Bindungsmodell charakterisiert (entsprechend der unsicher-ambivalenten Bindung bei Kindern).

Für autonom und sicher gebundene Erwachsene spielen Bindungsbeziehungen eine wichtige Rolle und bieten einen zentralen und stabilisierenden Bezugspunkt für den Lebensalltag. Für unsicher-distanziert gebundene Personen spielen sie eine ‚geringe' Rolle. Hier wird nach außen Stärke und Unabhängigkeit betont, obwohl physiologisch Stress nachgewiesen werden kann (Spangler 2001). Die Gruppe der Personen mit einem präokkupierten Bindungsstil hingegen erlebt Beziehungen häufig widersprüchlich und erlebt sich als kaum von diesen abgegrenzt. Die Bindungsrepräsentationen sind dabei nicht als absolute, sondern relative Größen, also jeweilige ‚Bindungsanteile' zu verstehen.

Die Bindungstheorie gibt damit nicht nur Antworten auf Fragen zur frühen Kindheit. „In jedem Alter sind Bindungsgefühle und Bindungsverhalten eng mit der gesamten Entwicklung verbunden, mit der Entwicklung von Denken, Planen, Wollen, der Entwicklung der Selbständigkeit, der Selbstkontrolle und ... den sozialen Fähigkeiten" (Grossmann/Grossmann 2004: 25). Während intensiver Lebensphasen wie Geburt, Verliebtheit, Trennung und Tod treten immer wieder Gefühle auf, die alte Bindungsbeziehungen aktualisieren. Ereignisse, die nicht auf Anhieb bewältigt werden können, lösen auch dann „den Wunsch nach Schutz und Fürsorge, d. h. Bindungsverhalten, aus" (Grossmann 2002: 55).

Diese Aktualisierung alter Beziehungsmuster darf jedoch nicht als linear und nur auf die Eltern bezogen betrachtet werden. So können Menschen zu verschiedenen Bezugspersonen unterschiedliche Bindungsmuster entwickeln. Für jede Bezugsperson wird dabei ein eigenständiges Arbeitsmodell ausgebildet. Verschiedene Internale Arbeitsmodelle existieren also zunächst nebeneinander und werden im Verlauf der weiteren Entwicklung integriert und organisiert (Steele et al. 1996). Alle erfahrenen sicheren Bindungserfahrungen nehmen damit Einfluss nicht nur auf die momentane Situation, sondern den gesamten Lebensverlauf – bis hin zu Voraussetzungen für die Einwirkungsmöglichkeiten späterer sozialer und professioneller Unterstützung (siehe unten).

So kann man beispielsweise einen deutlichen Zusammenhang zwischen dem autonomen Bindungsstil Erwachsener und Zufriedenheit in der Ehe (für eine Übersicht Sydow 2002) sowie fruchtbaren Bindungsmustern und Kommunikatitionsstilen in Partnerschaften (Stöcker et al. 2003) nachweisen. Gelingende Freundschaften und Beziehungen zu Kolleg/innen weisen geringere, jedoch immer noch signifikante Korrelationen mit sicheren Bindungsstilen im Vergleich dazu auf (Mikula/Leitner 1998). Interessanterweise können sich Adoleszente offenbar auch selbstbewusster und besser von den Eltern ablösen, wenn sie zuvor sicher gebunden waren (Seiffge-Krenke 2004).

Soziale Isolierung hingegen wirft einen Schatten auf andere Lebensbereiche. Auch diese Erkenntnis spiegelt sich in physiologischen Körperreaktionen wider. Die Abwesenheit von tragfähigen Beziehungen verursacht selbst bei kleinen Belastungen bei Kindern wie Erwachsenen physiologische Stressreaktionen (Grossmann 2002; Spangler 2001). Dies untermauert moderne bio-psycho-soziale Konzeptionen von Gesundheit und Krankheit (z. B. Pauls 2004; Zurhorst 2000).

1.4 Bindung und Beziehung als Schutz- oder Risikofaktor(en)

Von einem anderen Theoriestrang aus gesehen, dem Konzept der Schutz- und Risikofaktoren, ergibt sich ein ähnliches Bild. Schutzfaktoren und Widerstandskraft (Resilienz) wirken stabilisierend im Lebensalltag, Risikofaktoren und Verwundbarkeit (Vulnerabilität) destabilisierend (Cicchetti 1999). Beim Zusammenwirken mehrerer Risikofaktoren potenziert sich die Wahrscheinlichkeit des Auftretens von Lebensproblemen. Umgekehrt können protektive Faktoren und Resilienz die Verarbeitung kritischer Lebenereignisse positiv beeinflussen.

Als ein wesentlicher Schutzfaktor in der Differenzierung zwischen Krankheit und Gesundheit wird ‚Soziale Unterstützung‘ betrachtet.[2] Soziale Unterstützung weist nach Forschungsergebnissen starke Zusammenhänge mit dem sicheren bzw. autonomen Bindungstypus auf. Diese Zusammenhänge sind interessanterweise stärker als die Zusammenhänge mit individuellen Persönlichkeitscharakteristika (Asendorpf/Wilpers 2000). Die Bindungserfahrungen werden dabei als Kernbereich eines komplexen Beziehungsnetzes verstanden (Dornes 1999). Werden die elementaren Bedürfnisse eines

---

2 ‚Soziale Unterstützung‘ umfasst ebenso wie ‚Soziale Kompetenz‘ (siehe unten) einen komplexen Forschungs- und Theoriestrang, auf den an dieser Stelle nicht ausreichend eingegangen werden kann (für ‚Soziale Unterstützung‘ vgl. Laireiter i. d. B.). Die jeweiligen Verknüpfungen zur Bindungstheorie sind bisher auch hier nur vereinzelt gelungen (Schmidt-Denter/Spangler 2005).

Kindes also erfüllt und die Entwicklungschancen ‚gut genug' gefördert, entwickelt sich ein Kind natürlicherweise hin zu einem gesunden Selbstwert (Schmidt-Denter/Spangler 2005), zu Stabilität, Widerstandsfähigkeit und sozialer Kompetenz (Cicchetti 1999).

So lassen sich auch Zusammenhänge zwischen Bindungssicherheit und sozialer Kompetenz nachweisen. Jan H. Marbach (2005) bezeichnet dieses Phänomen als ‚Sozialkapital von Kindern'. Aus dieser Überlegung, welchen eminenten Einfluss frühe Bindungsqualitäten und transgenerationale Effekte auf die Persönlichkeitsentwicklung von Kindern haben (insbesondere Gloger-Tippelt 2003; Sroufe 2000) haben sich zahlreiche präventive Konzepte der Frühförderung entwickelt, in denen Eltern Unterstützung im Bindungsaufbau zu ihren Säuglingen und Kleinkindern erfahren (z.B. Brisch 2006; Ziegenhain 2004).

Erfüllte Beziehungen und ein funktionierendes soziales Umfeld machen auch ein Wohlbefinden in anderen Lebensbereichen wahrscheinlicher. Die Aufrechterhaltung von positiven Bindungen vermittelt ein ‚Gefühl von Sicherheit'. Mit ihrer Hilfe organisiert der Mensch Gefühle und mentale Prozesse, nimmt Ereignisse wahr, macht sich Pläne und reguliert stetig Anpassungen an neue Herausforderungen (Bowlby 1973/2005). Dies fördert das ‚Kohärenzgefühl' (im englischen deutlicher: ‚sense of coherence'), das nach Aaron Antonovsky (1997) eine entscheidende Rolle für die Gesunderhaltung des Menschen spielt (für die postmoderne Gesellschaft Keupp 2003).

Ein negatives soziales Umfeld wird dagegen postwendend zum Risikofaktor für die weitere Entwicklung. Dies wurde erstmals von René Spitz (1946) beobachtet und ausformuliert (auch Dornes 1999). Im Gegensatz zur Entstehung einer ‚sicheren Bindungsbasis' in den ersten Lebensjahren erleben Kinder ohne einen ‚sicheren Hafen' eine bedrohliche Double-Bind-Situation: Einerseits das existentielle Bedürfnis, sich der Bezugsperson zu nähern, andererseits dort nicht sicher oder gar bedroht zu sein. Dies hinterlässt beim Kind einen unlösbaren Bindungskonflikt mit der Folge massiver innerer Spannungen (Brisch 2003; dazu auch nochmals Harlow/Harlow 1966). Das schädigende Verhalten der Bezugspersonen wird dabei mit Hilfe früher Abwehrmechanismen häufig als ‚normal' wahrgenommen, insbesondere wenn keine schützende Person im Umfeld zur Verfügung steht. Fatalerweise führt dies jedoch zu einer verzweifelten Suche nach Bindung – ein Teufelskreis, der impliziert, dass solche Kinder häufig eine starke, aber äußerst maligne Bindung entwickeln.

Die Menge und Stärke des Bindungsverhaltens ist daher nicht gleichzusetzen mit der psychischen Sicherheit, die daraus entsteht. Ein sicher gebundenes Kind kann auf die Bindung so stark vertrauen, dass das Bindungssystem nur geringfügig aktiviert ist. Für misshandelte Kinder besteht dagegen dauernder ‚Feueralarm' (Grossmann 2002), der sich auch physiologisch niederschlägt (siehe oben). So entstehen eine Reihe von Symptomen wie

Sprachstörungen, Wahrnehmungsverzerrungen und dissoziative Erscheinungen, die sich leicht chronifizieren können. Diese Tatsache hat zentrale Bedeutung für Kinderschutz und Jugendhilfe (dazu ausführlich Gahleitner 2005 a; Brisch 2003, 2006; Schleiffer 2001) und führte zur Einführung einer weiteren Bindungsklassifikation, welche genauere Betrachtung verdient.

1.5 Desorganisierte Bindung

Das sogenannte ,desorganisierte Bindungsmuster' kann zusätzlich zu den drei Bindungstypen sicher, unsicher-ambivalent und unsicher-distanziert auftreten und wird auch nur *zusätzlich* zu diesen vergeben. Hierzu zählen Kinder, bei denen über bestimmte Phasen hinweg kein konsistentes Bindungsmuster beobachtet werden kann. Die Kinder zeigen beispielsweise stereotype Verhaltensweisen, erstarren mitten in einer bindungsrelevanten Situation oder wechseln chaotisch zwischen verschiedenen Bindungstypen (Main/Hesse 1990; Solomon/George 1999). In nicht klinischen Stichproben zeigen ca. 15 bis 20 % der Kinder ein solches Bindungsverhalten, bei Kindern mit Traumaerfahrungen (oder aber traumatisierten Eltern!) steigt dieses Muster auf bis zu 80 % der Kinder an (Brisch 2006).

An dieser Stelle ist nochmals zu betonen, dass die unsicher-distanzierte und unsicher-vermeidende Bindung im Gegensatz zur desorganisierten zwar als Risikofaktoren zu sehen sind, nicht jedoch als Pathologien. Vielmehr sind sie als kreative Copingmechanismen zu verstehen, die ein möglichst optimales Überleben und Leben in den umgebenden Verhältnissen darstellen. Werden die Bewältigungsmöglichkeiten eines Kindes jedoch in den ersten Jahren bereits massiv überschritten, führt das nicht nur in der Kindheit zu Defiziten, sondern vor allem in der weiteren Entwicklung.

Kinder, die bereits in den ersten Lebensjahren und über einen längeren Zeitraum traumatisierende Erfahrungen gemacht haben, entwickeln desorganisierte Bindungsanteile, oder sogar eine *,Bindungsstörung'*. Dieser liegt eine schwerwiegende Fragmentierung bis Zerstörung der Internalen Arbeitsmodelle zugrunde. Dabei geht man von einem fließenden Übergang von noch gesunden hin zu pathologischen Bindungsmustern aus (Crittenden 1995). Karl Heinz Brisch (1999, 2006) unterscheidet übersteigertes, fehlendes, gehemmtes aggressives und undifferenziertes Bindungsverhalten. Auch besonders unauffälliges Verhalten kann ein wichtiges Warnsignal darstellen. So kann es z. B. zu einer Rollenumkehr kommen, in der die Kinder die stützende Funktion übernehmen.

Bei Erwachsenen spricht man in Anlehnung an den desorganisierten Bindungstypus von einem *,unverarbeiteten Bindungsstatus'*, der auch hier *zusätzlich* zu den drei Hauptkategorien vergeben wird. Wichtige Kennzeichen sind ängstliche oder irrationale Schilderungen früher Verluste von Bindungspersonen oder Traumata. Bindungsstörungen der primären Bezugspersonen haben, wenn sie nicht aufgearbeitet werden können, negative

Auswirkungen auf die Bindungsorganisation der Kinder. Dies bezeichnet man als transgenerationale Weitergabe von Bindungsmustern (Hesse/Main 2002; Steele et al. 1996), ein selbst in Metaanalysen über viele Forschungsstudien hinweg nachgewiesenes Phänomen (IJzendoorn 1995).

Kinder mit derartigen Bindungsdefiziten geraten leicht in eine Spirale von sozialer Inkompetenz und Zurückweisung, obwohl sie eigentlich ein großes Anlehnungsbedürfnis hätten, um erlittene Defizite auszugleichen. Dieser „Teufelskreis" (Grossmann/Grossmann 2004) bildet einen fruchtbaren Boden für die Entwicklung von Psychopathologien, Borderline-Persönlichkeitsstörung und zahlreiche andere psychosomatische und psychiatrisch relevante Diagnosen (Brisch 1999). Auch Zusammenhänge zwischen Bindungsdefiziten und Gewaltbereitschaft sind festzustellen. Einen Überblick über frühe Bindungsverhältnisse und weitere Sozialisation, insbesondere die Neigung zur Gewaltbereitschaft gibt Christel Hopf (2005).

Auch das Konzept der Schutz- und Risikofaktoren bezieht sich keineswegs nur auf die primären Bezugspersonen oder gar nur die biologische Mutter (zur Bedeutung der Väter siehe umfassend Steinhardt et al. 2002). Jede Erfahrung, sei es durch Außenstehende, durch spätere Partner- und Freundschaften, sogar eigene gelebte Fürsorglichkeit gegenüber anderen, spielen eine wichtige Rolle. Dies belegen retrospektive Interviews mit Erwachsenen (Gahleitner 2005a; siehe unten). Dieser Sachverhalt hat eine große Bedeutung für das Konzept so genannter *schützender Inselerfahrungen*: Das Bestehen nur einer einzigen förderlichen Bindung kann trotz sonstigem Vorherrschen negativer Erfahrungen einen bedeutsamen Schutzfaktor darstellen, eine elementare Tatsache für helfende Professionen in der Bemühung auf Bewältigungsmöglichkeiten schwer beeinträchtigter Klient/innen einzuwirken.

Sichere Bindungsstrukturen haben daher wieder die bereits mehrfach betonte charakteristische *Doppelfunktion*: Sie dienen der momentanen Sicherheit und dem aktuellen psychischen Wohlbefinden, aber auch als Risikopuffer für die gesamte weitere Kompetenzentwicklung, Beziehungs- und Lebensgestaltung. Auch Soziale Unterstützung differenziert man seit Benjamin H. Gottlieb (1983) in *zwei* Effekte: In so genannte Haupt- und Puffereffekte (für eine Integration der Modelle Nestmann 1988; Laireiter i. d. B.). Dieses Faktum spielt in Therapie- und Beratungszusammenhängen eine große Rolle und soll im Folgenden anhand einer Fallbiographie aus dem bereits in der Einleitung genannten Forschungsprojekt veranschaulicht werden.

2. Das „Recht auf eine unterstützende Beziehung": Eine Fallbiographie

Die Bindungstheorie und -forschung konnte sich entwicklungspsychologisch wie klinisch etablieren. Von John Bowlby (1973/2005, 1988) ist sie jedoch primär als klinische Theorie geschaffen worden, um den „tieferreichenden Einfluss" ungewollter Deprivation, Trennung und Verlust auf die „charakterliche Entwicklung" zu erklären (1957/2005: 12). Der Fokus auf die Folgen, die sich aus unangemessenen Bindungserfahrungen ergeben können, kann leicht zu einer pathologiezentrierten Perspektiveinnahme verführen. Gerade Bindungsforschung bietet jedoch die große Chance salutogenetischer Betrachtungsweisen auf Bewältigungsprozesse im Lebensverlauf.

Auch die Erschütterung über die schwerwiegenden Auswirkungen frühkindlicher Traumata lässt uns häufig übersehen, dass betroffene Kinder, Jugendliche und Erwachsene mit ihrem Leben weiterhin zurechtkommen müssen und dies vielen unter gewaltigen Anstrengungen auch gelingt.[3] Aus den kreativen Überlebensleistungen können wir jedoch für die Bewältigung des ‚normalen Lebensalltags', der für alle Menschen mit einem beachtlichen Quantum an Stress verbunden ist, eine Menge lernen. Das vorliegende Beispiel[4] verdeutlicht besonders anschaulich, wie vielfältig Beziehungserfahrungen die Bewältigung des Lebensalltages nach frühkindlicher Traumatisierung mit gestalten. Bewältigung wird so als ein Phänomen ständiger Wechselwirkung zwischen innerpsychischen Prozessen und realen Erlebnissen in Bindungsbeziehungen begreifbar.

2.1 Frau Albant – eine Bindungsbiographie

Frau Albant ist zum Zeitpunkt der Untersuchung 32 Jahre alt. Vor kurzer Zeit hat sie einen neuen Partner kennen gelernt. Sie hat Versicherungskauffrau gelernt, ist jedoch heute als Sozialarbeiterin im Bereich ambulanter Hilfen tätig und studiert Psychologie. Die ersten Lebensjahre verlebte sie bei ihrer Großmutter. Nach dem Umzug zu den Eltern mit vier Jahren wurde sie bis in das 18. Lebensjahr hinein vom Vater missbraucht. Die sexuellen Übergriffe umfassten Küsse, Umarmungen und Berührungen an den Genitalien. Mit 16 Jahren sprach sie das Erlebte zum ersten Mal gegenüber ihrem damaligen Partner an. Mit Hilfe eigener Auseinandersetzung, Aussprache mit Freunden und Freundinnen, langjähriger Therapie und verschiedenen therapeutischen Ausbildungen arbeitete sie sich durch die Gewalterfahrung. Heute ist sie selbst als Professionelle in diesem und anderen psychosozialen Arbeitsfeldern tätig. Sie zählt damit zu den so genannten

---

3 Dies soll in keinster Weise den Opfern die Verantwortung für ihre schwierige Lebenssituation zuschreiben. Traumata sind in jedem Falle gesundheitsgefährdend und destruktiv. Der Umgang mit schwierigen Lebensbedingungen ist jedoch auch abhängig von den Bewältigungsstrategien und Umfeldressourcen, über die jemand verfügt.

4 Der Ausschnitt aus einer Fallbiographie stammt aus der bereits in der Einleitung kurz vorgestellten Untersuchung ‚Sexuelle Gewalterfahrung und ihre Bewältigung bei Frauen und Männern' (Gahleitner 2005 c). Die Bedeutung von unterstützenden Beziehungserfahrungen stellte sich – für Männer wie Frauen übereinstimmend – als ein zentrales Ergebnis der Untersuchung heraus, sowohl im persönlichen Umfeld als auch in der Begegnung mit professionellen Helfern. Fünf ausgewählte biographische Interviews wurden daraufhin auf den Bindungsfokus hin nachuntersucht (Gahleitner 2005 a).

‚high-function-survivors', die trotz sexueller Übergriffe in einen positiven Alltag zurück gefunden haben.

Als wichtigste Ursache dafür benennt Frau Albant die positive Bindung zu ihrer Großmutter mütterlicherseits, bei der sie bis zum vierten Lebensjahr aufwächst.[5] Sie stellte *die* zentrale Stütze für sie dar. „Irgendwie war alles so ein bisschen wie in zwei Welten leben. Oma war die gute Welt, wo ich wirklich ganz viel Liebe gekriegt habe. ... meine Mutter ... war nie richtig Mutter für mich". Auch nach dem Umzug zu den Eltern begleitet die Großmutter Frau Albant weiter und bietet ihr trotz der schwer erschütterten Beziehung zu den Eltern ein sicheres Ufer, auf das sie sich stets zurückziehen kann.

Das sonstige gesellschaftliche Umfeld des ländlichen Bezirks hingegen, in dem sie aufwächst, festigt bei ihr den Eindruck, dass Frauen Männern zu Willen zu sein haben. Als sie versucht, den Pfarrer ins Vertrauen zu ziehen, verweist dieser sie mit den Worten, ‚es gebe überall einmal Streit', zurück an die Familie. Eine weitere positive Ausnahme machen für Frau Albant jedoch zwei Lehrer, die sich fürsorglich und förderlich ihr gegenüber verhalten: „Ja Lehrer, ja grad' männliche Lehrer, waren auch wichtig für mich immer wieder, also mein Realschullehrer war später auch ganz wichtig. Ich hab' mir oft Vaterfiguren gesucht ... auch mein Gitarrenlehrer dann später" (vgl. Abb. 1 und 2).

In der Pubertät, als ihre Großmutter dem Tod entgegengeht, hat Frau Albant zum ersten Mal Suizidgedanken: „Selbstmord hat für mich in der Pubertät immer Freiheit bedeutet ... so als letzter Ausweg". An dieser Stelle wird die erste Partnerschaft, die der Vater erfolglos zu verhindern versucht, zu einer ganz entscheidenden Alternativerfahrung für Frau Albant: „Ich bin damals erst so langsam aufgetaut, weil dieser Freund mir irgendwann einmal an die Brust gefasst hat, und ich hab' zurückgezuckt, und dann hat er das erst einmal so beobachtet und mich dann irgendwann gefragt, sag' mal, warum zuckst du denn immer zurück, wenn ich das tue? – Und dann hab' ich gesagt, ja, weil mein Vater das immer tut, und ich finde das nicht schön. Und dann hat er fürchterlich geschluckt und – und das war für mich ein ganz entscheidender Satz – dann hat er gesagt: Das ... das machen Papas normalerweise nicht!"

Die schützende Inselerfahrung mit der Großmutter und die frühe Alternativerfahrung mit ihrem Freund legen in die schwer angeschlagene Persönlichkeitsstruktur von Frau Albant eine zentrale positive Ressource für den späteren Lebensverlauf. „Also dieser Denkprozess, dass was verkehrt

---

5 Als bildhafte Veranschaulichung der sozialen Ressourcen der Interviewpartnerin soll ein sozio-kontextuelles Atom (Märtens 1997) dienen. Mit einem sozio-kontextuellen Atom erfasst man den Personenkreis, mit dem ein Individuum in einer bestimmten Lebensphase in engem emotionalem Austausch steht oder stand. Im vorliegenden Fallbeispiel wurde das soziale Atom zu zwei Zeitpunkten – zur Zeit der sexuellen Übergriffe und im aktuellen Lebensjahr des Interviews – erhoben, um den Bewältigungsverlauf sichtbarer zu machen (vgl. Abb. 1 a + 1 b).

ist, der hat mit 16 angefangen ... dass ich wusste, es ist was total falsch, ich habe keine Worte dafür, aber meine Gefühle waren einfach deutlich: das stimmt nicht so!" Frau Albant wird dadurch klar, dass es so nicht weitergehen kann. Mit 18 Jahren gelingt es ihr zum ersten Mal, sich effektiv zur Wehr zu setzen. Daraufhin stellt der Vater die Übergriffe ein. Dennoch zeitigt die langjährige Gewalterfahrung Folgen.

Abb. 1: Soziales Atom Frau Albants zur Zeit der Übergriffe

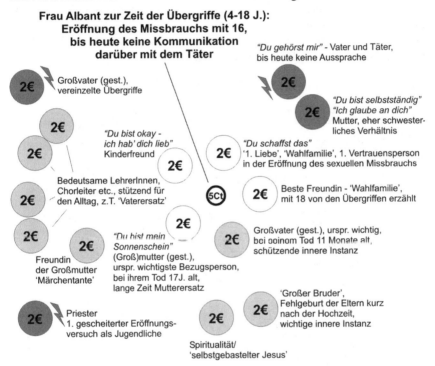

Mit dem Austritt aus der Schule zieht Frau Albant in eine Großstadt. Sie möchte die unangenehmen Erlebnisse der Kindheit „einfach nur vergessen". Trotz des Versuchs, Abstand zu gewinnen, stellt sich jedoch eine starke posttraumatische Symptomatik ein. Morgendlich quälen sie Lähmungserscheinungen, sie entwickelt Essstörungen und eine ausgedehnte Depression. „Mein Körper hat da schon was mitgemacht, also so in dieser Symptomatik". Sie verliert sich in der Anonymität des Universitätsbetriebs und gerät in eine tiefe Krise. Während ihr Hausarzt sie behutsam auf mögliche Ursachen der zahlreichen Symptome hinweist, schickt die Psychologin der Universitätsberatungsstelle sie mit den Worten, ‚sie könne wiederkommen, wenn sie sagen könne, was mit ihr los sei', nach Hause.

Nach mehreren Reviktimisierungen durch Unbekannte auf der Straße, im Kollegenkreis und in einer vorübergehenden Paarbeziehung steht Frau Albant kurz vor dem Suizid. „Ich weiß noch ... es war eine ziemlich klare

Nacht ... Ich dachte: Das ist kein Leben mehr ... ich komme hier nicht raus
... und dann stand ich irgendwie eine ganze Nacht lang auf meinem Balkon
rum und dachte, ich spring". Schließlich schafft sie es, den Teufelskreis zu
durchbrechen. Als eine zentrale Fähigkeit in diesem Prozess beschreibt
Frau Albant für sich, Hilfe von anderen annehmen zu können: „Das war
ganz wichtig ... dass ich persönliche Unterstützung organisieren konnte ...
also ich denke, dass das jeder Mensch braucht. Und ich glaube, dass meine
Großmutter da gute Grundlagen gelegt hat, so dass ich mir später auch Hilfe organisier'n konnte". Selbst in Liebesbeziehungen erkennt sie die Basis
ihrer Großmutter wieder: „Das ist auch interessant ... die Kernaussage meiner Großmutter war: ‚Du bist mein Sonnenschein', und in Liebesbeziehungen taucht das dann urplötzlich wieder auf".

Abb. 2: Soziales Atom Frau Albants zur Zeit des Interviews

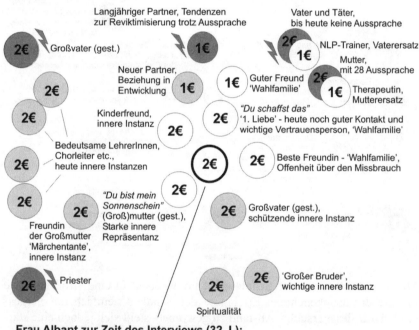

Frau Albant zur Zeit des Interviews (32 J.):
Keine Kommunikation über den Missbrauch
mit dem Täter, aber gute Eingebundenheit
in therapeutische Zusammenhänge und
Freundschaftsnetze

Als zwei weitere wichtige Meilensteine in der Verarbeitung der Gewalterfahrung betrachtet Frau Albant ihre therapeutischen Erfahrungen. Als Ba-
siselement im Heilungsprozess benennt sie, dass die Therapeutin eine Beziehung aufbaut und ‚sie in dieser Beziehung aushält'. Im Laufe der Therapien setzt Frau Albant so die Therapeutin als Ersatz-Mutterinstanz und den
späteren Therapeuten als Ersatz-Vaterinstanz für sich ein (vgl. Abb. 2).

Diese beiden inneren Instanzen bewirken ihrer Schilderung nach eine entscheidende Veränderung. Die dort erfahrenen Bindungsqualitäten knüpfen unmittelbar an die frühen Erfahrungen mit der Großmutter an und lassen die desorganisierten Anteile und die tiefen Verletzungen durch die Eltern in den Hintergrund treten.

Stück für Stück kämpft sie sich so voran. Sie beginnt mit Selbstverteidigung, treibt viel Sport, schreibt Tagebuch und gestaltet ihren Lebensraum neu. Das spätere Studium der Sozialarbeit und Sozialpädagogik und die eigene Praxistätigkeit führen nochmals zu einer konstruktiven Auseinandersetzung mit der Gewalterfahrung auf einer anderen Ebene. Hier erfährt sie maßgebliche Unterstützung durch eine Professorin: „Die hat gesagt, ‚rein und durch, also – wenn du Sozialarbeiterin wirst, dann kannst du dich darauf einrichten, dass dir das Thema allen Ortes begegnet, das heißt, verarbeite es für dich, dann ist das sehr gewinnbringend'".

Die Verarbeitung führt ihrer Erzählung nach zu einem weitgehend erfüllten, arbeitsintensiven Leben. Frau Albant wirkt selbstbewusst, lebensbejahend und differenziert. Die Folgeerscheinungen haben sich entschieden verbessert. „Ich hoffe mal, dass der Großteil einfach hinter mir liegt", sagt sie, auch wenn man nie wisse, ob es wirklich verarbeitet ist – „also da kann immer noch mal was kommen".

2.2 Resümee

Frau Albant macht in ihren eigenen Worten nicht nur anschaulich, wie bedeutsam Bindungserfahrungen selbst in einer negativen Umwelt als schützende Inselerfahrungen für den Lebensverlauf sein können, sondern auch, wie ein Kind zu verschiedenen Bezugspersonen unterschiedliche Bindungsmuster entwickeln kann. „Oma ... hat in mir eine positive Bindung gelegt ... das war ein sehr warmer Ort für mich, die Welt meiner Eltern war sehr viel kälter". Wertet man die Aussagen zu den einzelnen Bezugspersonen getrennt aus, lässt sich zeigen, dass Frau Albant ihre Bindung zur Großmutter als eindeutig und sicher, die Bindung zur Mutter als eher untergeordnet und vermeidend und zum Vater und Täter in weiten Teilen als desorganisiert beschreibt, insbesondere während der Übergriffe: „Ich hab' oft an der Decke geklebt währenddessen" (siehe oben, Kap. 2).

Kontrastierende Beziehungen zu Bezugspersonen „regen offenbar zu Reflexionen an" (Grossmann/Grossmann 2004: 608), und positive Erfahrungen können negative Ereignisse und Erlebnisse zu bewältigen helfen (dazu Grossmanns/Grossmanns Resümee der Langzeitstudien, ebd.: 610ff.). Dies bedeutet nicht, vor allen Folgen kritischer Lebensereignisse geschützt zu sein. In der Anonymität der Universitätslandschaft und einer Reihe von Verlusten, negativen Bindungserfahrungen bis hin zu Retraumatisierungen gerät Frau Albant bis an den Abgrund des Suizids. Als sie diesen Punkt überwunden hat, erhalten die alten *,schützenden Inselerfahrungen'* jedoch erneut Bedeutung – insbesondere für die Kontaktaufnahme mit dem professionellen Hilfenetz.

Bindungstheoretisch interessant ist daher Frau Albants Erfahrung, dass sie bei der Therapiesuche bereits von der Ursprungsbeziehung zur Großmutter profitiert und sich auf dieser Basis auf professionelle Hilfe gut einlassen kann. „Ich kann mich erinnern, wie ... auf dieser Ebene von meiner Großmutter, sie so 'ne Beziehung hergestellt hat. Das hab' ich noch gemerkt, so professionell, wie ich irgendwie verbildet bin (lacht) ... ich hab' einfach nur gemerkt, aha, jetzt baut sie sozusagen die Brücke zwischen diesen Beziehungen, ist aber auch gut so gewesen" (siehe oben, Kap. 3).

Für professionelle Helfer/innen gibt es folglich trotz einiger Anhaltspunkte, von denen im Folgenden die Rede sein soll, kein Schema, nach dem man sich richten kann, sondern es ist bedeutsam, den Betroffenen ‚dort zu begegnen, wo sie sich in der Bindungsproblematik befinden'. Das heißt, professionelle Helfer sind in der Pflicht, die Betroffenen mit ihrem Beziehungsangebot dort zu erreichen und ihnen Hilfestellung anzubieten, wo eigene positive Bindungsstrukturen *noch nicht* vorhanden sind oder greifen können (siehe unten, Kap. 4). „Ich denke, Verarbeitung oder Heilung hat viele Abschnitte, Wegesabschnitte. Aber es gibt mindestens einen, den man nicht alleine machen kann", sagt Frau Albant in Bezug auf die therapeutische Unterstützung, die ihr zuteil wurde.

Resümierend erklärt sie am Ende des Interviews: „Man sollte ein neues Menschenrecht einführen – das Menschenrecht auf eine unterstützende Beziehung".

3. Bindungstheorien in der Praxis helfender Professionen

Nach den Ergebnissen der Psychotherapieforschung gilt die therapeutische Beziehung als stärkster allgemeiner Wirkfaktor (Orlinsky et al. 1994). Als auslösende Faktoren für die Herstellung und Aufrechterhaltung der therapeutischen Bindung und der ‚emotional korrigierenden Erfahrungen' gelten die „unausgesprochene Affektabstimmung" zwischen Patient und Therapeut sowie das „affektive Klima" (Brisch 1999: 94).

Karl Heinz Brisch, der sich in den letzten Jahrzehnten sehr um die Implementierung der Bindungstheorie in die Beziehungskultur helfender Berufe bemüht hat, fasst prägnant zusammen: „Ist der Therapeut mit den Bindungsmustern und ihren Störungen sowie deren Ursachen vertraut, kann er entsprechend bindungsorientiert darauf eingehen" (Brisch 2003: 121). Dies klingt zunächst banal und man fühlt sich an die Selbstverständlichkeit der Alltagsgestaltung erinnert. Ein kurzer Rückblick auf den Fall von Frau Albant verdeutlicht jedoch die Breite und Mehrdimensionalität von Kompetenzen, die professionelle Beziehungsgestaltung umfassen muss:

1. Eine sorgfältige Kenntnis zentraler Bindungs- und Beziehungsphänomene, insbesondere dem Konzept der ‚schützenden Inselerfahrung' in der Biographie der Klient/innen.

2. Eine mehrdimensionale, beziehungssensible diagnostische Abklärung, die der Lebenswelt, dem sozialen Umfeld und der Biographie angemessenen Stellenwert einräumt und ein möglichst nahtloses Anknüpfen an den ‚jeweiligen Beziehungsstatus' möglich macht.
3. Eine indikationsspezifische, biographie- und situationsadäquate Interventionskonzeption, in der der Beziehungsgestaltung und dem Beziehungsprozess ein Primat vor methodischen Aspekten eingeräumt wird.

Die bindungstheoretischen Grundkonzeptionen (1) wurden in Kapitel 2 geschildert. Auf die diagnostische Abklärung einzugehen, würde an dieser Stelle zu weit führen (dazu Gahleitner 2005 b). Die Beziehungsgestaltung bzw. der Beziehungsprozess soll im Folgenden anhand einiger Aspekte skizziert werden (für eine ausführlichere Darstellung anhand eines konkreten Beispiels Gahleitner 2005 a). Die Überlegungen beziehen sich schwerpunktmäßig auf die ‚direct practice' (Pauls 2004) im klinischen Feld tätiger Sozialarbeiter/innen und Sozialpädagog/innen, deren weit gefächerte Aufgabenstellung und Funktion insbesondere in der Beratung von sozial benachteiligten Menschen liegt, die häufig von frühen Bindungsdefiziten betroffen sind.

Beratung – als alternatives Unterstützungsangebot zur Psychotherapie und derzeit in einem noch offenen Diskurs über ihre Zielsetzungen und Spezifikationen – entwickelt(e) sich in unterschiedlichen methodischen Konzepten, Settings und Institutionen als professionelle Antwort auf Überforderungen durch psychosoziale Verarbeitungsprozesse postmoderner Lebensverhältnisse (Nestmann et al. 2004). Besonders die Arbeit mit benachteiligten Klient/innen bedarf dabei eines komplexen und theoretisch anspruchsvollen, verständnisgenerierenden theoretischen Rahmens. „Die Komplexität der Beziehungsdimension" (Stemmer-Lück 2004: 55) stellt eine Herausforderung an die helfende Intervention als ‚strukturaufbauenden fördernden Dialog' dar.

Dieser Anspruch erinnert an die Ergebnisse der Bindungsforschung zu ‚Internalen Arbeitsmodellen' und zur ‚zielkorrigierten Partnerschaft': „Mit der Entwicklung der Sprache ändern sich zwar die Gefühle nicht, aber die Sprache macht klärende Gespräche – Diskurse – mit dem Kind über solche Zusammenhänge möglich. Innere Gefühlszustände und die Antworten der Bindungspersonen und auch anderer nahestehender Mitmenschen darauf, d. h. seine erlebten Bindungserfahrungen, werden nun für das Kind auf der Ebene bewusster sprachlicher Diskurse ‚verfügbar' und sorgen für eine bindungsübergreifende Verknüpfung zwischen dem Erleben auf den verschiedenen Ebenen des internen Denkens und Fühlens und der externen Wirklichkeit.

Parallel dazu wächst die Fähigkeit zur ‚sozialen Perspektivübernahme', und das Kind lernt immer besser, wie man die Ziele anderer durch Argumente im eigenen Interesse verändern kann (Grossmann/Grossmann 2004). Idealerweise lernt das Kind erkennen, dass sich aus einer partnerschaftlichen

Orientierung „spielerisches, erkundendes, zielorientiertes und mit der Wirklichkeit umgehendes Verhalten entwickeln kann, im Gegensatz zu eingeschränktem, starrem, wirklichkeitsunangemessenem Verhalten" (ebd.: 30). Auch in Therapie und Beratung arbeitet man auf eine Veränderung zur sicheren Seite der ‚Internalen Arbeitsmodelle' hin, d.h. der Prozess zielt auf eine Neubewertung und Rekonstruktion des Weltbildes und der Modelle von sich selbst und anderen, auf die ‚Herstellung von internaler Kohärenz und externaler Korrespondenz'.

Diese Ausführungen wiederum erinnern an ein anderes bekanntes Konzept: ‚korrigierende Beziehungserfahrungen', die ‚Inkongruenzerfahrungen' überwinden helfen sollen (zu diesem Zusammenhang auch Brisch 1999). Carl R. Rogers (1987) formulierte als erster Vertreter aus dem helfenden Spektrum eine solche wachstumsfördernde Beziehung als Kern beraterischen und therapeutischen Handelns. Das ‚Heilende' der Beziehung beruhte seiner Ansicht nach auf der radikal akzeptierenden und empathischen Grundhaltung, die Räume zur Selbstentfaltung bereit stellt. Einige Jahre später betont er neben Akzeptanz und Empathie zusätzlich die Kongruenz als dritte wichtige Eigenschaft (in aktueller Ausarbeitung z.B. Finke 1999). Diese Grundmaxime gleichen dem Konzept der Feinfühligkeit in den ersten zwei Ausprägungen (Ainsworth/Wittig 1969): Die Signale des Kindes wahrzunehmen und richtig zu interpretieren.

In der ‚Begegnung' mit Martin Buber fand bei Carl R. Rogers die Bedeutung der Gegenseitigkeit Eingang in die therapeutische Beziehung: „a real meeting of persons in which it was experienced the same from both sides" (Rogers/Buber 1960: 212). Wenn wir in eine unmittelbare einzigartige Begegnung eintreten, so Buber, entfaltet sich ein Dialog im ‚Zwischen'. Dieses ‚Zwischen' konstituiert sich in jeder Begegnung neu. Die Begegnung ist dabei ihr eigener Inhalt. Begegnung „geschieht" (Buber 1983: 18) mit der „Macht der Ausschließlichkeit" (ebd.: 14). Die Aufgabe helfender Professionen ist, sich auf diese Unmittelbarkeit einzulassen. Der Dialog steht hier für eine Art des Austauschs, der auf Gegenseitigkeit zielt, auf verstehende Konfrontation, auf Verwirklichung der Möglichkeiten des Einzelnen in der jeweiligen Beziehung, auf (Selbst-)Öffnung und (Selbst-)Erweiterung.

Zentral daran aus der Perspektive der Bindungstheorie ist die aufrichtige menschliche Begegnung als Alternativerfahrung zur bisherigen Beziehungsverunsicherung, eine gemeinsame Ko-Konstruktion in identitätsstiftenden Erzählungen (Orth/Petzold 1996), diesmal mit einer vertrauenswürdigen Person (Grossmann/Grossmann 2004: 426). *Die Beziehung* an und für sich *wird zur Therapie*. Eugene Gendlin (1997) bezeichnet diese Verbundenheit als ‚relating in depth', eine Art ‚Fortsetzung der Feinfühligkeit – diesmal jedoch über Sprache' und damit die Umsetzung der beiden weiteren Grundmaxime der Feinfühligkeit von Mary D. S. Ainsworth und Barbara A. Wittig (1969): Auf Signale prompt und angemessen zu reagieren. „Neue feinfühlige und emotional verfügbare Interaktionserfahrungen ... helfen dem Gehirn vermutlich, sich neu zu strukturieren und es besteht nochmals eine neue Chance für eine sichere emotionale Entwicklung" (Brisch 2006: 44).

Helfende Professionen sind aus dieser Perspektive „im Sinne der Bindungstheorie für das Reparieren und das Anknüpfen an die unterbrochene Kommunikation zuständig" (Döring 2004: 196). Die Bindung funktioniert dabei auch hier im doppelten Sinne: Sie stellt eine Alternativerfahrung für frühe Bindungsunsicherheiten und -störungen dar und wirkt in dieser Form direkt auf das zutiefst verunsicherte Bindungssystem der Betroffenen. Sie ermöglicht jedoch zugleich die Öffnung für ein neues ‚Explorationssystem', einen neuen Raum, also die Fähigkeit, sich dem Hilfeprozess zu öffnen und Veränderungsprozesse für die Zukunft zuzulassen. Auf dieser Ebene wird es eventuell möglich, aktuelle wie vergangene Beziehungen zu explorieren und zu bearbeiten. Die Möglichkeit, im späteren Lebensverlauf auf diese Weise wieder mehr Bindungssicherheit zu erwerben, bezeichnet man als ‚earned secure' (Main 1995; auch Hauser/Endres 2002[6]).

Bereits John Bowlby (1988) betonte die Bedeutung der professionellen Bindungsbeziehung, ihre Funktion als ‚sichere Basis' für freies Explorieren, welches belastende Erlebnisse einschließlich ihrer emotionalen Repräsentationen in Übereinstimmung mit der gegenwärtigen Wirklichkeit zu bringen vermag und vergangene negative Bindungerfahrungen revidieren hilft. Donald W. Winnicott (1972) prägte für die Bedeutung einer fördernden und haltenden Umwelt den Begriff des ‚Holding Environment'. Das Konzept lässt sich wiederum gut zu dem, der ‚mütterlichen Einstimmung' von Daniel Stern (1992) und Carl R. Rogers' Grundmaximen (1987; Finke 1999) in Beziehung setzen. Sie alle zielen auf das gleiche methodische ‚Konzept der Feinfühligkeit' von Mary D. S. Ainsworth und Barbara A. Wittig (1969): Auf die Funktion von bedeutsamen Personen als Basis für die (Neu-)Strukturierung der inneren Erfahrung. In den letzten Jahren wurden Konzeptionen hierfür von verschiedenen Autor/innen gewinnbringend weiter entwickelt[7] (dazu Brisch 1999; Endres/Hauser 2002; Strauß 2006; im Jugendhilfebereich Suess et al. 2001; Schleiffer 2001).

---

6 Die Überlegungen erhalten besondere Bedeutung, wenn man die transgenerationale Weitergabe von Bindungsstörungen einbezieht (siehe oben, Kap. 2 und 3). Neuere Ergebnisse weisen darauf hin, dass das ‚aktive Bemühen um eine Nicht-Wiederholung' der eigenen Erfahrungen am Kind und eine Reflexion der eigenen Kindheitstraumata die Weitergabe durchbrechen kann (z. B. Ziegenhain 2004; für ein konkretes Beispiel Gahleitner 2005 a).

7 Entlang den Basisvariablen der Klientenzentrierten Gesprächsführung formuliert bereits Dieter Tscheulin (1992) Realitätsoffenheit, Personenbezogenheit und Akzeptationsbreite als zentrale Variablen eines geglückten ‚Therapeutischen Basisverhaltens' und findet sie letztlich in allen vorherrschenden Grundorientierungen auf. Die Konzentration auf die beiden genannten Vertreter soll anderen Verfahren nicht das Augenmerk auf Beziehungsgestaltung in helfenden Prozessen absprechen. Carl R. Rogers und Martin Buber und die auf sie basierenden Verfahren haben die Bedeutung

4. Abschließende Gedanken

„Alles wirkliche Leben ist Beziehung." (Buber 1983)

„Bindungen eines Menschen sind ein grundlegendes Organisationsprinzip
in seiner emotionalen, sozialen und kognitiven Entwicklung."
(Grossmann/Grossmann 2004)

Bindungsverhalten begleitet den Menschen „von der Wiege bis zum Grabe"
(Grossmann/Grossmann 2004: 68). Die Bindungstheorie versucht, die Entstehung und Veränderung dieser Bindungen zwischen Individuen zu erklären.
Gerade in der postmodernen globalisierten Welt, die von fragmentierten Erfahrungen, pluralen Lebenslagen und Milieus sowie extremer Individualisierung gekennzeichnet ist, sind soziale Ressourcen in Form stabiler psychosozialer Geborgenheit als positiver Gegenhorizont bedeutsam (Keupp 2003).
Beziehung schafft Schutz, Stabilität und Kontinuität sowie eine Ausgangsba-
sis für Neuerschließungen.

Beratende soziale Arbeit setzt an dieser Ebene an: Das Unterstützungspotential durch Kompensation defizitärer sozialstruktureller Situationsfakto-
ren in der vorhandenen Lebenswelt zu mobilisieren. Der Anspruch der
WHO mit ihrer Definition von Gesundheit als einen Zustand ‚vollkommenen körperlichen, geistigen und sozialen Wohlbefindens' ist insbesondere
für sozial benachteiligte Bevölkerungsgruppen bei weitem uneingelöst. In
ihrem disziplin- und schulenübergreifendem Verständnis gibt Bindungstheorie Antworten auf praxisorientierte Fragen: Intervention kann so betrachtet
niemals Intervention am Individuum alleine sein, sondern ist immer „Intervention im Leben eines Menschen, der mit anderen Menschen zusammen
lebt" (Falck 1997: 129).

Aufgabe helfender Berufe ist es, diesen Bereich für ihr jeweiliges Klientel
detailliert auszuformulieren. Insofern ist es sinnvoll, dass Wissenschaft und
Praxis in der Bindungsforschung eng verschränkt bleiben, dass empirische
Modelle in neue Handlungsmodelle einfließen, von dort überprüft werden
und gemeinsam daraus handlungsrelevante Kriterien für gelingende Hilfeprozesse erarbeitet werden. Darüber z.B., wie in verschiedenen Epochen,
Kulturen und Gemeinschaften mit dem angeborenen Bindungsbedürfnis
und der Fähigkeit, Bindungen einzugehen und zu pflegen, umgegangen
wird, wissen wir im Detail noch wenig (für einen Problemaufriss Keller
2004). Auch postmoderne Verhältnisse und Bindung wurden noch wenig in
Beziehung gesetzt, obwohl dies die aktuelle Diskussion sehr befruchten
könnte (z.B. Suess 2002; Keupp 2003). Bindungstheorie und Jugendhilfe
knüpfen in den letzten Jahren erst an eine gebrochene ‚Beziehung' an.[8]

---

der Beziehung jedoch von Beginn an als Basisvariable betrachtet und ausformuliert
(für eine Reflexion der verschiedenen therapeutischen und beraterischen ‚Bezie-
hungskulturen', Gahleitner 2005 a).

8 Die Diskussion im Detail würde an dieser Stelle zu weit führen (kritisch Schröder
2003; aktuell vermittelnd Brisch 2006).

Bindungstheorie hilft systematisieren. Trotz der Suche nach Systematik und Struktur zum Verständnis persönlicher Beziehungen im Alltag und in der Anwendung auf die Beziehungsgestaltung helfender Berufe können und dürfen konkrete ‚Anweisungen und Forderungen' für die praktische Arbeit vor Ort jedoch immer nur Anregungen sein. Bindungsorientierte Intervention in Form von Regeln zu organisieren, kann einen wichtigen Wissenshintergrund darstellen, vor dem aber letztlich der *adäquate Einsatz* die eigentliche Qualität der Hilfestellung ausmacht.

Gelungene Interaktion jedoch als natürlichen Prozess zu begreifen und im Gegensatz zu falsch verstandenen Autonomiekonzepten als Ressource zu betrachten, ist meines Erachtens nicht nur eine wichtige Perspektiveinnahme für alle Bereiche psychosozialer Gesundheit, sondern unser alltägliches (Er-)Leben insgesamt. Bindungstheorie vertritt damit „entgegen dem puritanischen Ethos der Unabhängigkeit des Individuums, dass das Bestreben, jemandem nah sein zu wollen, respektiert, wertgeschätzt und unterstützt werden soll" (Grossmann 2002: 55). Statt „Unabhängigkeit" fordert sie „Autonomie in Verbundenheit" (ebd.: 39).

Insofern greift das zunehmende Interesse an der Bindungstheorie „ein Besorgnis des heutigen Menschen" (Endres/Hauser 2002: 10) auf, in dieser immer unüberschaubarer werdenden Welt Halt zu gewinnen und ist damit ein empirisch fundiertes und theoretisch weitreichendes „Plädoyer gegen Nachlässigkeit im sozialen Miteinander" (Grossmann/Grossmann 2004: 19).

Literatur

Ainsworth, Mary D. S./Bell, Silvia M./Stayton, Donelda J. (1974): Infant-mother attachment and social development. „Socialization" as a product of reciprocal responsiveness to signals. In: Richards, Martin P. (ed): The integration of a child into social world. Cambridge: 99-135

Ainsworth, Mary D. S./Wittig, Barbara A. (1969): Attachment and the exploratory behavior of one year olds in a strange situation. In: Determinants of infant behavior 4: 113-136

Antonovsky, Aaron (1997): Salutogenese. Zur Entmystifizierung der Gesundheit. Tübingen: dgvt

Asendorpf, Jens B./Wilpers, Susanne (2000): Attachment security and available support: Closely linked relationship qualities. In: Journal of Social and Personal Relationship 17: 115-138

Bowlby, John (1973): Mütterliche Zuwendung und geistige Gesundheit. München: Kindler (Orig. 1951)

Bowlby, John (1969/2005, 1973/2005, 1980/2005): Frühe Bindung und kindliche Entwicklung. 5. neugest. Auflage. München: Reinhardt (Orig. Vol. 1: Attachment. 1969; Vol. 2: Separation, anxiety and anger. 1973; Vol. 3: Sadness and depression. 1980)

Bowlby, John (1988): A secure base. Clinical applications of attachment theory. London: Tavistock/Routledge

Brisch, Karl Heinz (1999): Bindungsstörungen. Von der Bindungstheorie zur Therapie. Stuttgart: Klett-Cotta

Brisch, Karl Heinz (2003): Bindungsstörungen und Trauma. Grundlagen für eine
gesunde Bindungsentwicklung. In: Brisch, Karl Heinz/Hellbrügge, Theodor
(Hg.): Bindung und Trauma. Stuttgart: 105-135

Brisch, Karl Heinz (2006): Bindungsstörung. Grundlagen, Diagnostik und Konsequenzen für sozialpädagogisches Handeln. In: Blickpunkt Jugendhilfe 3: 43-55

Buber, Martin (1983): Ich und Du. Heidelberg: Lambert Schneider

Cassidy, Jude/Shaver, Philip R. (eds) (1999): Handbook of attachment. Theory, research, and clinical applications. New York: Guilford

Cicchetti, Dante (1999): Entwicklungspsychopathologie: Historische Grundlagen,
konzeptionelle und methodische Fragen, Implikationen für Prävention und Intervention. In: Oerter, Rolf/Hagen, Cornelia von/Röper, Gisela/Noam, Gil (Hg.):
Klinische Entwicklungspsychologie. Weinheim: 11-44

Crittenden, Pat M. (1995): Attachment and psychopathology. In: Goldberg, Susan/
Muir, Ron/Kerr, Jon (eds): John Bowlby's attachment theory. Historical, clinical
and social significance. New York: 367-406

Döring, Else (2004): Personzentrierte Psychotherapie mit Kindern und Jugendlichen. Was hilft Spielen mit traumatisierten Kindern und Jugendlichen? In: Gesprächspsychotherapie und Personzentrierte Beratung 35: 193-198

Dornes, Martin (1999): Die Entstehung seelischer Erkrankungen: Risiko- und
Schutzfaktoren. In: Suess, Gerhard J./Pfeifer, Walter-Karl P. (Hg.): Frühe Hilfen. Anwendung von Bindungs- und Kleinkindforschung in Erziehung, Beratung, Therapie und Vorbeugung. Gießen: 25-64

Dornes, Martin (2000): Die emotionale Entwicklung des Kindes. Frankfurt a.M.:
dgtv

Endres, Manfred/Hauser, Susanne (2002): Bindungstheorie und Entwicklungspsychologie. Einführende Anmerkungen. In: Endres, Manfred/Hauser, Susanne
(Hg.): Bindungstheorie in der Psychotherapie. München: 9-17

Endres, Manfred/Hauser, Susanne (Hg.) (2002): Bindungstheorie in der Psychotherapie. München: Reinhardt

Falck, Hans S. (1997): Membership. Eine Theorie der Sozialen Arbeit. Stuttgart: Enke

Finke, Jobst (1999): Beziehung und Intervention. Interaktionsmuster, Behandlungskonzepte und Gesprächstechnik in der Psychotherapie. Stuttgart: Thieme

Gahleitner, Silke Birgitta (2005 a): Neue Bindungen wagen. Beziehungsorientierte
Therapie bei sexueller Traumatisierung. München: Reinhardt

Gahleitner, Silke Birgitta (2005 b): Psychosoziale Diagnostik und Intervention bei
komplexer Traumatisierung. In: Psychosozial 28: 43-58

Gahleitner, Silke Birgitta (2005 c): Sexuelle Gewalt und Geschlecht. Hilfen zur
Traumabewältigung bei Frauen und Männern. Gießen: Psychosozial

Gendlin, Eugene T. (1997): Focusing-orientierte Psychotherapie. Ein Handbuch der
erlebensbezogenen Methode. München: Pfeiffer

George, Carol C./Kaplan, Nancy/Main, Mary (1985). The adult attachment interview. Unpublished manuscript. University of California at Berkeley

Gloger-Tippelt, Gabriele (2001): Das Adult Attachment Interview. Durchführung
und Auswertung. In: Gloger-Tippelt, Gabriele (Hg.): Bindung im Erwachsenenalter. Bern: 102-120

Gloger-Tippelt, Gabriele (2003): Bindung und Persönlichkeitsentwicklung. In: Zeitschrift für Individualpsychologie 28: 20-43

Gottlieb, Benjamin H. (1983): Social support strategies. Guidelines for mental health practice. Beverly Hills, CA: Sage (Sage studies in community mental health. 7)

Grossmann, Karin (2002): Praktische Anwendungen der Bindungstheorie. In: Endres, Manfred/Hauser, Susanne (Hg.): Bindungstheorie in der Psychotherapie. München: 54-80

Grossmann, Karin/Grossmann, Klaus E. (2004): Bindungen. Das Gefüge psychischer Sicherheit. Stuttgart: Klett-Cotta

Harlow, Harry F./Harlow, Margaret K. (1966): Learning to love. In: American Scientist 54: 744-272

Harlow, Harry F./Harlow, Margaret K. (1969): Effects of various mother-infant relationships on rhesus monkey behaviors. In: Foss, Brian M. (ed): Determinants of infant behaviour (Vol. 4). London: 15-36

Hauser, Susanne/Endres, Manfred (2002): Therapeutische Implikationen der Bindungstheorie. In: Endres, Manfred/Hauser, Susanne (Hg.): Bindungstheorie in der Psychotherapie. München: 159-176

Hesse, Erik (1999): The adult attachment interview: Historical and current perspectives. In: Cassidy, Jude/Shaver, Philip R. (eds): Handbook of attachment. New York: 395-433

Hesse, Erik/Main, Mary (2002): Desorganisiertes Bindungsverhalten bei Kleinkindern, Kindern und Erwachsenen. Zusammenbruch von Strategien des Verhaltens und der Aufmerksamkeit. In: Brisch, Karl Heinz/Grossmann, Klaus E./Grossmann, Karin/Köhler, Lotte (Hg.): Bindung und seelische Entwicklungswege. Stuttgart: 219-248

Hopf, Christel (2005): Frühe Bindungen und Sozialisation. Eine Einführung. Weinheim, München: Juventa

IJzendoorn, Marinus H. van (1995): Adult attachment representations, parental responsiveness and infant attachment. A meta-analysis on the predictive validity of the adult attachment interview. In: Psychological Bulletin 117: 387-403

Keller, Heidi (2004): Kultur und Bindung. In: Ahnert, Lieselotte (Hg.): Frühe Bindung. München: 110-124

Keupp, Heiner (2003): Identitätsbildung in der Netzwerkgesellschaft: Welche Ressourcen werden benötigt und wie können sie gefördert werden? In: Finger-Trescher, Urte/Krebs, Heinz (Hg.): Bindungsstörungen und Entwicklungschancen. Gießen: 15-50

Kolk, Bessel A. van der (1999): Zur Psychologie und Psychobiologie von Kindheitstraumata (Developmental Trauma). In: Streeck-Fischer, Anette (Hg.): Adoleszenz und Trauma. Göttingen: 32-56

Main, Mary (1995): Recent studies in attachment: Overview with selected implications for clinical work. In: Goldberg, Susan/Muir, Ron/Kerr, Jon (eds): Attachment theory. Hillsdale, NJ: 407-474

Main, Mary/Hesse, Erik (1990): Parents unresolved traumatic experience are related to infant disorganized attachment status: Is frightened and/or frightening parental behavior the linking mechanism? In: Greenberg, Mark T./Cichetti, Dante/Cummings, E. Mark (eds): Attachment in the preschool years. Chicago: 161-182

Main, Mary/Kaplan, Nancy/Cassidy, Jude (1985): Security in infancy, childhood and adulthood. A move to the level of representation. In: Bretherton, Inge/ Waters, Everett (eds): Growing points in attachment theory and research. Chicago: 66-104 (Monographs of the Society for Research in Child Development. 50)

Marbach, Jan H. (2005): Soziale Netzwerke von Acht- bis Neunjährigen. Die Rolle von Sozialkapital in der Sozialisation von Kindern im Grundschulalter. In: Alt, Christian (Hg.): Kinderleben. Aufwachsen zwischen Familie, Freunden und Institutionen. (Band 2). Wiesbaden: 83-121

Märtens, Michael (1997): Psychotherapie im Kontext. Soziale und kulturelle Koordinaten therapeutischer Prozesse. Heidelberg: Asanger

Mikula, Gerold/Leitner, Alexander (1998): Partnerschaftsbezogene Bindungsstile und Verhaltenserwartungen an Liebespartner, Freunde und Kollegen. In: Zeitschrift für Sozialpsychologie 29: 213-223

Nestmann, Frank (1988): Die alltäglichen Helfer. Berlin: de Gruyter (Prävention und Intervention im Kindes- und Jugendalter. 2.)

Nestmann, Frank/Engel, Frank/Sieckendieck, Ursel (2004): „Beratung". Ein Selbstverständnis in Bewegung. In: Nestmann, Frank/Engel, Frank/Sieckendieck, Ursel (Hg.): Das Handbuch der Beratung. (Band 1). Tübingen: 219-230

Orlinsky, David E./Grawe, Klaus/Parks, Barbara K. (1994): Process and outcome in psychotherapy – Noch einmal. In: Bergin, Alan E./Garfield, Sol L. (eds): Handbook of psychotherapy and behavior change (4th ed.). New York: 270-376

Orth, Ilse/Petzold, Hilarion G. (1996): Beziehungsmodalitäten – ein integrativer Ansatz für Therapie, Beratung, Pädagogik. In: Petzold, Hilarion G./Sieper, Johanna (Hg.): Integration und Kreation. Modelle und Konzepte der Integrativen Therapie, Agogik und Arbeit mit kreativen Medien (Band 1; 2. Aufl.). Paderborn: 117-124

Pauls, Helmut (2004): Klinische Sozialarbeit. Grundlagen und Methoden psychosozialer Behandlung. Weinheim, München: Juventa

Pearson, Richard E. (1997): Beratung und soziale Netzwerke. Weinheim: Beltz

Rogers, Carl R. (1987): Eine Theorie der Psychotherapie, der Persönlichkeit und der zwischenmenschlichen Beziehungen. Entwickelt im Rahmen des klientenzentrierten Ansatzes. Köln: GwG

Rogers, Carl R./Buber, Martin (1960): Dialogue between Martin Buber and Carl Rogers. 1957. In: Psychologia. An International Journal of Psychology in the Orient 3: 208-221

Röper, Gisela/Noam, Gil (1999): Entwicklungsdiagnostik in klinisch-psychologischer Therapie und Forschung. In: Oerter, Rolf/Hagen, Cornelia von/Röper, Gisela/Noam, Gil (Hg.): Klinische Entwicklungspsychologie. Weinheim: 218-239

Schleiffer, Roland (2001): Der heimliche Wunsch nach Nähe. Weinheim: Beltz

Schmidt-Denter, Ulrich/Spangler, Gottfried (2005): Entwicklung von Beziehungen und Bindungen. In: Asendorpf, Jens B. (ed): Soziale, emotionale und Persönlichkeitsentwicklung. Göttingen: 425-523

Schröder, Achim (2003): Die begrenzte Reichweite der Bindungstheorie für Jugendarbeit und Jugendhilfe. In: Neue Praxis 2: 189-198

Seiffge-Krenke, Inge (2004): Psychotherapie und Entwicklungspsychologie. Beziehungen: Herausforderungen – Ressourcen – Risiken. Heidelberg: Springer

Solomon, Judith/George, Carol (1999): The place of disorganization in attachment theory. Linking classic observations with contemporary findings. In: Solomon, Judith/George, Carol (eds): Attachment disorganization. New York: 3-32

Spangler, Gottfried (2001): Die Psychobiologie der Bindung. Ebenen der Bindungsorganisation. In: Suess, Gerhard J./Scheurer-Englisch, Hermann/Pfeifer, Walter-Karl P. (Hg.): Bindungstheorie und Familiendynamik. Gießen: 157-177

Spangler, Gottfried/Grossmann, Karin (1995): 20 Jahre Bindungsforschung in Bielefeld und Regensburg. In: Spangler, Gottfried/Zimmermann, Peter (Hg.): Die Bindungstheorie. Stuttgart: 50-63

Spitz, René (1946): Analytic depression: An inquiry into the genesis of psychiatric conditions in early schildhood. In: The psychoanalytic study of the child 1: 47-53

Sroufe, L. Alan (2000): Early relationships and the development of children. In: Infant Mental Health Journal 21: 67-74

Steele, Howard/Steele, Miriam/Fonagy, Peter (1996): Associations among attachment classifications of mothers, fathers and their infants: Evidence for a relationship-specific perspective. In: Child Development 67: 541-555

Steinhardt, Kornelia/Datler, Wilfried/Gstach, Johannes (Hg.) (2002): Die Bedeutung des Vaters in der frühen Kindheit. Gießen: Psychosozial

Stemmer-Lück, Magdalena (2004): Beziehungsräume in der Sozialen Arbeit. Psychoanalytische Theorien und ihre Anwendung in der Praxis. Stuttgart: Kohlhammer

Stern, Daniel (1992): Die Lebenserfahrung des Säuglings. Stuttgart: Klett-Cotta

Stöcker, Kerstin/Strasser, Karin/Winter, Monika (2003): Bindung und Partnerschaftsrepräsentation. In: Grau, Ina/Bierhoff, Hans Werner (Hg.): Sozialpsychologie der Partnerschaft. Heidelberg: 137-163

Strauß, Bernhard (2006): Bindungsforschung und therapeutische Beziehung. In: Psychotherapeut 51: 5-14

Suess, Gerhard J. (2002): Die Eltern-Kind-Bindung als Prototyp intimer Beziehungen und ihre Bedeutung für die Kindesentwicklung im Zeitalter der Globalisierung. In: Hantel-Quitmann, Wolfgang/Kastner, Peter (Hg.): Die Globalisierung der Intimität. Gießen: 201-234

Suess, Gerhard, J./Scheurer-Englisch, Hermann/Pfeifer, Walter-Karl P. (Hg.) (2001): Bindungstheorie und Familiendynamik. Anwendung der Bindungstheorie in Beratung und Therapie. Gießen: Psychosozial

Sydow, Kirsten (2002): Bindung und gestörte Paarbeziehung. In: Strauß, Bernhard/Buchheim, Anna/Kächele, Horst (Hg.): Klinische Bindungsforschung. Stuttgart: 231-241

Tscheulin, Dieter (1992): Wirkfaktoren psychotherapeutischer Intervention. Göttingen: Hogrefe

Winnicott, Donald W. (1972): Von der Kinderheilkunde zur Psychoanalyse. München: Kindler

Ziegenhain, Ute (2004): Beziehungsorientierte Prävention und Intervention in der frühen Kindheit. In: Psychotherapeut 49: 243-251

Zurhorst, Günter (2000): Armut, soziale Benachteiligung und Gesundheit. In: Sting, Stephan/Zurhorst, Günter (Hg.): Gesundheit und Soziale Arbeit. Weinheim, München: 41-54

Cornelia Koppetsch

Persönliche Beziehungen in der Geschlechterforschung

Persönliche Beziehungen wurden in der Geschlechterforschung lange Zeit vernachlässigt. Die Geschlechterforschung – vor allem die Theoriediskussion – beschäftigte sich überwiegend mit dem Geschlechterverhältnis in öffentlichen Kontexten. Ungleichheits- und Herrschaftsverhältnisse beziehen sich vor allem auf die Berufsarbeit, „doing gender" ist eine Angelegenheit vor Publikum. Ein Großteil der Geschlechterforschung erweckt somit den Eindruck, als gäbe es Begegnungen der Geschlechter nur im öffentlichen Raum, als stünden sich Männer und Frauen in der Gesellschaft entweder nur als Großgruppen gegenüber oder als vereinzelte Vertreter ihrer jeweiligen Geschlechtsklasse – ungeachtet der einfachen Tatsache, dass die große Mehrheit der Mitglieder der beiden Geschlechterklassen mit einem Individuum aus der anderen Klasse paarweise liiert ist. Nur selten findet sich demgegenüber – in der Theorie-Diskussion – die Beschäftigung mit dem Geschlechterverhältnis in persönlichen Beziehungen, z. B. in Paarbeziehungen (Ausnahmen sind: Kessler/McKenna 1978; Tyrell 1986; Connell 1987; Butler 1990; Hirschauer 1994).

Während die Geschlechterforschung lange Zeit die Paarbeziehung vernachlässigte, ignorierten weite Kreise der Paar- und Familienforschung die Diskussion um das Geschlechterverhältnis. Sie interessierten sich kaum für die Frage, wie Geschlechtlichkeit in Paarbeziehungen zum Ausdruck kommt, wie Geschlechtsnormen mit Paar-Normen verknüpft sind und wie sich diese beiden Normen gegenseitig stützen. „Geschlecht" wird als naturalisierter Alltagsbegriff oder als empirische Variable betrachtet. Oder man übernimmt den Geschlechterbegriff aus der politischen Diskussion, der sich in erster Linie mit Macht und Benachteiligung im Verhältnis der Geschlechter-Klassen befasst. Die Familiensoziologie tendiert dazu, das Geschlechterverhältnis im öffentlichen Bereich – etwa die Problematik beruflicher Benachteiligung von Frauen – auf den privaten Bereich zu übertragen. Deshalb wurde die Arbeitsteilung zwischen den Geschlechtern im Haushalt oft so behandelt, als sei sie in der selben Weise strukturiert wie die Segregation der Geschlechter im Berufssystem und den öffentlichen Machsphären (Künzler 1994).

Demgegenüber ist davon auszugehen, dass die Geschlechterdifferenz im privaten Bereich anders konstruiert wird als im öffentlichen Bereich, da sie in der Institution des Paares und in der öffentlichen Sphäre unterschiedliche Ordnungsfunktionen erfüllt. Da Freundschaftsbeziehungen und Eltern-

Kind-Beziehungen an anderer Stelle in diesem Handbuch behandelt werden, konzentriert sich der Beitrag auf neuere Forschungsperspektiven zu Geschlechterbeziehungen in Paarbeziehungen (Teil I). Im zweiten Teil (II) geht es um die Frage, welche Unterschiede und welche Verbindungslinien zwischen der privaten und öffentlichen Geschlechterordnung bestehen.

1. Drei Ansätze zur Erforschung von Geschlechterverhältnissen in Paarbeziehungen

Seit den 90er Jahren kam es zu einem wachsenden wissenschaftlichen, wissenschaftspolitischen und medialen Interesse der Geschlechter- und der Familienforschung an Paarbeziehungen. Im folgenden sollen drei relevante Diskussionszusammenhänge vorgestellt werden, die unterschiedliche theoretische und methodische Zugänge zur Problematik der Geschlechterverhältnisse in Paarbeziehungen enthalten: a) die Forschung zu Doppelkarriere-Paaren, b) die institutionalistisch-normative Perspektive auf die Ordnungs- und Orientierungsfunktionen von Geschlechterdifferenzen c) die sozialstrukturelle Forschung zur Milieu- bzw. Klassenabhängigkeit von Geschlechterarrangements in der privaten Sphäre.

1.1 Zur Verschränkung beruflicher und privater Lebensführung: Die Forschung zu Doppelkarriere-Paaren

Unter Doppelkarriere-Paaren bzw. Dual Career Couples (DCC) werden Paare verstanden, in denen beide Partner eine starke Berufsorientierung besitzen und eine eigenständige Berufslaufbahn verfolgen.[1] Diese Paare, die überwiegend aus akademischen Berufsfeldern stammen, machen zwar nur etwa 6% aller zusammenlebenden Paare in Deutschland aus (Solga/Wimbauer 2005), sie sind jedoch in methodischer als auch in theoretischer Hinsicht für die Geschlechterforschung von besonderem Interesse (Schulte 2002; Behnke/Meuser 2005). Theoretisch interessiert die Frage nach den in der Privatsphäre verankerten Perspektiven und Hindernissen für die Angleichung. Die Verknappung hoch qualifizierter Nachwuchskräfte hat dafür gesorgt, dass für die Unternehmen zunehmend akademisch gebildete Frauen interessant werden (Faber/Kowol 2003). Auf Seite der Frauen sorgen die Individualisierungsprozesse im weiblichen Lebenszusammenhang dafür, dass ein auf Ehe und Familienleben fokussierter Lebensentwurf zunehmend an Attraktivität verliert. Ein wachsender Teil insbesondere junger Frauen ist zumindest nicht mehr anstandslos bereit ein Geschlechterarrangement mitzutragen, das am tradierten Modell der Hausfrauenehe orientiert ist. Auch die Angleichung der Bildungsniveaus von Männern und Frauen sowie das

---

1 Im Unterschied zu Doppelkarriere-Paaren werden als Zwei-Verdiener-Paare solche Paare bezeichnet, in denen beide Partner in irgendeiner Form erwerbstätig sind, die Frauen allerdings meist keiner eigenständigen Berufslaufbahn folgen.

erhöhte berufliche Anspruchsniveau von Frauen führen dazu, dass Frauen heute verstärkt eigene berufliche Karrieren verfolgen und nicht mehr selbstverständlich bereit sind, ihre Ambitionen dem Familieninteresse unterzuordnen.

In methodischer Hinsicht befasst sich die Forschung zu Doppelkarriere-Paaren mit der Verschränkung beruflicher und privater Lebensführung. Wenn Männer und Frauen Berufskarrieren verfolgen, gleichzeitig aber auch Familien- und Beziehungsleben für beide Geschlechter eine hohe Bedeutung haben, dann findet – so die Annahme – eine mehr oder minder starke „Entgrenzung" der Sphären statt. Die Paare müssen mehr oder weniger eigenständig nach Wegen suchen, berufliche und private Anforderungen miteinander in Einklang zu bringen, sie stehen im Spannungsfeld zwischen Beziehungsansprüchen und beruflichen Anforderungen. Die Verknüpfung von beruflichen und privaten Statuspassagen und Lebenslaufregimes ist nicht mehr institutionell durch geschlechtsspezifische Zuständigkeiten vorgegeben, sondern muss ausgehandelt werden. Zum einen geht es um die Frage, welche Koordinierungs- und Vereinbarkeitsstrategien innerhalb der privaten Sphäre von Doppelkarriere-Paaren angewendet werden. Zum anderen geht es um die Frage, in welchem Grad moderne Berufswelten sich auf diese Koordinierungs- und Vereinbarkeitsstrategien auswirken bzw. ob sie geschlechts-untypische Formen der Balance zwischen Berufs- und Privatleben überhaupt zulassen.

Innerhalb des Paares kommt es, so zeigen neuere Studien (Behnke/Meuser 2005; Solga et al. 2005; Dettmer/Hoff 2005; Könekamp/Haffner 2005), meist zur Wiederherstellung traditioneller Geschlechterarrangements im neuen Gewand. Selbst Paare, die berufliche Statusgleichheit zwischen Mann und Frau hergestellt haben (gemessen am Bildungs- und Einkommensniveau) und den Anspruch auf eine egalitäre Partnerschaft erheben, behandeln die Karriere des Mannes faktisch meist als vorrangig. Im Zweifelsfall, d.h. bei Mobilitätsentscheidungen, wird der Laufbahn des Mannes nach wie vor der Vorzug gegeben, was letztlich bedeutet, dass Frauen auch in den vergleichsweise egalitären Doppelkarriere-Partnerschaften geringere berufliche Gestaltungschancen für sich in Anspruch nehmen.

• Nach wie vor stellt für mehr Frauen als Männer das partnerschaftliche Zusammenleben der übergeordnete Rahmen dar, dem sie ihre Laufbahn im Konfliktfall unterordnen. Dadurch tragen sie das Risiko, als „heimliche Mobilitätsressource im Karriereprogramm des Mannes" (Behnke/ Meuser 2005: 130) zu fungieren und ihre beruflichen Entscheidungen in Abhängigkeit von den Vorgaben des Mannes zu treffen.
• Auch die Arbeit, in der die Erfordernisse des Berufslebens beider Partner mit den Anforderungen des Familien- oder Paarlebens in Übereinstimmung gebracht werden, also die Zuständigkeit für das „Vereinbarkeitsmanagement" (Behnke/Meuser 2005), liegt – bei Doppelkarriere-Paaren, nicht anders als bei sonstigen Paaren – meist bei der Frau. Das ermög-

licht es dem Mann, sich in seiner Karriere als weitgehend autonom zu begreifen, während das „Lebenslaufprogramm" der Frau weiterhin ein Stück Verhandlungsmasse zwischen den Partnern bleibt (Krüger 1995), wenn auch in geringerem Ausmaß als bei der so genannten Versorgerehe.

• Schließlich erschweren die traditionell-männlich geprägten Arbeitskulturen in den akademischen Berufsfeldern die Angleichung weiblicher und männlicher Karrieren, denn die häusliche Arbeitsteilung ist tief in den Strukturen beruflicher Arbeit verankert. Je höher die Qualifikation, desto stärker der „Totalitätsanspruch" auf die Person, der sich an überlangen und nicht fixierten täglichen Arbeitszeiten und der totalen Verfügbarkeit des Einzelnen für das Unternehmen/die Organisation festmacht (Haffner et al. 2006). Meist stillschweigend vorausgesetzt werden dabei private Arrangements, in denen häusliche Zuständigkeit an eine nicht berufstätige oder nur geringfügig beschäftigte Partnerin (in seltenen Fällen an einen männlichen Partner) delegiert werden können. Besonders sichtbar wird dies in Arbeitszusammenhängen, die von ihren meist männlichen Angestellten eine Ehefrau erwarten, die ihr berufliches Engagement zugunsten von repräsentativen Aufgaben als „Gattin" zurückstellt (Schulte 2002).

Die Forschung zu Doppelkarriere-Paaren zeigt, dass die Abweichung von traditionellen Mustern geschlechtsspezifischer Arbeitsteilung – der Mann folgt im wesentlichen der Berufslaufbahn, während für die Frau die Familie der übergeordnete Rahmen darstellt – sowohl innerhalb der Berufswelt als auch innerhalb der Paarbeziehung auf Widerstände stößt. Erstaunlich ist dabei, dass viele Paare, selbst im Falle einer bereits erreichten beruflichen Statusgleichheit, scheinbar freiwillig zu eher traditionellen Formen des Zusammenlebens zurückkehren. Wo liegen die Gründe dafür, dass Paare trotz des Anspruchs partnerschaftlicher Gleichheit im Konfliktfall der männlichen Karriere den Vorzug geben?

1.2 Latente Regulative: Die normativ-institutionalistische Perspektive auf Geschlechterverhältnisse in Paarbeziehungen

Dazu soll nun eine theoretische Perspektive skizziert werden, die Bedeutung von Geschlechtsnormen für das Funktionieren von Paarbeziehungen aufzeigt. In Anlehnung an die von Peter L. Berger und Hansfried Kellner (1965) begründete institutionalistische Perspektive, kann das Paar als Realität sui generis, als eine Institution, betrachtet werden, die zur Stabilisierung auf spezifische Normen zurückgreift (Lenz 1990). Nach Peter L. Berger und Hansfried Kellner ist die Ehe bzw. das Paar ein nomosbildendes Instrument, das eine sinnhafte Ordnung für den Einzelnen generiert. Aus unterschiedlichen Lebenszusammenhängen und Milieus kommend steht das Paar vor der Aufgabe, eine eigene Welt zu schaffen und diese gegen die Außenwelt abzugrenzen. Peter Berger und Hansfried Kellner sprechen von

einem „nomischen Bruch" bei der Konstitution des Paares; die beiden individuellen Sinnhorizonte werden aufgegeben, um einen gemeinsamen neuen
zu bilden. Dies stellt nach Peter Berger und Hansfried Kellner eine Aufgabe
dar, die in der modernen Gesellschaft aufgrund des Verlustes verbindlicher
Weltsichten an Dramatik gewonnen hat. Da das Paar nicht mehr in eine traditionelle Öffentlichkeit aus Verwandtschafts- und Bekanntschaftsnetzen
eingebunden ist, bleibt die gemeinsame Wirklichkeitskonstruktion immer
fragil und bedarf der fortlaufenden Bestätigung. Nach Peter Berger und
Hansfried Kellner wird diese Bestätigung durch das fortlaufende Gespräch
geleistet.

In Fortsetzung dieses Ansatzes hat sich in neuerer Zeit eine Forschungsperspektive profiliert, die das Fundament der gemeinsame Wirklichkeitskonstruktion nicht auf der Ebene des Gesprächs, d. h. des Diskurses, sondern
auf der Ebene der gemeinsam etablierten Alltagspraxis, d. h. der inkorporierten Gewohnheiten und Gesten verortet (Hochschild 1990; Kaufmann
1994; Koppetsch/Burkart 1999; Lenz 2003). Demnach haben Paare in ihren
Anfangsphasen heute weniger Rollenvorgaben, sie können und müssen ihren Beziehungsalltag selbst gestalten. Dennoch schleichen sich nach und
nach die altbekannten Muster der Arbeitsteilung ein. Es sind wiederkehrende Ablaufmuster und Regelmäßigkeiten scheinbar unbedeutender Handlungen, die dem Paar Stabilität verleihen und durch die zugleich Geschlechterdifferenzen hervorgebracht werden. Geschlechtsnormen erfüllen dieser
Auffassung nach wichtige Ordnungsfunktionen für den Zusammenhalt des
Paares, weshalb die Barrieren, die der Gleichstellung der Geschlechter in
der Paarbeziehung entgegenstehen, unter Umständen sogar höher sind als in
den öffentlichen, konkurrenzbestimmten Lebenssphären.

Im Anschluss an diese Forschungen können drei Prinzipien identifiziert
werden, die zur Aufrechterhaltung von Geschlechtergrenzen innerhalb des
Paares (und zur Stabilität der Beziehung) beitragen:

a) Der Widerstand der „Alltagsgesten". Die Idee der Gleichheit und die Alltagspraxis sind auf unterschiedlichen Ebenen angesiedelt. Während die
Idee der Gleichheit einer reflexiven Logik, der Idee rationaler Verhandlung und Entscheidung, folgt, beruht die Verrichtung alltäglicher Handlungen auf einer praktischen Logik und wird durch Geschlechtsnormen
reguliert, die den Beziehungsalltag stabilisieren und zur Konsolidierung
des Paares – als Institution – beitragen. Der Prozess der allmählichen
Herausbildung von Geschlechtsrollen geschieht meist unbemerkt durch
die Entwicklung scheinbar unbedeutender Handlungsroutinen und Gewohnheiten. Indem die Partnerin damit beginnt, ein herumliegendes
Kleidungsstück wegzuräumen oder die Wäsche des Partners mit zu waschen, schafft sie „eine neue Gewohnheit, welche die Positionen der beiden Partner verschiebt und den Geschlechterkontrast reproduziert und
verschärft" (Kaufmann 1994: 294). Nach Jean-Claude Kaufmann sind es
häufig die Frauen, die kompetenter und anspruchsvoller sind. Er fasst

dies unter dem Begriff des „Verhaltenskapitals" zusammen, das sich in der Alltagspraxis der Zweierbeziehungen in ein Negativkapital verwandelt. Indem die Frau ihre höhere Handlungskompetenz einbringt und im Alltag höhere Ansprüche an Ordnung, Sauberkeit und Sorge um die Kinder umsetzt, tappt sie in eine Falle. Eine Falle ist es nicht nur, weil die Frau trotz der Gleichheitsidee unverändert mehr Hausarbeit leistet als der Mann. Eine Falle ist es vor allem deshalb, weil die Frauen ein System von Praktiken verstärken, das sie eigentlich kritisieren und das der Idee der Geschlechtergleichheit widerspricht (Lenz 2003).

b) Die „Ökonomie der Gabe". Die Ökonomie des Gabentauschs, die auf Freiwilligkeit und Unbedingtheit basiert (Mauss 1990; Simmel 1983), steht der Idee partnerschaftlicher Gleichheit und individueller Interessen entgegen. Um die Liebe zwischen den Partnern nicht aufs Spiel zu setzen, verzichten die meisten Paare über weite Strecken auf eine explizite Aufrechnung, wie sie bei einer genauen Einhaltung der Partnerschaftsnorm erforderlich wäre. Dadurch entsteht bei vielen Paaren die Situation, dass die Beteiligung des Mannes an der Hausarbeit sich auf gelegentliche Hilfestellungen und außeralltägliche „Sonderleistungen" (Bügelmarathon, Großeinkauf, Großputz etc.) beschränkt (Frerichs/Steinrücke 1997; Koppetsch/Burkart 1999; Koppetsch 1998, 2005). Die meisten Frauen empfinden dieses Arrangement als gerecht und ihnen fällt nicht einmal auf, dass es dem Gleichheitsanspruch widerspricht, solange der Mann nur unaufgefordert und „von sich aus" einen kleinen Teil der Hausarbeit übernimmt und damit seine Dankbarkeit zum Ausdruck bringt. Auf diese Weise wird ein „symbolischer Ausgleich" für die einseitige Verteilung der Hausarbeit geschaffen. Das eigentliche Ziel des Engagements der Frau besteht somit – anders als behauptet – nicht in dem Erhalt einer gleichwertigen Gegenleistung, sondern darin, dass auch der Mann sich gelegentlich und *freiwillig* in die Position des Gebenden begibt, was wiederum die Stärkung und Aufwertung der Rolle der Frau als Gebender zur Folge hat. Eine Erwartung, die nicht ausgesprochen werden darf, soll das Prinzip der „Gabe" (Freiwilligkeit) nicht zerstört werden. Erst wenn die Gegengabe ausbleibt, der Mann sich als „undankbar" erweist, beginnt die Frau, ihm das Ausmaß seiner Schuld vor dem Hintergrund der faktisch aufweisbaren Ungleichheit zu verdeutlichen. Die Frau fordert nun „partnerschaftliche Gleichheit" ein und es findet ein abrupter Wechsel zwischen den beiden Austauschprinzipien, vom Gabentausch hin zum Äquivalententausch, zwischen einem von Liebe her ausgelegten freiwilligen Geben und dem Prinzip der Bilanzierung von Leistungen, statt (Kaufmann 1994).

c) Symbolische Grenzziehungen. Der ungleichen häuslichen Praxis innerhalb moderner Paarbeziehungen kommt in einigen Fällen auch die Funktion zu, symbolische Grenzen zwischen Weiblichkeit und Männlichkeit dort zu errichten, wo strukturell eine Angleichung zwischen den Geschlechtern erfolgt ist. Paradoxerweise übernehmen Frauen häufig gerade dann ein Mehr an häuslichen Pflichten, wenn sie in beruflicher Hinsicht über einen vergleichbaren oder sogar höheren Status als ihr Partner verfügen (Behnke/ Meuser 2005; Hochschild 1990). Ein Beispiel aus der eigenen Studie (Koppetsch/Burkart 1999) kann dies verdeutlichen. Im Fall „Schloß-Walter" gibt es ein kompliziertes Arrangement zwischen der Berufstätigkeit der Frau, der Haushaltstätigkeit des Mannes und dessen Arbeit an einer Dissertation: Weil die Statusbalance zwischen den Partnern durch den größeren Berufserfolg der Frau bedroht erscheint, darf der Mann nach eigenem Ermessen häusliche Pflichten hinter die Arbeit an seiner Dissertation zurückstellen. Die von der Frau geleistete Mehrarbeit dient dann als Statuskorrektur in einer Situation, in der die Frau faktisch über die größeren Ressourcen und den höheren Erwerbsstatus verfügt.

Die Forschungsergebnisse zeigen, dass Geschlechtsnormen wichtige Funktionen für die Stabilisierung von Paarbeziehungen erfüllen und nicht so leicht für eine Idee geopfert werden. Da diese auf der Ebene des „praktischen Sinns" (Bourdieu 1987) operieren, entziehen sie sich der diskursiven Logik der Partnerschaftsmoral (Leupold 1983) und des rationalen Austauschs. Dennoch kann die Wirksamkeit latenter Geschlechtsnormen nicht einfach als Fortsetzung eines veralteten Rollenmusters verstanden werden. Sie ist etwas durchaus Neues. Da die meisten modernen Paare auf die Idee der Gleichheit nicht verzichten wollen, bleibt ihnen nur die Möglichkeit die fortbestehenden Ungleichheiten zu leugnen, oder so zu tun, als seien sie das Ergebnis einer bewussten Entscheidung: „Ich habe jetzt entschieden, die Wäsche allein zu machen"; „Ich habe jetzt entschieden, zu Hause zu bleiben". Die Stabilität dieses Arrangements beruht auf gemeinsam erzeugten Fiktionen und der Ausblendung von Indizien, die der Gleichheitsidee widersprechen. Eine Strategie besteht z. B. darin, die Hausarbeiten in „grobe" und „feine" aufzuteilen, um das Thema zunächst von der emotional aufgeladenen Geschlechterfrage abzukoppeln. Die Frau ist für die „feinen", der Mann für die „groben" Arbeiten zuständig. Praktisch bedeutet diese Unterteilung, dass die Frau mit dem ständigen Sauberhalten der Wohnung zuständig ist, wohingegen der Mann lediglich punktuelle Hilfestellungen leistet. Eine weitere Strategie besteht in der Individualisierung von Ansprüchen, die an Sauberkeit und Ordnung gestellt werden: Wenn die Frau mehr Hausarbeit erledigt, so die gemeinsame Annahme, ist das ihr Problem, sie hat eben andere Ansprüche an Sauberkeit und Ordnung. Eine Honorierung der von den Frauen eingebrachten häuslichen Kompetenzen, die Teil des traditionellen Geschlechtervertrags war, ist innerhalb des egalitären Partnerschaftsmodells nicht mehr möglich.

1.3 Milieu, Klasse und Ethnizität. Eine kontextualistische Perspektive auf Geschlechterverhältnisse in Paarbeziehungen

Wenn Geschlechterdifferenzen Ordnungsfunktionen für die Institution des Paares erfüllen, geschieht dies nicht unabhängig von umfassenderen gesellschaftlichen Kontexten, in die das Paar eingebunden ist und denen es seine besondere Struktur verdankt. Geschlechterverhältnisse variieren in Abhängigkeit von Milieu, Klasse, Nation und ethnischer Gruppierung. Nicht überall, sondern vorzugsweise in urbanen, akademischen Milieus westlicher Industrienationen, gilt das Leitbild der egalitären Partnerschaft, während in anderen Klassen, Milieus und ethnischen oder nationalen Kontexten häufig traditionelle Geschlechterarrangements nach wie vor selbstverständlich sind. Das erklärt auch, warum die Unterschiede innerhalb einer Geschlechtsklasse meist größer sind, als die Unterschiede zwischen den Geschlechtern. Erst eine kontextsensible Perspektive, die systematisch auch klassen- und milieuspezifische Unterschiede bei der Institutionalisierung von Geschlechterdifferenzen mitberücksichtigt, kann zeigen, dass geschlechtsspezifische Sozialisation, geschlechtertypisches Verhalten und Geschlechtsrollen in unterschiedlichen sozialen Gruppen jeweils etwas ganz anderes bedeuten.

Allerdings blieb diese Perspektive bis in die 1990er Jahre hinein weitgehend unbeachtet. Zwar wurden seit den 1980er Jahren in Deutschland wieder verstärkt Milieu-Studien durchgeführt. Die neue Prominenz des Milieu-Begriffs war zum einen eine Konsequenz der kultursoziologischen Wende der neueren Klassen- und Schichtungsforschung (im Gefolge von Bourdieu 1982) zum anderen eine Antwort auf den vielfach konstatierten Individualisierungs- und Pluralisierungsprozess. Diese Forschungen boten jedoch trotz der verstärkten Beachtung kulturalistischer Konzepte wie Deutungsmuster, Lebensstil oder Lebensführung zunächst wenig Anhaltspunkte für eine klassen- bzw. milieuspezifische Bestimmung des Geschlechterverhältnisses bzw. die Verknüpfungen zwischen Geschlecht, Klasse und Ethnie. Bei Gerhard Schulze (1992), Pierre Bourdieu (1982) und den meisten Milieustudien bleibt die Dimension des Geschlechterverhältnisses ausgeklammert. In anderen Studien wird das Verhältnis oft nach dem Muster der Kreuztabellierung gedacht: In der feministischen Variante gibt es demnach ein vor und unabhängig von Klasse bestimmbares Herrschaftsverhältnis, das sich innerhalb jeder Klasse reproduziert. In der Klassentheorie wäre das Geschlecht eine Subkategorie, wonach Frauen der Mittelschicht zwar unter den Männern der Mittelschicht, nicht aber unter den Männern der Unterschicht rangieren.

Demgegenüber gehen neuere Ansätze nicht von einer Addition von Merkmalen, sondern von einer gegenseitigen Konditionalisierung und Konstituierung unterschiedlicher Differenzierungslinien (Geschlecht, Klasse, Ethnie) aus (Heintz et al. 1997; Yuval-Davis 1997; Koppetsch/Burkart 1999; Frerichs/Steinrücke 1993; Weiß et al. 2001; Heintz 2001; Vester/Gardemin 2001; Fenstermaker/West 2001; Hess 2005). Eine Klasse, ein Milieu ist demnach durch die Struktur der Beziehungen zwischen allen relevanten sozialen Merkmalen (Geschlecht, Alter, Ressourcen, ethnische Zugehörigkeit) definiert, die sozialen Praxisformen erst ihre spezifische Bedeutung gibt. Veränderungen im Geschlechterverhältnis sind deshalb keine isolierten Phänomene gesellschaftlicher Modernisierung, sie stehen im Kontext der Gesamtheit der Praktiken, die darauf abzielen, die Stellung eines Milieus, einer Klasse, einer Ethnie innerhalb der Gesamtstruktur des gesellschaftlichen Positionsgefüges zu wahren oder zu verbessern. In diesem Sinne ist das Geschlechterverhältnis keine Variable, die der Beschreibung milieu- bzw. klassenspezifischen und ethnischen Lebensformen noch hinzugefügt werden müsste – vielmehr ist es als eine Struktur zu verstehen, die für die Definition eines Milieus/einer Ethnie und seiner besonderen Lebensführung konstitutiv ist.

Übertragen auf Familie und Paarbeziehungen bedeutet dies, dass auch private Geschlechterarrangements stärker im Kontext kollektiver Strategien sozialer Selbstbehauptung verstanden werden müssen. Manche Klassen/Milieus/Ethnien gründen ihr Selbstverständnis und ihre soziale Position stärker auf Individualität und Autonomie im Geschlechterverhältnis, während andere Gruppierungen besser fahren, wenn alles beim Alten bleibt. In manchen Milieus kann die Re-Traditionalisierung der privaten Geschlechterordnung eine zentrale Strategie im Konkurrenzkampf um kulturelle Vorherrschaft darstellen. So hat Martin Riesebrodt (1990) die Hinwendung zu explizit patriarchalischen Formen von Ehe und Familie im islamischen und protestantischen Fundamentalismus jeweils als traditionalistische Reaktionen der durch den Modernisierungsprozess benachteiligen Gruppen auf Phasen rapiden sozialen Wandels interpretiert. Demnach stellt die Erhaltung der patriarchalen Familienstruktur mit ausgeprägter geschlechtlicher Arbeitsteilung und väterlicher Autorität über Frau und Kinder das Kernstück der fundamentalistischen Idee von einem frommen, gottgefälligen Leben dar, das der Modernisierung von Geschlechterverhältnissen (dem „Sittenverfall") innerhalb der Kultur urbaner Lebenswelten entgegengehalten wird.

Das Geschlechterverhältnis ist nicht erst in neuerer Zeit zu einem zentralen Element im kulturellen Distinktionskampf geworden. So ist das Modell der Hausfrauenehe nicht zu verstehen, wenn man dieses nur als patriarchales Herrschaftsverhältnis betrachtet. Die Hausfrauenehe stellte innerhalb der wohlhabenden bürgerlichen Mittelschichten während des 19. Jahrhunderts im Hinblick auf die offen zur Schau getragenen Freizeitbeschäftigungen des Adels ein Statussymbol dar, das die Freistellung der Frau von Erwerbsarbeit demonstrieren sollte. Erst als verstärkt seit den 1960er Frauen auch aus der Arbeiterschicht zu Hause bleiben konnten, ist die Hausfrauenehe zu einem Modell geworden, dass ein modernes, individualisiertes Paar auf keinen Fall realisieren möchte (Singly 1994).

2. Das „Paar" als Modell der öffentlichen Geschlechterordnung. Ausblick und Forschungsdesiderata

Die oben skizzierten Ansätze zeigen auf unterschiedliche Weise, dass Paarbeziehungen durch Geschlechtsnormen reguliert werden, die den Beziehungsalltag stabilisieren und zur Konsolidierung der Gemeinschaft – der

Institution des Paares – beitragen. Geschlechtsnormen sind Erwartungen an Weiblichkeit und Männlichkeit (Identität, Verhalten, Körperpräsentation), die von beiden Geschlechtern geteilt werden und die praktisch wirksam sind. Normen sind kein blinder Zwang. Sie sind auch keine bloßen Ideen oder Ideale. Sie sind Regeln der Praxis, die ihre normative Kraft weniger qua expliziter Vorschrift als durch Habitualisierung und Inkorporierung erhalten. Von Geschlechtsnormen können wir sprechen, weil der Geschlechtshabitus mit Erwartungen verknüpft ist, deren Enttäuschung auf der elementaren Ebene des „praktischen Sinns" (Bourdieu 1987) und der Ebene der körperlich verankerten, lebensweltlichen Gewissheiten Irritationen erzeugt und Missbilligung auslöst. Dabei geht es weniger um moralische Sanktionen als um emotionale Ablehnung oder Distanzierung (Burkart/Koppetsch 2001).

Darüber hinaus wurde argumentiert, dass Geschlechtsnormen kontextabhängig, d. h. in unterschiedlichen Klassen, Milieus und Ethnien unterschiedlich definiert sind. Nun soll argumentiert werden, dass Geschlechtsnormen auch in der Berufssphäre und in der Sphäre persönlicher Beziehungen unterschiedlich definiert sind. Geschlechtsnormen der privaten Sphäre betonen die Einheit des Paares, während die Geschlechtsnormen der öffentlichen Sphäre die Differenz hervorheben (Burkart/Koppetsch 2001). Paar-Normen „verharmlosen" in gewisser Weise die Geschlechterdifferenz, insbesondere durch die Verknüpfung mit Liebe wird Differenz zu Komplementarität abgeschwächt. Die Abgrenzung von Männlichkeit und Weiblichkeit orientiert sich in Paarbeziehungen, wie wir weiter oben gezeigt haben, anders als im öffentlichen Kontext, nicht an Leistungskonkurrenz und hierarchischen Beziehungen, sondern an solidarischer Kooperation und der affektiv besetzten Bindung. Dabei orientiert sich die interne Rollenverteilung – im Unterschied zur Außendarstellung – weniger an diskursiven Überzeugungen, sondern mehr an habituellen und inkorporierten Gewohnheiten, die sich in der Praxis im Rahmen der Kontextstruktur (Liebe, Intimität, Alltagspraxis) entwickeln. Der Binnenkontext des Paares erscheint daher unempfindlicher gegenüber Ungleichheiten. Diese geraten weniger unter Legitimationsdruck als etwa Ungleichheiten in kollegialen Beziehungen am Arbeitsplatz.

Im Unterschied zu den privaten Geschlechtsnormen, die an der Einheit des Paares orientiert sind und auf habituellen Überzeugungen beruhen, betonen Geschlechtsnormen der öffentlichen Sphäre die Differenz der Geschlechterklassen im Sinne von sozialer Distinktion und Abgrenzung. Öffentliche Geschlechtsnormen sind auf Sichtbarkeit angelegt, auf die öffentliche Präsentation von Weiblichkeit und Männlichkeit. Sie sorgen dafür, dass die Differenz der Geschlechtsklassen durch eindeutige Selbstklassifikation und Selbstpräsentation erhalten bleibt – die „Doppelmitgliedschaft" ist ausgeschlossen (Tyrell 1986: 469). Die Veröffentlichung von Geschlechterdifferenzen ist eingebettet in den sozialen Konkurrenzkampf um Distinktion, Anerkennung und Privilegien und ist auch an der Aufrechterhaltung geschlechtsspezifischer Segregation im Arbeitsleben beteiligt. So hat eine Studie von Bettina Heintz et al. (1997) gezeigt, dass symbolische Markierungen der Unterscheidung zwischen Weiblichkeit und Männlichkeit, soziale Distinktion und hierarchische Geschlechterverhältnisse gerade in solchen Berufsfeldern herstellen, in denen formale Zugangsbarrieren (Qualifikation, strukturelle Segregation nach Geschlecht) abgebaut wurden. Gleichzeitig ist die symbolische Markierung von Geschlechterdifferenzen an der Konstruktion sozialer Attraktivität beteiligt. Wenn z. B. in den Berufsfeldern der Informatik den Frauen eine besondere „Kommunikationsfähigkeit" zugeschrieben wird, dann mindert dies zwar einerseits deren Status, weil diese damit auf die Randfunktionen des beruflichen Feldes (Schulung von Kunden statt Programmierung von Software) verwiesen werden, andererseits erhöht dies ihre sexuelle und soziale Attraktivität und damit ihre Chancen zur Paarbildung.

Bisher wurde betont, dass Geschlechtsnormen in Privatheit und Öffentlichkeit unterschiedlich spezifiziert und moduliert werden. Es gibt aber auch Interferenzen zwischen der Ordnung des Paares und der öffentlichen Geschlechterordnung. Mit „Interferenzen" sind Überlagerungen gemeint, das Überspringen von Regulativen oder Strukturen des einen auf den anderen Kontext. In welcher Weise dringt das Modell des Paares in die öffentliche Sphäre ein? Das Paar kann als Modell betrachtet werden, das die Geschlechterspannungen und –konflikte in der öffentlichen Sphäre neutralisiert und so nicht nur die Geschlechterordnung, sondern auch die kulturelle Matrix der Zweigeschlechtlichkeit stabilisiert (Burkart/Koppetsch 2001).

Die Institution des Paares schafft eine komplexe Gelegenheitsstruktur zur konkreten Darstellung der Zweigeschlechtlichkeit. Durch das Paar in seiner Außendarstellung werden Unterschiede zwischen den Geschlechterklassen, die als solche gar nicht sichtbar wären, weil sie nur Durchschnittsunterschiede mit großem Überschneidungsbereich sind, auf eine Dichotomie reduziert – und damit als Norm festgeschrieben. Mit der Norm des Größenunterschieds zwischen Männern und Frauen in Paarbeziehungen wird z. B. das Zweigeschlechterklassensystem stabilisiert, weil es die Symbolik der Geschlechterdifferenz auf einen Größenunterschied festschreibt. Aus der Norm „Der männliche Partner sollte größer sein als seine Partnerin" wird dann die universelle Aussage: „Männer sind größer als Frauen". Aus einer Paar-Norm wird eine kulturelle Geschlechter-Normierung.

Das Paar stellt auch ein Modell für paarweise Anordnung im Beruf zur Verfügung. Auch auf diesen Punkt hatte bereits Erving Goffman (1976) aufmerksam gemacht: Das berufliche „Paar" am Arbeitsplatz repräsentiert nicht nur die hierarchische Beziehung zwischen den Geschlechtern – wie z. B. zwischen Arzt und Krankenschwester, Manager und Assistentin, Chef und Sekretärin –, sondern überträgt Elemente der Paarbeziehung in die Begegnung der Geschlechter-Klassen am Arbeitsplatz. Das gilt auch für nichthierarchische, kollegiale Beziehungen. Diese Übertragung ist ein wesentlicher Grund für die latente Erotisierung beruflicher Beziehungen, die das Aufbrechen von Herrschafts- und Machtstrukturen abfedern kann. So können etwa Rituale der Besänftigung gegenüber Frauen (wie Höflichkeit, Galanterie oder die Verehrung weiblicher Schönheit) in der Regulierung der Geschlechter-Beziehungen im öffentlichen Raum wirksam werden. Von hier ist der Schritt nicht weit zur erotisierten Symbolisierung männlicher Überlegenheit.

Die Übertragung des Paar-Modells auf berufliche Beziehungen kommt besonders deutlich zum Ausdruck im Verhältnis von Chef und Sekretärin. Die Kooperation zwischen diesen beiden Rollen kann familistische Züge annehmen. Rosemary Pringle (1989) entdeckte einige Familienmetaphern in ihren Interviews mit männlichen Führungskräften. Die befragten Chefs waren darauf bedacht, ihre Sekretärinnen nicht zu überwachen – ihre Kontrolle bestand eher darin, eine familiale Verbindlichkeit und Vertrautheit herzustellen, die persönliche Loyalität nach sich zieht. Auch waren für die Auswahl der Sekretärinnen emotionale und soziale Kompetenzen mindestens genauso wichtig wie instrumentelle Fähigkeiten. Und falls die so ausgewählte Sekretärin einen neuen Chef bekommt, der kein Mann ist, kann es zu Irritationen kommen. Unter bestimmten Bedingungen birgt das Paar-Modell aber auch die Gefahr der Stabilisierung öffentlich-beruflicher Geschlechterverhältnisse: Das Paarmodell bietet Ansatzpunkte zur erotischen Aufladung von Geschlechterbeziehungen am Arbeitsplatz bis hin zur sexuellen Belästigung. Diese Bedrohung kann durchaus wechselseitig erfolgen, je nach dem Zusammenhang von Geschlecht und Hierarchie (Rastetter 1994).

Im Allgemeinen trägt die Übertragung des privaten Paar-Modells in den beruflichen Bereich jedoch dazu bei, die geschlechtliche Differenzierung der öffentlichen Geschlechterordnung zu stabilisieren. Durch Koalitionsbildung werden berufliche Geschlechter-Asymmetrien abgefedert, die Differenz wird entschärft und das System damit gestützt. Das ist eine Tendenz gegen den Modernisierungsdruck, der die Auflösung der Geschlechtsnormen und Geschlechterhierarchien vorantreibt. Beispiele dafür sind zum einen die konkurrenzvermeidenden Wirkungen des ehelichen Komplementaritätsmodells: Ehefrau und Ehemann konkurrieren normalerweise nicht direkt miteinander auf dem Arbeitsmarkt (Goffman 1994). Ein anderes Beispiel ist die Übertragung und Stabilisierung der heterosexuellen Matrix in der Öffentlichkeit, durch die die Differenz erotisch repräsentiert und veranschaulicht wird. In modernen, egalitären Paarbeziehungen, wie sie weiter oben skizziert wurden, ist dieser Mechanismus allerdings komplizierter, u.a. weil die Koalition nicht mehr unbedingt ist, weil es in manchen Bereichen auch eine Konkurrenz zwischen den Geschlechtern um die Priorität öffentlicher Präsenz und beruflichen Erfolges gibt.

Interferenzen gibt es somit auch in umgekehrter Richtung, insbesondere in modernen, individualisierten Paarbeziehungen, bei denen öffentliche Regulative und Strukturen in die Privatsphäre hineinwirken (Hirseland et al. 2005). Mobilitätserfordernisse und Egalisierung von Bildungs- und Erwerbschancen zwischen den Geschlechtern werden auch in Paarbeziehungen spürbar, wenn auch nicht in allen sozialen Klassen und Milieus in gleicher Weise. Die hohen Scheidungsraten, die zeitliche Instabilität der Paarbeziehung sind auch eine Konsequenz des Modernisierungsdrucks. Zusätzlich dringt die mediale Öffentlichkeit in die private Sphäre ein, die Paarbeziehung gerät damit in den Einzugsbereich öffentlich thematisierter Geschlechterprobleme und unter Veröffentlichungsdruck. Dadurch entstehen Spannungen zwischen unterschiedlichen Rationalitäten.

Max Weber (1972) analysierte das Spannungsverhältnis zwischen den rationalisierten Sphären (Wirtschaft, Recht, Politik) und der privaten Sphäre. In diesem spannungsvollen Sinn rationalisieren auch die oben skizzierten *Partnerschaftsnormen* die Paarbeziehung. Sie vertragen sich, wie bereits im ersten Teil erläutert, nur bedingt mit Liebe und Intimität. Partnerschaft orientiert sich an rationalen Prinzipien von Verhandlungsgerechtigkeit, sie baut auf Reziprozität und Symmetrie. Sie setzt, zumindest im Konfliktfall, auf Autonomie, auf individuelle Rechte, Bedürfnisse und Interessen und nicht primär auf die Einheit des Paares. Damit wird auch die berufliche Konkurrenz zwischen den Geschlechtern und die Individualisierung beider Geschlechter innerhalb des Paares vorangetrieben – ein wichtiger Grund für den hohen Anteil von Kinderlosen unter den meist akademischen Doppelkarriere-Paaren.

Wie jedoch die oben genannten Beispiele zeigen, ist die Solidarität der Partner labil, wenn sie nur auf Gleichheit und Individualismus setzt. Die Solidarität und Stabilität von Paarbeziehungen ist auch der Grund für das Fortwirken von traditionellen Geschlechtsnormen, wie oben gezeigt wurde. Der öffentliche Diskurs um Geschlechterbeziehungen suggeriert einen allgemeinen Wandel. Doch selbst dort, wo dieser Diskurs geführt wird, wie z.B. im großstädtisch-individualisierten Milieu, das von dem Gleichheitsdiskurs und den individualistischen Ideologien beeindruckt ist, wird der Alltag der Paarbeziehung, wie die oben skizzieren Untersuchungen zeigen, durch Geschlechtsnormen reguliert.

Welche weiterführenden Fragen resultieren aus den hier dargestellten Ansätzen? Das Erkenntnisinteresse der skizzierten Forschungsperspektiven kann auf folgende Formel gebracht werden: Das Geschlechterverhältnis wird als Differenz-Kategorie betrachtet, die sowohl gesellschaftliche Ordnungsfunktionen erfüllt als auch klassen- und geschlechterpolitischen Interessen bei der Durchsetzung von Macht- bzw. Herrschaftsverhältnissen dient. Weiter wurde gezeigt, dass Geschlechterordnungen nicht universell gültig, sondern kontextabhängig sind: Sie sind in Paarbeziehung anders strukturiert und reguliert als im Kontext der öffentlichen Geschlechterordnung, weil Geschlecht in beiden Kontexten jeweils mit anderen Ordnungs- und Interessenskonstellationen verwoben ist. Darüber hinaus sind private wie berufliche Geschlechterverhältnisse auch in Abhängigkeit von Klasse, Milieu und ethnischer Gruppierung unterschiedlich strukturiert. Nach wie vor fehlen jedoch empirische Studien, die die regulative Funktion der Geschlechterdifferenz und ihre Verschränkung mit klassen- und geschlechterpolitischen Interessen auch im Zusammenhang mit Veränderungen im Zuge der Globalisierung untersuchen. Was passiert, wenn im Kontext von Transnationalismus und Migration verschiedene Geschlechterordnungen in konflikthafter Weise aufeinander treffen? Welchen Einfluss hat die Globalisierung von Informationsströmen und Medienkommunikation auf die Kodierung von Geschlecht in unterschiedlichen nationalen Kontexten? Wie interagieren medial vermittelte Geschlechterkodes mit den Geschlechterordnungen in unterschiedlichen gesellschaftlichen Sphären wie z.B. Politik, Ökonomie, Familie und Paarbeziehungen? Wie modifizieren sich Geschlechter- und Klassengrenzen durch die Neustrukturierung von Klassengesellschaften, dem Wandel der Arbeitsgesellschaft und der Entstehung neuer Eliten?

Literatur

Behnke, Cornelia/Meuser, Michael (2005): Vereinbarkeitsmanagement. Zuständigkeiten und Karrierechancen bei Doppelkarriere-Paaren. In: Solga, Heike/Wimbauer, Christine (Hg.): „Wenn zwei das Gleiche tun ...". Ideal und Realität sozialer (Un-)Gleichheit in Dual Career Couples. Opladen: 123-140

Berger, Peter L./Kellner, Hansfried (1965): Die Ehe und die Konstruktion der Wirklichkeit. Eine Abhandlung zur Mikrosoziologie des Wissens. In: Soziale Welt 16: 220-235

Bourdieu, Pierre (1982): Die feinen Unterschiede. Kritik der gesellschaftlichen Urteilskraft. Frankfurt a.M: Suhrkamp

Bourdieu, Pierre (1987): Sozialer Sinn. Kritik der theoretischen Vernunft. Frankfurt a.M: Suhrkamp

Burkart, Günter/Koppetsch, Cornelia (2001): Geschlecht und Liebe. Überlegungen zu einer Soziologie des Paares. In: Heintz, Bettina (Hg.): Geschlechtersoziologie. In: Sonderband 41 der Kölner Zeitschrift für Soziologie und Sozialpsychologie. Opladen: 431-453

Butler, Judith (1990): Gender trouble: Feminism and the subversion of identity. New York: Routledge

Connell, Robert W. (1987): Gender and power. Society, the person and sexual politics. Cambridge, Oxford: University Press

Dettmer, Susanne/Hoff, Ernst-H. (2005): Berufs- und Karrierekonstellationen in Paarbeziehungen: Segmentation, Integration, Entgrenzung. In: Solga, Heike/ Wimbauer, Christine (Hg.): „Wenn zwei das Gleiche tun ...". Ideal und Realität sozialer (Un-)Gleichheit in Dual Career Couples. Opladen: 53-76

Faber, Christel/Kowol, Uli (2003): „Frauen und Männer müssen gleich sein!" – Chancengleichheit und moderne Personalpolitik in kleinen und mittleren Betrieben. München: Rainer Hampp

Fenstermaker, Sarah/West, Candace (2001): „Doing Difference" revisited. Probleme, Aussichten und der Dialog in der Geschlechterforschung. In: Heintz, Bettina (Hg.): Geschlechtersoziologie. Sonderband 41 der Kölner Zeitschrift für Soziologie und Sozialpsychologie. Opladen: 236-249

Frerichs, Petra/Steinrücke, Margareta (1997): Kochen – ein männliches Spiel? Die Küche als geschlechts- und klassenstrukturierter Raum. In: Dölling, Irene/Krais, Beate (Hg.): Ein alltägliches Spiel. Geschlechterkonstruktionen in der sozialen Praxis. Frankfurt a.M.: 231-255

Frerichs, Petra/Steinrücke, Margareta (Hg.) (1993): Soziale Ungleichheit und Geschlechterverhältnisse. Opladen: Leske + Budrich

Goffman, Erving (1976): Gender advertisements. New York: Harper & Row

Goffman, Erving (1994): Das Arrangement der Geschlechter. In: Goffman, Erving: Interaktion und Geschlecht. Frankfurt a.M.: 105-158

Haffner, Yvonne/Könekamp, Bärbel/Krais, Beate (2006): Arbeitswelt in Bewegung. Chancengleichheit in technischen und naturwissenschaftlichen Berufen als Impuls für Unternehmen. Bundesministerium für Bildung und Forschung. Bonn, Berlin: bmbf

Heintz, Bettina (2001): Geschlecht als (Un-)Ordnungsprinzip. Entwicklungen und Perspektiven der Geschlechtersoziologie. In: Dies. (Hg.): Geschlechtersoziologie. Sonderband 41 der Kölner Zeitschrift für Soziologie und Sozialpsychologie. Opladen: 9-29

Heintz, Bettina/Nadai, Eva/Fischer, Regula/Ummel, Hannes (1997): Ungleich unter Gleichen. Studien zur geschlechtsspezifischen Segregation des Arbeitsmarktes. Frankfurt a.M.: Campus

Hess, Sabine (2005): Globalisierte Hausarbeit. Au-pair als Migrationsstrategie von Frauen aus Osteuropa. Wiesbaden: Verlag für Sozialwissenschaften

Hirschauer, Stefan (1994): Die soziale Fortpflanzung der Zweigeschlechtlichkeit. In: Kölner Zeitschrift für Soziologie und Sozialpsychologie 46: 668-692

Hirseland, Andreas/Schneider, Werner/Wimbauer, Christine (2005): Paare und Geld. Zur Ökonomisierung der Beziehungskultur. In: WestEnd 2. 108-118

Hochschild, Arlie Russell (1990): Der 48-Stundentag. Wege aus dem Dilemma berufstätiger Eltern. Wien: Zsolnay

Kaufmann, Jean-Claude (1994): Schmutzige Wäsche. Zur ehelichen Konstruktion von Alltag. Konstanz: Universitätsverlag

Kessler, Susan/McKenna, Wendy (1978): Gender. An ethnomethodological approach. Chicago: University of Chicago Press

Könekamp, Bärbel/Haffner, Yvonne (2005): Ein Balanceakt? Dual Career Couples in den Berufsfeldern der Natur- und Ingenieurswissenschaften. In: Solga, Heike/Wimbauer, Christine (Hg.): „Wenn zwei das Gleiche tun ...". Ideal und Realität sozialer (Un-)Gleichheit in Dual Career Couples. Opladen: 77-100

Koppetsch, Cornelia (1998): Liebe und Partnerschaft. Gerechtigkeit in Paarbeziehungen. In: Hahn, Kornelia/Burkart, Günter (Hg.): Liebe am Ende des zwanzigsten Jahrhunderts. Opladen: 111-129

Koppetsch, Cornelia (2005): Liebesökonomie. Ambivalenzen moderner Paarbeziehungen. In: WestEnd 2: 96-97

Koppetsch, Cornelia/Burkart, Günter (1999): Die Illusion der Emanzipation. Zur Reproduktion von Geschlechtsnormen in Paarbeziehungen im Milieuvergleich. Konstanz: UVK

Krüger, Helga (1995): Dominanzen im Geschlechterverhältnis. Zur Institutionalisierung von Lebensläufen. In: Becker-Schmidt, Regina/Knapp, Gudrun-Axeli (Hg.): Das Geschlechterverhältnis als Gegenstand der Sozialwissenschaften. Frankfurt a.M.: 195-219

Künzler, Jan (1994): Familiale Arbeitsteilung. Die Beteiligung von Männern an der Hausarbeit. Bielefeld: Kleine

Lenz, Karl (1990): Institutionalisierungsprozesse in Zweierbeziehungen. In: Schweizerische Zeitschrift für Soziologie 16: 223-244

Lenz, Karl (2003): Zur Geschlechtstypik persönlicher Beziehungen – eine Einführung. In: Ders. (Hg.): Frauen und Männer. Zur Geschlechtstypik persönlicher Beziehungen. Weinheim, München: 7-51

Leupold, Andrea (1983): Liebe und Partnerschaft. Formen der Codierung von Ehen. In: Zeitschrift für Soziologie 12: 297-327

Mauss, Marcel (1990): Die Gabe. Form und Funktion des Austauschs in archaischen Gesellschaften. Frankfurt a.m.: Suhrkamp

Pringle, Rosemary (1989): Bureaucracy, rationality and sexuality: The case of secretaries. In: Jeff, Hearn et al. (eds): The sexuality of organization. London: 158-177

Rastetter, Daniela (1994): Sexualität und Herrschaft in Organisationen. Eine geschlechtervergleichende Analyse. Opladen: Westdeutscher Verlag

Riesebrodt, Martin (1990): Fundamentalismus als patriarchalische Protestbewegung. Tübingen: Mohr

Schulte, Jürgen (2002): Dual-career couples. Strukturuntersuchung einer Partnerschaftsform im Spiegelbild beruflicher Anforderungen. Opladen: Leske + Budrich

Schulze, Gerhard (1992): Die Erlebnisgesellschaft. Frankfurt a.M.: Campus

Simmel, Georg (1983): Exkurs über Treue und Dankbarkeit. In: Ders.: Soziologie. Untersuchungen Über die Formen der Vergesellschaftung (6. Auflage). Berlin: 438-447

Singly, François de (1994): Die Familie der Moderne. Eine soziologische Einführung. Konstanz: Universitätsverlag

Solga, Heike/Rusconi, Allesandra/Krüger, Helga (2005): Gibt der ältere Partner den Ton an? Die Alterskonstellation in Akademikerpartnerschaften und ihre Bedeutung für Doppelkarriere-Paare. In: Solga, Heike/Wimbauer, Christine (Hg.): „Wenn zwei das Gleiche tun …". Ideal und Realität sozialer (Un-)Gleichheit in Dual Career Couples. Opladen: 27-52

Solga, Heike/Wimbauer, Christine (2005): „Wenn zwei das Gleiche tun …". Ideal und Realität sozialer (Un-)Gleichheit in Dual Career Couples. Eine Einführung. In: Dies. Opladen: 9-26

Tyrell, Hartmann (1986): Geschlechtliche Differenzierung und Geschlechterklassifikation. In: Kölner Zeitschrift für Soziologie und Sozialpsychologie 38: 450-489

Vester, Michael/Gardemin, Daniel (2001): Milieu, Klasse und Geschlecht. Das Feld der Geschlechterungleichheit und die „protestantische Arbeitsethik". In: Heintz, Bettina (Hg.): Geschlechtersoziologie. Sonderband 41 der Kölner Zeitschrift für Soziologie und Sozialpsychologie. Opladen: 454-486

Weber, Max (1972/1917): Zwischenbetrachtung: Theorie der Stufen und Richtungen der Weltablehnung. In: Ders.: Gesammelte Aufsätze zur Religionssoziologie. Bd. 1. Tübingen: 536-573

Weiß, Anja/Koppetsch, Cornelia/Scharenberg, Albert/Schmidtke, Oliver (Hg.) (2001): Klasse und Klassifikation. Die symbolische Dimension sozialer Ungleichheit. Opladen: Westdeutscher Verlag

Yuval-Davis, Nira (1997): Gender and nation. London: Sage

Zweierbeziehungen –
Paarbeziehungen

Karl Lenz

Paare in der Aufbauphase

In der Aufbauphase kommen zwei Personen zusammen und am Ende – wenn diese Phase erfolgreich durchlaufen wird – bilden sie ein Paar.[1] Mit der Aufbauphase werden die Wege des Zusammenkommens – oder auch die gescheiterten Versuche – in den Blick genommen. Das Anliegen dieses Beitrags ist es, nicht nur die Aufbauphase von Zweierbeziehungen in der Gegenwart zu beschreiben. Vielmehr soll zugleich ihre große Variationsbreite in kulturvergleichender (Völger/Welck 1985) und historischer Perspektive (Coontz 2005) aufgezeigt werden. Erste Spuren des sozialen Wandels werden bereits sichtbar, wenn man die Frage aufwirft, wann eine Aufbauphase endet. Noch bis in die 1970er Jahre war eine Paarbildung an die Heirat bzw. zumindest das Heiratsversprechen (Verlobung) geknüpft. Dies hat sich inzwischen aufgelöst: Auch ohne Trauschein kann man ein „Paar" sein, mit oder ohne gemeinsamen Haushalt (Schneider et al. 1998; Burkart 1997).

In vielen vergleichbaren Publikationen wird in diesem Zusammenhang der Begriff der Partnerwahl (mate selection) verwendet (Surra/Gray 2006; Klein 2001). Auf diesen Begriff wird im Weiteren zwar nicht völlig verzichtet, aber er soll nur eingeschränkt und behutsam verwendet werden. Vor allem drei Gründe legen das nahe:

1. Der Begriff der Partnerwahl suggeriert, dass die Paarbildung eine exklusive Angelegenheit des Paares ist. Dies ist zwar in Deutschland heute weitgehend der Fall. In der Vergangenheit war das aber keineswegs immer so und diese Individualisierung der Aufbauphase findet sich auch weiterhin in vielen Kulturen nicht.
2. Der Begriff erweckt die Vorstellung, als ob der Paarkonstitution immer eine Wahl zwischen Personen zugrunde liegen würde, vergleichbar einer Kaufsituation, in der zwischen den Gütern A, B, C usw. zu entscheiden ist. Aus Paargeschichten wird aber deutlich, dass in aller Regel nicht das Für und Wider potentieller Beziehungspersonen abgewogen wird. Im Zentrum der Aufmerksamkeit steht nur eine Person und der Aufbau wird vielfach auch nicht als Entscheidung für diese Person erlebt, sondern als „etwas", was sich einfach ergeben hat (vgl. auch Kaufmann 2004).

---

1 Dieser Beitrag befasst sich ausschließlich mit heterosexuellen Paaren. Vieles vom dem, was aufgezeigt wird, dürfte aber auch für homosexuelle Paare zutreffen. Aufgrund der Forschungslage ist ein systematischer Vergleich an dieser Stelle nicht möglich (auch Maier 2007). Ausführlich zu homosexuellen Zweierbeziehungen vgl. Maier i. d. B.

3. Schließlich bringt der Begriff die Gefahr mit sich, den zeitlich gestreckten Prozess auf das punktuelle Ereignis der Auswahl einer Person zu verengen. Die Aufbauphase einer Zweierbeziehung ist aber weit mehr. Durch diese Verengung wird vernachlässigt, dass die Handlungslinien zweier Personen aufeinander abgestimmt werden müssen. Die interaktiven Prozesse auf dem Weg zum Paar mit all den möglichen Problemen, Ambivalenzen und Umwegen bleiben ausgeblendet.

Die „Partnerwahl" oder besser – wie Burkart vorschlägt – Paarbildung ist nicht nur ein Thema der Paarforschung, sondern auch der Ungleichheitsforschung. Der Leitspruch für die geschickte Heiratspolitik der Habsburger („Bella gerant alii, tu felix Austria nube."[2]) lässt sich über die Machtstrategie des österreichischen Königshauses erweitern: Reichtum kann auch „eingeheiratet" werden. Vor allem, wenn es zur Eheschließung kommt, ist damit – sofern vorhanden – ein Transfer von Besitz und Vermögen verbunden. Von besonderer Relevanz ist das in traditionellen Gesellschaften, in denen der vererbte Besitz die primäre Lebensgrundlage bildet. Aber auch in modernen Gesellschaften ist der Besitz- und Vermögenstransfer durch Heirat zu beachten. Statt zu einer Verteilungsgerechtigkeit beizutragen, sind in den Gesellschaften – wie wir sehen werden – eher Strategien verbreitet, Reichtum und Vermögen über die Eheschließung exklusiv in den Händen der Besitzenden zu halten.

1. Kulturelle Variabilität der Aufbauphase

Das europäische Modell der monogamen Ehe war weltweit keineswegs das dominante Modell und ist es – trotz seiner zunehmenden Ausdehnung – wohl auch noch immer nicht (Zonabend 1996). Verbreiteter als die Monogamie ist die Polygamie. Viele Gesellschaften kennen und tolerieren die eheliche Verbindung eines Mannes mit mehreren Frauen (Polygynie). Auch die umgekehrte Form – die Ehe der Frau mit mehreren Männern (Polyandrie) – kommt vor, wenn auch nur in einigen wenigen Gesellschaften in Polynesien, Tibet und Südindien. Ohne auf polygame Eheformen im Weiteren eingehen zu können (Sawadogo 2006), sei an dieser Stelle nur betont, dass unter diesen Rahmenbedingungen die Paarbildung anders verläuft als unter der Monogamie. Durch die Polygamie können Allianzen zwischen Familien über mehrere Heiraten akkumuliert werden. Vielfach sind sie mit Vorschriften verbunden, aus welchem Kreis die Ehegatten zu stammen haben.

Dass sich eine Ehe durch eine rechtliche Legitimation von Seiten des Staates auszeichnet, gilt zwar für moderne Gesellschaften, aber keineswegs für alle Gesellschaften. Der Staat ist eine mögliche Eheschließungsinstanz, aber keineswegs die einzige. Das staatliche Monopol auf Anerkennung einer Ehe existiert im deutschen Raum erst seit etwa vier Generationen. Vorher war

---

2 Übersetzt: „Kriege führen mögen andere, du, glückliches Österreich, heirate."

die Kirche die zentrale Instanz der Ehestiftung, nach dem sie bei der freien Bevölkerung die Verwandtschaftssysteme und bei der unfreien die Grund- und Gutsherrn aus dieser Funktion verdrängt hat (Mitterauer 2003; Gestrich 2003). Von einem kirchlichen Anspruch auf Kontrolle über die Eheschließung und Eheleben kann man seit dem Konzil von Lyon im Jahre 1274 sprechen, auf dem die Ehe endgültig in den Rang eines Sakraments erhoben wurde. Die Kirche führte den Konsens von Braut und Bräutigam als wesentliche Voraussetzung für die Ehe ein. Auch wenn dieses Konsensprinzip anfangs noch wenig durchgesetzt werden konnte (Schwab 1967; Schröter 1985), war dieses Eheverständnis – wie Leah Otis-Cour (2000: 120) herausstellt – „revolutionär". Dieses neue Eheverständnis verwandelte in Verbindung mit dem Grundsatz der Unauflösbarkeit „die Ehe von einer sozialen, zwei Familien vorübergehend miteinender verbindenden Institution in ein von Grund auf intime, zwei Personen auf ewig einende Beziehung". Damit war der Weg der Individualisierung eröffnet, der das Paar von den Verpflichtungen des Familien- und Verwandtschaftssystems loslöste.

Die Monogamie als Grundprinzip der Eheschließung war in Europa schon vor der Verkirchlichung fest verankert. Unter dem Einfluss des Christentums breiteten sich Heiratsverbote stark aus. Anders als in vielen Kulturen kennt das Christentum keine Heiratsgebote – wie z.B. die Kreuzkusinenheirat, also die Verehelichung von Bruder- und Schwesterkindern –, sondern nur Verbote (Mitterauer 2003; Zonabend 1996). Zeitweise stark ausgedehnt wurde der Kreis der Personen, die aufgrund der verwandtschaftlichen Nähe nicht heiraten durften. Im 11. Jahrhundert erstreckte sich das Eheverbot sogar auf den 7. Verwandtschaftsgrad. Jack Goody (1986) führt – in einer nicht unumstrittenen These – diese Ausweitung auf die kirchliche Strategie der Besitzakkumulation zurück. Die kirchlichen Heiratsverbote standen über einen langen Zeitraum in Konkurrenz mit dem Bestreben der Grund- und Gutsherrn, ihre Untertanen innerhalb ihrer familia, also innerhalb ihres Herrschaftsbereichs, zu verheiraten (Müller 1974).

Im Europa des Mittelalters und der Frühen Neuzeit dominierten arrangierte Ehen – oder in den Worten von Stephanie Coontz (2005) – „political marriages". Mit diesem Begriff macht Coontz (2005: 5) deutlich, dass Ehen gesehen wurden „as for too vital an economic and political institution to be left entirely to the free choice of the two individual involved". Von arrangierten – oder politischen – Ehen kann man immer dann sprechen, wenn nicht die angehenden Ehegatten, sondern dritte Personen – seien es die Eltern, Geschwister, andere Verwandte oder der Grund- und Gutsherr – über das Zustandekommen der Verbindung entscheiden. Der Extremfall einer arrangierten Ehe liegt vor, wenn schon im Kindesalter des späteren Paares die Heirat beschlossen wird. Nach dem kanonischen Recht der katholischen Kirche und nach den protestantischen Kirchenordnungen war diese Ehe aufgrund des fehlenden Konsens der Partner eigentlich nicht rechtmäßig: Trotzdem setzte sich die Tradition der arrangierten oder politischen Ehe noch lange fort. Nicht nur im Hochadel, auch in anderen gesellschaftlichen

Ständen und Klassen war das Arrangieren von Ehen für erwachsene junge Männer und Frauen durch die Eltern, oftmals unterstützt durch die Sozialfigur des Heiratsvermittlers, bis weit ins 19. Jahrhundert verbreitet. Im bäuerlichen Milieu setzte sich diese Praxis noch bis ins 20. Jahrhundert fort, wie z. B. das Theaterstück „Die Hochzeit" des bayerischen Schriftstellers Ludwig Thoma zum Ausdruck bringt. Auch in der Gegenwart sind in vielen Teilen der Welt, so z. B. in den verschiedenen Regionen Nordafrikas, Chinas, Indiens oder in Japan, arrangierte Ehen anzutreffen. Inzwischen wurde zudem die Aufmerksamkeit dafür geweckt, dass in bestimmten Migrationsgruppen, wie z. B. der türkischen, auch in Deutschland und anderen europäischen Ländern arrangierte Ehen weiterhin vorkommen (Kelek 2005; Toprak 2005). Vor allem in traditionellen Gesellschaften war eine Eheschließung immer auch eine wirtschaftliche Transaktion. Der Besitz der Eltern oder Teile davon werden an den Erben als wirtschaftliche Lebensgrundlage (z. B. Bauernhof) übertragen. Während in der germanischen Tradition der Bräutigam die Familie der Braut entschädigen musste (Brautschatz), setzte sich aus der römischen Tradition stammend im Mittelalter immer mehr die Mitgift der Frau durch (Otis-Cour 2000).

Trotz dieser ökonomischen Zwänge haben bereits im Mittelalter Heranwachsende versucht, sich der Fremdbestimmung zu entziehen. Berichtet wird von heimlichen, d. h. ohne Zustimmung der Eltern geschlossenen Ehen (Otis-Cour 2000). Diesen sogenannten klandestinen Ehen wurde dann aber immer mehr durch die Kirchen der Boden entzogen. Nach der protestantischen formulierte auch die katholische Kirche auf dem Konzil von Trient im Jahr 1563 Anforderungen an eine gültige Ehe (z. B. dreimaliges Verlesen des Aufgebots, Trauung vor Zeugen und dem Gemeindepriester), die es nahezu unmöglich machten, die Eltern zu umgehen. Neben der arrangierten Ehe bestand – zumindest ab der frühen Neuzeit – ein anderes Modell der Aufbauphase, das Andreas Gestrich (2003: 495 ff.) als „gemeinde- oder milieuzentriertes Modell" bezeichnet. In diesem Modell wurde das System der familialen Heiratsstrategie zwar nicht grundsätzlich in Frage gestellt. Es räumte aber den Jugendlichen für das Kennenlernen und auch für die sexuelle Annäherung größere Freiräume ein. Wichtige Begegnungsräume für die Geschlechter waren die Lichtstuben als Orte der ländlichen Arbeitsgeselligkeiten, aber auch Dorftänze oder ritualisierte Spaziergänge der Jugendlichen. Das Kennenlernen stand dabei unter einer strengen Kontrolle der dörflichen Jugend (Gillis 1980). Auch wenn das angehende Paar alleine war, galt – wie beim schwedischen Kiltgang nachgezeichnet – ein stark geregeltes System der Annäherung, über deren Einhaltung die Peers wachten (Wikman 1937).

1.1 Paarbildung im Bürgertum als Zwischenstation der Individualisierung

Im Übergang von der traditionellen zur modernen Gesellschaft bildet das Aufkommen des bürgerlichen Ehe- und Familienmodells einen wichtigen Einschnitt. Mit dem Adjektiv „bürgerlich" wird angezeigt, dass diese Familienform zunächst im aufstrebenden Bürgertum entstanden ist. Davon ausgehend gewann dieses Modell eine kulturelle Hegemonie und breitete sich nach und nach in anderen sozialen Milieus aus. Grundlegend für die bürgerliche Familienform war eine Trennung von Produktion und Reproduktion, von Erwerbsarbeit und Hausarbeit. Diese beiden getrennten Lebensbereiche wurden jeweils der alleinigen Zuständigkeit eines Geschlechts übertragen (Sieder 1987; Eder 2002; Gestrich 2003).

Mit dem bürgerlichen Ehe- und Familienmodell war ein typisches Paarungsverhalten gekoppelt (Lenz 2003 b). Dass es für das angehende Paar einen Freiraum für die Begegnung und auch für eine erste sexuelle Annäherung gab – wie im gemeinde- oder milieuzentrierten Modell –, war im bürgerlichen Milieu undenkbar. Es war strikt festgelegt, dass die Werbephase distanziert und asexuell zu erfolgen habe (Eder 2002). Allerdings sollte es dem bürgerlichen Ideal zufolge arrangierte Ehen nicht mehr geben und hierin kommt ein höherer Individualisierungsgrad zum Ausdruck. Arrangierte Ehen wurden abgelehnt, da sie zerbrechlicher seien und die geforderte Emotionalität nicht wachsen lassen (vgl. auch Mahlmann 1991).

Im bürgerlichen Paarungsmuster war die Individualisierung der Aufbauphase in Form des Initiativrechts des Mannes institutionalisiert (Lenz 2003 b). Nicht unwesentlich hat dazu beigetragen, dass das Heiratsalter der Männer im Bürgertum hoch war. Das Angewiesensein auf die eigenen Leistungen führte dazu, dass vor allem die Beamten, die in Deutschland ganz wesentlich das Bürgertum bildeten, lange warten mussten, bis sie eine Stellung erreicht hatten, die die wirtschaftliche Voraussetzung für eine Familiengründung und – ihr kurz vorgeschaltet – eine Eheschließung bot. Aufgrund des fortgeschrittenen Alters haben die heiratswilligen Männer die Brautsuche nicht den Eltern überlassen, sondern immer stärker selbst in die Hand genommen. Dieser Machtverlust betraf jedoch vorerst nur die Eltern des Mannes, noch nicht die der Frau. Der Weg des Mannes zur Ehe führte noch notwendigerweise über die Brauteltern. Der formelle Heiratsantrag des Mannes an den Vater – das Um-die-Hand-der-Tochter-Anhalten – bildete einen zentralen rituellen Akt der Paarbildung.

Das bürgerliche Paarungsmuster ist zwar weitgehend zeitgleich mit dem romantischen Liebesideal entstanden, jedoch hat dieses neue Liebesideal zunächst nur – wie im Weiteren zu zeigen sein wird – eingeschränkt in dieses Paarungsmuster Eingang gefunden (Lenz 2005 a; Wimbauer 2003).

1.2 Romantische Liebe als Kulturmuster

Es ist davon auszugehen, dass Liebe zwischen Ehegatten nicht erst im 18. Jahrhundert entstanden ist. Es lassen sich aus früheren Zeiten einzelne Beschreibungen finden, die im heutigen Verständnis als Liebe zu bezeichnen wären. Dennoch ereignete sich im 18. Jahrhundert etwas Entscheidendes, das aber nur fassbar wird, wenn man nicht Liebe als subjektives Erleben eines Paares, sondern Liebe als Kulturmuster betrachtet (Coontz 2005). Darauf zielt auch Niklas Luhmann (1982) ab, wenn er Liebe als „symbolisch generalisiertes Kommunikationsmedium" bezeichnet.

Nach und nach etabliert sich im 18. Jahrhundert die romantische Liebe als kultureller Code für die Genese und den Bestand von Zweierbeziehungen. Eine erste Gestalt hat die romantische Liebe in den populären Briefromanen von Samuel Richardson (1689-1761) gefunden und ihren vollsten Ausdruck in der deutschen Romantik (Kluckhohn 1966). In Anschluss an Georg Simmel (1985) kann als das Kernstück der romantischen Liebe die primäre Ausrichtung an der Individualität des anderen verstanden werden (Lenz, Soziologische Traditionslinien i. d. B.). Die romantische Liebe als Kulturmuster ist durch die Einbeziehung einer „grenzenlos steigerbaren Individualität" der einander Liebenden gekennzeichnet. Die romantische Liebe ist auf ein einzigartiges Individuum ausgerichtet, und durch die Verbindung zweier einzigartiger Individuen gewinnt die Beziehung ihre Einmaligkeit. Der romantischen Liebessemantik ist eigen, dass die Anlehnung „an vorgegebene Eigenschaften aufgegeben, und Liebe (…) auf ihre eigene Faktizität gegründet werden [muss]" (Luhmann 1982: 174). Die romantische Liebe eröffnet dadurch zugleich die Chance, dass das liebende Subjekt im Umkehrschluss in seiner Einzigartigkeit anerkannt und bestätigt wird. Durch diese in Aussicht gestellte Chance generiert die romantische Liebe in hohem Maße Glücksversprechungen und erhebt die Liebe zu der wichtigsten Angelegenheit im Leben. Die romantische Liebe stiftet zudem eine Einheit von sexueller Leidenschaft und affektiver Zuneigung und integriert die Elternschaft in das Kulturmuster (Burkart 1998).

Hartmann Tyrell (1987: 591) spricht von einem „ungeheuren Kulturerfolg" der romantischen Liebe seit dem 19. Jahrhundert. Um diesen Kulturerfolg nachzuzeichnen, ist zwischen der literarischen Idee der romantischen Liebe und ihrer Umsetzung in den Leitvorstellungen und normativen Vorgaben für Zweierbeziehungen, also in den Beziehungsnormen, zu unterscheiden. Erst sukzessive in fortschreitenden Realisierungsstufen wird das literarische Programm – wie die Eheratgeber des 19. und 20. Jahrhunderts zeigen – auf der Ebene der Beziehungsnormen in beziehungsrelevante Orientierungsvorgaben für Paare umgesetzt. Der große Kulturerfolg der romantischen Liebe ist nur in einer „entschärften" Fassung möglich, die erst Schritt für Schritt wieder „verschärft" wird. Das literarische Ideal der romantischen Liebe trifft keine Vorsorge für den Beziehungsalltag und nimmt in seiner Maßlosigkeit wenig Rücksicht auf praktische, existenzsichernde Notwen-

digkeiten des Lebens. Die Beziehungsnormen haben aber immer sozialstrukturelle Gegebenheiten und korrespondierende Kulturmuster zur Voraussetzung, die für die literarische Idealkonzeption lange erst im Ansatz e-
xistierten und sich erst allmählich – und für verschiedene Gesellschaftsklas-
sen und soziale Milieus zu verschiedenen Zeiten – ausbreiteten.

Einen ersten Niederschlag fand das romantische Beziehungsideal in der
Norm der Liebesheirat. Während im literarischen Entwurf der Romantik
Liebe und Ehe gleichgesetzt und die Dauer der Ehe nur durch die Dauer der
Liebe begründbar war, beinhaltete sie eine zeitliche „Zähmung" der Lei-
denschaft auf die Zeit der „Werbephase". Auch wurde – zumindest für die
Frauen – die erste Liebe zu der wahren geadelt. Die Romantik kennt diese
Gleichsetzung nicht; im Gegenteil, für sie ist die wahre Liebe für beide Ge-
schlechter an Beziehungserfahrungen gebunden. Die literarische Idee der
Androgynie fand lange Zeit keinen Eingang in die Beziehungsnormen als
ein Aspekt; sie wurde bis weit in das 20. Jahrhundert von der Konzeption
der polaren Geschlechtscharaktere überlagert (ausführlicher vgl. Lenz 2006).

Im Bürgertum des ausgehenden 18. und 19. Jahrhunderts wird einerseits die
Liebe als Eheschließungsmotiv betont und verklärt, aber andererseits zugleich vor einer stürmischen, leidenschaftlichen und blinden Liebe gewarnt.
Das Bürgertum verlässt sich bei der Eheschließung nicht auf den Zufall der
Gefühle, sondern favorisiert eine „vernünftige Liebe", die die Gefühle betont, aber zumindest auch offen bleibt für ein genaues Abwägen der mate-
riellen Vor- und Nachteile der Verbindung (Sieder 1987; Lenz 2003b).
Ausschlaggebend war weiterhin, dass der Werber in den Augen der Eltern
eine ‚gute Partie' für die Tochter war. Dazu zählten vor allem die soziale
Stellung sowie die Einkommens- und Vermögensverhältnisse, über die im
Vorfeld genauestens Erkundigungen eingezogen wurden. Da Frauen aus
diesem Sozialmilieu nicht durch Berufsarbeit zum Lebensunterhalt beitragen konnten, musste sichergestellt werden, dass die ökonomische Basis des
Mannes für eine Ehe ausreichend war.

1.3 Fortschreitende Individualisierung der Aufbauphase

Damit zeichnen sich zugleich die Konturen der sozialstrukturellen Bedingungen ab, die die Realisierungschancen für eine Liebesheirat und für die
weitreichende Übernahme der romantischen Liebe steigern: Je weniger
wichtig der Besitz für eine Ehe ist, sei es als Erwerbsquelle oder Mitgift, je
stärker der Lebensunterhalt aus unselbständiger Arbeit bestritten wird und
je mehr sich die Berufswelt – zumindest als Alternative – auch für die
Frauen öffnet, desto mehr Raum kann den Gefühlen der Beteiligten zugestanden werden. Dies alles waren Bedingungen, die für die sich im Zuge
der Industrialisierung herausbildenden Arbeiterklasse vorhanden waren. Jedoch ihre schlechte wirtschaftliche Lage und auch konträre Kulturmuster
haben im 19. und frühen 20. Jahrhundert einer Übernahme des kulturellen
Ideals der Liebesheirat noch entgegengewirkt (Sieder 1987). Es waren in

erster Linie die Besitzlosen in guten materiellen Verhältnissen, die die Norm der Liebesheirat zur Grundlage ihrer Partnerbildung gemacht haben. In dieser Sozialgruppe konnte die Liebesheirat als soziale Erwartung institutionalisiert werden. Je mehr diese Sozialgruppe zahlenmäßig an Dominanz gewann, desto verbreiteter wurde die Norm der Liebesheirat, die somit erst im 20. Jahrhundert ihre Blüte erlangt haben dürfte.

Durch diesen Kulturerfolg der romantischen Liebe wurde ein hoher Grad an Individualisierung der Aufbauphase erreicht. Was im kirchlichen Konsensprinzip bereits angelegt war, konnte nun massenweise Wirklichkeit werden: Die Paarbildung wurde zu einer exklusiven Angelegenheit des Paares; parallel dazu verloren die Eltern immer mehr ihre Beteiligungsrechte an der Paarbildung (Lenz 2003 b). Während im ausgehenden 19. Jahrhundert zunächst die rechtliche Zustimmungspflicht des Vaters wegfiel, büßte in der ersten Hälfte des 20. Jahrhunderts die Konvention, dass der Mann beim Vater um die Hand des ‚Fräulein Tochters' anhalten muss, immer mehr an Verbreitung ein. Eheratgeber aus den 1950er Jahren kennen dieses Thema noch, lassen aber deutlich erkennen, dass dieses Verhaltensmuster nicht mehr zeitgemäß ist. In der Gegenwart ist die Beteiligung der Eltern auf ein bloßes Informationsrecht reduziert. Irgendwann muss man den Eltern mitteilen, dass man einen ‚neuen Freund' bzw. eine ‚neue Freundin' hat oder entschlossen habe zu heiraten. Die Individualisierung der Aufbauphase schließt überdies eine Verschiebung der Leitkriterien der Partnerwahl ein: Im Vordergrund stehen nicht – oder zumindest sollte es so nicht sein – soziale Merkmale der Beziehungspartner wie sozialer Status, Einkommen oder Arbeitskraft, sondern einzig und allein ihre einzigartigen persönlichen Qualitäten.

2. Theorien der Partnerwahl

Im nächsten Schritt soll ein Überblick über die theoretischen Modelle gegeben werden, die sich in Studien zur Aufbauphase finden lassen. Mit „Theorien der Partnerwahl" wird angedeutet, dass diese Theorien meist nicht die gesamte Aufbauphase, sondern lediglich einen Teilausschnitt zum Gegenstand haben. Unterschieden wird zwischen utilitaristischen, evolutionsbiologischen und kulturalistischen Ansätzen.

2.1 Utilitaristische Ansätze

Utilitaristische Ansätze nehmen in der aktuellen Diskussion einen breiten Raum ein, wodurch in manchen soziologischen Publikationen der Eindruck erweckt wird (z.B. Wirth 2000; Timm 2004), als ob es nur diese Erklärungstradition gäbe. Zusammengefasst lassen sich dazu der familienökonomische Ansatz von Gary S. Becker (1982), der austauschtheoretische Ansatz vor allem in Anschluss an John W. Thibaut und Harold Kelley (1959) sowie als Fortführung der Rational-Choice-Ansatz (Coleman 1990; Esser

1996) rechnen (als Überblick: Hill/Kopp 2006). Gemeinsam ist diesen Ansätzen die Sozialfigur des *Homo oeconomicus*, eines rational handelnden Akteurs, wobei neuere Ansätze anerkennen, dass es keine grenzenlose Rationalität geben kann, sondern stets von einer subjektiven, durch den eigenen Wissensvorrat begrenzten Rationalität auszugehen ist. Für die Partnerwahl sind von Seiten der utilitaristischen Ansätze zwei Prinzipien ausschlaggebend:

1. In Analogie zum ökonomischen Marktgeschehen findet auch die Partnersuche auf einem Heiratsmarkt statt. In Abhängigkeit von den durch die Marktbedingungen festgelegten Restriktionen ist ein/e jede/r Teilnehmer/in bestrebt, den besten Partner bzw. die beste Partnerin zu gewinnen. Während der familienökonomische Ansatz dies vor allem unter dem Gesichtspunkt der ökonomischen Effizienz sieht, betonen die anderen Ansätze stärker den belohnenden Charakter.
2. Wie in ihrem Handeln überhaupt, sind die Individuen bei der Partnersuche durch ihr Eigeninteresse bestimmt. Sie streben danach, ihren individuellen Nutzen zu maximieren. Nach Gary S. Becker (1982: 27) werden sie auf den Heiratsmarkt solange suchen, „bis der Wert, den eine erwartete Verbesserung (des Nutzens) des zu findenden Partners für sie hat, größer ist, als die mit der Suche verbundenen Kosten ihrer Zeit". Da dies voraussetzen würde, dass man alle möglichen Partner in dieses Nutzenkalkül einbezieht, ersetzen neuere Ansätze diese Maximierungs- durch eine Akzeptanzstrategie (Wirth 2000): Die Suche wird dann abgebrochen, wenn eine Person gefunden ist, die ‚gut genug' erscheint. Eine fortgesetzte Suche erzeugt nicht nur Kosten, sondern auch Opportunitätskosten, da mit einer Paarbeziehung einhergehende Belohnungen nicht realisiert werden können. Vielfach wird dabei unterstellt, dass es eine generelle Präferenz für sozial ähnlich wahrgenommene Personen gibt. Der Rational-Choice-Ansatz erkennt an, dass die situative Nutzenkalkulation durch Handlungsroutinen ersetzt werden kann. Dabei wird auch die Relevanz von Emotionen für Handlungen anerkannt, allerdings weitgehend auf die Beschränkung von Handlungsalternativen bezogen.

Utilitaristische Ansätze öffnen den Blick für die mikrosozialen Prozesse, wobei sie aber zugunsten des dominanten Erklärungsanspruchs auf eine detaillierte Beschreibung dieser Prozesse verzichten. Durchaus erkannt wird, dass die Aufbauphase ein zeitlich gestreckter Prozess ist, der „eine Vielzahl von Entscheidungen (..) [umfasst]: die Entscheidungen zur Kontaktaufnahme, zur geschickten Darstellung der eigenen Person, zur Wiederverabredung" (Hill/Kopp 2006: 169). Gleichwohl wird am Begriff Partnerwahl festgehalten und die angestoßenen empirischen Studien begnügen sich mit dem Matching von Merkmalen der Personen. Der Erklärungsanspruch ist auf eine Aufbauphase begrenzt, die durch ein hohes Maß an Individualisierung gekennzeichnet ist. Diese Ausrichtung steht in Verbindung mit der weitreichenden Ausblendung kultureller Vorgaben. Werte und Normen einer Gesellschaft werden auch in der elaborierten Fassung nur über die individuellen Entscheidungen und Handlungen wirksam. Die kulturelle Vielfalt und der kulturelle Wandel werden damit nicht erfassbar.

2.2 Evolutionsbiologische Ansätze

Im populärwissenschaftlichen Diskurs zu den Beziehungsanfängen haben evolutionsbiologische Ansätze eine breite Resonanz gefunden; es gibt nur wenige aktuelle Beziehungsratgeber, die nicht darauf zurückgreifen. Auch in die Wissenschaft haben diese Ansätze Eingang gefunden, in der Soziologie allerdings weniger als in die Psychologie (Lösel/Bender 2003; Surra et al. 2006).

Evolutionsbiologische Ansätze gehen von der Prämisse aus, dass es biologisch festgelegte Verhaltensprogramme gibt, die veränderbar unsere Sozialbeziehungen bestimmen. Die menschliche Paarbildung beruhe auf kontextunabhängigen Strategien, mit denen spezifische Adaptionsprobleme im Laufe der Evolution von Menschen gelöst wurden. Sie seien unter dem Selektionsdruck der Fortpflanzung entstanden (Buss/Schmidt 1993). Typisch ist, dass Aussagen über die Tierwelt bruchlos auf die Menschen übertragen werden. Ein zentrales Erklärungsmuster geht davon aus, dass das Geschlecht, das mehr Energie und Zeit in die Nachkommen investiert, bei der Partnerwahl immer wählerisch ist. Da die Weibchen nur wenige Eier im Laufe des Lebens produzieren, die Männchen dagegen deutlich mehr Spermien, werden Letztere „billiger" und Eier als „teuer" aufgefasst. Hinzu kommt, dass die Weibchen der evolutionsbiologischen Theorie nach auch mehr zur elterlichen Pflege des Nachwuchses beitragen. Aus diesem Grunde zwinge die Logik der Natur die Weibchen dazu, wählerisch in der Auswahl ihrer Sexualpartner zu sein. Ihre sexuelle Zurückhaltung führe darüber hinaus dazu, dass die Männchen um die sexuelle Gunst der Weibchen miteinander konkurrieren. Dieses angebliche Naturgesetz hat als erster der Fliegengenetiker A. J. Bateman aufgestellt – weshalb es vielfach auch als Bateman-Regel bezeichnet wird. Robert Trivers hat diese These dann auf die Menschen übertragen (Judson 2003).[3]

Evolutionsbiologische Ansätze erheben den Anspruch, die Partnerwahl zu allen Zeiten und für alle Kulturen zu erklären. Sie machen dies, indem sie die universalistischen Prinzipien aufzeigen, die historische und interkulturelle Unterschiede negieren bzw. als unwesentlich auffassen. Paarbildung ist aus dieser Sicht determiniert durch die angestrebte Fortpflanzung. Nicht berücksichtigt wird, dass Frauen – zumindest unter den Bedingungen der modernen Gesellschaft – ihr Reproduktionspotenzial nur zu einem Bruch-

---

3 Schon die Befunde der Ethologie zeigen, dass diese Theorie schon für die Tierwelt keine universelle Gültigkeit beanspruchen kann. Es ist keineswegs so, dass immer das Weibchen wählerischer ist, auch wenn es – und das auch nicht in jedem Fall – die Hauptaufgabe der Pflege des Nachwuchses leistet. Bei den Fruchtfliegen und den Mäusen – um nur zwei Beispiele auszuwählen – ist es gerade umgekehrt: Die Männchen sind wählerischer und die Weibchen konkurrieren um die sexuelle Gunst der Männchen.

teil ausschöpfen, dass in vielen Paarbeziehungen keine Kinder entstehen und dass die Sexualität der Menschen von der Fortpflanzung entkoppelt ist. Ausgeblendet bleiben die markanten Unterschiede zwischen Tieren und Menschen, die von der Philosophischen Anthropologie (vgl. Fischer 2008) überzeugend aufgezeigt wurden. Während das Verhalten der Tiere im hohen Maße vom Instinkt gesteuert ist, zeichnen sich Menschen durch eine Instinktarmut aus, die eine Weltoffenheit schafft und den Menschen zu einem Kulturwesen macht. Die Verhaltensstabilität, die Tiere durch die Instinkte besitzen, schafft sich der Mensch erst durch die Kultur. Der Mensch ist – in der bekannten Formulierung Arnold Gehlens (1986: 80) gesprochen – „von Natur aus ein Kulturwesen". Um zu einem verlässlichen Weltumgang und zu einem stabilen Selbstverhältnis zu kommen, braucht er kulturelle Hervorbringungen, die die Handlungsalternativen begrenzen und wiederkehrende Handlungsmuster generieren.

2.3 Kulturalistische Ansätze

Kulturalistische Ansätze werden hier als Sammelkategorie verwendet, um verschiedene Ansätze zusammenzufassen, deren Gemeinsamkeit in einer starken Berücksichtigung kultureller Vorgaben liegen.

Dazu zählen Arbeiten aus der Systemtheorie, die sich mit der Liebessemantik und deren Wandel befasst haben. Paradigmatisch hierfür ist Niklas Luhmanns Werk „Liebe als Passion" (1982), das im erheblichen Maße anregend und anstoßend dafür wirkte, sich intensiver mit dem Kulturprogramm Liebe aus soziologischer Perspektive auseinanderzusetzen (Burkart 1998). Für Luhmann ist jede Selbstbeobachtung oder Selbstwahrnehmung psychischer Systeme an diese kulturellen Vorgaben gebunden. In diesem Verständnis wird die Analyse auf die Ebene der Semantik festgelegt, deren Wandel Luhmann im Zuge der Umstellung der Gesellschaft von der stratifikatorischen zur funktionalen Differenzierung nachzeichnet. In diese Sammelkategorie gehören auch Arbeiten aus der interpretativen Soziologie. Diese Traditionslinie, die auf Georg Simmel, Max Weber und George H. Mead zurückgeht, postuliert, dass soziale Wirklichkeit durch aufeinander bezogenes Handeln von Individuen und damit einhergehende Bedeutungen und Bedeutungszuweisungen konstituiert wird. Ein inzwischen als klassisch zu bewertender Beitrag ist der Aufsatz „Die Ehe und die Konstruktion der Wirklichkeit" von Peter L. Berger und Hansfried Kellner (1965). Aus unterschiedlichen Lebenszusammenhängen kommend, stehe das Paar vor der Aufgabe, eine eigene Welt zu schaffen (ausführlicher Lenz 2006). Geleistet werden müsse eine Wirklichkeitskonstruktion; eine Aufgabe, die in der modernen Gesellschaft aufgrund des massiven Verbindlichkeitsverlusts gesellschaftlicher Vorgaben an Dramatik gewonnen habe. Als in einer bestimmten Gesellschaft sozialisierte Subjekte verfügen die Ehegatten zwar über einen gesellschaftlich vermittelten Erfahrungsvorrat über die Ehe, aber diese Vorgaben erweisen sich als „leere Entwürfe", die von dem Paar „aktualisiert, durchlebt und mit Erfahrungsgehalt gefüllt werden" (Berger/ Kellner 1965: 226) müssen. Intensiv fortgesetzt wurde diese Traditionslinie durch die umfangreichen Forschungsarbeiten des französischen Soziologen Jean-Claude Kaufmann (z. B. 1994, 2004). In dieser Tradition stehen auch meine eigenen Arbeiten (vgl. z. B. Lenz 2003 b, 2005 b).

Gemeinsam ist diesen Ansätzen eine Abkehr von einer individuums-zentrierten Sichtweise. Das primäre Interesse gilt nicht den beteiligten Personen, ihren Eigenschaften und Dispositionen, vielmehr soll das Soziale eigenständig zum Thema gemacht werden. In Erweiterung der systemtheoretischen Beiträge beziehen sich die Arbeiten sowohl auf die Ebene der kulturellen Vorgaben wie auch auf die Handlungsebene. Gefragt wird auch nach der symbolischen Repräsentation, wie diese in Beziehungssymbolen und den Eigengeschichten der Paare zum Ausdruck kommen (Lenz 2002; Maier 2008). An Stelle eines primären Erklärungsanspruchs sind kulturalistische Ansätze vor allem an einer detaillierten Beschreibung interessiert.

3. Forschungsschwerpunkte: Partnerwahl und Attraktivitätsforschung

Studien zur Partnerwahl und die Attraktivitätsforschung stellen zwei traditionelle Forschungsschwerpunkte dar. Im Weiteren sollen die Schwerpunkte vorgestellt und einige Ergebnisse präsentiert werden.

3.1 Studien zur Partnerwahl

Studien zur Partnerwahl können bereits auf eine lange Tradition zurückblicken. In der amerikanischen Familienforschung reichen die ältesten Arbeiten bis in die 1920er Jahre zurück. „Entdeckt" wurde das Thema in enger Verbindung mit der ordnungspolitischen Sorge, dass die wachsende Bedeutung der romantischen Liebe bei der Wahl der Ehegatten desorganisierend auf Familien wirke. In der soziologischen Forschung steht dabei die Frage im Vordergrund, ob die (angehenden) Ehegatten hinsichtlich ausgewählter sozialer Merkmale (z. B. Bildung, soziale Herkunft) übereinstimmen. Im Falle einer Übereinstimmung wird von „Homogamie" und im umgekehrten Fall von „Heterogamie" gesprochen. Mittlerweile ist die Forderung verbreitet, dass sich die Forschung nicht nur auf Ehen beziehen , sondern angesichts der Pluralisierung der Beziehungsformen auch andere Formen von Zweierbeziehungen einbeziehen soll (z. B. Frenzel 1995), was aber in den aktuellen Studien dennoch nur zum Teil realisiert wird. In der Gegenwart wird die Frage nach der Homogamie meist vor dem Hintergrund der Frage diskutiert, ob entsprechend der Individualisierungs- bzw. Entstrukturierungsthese eine Erweiterung individueller Handlungsoptionen konstatiert werden kann oder ob Mechanismen sozialer Ungleichheiten fortdauern oder sich gar verstärkt haben.

Vor diesem thematischen Hintergrund wird der Frage nach der Übereinstimmung der Bildungsabschlüsse der Partner eine breite Aufmerksamkeit gewidmet (Blossfeld/Timm 1997; Wirth 2000; Heß-Meinig/Tölke 2005). Von nicht geringem Gewicht ist für die Antwort der Umfang der Bildungsklassifikation. Je differenzierter die Bildungsabschlüsse erfasst werden, desto wahrscheinlicher ist die Heterogamie. Allerdings können die dann festgestellten Unterschiede sozial folgenlos sein, was Hans-Peter Blossfeld und Uwe Timm (1997) an einer „heterogamen Heirat" einer Frau mit mittlerer Reife und ohne Berufsausbildung und eines Mannes mit Hauptschulabschluss ohne Berufsausbildung zu zeigen versuchen. Umgekehrt trägt eine knapper gefasste Bildungsklassifikation von vornherein zu einer höheren Homogamie bei. Das ist übrigens ein Problem, dass sich für alle sozialen Merkmale wiederholt und hier nur stellvertretend angesprochen werden soll.

In ihrer eigenen Studie haben Blossfeld/Timm (1997) das Sozio-ökonomische Panel (Wellen 1984-94) verwendet und vier Bildungsniveaus (Schulabschluss ohne oder mit Berufsausbildung, Fachhochschul- und Hochschulabschluss) unterschieden. Betrachtet werden die jeweils in vier Jahren zusammengefassten Geburtskohorten von 1919 bis 1963, wobei die empirische Entwicklung der Aufwärts-, Abwärts- und homogamen Heiraten der hypothetischen Verteilung gegenüber gestellt wird, die sich bei zufälliger Wahl ergeben hätte. Die Ergebnisse zeigen, dass der Anteil der bildungshomogenen Ehen von der Kohorte 1919 bis 1923 von etwas 44% fast kontinuierlich auf etwas über 70% bei der Kohorte 1959 bis 1963 angestiegen ist. Über den gesamten Zeitraum hinweg wurde „überzufällig" bildungshomogam geheiratet. In den ältesten Kohorten war allerdings der Anteil der aufwärtsheiratenden Frauen und abwärtsheiratenden Männer sehr hoch und vielfach höher als der Anteil der bildungshomogen Verheirateten. Bei den älteren Frauen ist die empirische Neigung dem hypothetischen Unabhängigkeitsmodell sehr ähnlich. Dies deutet darauf hin, dass ihr ‚nach oben' heiraten strukturell angelegt war, also aus den damaligen Bildungsunterschieden der Geschlechter resultiert. Inzwischen haben diese traditionellen Ehen einen starken Rückgang erlebt; in der jüngsten Kohorte hat nur jeder fünfte Mann und jede fünfte Frau diese Form gewählt. Weitergehende Analysen von Hans-Peter Blossfeld und Andreas Timm (1997) zeigen, dass für die Höherqualifizierten das Bildungssystem ein zunehmend wichtiger Heiratsmarkt geworden ist. Mit der Verweildauer im Bildungssystem steigt die Bildungshomogamie; unmittelbar nach Verlassen ist sie besonders groß.

Bildung ist bereits ein zentraler Indikator für soziale Ungleichheit. Verbreiteter ist es aber auch, die soziale Herkunft oder die Klassenlage der Beziehungspartner zu betrachten, wobei hierfür meist ausschließlich Berufsvariablen verwendet werden (vgl. auch Teckenberg 2000). Heike Wirth (2000) lehnt sich dabei an die Goldthorpe-Klassifikation an und unterscheidet in einer Grobkategorisierung zwischen Dienstklassen, ausführende nicht-manuelle Berufe, Selbständige und Arbeiter/innen. Betrachtet wird die Klassenzugehörigkeit der Ehepaare 1970 und 1993 und aufgrund dieser Zeitpunkte beschränkt auf Westdeutschland. Auch ist für diese Fragestellung eine Beschränkung auf erwerbstätige Ehefrauen notwendig. Dies führt aber nicht – wie die Ergebnisse zeigen – zu einer Dominanz klassenübergreifender Ehen. Im Gegenteil: Auch anfangs der 90er Jahre ist ein Überschreiten der typischen Klassengrenzen zwischen manuellen und nicht manuellen Klassen nur in gut einem Viertel der Ehen zu beobachten. Der Ehepartner bzw. die Ehepartnerin weist überwiegend dieselbe Klassenlage auf. Besonders ausgeprägt ist dies für die Dienstklassen und die traditionelle Arbeiterklasse. Angehörige der white-collar-Berufe heiraten ebenso wie Angehörige der blue-collar-Berufe weitgehend untereinander. Diese Zusammenhänge bleiben auch dann bestehen, wenn die Bildungsabschlüsse kontrolliert werden, wodurch sich zeigt, dass dies nicht nur indirekte Bildungseffekte sind.

Zusammenfassend kann festgehalten werden, dass hinsichtlich der Bildung und der Klassenlage bei Paaren ein hoher Grad an Homogamie vorhanden ist. Zwar zeigen Studien zu Heiratsanzeigen (Buchmann/Eisner 2001; Gern 1992), dass dort soziale Merkmale wie Bildung und Beruf weitgehend verschwunden sind, dennoch dauert die soziale Strukturierung der Heirats- bzw. Beziehungsmärkte offensichtlich im hohen Maße an bzw. hat sich sogar weiter verstärkt. In aller Regel stellt sich die Homogamie hinter dem Rücken der Subjekte her. Die Suche ist zwar nicht auf eine/n bildungs- und statushomogame/n Partner/in ausgerichtet, dennoch stellt sich die Homogamie vielfach in der Paarbildung ein, weil das soziale Netzwerk – wie schon Robert F. Winch (1958) betonte – im hohen Maße sozial homogen ist. Die Suchenden kommen meist nur mit Personen in Kontakt, die ähnliche soziale Merkmale aufweisen wie sie selbst, und dadurch wird auch „the field of eligibles" – also das Feld der Geeigneten – für die Partnerwahl von vornherein eingeschränkt. Die Homogamie resultiert also vorrangig aus Gelegenheitsstrukturen.

Eine Überinterpretation der Befunde zur Homogamie liegt vor, wenn damit versucht wird zu zeigen, dass die freie Partnerwahl nur eine bloße Fiktion, individuelle Handlungsoptionen in Wahrheit durch soziale Strukturen determiniert und die Liebe als Motiv eine subjektive Täuschung sei. Diese Tendenzen, die in Studien zur Partnerwahl immer wieder anklingen, verkennen, das auch dann, wenn die Partnerwahl durch die Gelegenheitsstrukturen begrenzt wird, das „field of eligibles" eine große Anzahl von Personen umfasst, aus ‚der bzw. die eine' allen anderen vorgezogen werden wird. Auch wenn Studierende ihre/n Beziehungspartner ganz bevorzugt aus Studierenden wählen, ist damit noch nicht festgelegt, mit wem sie eine Paarbeziehung aufbauen. Die individuelle Wahl stellt sich weiterhin.

Mit dem Alter soll ein weiteres soziales Merkmal aufgegriffen werden, auf das sich Studien der Partnerwahl beziehen.[4] Das Alter scheint bei der Partnerwahl von hoher Relevanz zu sein. Nach Viola Riemann (1999) wird in

---

4 Das soziale Merkmal Staatsbürgerschaft oder die kulturelle Herkunft soll hier nicht behandelt werden, da sich der Beitrag von Bernhard Nauck in diesem Handbuch ausführlich mit diesem Thema befasst.

90% der Kontaktanzeigen das eigene Alter angegeben. Für die gesuchte Person liegt das Alter mit ca. 30% Nennungen hinter den gewünschten Charaktereigenschaften in der Rangliste an zweiter Stelle. Ob Altershomogamie vorhanden ist oder nicht, hängt ganz maßgeblich davon ab, was darunter verstanden wird. Ein extremes Beispiel dafür ist die Studie von Ursula Jäckel (1980), die darunter einen Altersabstand bis zu zehn Jahre fasste und dann – wenig überraschend – eine Altershomogamie von 80% ermittelte. Ulrike Heß-Meining und Angelika Tölke (2005) fassen als altershomogam nur Paare mit einen Altersabstand von bis zu zwei Jahren auf. Bei der Kohorte der 1946 bis 1950 Geborenen in Westdeutschland lag ihr Anteil bei etwa 40% und ist in den jüngeren Kohorten angestiegen. Bei den ostdeutschen Frauen und Männern lag dieser Anteil schon bei dieser ältesten Kohorte höher und ist auch bei den jüngeren höher, allerdings hat der Abstand abgenommen. Würde man von Altershomogamie nur dann sprechen, wenn das Paar tatsächlich gleich alt ist, dann wäre dieser Anteil noch deutlich geringer. In diesem Falle würde die Altersheterogamie überwiegen. Im Schnitt sind die Ehefrauen in Deutschland um drei Jahre jünger als ihre E-hemänner. Aufgrund dieses typischen Altersvorsprungs der Männer können sich vor dem Hintergrund des Geburtenrückgangs numerische Ungleichgewichte auf den Heiratsmarkt ergeben, für die sich die Bezeichnung „marriage squeeze" (Martin 2001; Klein 1995) eingebürgert hat.

Von Robert F. Winch wurde in den 50er Jahren die Komplementaritätsthese in die Diskussion eingeführt. Nach Winch (1958: 88 f.) sucht jedes Individuum in der Partnerwahl „within his or her field of eligibles for that person who gives greatest promise of providing him or her with maximum need gratification". Winch löste eine breite Debatte aus und regte Studien an, die dazu führten, dass die Komplementaritätsthese in der empirischen Partnerwahlforschung seit den 1970er Jahren als falsifiziert gilt. Anders dagegen in der Paartherapie, in der – allerdings nicht in der Variante von Winch – die Komplementarität der Partnerwahl ein fester Bestandteil ist. Sie ist zentraler Inhalt des Konzepts der Kollusion von Jürg Willi (1997; orig. 1975). Die neurotischen Dispositionen beider Partner passen bei einer Kollusion wie Schlüssel und Schloss zusammen. Aus früheren Entwicklungsphasen stammende, nicht verarbeitete Konflikte werden in der Zweierbeziehung als entgegengesetzte, sich zunächst aber ergänzende „Lösungsvarianten" ausgelebt. „In einer Kollusion finden zwei Partner mit ähnlich gelagerten Liebesdefiziten zueinander. Der eine von ihnen möchte die kindlichen Sehnsüchte erfüllt haben, der andere aber sucht die Erfüllung der eigenen Sehnsüchte im Erfüllen der Sehnsüchte der anderen" (Willi 2004: 202). Ein Nebeneinander beider Diskussionsstränge hat bislang verhindert, dass diese Inkonsistenz bislang nicht zum Thema wurde.

3.2 Studien zur Anziehungsforschung

In der Sozialpsychologie hat der Forschungsbereich der Anziehungsforschung („interpersonal attraction") eine längere Tradition und erlebte in den frühen 60er Jahren einen starken Aufschwung (Berscheid/Reis 1998). Die interpersonelle Anziehung wird als Einstellung konzeptualisiert. Anziehung ist dabei das Vorhandensein positiver Einstellungen gegenüber einer anderen Person. Diese enge Verbindung von Anziehung und Einstellung begründet die spezifische Forschungsstrategie, die lange Zeit dominant war: Vorwiegend wurden Erstkontakte von einander fremden Personen in einem Labor-Setting erforscht, indem eine Versuchsperson – in aller Regel Studenten und Studentinnen – über andere Personen bestimmte Informationen bekommt und anschließend einen Einstellungsfragebogen zu diesen Personen auszufüllen hat.

Breiten Raum als Determinante interpersonaler Anziehung nimmt in der Forschung die körperliche Attraktivität ein (als Überblick: Feingold 1992; Hassebrauck/Küpper 2005). Die Ergebnisse stimmen dabei weitgehend überein, dass attraktive Personen stärker bevorzugt werden. Eine mittlerweile klassische Studie hierzu stammt von Elaine Walster et al. (1966), die auch deshalb erwähnenswert erscheint, da sie über den üblichen Laborrahmen hinausging. Das Forschungsteam lud Studenten und Studentinnen zu einem Tanzabend ein. Den Teilnehmer/innen wurde mitgeteilt, dass sie auf Grundlage von Persönlichkeits- und Intelligenztests, die sie vorher ausfüllen mussten, von einem Computer zu idealen Paaren zusammengestellt werden. In Wirklichkeit erfolgte die Zusammenstellung der Paare nach dem Zufallsprinzip. Während des Tanzabends wurde den Teilnehmer/innen dann ein Fragebogen vorgelegt, ob ihnen ihr Partner bzw. ihre Partnerin gefiele und ob sie diese Beziehung fortsetzen möchten. Zugleich wurde ihre körperliche Attraktivität vom Forschungsteam beurteilt. Weder die Intelligenz noch die Persönlichkeit waren mit der Anziehung verbunden, die Sympathie und der weitere Kontaktwunsch standen hingegen ausschließlich mit der körperlichen Attraktivität der betreffenden Person in Verbindung. Zugleich zeigt diese Studie in Übereinstimmung mit einer Reihe anderer Studien geschlechtsspezifische Unterschiede. Männer legen mehr Wert auf die Attraktivität als Frauen in der umgekehrten Richtung (Hatfield/Sprecher 1986; als eine deutsche Studie: Doermer-Tramitz 1990).

Ähnlichkeit in den Einstellungen ist eine zweite Determinante der interpersonellen Anziehung, die in der Forschung eine große Aufmerksamkeit erfahren hat. Ein Klassiker ist die Studie von Theodore Newcomb (1961). Newcomb untersuchte den „acquaintance process" anhand einer Gruppe von männlichen Studenten, die sich noch nicht kannten und in eine Wohneinheit eines Studentenwohnheims einzogen. Die Ähnlichkeit in den Einstellungen und Wertvorstellungen, die vor dem Kennenlernen bestand, erwies sich als guter Prädiktor für die Freundschaften, die sich allmählich bildeten. Auch wenn diese Studie nicht ohne Kritik geblieben ist (Stroebe

1981), ist herauszustellen, dass sie ohne Labor-Design auskommt, auch wenn es vor allem um Einstellungsmessung geht. Eine Verengung auf das Labor-Setting ist hingegen kennzeichnend für die Arbeiten von Donn Byrne und Kollegen (Byrne 1973). Donn Byrne entwickelte folgendes Verfahren, um den Zusammenhang von Ähnlichkeit und Anziehung zu erforschen: Eine Versuchsperson hatte zunächst einen Einstellungsfragebogen auszufüllen. Zu einem späteren Zeitpunkt wurde der Proband gebeten, den Einstellungsfragebogen einer anderen Person durchzulesen, der vom Versuchsleiter unter Maßgabe des Einstellungsfragebogens der Versuchsperson ausgefüllt worden war. Die Übereinstimmungen dieser beiden Fragebögen wurden von Byrne und Kollegen systematisch variiert. In einer Vielzahl von Testreihen zeigte sich, dass die Sympathie umso größer war, je höher die Übereinstimmungen in den Einstellungen waren.

4. Beziehungsaufbau als Prozess

In der Anziehungsforschung wie auch in den Studien der Partnerwahl wird die Aufmerksamkeit auf einzelne Merkmale der Individuen und deren Passung gerichtet. Selbst wenn es primär um Interessen, Einstellungen oder Bedürfnisse geht, werden diese als fixe, unveränderliche Ausstattung der jeweiligen Personen aufgefasst, deren Vorhandensein wahrzunehmen für die andere Seite problemlos möglich sei. Völlig ausgeblendet bleibt in beiden Traditionslinien, dass die Paarbildung ein zeitlich gestreckter, kommunikativer Prozess ist. Nicht weniger auffällig ist die Geringschätzung der Liebe (Willi 2004; Hondrich 2004), die offensichtlich als zu vernachlässigend oder als bloße individuelle Fiktion aufgefasst wird.

Diese Ausblendung fällt umso mehr auf, als durch die Verlagerung der Paarbildung in die exklusive Zuständigkeit des Paares ihr Kommunikationsbedarf enorm zugenommen hat. Die Aufbauphase wurde dadurch zu einer Aufgabe, die das angehende Paar weitgehend eigenständig kommunikativ zu bewältigen hat. Verstärkt wird dies durch die räumliche Verlagerung der Begegnung. Im bürgerlichen Sozialmilieu des 18. und 19. Jahrhunderts konnte diese Erstbegegnung aufgrund der starken Familiengebundenheit der Frauen nur im Familienkontext stattfinden. Nunmehr ist das Kennenlernen in die Bereiche der außerfamilialen Öffentlichkeit verlagert (vgl. auch Klein/Lengerer 2001).

Einen frühen, aber weiterhin sehr anregenden Versuch, Beziehungsanfänge als Prozess zu betrachten, hat sich der amerikanische Soziologe Murray Davis (1973) in seinem wenig beachteten Buch „Intimate Relations" unternommen.[5] Davis bezeichnet die erste Begegnung von zwei sich bislang fremden Personen als „Pickup". Pickups haben nach Murray Davis eine fes-

---

5 Breit aufgegriffen wird diese Perspektive in den Publikationen zum Flirtverhalten. Allerdings überwiegt auf diesem Gebiet sehr stark die Ratgeberliteratur, wissenschaftliche Studien sind dagegen Mangelware.

te Struktur. Murray Davis geht dabei davon aus, dass die Kontaktaufnahme von einer Person initiiert wird. In einer Vorphase muss der Initiator bzw. die Initiatorin, im Weiteren kurz A genannt, zunächst feststellen, ob die andere Person (kurz: B) Eigenschaften besitzt, die aus ihrer Sicht der Mühe wert sind, die ein Anfang notwendigerweise mit sich bringt. Auch muss sie danach Ausschau halten, ob bei B eine Bereitschaft zur Kontaktaufnahme vorhanden ist. Da A weitere Informationen (noch) nicht vorliegen, werden die Eigenschaften vor allem an der körperlichen Attraktivität und den situativen Verhaltensweisen von B festgemacht. Dies ist nicht der ‚Oberflächlichkeit' der Handelnden geschuldet, sondern eine unmittelbare Konsequenz der vorhandenen Informationslage. Um die Kontaktbereitschaft einschätzen zu können, wird A auf nonverbale Hinweise achten und diese seinerseits durch Werbesignale zu stimulieren versuchen. Die wichtigsten Werbesignale sind das Lächeln und Blicke.

Die Offenheit auszuloten ist notwendig, da jemanden anzusprechen – wie Erving Goffman (1971) anschaulich gezeigt hat – ein Eindringen in ein fremdes Territorium ist. Wenn dies nicht gerechtfertigt ist, stellt ein solches Eindringen eine Verletzung der rituellen Ordnung der Interaktion dar. Ein Verstoß gegen die rituelle Ordnung wird vermieden, wenn ein Grund für eine Kontaktaufnahme geschaffen wird. Ein Mittel dabei kann – in Ratgebern der 50er Jahre vielfach den Frauen empfohlen – eine Täuschung sein, in dem z. B. absichtlich ein Gegenstand fallen gelassen wird, um den anderen zu veranlassen, diesen aufzuheben und zurückzugeben. Auch kein Verstoß liegt vor, wenn die einseitige Kontaktaufnahme in einer so genannten offenen Region stattfindet. Darunter werden „räumlich abgegrenzte Orte" verstanden, „an denen Menschen, gleich wer sie sind und ob sie einander kennen, das Recht haben, Blickkontakt miteinander zu initiieren" (Goffman 1971: 132). Offene Regionen sind Bars, Tresen in Kneipen oder auch Geselligkeiten in privaten Räumen. Generell sind offene Regionen exponierte Gelegenheiten zur Kontaktaufnahme zwischen Fremden. Die Anwesenheit in einer offenen Region signalisiert immer schon eine Offenheit für neue Kontakte. Offenheit ist hier nicht personengebunden, sondern bereits situativ vorgegeben.

Sind die gewünschten Eigenschaften vorhanden und auch die Offenheit, ist als nächstes – so Murray Davis – eine Eröffnung für einen verbalen Austausch notwendig sowie anschließend Themen, die die begonnene Konversation andauern lassen. Nur wenn die Konversation fortgesetzt wird, ist es möglich, mehr über die andere Person zu erfahren und auch sich selbst darzustellen (Lenz 2008). Da gemeinsame Erfahrungen noch nicht vorhanden sind, braucht es Gesprächsinhalte, die kein persönliches Wissen voraussetzen. Sehr häufig wird der Kontakt durch small talk am Laufen gehalten. Egal was geredet wird, der zentrale Gehalt ist die wechselseitige Zuschreibung und Aushandlung der Identität von beiden Personen. Es geht darum festzustellen, wer der andere ist, wie man vom anderen gesehen wird und wer man selbst in dieser Situation ist. Je nachdem, wie diese Phase verläuft, wird sich das Interesse an der anderen Person verstärken oder abschwächen. Ein Beziehungsaufbau ist mit einer Begegnung natürlich keineswegs abgeschlossen. Am Ende der Pickup-Situation kommt es darauf an, ein Wiedersehen vorzubereiten. Dies kann dadurch erfolgen, dass man sich fest verabredet oder eine Möglichkeit der Kontaktaufnahme durch Austausch der Telefonnummern, Mailadressen oder Wohnadressen schafft.

4.1 Pluralität der Beziehungsanfänge

Bei Davis (1973) wird der Eindruck erweckt, als ob Beziehungsanfänge nicht immer aus einer einseitigen Kontaktaufnahme resultieren. Diese Annahme liegt auch der Anziehungsforschung und den evolutionsbiologischen Studien weitgehend als Selbstverständlichkeit zugrunde und schwingt implizit auch in den Studien zur Partnerwahl mit. Trotz dieser starken Verbreitung ist es aber dennoch eine unzulässige Verkürzung (Lenz 2008), wie im Folgenden gezeigt werden soll (vgl. Abb. 1).

Abb. 1: Beziehungsanfänge in einer individualisierten Aufbauphase

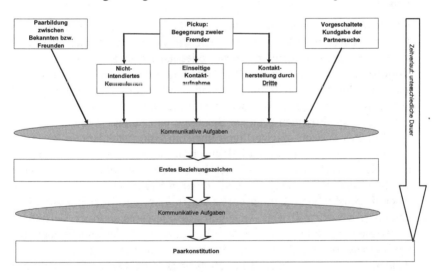

Nicht ein jedes Pickup resultiert aus einer einseitigen Kontaktaufnahme. Es lassen sich zumindest zwei weitere Formen einer ersten Kontaktaufnahme unter Fremden unterschieden:

1. *Nichtintendiertes Kennenlernen:* Nicht immer wird ein Kennenlernen mit Absicht herbeigeführt. Ein Bespiel hierfür sind echte – im Unterschied zu vorgetäuschten – Hilfssituationen. Eine Person stürzt und die andere Person ist beim Aufstehen behilflich. Hilfeleistungen machen sehr häufig ein rasches Eingreifen notwendig, wodurch ein längeres Kalkulieren von Seiten des Helfenden nicht möglich ist. Eine Hilfesituation lässt nicht zu,

länger – im Sinne einer Vorphase bei Davis – zu kalkulieren, ob eine Kontaktaufnahme sich lohne, sondern erwogen wird lediglich die Frage, ob man helfend initiativ wird oder nicht. Eine Hilfesituation verkürzt die von Davis beschriebene Grundstruktur einer Pickup-Situation, da die Vorphase einschließlich der Eröffnung entfällt.

2. *Kontaktherstellung durch eine dritte Person:* Diese dritte Person kann aus dem natürlichen Netzwerk (z. B. Mutter, Freund) stammen. Möglich ist es auch, dass es sich bei diesen Dritten um professionelle Personen handelt (z. B. Heiratsvermittler, Partnervermittlungsinstitute). In diesen Fällen wird das Gespräch ohne eigene Aktivität eröffnet. Auch ist die beschriebene Vorphase des Pickups einschließlich der Eröffnung entfallen. In beiden Fällen ist es aber notwendig, dass die begonnene Konversation durch Themen fortgesetzt wird, um mehr voneinander zu erfahren und auch, dass zum Abschluss eine Fortsetzung vorbereitet wird.

Eine Verkürzung ergibt sich auch daraus, dass am Anfang einer Zweierbeziehung nicht immer eine Begegnung von zwei Fremden (Pickup) stehen muss. Auch hier lassen sich wiederum zumindest zwei weitere Formen unterscheiden:

1. *Paarbildung zwischen Bekannten bzw. Freunden:* Eine Paarbildung kann auch zwischen zwei Personen erfolgen, die vorher schon über einen längeren Zeitraum miteinander bekannt oder gar befreundet sind. Nicht die Kontaktaufnahme ist hier das Problem, sondern wie die Transformation aus dem Bekanntschafts- oder Freundschaftsmodus bewerkstelligt und durch welches Ereignis (Wendepunkt) diese angestoßen wird. Im Unterschied zu zwei Fremden besitzen Bekannte und Freunde bereits reichlich persönliches Wissen und verfügen über ein Bild voneinander. Sie müssen auch nicht erst Ausschau halten, ob der andere über erwünschte Eigenschaften verfügt und sie können bereits auf ein breiteres Fundament als die physische Attraktivität und situative Verhaltensweisen aufbauen. Aber sie müssen sich darüber verständigen, dass ihre Beziehungsqualität verändert werden soll. Das Anzeigen des Interesses an einer Vertiefung der Beziehung und das Ausschau halten danach, ob der andere ebenfalls ein Interesse daran hat, sind hier die zentralen interaktiv zu bewerkstelligenden Herausforderungen. Ein behutsames Vorgehen ist hier nicht nur erforderlich, um einen Gesichtsverlust zu vermeiden. Eine Abweisung hat immer auch Auswirkungen auf die Bekanntschaft bzw. Freundschaft bis hin zum Kontaktabbruch.

2. *Vorgeschaltete Kundgabe der Partnersuche:* Einer der beiden Personen kann vorab über Zeitung, Radio und Fernsehen Kund tun, dass er oder sie auf der Suche nach einer neuen Beziehung ist. Eine wichtige Erweiterung haben diese Medien in den letzten Jahren durch die Kontaktanzeigen-Portale im Internet gefunden, die inzwischen hohe Nutzerzahlen aufweisen (Bühler-Ilieva 2006; Döring i. d. B.). Zur besonderen Attraktivität des Online-Datings tragen der einfache Zugang, die große Anzeigenmenge und die reichhaltigen Informationen (Schreibstil, Bild usw.) bei. Bei allen die-

sen Formen wird die Partnersuche von bestimmten anfänglichen Schritten entlastet, die an räumliche Anwesenheit sowie an eine spezifische soziale Kompetenz gebunden sind und dadurch zeitaufwendig werden können. Es entfällt, jemanden Fremden anzusprechen oder sich ansprechen zu lassen und das Interesse an einer Beziehung anzuzeigen bzw. gegenüber jemandem Bekannten das Interesse an einer Intensivierung zu bekunden. Ebenso ist es nicht erforderlich, nach Signalen Ausschau zu halten, ob der/die andere „frei" und auch bereit für einen Beziehungsaufbau ist. Wenn sich die beiden dann erstmals treffen, begegnen sich zwar Personen, die erstmals einander gegenüber treten, aber dennoch durch die Kundgabe und Antworten bereits über einige Informationen voneinander verfügen. Durch schnelle und anonymisierte Rückkanäle, z.T. durch E-Mail oder SMS wird im Online-Dating der mögliche vorgelagerte Austausch noch erheblich erweitert (Döring 2003). Auch wenn einige Schritte wegfallen und Informationen bereits vorhanden sind, heißt das noch lange nicht, dass damit schon der Beziehungsaufbau abgeschlossen wäre. Besonders kritisch ist das erste Treffen, da beide davon überzeugt werden müssen, dass es lohnend ist, diesen Kontakt fortzusetzen.

Von den Anfängen bis zur Paarbildung kann es unterschiedlich lange dauern und auch eine unterschiedliche Anzahl von Begegnungen einschließen. Der Verlauf kann beschleunigt oder verzögert sein (Cate et al. 1986). Auf dem Weg zum Paar müssen eine Reihe kommunikativer Aufgaben bewältigt werden: Die Identität der Beziehungspersonen („Wer bin ich für dich?" „Wer bist du für mich?") muss ausgehandelt und das ernsthafte Interesse am anderen unter Beweis gestellt werden. Notwendig ist eine Verständigung über die angestrebte Beziehungsqualität („Wir wollen mehr als Freunde sein."), die durch Beziehungszeichen zum Ausdruck gebracht werden (Goffman 1974). Unterschiedliche Beziehungszeichen kommen zur Anwendung, z.B. intensive Küsse oder erwiderte Liebeserklärungen. Eine besondere Bewandtnis hat es – zumindest in unserem Kulturkreis – mit dem Kuss. Das erste Beziehungszeichen muss zwar kein Kuss sein, allerdings kommt eine Aufbauphase in aller Regel offensichtlich ohne Küssen nicht aus.[6] Das erste Beziehungszeichen muss noch keineswegs mit dem subjektiven Gefühl verbunden sein, von nun an ein Paar zu sein (Paarkonstitution). Durchaus möglich, dass das Paar die Paarbildung an ein herausragendes Ereignis (Wendepunkt), wie z.B. die erste gemeinsame Nacht, Einzug in die gemeinsame Wohnung bindet. Bis dieser Übergang in die Bestandsphase erfolgt, kann noch mehr oder minder viel Zeit verstreichen und weitere kommunikative Aufgaben (z.B. die erste Eifersucht) sind zu bewältigen. Auch nach den ersten Schritten gibt es keine Garantie, dass die Bestandsphase überhaupt erreicht wird. Noch viel mehr als die Bestandsphase unterliegt die Aufbauphase dem Risiko des Scheiterns.

---

6 Diese Sonderstellung des Kusses wird darin deutlich, dass er auch ein festes Element der Verlobungs- und Eheschließungsrituale ist.

4.2 Liebe als subjektives Erleben

Für ein angemessenes Erfassen der Aufbauphase ist es ebenso notwendig, Liebe als subjektives Erleben oder soziale Praxis einzubeziehen (Burkart 1998; Kaufmann 2008). Zu fragen ist, wie auf der Grundlage der romantischen Liebe als Kulturmuster Liebe vom Paar subjektiv erlebt bzw. auf einer Handlungsebene umgesetzt wird (Burkart 1998). Den Individuen bietet die Kultur verschiedene Vorstellungen davon, wie Liebe „wirklich" ist, und weckt dadurch Erwartungen, wie man sich in einer Beziehung fühlen solle. Die Kultur bietet auch Erklärungen an, wenn es in der Beziehung nicht so „läuft" wie erhofft. Romane, Ratgeber und vor allem Filme statten die Beziehungspersonen reichlich mit Prototypen „wahrer Liebe" aus, die im Alltag als Orientierungsfolien dienen (Illouz 2003; Swidler 2001).

Während sich Liebe als Kulturmuster in der Soziologie, vor allem im Gefolge von Niklas Luhmann, als Thema etabliert hat (ausführlicher Lenz 2006), wird Liebe als subjektives Erleben kaum aufgegriffen. Eher fündig wird man in der Psychologie (als Überblick: Bierhoff/Rohrmann 2005; Willi 2004). Dabei ist es allerdings gängig, Liebe nicht als kulturspezifisches, sondern als universalistisches Phänomen aufzufassen. Auf dieser Grundlage wird dann versucht, das Ausmaß der Ausprägungen anhand standardisierter Fragen zu messen. Beispiel hierfür sind die von John A. Lee angeregten und von Clyde und Susan Hendrick (1986) in Form von Einstellungsskalen transformierten Liebesstile.[7] Unterschieden wird zwischen romantischer, besitzergreifender, freundschaftlicher, spielerischer, pragmatischer und altruistischer Liebe. Verbreitet ist auch die Dreieckstheorie der Liebe von Robert Sternberg (1986). Nach ihm setzt sich Liebe aus den Komponenten emotionale Nähe, Leidenschaft und Bindung zusammen. Aus der Kombinatorik dieser Komponenten (Vorhandensein vs. Nichtvorhandensein) ergeben sich acht Liebestypen (einschließlich Nicht-Liebe). Diese Liebestypologien eignen sich jedoch nicht dafür, einen Einblick in die Dynamik der Liebe in Zweierbeziehungen zu gewinnen.

Trotz des romantischen Liebescodes als kultureller Vorgabe wäre es verfehlt anzunehmen, dass jede Zweierbeziehung aus Liebe entsteht. Nicht nur kann Liebe mit der Fortdauer aus manch einer Paarbeziehung ‚verschwinden' (Kaufmann 1994; Koppetsch/Burkart 1999), sie steht keineswegs – auch in der Gegenwart nicht – immer am Anfang einer Zweierbeziehung. Sie kann erst im Laufe der Aufbauphase oder später entstehen. Liebe kann eine Zweierbeziehung stiften, möglich aber auch, dass Liebe als „Legitimationsmuster" (Matthias-Bleck 1996) verwendet wird, um den Übergang von der Ein- in die Zweisamkeit in sozial erwünschter Form zu rechtfertigen. In der Populärkultur wird das Verlieben häufig als plötzliches Ereignis bzw. als ein Gefühl dargestellt, von dem man überwältigt wird; im Alltag dagegen scheint dies eher selten der Fall zu sein. Eva Illouz (2003) hat ihren Befragten drei Bezie-

---

7 Eine deutschsprachige Fassung haben Hans W. Bierhoff et al. (1993) entwickelt.

hungsgeschichten vorgelegt, darunter eine mit Liebe auf den ersten Blick. Die Befragten bestätigten, dass diese Geschichte dem romantischen Liebescode am stärksten entspricht. Sie betrachteten diese Geschichte auch „als die interessanteste, originellste und faszinierendste der drei Geschichten" (Illouz 2003: 165). Auf den Alltag bezogen wurde die Beziehungsgeschichte aber verworfen. Frauen wie auch Männer aus allen Schichten nannten die Geschichte, „als ‚töricht', ‚riskant', ‚abenteuerlich', als ‚eine Art Märchen', ‚als Geschichte ganz gut gelungen, aber im wirklichen Leben dumm', als ‚eine dumme Geschichte', als ‚Teenager-Vernarrtheit', als ‚unrealistisch', ‚unwirklich', oder ‚surreal'" (Illouz 2003: 161). Die Befragten sprachen sich ganz deutlich für ein langsames Paarwerden aus. Dieses Ergebnis bestätigt auch die ältere Studie von James R. Averill und Phyllis Boothroyd (1977). Sie haben den Versuchspersonen eine kurze Zeitungsnotiz über den Fall einer Liebe auf den ersten Blick vorgelegt und sie aufgefordert, auf einer zehnstufigen Skala einzuschätzen, wie nahe ihre bislang intensivste Form des Verliebens dem Beispiel kommt. Weniger als 10 % gaben an, dass eine hohe Übereinstimmung bestehe. Auch wenn Liebe als ein plötzliches Ereignis vorkommt, scheint sie doch eher eine Ausnahme als die Regel zu sein. Ungleich häufiger als Liebe auf den ersten Blick scheint sich das Verliebtsein erst allmählich einzustellen.

Liebe muss nicht nur erlebt, sie muss auch ausgedrückt werden. Anhand der Fernsehshows „Traumhochzeit" und „Nur die Liebe zählt" haben Nathalie Iványi und Jo Reichertz (2002) die Praktiken der medialen (Re-)Präsentation von Liebe untersucht. Die Aussagekraft dieser Studie beschränkt sich nicht auf die Medien, sondern gibt – wie Iványi und Reichertz betonen – auch Einblick in das Alltagsrepertoire der Darstellung von Liebe. Die in diesen Sendungen vor der Kamera agierenden Personen greifen die vorhandenen kulturellen Praktiken auf und setzen diese in Szene. Diese Fernsehshows ermöglichen es dadurch, „die Praktiken der Liebesdarstellung und des Vollzuges von Beziehungspassagen, wie sie von Alltagsakteuren gebraucht werden, unproblematisch in ihrem Vollzug [zu] beobachten und [zu] untersuchen" (Iványi/Reichertz 2002: 10). Iványi/Reichertz verlieren dazu nicht aus dem Blick, dass der durch das Medium Fernsehen gegebene besondere Öffentlichkeitscharakter des Liebesausdruckes immer auch Modifikationen hervorruft.

Schließlich muss auch erkannt werden, dass man geliebt wird. Wie überhaupt im Fremdverstehen sind wir darauf angewiesen, dies aus dem Ausdrucksverhalten des anderen zu erschließen. Verhaltensweisen können dann – wie Judith Katz (1976) gezeigt hat – als Ausdruck von Liebe gesehen werden, wenn diese von dem Partner bzw. der Partnerin selbständig initiiert, wenn damit ein gegenwärtiges Bedürfnis des Empfängers erfüllt wird und wenn diese Verhaltensweise ausschließlich durch den Wunsch motiviert ist, Gefallen zu erregen. Allerdings reichen diese drei genannten Bedingungen für die Wahrnehmung, geliebt zu werden, noch nicht aus. Hinzukommen muss, dass eine Person auch bestrebt ist, sich nach Belegen für die Liebe der anderen Person umzusehen.

5. Aktuelle Wandlungstendenzen der Aufbauphase

Zum Abschluss sollen noch aktuelle Veränderungstendenzen in der Aufbauphase aufgezeigt werden. Als Bezugspunkt werden dafür die 1950er
Jahre gewählt.

5.1 Sexualität in der Aufbauphase

Der aus dem bürgerlichen Paarungsmuster stammende Topoi der asexuellen
Werbephase war als kulturelles Ideal in den 1950er Jahren noch verbreitet.
Die Eheratgeber gingen noch wie selbstverständlich von der sexuell unerfahrenen Frau aus und verpflichteten den angehenden Bräutigam darauf, sie
vor der Ehe nicht zum Sexualverkehr zu verführen (Lenz 2005 b). Romane
(z. B. Heinrich Böll, Ansichten eines Clowns, 1962; Martin Walser, Ehen in
Phillipsburg, 1957) oder auch Spielfilme aus dieser Zeit (z. B. Mompti) lassen aber bereits erkennen, dass sich die jungen Paare vielfach nicht mehr
daran gehalten haben. Die Paare küssten sich leidenschaftlich, wie die
Spielfilme eindrucksvoll ins Bild setzen, auch ein koitaler Austausch war
nicht mehr prinzipiell ausgeschlossen. Allerdings banden die Frauen ihre
Bereitschaft gegenüber den ‚drängenden' Männern an einen hohen Grad an
Verbindlichkeit im Beziehungsverlauf, festgemacht häufig am Heiratsversprechen (Lenz 2005 b). Dieser Glaube an die Dauerhaftigkeit der Zweierbeziehung reichte aus, um miteinander „ins Bett zu gehen" oder – wie es
Anne-Claire in dem Spielfilm „Mompti" formuliert – „das andere" zu tun.

Dass die Norm der asexuellen Werbephase weitgehend im Schwinden begriffen war, wird auch von der ersten empirischen Studie zum Sexualverhal-
ten in Deutschland (Friedeburg 1953) bestätigt. Nur 28 % der Ehefrauen und
10 % der Ehemänner haben ohne sexuelle Erfahrungen geheiratet. Ein Drittel der Frauen hatte zwar vor der Ehe sexuelle Erfahrungen, aber ausschließlich mit dem späteren Ehepartner; bei den Männern waren dies 13 %.
Mit mindestens einem anderen Mann hatten 38 % der Frauen vor der Ehe
sexuellen Kontakt. Drei Viertel der Männer brachten Erfahrungen mit mindestens einer anderen Frau mit in die Ehe. Die Studie zeigt auch die hohe
Bedeutung der Prostitution für die Männer. 57 % von ihnen hatten mindestens schon einmal Erfahrungen mit einer Prostituierten gemacht. Bei einer
Bewertung dieser Studie ist in Rechnung zu stellen, dass sich diese Bevölkerungsumfrage auf Sozialmilieus erstreckt, die bereits in der Vergangenheit – anders als das bürgerliche Milieu – die Norm der asexuellen Werbephase nicht gekannt haben. Carola Lipp (1986) hat für Arbeiterjugendliche
des 19. und frühen 20. Jahrhunderts aufgezeigt, dass in diesem Milieu Sexualität vor der Ehe bereits eine längere Tradition hatte. In den 1950er Jahren war diese Tradition – wie die Romane und Spielfilme zeigen – auch im
bürgerlichen Sozialmilieu schon brüchig. Im Falle einer Schwangerschaft
musste allerdings – wenn nicht der verbotene Weg der Abtreibung (wie in
Walsers „Ehen in Phillipsburg") gegangen wurde – umgehend geheiratet

werden, damit das Kind schon „in der Ehe" geboren und die Abweichung vom geltenden Ideal nach außen möglichst verdeckt wurde.

Inzwischen hat sich das Implementationsmuster von Sexualität weiter verschoben. Der französische Soziologe Jean-Claude Kaufmann (2004) weist daraufhin, dass heute vielfach der sexuelle Austausch an den Anfang einer möglichen Beziehungsgeschichte tritt. Egal, ob sie sich vorher schon kannten bzw. erst an diesem Tag kennen lernten, markiert für eine wachsende Anzahl von Paaren das ‚erste Mal' den möglichen Anfang einer Beziehung. Für Kaufmann (2004: 219) zeichnet sich damit eine „radikal neue Form des Beziehungsbeginns" ab, bei dem der – so der Buchtitel – „Morgen danach" eine entscheidende Bedeutung hat. Bei einem „Morgen mit bösem Erwachen" endet die Geschichte, bevor sie eigentlich begonnen hat, bei einem „Morgen voller Zauber" eröffnet sich die Möglichkeit einer „dauerhaften Beziehungsflugbahn". Typisch ist nach Kaufmann dabei auch, dass nicht vereinbart wird, dass man jetzt ein Paar sei. Vielmehr beginnt eine Beziehungsflugbahn dann, wenn es zu keiner negativen Entscheidung kommt.

Zumindest in Deutschland scheint dieses neue Implementationsmuster von Sexualität (noch) auf eine geringe Zahl von Paaren beschränkt zu sein. Nach der Studie „Beziehungsbiografien im Wandel" (Schmidt et al. 2005; Starke 2005) gaben von den 30-Jährigen in Hamburg 13 % und in Leipzig 5 % an, dass sie bereits vor der Paarbildung miteinander „geschlafen" haben, was dem von Kaufmann beschriebenen Muster entspricht. Für ca. jedes fünfte Paar geht der erste Geschlechtsverkehr zugleich mit dem Beginn der Paarbeziehung einher. Diese Daten lassen erkennen, dass weiterhin eine Mehrheit der Paare mit dem Beginn einer koitalen Praxis wartet. Erst nach einer zeitlich gestreckten Erfahrung einer hohen Emotionalität kommt es zur Aufnahme koitaler Sexualität. Anders als in den 50er Jahren ist aber auch bei diesem Implementationsmuster die Gewissheit der Dauerhaftigkeit keine Voraussetzung mehr (Lenz 2005 b).

5.2 Vom festen zum variablen Ablauf der Aufbauphase

Noch in den 1950er Jahre gab es ein festes Ablaufmuster der Aufbauphase (vgl. auch Nave-Herz 1997). Nach dem Kennenlernen folgte der Heiratsantrag, die Verlobung und schließlich die Hochzeit, die standesamtlich und vielfach auch kirchlich erfolgte. Dabei war die Auffassung verbreitet, dass das Standesamt bloße Formsache und die eigentliche Hochzeit die kirchliche Trauung sei. Die Heirat markierte eindeutig das Ende der Aufbauphase und den Beginn der Bestandsphase. Zugleich rankte sich um die Heirat eine Reihe weiterer zentraler Ereignisse (Wendepunkte) in einer Zweierbeziehung: die Gründung einer Haushaltsgemeinschaft, der Beginn der Wirtschaftsgemeinschaft und – als unmittelbar begonnene Zukunftsplanung – die Familiengründung. Manchmal auch noch – wie wir gesehen haben – die Aufnahme der Sexualität. Dieses feste Ablaufmuster der Aufbauphase hat sich in den letzten 30 bis 40 Jahren aufgelöst. Die alten Elemente sind heute

in ihrer Reihenfolge weitgehend variabel anzuordnen, einige sind optional
geworden und andere haben einen Bedeutungsabsturz hinnehmen müssen.
Am ausgeprägtesten ist dieser Niedergang bei der Verlobung. Juristisch gesehen ist die Verlobung das gegenseitige Heiratsversprechen und sie stellt
somit eine logische Vorbedingung einer jeden Eheschließung dar (Nave-
Herz 1997). Aber als Ritual für die Paare hat die Verlobung einen tiefen
Bedeutungsabsturz zu verzeichnen. Vielfach wird die Verlobung heute als
altmodisch aufgefasst und viele Paare verzichten deshalb völlig darauf, ihre
Verlobung zu feiern. Für andere Paare ist die Verlobung eine Feier zu
zweit, wodurch der öffentliche Charakter völlig negiert wird.

Beim Heiratsantrag haben sich der Adressat, der Akteur und die Stellung im
Beziehungsablauf verändert. Dass der Heiratsantrag an die Eltern zu stellen
sei, das traf bereits – wie gezeigt – in den 1950er Jahren nicht mehr zu. In der
Gegenwart muss es nicht mehr – wie die Antragsclips in der Fernsehsendung
„Traumhochzeit" zeigen (Iványi/Reichertz 2002) – unbedingt der Mann sein,
der den Antrag macht. Nachhaltig geändert hat sich auch die Stellung im Ab-
lauf. Der Heiratsantrag ist nicht mehr der erste Schritt zur Herstellung von
Verbindlichkeit, sondern wird ‚irgendwann' in der Bestandsphase vollzogen.
In den Präsentationsformen des Heiratsantrages lassen sich unterschiedliche
Tendenzen feststellen. Auf der einen Seite lässt sich – wie diese Fernsehsen-
dungen zeigen – eine Tendenz der Theatralisierung beobachten, die keines-
wegs auf medial präsentierte Heiratsanträge beschränkt ist. Auf der anderen
Seite ist es möglich, dass auf den Heiratsantrag völlig verzichtet wird und die
Heirat zu einem gemeinsamen diskursiven Projekt wird.

Während sich die Aufnahme sexueller Interaktion in aller Regel als erster
Wendepunkt in die frühe Phase des Kennenlernens vorverlagert hat, haben
sich die anderen zentralen Wendepunkte Haushaltsgründung, Heirat, Wirtschaftsgemeinschaft und Familiengründung in die entgegengesetzte Richtung verschoben. Sie werden bis in die Bestandsphase aufgeschoben, wobei
dieser Aufschub unterschiedlich lange dauern kann. Auch sind Wendepunkte in ihrer Reihenfolge in einem hohen Maße variabel miteinander kombinierbar. Die Familiengründung kann vor der Haushaltsgründung oder zumindest vor der Heirat erfolgen. Oder man kann heiraten, ohne zusammenzuziehen. Auch die Wirtschaftsgemeinschaft kann unterschiedlich ‚einge-
passt' werden (Wimbauer 2003). Neben dieser Variabilität ist zudem eine
Optionalität der Wendepunkte neu hinzugekommen. Vieles, was unter der
Geltung des bürgerlichen Paarungsmusters verbindlich vorgegeben war, ist
mittlerweile zu einer biografischen Option geworden, für oder gegen die
man sich entscheiden kann. Soll man zusammenziehen oder lieber zwei getrennte Wohnungen behalten? Heiraten oder lieber nicht heiraten? Kind(er)
haben oder lieber kinderlos bleiben? Aus einer gemeinsamen Kasse oder
getrennt wirtschaften? Dies schafft für Paare Gestaltungsspielräume, aber
auch Entscheidungsprobleme, die den Bestand gefährden können, wenn
kein Konsens gefunden wird.

5.3 Niedergang der romantischen Liebe als Beziehungsideal

Weithin Einigkeit herrscht darüber, dass der Liebescode der Gegenwart massiven Veränderungstendenzen unterworfen ist. Umstritten ist allerdings die Deutung dieser Veränderungstendenzen. Ist die romantische Liebe ein Auslaufmodell? Oder ereignet sich gar eine Bedeutungssteigerung der Liebe?

Für Niklas Luhmann (1982) sind wir Zeitzeugen des Niedergangs der romantischen Liebe. Für ihn stellt die gegenwärtige Entwicklung der Liebessemantik das Ende der „Liebe als Passion" dar. Seine Diagnose lautet kurz gefasst: „Skepsis gegenüber Hochstimmungen jeder Art verbindet sich mit anspruchsvollen, hochindividualisierten Erwartungshaltungen" (Luhmann 1982: 197). Andere Deutungsversuche versuchen die Veränderungsprozesse in die Gestalt eines neuen Liebesideals zu fassen: So spricht z.B. Franscesca M. Cancian (1987) von „androgyner Liebe" und möchte damit das Verblassen der Geschlechterpolarität und den sich ausbreitenden Anspruch auf Gleichheit der Rechte und Pflichten herausstellen. Der Begriff des therapeutischen Liebesideals wirft Licht vor allem auf das Selbstverwirklichungspostulat und den hohen Kommunikationsbedarf. Nach Anthony Giddens (1993) ersetzt die neue Liebessemantik, die er als „confluent love" (in der dt. Übersetzung: partnerschaftliche Liebe) bezeichnet, die projektive Identifikation, die für die romantische Liebe typisch ist, durch das Sich-Öffnen der Beziehungspersonen und die Asymmetrie der Geschlechter durch eine Gleichberechtigung im emotionalen Geben und Nehmen.

Eine pointierte Gegenposition zur Niedergangsthese vertritt Ulrich Beck (1990). Die Leidenschaft als kulturelles Ideal verschwindet nicht, sondern erfährt eine extreme Bedeutungssteigerung: Der Liebe werde – so Beck – der Rang einer „irdischen Religion" zuerkannt. Je stärker die Individualisierung voranschreitet, desto überwältigender wird die Relevanz der Liebe. Sie gewinnt im Relevanzsystem der Individuen eine Bedeutung, die bislang nur die Religion für sich in Anspruch nehmen konnte.

Beide Thesen machen auf Veränderungsprozesse der Liebe in der Gegenwart aufmerksam, erfassen diese aber nur teilweise. Die Liebesvorstellungen der Gegenwart – so meine Position, die ich an anderer Stelle ausführlicher dargelegt habe (Lenz 2005a) – sind das Resultat zweier widersprüchlicher Tendenzen: Sie sind im Sinne einer weiter fortgeschrittenen Realisierung dem Diskursideal der romantischen Liebe einerseits ein beachtliches Stück näher gerückt, andererseits haben sie sich von diesem Ideal entfernt. Die normative Verankerung der Liebe in der Zweierbeziehung zeichnet sich sowohl durch Tendenzen der Steigerung der romantischen Sinngehalte als auch durch Tendenzen des Verlustes dieser Sinngehalte aus. Als eine Tendenz der romantischen Steigerung kann darauf verwiesen werden, dass die im romantischen Liebesideal angelegte starke Betonung der Individualität erst in der Gegenwart ihre volle Blüte erlangt. Dazu hat zum einen das Verschwinden der Geschlechtsspezifik, aber zum anderen auch die Dominanz des Selbstverwirklichungsmotivs und die Aufwertung der Kommunikation in Zweierbeziehungen maßgeblich beigetragen. Daneben gibt es auch Tendenzen des Verlusts romantischer Sinngehalte. Die im Liebesideal eingebaute Spannung zwischen der Höchstbewertung von Individualität und dem Versprechen auf Dauerhaftigkeit ist aufgebrochen. Auch sind mit der Koppelung von Liebe und Elternschaft und der Entwertung der Umwelt einige im literarischen Diskurs vorhandene Elemente weggebrochen.

Literatur

Averill, James R./Boothroyd, Phyllis (1977): On falling in love in conformance with the romantic ideal. In: Motivation and Emotion 1: 235-247

Beck, Ulrich (1990): Die irdische Religion der Liebe. In: Beck, Ulrich/Beck-Gernsheim, Elisabeth: Das ganz normale Chaos der Liebe. Frankfurt a.M.: 222-266

Becker, Gary S. (1982): Der ökonomische Ansatz zur Erklärung menschlichen Verhaltens. Tübingen: Mohr

Berger, Peter L./Kellner, Hansfried (1965): Die Ehe und die Konstruktion der Wirklichkeit. Eine Abhandlung zur Mikrosoziologie des Wissens. In: Soziale Welt 16: 220-235

Berscheid, Ellen/Reis, Harry T. (1998): Attraction and close relationships. In: Gilbert, Daniel T./Fiske, Susan T./Lindzey, Gardner (Hg.): The handbook of social psychology. 4th ed. New York: 193-281

Bierhoff, Hans-Werner/Grau, Ina/Ludwig, A. (1993): Marburger Einstellungsinventar für Liebesstile. Göttingen: Hogrefe

Bierhoff, Hans-Werner/Rohrmann, Elke (2005): Was die Liebe stark macht. Die neue Psychologie der Paarbeziehung. Reinbek: Rowohlt

Blossfeld, Hans-Peter/Timm, Andreas (1997): Der Einfluss des Bildungssystems auf den Heiratsmarkt. Eine Längsschnittanalyse der Wahl des ersten Ehepartners im Lebenslauf. In: Kölner Zeitschrift für Soziologie und Sozialpsychologie 49: 440-476

Buchmann, Marlis/Eisner, Manuel (2001): Geschlechterdifferenzen in der gesellschaftlichen Präsentation des Selbst. Heiratsinserate von 1900 bis 2000. In: Sonderheft der Kölner Zeitschrift für Soziologie und Sozialpsychologie 41: 75-207

Bühler-Ilieva, Evelina (2006): Einen Mausklick von mir entfernt. Auf der Suche nach Liebesbeziehungen im Internet. Marburg: Tectum

Burkart, Günter (1998): Auf dem Weg zu einer Soziologie der Liebe. In: Hahn, Kornelia/Burkart, Günter (Hg.): Liebe am Ende des 20. Jahrhunderts. Opladen: 15-50

Burkart, Günter (1997): Lebensphasen – Liebesphasen. Vom Paar zur Ehe, zum Single und zurück? Opladen: Leske + Budrich

Buss, David M./Schmidt, David P. (1993): Sexual strategy theory: An evolutionary perspective on human matching. In: Psychological Review 100: 204-232

Byrne, Donn (1973): Interpersonal attraction. In: Annual Review of Psychology 24: 317-336

Cancan, Francesca M. (1987): Love in America. Gender and Self-Development. Cambridge: Cambridge University Press

Cate, Rodney M./Huston, Ted L./Nesselroade, John R. (1986): Premarital relationships: Toward the identification of alternative pathways to marriage. In: Journal of Social and Clinical Psychology 4: 3-22

Coleman, James (1995): Grundlagen der Sozialtheorie. München: Oldenbourg

Coontz, Stephanie (2005): Marriage, a history: From obedience to intimacy or how love conquered marriage. New York: Viking

Davis, Murray S. (1973): Intimate Relations. New York: Free Press

Doermer-Tramitz, Christiane (1990): ... Auf den ersten Blick. Über die ersten drei-ßig Sekunden einer Begegnung von Mann und Frau. Opladen: Westdeutscher Verlag

Döring, Nicola (2003): Neuere Entwicklungen in der Partnerschaftsforschung. Wechselwirkung zwischen Telekommunikation und Paarbeziehung. In: Grau, Ina/Bierhoff, Hans-Werner (Hg.): Sozialpsychologie der Partnerschaft. Berlin: 333-366

Eder, Franz X. (2002): Kultur der Begierde. Eine Geschichte der Sexualität. Mün-chen: Beck

Esser, Hartmut (1996): Soziologie: Allgemeine Grundlagen. Frankfurt a.M.: Cam-pus

Feingold, Alan (1992): Good-looking people are not what we think. In: Psychologi-cal Bulletin 111: 304-341

Fischer, Joachim (2008): Philosophische Anthropologie. Eine Denkrichtung des 20. Jahrhunderts. Freiburg: Arber

Frenzel, Hansjörg (1995): Bildung und Partnerwahl. In: ZUMA-Nachrichten 36: 61-88

Friedeburg, Ludwig von (1953): Umfrage in der Intimsphäre. Stuttgart: Enke

Gehlen, Arnold (1986): Der Mensch. Seine Natur und seine Stellung in der Welt. Wiesbaden: Aula

Gern, Christiane (1992): Geschlechtsrollen: Stabilität oder Wandel? Eine empiri-sche Analyse anhand von Heiratsinseraten. Opladen: Westdeutscher Verlag

Gestrich, Andreas (2003): Neuzeit. In: Gestrich, Andreas/Krause, Jens-Uwe/Mit-terauer, Michael (Hg.): Geschichte der Familie. Stuttgart: 364-652

Giddens Anthony (1993): Wandel der Intimität. Sexualität, Liebe und Erotik in mo-dernen Gesellschaften. Frankfurt a.M.: Fischer

Gillis, John R. (1980): Geschichte der Jugend. Tradition und Wandel im Verhältnis der Altersgruppen und Generationen in Europa von der 2. Hälfte des 18. Jh. bis zur Gegenwart. Weinheim: Beltz

Goffman, Erving (1971): Verhalten in sozialen Situationen. Strukturen und Regeln der Interaktion im öffentlichen Raum. Gütersloh: Bertelsmann (orig. 1963)

Goffman, Erving (1974): Beziehungszeichen. In: Goffman, Erving: Das Individuum im öffentlichen Austausch. Frankfurt a.M.: 255-317 (orig. 1971)

Goody, Jack (1986): Die Entwicklung von Ehe und Familie in Europa. Berlin: Rei-mer

Hassebrauck, Manfred/Küpper, Beate (2005): Warum wir aufeinander fliegen. Die Gesetze der Partnerwahl. Reinbek: Rowohlt

Hatfield, Elaine/Sprecher, Susan (1986): Mirror, mirror ... The importance of looks in everyday life. Albany: State University of New York Press

Hendrick, Clyde/Hendrick, Susan (1986): A theory and method of love. In: Journal of Personality and Social Psychology 50: 392-402

Heß-Meining, Ulrike/Tölke, Angelika (2005): Familien und Lebensformen von Frauen und Männern. In: Cornelißen, Waltraud (Hg.): Gender-Datenreport. 1. Datenreport zur Gleichstellung von Frauen und Männern in der Bundesrepublik Deutschland. München: 224-275

Hill, Paul B./Kopp, Johannes (2006): Familiensoziologie. Grundlagen und theoretische Perspektiven. 4. Überarb. Aufl., Wiesbaden: Verlag für Sozialwissenschaften

Hondrich, Karl Otto (2004): Liebe in Zeiten der Weltgesellschaft. Frankfurt a.M.: Campus

Illouz, Eva (2003): Der Konsum der Romantik. Liebe und die kulturellen Widersprüche des Kapitalismus. Frankfurt a.M.: Campus (orig. 1997)

Iványi, Nathalie/Reichertz, Jo (2002): Liebe (wie) im Fernsehen. Eine wissenssoziologische Analyse. Opladen: Leske + Budrich

Jäckel, Ursula (1980): Partnerwahl und Eheerfolg. Eine Analyse der Bedingungen und Prozesse ehelicher Sozialisation in einem rollentheoretischen Ansatz. Stuttgart: Enke

Judson, Olivia (2003): Die raffinierten Sexpraktiken der Tiere. München: Heyne

Katz, Judith (1976): How do you love me? Let me count the ways (The phenomenology of being loved). In: Sociological Inquiry 46: 17 22

Kaufmann, Jean-Claude (1994): Schmutzige Wäsche. Zur ehelichen Konstruktion von Alltag. Konstanz: Universitätsverlag

Kaufmann, Jean-Claude (2004): Der Morgen danach. Wie eine Liebesgeschichte beginnt. Konstanz: UVK

Kaufmann, Jean-Claude (2008): Was sich liebt, das nervt sich. Konstanz: UVK

Kelek, Necla (2005): Die fremde Braut. Ein Bericht aus dem Inneren des türkischen Lebens in Deutschland. Köln: Kiepenheuer & Witsch

Klein Thomas (1995): Heiratsmarkt und „marriage squeeze". Analysen zur Veränderung von Heiratsgelegenheiten in der Bundesrepublik. In: Nauck, Bernhard/ Onnen-Isemann, Corinna (Hg.): Brennpunkte aktueller Familienforschung. Neuwied: 357-367

Klein, Thomas (Hg.) (2001): Partnerwahl und Heiratsmuster. Sozialstrukturelle Vorraussetzungen der Liebe. Opladen: Leske + Budrich

Klein, Thomas/Lengerer, Andrea (2001): Gelegenheit macht Liebe – die Wege des Kennenlernen und ihr Einfluss auf die Muster der Partnerwahl. In: Klein, Thomas (Hg.): Partnerwahl und Heiratsmuster. Sozialstrukturelle Vorraussetzungen der Liebe. Opladen: 265-285

Kluckhohn, Paul (1966): Die Auffassung der Liebe in der Literatur des 18. Jahrhunderts und in der deutschen Romantik. 3. Aufl., Tübingen: Niemeyer

Koppetsch, Cornelia/Burkart, Günter (1999): Die Illusion der Emanzipation. Zur Wirksamkeit latenter Geschlechtsnormen im Milieuvergleich. Konstanz: UVK

Lenz, Karl (2002): Eigengeschichten von Paaren: Theoretische Kontextualisierung und empirische Analyse. In: Melville, Gerd/Vorländer, Hans (Hg.): Geltungsgeschichten. Köln: 375-404

Lenz, Karl (2003a): Zur Geschlechtstypik persönlicher Beziehungen. In: Lenz, Karl (Hg.): Frauen und Männer. Zur Geschlechtstypik persönlicher Beziehungen. Weinheim, München: 7-51

Lenz, Karl (2003b): Wie sich Frauen und Männer kennen lernen. Paarungsmuster im Wandel. In: Lenz, Karl (Hg.): Frauen und Männer. Zur Geschlechtstypik persönlicher Beziehungen. Weinheim, München: 55-92

Lenz, Karl (2005a): Romantische Liebe – Fortdauer oder Niedergang? In: Tanner, Klaus (Hg.): „Liebe" im Wandel der Zeiten. Kulturwissenschaftliche Perspektiven. Leipzig: 237-260

Lenz, Karl (2005 b): Wie Paare sexuell werden – Wandlungsmuster und Geschlechterunterschiede. In: Funk, Heidi/Lenz, Karl (Hg.): Sexualitäten. Diskurse und Handlungsmuster. Weinheim, München: 113-150

Lenz, Karl (2006): Soziologie der Zweierbeziehung. 3. Aufl., Wiesbaden: Verlag für Sozialwissenschaften

Lenz, Karl (2008): Keine Beziehung ohne großes Theater. Zur Theatralität im Beziehungsaufbau. In: Willems, Herbert (Hg.): Theatralisierungen und Enttheatralisierungen in der Gegenwartsgesellschaft. Wiesbaden (im Druck)

Lipp, Carola (1986): Sexualität und Heirat. In: Ruppert, Wolfgang (Hg.): Die Arbeiter. München: 186-197

Lösel, Friedrich/Bender, Doris (2003): Theorien und Modelle der Paarbeziehung. In: Grau, Ina/Bierhoff, Hans-Werner (Hg.): Sozialpsychologie der Partnerschaft. Berlin: 43-75

Luhmann, Niklas (1982): Liebe als Passion. Zur Codierung von Intimität. Frankfurt a.M.: Suhrkamp

Mahlmann, Regina (1991): Psychologisierung des „Alltagsbewusstseins“. Die Verwissenschaftlichung des Diskurses über Ehe. Opladen: Westdeutscher Verlag

Maier, Maja S. (2007): Paaridentitäten. Biografische Rekonstruktionen homosexueller und heterosexueller Paarbeziehungen. Weinheim, München: Juventa

Martin, Frank O. (2001): Marriage Squeeze in Deutschland – amtliche Befunde auf Grundlage der Amtlichen Statistik. In: Klein, Thomas (Hg.): Partnerwahl und Heiratsmuster. Sozialstrukturelle Vorraussetzungen der Liebe. Opladen: 287-313

Matthias-Bleck, Heike (1997): Warum noch Ehe? Erklärungsversuche der kindorientierten Eheschließung. Bielefeld: Kleine

Mitterauer, Michael (2003): Mittelalter. In: Gestrich, Andreas/Krause, Jens-Uwe/ Mitterauer, Michael (Hg.): Geschichte der Familie. Stuttgart: 160-363

Müller, Walter (1974): Entwicklung und Spätformen der Leibeigenschaft am Beispiel der Heiratsbeschränkungen. Die Ehegenoßsame im alemannisch-schweizerischen Raum. Sigmaringen: Thorbecke

Nave-Herz, Rosemarie (1997): Die Hochzeit. Ihre heutige Sinnzuschreibung seitens der Eheschließenden: eine empirisch-historische Studie. Würzburg: Ergon

Newcomb, Theodore M. (1961): The Acquaintance Process. New York: Holt, Rinehart & Winston

Otis-Cour, Leah (2000): Lust und Liebe. Geschichte der Paarbeziehungen im Mittelalter. Frankfurt a.M.: Fischer

Riemann, Viola (1999): Kontaktanzeigen im Wandel der Zeit. Eine Inhaltsanalyse. Studien zu Kommunikationswissenschaft Band 43. Opladen: Westdeutscher Verlag.

Sawadogo, Alfred Yambangba (2006): La polygamie en question. Paris: L'Harmattan

Schmidt, Gunter/Matthiesen, Silja/Dekker, Arne/Starke, Kurt (2006): Spätmoderne Beziehungswelten. Wiesbaden: Verlag für Sozialwissenschaften

Schneider, Norbert F./Rosenkranz, Doris/Limmer, Ruth (1998): Nichtkonventionelle Lebensformen. Entstehung, Entwicklung, Konsequenzen. Opladen: Leske + Budrich

Schröter, Michael (1985): „Wo zwei zusammenkommen in rechter Ehe ...“, Sozio- und psychogenetische Eheschließungsvorgänge vom 12. bis 15. Jahrhundert. Frankfurt a.M.: Suhrkamp

Schwab, Dieter (1967): Grundlagen und Gestalt der staatlichen Ehegesetzgebung in der Neuzeit bis zum Beginn des 19. Jahrhunderts. Bielefeld: Verlag Gieseking

Sieder, Reinhard (1987): Sozialgeschichte der Familie. Frankfurt a.M.: Suhrkamp

Simmel, Georg (1985): Fragment über die Liebe. In: Simmel, Georg: Schriften zur Philosophie und Soziologie der Geschlechter. hg. von Dahme, H.-J/Köhnke, K. C. Frankfurt a.M.: 224-281 (aus dem Nachlass, 1. Veröffentlichung: 1921/22)

Starke, Kurt (2005): Nichts als die Liebe. Beziehungsbiografien und Sexualität im sozialen und psychologischen Wandel. Langerich: Pabst

Sternberg, Robert J. (1986): A triangular theory of love. In: Psychological Review 93: 119-135

Stroebe, Wolfgang (1981): Theorien und Determinanten der zwischenmenschlichen Anziehung. Ein Überblick. In: Stroebe, Wolfgang (Hg.): Sozialpsychologie, Bd. 2. Berlin: 3-55

Surra Catherine A./Gray, Christine R. (2006): From Courtship to universal properties: Research on dating and mate selection 1950-2003. In: Vangelisti, Anita/ Perlman, Daniel (Hg.): The Cambridge handbook of personal relationship. Cambridge: 113-130

Swidler, Ann (2001): Talk of love. How culture matters. Chicago: University Press

Teckenberg, Wolfgang (2000): Wer heiratet wen? Sozialstruktur und Partnerwahl. Opladen: Leske + Budrich

Thibaut, John W./Kelley, Harold H. (1959): The Social Psychology of Group. New York: Wiley

Timm, Andreas (2004): Partnerwahl- und Heiratsmuster in modernen Gesellschaften. Wiesbaden: Deutscher Universitätsverlag

Toprak, Ahmet (2005): Das schwache Geschlecht – die türkischen Männer. Zwangsheirat, häusliche Gewalt und Doppelmoral der Ehre. Freiburg: Lambertus

Tyrell, Hartmann (1987): Romantische Liebe – Überlegungen zu ihrer „quantitativen Bestimmtheit". In: Baecker, Dirk et al. (Hg.): Theorie als Passion. Frankfurt a.M.: 570-599

Völger, Gisela/Welck, Karin von (Hg.) (1985): Die Braut. Geliebt – verkauft – gebraucht – geraubt. Zur Rolle der Frau im Kulturvergleich. 2 Bände. Köln: Rautenstrauch-Joest-Museum

Wimbauer, Christine (2003): Geld und Liebe. Zur symbolischen Bedeutung der Geld in Paarbeziehungen. Fankfurt a.M.: Campus

Walster, Elaine/Aronson, Vera/Abrahams, Darcy/Rottmann, Leon (1966): Importance in physical-attractiveness in dating behavior. In: Journal of Personality and Social Psychology 4: 508-516

Wikman, Karl/Villehad, Robert (1937): Die Einleitung der Ehe. Eine vergleichende ethno-soziologische Untersuchung über die Vorstufen der Ehe in den Sitten und Gebräuchen des schwedischen Volkstums. Abo, Finnland: Abo Akademi

Willi, Jürg (1997): Die Zweierbeziehung. Reinbek: Rowohlt (orig. 1975)

Willi, Jürg (2004): Psychologie der Liebe. Persönliche Entwicklungen durch Partnerbeziehungen. Reinbek: Rowohlt

Winch, Robert F. (1958): Mate selection. A study in complementary needs. New York: Harper

Wirth, Heike (2000): Bildung, Klassenlage und Partnerwahl. Opladen: Leske + Budrich

Zonabend, Françoise (1996): Verwandtschaft und Familie aus anthropologischer Sicht. In: Burguiére, André/Klapisch-Zuber, Christiane/Segalen, Martine (Hg.): Geschichte der Familie, Band 1: Altertum. Frankfurt a.M.: 17-91

Günter Burkart

Paare in der Bestandsphase

Dieser Artikel befasst sich mit der Bestandsphase von Paar- oder Zweierbeziehungen. Im Gesamtkonzept dieses Handbuchs verweist die Aufteilung des Verlaufs von Paarbeziehungen auf drei Artikel darauf, dass „Beziehung" eine Prozesskategorie ist und dass dieser Prozess phasenförmig verläuft. Darüber hinaus könnte damit aber auch nahe gelegt werden, dass der Bestandsphase von Paarbeziehungen immer eine Auflösungsphase folgt, Paarbeziehungen im Normalfall also nicht bis zum Tod eines Partners dauern, sondern schon vorher (meist deutlich vorher) durch Trennung enden. In der medialen Öffentlichkeit ist ein solches Bild durchaus verbreitet. Dabei wird übersehen, dass noch immer eine Mehrheit von Ehen *nicht* geschieden wird, und dass eine „Unendlichkeitsfiktion" wichtig und konstitutiv für den Bestand von Beziehungen ist. „Trotz steigender Scheidungszahlen sind langjährige stabile Beziehungen der Normalfall für Menschen im mittleren Erwachsenenalter" (Stegmann/Schmitt 2006: 60). Insofern wäre der umgekehrte Eindruck (der durch die isolierte Betrachtung dieses Artikels entstehen könnte), Paarbeziehungen seien grundsätzlich dauerhaft oder zumindest auf Dauer angelegt, nicht ganz falsch. Jedenfalls befasst sich dieser Artikel nicht explizit mit den Bedingungen, unter denen es zur Auflösung von Beziehungen kommt. Stattdessen thematisiert er Faktoren der Bestandserhaltung und der erfolgreichen Krisenbewältigung.

Zunächst wird die Paarbeziehung als eine besondere soziale und persönliche Beziehung charakterisiert (1.). Einige der dabei genannten Strukturmerkmale von Zweierbeziehungen sind auch für die Beantwortung der Frage wichtig, wann das Paar beginnt, sich als neue stabile Einheit zu betrachten und wodurch der Prozess der Paarbildung in die Bestandsphase übergeht (2.). Wichtig für die Konstitution des Paares und den Übergang in die Bestandsphase ist der Aufbau einer eigenen rituellen Ordnung und einer gemeinsamen Beziehungskultur (3.). Die Entwicklung des Verhältnisses von Autonomie und Gemeinsamkeit, von Exklusivität und Abgrenzung nach außen, von Liebe und Partnerschaft, entscheidet mit über die Stabilität (4.). Eine Schlüsselfrage ist auch die Ausgestaltung des Geschlechterverhältnisses innerhalb der Paarbeziehung (5.). Abgeschlossen wird der Beitrag durch die Thematisierung einiger Faktoren der Bestandserhaltung und erfolgreichen Konfliktbewältigung (6.) sowie Bemerkungen zur Dauer der Bestandsphase bis ins hohe Alter (7.).

1. Paarbeziehung als besondere persönliche Beziehung

Von Anfang an war das Konzept der *sozialen Beziehung* ein wichtiger Grundbegriff der Soziologie, und dabei spielten auch persönliche Beziehungen eine Rolle (vgl. Lenz, Soziologische Traditionslinien i.d.B.). Für Gabriel Tarde zum Beispiel war die dyadische Beziehung – das Paar – der Ausgangspunkt aller sozialen Gebilde (König 1967). In der frühen deutschen Soziologie hat insbesondere Georg Simmel (1908) die Bedeutung der „Gesellschaft zu zweien" hervorgehoben. Andere Autoren haben Beziehungslehren entwickelt, wobei die Unterscheidung zwischen „Gemeinschaft" und „Gesellschaft" betont wurde. Während *vergesellschaftete* soziale Beziehungen eher rationalen Kriterien genügen und dem Interessenausgleich dienen, konstituieren sich *vergemeinschaftete* soziale Beziehungen, vor allem Intim- und Primärgruppen, eher durch Zusammengehörigkeitsgefühle. Die Soziologie hat sich jedoch zunehmend auf Vergesellschaftungsprozesse konzentriert. Deshalb hat sich aus diesen Anfängen keine größere, eigenständige „Soziologie der Zweierbeziehung" entwickelt. Seit einiger Zeit gibt es wieder diesbezügliche Bemühungen (Lenz 2006; Huinink 1995; Burkart 1997; Burkart/Koppetsch 2001). Größer war demgegenüber der Forschungsaufwand in der Sozialpsychologie, wo das Forschungsgebiet *personal relationships* (oder auch *intimate relationships* oder *close relationships*) seit längerem bearbeitet wird (vgl. Bierhoff/Rohmann i.d.B.). Kooperationen zwischen Psychologie und Soziologie sind in diesem Feld aber immer noch selten (Blumstein/Kollock 1988).[1]

Persönliche Beziehungen sind eine spezielle Form der sozialen Beziehung. Niklas Luhmann etwa bestimmt persönliche – im Unterschied zu unpersönlichen – Beziehungen als soziale Beziehungen, „in denen mehr individuelle, einzigartige Eigenschaften der Person oder schließlich prinzipiell alle Eigenschaften einer individuellen Person bedeutsam werden" (Luhmann 1982: 14). Bei persönlichen Beziehungen geht es also, im Unterschied zu anderen sozialen Beziehungen, um die „ganze Person" (Duck 1997; Blumstein/Kollock 1988). Bei unpersönlichen – rollenförmigen – Beziehungen genügt es, sich auf einen speziellen Aspekt der Person zu konzentrieren, wie etwa bei Marktbeziehungen, wo es zum Beispiel nicht darauf ankommt, welche moralischen Positionen jemand vertritt. Dagegen muss man bei persönlichen Beziehungen unvermeidlich „das ganze Paket" nehmen (Heimer/Stinchcombe 1980). Man muss, mit anderen Worten, in der Freundschaft oder in der Liebe auch die schlechten Eigenschaften der anderen Person „akzeptieren" – zumindest kann man sie nicht einfach ignorieren. Während unpersönliche soziale Beziehungen eher rationalen Kriterien folgen und – in der Terminologie von Talcott Parsons (1980) und Niklas Luhmann (1982) – durch „Medien" wie Geld oder Macht geregelt werden, sind per-

---

1 Dies zeigt sich zum Beispiel auch daran, dass in der interdisziplinären Zeitschrift für Familienforschung psychologische und soziologische Artikel zum selben Thema meist nur eine kleine Schnittmenge von zitierten Publikationen aufweisen.

sönliche Beziehungen durch Freundschaft oder Feindschaft, Liebe oder Hass, also durch Gefühle, geprägt und durch den Bezug auf die unverwechselbare Individualität, die Nichtaustauschbarkeit der ganzen Person.

Die *Paarbeziehung* oder *Zweierbeziehung* schließlich ist eine spezielle Form der persönlichen Beziehung, in Abgrenzung zu Freundschaft, aber auch in Abgrenzung zu Verwandtschaftsbeziehungen. Die Paarbeziehung ist eine Intimbeziehung mit einem starken Verbindlichkeits- und Exklusivitätscharakter. Als Besonderheiten der Paar- oder Zweierbeziehung im Allgemeinen lassen sich eine Reihe von Aspekten benennen, die zum Teil auch für die Bestandsphase von Bedeutung sind. Erstens grenzt sie sich durch die Zahl der Beteiligten von der Gruppe ab und besitzt einen dyadischen Charakter, der unmittelbare Reziprozität ermöglicht. Das heißt, es gibt keinen unmittelbaren Bezug auf dritte Personen. Allerdings wird der mittelbare Bezug auf eine dritte Person für manche Familiensoziologen als konstitutiv auch für Paarbeziehungen angesehen (Allert 1996, 1997). Zweitens folgen Paare bei ihrer Konstituierung bestimmten Regeln. So bestimmt etwa eine Exogamie-Regel, dass enge Verwandte keine Paarbeziehung eingehen sollten. Auch die Orientierung an der Geschlechterdifferenz ist weit verbreitet, doch heißt das nicht notwendigerweise, dass Heterosexualität für den Begriff des Paares konstitutiv wäre. Zwar ist die Paarbeziehung eine durch Sexualität definierte Dyade, aber das legt noch keine Richtung der sexuellen Orientierung fest. Weitere Paarbildungsregeln, auf die hier nicht weiter eingegangen werden kann, beziehen sich auf Ähnlichkeiten oder Unterschiede hinsichtlich bestimmter Merkmale, zum Beispiel eines angemessenen Alters- oder Größenabstandes zwischen Mann und Frau.

Weitere Merkmale betreffen die Ausgestaltung der Intimbeziehung (Sexualität, Intimitätsgrenzen, Emotionalität, Liebe und Partnerschaftskonzepte). Sie sind besonders wichtig für die Stabilisierung der Paarbeziehung. Aus dem dyadischen Charakter ergibt sich auch das Merkmal von Exklusivität (Treue, Verbindlichkeit, deutliche Bevorzugung des Partners). Auch die Abgrenzung des Paares nach außen muss entsprechend geregelt sein. Unter Bedingungen moderner Individualität und besonders in individualisierten Milieus stellt sich auch die Frage des Verhältnisses zwischen Autonomie und Gemeinsamkeit. Ein Paar ist weder eine Gruppe noch eine einfache Addition zweier Individuen, sondern bildet, durch den Zusammenschluss zweier Individuen, eine eigenständige soziale Kategorie. Eine Konsequenz daraus ist die Notwendigkeit einer gemeinsamen Wirklichkeitskonstruktion als Paar, des Aufbaus einer rituellen Ordnung, eines kulturellen Rahmens. Einige dieser strukturellen Merkmale werden im Folgenden genauer behandelt, insbesondere in ihrer Bedeutung als Konstitutionsmerkmale des Beginns der Bestandsphase oder auch als Faktoren der Bestandserhaltung.

2. Der Übergang in die Bestandsphase

Paarbeziehungen beginnen heute meist mit einer sexuellen Begegnung oder gegenseitiger erotischer Anziehung. Nach einer mehr oder weniger langen Aufbauphase gehen sie in die Bestandsphase über (Lenz 2006). Aus der Sicht des Paares mag dieser Übergang kaum merklich oder erst im Nachhinein rekonstruierbar sein (zumal der Begriff „Bestandsphase" kein Alltagsbegriff ist). Gleichwohl fragen sich die meisten Paare, wenn auch oft erst im Rückblick: Seit wann sind wir eigentlich ein Paar? Seit wann wissen wir das, und was war der Grund dafür, dass wir zusammengeblieben sind, dass es irgendwann „ernsthaft" wurde? Alltagspychologisch könnte man sagen: Der Übergang von der Aufbau- in die Bestandsphase hat begonnen, wenn eine gewisse Alltäglichkeit festzustellen ist; wenn die Phase der ersten Verliebtheit vorüber ist und vielleicht Ernüchterung darüber aufkommt, dass der „honey-moon" nicht ewig währt; wenn man erste Enttäuschungen, erste Konflikte, erste Streits erfolgreich überstanden hat. Eine eher psychologische Betrachtung würde also betonen, dass die Bestandsphase dann beginnt, wenn erste Krisen gemeistert werden. Manche Paarbeziehungen enden bereits hier – noch bevor sie richtig begonnen haben.

In einer stärker soziologisch-theoretisch ausgerichteten Perspektive ist es hilfreich, nach bestimmten Ereignissen oder Ritualen zu fragen, mit denen der Übergang von der Anfangsphase in die Bestandsphase markiert wird. In der ethnologischen Ritualtheorie ist eine solche Markierung durch Übergangsrituale oder *Schwellen*-Ereignisse wohlbekannt.[2] Sie findet auch in der Soziologie des Paares Anwendung. So hat etwa Jean-Claude Kaufmann (1994) vorgeschlagen, den Kauf einer gemeinsamen Waschmaschine als entsprechendes Symbol zu betrachten. Karl Lenz (2006: 88) schlägt vor, die subjektive Definition („Wir sind jetzt ein Paar") heranzuziehen. Das Paar mag von sich aus dazu keine Notwendigkeit sehen, doch es gibt einen bestimmten Ewartungsdruck aus der sozialen Umgebung, sich mit dieser Frage zu befassen. Neu gebildete Paare müssen sich zum Beispiel manchmal rasch entscheiden, ob sie die Einladung zu einer Geburtstagsparty annehmen wollen, die zunächst nur einen Partner erreicht hatte, weil der Einladende noch nichts von dem jungen Glück wußte. Sie müssen sich schon bald entscheiden, ob sie öffentlich „als Paar" auftreten wollen. Sie müssen sich entscheiden, wann sie den neuen Partner den Eltern vorstellen wollen.

Karl Lenz (2006) hat darauf hingewiesen, dass der Übergang von der Aufbau- zur Bestandsphase heute nicht mehr so klar ist, wie er früher war, als er durch den Heiratsantrag und die sich anschließende Verlobung eingeleitet und schließlich durch die Heirat deutlich markiert abgeschlossen wurde. Alles, was vor der Eheschließung stattfand, gehörte zur Aufbauphase. Mit der Heirat waren auch andere Markierungen des Übergangs zur Bestands-

---

2 Vgl. die frühe Untersuchung von Arnold van Gennep (1909) zu Übergangsritualen. Victor Turner (1969) sprach von einer Schwellenphase („Liminalität").

phase verbunden: Die Gründung eines gemeinsamen Haushalts und einer Wirtschaftsgemeinschaft, der Beginn legitimer Sexualität und damit die Einleitung zur Familiengründung.

Heute sind diese Schwellenpunkte zum Teil weit auseinandergezogen. Die Sexualität steht ganz am Anfang, voreheliche Sexualität ist längst nicht mehr illegitim. Die übrigen Schwellenereignisse können zum Teil sehr spät in die Bestandsphase hinein verlagert sein, die dadurch an Bedeutung gewonnen hat (Lenz 2006). Zwar sind Heiratsantrag und Verlobung auch heute noch nicht ganz aus der Mode. Gerade in Deutschland heiratet immer noch eine große Mehrheit der Paare, die eine längere Zeit zusammen sind, so dass der Entschluss zur Heirat immer noch eine wesentliche Symbolisierung der Ernsthaftigkeit und des Willens zur Dauerhaftigkeit darstellt. Aber die Heirat findet oft erst später statt, wie auch andere Ereignisse, die früher mehr oder weniger mit der Eheschließung zusammenfielen. Sie haben heute eine eigenständige Bedeutung und entscheiden mit über die weitere Entwicklung der Beziehung. Das gilt insbesondere für die Gründung eines gemeinsamen Haushalts oder einer Familie.[3]

Durch diese Entwicklungen ist also der Übergang von der Aufbau- in die Bestandsphase so sehr in die Länge gezogen, dass es sinnvoll erscheint, in der Theorie der Paarentwicklung eine weitere Phase zwischen Aufbau- und eigentlicher Bestandsphase einzuschieben. Angesichts der hohen Scheidungsquote innerhalb der ersten Ehejahre könnte man hier von einer *Bewährungsphase* sprechen, die mit der Selbstzuschreibung („Wir sind jetzt ein Paar") beginnt und durch bestimmte Entscheidungen, die den Entschluss symbolisieren, auf Dauer zusammenzubleiben, in die eigentliche *Bestandsphase* übergeht. Die Selbstdefinition, ein Paar zu sein, kann heute schon recht früh, nach einer kurzen Aufbauphase, stattfinden.[4] Man kann sich unter heutigen Bedingungen schneller als Paar definieren, weil die Fiktion der Endgültigkeit brüchig geworden ist: Aber eben auch, weil viele Entscheidungen, die früher mit dieser Definition verbunden waren – Eheschließung, Zusammenwohnen, Familiengründung – davon abgelöst sind.

Die Phase der Bewährung ist bei vielen Paaren nach etwa vier bis fünf Jahren überstanden. Dann hat sich bei einem Großteil der Paare entschieden, ob sie zusammenbleiben.[5] Diese kritische Phase zwischen Aufbau- und Bestandsphase hat es mit zahlreichen Problemen zu tun, deren Bewältigung

---

3 Diese Ereignisse des Übergangs in die Bestandsphase müssen im Übrigen keineswegs das Ergebnis bewusster Entscheidungen sein. In vielen Fällen liegt keine rationale Entscheidung zur Elternschaft vor (Burkart 2002).

4 Jean-Claude Kaufmann (2004) vertritt die These, dass oft schon der Morgen nach der ersten Nacht eine Vorentscheidung bringt.

5 Es gibt dafür allerdings keine verlässlichen Daten, weil die Dauer von nichtehelichen Beziehungen nicht systematisch erfasst wird. Zwar weiß man, dass ein Großteil der Ehescheidungen zwischen dem dritten und siebten Ehejahr stattfindet, aber man weiß nicht genau, wie lange diese Ehepaare vorher schon ein Paar waren.

wichtig für den weiteren Bestand ist.[6] Danach wird eine Scheidung immer unwahrscheinlicher, und das Paar könnte sagen: „Wir wissen, dass wir jetzt endgültig zusammenbleiben" oder „Wir wollen zusammen bleiben und ein Haus kaufen". Dieses letzte Kriterium wird um so sicherer das Erreichen der endgültigen Bestandsphase anzeigen, je größer das finanzielle Risiko eines Immobilienkaufs ist. Und schließlich kann auch die Entscheidung zur Familiengründung eine solche Markierung darstellen.

Wir können also zusammenfassen: Die Bestandsphase beginnt mit einer Bewährungsphase, wenn die beiden Beteiligten sich selber und ihrer sozialen Nahwelt (Freunde, Familie, Verwandte) durch einen symbolischen Akt signalisieren, dass sie ein Paar sind. Diese Bewährungsphase endet und geht in die eigentliche Bestandsphase über, wenn das Paar längerfristig in eine gemeinsame Zukunft investieren will.

3. Aufbau einer rituellen Ordnung und einer gemeinsamen Beziehungskultur

Die Bildung einer Paarbeziehung schafft eine neue Wirklichkeit. Emile Durkheim, der Begründer der Soziologie in Frankreich, ging von einem eigenständigen Realitätsbereich „Gesellschaft" aus, der sich nicht auf die Individualebene oder auf die Psychologie der Individuen reduzieren läßt. Er sprach daher von einer *Realität sui generis* und begründete damit den Anspruch der Soziologie, eine eigenständige Disziplin zu sein. Für die „Soziologie der Zweierbeziehung" gilt Entsprechendes. Das Paar ist als Dyade ein soziales Phänomen, das sich nicht auf die Akteursebene zweier Individuen reduzieren lässt. Die Gemeinsamkeit des Paares schafft eine neue Sinnebene. Indikatoren dafür sind etwa der Übergang von der „Ich-Du"- zur „Wir"-Perspektive. Peter L. Berger und Hansfried Kellner (1965) sprechen von einem „nomischen Bruch" bei der Konstitution des Paares; die beiden individuellen Sinnhorizonte werden aufgegeben, um einen gemeinsamen neuen zu bilden. Francesco Alberoni (1984, 1998) betrachtet das Paar als eine Institution mit spezifischen Regulativen. Er betont, dass aus individueller Verliebtheit zweier ein neues Kollektivgebilde entsteht – eben das Paar. Eine neue Realitätsebene konstatiert auch Johannes Huinink (1995) mit der „dialogischen" Beziehung des Paares. Schließlich wird auch in der Systemtheorie das Paar als ein besonderes soziales System betrachtet, als ein inti-

---

6 Joseph Veroff et al. (1997) zum Beispiel sehen drei kritische externe Problembereiche: Die Beziehungen des Paares zu den beiden Herkunftsfamilien und zu den beiden persönlichen Netzwerken; der Umgang mit der Erwerbsarbeit des anderen; und die Frage der Familiengründung. Dazu kommen interne Probleme: Wie man die Arbeitsteilung organisiert, wie das Konfliktmanagement wird, wie das Paar zu einer kooperativen Einheit wird, wie man gegenseitig auf Bedürfnisse eingeht, sich anerkennt, sich schätzt und respektiert. Alle diese Probleme hängen oft eng zusammen, und wenn sie gelöst werden, ergibt das eine gute Prognose für Dauerhaftigkeit.

mes Kommunikationssystem mit eigenen Strukturmerkmalen, Medien und Codes (Luhmann 1982).

Der Aufbau einer neuen Wirklichkeit ist wichtig für die Etablierung einer stabilen Beziehung – und damit auch für den Übergang in die Bestandsphase. Paare bauen einen Beziehungs-"Rahmen" (Goffman 1977) auf, sie schaffen sich eine eigene Kultur. Die Institutionalisierung des Beziehungsalltags (Lenz 2006) führt zum Aufbau einer gemeinsamen Wirklichkeitskonstruktion und einer gemeinsamen rituellen Ordnung. Das Paar konstruiert sich eine gemeinsame Geschichte, zu der auch Ursprungs- oder Gründungsmythen gehören (Bochner et al. 1997). Auch „Konsensfiktionen" (Hahn 1983) können stabilisierend wirken: Paare wissen, dass Übereinstimmung und Gemeinsamkeit nie vollständig sein können. Aber in vielen Situationen ist es sinnvoll, *so zu tun, als ob* man Übereinstimmung realisiert hätte.[7] Für die Stabilisierung der eigenständigen Paarkultur stehen außerdem semantische Konzepte zur Verfügung – zum Beispiel die Idee der „Lebenspartnerschaft" –, Bilder von Geschlechtsrollen, Konzepte für häusliche Arbeitsteilung und vieles mehr.

Die Betonung einer eigenständigen Realitätsebene macht das Paar zu einem besonderen Gegenstand der soziologischen Theorie. Aber auch in historischer Perspektive ist das moderne Paar hervorgehoben. Es ist „strukturell isoliert" (Parsons 1964), das heißt, es hat innerhalb des Familien- und Verwandtschaftssystems eine herausgehobene Stellung. Man bezeichnet deshalb die moderne Familie auch als *konjugale Familie*, in deren Mittelpunkt die Ehe steht, während in eher traditionalen Familien- und Haushaltsformen die Ehe eine relativ schwächere Bedeutung hatte und zum Beispiel die Trennung der Geschlechter deutlicher sichtbar sein konnte als die Trennung zwischen Ehepaar und sonstigen Verwandten.

Aus diesen Bestimmungen ergibt sich ein methodisches Problem. Ein Großteil der empirischen Forschung setzt am Individuum an, methodische Grundlage vieler Studien sind Befragungen von Individuen. Dabei besteht eine Neigung, so zu tun, als könne man die Realität einer Paarbeziehung erfassen, indem man die Sichtweise einer Person auf ihre Beziehung oder die Perspektive der beiden Personen unabhängig voneinander erfasst. Besonders jene Theorien, die sich auf der Basis des Methodologischen Individualismus bewegen (insbesondere Rational-Choice- und Austauschtheorien), neigen zu der Vorstellung, man könne das Paar auf zwei miteinander kooperierende oder sich austauschende Individuen reduzieren. Auch die Forschung über eheliche Zufriedenheit verfährt häufig so. Gerade aber die „Zufriedenheit" einer Person mit ihrer Paarbeziehung beziehungsweise mit ihrem Partner ist nicht gleichbedeutend mit der Ebene einer intersubjektiven

---

7 Fiktionen und „Idealisierungen" (Schütz 1974) sind im Alltag wichtig, um handlungsfähig zu bleiben. Wer alles reflektiert und gründlich bedenkt, bevor er handelt, ist in Gefahr, am „Tausendfüßler-Effekt" zu scheitern: Würde der Tausendfüßler den Mechanismus seines Gehens reflektieren und kontrollieren wollen, würde er ins Stolpern geraten.

Realität, in der es zu einer gemeinsamen Konstruktion kommt, die mehr ist als ein rationaler Kompromiss zwischen zwei Einzelinteressen. Eine methodische Konsequenz daraus ist, dass Paarforschung sich nicht mit der (schriftlichen) Befragung von Individuen begnügen darf, sondern (narrative) Paar-Interviews einbeziehen sollte.

4. Liebe und Partnerschaft

Erotische Anziehung, Sexualität und Verliebtheit gehören in unserer Kultur zu den festen Erwartungen an eine Paarbeziehung – zumindest in der Anfangsphase. Mit diesen Merkmalen wird eine klare Abgrenzung zu Freundschaften und anderen persönlichen Beziehungen gezogen. Sie bieten auch die Möglichkeit einer Abgrenzung zwischen Aufbau- und Bestandsphase oder zwischen Bewährungs- und Bestandsphase. So findet sich in der Alltagsmythologie häufig die Vorstellung, dass Sexualität und Verliebtheit für den Beginn und für die anfängliche Stabilisierung einer Paarbeziehung unverzichtbar sind, dass sie aber später wegfallen und ersetzt werden können, etwa durch Partnerschaftlichkeit oder durch eine gemeinsame Aufgabe: Kindererziehung, Haus und Garten. Zumindest – so die gängige Meinung – können sie nicht in der ursprünglichen Form erhalten werden. Sie unterliegen einer Transformation. Sexualität und Erotik können in Intimität und Vertrautheit, Liebe kann in Partnerschaft oder eine andere Form „reifer Liebe" transformiert werden.

Wenn eine Beziehung in die Bestandsphase übergegangen ist, sind erotische Attraktion und sexuelle Leidenschaft also häufig in den Hintergrund getreten. Eheratgeber haben dieses Problem immer wieder thematisiert und versuchen, entsprechende Ratschläge zu geben. Darüber hinaus hat die Sexualforschung der letzten Jahrzehnte eine zunehmende „sexuelle Langeweile" konstatiert (Schmidt 1996). Wichtig für die Aufrechterhaltung einer Beziehung ist daher eine Transformation von sexueller Leidenschaft und erotischer Spannung in *Intimität*, in eine körperlich basierte wechselseitige Vertrautheit. Das Paar schafft sich eine „Behausung" (Willi 1991), eine kleine private Intimwelt, in der man sich in der Nähe des anderen wohl fühlt, weil man eine tiefe Vertrautheit mit den jeweiligen Eigenarten des anderen entwickelt und einen privilegierten Zugang zur Körperzone des anderen besitzt.

Auch die Verliebtheit der Anfangszeit ist nicht von Dauer. Vielfach wurde konstatiert, dass im bürgerlichen Modell der Liebesehe, das am Ende des 18. Jahrhundert entwickelt wurde und sich im 20. Jahrhundert in allen Schichten durchgesetzt hat, Probleme mit der Stabilität entstehen, weil die romantische Liebe als Basis für Dauerhaftigkeit nicht taugt. Als eine mögliche Lösung dieses Problems wurde – schon im 19. Jahrhundert – das Prinzip der *Partnerschaftlichkeit* (oder einfach *Partnerschaft*)[8] entwickelt (Leu-

---

8 *Partnerschaft* meint hier und im Folgenden also *nicht* die *Paarbeziehung*, sondern ein Muster ihrer Gestaltung.

pold 1983). Inzwischen glauben viele Autoren, dass das Partnerschaftskonzept die romantische Liebe als Leitkonzept entweder ganz abgelöst habe (Giddens 1993) oder dass diese im Lauf der Zeit in *partnerschaftliche Liebe* übergehe. *Partnerschaft* bedeutet, im Unterschied zur „sprachlosen" Liebe, dass man bereit ist, über alles miteinander zu reden; dass man sich gegenseitig sagt, was man vom anderen wünscht; dass man deutlich sagt, was einen stört. In Ratgebern findet man Ratschläge wie: Zuhören statt Recht haben wollen; Offenheit statt Rückzug; Raum für eigene Entfaltung lassen; Verantwortung für die Beziehung übernehmen; nicht immer den Partner ändern wollen und so weiter. Hält man sich an diese Regeln, führt Partnerschaft zum Glück. In der Partnerschaft verständigen sich zwei vernünftige, reflektierte Subjekte über alle wesentlichen Dinge.

Mit dem Prinzip der Partnerschaftlichkeit taucht allerdings eine Reihe von Problemen auf. Ein erstes Problem ergibt sich aus der Spannung zwischen Autonomie- und Gemeinschaftsansprüchen. Wenn zwei Partner sich als Paar verstehen, geben sie ein Stück weit ihre jeweilige individuelle Autonomie auf. Zwar kann der Grad der Autonomie in Paarbeziehungen sehr unterschiedlich sein – besonders, wenn nach sozio-kulturellen Milieus differenziert wird: Im *individualisierten Milieu* bleibt die Autonomie der Partner größer als in anderen Milieus.[9] Doch auch hier muss mit der Konstitution als Paar ein Stück Autonomie aufgegeben werden. Der andere hat das Recht, über alle wichtigen Entscheidungen des Partners, die dessen eigenes Leben betreffen, zumindest informiert zu sein und um Rat gefragt zu werden – wenn nicht sogar das Recht, mitzubestimmen. Gemeinsamkeit steht im Vordergrund und muss gegenüber individuellen Interessen ausbalanciert werden. Das gilt grundsätzlich für jede Paarbeziehung. Mit dem Partnerschaftskonzept aber verstärkt sich die Problematik, die daraus entstehen kann.

Moderne Paarbeziehungen sind daher heute in einem gewissen Zwiespalt. Auf der einen Seite fordert das „Regelwerk" der Paarbeziehung eine nahezu bedingungslose gegenseitige Unterstützung (zum Beispiel eine klare Bevorzugung des Partners, auch dann, wenn er Unrecht hat oder seinen Pflichten nicht nachkommt). Auf der anderen Seite sind Autonomie und Individualität gefragt. Wir haben es hier mit zwei konkurrierenden Modellen zu tun: Dem alten Ideal der Verschmelzungsehe und dem neuen Ideal der individualisierten Partnerschaft. Manche Paare lösen das Problem durch Verzicht auf starke Institutionalisierung: Sie heiraten nicht – oder sie wohnen nicht zusammen (*living apart together*). Die Exklusivität, die eine besondere Bevorzugung des Partners in allen Bereichen verlangt, kann unwichtiger werden, je stärker sich die Paarbeziehung Konzepten wie dem der „offenen Ehe" annähert. Starke Autonomie muss aber nicht heißen, dass man in der Außendarstellung auf Autonomie pocht. Im Innenverhältnis ist die Spannung zwischen Autonomie und Gemeinsamkeit anders geregelt als im Au-

---

9 Zum Milieubegriff in Bezug auf Paare (vgl. hierzu Burkart et al. 1999).

ßenverhältnis. Konflikte werden intern offen ausgetragen und Kritik wird deutlich artikuliert, aber man achtet darauf, den anderen nicht öffentlich bloßzustellen oder die Beziehung nicht schlecht zu machen (Metts 1997).

Das Konzept der Partnerschaft hat auch Auswirkungen auf das Geschlechterverhältnis. Es fordert oder konstatiert die Gleichheit der Geschlechter und verlangt eine Orientierung an individuellen Interessen und Bedürfnissen, ohne Bezug auf traditionelle Geschlechtsnormen. Diese werden durch den Partnerschaftsdiskurs in Frage gestellt. Das *individualisierte Paar*, das diesen Diskurs führt, stellt damit auch die Geschlechterordnung in Frage. Deshalb ist besonders im individualisierten Milieu die Vorstellung verbreitet – in Abgrenzung zum Verschmelzungsideal der bürgerlichen Liebesehe – dass es Bereiche für jeden Partner gibt, die außerhalb der Paarbeziehung bleiben. Außerpartnerschaftliche Kontakte sind deshalb nicht nur zugelassen, sondern geradezu gefordert. Nicht nur für den Mann steht die eigene Selbstverwirklichung über dem gemeinsamen Interesse; auch die Frau ordnet sich nicht dem gemeinsamen Paar-Interesse (oder dem als gemeinsam deklarierten männlichen Interesse) unter. Wenn Gemeinsamkeiten und Solidaritäten zustande kommen, so nicht durch das Paarsein an sich, sondern durch Interessen-Konvergenz oder das partnerschaftliche Aushandeln von Kompromissen. Das schließt jedoch ein, dass es häufig zu Interessenskonflikten – zwischen zwei autonomen Subjekten, die tendenziell frei von Geschlechtsrollen sind – darüber kommt, wer die Hausarbeit macht, bis hin zur Status-Konkurrenz auf dem Arbeitsmarkt. Wie verschiedene Beispiele im *individualisierten Milieu* (Koppetsch/Burkart 1999) zeigen, ist die Solidarität der Partner labil, wenn sie nur auf Verteilungsgerechtigkeit und Individualismus setzt. Das ist zwar gut für den einen, wenn er sich durchsetzen kann, setzt aber beide unter Druck, sich durchzusetzen.

5. Die Organisation des Geschlechterverhältnisses: Arbeitsteilung und Machtverteilung in Paarbeziehungen

Wir haben eingangs bereits die Frage angeschnitten, ob für das Konzept der Paarbeziehung die Geschlechterdifferenz konstitutiv ist oder ob diese nur ein zusätzliches Merkmal darstellt (vgl. Koppetsch i.d.B.). Die Paarbeziehung wäre in letzterem Fall eine exklusive, intime Dyade – zunächst unabhängig vom Geschlecht, das erst auf einer weiteren Differenzierungsebene hinzu käme. Manche Autoren halten es geradezu für ein Charakteristikum der postmodernen Paarbeziehung – der „reinen Beziehung", wie Anthony Giddens (1993) sagt – den klassischen Geschlechtsunterschied für irrelevant zu halten. Auch in der Individualisierungsdiskussion wurde betont, dass der Geschlechtsunterschied in den Hintergrund trete. Das homosexuelle Paar wäre dann sogar der Prototyp des postmodernen Paares, weil es sich leichter von der Tradition der Geschlechtsrollen freimachen könne (Giddens 1993).

Wenn auch einiges für diese Perspektive spricht, so gibt es doch gute Gründe, weiterhin die Geschlechterdifferenz als eine wichtige Konstitutionsbedingung von Paarbeziehungen anzusehen. In empirischen Studien zeigt sich immer wieder, dass die meisten Paarbeziehungen mit einer gewissen Selbstverständlichkeit daran festhalten, und dass selbst in den am stärksten modernisierten Milieus zumindest auf der praktischen Ebene die Geschlechterdifferenz wichtig ist – vielleicht sogar bei den gleichgeschlechtlichen Paaren.

Die fortbestehende Bedeutung von Geschlechtsrollen in Paarbeziehungen wurde häufig am Beispiel der *Arbeitsteilung im Haushalt* untersucht, bezogen auf die Kindererziehung und -betreuung ebenso wie auf die alltägliche Hausarbeit. Dabei fiel im Laufe der letzten Jahrzehnte immer stärker eine Diskrepanz zwischen Ideal und Wirklichkeit auf: Während sich in allgemeiner Hinsicht die Geschlechtsrollen modernisieren, ist dies im Bereich der innerhäuslichen Arbeitsteilung deutlich weniger der Fall. Normativ oder ideologisch sei der Wandel zwar vollzogen, aber nicht in der Praxis (Huinink/Röhler 2005; Nave-Herz 2004).

Nun ist zwar nicht zu übersehen, dass es einen steigenden Anteil von Paarbeziehungen gibt, die eine weitgehend egalitäre Struktur aufweisen, wo es also keine komplementäre Rollenaufteilung im traditionellen Sinn mehr gibt. Allerdings gilt dies nicht für alle Milieus: Bei Paaren mit geringem Bildungsniveau streben die Frauen keine Egalität in dem Sinne an, dass sie genauso wie der Mann erwerbstätig sein möchten (Koppetsch/Burkart 1999; Hopf/Hartwig 2001). Gleichverteilung der Arbeit wird eher angestrebt, wenn mit der anvisierten Erwerbsarbeit ein Stück Selbstverwirklichung erhofft werden kann oder zumindest, wenn sie als befriedigender gelten kann als Hausarbeit – und das gilt eher bei Berufen mit höheren Bildungsvoraussetzungen.

Je mehr die Paarbeziehung als Vorstufe zur Familiengründung gesehen wird, umso leichter und häufiger stellt sich eine komplementäre Arbeitsteilung ein. Immer wieder wurde bestätigt, dass die Arbeitsteilung zwischen Mann und Frau auch in partnerschaftlich orientierten Beziehungen traditionaler wird, wenn es zur Familiengründung kommt (Burkart 1994). Häufig ist es dann sogar so, dass die Ehemänner ihren Zeitaufwand für die Erwerbsarbeit erhöhen, obwohl es unter partnerschaftlichen Gesichtspunkten und den neuen Vorstellungen über engagierte Vaterschaft (Fthenakis 1985; Burkart 2007) erwünscht wäre, dass die Väter mehr Zeit zu Hause verbrächten.

Es mangelt nicht an *Erklärungsversuchen für die traditionale Arbeitsteilung*. Die Frage, wie die Arbeitsteilung organisiert ist, hängt vom Charakter der Paarbeziehung und ihren Regulativen (Regeln, Normen, Beziehungsidealen) ab, die sich wiederum nach sozialer Lage und Milieuzugehörigkeit unterscheiden. Drei Grundtypen lassen sich identifizieren: Arbeitsteilung aufgrund von unterschiedlichen Ressourcen oder Machtverhältnissen; Arbeitsteilung aufgrund traditioneller Geschlechtsrollen in Verbindung mit Liebe oder aufgrund von Habitualisierungen und Routinen; und partnerschaftliche Aushandlung der Arbeitsteilung. Damit sind auch drei grundlegende Erklärungsansätze für die Hartnäckigkeit der traditionalen Arbeitsaufteilung angesprochen.[10] Für den Macht/Ressourcen-Ansatz hängt sie damit zusammen, dass meist die Männer immer noch bessere Erwerbschancen haben, so dass eine komplementäre Aufteilung sinnvoll bzw. als Ergebnis einer rationalen Kosten-Nutzen-Kalkulation erscheint. Für den Geschlechtsrollenansatz sind immer noch die Nachwirkungen der alten Geschlechtsrollen entscheidend. Habitualisierungen führen im Alltag schnell zu einer Verfestigung und Verstärkung von Unterschieden. Für individualistische Ansätze ist die Arbeitsteilung eine Frage der freien Aushandlung.

Besonders im Ressourcen-Ansatz ist von unterschiedlichen *Machtverhältnissen* zwischen Mann und Frau die Rede.[11] Kann der Machtbegriff auf Paarbeziehungen angewendet werden? Liebe und Macht erscheinen zunächst als unvereinbar (Dux 1992). Geht man von einem relationalen Ansatz aus, dann bedeuten Machtverhältnisse zwischen den Geschlechtern im öffentlich-beruflichen Kontext etwas anderes als im privaten Kontext, weil sie jeweils mit anderen Mechanismen und Regulativen verknüpft sind (Burkart/Koppetsch 2001). Im Rahmen einer familistischen Konzeption zum Beispiel wird eine komplementäre Arbeitsteilung nicht notwendigerweise als ungleiche Machtverteilung angesehen, solange die Aufteilung in männliche Versorger- und weibliche Familienrolle als freiwillig und durch Liebe gestützt angesehen wird. Sobald aber ein gewisser Druck des Mannes auf die Frau ausgeübt werden kann, dass sie zu Hause bleiben soll, können wir von ungleicher Machtverteilung sprechen.

Gleichheitsansprüche sind besonders bei Doppelkarriere-Paaren verbreitet. Hier ist dementsprechend das Synchronisationsproblem zwischen Mann und Frau besonders groß. Die Zeit ist eine wichtige und ständig knappe Ressource, Aushandlungsprozesse können sehr kompliziert sein. Es geht vor allem um die Bewältigung externer Anforderungen, Konflikte am Arbeitsplatz können sich negativ auf die Beziehung auswirken (Solga/Wimbauer 2005). Auch hier zeigt sich noch eine Tendenz zur Benachteiligung der Frauen, die häufig die „Vereinbarkeitsarbeit" übernehmen (Könekamp/Haffner 2005; Behnke/Meuser 2005). Die innerpartnerschaftliche Konkurrenz kann Probleme und Stress bringen; aber auch Vorteile für beide Partner, insbesondere im Sinn des Erwerbs von sozialem Kapital (Sonnert

---

10 Die neuerdings wieder stark aufkommenden biologistischen Erklärungen für die kulturelle Stabilität der Geschlechtsunterschiede sind allerdings nicht überzeugend. Die neuere Gen- und Gehirnforschung bestätigen eher die kulturalistische These des doing gender, weil sie zunehmend vom genetischen Determinismus früherer Jahre abrücken und die Formbarkeit des Gehirns durch die Kultur betonen.

11 Die ältere Diskussion um die Ressourcen-Theorie ist bei Thomas Held (1978) gut zusammengefasst. Seither hat es grundsätzlich wenig Neues dazu gegeben. Inzwischen stehen eher Studien zu partnerschaftlichen Aushandlungsprozessen im Vordergrund.

2005). Interessant sind gleichgeschlechtliche Paare, die grundsätzlich bessere Chancen haben, sich von geschlechtstypischen Zuschreibungen und latenten Normierungen zu befreien (Schürmann 2005; Maier 2008).

6. Faktoren der Bestandserhaltung

Das Ende der Bestandsphase bzw. der Übergang in die Auflösungsphase wird im vorliegenden Artikel nicht weiter behandelt (vgl. Bodenmann i. d. B.). Hier geht es vielmehr darum, wie Krisen, die unter Umständen in ein unglückliches Ende der Beziehung münden, bewältigt werden, und es gerade deshalb nicht zu einer Auflösung durch Trennung oder Scheidung kommt.

Zum Thema Krisenbewältigung gibt es eine kaum zu überblickende Forschungsliteratur aus unterschiedlichen Richtungen, insbesondere aus Psychologie und Sozialpsychologie (für einen Überblick siehe Bodenmann 2006). Spezielle Forschungsrichtungen wie *Quality-of-Life* oder *Marital-Quality* haben eine Fülle von Faktoren zusammengetragen, die in irgendeiner Weise für den Bestand von Paarbeziehungen wichtig sind. Auch die Literatur aus dem Bereich der Paartherapie, die es ja ständig mit Paaren in der Krise zu tun hat und die aus der Praxis am besten Kenntnisse über die Mechanismen hat, die bei einem Paar entweder in die Trennung führen oder zu einer Wiederaufnahme der Beziehung, bietet eine Fülle von Detailerkenntnissen.

Allerdings liefern viele dieser Studien nur indirekte Ergebnisse, indem sie zeigen, welche Faktoren zur Auflösung von Beziehungen führen können. Die empirische Forschung – ob aus Soziologie, Sozialpsychologie oder der therapeutischen Paar-Forschung – hat sich insgesamt weniger mit den Stabilitätsfaktoren für Paarbeziehungen befasst als mit den Krisenfaktoren. Ein Großteil der Familien- und Paarsoziologie hat sich auf das Thema „Wandel von Lebensformen" konzentriert, mit der Konzentration auf die Abkehr von der Normalfamilie und der stabilen Ehe. Man weiß also viel über Scheidungsgründe und Faktoren der Instabilität von Ehen, aber warum die Mehrheit aller Ehen immer noch stabil ist, ist weniger gut erforscht. Generell lässt sich sagen, dass für den Aufbau und für die Auflösung von Paarbeziehungen deutlich mehr Forschungsaufwand betrieben wurde als für die Bestandsphase (Blumstein/Kollock 1988; Schreiber 2003).

Unter modernen Bedingungen – seit sich die konjugale Familie zum Leitbild entwickelt hat – liegen die Stabilitätsfaktoren eher innerhalb der Beziehung als im sozialen Umfeld. Dem entspricht auch, dass für diejenigen, die sich trotz schlechter Ehe nicht trennen der Begründungsdruck heute größer ist als für jene, die sich trennen. Folgt man der sozialpsychologischen Forschung, so ist der Hauptfaktor für Ehestabilität die subjektiv erlebte Ehequalität. Für das Zustandekommen einer solchen Ehezufriedenheit scheint es wichtig zu sein, eine Balance herzustellen zwischen Intimität und Exklusivität auf der einen Seite und Individualität und Autonomie auf der anderen Seite (Hohenester 2000).

Als allgemeine Erfolgsbedingungen für gelingende Beziehungen gelten Fähigkeit wie Konflikte austragen zu können; durch Kommunikation Transparenz herstellen und Konflikte schon im Ansatz erkennen zu können. „Beziehungsarbeit" ist wichtig: Man kann sich unter heutigen Bedingungen nicht darauf verlassen, dass alles wie von selbst geht. Man muss gewissermaßen ständig gegen die nachlassende Ehequalität ankämpfen – und gegen die Versuchungen von außen (Schreiber 2003; Arránz Becker et al. 2005). Guy Bodenmann (2000) spricht von der „Pflege der Liebe" und meint, langjährige Beziehungen würden bessere Bewältigungsstrategien entwickeln. Häufig werden zu hohe Ansprüche an die Ehequalität als ein wesentlicher Scheidungsgrund genannt. Allerdings gibt es auch Untersuchungen, die den umgekehrten Zusammenhang feststellen: Je höher die Ansprüche sind, desto mehr Beziehungsarbeit wird geleistet, weil man weiß, dass man etwas tun muss – und dann fördern die hohen Ansprüche sogar die Ehequalität. Sie müssen allerdings „realistisch" sein. Bei unrealistisch hohen Ansprüchen sinkt die Ehequalität (Wunderer 2005).[12]

Das Partnerschaftskonzept setzt stark auf *Kommunikation*. Folgt man Niklas Luhmann, dann sind alle sozialen Systeme Kommunikationssysteme. Im Unterschied zu anderen zeichnet sich ihm zufolge das spezielle soziale System Intimsystem (Paare, Familien) durch eine besondere Form der „enthemmten Kommunikation" (Luhmann 1990: 203 ff.) aus, bei der fast alles thematisierbar sei. Zweifellos ist das Paargespräch wichtig (Keppler 1994), wie auch Peter L. Berger und Hansfried Kellner (1965) in einem einflussreichen Aufsatz betonten, in dem sie vor allem die identitätsstabilisierende Funktion der Ehe hervorgehoben hatten. In diesem Zusammenhang sind auch die bereits erwähnten Konsensfiktionen wichtig (Hahn 1983). Aber familiale Kommunikation ist nicht unbedingt auf Konsens angelegt, im Gegenteil: Folgt man Niklas Luhmann weiter, ist die Kontinuität der Kommunikation auf das Neinsagen angewiesen. Auch in einer konflikttheoretischen Perspektive sind Konflikte und Dissens wichtig für nachhaltige Gemeinschaftsbildung.[13] Eine hohe Konflikthäufigkeit ist also nicht unbedingt ein Krisenfaktor. Zwar können häufige Konflikte die Paarqualität und -stabilität reduzieren, doch lässt sich dies zum Teil auch wieder durch „gute Kommunikation" auffangen (Arránz Becker et al. 2005). Außerdem scheint es, dass

---

12 Es scheint, dass Frauen insgesamt größere Diskrepanzen zwischen Ansprüchen und deren Erfüllung sehen und sich durch Nichterfüllung ihrer Ansprüche (Verletzungen ihrer Beziehungsmaßstäbe) stärker emotional belastet fühlen als Männer (Hassebrauck 2003; Wunderer 2003).

13 Deshalb könnte auch die Untersuchung von Dissensfiktionen fruchtbar sein. Für Bruno Hildenbrand (2006) dienen Dissensfiktionen der Aufrechterhaltung von Distanz im Kontext einer unbefragten Nähe. „Sie garantieren für jenes Maß an Distanz, auf das das moderne Subjekt angewiesen ist, soll es in der Paarbeziehung nicht untergehen" (199).

stabile Paare mit hohem Institutionalisierungsgrad – lange Dauer, Ehe, Kinder – es sich eher leisten können, Konflikte auszutragen (Wagner/ Weiß 2005).

Erhöht also ein stärkerer Institutionalisierungsgrad die Chancen auf Bestandserhaltung? Diese Vermutung scheint nicht unbegründet. Jedenfalls wird in manchen Debatten der Charakter der Ehe als einer immer noch starken Institution im umfassenden Sinn (rechtlich, sozial, kulturell) unterschätzt. Wer heiratet, erzeugt nach innen und nach außen eine höhere Verbindlichkeit und Verpflichtung als Paare, die nur „so" zusammenleben oder getrennt wohnen. Die neuentdeckte Bedeutung von Ritualen und Familienfesten ist ein Indikator dafür (Nave-Herz 2004).

Implizit wurde bisher gesagt: Nur solche Paarbeziehungen bleiben bestehen, die eine gute Beziehungsqualität haben, erfolgreiche Beziehungsarbeit praktizieren und damit das Aufkommen ernsthafter, nicht mehr lösbarer Probleme verhindern können. Aber neben diesen glücklichen, zufriedenen Paaren gibt es auch Paare, die zusammenbleiben, obwohl es gute Gründe für eine Trennung gäbe. Eine eher traditionale Form dieses Typs bleibt zusammen, weil die Beziehung nicht von innen, sondern von außen stabilisiert wird, etwa durch die feste Einbindung in ein Verwandtschaftssystem, durch das gemeinsame Interesse an Besitz oder Kindern. Die Beziehung als solche mag zwar unbefriedigend sein, aber das gemeinsame Festhaltenwollen am gemeinsamen Projekt (Kinder, Haus, Besitz) wiegt schwerer. Eine eher moderne Form dieses Typs von Paaren, die sich trotz geringer Beziehungsqualität nicht trennen, sind Paare, die sich „nicht trennen können", wie Psychotherapeuten sagen, wenn es eine neurotische Bindung (*Kollusion*) gibt (Willi 1975).

7. Die Dauer der Bestandsphase

Bisher haben wir stillschweigend so getan, als handle es sich bei Paaren in der Bestandsphase um Erwachsene im mittleren Alter, etwa zwischen 35 und 55. Heute muss man jedoch in Rechnung stellen, dass die Bestandsphase unter Umständen sehr viel länger dauern kann als früher. Die durchschnittliche Ehedauer ist heute, trotz höherer Scheidungsraten, länger als jemals zuvor in der Geschichte. Der Grund dafür ist die hohe durchschnittliche Lebenserwartung und die hohe Erwartungssicherheit, dieses Alter auch zu erreichen. Viele Ehepaare erreichen heute ihre „Goldene Hochzeit", also 50 stabile Ehejahre.[14] Das bedeutet aber auch, dass normalerweise nach der Zeit des kernfamilialen Zusammenlebens, also der Jahre, in denen die Kinder groß werden, bis sie schließlich das Elternhaus verlassen, noch einmal eine längere Phase des Zusammenlebens folgt („Empty-Nest"-

---

14 „Noch nie haben so viele Ehepaare ihre Goldene, Eiserne usw. Hochzeit gefeiert wie heute" (Nave-Herz 2004: 70).

Phase). Heute bildet diese *nachelterliche Phase* mit durchschnittlich etwa 25 bis 30 Jahren die längste Phase im Lebenslauf vieler Individuen.

Der Übergang in diese Phase ist krisenanfällig („midlife-crisis"), und die Scheidungsrate erhöht sich leicht nach dem zwanzigsten Ehejahr. Auch der Übergang in den Ruhestand – nach dreißig bis vierzig Ehejahren – kann eine neue Phase der Beziehung einleiten (Gather 1996). Es ist daher sinnvoll, die Bestandsphase insgesamt noch einmal zu unterteilen, zunächst in zwei Phasen, die familiale und die nachfamiliale Phase. Das gilt für etwa 80 Prozent aller Paare, nämlich jene, die Kinder bekommen. Allerdings wächst der Anteil der kinderlosen Paare, bei denen diese beiden Phasen nicht unterschieden werden können. Abgesehen von dieser Gruppe lässt sich die Bestandsphase zusammenfassend in vier Subphasen einteilen. Die erste Phase dauert von der Familiengründung bis zu dem Zeitpunkt, wo die Kinder das Elternhaus verlassen, also typischerweise etwa vom 30. bis zum 50. Lebensjahr. Die zweite Phase erstreckt sich bis zum Übergang in den Ruhestand. Schließlich lassen sich, wie es in der Altersforschung heute üblich ist, zwei weitere Phasen unterscheiden. Während das frühe Seniorenalter – etwa vom 65. bis zum 75. Lebensjahr – heute als Phase gilt, in der die Menschen zum Teil noch sehr aktiv sind – und deshalb auch noch manche neue Beziehung eingegangen wird –, ist das späte Seniorenalter durch das Erwarten des Todes gekennzeichnet. Jede Paarbeziehung, sei sie auch noch so stabil gewesen, endet irgendwann mit dem Tod eines Partners. Im Bewusstsein des verwitweten Partners allerdings kann die Beziehung auch weiterhin Bestand haben.

Literatur

Alberoni, Francesco (1984): Movement and institution. New York: Columbia University Press

Alberoni, Francesco (1998): Liebe, das höchste der Gefühle. München: Heyne

Allert, Tilman (1996): Zwei zu drei: soziologische Anmerkungen zur Liebe des Paares. Teil I. In: System Familie 9: 50-59

Allert, Tilman (1997): Zwei zu drei: soziologische Anmerkungen zur Liebe des Paares. Teil II. In: System Familie 10: 31-43

Arránz Becker, Oliver/Rüssmann, Kirsten/Hill, Paul B. (2005): Wahrnehmung und Bewältigung von Konflikten und die Stabilität von Partnerschaften. In: Zeitschrift für Familienforschung 17: 251-278

Behnke, Cornelia/Meuser, Michael (2005): Vereinbarkeitsmanagement. Zuständigkeiten und Karrierechancen bei Doppelkarrierepaaren. In: Solga, Heike/Wimbauer, Christine (Hg.): „Wenn zwei das Gleiche tun ...". Ideal und Realität sozialer (Un-)Gleichheit in Dual Career Couples. Opladen: 123-139

Berger, Peter L./Kellner, Hansfried (1965): Die Ehe und die soziale Konstruktion der Wirklichkeit. In: Soziale Welt 16: 220-235

Blumstein, Philip/Kollock, Peter (1988): Personal relationships. In: Annual Review of Sociology 14: 467-490

Bochner, Arthur P./Ellis, Carolyn/Tillmann-Healy, Lisa M. (1997): Relationships as stories. In: Duck, Steve (Hg.): Handbook of personal relationships. Theory, research and interventions. Second edition. Chichester: 307-324

Bodenmann, Guy (2000): Stress und Coping bei Paaren. Göttingen: Hogrefe

Bodenmann, Guy (2006): Positionsbestimmung in der Paar- und Familienpsychologie. In: Zeitschrift für Familienforschung 18: 148-170

Burkart, Günter (1994): Die Entscheidung zur Elternschaft. Eine empirische Kritik von Individualisierungs- und Rational-Choice-Theorien. Stuttgart: Enke

Burkart, Günter (1997): Lebensphasen – Liebesphasen. Opladen: Leske + Budrich

Burkart, Günter (2002): Entscheidung zur Elternschaft revisited. Was leistet der Entscheidungsbegriff für die Erklärung biographischer Übergänge? In: Schneider, Norbert F./Matthias-Bleck, Heike (Hg.): Elternschaft heute. Gesellschaftliche Rahmenbedingungen und individuelle Gestaltungsaufgaben. (Zeitschrift für Familienforschung, Sonderheft 2). Opladen: 23-48

Burkart, Günter (2007): Das modernisierte Patriarchat. Neue Väter und alte Probleme. In: WestEnd. Neue Zeitschrift für Sozialforschung 4: 82-91

Burkart, Günter/Koppetsch, Cornelia (2001): Geschlecht und Liebe. Überlegungen zu einer Soziologie des Paares. In: Heintz, Bettina (Hg.): Geschlechtersoziologie. Sonderband 41 der Kölner Zeitschrift für Soziologie und Sozialpsychologie. Opladen: 431-453

Burkart, Günter/Koppetsch, Cornelia/Maier, Maja S. (1999): Milieu, Geschlechterverhältnis und Individualität. In: Leu, Hans Rudolf/Krappmann, Lothar (Hg.): Zwischen Autonomie und Verbundenheit. Bedingungen und Formen der Behauptung von Subjektivität. Frankfurt a.M.: 158-190

Duck, Steve (Hg.) (1997): Handbook of personal relationships. Theory, research and interventions. Second edition. Chichester: Wiley

Dux, Günter (1992): Die Spur der Macht im Verhältnis der Geschlechter. Über den Ursprung der Ungleichheit zwischen Frau und Mann. Frankfurt a.M.: Suhrkamp

Fthenakis, Wassilios E. (1985): Väter. Band 1: Zur Psychologie der Vater-Kind-Beziehung. München: Urban & Schwarzenberg

Gather, Claudia (1996): Konstruktionen von Geschlechterverhältnissen. Machtstrukturen und Arbeitsteilung bei Paaren im Übergang in den Ruhestand. Berlin: Sigma

Gennep, Arnold van (1909): Les rites de passage. Dt.: Übergangsriten. Frankfurt a.M.: Campus (1986)

Giddens, Anthony (1993): Wandel der Intimität. Sexualität, Liebe und Erotik in modernen Gesellschaften. Frankfurt a.M.: Fischer

Goffman, Erving (1977): Rahmen-Analyse. Ein Versuch über die Organisation von Alltagserfahrungen. Frankfurt a.M.: Suhrkamp

Hahn, Alois (1983): Konsensfiktionen in Kleingruppen. Dargestellt am Beispiel von jungen Ehen. In: Neidhardt, Friedhelm (Hg.): Gruppensoziologie. Sonderheft 25 der Kölner Zeitschrift für Soziologie und Sozialpsychologie: 210-232

Hassebrauck, Manfred (2003): Romantische Männer und realistische Frauen. Geschlechtsunterschiede in Beziehungskognitionen. In: Zeitschrift für Sozialpsychologie 34: 25-35

Heimer, Carol A./Stinchcombe, Arthur L. (1980): Love and irrationality: It's got to be rational to love you because it makes me so happy. In: Social Science Information 19: 697-754

Held, Thomas (1978): Soziologie ehelicher Machtverhältnisse. Darmstadt, Neuwied: Luchterhand

Hildenbrand, Bruno (2006): Dissensfiktionen bei Paaren. In: Burkart, Günter (Hg.): Die Ausweitung der Bekenntniskultur – neue Formen der Selbstthematisierung? Wiesbaden: Verlag für Sozialwissenschaften

Hohenester, Birgitta (2000): Dyadische Einheit. Zur sozialen Konstitution der ehelichen Beziehung. Konstanz: Universitätsverlag

Hopf, Christel/Hartwig, Myriam (Hg.) (2001): Liebe und Abhängigkeit. Partnerschaftsbeziehungen junger Frauen. Weinheim, München: Juventa

Huinink, Johannes (1995): Warum noch Familie? Zur Attraktivität von Partnerschaft und Elternschaft in unserer Gesellschaft. Frankfurt a.M.: Campus

Huinink, Johannes H./Röhler, Karl Alexander (2005): Liebe und Arbeit in Paarbeziehungen. Zur Erklärung geschlechtstypischer Arbeitsteilung in nichtehelichen und ehelichen Lebensgemeinschaften. Würzburg: Ergon

Kaufmann, Jean-Claude (1994): Schmutzige Wäsche. Zur ehelichen Konstruktion von Alltag. Konstanz: Universitätsverlag

Kaufmann, Jean-Claude (2004): Der Morgen danach. Wie eine Liebesgeschichte beginnt. Konstanz: Universitätsverlag

Keppler, Angela (1994): Tischgespräche. Über Formen kommunikativer Vergemeinschaftung am Beispiel der Konversation in Familien. Frankfurt a.M.: Suhrkamp

Könekamp, Bärbel/Haffner, Yvonne (2005): Ein Balanceakt? Dual Career Couples in den Berufsfeldern der Natur- und Ingenieurwissenschaften. In: Solga, Heike/Wimbauer, Christine (Hg.): „Wenn zwei das Gleiche tun …". Ideal und Realität sozialer (Un-)Gleichheit in Dual Career Couples. Opladen: 77-100

König, René (1967): Artikel „Beziehung". In: Soziologie. Das Fischer Lexikon. Frankfurt a.M.: 42-48

Koppetsch, Cornelia/Burkart, Günter/unter Mitarbeit von Maier, Maja S. (1999): Die Illusion der Emanzipation. Zur Wirksamkeit latenter Geschlechtsnormen im Milieuvergleich. Konstanz: Universitätsverlag

Lenz, Karl (1992): Zweierbeziehungen. Zugänge aus einer soziologischen Perspektive. Regensburg: unveröffentlichte Habilitationsschrift

Lenz, Karl (2006): Soziologie der Zweierbeziehung. Eine Einführung. 3. Aufl., Wiesbaden: VS

Leupold, Andrea (1983): Liebe und Partnerschaft. Formen der Codierung von Ehen. In: Zeitschrift für Soziologie 12: 297-327

Luhmann, Niklas (1982): Liebe als Passion. Zur Codierung von Intimität. Frankfurt a.M.: Suhrkamp

Luhmann, Niklas (1990): Sozialsystem Familie. In: Luhmann, Niklas: Soziologische Aufklärung 5. Opladen: 196-217

Maier, Maja (2008): Paaridentitäten. Biografische Rekonstruktionen homosexueller und heterosexueller Paarbeziehungen im Vergleich. Weinheim, München: Juventa

Metts, Sandra (1997): Face and facework. Implications for the study of personal relationships. In: Duck, Steve (Hg.) (1997): Handbook of personal relationships. Theory, research and interventions. Second edition. Chichester: 373-390

Nave-Herz, Rosemarie (2004): Ehe- und Familiensoziologie. Eine Einführung in Geschichte, theoretische Ansätze und empirische Befunde. Weinheim, München: Juventa

Parsons, Talcott (1964): Das Verwandtschaftssystem in den Vereinigten Staaten. In: Parsons, Talcott: Beiträge zur soziologischen Theorie. Hg. von Rüschemeyer, Dietrich. Neuwied: 84-108

Parsons, Talcott (1980): Zur Theorie der sozialen Interaktionsmedien. Hg. u. eingel. von Stefan Jensen (Studienbücher zur Sozialwissenschaft 39). Opladen: Westdeutscher Verlag

Schmidt, Gunter (1996): Das Verschwinden der Sexualmoral. Über sexuelle Verhältnisse. Hamburg: Klein

Schreiber, Lukas (2003): Was lässt Ehen heute (noch) gelingen? Ein Beitrag zur Erforschung posttraditionaler Ehestabilität. Wiesbaden: Westdeutscher Verlag

Schürmann, Lena (2005): Die Konstruktion von „Hausarbeit" in gleichgeschlechtlichen Paarbeziehungen. In: Solga, Heike/Wimbauer, Christine (Hg.): „Wenn zwei das Gleiche tun …". Ideal und Realität sozialer (Un-)Gleichheit in Dual Career Couples. Opladen: 141-161

Schütz, Alfred (1974): Der sinnhafte Aufbau der sozialen Welt. Frankfurt a.M.: Suhrkamp

Simmel, Georg (1908): Die Gesellschaft zu zweien. In: Aufsätze und Abhandlungen 1901-1908, Bd. II, Gesamtausgabe, Bd. 8. Frankfurt a.M. (1993): 348-354

Solga, Heike/Wimbauer, Christine (Hg.) (2005): „Wenn zwei das Gleiche tun …" Ideal und Realität sozialer (Un-)Gleichheit in Dual Career Couples. Opladen: Budrich

Sonnert, Gerhard (2005): Geteiltes soziales Kapital oder innerpartnerschaftliche Konkurrenz in Dual Career Couples? In: Solga, Heike/Christine Wimbauer (Hg.) (2005): „Wenn zwei das Gleiche tun …" Ideal und Realität sozialer (Un-)Gleichheit in Dual Career Couples. Opladen: 101-122

Stegmann, Anne-Katrin/Schmitt, Marina (2006): Veränderungen in langjährigen Partnerschaften des mittleren Erwachsenenalters. In: Zeitschrift für Familienforschung 18: 46-65

Turner, Victor (1969): The ritual process. Dt.: Das Ritual. Frankfurt a.m.: Campus

Veroff, Joseph/Young, Amy M./Coon, Heather M. (1997): The early years of marriage. In: Duck, Steve (Hg.) (1997): Handbook of personal relationships. Theory, research and interventions. Second edition. Chichester: 431-450

Wagner, Michael/Weiß, Bernd (2005): Konflikte in Partnerschaften. Erste Befunde der Kölner Paarbefragung. In: Zeitschrift für Familienforschung 17: 216-250

Willi, Jürg (1975): Die Zweierbeziehung. Reinbek: Rowohlt

Willi, Jürg (1991): Was hält Paare zusammen? Der Prozeß des Zusammenlebens in psycho-ökologischer Sicht. Reinbek: Rowohlt

Wunderer, Eva (2003): Partnerschaft zwischen Anspruch und Wirklichkeit. Weinheim: Beltz/PVU

Wunderer, Eva (2005): Partnerschaft zwischen Anspruch und Wirklichkeit. Anforderungen von Ehepartnern und ihre Wirkung in der Ehebeziehung. In: Zeitschrift für Familienforschung 17: 308-332

Guy Bodenmann

Paare in der Auflösungsphase

Die Auflösung von Ehen hat in den letzten Jahrzehnten eine historisch einmalige Häufigkeit in westlichen Industrienationen angenommen. Im Jahre 2005 lag das Scheidungsrisiko gemäß den jeweiligen Bundesämtern für Statistik in Deutschland bei 54,1 %, in der Schweiz bei 52,6 % und in Österreich bei 46,4 %. Wie Abbildung 1 zeigt, steigt diese Instabilität von Ehen im deutschen Sprachraum seit 1970 stetig an. In dieser Zeit hat sich das Scheidungsrisiko mehr als verdreifacht.

Abb. 1: Verlauf der Scheidungsrate in Deutschland von 1970-2003

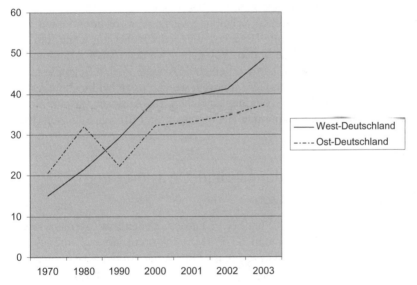

Als Gründe für diese Entwicklung gelten gesellschaftliche, ökonomische, religiöse, juristische und psychologische Faktoren, respektive deren Zusammenwirken, indem sie einen gesellschaftlichen Hintergrund aufspannen, auf dem sich die individuelle Scheidungsgeschichte abspielt (Amato/Previti 2003; Bodenmann 2001, 2004; Cherlin 1992; Knoester/Booth 2000; Schneider 1990; Wagner/Weiß 2004, 2005; White 1990). Der Grad der Modernisierung einer Gesellschaft (Bildungsniveau, Berufstätigkeit der Frauen, voreheliche Kohabitation, Einstellungen zu Sexualität, Partnerschaft, Scheidung etc.) spiegelt linear das Scheidungsrisiko in einer Gesellschaft wider. Je besser gebildet Frauen sind und je mehr sie aufgrund des besseren Bildungsniveaus ökonomisch vom Mann unabhängig sind, desto höher ist die

Wahrscheinlichkeit einer Scheidung. Frauen mit einem hohen Bildungsniveau haben eine 83 % höhere Wahrscheinlichkeit sich scheiden zu lassen, als Frauen mit niedriger Bildung (de Rose 1992). Moderne Gesellschaften sind zudem stärker durch liberale Normen und höhere Individualisation gekennzeichnet (Beck 1986; Beck/Beck-Gernsheim 2002; Giddens 1998), was gleichzeitig mit einer höheren gesellschaftlichen Akzeptanz von Scheidungen einhergeht (Giddens 1990). Diese höhere soziale Akzeptanz sowie die Tatsache, dass in diesen Gesellschaften durch die hohe Scheidungsrate ein intakter „Markt an potentiellen Partnern" in nahezu jedem Lebensalter besteht, erhöht die Wahrscheinlichkeit für eine Scheidung weiter (Becker et al. 1977). Weiter zeigt sich, dass die Abnahme des Einflusses der Kirche auf das familiäre Leben (Verlust der religiösen Klammerfunktion) sowie die Erleichterung der Scheidung durch die Rechtsprechung eine Scheidung begünstigen, da relevante Hemmnisse früherer Zeiten wegfallen. All diese Bedingungen stellen jedoch in der Regel nicht die Ursachen für eine Scheidung dar, sondern werden als so genannte scheidungserleichternde oder scheidungserschwerende Bedingungen bezeichnet, da sich niemand wegen eines erleichterten juristischen Scheidungsverfahrens scheiden lassen wird (daher Rechtsprechung keine Ursache), dies jedoch eher tut, wenn ihm keine juristischen Hindernisse in den Weg gelegt werden (daher scheidungserleichternde Bedingung). Damit unterscheidet man in der Scheidungsforschung zwischen folgenden vier Faktoren, welche im Scheidungsprozess zu berücksichtigen sind: (a) Scheidungsursachen, (b) Auslöser für eine Scheidung, (c) scheidungserleichternde Bedingungen und (d) scheidungserschwerende Bedingungen.

1. Subjektive Scheidungsgründe, Auslöser und Kontextbedingungen

Norbert F. Schneider (1990) hat bei 130 geschiedenen bzw. getrennt lebenden Personen (48 Männer und 82 Frauen) faktorenanalytisch drei Scheidungsgründe extrahiert: (a) *Emotionale Beziehungsprobleme* (Kommunikationsschwierigkeiten, fehlende Freiräume und mangelnde Entfaltungsmöglichkeiten, Beziehungsroutine, enttäuschte Erwartungen, unterschiedliche Entwicklung der Partner), (b) *instrumentelle Probleme* (häufige Streitigkeiten, fehlende Akzeptanz der Gewohnheiten des Partners, fehlende Verlässlichkeit, Gewalttätigkeit, Drogen- und Alkoholprobleme, finanzielle Probleme) und (c) *Untreue* (Außenbeziehungen). Die fünf am häufigsten genannten Scheidungsgründe (bei freier Nennung) waren in dieser Untersuchung (1) *enttäuschte/unerfüllte Erwartungen*, (2) eine *unterschiedliche Entwicklung* der Partner und das wahrgenommene Auseinanderleben, (3) *Kommunikationsprobleme*, (4) eine fehlende gemeinsame *Zukunftsperspektive* und (5) ein unterschiedlicher *Lebensstil*. Am seltensten wurden in dieser Studie finanzielle Probleme, Alkohol- und Drogenprobleme sowie Gewalt in der Paarbeziehung genannt. Interessant war ferner, dass die Frauen tendenziell mehr Trennungsgründe nannten als die Männer, wobei inhaltlich keine Unterschiede zwischen den Geschlechtern vorlagen.

Mit der Studie von Norbert F. Schneider (1990) nicht ganz übereinstimmende Ergebnisse berichteten Rosemarie Nave-Herz, Marita Daum-Jaballah, Sylvia Hauser, Heike Matthias und Gitta Scheller (1990), welche auf der Basis von qualitativen Interviews an 65 Geschiedenen oder getrennt Lebenden Scheidungsursachen und Scheidungsauslöser untersuchten. Sie fanden als häufigste Gründe für eine Scheidung (1) *störende Verhaltensweisen* und Eigenschaften des Partners, (2) *Beziehungsprobleme*, (3) *Suchtprobleme* des Partners, (4) eine *außereheliche Beziehung* und (5) *Probleme mit den Kindern oder der Herkunftsfamilie*. Als Auslöser für eine Scheidung fungierten: (1) *Unehrlichkeit* des Partners, (2) *außereheliches Verhältnis* des Partners, (3) den Wunsch, das konfliktbedingte *Leiden* der Kinder beenden zu wollen und (4) *Gewalttätigkeit* des Partners oder deren Androhung.

In einer Studie von Guy Bodenmann et al. (2007) an 444 Geschiedenen in Deutschland und der Schweiz wurden, basierend auf dem Scheidungsmodell von Georg Levinger (1976), Scheidungsgründe, Auslöser für eine Scheidung sowie scheidungserleichternde und scheidungserschwerende Bedingungen untersucht. Die Ergebnisse zeigten, dass Kompetenzdefizite, ein niedriges Commitment sowie Entfremdung zu den am häufigsten genannten Scheidungsursachen zählen, ein Bild, das sich auch in prospektiven Studien mehrfach bestätigt hatte (Bodenmann 2001; Huston et al. 2001; Karney/Bradbury 1995; vgl. Tab. 1).

Tab. 1: Subjektive Scheidungsgründe in Deutschland und der Schweiz

	Deutschland (N = 233)		Schweiz (N = 211)	
	Frauen	Männer	Frauen	Männer
	M (SD)	M (SD)	M (SD)	M (SD)
Niedrige Kompetenzen	3.24 (.94)	3.00 (.85)	3.23 (.99)	2.93 (.98)
Schwierige Persönlichkeit	1.94 (.87)	1.74 (.80)	2.70 (1.21)	2.20 (1.36)
Allgemeines Stressniveau	2.45 (1.03)	2.28 (.90)	2.83 (1.21)	2.55 (1.12)
Entfremdung	2.33 (1.05)	2.39 (1.11)	2.57 (1.35)	2.66 (1.00)
Niedriges Commitment	3.04 (1.11)	3.33 (.97)	3.17 (1.16)	3.05 (1.09)

Gefragt nach den wichtigsten scheidungserleichternden und scheidungserschwerenden Bedingungen wurde als erleichternde Bedingung am häufigsten die *Entfremdung* genannt. Bei den scheidungserschwerenden Bedingungen fungierten *Kinder* und *finanzielle Schwierigkeiten* an erster Stelle, während bei den Auslösern die *Untreue* des Partners sowie *Alltagsstress* (die Akkumulation von Stress im Alltag) am häufigsten genannt wurden (vgl. Tab. 2 und 3).

Tab. 2: Scheidungserleichternde und scheidungserschwerende Bedingungen
und Scheidungsauslöser – Deutschland

	Deutschland			
	Frauen		Männer	
Scheidungserleichternde Bedingungen	M	SD	M	SD
Alternative Beziehung	1.83	1.05	1.95	1.06
Soziale Akzeptanz der Scheidung	2.91	.96	2.55	1.01
Entfremdung	3.26	1.07	3.37	1.06
Scheidungserschwerende Bedingungen				
Sich in eine andere Person verlieben	2.49	1.14	2.45	1.15
Gewalt des Partners	2.48	1.04	2.42	.95
Wichtige Lebensereignisse	2.59	1.33	2.06	.98
Untreue des Partners	2.00	1.03	1.92	1.11
Alltägliche Schwierigkeiten	3.01	1.13	3.61	1.33
Auslöser für Scheidung				
Sich in eine andere Person verlieben	1.62	1.21	1.59	1.24
Gewalt des Partners	2.11	1.63	1.61	1.14
Kritische Lebensereignisse	1.78	.83	1.84	.82
Untreue des Partners	2.90	1.83	2.68	1.72
Alltagsstress	2.73	1.41	2.46	1.27

Tab. 3: Scheidungserleichternde und scheidungserschwerende Bedingungen
und Scheidungsauslöser – Schweiz

	Schweiz			
	Frauen		Frauen	
Scheidungserleichternde Bedingungen	M	SD	M	SD
Alternative Beziehung	2.39	1.47	2.26	1.33
Soziale Akzeptanz der Scheidung	2.90	1.00	2.59	.97
Entfremdung	3.08	1.01	3.15	.00
Scheidungserschwerende Bedingungen				
Sich in eine andere Person verlieben	2.88	1.20	2.82	1.12
Gewalt des Partners	3.11	1.34	2.58	1.08
Wichtige Lebensereignisse	2.97	1.30	2.47	1.06
Untreue des Partners	2.68	1.31	2.34	1.26
Alltägliche Schwierigkeiten	3.13	1.07	3.63	1.34
Auslöser für Scheidung				
Sich in eine andere Person verlieben	2.38	1.73	2.09	1.61
Gewalt des Partners	2.79	1.77	2.21	1.66
Kritische Lebensereignisse	3.38	1.56	2.45	1.61
Untreue des Partners	2.78	1.75	2.68	1.67
Alltagsstress	3.01	1.41	2.74	1.56

Interessant sind auch die von den Geschiedenen retrospektiv wahrgenommenen Verläufe ihrer Paarbeziehung bis zum Zeitpunkt der Scheidung. Wie Abbildung 2 zeigt, nahmen die meisten Geschiedenen (Frauen wie Männer) einen langsamen, schleichenden Zerfall ihrer Paarbeziehung wahr. Am zweithäufigsten wurde ein Auf und Ab der Beziehung mit Höhen und Tiefen genannt (außer bei den deutschen Männern, bei denen ein abrupter Zerfall häufiger genannt wurde als ein Auf und Ab). Während eine chronische konstante Verschlechterung der Beziehung am seltensten angegeben wurde, fällt insbesondere der markante Geschlechtsunterschied bezüglich des Verlaufs eines abrupten Zerfalls der Beziehung auf. Männer nahmen signifikant häufiger als Frauen einen solchen Verlauf wahr und beschrieben, dass die Scheidung für sie unerwartet und abrupt eintraf (vgl. Abb. 2).

Abb. 2: Verlauf der Ehe vor einer Scheidung: Ergebnisse von Scheidungen aus Deutschland und der Schweiz

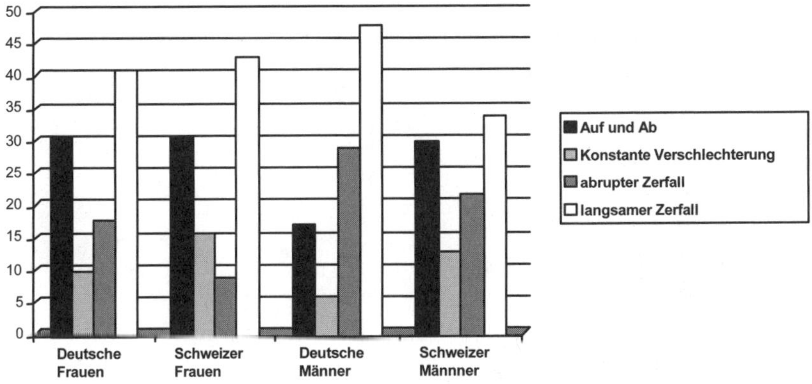

2. Prospektive Scheidungsursachen

In den letzten drei Jahrzehnten wurde eine Reihe von prospektiven Scheidungsstudien durchgeführt, welche der Frage nachgingen, ob Prädiktoren bereits zu Beginn der Paarbeziehung (oder in einem frühen Stadium) gefunden werden können, welche den Verlauf einer Beziehung und deren Ausgang vorherzusagen erlauben. Benjamin R. Karney und Thomas N. Bradbury (1995) fassen in ihrem Überblicksartikel, der auch heute noch zu den meistzitierten zählt und insgesamt 115 Studien mit über 45.000 Paarbeziehungen umfasste, den Stand dieser Forschung bis zu diesem Zeitpunkt zusammen (vgl. Abb. 3).

Wie Abbildung 3 zeigt, zählen Interaktionsvariablen zu den besten Prädiktoren (Effektstärken von $d = .34$ bis .46), die am meisten Varianz bezüglich Scheidung aufklären, gefolgt von Neurotizismus mit einer Effektstärke von $d = -.22$ bei den Frauen und $d = -.20$ bei den Männern.

Heute geht man entsprechend davon aus, dass zwei prospektive Hauptprädiktoren für Scheidung identifiziert werden können: (1) *Neurotizismus* und (2) *Kompetenzdefizite* bezüglich Kommunikation, Problemlösung und Stressbewältigung (auch Bodenmann 2001). So belegt eine Reihe von Studien, dass Neurotizismus positiv mit Scheidung assoziiert ist (Bouchard et al. 1999; Karney/Bradbury 1997; Russell/Wells 1994). Eine 4-Jahres-Längsschnittuntersuchung an 60 neuvermählten Paaren, bei welchen Neurotizismus, die partnerschaftliche Interaktion (mittels Verhaltensbeobachtung) und der Verlauf der Partnerschaftszufriedenheit untersucht wurde (Karney/Bradbury 1997) zeigte jedoch, dass Neurotizismus lediglich mit der Partnerschaftszufriedenheit zu Beginn der Ehe, nicht aber mit deren längerfristigem Verlauf assoziiert war. Prädiktive Bedeutung für die Verlaufsprognose hatte einzig die dyadische Interaktion. Diese Studie weist darauf hin, dass zu unterschiedlichen Zeitpunkten in der Beziehung unterschiedliche Risikofaktoren für eine Scheidung beschrieben werden können.

Abb. 3: Scheidungsursachen nach Benjamin R. Karney und
         Thomas N. Bradbury (1995)

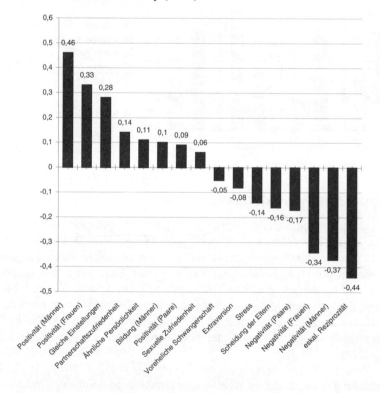

Heute gilt zudem der Einfluss von Stress und Coping für das Scheidungsrisiko als erwiesen (Bodenmann/Cina 2006; Story/Bradbury 2004). Je mehr chronischem Stress eine Beziehung ausgesetzt ist und je weniger kompetent beide Partner (individuelles und dyadisches Coping) damit umzugehen in der Lage sind, desto größer ist das Risiko für ein „Spill-over" von externem

Stress auf die Paarbeziehung (Bodenmann 2000; Crouter et al. 1989; Repetti 1989; Wagner/Weiß 2005) und damit eine Verschlechterung der Partnerschaftsqualität, die mit einem erhöhten Scheidungsrisiko einhergeht (siehe auch stresstheoretisches Scheidungsmodell unten).

2.1 Bedeutung von Kompetenzen für den Partnerschaftsverlauf und Scheidung

Kompetenzen (insbesondere Kommunikationsfertigkeiten und Problemlösekompetenzen sowie Stressbewältigung) erweisen sich als die bedeutendsten Vorhersagefaktoren für die Partnerschaftsqualität, einen ungünstigen Partnerschaftsverlauf und Scheidung, dies sowohl auf der Basis von Selbstbeschreibungsdaten wie auch von Verhaltensbeobachtungsdaten (z. B. Bodenmann/Cina 2006; Burleson/Denton 1997; Gottman 1994; Hahlweg 1991; Kiecolt-Glaser et al. 1993; Weiss/Heyman 1997).

Innerhalb einer scheidungsrelevanten Kommunikation erwiesen sich insbesondere (a) destruktive Kritik („criticism"), (b) verächtliche Kommunikation („contempt"), (c) Defensivität („defensiveness"), (d) provokative Kommunikation („belligerence") und (e) Rückzug („withdrawal, stonewalling") als Hauptprädiktoren für die Auflösung der Paarbeziehung (Gottman 1994; Gottman et al. 1998). Wie Benjamin R. Karney und Thomas N. Bradbury (1995) in ihrem Überblicksartikel resümieren, weist die Interaktionsqualität eine der größten Effektstärken innerhalb der untersuchten Prädiktoren zur Vorhersage von Scheidung auf. Mit Effektstärken von $d = -.34$ für negatives Interaktionsverhalten der Frau und $d = -.37$ für dieselbe Variable beim Mann sowie $d = .46$ für positives Interaktionsverhalten des Mannes und $d = .33$ für positives Interaktionsverhalten der Frau erweist sich die Kommunikationsqualität als relevanteste Prädiktorvariable für die Stabilität einer Paarbeziehung.

2.2 Zusammenhang zwischen Kompetenzen und Stress

Neuere Studien zeigen, dass die am häufigsten als Scheidungsrisikofaktoren gehandelten Kompetenzen (Kommunikation und Problemlösung) v. a. unter Stress zusammenbrechen und die Partner häufig nicht mehr in der Lage sind, in Stresssituationen angemessen mit dem Partner zu kommunizieren. Vor diesem Hintergrund erfährt die Stressbewältigung beider Partner eine zunehmend größere Beachtung in der Forschung und praktischen Arbeit mit Paaren (Bodenmann 2000; Story/Bradbury 2004). Insbesondere neuere Forschungsarbeiten haben gezeigt, dass Stress, der außerhalb der Paarbeziehung erfahren wird (z. B. beruflicher Stress) auf die Beziehung überschwappt, diese negativ beeinflusst und mit einer Verschlechterung der Kommunikation beim Paar, einem höheren dyadischen Konfliktrisiko und einem destruktiveren Konfliktgesprächsverlauf einhergeht (Bodenmann 2000; Crouter et al. 1989; Repetti 1989).

Die Kumulation von Stress im Alltag gehört daher zu den häufigsten Auslösern für eine Scheidung (Bodenmann et al. 2007) (vgl. Tab. 2 und 3).

3. Scheidungstheorien

Insgesamt können fünf aktuell am häufigsten diskutierte Scheidungsmodelle unterschieden werden: (a) Das lerntheoretische Scheidungsmodell, (b) das austauschtheoretische Scheidungsmodell, (c) das sozial-physiologische Scheidungsmodell, (d) das stresstheoretische Scheidungsmodell und (e) integrative Scheidungsmodelle.

3.1 Lerntheoretisches Scheidungsmodell

Die lerntheoretischen Erklärungsversuche von Scheidung basieren auf vier Mechanismen, welche für den destruktiven Verlauf von Paarbeziehungen ins Feld geführt werden: (a) *Verstärkererosion* (Habituation), welche zur ehelichen Monotonie und zum Zerfall der Vitalität der Beziehung führen, (b) *negative Besetzung* des Partners durch häufige eskalierende Konflikte (klassische Konditionierung), (c) Verschlechterung des Beziehungsklimas durch *koersive Prozesse* (Zwangsprozess) und (d) Aufbau von *negativen Erwartungen* (Bodenmann 2004).

Bei der Verstärkererosion wird davon ausgegangen, dass eine Ehe mit zunehmender Dauer bei beiden Partnern Einbußen bezüglich des *wechselseitigen Verstärkerwerts* erfährt, d. h. vormalig verstärkende Persönlichkeitsattribute wie Attraktivität des Partners, Sex-Appeal, Status, Intelligenz, Schönheit etc. verlieren zunehmend an Attraktionswert für den Partner, Monotonie und Langeweile machen sich breit und im Zuge dieser Entwicklung nimmt die Partnerschaftszufriedenheit ab und das Scheidungsrisiko zu. Flankiert wird dieser Prozess, dem sämtliche Paare mehr oder minder unterworfen sind, wie Längsschnittstudien eindrücklich dokumentieren (Glenn 1998), durch eine infolge häufiger destruktiv verlaufender Konflikte (z. B. Aggression, Gewalt) möglicherweise stattfindende negative Besetzung des Partners infolge einer klassischen Konditionierung. Der vormalig positiv besetzte Partner wird im Zuge einer raum-zeitlichen Koppelung mit Aggression und Gewalt während der eskalierenden Konflikte negativ besetzt, verliert seinen Attraktionswert und wird im Gegenteil zu einem aversiven Stimulus. Die Verschlechterung des Beziehungsklimas und der Kommunikation in der Dyade wird dabei häufig durch koersive Prozesse beschreibbar, in deren Zuge die Partner beginnen, ihre Bedürfnisse durch eine zunehmende Negativität und Zwangsausübung durchzusetzen (Patterson 1977), wodurch die Kommunikation degeneriert und eine allgemeine Negativität sich breit zu machen beginnt. Diese häufige Negativität wird ihrerseits zum Anlass für die Ausbildung negativer Erwartungen. Die Partner erwarten zusehends nichts Positives mehr seitens des Partners, stimmen sich auf negative Reaktionen des Partners ein und fangen an, negative Alltagserlebnisse (z.B. zu spät kommen des Partners) auf die Persönlichkeit des Partner zu attribuieren. Damit setzt ein Teufelskreis negativer Gedanken, negativen Handelns und negativer Bewertungen (Attributionen) ein, welcher in vielen Fällen zur Scheidung führen kann.

3.2 Austauschtheoretisches Scheidungsmodell

Die Austauschtheorie (Thibaut/Kelley 1959) und die Equitytheorie (Walster et al. 1977) gehen davon aus, dass eine Scheidung ein Resultat einer zu Ungunsten des Partners erfolgten Evaluation von Kosten- und Nutzenüberlegungen ist oder ein Produkt einer nicht vorliegenden Ausgeglichenheit zwischen Geben und Erhalten darstellt. Gemäß der Austauschtheorie evaluieren beide Partner regelmäßig die Kosten (z.b. Konflikte, unbefriedigende Sexualität, störende Gewohnheiten des Partners, häufige Abwesenheit des Partners, Krankheit des Partners, Untreue etc.) und den Nutzen ihrer Beziehung (z.b. Liebe, Geborgenheit, Status und Prestige, finanzielle Möglichkeiten, Attraktivität des Partners etc.), indem diese mit einem allgemeinen oder persönlichen Standard (allgemeingültige Normen oder eigene frühere Erfahrungen) („level of comparison") respektive mit Alternativen („level of comparison for alternatives") (andere attraktive Partner, die eine Maximierung der Gewinnbilanz in Aussicht stellen) verglichen wird. Das Vergleichsniveau repräsentiert die subjektive Überzeugung der Partner, was sie verdienen würde. Fällt die Bilanz negativ aus (höhere Kosten als Nutzen oder mangelnde Ausgeglichenheit) und liegt in diesem Zustand der Unzufriedenheit eine attraktive Alternative beispielsweise in Form eines neuen Partners (bei gleichzeitig geringen Barrieren) vor, wird die Beziehung aufgelöst (auch Kitson et al. 1983; Levinger 1976; Lewis/Spanier 1979; Sabatelli 1984). Während die erste Dimension der Austauschtheorie (Kosten versus Nutzen) die Zufriedenheit oder Unzufriedenheit in der Paarbeziehung beschreibt, erlaubt die zweite Dimension (Alternativen versus Barrieren) die Vorhersage der Stabilität der Beziehung. Sind Nutzen und Barrieren hoch, ist mit einer stabil-zufriedenen Paarbeziehung zu rechnen. Sind dagegen Nutzen und Barrieren gering, ist die Wahrscheinlichkeit für eine Scheidung am höchsten. Stabil-unzufriedene Paare dagegen weisen hohe Kosten und gleichzeitig hohe Barrieren auf, weshalb sie die Beziehung trotz Unzufriedenheit weiterführen. Die Kombination „hoher Nutzen und gleichzeitig gute Alternativen" kann ebenfalls zur Scheidung führen, wenn der neue Partner eine noch attraktivere Alternative zum aktuellen Partner darstellt (Levinger 1976).

3.3 Sozial-physiologisches Scheidungsmodell

Das sozial-physiologische Scheidungsmodell wurde von John M. Gottman und Robert W. Levenson (1988, 1992) und Robert W. Levenson und John M. Gottman (1985) vorgeschlagen. Es umfasst zwei Aspekte: (1) Das *Modell der physiologischen Grundaktivität* („baseline physiological arousal model"), wonach die physiologische Grundaktivität (d.h. kardiovaskuläre

und elektrodermale Paramter) vor einem Konfliktgespräch den Partnerschaftsverlauf vorhersagen lassen und (2) das *Interaktionsmodell physiolo-
gischer Erregung* („interaction physiological arousal model"), welches davon ausgeht, dass im Verlauf von eskalierenden Streitgesprächen physiologische Reaktionen resultieren, die mit einem ungünstigen Partnerschaftsverlauf und einem höheren Scheidungsrisiko einhergehen.

Abb. 4: Das sozial-physiologische Modell von John M. Gottman 1994

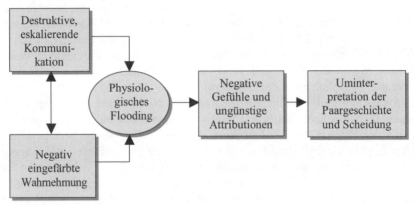

Beim Modell der physiologischen Grundaktivität gehen John M. Gottman
und Robert W. Levenson (1988, 1992) davon aus, dass bereits vor einem
Konfliktgespräch erhöhte physiologische Reaktionen vorliegen, welche der
Partner aufgrund von früheren Erfahrungen in Konflikten in Antizipation
eines erneuten negativen Verlauf des Gesprächs erfährt. Bereits die Erwartung der Hostilität und destruktiven Kommunikation des Partners im Vorfeld des Konfliktgesprächs führen zu dieser physiologischen Aktivierung,
welche im Zuge einer Chronifizierung gesundheitliche Folgen haben kann
(Kiecolt-Glaser et al. 1994). Längerfristig bedeutet dies, dass Paare mit einer hohen physiologischen Grundaktivität bereits vor dem Auftreten von
Konflikten die Erwartungshaltung aufgebaut haben, dass ohnehin alle Versuche, die Beziehung positiv zu gestalten hoffnungslos sind, und ein negativer Verlauf der Paarbeziehung unausweichlich und unkontrollierbar ist.
Beim Interaktionsmodell ist die physiologische Erregung während des Konflikts dagegen ein Korrelat der negativen Interaktionsdynamik (Gottman/
Levenson 2000) (vgl. Abb. 4).

Besonders Männer reagieren dabei physiologisch sehr stark auf den Konflikt mit der Partnerin, fühlen sich im Verlauf des Konfliktgesprächs verbal
unterlegen, erfahren dadurch eine hohe physiologische Erregung („floo-
ding"), die mit erheblichem Stress (schneller Puls, niedrige Hautleitfähig-
keit, höhere motorische Aktivität) einhergeht und die ohnehin schon schwächeren Kommunikationsressourcen des Mannes weiter beeinträchtigen. In
der Folge beginnt der Mann häufig Konflikte zu vermeiden, wodurch die
Frau zusehends mehr frustriert wird und irgendwann die Beziehung aufgibt.

3.4 Stresstheoretisches Scheidungsmodell

Das stresstheoretische Scheidungsmodell nimmt an, dass Beziehungen in vielen Fällen nicht aufgrund intradyadischer Konstellationen (z.B. mangelnde Passung, neurotische Partnerwahl), sondern durch die Einwirkung von äußeren Stressoren (die primär nichts mit der Paarbeziehung zu tun haben) zugrunde gehen, und dass Paarprobleme häufig Folge dieser ungünstigen äußeren Einflüsse sind, die auf die Beziehung überschwappen (vgl. „spill-over") (Bodenmann 2000, 2004, 2005; Wagner/Weiß 2005). Eine besondere Rolle kommt dabei dem chronischen Alltagsstress zu, welcher der eine oder der andere Partner außerhalb der Beziehung erlebt, infolge einer inadäquaten Stressbewältigung jedoch nach Hause bringt und damit die Paarbeziehung kontaminiert (indirekter dyadischer Stress, Bodenmann 2000). Dieser äußere Stress unterminiert die Partnerschaftsqualität längerfristig und häufig unbemerkt, vergleichbar einem korrosiven Prozess. Damit führt Alltagsstress längerfristig in vielen Fällen zu einer emotionalen Entfremdung zwischen den Partnern, die durch vier Prozesse nachgezeichnet werden kann: (a) *Chronischer Alltagsstress verringert die Zeit*, welche die Partner zusammen verbringen (durch eine Schwächung des Wir-Gefühls infolge von weniger gemeinsamen Erfahrungen und Erlebnissen, durch eine oberflächlichere Interaktion und weniger emotionalen Tiefgang sowie eine Abnahme der sexuellen Kontakte und weniger dyadisches Coping, da man möglichst nicht auch noch mit dem Stress des anderen belastet werden möchte), (b) *Stress verschlechtert die dyadische Kommunikation* (unter Stress kommunizieren Partner weniger (mehr Rückzug) oder sind gereizter, negativer und weniger offen für den Partner), (c) *chronischer Stress erhöht das Risiko für die Entwicklung von somatischen und psychischen Störungen* (z.B. Herz-Kreislauf-Störungen, Ulcus, Schlafstörungen, sexuelle Funktionsstörungen) und (d) *Stress legt problematische Persönlichkeitszüge frei* (Demaskierung der Persönlichkeit, indem unangenehme Persönlichkeitszüge wie Intoleranz, Geiz, Egoismus, Dominanz oder Rigidität evident werden) (vgl. Abb. 5).

Durch die erwähnten Mechanismen führt chronischer Alltagsstress längerfristig zu Zerrüttung, Distanz und einer Abnahme der Liebe und Zuneigung gegenüber dem Partner. Die Partner, die unter Normalbedingungen durchaus gut funktionieren können, sehen sich unter Stress plötzlich mit einem Zusammenbruch dieser Kompetenzen konfrontiert, reagieren negativ oder ziehen sich zurück und interagieren weniger mit dem Partner (Zunahme von Negativität und gleichzeitige Abnahme von Positivität). Damit fangen die Partner an sich allmählich voneinander zu entfremden, kennen sich zusehends weniger gut (da wie erwähnt die emotionale, intime Kommunikation seltener wird) und sie beginnen, sich auseinander zu entwickeln. Dies kann lange Zeit unbemerkt geschehen, die Partner nehmen die leise und stete Entfremdung nicht wahr, sind in ihrem Alltagsstress eingebunden und setzen Prioritäten außerhalb der Beziehung (z.B. Kinder, Karriere, politische Ämter, freiwillige Arbeit in der Gemeinde, Freizeitbeschäftigungen etc.), wo-

Abb. 5: Stresstheoretisches Scheidungsmodell von Guy Bodenmann 2004

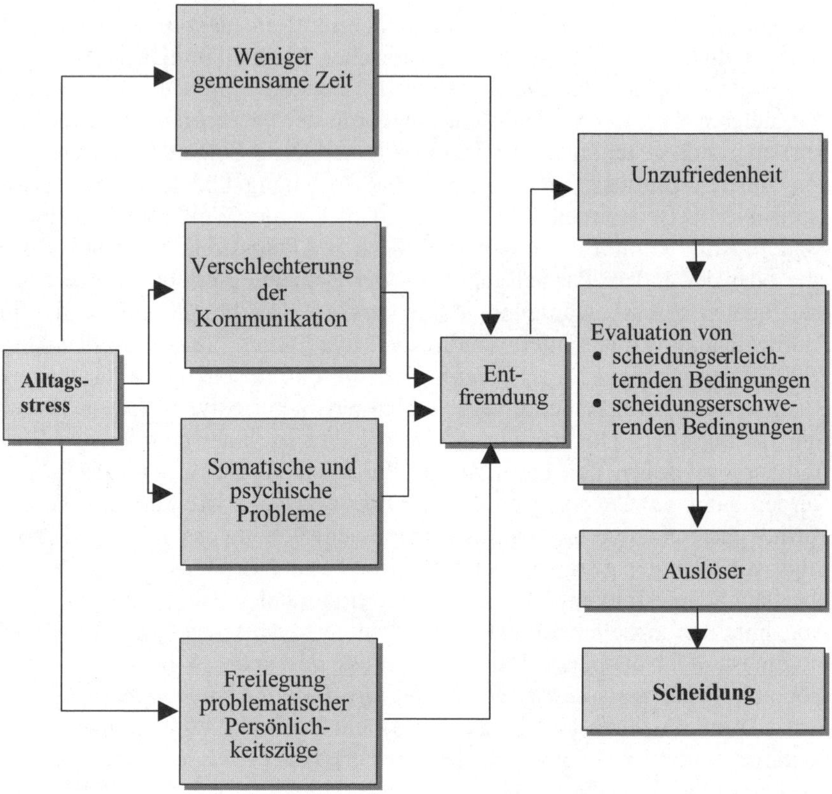

```
                    ┌─────────────────┐
                    │     Weniger     │
              ┌────►│  gemeinsame Zeit│────┐
              │     └─────────────────┘    │
              │                            │      ┌─────────────────┐
              │                            │      │  Unzufriedenheit│
              │     ┌─────────────────┐    │      └────────┬────────┘
              │     │ Verschlechterung│    │               │
              │ ┌──►│       der       │────┤               ▼
              │ │   │   Kommunikation │    │      ┌─────────────────────┐
┌──────────┐ │ │   └─────────────────┘    ▼      │ Evaluation von      │
│ Alltags- │─┤ │                   ┌───────────┐  │ • scheidungserleich-│
│  stress  │─┼─┤                   │   Ent-    │─►│   ternden Bedingungen│
└──────────┘ │ │   ┌─────────────┐ │ fremdung  │  │ • scheidungserschwe-│
              │ │   │ Somatische  │ └───────────┘  │   renden Bedingungen│
              │ └──►│ und         │────▲          └──────────┬──────────┘
              │     │ psychische  │    │                     │
              │     │ Probleme    │    │                     ▼
              │     └─────────────┘    │           ┌─────────────────┐
              │                        │           │     Auslöser    │
              │     ┌─────────────┐    │           └────────┬────────┘
              │     │  Freilegung │    │                    │
              └────►│problematischer│──┘                    ▼
                    │ Persönlich- │             ┌─────────────────┐
                    │  keitszüge  │             │    Scheidung    │
                    └─────────────┘             └─────────────────┘
```

durch die Entfremdung weiter voranschreitet und plötzlich einer diffusen Unzufriedenheit Platz machen kann. Dabei ist nicht die unterschiedliche Entwicklung der Partner das wirkliche Problem, da sich im Verlauf des Lebens und der Paarbeziehung zwangsläufig beide Partner entwickeln und verändern, sondern die Tatsache, dass die Partner stressbedingt wechselseitig an der Entwicklung des anderen nicht teilnehmen, weil ihnen die Zeit und das Interesse fehlen, sie diese Entwicklung dadurch nicht wahrnehmen und den Partner aus „den Augen verlieren". Schließlich realisieren sie schmerzhaft, dass sich vieles verändert hat, ohne dass sie es all die Jahre hindurch bemerkt haben. In diesem Zustand der Unzufriedenheit genügt nun ein Auslöser (z. B. Kennenlernen eines neuen Partners, Bekanntwerden einer Außenbeziehung des Partners, Auszug der Kinder, berufliche Neuorientierung eines Partners, Umzug etc.), um die Paarbeziehung ins Wanken zu bringen. Fällt im Zuge der durch den Auslöser angestoßenen Bilanzierung (Abwägen von scheidungserleichternden und scheidungserschwerenden Bedingungen) die Analyse zu Ungunsten der aktuellen Paarbeziehung aus, kommt es zur Scheidung. In diesem Prozess spielen gesamtgesellschaftliche Aspekte (Akzeptanz der Scheidung, Markt an neuen Partner), ökonomische Aspekte (finanzielle Unabhängigkeit der Frau), juristische

Aspekte (leichte Scheidung) und religiöse Aspekte (keine religiösen Skrupel) dahingehend eine wichtige Rolle, als sie nun bei der Analyse der scheidungserschwerenden oder -erleichternden Bedingungen evaluiert werden. Weiter wird von Guy Bodenmann (2000, 2004) betont, dass individuelles und dyadisches Coping für die Pufferung des negativen Einflusses von externem Stress auf die Paarbeziehung eine wichtige Rolle spielen. Nicht das Belastungsausmaß per se ist entscheidend, sondern die Art des Umgangs mit Stress auf der individuellen und dyadischen Ebene.

3.5 Integrative Scheidungsmodelle

Das bekannteste integrative Scheidungsmodell stellt das *Vulnerabilitäts-Stress-Adaptationsmodell* von Benjamin R. Karney und Thomas N. Bradbury (1995) dar, welches aufgrund von empirischen Befunden auf der Basis von Metaanalysen die heute bekanntesten Risikofaktoren für Scheidung integriert. In diesem Modell wird davon ausgegangen, dass eine andauernde, prädisponierende Vulnerabilität oder überdauernde Eigenschaften (z. B. Neurotizismus, unsicherer Bindungsstil, niedrige Intelligenz, dysfunktionale Informationsverarbeitung etc.) im Zusammenspiel mit belastenden Ereignissen (z. B. erhöhter Stress am Arbeitsplatz, Arbeitslosigkeit, schwere Krankheiten, chronische schwere Partnerschaftskonflikte) auf die dem Paar zur Verfügung stehenden Bewältigungs- und Adaptationsmöglichkeiten ungünstig einwirken. Ungünstige vulnerabilisierende überdauernde Eigenschaften in Kombination mit aktuellen belastenden Ereignissen und inadäquat zur Verfügung stehenden Anpassungsressourcen führen dabei zu einer niedrigen Partnerschaftsqualität und erhöhen das Risiko für eine Scheidung (vgl. Abb. 6).

Abb. 6: Das Vulnerabilitäts-Stress-Adaptationsmodell von Benjamin R. Karney und Thomas N. Bradbury (1995)

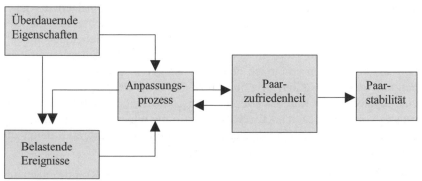

Das Scheidungsmodell von Benjamin R. Karney und Thomas N. Bradbury (1995) wurde im deutschen Sprachraum von Friedrich Lösel und Doris Bender (1998) durch die Einführung von kognitiven, personalen und sozialen Ressourcen sowie die austauschtheoretischen Aspekte wie Investitionen, Barrieren oder Alternativen erweitert (auch Brandtstädter/Felser 2003).

4. Zusammenfassung

Der aktuelle Theorie- und Wissensstand zum Phänomen Scheidung darf als gut und empirisch breit abgestützt bezeichnet werden. Heute liegt eine Vielzahl von Querschnittstudien (Vergleiche zwischen geschiedenen und stabilen Paarbeziehungen), Retrospektivstudien (subjektive Rekonstruktion der Scheidung durch die Geschiedenen) und prospektive Längsschnittstudien (bis zur Dauer von 45 Jahren) vor, welche ein fundiertes Bild von Prozessen gibt, welche bei der Auflösung von Zweierbeziehungen eine tragende Rolle spielen. Der Forschungscorpus lässt dabei den Schluss zu, dass aus psychologischer Sicht insbesondere zwei Hauptfaktoren für ein erhöhtes Scheidungsrisiko verantwortlich gemacht werden können: (a) Psychische Labilität (Neurotizismus) und (b) Kompetenzdefizite. Zu beiden Variablen gibt es eine Reihe von Studien, welche diese Annahmen stützen, wie oben detailliert ausgeführt wurde. Die Übersicht über die uns bekannten Studien zeigt jedoch, dass bisher kaum Studien durchgeführt wurden, welche beide Variablen in der gleichen Untersuchung berücksichtigt haben oder systematisch und theoriegeleitet weitere relevante Variablen einbeziehen (außer bei der Studie von Karney/Bradbury 1997, bei der sowohl Neurotizismus wie Interaktionskompetenzen in der gleichen Studie erfasst wurden), wodurch die Schätzung der jeweiligen Varianzaufklärung durch die beiden Variablen in derselben Stichprobe bisher nicht möglich war.

Während empirische Studien zur Scheidungsprädiktion in den letzten Jahrzehnten zu einem erheblichen (auch therapierelevanten) Wissenzuwachs beigetragen haben und die Publikationstätigkeit zu dieser Fragestellung in den letzten Jahren rasant angestiegen ist, kann bezüglich der Theoriebildung im Zusammenhang mit der Scheidungsvorhersage ein Defizit festgestellt werden, worauf bereits Lynn K. White (1990) hingewiesen hatte. Sowohl das lerntheoretische wie das austauschtheoretische Scheidungsmodell sind bereits über 30 Jahre alt und wurden in letzter Zeit kaum modifiziert und nur noch selten empirisch überprüft. Neuere Scheidungstheorien wurden nur wenige postuliert, wie oben gezeigt wurde. Dennoch dürfen das sozial-physiologische und das stresstheoretische Scheidungsmodell als Neuerungen von Wert bezeichnet werden, ebenso die integrativen Modelle. Diese Modelle haben auch in jüngster Zeit eine Reihe von neueren Studien zur Scheidungsprädiktion stimuliert.

Klinisch bedeutsam ist vor allem die Erkenntnis, dass die Kompetenzen der Partner scheidungsrelevant sind. Durch dieses Wissen wurde es möglich, dass in Präventionsprogrammen für Paare oder in der Paarberatung und -therapie der Fokus auf die Förderung von Kompetenzen gelegt wird (Berger/Hannah 1999; Gurman/Jacobson 2002). So wurden aufbauend auf diesem Wissen Präventionsprogramme entwickelt, welche gezielt die Kommunikation und Problemlösung der Paar fördern (z. B. Prevention and Relationship Enhancement Program (PREP); Markman et al. 1993; Ein Partnerschaftliches Lernprogramm (EPL); Hahlweg et al. 1998) oder bei der Stressbewältigung der Partner ansetzen (z. B. Freiburger Stresspräventionstraining für Paare (FSPT); Bodenmann/Shantinath 2004). Damit erweist sich die Scheidungsforschung nicht nur für die Grundlagenforschung als relevant, sondern ebenso für die klinische Intervention und Prävention bei Paaren.

Literatur

Amato, Paul R./Previti, Denise (2003): People's reason for divorcing. Gender, social class, the life course, and adjustment. In: Journal of Family Issues 24: 602-626

Beck, Ulrich (1986): Risikogesellschaft. Auf dem Weg in eine andere Moderne. Frankfurt a.M.: Suhrkamp

Beck, Ulrich/Beck-Gernsheim, Elisabeth (2002): Individualisation. London: Sage

Becker, Gary S./Landes, Elisabeth M./Michael, Robert T. (1977): An economic analysis of marital stability. In: Journal of Political Economy 85: 1141-1187

Berger, Rony/Hannah, Mo Therese (1999): Preventive approaches in couples therapy. New York: Brunner/Mazel

Bodenmann, Guy (2000): Stress und Coping bei Paaren. Göttingen: Hogrefe

Bodenmann, Guy (2001): Risikofaktoren für Scheidung. Ein Überblick. In: Psychologische Rundschau 52: 85-95

Bodenmann, Guy (2004): Verhaltenstherapie mit Paaren. Bern: Huber

Bodenmann, Guy (2005): Beziehungskrisen: Erkennen, verstehen, bewältigen. Bern: Huber

Bodenmann, Guy/Charvoz, Linda/Bradbury, Thomas N./Bertoni, Anna/Iafrate, Rafaella/Giuliani, Christina/Banse, Rainer/Behling, Jenny (2007): The role of stress in divorce: A retrospective study in three nations. In: Journal of Personal and Social Relationships 5: 707-728

Bodenmann, Guy/Cina, Annette (2006): Stress and coping among stable-satisfied, stable-distressed and separated/divorced Swiss couples. A 5-year prospective longitudinal study. In: Journal of Divorce and Remarriage 44: 71-89

Bodenmann, Guy/Shantinath, Shachi D. (2004): The couples coping enhancement training (CCET). A new approach to prevention of marital distress based upon stress and coping. In: Family Relations 53: 477-484

Bouchard, Geneviève/Lussier, Yvan/Sabourin, Stéphane (1999): Personality and marital adjustment. Utility of the five-factor model of personality. In: Journal of Marriage and the Family 61: 651-660

Brandtstädter, Jochen/Felser, Georg (2003): Entwicklung in Partnerschaften. Risiken und Ressourcen. Bern: Huber

Burleson, Brant R./Denton, Wayne H. (1997): The relationship between communication skills and marital satisfaction: Some moderating effects. In: Journal of Marriage and the Family 59: 884-902

Cherlin, Andrew J. (1992): Marriage, divorce, remarriage. Cambridge, MA: Harvard University Press

Crouter, Ann C./Perry-Jerkins, Maureen/Huston, Ted L./Crawford, Duane. W. (1989): The influence of work-induced psychological states on behavior at home. In: Basic and Applied Social Psychology 10: 273-292

De Rose, Alessandra (1992): Socio-economic factors and family size as determinants of marital dissolution in Italy. In: European Sociological Review 8: 71-91

Giddens, Anthony (1990): The consequences of modernity. Stanford, CA: Stanford University Press

Giddens, Anthony (1998): The third way: The renewal of social democracy. Cambridge, MA: Polity

Glenn, Norval D. (1998): The course of marital success and failure in five American 10-year marriage cohorts. In: Journal of Marriage and the Family 52: 818-831

Gottman, John M. (1994): What predicts divorce? Hillsdale, NJ: Erlbaum

Gottman, John M./Coan, James/Carrère, Sybil/Swanson, Catherine (1998): Predicting marital happiness and stability from newlywed interactions. In: Journal of Marriage and the Family 60: 5-22

Gottman, John M./Levenson, Robert W. (1988): The social psychophysiology of marriage. In: Noller, Patricia/Fitzpatrick, Mary Anne (eds): Perspectives on marital interaction. Clevedon, England: 182-200

Gottman, John M./Levenson, Robert W. (1992): Marital process predictive of later dissolution. Behavior, physiology, and health. In: Journal of Personality and Social Psychology 63: 221-233

Gottman, John M./Levenson, Robert W. (2000): The Timing of divorce. Predicting when a couple will divorce over a 14-Year period. In: Journal of Marriage and Family 62: 737-745

Gurman, Alan S./Jacobson, Neil S. (eds) (2002): Clinical handbook of couple therapy. New York: The Guilford Press

Hahlweg, Kurt (1991): Störung und Auflösung von Beziehungen: Determinanten der Ehequalität und Stabilität. In: Amelang, Manfred (Hg.): Partnerwahl und Partnerschaft. Göttingen: 122-152

Hahlweg, Kurt/Markman, Howard J./Thurmaier, Franz/Engl, Joachim/Eckert, Volker (1998): Prevention of marital distress. Results of a German prospective longitudinal study. In: Journal of Family Psychology 12: 543-556

Huston, Ted L./Caughlin, John P./Houts, Renate M./Smith, Shanna E./George, Laura J. (2001): The connubial crucible. Newlywed years as predictors of marital delight, distress, and divorce. In: Journal of Personality and Social Psychology 80: 237-252

Karney, Benjamin R./Bradbury, Thomas N. (1995): The longitudinal course of marital quality and stability. A review of theory, method, and research. In: Psychological Bulletin 118: 3-34

Karney, Benjamin R./Bradbury, Thomas N. (1997): Neuroticism, marital interaction, and the trajectory of marital satisfaction. In: Journal of Personality and Social Psychology 72: 1075-1092

Kiecolt-Glaser, Janice K./Malarkey, William B./Chee, MaryAnn/Newton, Tamara/Cacioppo, John T./Mao, Hasiao-Yin/Glaser, Ronald (1993): Negative behavior during marital conflict is associated with immunological down-regulation. In: Psychosomatic Medicine 55: 395-409

Kiecolt-Glaser, Janice K./Malarkey, William B./Cacioppo, John T./Glaser, Ronald. (1994): Stressful personal relationships: Endocrine and immune function. In: Glaser, Ronald/Kiecolt-Glaser Janice K. (eds): Handbook of human stress and immunity. San Diego: 321-339

Kitson, Gay C./Holmes, William M./Sussman, Marvin B. (1983): Withdrawing divorce petitions. A predictive test of the exchange model of divorce. In: Journal of Divorce 7: 51-66

Knoester, Chris/Booth, Alan (2000): Barriers to divorce. When are they effective? when are they not? In: Journal of Family Issues 21: 78-99

Levenson, Robert W./Gottman, John M. (1985): Physiological and affective predictors of change in relationship satisfaction. In: Journal of Personality and Social Psychology 49: 85-94

Levinger, George (1976): A social psychological perspective on marital dissolution. In: Journal of Social Issues 32: 21-47

Lewis, Robert A./Spanier, Graham B. (1979): Theorizing about the quality and stability of marriage. In: Burr, Wesley R./Hill, Reuben/Nye, Ivan/Reiss, Ira L. (eds): Contemporary theories about the family. New York: 268-294

Lösel, Friedrich/Bender, Doris (1998): Risiko- und Schutzfaktoren in der Entwicklung zufriedener und stabiler Ehen. Eine integrative Perspektive. In: Hahlweg, Kurt et al. (Hg.): Prävention von Trennung und Scheidung. Internationale Ansätze zur Prädiktion und Prävention von Beziehungsstörungen. Stuttgart: 27-66

Markman, Howard J./Renick, Mari J./Floyd, Frank J./Stanley, Scott M./Clements, Mari L. (1993): Preventing marital distress through communication and conflict management trainings. A 4-and 5-year follow-up. In: Journal of Consulting and Clinical Psychology 61: 70-77

Nave-Herz, Rosemarie/Daum-Jaballah, Marita/Hauser, Sylvia/Matthias, Heike/Scheller, Gitta (Hg.) (1990): Scheidungsursachen im Wandel. Bielefeld: Kleine Verlag

Patterson, Gerald R. (1977): A performance theory for coercive family interaction. In: Cairns, Robert B. (ed): Social interaction: Method, analysis, and illustration. Hillsdale, NJ: 119-162

Repetti, Rena L. (1989): Effects of daily workload on subsequent behavior during marital interaction. The roles of social withdrawal and spouse support. In: Journal of Personality and Social Psychology 57: 651-659

Russell, Robin J. H./Wells, Pamela A. (1994): Personality and quality of marriage. In: British Journal of Psychology 85: 161-168

Sabatelli, Ronald M. (1984): The marital comparison level index: A measure for assesing outcomes relative to expectations. In: Journal of Marriage and the Family 46: 651-662

Schneider, Norbert F. (1990): Woran scheitern Partnerschaften. Subjektive Trennungsgründe und Belastungsfaktoren bei Ehepaaren und nichtehelichen Lebensgemeinschaften. In: Zeitschrift für Soziologie 19: 458-470

Story, Lisa B./Bradbury, Thomas N. (2004): Understanding marriage and stress. Essential questions and challenges. In: Clinical Psychology Review 23: 1139-1162

Thibaut, John W./Kelley, Harold H. (1959): The social psychology of groups. New York: Wiley

Wagner, Michael/Weiß, Bernd (2004): On the variation of divorce risk in Europe: A meta-analysis. Paper presented at „3rd conference of the European Research Network on Divorce". Köln: Research Institute for Sociology, University of Cologne.

Wagner, Michael/Weiß, Bernd (2005): Konflikte in Partnerschaften. Erste Befunde der Kölner Paarbefragung. In: Zeitschrift für Familienforschung 17: 217-250

Walster, Elaine/Utne, Mary. K./Traupman, Jane (1977): Equity-Theorie und intime Sozialbeziehungen. In: Mikula, Gerold/Ströbe, Wolfgang (Hg.): Sympathie, Freundschaft und Ehe. Bern: 193-220

Weiss, Robert L./Heyman, Richard E. (1997): A clinical overview of couples interactions. In: Halford, W.K./Markman, H. J. (eds): Clinical handbook of marriage and couples interventions. New York: 13-41

White, Lynn K. (1990): Determinants of divorce. A review of research in the eighties. In: Journal of Marriage and the Family 52: 904-912

Maja S. Maier

Homosexuelle Paare

Homosexuelle Paare sind in den letzten beiden Dekaden stärker in den Blick des öffentlichen Interesses gerückt: Schwule und Lesben zeigen schon seit den 1980er Jahren zunehmend Präsenz. Nicht nur in Fernsehserien, auch im politisch-öffentlichen Leben treten sie offen auf. Je nach Person und Kontext wird ein solches Coming-out zwar nach wie vor skandalisiert; jemanden aufgrund von Homosexualität für ein Amt oder eine Rolle für ungeeignet zu erklären, hat aber enorm an Legitimität verloren. Im Gegenteil: Im Allgemeinen Gleichberechtigungsgesetz (AGG) von 2006 wird die sexuelle Identität als ein möglicher Grund für Benachteiligungen explizit erwähnt.[1]

Die Sichtbarkeit der homosexuellen Zweierbeziehung wurde schließlich auch dadurch befördert, dass sie im Zuge der Einführung des Lebenspartnerschaftsgesetzes (August 2001) und des später installierten Ergänzungsgesetzes (Januar 2005) in Deutschland inzwischen auch eine institutionelle Legitimation erhalten hat.[2] Die Lebenspartnerschaft stellt Lesben und Schwule in vielen Bereichen den Ehegatten gleich;[3] Unterschiede existieren allerdings weiterhin, insbesondere was das Sorge- und Adoptionsrecht und Steuerrecht betrifft.

Erste Erkenntnisse über die Anzahl schwuler und lesbischer Beziehungen konnten gewonnen werden, als im Jahr 1996 im Mikrozensus, der großen repräsentativen Studie des Statistischen Bundesamtes, die Frage, ob man mit einem der Mitglieder des eigenen Haushalts in einer Paarbeziehung lebt, geschlechtsneutral formuliert wurde. Für Deutschland erfassen die Daten des Mikrozensus für das Jahr 2003 etwa 58 Tausend gleichgeschlechtliche Partnerschaften, die einen gemeinsamen Haushalt führen; die davon ausgehenden offiziellen Schätzungen liegen dreimal so hoch, bei knapp 180 Tausend Lebensgemeinschaften (Statistisches Bundesamt 2004). Über die Zahl der bundesweit erfolgten Registrierungen liegen bislang keine zuverlässigen Informationen vor, u. a. deshalb weil die jeweils mit der Beurkundung betrauten Stellen nicht vernetzt sind und auch nicht festgestellt werden kann, ob die einmal erfolgten Registrierungen noch bestehen. Bis zum Ende des Jahres 2004 wird jedoch von 12.500 bis 14.000 Lebenspartnerschaften ausgegangen werden.[4] Ungeachtet der Kontroversen um die Re-

---

1 http://www.bundesrecht.juris.de/agg/BJNR189710006.html
2 Zur Situation in anderen Ländern http://www.rklambda.at/Rechtsvergleich/index.html
3 http://www.lsvd.de/159.0.html
4 http://www.lsvd.de/233.0.html

gistrierung im politischen, aber auch wissenschaftlichen Diskurs,[5] schafft die eingetragene Lebenspartnerschaft neue Realitäten, die sich nicht nur auf die Alltagswirklichkeit von Homosexuellen und Heterosexuellen auswirken, sondern auch den Forschungsbedarf zu homosexuellen Zweierbeziehungen deutlich werden lassen. Nicht zuletzt wurden mit dem Gesetz zur Registrierung gleichgeschlechtlicher Lebenspartnerschaften die praktischen Möglichkeiten quantitativer Studien erweitert.

1. Wissenschaftsgeschichtliche Zugänge

Verfolgt man die wissenschaftlichen Zugänge und Paradigmen zur Erforschung homosexueller Zweierbeziehungen, zeigt sich die Bedeutsamkeit des jeweils spezifischen gesellschaftlich-politischen und wissenschaftlichen Entstehungskontextes der vorhandenen Studien: Grundsätzlich erhält die Erforschung von lesbischem und schwulem Leben im wissenschaftlichen Diskurs bislang nach wie vor eine eher randständige Rolle. Wenn also im deutschsprachigen Raum von Lesbenforschung und Schwulenforschung die Rede ist, bezieht sich dies in der Regel auf Studien, die – teilweise bis heute – entweder außeruniversitär angesiedelt und somit institutionell kaum abgesichert sind oder im Rahmen von wissenschaftlichen Qualifikationsarbeiten entstehen (dazu Hark 2004; Lautmann 2004). Die an US-amerikanischen Universitäten institutionalisierten Gay-and-Lesbian-Studies existieren in dieser Form im deutschsprachigen Raum nicht.[6] Im Rahmen der nahezu bundesweit institutionalisierten Frauen- und Geschlechterforschung, Geschlechterstudien bzw. Gender Studies ist die Beschäftigung mit Lesben und Schwulen und ihren Lebensformen nur selten Thema. Auch in der Familienforschung, die sich neben der Erforschung von familiären Beziehungen in den letzten Jahren auch verstärkt den Paarbeziehungen widmet, werden homosexuelle Beziehungen in der Regel kaum thematisiert, wenn nicht gar explizit ausgeklammert.

Die homosexuelle Zweierbeziehung lässt sich demzufolge als Forschungsgegenstand im sozialwissenschaftlichen Feld nicht eindeutig verorten. Als Anknüpfungspunkte lassen sich drei relevante Forschungslinien identifizieren: Das sind auf der einen Seite die so genannte Schwulenforschung sowie die so genannte Lesbenforschung, die beide ihren Anfang in den 1970er Jahren nahmen und nach der Herausbildung von zunächst sehr unterschiedlichen Perspektiven erst in jüngerer Zeit stärker zusammenlaufen; auf der anderen Seite ist das die Paar- und Familienforschung. Die je unterschiedlichen Ausgangspositionen prägen dabei nicht nur Themen und Fragestellungen, sondern – viel entscheidender – auch die spezifischen Forschungsper-

---

5 Dazu z.B. Rüdiger Lautmann (1996) oder Nina Degele et al. (2002).
6 Inzwischen widmen sich diese unter dem Oberbegriff „Queer Studies" auch der Analyse der binären gesellschaftlichen Ordnung von Sexualität (Degele 2005; dazu auch Jagose 2001 und Kraß 2003).

spektiven. Da diese Perspektiven vom spezifischen politischen und gesellschaftlichen Diskurs zu Homosexualität geprägt sind, lassen sich auch internationale Forschungsergebnisse zu schwulen und lesbischen Beziehungen nicht einfach übertragen, sie erweisen sich allerdings für die Reflexion von Forschungsperspektiven und Vorgehensweisen als fruchtbar.[7] Im Weiteren werden die Forschungsperspektiven zu schwulen und lesbischen Zweierbeziehungen im deutschsprachigen Raum sowie deren Entwicklungslinien nachgezeichnet.

2. Von der Homosexualitätsforschung zur Schwulenforschung

Bezogen auf schwule Beziehungen verläuft die Entwicklung ausgehend von der medizinisch-sexualwissenschaftlichen Forschung zu Homosexualität von der politischen Emanzipationsbewegung inspiriert zur psychologischen und sozialwissenschaftlichen Erforschung von schwulem Leben. Dabei steht die sozialwissenschaftliche Forschung bis heute noch stark in der Tradition der Sexualforschung (zusammenfassend: Lautmann 1993). Typischerweise steht dort (männliche) Homosexualität als abweichende Form von Sexualität im Zentrum. Dies hat zur Folge, dass schwule Partnerschaften – wenn auch durchaus mit kritischer Intention und dem Ziel der Entpathologisierung – häufig nach wie vor unter der Perspektive der Abweichung bzw. ihrer spezifischen Besonderheit betrachtet werden: Hier ist an erster Stelle die frühe Studie zu Partnerschaftsverhalten und -fähigkeit von Martin Dannecker und Reimut Reiche (1974) zu nennen. An das sexualwissenschaftliche Paradigma schließen im weiteren Sinne auch die Studien zur Selbstidentifikation von Homosexuellen, zur Verbreitung von Homosexualität oder zur Flexibilität der (homo-)sexuellen Orientierung an (z.B. Runkel 2003; Kinnesh et al. 2004).

Welchen Einfluss Natur und Kultur auf Sexualität haben und worauf Homosexualität gründet, wird schließlich Gegenstand der Theoriedebatte über essentialistische und konstruktivistische Zugänge zu (Homo-)Sexualität und damit zu (homo-)sexueller Identität. Während der Essentialismus-Konstruktivismus-Streit international schon in den 1980ern entbrannte (Hergemöller 1999: 43 ff.), finden sich im deutschsprachigen Raum nur vereinzelte Aufsätze (hierzu Hirschauer 1992; Lautmann 1992). Interessanterweise bleibt die Notwendigkeit, Homosexualität, da von der normativ verankerten Heterosexualität abweichend, zu begründen, wenngleich auch auf theoretischem Niveau implizit erhalten. Ebenfalls bemerkenswert ist, dass sich die essentialistischen Argumentationen im wissenschaftlichen wie im öffentlichen Diskurs in der Regel ausschließlich auf die männliche Homosexualität beziehen.

---

7 Beispielsweise die vergleichenden Paarstudien von Philip Blumstein und Pepper
   Schwartz (1983) und von Sally Cline (1999).

Spezifische Themen der Schwulenforschung sind außerdem beispielsweise Fragen nach der sozialen Isolation bzw. Einbindung von Schwulen, nach Identitäts- und Intimitätsmustern, HIV und AIDS; in jüngerer Zeit ist auch das Alter Thema der Forschung (u. a. Pingel/Trautvetter 1987; Mey 1990; Hoffmann et al. 1993; Bochow 1994, 2005; Koch-Burghardt 1997; Buba/ Weiß 2003; Röhrbein 2003; Bochow et al. 2004). Auch bei diesen themenspezifischen Forschungen finden sich meist eine Differenzperspektive und individuumszentrierte Vorgehensweisen, die die Situation schwuler Männer im Unterschied zu anderen Männern als eine besondere fokussieren. Weil die auf Dauer angelegte schwule Paarbeziehung diese Besonderheit nicht auszudrücken vermag, da sie als Adaption einer heterosexuellen Lebensform gilt, bleibt sie in der Forschung vergleichsweise unterbelichtet. Allgemein ist der innerhalb der Schwulenforschung dominierende differenztheoretische Zugang sicher trotz aller Gleichstellungstendenzen und -bestrebungen nach wie vor eine notwendige Perspektive, die gängige Annahmen über Unterschiede, aber auch über Diskriminierungsformen präzisieren hilft. Manchmal erweist sich hierbei die Grenze zwischen Differenz- und Defizitperspektive jedoch als unscharf.

3. Von der feministischen Frauenforschung zur Lesbenforschung

Die Forschung zu lesbischen Beziehungen entwickelt sich auf einem anderen Wege: Da Lesben in der sexualwissenschaftlichen Forschung weitgehend unberücksichtigt geblieben sind, entwickelt sich die Lesbenforschung in engem Zusammenhang mit der feministischen Frauenforschung und der daraus hervorgegangenen Geschlechterforschung (ausführlich Hark 2004).

Thematisch umfasst die Forschung Studien zur Lebensweise und Identitätsbildung von Lesben vor dem Hintergrund normativer Weiblichkeitsvorstellungen (dazu z. B. Kokula 1983; Akkermann et al. 1990; Flaake 1995; Hänsch 1998, 2003). Die aus der feministischen Bewegung resultierenden politischen Fragen schlagen sich auch in der Forschung nieder: So wurden Sexualität, Gewalterfahrungen und Diskriminierungen thematisiert, die sich gegenüber Lesben sowohl als Gewalt gegen Lesben, als auch als Gewalt gegen Frauen äußern (Holzbrecher et al. 2000). Es wurden außerdem die politische Bedeutung lesbischer Identitätsbildung innerhalb einer patriarchalen Gesellschaft diskutiert und schließlich identitätstheoretische bzw. -kritische Arbeiten hervorgebracht (z. B. Hark 1996). Im Unterschied zur Schwulenforschung, die die Differenz Homosexualität/Heterosexualität als Leitdifferenz auffasst, erhält vor dem Hintergrund patriarchaler Gesellschaftsstrukturen in der Lesbenforschung die Geschlechterdifferenz diesen Status.

Das enge Verhältnis von Lesbenforschung und Frauenforschung erweist sich dabei einerseits als problematisch, weil Lesben in ihrer spezifischen Situation selbst von der feministischen Theoriebildung nicht wahrgenommen wurden: Lesbische Beziehungen bleiben ungenannt, undiskutiert und ausgeschlossen (Hänsch 1998: 135). Andererseits führen thematische und forschungsperspektivische Überschneidungen dazu, dass sich durch die Lesbenforschung wertvolle Impulse für die Geschlechtertheorie ergeben.[8] Ausgehend vom patriarchatskritischen Konzept der Zwangsheterosexualität (Rich 1983) wird schließlich auch im deutschsprachigen Raum Heterosexualität als Norm und damit die heterosexuell strukturierte Gesellschaft zum Thema gemacht. Dabei wird zunehmend auf Ansätze Bezug genommen, die sich unter dem Begriff der „Queer Theory" subsumieren lassen. Im Zuge dessen wurde die vor allem auf die Arbeiten der Literaturwissenschaftlerin Teresa de Lauretis (1991) und der Philosophin Judith Butler (1991) zurückgehende Queer Theory in den sozialwissenschaftlichen Diskurs überführt. Diese Bezugnahme hat in der Lesbenforschung zu einer Verschiebung der Forschungsschwerpunkte beigetragen[9]: Der Blick ist mittlerweile nur selten auf die Lebenssituation von Lesben und deren Beziehungen gerichtet, als vielmehr auf die Möglichkeiten der Dekonstruktion von Zweigeschlechtlichkeit und der Dekonstruktion der binären Ordnung von Geschlecht und Sexualität (Hark 1993; Degele 2005; zur aktuellen Debatte Hill/Jäger 2005). In der Schwulenforschung blieben solche theoretischen Überlegungen bis heute weitgehend unbeachtet.

4. Homosexuelle Zweierbeziehungen und die Paar- und Familienforschung

Aus forschungstheoretischer Perspektive lassen sich homosexuelle Paarbeziehungen – zumindest wenn man der individualisierungstheoretischen Argumentation folgt – seit inzwischen mindestens zwei Dekaden neben heterosexuelle stellen. Da sich das allgemeine kulturelle Muster von einer auf Komplementarität basierenden Ehe zu einem durch Liebe gekennzeichneten „intimen Zusammenleben" verschoben hat, erübrigt es sich, auf die Geschlechterkonstellation einer Zweierbeziehung abzustellen (Hoffmann et al. 1993: 194). De facto hat diese Erkenntnis bislang jedoch nicht dazu geführt, dass homo- und heterosexuelle Beziehungen in der deutschsprachigen Paarforschung gleichermaßen zum Gegenstand von Studien werden. Dass eine gleichgeschlechtliche Besetzung von Paar- bzw. Familienrollen zudem in jeder Lebensform möglich ist und durchaus auch vorkommt, bleibt im wissenschaftlichen Diskurs in der Regel unthematisiert. Spätestens seit der gesetzlichen Verankerung der gleichgeschlechtlichen Lebenspartnerschaft zeigt sich mehr als deutlich, dass die Paar- und Familienforschung den schwulen und lesbischen Lebensrealitäten hinterherhinkt.

---

8 Sabine Hark spricht von einem Versäumnis der Geschlechterforschung, Erkenntnisse der Lesbenforschung und der Queer Theorie systematisch einzubeziehen (2004: 109).
9 Zum Verhältnis von Lesbenforschung und Queer Theorie Sabine Hark (2004).

Die homosexuelle Paarbeziehung wird im wissenschaftlichen Kontext häufig als eine durch die jüngsten Individualisierungsprozesse erst hervorgebrachte „unkonventionelle" Lebensform (Schneider et al. 1998; ähnlich auch Hoffmann et al. 1993) betrachtet. In dieser Perspektive dokumentiert sich die Verleugnung der Verfolgung von Homosexuellen in Deutschland: Es wird übersehen, dass die Bedeutung von Erotik und Sexualität für gleichgeschlechtliche Beziehungen meist nicht dokumentiert ist (Lautmann 2003: 877). War in der Weimarer Republik noch ein vergleichsweise vielfältiges schwules und lesbisches Leben möglich (Buchen 2005), führte die Verschärfung des Paragrafen 175 während der nationalsozialistischen Diktatur dazu, dass vor allem Schwule, aber auch Lesben Opfer von Verfolgung und Ermordung waren.[10] Den (auch) sexuellen Charakter von Freundschaften zu verheimlichen, war unter diesen Bedingungen lebensnotwendig. Auch nach 1945 wurden von Schwulen und Lesben Anpassungsleistungen erbracht, erst mit den 1970er Jahren wandelte sich das gesellschaftliche Klima. Da diese Verfolgungsgeschichte in der Paar- und Familienforschung bislang weitgehend unbeachtet blieb,[11] beinhalten aktuelle Definitionen von Familie und Paar in Wissenschaft (und Gesellschaft) nach wie vor Ausgrenzungen.[12] So werden selbst in Studien zu nicht-ehelichen Lebensgemeinschaften gleichgeschlechtliche Paarbeziehungen bei der Definition des Untersuchungsgegenstandes explizit ausgegrenzt (z.B. Vaskovics et al. 1995) oder erst gar nicht erwähnt (z.B. Hradil 2004).[13] Daher werden nicht nur Paarbeziehungen, sondern auch schwule und lesbische Familien in der Forschung marginalisiert (zusammenfassend Maihofer et al. 2001: 32ff.).

Zukunftsweisende Lebensformen und Entwicklungstrends zeigen sich an den homosexuellen Paar- und Familienbeziehungen jedoch besonders anschaulich: Aufgrund ihrer statistisch gesehen immer schon kürzeren Dauer, verweisen homosexuelle Zweierbeziehungen darauf, dass die Qualität zu einem entscheidenderen Kriterium für die Aufrechterhaltung einer Beziehung geworden ist. Damit einher geht, dass sich die Individuen in sozialer Hinsicht auf vielfältigere Weise und nicht mehr ausschließlich in einer Paarbeziehung oder in der Familie verorten. Die Partnerin bzw. der Partner wird zu einem Teil

---

10 Der Paragraf 175, der gleichgeschlechtliche Beziehungen zwischen Erwachsenen unter Strafe stellte, wurde in der DDR 1969, in der BRD 1973 geändert. Die Angleichung der Altersgrenzen für straffreie gleichgeschlechtliche Sexualkontakte erfolgte erst 1994. Lesbische Frauen wurden im nationalsozialistischen Kategoriensystem häufiger als so genannte Asoziale verfolgt und interniert.

11 Wie im Übrigen auch in dem in der Regel positiv konnotierten Familienbegriff die teilweise äußerst kritisch zu bewertende Rolle der Familie in der nationalsozialistischen Diktatur unbeachtet bleibt.

12 Eine Definition der Zweierbeziehung, die nicht auf die Geschlechterkonstellation abhebt, findet sich bei Karl Lenz (2006).

13 Dass dies auch inhaltliche Gründe hat, zeigt der Vergleich der Anzahl von Homosexuellen und Singles: Letztere werden, obwohl zahlenmäßig ebenfalls ähnlich gering verbreitet (5% zwischen 25 und 55 Jahren), als Lebensform durchaus benannt z.B. in Stefan Hradil (2004: 118).

des sozialen Netzwerkes, der „Wahlfamilie". Hier gleichen sich die heterosexuellen Beziehungen den homosexuellen an. Auch im Verhältnis zur Herkunftsfamilie zeigen sich solche Veränderungen: So belegen die Erfahrungen schwuler Männer schon in den 1980er Jahren die Erosion des Unterstützungscharakters familiärer Beziehungen: HIV-Infizierte und Aidskranke waren in einem hohen Maß mit einem Mangel an Unterstützung seitens ihrer Herkunftsfamilien konfrontiert. Die Familienbeziehungen wurden zu einem Großteil von aktuellen oder früheren Lebenspartnern, Freunden und sozialen Netzwerken, die ihre Bereitschaft zur Unterstützung und Begleitung der Erkrankten zeigten, ersetzt (Weeks 2004: 258). Beispielhaft zeigt sich hier, dass verwandtschaftliche und partnerschaftliche Beziehungen nur mehr einen Teil der familiären Bindungen ausmachen – eine Entwicklung, die sich unter den Bedingungen des demografischen Wandels in Deutschland noch verstärken und auch heterosexuelle Beziehungen zunehmend erfassen wird (vgl. dazu Maier 2008 a).

Diese Überlegungen zeigen, dass Hypothesen und Theoriebildungen, die sich ausschließlich auf die Untersuchung von heterosexuellen Paaren stützen, zu kurz greifen. Die implizite Ausrichtung der aktuellen Paarforschung an der Heterosexualität führt dazu, dass sie einen vom Alltagsverständnis abgeleiteten einfachen Paarbegriff (Burkart/Koppetsch 2001) perpetuiert und somit einer verengten Perspektive folgend nur eingeschränkte Erkenntnisse über Zweierbeziehungen gewinnt: Was ein Paar ist, scheint dann offensichtlich; die für die Forschung brisante Frage, was ein Paar – sei es nun homosexuell oder heterosexuell – im Unterschied zu anderen persönlichen Beziehungen ausmacht, bleibt unbeantwortet.

Die skizzierten wissenschaftlichen Zugänge zeigen deutlich, dass Erkenntnisse über homosexuelle Zweierbeziehungen in besonderem Maße an gesellschaftlich-politische Kontexte gebunden sind und es deshalb wenig sinnvoll ist, internationale Forschungsergebnisse einfach zu übertragen. Im deutschsprachigen Raum existieren insgesamt nur einige wenige Studien und Forschungsergebnisse zu homosexuellen Lebensformen. Es existieren Erkenntnisse über Lebenslagen und Beziehungsideale von Lesben und Schwulen sowie über die Selbstdefinition von homosexuellen Paaren. Um die Ausblendung homosexueller Lebensrealitäten nicht fortzuschreiben, soll der Blick auf die homosexuelle Zweierbeziehung an dieser Stelle auf familiäre Beziehungen ausgeweitet und die Erkenntnisse zu homosexuellen Paaren mit Kindern, den so genannten „Regenbogenfamilien" oder „Queer Families" rezipiert werden.

5. Lebensformen, Beziehungsideale und Paaridentitäten von Lesben und Schwulen

Die im deutschsprachigen Raum umfangreichste Studie zu homosexuellen Zweierbeziehungen ist die im Vorfeld der Einführung der eingetragenen Lebenspartnerschaft im Jahr 1999 durchgeführte Auftragsstudie für das Bundesministerium der Justiz (Buba/Vaskovics 2001). Mit Hilfe von standardisierten Fragebögen und qualitativen Interviews wurde untersucht, inwieweit eine formalrechtliche Registrierung von gleichgeschlechtlichen Lebenspartnerschaften den aktuellen Lebensformen von Schwulen und Lesben entspricht. Mit den Befragungen wurden neben Lebensformen und Beziehungsstrukturen auch Diskriminierungs- bzw. Akzeptanzerfahrungen in verschiedenen Lebensbereichen sowie Einschätzungen zur rechtlichen Situation, zur Subkultur und zu Beratungssystemen erfasst. Die befragten Schwulen und Lesben sprachen sich vor dem Hintergrund ihrer Erfahrungen zu über 90 % für eine rechtliche Gleichstellung homosexueller Partnerschaften aus, und dies unabhängig davon, ob die Registrierung selbst in Anspruch genommen wird. Der zum Befragungszeitpunkt aktuelle Gesetzesentwurf wird dabei als nicht weitgehend genug bewertet (Buba/Vaskovics 2001).

Ungeachtet der gesellschaftlichen Integration durch institutionelle Vorgaben, lassen sich im Hinblick auf die soziale Isolation bzw. Einbindung bei Schwulen und Lesben zwei gegenläufige Tendenzen erkennen: Während nur acht Prozent der befragten Schwulen weder in eine Paarbeziehung noch in Familienbeziehungen eingebunden sind, kaum verbindliche Freundschaften unterhalten und ihre Homosexualität am Arbeitsplatz geheim halten, also im alltäglichen Leben als sehr isoliert bezeichnet werden können, leben immerhin 51 % aller befragten Schwulen in stabilen sozialen Netzwerken: Sie verfügen über gelingende Beziehungen zu einem Partner, zu Freunden und zur Familie. Kontakte am Arbeitsplatz und in der öffentlichen Sphäre empfinden sie als unbelastet (Buba/Weiß 2003). Bei Lesben finden sich demgegenüber über alle biografischen Erfahrungen hinweg insgesamt weniger einsamkeitstypische Symptome (Buba/Weiß 2003). Sind Schwule in ihre Herkunftsfamilien etwas besser integriert, so leben Lesben häufiger in Paarbeziehungen und Lebensgemeinschaften. Es ist davon auszugehen, dass Zweierbeziehungen und Freundschaften für Lesben eine höhere Bedeutung im Hinblick auf psychosoziale Unterstützung haben, während die befragten Schwulen hier eher der Subkultur einen solchen Unterstützungscharakter zuschreiben. Im Hinblick auf Belastungen der aktuellen Lebenssituation zeigt sich ausgeglichenes Niveau bei beiden Geschlechtern (Buba/ Weiß 2003: ebd.).

Bezogen auf die Lebensformen von Schwulen und Lesben finden sich kaum Unterschiede zu Heterosexuellen: So unterhält im Jahr 1999 ca. 25 % aller befragten Lesben und Schwulen keine Paarbeziehung, allerdings tun dies nur 6 % aus Überzeugung. Die anderen drei Viertel der Befragten leben in einer Paarbeziehung. Dabei kann die Verbindlichkeit der Beziehung durchaus unterschiedlich sein: 40% der Paare führen einen gemeinsamen Haushalt. Unabhängig davon empfinden ca. 75% aller in einer Beziehung lebenden Lesben und Schwulen diese als „eher lose" (Buba 2003: 90).

Zwischen Lesben und Schwulen zeigen sich Unterschiede im Hinblick auf Paarbeziehungen: Die befragten Lesben haben deutlich häufiger eine Paarbeziehung als die Schwulen und sie leben auch häufiger als diese mit ihrer Partnerin zusammen. Schwule haben demgegenüber seltener einen Partner, obwohl sie sich einen wünschen. Diese Unterschiede lassen sich allerdings nicht zwingend auf geschlechtsspezifische Beziehungskonzepte zurückführen; vielmehr spielt die Alterstruktur der Befragten vermutlich eine entscheidende Rolle: So wurden mehr Schwule als Lesben aus der Altergruppe unter dreißig Jahren befragt. In Studien zu heterosexuellem Beziehungsverhalten finden sich in dieser Phase der Postadoleszenz gleich gelagerte Unterschiede zwischen Frauen und Männern. Geschlechtsspezifische Besonderheiten verringern sich bei homosexuellen und heterosexuellen Paaren mit zunehmendem Alter – vergleicht man beispielsweise nur die Gruppe der 35- bis 40-Jährigen (Buba 2003).

Für die Wohnformen gilt, dass etwa die Hälfte aller befragten Lesben und Schwulen, unabhängig davon, ob eine Paarbeziehung existiert, alleine lebt, also mehr als im Bevölkerungsdurchschnitt. Ob dies darauf hindeutet, dass das Beziehungskonzept des „Living-apart-together" eine für Lesben und Schwulen spezifische Lebensform darstellt und sie bei der Etablierung alternativer Lebenskonzepte eine Vorreiterrolle einnehmen, ist offen. Möglicherweise relativiert sich dieser Unterschied zu heterosexuellen Paaren aber auch ebenfalls mit zunehmendem Alter (Buba 2003).

Bei homosexuellen Paaren zeigen sich außerdem Hinweise auf eine im Vergleich egalitärere häusliche Arbeitsteilung. Kriterium der Aufgabenteilung sind persönliche Präferenzen (Eggen 2006). Allerdings lassen sich hier Unterschiede zwischen Lesben und Schwulen finden. Zumindest die Ergebnisse einer kleinen Befragung sprechen dafür, dass die Vergeschlechtlichung und Hierarchisierung von Erwerbsarbeit und Hausarbeit auch bei gleichgeschlechtlichen Paaren Folgen hat: Während die Verrichtung der Hausarbeit bei Schwulen einen höheren Stellenwert erhält, da sie zusätzliche und besondere Kompetenzen zu symbolisieren vermag, wird sie von lesbischen Paaren tendenziell abgewertet und erzeugt häufiger Konflikte (Schürmann 2006).

Was die von Lesben und Schwulen formulierten Beziehungsideale angeht, stehen Verlässlichkeit, Anerkennung und Liebe an erster Stelle. Sexualität gilt als bedeutsamer Bestandteil einer Partnerschaft, aber nicht als ihre wichtigste Grundlage (Buba 2003): Interessanterweise akzentuieren die befragten Lesben im Weiteren stärker als die Schwulen die Ideale Individualität, persönlicher Freiraum, Liebe, Treue, sexuelles Begehren und Attraktivität. Schwule gewichten stärker Aspekte wie Verlässlichkeit, wechselseitige

Anerkennung und Kommunikationsfähigkeit. Möglicherweise werden in den genannten Idealen die Erfahrungen der tatsächlich realisierten Beziehungen kompensiert. Für diese Erklärung spricht auch, dass sich bei den Befragten, die in einer eher oder zum Befragungszeitpunkt noch unverbindlichen Beziehung leben, aber bereits zusammen wohnen, unabhängig vom Geschlecht durchgängig höhere Erwartungen an eine Partnerschaft finden. In der genannten Reihenfolge entsprechen sie zwar den Idealen jener Lesben und Schwulen, die in einer verbindlichen Paarbeziehung leben, allerdings werden sie mit mehr Nachdruck genannt.

Grundlegend zeigen die Ergebnisse, dass zwischen Homosexuellen und Heterosexuellen keine grundlegenden Unterschiede in den „Vorstellungen einer guten Beziehung" (Buba 2003: 95) existieren. Dies gilt insbesondere dann, wenn nur homosexuelle und heterosexuelle Paare, die in einem gemeinsamen Haushalt leben, verglichen werden.

Zu ähnlichen Ergebnissen kommt die vergleichende Studie zur Selbstdefinition von heterosexuellen und homosexuellen Paaren (Maier 2008 b). Datengrundlage waren hier qualitative Interviews mit homo- und heterosexuellen Paaren, bei denen jeweils beide Beziehungspersonen eines Paares getrennt voneinander zu ihrer Kennenlerngeschichte und der Beziehungsentwicklung befragt wurden. Fokussiert wurden die gemeinsam geteilten Begründungen des Paarseins, die als „Paaridentitäten" rekonstruiert wurden. Die erarbeitete Typologie umfasst fünf unterschiedliche Konstruktionen einer solchen Paaridentität: Sie zeigt, dass die Paarbeziehung nur bei einem Teil der Paare auf den traditionellen Vorstellungen einer geschlechtsspezifischen Normalbiografie gründet. Bei einer zweiten Gruppe ist die Entwicklung einer absoluten Vertrauensbeziehung im Vorfeld der Paarbildung identitätsstiftend für die Beziehung. Bei einer dritten Gruppe von Paaren begründet die vor dem Hintergrund von Wahlzwängen einmal getroffene, als pragmatisch begriffene Entscheidung die Paarbeziehung. Beim vierten und fünften Typ finden sich sogar auf den ersten Blick paradox anmutende Muster der Konstruktion von Paaridentität: Einmal gilt die Gewähr maximaler, sogar beziehungsgefährdender, individueller Spielräume als beziehungsbegründend und dies deshalb, weil auf diese Weise die Exklusivität der Beziehung auf der Ebene der Interaktion immer wieder neu hergestellt und der Beziehung ein besonderes Flair verliehen werden kann. Und schließlich findet sich bei der letzten Gruppe von Paaren eine Identitätskonstruktion, die die explizite Formulierung fortdauernder Ambivalenzen und Zweifel im Hinblick auf die Partnerwahl nicht nur erlaubt, sondern als konstitutives Merkmal des Paarseins aufnimmt.[14] Als ein zentrales Ergebnis der vergleichenden Studie, die nicht auf die äußeren Merkmale der Beziehungen, sondern auf die Selbstdefinitionen der Paare abhebt, hat sich gezeigt,

---

14 Die genauen Bezeichnungen lauten: Typ Biografische Selbstverständlichkeit, Typ Vertrauensbeziehung, Typ Pragmatische Festlegung, Typ Interaktive Exklusivitätserzeugung und Typ Ambivalenz. Ausführlich dargestellt in Maja S. Maier (2008 b).

dass sich homosexuelle und heterosexuelle Paare auch in der Begründung ihrer Beziehung nicht grundsätzlich voneinander unterscheiden. Sie verteilen sich auf alle Typen; einzige Ausnahme ist der an traditionellen normativen geschlechtsspezifischen Altersnormen orientierte Typ. Dort finden sich (bislang) keine homosexuellen Paare, eine auf biografische Selbstverständlichkeiten rekurrierende Begründung der eigenen Paarbeziehung erscheint aufgrund der gesellschaftlichen Situation bislang (noch) nicht möglich.

6. Regenbogenfamilien oder Queer Families

Außer den quantitativen Daten des Mikrozensus existieren über homosexuelle Paare mit Kindern kaum Erkenntnisse (Maihofer et al. 2001; Eggen 2001 a, 2001 b, 2006; Berger et al. 2000). Und dies, obwohl diese Gruppe in Deutschland, insbesondere auch die Gruppe, die aktiv eine Familiengründung betreibt, seit den 1990ern beständig wächst (Streib 1991, 1996; Lähnemann 1999; Wegener 2005).

Ein grundlegendes Problem der Forschung zu Regenbogenfamilien zeigt sich in der Datenlage: Statistische Erhebungen belegen 13.000 Kinder in gleichgeschlechtlichen Lebensgemeinschaften (Wegener 2005: 60). Dabei sind in der Regel nur solche Familien erfasst, die dazu Angaben gemacht haben; es fehlen hierbei zudem homosexuelle Alleinerziehende sowie Familien, in denen nur ein Elternteil homosexuell lebt. Schätzungen gehen davon aus, dass zwischen 30.000 und 35.000 Kinder in einer gleichgeschlechtlichen Lebensgemeinschaft heranwachsen (Eggen 2006) und etwa 700.000 Lesben und Schwule Kinder haben (Wegener 2005). Übernähme man an dieser Stelle die in den USA verwendeten Schätzkonzepte, dann müsste sogar von ein bis zwei Millionen homosexueller Elternteile ausgegangen werden (Lähnemann 2001; Fthenakis/Ladwig 2004).

Bezogen auf die Situation der Kinder mit homosexuellen Eltern werden mit Bezug auf US-amerikanische Untersuchungen die positiven Sozialisationseffekte hervorgehoben: Sie erfahren in einem höheren Maß Solidarität und Netzwerkbildung (Rauchfleisch 2004: 3). Besondere Belastungen werden weniger in der Homosexualität der Eltern oder eines Elternteils als vielmehr in den von Homophobie gekennzeichneten Umgangsformen im sozialen auch familiären Umfeld (beispielhaft in Maier 2003) oder beispielsweise in Sorgerechtsprozessen gesehen (Fthenakis/Ladwig 2004). Allerdings wird darauf hingewiesen, dass die Kinder vergleichsweise hohe Kompetenzen im Umgang mit diesen Belastungen entwickeln. Den Kindern aus homosexuellen Familien wird zudem ein gegenüber ihnen fremden Personen oder Lebensformen toleranterer Umgang bescheinigt (Fthenakis/Ladwig 2004).

Homosexuelle Eltern erhalten in der Regel auch nach einem Coming-Out ihre Beziehung zu den Kindern aufrecht und nehmen ihre Elternrolle unabhängig von ihrer sexuellen Orientierung ein. Bei homosexuellen Vätern findet sich ein autoritativer Erziehungsstil, der mehr Kommunikation und zugleich deutlichere Grenzmarkierungen umfasst. Damit gewähren sie ihren Kindern eine vergleichsweise stabile Umwelterfahrung (Fthenakis/Ladwig 2004). Vor allem bei lesbischen Paaren findet sich im Vergleich zu heterosexuellen Paaren eine geringere Orientierung des Erziehungsstils an geschlechtsspezifischen Rollenmodellen, was sich im Erwachsenenalter positiv auf die Fähigkeit zur egalitären Beziehungsführung auswirkt (Rauchfleisch 2004).

Als grundlegende Problematik der Forschung zu Regenbogenfamilien erweist sich zweierlei: Zum einen finden sich keine Differenzierungen hinsichtlich der Familienform: So mag es einen Unterschied machen, ob die Kinder aus vorherigen heterosexuellen Beziehungen stammen, ob sie mit nur einem Elternteil aufwachsen oder ob homosexuelle Paare eine aktive Familiengründung betrieben und ihren Kinderwunsch per (anonyme) Samenspende realisiert haben. Im letzten Fall wären die Kinder dann unter Umständen in ein Netzwerk von sozial und/oder biologisch mit ihnen verbundenen Erwachsenen konfrontiert. Zum anderen orientieren sich selbst neuere Studien nach wie vor stark an der Beweisführung, dass sich weder die Kinder, noch die Eltern von Regenbogenfamilien von heterosexuellen Familien unterscheiden. Unterschiede werden entweder nivelliert oder aber ausschließlich positiv gewertet (Eggen 2006).[15]

Da sich an homosexuellen Familien (übrigens ebenso wie an Patchwork-Familien) die Komplexität der Verbindung von sozialer, biologischer und rechtlich formaler Elternschaft zeigen lässt, wäre es außerordentlich wünschenswert, diese Komplexität auch stärker wissenschaftlich zum Thema zu machen (Wegener 2005).

7. Besonderheiten schwuler und lesbischer Zweierbeziehungen

Die Besonderheiten homosexueller Zweierbeziehungen, die sich nicht aus der sexuellen Orientierung, sondern aus gesellschaftlichen Strukturen ergeben, sind mit der je aktuellen Situation verbunden und unterliegen damit immer auch Wandlungsprozessen. Eine dieser Besonderheiten liegt darin, dass sich die Beziehungsentwicklung nur in geringem Maß auf normativ verankerte bedeutungsvolle Ereignisse stützen kann, wie sie für heterosexuelle Paarbeziehungen typisch sind (z. B. Heirat, Haushalts- und Familiengründung). Die Verstetigung homosexueller Zweierbeziehungen gründet zuvorderst auf individuellen Entscheidungen und gemeinsamen Aushandlungen. So weist beispielsweise die eingetragene Lebenspartnerschaft durch ihre Traditionslosigkeit bislang keine institutionelle Qualität auf, auch wenn

---

15 Hier lässt die am Staatsinstitut für Familienforschung in Bamberg laufende Studie zu Kindern in gleichgeschlechtlichen Lebenspartnerschaften hoffen (2006-2008). http://www.ifb.bayern.de/forschung/regenbogen.html.

die Registrierung gegenüber der sozialen Umwelt ein deutliches Bekenntnis zur Beziehung darstellt. Gerade vor dem Hintergrund der häufig fehlenden Bestätigung der Beziehung durch das Umfeld erfüllt dieses Bekenntnis hier wichtige Funktionen. Ob allerdings der in dieser Entscheidung ausgedrückte Wunsch nach Dauer und Stabilität, der heterosexuellen Ehe gleich, es vermag, die Beziehung auch über Krisen hinweg auf Dauer zu stellen, bleibt abzuwarten. Die gesteigerte Notwendigkeit sich in Aushandlungsprozessen über subjektive Bedeutungszuschreibungen auszutauschen, lässt schließlich einerseits mehr Freiräume entstehen, andererseits gehen mehr Entscheidungszwänge damit einher. Bedeutungszuschreibungen an Ereignisse und Handlungen verlaufen individualisiert, sie stellen die Individuen vor besondere Herausforderungen (Maier 2008 b). Das gilt neben der Entscheidung für die Registrierung der Paarbeziehung auch für den Umgang mit Familienbeziehungen, mit Sexualität und Familiengründung. Vergleicht man die Beziehungsentwicklung von homosexuellen und heterosexuellen Paaren finden sich durchaus auch Unterschiede.

Ob und in welcher Weise Beziehungen zur Herkunftsfamilie aufrechterhalten werden, hängt typischer Weise nicht zuletzt von deren Umgang mit der homosexuellen Beziehung ab. Bei homosexuellen Paaren zeigt sich hier eine stärkere strukturell bedingte Distanzierung von den Reaktionen des familiären Umfeldes (Maier 2008 b).

Auch im Bereich Sexualität zeigen sich Besonderheiten: Im Unterschied zu heterosexuellen Beziehungserzählungen findet sich bei homosexuellen Paaren eine differenziertere Thematisierung von Sexualität und ihrer Bedeutung für die Herstellung von Exklusivität. Auseinandersetzungen über die Bedeutung von sexueller Monogamie, die in traditionellen, an das bürgerliche Ehemodell angelehnten Vorstellungen normativ verankert ist, sind ein zentraler Bestandteil der Abstimmungsprozesse in homosexuellen Paarbeziehungen. Aufgegriffen wird dabei das für moderne Gesellschaften konstitutive Spannungsverhältnis zwischen individuellen sexuellen Bedürfnissen und der Herstellung und Aufrechterhaltung dauerhafter verbindlicher Intimbeziehungen (Maier 2008 b).

Bezogen auf die Familiengründung zeigen sich an den homosexuellen Paaren ebenfalls die Widersprüche und Ambivalenz erzeugenden gesellschaftlichen Realitäten: So müssen lesbische Paare das Dilemma lösen, wie sie trotz der Antizipation einer möglichen Trennung einen Kinderwunsch realisieren können und welche Rolle die – bislang rechtlich positiv wie negativ unabgesicherte – Partnerin im Hinblick auf Arbeitsteilung, finanzielle Versorgung und soziale Elternschaft einnehmen kann. Dies verkompliziert sich zusätzlich, wenn noch weitere Erwachsene z. B. der biologische Vater eingebunden werden sollen (Maier 2008 b).

Aus der eingehenden Betrachtung der Besonderheiten von homosexuellen Paarbeziehungen lassen sich Erkenntnisse gewinnen, die nicht zuletzt vor dem Hintergrund der demografischen Entwicklung in Deutschland als richtungsweisend betrachtet werden können. Zugespitzt formuliert kann die auf sexueller Exklusivität und Heterosexualität basierende enge Verknüpfung von Paarbeziehung und Familiengründung insofern als ‚Auslaufmodell‘ bewertet werden, als sie die Reproduktion der Gesellschaft nicht länger zu gewährleisten scheint.

8. Desiderata: Themen und Perspektiven

Die Autorinnen und Autoren aller Studien und Arbeiten zu homosexuellen Paar- und Familienbeziehungen schätzen die aktuelle Datenlage als unbefriedigend ein. Konsens ist außerdem, dass es nicht nur mehr Studien, sondern auch differenzierte Forschungsdesigns benötigt. Zukünftige Forschungsperspektiven müssen der Herausforderung begegnen, Gemeinsamkeiten mit heterosexuellen Konstellationen ebenso zu erfassen wie Unterschiede. Besonderheiten von homosexuellen Paar- und Familienbeziehungen sollten dabei nicht – reflexartig – ausschließlich positiv bewertet, sondern dazu genutzt werden, die Vielfalt privater Lebensformen in modernen Gesellschaften zu verdeutlichen.

Wünschenswert wären in Bezug auf die Forschung zu Zweierbeziehungen nicht nur Vergleichsstudien von homo- und heterosexuellen Paarbeziehungen – die möglicherweise zukünftig mehr miteinander gemein haben, als die Gruppe der Heterosexuellen bzw. der Homosexuellen jeweils unter sich. Die in Deutschland zu erwartende demografische Entwicklung lässt erwarten, dass Kinderwunsch und Familiengründung nicht länger biografische Projekte von Heterosexuellen sind und sich die Grenzziehungen zwischen heterosexuell und homosexuell verwischen (Wegener 2005). Damit unmittelbar verbunden ist die Frage nach (homo-)sexuellen Lebensformen jenseits der Paarbeziehung.

Außerdem fehlen bislang Studien, in denen die sozialen Differenzen zwischen homosexuellen Paaren bzw. Familien stärker in den Blick genommen werden. Idealerweise sollten dazu nicht nur Paare, Eltern oder Kinder fokussiert, sondern auch die sozialen Netzwerke miteinbezogen werden. Über Langzeitstudien könnten Erkenntnisse über Beziehungsentwicklungen und Netzwerkbildungen gewonnen werden (Fthenakis/Ladwig 2004; dazu auch Maier 2008 a).

Eine weitere Fragestellung ergibt sich daraus, wie sexuelle Identität konzeptionalisiert werden kann, wenn sich die normative Verknüpfung von Heterosexualität und Geschlecht einerseits, und von Heterosexualität und Elternschaft andererseits, löst (Maier 2008 b; Fthenakis/Ladwig 2004). An dieser Stelle erweisen sich Überlegungen aus der Queer Theory als weiterführend, mit deren Hilfe sich heteronormative Konzepte von Paarsein kritisch hinterfragen lassen (z.B. in Maier 2008 b; Wegener 2005). Auf dieser Basis ließen sich schließlich Definitionen und Beschreibungen von Paar- und Familienbeziehungen und ihre Entwicklung präzisieren.

Literatur

Akkermann, Antke/Betzelt, Sigrid/Daniel, Gabriele (1990): Nackte Tatsachen. Ergebnisse eines lesbischen Forschungsprojektes. Teil I+II. In: Zeitschrift für Sexualforschung 3: 1-24, 40-165

Berger, Walter/Reisbeck, Günter/Schwer, Petra (2000): Lesben – Schwule – Kinder. Eine Analyse zum Forschungsstand. Hg. vom Ministerium für Frauen, Jugend, Familie und Gesundheit des Landes NRW

Blumstein, Philip/Schwartz, Pepper (1983): American couples. Money, work, sex. New York: William Morrow

Bochow, Michael (1994): Schwuler Sex und die Bedrohung durch AIDS. Berlin: Deutsche Aids-Hilfe

Bochow, Michael/Wright, Michael T./Lange, Michael (2004): Schwule Männer und AIDS. Risikomanagement in Zeiten der sozialen Normalisierung einer Infektionskrankheit. Berlin: Deutsche AIDS-Hilfe

Bochow, Michael (2005): Ich bin doch schwul und will das immer bleiben. Schwule Männer im dritten Lebensalter. Hamburg: MännerschwarmSkript

Buba, Hans-Peter (2003): Partnerschaftsideale und Lebensformen von Lesben und Schwulen. In: Genderforschung in Bamberg. Forschungsforum Bamberg/FFB, Heft 11, hg. von Marianne Heimbach-Steins, Bärbel Kerkhoff-Hader, Eleonore Ploil und Ines Weinrich. Bamberg: 89-95

Buba, Hans-Peter/Vaskovics, Laszlo A. (2001): Benachteiligung gleichgeschlechtlich orientierter Personen und Paare. Köln: Bundesanzeiger

Buba, Hans-Peter/Weiß, Hannes (2003): Einsamkeit und soziale Isolation schwuler Männer. Hg. vom Ministerium für Gesundheit, Soziales, Frauen und Familie des Landes Nordrhein-Westfalen. Bamberg

Buchen, Sylvia (2005): Neue Geschlechterkonstruktionen und (queere) subkulturelle Strömungen in der Weimarer Republik. In: Freiburger FrauenStudien. Zeitschrift für Interdisziplinäre Frauenforschung 17: 203-224

Burkart, Günter/Koppetsch, Cornelia (2001): Geschlecht und Liebe. Überlegungen zu einer Soziologie des Paares. In: Sonderheft der Kölner Zeitschrift für Soziologie und Sozialpsychologie 41: 431-453

Butler, Judith (1991): Das Unbehagen der Geschlechter. Frankfurt a.M.: Suhrkamp

Cline, Sally (1999): Couples. Scene from the inside. London: Warner

Dannecker, Martin/Reiche, Reimut (1974): Der gewöhnliche Homosexuelle. Frankfurt a.M.: Fischer

Degele, Nina (2005): Heteronormativität entselbstverständlichen – Zum verunsichernden Potenzial der Queer Studies. In: Freiburger FrauenStudien. Zeitschrift für Interdisziplinäre Frauenforschung 17: 15-39

Degele, Nina/Dries, Christian/Stauffer, Anne (2002): Soziologische Überlegungen zu „Homo-Ehe", Staat und queerer Liebe. In: polymorph (Hg.): (K)ein Geschlecht oder viele? Transgender in politischer Perspektive. Berlin: 137-152

Eggen, Bernd (2001 a): Gleichgeschlechtliche Lebensgemeinschaften. 1. Teil: Methodische Aspekte und empirische Ergebnisse zur Verbreitung gleichgeschlechtlicher Lebensgemeinschaften ohne und mit Kindern. In: Baden-Württemberg in Wort und Zahl 8: 347-349

Eggen, Bernd (2001 b): Gleichgeschlechtliche Lebensgemeinschaften. 2. Teil: Familiale und ökonomische Strukturen gleichgeschlechtlicher Lebensgemeinschaften ohne und mit Kindern. In: Baden-Württemberg in Wort und Zahl 12: 579-583

Eggen, Bernd (2006): Kinder in gleichgeschlechtlichen Lebensgemeinschaften. In: Fthenakis, Wassilios E./Textor, Martin R. (Hg.): Das Online-Familienhandbuch. http://www.familienhandbuch.de (Download am 30.12.07)

Flaake, Karin (1995): Zwischen Idealisierung und Entwertung – Probleme und Perspektiven theoretischer Analysen zu weiblicher Homo- und Heterosexualität. In: Psyche 49: 867-885

Fthenakis, Wassilios, E./Ladwig, Arndt (2004): Homosexuelle Väter. In: Fthenakis, Wassilios E./Textor, Martin R. (Hg.): Das Online-Familienhandbuch. http://www.familienhandbuch.de (Download am 30.12.07)

Hänsch, Ulrike (1998): Zwischen „Anything Goes" und heterosexueller Normierung. In: Hark, Sabine (Hg.): Grenzen lesbischer Identitäten. Aufsätze. Berlin: 135-141

Hänsch, Ulrike (2003): Individuelle Freiheiten – heterosexuelle Normen in Lebensgeschichten lesbischer Frauen. Opladen: Leske + Budrich

Hark, Sabine (1993): Queer Interventionen. In: Feministische Studien 11: 103-109

Hark, Sabine (Hg.) (1996): Grenzen lesbischer Identitäten. Aufsätze. Berlin: Querverlag

Hark, Sabine (2004): Lesbenforschung und Queer Theorie. Theoretische Konzepte, Entwicklungen und Korrespondenzen. In: Becker, Ruth/Kortendiek, Beate (Hg.): Handbuch Frauen- und Geschlechterforschung. Theorie, Methoden, Empirie. Wiesbaden: 104-111

Hergemöller, Bernd-Ulrich (1999): Einführung in die Historiographie der Homosexualitäten. Tübingen: Edition diskord

Hill, Tara/Jäger, Ulle (2005): Queere Perspektiven im Spannungsfeld von Theorie und Empirie. In: Freiburger FrauenStudien. Zeitschrift für Interdisziplinäre Frauenforschung 17: 315-318

Hirschauer, Stefan (1992): Konstruktivismus und Essentialismus. Zur Soziologie des Geschlechterunterschieds und der Homosexualität. In: Zeitschrift für Sexualforschung 5: 331-345

Hoffmann, Rainer/Lautmann, Rüdiger/Pagenstecher, Lising (1993): Unter Frauen – unter Männern: homosexuelle Liebesbeziehungen. In: Auhagen, Ann E./Salisch, Maria von (Hg.): Zwischenmenschliche Beziehungen. Göttingen: 195-211

Holzbrecher, Monika et al. (2000): Diskriminierungs- und Gewalterfahrungen lesbischer Frauen. In: Zeitschrift für Sexualforschung 13: 40-63

Hradil, Stefan (2004): Die Sozialstruktur Deutschlands im internationalen Vergleich. Wiesbaden: Verlag für Sozialwissenschaften

Jagose, Annamarie (2001): Queer theory. Eine Einführung. Berlin: Quer

Kinnish, Kelly K./Strassberg, Donald S./Turner, Charles W. (2004): Geschlechtsspezifische Differenzen der Flexibilität der sexuellen Orientierung. In: Zeitschrift für Sexualforschung 17: 26-45

Koch-Burghardt, Volker (1997): Identität und Intimität. Eine biographische Rekonstruktion männlich-homosexueller Handlungsstile. Berlin: Rosa Winkel

Kokula, Ilse (1983): Formen lesbischer Subkulturen. Berlin: Verlag

Kraß, Andreas (Hg.) (2003): Queer denken. Frankfurt a.M.: Suhrkamp

Lähnemann, Lena (1999): Lesben und Schwule mit Kindern – Kinder homosexueller Eltern. Bestandsaufnahme, Ergebnisse wissenschaftlicher Untersuchungen und rechtliche Aspekte. In: Niedersächsisches Ministerium für Frauen, Arbeit und Soziales. Lebenssituation lesbischer Mütter und schwuler Väter. Dokumentation einer Anhörung am 17.5.1999: 8-11

Lähnemann, Lena (2001): Entwicklung von Familien lesbisch-schwuler Eltern. Dokumentation der Fachtagung vom 17.09.2001 zu Familien im Wandel, neue Formen des Zusammenlebens. Senatsverwaltung für Schule, Jugend und Sport. Berlin: 1-8

Lauretis, Teresa de (1991): Queer theory. Lesbian and gay sexualities. An introduction. In: different. Journal of feminist Cultural Studies 3: iii-xviii

Lautmann, Rüdiger (1992): Konstruktivismus und Sexualwissenschaft. Zur Soziologie des Geschlechterunterschieds und der Homosexualität. In: Zeitschrift für Sexualforschung 5: 219-244

Lautmann, Rüdiger (Hg.) (1993): Homosexualität. Handbuch der Theorie- und Forschungsgeschichte. Frankfurt a.M., New York: Campus

Lautmann, Rüdiger (1996): Ambivalenzen der Verrechtlichung – die gleichgeschlechtlichen Partnerschaften im Gesetzgebungsverfahren. In: Zeitschrift für Frauenforschung 14: 121-128

Lautmann, Rüdiger (2003): Ohne Leitbild? Zum Rechtsbedarf der neuen Lebensformen, am Beispiel der „Homo-Ehe". In: Allmendinger, Jutta (Hg.): Entstaatlichung und soziale Sicherheit. Verhandlungen des 31. Kongresses der Deutschen Gesellschaft für Soziologie in Leipzig. Opladen: 869-887

Lautmann, Rüdiger (2004): LSBT-Themen in Forschung und Lehre an den Hochschulen. Referat am 8.Juni 2004 beim Symposium, veranstaltet von den Senatsverwaltungen für Wissenschaft, Forschung und Kultur sowie für Bildung, Jugend und Sport in Berlin. http://www.lautmann.de (Download am 30.12.07)

Lenz, Karl (2006): Soziologie der Zweierbeziehung. Eine Einführung. 3. Aufl., Wiesbaden: Verlag für Sozialwissenschaften

Maier, Maja S. (2003): Eigengeschichten von homosexuellen Paaren. In: Lenz, Karl (Hg.): Frauen und Männer. Zur Geschlechtstypik persönlicher Beziehungen. Weinheim, München: 183-206

Maier, Maja S. (2008 a): Familien, Freundschaften, Netzwerke. Zur Zukunft persönlicher Unterstützungsbeziehungen. In: Buchen, Sylvia/Maier, Maja S. (Hg.): Älterwerden neu denken. Interdisziplinäre Perspektiven auf den demografischen Wandel. Wiesbaden: i. E.

Maier, Maja S. (2008 b): Paaridentitäten. Biografische Rekonstruktionen homosexueller und heterosexueller Paarbeziehungen. Weinheim, München: Juventa

Maihofer, Andrea/Böhnisch, Tomke/Wolf, Anne (2001): Wandel der Familie – eine Literaturstudie. Arbeitspapier 48 im Auftrag der Hans-Böckler-Stiftung. http://www.boeckler.de/pdf/p_arbp_048.pdf (Download am 30.12.07)

Mey, Jürgen (1990): Lebensform Homosexualität. Der homophile Mensch im partnerschaftlichen und beruflichen Leben. Frankfurt a.M.: Haag und Herchen

Peuckert, Rüdiger (2004): Familienformen im sozialen Wandel. Wiesbaden: Verlag für Sozialwissenschaften

Pingel, Rolf/Trautvetter, Wolfgang (1987): Homosexuelle Partnerschaften. Eine empirische Untersuchung. Berlin: Rosa Winkel

Rauchfleisch, Udo (2004): Lesbische Mütter und ihre Kinder. In: Fthenakis, Wassilios E./Textor, Martin R. (Hg.): Das Online-Familienhandbuch. http://www.familienhandbuch.de. (Download am 30.12.07)

Röhrbein, Sabine (2003): Anders sein und älter werden – Lesben und Schwule im Alter. Dokumentation der Fachtagung vom 22./23.November 2002. Berlin: Senatsverwaltung für Bildung, Jugend und Sport

Rich, Adrienne (1983): Zwangsheterosexualität und lesbische Existenz. In: Schultz, Dagmar (Hg.): Macht und Sinnlichkeit. Ausgewählte Texte von Adrienne Rich und Audre Lorde. Berlin: 173-183

Runkel, Gunter (2003): Die Sexualität in der Gesellschaft. Münster, Hamburg: LIT

Schneider, Norbert F./Rosenkranz, Doris/Limmer, Ruth (1998): Nichtkonventionelle Lebensformen. Entstehung. Entwicklung. Konsequenzen. Opladen: Leske + Budrich

Schürmann, Lena (2006): Die Konstruktion von „Hausarbeit" in gleichgeschlechtlichen Paarbeziehungen In: Rehberg, Karl-Siegbert (Hg.): Soziale Ungleichheit – Kulturelle Unterschiede. Verhandlungen des 32. Kongresses der Deutschen Gesellschaft für Soziologie in München. CD-Rom. Frankfurt a.M.: 4723-4728

Statistisches Bundesamt (Hg.) (2004): Leben und Arbeiten in Deutschland – Ergebnisse des Mikrozensus 2003. Wiesbaden: Statistisches Bundesamt

Streib, Uli (Hg.) (1991): Von nun an nannten sie sich Mütter. Lesben und Kinder. Berlin: Orlanda Frauenverlag

Streib, Uli (1996): Das lesbisch-schwule Babybuch. Ein Rechtsratgeber zu Kinderwunsch und Elternschaft. Berlin: Querverlag

Vaskovics, Laszlo A./Rupp, Martina (1995): Partnerschaftskarrieren. Entwicklungspfade nichtehelicher Lebensgemeinschaften. Opladen: Westdeutscher Verlag

Weeks, Jeffrey (2004): Same Sex Intimacies – gleichgeschlechtliche Beziehungen am Beginn des 21. Jahrhunderts. In: Richter-Appelt, Herta/Hill, Andreas (Hg.): Geschlecht zwischen Spiel und Zwang. Gießen: 251-274

Wegener, Angela (2005): Regenbogenfamilien. Lesbische und schwule Elternschaft zwischen Heteronormativität und Anerkennung als Familienform. In: Feministische Studien 23: 53-67

Persönliche Beziehungen
im Familienkontext

Beate H. Schuster und Harald Uhlendorff

Eltern-Kind-Beziehung im Kindes- und Jugendalter

Die Qualität der Beziehung zu ihren Eltern hat einen maßgeblichen Einfluss auf die psychosoziale Entwicklung von Kindern und Jugendlichen. Die in der Einleitung dieses Bandes beschriebene „existenzielle Bedeutung" von persönlicher Bindung sowie das „Moment der personellen Unersetzbarkeit" (vgl. Einleitung i. d. B.) werden zwischen Eltern und ihren Kindern noch deutlicher spürbar als in anderen sozialen Beziehungen. In diesem Beitrag wenden wir uns zunächst den Fragen zu, wie Bindung und Beziehung zwischen Eltern und Kindern sich in den ersten Lebensjahren des Kindes entwickeln, und welche Bedeutung die Qualität der Beziehung für das weitere Leben der Kinder hat. Danach gehen wir auf die Aufgabe der Eltern ein, ihre Kinder zu erziehen, d. h. sie auf eine eigenständige und erfolgreiche Lebensbewältigung in unserer Gesellschaft vorzubereiten. Abschließend wird die Frage beantwortet, wie sich die Beziehung zwischen Eltern und ihren Kindern im Jugendalter verändert, sowohl hinsichtlich ihrer emotionalen Qualität als auch hinsichtlich ihrer hierarchischen Struktur.

1. Die Entstehung der Eltern-Kind-Beziehung

Wechselseitige Regulationsprozesse und Bindung: Bereits Neugeborene verfügen über eine phylogenetisch angelegte Orientierung auf Artgenossen hin, die sich in angeborenen Fähigkeiten zeigt, wie dem selektiven Reagieren auf gesichtsähnliche Darstellungen und auf unterschiedliche menschliche Gesichter oder Stimmen (Bartrip et al. 2001). Nichtsdestotrotz brauchen Säuglinge feinfühlige Bezugspersonen, die auf ihre Signale eingehen, da sie ihr eigenes physiologisches Erregungsniveau noch nicht selbst regulieren können (Rollett 2002). Diese Bezugspersonen sind meistens die Eltern. Weltweite kulturübergreifende Beobachtungen legen nahe, dass auch Eltern angeborene Fähigkeiten haben, sich über ihre Stimme, ihre Gestik und Mimik, sowie ihren Blickkontakt gegenüber Kindern intuitiv jeweils so zu verhalten, dass sie deren Erregung regulieren können (Szagun 2000). Diese für die weitere Entwicklung der Beziehung wichtigen Prozesse der Regulierungshilfe sind allerdings störanfällig. So machen Kinder mit „schwierigen Temperament" es ihren Eltern schwerer, die unterstützenden Handlungsroutinen zur Emotionsregulation in der Beziehung zu ihnen aufzubauen (Sarimski/Papoušek 2000). Aber auch Kinder, die von sich aus wenige Reaktionen zeigen, verunsichern ihre Eltern. Auf Seiten der Eltern können Belastungen wie z. B. Armut, Partnerschaftskonflikte oder auch psychische Probleme, vor allem Depressionen, ihre intuitive Feinfühligkeit beeinträchtigen (DeWolf/van IJzendoorn 1997).

Die oftmals mit der frühen Eltern-Kind-Beziehung gleichgesetzte *Bindung* baut auf diesen wechselseitigen Regulationsprozessen auf. Von einer Bindung im engeren Sinne spricht der Bindungstheoretiker John Bowlby (1984) aber erst etwa im achten Lebensmonat des Kindes (vgl. Gahleitner i. d. B.). Die von ihm als biologisches System verstandene Bindung wird bei Gefahr aktiviert und besteht auf Seiten des Kindes aus Nähe- und Trostsuchendem Verhalten gegenüber den Eltern. Auf Seiten der Eltern umfasst sie Fürsorgehandlungen, also feinfühliges elterliches Verhalten, das Erregung und Angst des Kindes lindern kann.

Die grundlegenden Untersuchungen von Mary D. S. Ainsworth (Ainsworth et al. 1978) haben zunächst zur Unterscheidung der folgenden drei Bindungskategorien geführt:

- *Sichere Bindung*: Kinder, die sich bei Kummer offen und aktiv an ihre Eltern wenden und sich durch den Kontakt mit ihnen leicht trösten und beruhigen lassen, so dass sie sich dann wieder ihrem Spiel zuwenden können.
- *Unsicher-vermeidende Bindung*: Kinder, die bei Kummer wenig emotionale Reaktionen zeigen und nicht aktiv in die Nähe der Eltern streben. Diese Kinder wirken äußerlich kaum betroffen, sind aber innerlich sehr angespannt und belastet.
- *Unsicher-ambivalente Bindung*: Kinder, die zwar deutlich ihren Kummer zeigen und auch den Kontakt zu den Eltern suchen, dabei aber abwehrend und wütend reagieren.

Mary Main und Judith Solomon (1990) beschreiben darüber hinaus auffällige kindliche Verhaltensweisen wie Erstarren („freezing"), gleichzeitiges Zeigen gegensätzlicher Verhaltenstendenzen und abnormer Mimik, die sie als *desorganisierte Bindung* zusammenfassen, weil sie im Unterschied zu den anderen Bindungsformen keine kohärente Verhaltensstrategie des Kindes erkennen lassen. „Desorganisiertheit" wird deshalb nicht als vierte Bindungsform verstanden, sondern als weitere Dimension der Qualität von Bindung, die neben der Dimension der Sicherheit betrachtet werden kann.

Entstehungsfaktoren unterschiedlicher Bindungsformen und deren Folgen: Eine mittlerweile große Zahl auch längsschnittlicher Studien belegen, dass sowohl Faktoren auf Seiten des Kindes als auch Aspekte des elterlichen Verhaltens die Qualität der Bindung beeinflussen. So zeigen sicher gebundene Kinder häufig schon von Geburt an ein emotional ausgeglichenes, wenig irritierbares Temperament (Mangelsdorf/Frosch 2000), während man bei desorganisiert eingeschätzten Kindern häufig eine geringere Orientierungsfähigkeit sowie eine mangelnde emotionale Regulationsfähigkeit findet (Spangler/Zimmermann 1999). Mütter sicher gebundener Kinder gehen im Vergleich zu anderen Müttern intuitiv besonders feinfühlig auf die Bedürfnisse ihrer Kinder ein (Simo et al. 2000). Die Mütter unsicher-vermeidend gebundener Kinder reagieren dagegen oft wenig einfühlsam und z. T. sogar abweisend auf deren Unruhe und Kummer. Kennzeichnend für das Verhalten von Müttern unsicher-ambivalent gebundener Kinder ist ein häufiger Wechsel zwischen emotionaler Zuwendung und Nichtbeachtung ihrer Kinder (Gloger-Tippelt et al. 2000). Besonders ungünstiges elterliches Verhalten ist bei Kindern mit desorganisierter Bindung zu finden. Diese Kinder erleben häufig vernachlässigendes oder gar Furcht einflößendes Verhalten ihrer Eltern, bis hin zu körperlicher Gewalt und Missbrauch. Nicht selten sind die betroffenen Eltern selbst Opfer schwerer traumatischer Erfahrungen (Main/Hesse 1990). Eine ungünstige Bindung zwischen Mutter und Kind kann durch eine andere responsive Bezugsperson kompensiert werden (Schoppe-Sullivan et al. 2006). Gelingt es, die Risiken und Belastungen auf Seiten von Kindern und Eltern rechtzeitig zu erkennen, dann können Maßnahmen beziehungsorientierter Prävention und Intervention eingeleitet werden. Durch Trainings zur Verbesserung der Feinfühligkeit von Eltern läßt sich insbesondere das Ausmaß an Desorganisiertheit des kindlichen Bindungsverhaltens reduzieren (Juffer et al. 2005). Einen Überblick über diesbezügliche Programme gibt Ute Ziegenhain (2004).

Die Qualität der Bindung zur Mutter und zum Vater wird als ein *inneres Arbeitsmodell* für die Art und Weise angesehen, in der Kinder ihre späteren sozialen Beziehungen wahrnehmen und gestalten. Dieses innere Arbeitsmodell drückt sich zunächst im Verhalten des Kindes aus. Mit zunehmen der kognitiver Entwicklung generieren Kinder immer mehr innere Vorstellungen über die Beziehung zu ihren Eltern. Auf diese Weise entsteht die sog. Bindungsrepräsentation (Schmidt-Denter/Spangler 2005). Untersuchungen belegen, dass sich die Qualität der repräsentierten Bindung darauf auswirkt, wie Kinder mit Gleichaltrigen kommunizieren und wie sie enge Beziehungen im weiteren Lebensverlauf ausgestalten (vgl. Beitrag von Silke B. Gahleitner i. d. B.). Von Außenstehenden wie Erzieher/innen, werden Kinder mit einer sicheren Bindungsrepräsentation als sozial kompetenter und besser integriert beschrieben als unsicher und desorganisiert gebundene Kinder (Wartner et al. 1994). Kinder, die schwierige Temperamentsmerkmale, wie z. B. eine schon früh feststellbare „negative Emotionalität", aufweisen *und* eine ungünstige Bindungsorganisation erfahren, sind besonders gefährdet, später Verhaltensprobleme zu entwickeln (Pauli-Pott et al. 2007).

Weitere Differenzierungen elterlichen Verhaltens: Hier zeigt sich für Väter, dass deren herausforderndes, ermunterndes Verhalten im Spiel mit ihrem Kind einen positiven Einfluss auf die Bindungsqualität und die späteren sozialen Fähigkeiten der Kinder hat (Grossmann et al. 2002). In einer Längsschnittstudie von Nazan Aksan, Grazyna Kochanska und Margaret Ortmann (2006) mit 7 bis 15 Monate alten Kindern wird deutlich, dass Väter erst im zweiten Lebensjahr, wenn mehr motorisches Spiel möglich ist, eine ähnlich intensive Beziehung wie die Mütter zu ihren Kindern aufbauen. Die Autoren der Studie beobachteten nicht Merkmale der einzelnen Interaktionspartner sondern der Beziehung. Sie differenzieren vier Beziehungsaspekte (koordinierte Routinen, harmonische Kommunikation, gegenseitige Kooperation und emotionales Klima): Die zusammen das übergeordnete Beziehungskonstrukt „Mutual Responsive Orientation" (MRO) bilden. Hinsichtlich dieses Beziehungskonstrukts unterscheiden sich Mutter- und Vater-Kind-Beziehungen nicht grundsätzlich. Die Faktorenstruktur des Konstrukts ist bei beiden Beziehungen gleich, auch wenn für die Mutter-Kind-Beziehung zunächst höhere durchschnittliche Ausprägungen von MRO gefunden werden. Maayan Davidov und Joan E. Grusec (2006) differenzieren innerhalb des intuitiven elterlichen Verhaltens zwischen „Responsivität bei Kummer" und „elterlicher Wärme". Die mütterliche Responsivität war bei den in ihrer Studie sechs- bis achtjährigen Kindern mit einer besseren Regulation negativer Affekte verknüpft sowie mit höherer Empathie und mehr prosozialen Reaktionen gegenüber anderen. Mütterliche Wärme ging mit einer besseren Regulierung positiver Affekte und mit höherer Akzeptanz durch Gleichaltrige einher.

Zusammenfassend lassen sich somit verschiedene Aspekte des wechselseitigen Verhaltens ausmachen, die zu einer organisierten und sicheren Eltern-Kind-Beziehung beitragen. Diese Aspekte der Beziehungsqualität fördern wiederum soziale und emotionale Fähigkeiten der Kinder, welche die Gestaltung ihrer weiteren sozialen Beziehungen mitbestimmen. Deutlicher als in der Bindungsforschung, die hinsichtlich des elterlichen Verhaltens von intuitiven Fähigkeiten gegenüber Säuglingen und Kleinkindern ausgeht, hat sich die Erziehungsstilforschung damit beschäftigt, welche unterschiedlichen Verhaltensweisen und Strategien Eltern bewusst gegenüber ihren älteren Kindern einsetzen.

2. Elterlicher Erziehungsstil und seine ökologische Einbettung

Etwa seit Mitte des letzten Jahrhunderts wird die Eltern-Kind-Beziehung auch unter Fokussierung auf den elterlichen Erziehungsstil untersucht (Fuhrer 2005; Uhlendorff 2001). Einflussreiche Ansätze der Erziehungsstilforschung werden nachfolgend in ihren Grundzügen vorgestellt. Eingegangen wird dabei auf die Auswirkungen des Erziehungsstils auf Heranwachsende und auf die Einbettung elterlicher Erziehungshaltungen in sozial-ökologische Kontexte.

Erziehungsstile nach Baumrind: Diana Baumrind (z. B. 1966, 1978) interessierte sich besonders für den Grad an Kontrolle, den Eltern bei der Erziehung ausüben. Dazu differenzierte sie drei Typen elterlicher Erziehung, nämlich autoritäre, permissive und die von ihr favorisierte autoritative Erziehung. *Autoritäre* Eltern möchten, dass ihre Kinder gehorsam sind. Wenn Verhaltensweisen der Kinder nicht mit dem übereinstimmen, was die Eltern für richtig halten, werden die Kinder bestraft, um so ihren Willen zu beeinflussen. Aus Sicht der Eltern sollen die Kinder in einer untergeordneten Position bleiben. Die Eltern ermutigen nicht zu Gespräch und Austausch, weil sie glauben, dass Kinder das elterliche Wort als endgültige Entscheidung akzeptieren sollen. Autoritäre Eltern können sehr besorgt und behütend oder aber auch vernachlässigend gegenüber ihren Kindern sein. *Permissive* Eltern reagieren zustimmend und akzeptierend auf die Verhaltensimpulse ihrer Kinder. Das Ziel der ideologisch bewussten permissiven Erziehung ist es, Kinder soweit wie möglich von Zwängen zu befreien. Einige permissive Eltern sind behütend und liebevoll, andere sind stark mit sich selbst beschäftigt und bieten dem Kind Freiräume, um sich der Verantwortung für die kindliche Entwicklung zu entziehen. *Autoritative* Eltern schätzen den autonomen Willen ihrer Kinder, erwarten aber auch Gehorsam und setzen ihre Sichtweisen gegenüber den Kindern durch. Sie begründen ihre Entscheidungen gegenüber den Kindern und sprechen den Widerstand der Kinder an, wenn sie sich den elterlichen Entscheidungen widersetzen. Die autoritativen Eltern bejahen die augenblicklichen Eigenschaften ihrer Kinder, setzen aber klare Standards für künftiges Verhalten.

Nach dieser Klassifikation elterlicher Erziehungsstile gewähren autoritäre Eltern ihren Kindern kaum Freiheiten, dagegen versäumen permissive Eltern, den Handlungsspielraum ihrer Kinder zu begrenzen. Autoritativen Eltern gelingt es besser, Freiheiten und Regeln auszubalancieren, wobei Regeln allerdings deutlich stärker betont werden als Freiheiten. Hinsichtlich elterlicher Zuneigung und Wärme lassen sich die Erziehungsstile nach Diana Baumrind nicht eindeutig voneinander unterscheiden. Während Diana Baumrinds theoretische Konzeption elterlicher Erziehungsstile oft aufgegriffen wurde, wurden ihre empirischen Arbeiten aus methodischen Gründen scharf kritisiert (Uhlendorff 2001). Heute wird die typologische Einteilung nach Diana Baumrind wegen schwieriger Abgrenzungsprobleme zwischen den drei Gruppen meistens vermieden. Häufiger werden dagegen Skalen eingesetzt, die jede für sich die Konzepte autoritär, permissiv und autoritativ messen (Parental Authority Questionnaire; Buri 1990). Viele Untersuchungen zeigen Zusammenhänge zwischen autoritativer Erziehung und kindlicher Entwicklung: Autoritative Erziehung geht regelmäßig mit sozialer Kompetenz, schulischem Engagement, wenig externalisierendem Problemverhalten wie Delinquenz und wenig internalisierendem Problemverhalten wie Depression, sozialem Rückzug und mangelndem Selbstwert bei Kindern und Jugendlichen einher.

Erziehungsstile nach Maccoby und Martin: Eleanor Maccoby und John Martin (1983) entwickelten ein überaus einflussreiches und viel zitiertes zweidimensionales Schema zur Einordnung elterlicher Erziehungsstile. Anhand einer Kombination der beiden Dimensionen „elterliche fordernde Kontrolle" und „elterliche Akzeptanz", später oft „Wärme" genannt, grenzten sie vier Erziehungsstile voneinander ab (vgl. Abb. 1). Beim autoritativen Erziehungsstil orientierten sich Eleanor Maccoby und John Martin eng an den Ideen von Diana Baumrind, bei den anderen Stilen ergeben sich Bedeutungsverschiebungen im Vergleich zu den von Diana Baumrind benutzten Begriffen: So wird bei Eleanor Maccoby und John Martin der autoritäre Stil ausdrücklich als ablehnend und kalt eingeordnet, was bei Diana Baumrind nicht der Fall ist. Der permissive Stil nach Diana Baumrind wird von Eleanor Maccoby und John Martin weiter ausdifferenziert in eine nachgiebige Erziehung von warmen und akzeptierenden Eltern und eine vernachlässigende Erziehung von kalten und ablehnenden Eltern.

Abb. 1: Zweidimensionale Klassifikation von Erziehungsstilen, angelehnt an Eleanor Maccoby und John Martin (1983)

		Elterliche fordernde Kontrolle	
		Hoch	Niedrig
Elterliche Akzeptanz/ Wärme	Akzeptierend/warm	**Autoritativer** Erziehungsstil	**Nachgiebiger** Erziehungsstil
	Ablehnend/kalt	**Autoritärer** Erziehungsstil	**Vernachlässigender** Erziehungsstil

An Eleanor Maccoby und John Martin (1983) angelehnte Typologien werden heute oft in der Erziehungsstilforschung eingesetzt (z. B. Steinberg/Blatt-Eisengart 2006). Auch hier zeigen die Studien regelmäßig eine besonders günstige Entwicklung bei den Kindern autoritativer Eltern. Die Identifikation der vernachlässigenden Erziehung ermöglicht ein weiteres wichtiges Ergebnis der Erziehungsstilforschung herauszuarbeiten: Kinder vernachlässigender Eltern sind eindeutig am stärksten in ihrer Entwicklung gefährdet. Dieses Ergebnismuster findet sich auch in einer weiterführenden Studie von Leslie Simons und Rand Conger (2007). Die Autoren orientieren sich an der Typologie von Eleanor Maccoby und John Martin und vergleichen zunächst die Erziehungsstile von Müttern und Vätern innerhalb einer Familie, wobei sie Angaben von Kindern und professionelle Beobachtungen von Familieninteraktionen unabhängig voneinander auswerten. Leslie Simons und Rand Conger zeigen hohe Übereinstimmungen der beiden Elternteile hinsichtlich ihrer Erziehungshaltungen: Oftmals sind beide Elternteile autoritativ, beide nachgiebig oder beide vernachlässigend. Selten kommt dagegen vor, dass Mutter und Vater autoritär sind, wahrscheinlich weil ein autoritärer Elternteil auch vom Ehepartner keinen Widerspruch duldet. Bei längsschnittlichen Auswertungen über ein Jahr zeigt sich, dass die Kinder von zwei autoritativen Elternteilen besonders selten zu Depressionen neigen, kaum delinquente Verhaltensweisen zeigen und sich für die Schule engagieren. Ein autoritativer Elternteil kann die ungünstigere Erziehungshaltung des anderen oft kompensieren. Kinder mit vernachlässigender Mutter und vernachlässigendem Vater fühlen sich besonders depressiv, zeigen viele delinquente Verhaltensweisen und engagieren sich besonders wenig für die Schule.

Erziehungsdimensionen nach Barber: Einen anderen, nicht typologischen Zugang repräsentieren die faktorenanalytischen Ansätze der Erziehungsstilforschung aus den 60er Jahren (zusammenfassend Uhlendorff 2001). Auf der Grundlage umfassender Beschreibungen elterlicher Erziehung, vor allem anhand der 26 Skalen der CRPBS (Children's Reports of Parental Behavior Inventory; Schaefer 1965), und mit Hilfe der damals neuen computergestützten Analysemöglichkeiten sollten einheitliche Strukturen im Erziehungsgeschehen aufgedeckt werden. Viele dieser Bemühungen liefen auf die Dimensionen elterliche Wärme/Unterstützung und elterliche Kontrolle hinaus. Brian Barber (1996; Barber et al. 2005) führt diese Forschung fort und legt großen Wert darauf, spezifische Vorhersagen hinsichtlich einzelner kindlicher Entwicklungsbereiche zu leisten. Neben elterlicher Unterstützung fokussiert er auf zwei unterschiedliche Formen von Kontrolle, nämlich auf Verhaltenskontrolle und auf psychologische Kontrolle.

Bei der *Verhaltenskontrolle* geht es Brian Barber um elterliches Engagement bei der Erziehung und um angemessene Anforderungen an das Kind. Dazu fragt er z. B., ob die Eltern wissen, wo sich ihre Kinder nach der Schule aufhalten, mit wem sie befreundet sind, und ob es klare Vereinbarungen darüber gibt, wann die Kinder abends zu Hause sein sollen (monitoring). Hohe elterliche Verhaltenskontrolle geht dabei regelmäßig mit weniger antisozialem Verhalten von Kindern und Jugendlichen einher. Mit *psychologischer Kontrolle* ist eine Erziehung durch manipulativen Liebesentzug und das Herbeiführen von Schuldgefühlen gemeint. Psychologische Kontrolle – als Gegenpol zu psychologischer Autonomie – hängt mit depressiven Gefühlen und mit Selbstwertproblemen bei Kindern und Jugendlichen zusammen (Barber et al. 2005). Analysen zu den Hintergründen psychologischer Kontrolle zeigen, dass diese Art der Kontrolle vor allem von Eltern ausgeübt wird, die die Autonomieentwicklungen ihrer Kinder als bedrohlich für die enge Eltern-Kind-Beziehung erleben (Soenens et al. 2006). *Elterliche Unterstützung* hängt eng mit der sozialen Kompetenz von Kindern und Jugendlichen zusammen und verhindert depressive Entwicklungen. Zumindest am Rande sei erwähnt, dass auch die drei Dimensionen nach Brian Barber manchmal benutzt werden, um autoritatives Erziehungsverhalten zu definieren (z. B. Steinberg et al. 1989).

Erziehung in unterschiedlichen ökologischen Kontexten: Ökologische Entwicklungskonzepte (Bronfenbrenner 1979; Luster/Okagaki 2005) betonen die wichtige Rolle der kulturellen und sozialen Umfelder, in denen Entwicklung und damit auch die Gestaltung der Eltern-Kind-Beziehung stattfindet. Jay Belsky (1984) bezieht die Umfeldeinflüsse in seinem heuristischen Modell explizit auf elterliche Erziehungshaltungen. Empirische Forschungen der letzten Jahre decken neben gesellschaftlich-kulturellen Einwirkungen auf Erziehung auch Zusammenhänge zur Arbeitswelt der Eltern, zur ökonomischen Situation der Familien, zur Einbindung in soziale Netzwerke und zur Qualität der elterlichen Partnerschaft auf. Diese Zusammenhänge zwischen dem Umfeld der Familie und Erziehung werden in den folgenden Absätzen genauer betrachtet.

Der autoritative Erziehungsstil ist gut geeignet, Kinder in westliche, *individualistische* Kulturen einzuführen (Leyendecker/Schölmerich 2005). Die Wertschätzung von kindlichem Selbstbewusstsein und die Akzeptanz von Konflikten bei klaren elterlichen Vorgaben stützen die wachsende Autonomie der Kinder und ihre persönlichen Entfaltungsmöglichkeiten. In *kollektivistischen* Kulturen, z.B. in Asien und im arabischen Raum, ist die Einordnung des Individuums in die Gemeinschaft, vor allem in die Familie, ein zentrales Erziehungsziel. Dazu scheint auch autoritäre Erziehung geeignet zu sein (z.B. Ang/Goh 2006; Dwairy/Menshar 2006). Wenn sich Eltern gegenüber Kindern in kollektivistischen Kulturen autoritär verhalten, geht das oftmals mit elterlicher Wärme einher. Die Klassifikation von Eleanor Maccoby und John Martin (1983), nach der autoritäre Erziehung als ablehnend und kalt definiert wird, ist nach diesen Ergebnissen nicht für kollektivistische Gesellschaften gültig. Autoritäre Erziehungshaltungen setzen in kollektivistischen Kulturen erst gegenüber fünf- bis siebenjährigen Kindern ein. Vorher werden die Kinder von ihren Müttern bemerkenswert nachsichtig behandelt. In dieser Zeit entsteht vermutlich die Grundlage für die lebenslange tiefe Verbundenheit und Verpflichtung der Familienmitglieder untereinander (Leyendecker et al. 2005).

Elterliche Arbeitsbedingungen, insbesondere Stress im Beruf und Selbstbestimmtheit bei der Arbeit hängen mit elterlicher Erziehung zusammen: Stress im Beruf führt oft zu Gereiztheit und zu Rückzugsverhalten gegenüber Kindern (Bodenmann 2002; Repetti/Wood 1997). Dagegen fördern beruflich selbstbestimmte Eltern auch die kindliche Selbstbestimmtheit und nehmen Konformitätsanforderungen gegenüber Kindern zurück (Grimm-Thomas/Perry-Jenkins 1994). Das gilt auch, wenn die Schulbildung der Eltern als Indikator für die soziale Schicht der Familien in die Analysen einbezogen wird (Greenberger et al. 1994). Ernst H. Hoff (2003) warnt allerdings davor, nur einseitige Auswirkungen der Arbeitswelt auf das Familienleben zu erwarten, denn hier sind vielfältige Wechselwirkungen möglich.

Familiale Armut geht mit Feindseligkeit, ungenügender Unterstützung und mangelhafter Involviertheit von Eltern gegenüber ihren Kindern einher (Metaanalyse von Grant et al. 2003; Walper 2005). Vermutlich wirken sich die finanziellen Probleme über die daraus entstehenden psychischen Belastungen und Spannungen zwischen den Eltern auf die Erziehung aus. Jenni Leionen, Tytti Solantaus und Raija-Leena Punamäki (2003) zeigen, dass soziale Unterstützung von Freunden und Verwandten, die aus familialer Armut entstandene Feindseligkeit bei der Erziehung abpuffern kann.

Soziale Unterstützung von Freunden und Verwandten wirkt sich günstig auf elterliche Erziehungshaltungen aus (Uhlendorff 2001) und zwar insbesondere bei jungen allein erziehenden Müttern und bei ökonomischen Problemen in den befragten Familien. Bei weniger benachteiligten Gruppen ist der Zusammenhang zwischen sozialer Unterstützung und Erziehungshaltungen nicht mehr so deutlich (z.B. Bakel/Riksen-Walraven 2002). Unterstützung aus der Verwandtschaft geht mit traditionell behütender Erziehung einher, Unterstützung aus dem Freundeskreis mit permissiveren, Freiraum gewährenden Erziehungshaltungen (Uhlendorff 2001). Freunde der Eltern sind wichtige Gesprächspartner bei Erziehungsfragen, so ist die Bereitschaft einen Rat von Freunden anzunehmen und die Zufriedenheit mit der Beratung deutlich höher als bei Verwandten (Smolka 2003).

Nach der von Osnat Erel und Bonnie Burman (1995) metaanalytisch bestätigten Spill-over-Hypothese werden positive wie auch negative Gefühle der Eltern, die sich auf die Paarbeziehung beziehen, ebenfalls in der Eltern-Kind-Beziehung ausgedrückt. In glücklichen Partnerschaften werden Kinder besonders behütend erzogen (Uhlendorff 2001). Partnerschaftskonflikte gehen dagegen mit strengen Disziplinanforderungen und mangelnder Akzeptanz gegenüber Kindern und Jugendlichen einher (Metaanalyse von Krishnakumar/Buehler 2000). Nach Sabine Walper, Joachim Kruse, Peter Noack und Beate Schwarz (2004) fühlen sich Jugendliche bei Partnerschaftskonflikten zwischen ihren Müttern und Vätern hin- und her gerissen. Mütter ohne Partner sind weniger behütend gegenüber ihren Kindern und gewähren den Kindern mehr Entscheidungsspielräume und Mitspracherechte als Mütter, die ihre Kinder gemeinsam mit einem Lebensgefährten erziehen (Uhlendorff et al. 2002). Diese Situation führt bei allein erziehenden Müttern und ihren Kindern oft zu einer für beide Seiten befriedigenden Beziehung, manche Kinder sind von diesen Herausforderungen und Verantwortlichkeiten allerdings überfordert (Hetherington 1991).

Zusammenfassend ergeben sich klare Zusammenhänge zwischen elterlichem Erziehungshaltungen, kindlicher Entwicklung und dem ökologischen Kontext, in dem sich die Familien bewegen. Längsschnittliche Untersuchungen der letzten Jahre (z.B. Barber et al. 2005; Simons/Conger 2007) legen sogar nahe, von eindeutigen Einflüssen der elterlichen Erziehung auf Kinder zu sprechen. Damit wird nicht ausgeschlossen, dass auch Kinder und insbesondere Jugendliche die Eltern-Kind-Beziehung beeinflussen. Darauf wird im nächsten Abschnitt näher eingegangen

3. Veränderungen in der Eltern-Kind-Beziehung von der mittleren Kindheit bis zum Jugendalter

In den ersten Lebensjahren stellt die Beziehung zu den Eltern den wesentlichen Kontext der kindlichen Entwicklung dar. Spätestens aber mit dem Eintritt in die Schule gehen Kinder vielfältige und intensive Beziehungen zu Gleichaltrigen ein. Die Beobachtung der Unterschiede zwischen Gleichaltrigen-Beziehungen und der Eltern-Kind-Beziehung hat sich entwicklungspsychologisch als besonders fruchtbar erwiesen.

Eltern-Kind-Beziehungen versus Gleichaltrigenbeziehungen: Der Schweizer Entwicklungspsychologe Jean Piaget (1983: 113 ff.) beschreibt in seinen, in den 1920/30er Jahren entstandenen Arbeiten die Beziehung zwischen Eltern und Kindern als durch „Zwang" und „einseitige Achtung des Kleinen vor dem Großen" gekennzeichnet, während die Beziehung zwischen Kindern und Gleichaltrigen durch „gegenseitige Achtung" und „Zusammenarbeit" bestimmt wird. Obwohl seine Charakterisierungen aus heutiger Sicht überspitzt erscheinen, hat er auf einen wichtigen Unterschied aufmerksam gemacht: Kinder tendieren in der Beziehung zu ihren Eltern dazu, deren Sichtweisen und Regeln nicht zu hinterfragen, sondern unreflektiert zu übernehmen. Erst durch den Austausch und den Konflikt mit Gleichaltrigen gelangen Kinder zu eigenständigen Sichtweisen.

An diese Vorstellungen anknüpfend hat der US-amerikanische Kinder- und Jugendforscher James Youniss (1994) die unterschiedlichen Formen des wechselseitigen Austauschs oder der „Reziprozität" in Gleichaltrigen- und in Eltern-Kind-Beziehungen untersucht. Während Interaktionen zwischen Gleichaltrigen zumeist durch *symmetrische* Reziprozität gekennzeichnet sind, bei der beide Interaktionspartner gleiche Freiheiten und Handlungsmöglichkeiten genießen, zeichnen sich Interaktionen zwischen Eltern und Kindern durch eine *unilateral-komplementäre* Reziprozität aus. Die Eltern geben einseitig zentrale Elemente des Austauschs vor und die Kinder neigen dazu, die komplementären Handlungen beizusteuern. Studien bestätigen diese Unterschiede und weisen auf Zusammenhänge zwischen den Interaktionserfahrungen in beiden Beziehungsformen hin. Ann C. Kruger und Michael Tomasello (1986) beobachteten zum Beispiel, dass gleichaltrige Freunde sich gegenseitig mehr Fragen stellten und ihre Interaktionsbeiträge wesentlich gleichmäßiger verteilt waren als im Gespräch mit ihren Eltern. Beate Schuster, Hans Oswald und Lothar Krappmann (1992) fanden, dass Kinder sich das unilateral lenkende Verhalten ihrer Mütter umso weniger gefallen ließen, je besser sie in Gleichaltrigenbeziehungen integriert waren, in denen sie symmetrische Interaktionen erlebten.

Eltern-Kind-Beziehung im Jugendalter: Im Jugendalter verändern sich die Beziehungen zwischen Eltern und Kindern. Ausschlaggebend dafür sind die symmetrischen Beziehungserfahrungen mit Gleichaltrigen, die wachsenden Möglichkeiten selbstreflexiven Denkens sowie die einsetzende Pubertät mit ihren körperlich-physiologischen Prozessen. Das Zusammenspiel dieser Veränderungen führt dazu, dass die Heranwachsenden nicht mehr als Kinder angesehen werden wollen, sondern mehr Autonomie in der Beziehung zu ihren Eltern einfordern (Steinberg 1999). In dem damit einsetzenden Prozess der Transformation der Beziehung sind Eltern und Kindern gefordert, die Regeln ihrer Beziehung neu auszuhandeln.

Die Vorstellungen dazu, wie dieser Transformationsprozess typischerweise verläuft, haben sich in den letzten 50 Jahren deutlich gewandelt. Großen Einfluss auf die heutigen theoretischen Ansätze zur Eltern-Kind-Beziehung im Jugendalter hatten die auf klinischen Fallstudien beruhenden Arbeiten Sigmund und Anna Freuds. Sie postulierten, dass Heranwachsende sich im

Jugendalter emotional von ihren Eltern lösen müssten und dass dazu starke Konflikte mit den Eltern nötig seien (Freud 1958).

Obwohl sich die Annahmen dieser psychoanalytischen „Ablöse- und Konflikttheorien" nach der Durchführung großer Survey-Studien mit nichtklinischen Stichproben (z. B. Offer 1969) als nicht haltbar erwiesen, gab es in der Forschung eine ausgeprägte Diskussion darüber, wie emotionale Autonomie, als zentrales Merkmal einer veränderten Eltern-Kind-Beziehung zu konzeptualisieren ist und welche Bedeutung sie für die Entwicklung Jugendlicher hat. Ausgangspunkt dieser sog. „detachment-Debatte" war ein von Laurence Steinberg und Susan B. Silverberg (1986) konstruierter Fragebogen, die „Emotional Autonomy Scale" (EA-S). Das vier Bereiche (Subskalen: parental deidealization, perceive parents as people, nondependency, individuation) umfassende Instrument wurde kritisiert, weil hohe EA-Werte zumeist mit einer unsicheren und wenig unterstützenden Beziehung zu den Eltern verknüpft waren (Ryan/Lynch 1989) und zudem mit internalen (z. B. Stress) und externalen Problemen (z. B. deviantes Verhalten) der befragten Jugendlichen einhergingen (Beyers/Goossens 1999). Kritiker sehen die EA-Skala deshalb eher als ein Maß für „Ablösung" (detachment) als für emotionale Autonomie. Differenzierende Untersuchungen zeigen, dass hohe EA-Werte nur bei solchen Jugendlichen mit einer günstigen sozialen und schulischen Entwicklung einhergehen, die in einem kalten, eher abweisenden familiären Klima aufwuchsen. Bei Jugendlichen aus Elternhäusern mit einem warmen Familienklima haben hohe EA-Werte dagegen negative Auswirkungen (Fuhrman/Holmbeck 1995).

Die Kritiker der EA-Konzeption Richard M. Ryan und John H. Lynch (1989) stehen der Bindungstheorie nahe und betonen die Seite der Kontinuität der emotionalen Bindung im Jugendalter. In dem auf die Arbeiten von James Youniss und Jaqueline Smollar (1985) sowie Harold D. Grotevant und Catherine R. Cooper (1985) zurückgehenden nunmehr als „Individuationstheorie" bezeichneten Ansatz wird dagegen beides betont, die Kontinuität aber auch die Veränderung der Beziehung. Ihren Forschungen zufolge verändern sich im Jugendalter die Interaktionen zwischen Eltern und Kindern. Die unilateral-komplementäre Struktur der Interaktionen weicht einer stärker symmetrischen Struktur, in der auch die Jugendlichen ihre Standpunkte vertreten und dadurch ihre *Individualität* entfalten. Diese Veränderung forciert aber nicht einen Bruch oder ein Nachlassen der emotionalen *Verbundenheit* mit den Eltern, sondern vielmehr deren Transformation. James Youniss führt das darauf zurück, dass Kinder wie auch Eltern im Jugendalter realisieren, dass ihre Beziehung nicht mehr auf einseitiger Abhängigkeit beruht und der Fortbestand der Beziehung nicht erzwungen werden kann, sondern freiwillig ist und daher bewusst gepflegt werden muss (Youniss 1994).

Während die Annahmen von James Youniss und Jaqueline Smollar (1985) auf Befragungen von Jugendlichen und ihren Eltern beruhen, haben Harold

D. Grotevant und Catherine R. Cooper (1985) die Interaktionen direkt beobachtet. Sie entwickelten ein Kategoriensystem und ermittelten faktorenanalytisch Verhaltensdimensionen, die die beiden zentralen Aspekte der Individuation – Individualität und Verbundenheit – abbilden. Ihre Ergebnisse zeigen, dass ein ausgewogenes Maß an Individualität und Verbundenheit in der Interaktion mit den Eltern mit einer fortgeschritteneren sozialkognitiven Entwicklung Heranwachsender, gemessen an Aspekten wie dem Grad der Ich-Entwicklung, der Fähigkeit zur Rollenübernahme und dem Identitätsstatus, verknüpft ist (Cooper et al. 1983; Grotevant/Cooper 1985).

Obwohl die Annahmen der Individuationstheorie mittlerweile als bestätigt gelten (Hofer 2003), haben weitere Untersuchungen eine Reihe von Differenzierungen aufgezeigt. So ist deutlich geworden, dass sich die Veränderungen in den Interaktionen zwischen Eltern und ihren jugendlichen Kindern nur sehr langsam vollziehen. Selbst bei älteren Jugendlichen findet sich noch eine deutlichere Asymmetrie in der Interaktion mit ihren Eltern im Vergleich zu ihren Interaktionen mit Gleichaltrigen (Pikowsky 1998). Deutlich geworden ist zudem, dass die Individualität und damit auch Autonomie der Jugendlichen nicht gleichmäßig über alle Lebensbereiche hinweg wächst. Judith G. Smetana und Pamela Asquith (1994) unterscheiden diesbezüglich einen moralischen, einen konventionellen und einen persönlichen Bereich. Ihre Studien mit Familien zeigen, dass Heranwachsende im persönlichen Bereich eher Autonomie erwarten und einfordern, während sie bei Fragen aus dem moralischen und dem konventionellen Bereich häufiger ihren Eltern weiterhin Autorität zugestehen. Jan G. Masche (2006) weist darauf hin, dass die Beziehung zu den Eltern im Jugendalter noch nicht in dem Sinne symmetrischer wird, dass Jugendliche ihre Eltern in demselben Maße emotional unterstützen, wie die Eltern es umgekehrt ihnen gegenüber tun.

Auch die individuationstheoretische Annahme einer sich zwar transformierenden, aber dennoch kontinuierlich fortbestehenden engen Eltern-Kind-Beziehung im Jugendalter ist durch neue Studien differenziert worden. So hat sich gezeigt, dass es am Anfang des Individuationsprozesses zu mehr Konflikten zwischen Eltern und ihren heranwachsenden Kindern kommt, die mit einer vorübergehenden Verschlechterung der emotionalen Verbundenheit einhergehen (Kreppner/Ullrich 1999). Besonders durch den Pubertätsbeginn sind Eltern oft verunsichert und neigen zu einer stärker kontrollierend-strengen Haltung, gegen die die Heranwachsenden opponieren (Schuster 2004). Bei problematischen Verläufen des Individuationsprozesses ist die emotionale Verbundenheit zwischen Jugendlichen und ihren Eltern durchgehend niedrig und nur die Individualität bzw. Abgrenzung steigt über die Zeit an. Jugendliche, für die dieser Beziehungsverlauf kennzeichnend ist, sind psychosozial schlechter angepasst, beurteilt nach Indikatoren wie Depression und Aggression (Noack/Puschner 1999).

Die Aufdeckung typischer Probleme im Erziehungs- und Individuationsprozess hat dazu beigetragen, spezifische Interventionsmöglichkeiten zu erarbeiten. Neben Programmen, die sich direkt auf die Verbesserung der familiären Interaktion und Erziehung richten, wie z. B. das auch in deutscher Version vorliegende „Positive Parenting Program" (Hahlweg et al. 2001; s. a. Fuhrer 2007), sind auch indirekte Herangehensweisen in der Diskussion. Den Hintergrund dafür bilden Forschungen von James Youniss, wonach den Beziehungen von Jugendlichen zu gesellschaftlichen Institutionen, z. B. bei gemeinnützigen Tätigkeiten, eine wichtige Rolle für die Identitätsentwicklung zukommt (Youniss/Yates 1997; s. a. Kuhn/Buhl 2006). Erfahrungen in solchen Institutionen und ihren Programmen beeinflussen ähnlich wie die Interaktionserfahrungen mit Gleichaltrigen auch die Beziehung der Jugendlichen zu ihren Eltern. In einer qualitativen Studie von Reed W. Larson et al. (2007) berichteten Jugendliche, dass sie durch die Teilnahme an gemeinnützigen Programmen mehr Selbstvertrauen erlebten. Auch von ihren Eltern fühlten sie sich mehr geachtet und respektiert. Die Autoren vermuten, dass die Jugendlichen und ihre Eltern die mit den Programmen verknüpften übergeordneten Ziele teilen, wodurch offenbar mehr gegenseitige Achtung möglich wird. Auch in Deutschland werden Überlegungen angestellt, wie solche Programme für Jugendliche aussehen könnten (Hofer/Buhl 2000).

Literatur

Ainsworth, Mary D. S./Blehar, Mary C./Waters, Everett (1978): Patterns of attachment. A psychological study of the strange situation. Hillsdale: Erlbaum

Aksan, Nazan/Kochanska, Grazyna/Ortmann, Margaret R. (2006): Mutually responsive orientation between parents and their young children: Toward methodological advances in the science of relationships. In: Developmental Psychology 42: 833-848

Ang, Rebecca P./Goh, Dion H. (2006): Authoritarian parenting style in Asian societies: A cluster-analytic investigation. In: Contemporary Family Therapy 28: 131-151

Bakel, Hedwig J. A. van/Riksen-Walraven, J. Marianne van (2002): Parenting and development of one-year-olds: Links with parental, contextual, and child characteristics. In: Child Development 73: 256-273

Barber, Brian. K. (1996): Parental psychological control: Revisiting a neglected construct. In: Child Development 67: 3296-3319

Barber, Brian K./Stolz, Heidi E./Olsen, Joseph A. (2005): Parental support, psychological control, and behavioral control: Assessing relevance across time, method, and culture. In: Monographs of the Society for Research in Child Development 70: 1-149

Bartrip, Jon/Morton, John/De Schonen, Scania (2001): Responses to mother's face in 3-week to 5-months-old infants. In: British Journal of Developmental Psychology 19: 219-232

Baumrind, Diana (1966): Effects of authoritative parental control on child behavior. In: Child Development 37: 887-907

Baumrind, Diana (1978): Parental disciplinary patterns and social competence in children. In: Youth and Society 9: 239-276

Belsky, Jay (1984): The determinants of parenting: A process model. In: Child Development 55: 83-96

Beyers, Wim/Goossens, Luc (1999): Emotional autonomy, psychosocial adjustment and parenting: Interactions, moderation and mediating effects. In: Journal of Adolescence 22: 753-769

Bodenmann, Guy (2002): Die Bedeutung von Stress für die Familienentwicklung. In: Rollett, Brigitte/Werneck, Harald (Hg.): Klinische Entwicklungspsychologie der Familie. Göttingen: 243-265

Bowlby, John (1984, Orig.: 1969): Bindung. Frankfurt a.M.: Fischer

Bronfenbrenner, Urie (1979): The ecology of human development. Cambridge, MA: Harvard University Press

Buri, John (1990): Parental authority questionnaire. In: Journal of Personality Assessment 57: 110–119

Cooper, Catherine R./Grotevant, Harold D./Condon, Sherri M. (1983): Individuality and connectedness in the family as a context for adolescent identity formation and role taking skill. In: Grotevant, Harold D./Cooper, Catherine R. (ed): Adolescent development in the family: New directions for child development. San Francisco: 43-59

Davidov, Maayan/Grusec, Joan E. (2006): Untangling the links of parental responsiveness to distress and warmth to child outcomes. In: Child Development 77: 44-58

De Wolff, Marianne S./IJzendoorn, Marinus H. van (1997): Sensitivity and attachment: A meta-analysis on parental antecedents of infant attachment. In: Child Development 68: 571-591

Dwairy, Marwan/Menshar, Kariman E. (2006): Parenting style, individuation, and mental health of Egyptian adolescents. In: Journal of Adolescence 29: 103-117

Erel, Osnat/Burman, Bonnie (1995): Interrelatedness of marital relations and parent-child relations: A meta-analytic review. In: Psychological Bulletin 118: 108-132

Freud, Anna (1958): Adolescence. In: The Psychoanalytic Study of the Child 13: 255-278

Fuhrer, Urs (2005): Lehrbuch Erziehungspsychologie. Bern: Huber

Fuhrer, Urs (2007): Erziehungskompetenz – Was Eltern und Familien stark macht. Bern: Huber

Fuhrman, Teresa/Holmbeck, Grayson N. (1995): A contextual moderator analysis of emotional autonomy and adjustment in adolescence. In: Child Development 66: 793-811

Gloger-Tippelt, Gabriele/Vetter, Jürgen/Rauh, Hellgard (2000): Untersuchungen mit der „Fremden Situation" in deutschsprachigen Ländern: ein Überblick. In: Psychologie in Erziehung und Unterricht 47: 87-98

Grant, Katryn E./Compas, Bruce E./Stuhlmacher, Alice F./Thurm, Audrey E./ McMahon, Susan D./Halper, Jane A. (2003): Stressors and child and adolescent psychopathology: Moving from markers to mechanisms of risk. In: Psychological Bulletin 129: 447-466

Greenberger, Ellen/O'Neil, Robin/Nagel, Stacey K. (1994): Linking workplace and homeplace: Relations between the nature of adults world and their parenting behaviors. In: Developmental Psychology 30: 990-1002

Grimm-Thomas, Karen/Perry-Jenkins, Maureen (1994): All in a day's work: Job experiences, self-esteem, and fathering in working-class families. In: Family Relation 43: 174-181

Grossmann, Karin/Grossmann, Klaus/Fremmer-Bombik, Elisabeth/Kindler, Heinz/ Scheuerer-Englisch, Hermann/Zimmermann, Peter (2002): The uniqueness of the child-father attachment relationship: Fathers sensitive and challenging play as a pivotal variable in a 16-year longitudinal study. In: Social Development 11: 307-331

Grotevant, Harold D./Cooper, Catherine R. (1985): Patterns of interaction in family relationships and the development of identity exploration in adolescence. In: Child Development 56: 415-428

Hahlweg, Kurt/Kuschel, Annett/Miller, Yvonne/Lübcke, Anne/Köppe, Evi/Sanders, Matthew R. (2001): Prävention kindlicher Verhaltensstörungen: Triple P – ein mehrstufiges Programm zu positiver Erziehung. In: Walper, Sabine/Pekrun, Reinhard (Hg.): Familie und Entwicklung. Aktuelle Perspektiven der Familienpsychologie. Göttingen: 405-423

Hetherington, E. Mavis (1991): Presidential address: Families, lies, and videotapes. In: Journal of Research on Adolescence 1: 323-348

Hofer, Manfred (2003): Selbständig werden im Gespräch. Wie Jugendliche und Eltern ihre Beziehung verändern. Göttingen: Verlag Hans Huber

Hofer, Manfred/Buhl, Monika (2000): Soziales Engagement Jugendlicher: Überlegungen zu einer technologischen Theorie der Programmgestaltung. In: Kuhn, Hans-Peter/Uhlendorff, Harald/Krappmann, Lothar (Hg.): Sozialisation zur Mitbürgerlichkeit. Opladen: 95-111

Hoff, Ernst H. (2003): Berufs- und Privatleben: Komplexe Relationen und reflexive Identität. In: Bolder, Axel/Witzel, Andreas (Hg.): Berufsbiographien. Beiträge zu Theorie und Empirie ihrer Bedingungen, Genese und Gestaltung. Opladen: 79-96

Juffer, Femmie/Bakermans-Kranenburg, Marian J./IJzendoorn, Marinus H. van (2005): The importance of parenting in the development of disorganized attachment: Evidence from a preventive intervention study in adoptive families. In: Journal of Child Psychology and Psychiatry 46: 263-274

Kreppner, Kurt/Ullrich, Manuela (1999): Ablöseprozesse in Trennungs- und Nicht-Trennungsfamilien: Eine Betrachtung von Kommunikationsverhalten in Familien mit Kindern im frühen bis mittleren Jugendalter. In: Walper, Sabine/ Schwarz, Beate (Hg.): Was wird aus den Kindern: Chancen und Risiken für die Entwicklung von Kindern aus Trennungs- und Stieffamilien. Weinheim, München: 91-120

Krishnakumar, Ambica/Buehler, Cheryl (2000): Interparental conflict and parenting behaviors: A meta-analytic review. In: Family Relations 49: 25-44

Kruger, Ann C./Tomasello, Michael (1986): Transactive discussions with peers and adults. In: Developmental Psychology 2: 73-84

Kuhn, Hans Peter/Buhl, Monika (2006): Persönlichkeitsentwicklung durch gesellschaftliches Engagement im Jugendalter. In: Journal für politische Bildung 1: 30-38

Larson, Reed W./Pearce, Nickki/Sullivan, Patrick J./Jarrett, Robin L. (2007): Participation in youth programs as a catalyst for family autonomy with connection. In: Journal of Youth and Adolescence 36: 31-45

Leionen, Jenni. A./Solantaus, Tytti S./Punamäki, Raijy-Leena (2003): Social support and the quality of parenting under economic pressure and workload in Finland: The role of family structure and parental gender. In: Journal of Family Psychology 17: 409-418

Leyendecker, Birgit/Schölmerich, Axel (2005): Familie und kindliche Entwicklung im Vorschulalter: Der Einfluss von Kultur und sozioökonomischen Faktoren. In: Fuhrer, Urs/Uslucan, Haci-Halil (Hg.): Familie, Akkulturation und Erziehung. Stuttgart: 17-39

Leyendecker, Birgit/Harwood, Robin L./Comparini, Lisa/Yalcinkaya, Alev (2005): Socioeconomic status, ethnicity, and parenting. In: Luster, Tom/Okagaki, Lynn (Hg.): Parenting: An ecological perspective. Mahwah: 319-341

Luster, Tom/Okagaki, Lynn (2005): Parenting: An ecological perspective. Mahwah: Erlbaum

Maccoby, Eleanor E./Martin, John A. (1983): Socialisation in the context oft the family: Parent-child interaction. In: Mussen, Paul H. (Hg.): Handbook of child psychology, Volume 4. New York: 1-101

Main, Mary/Hesse, Erik (1990): Parents unresolved traumatic experiences are related to infant disorganized attachment status: Is frightened and/or frightening parental behavior the linking mechanism? In: Greenberg, Mark T./Cicchetti, Dante/Cummings, E. Mark (ed): Attachment in the preschool years. Theory, research, and intervention. Chicago: 161-182

Main, Mary/Solomon, Judith (1990): Procedures for identifying infants as disorganized/disoriented during the Ainsworth strange situation. In: Greenberg, Mark T./Cicchetti, Dante/Cummings, E. Mark (ed): Attachment in the preschool years. Theory, research, and intervention. Chicago: 121-160

Mangelsdorf, Sarah C./Frosch, Cynthia A. (2000): Temperament and attachment: One construct or two? In: Reese, Hayne W. (ed): Advances in child development and behavior, Vol. 27. New York: 181-220

Masche, Jan Gowert (2006): Eltern-Kind-Beziehung und Elternverhalten bei 13- und 16-Jährigen: Individuation oder Ablösung? In: Zeitschrift für Soziologie der Erziehung und Sozialisation 26: 7-22

Noack, Peter/Puschner, Bernd (1999): Differential trajectories of parent-child relationships and psychosocial adjustment in adolescents. In: Journal of Adolescence 22: 795-804

Offer, Daniel (1969): The psychological world of the teenager. New York: Basic

Pauli-Pott, Ursula/Haverkock, Antje/Pott, Wilfried/Beckmann, Dieter (2007): Negative emotionality, attachment quality, and behavior problems in early childhood. In: Infant Mental Health Journal 28: 39-53

Piaget, Jean (1983): Das moralische Urteil beim Kinde. Stuttgart: Klett-Cotta

Pikowsky, Birgit (1998): Konfliktgespräche jugendlicher Mädchen mit Mutter, Schwester und Freundin. In: Zeitschrift für Pädagogische Psychologie 12: 179-190

Repetti, Rena L./Wood, Jennifer (1997): Effects of daily stress at work on mothers' interactions with preschoolers. In: Journal of Family Psychology 11: 90-108

Rollett, Brigitte (2002): Frühe Kindheit, Störungen, Entwicklungsrisiken, Förderungsmöglichkeiten. In: Oerter, Rolf/Montada, Leo (Hg.): Entwicklungspsychologie. 5., vollständig überarbeitete Auflage. Weinheim: 713-739

Ryan, Richard M./Lynch, John H. (1989): Emotional autonomy versus detachment: Revisiting the vicissitude of adolescence and young adulthood. In: Child Development 60: 340-356

Sarimski, Klaus/Papoušek, Mechthild (2000): Eltern-Kind-Beziehung und die Entwicklung von Regulationsstörungen. In: Petermann, Franz/Niebank, Kay/Scheithauer, Herbert (Hg.): Risiken in der frühkindlichen Entwicklung. Göttingen: 199-222

Schaefer, Earl S. (1965): A circumplex model for maternal behavior. In: Journal of Abnormal Social Psychology 59: 226-235

Schmidt-Denter, Ullrich/Spangler, Gottfried (2005): Entwicklung von Beziehungen und Bindungen. In: Asendorpf, Jens B. (Hg.): Soziale, emotionale und Persönlichkeitsentwicklung. Göttingen: 425-523

Schoppe-Sullivan, Sarah J./Diener, Marissa L./Mangelsdorf, Sarah C./Brown, Geoffrey L./McHale, Jean L./Frosch, Cynthia A. (2006): Attachment and sensitivity in family context: The roles of parent and infant gender. In: Infant and Child Development 15: 367-385

Schuster, Beate/Oswald, Hans/Krappmann, Lothar (1992): Children's social integration and negotiation patterns in mother-child and child-peer dyads. Paper presented at the Vth European Conference on Developmental Psychology, Sevilla

Schuster, Beate (2004): Wechselseitige Einflüsse zwischen Menarchezeitpunkt und Individuation in der Beziehung zur Mutter bei präadoleszenten Mädchen. In: Zeitschrift für Entwicklungspsychologie und Pädagogische Psychologie 36: 160-168

Simo, Sandra/Rauh, Hellgard/Ziegenhain, Ute (2000): Mutter-Kind-Interaktionen im Verlauf der ersten 18 Lebensmonate und Bindungssicherheit am Ende des 2. Lebensjahres. In: Psychologie in Erziehung und Unterricht 47: 118-141

Simons, Leslie G./Conger, Rand D. (2007): Linking mother-father differences in parenting to a typology of family parenting styles and adolescent outcomes. In: Journal of Family Issues 28: 212-241

Smetana, Judith G./Asquith, Pamela (1994): Adolescents' and parents' conception of parental authority and personal autonomy. In: Child Development 65: 1147-1162

Smolka, Adelheid (2003): Beratungsbedarf und Informationsstrategien im Erziehungsalltag. Ifb-Materialien Nr. 5-2002. Bamberg: Universität Bamberg, Staatsinstitut für Familienforschung

Soenens, Bart/Vansteenkiste, Marten/Duriez, Bart/Goossens, Luc (2006): In search of the sources of psychological controlling parenting: The role of parental separation anxiety and parental maladaptive perfectionism. In: Journal of Research on Adolescence 16: 539-559

Spangler, Gottfried/Zimmermann, Peter (1999): Bindung und Anpassung im Lebenslauf: Erklärungsansätze und empirische Grundlagen für Entwicklungsprognosen. In: Oerter, Rolf/von Hagen, Cornelia/Röper, Gisela/Noam, Gil (Hg.): Klinische Entwicklungspsychologie. Weinheim: 170-194

Steinberg, Laurence (1999): Adolescence, 5th ed. New York: McGraw-Hill

Steinberg, Laurence/Blatt-Eisengart, Ilana (2006): Patterns of competence and adjustment among adolescents from authoritative, authoritarian, indulgent, and neglectful homes: A replication in a sample of serious offenders. In: Journal of Research on Adolescence 16: 47-58

Steinberg, Laurence/Elmen, Julie D./Mounts, Nina S. (1989): Authoritative parenting, psychosocial maturity, and academic success among adolescents. In: Child Development 60: 1424-1436

Steinberg, Laurence/Silverberg, Susan B. (1986): The vicissitudes of autonomy in early adolescence. In: Child Development 57: 841-851

Szagun, Gisela (2000): Sprachentwicklung beim Kind. Weinheim: Beltz

Uhlendorff, Harald (2001): Erziehung im sozialen Umfeld: eine empirische Untersuchung über elterliche Erziehungshaltungen in Ost- und Westdeutschland. Opladen: Leske + Budrich

Uhlendorff, Harald/Artelt, Cordula/Krappmann, Lothar (2002): Selbstverantwortung von Kindern und kontrollierende Erziehungseinstellungen von Müttern in Ein- und Zwei-Eltern-Familien. In: Psychologie in Erziehung und Unterricht 49: 287-301

Walper, Sabine (2005): Tragen Veränderungen in den finanziellen Belastungen von Familien zu Veränderungen in der Befindlichkeit von Kindern und Jugendlichen bei? In: Zeitschrift für Pädagogik 51: 170-191

Walper, Sabine/Kruse, Joachim/Noack, Peter/Schwarz, Beate (2004): Parental separation and adolescents' felt insecurity with mothers: Effect of financial hardship, interparental conflict and maternal parenting in East and West Germany. In: Marriage & Family Review 36: 115-145

Wartner, Ulrike G./Grossmann, Karin/Fremmer-Bombik, Elisabeth/Suess, Gerhard J. (1994): Attachment patterns at age six in south Germany: Predictability from infancy and implications for preschool behavior. In: Child Development 65: 1014-1027

Youniss, James/Smollar, Jaqueline (1985): Adolescent relations with mothers, fathers, and friends. Chicago, IL: University of Chicago Press

Youniss, James (1994): Soziale Konstruktion und psychische Entwicklung. Hg. von Krappmann, Lothar/Oswald, Hans. Frankfurt a.M.: Suhrkamp

Youniss, James/Yates, Miranda (1997): Community service and social responsibility in youth. Chicago, IL: University of Chicago Press

Ziegenhain, Ute (2004): Beziehungsorientierte Prävention und Intervention in der frühen Kindheit. In: Psychotherapeut 49: 243-251

Gabriela Zink und Hubert Jall

Eltern-Kind-Beziehung im Erwachsenenalter

Über die gesamte Lebenszeit kommt der Eltern-Kind-Beziehung ein hoher Stellenwert zu. Aus einer lebenslaufbezogenen Perspektive betrachtet, fällt auf, dass diese Beziehungsform über die verschiedenen Lebensalter aber unterschiedlich stark zum Gegenstand der Forschung gemacht wurde.

Besonders hoch ist das wissenschaftliche Interesse an Eltern-Kind-Beziehungen, solange die nachwachsende Generation in der Kindheit ist. In sozialisationstheoretischen und entwicklungspsychologischen Studien wird die herausragende Bedeutung der Eltern-Kind-Beziehung in den ersten Lebensjahren für Herstellung von Bindungen und einer insgesamt optimalen Entwicklung aufgezeigt (vgl. Gahleitner; Schuster/Uhlendorff i.d.B.). Mit der Struktur und Qualität der Eltern-Kind-Beziehungen im Kindes- und Jugendalter haben sich Studien aus der Biografie- und Psychotherapieforschung befasst. Familien- und Kindheitsforschung haben sich ausgiebig mit dem Wandel der Kindheit, der veränderten Bedeutung von Kindern für El tern heute und dem Wandel der Erziehungsstile im Kontext gesellschaftlicher Veränderungen beschäftigt (hierzu Büchner 2002 und Ecarius 2001).

Im Kontext der Bildungs- und Schulforschung wird immer wieder darauf verwiesen, welche dominante Rolle dem Elternhaus für die Bildungschancen und Bildungswege der Kinder mit Auswirkungen auf den gesamten Lebenslauf zufällt (hierzu Becker/Lauterbach 2007: 12 ff.). Sind die Kinder im Schulalter, dann sind Bildung, Leistung und die Anforderungen der Schule dominante Themen innerhalb vieler Familien und nehmen breiten Raum in der alltäglichen Lebensführung sowie in der Ausgestaltung der Eltern-Kind-Beziehung ein.[1] Konflikte zwischen Eltern und Kindern entzünden sich bis hin zur Anwendung körperlicher und psychischer Gewalt häufig an schlechten Leistungen der Kinder in der Schule (hierzu Luedtke 2003: 169).

---

1 Hier sei exemplarisch auf die Bildungsstudie der OECD (Bildung auf einen Blick; www.oecd.org/edu/eag2007) verwiesen, in der die besondere Bedeutung von Chancengleichheit bzw. Chancenverteilung im Bildungs- bzw. Ausbildungsbereich erforscht und dokumentiert wurde. Deutlich ist hierbei, dass besonders bei Bildungsfernen, wie auch bei Migrantengruppen der häufig mangelhafte Bildungs- und Ausbildungsstand zu einer Perpetuierung nicht nur von Armut führt, sondern auch über Generationen hinweg zu einer Distanz zur Bereitschaft individuelle Bildungsinvestitionen vorzunehmen. Diese sind jedoch zur Bewältigung von Sozialisationsprozessen notwendig.

Vergleichsweise wenig beleuchtet ist die Eltern-Kind-Beziehung in der Zeit nach der Adoleszenz. Diese Beziehungsphase und die Herausforderungen für die Generationen, wenn es um die Pflege und die Gestaltung der Beziehungen geht, stehen im Zentrum der nachfolgenden Ausführungen. Gerade dieser Zeitraum der Eltern-Kind-Beziehung im Lebenslauf erweitert sich aufgrund der demografischen Entwicklung erheblich. Mühelos lässt sich die Eltern-Kind-Beziehung auch im Erwachsenenalter der Kategorie der persönlichen Beziehungen zuordnen. Trotz der Veränderungen durch die Lebensalter und Lebensphasen hindurch ist sie von Dauerhaftigkeit, der prinzipiellen Unersetzbarkeit der Personen und einem vielfältigen und prinzipiell offenen Kommunikationsgeschehen geprägt. Familien zeichnen sich durch einen hohen Grad an Zusammengehörigkeit aus, gestützt durch die Familiengeschichte und dem darin eingewobenen Wissensvorrat über verstorbene und lebende Familienmitglieder.

1. Demografische Entwicklungen und Folgen für die Eltern-Kind-Beziehung im Erwachsenenalter

An der Kasse des „Valentin-Karlstadt-Musäum" (kein Tippfehler) in München findet sich der die Besucherinnen und Besucher erheiternde Hinweis, dass „99-Jährige in Begleitung ihrer Eltern freien Eintritt haben".

Zu Zeiten der Eröffnung des Münchner Museums waren die derzeit bekannten demographischen Daten noch nicht erahnbar. Diese lassen jedoch erkennen, dass nicht nur eine Lebenserwartungsdauer bis zu 100 Jahren und darüber hinaus, zumindest für Frauen, keine Seltenheit mehr sein wird, sondern auch, dass sich die gesunde, von Behinderung und chronischer Erkrankung noch verschonte Lebensspanne nach der Erwerbstätigkeit weiter verlängern wird. So können nach Pasqualina Perrig-Chiello und François Höpflinger (2005) in Europa nach ihrem 65. Lebensjahr Frauen 20,6 Jahre, davon 16,3 ohne chronische Krankheiten und Männer 16,7 Jahre, davon 13 Jahre ohne chronische Erkrankung erwarten. Diese Ausweitung der Lebenszeit führt dazu, dass erwachsene Söhne und Töchter in der aktiven Beziehungsgestaltung mit ihren Eltern an Jahren dazu gewinnen. Hat zu Beginn des 20. Jahrhunderts die Mehrheit der 25-Jährigen bereits den Verlust eines Elternteils (meist des Vaters) hinnehmen müssen – bei den 45-Jährigen waren bereits zu 60 % beide Eltern verschieden – so erlebt heute die Mehrzahl der 55-Jährigen mindestens noch einen Elternteil (meistens die Mutter) für lange Zeit.

Im Jahre 2000 konnten von den 50-Jährigen noch 21 % beide Eltern erleben; bei den 55-Jährigen 48 % noch einen Elternteil und bei den 60-Jährigen immerhin 27 % noch einen Elternteil.

Andreas Hoff (2005) stellt im Rahmen des Alterssurvey (DZA 2005) fest, dass der überwiegende Teil der 40- bis 85-Jährigen Kinder hat (86 %). Mehr als drei Viertel leben mit einem Ehe- bzw. Lebenspartner (78 %) zusammen.

Bei 36% der 40- bis 85-Jährigen lebt die Mutter und fast die Hälfte der 40-bis 85-Jährigen hat selbst Enkelkinder (44%), 6% haben Urenkel, mit steigender Tendenz.

Diese Daten lassen die obige „Valentinade" also nicht mehr als gänzlich grotesken „Nonsens" erscheinen. Die Wahrscheinlichkeit, dass es sich bei den Familien, die in den Genuss des freien Eintritts kommen, „nur" um ein Kind mit seinen Eltern handelt, ist jedoch hoch, denn, so Kurt Lüscher und Ludwig Liegle (2003: 92): „Dem steigenden Beziehungspotenzial als Folge der verlängerten Lebensdauer steht ein zurückgehender Anteil von Kindern, Jugendlichen und jungen Erwachsenen gegenüber". Horizontale Verwandtenbeziehungen, z. B. Geschwister, Cousinen und Cousins werden seltener, die vertikalen Familienbeziehungen nehmen dagegen zu. Die Wahrscheinlichkeit, dass die heute geborenen Kinder nicht nur ihre Großeltern über einen langen Zeitraum kennen werden, sondern auch ihre Urgroßeltern ist also hoch. Martin Diewald (1991) verwendet hierfür das Bild der zukünftigen Bohnenstangen-Familie (hierzu Marbach 1999). Erwachsenen Kindern stehen dementsprechend weniger Geschwister und sonstige gleichaltrige Verwandte zur Seite, um sich die Pflege- und Beziehungsgestaltungsaufgaben in Bezug auf die ältere Generation zu teilen.

Eine letzte Differenzierung ist nötig: Es sind – wie oben bereits erwähnt – die Frauen, die die längste Lebenserwartung haben, und es sind wiederum deren Töchter und Schwiegertöchter, die die Beziehungen zu den Eltern intensiver und häufiger gestalten, als die Söhne und Schwiegersöhne dies tun.

2. Altern und die Übernahme von Pflege- und Versorgungsaufgaben: eine Frage des Geschlechts

Ulrich Beck (1986) bzw. Elisabeth Beck-Gernsheim (1991) charakterisierten die Vergesellschaftung von Frauen mit dem Begriff der „halbierten Moderne"; dies geschah insbesondere als Beschreibung des wesentlichen Hintergrundes für die spezifische gesellschaftliche Bedeutung von Geschlecht und Alter.

Während in der sog. Moderne die gesellschaftlichen Bereiche von Freiheit, Gleichheit, Gerechtigkeit und Sicherheit als zentrale Prinzipien verstanden wurden (Backes 1999: 463), lässt sich die Lebenswirklichkeit von Frauen im Vergleich zu jener der Männer noch immer als tendenziell unfreier, ungleich und unsicher charakterisieren. Immer noch hat die doppelte Vergesellschaftung von Frauen, d. h. die Sozialisation hinsichtlich der Übernahme der Haus- und Familienarbeit und in Ergänzung dazu, die Sozialisation in Richtung Erwerbsarbeit, massive Einbußen für Frauen zur Folge (hierzu Becker-Schmidt 2003). Dies wird besonders deutlich in Anbetracht der im Alter zu erwartenden, schlechteren sozialen Absicherung. So verfügen Frauen in Deutschland über eine wesentlich geringere eigenständige Alterssicherung als Männer, denn Frauen unterbrechen die Erwerbstätigkeit häufiger wegen der Pflege und Erziehung der Kinder und sie sind zeitlich engagierter, wenn es um die Pflege älterer Familienangehöriger geht. Darüber hinaus sind sie häufig teilzeitbeschäftigt und in Arbeitsmarktsegmenten bzw. auf Positionen mit niedrigeren Löhnen und Gehältern als Männer.

Anika Rasner (2007) verweist darauf, dass der so genannte Eckrentner, der ununterbrochen 45 Jahre lang ein Durchschnittseinkommen bezogen, sowie Rentenversicherungsbeiträge abgeführt hat und eine Rente von 1.074 Euro monatlich bezieht (2004), weder für Frauen in Ost- noch in Westdeutschland repräsentativ ist. „Ostdeutsche Frauen erhalten im Durchschnitt etwa 70 Prozent der Rente der Männer, westdeutsche sogar nur knapp 50 Prozent" (Rasner 2007: 3).

Anzunehmen ist, dass die gesellschaftliche Ungleichheit zwischen den Geschlechtern trotz sozioökonomischer, kultureller und rechtlicher Veränderungen in der Gesellschaft andauern wird. Mit Gertrud M. Backes (1999) ist davon auszugehen, dass Strukturen gesellschaftlicher Hierarchisierung existieren, die sich auch im Gefolge der formalen Gleichheitsforderung in der Moderne erhalten haben. Wirtschaftliche und technologische Umbrüche, Veränderungen in den weiblichen Ausbildungs- und Berufsverhältnissen, den „typischen" Lebensverlaufsmuster und Erosionen in der Gestaltung des Privatlebens haben das Beziehungsgefüge der Geschlechter zwar dynamisiert (Beck/Beck-Gernsheim 1990), jedoch dessen gesellschaftliche Organisation nicht grundsätzlich enthierarchisiert (Becker-Schmidt 2003).

So gestaltet sich der Vergesellschaftungsprozess geschlechtsspezifisch, und damit ist „ageing (...) a gendered process" (Arber/Ginn 1991: 2). Nach Gertrud M. Backes (1999) schlägt sich dieses Phänomen als sozial benachteiligte Stellung sowohl hinsichtlich ihres Zugangs zu vergesellschaftungs- und damit lebenslagenrelevanten Ressourcen nieder. Diese Chancenungleichheit kumuliert im Lebensverlauf und wird durch die mit dem Alter einhergehenden Nachteile zusätzlich verstärkt. Sie stellt weiter fest, dass Frauen zwar über wichtige Ressourcen und Kompetenzen verfügen, die sie primär über weibliche Vergesellschaftung erworben haben und die ihnen helfen, besser im Alter zurechtzukommen. Jedoch sind sie gleichzeitig auch stärker mit der Versorgung anderer, „... insbesondere ihrer Männer und sonstiger Familienangehöriger" belastet (a. a. O.: 458; hierzu auch Böhnisch/Funk 2002).

Auch François Höpflinger (2006) betont, dass die Ausgestaltung der reziproken Norm der verwandtschaftlichen Solidarität und damit der aktiven Beziehungsgestaltung vor allem von den Frauen eingelöst wird. Der sich früher oder später anbahnende Einsatz der erwachsenen Töchter und Schwiegertöchter, wenn es um die Pflege und Unterstützung mobilitätseingeschränkter bzw. kranker Eltern oder Schwiegereltern geht, stellt die betroffenen Frauen vor die Aufgabe, die eigene Erwerbsarbeit mit den Anforderungen der Pflege- und Fürsorgeaufgaben zu vereinbaren. Im Lebenslauf vieler Frauen ist dies der zweite Vereinbarungskonflikt. Während der erste auf das Kunststück zielt, Erwerbsarbeit und Aufgaben der Kindererziehung, Bildung und Betreuung in Einklang zu bringen, wiederholen sich die organisatorischen Anforderungen, wenn es um die Pflege älterer Angehöriger geht. Da zukünftig auf ein Kind mehrere ältere und evtl. pflegebedürftige nahe Verwandte kommen, ist insbesondere die Zukunft der Mädchen mit der Erwartung der Übernahme von Pflege- und Versorgungsaufgaben hinsichtlich der (Schwieger-, Stief-)Eltern aufgeladen. Daten des Mikrozensus zeigen (Doblhammer et al. 2006: 3), dass von den Pflegebedürftigen zwei Drittel zu Hause gepflegt werden und nur ein Drittel in Institutionen. Ausschließlich Familienangehörige übernehmen 69 % der Pflegeleistungen für diejenigen, die zu Hause gepflegt werden, 31 % greifen zusätzlich auf Angebote mobiler Pflegedienste zurück. Für die Schweiz ist belegt, dass 77 % aller Pflegebedürftigen eine Hauptpflegeperson haben. Diese Hauptpflegepersonen sind zu 83 % Frauen. Nur 9 % aller Pflegebedürftigen erhalten keine Hilfe aus Familie, Nachbarschaft oder Bekanntschaft (hierzu Perrig-Chiello 2003). Entlastung in Form von professioneller Sozialer Arbeit und eine großflächige Entwicklung und Förderung neuer Ansätze, wie Sie z. B. in Mehrgenerations-Wohnformen derzeit erprobt werden, sind Möglichkeiten, Frauen vor einer Re-Traditionalisierung (hierzu auch 7. Familienbericht 2006) von zwei Seiten – Familiengründung und die Folgen für Frauen und die Übernahme von Fürsorge-Aufgaben in Bezug auf pflegebedürftige nahe Verwandte – zu bewahren. Zusätzlich müssen Arbeitsmärkte flexibler gestaltet und Pflegeleistungen besser anerkannt und honoriert werden, indem beispielsweise Pflegeleistungen bei späteren Rentenansprüchen berücksichtigt werden (Doblhammer et al. 2006).

Der These der doppelten Benachteiligung von Frauen stimmt auch Insa Fooken zu (1999). Sie verweist allerdings darauf, dass auch Männer im Alter eine weitere mögliche Quelle der Marginalisierung im Lebenslauf erfahren, nämlich die Ausgliederung aus den Macht- und Entscheidungsbefugnissen in den Männerwelten (z. B. Sphären der Erwerbsarbeit, Sport oder andere leistungsbezogene, männlich geprägte Kontexte). Männer im höheren Alter und mit Pflege- und Unterstützungsbedarf befinden sich ähnlich wie Jungen im Alter von 0 bis 10 in primär weiblich dominierten Kontexten bzw. Institutionen, wo sie Gefahr laufen, mit ihren männlichen Sozialisationsmustern anzuecken.[2]

Die Langlebigkeit der Eltern-Kind-Beziehung aufgrund der demografischen Entwicklung und die besondere Rolle der Töchter und Schwiegertöchter bei der Beziehungsgestaltung und die Herausforderungen bei der Gestaltung der Pflege- und Fürsorgeaufgaben insbesondere für Frauen machen eine alltägliche und gesellschaftspolitische Rahmung der Generationenbeziehungen erforderlich. Die feministische Forschung hat vielfach und material-

---

2 Hier sei an die fast schon groteske Darstellung in „Papa ante portas" erinnert, wo „Loriot" als „Freigesetzter" sich nicht nur in der Übertragung männlicher Strukturen im Haushalt lächerlich macht.

reich das gleichzeitige und komplexe „In-Beziehung-Stehen" (Eckart 2004) von Frauen belegt und auf die alltäglichen Balanceakte alltäglicher und biografischer Zeitarrangements verwiesen. Pflegende Töchter und Schwiegertöchter benötigen umfassende Unterstützung angesichts geringer Freiräume. Sie stehen unter hohem Zeitdruck und tragen viel Verantwortung. Doch es sind auch Veränderungen bei Männern zu verzeichnen. Ergänzend zur Suche nach neuen Formen der Vaterschaft sind andere gesellschaftliche und arbeitsmarktpolitische Rahmenbedingungen für Männer von Nöten, damit sich diese umfassend und aktiver um ihre pflege- und unterstützungsbedürftigen Eltern kümmern können. Prognosen zeigen, dass die Familie zukünftig verstärkt ein potenzieller Pflegegeber sein wird, denn Hochrechnungen zufolge steigt insbesondere die Zahl derjenigen älteren Frauen, die zwar keine institutionelle Pflege, wohl aber häusliche Unterstützung benötigen werden. Für die Bewältigung dieser Aufgaben sind Rahmenbedingungen und Unterstützungsleistungen (z. B. in Form von Netzwerken, günstigen Arbeitsbedingungen, Beratung, einer verbesserten Anrechnung von familialen Pflegeleistungen für die Rente) erforderlich, die die Familienangehörigen und insbesondere die bereits benachteiligten Frauen davor bewahren, noch weiter ins Abseits zu geraten (Doblhammer et al. 2006).

3. Konflikte, Solidarität, Ambivalenz – die Suche nach den Regelhaftigkeiten familialer Generationenbeziehungen

Die Beziehungen erwachsener Töchter und Söhne zu ihren Eltern und umgekehrt wurden im deutschsprachigen Raum bislang vor allem unter den Stichworten Generationenanalyse, Generationenbeziehungen thematisiert und erforscht.

So stellen Kurt Lüscher und Ludwig Liegle (2003: 270) beispielsweise die Frage, welche Beziehungslogik hinter den Generationenbeziehungen steckt. Lassen sich „allgemeine Prinzipien" ausmachen, die die Generationenbeziehungen gestalten und diese so von anderen Beziehungen unterscheiden? Die Autoren verweisen darauf, dass die in Politik und Medien häufig verwendeten Kategorien „Solidarität" und „Konflikt" zwar zentrale Aspekte des Verhältnisses der Generationen zueinander beschreiben können, aber zu kurz greifen, wenn es darum geht, die unterschiedlichen Kräfte der Beziehungsdynamik mit einzubeziehen. In diesen Analysekategorien spiegeln sich zu dem gesellschaftliche Ordnungsvorstellungen. Negative Gefühle, Verhaltensweisen und Konsequenzen werden als fehlende Solidarität gedeutet (ebd.: 269). Ein einziges Grundmuster genügt jedoch nicht, um Generationenbeziehungen zu beschreiben. Um der Komplexität des Themas in Theorie und Forschung gerecht zu werden schlagen Kurt Lüscher und Ludwig Liegle deshalb vor, unter dem Dach des Konzepts der „Generationenambivalenz" Spannungsfelder und Gegensätze zu sammeln, denn so eine zentrale Hypothese, die Gestaltung der Generationenbeziehungen erfordert den Umgang mit Ambivalenzen (Lüscher/Liegle 2003). Diese wird definiert als „das Vorhandensein von gleichzeitigen oder rasch wechselnden positiven und negativen Gefühlen in Bezug auf das gleiche Objekt oder die gleiche Tätigkeit" (ebd.: 289). Auf diesen theoretischen Überlegungen basierend wurde eine Studie mit 72 Eltern und 52 erwachsenen Kindern durchgeführt mit folgenden Ergebnissen:

- Die Generationenambivalenz ist eine Alltagserfahrung, d. h. die Beteiligten haben ein Bewusstsein von Ambivalenz. In den Einschätzungen zu den Beziehungen spiegeln sich die Ambivalenzen wieder und die Eltern wie deren erwachsene Kinder müssen Strategien im Umgang mit Ambivalenz entwickeln.

- Aus der Sicht der Eltern werden Zwiespältigkeiten vor allem gegenüber Kindern des anderen Geschlechts empfunden. Während Mütter sich besonders häufig in der Beziehung zu ihren Söhnen ambivalent fühlen, sind die Söhne in Bezug auf die Mutter nicht hin und her gerissen, wohl aber hinsichtlich des Vaters. Aus der Sicht der erwachsenen Kinder treten Ambivalenzen vor allem gegenüber dem Elternteil des eigenen Geschlechts auf. Allerdings werden diese vor allem mit Blick auf männliche Familienmitglieder, insbesondere hinsichtlich der Väter benannt.

Das Konzept der Ambivalenz berücksichtigt, dass die Eltern-Kind-Beziehungen im Erwachsenenalter im Spannungsfeld von Freisetzung und Bindung stehen. Da zwischen persönlichen und institutionellen Ambivalenzen unterschieden wird (ebd.), gerät auch das komplexe Gefüge zwischen öffentlichem und privatem Generationenverhältnis in den Blick. Allerdings bleiben auch unter dem großen Theoriedach der Ambivalenz einige Fragen zur Eltern-Kind-Beziehung im Erwachsenenalter offen. Kurt Lüscher und Ludwig Liegle weisen z. B. darauf hin, dass ein Desiderat für künftige Forschung die geschlechtsspezifischen Unterschiede innerhalb der Ambivalenzerfahrungen sind (ebd.).

In die Ausgestaltung der Eltern-Kind-Beziehung im Erwachsenenalter fließen auch die gesellschaftlichen Erwartungen ein, die die individuellen Lebensentscheidungen und Handlungsmuster altersspezifisch leiten und sozial kontrollieren. Der Lebenslaufforscher Reinhold Sackmann verweist darauf, dass diese normativen Vorgaben von den meisten Menschen als legitim angesehen werden, „sodass sie fast intuitiv ihr eigenes Timing auf den gesellschaftlich vorgegebenen Zeitplan („soziale Uhr") abstimmen" (Sackmann 2007: 34). Auch die Gestaltung Eltern-Kind-Beziehung im Erwachsenenalter unterliegt solchen Altersnormen. Damit verbunden ist die Annahme und Bewältigung neuer Aufgaben im Rahmen der Eltern-Kind-Beziehung.

4. Eltern-Kind-Beziehung im Erwachsenenalter: Filiale Neupositionierung und elterliche Reife

In einer qualitativen Studie arbeitet Barbara Dieris (2006) das Modell der „filialen Neupositionierung" heraus. Damit beschreibt sie die Veränderungen, Neupositionierungen und Kontinuitäten im Beziehungsgeflecht zwischen erwachsenen Kindern und deren alt gewordenen Eltern. Dieses Konzept der filialen Neupositionierung geht über die Rollenmodelle von Generationssolidarität, Generationskonflikten und Generationsambivalenz hinaus, indem es sich aus der Perspektive der Mikrosoziologie der Dyade, bzw. Triade der Eltern-Kind-Beziehung nähert. Dabei wirkt nach Barbara Dieris die Übernahme der „Kümmeraufgaben" weniger als eine Rollenumkehr, wonach in dieser Lebensphase die Kinder (und hier meist die Töchter) durch die pflegerischen Aufgaben der hochbetagten Eltern (meist eben der Mutter) in diesem Beziehungsverhältnis zu „Eltern" werden und die „Eltern" zu abhängigen „Kindern". Vielmehr bleiben die Beziehungsaufgaben, Rollen- und Aufgabenerwartungen ambivalent, denn die Eltern bleiben Eltern bzw. wollen dies auch so, ebenso wie die Kinder sich nicht gänzlich aus der Position des Kindes herauslösen können und wollen. „Der Verlust der Eltern in ihren bisherigen elterlich-unterstützenden Funktion führt für die Kinder unter Umständen zu einer *filialen Krise*, die die erwachsenen Töchter und Söhne dazu zwingt, eine neue Rolle gegenüber ihren Eltern zu finden und im Idealfall eine gewisse filiale Reife zu entwickeln. Dem Konzept der filialen Reife lässt sich das Konzept der elterlichen oder parentalen Reife gegenüberstellen, wobei Eltern unter Umständen ihre bisherige Autorität nur schwer aufgeben wollen und können. So gilt die Beschreibung der Kommunikationsmuster dem Beziehungswandel und der -gestaltung in der mutmaßlichen „Gleichzeitigkeit von Kontinuität und Krise" (ebd.: 2).

Barbara Dieris beschreibt die Notwendigkeit einer *„filialen Neupositionierung"*, wobei die „Kümmerbedürftigkeit" der Eltern als eine Aufgabe für sich verstanden wird. Die verschiedenen Umgehensweisen der Eltern in dieser Lebenssituation machen Veränderungen notwendig, die eher die Rahmenbedingungen, die Beziehungscharakteristika und den Gesundheitszustand der Eltern betreffen, als eine grundsätzliche Neuorientierung der generativen Positionen. Jedoch lässt sich die Altersbeziehung zwischen erwachsenen Kindern und ihren kümmerbedürftigen Eltern nicht losgelöst von der gemeinsamen *Beziehungsbiografie* verstehen. Die Qualität und die Zufriedenheit mit den Unterstützungsleistungen, die auch affektive Zuwendung, Bejahung und Hilfe monetärer und nichtmonetärer Art beinhalten (hierzu Lüscher/Liegle 2003) geht auf emotionale Verbundenheit zurück. Zwar erfahren Eltern und Kinder die Zuwendung in verschiedenen Entwicklungs- und Lebensphasen unterschiedlich, aber die verinnerlichten Orientierungen (Arbeitsmodelle) entlang der frühen, relevanten Bindungen in der Kindheit beeinflussen die Beziehungen zu Mutter und Vater auch in späteren Lebensphasen. Im Erwachsenenalter schätzen Kinder und ihre Eltern eine „Intimität auf Distanz" (Bertram 2000: 102), d. h. bevorzugt wird das Wohnen in der näheren Umgebung, nicht aber im selben Haushalt. Nach Barbara Dieris verändert sich durch das Kümmern die bisherige Nähe-Distanz-Balance. Das Management der räumlichen Distanz, die Zunahme der Kontakthäufigkeit geht einher mit einer Neu- bzw. Andersdefinierung von Dominanz in der Eltern-Kind-Beziehung. Die Feststellung des, z. T. sehr unterschiedlich erlebten „Herumkommandierens", bzw. des Ausspielens von Hilfsbedürftigkeit führt neue und andere Kommunikationsbewertungen in den Kontaktprozessen ein. Das Konzept der filialen Reife ist durch die emotionale Selbständigkeit gegenüber den Eltern bei gleichzeitiger Sicherheit der Qualität der Beziehung gekennzeichnet (Ugolini 2002), und knüpft damit an die Merkmale einer sicheren Bindung von Eltern-Kind-Beziehungen im Rahmen der Bindungsforschung an (vgl. Gahleiter i. d. B.). Die o. a. „Neupositionierung" erfordert zum einen die Bewältigung der „filialen Krise", in der es hauptsächlich um einen Beziehungswandel zwischen Kindern und Eltern im Alter geht hin zur Akzeptanz der Gleichzeitigkeit von negativer, krisenhafter aber auch positiver Erfahrungs- und Veränderungsdynamik. Die neuen Beziehungsherausforderungen und Erfahrungen ergänzen die bisherige Qualität und Erfahrungsaufschichtung mit der Eltern-Kind-Beziehung im Lebenslauf von Söhnen, Töchtern und ihren Eltern.

Von besonderem Interesse erscheint in diesem Zusammenhang, dass auch in kulturvergleichender Perspektive die Bewertung der Beziehungsqualität zwischen den Generationen unterschiedlich ist. Nach Bernhard Nauck und Jana Suckow (2003) lässt sich feststellen, dass in der Regel die Eltern-Kind-Beziehungsqualität von der älteren Generation deutlich besser eingeschätzt wird, als umgekehrt. In der ländervergleichenden Studie (Nauck/ Suckow 2003) wurde auch der Frage nachgegangen, ob die Organisation der Generationenbeziehungen (z. B. Wohnnähe bzw. -distanz, Aktivitäten) einen Einfluss auf die wahrgenommene Beziehungsqualität hat, und ob die Bilanzierung der Beteiligten hinsichtlich der Verteilung des Gebens und Nehmens in der Beziehung die Beurteilung der Qualität beeinflusst. Entscheidend für die Einschätzung der Qualität der untersuchten Töchter-Mütter-Beziehungen war dabei die Qualität und Häufigkeit des emotionalen Austauschs.

Die gezeigte Solidarität in Form von Transfers, Hilfen und Koresidenz sowie emotionale Nähe, Zuneigung und Kontakten beinhaltet auch das Vorhandensein von Konflikten. Insbesondere die Züricher Forschungsgruppe Arbeit, Generation, Sozialstruktur geht der Forschungsfrage nach, wie es um „Kooperation und Konflikt zwischen Familiengenerationen" bestellt ist (Szydlik 2006). Dabei zeigt sich, dass Konflikte zwischen erwachsenen Kindern und ihren Eltern nicht die Regel, aber auch keinesfalls exotische Ausnahmen sind. Rainer Heuer (2006) weist in seinem Buch „Politik in der Familie" darauf hin, dass das Vorkommen solidarischer Transfers nur bedingt etwas über die Qualität der Beziehungen aussagt. Hilfen können auch negative Konsequenzen haben, z.B. mit Forderungen oder Erwartungen, in extremen Fällen sogar mit Erpressungen einhergehen, die die Beziehungsqualität zwischen den Generationen verschlechtern. Rainer Heuer plädiert deshalb dafür, nicht nur die in der Generationenforschung derzeit dominanten Kategorien Solidarität und Konflikt konzeptionell einzubringen, sondern auch die Kategorie der Macht in Familienbeziehungen des mittleren und höheren Alters stärker zu berücksichtigen und zu erforschen. Er betont, dass die Erfahrung und der Umgang mit Macht in intergenerationalen Beziehungen besonders bei Statusübergängen und Krisen im Familienleben zum Ausbruch und Ausdruck kommen.

5. Fazit

Frank Schirrmacher (2005) rüttelte mit seinem „Methusalem-Komplott" die Diskussion über die Generationenverhältnisse auf, erzeugte damit nicht nur heftigen Widerspruch, sondern bewirkte auch, dass in allen Medien und Talkshows eifrig über den drohenden „Kampf der Generationen" gestritten wurde.

Im Kontrast zu dieser medialen Aufregung zeigen empirische Studien übereinstimmend, dass die Solidarität zwischen Alten und Jungen intakt sei. Rainer Heuer (2006) betont so z.B. in seiner Studie zu „Macht in Generationenbeziehungen des mittleren und höheren Alters", dass die Lebendigkeit der Beziehungen nach der Adoleszenz der Kinder eine anerkannte Tatsache ist, die von großen Studien aus vielen Ländern gestützt wird. Auch Martin Kohli und Marc Szydlik (2000) halten fest: „Familiengenerationen leben in ihrer großen Mehrheit nicht weit voneinander entfernt, sie helfen sich materiell und instrumentell, sie stehen in häufigem Kontakt zueinander, sie fühlen sich eng verbunden, sie fühlen sich zu Generationensolidarität verpflichtet – und all dies lebenslang".

François Höpflinger (2006) verweist auf die hohe Leistungsfähigkeit intergenerationeller Netzwerke und betont, dass sich die Probleme der familialen Generationensolidarität weniger durch die Nichtbereitschaft zur innerfamilialen Pflege ergeben als durch das Fehlen von direkten Angehörigen. So erhöht sich aufgrund der demographischen Entwicklung die Gefahr, dass die Verantwortung für die Pflege betagter Eltern auf eine Person (das einzige Kind dieser Eltern) fällt. Zudem wird der beruflich-familiale Vereinbarkeitskonflikt bei Frauen, nämlich gleichzeitig erwerbstätig und für die Pflege betagter Eltern verantwortlich zu sein, erheblich virulent.

Die Ausdehnung der gemeinsamen Lebenszeit ermöglicht eine neue Solidarität zwischen den Generationen, beinhaltet aber auch Konfliktpotenzial, wobei ausgeprägte Familiengenerationenkonflikte selten sind (DZA Alterssurvey 2005). Der demographische Wandel muss also nicht zu einer Gefährdung der Generationenbeziehungen führen. Solange insbesondere die mittlere Generation durch Steuer- und Rentenzahlungen ihren gesellschaftlichen Beitrag leistet und zugleich im familiären Bereich Erziehungs-, Betreuungs- und Pflegeleistungen erbringt, lebt der gesetzliche Generationenvertrag als privater Generationenpakt weiter, ohne dass es zu größeren Konflikten kommt. Viele Anzeichen sprechen dafür, dass mit der gelebten Solidarität zwischen den Generationen eine neue Ära der Verantwortung beginnt.

Die Familiengröße wird in Zukunft sicher kleiner und sog. „Bohnenstangen"-Familien werden zunehmen. Dabei deutet einiges auf eine Zunahme der sozialen Solidarität zwischen den Generationen hin. Die Älteren in der Familie intensivieren dabei aktiv den Familienzusammenhalt: Selbst 80-Jährige halten heute ihre Familien noch zusammen und sorgen so für eine rituelle Solidarität, die Bestand hat. „Vieles deutet darauf hin, dass die heutige Enkel-Generation mit zunehmendem Alter eine Bedeutung erlangt, die teilweise über die des Freundeskreises hinausgeht" (Opaschowski 2003). Gleichzeitig gibt es jedoch Risiken. Es stellt sich z. B. die Frage, wie sich die komplizierter gewordenen Verwandtschaftsbeziehungen aufgrund mehrerer, hintereinander geschalteter Familien(neu-)gründungen im Lebenslauf von Männern und Frauen bzw. die Neuzusammensetzung von Familien (Stieffamilien, Patchworkfamilien) langfristig auf die Verbindlichkeit und Qualität der Eltern-Kind-Beziehungen im Erwachsenenalter auswirken, insbesondere wenn es um die Generationensolidarität in Bezug auf familiale Pflegeleistungen geht. Dies könnte ein zentraler Gegenstand zukünftiger Forschung sein, ebenso wie die Frage, wie sich die Befunde zur „Entgrenzung der Erwerbsarbeit" und die daraus entstehenden Folgen für die alltägliche Lebensführung in Familien (Jurczyk/Oechsle 2002) auf die Lebenslagen und Generationenbeziehungen von Frauen und Männern auswirken.

Literatur

Arber, Sara/Ginn, Jay (1991): Gender and later life. A sociological analysis of resources and constraints. Newbury Park, CA: Sage

Backes, Gertrud M. (1999): Geschlechterverhältnisse im Alter. Alter als komplementär „weibliche" und „männliche" Vergesellschaftungsform. In: Jansen, Birgit/Karl, Fred/Radebold, Hartmut/Schmitz-Scherzer, Reinhard: Soziale Gerontologie – Ein Handbuch für Lehre und Praxis. Weinheim, Basel: 453-469

Beck, Ulrich (1986): Risikogesellschaft. Auf dem Weg in eine andere Moderne, Frankfurt a.M.: Suhrkamp

Beck-Gernsheim, Elisabeth (1991): Frauen – die heimliche Ressource der Sozialpolitik? – Plädoyer für andere Formen der Solidarität. In: WSI Mitteilungen 44: 58-66

Beck,Ulrich/Beck-Gernsheim, Elisabeth (1990): Das ganz normale Chaos der Liebe. Frankfurt a.M.: Suhrkamp

Becker, Rolf/Lauterbach, Wolfgang (Hg.) (2007): Bildung als Privileg. Erklärungen und Befunde zu den Ursachen der Bildungsungleichheit. Wiesbaden: Verlag für Sozialwissenschaften

Becker-Schmidt, Regina (2003): Zur doppelten Vergesellschaftung von Frauen. So-ziologische Grundlegung, empirische Rekonstruktion. In: gender politik online. http://web.fu-berlin.de/gpo/pdf/becker_schmidt/becker_schmidt_ohne.pdf (Download am 02.01.08)

Berliner Morgenpost: „Alt gegen Jung. Neuer Kampf der Generationen droht." Vom 18.01.2007. http://www.morgenpost.de/content/2007/01/18/politik/877517.html (Download am 03.01.2008)

Bertram, Hans (2000): Die verborgenen familiären Beziehungen in Deutschland: Die multilokale Mehrgenerationenfamilie. In: Kohli, Martin/Szydlik, Marc (Hg.): Generationen in Familie und Gesellschaft. Opladen: 97-121

Böhnisch, Lothar/Funk, Heide (2002): Soziale Arbeit und Geschlecht. Theoretische und praktische Orientierungen. Weinheim, München: Juventa

Büchner, Peter (2002): Kindheit und Familie. In: Krüger, Heinz-Hermann/Grunert, Cathleen (Hg.): Handbuch Kindheits- und Jugendforschung. Opladen: 475-496

Bundesministerium für Familie, Senioren, Frauen und Jugend (2006): Familie zwi-schen Flexibilität und Verlässlichkeit. Perspektiven für eine lebenslaufbezogene Familienpolitik. 7. Familienbericht. Berlin

Dieris, Barbara (2006): „Och Mutter, was ist aus dir geworden?!" Eine Grounded – Theory – Studie über die Neupositionierung in der Beziehung zwischen altern-den Eltern und ihren erwachsenen, sich kümmernden Kindern. In: Forum Quali-tative Sozialforschung/Forum: Qualitative Social Research (Online Journal), 7 (3), Art. 25. http://www.qualitative-research.net/fqs-texte/3-06/06-3-25-d.htm (Download am 02.01.2008)

Diewald, Martin (1991): Soziale Beziehungen: Verlust oder Liberalisierung? Sozia-le Unterstützung in informalen Netzwerken. Berlin: Ed. Sigma

Doblhammer, Gabriele/Westphal, Christina/Ziegler, Uta (2006): Pflegende Ange-hörige brauchen mehr Unterstützung. In: DFAEH 4: 3

DZA – Deutsches Zentrum für Altersfragen: Der Alterssurvey, Berlin 2005

Ecarius, Jutta (2001): Familie als Ort der Tradierung und des Wandels von Kind-heitsmustern. In: Behnken, Imbke/Zinnecker, Jürgen (Hg.): Kinder Kindheit Le-bensgeschichte. Ein Handbuch. Seelze-Velber: 774-787

Eckart, Christel (2004): Zeit für Privatheit. Bedingungen einer demokratischen Zeitpolitik. In: Das Parlament. Aus Politik und Zeitgeschichte. Ausgabe 31-32. Beilage. http://www.bundestag.de/dasparlament/2004/31-32/Beilage/003.html (Download am 02.01.2008)

Fooken, Insa (1999): Geschlechterverhältnisse im Lebenslauf; Ein entwicklungs-psychologischer Blick auf Männer im Alter. In: Jansen, Birgit/Karl, Fred/Rade-bold, Hartmut/Schmitz-Scherzer, Reinhard: Soziale Gerontologie – Ein Hand-buch für Lehre und Praxis. Weinheim, Basel: 441-452

Heuer, Rainer (2006): Politik in der Familie. Macht in Generationenbeziehungen des mittleren und höheren Alters. Berlin: Berlin Freie Universität

Hoff, Andreas (2005): Intergenerationale Familienbeziehungen im Wandel. In: Tesch-Römer, Clemens/Engstler, Heribert/Wurm, Susanne (Hg.): Sozialer Wan-del und individuelle Entwicklung in der zweiten Lebenshälfte. Wiesbaden: 231-287

Höpflinger, François (2006): Generationenbeziehungen heute. http://www.hoepflinger.com/fhtop/fhgenerat1A.html (Download am 03.01.08)

Kohli, Martin/Szydlik, Marc (Hg.) (2000): Generationen in Familie und Gesell-schaft. Lebenslauf – Alter – Generation. Bd. 3. Opladen: Leske + Budrich

Jurczyk, Karin/Oechsle, Mechthild (2002): Die fluide Gesellschaft. Entgrenzung ohne Ende? In: Diskurs 3: 4-8

Luedtke, Jens (2003): Strafen und Gewalt bei der Erziehung Jugendlicher: Vorkommen und Hintergründe. In: Sozialwissenschaften und Berufspraxis 2: 165-180

Lüscher, Kurt/Liegle, Ludwig (2003): Generationenbeziehungen in Familie und Gesellschaft. Konstanz: UVK

Marbach, Jan H. (1999): „Was ich dir heute Gutes tue, vergilt's an Deinen Kindern" Vom Zusammenleben der Generationen heute. Eröffnungsvortrag zum Fachseminar der Arbeitsgemeinschaft der deutschen Familienorganisationen zum Thema: „Eine Familie für alle Lebensalter – Pflicht oder Neigung?" Dortmund, 5. November 1999 http://dji.de/bibs/Dortmund99Txt.pdf (Download am 14.12.07)

Nauck, Bernhard/Suckow, Jana (2003): Generationenbeziehungen im Kulturvergleich – Beziehungen zwischen Müttern und Großmüttern in Japan, Korea, China, Indonesien, Israel, Deutschland und der Türkei. In: Feldhaus, Michael/ Logemann, Niels/Schlegel, Monika (Hg.): Blickrichtung Familie. Vielfalt eines Forschungsgegenstandes. Würzburg: 51-66

OECD Direktion Bildung: Bildung auf einen Blick. www.oecd.org/edu/eag2007 (Download am 04.02.2008)

Opaschowski, Horst W. (2003): Familie: Generationen helfen sich gegenseitig. In: www.familienhandbuch.de (Download am 10.12.07)

Perrig-Chiello, Pasqualina (2003): Familiale Pflegeleistungen. Die heikle Balance zwischen Solidarität, Ambivalenz und Konflikt. Vortrag auf dem Gerontologie-Tag in Zürich 1.10.2003: Beziehungspflege und Pflegebeziehungen im Alter

Perrig-Chiello, Pasqualina/Höpflinger, François (2005): Aging parents and their middle-aged children: Demographic and psychosocial challenges. In: European Journal of Ageing 2: 183-191

Rasner, Anika (2007): Mind the gap! Wege aus der Rentenlücke in Deutschland. In: Demografische Forschung aus erster Hand 1: 3

Sackmann, Reinhold (2007) Lebenslaufanalyse und Biografieforschung. Eine Einführung. Wiesbaden: Verlag für Sozialwissenschaften

Schefold, Werner (2001): „Lebenslauf". In: Otto, Hans-Uwe/Thiersch, Hans (Hg.): Handbuch Sozialarbeit Sozialpädagogik. Neuwied: Luchterhand

Schirrmacher, Frank (2005): Der Methusalem Komplott. München: Heyne

Szydlik, Marc (2006): Kooperation und Konflikt zwischen Familiengenerationen; Forschungsgruppe Arbeit, Generation, Sozialstruktur (AGES), Research Group, Labour, Generation, Stratification (AGES). Universität Zürich, April

Ugolini, Bettina (2002): Generationenbeziehungen in späteren Lebensphasen. www.stadt-zurich.ch/internet/sad/home/dienst/publika/archiv/02/2002_77. ParagraphContainerList.ParagraphContainer0.ParagraphList.0007.File.pdf/07_ Generationenbeziehungen.pdf (Download am 03.01.08)

François Höpflinger

Beziehungen zwischen Großeltern und Enkelkindern

Die Diskussionen zu Beziehungen zwischen Großeltern und Enkelkindern bewegen sich im Spannungsfeld von traditionellen Gesellschaftsbildern zu Großelternschaft und neuen familien-demografischen und sozialen Entwicklungen dieser Generationenbeziehung.

Einerseits sind die gesellschaftlichen Vorstellungen zu Großelternschaft von tief verankerten Stereotypisierungen geprägt, wobei Großelternschaft zu den wenigen positiven Altersstereotypisierungen gehört. Familienhistorisch betrachtet ist die Entwicklung eines positiven Leitbilds von Großeltern eng mit der Entwicklung bürgerlicher Familienideale verbunden (Chvojka 2003; Göckenjan 2000; Gourdon 2001). Das soziale Bild namentlich der Großmutter ist ein idealisiertes Bild, und die Vorstellungen zu Großmutter bzw. zu Großeltern gehören zu den unangefochtenen Elementen des traditionellen bürgerlichen Familienmodells. Viele Diskurse zu Großelternschaft übernehmen unhinterfragt einen idealisierenden Grundansatz.

Andererseits unterliegen die Beziehungen zwischen Großeltern und Enkelkindern einem deutlichen Wandel. Dafür sind sowohl demografische Veränderungen (geringe Geburtenraten einerseits und verlängerte Lebenserwartung andererseits) als auch gesellschaftliche Wandlungsprozesse (neue Familienformen, aktive Gestaltung der zweiten Lebenshälfte usw.) verantwortlich. Die verlängerte Lebenserwartung älterer Menschen hat zu einer Ausdehnung der gemeinsamen Lebensspanne beigetragen, und da sich vielfach auch die gesunde Lebenserwartung älterer Frauen und Männer erhöht hat, haben sich die Grundlagen für aktive Beziehungen zwischen Enkel- und Großelterngeneration gefestigt. Dank geringer Geburtenrate übersteigt in immer mehr Familien die Zahl an Großeltern die Zahl an Enkeln, und neue Familienverhältnisse – hohe Scheidungsraten und mehr Fortsetzungsfamilien – führen vermehrt zur Trennung von biologischer und sozialer Großelternschaft bzw. von biologischen und sozialen Enkeln (Uhlenberg 2005).

Unter dem Gesichtspunkt ‚persönlicher Beziehungen' ist es zentral, sich von idealisierenden Vorstellungen zu Großelternschaft zu lösen und primär die konkreten Beziehungen zwischen Enkelkindern und Großeltern in verschiedenen Lebensphasen und unterschiedlichen Familienkonstellationen zu betrachten.

In diesem Beitrag erfolgt vorerst eine konzeptuelle Einordnung von Großelternschaft in europäischen Gesellschaften, gefolgt von Anmerkungen zu
methodischen Aspekten bei der Erforschung dieser persönlichen Beziehung. Danach werden familiendemografische Trends der Großeltern-Enkel-
Kind-Beziehungen vorgestellt. Im nachfolgenden Teil des Beitrags werden
Thesen und Feststellungen zum intergenerationellen Einfluss von Großeltern auf die nachkommende Generation diskutiert. Anschließend werden
Forschungsergebnisse zur Gestaltung dieser intergenerationellen Beziehung
aus Sicht der Großeltern einerseits und der Enkelkinder andererseits vorgestellt.

1. Konzeptuelle Einordnung und Besonderheiten europäischer Generationenmodelle

Die Großeltern-Enkelkindbeziehungen bewegen sich im Schnittfeld von
Generationen – und Familienforschung, und generationen- und familienthe-
oretische Ansätze lassen sich – mit Modifikationen – auch auf diese Beziehungsform anwenden.[1] Großeltern sind Teil multigenerationeller Familien-
systeme, wobei ihre Bedeutung interkulturell variiert. Im allgemeinen ist
das Ausmaß an Formalität und Respekt in der Beziehung der Enkelkinder
zu ihren Großeltern mit der Macht der älteren Generation in familiären und
gesellschaftlichen Strukturen verbunden (Kivnick/Sinclair 1996). „In Kulturen und historischen Perioden, in denen Entscheidungen von den Älteren
getroffen wurden, und in denen die wirtschaftliche Macht bei den Alten lag,
waren die Beziehungen zwischen Großeltern und den anderen Generationen
formal und autoritär, sie wurden durch Vorrechte und Übernahme der Versorgung auf der einen Seite und von Abhängigkeit und Achtung auf der anderen charakterisiert. Anders in Kulturen und Perioden, in denen die Alten
nicht über funktionelle Autorität verfügen; dann sind Beziehungen zwischen Großeltern und Enkeln wärmer und nachsichtiger, sie sind durch
freundliche Gleichheit charakterisiert, die geeignet ist, Spannungen zwischen Familiengenerationen zu reduzieren" (Olbrich 1997: 181 f.).

Im Vergleich zu vielen außereuropäischen Kulturen ist Großelternschaft in
Europa durch einige Besonderheiten gekennzeichnet:

Erstens leben die verschiedenen Generationen zumeist in getrennten Haushalten, und Drei-Generationen-Haushalte waren und sind relativ selten.
Namentlich in Nord- und Mitteleuropa wurde mit der Entwicklung des ‚europäischen Heiratsmodells' ein getrenntes Wohnen und Haushalten verschiedener Generationen schon vergleichsweise früh zur kulturellen Norm,
und die Interessen der Kernfamilie (Eltern-Kind-Beziehungen) erhielten

---

1 Zu allgemeinen generationentheoretischen Ansätzen Lüscher/Liegle 2003; Szydlik
2000, zu familientheoretischen Ansätzen von Großelternschaft Attias-Donfut/Segalen
1998; Brake/Büchner 2007; Smith/Drew 2002.

gegenüber den Beziehungen zur älteren Generation eindeutige Priorität. Vorherrschend ist heute die multilokale Mehrgenerationenfamilie (Bertram 2000). In der Schweiz leben nur gut 2 % der Großeltern im Alter zwischen 65 und 79 Jahren mit Enkelkindern im gleichen Haushalt, und auch bei den 80-jährigen und älteren zu Hause lebenden Großeltern sind dies nur 3 % (Höpflinger et al. 2006: 35). Ein analog tiefer Wert (2,7 %) bei zuhause lebenden 70- bis 85-Jährigen wurde für Deutschland festgestellt (Kohli et al. 2000: 185). Und nur eine verschwindend geringe Minderheit der Bevölkerung (von weniger als 1 %) lebt in Drei-Generationen-Haushaltungen im engeren Sinne (Engstler/Menning 2003).

Zweitens bestehen kaum klar formulierte Rechte und Pflichten der Großeltern. Die Beziehungen zwischen Enkelkindern und Großeltern beruhen weitgehend auf Freiwilligkeit und individueller Gestaltung. Im Gegensatz zur Eltern-Kind-Beziehung ist „die Großeltern-Enkel-Beziehung kaum durch rechtliche und auch nur in geringem Maß durch sozial eindeutig definierte gegenseitige Rechte und Pflichten abgesichert" (Wilk 1993: 206).[2] Dominant ist das Prinzip der Nichteinmischung der Großeltern in die Erziehung der Kinder (die eindeutig in die Verantwortung der Elterngeneration fallen). Aufgrund stärkerer sozialpolitischer Unterstützung von Familien (und geringer Teenager-Fertilität) sind zudem in Deutschland und der Schweiz Pflegegroßeltern weniger verbreitet als etwa in den USA (Bryson/Casper 1999; Pebley/Rudkin 1999).

Insgesamt betont das gesellschaftliche Wertsystem in Europa die persönliche Freiheit und Selbständigkeit der verschiedenen Generationen. Eingriffe der Großeltern in die Erziehung der Enkelkinder werden zurückgewiesen, wie umgekehrt auch die Großeltern auf ihre Eigenständigkeit und Autonomie gegenüber Interventionen der jüngeren Generationen pochen. Diese Tendenz wurde durch den Durchbruch nicht-autoritärer Erziehungsprinzipien verstärkt, und in einer Studie ostdeutscher Familien zeigte sich ein Wandel von einer asymmetrischen zu einer symmetrischen Machtverteilung zwischen Jung und Alt. Damit „wird in den intergenerationalen Interaktionsformen auch verstärkt eine Relativierung der Alterspositionen sichtbar. Das wird auch in der Stellung der ältesten Generation, der Großeltern, deutlich. Die Enkel/innen werden zu akzeptierten Ansprechpartnern der Großeltern. Interessant ist auch hier, dass die Verschiebung in der Machtverteilung und damit die Relativierung der Lebensalter von der älteren und der jüngeren Generation gleichzeitig vorangetrieben wird" (Ecarius/Krüger 1997: 156).

---

2 Zur Rechtsstellung von Großeltern gegenüber Enkelkindern in Deutschland, Leurs 2003.

2. Methodische Aspekte zur Erforschung dieser persönlichen Beziehung

Die bisherige Forschung zum Thema hat sich zumeist (nur) auf die Perspektive der älteren Generation – Großeltern – konzentriert, wogegen Enkelkinder seltener befragt wurden. Dies hängt damit zusammen, dass quantitative Erhebungen bei Kindern bzw. Minderjährigen methodisch anspruchsvoll sind (Heinzel 2000). Bei Vorschulkindern fallen schriftliche Erhebungen weg, und mündliche Interviews stoßen auf Einschränkungen. Eine denkbare Strategie ist die Analyse von Kinderzeichnungen (Marcoen 1979; Wolter 2007). Bei Schulkindern sind Fragebogen altersgerecht zu entwerfen (einfache und sprachlich angepasste Fragen, nicht zu lange Befragung usw.). In zunehmend mehr Ländern führen Datenschutzregelungen dazu, dass Minderjährige nicht ohne Einwilligung der Eltern befragt werden können, was zu einer sozialen Selektion der Stichprobe beiträgt. Teilweise wird nur nach Großeltern oder Enkel allgemein oder dann nach der ‚liebsten Oma‘, dem ‚liebsten Opa‘ nachgefragt (Wieners 2005; Zinnecker et al. 2003). Auch dies kann zu einer positiven Selektion der Erhebung beitragen.

Das ideale Forschungsdesign ist ein Vorgehen, das alle drei Generationen (Enkel, Eltern, Großeltern) mit allen Beziehungen – unabhängig von Beziehungsqualität und Kontakthäufigkeit – erfasst. Dies ist ein sehr aufwändiges Vorgehen, und es führt – wie bei allen Netzwerkanalysen – zur Komplikation einer asymmetrischen Datenmatrix, da die Zahl an Beziehungen größer ist als die Zahl an Personen. Das zweitideale Forschungsdesign besteht darin, von einer Referenzgeneration (entweder Großeltern oder Enkelkinder) auszugehen, und alle entsprechenden Beziehungen im Paarvergleich zu erfassen (Attias-Donfut/Segalen 1998). In unserer Schweizer Enkelkind-Befragung 2004 wurde beispielsweise eine repräsentative Stichprobe von 685 12- bis 16-jährigen Kindern in urbanen Regionen über ihre Großeltern befragt. Die 658 Kinder mit lebenden Großeltern hatten zu allen noch lebenden Großeltern einen Fragebogen auszufüllen, was eine vorherige Erfassung des Familienstammbaums (inkl. Vorhandenseins sozialer Großeltern) voraussetzte (Höpflinger et al. 2006: 12 f.).

3. Großeltern und Enkel – familiendemografische Trends

Die Form und die Häufigkeit intergenerationeller Beziehungen werden durch drei familiendemografische Größen beeinflusst, die sich in den letzten Jahrzehnten verändert haben (Engstler/Menning 2005):

Bedeutsam ist erstens die Zahl von Kindern und – für Großelternschaft – die Anzahl von Nachkommen der eigenen Kinder. Kinderlose Personen und Personen, deren Kinder kinderlos bleiben, können höchstens soziale Großelternschaft erfahren (Stiefgroßelternschaft, Wahlgroßelternschaft). Da sich ehe- und familienfreundliche Jahrgänge im höheren Lebensalter befinden, ist der Anteil älterer Personen ohne Enkelkinder gegenwärtig gering, und die Mehrheit der über 70-jährigen Personen in Deutschland hat drei oder mehr Enkelkinder (vgl. Tab. 1). Die erhöhte Kinderlosigkeit jüngerer Frauengenerationen (Dorbritz 2005) wird allerdings dazu führen, dass zukünftig biologische Großelternschaft weniger selbstverständlich sein wird als dies heute der Fall ist.

Tab. 1: Großelternschaft in der zweiten Lebenshälfte: Deutschland 2004

	Zu Hause lebende Frauen und Männer im Altern von:				
	50-59 J.	60-79 J.	70-79 J.	80+J.	50+J.
Lebende Enkelkinder					
0	56.6%	26.5%	10.6%	6.9%	31.1%
1	16.6%	14.7%	10.7%	13.9%	14.4%
2	14.1%	19.8%	24.0%	20.2%	18.9%
3 und mehr	12.7%	39.0%	54.7%	59.0%	35.7%
Durchschnittliche Zahl lebender Enkelkinder	0.97	2.37	3.55	3.55	2.28
Zum Vergleich:					
Frankreich	1.38	3.82	5.20	5.61	3.37
Schweiz	0.91	2.62	3.90	4.13	2.39
Österreich	1.55	2.52	3.51	3.55	2.50

Zu beachten: Es handelt sich hier um Querschnittsdaten, und Differenzen zwischen Altersgruppen können sowohl Alters- als auch Kohorteneffekte widerspiegeln.

Quelle: Kohli et al. 2005: Table 4A.10 + Table 4 A.16

Relevant sind zweitens die intergenerationellen Altersabstände, und eine frühe Familiengründung über zwei Generationen führt zu frühzeitiger Großelternschaft, wogegen eine späte Familiengründung zu ausgedehnten intergenerationellen Altersabständen beiträgt. Wenn Generationen Großeltern werden, die selbst spät eine Familie gründeten, erhöht sich das Übergangsalter zur Großelternschaft, und die Daten des deutschen Alterssurveys weisen in diese Richtung: Waren 1996 schon 41% der 52- bis 57-Jährigen biologische Großeltern, waren dies 2002 erst 31% (Hoff 2006: 246). Namentlich im Vergleich zu Frankreich werden deutsche Frauen und Männer später Großeltern, und die Zahl an Enkelkindern bleibt geringer (vgl. Tab. 1).

Ein bedeutsamer Faktor ist drittens die Lebenserwartung älterer Frauen und Männer, und eine ausgedehnte Lebenserwartung führt zu langer gemeinsamer Lebensspanne von Angehörigen (Lauterbach 1995, 2002). Aufgrund geschlechtsspezifischer Unterschiede der Lebenserwartung überleben Großmütter oft länger als Großväter, und geschlechtsspezifische Unterschiede des Heiratsverhaltens tragen weiter dazu bei, dass Großeltern mütterlicherseits noch häufiger vorhanden sind (vgl. Tab. 2).

Tab. 2: Heranwachsende Kinder – vorhandene biologische Großeltern
         im Ländervergleich

	Deutschland		Österreich		Urbane Schweiz
	Geburtsjahrgänge				
	1941-46	1961-66	1982-86	1987-91	1988-92
Im Alter von …	10-15 J.	10-15 J.	10-14 J.	15-19 J.	12-16 J.
… leben noch:					
Großmutter mütterlichers.	71 %	75 %	81 %	71 %	79 %
Großvater mütterlichers.	47 %	51 %	61 %	49 %	56 %
Großmutter väterlichers.	42 %	67 %	72 %	62 %	73 %
Großvater väterlichers.	35 %	43 %	52 %	39 %	50 %

Quelle für Deutschland: Lauterbach 2000; Österreich: Bundesministerium für Soziale Sicherheit,
Generationen und Konsumentenschutz 2003; Schweiz: Höpflinger et al. 2006.

Neben demografischen Veränderungen sind auch familiale Wandlungsprozesse relevant. Ohne ins Detail zu gehen, sind folgende zwei Veränderungen anzuführen:

Erstens hat sich die Scheidungshäufigkeit erhöht, und mehr Kinder erfahren
die Scheidung ihrer Eltern. Dies beeinflusst auch die intergenerationellen
Beziehungen, indem die Kontakte zu den Großeltern mütterlicherseits – so-
lidaritätsbedingt – oft intensiver und enger werden, wogegen sich die Kontakte zu den Großeltern väterlicherseits häufiger reduzieren. Auch späte
Scheidungen (Fooken/Lind 1997) werden häufiger, und damit kann auch
eine Scheidung der Großeltern zum Thema werden. Zweit- bzw. Fortsetzungsfamilien wurden häufiger, wodurch auch die Zahl sozialer Großeltern
anstieg. Komplexe Familienkonstellationen können sich dann ergeben,
wenn nicht nur die Eltern, sondern auch die Großeltern Zweit- oder Drittbe-
ziehungen eingehen. In der 2004 durchgeführten Schweizer Befragung erwähnten 12 % der 12- bis 16-jährigen Enkelkinder soziale Großeltern, zu
denen signifikant weniger intensive Beziehungen angeführt wurden als zu
den biologischen Großeltern (Höpflinger et al. 2006). In diesem Rahmen ist
allerdings anzuführen, dass Kinder und Teenager ihre Stiefgroßeltern oder
Zweitgroßeltern teilweise nicht zur Familie zählen. So ließ eine 2001
durchführte Erhebung bei 10- bis 18-jährigen Kindern und Jugendlichen
aus Nordrhein-Westfalen erkennen, dass nicht alle Großeltern von den Kindern und Jugendlichen zur Familie gezählt wurden (Zinnecker et al. 2003).

Zweitens tragen internationale Migrationsprozesse vermehrt zu geographisch getrennten Generationen bei. Bereits jedes achte in Deutschland ge-
borene Kind hat Eltern – und damit auch Großeltern – mit ausländischer
Staatsangehörigkeit, und in einigen Großstädten haben bereits zwei Fünftel
der Kinder und Jugendlichen einen Migrationshintergrund (Henry-Huth-
macher/Hoffmann 2006). Dies ist einerseits auf Einwanderungsprozesse
junger Menschen bzw. Familien zurückzuführen, wo die Großeltern im

Herkunftskontext verbleiben. Andererseits weisen Migrationsfamilien eine überdurchschnittliche Fertilität auf. Das Resultat internationaler Migration sind oft geographisch weit entfernt wohnende Großeltern, und in der Schweiz – wo mehr als zwei Fünftel (44%) der Generationenerneuerung einen direkten Migrationshintergrund (ausländische Nationalität oder binationale Ehe) aufweist, leben 37% der Großeltern 12- bis 16-jähriger Enkelkinder im Ausland (Höpflinger et al. 2006). Dadurch verdünnen sich die intergenerationellen Alltagskontakte, und konkrete Alltagshilfen – etwa bei Kinderbetreuung – sind nicht möglich. Die Kontakte von Enkelkindern zu ausländischen Großeltern konzentrieren sich weitgehend auf Ferien- und Feiertage.

4. Großeltern und ihr intergenerationeller Einfluss – Thesen und Feststellungen

Nach der „Brücken-Hypothese" stellen Großeltern während der Kindheit von Enkelkindern wichtige Sozialisationsbrücken dar. Damit wird gemeint, „dass Personen, die einem Kind nah und vertraut sind und sich doch etwas anders als die erste Bezugsperson des Kindes verhalten, eine Brücke in die noch unbekanntere soziale Welt darstellen" (Krappmann 1997a: 189, auch Krappmann 1997b). Diese Brückenstellung kann auch während der Adoleszenz bedeutsam sein. „Bereits die Tatsache, dass Enkel mit den Älteren darüber reden und streiten können, wie die Welt zu beurteilen und die Familie zu organisieren sei, ist von großer sozialisatorischer Bedeutung. Offenbar kann auch eine engagierte Auseinandersetzung ohne Zwang entgegen verbreitetem Erziehungspessimismus eine Werttradition sichern" (Krappmann 1997a: 192). Dem entspricht die Beobachtung der deutschen Mehr-Generationen-Studie, dass Großeltern bei ihren jugendlichen Enkelkindern vor allem im Bereich sozialer Verantwortlichkeit und Kooperation einen bedeutsamen Einfluss aufweisen (Bertram 1994).

Interessanterweise wurde schon in der klassischen Studie von Joan Robertson (1977) deutlich, dass der Einfluss von Großeltern auf junge Erwachsene am größten ist, wenn die Großeltern einerseits Werte vermitteln wollen, sie sich aber andererseits um eine persönlich gestaltete Beziehung zu ihren Enkeln bemühen, in der sie ihnen ihre Auffassungen nicht überstülpen, sondern unaufdringlich ins Gespräch einbringen. Gerade Großeltern, die Einmischung vermeiden, scheinen die Wertorientierungen der Enkel am nachhaltigsten zu beeinflussen (Roberto/Stroes 1992).

Es ist allerdings klar, dass Großeltern Orientierungen und Werte kaum unabhängig von den Eltern vermitteln können (Hagestad 2006). Im allgemeinen regeln die Eltern den Zugang zu den Enkelkindern, und sie werden die Beziehungen zu den Großeltern besonders fördern, wenn sie sich mit ihnen gut verstehen. Kinder orientieren sich zuerst an ihren Eltern, und sie sind in ihren Einstellungen den Großeltern am ähnlichsten, wenn auch Eltern und Großeltern weitgehend übereinstimmen (Mueller/Elder 2003).

Der Einfluss der Großeltern, wie auch die Tradierung familialer Werthaltungen über drei Generationen, hängt zudem von kontextuellen Faktoren ab (wie Dynamik des Wertewandels, Brüche in der Geschichte eines Landes usw.). Das Fehlen eines markanten sozio-historischen Umbruches in der Schweiz trägt beispielsweise dazu bei, dass sich Enkel, Eltern und Großeltern aus Schweizer Familien in bedeutsamen Wertdimensionen ähnlicher sind als dies – kriegsbedingt – in Deutschland oder ehemaligen Ostblockstaaten der Fall ist. So ließ ein religionssoziologisches Projekt zu Familienritualen bei Schweizer Familien mit 5- bis 6-jährigen Kindern vielfache intergenerationelle Kontinuitäten erkennen (Morgenthaler et al. 2007).

Theoretisch wird ein sich gegenseitig verstärkender Einfluss von Eltern- und Großelterngeneration auf die moralischen Orientierungen und sozialen Werthaltungen der Enkelgeneration mit dem Konzept des Doppel-Teams ('double teams') umschrieben. Die Doppel-Team-These geht davon aus, dass sich moralische Einflüsse beider Generationen (Eltern und Großeltern) wechselseitig ergänzen, wobei Eltern und Großeltern in moralischen Fragen oftmals einen anderen Ansatzpunkt wählen. Kinder lernen Werte von ihren Eltern, wenn die Eltern zum Beispiel ihr Verhalten kontrollieren und korrigieren. Von Großeltern wird hingegen stärker indirekt gelernt, etwa wenn sie Geschichten erzählen oder mit den Enkeln etwas gemeinsam unternehmen. Damit können die Einflüsse der Eltern- und Großelterngeneration auf die Enkelkindgeneration sowohl verstärkend als auch komplementär sein (Lewis 2005). Art und Weise der Wertevermittlung von Großeltern zu Enkelkindern werden sowohl von der Kohortenzugehörigkeit als auch von den altersspezifischen Entwicklungsprozessen der Großeltern beeinflusst, wodurch ältere und jüngere Großeltern teilweise andere Wertvermittlungsstrategien wählen (Locher 2007). Im Rahmen eines neueren schweizerischen Forschungsprojektes stand die Frage im Zentrum „Vermitteln Großeltern ihren Enkeln Werte in unterschiedlicher Weise als Eltern ihren Kindern?" Dazu wurden 132 Familien mit Enkelkindern im Alter von 9 bis 11 und 14 bis 16 Jahren zu Werteübereinstimmungen oder –widersprüchen über alle drei Generationen (Kinder, Eltern, Großeltern) untersucht (Oser et al. 2007). Die intergenerationelle Verbundenheit wurde von Großeltern wie Enkelkindern als stark eingeschätzt, wobei sich zwischen der Verbundenheit der Großelterngeneration mit den eigenen Kindern und der Verbundenheit mit den Enkelkindern ein hoch signifikanter Zusammenhang ergab. Entsprechende Zusammenhänge zeigten sich ebenfalls bei der Elterngeneration, wo die Verbundenheit mit den eigenen Eltern (Großelterngeneration) und der Verbundenheit mit den eigenen Kindern signifikant positiv assoziiert war (was früheren Studienergebnissen entspricht, Perrig-Chiello/Höpflinger 2005).

Trotz ausgeprägter intergenerationeller Wertekonstanz (bei Schweizer Familien bzw. in einem Kontext mit wenig sozio-historischen Brüchen) wurden dennoch einige bedeutsame intergenerative Wahrnehmungs- und Wertunterschiede sichtbar (Oser et al. 2007): Erstens nahmen Kinder ihre Eltern und Großeltern stärker als permissiv und weniger als streng wahr als Eltern und Großeltern sich selbst beurteilten. Zweitens beurteilten Enkelkinder ihre Großeltern weitgehend als großzügig, während die Großeltern sich häufiger als traditionell bewerteten. Drittens ergaben sich deutliche intergenerationelle Unterschiede bezüglich Mode, Kleidung und Auftreten der Enkelkinder, wo Eltern toleranter und Großeltern teilweise autoritärer auftraten. Bei den Tugenden – anständig sein, ordentlich, pünktlich u. a. – zeigte sich hingegen fast durchgehend eine Allianz der beiden älteren Generationen gegen die jüngste Generation. Die jüngste Generation ihrerseits betonte Selbständigkeit, Kritik äußern und Fragen stellen stärker als die beiden älteren Generationen. Häufig sind die entsprechenden Wertunterschiede jedoch graduell, und sie widerspiegeln primär Unterschiede der lebenszyklischen Lage jüngerer und älterer Menschen und weniger grundsätzliche Generationendifferenzen; wie auch in der deutschen Generationenstudie 2005 deutlich wurde (Hanns-Seidel-Stiftung 2005).

Die eigentliche Doppel-Team-These wird durch die Forschungsergebnisse nicht oder höchstens in stark eingeschränkter Form unterstützt. Es scheint, dass die Doppel-Team-These primär bei traditionellen Familien- und Generationenverhältnissen gilt, wogegen in aktuellen Generationenbeziehungen eher ein intergenerationelles Kompensationsmodell zu beobachten ist. Sind die Eltern beispielsweise streng, verhalten sich Großeltern eher verwöhnend, praktizieren die Eltern jedoch eher einen ‚laissez-faire'-Stil, so kompensieren dies viele Großeltern durch ein etwas strikteres Verhalten. Häufig beobachtet werden aber auch Allianzen, wobei sich zwei Generationen mit ihren Einschätzungen quasi gegen die dritte Generation zusammentun; sei es, dass Eltern und Großeltern eine gemeinsame Front gegenüber ihren heranwachsenden Enkelkindern bilden; sei es, dass Enkelkinder und Großeltern sich gegen die Elterngeneration verbünden, oder auch, dass Eltern- und Enkelkind-Generation signifikant unterschiedliche Werthaltungen aufweisen als die Großelterngeneration. Die Fronten verlaufen allerdings selten einseitig zu Ungunsten nur einer Generation, sondern in einem Fall sind sich Eltern und Großeltern einig, wogegen in anderen Fällen Großeltern und Enkel eine Allianz bilden bzw. Eltern und Enkel sich von den Großeltern unterscheiden. Ein solches intergenerationelles Muster – wo sich je nach Wertbereich zwischen den drei Generationen Unterschiede oder Übereinstimmungen ergeben – verhindert sowohl den Aufbau systematischer intergenerationeller Wertkonflikte als auch die Entstehung institutionalisierter Werteallianzen zwischen jeweils zwei Generationen gegenüber der dritten Generation. Da Kinder ihren Großeltern gegenüber weniger als gegenüber ihren Eltern Erfahrungen von existenzieller Abhängigkeit erleben, können Großeltern-Enkel-Beziehungen zudem in geringerem Ausmaß durch intergenerationelle Konflikte belastet sein als Eltern-Kind-Beziehungen. So stellte Jutta Ecarius (2002) bei ostdeutschen Familien fest, dass die Interaktionen zwischen Großmüttern und Müttern sowie zwischen Müttern und Töchtern in vielen Fällen konfliktreicher waren als jene zwischen Großmüttern und Enkeltöchtern. Dasselbe Muster galt auch bezüglich der männlichen Generationenlinien (Ecarius/Krüger 1997).

In diesem Sinne greifen die klassischen Vorstellungen zu Großelternschaft – Vermittlung von Werthaltungen und familialer Kontinuität – oder auch die ‚double-team'-These eindeutig zu kurz. Die Beziehungen zwischen Enkelkindern und Großeltern werden primär von wechselseitigen Erfahrungs- und Lernprozessen beeinflusst, die vom Bewusstsein geprägt werden, dass die beteiligten – und familial verbundenen – Personen unterschiedlichen Generationen angehören. Ludwig Liegle und Kurt Lüscher (2007) benützen dafür den Begriff der generativen Sozialisation. Statt Lernprozesse in ihrer vertikalen Ausrichtung zu betrachten („Kinder lernen von Großeltern" oder im Sinne der Umkehrung „Großeltern lernen von Kindern"), ist es fruchtbarer, von gemeinsamen und wechselseitigen Lernprozessen auszugehen. Die Frage lautet damit nicht, ob und wie Enkelkindern von Großeltern lernen (und umgekehrt), sondern ob die Vertreter beider Generationen dadurch lernen, dass sie mit Personen einer anderen Familiengeneration verkehren, handeln und sprechen.

5. Die Beziehung zu Enkelkindern – Perspektive der Großeltern

Für Frauen und Männer eröffnet die Geburt von Enkelkindern eine doppelte familiale Perspektive (Kivnick 1982): Enkelkinder bedeuten einerseits eine Weiterführung der familialen Generationenfolge, und Enkelkinder sind zentrale Elemente der Zukunft der eigenen Familie im weiteren Sinne. Andererseits beinhaltet der Umgang mit Enkelkindern für die ältere Generation einen wichtigen Anknüpfungspunkt an frühere Familienphasen, und Großelternschaft erlaubt durch den Kontakt mit Enkelkindern, an frühere Erfahrungen (Kindheit, eigene Elternschaft) anzuknüpfen.

Subjektiv wird Großelternschaft zumeist positiv bewertet. So zeigte eine 1995 in Deutschland durchgeführte Befragung bei 573 Großmüttern, dass Großmutterschaft für nahezu alle Großmütter eine generell hohe subjektive Bedeutung aufwies (Herlyn/Lehmann 1998). Selbst erwerbstätige Großmütter messen der Großmutterschaft eine hohe Bedeutung zu, wenn auch unter Beachtung ihrer außerfamilialen Interessen. In der 2004 durchgeführten Erhebung bei Schweizer Großeltern zeigte sich ebenfalls eine allgemein positive Bewertung von Großelternschaft, und die Beziehung zum – vorher befragten – Enkelkind wurde zu 63 % als sehr wichtig und zu 34 % als wichtig eingestuft (Höpflinger et al. 2006). Die frühere Feststellung (Bengtson 1985), dass Großväter eine weniger enge Bindung zu Enkeln aufweisen als Großmütter, konnte – wahrscheinlich kohortenbedingt – nicht mehr bestätigt werden (Höpflinger/Hummel 2006).

Die allgemein positive Bewertung von Großelternschaft hängt auch damit zusammen, dass Großelternschaft ein verankertes positives Stereotyp darstellt. Differenzierende Faktoren können durch die positiv stereotypisierte gesellschaftliche Wahrnehmung von Großelternschaft überschichtet werden, wenn nur allgemein nach der Bewertung von Großmutterschaft und Großvaterschaft gefragt wird. Die konkrete Gestaltung der Beziehung variiert stärker, und die angeführte Studie von 573 deutschen Großmüttern ließ neben pflichtorientierten und engagierten Großmüttern auch ambivalente und distanzierte bzw. familienunabhängige Großmütter erkennen (Herlyn/ Lehmann 1998). Wie in früher durchgeführten amerikanischen Studien (Cherlin/Furstenberg 1986) zeigt sich eine enge Verknüpfung von Verhaltensstil und Alter der Enkel bzw. Alter der Großmütter. Bedeutsame Faktoren für das Verhalten der Großeltern sind auch das Verhältnis zur Elterngeneration, die Wohnortsdistanz sowie die Gesundheit der Großeltern, ihre Lebensform und ihre familialen Werthaltungen.

In Zusammenhang mit Großeltern als Familienmitglieder stehen vor allem Fragen der intergenerationellen Solidarität im Zentrum des Interesses.[3] Da Enkelkinder die Zukunft der eigenen Familie (bzw. Dynastie) bedeuten, lässt sich postulieren, dass Großeltern stärker am Wohlergehen der Nachkommen interessiert sind als die Enkelkinder am Wohlergehen vergangener Generationen. Deshalb dürften Unterstützungsleistungen stärker von ‚oben nach unten‘ als von ‚unten nach oben‘ verlaufen („intergenerational stake thesis", dazu Giarrusso et al. 1995). In diesem Rahmen steht zu erwarten, dass Großeltern mehr Einfluss auf die nachkommende Generation wahrnehmen als die jüngere Generation selbst, und dass sie ihre Rolle stärker und spezifischer gewichten (Crosnoe/Elder 2002). Die Großeltern nehmen sich häufig als Teil einer familialen Solidargemeinschaft wahr, wie es traditionellen Vorstellungen zur Großelternschaft entspricht. So nahmen 78% der befragten Schweizer Großeltern finanzielle Solidarität (finanzielle Hilfe im Notfall) als wichtige großelterliche Rollenerwartung wahr. Diese Rollenerwartung wurde umgekehrt nur von 29% der befragten 12- bis 16-jährigen Enkelkinder geteilt (Höpflinger/Hummel 2007).

Eine Spezialauswertung des deutschen Alterssurvey (Hoff 2007) unterstützt ebenfalls die ‚intergenerational-stake‘-These. Stärker als bei Eltern-Kind-Beziehungen verlaufen Transferleistungen relativ einseitig von Großeltern zu Enkelkindern: Großeltern unterstützen ihre Enkelkinder finanziell stärker, als umgekehrt Enkelkinder ihre Großeltern instrumentell unterstützen. Im Zeitvergleich 1996 bis 2002 haben sich die finanziellen Transfers von Großeltern zu Enkelkindern erhöht (vgl. Tab. 3).

---

3 Zur konzeptuellen und theoretischen Begründung der ‚intergenerational solidarity-thesis‘, Bengtson 2001; Kohli et al. 2000; Szydlik 2000.

Tab. 3:Intergenerationelle Unterstützung von und zu Großeltern
in Deutschland

	Großeltern (GE) im Alter von 62 bis 85 Jahren			
	Finanzielle Transfers		Instrumentelle Unterstützung	
	von GE	zu GE	von GE	zu GE
Alterssurvey 1996:				
Kinder	26 %	3 %	9 %	19 %
Enkel	12 %	*	*	4 %
Alterssurvey 2002:			7 %	
Kinder	23 %	2 %	*	17 %
Enkel	17 %	*		1 %

* weniger als 1 %
Quelle: Hoff 2007

Angesichts familial-beruflicher Unvereinbarkeiten bei jungen Familien
nehmen Großeltern – und namentlich Großmütter – namentlich bei der
Kleinkindbetreuung weiterhin eine bedeutsame Stellung ein. Am stärksten
engagiert sind Großmütter mütterlicherseits, was der matrilinearen Gestaltung familialer Generationenbeziehungen entspricht (Attias-Donfut/Segalen
2000; Gauthier 2002). Bedeutsame Unterstützungsleistungen übernehmen
Großeltern oft auch während familialen Krisen, wie etwa nach einer Scheidung der Elterngeneration (Fabian 1994; Fthenakis 1998). Die Enkelkindbetreuung durch Großeltern – und namentlich Großmütter – beinhaltet einen wesentlichen Transfer unbezahlter Arbeitsleistungen von der älteren
Generation zur jüngeren Generation (Stutz/Strub 2006; Künemund 2006).

Tab. 4: Enkelkindbetreuung – im europäischen Vergleich 2004

	Enkelkind-Betreuung angeführt (caring for grandchildren) in %		
	Männer 50+	Frauen 50+	Nur Großmütter *
Dänemark	31	40	58
Deutschland	21	25	47
Griechenland	19	26	45
Frankreich	29	35	52
Italien	19	26	48
Niederlande	32	35	62
Österreich	25	27	44
Schweden	25	35	53
Schweiz	17	22	43
Spanien	21	27	45

* Prozent aller Großmütter, die in den letzten 12 Monaten hier und da oder regelmäßig ihre Enkelkinder betreut haben.
Quelle: Hank/Erlinghagen 2005: Tabl. 5A18

Im intereuropäischen Vergleich zeigt sich ein leichtes Nord-Süd-Gefälle im Betreuungsengagement von Großeltern (vgl. Tab. 4). Solche Differenzen können sowohl familiendemografisch bedingt sein (wenig oder keine Enkelkinder, geografisch getrennte Generationen) als auch Unterschiede der Frauenerwerbstätigkeit widerspiegeln, und Großmütter springen vor allem ein, wenn junge Mütter aufgrund von Erwerbstätigkeit berufliche und familiale Engagements zu vereinbaren haben. Nach der 2004 durchgeführten SHARE-Erhebung betreuen gut 47% der deutschen Großmütter Enkelkinder, wobei das Engagement jener Großmütter, die sich an der Enkelkindbetreuung beteiligen, vielfach hoch ist (Attias-Donfut et al. 2005).

Ein frühes Engagement der Großeltern zeitigt eine nachhaltige Wirkung, da damit die spätere Beziehung zu Enkelkindern positiv beeinflusst wird: Großeltern, die sich schon bei der Kleinkindbetreuung engagiert haben, haben auch zu heranwachsenden Enkelkindern mehr Kontakte. Ebenso zeigt sich bei heranwachsenden Enkelkindern eine stärkere Wahrnehmung, dass die Großeltern an ihrem Leben interessiert sind, wenn die Großeltern sich schon früher engagiert haben. Diese Effekte sind bei Großvätern tendenziell ausgeprägter als bei Großmüttern. Dies hängt damit zusammen, dass gegenüber Großvätern weniger klare Rollenerwartungen bestehen als gegenüber Großmüttern (Höpflinger et al. 2006).

Während im Kleinkindalter der Enkel die großelterlichen Betreuungsaufgaben im Vordergrund stehen, verändern sich die Beziehungen mit dem Heranwachsen der Enkelkinder (und dem gleichzeitigen Altern der Großeltern) zwangsläufig. Mit zunehmendem Alter der Enkel erhalten eigenständige Kontakte und von den Eltern unabhängige gemeinsame Aktivitäten der Enkel und Großeltern einen größeren Stellenwert. In Genf durchgeführte qualitative Tiefeninterviews bei Enkelkind-Großeltern-Paaren verdeutlichen, dass mit dem Heranwachsen des Enkelkindes die Beziehung neu zu gestalten ist (Hummel et al. 2005; Hummel/Perrenoud 2007). Ein zentraler Wandel ist die Erwartung heranwachsender Enkelkinder von ihren Großeltern nicht mehr als ‚Kind' behandelt zu werden. Dies erfordert von Großeltern Verhaltensmodifikationen; beispielsweise auf bisherige Kinderspiele zu verzichten und dafür die Meinung des heranwachsenden Enkelkindes ernst zu nehmen. Das Heranwachsen der Enkelkinder erfordert die Entwicklung einer großelterlichen Reife (‚grandparental-maturity'), die einschließt, dass sich Großeltern und Enkelkinder beidseitig als Erwachsene ernst zu nehmen beginnen.

Mit steigendem Lebensalter erhalten alte Eltern mehr instrumentelle Unterstützung von ihren Kindern. Dieses Muster zeigt sich bei Enkel-Großeltern-Beziehungen jedoch kaum, und Enkelkinder werden als Unterstützungspersonen hochaltriger Menschen weitaus seltener erwähnt als eigene Kinder (Künemund/Hollstein 2000). Das Modell der reziproken intergenerationellen Unterstützung – bei Eltern-Kind-Beziehungen häufig beobachtet – gilt deutlich weniger für Großeltern-Enkelbeziehungen. Auch bei gesundheitlichen Einschränkungen alter Großeltern treten erwachsene Enkelkinder selten als Pflegepersonen auf, selbst wenn erwachsene Enkelkinder bei Demenzerkrankungen im Einzelfall bedeutsame Kontakt- und Bezugspersonen alter Großeltern sein können (Zank 2003). Zwischen erwachsenen Kindern und alten Eltern liegen verankerte gegenseitige Hilfs- und Solidarerwartungen vor. Diese normativen Erwartungen bestehen gegenüber (erwachsen gewordenen) Enkelkindern höchstens in abgeschwächter Form. In vielen Fällen wird die Beziehung zu Enkelkindern auch von alten Großeltern gerade nicht als intergenerationelle Hilfe- und Unterstützungsbeziehung interpretiert, sondern als persönliche Beziehung zwischen Jung und Alt.

6. Die Beziehung zu Großeltern –
Perspektive der Enkelkinder

Für Enkelkinder können – ausgewählte – Großeltern bedeutsame familiale Bezugspersonen sein, zu denen schon früh eine positive Beziehung aufgebaut werden kann. Die Häufigkeit persönlicher intergenerationeller Kontakte ist eng mit der geographischen Nähe der Generationen verbunden. Je geringer die Wohndistanz zwischen Enkelkindern und Großeltern, desto häufiger sind persönliche Kontakte (Attias-Donfut/Segalen 1998; Lauterbach 2002; Wieners 2005; Wilk 1999). Wenn die Großeltern im Ausland leben, reduziert sich die persönliche Kontakthäufigkeit häufig auf zwei bis drei Begegnungen pro Jahr oder seltener. Die telefonischen Kontakte – Festtelefon oder Mobiltelefon – sind hingegen nicht oder höchstens schwach mit der Wohnortsdistanz assoziiert. Bei Großeltern im Ausland werden fehlende persönliche Kontakte teilweise durch regelmäßige telefonische Kontakte kompensiert. Von der Distanz unabhängig sind auch elektronische Kontakte (wie E-Mail-Kontakte) (Höpflinger et al. 2006). Mit den modernen Kommunikationsformen entstanden grenzüberschreitende Kontaktmöglichkeiten, die immer häufiger zur Stärkung intergenerationeller Beziehungen genutzt werden. Gleichzeitig können diese Kontaktformen – im Gegensatz zu persönlichen Besuchen – von Enkelkindern weitgehend ohne Wissen der Eltern initiiert werden. Damit werden intergenerationelle Kontakte zwischen Großeltern und Enkelkindern möglich, die von der mittleren Generation nicht mehr kontrolliert werden können (Quadrello et al. 2005).

Die intergenerationelle Kontakthäufigkeit wird auch durch die Verwandtschaftslinie beeinflusst, und vor allem persönliche und telefonische Kontakte sind mit den Großeltern mütterlicherseits signifikant häufiger als mit den Großeltern väterlicherseits (Attias-Donfut/Segalen 1998; Smith/Drew 2002). Zudem sind Kontakte zu erwähnten sozialen Großeltern weniger intensiv. Das Geschlecht der Großeltern wie auch der Enkelkinder erweisen sich dagegen für die Kontakthäufigkeit als irrelevant, und dies gilt für alle Kontaktformen. Einzig die Tatsache, dass mehr Großmütter als Großväter noch leben, lässt den Eindruck entstehen, dass die Kontakte zu Großmüttern intensiver sind (Höpflinger/Hummel 2006).

Das (chronologische) Alter der Großeltern ist für persönliche und telefonische Kontakthäufigkeit irrelevant. Wichtiger als das (chronologische) Alter erwies sich bei Schweizer Enkelkindern der wahrgenommene Gesundheitszustand der Großeltern: Je besser der wahrgenommene Gesundheitszustand der Großeltern, desto häufiger sind die Kontakte persönlicher und telefonischer Art, und gesund wahrgenommene Großeltern werden deutlich positiver eingeschätzt als krank eingestufte Großeltern. Aktive intergenerationelle Kontakte – namentlich mit heranwachsenden Enkelkindern – setzen eine relativ hohe körperliche und psychische Gesundheit der älteren Generation voraus. Die allgemein verbesserte gesundheitliche Lage älterer Menschen ist ein bedeutsamer Faktor für verbesserte Großeltern-Enkelkind-Beziehungen in modernen Gesellschaften, wie dies in Längsschnittvergleichen beobachtet wurde (Lalive d'Epinay et al. 2000). Regelmäßige Kontakte zu Großeltern beeinflussen ihrerseits die Einschätzung des Verhältnisses zwischen den Generationen: Nach Ergebnissen der Shell-Jugendstudie 2006 schätzen 15- bis 25-Jährige mit regelmäßigen Kontakten[4] zu Großeltern das Verhältnis zwischen den Generationen zu 51% als eher harmonisch und zu 44% als eher angespannt. Bei fehlenden Kontakten wird das Verhältnis der Generationen zu 61% als eher angespannt und nur zu 37% als eher harmonisch wahrgenommen (Schneekloth 2006).

Werden die intergenerationellen Kontaktgelegenheiten untersucht, zeigt sich, wie stark intergenerationelle Kontakte familial eingebettet bleiben. Schulkinder bzw. Teenager treffen Großeltern, die nicht in unmittelbarer Nachbarschaft leben, am ehesten während Familienfesten und anderen familialen Zusammenkünften. An zweiter Stelle stehen Kontakte zusammen mit Eltern und Geschwistern während Ferien und Wochenenden. Alltagsaktivitäten allein mit Großeltern, aber auch Ferien und Wochenenden allein mit Großeltern, stehen für minderjährige Enkelkinder noch nicht im Vordergrund. Namentlich bei Großeltern, die entfernt leben, sind von der Familie gemeinsam organisierte Ferien und Wochenendaufenthalte (oft während jährlichen Festen) dominant. Fehlende Alltagskontakte werden zumindest teilweise durch familial organisierte Ferien- und Wochenendkontakte kompensiert, wie etwa in einer deutschen Befragung von 30 Enkelkindern sichtbar wurde (Wieners 2005).

Die ausgeprägte familiale Organisation intergenerationeller Kontakte zur Mehrzahl der Großeltern – die bei Kleinkindern ausgeprägt ist, die aber auch bei Teenagern dominiert – hat zwei Konsequenzen: Erstens werden dadurch Stellung und Bedeutung der Großeltern als Teil des familial-verwandtschaftlichen Gefüges gestärkt. Großelternschaft und die damit verbundenen intergenerationellen Kontakte zwischen Jung und Alt sind und bleiben in familiale Regelwerke eingebunden, was beispielsweise die Ver-

---

4 Von den befragten 15- bis 25-Jährigen nannten 47% regelmäßige persönliche Kontakte zu Großeltern, 34% gelegentliche Kontakte und nur 9% keine Kontakte (in 10% der Fälle waren alle Großeltern bereits verstorben (Schneekloth 2006: 151).

ankerung außerfamilialer Formen sozialer Großelternschaft erschwert. Zweitens führt das starke Gewicht von Festen, Familienfeiern, Ferien und Wochenenden als intergenerative Kontaktgelegenheiten dazu, dass viele Großeltern Bezugspersonen außerhalb des normalen familialen und schulischen Alltags der Enkelkinder verbleiben. Die Großeltern trifft man zumeist, wenn man schulfrei hat oder bei Feiern. Daraus kann sich ein vom schulischem Alltag abgehobenes, freizeitorientiertes Bild der Großeltern und der Beziehungen zu ihnen entwickeln. Dieses Muster wird durch die Tatsache verstärkt, dass bei heranwachsenden Enkelkindern die überwiegende Mehrheit der Großeltern schon pensioniert ist. Heranwachsende Enkelkinder treffen Großeltern zumeist in schul- und stressfreien Zeiten, und sie begegnen dabei älteren Menschen, die im Gegensatz zu den Eltern nicht beruflich eingespannt und angespannt sind. Dies führt zur Sozialkonstruktion einer ferien- und freizeitorientierten Großelternschaft, wie auch bei einer Analyse von Kinderzeichnungen zu Großmüttern und Großvätern sichtbar wurde (Hummel 1992).

Die intensivsten gemeinsamen Aktivitäten mit Enkelkindern – von Säuglings- und Kleinkindbetreuung abgesehen – ergeben sich im Alter von sieben bis elf Jahren (Herlyn/Lehmann 1998). Der Median der genannten Zahl von Aktivitäten zwischen Enkelkind und liebster Oma sinkt mit dem Lebensalter, von 8 Aktivitäten bei den 10- bis 12-Jährigen – über sieben bei den 13- bis 15-Jährigen – auf sechs Aktivitäten bei den 16- bis 18-Jährigen (Zinnecker et al. 2003). Dies weist in Richtung einer gewissen Ablösung von den Großeltern während der Pubertät und dem Jugendalter, wobei auch das Altern der Großeltern von Bedeutung sein kann. Eine 1991 durchgeführte österreichische Kinderstudie zeigt ebenfalls, dass mit steigendem Lebensalter der Enkelkinder Kontakthäufigkeit und damit auch Zahl gemeinsamer Aktivitäten abnehmen (Wilk/Bacher 1994). Auch die Art der Aktivitäten verändert sich mit dem Erwachsenwerden der Enkelgeneration, und diverse Aktivitäten beziehen sich nur auf die Kindheit und nehmen ab, wenn die Enkelkinder ins Jugendalter kommen. „Hierunter finden wir Aktivitäten wie: Bei den Großeltern schlafen, Ausflüge mit ihnen unternehmen, Hilfe bei den Hausaufgaben für die Schule, gemeinsame Spiel- und Basteltätigkeiten" (Zinnecker et al. 2003: 30, vgl. auch Tab. 5).

Tab. 5: Erwähnte gemeinsame Aktivitäten mit ‚liebster Oma' (in %)

	Alter der befragten Enkelkinder		
	10-12 J.	13-15 J.	16-18 J.
Gemeinsame Ausflüge	44	32	22
Hilfe bei den Hausaufgaben	29	12	5
Gemeinsames Spiel	47	24	11

Quelle: Zinnecker et al. 2003: 30

Bei der Schweizer Befragung von 12- bis 16-jährigen Enkeln Teenagern wurde interessanterweise das Diskutieren mit den Großeltern an erster Stelle erwähnt (Höpflinger et al. 2006). Mit den Großeltern reden und diskutieren scheint für diese Lebensphase besonders bedeutsam zu sein. ‚Miteinander reden' war auch in der österreichischen Befragung 10-jähriger Kinder eine häufig erwähnte intergenerationelle Tätigkeit (Wilk/Bacher 1994). Wie die Kontakthäufigkeit ist auch die Intensität gemeinsamer Aktivitäten positiv mit Wohnortsnähe und guter Gesundheit der Großeltern assoziiert, und die Entwicklung einer aktiven Großelternschaft steht in engem Zusammenhang mit der Entwicklung eines gesunden Alterns.

Wenn nach den wichtigsten Menschen auf der Welt gefragt wird, setzen Kinder und Jugendliche ihre Familienmitglieder – so wie sie von ihnen definiert werden – durchwegs auf die ersten Ränge. Neben Mutter und Vater sind dies oftmals Großeltern, wobei hier die Großmütter leicht höher rangieren als die Großväter (vgl. Tab. 6).

Tab 6: Wichtigste Menschen auf der Welt:
Erhebung bei deutschen Kindern und Jugendlichen 2001

Rang der Eltern, Großeltern und guter Freunde, bezogen auf die wichtigsten Menschen		
	Kinder (10-12 J.)	Jugendliche (13-18 J.)
Mutter	1.0	1.2
Vater	1.1	1.3
Oma (Mutter)	1.4	1.7
Oma (Vater)	1.5	1.9
Opa (Mutter)	1.6	1.8
Opa (Vater)	1.6	1.9
Haustiere	1.4	1.8
Gute(r) Freundin/Freund	1.6	1.4
Freundesgruppe	2.1	1.7
Mitschüler	2.1	2.2

Frage: „Wie wichtig sind die Menschen auf dieser Liste für dich?
(Liste mit 27 (Kinder) und 33 (Jugendliche) Personen:
sehr wichtig (1), weniger wichtig (3), gar nicht wichtig (4)
Quelle: Zinnecker et al. 2003: 27

Mit dem Übergang von der Kindheit ins Jugendalter verlieren Familienmitglieder etwas an Bedeutung und Gleichaltrige werden bedeutsamer. Enge Freunde und Freundinnen, ebenso wie Freundesgruppen als Ganzes, werden von den 13-18-Jährigen als leicht bedeutsamer eingeschätzt als ihre Großeltern. Während der Pubertät kommt es – wie erwähnt – somit auch gegenüber den Großeltern zu einer gewissen Ablösung; ein Prozess, der in einigen Fällen durch das Älterwerden der Großeltern (und den damit verbundenen Einbußen an Mobilität seitens der Großeltern) verstärkt werden kann.

In vielen Fällen stellen die Großeltern aber auch im Teenager-Alter wichtige zusätzliche Familienangehörige dar. Die befragten 658 12- bis 16-jährigen Schweizer Enkelkinder stuften ihre Großeltern dabei mehrheitlich als großzügig, liebevoll und gesellig ein. Sie wurden vielfach auch als humorvoll und tolerant eingeschätzt. Nur eine Minderheit der Großeltern wurde von ihren Enkelkindern als streng, ungeduldig oder geizig wahrgenommen. Auch der Begriff ‚altmodisch' gilt nach Ansicht der befragten Enkelkinder nur für eine Minderheit heutiger Großeltern. Es zeigt sich ein durchaus positives Eigenschaftsprofil heutiger Großeltern, und dies selbst aus der Sicht oft kritischer Heranwachsender (Höpflinger et al. 2006). Großmütter werden weiterhin signifikant häufiger als liebevoll und großzügig eingeschätzt als Großväter, die ihrerseits signifikant häufiger als streng und ungeduldig eingeschätzt werden. Es ist jedoch anzumerken, dass die befragten Enkel ebenfalls eine große Mehrheit ihrer Großväter als liebevoll einstufen (77 % verglichen mit 86 % der Großmutter). Wird nach dem Geschlecht des Enkelkinds unterschieden, zeigt sich, dass Mädchen ihre Großeltern signifikant häufiger als tolerant, aber auch als altmodisch einstuften, wogegen Knaben sie signifikant häufiger als streng einschätzen.

Die wahrgenommenen charakterlichen Eigenschaften der Großeltern sind von der geographischen Distanz zwischen den beiden Generationen weitgehend unabhängig, obgleich die Kontakthäufigkeit stark von der Wohnortsdistanz beeinflusst wird (und Kontakthäufigkeit und eine positive Beschreibung der Großeltern positiv assoziiert sind). Auch das (kalendarische) Alter der Großeltern und ihre wahrgenommenen Eigenschaften sind nur schwach interkorreliert. Ältere Großeltern werden höchstens als weniger dynamisch und etwas altmodischer eingeschätzt als jüngere Großeltern, was sowohl Alters- als auch Kohorteneffekte widerspiegeln kann. Allerdings verschwinden die Altersunterschiede nach Kontrolle anderer Faktoren (wie Geschlecht und erlebter Gesundheitszustand der Großeltern). Bedeutsamer als das Alter ist, wie schon die Analyse von Kontakthäufigkeit und intergenerationellen Aktivitäten gezeigt hat, der erlebte Gesundheitszustand der jeweiligen Großeltern: Je gesünder Großeltern wahrgenommen werden, desto positiver werden sie eingeschätzt, wogegen eine schlechte gesundheitliche Situation zu einer distanzierteren Beurteilung führt. Es bestätigt sich erneut das Muster, dass heranwachsende Enkelkinder primär gesunde Großeltern als positive Bezugspersonen erleben. Aktive Großelternschaft setzt gute Gesundheit voraus, und dies gilt vor allem im Umgang mit heranwachsenden Enkelkindern, die sich selbst in einer oft schwierigen Lebensphase (Adoleszenz) befinden.

Wird die Verteilung der intergenerationalen Beziehungsqualität insgesamt untersucht, lässt sich festhalten, dass aus Sicht der befragten 12- bis 16-jährigen Schweizer Enkelkinder zu fast einem Fünftel (18 %) der Großeltern ausgesprochen enge und intensive Beziehungen bestehen. Umgekehrt besteht zu etwas mehr als einem Fünftel der Großeltern (23 %) eine eher distanzierte Beziehung (mit wenig Kontakten, wenig gemeinsamen Aktivitäten und geringerer Bedeutung der Beziehung). Die übrigen drei Fünftel der Beziehungen bewegen sich zwischen den beiden Polen, wobei namentlich bei

Großeltern, die im Ausland leben, häufig ein unrealisiertes Generationenpotenzial wahrgenommen wird (hohe Bedeutung der Großeltern, aber weniger Kontakte und Aktivitäten als gewünscht) (Höpflinger et al. 2006). Neuere Enkelkind-Befragungen ergeben ein insgesamt positives Bild dieser intergenerationellen sozialen Beziehung. Werden heranwachsende Enkelkinder allerdings spezifischer danach gefragt, in welchen Bereichen der jeweilige Großvater bzw. die jeweilige Großmutter eine wichtige Rolle einnehmen und wo diesbezüglich konkrete Erwartungen bestehen, werden auch die Grenzen dieser intergenerationellen Beziehung deutlich:

Großeltern fühlen sich häufig als Teil einer familialen Solidargemeinschaft, wie es traditionellen Vorstellungen zur Großelternschaft entspricht. Enkelkinder – und namentlich heranwachsende Enkelkinder – schätzen ihre Großeltern dagegen eher als allgemeine Bezugspersonen, die von der übrigen leistungsorientierten Welt der Erwachsenen dissoziiert sind bzw. sein sollten. Eindeutig an erster Stelle steht die Erwartung, ‚dass die Großeltern einfach da sind, wenn man sie braucht'. Angesprochen wird das Konzept einer generalisierten familialen Bezugsperson, die ungefragt und unhinterfragt zur Verfügung steht. Darüber besteht unter Enkelkindern der größte Konsens. Die übrigen (Rollen-)Erwartungen an die Großeltern erweisen sich als weniger konsensual.

So ergab die Frage nach der Vermittlungsfunktion der Großeltern bei der Gestaltung der Enkelkind-Eltern-Beziehung bei den Schweizer Enkelkindern geteilte Antworten: 45% wichtig, 55% unwichtig. Eine geringere Bedeutung wurde den Großeltern zudem auch bezüglich konkreter Alltagsinterventionen eingeräumt (Berufswahl, Schulfragen, privates Leben). So erwarteten 78% der 12- bis 16-jährigen Enkelkinder keine großelterlichen Interventionen ins private Leben, was auch mit adoleszenzbedingten Ablösungsprozessen verknüpft sein kann. Ebenso wurde eine Einmischung in die Freizeitgestaltung mehrheitlich abgelehnt (Höpflinger et al. 2006).

Insgesamt wird deutlich, dass die subjektive Bedeutung von Großeltern – oder genauer gesagt ausgewählter Großeltern – für Enkelkinder zumeist im Sinne einer generalisierten familialen Bezugsperson besteht, wogegen private großelterliche Interventionen eher abgelehnt werden. Fragen zu gegenseitigem Interesse und Diskussionspunkten verdeutlichen dieses Muster, indem intimere Elemente der Adoleszenz (Sexualität, Intimleben, Kleiderstil u.a.) in der Beziehung zwischen heranwachsenden Enkelkindern und ihren Großeltern großmehrheitlich konsensual ausgeblendet werden, und ein wesentlicher Teil der intergenerationellen Beziehungsqualität in dieser Lebensphase der jungen Generation basiert auf der Einhaltung des Prinzips von ‚Abstand von Intimität". Wichtig für heranwachsende Enkelkinder ist, dass sie von der älteren Generation ernst genommen werden, dass sich aber die Großeltern nicht zu stark in ihr Privatleben einmischen. Im Großen und Ganzen entspricht dies einem Erwartungsmuster von ‚Engagement ohne Einmischung', und vor allem bei Schulkindern und Teenagern liegt die zentrale Qualität der Beziehung zu Großeltern darin, dass es sich um eine soziale Beziehung handelt, die sozusagen quer zum Alltagsstress bzw. den Problemen der Adoleszenz liegt.

7. Ausblick – eine post-modern gestaltete Generationenbeziehung

Das idealisierte, aber normativ relativ offene Bild von Großelternschaft erlaubt viele Freiräume in der konkreten Gestaltung der Beziehung zu Enkelkindern: Von Großeltern wird ein positiver Einfluss idealerweise erwartet, aber da sie gleichzeitig keine Erziehungsverantwortung haben (dürfen), sind sie in der persönlichen Gestaltung der Beziehung zur jüngsten Generation recht frei. Die familiale Altersrolle „Großmutter" bzw. „Großvater" ermöglicht ‚späte Freiheiten' im Umgang mit der jüngsten Generation, und es mehren sich die Hinweise, dass neue Generationen von Großeltern die ‚alten Idealbilder' von Großelternschaft gezielt zur Konstruktion einer postmodernen Gestaltung von Generationenbeziehungen einsetzen. Da die Generationendifferenzen zwischen Großeltern und Enkelkindern von vornherein ausgeprägt sind, können sich Großeltern weitaus mehr als die Eltern auf das Niveau der jüngsten Generation bewegen. Im Umgang mit Enkelkindern können Großeltern etwa unbeschwert an frühere Phasen familialen Lebens (Umgang mit Kleinkindern, später Schulkindern und Teenagern) anknüpfen, ohne dafür die Erziehungsverantwortung zu tragen.

Werden heranwachsende Enkelkinder und ihre Großeltern über ihre persönliche Beziehung zur jeweilig anderen Generation befragt, wird eine durchaus lebendige und mehrheitlich positiv eingeschätzte Beziehung sichtbar, und – vor allem aktive, gesunde und an der Jugend interessierte – Großeltern bleiben auch für heranwachsende Enkelkinder oftmals wichtige familiale Bezugspersonen, wobei die heutige Bedeutung von Großeltern für Schulkinder und Jugendliche gerade darin besteht, dass Großeltern jenseits von Schul- und Berufsstress stehen. Damit können sie Kindern und Jugendlichen im Idealfall etwas anbieten, was in allen anderen Lebensbereichen mangelhaft ist: Zeit, Gelassenheit und eine soziale Beziehung, die sich außerhalb von schulischem Stress und Problemen des Heranwachsens verortet.

Diese neue Beziehungsqualität – Großeltern als generalisierte Bezugspersonen – erfordert allerdings von der älteren Generation die Einhaltung zweier zentraler Grundregeln der intergenerativen Kommunikation: Zum ersten basiert die Qualität der Beziehung von Großeltern zu Enkelkindern nicht unwesentlich darauf, dass intime Themen des Heranwachsens ausgeblendet werden. Zum zweiten ist – gerade bei heranwachsenden Enkelkindern – ein Engagement ohne starke Einmischung zentral. Oder überspitzt formuliert: Die große Stärke der Enkel-Großeltern-Beziehung von heute liegt gerade in ihrer institutionellen Schwäche.

Literatur

Attias-Donfut, Claudine/Ogg, Jim/Wolff, François-Charles (2005): Family support. In: Börsch-Supan, Alex/Brugiavini, Agar/Jürges, Hendrik/Mackenbach, Johan/ Siegrist, Johannes (eds): Health, ageing and retirement in Europe. First results from the survey of health, ageing and retirement in Europe. Mannheim: 171-178

Attias-Donfut, Claudine/Segalen, Martine (1998): Grand-parents. Paris: Odile Jacob

Attias-Donfut, Claudine/Segalen, Martine (2000): Grand-parents. La famille à travers les générations. Paris: Ed. Odile Jacob

Bengtson, Vern L. (1985): Diversity and symbolism in grandparental roles. In: Bengtson, Vern L./Robertson, Joan F. (Hg.): Grandparenthood. Beverly Hills, London, New Delhi: 11-25

Bengtson, Vern L. (2001): Beyond the nuclear family. The increasing importance of multigenerational relationships in American society. In: Journal of Marriage and the Family 63: 1-16

Bertram, Hans (1994): Wertwandel und Werttradierung. In: Bien, Walter (Hg.): Eigeninteresse oder Solidarität. Beziehungen in modernen Mehrgenerationenfamilien. Opladen: 113-135

Bertram, Hans (2000): Die verborgenen familiären Beziehungen in Deutschland. Die multilokale Mehrgenerationenfamilie. In: Kohli, Martin/Szydlik, Marc (Hg.): Generationen in Familie und Gesellschaft. Opladen: 97-121

Brake, Anne/Büchner, Peter (2007): Großeltern in Familien. In: Ecarius, Jutta/Merten, Roland (Hg.): Handbuch Familie. Wiesbaden: 199-219

Bryson, Ken/Casper, Lynne, M. (1999): Coresident grandparents and grandchildren. In: Current population reports. Washington DC: 23-198

Bundesministerium für Soziale Sicherheit, Generationen und Konsumentenschutz (2003): Familienstrukturen und Familienbildung. Ergebnisse des Mikrozensus September 2001. Wien: BMI

Cherlin, Andrew/Furstenberg, Frank Jr. (1986): The new american grandparent. New York: Basic Books

Chvojka, Erhard (2003): Geschichte der Großelternrollen vom 16. bis zum 20. Jahrhundert. Wien: Böhlau

Crosnoe, Robert/Elder, Glen Jr. (2002): Life course transitions, the generational stake, and grandparent-grandchild relationships. In: Journal of Marriage and Family 64: 1089-1096

Dorbritz, Jürgen (2005): Kinderlosigkeit in Deutschland und Europa – Daten, Trends und Einstellungen. In: Zeitschrift für Bevölkerungswissenschaft 30: 359-408

Ecarius, Jutta (2002): Familienerziehung im historischen Wandel. Eine qualitative Studie über Erziehung und Erziehungserfahrungen von drei Generationen. Opladen: Leske + Budrich

Ecarius, Jutta/Krüger, Heinz-Hermann (1997): Machtverteilung, Erziehung und Unterstützungsleistungen in drei Generationen – Familiale Generationenbeziehungen in Ostdeutschland. In: Krappmann, Lothar/Lepenies, Annette (Hg.): Alt und Jung. Spannung und Solidarität zwischen den Generationen. Frankfurt a.M.: 137-160

Engstler, Heribert/Menning, Sonja (2003): Die Familie im Spiegel amtlicher Statistik. Berlin: Bundesministerium für Familien, Senioren, Frauen und Jugend

Engstler, Heribert/Menning, Sonja (2005): Transition to grandparenthood in Germany. Historical change in the prevalence, age and duration of grandparenthood.

Berlin: German Centre of Gerontology. Session paper for the ESA Research Network on Ageing in Europe at the European Sociological Association Conference, Torun, Poland, September 9-12, 2005; http://www.ageing-in-europe.de/ (Download am 06.09.2007)

Fabian, Thomas (1994): Großeltern als Helfer in familialen Krisen. In: Neue Praxis 24: 384-396

Fthenakis, Wassilios E. (1998): Intergenerative familiale Beziehungen nach Scheidung und Wiederheirat aus der Sicht der Großeltern. In: Zeitschrift für Soziologie der Erziehung und Sozialisation 18: 152-167

Fooken, Insa/Lind, Inken (1997): Scheidung nach langjähriger Ehe im mittleren und höheren Erwachsenenalter. Stuttgart: Kohlhammer

Gauthier, Anne (2002): The role of grandparents. In: Current Sociology 50: 295-307

Giarrusso, Roseann/Stallings, Michael/Bengston, Vern L. (1995): The 'intergenerational stake' hypothesis revisited. Parent-child differences in perceptions of relationships 20 years later. In: Bengtson, Vern L./Schaie, K. Warner/Burton, Linda M. (eds): Adult intergenerational relations – effects of societal change. New York: 227-263

Göckenjan, Gerd (2000): Das Alter würdigen. Altersbilder und Bedeutungswandel des Alters. Frankfurt a.M.: Suhrkamp

Gourdon, Vincent (2001): Histoire des grand-parents. Paris: Perrin

Hagestad, Gunhild O. (2006): Transfers between grandparents and grandchildren. The importance of taking a three-generation perspective. In: Zeitschrift für Familienforschung 18: 315-332

Hank, Karsten/Erlinghagen, Marcel (2005): Volunteer work. In: Börsch-Supan, Alex/Brugiavini, Agar/Jürges, Hendrik/Mackenbach, Johan/Siegrist, Johannes (eds): Health, ageing and retirement in Europe. First results from the survey of health, ageing and retirement in Europe. Mannheim: 259-264

Hanns-Seidel-Stiftung (Hg.) (2005): Generationenstudie 2005. Wertewandel, politische Einstellungen und gesellschaftliche Konfliktpotenziale im Spannungsfeld von Generationen und Regionen. München: Hanns-Seidel-Stiftung

Heinzel, Friederike (Hg.): (2000): Methoden der Kindheitsforschung. Ein Überblick über Forschungszugänge zur kindlichen Perspektive. Weinheim, München: 59-86

Henry-Huthmacher, Christine/Hoffmann, Elisabeth (2006): Familienreport 2005. Sankt Augustin: Konrad-Adenauer-Stiftung

Herlyn, Ingrid/Lehmann, Bianca (1998): Großmutterschaft im Mehrgenerationenzusammenhang. In: Zeitschrift für Familienforschung 10: 27-45

Hoff, Andreas (2006): Intergenerationale Familienbeziehungen im Wandel. In: Tesch-Römer, Clemens/Engstler, Heribert/Wurm, Susanne (Hg.): Altwerden in Deutschland. Sozialer Wandel und individuelle Entwicklung in der zweiten Lebenshälfte. Wiesbaden: 231-287

Hoff, Andreas (2007): Functional solidarity between grandparents and grandchildren in Germany, Working Paper 307. Oxford: Oxford Institute of Ageing

Höpflinger, François/Hummel, Cornelia (2006): Heranwachsende Enkelkinder und ihre Großeltern – im Geschlechtervergleich. In: Zeitschrift für Gerontologie und Geriatrie 39: 33-40

Höpflinger, François/Hummel, Cornelia/Hugentobler, Valérie (2006): Kinder, Teenager und ihre Großeltern – intergenerationelle Beziehungen im Wandel. Zürich: Seismo

Höpflinger, François/Hummel, Cornelia (2007): Enkelkinder und Großeltern – alte Bilder, neue Generationen. In: Wahl, Hans-Werner/Mollenkopf, Heidrun (Hg.): Alternsforschung am Beginn des 21. Jahrhunderts. Alterns- und Lebenslaufkonzeptionen im deutschsprachigen Raum. Berlin: 99-119

Hummel, Cornelia (1992): Dessine-moi ta grand-mère. Analyse de 300 dessins d'enfants suisses et bulgares. Mémoire de licence. Genève: Université de Genève

Hummel, Cornelia/Höpflinger, François/Perrenoud, David (2005): Enfants, adolescents et leurs grands-parents dans une société en mutation. Volet Qualitativ, Rapport de recherche. Genève: Dep. de sociologie de l'université Genéve (mimeo.)

Hummel, Cornelia/Perrenoud, David (2007): Des conjugaisons incertaines. La grand-parentalité dans le prisme de l'adolescence, dans: Interactions familiales et constructions de l'intimité. Paris: L'Harmattan

Kivnick, Helen Q. (1982): The meaning of grandparenthood. Ann Harbor: UMI Research Press

Kivnick, Helen Q./Sinclair, Heather M. (1996): Grandparenthood. In: Birren, John E. R. et al. (eds): Encyclopedia of gerontology. San Diego: 611-623

Kohli, Martin/Künemund, Harald/Motel, Andreas/Szydlik, Marc (2000): Generationenbeziehungen. In: Kohli, Martin/Künemund, Harald (Hg.): Die zweite Lebenshälfte. Gesellschaftliche Lage und Partizipation im Spiegel des Alters-Survey. Opladen: 176-211

Kohli, Martin/Künemund, Harald/Lüdicke, Jürgen (2005): Family structure, proximity and contact. In: Börsch-Supan, Alex et al. (eds): Health, ageing and retirement in Europe. First results from the survey of health, ageing and retirement in Europe. Mannheim: 164-170

Krappmann, Lothar (1997a): Brauchen junge Menschen alte Menschen? In: Krappmann, Lothar/Lepenies, Annette (Hg.): Alt und Jung. Spannung und Solidarität zwischen den Generationen. Frankfurt a.M.: 185-204

Krappmann, Lothar (1997b): Großeltern und Enkel. Eine Beziehung mit neuen Chancen. In: Lepenies, Annette (Hg.): Das Abenteuer der Generationen. Basel: 112-117

Künemund, Harald (2006): Tätigkeiten und Engagement im Ruhestand. In: Tesch-Römer, Clemens/Engstler, Heribert/Wurm, Susanne (Hg.): Altwerden in Deutschland. Sozialer Wandel und individuelle Entwicklung in der zweiten Lebenshälfte. Wiesbaden: 289-327

Künemund, Harald/Hollstein, Bettina (2000): Soziale Beziehungen und Unterstützungsnetzwerke. In: Kohli, Martin/Künemund, Harald (Hg.): Die zweite Lebenshälfte. Gesellschaftliche Lage und Partizipation im Spiegel des Alters-Survey. Opladen: 212-276

Lalive d'Epinay, Christian/Bickel, Jean-François/Maystre, Carole/Vollenwyder, Nathalie (2000): Vieillesses au fil du temps 1979-1994. Une révolution tranquille. Collection 'Âge et société'. Lausanne : Réalités Sociales

Lauterbach, Wolfgang (1995): Die gemeinsame Lebenszeit von Familiengenerationen. In: Zeitschrift für Soziologie 24: 22-41

Lauterbach, Wolfgang (2000): Kinder in ihren Familien. Lebensformen und Generationengefüge im Wandel. In: Lange, Andreas/Lauterbach, Wolfgang (Hg.): Kinder in Familie und Gesellschaft zu Beginn des 21sten Jahrhunderts. Stuttgart: 155-186

Lauterbach, Wolfgang (2002): Großelternschaft und Mehrgenerationenfamilien – soziale Realität oder demographischer Mythos? In: Zeitschrift für Gerontologie und Geriatrie 35: 540-555

Leurs, Elisabeth (2003): Die Rechtsstellung der Großeltern gegenüber den Enkelkindern insbesondere im Vormundschaftsrecht seit Inkrafttreten des Bürgerlichen Gesetzbuches. Neuwied: ars et unitas

Lewis, Michael (2005): The child and its family: The social network model. In: Human development 48: 8-27

Liegle, Ludwig/Lüscher, Kurt (2008): Generative Sozialisation. In: Hurrelmann, Klaus/Grundmann, Matthias/Walper, Sabine (Hg.): Handbuch für Sozialisationsforschung. Weinheim: 141-156

Locher, Mélanie D. (2007): Vorleben, vorlesen, die Welt erklären? Eine qualitative Untersuchung zur Frage, ob sich ältere und jüngere Großeltern bezüglicher ihrer Art, wie sie ihren Enkeln Wichtiges und Wertvolles weitergeben, unterscheiden. Lizentiatsarbeit, Philosophische Fakultät der Universität Freiburg

Lüscher, Kurt/Liegle, Ludwig (2003): Generationenbeziehungen in Familie und Gesellschaft. Konstanz: UVK

Marcoen, Alfons (1979): Children's perceptions of aged persons and grandparents. In: International Journal of Behavioral Development 2: 87-106

Morgenthaler, Christoph/Baumann, Maurice/Müller, Christoph (2007): Rituale und Ritualisierungen in Familien. Religiöse Dimensionen und intergenerationelle Bezüge. Schlussbericht des NFP 52-Projekts 4052-40-68978. Bern: Institut für Praktische Theologie

Mueller, Margaret M./Elder, Glen H. Jr. (2003): Family contingencies across the generations. Grandparent-grandchild relationships in holistic perspective. In: Journal of Marriage and Family 65: 404-417

Olbrich, Erhard (1997): Das Alter. Generationen auf dem Weg zu einer ‚neuen Altenkultur'? In: Liebau, Eckart (Hg.): Das Generationenverhältnis. Über das Zusammenleben in Familie und Gesellschaft. Weinheim, München: 175-194

Oser, Fritz/Bascio, Tomas/Blakeney, Ronney (2007): Weshalb Kinder und Jugendliche Wertallianzen mit ihren Großeltern bilden. Fribourg: Psychologisches Institut der Universität Fribourg

Pebley, Anne R./Rudkin, Laura L. (1999): Grandparents caring for grandchildren. What do we know? In: Journal of Family Issues 20: 218-242

Perrig-Chiello, Pasqualina/Höpflinger, François (2005): Aging parents and their middle-aged children. Demographic and psychosocial challenges. In: European Journal of Ageing 2: 183-191

Roberto, Karen A./Stroes, Johanna (1992): Grandchildren and grandparents. Roles, influences, and relationships. In: International Journal of Aging and Human Development 34: 227-239

Robertson, Joan (1977): Grandmotherhood. A study of role conceptions. In: Journal of Marriage and the Family 39: 165-174

Quadrello, Tatiana/Hurme, Helena et al. (2005): Grandparents use of new communication technologies in an European perspective. In: European Journal of Ageing 2: 200-207

Schneekloth, Ulrich (2006): Die „großen Themen". Demografischer Wandel, Europäische Union und Globalisierung. In: Shell Deutschland Holding (Hg.): Jugend 2006. Eine pragmatische Generation unter Druck. 15. Shell Jugendstudie. Frankfurt a.M.: 145-167

Smith, Peter K./Drew, Linda M. (2002): Grandparenthood. In: Bornstein, Marc H. (ed): Handbook of parenting. Being and becoming a parent. Mahwah, N.J., London: 141-172

Stutz, Heidi/Strub, Silvia (2006): Leistungen der Familien in späteren Lebensphasen. In: Eidgenössische Koordinationskommission für Familienfragen (Hg.): Pflegen, betreuen und bezahlen. Familien in späteren Lebensphasen. Bern: 73-101

Szydlik, Marc (2000): Lebenslange Solidarität? Generationenbeziehungen zwischen erwachsenen Kindern und Eltern. Opladen: Leske + Budrich

Uhlenberg, Peter (2005): Historical forces shaping grandparent-grandchild relationships. Demography and beyond. In: Silverstein, Merril (ed): Intergenerational relations across time and place. Annual review of gerontology and geriatrics. New York: 77-97

Wieners, Tanja (2005): Miteinander von Kindern und alten Menschen. Perspektiven für Familien und öffentliche Einrichtungen. Wiesbaden: Verlag für Sozialwissenschaften

Wilk, Liselotte (1993): Großeltern und Enkelkinder. In: Lüscher, Kurt/Schultheis, Franz (Hg.): Generationenbeziehungen in postmodernen Gesellschaften. Konstanz: 203-215

Wilk, Liselotte (1999): Großeltern-Enkel-Beziehungen. In: Bundesministerium für Umwelt, Jugend und Familie (Hg.): Österreichischer Familienbericht 1999. Wien: 253-262

Wilk, Liselotte/Bacher, Johann (Hg.) (1994): Kindliche Lebenswelten. Eine sozialwissenschaftliche Annäherung. Opladen: Leske + Budrich

Wolter, Heidrun (2007): Kinderzeichnungen. Empirische Forschungen und Interkulturalität unter besonderer Berücksichtigung von Ghana. Dissertation. Paderborn: Fakultät für Kulturwissenschaften an der Universität Paderborn

Zank, Susanne (2003): Enkel von DemenzpatientInnen. In: Impulse, Newsletter zur Gesundheitsförderung 40: 4

Zinnecker, Jürgen/Behnken, Imbke/Maschke, Sabine/Stecher, Ludwig (2003): null zoff & voll busy. Die erste Jugendgeneration des neuen Jahrhunderts. Ein Selbstbild. Opladen: Leske + Budrich

Rosemarie Nave-Herz

Geschwisterbeziehungen

Nach Karl Lenz und Frank Nestmann sind persönliche Beziehungen durch die Strukturmerkmale „Kontinuität und Dauer", „gegenseitige Bindungen", „ausgeprägte Interdependenz" und durch das „Moment der personellen Unersetzbarkeit" sowie durch „das Vorhandensein eines persönlichen Wissens" (vgl. Einleitung i.d.B.) gekennzeichnet. Geschwisterbeziehungen können diesen Kriterien entsprechen. Aber nicht für alle Geschwisterbeziehungen treffen diese oder auch nur einige dieser Postulate zu. Sogar jegliche soziale Beziehungen – im Sinne Max Webers – können zwischen Geschwistern fehlen. Zu unterscheiden ist nämlich zwischen den Begriffen „Geschwister", dem übergeordneten Begriff, „Geschwisterbeziehungen" und „Geschwisterbeziehungen im Sinne von persönlichen Beziehungen". Letztere sind spezifische interdependente Bindungen zwischen bestimmten Geschwistern u.U. innerhalb eines größeren Geschwisterkreises. Sie können bewusst selbst gewählt worden sein, auf unbewussten Zwängen, Emotionen und auf anderen Gründen beruhen und/oder durch gesellschaftliche Normen festgelegt sein. Diese begriffliche Differenzierung zwischen „Geschwister", „Geschwisterbeziehungen" und „Geschwisterbeziehungen im Sinne persönlicher Beziehungen" ist zur Vermeidung einer ethnozentristischen Sichtweise wissenschaftsanalytisch dringend geboten.

„Geschwister" oder „Brüder" bzw. „Schwestern" sind keine auf biologischen Fakten (blutsmäßiger Abstammung) beruhende Kategorien. So ist von Kultur zu Kultur sehr unterschiedlich geregelt, welche Personen als Geschwister in einer Gesellschaft anerkannt sind bzw. als Geschwister gelten, abhängig von den Verwandtschaftslinien (vom patri-, matri-, bilateralem oder dem dualen System), von der Familienform (monogame versus polygame Familie), von den Rechtsnormen usw. Entsprechend variabel gestaltet sind die Geschwisterbeziehungen.

Im Hinblick auf die – hier nur anzudeutende – strukturelle Vielfältigkeit von Geschwisterbeziehungen ist zu fragen, ob „Geschwister im Sinne persönlicher Beziehungen" überhaupt ein universelles Phänomen sein kann, ja, ob darüber hinaus sogar selbst für den übergeordneten Begriff „Geschwister" universelle Kriterien, d.h. zutreffend für alle Kulturen, feststellbar sind. Im vorliegenden Beitrag wird im ersten Abschnitt eine Antwort auf die zuletzt gestellte Frage gesucht. Im Folgenden konzentriert er sich auf die empirischen Forschungsergebnisse über Geschwisterbeziehungen in unserem Kulturbereich mit dem Ziel zu prüfen, ob und inwieweit Geschwisterbeziehungen bei uns den Kriterien persönlicher Beziehungen entsprechen. Da gegenwärtig häufig behauptet wird, die Mehrzahl der Kinder in Deutschland wüchse heutzutage ohne Geschwister auf, soll in diesem Kontext auf diese These eingegangen werden. Weil die Geschwisterzahl auch die Qualität der Beziehung zwischen ihnen mitbestimmen kann, ist es zudem notwendig, den quantitativen Wandel der Kinderzahl in der Familie zu behandeln und die ihm zugrunde liegenden Ursachen zu analysieren.

1. Zum Begriff „Geschwister"

Der Begriff „Geschwister" bezog sich in unserem Kulturbereich bis zum späten Mittelalter auf zwei oder mehrere Schwestern. Ferner waren die Worte „Schwester" und „Bruder" insbesondere in jener Zeit „als Metapher gebräuchlich, um eine besondere Nähe zwischen zwei Personen zu betonen: Es ist eine Nähe, die Gleichheit impliziert, im Gegensatz zum metaphorischen Gebrauch der Begriffe Vater, Mutter, Tochter oder Sohn" (Signori 2005: 17). Im übertragenen Sinne sind zudem die Bezeichnungen „Schwester" und „Bruder" für die Mitglieder gleicher religiöser Gemeinschaften üblich. Durch den metaphorischen Gebrauch dieser Begriffe haben die Adjektive „schwesterlich" und „brüderlich" positive Konnotationen erhalten, die ihnen bis heute „anhaften" (Onnen-Isemann 2005). Im folgenden Beitrag wird auf den Gebrauch von „Geschwister", „Schwester" oder „Bruder" als Metapher nicht weiter eingegangen.

Ab dem 16. Jahrhundert wurde die Bezeichnung „Geschwister" auf die Brüder ausgedehnt. Das ursprüngliche Wort „Gebrüder" wurde seitdem in unserem Sprachgebrauch immer mehr verdrängt. Ein ähnlicher Prozess findet gegenwärtig in der englischen Sprache statt, die ebenfalls bislang nur über die Begriffe „Schwestern" und „Brüder" verfügte und in der heutzutage immer stärker das amerikanische Wort „siblings" Verbreitung findet. Offensichtlich folgt die Sprache einer veränderten Wahrnehmung der sozialen Realität nach, die nicht mehr die Unterschiede zwischen den Geschlechtern in der Geschwisterbeziehung besonders herausstellen will, sondern deren familiale Nähe und ihre Gleichartigkeit. Jedenfalls werden die Sozialstrukturen von Gesellschaften unterschiedlich erfasst und beschrieben, je nachdem, ob nur das Wort „Geschwister" oder die Worte „Schwestern" und „Brüder" existieren.

Als konstitutives Merkmal für den Begriff „Geschwister" wird zumeist die durch Abstammung zu den gleichen Eltern bzw. einem gleichen Elternteil begründete blutsmäßige Verwandtschaft von mindestens zwei oder mehr Personen genannt. Doch nicht jede gemeinsame biologische Abstammung zwischen zwei und mehreren Personen begründet ein Verwandtschaftsverhältnis. So gelten nicht- oder außereheliche Kinder in einigen Kulturen als Geschwister oder Halb-Geschwister der ehelichen, in anderen werden sie als nicht-verwandt mit ihrem Vater erklärt. In Deutschland galten nichteheliche Kinder bis 1970 als nicht-verwandt mit ihrem Vater (Limbach 1988). Ferner können Personen ohne blutsmäßige Abstammung durch Adoption zu Geschwistern werden. Für diesen Statuswechsel gelten kulturell sehr unterschiedliche Normen, die z.B. vorschreiben, welche Personen nicht zu adoptieren möglich sind, welche Personen adoptieren können, wie der Prozess der Adoption abzulaufen hat u.a.m. Selbst innerhalb Europas gibt es unterschiedliche Adoptionsregelungen. So können z.B. in Deutschland Ehepaare und Alleinstehende Kinder adoptieren (ausländische nur unter bestimmten Bedingungen), nicht aber Paare, die unverheiratet zusammenleben, was für andere europäische Staaten keineswegs gilt.

Insgesamt bleibt demnach festzuhalten: Welche Personen als Geschwister in einer Gesellschaft anerkannt werden bzw. als Geschwister gelten, ist kulturabhängig. Geschwister(gemeinschaften) sind – soziologisch gesehen – soziale Konstrukte.

Für die betreffenden Personen gilt, dass sie selbst keine Entscheidungsmacht besitzen, eine Geschwisterschaft zu begründen oder zu beenden (evtl. können auf der individuellen Ebene allenfalls bestimmte Schwestern oder Brüder boykottiert bzw. ignoriert werden). Geschwisterbeziehungen sind somit für die Betroffenen „etwas Schicksalhaftes, weil man sie sich nicht aussuchen kann" (Kasten 1998: 150).

Aus gesamtgesellschaftlicher Perspektive stellen „Geschwisterbeziehungen" institutionalisierte soziale Systeme dar; und „Geschwister" sind soziale Positionen in diesem System. An die Positionsinhaber werden ganz bestimmte gesellschaftliche Erwartungen gestellt, die aber kulturell variabel und unterschiedlich je nach Geschlecht und Rangplatz in der Geschwisterreihe definiert sein können. In allen Kulturen bestehen aber soziale Normen, die sich auf Einstellungen, auf das Verhalten zwischen und gegenüber den Geschwistern im familialen Innen- und Außenbereich u.a.m. beziehen. Diese können kodifiziert, sogar als religiöse Pflicht vorgeschrieben sein (wie z.B. im Konfuzianismus) oder nur latent auf Grund von Traditionen existieren. Ebenso variiert ihr Umfang sowie ihr Inhalt und die Form der Ahndung bei Abweichung. So kann eine Normverletzung, z.B. die der Solidarität unter Geschwistern, in einer Gesellschaft lediglich eine einfache verbale Anschuldigung oder eine formale Aufkündigung der Beziehung nach sich ziehen, in anderen Kulturen aber sogar zur Tötung führen, wenn damit gleichzeitig die Ehre der Familie verletzt wurde (z.B. bei einer Partnerwahl unter Missachtung der Gemeinschaftsentscheidung).

Geschwister gehören immer zur gleichen Generation innerhalb des Familienverbandes. Das trifft selbst für Geschwister mit großem Altersabstand zu, auch wenn diese – sozialstrukturell – verschiedenen gesellschaftlichen Generationen zugeordnet werden. Insofern können Geschwistergemeinschaften zur Integration von unterschiedlichen Altersgruppen in einer Gesellschaft beitragen (müssen es aber nicht).

Zusammenfassend ist also zu betonen: „Geschwister" sind soziale Konstrukte; Geschwisterschaft ist nicht biologisch determiniert. Jede Kultur be-

stimmt, welche Personen als Geschwister in einer Gesellschaft anerkannt
werden, d. h. als Geschwister gelten, und weist ihnen diesbezügliche Positionen in ihrer Gesellschaft und in der Familie – hier insbesondere auch die
Angehörigkeit zur gleichen familialen Generation – zu. Die gesellschaftlichen Erwartungen, die mit der Position verknüpft werden, und die Sanktionsmöglichkeiten bei ihrer Nicht-Erfüllung sind kulturell variabel. Ferner
können sie differieren nach Geschlecht, Rangfolge in der Geschwisterreihe
und dem Alter. Entsprechend sind – kulturübergreifend betrachtet – viele
Variationen und eine hohe Variabilität von Geschwistergemeinschaften gegeben. Aus diesem Grund muss sich der folgende Beitrag auf unseren Kulturraum beschränken.

2. Geschwisterbeziehungen: Ein kurzer historischer Rückblick

Die Kinderzahl in der Familie und damit die Geschwisterzahl war in der
vorindustriellen Zeit entgegen weit verbreiteter Meinungen gering. Zwar
hatten die verheirateten Frauen in ihrem Leben, wie Nachberechnungen aus
Kirchenbüchern zeigen (Cipolla/Borchardt 1971), durchschnittlich 8 bis 12
Geburten zu überstehen, also alle 1,5 bis 2,5 Jahre eine Geburt. Die Zahl
war abhängig von dem Heiratsalter und der Lebenszeit der Mütter. Aber
weit über die Hälfte der Kinder starben im Säuglings- und Kleinkindalter,
viele an Epidemien, durch Kriege, Hunger und an speziellen Kinderkrankheiten (z. B. an Masern, Scharlach, Diphtherie, Pocken). In Bezug auf die
vorindustrielle Zeit ist es deshalb besonders wichtig, zwischen der Geburten- und der Kinderzahl explizit zu unterscheiden; die Geburtenzahlen waren hoch, die Kinderzahl pro Familie dagegen vergleichsweise gering, nämlich durchschnittlich 3 bis 4 (Mitterauer 1989). Die hohe Säuglings- und
Kindersterblichkeit hatte weiterhin zur Folge, dass der Altersabstand zwischen den Geschwistern oft sehr viel größer war als heute. Ferner musste
zuweilen die älteste Schwester die Betreuungspflichten im Hinblick auf die
Jüngeren übernehmen, was in der Literatur mit „Pseudo-Elternschaft" und
nicht als Geschwisterbeziehung beschrieben wird.

Hinzu kommt, dass Kinder aller Schichten sehr früh das Elternhaus verließen. In den nicht besitzenden Schichten wurden die Kinder frühzeitig in
fremde „Dienste" aus ökonomischer Notwendigkeit gegeben; sie verdingten
sich als Hütejungen, Hilfskräfte im Haushalt usw. In den Handwerker- und
Handelshaushalten war die Berufsausbildung „in fremdem Haus" – zumeist
weit entfernt von den Eltern und Geschwistern – die Regel. Insgesamt hatten Kinder spätestens ab dem 13. Lebensjahr für ihren eigenen Lebensunterhalt zu sorgen, und – mit Ausnahme der späteren Hoferben – verließen
sie in diesem Alter das Elternhaus entweder für immer oder bis zur Übernahme des Handwerks- oder Gewerbebetriebes. Insofern war die Bildung
einer kontinuierlichen und psychisch bindenden Geschwisterbeziehung erschwert, zum Teil gar nicht möglich.

Außerdem standen in jener Zeit die Geschwister überwiegend in einer konkurrierenden Beziehung. Denn von den Eltern wurde nicht – wie heute – eine Gleichbehandlung ihrer Kinder erwartet. Generell war die Reaktion von Eltern spontaner; Gefühle der Zu- bzw. Abneigung gegenüber bestimmten Kindern wurde offen gezeigt (Rutschky 1983), eine schlechte Voraussetzung für eine Gruppenbildung.

Zur Fehleinschätzung der vorindustriellen Kinderzahl pro Familien trugen einerseits die Berichterstattungen und Familienporträts einiger markanter Persönlichkeiten bei (z. B. die Bach-Familie, Maria Theresia mit ihren 14 Kindern), andererseits die Anfang bis Ende des 19. Jahrhunderts – de facto gegebene – hohe Zahl von Kindern, also nur während einer bestimmten, relativ kurzen Zeitepoche. Die hohe Sterblichkeitsquote ist erst durch die medizinischen und ernährungsphysiologischen Forschungserkenntnisse sowie durch die Einrichtung von Säuglings- und Kinderkrankenhäusern mit entsprechend ausgebildetem Personal sowie durch den Impfzwang erheblich zurückgegangen (Peiper 1966). Das generative Verhalten blieb damals weiterhin traditionell bestimmt, d. h. es gab in jener Zeit zunächst keine Geburtenplanung in der Ehe. Nur in jener Zeit also, der sog. „Bevölkerungsexplosion", war die Anzahl der Familien mit einer hohen Zahl von Geschwistern weit verbreitet. Leider wissen wir wenig über die Qualität der Geschwisterbeziehungen wegen fehlenden diesbezüglichen historischen Materials, abgesehen von Fallstudien auf Grund von autobiographischen Dokumenten. Gunilla-Friederike Budde schreibt:

„Kaum eine Verwandtschaftsbeziehung ist in der Belletristik des 19. Jahrhunderts mit solch schönfärberischer Feder gekennzeichnet worden wie die zwischen Brüdern und Schwestern. Märchen, Balladen, Novellen, Romane und Dramen aus aller Welt schufen und popularisierten das Image einer besonderen Qualität und Intimität der geschwisterlichen Bindung. In Tagebüchern und Memoiren hingegen führten die Geschwister ein eher stiefschwesterliches und -brüderliches Dasein ... Lapidar schrieb ein 1856 geborener Pfarrerssohn über seine 8 Geschwister: ‚Von meinen Geschwistern ist nichts zu erzählen, was meine Leser unterhalten könnte.' ... Über die Ursachen dieser geschwisterlichen Randexistenz in den Quellen kann man nur spekulieren" (Budde 1994: 256).

Anhand der Analyse autobiographischer Dokumente zeigt Gunilla-Friederike Budde ferner die Unterschiede zwischen den Geschwisterbeziehungen im Bürgertum auf, die nach Geschlecht, Alter, Größe der Geschwisterzahl und Position in der Geschwisterreihe variierten. Im Rahmen dieses Beitrages kann nur kurz erwähnt werden: Geschwisterbeziehungen konnten in jener Zeit und sozialen Schicht, also im Bürgertum des 19. und Anfang des 20. Jahrhunderts, in den ersten Kinderjahren zuweilen geradezu eine Gegenwelt zu der Erwachsenenwelt bilden mit eigenen Wertmaßstäben und Machtstrukturen bis hin sogar zu eigenen geheimen Sprachcodes (Budde 1994). In jener Zeit und in jener Schicht wurden Kindern erstmals eigene

Räume (Kinderzimmer) zugewiesen, in denen sie mit ihren Geschwistern – fern von der Erwachsenenwelt – Zeiten miteinander verbrachten und sich gegenseitig erfuhren. „Kindheit" als eigene Lebensphase entstand erstmalig in jener Zeit und in jenen hochbürgerlichen Familien (Ariès 1975).

Im weiteren Jugendalter bildeten sich dann häufig aber starke Geschwisterhierarchien heraus, einerseits aufgrund der unterschiedlichen Ausbildungen je nach Geschlecht und/oder durch die Altersrangfolge. Von den Jüngeren und den Mädchen wurde der Machtvorsprung der Brüder bzw. der Älteren häufig als Bevormundung oder als „lästige Gängelung" registriert, so dass von „Harmonie" nicht immer die Rede sein konnte (Budde 1994).

Dennoch scheinen – wie aus literarischen Quellen und Autobiografien zu entnehmen ist – in diesen hochbürgerlichen Familien sich erstmals Geschwisterbeziehungen im Sinne persönlicher Beziehungen herausgebildet zu haben. Diese konnten zwischen allen oder nur zwischen bestimmten Geschwistern bestehen. Verursacht wurde dieser innerfamiliale Wandel durch materielle sowie immaterielle gesellschaftliche Bedingungen und durch die Trennung von Arbeits- und Familienbereich. Dem Anspruch nach und im Laufe der Zeit auch realiter setzte sich in diesen hochbürgerlichen Familien erstmals die Emotionalisierung und Intimisierung der familialen Binnenstruktur durch und ließ die Kernfamilie zu einer geschlossenen Gemeinschaft mit Exklusivcharakter werden. Das Postulat der „romantischen Liebe" als Heiratsgrund und das der „voraussetzungslosen Mutterliebe", die die Gleichbehandlung aller ihrer Kinder einschloss, zogen schließlich die – zwar zuvor bereits in der pädagogischen Literatur aufgestellte, nunmehr aber aus der familialen Perspektive – strikt einzuhaltende Forderung der Geschwisterliebe nach sich.

Die weit überwiegende Mehrheit der Kinder hatte jedoch in dieser Epoche weiterhin frühzeitig zum eigenen Unterhalt sowie dem der Familie beizutragen: Auf dem Bauernhof, in der Heimindustrie, in Fabriken usw. Über die Geschwisterbeziehungen in diesen Schichten ist kaum etwas bekannt. Wenige sozialhistorische Untersuchungen zeigen (z.B. Rosenbaum 1998), dass Geschwister in Not- und Krisenzeiten häufig als „Überlebenshilfen" fungierten. Doch Geschwisterbeziehungen, allein gekennzeichnet als „Solidargemeinschaft", sind noch nicht deckungsgleich mit Geschwisterbeziehungen im Sinne von persönlichen Beziehungen.

Ende des 19. Jahrhunderts setzte sich immer stärker die Reduzierung der Geschwisterzahl auf 4 bis 3, dann in der ersten Hälfte des 20. Jahrhunderts auf 3 bis 2 Kinder durch, was in jener Zeit – wie heute – eine starke öffentliche Diskussion auslöste, vor allem auch im sog. Dritten Reich. Durch die verschiedensten politischen Maßnahmen versuchte man diesem Trend entgegenzuwirken, jedoch vergeblich. Weiterhin nahm und nehmen bis heute die Geburtenzahlen und somit die Zahl der Geschwister für den Einzelnen ab.

Auf die Gründe der Abnahme der Kinderzahl und damit der Geschwisterzahl in der Familie kann hier nur resümierend eingegangen werden. Sie wird vor allem mit dem Funktionswandel von Kindern erklärt. Kinder waren früher vor allem Träger materieller Güter und wurden nicht – wie heute – ausschließlich um ihrer Selbst willen und/oder zur eigenen psychischen Bereicherung gewünscht und geplant. Hierzu reichen offenbar 1 bis 2 Kinder aus. In der Literatur werden ferner u. a. als verursachende Bedingungen für die Reduktion der Kinder- und Geschwisterzahlen genannt: Die gestiegenen Leistungserwartungen an die Eltern, gekoppelt mit dem Prinzip der verantworteten Elternschaft, die hohen finanziellen Aufwendungen sowie die veränderte Rolle der Frau in unserer Gesellschaft und die langen Ausbildungszeiten (hierzu ausführlicher Nave-Herz 2007).

3. Die gegenwärtigen Geschwisterzahlen in Deutschland

Wenn auch zuvor die seit über 150 Jahren gegebene stetige Reduktion der Zahl der Kinder in den deutschen Familien betont wurde, so hat dieser Trend bisher noch nicht dazu geführt – wie vielfach unzutreffend behauptet wird –, dass die Mehrzahl der Kinder und Jugendlichen geschwisterlos aufwachsen würden. Im Jahr 2005 lebten 75 % von ihnen mit Geschwistern in einem Haushalt zusammen und eben nur 25 % nicht (StBA 2005). In diesen Zahlen sind zudem nicht die Schwestern und Brüder enthalten, die den elterlichen Haushalt bereits verlassen haben. Verändert hat sich allerdings die Größe des Geschwisterkreises durch die Abnahme der 3- und Mehr-Kinder-Familien zugunsten der 2-Kinder-Familien.

Abbildung 1 zeigt ferner, dass selbst noch 55 % der Kinder über 18 Jahre und älter mit jüngeren oder älteren Geschwistern im elterlichen Haushalt zusammen wohnen. Dieser Tatbestand ist auf das gestiegene Auszugsalter der Kinder zurückzuführen und bedeutet, dass sehr viel mehr Geschwistergemeinschaften heutzutage länger als je zuvor in unmittelbarer räumlicher Nähe zusammen aufwachsen. Über die Qualität der Beziehung sagt dieser Sachverhalt selbstverständlich nichts aus.

Aber nicht nur im Kinder- und Jugendalter erleben sich die Geschwister gegenwärtig intensiver. Durch die gestiegene Lebenserwartung haben sie auch die Chance, sich in viel längeren Zeiträumen miteinander gegenseitig zu erfahren. Die Beziehung zu den Geschwistern ist zumeist die zeitlich längste Bindungsphase im Leben der Menschen, länger als die Ehe- und Freundschaftsbeziehungen, vorausgesetzt, es bleibt der Kontakt zwischen den Geschwistern erhalten.

Insofern bestehen derzeit eher als in vergangenen Zeiten bestimmte Voraussetzungen dafür, dass Geschwisterbeziehungen im Sinne von persönlichen Beziehungen in allen sozialen Schichten definierbar werden, nämlich durch „Kontinuität und Dauer" und der daraus entstehenden möglichen „gegenseigen Bindung" und durch das „Vorhandensein eines persönlichen Wissens".

Der Gesetzgeber scheint diesen Prozess zu unterstützen, obwohl die Geschwisterbeziehungen im deutschen Recht nur schwach normativ reguliert sind.

Abb. 1: Ledige Kinder 2005 nach Zahl der ledigen Geschwister in Prozent aller ledigen Kinder der jeweiligen Altersgruppe in Deutschland

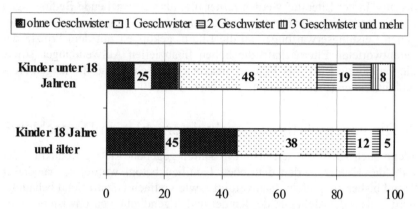

Ergebnisse des Mikrozensus - Bevölkerung (Lebnsformenkonzept). Geschwister ohne Altersbegrenzung.
Quelle: Statistisches Bundesamt 2006

4. Geschwisterbeziehungen: Rechtliche Rahmenbedingungen

Die in der Bundesrepublik gegebene rechtliche Gleichheit zwischen Schwestern und Brüdern ist in vielen anderen Kulturen unbekannt (vor allem in islamischen). Sie ergibt sich aus Art. 3, Abs. 2 und 3 des Grundgesetzes, wonach Männer und Frauen gleichberechtigt sind und niemand wegen seines Geschlechts benachteiligt werden darf. Wenn dennoch im Hinblick auf die Unterhaltspflicht für die (verarmten) Eltern Geschwister unterschiedlich betroffen sind und die Schwestern häufiger juristisch keine Leistungen für diese zu erbringen haben, so beruht diese „Ungleichheit" nicht auf dem Geschlecht. Denn alle diejenigen Geschwister, die persönlich über kein eigenes Einkommen oder Vermögen verfügen, sind von der Unterhaltspflicht für die Eltern befreit. Dazu zählen alle nicht-erwerbstätigen Töchter (ohne eigenes Vermögen), selbst wenn diese durch ihre Ehemänner ökonomisch sehr gut gestellt sind.

Eine Unterhaltspflicht zwischen den Geschwistern, die das alte Preußische Landrecht noch vorschrieb, ist mit Einführung des BGB (1.1.1900) gestrichen worden. In vielen anderen Staaten dagegen gilt diese geschwisterliche Unterhaltspflicht in unterschiedlichem Umfang weiterhin, z.B. in Italien, in der Türkei, in Ungarn und Spanien (Mielke 2005).

Wenn – wie eingangs betont – Geschwisterbeziehungen bei uns kaum kodifiziert geregelt sind, so ist dennoch aus einigen gesetzlichen Bestimmungen zu erkennen, dass der Gesetzgeber die Geschwistergemeinschaft zu unterstützen trachtet.

So wurde durch das Kindschaftrechtsreformgesetz vom 16.12.1997 im § 1685 das Umgangsrecht für Geschwister juristisch festgeschrieben, wenn der Umgang dem Wohl des Kindes dienlich ist. Ferner bestimmt der § 1617, Abs. 1 Satz 3 BGB, dass der von den Eltern bestimmte Geburtsname des ersten Kindes auch für die weiteren Kinder gilt. Weiterhin wird nach Bettina Mielke in der Rechtsprechung bei Trennung der Eltern dem Gesichtspunkt der Kontinuität der Geschwisterbeziehung im Rahmen der elterlichen Sorge großes Gewicht beigemessen (Mielke 2005; ebenso Münder 2005). Der gesetzlich vorgeschriebene Pflichtteilsanspruch im deutschen Erbschaftsrecht wird juristisch u. a. auch mit der Möglichkeit der Konkurrenzreduktion zwischen Geschwistern begründet (Röthel 2007).

In Deutschland – wie in fast allen anderen Gesellschaften – ist eine Eheschließung zwischen Geschwistern nicht möglich, worauf sich explizit der § 1307 und der § 1308 im BGB bezieht:

§ 1307

Eine Ehe darf nicht geschlossen werden zwischen Verwandten in gerader Linie, so wie zwischen vollbürtigen und halbbürtigen Geschwistern. Dies gilt auch, wenn das Verwandtschaftsverhältnis durch Annahme als Kind erloschen ist.

§ 1308

(1) Eine Ehe soll nicht geschlossen werden zwischen Personen, deren Verwandtschaft im Sinne von § 1307 durch Annahme als Kind begründet worden ist. Dies gilt nicht, wenn das Annahmeverhältnis aufgelöst worden ist.

Diese Paragraphen dokumentieren erneut sehr deutlich, dass „Geschwister" nicht durch die blutsmäßige Abstammung bestimmt werden, sondern soziale Konstruktionen sind. Sie beziehen sich auf das sog. „Inzestverbot". Erinnert sei deshalb an die enge Verknüpfung zwischen Inzesttabu und kultisch-religiösen und magischen Vorstellungen und daran, dass die soziale Funktion des Inzesttabus bis heute gilt (Nave-Herz 2006): Einmal wird eine mögliche gesellschaftliche Desintegration von Geschwistergemeinschaften vermieden. Das Inzest-Tabu verhindert oder mindert zumindest Geschlechter-Konkurrenz, nicht zuletzt die sexuelle Konkurrenz zwischen den Geschlechtern innerhalb der Kernfamilie. Zum anderen bedeutet das Inzest-Tabu Zwang zur Exogamie. Es bewirkt eine Öffnung der Familie hin zu anderen Familien und gesellschaftlichen Gruppen und fördert die Verknüpfung mit ihnen in Richtung auf Kooperation und den Zugriff auf weitere familiale Ressourcen. Ihm ist demnach eine soziale Integrationsfunktion zuzuschreiben. Gesellschaftlich bedeutet dies: Stärkung des kooperationalen und integrierenden Potenzials sozialer Strukturen.

Im Kontrast dazu stehen jene dynastischen Familien, in denen Geschwister-Ehen sogar vorgeschrieben waren (z. B. bei den Pharaonen, den Inka-Königen). Sie symbolisieren die Absonderung vom Volk und den Anspruch auf „Gottähnlichkeit" dieser Ehepaare bzw. Familien.

Die heutige Gesetzgebung bemüht sich also um eine Balance zwischen der gegenseitigen Unterstützung von Geschwistern und damit der Betonung ihrer Einheit und um ihre Öffnung zur Gesellschaft hin.

Wenn auch – wie dargestellt – keine Unterhaltspflicht, sogar keinerlei Solidarität im deutschen Recht zwischen Geschwistern festgeschrieben ist, so ist dennoch – ohne Kodifizierung – die gesellschaftliche Erwartung der gegenseitigen Unterstützung, Fürsorge, Hilfsbereitschaft usw. mit der Geschwisterposition verknüpft. Denn die Nicht-Beachtung dieser Prinzipien würde in der Öffentlichkeit negative Sanktionen, zumindest in Form des Erstaunens, der Nicht-Billigung u. a. m., auslösen. Doch leider verfügen wir über keine empirisch belegten Kenntnisse – jedenfalls, was die deutsche Situation anbelangt – über die sozialen Erwartungen an die Geschwisterposition, schon gar nicht differenziert nach Alter und Geschlecht. Eine diesbezügliche Survey-Erhebung, die explizit dieser Fragestellung in ihrer Breite und Differenziertheit nachgeht, fehlt bislang. In Untersuchungen, in denen die Interviewten nach Personen gefragt wurden, von denen sie persönlich Hilfe und/oder Unterstützung – wenn nötig – erhalten hätten, von wem sie sich bei Problemen beraten lassen würden u. a. m., sind zuweilen „Geschwister" als eine von vielen Antwortkategorien vorgegeben. Die Ergebnisse dieser Erhebungen sind jedoch durch die Art ihrer Fragestellung für eine detaillierte Analyse der gesellschaftlichen Erwartungen an die Position „Geschwister" oder „Bruder" bzw. „Schwester" nicht aussagefähig genug. Über das gegenseitige geschwisterliche Verhalten vermitteln sie allerdings gewisse Einsichten.

5. Geschwisterbeziehungen im Sinne von persönlichen Beziehungen

Die große Bedeutung von Geschwistern für den Sozialisationsprozess von Kindern wurde bereits von psychologischen und soziologischen „Klassikern" (z. B. von Adler, Freud, Simmel) betont. Seit es überhaupt eine Psychologie und die Psychoanalyse gibt, wurde versucht, mit klinisch-psychologischen und psychoanalytischen Fallstudien nachzuweisen, in welchem Ausmaß Brüder und Schwestern fördernd, aber auch hemmend, sogar negativ auf die Persönlichkeitsentwicklung ihrer Geschwister wirken können. Im Weiteren gingen dann empirische Untersuchungen vor allem auch der Bedeutung von Geschwistern für die lerntheoretische Entwicklung nach, für die Ausprägung bestimmten Sozialverhaltens oder für Identitätsprobleme. Ferner wurden Studien über Emotionalität und Ambivalenz, über Intimität und Verbundenheit, über Rivalität, über Nähe und Ferne in Geschwisterbeziehungen durchgeführt. In vielen dieser – als Zeitpunkt-Erhebungen angelegten – Untersuchungen wurden als unabhängige Variablen die soziale Schicht, das Ausbildungsniveau, Persönlichkeitsmerkmale der Kinder und anderes mehr definiert (ausführlicher Nave-Herz/Feldhaus 2005). Zudem ist zu erwähnen, dass in der Psychologie sich lange Zeit ein spezieller Forschungszweig, nämlich die Geschwisterkonstellationsforschung, dominierend durchgesetzt hat. Diese misst dem Geburtenrangplatz, also dem Rang in der Geschwisterreihenfolge, eine besondere sozialisierende Bedeutung bei (Toman 1989).

Dennoch ist der bisherige Stand der Geschwisterforschung unbefriedigend. Denn die Ergebnisse dieser Untersuchungen widersprechen sich z. T. oder sie sind wegen ihrer selektiven Stichprobe nicht verallgemeinerungsfähig. Dieser Sachverhalt ist verständlich. Denn der Sozialisationsprozess wird von einer Vielzahl von Variablen geprägt, wodurch empirischer Reduktionismus unvermeidbar ist. Geschwisterbeziehungen unterscheiden sich nach ihrer Größe, der Geschlechterzusammensetzung, den Altersabständen, den Persönlichkeitsvariablen der Kinder u. a. m. Es gibt eben nicht *die* Geschwistergemeinschaft. Für jedes einzelne Kind kann eine Geschwistergemeinschaft sehr Unterschiedliches bedeuten und damit unterschiedlichen Einfluss auf seinen Entwicklungsprozess nehmen. Im Folgenden wird deshalb nicht weiter das Ziel verfolgt, die vorhandenen entwicklungs- und lerntheoretischen Untersuchungen der Geschwisterforschung zu diskutieren, stattdessen sollen die Ergebnisse der neuen lebenslauf- bzw. längsschnittorientierten Untersuchungen knapp zusammenfassend präsentiert werden. Diese bieten die Möglichkeit, die Frage zu beantworten, ob es möglich ist, Geschwisterbeziehungen heutzutage in unserem Kulturkreis im Sinne von persönlichen Beziehungen zu definieren.

In unserer Gesellschaft weisen Geschwisterbeziehungen Strukturmerkmale von persönlichen Beziehungen, nämlich die „Kontinuität und Dauer", auf. In Kapitel 4 wurde bereits gezeigt, dass noch nie in der Geschichte unseres Kulturbereiches Geschwister derart lange zusammen im gleichen Haushalt aufgewachsen und verblieben sind wie gegenwärtig. Trotz steigender Scheidungszahlen wachsen 81% der Kinder in Deutschland bis zum 18. Lebensjahr im Elternhaus auf (dazu Nave-Herz 2007); die Mehrzahl von ihnen – wie gezeigt – zusammen mit Geschwistern. Damit ist jedoch noch nichts über die Kontaktintensität ausgesagt, vor allem auch für jene Lebensabschnitte, in denen sie das Elternhaus verlassen haben oder dieses nicht mehr existiert.

Doch mehrere Abhandlungen zeigen, dass die Nähe bzw. Ferne, die Solidarität und anderes mehr während des Lebensverlaufs und in bestimmten familialen Phasen zwischen den Geschwistern unterschiedlich in ihrer Intensität sein können (hierzu ausführlicher Cicirelli 1995; Nave-Herz/Feldhaus 2005); sie bleiben aber in der weit überwiegenden Mehrheit immer in Verbindung.

Vor allem in der Kleinkindphase sind Geschwister vor Anderen die Haupt-spielgefährten. Insbesondere gilt dieser Sachverhalt für die Jüngeren, selbst bei größerem Altersabstand zu den Älteren. In diesem Lebensabschnitt sind die geschwisterlichen Beziehungen asymmetrisch wegen des Altersabstan-des und den damit bedingten Entwicklungsunterschieden. Den Geschlechts-rollenstereotypen entsprechend, sind es häufiger ältere Schwestern als ältere Brüder, die belehrende und betreuende Hilfestellungen geben, während äl-tere Brüder sich gegenüber ihren jüngeren Geschwistern stärker kompetitiv verhalten (Brody/Stoneman 1995).

Ob nach der Geburt des Geschwisterkindes zu diesem eine Rivalitätsbezie-hung aufgebaut wird oder nicht, hängt entscheidend von dem elterlichen Verhalten ab (z.B. Kreppner 1988; Schütze 1989). Da Geschwisterbezie-hungen nicht auf freiwilliger Wahl basieren, können Kinder mit sehr unter-schiedlichen Persönlichkeitsmerkmalen „zusammen gebunden" sein. Hier-auf mag es zurückzuführen sein, dass empirischen Untersuchungen zu Fol-ge zwischen Geschwistern häufiger als in Freundschaftsbeziehungen Kon-flikte auftreten. Studien zeigen weiterhin, dass diese geschwisterlichen Konflikte oft durch dominantes Verhalten, durch Rückzug und durch Hilfe-suchen bei der Mutter zu lösen versucht werden, was in Freundschaftsgrup-pen durch Aushandeln und Kompromisse geschieht (DeHart 1999). Den-noch ist aus dem höheren Konfliktpotential in der Geschwisterbeziehung nicht gleich auf gegenseitige negative Gefühlsbeziehungen zu schließen; insgesamt dürften die positiven, wenngleich auch ambivalenten Emotionen heutzutage überwiegen. Zurückgeführt wird dieser Wandel (vgl. Kap. 3 in diesem Beitrag) auf das Bemühen der heutigen Eltern, ihre Kinder einer-seits egalitärer, zum anderen individualistischer zu behandeln.

Im Laufe der Jahre, vor allem im Jugendalter, in dem Freundschaften eine besondere Bedeutung einnehmen, nimmt nicht nur die Asymmetrie (s.a. Wehner i.d.B.) in der Geschwisterbeziehung ab (Buhrmester 1992), son-dern, zumeist bedingt durch die Interaktionsreduktion, auch das Konfliktpo-tential.

Dieser Trend setzt sich fort. Im mittleren Erwachsenenalter, „wenn der Be-ruf und die Karriere, die Partnerbeziehung und die Kindererziehung im Vordergrund stehen, (rücken) die Geschwister ... in den Hintergrund. Nicht selten reduzieren sich während dieser Altersphase die geschwisterlichen Kontakte auf regelmäßige, fast ritualisierte Treffen zu besonderen Anläs-sen, wie Feiertage, Geburtstage, Jubiläen." Als Begründung führt Wolfgang Geser den Ressourcenansatz an: „Aufgrund von Familiengründung und Karriereaufbau kommt es zu einer Verknappung der zeitlichen Ressourcen. Sind diese Aufgaben im höheren Alter beendet, wird die Beziehungspflege wieder intensiviert" (1998: 8).

Untersuchungen zeigen ferner, dass allein stehende und kinderlose Ge-schwister häufiger engeren Kontakt haben, größeres gegenseitiges Vertrau-en empfinden und somit eine engere freundschaftliche Beziehung unterhalten als Geschwisterpaare, die verheiratet sind und Kinder haben (Kasten 1998).

Weiterhin deuten Erhebungen über familiale Transferleistungen darauf hin, dass Geschwisterbeziehungen auch in der Gegenwart über alle Lebensphasen hinweg als soziale Netzwerke gelten können: Wenn auch „als Netzwerke zweiter Ordnung" (Nave-Herz 2006: 291) neben der Kernfamilie (dem Ehepartner und den eigenen Kindern). Insbesondere in Krisen- und Notzeiten, aber gleichfalls im Hinblick auf Alltagsprobleme und unabhängig von der Qualität der Beziehungen wird auf sie zurückgegriffen (Bien/Marbach 1991; Bertram 1992; Wagner 2002). Ergebnisse der Migrationsforschung zeigen ebenso die Unterstützungsleistungen von Geschwistern, vor allem im Hinblick auf einen sukzessiven familialen Migrationsprozess: Ein emigrierter Familienangehöriger zieht evtl. den Bruder oder die Schwester nach. Einschränkend muss allerdings nochmals betont werden, dass der diesbezügliche empirische Forschungsstand dringend einer Ergänzung bedarf.

6. Schlussbemerkung

Die Aufrechterhaltung der Geschwisterbeziehung bis hin zur gegenseitigen Unterstützung könnte die Einlösung einer bewussten moralischen Verpflichtung gegenüber der Familie beinhalten, evtl. sogar gegenüber den – vielleicht nicht mehr lebenden – Eltern. Hartmut Kasten (1998: 150) hat darauf hingewiesen, dass bei uns die Geschwisterbeziehung lebenslang durch das „Aufwachsen in einem Nest" geprägt ist und durch ein Höchstmaß an Intimität zu charakterisieren sei.

Jenseits der Frage nach den verursachenden Bedingungen der Einhaltung der Solidaritätsnorm zwischen den Geschwistern kann dieses Verhalten die unbeabsichtigte Folge nach sich ziehen, dass Geschwisterbeziehungen auf der Makroebene das gesamtgesellschaftliche Fürsorgesystem ergänzen bzw. entlasten. Vor allem kann hieraus auf eine gewisse gegenseitige Bindung im Sinne von positiver Beziehung und auf die Wirksamkeit einer unhinterfragten Norm, auf einen auf Tradition beruhenden Anspruch geschlossen werden, nämlich den der ausgeprägten Interdependenz von geschwisterlichen Hilfeleistungen in Krisensituationen. Dieser Sachverhalt schließt die Ambivalenz und die unterschiedliche emotionale Intensität von Geschwisterbeziehungen nicht aus.

Das Strukturelement der Unersetzbarkeit in persönlichen Beziehungen kann ebenso für die überwiegende Mehrzahl der Geschwisterbeziehungen als empirisch belegt gelten. So wurde der Tod von Geschwistern als kritisches Lebensereignis und dessen lebenslange (nicht immer bewusste) Wirkung nachgewiesen. In der Therapiemethode der „Familienaufstellung" spielt diese Beziehung und die durch den Tod des Geschwisterkindes vielfach veränderte Situation zwischen den Eltern und den lebenden Kinder eine besondere Rolle (hierzu ausführlicher König 2004).

Abschließend sei aber nochmals darauf hingewiesen, dass „Geschwisterbe-ziehungen im Sinne von persönlichen Beziehungen" sich in unserem Kul-turbereich erst langsam im Laufe der vergangenen ca. 250 Jahre, beginnend in den hochbürgerlichen Familien, ausgeprägt haben und nunmehr mit Ge-schwistergemeinschaften allgemein – von Ausnahmen abgesehen – iden-tisch sind. Das ist zugleich die Begründung für die – einleitend postulierte – Notwendigkeit der begrifflichen Differenzierung zwischen „Geschwister", „Geschwisterbeziehungen" und „Geschwisterbeziehungen im Sinne von persönlichen Beziehungen".

Literatur

Ariès, Phillippe (1975): Geschichte der Kindheit. München, Wien: Hanser Verlag

Bertram, Hans (1992): Familienstand, Partnerschaft, Kinder und Haushalt. In: Bert-ram, Hans (Hg.): Die Familie in den neuen Bundesländern. Opladen: 41-81

Bien, Walter/Marbach, Jan H. (1991): Haushalt – Verwandtschaft – Beziehungen: Familienleben als Netzwerk. In: Bertram, Hans (Hg.): Die Familie in West-deutschland. Opladen: 3-45

Brody, George/Stoneman, Zygot (1995): Sibling relationships in middle childhood. In: Annals of Child Development 11: 73-93

Budde, Gunilla-Friederike (1994): Auf dem Weg ins Bürgerleben. Göttingen: Van-denhoek/Ruprecht

Buhrmester, Dvane (1992): The developmental courses of sibling and peer relation-ships. In: Boer, Frederic/Dunn, Jan (Hg.): Children's sibling relationships. De-velopmental and clinical issues. Hillsdale, NJ: 19-40

Cicirelli, Vincent (1995): Sibling relationships across the life span. New York: Kluwer

Cipolla, Carlo/Borchardt, Knut (Hg.) (1971): Bevölkerungsgeschichte Europas. München: Piper

DeHart, George (1999): Conflict and averted conflict in preschoolers interactions with siblings and friends. Mahwa, NJ: Erlbaum

Geser, Willi (1998): Der Zusammenhang zwischen Geschwisternetzwerk und dem Eltern- und außerfamilialen Netzwerk. In: Zeitschrift für Familienforschung 10: 5-25

Kasten, Hartmut (1993): Die Geschwisterbeziehung. Göttingen: Hogrefe

Kasten, Hartmut (1998): Geschwisterbeziehungen im Lebenslauf. In: Wagner, Mi-chael/Schütze, Yvonne (Hg.): Verwandtschaft. Sozialwissenschaftliche Beiträge zu einem vernachlässigten Thema. Stuttgart: 147-161

König, Oliver (2004): Familienwelten – Theorie und Praxis von Familienaufstel-lungen. Stuttgart: Pfeiffer bei Klett-Cotta

Kreppner, Kurt (1988): Changes in parent-child relationships with the birth of the second child. In: Marriage and Family Review 12: 157-181

Limbach, Jutta (1988): Die Entwicklung des Familienrechts seit 1949. In: Nave-Herz, Rosemarie (Hg.): Kontinuität und Wandel der Familie in Deutschland – Eine zeitgeschichtliche Analyse. Stuttgart: 11-35

Mielke, Bettina (2005): Schwestern und Brüder im Recht. In: Onnen-Isemann, Co-rinna/Rösch, Gertrud (Hg.): Schwestern – zur Dynamik einer lebenslangen Be-ziehung. Frankfurt a.M., New York: 107-130

Mitterauer, Michael (1989): Entwicklungstrends der Familie in der europäischen Neuzeit. In: Nave-Herz, Rosemarie/Markefka, Manfred (Hg.): Handbuch der Familien- und Jugendforschung, Band 1. Neuwied, Frankfurt a.M.: 195-210

Münder, Johannes (2005): Familienrecht – eine sozialwissenschaftlich orientierte Darstellung. Neuwied: Luchterhand

Nave-Herz, Rosemarie/Feldhaus, Michael (2005): Geschwisterbeziehungen – Psychologische und soziologische Fragestellungen. In: Busch, Friedrich/Nave-Herz, Rosemarie (Hg.): Familie und Gesellschaft – Beiträge zur Familienforschung. Oldenburg: 111-123

Nave-Herz, Rosemarie (2006): Ehe – und Familiensoziologie – Eine Einführung in Geschichte, theoretische Ansätze und empirische Befunde. Weinheim, München: Juventa

Nave-Herz, Rosemarie (2007): Familie heute. Darmstadt: Wissenschaftliche Buchgemeinschaft/Primus Verlag

Onnen-Isemann, Corinna (2005): Geschwisterbeziehungen aus soziologischer Perspektive. In: Onnen-Isemann, Corinna/Rösch, Gertrud (Hg.): Schwestern – zur Dynamik einer lebenslangen Beziehung. Frankfurt a.M.: 23-36

Peiper, Albrecht (1966): Chronik der Kinderheilkunde. Leipzig: VEB Georg Thieme

Röthel, Anne (Hg.) (2007): Reformfragen des Pflichtteilsrechts. Köln, Berlin, München: Carl Heymanns Verlag

Rosenbaum, Heidi (1998): Verwandtschaft in historischer Perspektive. In: Wagner, Michael/Schütze, Yvonne (Hg.): Verwandtschaft. Sozialwissenschaftliche Beiträge zu einem vernachlässigten Thema: 17-33

Rutschky, Katharina (1983): Deutsche Kinderchronik. Köln: Kiepenheuer & Witsch

Schütze, Yvonne (1989): Geschwisterbeziehungen. In: Nave-Herz, Rosemarie/Markefka, Manfred (Hg.): Handbuch der Familien- und Jugendforschung. Band 1: Familienforschung. Neuwied: 311-324

Signori, Guiseppe (2005): Geschwister: Metapher und Wirklichkeit in der spätmittelalterlichen Denk- und Lebenswelt. In: Historical Social Research 30: 25- 30

Statistisches Bundesamt (StBA) (2005): Leben in Deutschland – Haushalte, Familien und Gesundheit – Ergebnisse des Mikrozensus. Wiesbaden: Pressestelle

Toman, Walter (1989): Psychoanalytische Erklärungsansätze in der Familienforschung. In: Nave-Herz, Rosemarie/Markefka, Manfred (Hg.): Handbuch der Familien- und Jugendforschung, Band 1, Familienforschung. Neuwied: 81-94

Wagner, Michael (2002): Familie und soziales Netzwerk. In: Nave-Herz, Rosemarie (Hg.): Kontinuität und Wandel der Familie in Deutschland – Eine zeitgeschichtliche Analyse. Stuttgart: 227-252

Erhard Olbrich

Mensch-Tier-Beziehungen

1. Beziehungen zu Tieren: Das Ausmaß

Beziehungen zwischen Menschen und Tieren – ist das überhaupt ein Thema für die Humanpsychologie? Gehören Beziehungen über Speziesgrenzen hinweg gar zu der „new science of intimate relationships" (Fletcher 2002), die sich in den letzten zwei Jahrzehnten entwickelt hat? Einfach, aber oberflächlich, könnte zur Bejahung dieser Frage auf die Tatsache verwiesen werden, dass nach Erhebungen des Industrieverbandes für Heimtierbedarf im Jahre 2005 in Deutschland 5,3 Millionen Hunde gehalten wurden; aber auch 7,6 Millionen Katzen, 6,2 Millionen Kleintiere, 3,9 Millionen Ziervögel und eine riesige Zahl von Fischen in 1,9 Millionen Aquarien lebten damals in deutschen Haushalten. Es wird geschätzt, dass etwa 30 Millionen Menschen täglich Kontakt zu einem Tier haben.

Die Marktforschung kennzeichnet diese Beziehungen so: Heimtiere werden zu 40% von Vertretern einer individualisierten Erfolgsgesellschaft als *Partnerersatz* herangezogen. Etwa 25% der Deutschen scheinen Tiere als *Statussymbol* zu nutzen, sie gebrauchen ein Tier zur symbolischen Selbstergänzung, dokumentieren mit ihm einen Lifestyle. Bei rund 20% der Tierhalter werden *tradierte Werte* angeführt, wenn sie für ein Lebewesen sorgen. Und etwa 15% der Deutschen sehen im Tier in erster Linie den *Spielgefährten*.

2. Beziehungen zu Tieren: Theorien

2.1 Soziobiologie und Evolutionspsychologie

Neben einer solchen „objektiven" Beschreibung des Ausmaßes von Mensch-Tier Kontakten und neben einer großen Zahl von Einzelfällen, die emotional getönt von je individuellen Qualitäten der Beziehung zwischen Menschen und Tieren sprechen, können Erklärungen der Beziehung zwischen Menschen und Tieren angeführt werden. Sie finden sich zum einen in der *soziobiologischen Theorie* (etwa Wilson 1996) und in *der evolutionären Psychologie* (etwa Buss 2005). Die Soziobiologie erinnert uns an eine längst bekannte Tatsache: Mehr als 99% der Menschheitsgeschichte hindurch haben unsere Vorfahren in Jäger-Sammler-Horden eng verbunden mit Tieren und Pflanzen in der Natur gelebt. Sie waren auf Wissen über ihre Mitlebewesen angewiesen, sei es zum eigenen Schutz, zur Jagd und zur Nahrungsbeschaffung, zu den vielen Formen der Nutzung der Fähigkeiten von Tieren oder auch zur Gestaltung des Zusammenlebens mit ihnen. Und in einer „biokulturellen Evolution" (Wilson 1996) hat sich das menschliche Nervensystem ebenso wie die Verhaltensprogramme von Menschen für ihr Überleben, für ihre Anpassungen an eine komplexe Umwelt und für ihr Zusammenleben mit der eigenen und mit anderen Spezies entwickelt. Charles Lumsden und Edward Wilson (1981) gehen bei ihrer Beschreibung einer solchen Koevolution von einem spiralförmig ablaufenden Prozess des Zusammenspieles von genetischen und kulturellen Faktoren aus. Am Anfang mag ein bestimmter Genotyp zu einer spezifischen Reaktion oder einem besonderen Verhaltensmuster geführt haben. War dieses Verhaltensmuster dazu angetan, das Überleben des Organismus in seiner Umgebung zu fördern, dann erhöhte dies die Wahrscheinlichkeit seiner Vererbung. Mit der Reproduktion konnte sich der besondere Genotyp in der Population ausbreiten, das ihm zugehörige Verhalten wurde häufiger. Der biologische Überlebensvorteil, aber natürlich auch die Erfahrung bewährter Formen des Verhaltens, ihre Verstärkungen und ihre situationsangepassten Differenzierungen durch Lernen haben sicher zur Ausbildung von Beziehungsmustern beigetragen. Das gilt nicht nur für manifestes Verhalten, wir können auch annehmen, dass mit den genetisch geprägten Verhaltensformen und ihren vielfältigen Variationen durch Lernen auch Emotionen, auch archetypische Bilder oder erlebnisintensive Symboliken in der Evolution weitergegeben wurden. Im Bereich von Beziehungen mag sich so eine besondere Affinität zu Lebewesen entwickelt haben, die mit einer relativ niedrigen Wahrnehmungsschwelle für Mitglieder der eigenen und anderer Spezies gekoppelt und oft mit bestimmten Reaktionen auf andere Lebewesen und auch mit einer emotionalen Tönung ihres Erlebens verbunden ist.

Edward Wilson nennt das *Biophilie*. Er formulierte 1984 die Hypothese, dass sich im Laufe der Evolution eine Affinität von Menschen zu den vielen Formen des Lebens und zu den Habitaten und Ökosystemen entwickelt hat, die Leben ermöglichen. Damit spricht er eine allgemeine Bezogenheit von Menschen zu anderen Lebewesen an, eine Bezogenheit, die übrigens viel weiter zu verstehen ist als die von Erich Fromm (1973) psychologisch definierte Biophilie. Erich Fromm (1973) versteht Biophilie relativ spezifisch als „eine leidenschaftliche Liebe zum Leben und zu allem Lebendigen; der Wunsch nach weiterem Wachsen, sei es einer Person, einer Pflanze, einer Idee oder einer sozialen Gruppe" (366). Natürlich kann leidenschaftliche Liebe zum Leben als zentraler Aspekt von Affinität zu Leben gelten, aber eben doch nur als einer. Er lässt solche Qualitäten der Affinität wie die einer neugierigen Exploration außer Acht, in der ja der explorierende Organismus mit seinen Sinnen und die explorierte Natur mit ihren Signalen zutiefst aufeinander abgestimmt sind. Leidenschaftliche Liebe ist dabei wohl nicht im Spiel; sie findet sich auch in der Symbiose nicht, auch nicht in der direkten gegenseitigen Nutzung von Organismen oder in der in komplexen ökologischen Systemen erkennbar werdenden Verwobenheit. Bei Erich Fromm wird nur ein Aspekt von Biophilie beschrieben. Natürlich ist das ein von Menschen hoch gewerteter Aspekt, aber er drückt die Vielfalt der Qualitäten von Affinität zwischen Lebewesen nicht aus.

Stephen Kellert (1997) hat eine Vielzahl von Formen der physischen, emotionalen und kognitiven Hinwendung zu Leben und zu Natur beschrieben. Sie alle gehen auf die Tendenz von Menschen zurück, die „heute genau so wie in der Vergangenheit wirkt, als Basis für eine gesunde Reifung von Menschen und ihre Entwicklung" (3). Das soll kurz konkretisiert werden.

Stephen Kellert (1993) unterscheidet neun Perspektiven der Bezugnahme von Menschen zu Tieren, Pflanzen und ganz allgemein zur Natur. Jede Perspektive wird intensiv erlebt, und jede Form der Verbundenheit geht mit einer spezifischen Bewertung der Lebewesen beziehungsweise der Erfahrung von Natur einher. Jede Perspektive hat zudem ganz offensichtlich ihren besonderen adaptiven Wert für den Erhalt der eigenen Existenz ebenso wie für den Erhalt des biologischen, besser: des ökologischen Systems.

Die *utilitaristische* Perspektive von Biophilie hebt die Nützlichkeit hervor, die andere Lebewesen und Natur für den Erhalt unseres eigenen Lebens und für unsere Sicherheit bieten. Diese Perspektive herrscht etwa vor (und hat adaptiven Wert), wenn Menschen das Fleisch oder die Fähigkeiten von Tieren nutzen, um ihren Lebenserhalt zu sichern oder ihre Lebensführung zu erleichtern.

Die *humanistische* Perspektive hebt eine tief empfundene positive Verbundenheit mit anderen Lebewesen hervor. Sie kann mit einer Tendenz zu Fürsorge, zu Altruismus, zu Bindung und mit der Bereitschaft zu teilen verbunden sein. Das zeigt eine sozial unterstützte Form ihres adaptiven Wertes für den Erhalt von Leben an. Zur Konkretisierung sei an das Kindchen-Schema erinnert, an unsere Reaktion auf ein in Not schreiendes Baby, aber auch an Freude am Teilen, an die Befriedigung, die wir durch Fürsorge für Lebewesen empfinden.

In *ästhetischer* Perspektive erleben wir Biophilie, wenn wir auf die physische Harmonie von Lebewesen oder die Schönheit der Natur ansprechen. Eine unberührte Berglandschaft, ein frei galoppierendes Pferd, ein spielender Delphin, sie ergreifen uns doch und lösen ein Erleben aus, das uns gewahr werden lässt, dass wir etwas Idealem begegnen. Liegen in dieser Qualität der Biophilie nicht manche Inspirationen begründet, die menschliches Empfinden bereichern?

Moralistisch ist ein Bezug zur Natur, der nicht nur das Erleben von Gemeinsamkeit, sondern auch von Verantwortlichkeit für oder gar von Ehrfurcht vor dem Leben umfasst. Er geht manchmal mit dem Verspüren einer spirituellen Einheit, von Harmonie und einer größeren Ordnung einher, in der Mensch und Natur stehen. Möglicherweise finden wir in diesem Bezug zu Leben die Basis für Ethik, allerdings primär im Sinne einer Einbettung in eine kosmologische Ordnung.

Die *naturalistische* Perspektive betont die Erfahrung eines tiefen, ruhigen Ausgefülltseins beim Kontakt mit Natur. Wir erleben uns nahe, sogar getragen, sind entspannt und doch offen für etwas Umfassenderes.

In *ökologisch-wissenschaftlicher* Perspektive steht die Motivation zur aufmerksamen Beobachtung und zur systematischen Analyse im Vordergrund. Dabei erfasst die ökologische Perspektive stärker die Vernetztheit des Ganzen, das Zusammenspiel zwischen allen lebenden und nicht lebenden Elementen der Natur, während die wissenschaftliche Perspektive eher reduktionistisch auf Analyse (Auseinanderlegen) ausgerichtet ist. Der adaptive Wert von Beobachtung und Analyse ist natürlich Wissenserwerb, Erklärung der Welt und Verstehen.

Symbolisch gibt uns Natur eine Vielfalt von Schemata und Kategorien vor, allgemeiner: Von Codes, an denen sich unsere Sprache und unser Denken orientiert. Gemeint sind solch einfache Kategorien wie Wut, Freude, Genuss, Drohung, die wir aus dem natürlichen Verhalten „ablesen". Gemeint ist etwa ein Code für das Sich-Winden des Wurmes oder ein Schema, das aus dem Explorieren der Hunde abgeleitet wird. Historisch und kulturell übergreifende Natursymbole tauchen natürlich in Mythen, Märchen, in Legenden und Sagen auf. Sie dienen der menschlichen Psyche als Kategorien zur Kennzeichnung von Eigenarten der belebten und unbelebten Elemente der Welt, sie werden aber auch als Metaphern der eigenen Identität genutzt.

Die *dominierende* Erfahrung von Natur hebt Kontrolle und die Tendenz hervor, anderes Leben zu beherrschen. Diese Qualität der Affinität mag die Basis für kontrolliertes und machtvolles Handeln sein, die letztlich zur Entwicklung menschlicher Techniken und Fertigkeiten beitrug.

Und bei vorherrschend *negativistischer* Perspektive spüren Menschen beim Kontakt mit Natur vor allem Angst, auch Aversion oder Antipathie, sei es gegen einzelne Tiere (Schlangen, Spinnen) oder gegen Bereiche (schleimige, hässliche). Stephen Kellert vermutet, dass der adaptive Wert dieser Form der Affinität den Anstoß zur Erarbeitung von Schutz und Sicherheit gab, zur Gestaltung eines persönlichen Nahraumes.

Am *Beispiel der Schlangenphobien* lässt sich zeigen, dass negative Affinität evolutionär vorbereitet und heute noch relativ tief in Menschen (und Primaten) verankert ist. Wir sehen auftauchende Schlangen sehr leicht, d. h. unsere *Wahrnehmungsschwelle* ist niedrig; unsere *spezifischen Reaktionen* auf Schlangen treten relativ stereotyp auf: Wir halten Abstand zu ihnen, lassen sie nicht aus den Augen, warnen andere Menschen; und Schlangen sind mit einer eindeutigen, universell berichteten *Erlebnisqualität* verbunden, die sich bis in unsere Träume erstreckt. Das alles ist „tief" einprogrammiert: Bevor die bewusste Verarbeitung der Wahrnehmung von „Schlange" in der visuellen Cortex abgeschlossen ist, haben die Mandelkerne bereits eine Kopie erhalten, und dort wird unbewusst und weitgehend automatisch die Vorbereitung des Körpers für Flucht und Abwehr (Puls, Blutdruck, Muskelspannung, etc.) ausgelöst. Generell sind zudem viele Gefühle durch Biophilie geprägt. Sie reichen von der Attraktion bis zur Aversion, von der Ehrfurcht bis zur Gleichgültigkeit, von Friedlichkeit bis zur furchtgetriebenen Angst vor Tieren. Am Beispiel der Phobien lässt sich auch gut verdeutlichen, wie tief unsere Reaktionen genetisch verankert sind. Schlangen lösen immer noch starke, rational nicht erklärbare Ängste und unwillkürliche Reaktionen aus, obwohl wir in unserer Zivilisation kaum einmal einer Schlange begegnen. Das kann man von den großen Gefahren der Moderne – etwa Feuerwaffen, Dolchen, Autos oder elektrischen Steckdosen (noch) nicht sagen. Aber nicht nur die negative Perspektive der Biophilie, auch die weniger eindrucksvoll beobachtbaren positiven Formen weisen auf evolutionär vorbereitete Bezugnahmen von Menschen auf Tiere und Natur hin. Und jede hat bis heute ihren adaptiven Wert. Sie prägen unsere Affinität zu anderen Spezies und beeinflussen unsere Beziehungen zu ihnen.

2.2 Analytische Psychologie

Die in der Biophiliehypothese postulierte Affinität erfährt auch aus ganz anderen Disziplinen Unterstützung. Der *analytische Psychologe* Carl A. Meier (1985) macht darauf aufmerksam, dass wir nicht nur physiologisch und morphologisch für das Zusammenleben mit Natur vorbereitet sind, wir sind es auch erlebnismäßig. Anlässlich der World Wildlife Conference argumentierte er, dass Menschen in der Evolution kontinuierlich mit Natur – mit anderen Menschen, aber auch mit wilden und domestizierten Tieren, mit Pflanzen, mit Landschaften, mit den Kräften des Wassers, des Sturmes, der Sonne, etc. – zusammengelebt haben. Gehen sie aus dieser Umwelt hinaus oder (zer)stören sie gar ihren natürlichen Lebensraum, dann nehmen sie sich selbst die Umwelt, auf die hin sie in der Evolution entwickelt worden sind, dann verlassen sie die Umwelt, auf die hin ihre Erlebens- und ihre sensorischen und motorischen Verhaltensmöglichkeiten abgestimmt sind. Dann werden nicht nur kognitive, es werden auch nicht-kognitive, also auf tiefer, nicht bewusst zugänglicher Erfahrung beruhende, es werden emotionale und soziale Interaktionen erschwert oder gestört. Dann werden Menschen krank, sagt Carl A. Meier. Die in vier Millionen der Interaktion mit der eigenen und mit anderen Spezies geprägte Vorbereitung für das Zusammenleben mit anderen Menschen sowie mit Tieren und mit Natur ist in den paar tausend Jahren menschlicher Kultur sicher nicht gelöscht worden, schon gar nicht in den wenigen hundert Jahren, in denen ein nennenswerter Anteil von Menschen überwiegend in Städten zusammenlebt.

2.3 Neuropsychologie

Formen des Zusammenlebens lassen sich neurobiologisch ebenso wie psychologisch differenzieren. Helen E. Fisher (2000) zum Beispiel hat gezeigt, dass Entwicklung und Erhalt von engen Beziehungen offensichtlich von drei miteinander verbunden wirkenden, allerdings auch einzeln aktivierbaren neuro-humoralen Systemen „angetrieben" werden, denen drei unterscheidbare emotionale und behaviorale Systeme zugeordnet werden können. Das *Lustsystem* motiviert dazu, Gelegenheiten für sexuelle Kontakte auszumachen. Es ist assoziiert mit erhöhten Niveaus von Östrogenen beziehungsweise Androgenen im Gehirn. Das *Attraktionssystem* lenkt die Aufmerksamkeit von Individuen auf bestimmte Partner. Es motiviert das Streben nach Vereinigung mit ihnen. Das Attraktionssystem ist assoziiert mit hohen Niveaus von Dopamin und Norepinephrin sowie mit einem niedrigen Niveau von Serotonin im Gehirn. Das *Attachmentsystem* schließlich motiviert das Streben nach dem Erhalt von Nähe, nach dem Erleben von Sicherheit und Behaglichkeit sowie nach dem Gefühl von emotionaler Abhängigkeit. Es ist bei Frauen assoziiert mit einem hohen Niveau von Oxytocin, bei Männern mit Vasopression. – Es liegt nahe, Mensch-Tier-Beziehungen den Prozessen zuzuordnen, die im Attachmentsystem ablaufen. Und in der Tat schreibt Temple Grandin (2005: 108): „Die Oxytocin-Niveaus eines Hundes steigen an, wenn sein Besitzer ihn streichelt, und seinen Hund zu streicheln, das erhöht auch das Oxytocin des Besitzers". Und Sarah B. Hrdy (2002) fasst zusammen: „Ganz gleich, ob es sich um Nagetiere oder Primaten handelt und ob es um Geschlecht, Laktation oder postnatales Kennenlernen geht – Oxytocin fördert das Zusammengehörigkeitsgefühl" (188 f.).

2.4 Bindungstheorie

Auch die Verbindung zwischen solchen Aussagen zum Attachmentsystem und den theoretischen Arbeiten von John Bowlby liegt nahe. John Bowlby ging davon aus, dass Babys im Laufe der Evolution aufgrund der natürlichen Selektion mit einem Repertoire von Verhaltensmöglichkeiten ausgestattet worden sind, die es erlauben, Nähe zu den Lebewesen herzustellen und zu erhalten, die das Neugeborene versorgen und sichern können. Das gilt besonders in Situationen, die Unterstützung verlangen, und die kritisch für das Überleben sind. Ein so früh und weitgehend unbewusst geschmiedetes Band zwischen Baby und Versorger/in bildet nach John Bowlby die Grundlage für kognitive und affektive Prozesse, die durch Kindheit, Jugend und Erwachsenenalter hindurch Bindung erhalten und damit zusammenhängende Affekte regulieren. Debra Zeifman und Cindy Hazan (1997) meinen in dem Kontext, dass Attachment einer der evolutionär gewordenen psychischen Prozesse ist, die es Erwachsenen erleichtern, emotionale Probleme zu lösen, welche Beziehungen gefährden. Sie verweisen auf die Gefühle von Sicherheit, die Partner verspüren, wenn sie zusammen sind, und auf die Einsamkeit sowie die Sehnsucht, nach einer Trennung wieder zusammen zu sein. Generell sprechen sie die Emotionen an, die dazu beitragen, dass Menschen in Bindungen und Beziehungen zusammenblieben. Wieder lassen sich Studien finden, die eine Brücke zur Mensch-Tier-Beziehung schlagen. So beschreibt S. Lookabaugh Triebenbacher (2000) in einem Übersichtsartikel über die Erleichterung von Kommunikation und Interaktion in einem angespannten Familiensystem durch Heimtiere, dass diese bei starken emotionalen Konflikten zwischen Partnern die Nähe zu beiden suchen und um Zuwendung beider werben, und dass sie die Menschen manchmal mit freundlich-spielerischen Aktionen ihren Ärger vergessen lassen. Tiere sind im Familiensystem „Freund, Vertrauter, Quelle von sozialer Unterstützung und Zuneigung" (ebd.: 360). Lynette A. Hart (2000) berichtet Befunde, wonach bei Alzheimer-Kranken aggressive Ausbrüche ebenso wie Angstattacken seltener waren, wenn sie mit einem Heimtier zusammen lebten. Und für die pflegenden Angehörigen wirkte die ruhige Nähe eines Hundes Stress reduzierend.

3. Kommunikation und Interaktion mit Tieren

Die Kommunikation zwischen Menschen und Tieren hat eine eigene „Semantik". Das können wir auf einfache Weise am Beispiel des „Pferdeflüsterers" Monty Roberts klar machen. Er übersetzt nicht etwa Worte, die er zu Pferden sprechen will, aus der verbal-symbolischen Menschensprache in die stille Sprache Equus. Vielmehr löst er in sich das aus, was er mitteilen will und lässt es als direkten, ungebrochenen Ausdruck in Bewegungen, Haltung, Augenkontakt und andere non-verbalen Signalen fließen, in Kommunikationsmöglichkeiten wiederum, die er bei Pferden beobachtet hat. Nicht etwa verbal-symbolische, sondern Erlebens- und Erfahrungsfunktionen werden hier für die Kommunikation genutzt. Paul McGreevy (2004) führt aus der Ethologie Belege dafür an, dass Pferde sehr subtile Körperzeichen wahrnehmen und auf sie reagieren. Blicken wir einem Pferd frontal in die Augen, richten wir uns dabei groß auf und spreizen vielleicht noch die Finger unserer erhobenen Arme, wird das Pferd von uns zurückweichen. Was wir dabei ausgelöst haben, kann vereinfacht etwa so interpretiert werden: Mit vorn im Kopf stehenden Augen fixieren wir das Pferd wie ein Raubtier das tut; unsere gespreizten Finger an ausgestreckten Armen sind wie Krallen eines Jägers, und unser aufgerichteter Körper zeigt mit seinem großen Querschnitt einen aktiven möglichen Aggressor an. Und auch wir reagieren sehr sicher auf Signale des Pferdes – stellen wir uns nur einmal vor, es komme mit vorgestrecktem Kopf, flach zurückgelegten Ohren und vielleicht sogar geöffneten Maul auf uns zu. Wie schon bei dem Schlangenbeispiel, das wir als Phänomen der negativen Biophilie beschrieben haben, löst diese Wahrnehmung nicht nur Erleben, sondern auch Emotionen, Motivationen und Aktionen aus, die verstanden werden, nicht nur von Tieren, sondern auch von Menschen, die mit einer ursprünglichen Natur verbunden leben. – Dass Grundschulkinder, die mit Tieren zusammen aufgewachsen sind, den Ausdruck von Emotionen richtiger erfassen als Gleichaltrige, die ohne Tiere aufwuchsen, haben Giselher Guttmann et al. bereits 1983 nachgewiesen.

In dieser Kommunikation ist das enthalten, was Paul Watzlawick et al. (1967) bei Menschen analoge Kommunikation nennen, die nicht verbale Sprache des Blickkontaktes, der Mimik, Körperhaltung und Körperbewegung (Pantomimik), die Sprache der Berührungen, der räumlichen Distanz, über die wir unseren persönlichen und sozialen Raum regulieren, die Information, die wir in der Vokalisation über paralinguistische Signale wie Stimmhöhe, Lautstärke oder Sprechtempo mitteilen, und wahrscheinlich auch die Information, die wir über Statussymbole und über Kleidung mitteilen – von Kästner einmal herrlich beschrieben: „Ihr Kleid flüsterte seinen Preis!". Analoge oder non-verbale Kommunikation ist die Sprache der Beziehungen, die unsere Mutter schon mit uns gesprochen hat, bevor wir die ersten Worte verstanden. Analog kommunizieren Menschen nach wie vor in existenziell wichtigen Situationen – im Kampf, in der Liebe, im Trauern – und wir sind evolutionär nicht nur vorbereitet, bestimmte non-verbale Signale zu senden, wir sind auch vorbereitet, sie zu empfangen und richtig zu decodieren. Die analoge Kommunikation können wir nicht so leicht wie die digitale willentlich beeinflussen. Gewollt oder ungewollt wird oft analog mitgeteilt, wie eine verbale Botschaft zu verstehen ist. Und Kindern, Narren und Tieren wird eine besondere Intuition für die Aufrichtigkeit oder Falschheit menschlicher Haltungen zugeschrieben, meinen Paul Watzlawick et al. (1967).

Analoge Kommunikation braucht nicht notwendig die Hirnrinde. Nun mag man meinen, das sei doch sehr schlicht und vielleicht sogar minderwertig in einer Gesellschaft, die Intelligenz zur wohl wichtigsten Eigenschaft von Menschen und rationale Analyse der Welt sowie effektive Leistung zu hohen Werten gemacht hat. Aber Paul Watzlawick und Mitarbeiter warnen davor, die Realität der Beziehungen hinter die Welt von Sachverhalten und Fakten zurückzustellen. Neben der rationalen, der wissenschaftlich und technologisch kontrollierten Welt hat die Welt der Bezogenheit und der Empathie ihren wichtigen Platz im menschlichen Leben. Das zeigen Studien zur Gesundheit und Lebensqualität von allein lebenden im Vergleich zu Menschen, die mit menschlichen oder mit tierischen Partnern zusammen leben. Wer in einer aktiv gestalteten positiven Beziehung mit einem Tier lebt, geht wegen kleinerer Beschwerden seltener zum Arzt und verlässt nach ernsthafteren Erkrankungen das Krankenhaus früher, er/sie erlebt weniger negative Affektivität und hat bei psychosomatischen Erkrankungen eine bessere Prognose, er/sie berichtet aber über höhere Lebensqualität und weist günstigere Herz-Kreislauf-Parameter sowie wahrscheinlich eine höhere Kompetenz des Immunsystems auf als ein allein, ohne Beziehungen lebender Mensch (Olbrich 2007). Den Zugang zum Erreichen einer guten Beziehung zu Tieren bietet wohl in erster Linie die analoge Kommunikation. Mit Tieren sprechen wir analog, und Tiere reagieren meist prompt und körpersprachlich eindeutig auf unser Kommunikationsverhalten – schon damit erfüllen sie zwei wichtige Faktoren für menschliches Lernen und Entwicklung: Den der Unmittelbarkeit der Reaktion und den der Klarheit der Reaktion.

Für die Frage, ob und wie weit bei der analogen Kommunikation Speziesgrenzen überschritten werden können, hängt natürlich von der Art und der Organisation von einander ähnlichen oder unterschiedlichen Wahrnehmungs- und Reaktionsmöglichkeiten der Lebewesen ab. Indirekte Evidenz für eine bei Menschen und Hunden vorhandene Vorbereitetheit, Nähe beziehungsweise Trennung voneinander wahrzunehmen und darauf zu reagieren, berichten Jozsef Topal et al. (1998). Sie prüften, ob Hunde in gleicher Weise auf die Trennung von ihrem Besitzer reagieren, wie Kleinkinder auf die Trennung von ihrer Bezugsperson. Erstaunlicherweise zeigten 51 Hunde eindeutige Trennungsreaktionen, wenn ihr Besitzer den Testraum verließ, ähnlich wie Kinder intensiver auf das Verlassenwerden von ihrer Mutter reagieren als auf eine eigene Entfernung von ihr. Die Unterschiede im Bindungsverhalten von Hunden schienen den Bindungsformen von Kindern zu entsprechen. Die Forscher identifizierten bei Hunden fünf Cluster, die den von Mary D. Ainsworth beschriebenen Bindungstypen gut entsprachen.

4. Wie wirken Tiere?

Umfassend hat Frank Nestmann bereits 1994 in einem „bio-psycho-sozialen Wirkungsgefüge hilfreicher Tiereffekte" die Bedeutung von Mensch-Tier-Beziehungen zusammengestellt. Diese Übersicht ist in Tabelle 1 wiedergegeben. Sie soll hier erweitert werden. Einige komplexere Phänomene sollen zusätzlich beschrieben und aus psychologischer Perspektive diskutiert werden, um Wirkungen der Mensch-Tier-Beziehung in Begriffen von psychologisch bekannten Theorien zu erklären.

Tab. 1: Ein biopsychosoziales Wirkungspanorama hilfreicher Tiereffekte

A. Physische/ physiologische Wirkungen	B. Psychische/ psychologische Wirkungen	C. Soziale Wirkungen
1. Reduzierung cardio-vaskulärer Risikofaktoren	1. Förderung emotionalen Wohlbefindens	1. Aufhebung von Einsamkeit und Isolation
Senkung des Blutdrucks Senkung der Atemfrequenz Regulierung von Herzfrequenz und Puls Verbesserung von Cholesterin- und Triglyceridspiegel Kreislaufstabilisierung (z. B. über reine Präsenz, Streicheln, Interaktion)	Akzeptiertwerden wie man ist, Geliebtwerden, Zuwendung und Bestätigung, Trost, Ermutigung, Zärtlichkeit, Intimität, spontane Zuneigung und Begeisterung erleben. Positive Weltsicht und Humor entwickeln. Freude und Spaß in der Interaktion.	a) im Tierkontakt selbst b) als Förderung von Kontakten/Kontaktvermittlung und „sozialer Katalysator" zu anderen c) als Herstellung von Kontakt/„Eisbrecher" in der Kommunikation mit anderen d) Tiere als Gesprächsinhalt und -anlass
2. Biochemische Veränderungen und neuro-endokrinale Wirkungen	2. Förderung von positivem Selbstbild, Selbstwertgefühl, Selbstbewusstsein	2. Nähe, Intimität, Körperkontakt
Schmerzverringerung, Beruhigung und euphorisierende Effekte über Freisetzung von Betaendorphinen,	konstante Wertschätzung, Erfahrung von Autorität und Macht, Bewunderung erfahren, Gefühl, gebraucht zu werden, Verantwortungsgefühl, Bewältigungskompetenz erleben etc.	nichttabuisierte Körperlichkeit „Leben" spüren und fühlen körperliche Zuwendung und Wohlgefühl (z. B. „schnurren") erleben

Erhöhung von Dopamin und Phenylethylaminkataboliten, Stabilisierung des Immunsystems (z. B. über vertraute Interaktion, erregungsregulierendes Spiel, anregendes Lachen, Freude, Wechsel von Interesse, Spannung und Gelassenheit, Entspannung)		
3. Muskuläre Entspannung	3. Förderung von Kontrolle über sich selbst und die Umwelt	3.Streitschlichtung, Familienzusammenhalt und Eherettung
Muskelrelaxation, Atmungsregulierung und Atmungstiefe, Entspannung von Mimik, Gestik und Stimme, Schmerzablenkung und Reduktion von Medikamentenkonsum (z. B. über Körperkontakt, Spiel, beruhigende Vertrautheit und Verhaltensvorhersagbarkeit)	Kontrollerfahrungen in Pflege, Versorgung, Führung und erreichtem Gehorsam, Erfordernis der Selbstkontrolle, Sensibilisierung für eigene Ressourcen, Zwang zu aktiver Bewältigung, Vermittlung von Bewältigungskompetenz und Kompetenzerfahrung, Zutrauen, Sinngebung erfahren etc.	Vermittlung von Gesprächsstoff und Zusammengehörigkeit. Reduktion von Aggression und Förderung von Altruismus und Kooperation.
4. Verbesserung der Motorik	4. Förderung von Sicherheit und Selbstsicherheit Reduktion von Angst	4. Steigerung von Vertrauen
Generelle motorische Aktivierung (Bewegung, Bett verlassen, Aufstehen, Laufen) Bewegung an frischer Luft/Spiel Appetitanregung durch Bewegung Verhinderung von Darmträgheit und bessere Verdauung Muskulaturtraining und Bewegungskoordination Verbesserung von Fein- und Grobmotorik Gleichgewichtsregulierung (z. B. durch Spiel, Spazieren führen, Versorgen und Pflegen)	unbedingte Akzeptanz, konstante kontinuierliche Zuneigung, „unkritische" Bewunderung erfahren, unbedrohliche und belastungsfreie Interaktionssituation, „Aschenputteleffekt" (bewundert werden gleich wie unattraktiv, ungepflegt, hilflos, langsam etc. man ist), „einfache Welt" erleben (Füttern, Nahsein, Vertrautheit), psychologische Effekte praktischen Schutzes, Vertrautheit und Vorhersagbarkeit der Interaktion etc.	(– ins Tier, – in andere (z. B. Therapeuten), – in sich selbst) Förderung von Offenheit und Veröffentlichungsbereitschaft, Kontakt- und Interaktionsbereitschaft, Verbesserung der Ansprechbarkeit

5. Verbesserung des Gesundheitsverhaltens	5. Psychologische Stressreduktion, Beruhigung und Entspannung (s.a. physiologische Korrelate)	5. Förderung von Empathie
Anregung zu eigener besserer Selbstverpflegung Anregung zu eigener besserer Körperpflege Reduzierung von Übergewicht Reduzierung von Alkohol- und Nikotingenuss Förderung von Regelmäßigkeit und Tagesstrukturierung (z. B. durch die Versorgungs- und Pflegeleistung für das Tier)	Wahrnehmungs- und Interpretationsmodulierung von Belastung, „gelassenere" Stressbewertung, Trost und Beruhigung, Ablenkung, Relativierung von Konsequenzen, Umbewertung/Umbilanzierung von Ereignissen, Aufwertung kleiner Freuden etc.	Verbesserung der Einfühlung in andere Steigerung von Verantwortungsgefühl für andere Steigerung von Respekt für Umwelt und Natur
6. Generelle Effekte	6. Psychologische Wirkungen sozialer Integration	6. Vermittlung von positiver sozialer Attribution
Förderung der Vitalfunktionen Förderung der Genesung und schnellere Heilung Förderung der Rehabilitation Steigerung der Überlebensrate/Lebenserwartung nach Krankheit Verbesserung der Krankheitsprävention Verbesserung des Lebens mit nicht veränderbaren, chronischen Gesundheitsbeeinträchtigungen und Behinderungen	Erfüllung von Bedürfnissen nach Zusammensein, Geborgenheit, Erfahrung von Nähe, Gemeinsamkeit, Nichtalleinsein etc.	Sympathie, Offenheit, Unverkrampftheit, Attraktivität, sozialer Status – assoziiert mit dem Tier
	7. Regressions-, Projektions- und Entlastungsmöglichkeiten (Katharsis)	7. Verbesserung von Interaktionsatmosphären
	stilles Zuhören, Ermöglichen affektiver Entladung und offenen emotionalen Ausdrucks, Erinnerungsmöglichkeit, enttabuisierte Nähe, Intimität, Interaktion, Identifikations- und Projektionsfolie etc.	Förderung des sozialen Klimas auf Stationen, in Kliniken, in Schulklassen etc.

	Förderung der kooperativen Interaktion und Reduzierung von Aggressivität und Hyperaktivität Integrationsförderung Verbesserung der Helfer-Patient-, Lehrer-Schüler-Interaktion
8. Antidepressive Wirkung, antisuizidale Wirkung	
s. o. z. B. Zusammensein und Gemeinsamkeit, Vertrauen und Vertrautheit, sicherer Halt und emotionale Zuwendung, Umbewertung von Belastung, Trost und Ermutigung, Förderung von Aktivität, Verantwortung, Bezogenheit und Verbundenheit, Freude, Lebendigkeit, Spontanität und Spaß erleben	
9. Förderung mentaler Leistungen und Kompetenzen	
Stimulation der Sinne (Fühlen, Hören, Sehen, Riechen)	
Anregung von Lernen, Lesen, Wissensaneignung (z. B. über Tiere, Tierpflege)	
Modelllernen (z. B. der Tierversorgung durch Eltern)	
Erhöhung von selektiver, gezielter Aufmerksamkeit, Beobachten, Fokussieren	
Steigerung von Vigilanz und Reaktionsvermögen	
Förderung nonverbaler und verbaler Decodierungs- und Ausdruckskompetenz	
Steigerung von Langzeit- und Kurzzeiterinnerung und -gedächtnis	
Übung von Planungs- und Entscheidungsprozessen (z. B. in der Versorgung)	

**D. Praktische und technische Hilfen und Wirkungen
(insbesondere durch Servicetiere)**

Praktische, technische Unterstützung

durch Führung und Sicherung Blinder, Gehörloser

Bieten von Schutz und Sicherheit

Signalisieren von Klingeln, Besuchen, Zeiten etc.

Signalisieren von Krampfanfällen

Aufheben, Bringen von Gegenständen

Arbeits- und Aufgabenerleichterung

Quelle: Nestmann (1994)

4.1 Selbstobjekte

Schon in sehr frühen Interaktionen beginnen Kinder ein Konzept von sich selbst, von ihrem Können und ihren Stärken zu entwickeln, aber auch von hilfreichen „Selbstobjekten" (Kohut 1984). Das mögen Menschen, Tiere oder Objekte sein, die ihnen helfen können, mit der wachsenden Einsicht fertig zu werden, dass ihre persönlichen Möglichkeiten zu begrenzt sind, um alle ihre Wünsche und Bedürfnisse zu erfüllen. „Selbstobjekte" können als Hilfen für die Erfüllung von Bedürfnissen wahrgenommen werden. Sie haben eine Funktion für das Selbstkonzept. Die empathische Mutter, die das Kind beruhigt und tröstet, verkörpert zum Beispiel die beruhigende Selbstobjekt-Funktion für das Kind.

Ernest S. Wolf (1988) unterscheidet drei Typen von Selbstobjekten, die durch drei Formen von Beziehung mit je unterschiedlichen Funktionen für die Person zu charakterisieren sind:

Ein *spiegelndes* Selbstobjekt fördert oder unterstützt die Person insofern, als es Akzeptanz und Bestätigung signalisiert und es ihr so ein Stück weit ermöglicht, sich kompetent zu erleben und sich wertvoll zu fühlen. Heinz Kohut erwähnt oft den Glanz im Auge der Mutter, der dem Kind gegenüber spiegelt, dass es genau so akzeptiert wird, wie es ist.

Ein *idealisierendes* Selbstobjekt bietet sich als Ideal an, zu dem die Person aufsehen, mit dem sie sich identifizieren kann. Ein idealisierendes Selbstobjekt kann die Person durch Eigenschaften, die ihr selbst fehlen oder mangeln, gleichsam ergänzen.

Ein *Zwillings*-Selbstobjekt erlaubt der Person schließlich die Erfahrung von Gemeinsamkeit, ja, von Gleichheit oder gar Einheit mit einem anderen Lebewesen. Eine solche tiefe und enge Verbundenheit ist Ausdruck einer intensiven Beziehung. Sie wird selten erfahren. Geht sie verloren, zieht sie in der Regel schwere Trauer nach sich.

Evidenz dafür, dass Tiere für Menschen die Funktionen von Selbstobjekten besitzen, gibt eine Studie von Sue-Ellen Brown (2007). Die Autorin hat 24 Tierbesitzer/innen nach ihren Beziehungen zu Hunden, Katzen, Pferden und

Kaninchen befragt und die Antworten mit Hilfe eines von Marshall L. Silverstein (1999) erarbeiteten Klassifikationssystems als Ausdruck der Funktionen von spiegelnden, idealisierenden oder Zwillings-Selbstobjekten eingestuft.

Am häufigsten (zu 63 %) wurden spiegelnde Selbstobjekt-Funktionen beschrieben. Vor allem Hunde spiegelten ihre Besitzer/innen mit unbedingter Akzeptanz und uneingeschränkter Zuneigung. Hunde geben ihrem Menschen nicht nur ständige, sondern auch weitgehend ungeteilte Aufmerksamkeit. Sie bewerten nicht, melden aber mit ihrer hohen Sensitivität für emotionale Befindlichkeiten und Motivationen ihrem „Rudelchef" viel von dem zurück, was er und wie er ist; und mit ihrer hohen Adaptabilität – Hunde sind förmlich „Weltmeister der Anpassung" – richten sie ihr Verhalten auf ihn aus.

Die Funktion eines Zwillings-Selbstobjektes erfüllten Tiere für 61 % der Stichprobe. Das war ein überraschend hoher Prozentsatz. Oft waren es Pferde, die ihren Besitzer/innen das Gefühl einer vollkommenen Einheit mit ihnen gaben. Das war etwa der Fall, wenn die Reiter/innen eine perfekte Abstimmung mit dem Bewegungsfluss des Tieres spürten oder schon beim bloßen Denken an ein Kommando merkten, dass das Pferd genau das ausführte, was sie intendierten.

Etwas seltener (zu 42 %) schienen Tiere als idealisierendes Selbstobjekt zu dienen. Welche Funktion das für ein menschliches Selbstkonzept haben kann, hat General Schwarzkopf, der Kommandeur der US-Truppen im Kuweit-Krieg, einmal mit der Äußerung prägnant ausgedrückt: „Ich möchte der Mensch sein, der ich in den Augen meines Hundes bin!". Hunde nehmen ihren Menschen genau so an, wie er ist, sie bestätigen, ja, sie konstituieren ihn förmlich als den für sie perfekten Kumpanen. – In der Literatur wird in diesem Kontext oft vom *Aschenputtel-Effekt* gesprochen: In den Augen des Hundes hat die alte Frau mit ihrem faltenreichen Gesicht doch das Antlitz einer Prinzessin, und der gebeugte, schwache alte Mann ist für seinen Hund ein Held.

Hunde und Pferde übernahmen weit häufiger als Katzen und Kaninchen die Funktion eines spiegelnden, idealisierenden oder Zwillings-Selbstobjektes. Die Autoren registrierten zudem oft mehrere Selbstobjekt-Funktionen von Tieren. Das mag darauf zurückgehen, dass Hunde und Pferde Rudel- oder Herdentiere sind, die zudem durch Domestikation und durch Ko-Evolution für das Zusammenleben mit Menschen biologisch vorbereitet sind. Stehen sie zudem ihrem Menschen besonders nahe, dann haben diese Beziehungen eine besondere Intensität. Sie setzt auf körperliche Nähe und Berührung; Kommunikation erfolgt non-verbal, sie spricht deutlicher als verbal-symbolische Kommunikation tiefere Schichten des Nervensystems an und ist in der Regel direkter als letztere mit emotionalen und motivationalen Prozessen verknüpft. So ist es nur plausibel, dass selbst solche bewusst nicht sofort erfassbaren Prozesse, wie sie Psychoanalytiker für die Interaktionen zwischen Menschen beschreiben, auch im Zusammenleben von Menschen mit Tieren beobachtbar werden und ihre Bedeutung haben.

Die Aussagen von Heinz Kohut zu Selbstobjekten bieten einen spezifischen theoretischen Rahmen, um einige Effekte der Beziehung von Menschen mit Tieren zu erklären. Er wird hier als eine Möglichkeit zum Verständnis einer besonderen Qualität von Beziehungen mit Tieren diskutiert, nicht etwa mit einem Anspruch auf universelle Gültigkeit.

4.2 Identität

Eine Parallele zu den Aussagen über Selbstobjekte findet sich im psychologischen Verständnis von Identität: Menschen brauchen eine Entsprechung, eine Stimmigkeit zwischen dem, was sie in den Augen ihrer Umgebung über sich gespiegelt sehen, und der eigenen inneren Konzeptualisierung von sich, um eine gesicherte Identität zu erleben, also um sich selbst über die Zeit hin und über verschiedene Situationen hinweg als die zu „haben", die sie „sind". „Das bewusste Gefühl, eine persönliche Identität zu besitzen, beruht auf zwei gleichzeitigen Beobachtungen: der unmittelbaren Wahrnehmung der eigenen Gleichheit und Kontinuität in der Zeit, und der damit verbundenen Wahrnehmung, dass auch andere diese Gleichheit und Kontinuität erkennen", sagt Erik H. Erikson (1981: 18). Kaum ein Mensch kann aber den anderen so wahrnehmen, wie er ist. Menschen sind in ihrer sozialen Wahrnehmung durch ihre Sozialisation geprägt. Wichtiger noch: Menschen assimilieren überwiegend, das heißt, sie nehmen ihre Mitmenschen nach Maßgabe ihrer eigenen kognitiven Schemata wahr. Und das entspricht nur selten einmal genau dem, was diese sind.

Viele Tiere übertreffen Menschen mit ihrer Sensibilität für die Wahrnehmung somatischer Prozesse – ein Hund hört beispielsweise den Herzschlag seines Menschen über gut einen Meter hinweg, er riecht seinen Handschweiß, kann bei ihm Anzeichen einer Hypoglykämie wahrnehmen und vieles mehr. Ein Pferd erkennt zum Beispiel schon nach wenigen Minuten, ob der Reiter auf seinem Rücken sicher oder angstvoll ist und meldet es ihm durch sein Verhalten zurück. Tiere sind zudem mit ihren evolutionär bewährten Programmen für die schwer verfälschbaren non-verbalen Kommunikationen und für körperlich gespürte Interaktionen geeignet, uns nach all den autonomen, den psycho-physiologischen oder auch den Prozessen zu spiegeln, die auf Tiefenschichten des Nervensystems ablaufen, oder in der Sprache von Erich Rothacker (1938) ausgedrückt: Auf der Personschicht der beseelten Tiefenperson.

Tiere bewerten uns nicht nach den Kategorien der menschlichen Gesellschaften, sie nehmen uns einfach und ungebrochen als die wahr, als die wir ihnen gegenüber treten. Tiere konstituieren uns und unsere Identität genau so, wie sie uns erfahren. Vor Tieren brauchen wir uns nicht zu „verstellen", vor Tieren können wir uns auch kaum verstellen. Schon im Wissen darum, dass mein Pferd meine Unsicherheit und Angst ohnehin spüren wird, brauche ich mich gar nicht erst mutig zu gebärden. Tiere spiegeln sogar viel von dem, was uns ausmacht, ohne dass wir es selber bewusst erfahren und aussprechen können. Das können triebhafte Impulse oder emotionale Prozesse sein, die im Alltag keinen Zugang zu unserem Bewusstsein gefunden haben.

4.3 Pferde als Begleiter auf dem Weg der Entwicklung zur Identität

Im Jugendalter steht die Entwicklung der Identität im Vordergrund. Erst wenn Jugendliche ihr inneres Konzept von sich und dessen Rückspiegelungen von ihrer sozialen Umgebung einheitlich und kontinuierlich in Übereinstimmung miteinander bringen, können sie gut mit ihrer sozialen Umgebung interagieren. Das, was so leicht zu definieren scheint, ist nicht so leicht zu erreichen. Jugendliche brechen doch auf, sie lösen sich aus den Beziehungen, die sie in der Kindheit zu den Eltern unterhalten haben, – Wer schmiegt sich schon im Jugendalter noch so an Vater und Mutter an, wie man es im Vorschulalter getan hat? Wer geht sonntags schon gern mit den Eltern in die Kirche, zum Nachmittagsbesuch bei den Verwandten? Wer findet die Ansichten der Eltern nicht überholt? Welcher Jugendliche vermisst nicht generell bei Erwachsenen so etwas wie Feuer und Ideale? etc., etc. – Jugendliche wollen und müssen sich in ihrer Einzigartigkeit finden. Die Pubertät bietet eine „zweite Chance", den Bindungen und Orientierungen der Kindheit eine neue, eine eigene Richtung zu geben. Einerseits sind Jugendliche nach wie vor auf ihre Familie mit all den „alten" Verhaltensweisen des abhängigen Kindes angewiesen, andererseits streben sie in ein „neues" Leben, das sie aber noch nicht autonom verwirklichen können. Elterlicher Rat oder feed-back von Autoritätspersonen stören, mögen die auch noch sehr so betonen, dass sie keine Wertung intendieren. Für viele Jugendliche öffnen sich jetzt neue Möglichkeiten des Denkens. Es wird abstrakt, braucht keine konkreten Anschauungen mehr; man kann Mögliches denken. In der Tat sind Jugendliche mit ihren idealen Konstruktionen einer besseren Welt oft das Mutationspotential der Gesellschaft. Sie können über das Denken nachdenken, in eine ganz andere geistige Welt eindringen als es Kinder konnten.

Tiere können Jugendlichen bei der Übung der formalen kognitiven Operationen nicht helfen, wohl aber bei der Entwicklung von Identität in Beziehung. Konkretisieren wir das für Pferde. Sonia Wagenmann und Rainer Schönhammer (1994) heben nach ihren Analysen von Interviews und Aufsätzen sowie von Pferderomanen und Pferdecomics hervor, dass Pferde zum einen die Bedürfnisse von heranwachsenden Mädchen nach Beziehung, Wärme, Empathie oder auch Fürsorge stillen können, alles Bereiche, in denen die Eltern von Pubertierenden kaum eine Chance haben. Zum anderen aber finden Mädchen bei ihren „großen Freunden", den Pferden, etwas von der Stärke, der Sensibilität und der warmen Aufmerksamkeit, die ihnen ein bisschen Sicherheit beim psychischen Abnabeln von den Eltern und beim Aufbruch zur eigenen Identität gibt. Ja, in der geschützten Atmosphäre des Umgehens mit Pferden kann Fürsorglichkeit sogar mit einem produktiven Machtanspruch verbunden werden. Psychoanalytische Interpretationen, die eine sexuelle Komponente in der Beziehung zwischen Mädchen und Pferden zu erkennen glauben, stehen Sonia Wagenmann und Rainer Schönhammer (1994) skeptisch gegenüber. Zu viele Widersprüchlichkeiten sind in der einschlägigen Literatur zu finden, zu viele Überinterpretationen von Details belasten die Ausführungen von Anna Freud oder John Schowalter zu diesem Thema.

Brigitte von Rechenberg (2005) sieht hinter dem manifesten Verhalten vieler Pferdemädchen tiefere psychische Prozesse. In Kenntnis der Entwicklungstheorien von Carl Gustav Jung weist sie darauf hin, dass Mädchen in und nach der Pubertät nur selten ihren innate animus leben können. Männliches (animus) und weibliches (anima) psychisches Prinzip sind doch in beiden Geschlechtern lebendig, allerdings bei Mädchen und Jungen in unterschiedlichen Bewusstseinsgraden und vor allem mit unterschiedlichem Grade der sozialen Anerkennung und Unterstützung. Die übliche Sozialisation in unserer Gesellschaft und die „Weitergabe der weiblichen Unterdrückung", die immer noch zu beobachten ist, behindern bei Mädchen das Leben des inneren, angeborenen, aber weitgehend unbewussten Animus – und damit die Entwicklung einer sicheren Identität. Mit einem Pferd kann ein Mädchen aber genau das erreichen: Mit diesem starken Kameraden kann ein Mädchen aufbrechen, kann Richtung geben, Abenteuer suchen, Risiko eingehen. Dabei kommen all die Tendenzen, die ihre Anima leben will, keineswegs zu kurz. Ein Pferd will versorgt werden, es genießt den Körperkontakt, den Pubertierende zu Eltern oft doch geradezu panisch-angstvoll meiden, ein Pferd geht auf eine zarte, freundschaftliche Beziehung ein. Mit einem Pferd wird eine ganzheitliche Entwicklung möglich, die nicht nur den unterdrückten innate animus lebendig werden lässt, mit einem Pferd können Mädchen auch eine Integration von Anima und Animus in ihrem inneren und in ihrem äußeren Leben erreichen. – Jungen sind in Reitställen selten zu finden. Für sie spielen Wettbewerb und sportliche Leistung eine größere Rolle, Dinge, die sie mit Pferden nicht so leicht verwirklichen können.

4.4 Schattenintegration

Ein eindrucksvolles Beispiel, wie abgewehrte Persönlichkeitsanteile durch Tiere bewusst und für die Entwicklung fruchtbar gemacht werden können, gibt Chris Irwin (2005). Er hatte gerade einen Artikel geschrieben, der zu seiner Bekanntheit in der Pferdewelt ein gewichtiges Stück beigetragen hatte. „Nach Jahren d er harten Arbeit und einer langen Serie von Erfolgen hatte ich eine Position in der Pferdewelt erreicht, die mich als signifikanten Führer – auch in einigen weiteren Kreisen – auswies. Die Menschen konnten darauf zählen, dass ich ihnen zeigen konnte, wie es möglich ist, ein angstvolles oder wütendes Pferd ohne Gewalt zu beruhigen" (ebd.: 4). –

Dann traf er bei einer seiner Shows auf Stella, eine Stute, die so gar nicht auf seine Kommunikationsqualitäten ansprach – die voller Angst und heftig auf ihn reagierte, und die er – um es kurz zu machen – vor den Augen seines verstörten Publikums in einem wütenden Kampf hart verprügelte. Von Kommunikation und Miteinander zwischen Mensch und vertrauensvoll folgendem Pferd war nicht mehr zu sprechen. Chris Irwin brach den Widerstand der Stute gnadenlos. Aber als das Tier dann von ihm zurückwich, und als er die Peitschenstriemen sah, die er ihm zugefügt hatte, da war es wie ein Erwachen: Chris Irwin, der gewaltlose Führer, sah sich auf einmal auch als den brutalen Unterdrücker. Und mehr noch wurde Chris Irwin in der Folgezeit klar: Bei dem eleganten Skifahrer Chris Irwin, der auch so schön „mit Pferden tanzen" konnte, war das geschmeidige Eingehen auf den Bewegungsfluss des Anderen einmal gänzlich zusammengebrochen. Der erfolgreiche Sportler Chris, als der er sich in seinem Buch vorstellt, hatte mit all seinen Siegen eigentlich keine Selbstsicherheit gefunden. Und ein wenig wurde Chris Irwin gar deutlich, dass der faszinierende Mann in seinen vier Ehen nicht immer nur der beglückende, so vieles verstehende und verantwortlich handelnde Partner gewesen war, dass seine Kinder in ihm nicht nur den idealen Vater sehen konnten, der er selber zu sein geglaubt hatte – Chris Irwin begegnete seinem Schatten.

Zur Erklärung ein kurzer Abstecher in die Analytische Psychologie: C. G. Jung hat erkannt, dass wir all die Persönlichkeitsanteile, die wir uns zu leben verwehren, oder die wir mit all unseren guten Intentionen ablehnen, keineswegs ungeschehen machen können. Sie werden nur zurückgedrängt und müssen sich in unserem Unbewussten als Schatten konstellieren. Mögen wir vor ihnen auch zurückschrecken, wenn sie uns bewusst werden, sie sind und bleiben immer Teile unserer Lebensmöglichkeiten. Vor allem lösen sie sich nicht auf, wenn wir gegen sie angehen, mag das auch mit noch so guten Absichten geschehen. Sie bleiben Teile von uns – allerdings nicht mehr bewusst, sondern in den unbewussten Bereich verdrängt, dort als Schatten konstelliert.

Den Schatten zu ignorieren ist unmöglich. Ihm zu folgen – einfach ins Gegenteil von dem hinüber zu schwingen, was wir jahrelang gelebt haben – ist keine Lösung, widerspricht es doch den vielen „hellen" Anteilen unserer Person. Wir müssen den Schatten in all das integrieren, was wir bewusst erstreben. Wir müssen lernen, mit den eigenen Unzulänglichkeiten und Minderwertigkeiten zu leben, müssen „das Dunkle" in uns kennen lernen, aber dies wohl gemerkt in unserer eigenen Ganzheit, die doch weit mehr als das Dunkle ausmacht. Oft ist das Erkennen des eigenen Schattens schmerzhaft. Tiere helfen uns dabei, und oft geschieht das in einer harmloseren Form als bei Chris Irwin, auf eine Art und Weise, die wir leichter annehmen können als Interventionen von Menschen. Sie teilen uns Schattenanteile oft sehr gelassen mit, manchmal können wir dabei sogar über uns lachen. Zum einen werden wir von ihnen als genau die wahrgenommen, die wir sind – ohne dass Wahrnehmungen nach den Assimilationen eines Gegenübers, ohne dass Bewertungen nach „political correctness", nach zivilisatorischen Normierungen oder gar nach Vorurteilen ins Spiel kommen. Selbst viele der bloß kognitiven Konzepte, die wir „über" uns haben, können wir im Zusammenleben mit Tieren zugunsten von dem, was wir wirklich sind, zurückstellen. Schließlich sind Tiere doch selbst Modelle der Integration von Schattenanteilen: Sie selbst sind „herrlich", aber auch ganz „gewöhnlich", sind „wunderschön" und genauso auch richtig „schmutzig".

4.5 Selbstmitteilung

Das führt zum Thema Selbstmitteilung. Es ist bekannt, dass Menschen aus vielen sozialen Schichten, unterschiedlichen ethnischen Gruppen und Ländern mit Belastungen, Krankheiten oder traumatischen Erfahrungen besser umgehen können, wenn sie sich vor ihnen nicht verschließen, sondern sie „anschauen" und auch andern offen mitteilen. James W. Pennebaker untersucht seit 20 Jahren die Gesundheitseffekte der emotionalen Selbstmitteilung. Er lässt Personen an mehreren aufeinander folgenden Tagen über emotional bedeutsame Erfahrungen, emotional aufwühlende Erlebnisse oder schwer kontrollierbare Situationen sprechen oder schreiben. Kontrollgruppen reden oder schreiben in der gleichen Zeit über emotional bedeutungslose Themen. James W. Pennebaker und seine Mitarbeiter (Pennebaker/Stone 2003, 2004) finden als Effekte solcher emotionalen Selbstmitteilung in den folgenden Monaten weniger Arztbesuche, Verbesserungen der Immunfunktion, bessere Noten im Studium oder auch Erfolg bei der Arbeitssuche von Arbeitslosen. Sich zu verschließen, das ist wohl eine Form der Hemmung, die psychische Energie kostet und die Möglichkeiten des Organismus zur Abwehr ebenso wie zur produktiven Lebensgestaltung reduziert (Davison/ Pennebaker 1996). Umgekehrt aber kommt eine Person, die sich selber mitteilt, wahrscheinlich nicht nur besser an die tieferen Schichten der eigenen Person, einschließlich des Schattens, heran, sie erfährt auch in einer stimmigeren, einer authentischen Interaktion eine adäquate Rückmeldung.

Können wir solche Befunde auf Interaktionen mit Tieren beziehen? Wer mit einem Tier interagiert, der bekommt unverfälschte und unreflektierte Rückmeldung auf dem Kanal der analogen Kommunikation, und das für abgelehnte ebenso wie für sozial akzeptierte Teile seines Verhaltens. Er kann Sehnsüchte und Impulse genauso wie abgewehrte Ängste oder Zwänge vor sich selber zulassen – und in sein Gesamtverhalten integrieren. Tiere haben kein Urteil über uns, wohl aber Menschen, die im Laufe ihrer Sozialisation „sozial gemacht" worden sind. Das erlaubt in der Regel zwar ein reibungsloses soziales Miteinander, verwehrt aber viele Selbstmitteilungen. Eine strikte Sozialisation führt manchmal förmlich dazu, dass Verhaltensmöglichkeiten von Personen nicht entwickelt, ja, dass viele Verhaltenspotentiale ungenutzt, ungelebt bleiben. Viele mögliche Interaktionen „fließen" oder geschehen bei strikt sozialisierten Menschen nicht. Im Extremfall werden solche ausgegrenzten Verhaltensmöglichkeiten förmlich zu abgespalteten Persönlichkeitsanteilen. Davor können Tiere ihre Menschen auf eine sehr schlichte Art bewahren. Wieder sei ausdrücklich betont, dass Integration von kultureller Kontrolle und ursprünglichem Impuls, nicht etwa ein Übernehmen tierischer Verhaltensweisen, erstrebt wird.

4.6 Systemkonditionierung

Wir alle kennen diese Situationen: Wir suchen nach einem Zugang zum „erziehungsschwierigen Kind", wollen ihm mit den besten Intentionen auf seinem Weg in unsere Gesellschaft helfen, aber wir stoßen bei ihm vor eine Wand der Ablehnung; unsere vernünftigen Worte gehen ins Leere, unsere Hilfestellungen scheitern. Oder: Für den traumatisierten Jugendlichen haben wir viel Trost bereit, das missbrauchte Mädchen verstehen wir doch so gut, wissen genau und erklären ganz überzeugend, was sich zugetragen hat. Aber wir bringen nicht einmal ein Gespräch mit ihnen in Gang. Ganz anders der Kontakt von Kindern und Tieren, wie die nachfolgende Fallgeschichte zeigt.

Sabine ist 15 Jahre alt und wurde von ihrer Mutter vor 4 Jahren in die Jugendhilfe gegeben, weil sie mit ihr nicht mehr zurecht kam. Sabine hat, nachdem man keine Pflegefamilie fand, in insgesamt vier Heimen gelebt. Man hat mit ganz normalen Heimgruppen angefangen, dann kamen Intensivgruppen und spezielle Mädchengruppen. Überall flog sie raus, weil sie weglief und ständig mit Suizid drohte. Sie war extrem auto-aggressiv und ritzte sich mehrmals die Woche die Arme so, dass die Wunden meist im Krankenhaus versorgt werden mussten. Sabine kam immer wieder in psychiatrische Kliniken (insgesamt in drei verschiedene) und wurde letztendlich auf Resperdal und Aponal in recht hoher Dosierung eingestellt. Die letzte Psychiatrie diagnostizierte im April 2004 eine Entwicklung zur Borderline-Störung mit psychotischen Zügen. Sie hatte in der Nacht Albträume und berichtete immer wieder von Männerstimmen, die sobald es dunkel wird, zu ihr sprechen.

Sabine kam im September 2004 in das Projekt Yanca, in dem verlassene Tiere von verlassenen Kindern in ein gutes Zuhause vermittelt werden sollen. Die Erzieher/innen hoffen, dass Kinder in der Auseinandersetzung mit dem Schicksal von Tieren ihr eigenes Schicksal ein Stück weit verarbeiten und die Zukunft in eigene Hände nehmen können. Hier traf Sabine auf Maxi, einen vierjährigen Rauhhaardackel, der sein Leben bei einer alten Dame verbracht hatte. Maxi hatte zwar stets bestes Futter erhalten, aber keinerlei Sozialkontakte und wenig Auslauf bekommen. Maxi kannte keinen Wald, keine Kinder und keine anderen Tiere. Er wurde ins Yanca-Projekt abgegeben, weil seine Besitzerin in ein Altersheim musste und nicht mehr für ihn sorgen konnte. Maxi hat dort die erste Woche fürchterlich getrauert. Er lag nur auf dem Sofa, war zu nichts zu motivieren, zeigte Angst und jaulte stundenlang nach seinem Frauchen.

Sabine war darüber völlig verzweifelt und sucht händeringend nach Möglichkeiten, dem armen Maxi zu helfen. Innerhalb weniger Tage durchlebte sie ihre ganze Geschichte des Verlassenwerdens an Hand des Schicksals des Hundes noch einmal. Mit einem Unterschied: Sie suchte nach Lösungen für die Trauer des Hundes, überlegte mit den pädagogischen Mitarbeitern des Projektes, was man tun könne, um Maxi das Leben wieder lebenswert zu machen – und völlig unbemerkt machte sie sich selbst das eigene Leben auch wieder lebenswerter.

Sabine ritzt sich nicht mehr die Arme auf, sie geht regelmäßig in die Schule, sie hatte bisher keine Albträume mehr und berichtet auch nicht mehr von den Männerstimmen. Dafür schläft Maxi, der jetzt absolut fit ist, in ihrem Bett. Nach einem Monat kam der betreuende Kinder- und Jugendpsychiater zur Visite ins Projekt. Er beobachtete Sabine, untersuchte sie kurz und fragte die Leiterin verblüfft, was sie denn mit Sabine gemacht habe. Die Antwort war: „Nichts, aber fragen Sie mal den Dackel!" Daraufhin wollte er mehr über tiergestützte Projekte wissen; Sabines Medikation hat er auf ein Minimum reduziert.

Maxi hat bei Sabine das *Selbstsystem* erreicht, das Julius Kuhl (2001) als zentrales System der Persönlichkeit beschreibt. Das Selbstsystem eines Kindes lernt im Laufe der Entwicklung, mit all den Situationen unseres Lebens fertig zu werden. Dabei muss es immer mehr und immer weiter vernetzte Erfahrungs- und Sinnstrukturen bilden, auch um mit schwierigen oder schmerzhaften Erlebnissen umgehen zu können, ihnen vielleicht sogar etwas Positives abgewinnen zu können. Negative Erfahrungen und negative Affekte sind dabei zuerst einmal hinderlich, denn das Selbstsystem schützt sich nach Möglichkeit vor ihnen, schaltet sich gleichsam vor ihnen ab. Aber negative Erlebnisse oder Erfahrungen können und müssen auch produktiv – etwa mit der Entwicklung von neuen Selbstberuhigungsreaktionen – verarbeitet werden, so etwa, wenn das Kind erlebt, dass ein anderes Lebewesen ihm bei schweren Erfahrungen positive Deutungen vermitteln kann, die Trost und Sinn spenden.

Nun sollten Kinder dabei nicht lebenslang von nahe stehenden Menschen abhängig sein. Sie sollten vielmehr irgendwann das Positive, den Trost, die Beruhigung selbst produzieren können. Um das zu erreichen, muss ihr Selbst für die vom anderen Lebewesen gegebene Beruhigung bereit sein. Und dazu muss eine tiefe Verbindung hergestellt werden können. Um sie aber zu schaffen, muss das Selbst genau dann aktiviert sein, wenn Trost oder Beruhigung vom anderen Lebewesen gespendet werden. Das ist immer dann der Fall, wenn sich ein Mensch als Person ernst genommen, verstanden fühlt. Wird einem Kind nur kontrollierende Aufmerksamkeit geschenkt, wird es nur in die üblichen Sozialisationsschemata eingefügt, dann bleibt sein Selbstsystem gleichsam „abgeschaltet". Dann kann keine Verbindung zwischen den beruhigenden, tröstenden und positiven Gefühlen, die das Gegenüber auslöst, und dem kindlichen Selbstsystem hergestellt werden.

Das heißt nun, dass positive Einflüsse auf ein Kind auf dessen Selbstäußerungen abgestimmt sein sollten. Wenn ein Kind in wichtigen Entwicklungssituationen nicht gut verstanden, wenn es nicht als Person angenommen ist und keine „Begegnung von Selbst zu Selbst" erfolgt, dann wird es zwar die Erfahrung, die es mit seinem Gegenüber macht, irgendwo speichern, aber das bleibt peripher. Erst wenn das Selbstsystem des Kindes aktiv ist, kann positive Erfahrung so aufgenommen und integriert werden, dass sie später von seinem Selbstsystem wieder ausgelöst und genutzt werden kann. Julius Kuhl (2001) spricht hier von Systemkonditionierung: Selbstsystem und Affekte regulierendes System müssen beide aktiviert sein, um diese Verbindung zu ermöglichen. Das heißt, das Kind sollte sich vom Lebewesen gegenüber verstanden und so angenommen fühlen, dass es sich mit all seinen Gefühlen äußern kann, und es sollte zugleich erfahren, dass sein Gegenüber wirksamen Trost oder Ermutigung gibt. Julius Kuhl fasst seine Analyse der Systemkonditionierung mit der schlichten Feststellung zusammen, dass für die gesunde Entwicklung des einzelnen Menschen die Erfahrung von *positiver personaler Beziehung* von ausschlaggebender Bedeutung sei. In vielen Märchen komme diese Einsicht darin zum Ausdruck, dass der Märchenprinz oder die Märchenprinzessin erst dann die Erlösung bringt, wenn der zukünftige Partner durch alle Verkleidungen hindurch *erkannt* wird.

Kommen wir wieder zu unserem Fallbeispiel zurück: So, wie Sabine den kleinen Dackel erkannt und angenommen hat, so können auch Tiere ihren Menschen manchmal ganz schnell und ganz „zentral" erkennen. Der Hund, der zum Weinenden kommt, seine Hand leckt, sich vielleicht ganz einfach an ihn schmiegt, ist ein Beispiel. Tiere reagieren ehrlich auf das Zentrale, nicht auf die Darstellung der Verfassung – und damit helfen sie Menschen, ihre eigene Fassade durchlässig zu machen. In einem Pferdejournal wird berichtet, dass ein schwer erziehbarer Junge manchmal zum Pferd ging, es bürstete, dabei von sich erzählte und auch weinte – und dass die Stute diesem Jungen eines Tages ein Maul voll Heu anbot. Was mag da geöffnet worden sein, was mag eine solche wortlose Mitteilung in dem Jungen zum Klingen gebracht haben? Generell haben Tiere doch keine Vorurteile über ihre Menschen. Sie kennen die vielen Kategorien menschlichen Urteilens nicht einmal. Tiere erkennen, ja, sie „konstituieren" ihren Menschen genau so, wie er ganz zentral ist – sie erkennen ihn durch alle „Verknotungen" hindurch, die er in seiner alltäglichen Umgebung zeigen mag. Das heißt natürlich auch, dass Menschen sich von Tieren leicht verstanden, akzeptiert fühlen.

Tiere zeigen und verbessern bei ihren Menschen Empathie, also die Fähigkeit, mit anderen mitzugehen, mitzuschwingen. Elizabeth Paul (1992) fand, dass Kinder durch die Interaktionen mit einem abhängigen Heimtier schon sehr früh lernen können, die Gefühle und Bedürfnisse dieses Lebewesens zu verstehen und gleichzeitig damit auch die Gefühle und Bedürfnisse von Menschen. Brenda K. Bryant (1985) belegte, dass Kinder, die ein Tier hatten, anderen Menschen gegenüber mehr Empathie empfanden. Auch Robert H. Poresky und Charles Hendrix (1990) maßen höhere Empathiewerte bei drei- bis sechsjährigen Kindern, die ein Tier besaßen. Natürlich ist es nicht etwa die Tatsache des bloßen Besitzens eines Heimtieres, die Kinder Empathie empfinden lässt, sondern es ist die durch Interaktionen angeregte Möglichkeit zum Mitschwingen, die durch Tiere, aber auch durch die ganze soziale Situation ausgelöst wird. Zur Konkretisierung: Martina Flöck (1999) fand in ihrer Diplomarbeit, dass Kindergartenkinder, in deren Familie ein Tier gehalten wurde, tendenziell höhere Empathiewerte aufwiesen. Allerdings waren dies auch Kinder von Müttern, die anders erzogen als jene Mütter, die keine Haustiere hielten: Im Falle eines Streites der Kinder reagierten die zuerst genannten Mütter beispielsweise nicht mit dem Aufweis sozialer Normen, sie erörterten weniger die Gründe, die zum Streit geführt hatten, verlangten auch nicht die übliche Entschuldigung des Verursachers, sondern die Mütter der empathischeren Kinder erinnerten ihr eigenes Kind auch an das Leid, das seinem „Gegner" zugefügt worden war und ermöglichten schon damit ein Stück weit Einfühlung, sie ließen sich konkret die Situation und den Ablauf des Streites schildern und ließen so die ganze Situation wieder lebendig werden, anstatt sie rational zu beurteilen. Sie gaben auch nicht vor, so etwas wie eine übergeordnete Autorität zu sein, die einen Streit nach Prinzipien des Rechtes klären kann. Vielmehr lebten sie die Konfliktsituation noch einmal ein Stück weit mit ihrem Kinde mit. Es waren ganz offensichtlich die empathischeren Mütter, die ein Tier in ihrer Familie hatten, und die direkt ebenso wie vermittelt über das Tier auf ihr Kind und die Entwicklung von dessen Empathie einwirkten.

Das Fallbeispiel zeigt, wie wichtig Erfahrungen – auch und gerade auf den zentralen Schichten der Person – sind. Im Fall von Sabine sind es Erfahrungen mit dem Dackel Maxi, die sie durch alle „Wälle" hindurch – bis in ihr Selbstsystem – erreichen. Und das jetzt aktivierte System steht nicht nur in Verbindung mit dem Affektsystem. Sabine kann heute in sich selbst Möglichkeiten mobilisieren, die ihr das Umgehen mit den Erfahrungen von Verlassensein, von Enttäuschung, vielleicht von Verzweiflung und Trauer ermöglichen. Dabei wird mehr mobilisiert als kognitive Intentionen. Wir können annehmen, dass nicht nur rational-zielgerichtetes Verhalten geholfen hat und weiter hilft. Auch ein gar nicht logisch erscheinendes Mitfühlen mit dem Dackel mag gewirkt haben und ein anfangs recht unscharfes Gewahrsein, dass es Wege aus der hoffnungslos erscheinenden Situation – des kleinen Dackels und des jungen Mädchens – gibt.

Systemkonditionierungen sind ungleich komplexer als die Verbindungen zwischen spezifischen unkonditionierten und konditionierten Stimuli beziehungsweise als die Verbindungen zwischen einem Operant und einer Belohnung, die wir aus der Lerntheorie kennen. Wahrscheinlich wird bei Systemkonditionierungen eine Vielfalt von Verbindungen zwischen jeweils hochkomplexen Systemen hergestellt. Diese Verbindungen sind nicht nur additiv zu verstehen, eher werden ganze Konstellationen von Verbindungen geschaffen. Großzügig gefasst sind es komplexe, gestalthafte Lernprozesse, die wir hier beobachten. – Ein kleiner Dackel und ein junges Mädchen helfen uns, psychische Prozesse zu verstehen und zu berücksichtigen, an denen unsere aufgeklärte Vernunft oft vorbei schaut.

5. Schluss

Bezogenheit zu Mitmenschen, zu den Mitlebewesen Tieren und zu unserer gesamten natürlichen Umwelt sind Voraussetzungen für menschliche Entwicklung. Ein paar der Prozesse, die dies erklären können, haben wir unter den Stichworten Kommunikation und Interaktion, Tiere als Selbstobjekte, Hilfen bei der Identitätsentwicklung durch Tiere, konkret durch Pferde, Schattenintegration, Erleichterung von Selbstmitteilung durch Tiere und Hilfen von Tieren bei der Systemkonditionierung behandelt. Das sind psychologische Prozesse, die erst auf der Basis einer evolutionär vorbereiteten Affinität von Menschen zu Tieren wirksam werden können.

Mag auch eine Beziehung zu einem Tier nicht all die affiliativen und intimen Bedürfnisse erfüllen, die Menschen haben, sie bietet wenigstens einen Teil davon. Die wiederholt in der Literatur herausgestellte Bedeutung der subjektiven Wahrnehmung der erlebten Nähe zu Tieren, des Vertrauens zu ihnen sowie die unbedingte Nähe, die Tiere geben, spricht dafür. In der schlichten Beziehung zum Tier fallen Reflexion und Bewertung fort, also Komponenten, die Beziehungen zu Menschen oft erschweren. Randall W. Bachmann (1975) berichtet beispielsweise, dass Kinder regelmäßig Tiere nannten, wenn sie gefragt wurden, zu wem sie mit ihren Sorgen gehen.

Ganz offensichtlich geben Tiere in erster Linie sozial-emotionale Unterstützung. Und sie tun das bedingungsloser als Menschen. Während Menschen selbst mit der besten pädagogischen Intention doch oft zuerst einmal analysieren (d.h. auseinanderlegen), was beispielsweise zum Misserfolg ihres Kindes in der Schule beigetragen haben mag, während sie mit klugen Erklärungen und guten Ratschlägen nicht sparen und eine Reihe von rationalen Gründen nennen, die ihrer Meinung nach das Problem des Kindes verursacht habe, bleiben Tiere dem Kind ganz einfach nahe. Während Menschen in den „abgetrennteren" Bereich der kognitiven Analyse gehen und eine digitalisierte Kommunikation bevorzugen, bleiben Tiere ohne Bedingungen beim Erleben des Kindes, ohne jede Rücksichtnahme darauf, ob es nach kulturellen Maßstäben gut oder schlecht gehandelt hat.

Domestizierte Rudel- oder Herdentiere wie zum Beispiel Hunde achten viel häufiger auf ihren Menschen als Menschen das tun. Auch das ist eine Facette der Beziehung, über die wir hier sprechen. Sie weist auf ein fundamentales Merkmal einer vertrauten Beziehung hin, die Sicherheit im Zusammenleben ermöglicht. Mehr aber noch: Tiere geben ihren Menschen oft einen Sympathiebonus. Ein Rollstuhlfahrer wurde beispielsweise gebeten, einen standardisierten Weg durch einen Supermarkt zu fahren, dabei seine Einkäufe zu tätigen, aber auch stets an derselben Stellen dafür zu sorgen, dass ihm kleine Missgeschicke passierten – etwa, dass er an einen Warenstapel anstieß, eine Packung oben im Regal nicht erreichen konnte, etc. Wurde der Rollstuhlfahrer auf seinem Weg von einem Hund begleitet, dann bekam er nicht nur häufiger Hilfe bei seinen Problemen und Missgeschicken, er wurde auch häufiger angelächelt und angesprochen. Ein Tier lässt Mitmenschen die Probleme von Behinderten, die uns in unserem sehr behutsam kontrollierten Leben ein Stück weit aufschrecken, weniger störend und von weniger Erschrecken begleitet wahrnehmen.

Ein Grundübel vieler Beziehungen liegt in einem Mangel an Sensibilität „nach innen", also in einem kognitiv nicht verfügbaren Wissen um die eigenen Ziele und in einem schwachen Gewahrwerden der eigenen sozialen und emotionalen Bedürfnisse. Das manifestiert sich unter anderem in der Schwierigkeit, auf angemessene Art und Weise um die Erfüllung eigener Bedürfnissen zu bitten. Wer erfahren hat, dass es oft umsonst ist, um Nähe, Wärme, Beziehung zu bitten, der entwickelt wahrscheinlich internal working models – diese kognitiv-affektiven Programme, die das eigene Verhalten mitregulieren – die es nahe legen, das besser zu unterlassen. Langfristig ist nachlassende Sensibilität sowohl für sich und die eigenen Bedürfnisse als auch für bestimmte Bedürfnisse von anderen Menschen die Folge. Und sie zieht es nach sich, dass diese Bedürfnisse nicht mehr ausgedrückt werden, von ihrer Erfüllung ganz zu schweigen. Damit aber ist eine wesentliche Voraussetzung für befriedigende Beziehungen geschwächt. Statt adäquat auszudrücken, was man wünscht oder ersehnt, bleibt man ein bisschen „eingefroren". Vielleicht werden dann manchmal unangemessene Forderungen an Partner gestellt oder Menschen werden in einer verschleiernden Weise manipuliert; ein ungenügendes Gewahrsein eigener und der Bedürfnisse von anderen Menschen mag auch zu Phantasien oder zu isolierenden Wunscherfüllungen führen. Erfahrungen mit Tieren und ihre Modellwirkung können sehr wohl helfen, Bedürfnisse in adäquater Art vor sich zuzulassen, sie zu äußeren und zum Teil auch zu befriedigen: Wer einmal gespürt hat, wie sanft und doch fordernd die Schnauze eines Hundes sich am frühen Morgen unter die Hand am Bettrand schiebt, und wie sie auffordert, doch endlich aufzustehen und etwas gemeinsam zu unternehmen, wer die selbstverständlichen und scheulosen Aufforderungen eines Tieres annimmt, es an bestimmten Stellen zu kraulen, wer die Unbekümmertheit eines nach Menschenwertungen hässlichen Rüden beobachtet, der einer Hundedame mit unreflektierter Selbstsicherheit „den Hof macht", der lernt möglicherweise auch selber, wie man eigene Bedürfnisse nach Beziehung äußern kann.

Ausdrücklich sei betont, dass das Äußern eigener Bedürfnisse nicht zu Hemmungslosigkeit führen muss. Schon eingangs wurde Integration als erstrebenswert hervorgehoben, die Integration von Getrenntheit und Verbundenheit, das freundliche Gespräch zwischen bewussten und unbewussten Anteilen der Person, oder die gemeinsame Nutzung der analogen und digitalen Kommunikation. So wird auch jetzt eine Abstimmung zwischen dem Wunsch nach Erfüllung eigener Bedürfnisse und der Beachtung von natürlichen und sozialen Regulationen in Beziehungen herausgestellt. Das Modell der Tiere hilft vor allem, Lebendigkeit dort zu erhalten, wo zivilisatorische Kontrolle zu einer Trennung der Person von ihren tieferen Schichten und zur Unterdrückung von Bedürfnissen und Wünschen geführt hat. Aber eine Integration von Beziehungen zu Tieren und Beziehungen zu Menschen sollte nach all den Beschreibungen der Werte des Zusammenlebens mit Tieren nicht vergessen werden!

Literatur

Bachmann, Randall W. (1975): Elementary school childrens perception of helpers and their characteristics. In: Elementary School Guidance and Couselling 10: 103-109

Brown, Sue-Ellen (2007): Companion animals as selfobjects. In: Anthrozoös 4: 329-343

Bryant, Brenda K. K. (1985): The neighbourhood walk. A study of sources of support in middle childhood from the child's perspective. In: Monographs of the Society for Research in Child Development 50: 6-13

Buss, David M. (2005): The handbook of evolutionary psychology. Hoboken, NJ: Wiley & Sons

Davison, Kathryn B./Pennebaker, James W. (1996): Social psychosomatics. In: Higgins, E. Tory/Kruglanski, Arie W. (eds): Social psychology: Handbook of basic principles. New York, London: 102-130

Erikson, Erik H. (1981): Identität und Lebenszyklus. Drei Aufsätze. 7. Auflage. Frankfurt a.M.: Suhrkamp

Fisher, Helen E. (2000): Lust, attraction, attachment: Biology and evolution of the three primary emotion systems for mating, reproduction, and parenting. In: Journal of Sex Education Therapy 25: 96-104

Fletcher, Garth J.O. (2002): The new science of intimate relationships. Oxford: Blackwell

Flöck, Martina (1999): Diplomarbeit, Psychologisches Institut der Universität Erlangen Nürnberg

Fromm, Erich (1973): The anatomy of human destructiveness. New York: Holt, Rinehart & Winston

Grandin, Temple/Johnson, Catherine (2005): Animals in translation. New York: Scribner

Guttmann, Giselher/Predovic, Margarete/Zemanek, Michaela (1983): Einfluß der Heimtierhaltung auf die nonverbale Kommunikation und die soziale Kompetenz bei Kindern. In: Institut für interdisziplinäre Erforschung der Mensch-Tier-Beziehung (Hg.): Die Mensch-Tier-Beziehung. Wien: 62-67

Hart, Lynette A. (2000): Psychosocial benefits of animal companionship. In: Fine, Aubrey H. (ed): Handbook on animal assisted therapy. San Diego: 59-97

Hrdy, Sarah B. (2002): Mutter Natur. Die weibliche Seite der Evolution. Berlin: Berliner Taschenbuch Verlag

Irwin, Chris/Weber, Bob (2005): Dancing with your dark horse. New York: Marlowe & Company

Kellert, Stephen R. (1993): The biological basis for human values of nature. In: Keller, Stephen R./Wilson, Edward O. (eds): The biophilia hypothesis. Washington D.C.: 42-69

Kellert, Stephen R. (1997): Kinship to mastery: Biophilia in human evolution and development. Washington, D.C.: Island Press

Kohut, Heinz (1984): How does analysis cure? Chicago: University of Chicago Press

Kuhl, Julius (2001): Motivation und Persönlichkeit: Interaktionen psychischer Systeme. Göttingen: Hogrefe

Lumsden, Charles J./Wilson, Edward O. (1981): Genes, mind, and culture: The coevolutionary process. Cambridge, MA: Harvard University Press

McGreevy, Paul (2004): Equine behavior. Edinburgh: Saunders

Meier, Carl A./Hinshaw, Robert (eds) (1985): A testament to the wilderness. Zürich: Daimon

Nestmann, Frank (1994): Ein bio-psycho-soziales Wirkungsgefüge hilfreicher Tiereffekte. Anhang 1 in Kuratorium Deutsche Altershilfe (Hg.): Ein Plädoyer für die Tierhaltung in Alten- und Pflegeheimen. Köln: KDA

Olbrich, Erhard (2007): Heimtiere und ihre Bedeutung für Gesundheit und Lebensqualität. Vortrag beim Kongress Mensch und Tier. Berlin: Humboldt Universität, Mai 2007

Paul, Elizabeth (1992): Pets in childhood. Individual variation in childhood pet ownership. PhD Thesis: University of Cambridge

Pennebaker, James W./Stone, Lori D. (2003): Words of wisdom: Language use over the life span. In: Journal of Personality and Social Psychology 85: 291-301

Pennebaker, James W./Stone, Lori D. (2004): Translating traumatic experience into language: Implications for child abuse and long-term health. In: König, Linda J./ Doll, Lynda/O'Leary, Ann/Peguegnat, Willo (eds): From child sexual abuse to adult sexual risk. Trauma, revictimization, and intervention. Washington DC: 201-216

Poresky, Robert H./Hendrix, Charles (1990): Differential effects of pet presence and pet-bonding on young children. In: Psychological Reports 66: 931-936

Rothacker, Erich (1938): Die Schichten der Persönlichkeit. Leipzig: Barth

Silverstein, Marshall L. (1999): Self psychology and diagnostic assessment: Identifying selfobject functions through psychological testing. Mahwah, NJ.: Erlbaum

Topal, Jozsef/Miklosi, Adam/Csanyi, Vilmos/Doka, Antal (1998): Attachment behavior in dogs: A new application od Ainsworth's strange situation test. In: Journal of Comparative Psychology 112: 219-229

Triebenbacher, S. Lookabaugh (2000): The companion animal within the family system: The manner in which animals enhance life within the home. In: Fine, Aubrey H. (ed): Handbook on animal assisted therapy. San Diego: 357-374

Wagenmann, Sonia/Schönhammer, Rainer (1994): Mädchen und Pferde. Psychologie einer Jugendliebe. Berlin, München: Quintessenz

Watzlawick, Paul/Beavin, Janet H./Jackson, Don D. (1967): Pragmatics of human communication. New York: Norton

Wilson, Edward O. (1984): Biophilia: The human bond with other species. Cambridge: Harvard Univ. Press

Wilson, Edward O. (1996): In search of nature. London: Penguin Books

Wolf, Ernest S. (1988): Treating the self: Elements of clinical self psychology. New York: The Guilford Press

Zeifman, Debra/Hazan, Cindy (1997): Attachment: The bond in pair bonds. In: Simpson, Jeffrey A./Kenrick, Douglas T. (eds): Evolutionary social psychology. Mahwak, NJ: 237-264

Persönliche Beziehungen
jenseits der Familien

Steve Stiehler

Freundschaften unter Erwachsenen

Freundschaft ist ein Thema, das seit Jahrhunderten Gelehrte und Literaten beschäftig. Entsprechend vielgestaltig sind die vorliegenden Beschreibungen von Freundschaften. Was unter Freundschaft verstanden wird, hängt von kulturellen, persönlichen und auch situativen Konventionen ab (Heidbrink 1993). Die jeweiligen Vorstellungen von Freundschaft sind kulturell geprägt und unterliegen damit dem Einfluss gesellschaftlicher Veränderungen. So war vor gut hundert Jahren z. B. noch keine Unterscheidung von Freundschaft in den Lebensaltern möglich, da sie einzig zwischen (gebildeten) Erwachsenen öffentlich wahrgenommen wurde. Heute dagegen nehmen in der aktuellen Forschung Freundschaften zwischen Kindern einen breiten Raum ein (vgl. Wehner i. d. B.). Überhaupt kann ein gesteigertes Interesse an Freundschaften als wissenschaftlicher Gegenstand konstatiert werden. Neben den Zweierbeziehungen und Generationenbeziehungen finden Freundschaftsbeziehungen in wachsendem Maße Aufmerksamkeit. Dieser Beitrag wird sich vor allem auf den wissenschaftlichen Diskurs im deutschen Sprachraum konzentrieren. Entsprechend der Intention des Handbuches sollen Freundschaften im Erwachsenenalter im Weiteren vor allem aus einer soziologischen und sozialpsychologischen Perspektive betrachtet werden.

In ihrem Aufsatz Freundschaft unter Erwachsenen, einem der wenigen Texte, der direkt die Thematik Freundschaft und Erwachsensein beleuchtet, fasst Ann E. Auhagen (1993) ihre Besonderheit eher als Konvention und weniger als eigenständige Konstitution auf. Für sie ist Lebensalter „nicht unbedingt genuin die Quelle der Variation verschiedener Erlebens- und Verhaltensformen in Freundschaften. Vielmehr besteht hier die (mitunter stillschweigende) Übereinkunft, dass Menschen unserer Gesellschaft in verschiedenen Lebensaltern auch unterschiedliche Anforderungen unterworfen sind, welche – so die eher implizite Annahme der Freundschaftsforschung – auch Auswirkungen auf die Freundschaftspraxis haben" (ebd.: 223). Ann E. Auhagen betont, dass Freundschaften im mittleren Erwachsenenalter zugunsten von Familienbeziehungen an Bedeutung verlieren. Auch werden Freundschaften in diesem Lebensalter oftmals von Nachbarschafts- und Arbeitsbeziehungen überlagert (vgl. Sickendiek i. d. B.; vgl. Günther i. d. B.).

1. Was zeichnet Freundschaft aus?

Nach Niklas Luhmann (1994) zeichnet sich die moderne Gesellschaft durch das Nebeneinander einer Vielzahl unpersönlicher und einiger weniger intensiver persönlicher Beziehungen aus. Diese Doppelmöglichkeit kann nach

Niklas Luhmann (1994: 13) „ausgebaut werden, weil die Gesellschaft insgesamt komplexer ist und weil sie Interdependenzen zwischen verschiedenartigen sozialen Beziehungen besser regulieren, Interferenzen besser abfiltern kann". Persönliche Beziehungen sind – wie in der Einleitung des Handbuchs ausgeführt – durch das *Moment der personellen Unersetzbarkeit* sowie durch (angestrebte) *Kontinuität* und *Dauerhaftigkeit* charakterisiert. Weitere grundlegende Kennzeichen sind das Vorhandensein eines *persönlichen Wissens,* die *emotional fundierte gegenseitige Bindung* der Beziehungspersonen sowie die besonders *ausgeprägte Interdependenz* (Lenz 2006). Während Paarbeziehungen überwiegend heterosexuell zusammengesetzt sind, bilden sich Freundschaften vielfach aus Personen derselben Geschlechtergruppe. Auf das Thema der geschlechtlichen Zusammensetzung in Form von Männerfreundschaften und Frauenfreundschaften und die daraus resultierenden Auswirkungen auf die Inhalte wird an späterer Stelle eingegangen.

Unter Berücksichtigung von Gesellschaftsprozessen, Lebenskontexten, Rollenanforderungen sowie interaktional-subjektiven Komponenten entwickelte Ursula Nötzold-Linden (1994) ein *Modell von Freundschaftsbestimmungsfaktoren.* Als ein *dynamischer, multidimensionaler Beziehungsprozess in den Zeiten* (Vergangenheit, Gegenwart und Zukunft) wird Freundschaft durch Gesellschaftsfaktoren, ökologische Faktoren, situative Faktoren, Persönlichkeitsfaktoren, biosoziale Faktoren, Interaktionsfaktoren sowie Netzwerkfaktoren determiniert. Das Geschlecht liegt dabei quer zu den genannten Faktoren.

Mit Bezug auf diese Bestimmungsfaktoren, die Rahmenkonzeption für Freundschaftsforschung im Alltag (Auhagen 1991) sowie eigener Untersuchungsergebnisse (Stiehler 1997, 2005) kann Freundschaft definiert werden: Als eine auf freiwilliger Gegenseitigkeit basierende, relativ dauerhafte dyadisch-persönliche Beziehung. Die als Freund/in bezeichnete Person orientiert sich positiv-sinnhaft am Handeln des/der Anderen als ganzer Person. Der Sinngehalt zwischen den Beteiligten kann sich in seiner Ausprägung unterscheiden; es muss aber zumindest eine subjektiv gefühlte Zusammengehörigkeit, ein gemeinsamer Wissensbestand und ein eigenes (nicht-institutionalisiertes) Werte-Regel-Gefüge existieren.

Freiwilligkeit, Reziprozität, Dyade und ganze Person, flexible Verortungen, subjektiv gefühlte Zusammengehörigkeit und eigenes Werte-Regel-Gefüge sind sechs konstitutive Freundschaftsmerkmale, die im Folgenden näher bestimmt werden.

(1) Freundschaft beinhaltet heute ein „freiwilliges Engagement in einer durch Vorbehaltlosigkeit gekennzeichneten Interaktionssphäre" (Nötzold-Linden 1994: 79). Dies findet ihren Ausdruck in der freien Wahl des Freundes bzw. der Freundin und auch in der nicht durch Dritte erzwungenen bzw. auch nicht durch dominante Kulturmuster vorgeformten Ausgestaltung einer Freundschaftsbeziehung. Dies war historisch

nicht immer so, wie z. B. der Bindungszwang durch die Kopplung von Freundschaft mit dem öffentlichen Leben in der frühen Antike zeigt. Doch seit der Zeit der Aufklärung entwickelt sich die Freundschaft zur selbst gestalteten Beziehung, die eigentlich keinen offiziellen Regelungen unterliegt. Freundschaft wird, als eine persönliche Beziehung mit besonderer Qualität von innen heraus durch die Beteiligten selbst definiert (interne Kriterien) und unterliegt damit einer weitgehenden *Freiwilligkeit*. „Die aktuelle Beziehung als solches liefert das interne Kriterium für den Gebrauch des Begriffes. Zwar wird durch die Etikettierung ‚Freund' auch eine Einordnung in die soziale Struktur mitgeliefert, doch primär wird eine inhaltliche Aussage darüber getroffen, was dyadisch geleistet und wie es bewertet wurde" (Nötzold-Linden 1994: 144). Freundschaften beruhen damit weniger auf äußere Zuschreibungen. Vielmehr sind sie das Produkt von Eigenleistungen, in der die Beteiligten durch gegenseitige Interaktionen aktiv für die Aufrechterhaltung und den Beziehungsverlauf selbst Sorge tragen. Es bedarf also einer freiwillig und selbst gestalteten Entwicklung im Verlauf einer Zeitspanne, bevor sich die Beteiligten als Freunde bezeichnen. Shmuel N. Eisenstadt (1974) verweist darauf, dass in Freundschaftsbeziehungen Sicherheit und Vertrauen konstruiert werden, welche sich bezüglich Freiwilligkeit und Vorbehaltlosigkeit von anderen Beziehungsformen qualitativ absetzen bzw. ihren besonderen Ausdruck finden. Allerdings ist diese Freiwilligkeit keine grenzenlose und kann keine sein. Zum einen können Freundschaften sich nicht vollständig den gesellschaftlichen und milieuspezifischen Einflüssen entziehen. Selbst wenn die Ausgestaltung den Freunden/Freundinnen überlassen ist, werden sie sich immer auch an den gelebten Freundschaften in ihrer Gesellschaft bzw. in ihrem sozialen Milieu orientieren. Zum anderen gibt es „im Prinzip keine gesellschaftliche Norm, die Menschen dazu zwingt, Freunde zu haben – obwohl es unterschwellig als persönliches Versagen gilt, wenn jemand keine Freunde hat" (Eisenstadt 1974: 144 f.). Entsprechend gilt es als Normalität, Freunde zu haben und Abweichungen davon rufen zumindest Misstrauen hervor.

(2) Das beidseitige, aufeinander bezogene Handeln stellt ein Charakteristikum sozialer Beziehungen dar. Von einer Freundschaft kann nur gesprochen werden, wenn die (beiden) Beteiligten in maßgeblich positiver Ausrichtung ihre Handlungen konstruieren, erleben und definieren. Im alltäglichen Gebrauch symbolisiert die beiderseitige Bezeichnung als Freund/in eine erkennbar handlungsleitende *Reziprozität* innerhalb des Beziehungstyps von Freundschaft (Auhagen 1991). Vor dem Hintergrund eines durch *symmetrische Reziprozität* (Youniss 1984) geprägten Rollenverständnisses in Freundschaftsbeziehungen sollten die Handlungsbeiträge von Freunden/Freundinnen zumindest längerfristig auf Gleichwertigkeit angelegt sein (Nötzold-Linden 1994). Gegenseitigkeit als Charakteristikum der Interaktionsstruktur von Freundschaft besteht

aber nicht durchgängig, da es durchaus zu einseitigen Momenten in der Beziehung zwischen Freunden/Freundinnen kommt bzw. bestehende unterschiedliche Sinngehalte nicht kategorisch auszuschließen sind. Durch die selbst definierten und individuell-konstruierten Sinngehalte von Freundschaft besteht die Möglichkeit, dass ein als Freund/in Bezeichnete/r auch ein Mensch sein kann, von dem/der geglaubt wird, dass er/sie positive Gefühle und Absichten erwidert.

(3) Freundschaft findet in der konkreten Interaktionssphäre einer *Dyade* statt oder wie Robert B. Hays (1988) formuliert als „voluntary interdependence between two persons over time" (395). Dass innerhalb dyadischer Freundschaftsbeziehungen eine ganzheitliche Verschmelzung als ihre Vollkommenheit gilt, ist u.a. auf die (idealisierten) Freundschaftsbeschreibungen im Zeitalter der Romantik zurückzuführen. So beschreibt Michel de Montaignes (2005) für das 16. Jahrhundert in essayistischer Form, wie tiefgründig und emotional geladen die Menschen in ihrer jeweiligen Zeit die vollkommene bzw. wahre Freundschaft (idealisiert) wahrnehmen. Für Siegfried Kracauer (1996) tragen ideale Freunde „ein der Wirklichkeit allseitig entsprechendes Bild von sich in ihrem Inneren" (139) und Ursula Nötzold-Linden (1994) sieht Freundschaft durch eine ganzheitliche Perspektive auf den biographischen Lebenshintergrund der beteiligten Personen charakterisiert. „In einer, über einen längeren Zeitraum etablierten Freundschaft, ist nicht nur situative Einfühlung nötig, sondern es gilt, ganzheitliche raum-zeitliche Zusammenhänge zu erinnern und miteinzubeziehen. Freunde handeln auf der Grundlage ihrer eigenen Beziehungsgeschichte und intendierten Zukunft. Auch wenn die Aktivitäten und Themen sich innerhalb nur eines Interessenskomplexes abspielen – was als Fragmentierung ausgelegt werden kann – ist Freundschaft dadurch charakterisiert, dass die Person auf ihrem biographischen Lebenshintergrund gesehen werden, was gleichzeitig eine ganzheitliche Perspektive erforderlich macht" (166f.). So stellt Freundschaft durch ihren affektuell-emotionalen Gehalt eine persönliche Beziehung dar, in der sich der Freund/die Freundin mit seiner/ihrer *ganzen Person* (ungeteilt) einbringt und gleichzeitig auf den ganzen Freund/die ganze Freundin als einzigartiges Individuum ausgerichtet ist. Beides verweist für Ursula Nötzold-Linden (1994) auf die persönlichkeitsfördernde Funktion von Freundschaftsbeziehungen, in dem der Freund/die Freundin als alter ego unmittelbar am Aufbau unseres Selbst mitwirkt. Sie spricht von „persönlich als auf die ganze Person in der Breite ihres Daseins gerichtet, im Gegensatz zu unpersönlich als vorwiegend oder explizit an Zweck und Leistung orientiert, d.h. am Menschen als Rollenspieler" (57).

(4) Die Beziehung von Freunden/Freundinnen ist *räumlich flexibel* und existiert in den unterschiedlichsten Lebensräumen. Zugleich ist Freundschaft *zeitlich flexibel*, was zur Folge hat, dass es keinen vorgezeichneten zeitlichen Zuständigkeitsradius gibt. Auch der Personenkreis, auf den Freund-

schaft sich richten kann, ist nicht ausdrücklich begrenzt, wie etwa bei der Familie über die Blutsverwandtschaft. „Freundschaften haben keinen definierten Ort, sind nicht kontextfixiert, sondern so vielfältig auffindbar wie der potentielle Personenkreis" (Nötzold-Linden 1994: 146). Freundschaften erstreckten sich über einen längeren Zeitraum und beinhalten neben einem aktuellen Gegenwartsbezug eine Vergangenheits- und Zukunftsperspektive. Sie sind demnach prozesshafte Beziehungen, in denen die Chance besteht, „dass ein seinem Sinngehalt nach in angebbarer Art aufeinander eingestelltes Handeln stattfand, stattfindet oder stattfinden wird" (Weber 1984: 47). Ohne einer Dauerhaftigkeit tatsächlich gerecht zu werden, gründen sich insbesondere Freundschaften auf einen *Unendlichkeitsanspruch* (Huinink 1995) bzw. einer *Fortdauer-Idealisierung* (Lenz 2003). Der aktuelle Gegenwartsbezug ist soweit zu fassen, dass es nicht ausschließlich unmittelbar persönliche Kontakte oder *des Alltags* (Kracauer 1990) bedarf, sondern auch die sinnhafte Miteinbeziehung des Freundes/der Freundin in das eigene Handeln umfasst (Auhagen 1991).

(5) Freundschaft gilt als ‚Herzensangelegenheit', die sich individuell auf gegenseitige Sympathie gründet. Igor S. Kon (1979) definiert Freundschaft als ein *tugendhaftes* Verhältnis zwischen Menschen auf der Basis gegenseitiger Verbundenheit, geistiger Verwandtschaft und Gemeinsamkeit der Interessen, welches sich durch seine Uneigennützigkeit, Selektivität und Gefühlstiefe auszeichnet. Er spricht in diesem Zusammenhang davon, „… dass die Beziehungen zwischen Freunden unmittelbar-persönlich sind und eine Tendenz zu gemeinsamer, verschiedenartiger, nichtspezialisierter Tätigkeit voraussetzten und dass diese Interaktionen mit positiven Emotionen, gegenseitiger Fürsorge und emotionaler Unterstützung verbunden ist" (ebd.: 87). Die dabei *subjektiv gefühlte Zusammengehörigkeit* der Beteiligten entspricht weitgehend dem Sinngehalt der Vergemeinschaftung einer sozialen Beziehung, wie ihn Max Weber (1984) charakterisierte. „Keineswegs jede Gemeinsamkeit der Qualitäten, der Situation oder des Verhaltens ist eine Vergemeinschaftung (…) und auch das bloße Gefühl für die gemeinsame Lage und deren Folgen erzeugt sie noch nicht. Erst wenn sie auf Grund dieses Gefühls ihr Verhalten irgendwie aneinander orientieren, entsteht eine soziale Beziehung zwischen ihnen (…) und erst, soweit diese eine gefühlte Zusammengehörigkeit dokumentiert, Gemeinschaft" (ebd.: 70). Gemeinschaftsgefühl in Freundschaftsbeziehungen setzt demnach eine gegenseitige positive Einstellung voraus, welche sich an der ganzen Person des Freundes/der Freundin orientiert.

(6) In Freundschaften wird, befördert durch bestehende Freiwilligkeit der Beteiligten und ihrer relativen Unabhängigkeit von bestehenden Rollenverpflichtungen und institutionellen Einbindungen, ein *eigenes Werte-Regel-Gefüge* entwickelt. Da Freundschaftsbeziehungen primär handlungsleitend ihren Wert in sich selbst tragen und durch die Freunde/Freundinnen selbst gestaltet und geregelt werden, erfolgen in der

Regel keine Sanktionierungen von außen. Alle Zusammentreffen und
Verpflichtungen zwischen den Freunden/Freundinnen gelten als freiwillige Ich-Leistung, die nur als „general human or spiritual qualities" (Eisenstadt 1974) einklagbar sind. Freunde/Freundinnen verständigen sich
im Vertrauen zueinander vorbehaltlos und ohne institutionelle oder
rechtliche Fixierung ihrer Pflichten und Rechte. Dabei lassen sich die
vielfältigen Bedeutungsaspekte von Vertrauen in Freundschaften zwischen Erwachsenen nach Renate Valtin und Reinhard Fatke (1997) in
vier Kategorien gruppieren: Sich-Anvertrauen (1), Sicherheit vor Verletzung, Verrat und Ausnutzung (2), Glaube an die Zuverlässigkeit und
Verlässlichkeit des Freundes (3) und Verschwiegenheit und Diskretion
(4). Entsprechend sind Freundschaften potentiell zerbrechlich, da die
Freunde u. a. gezwungen sein können sich mit einander widersprechen-
den Ordnungen (Weber 1984), der Vereinbarkeit von Ideal und Wirklichkeit sowie Macht- und Interessenskonflikten (Nötzold-Linden 1994)
auseinander zu setzen.

2. Freundschaft und Gesellschaft

Gesellschaftliche Differenzierungs- und Freisetzungsprozesse haben über
die Jahrhunderte hinweg das jeweils vorherrschende Freundschaftsverständnis und auch die Freundschaft als soziale Praxis verändert. Von Igor
Kon (1979) und Ursula Nötzold-Linden (1994) wird dieser Wandel von
Freundschaftsbeziehungen in unterschiedlichen Perspektiven erfasst. Igor
Kon (1979) unterscheidet Veränderungsprozesse der sozialen Funktionen,
der historisch-soziologischen Funktionen von Freundschaften und ihrer individuellen Zuschreibungen. Ursula Nötzold-Linden (1994) verweist auf
gesellschaftlich begründete Wandlungstendenzen von Freundschaft, die ihren Niederschlag finden in der Form (von institutionalisiert zu freiwillig),
im Inhalt (von instrumentell zu gefühlshaft) sowie der Funktion (von sozial
zu personal).

Die enorme Differenzierung, die Freundschaft mit dem Beginn der Neuzeit
als Folge des beginnenden gesellschaftlichen und geistigen Pluralismus erfährt, wird von Alfred Scherm (1977) aufgezeigt. In Folge dieses Wand-
lungsprozesses wurden Freundschaften immer mehr zu einem Mittel der
Verwirklichung persönlicher Ziele. Sie dienten dazu das eigene Ich mehr und
mehr in Abgrenzung zur gesellschaftlichen Stellung zu etablieren. Freundschaften wurden somit „von der moralischen Pflicht des Individuums der Gesellschaft gegenüber zum Mittel der Selbstverwirklichung des Einzelnen,
dessen Individualität sich im Anderen erfüllte oder erweiterte" (Ritter 1972:
1113). Deutlich wird ein Prozess der Individualisierung, der die Jahrhunderte
durchzieht und spätestens seit der sich entfaltenden Moderne zu den Grund-
phänomenen gehört, so dass „Chancen, Gefahren und Ambivalenzen der
Biographie (…) nun von den einzelnen selbst wahrgenommen, interpretiert
und bearbeitet werden" (Beck/Beck-Gernsheim 1994: 15).

Mit der wachsenden Differenzierung der Menschen hat auch Georg Simmel (1968) schon um die Wende zum 20. Jahrhundert den Verlust von Freundschaft als Gemeinsamkeit der gesamten Lebensperipherie begründet, welche auf völlige Vertrautheit beruhte und dem antiken Freundschaftsideal entsprach. Der damit einhergehende differenzierte Umgang der Freunde untereinander, sowie die Orientierung an einzelnen Lebensbereichen lässt für Georg Simmel den besonderen Typ der *differenzierten Freundschaft* entstehen. Er ist gekennzeichnet durch *Reserve* und *Diskretion* (ebd.: 269). Dabei gilt die differenzierte Freundschaft als Einbindungschance mit geringem Einschränkungs- und Offenbarungsrisiko, um dem Dilemma von einerseits unüberschaubarer Beziehungsvielfalt und immensen Informations- und Kontaktzwang und der andererseits gleichzeitig drohenden Isolation und Ressourcenknappheit zu begegnen (Nötzold-Linden 1974). In der heutigen differenzierten Gesellschaft ist dieser Freundschaftstyp dazu geeignet, den Widerspruch vom Zwang zum Ausleben der neu erworbenen sozialen Autonomie und Unabhängigkeit (Individualisierung) und dem unentbehrlich, menschlichen Bedürfnis nach Sozialität (Einbindung), in Form einer gewählten Vertrauenspartnerschaft (Beck-Gernsheim/Beck 1990) und gemäß der individualisierten Lebenslage, abzupuffern. Gerald D. Suttles (1970) spricht in diesem Zusammenhang von Freundschaft als einer sozialen Institution mit bridging function, auf die keine Gesellschaft verzichten kann.

Die Entwicklung eines differenzierten Freundschaftstypus stellt demnach eine maßgebliche Anpassung des Freundschaftsverständnisses an die gesellschaftlichen Gegebenheiten des 21. Jahrhunderts dar. Wie eigene empirische Ergebnisse zeigen, bestehen Differenzierungen in Männerfreundschaften sowohl in *personeller Hinsicht* zwischen den Freunden, in *inhaltlicher Hinsicht* bei der Ausgestaltung der Freundschaftsbeziehung sowie in *intrapersonaler Hinsicht* zwischen der eigenen Person und der des Freundes.

3. Was kennzeichnet Freundschaftsnetze?

Persönliche Beziehungen sind in der Regel in ein Beziehungsgefüge eingebettet und stellen Elemente sozialer Netzwerke dar. Soziale Netzwerke wiederum besitzen eine überbrückende Funktion zwischen den menschlichen Verhältnissen und Interaktionen einerseits und den sozialen und gesellschaftlichen Beziehungsstrukturen andererseits (vgl. Einleitung i. d. B). Als wichtige Schnittstelle zwischen Gesellschaft und Individuum sind Netzwerke der Tendenz nach partial und zerfallen in Teilbereiche unterschiedlicher Dichte. Hierdurch sind die daran Beteiligten mit multiplen Zugehörigkeiten und Aktivitätskontexten konfrontiert (Kugele 2006). Bezüglich des Zusammenhanges von Globalisierung und Freundschaft (Auhagen 2002) zeigt die Untersuchung von „Junge Global Nomads und ihre Freundschaften" durch Kordula Kugele (2006) „dass zwischenmenschliche Globalisierung Freundschaftsnetzwerke erweitert und entlokalisierte Freundschaften möglich sind. Sowohl die modernen Reisemöglichkeiten, als auch die medienvermittelte Kommunikation fördern den Erhalt räumlich distanzierter Freundschaften" (170).

Vor diesem Hintergrund können Freundschaftsnetzwerke als Relationen zwischen Personen mit (relativ) direkten, freiwilligen, positiv bewerteten und dauerhaften Beziehungen gefasst werden, die eine – jenseits des Zufalls liegende – bestimmte Struktur besitzen (Wolf 1996). Die Modernisierung mit ihren pluralisierten Lebenslagen und Freisetzungsprozessen aus Familie und Verwandtschaft ruft ein Bedürfnis nach Stabilisierung hervor, den in ausgesuchten Bereichen durch ein Netz von Freunden adäquat entsprochen werden kann. Beispielsweise kommt Christian Deindl (2005) durch eine multivariante Analyse von Selbst- und Kollektivorientierungen zu dem Ergebnis, dass Vertrauen durch persönliche Bindung und vor allem relativ dauerhafte und dichte Netzwerke gefördert wird. Das Freundschaftsnetz ist dabei der Aspekt, mit dem größten Einfluss auf Vertrauen. Gleichzeitig gestalten Freundschaftsbeziehungen andere soziale Netzwerkbeziehungen mit und tragen als soziale Institutionen von Außen zur Stabilisierung oder auch zur Destabilisierung anderer persönlicher Beziehungen wie der Ehe bei (Schöningh 1996).

Bei der Zusammensetzung von Freundschaftsnetzwerken gelten ihre *Größe* und *Homogenität* als zentrale Aspekte. Die Berechnungen zum sozialen Netzwerk von Karin Lettner et al. (1996) führen bezüglich der *Größe* zu dem Ergebnis, dass bei einer durchschnittlichen Anzahl von insgesamt 18,6 Netzwerkpersonen die guten Freunde/Freundinnen (durchschnittlich 3,9 Personen) und die (weiteren) Freunde/Freundinnen (durchschnittlich 4,0 Personen) – neben den Verwandten – die größten Bereiche darstellen (ebd.: 175). Getrennt betrachtet nach dem Geschlecht, kommen empirische Untersuchungen zu unterschiedlichen Aussagen. Nach Stefan Wufka (2000) stellt das Geschlecht bezogen auf die Größe und Dichte des Freundschaftsnetzes keine Einflussgröße dar. Demgegenüber kommen Elke Bruckner und Karin Knaup (1990) in ihrer Untersuchung „Sozialer Beziehungen und Hilfeleistungen" zu dem Ergebnis, dass Frauen etwas weniger Freunde/Freundinnen haben als Männer. „Der Freundeskreis der Frauen ist somit kleiner als der der Männer. Der Unterschied bleibt über alle Altersgruppen bestehen und gilt für erwerbstätige wie nicht erwerbstätige Frauen ebenso wie für Frauen mit und ohne Kinder" (ebd.: 50). Dass Männer insgesamt mehr Freunde/Freundinnen haben als Frauen wird jedoch durch die geringe Häufigkeit bester Freunde bei Männern (70%) gegenüber einer besten Freundin bei Frauen (75%) relativiert, so „dass Frauen zumindest gleich häufig wie Männer über einen nicht-verwandten engen Vertrauten verfügen" (ebd.: 51).

Darüber hinaus zeigen die multiplen Regressionsanalysen der Netzwerke von Frauen durch Verena Mayr-Kleffel (1991) (u. a. nach sozialer Schichtzugehörigkeit und familiärer, beruflicher und gesellschaftlicher Einbindung), welche Unterschiede diese Indikatoren für ihre Freundschaftsnetze hervorrufen. Diesbezüglich kommt die Autorin zu dem Ergebnis, dass die Anzahl der persönlichen Freunde/Freundinnen bei Frauen von der Stellung im Erwerbsprozess, der Vereinsmitgliedschaft sowie der Schichtzugehörigkeit abhängt. So variiert die durchschnittliche Anzahl der persönlichen Freunde/Freundinnen sehr deutlich: Die schichthöheren Frauen verfügen mit durchschnittlich 6 offensichtlich über deutlich mehr Freunde/Freundinnen als beispielsweise die aus der Unterschicht (durchschnittlich 3). Allerdings spielen bei den Freundschaften der Frauen, die durch ihre Kinder und deren Freundschaften gestiftet worden sind, eher die Familienphase und die Anzahl der Kinder eine Rolle als die Schichtzugehörigkeit.

Freundschaftsnetzwerke sind in der Regel durch eine hohe *Homogenität* der Beteiligten gekennzeichnet. So ermittelte Johannes Schaub (2002) in seiner komplexen Untersuchung von Freundschaftsnetzwerken eine hohe Übereinstimmung hinsichtlich des Alters der Beteiligten. Weiterhin zeigt der Vergleich der Angaben von Frauen und Männern zum Geschlecht ihrer persönlichen Freunde/Freundinnen eine hohe Geschlechtshomogenität (Mayr-Kleffel 1991). Die Homogenität bezüglich des Geschlechtes innerhalb der Freundschaftsbeziehungen als durchgängiges Prinzip ist für Peter M. Zulehner (1998) immer weniger zutreffend, da zunehmend mehr Frauen wie Männer Freundschaftsbeziehungen mit Personen des anderen Geschlechtes pflegen. Dies wird von Elke Bruckner und Karin Knaup bestätigt: „Gleichgeschlechtliche Freundschaften unterhalten 90% der Frauen und 83% der Männer. Das heißt aber auch, dass Männer etwas häufiger als Frauen enge Freundschaftsbeziehungen zu einer Person anderen Geschlechts aufbauen" (51). In Abgrenzung zu Zweierbeziehungen (Lenz 2006) handelt es sich um (gegengeschlechtliche) Freundschaftsbeziehungen nur, wenn keine *offene Sexualität* (Auhagen 1991) besteht. Dass sexuelle Anziehung in gegengeschlechtlichen Freundschaften kein durchgängiges Prinzip darstellt, ist für Jenny Ziegenbalg (2002) der Beweis dafür, dass Männer und Frauen durchaus Freunde sein können.

4. Warum gehen Menschen Freundschaftsbeziehungen ein?

Um mit den Herauslösungen aus traditionellen Netzwerken und sozialen Erwartungsunsicherheiten fertig zu werden, sind Menschen heute mehr denn je gezwungen als Akteure ihrer Biographie eigenverantwortlich Entscheidungen für und gegen das Eingehen persönlicher Freundschaftsbeziehungen zu treffen.

Der heutige Mensch steht aufgrund seiner gesellschaftlichen Freisetzungen vor vielfältigen Bewältigungsaufgaben. Dazu zählt nicht zuletzt die Aufgabe, eigenverantwortlich seine sozialen Bindungen auszuwählen, zu koordinieren und auszugestalten. Siegfried Kracauer (1990) verweist auf die Dynamik, die dadurch entsteht. „Wo die Bindung an die Polis schwindet, nimmt das Denken über Freundschaft zu. Ein Individuum, das seine eigene Insularität erfuhr, versucht, sich im Freund als Stellvertreter der Gemeinschaft" (ebd.: 99). Aus der eigenen Differenz zur Umwelt und derer Interpretation durch die Einzelperson sowie der komplexen und unüberschaubaren *konstituierten Weltmöglichkeiten* (Luhmann 1994) entsteht demnach ein Bedarf nach verständlichen und vertrauten Aneignungs- und Resonanzmöglichkeiten (ebd.).

Freundschaften stellen mit ihren besonderen Vernetzungs- und Integrationsfunktionen von Selbstverwirklichung und gleichzeitiger Einbindung eine persönliche Beziehungsform dar, die *Kompensationsfunktionen* (Nötzold-Linden 1994) in der Gesellschaft übernehmen. Auf der Handlungsebene besitzen Freundschaftsbeziehungen weit reichende vernetzende, integrierende, stabilisierende und ausgleichende Wirkungen und tragen somit im großen Maßstab zur individuellen Einbindung von Menschen in sonst nicht zugängliche öffentliche Prozesse bei (ebd.).

Insgesamt wirken Freundschaftsbeziehungen bei der subjektiven Verarbeitung von Sozialisationserfahrungen aktiv mit (Valtin/Fatke 1997). Enge Freunde/Freundinnen bilden eine Art *sozialisatorischen Spiegel* und gelten für Ursula Nötzold-Linden (1994) „als Marksteine von Ereignissen in verschiedenen Lebensphasen und bei der aktuellen Alltagsbewältigung (…). Sie verkörpern und symbolisieren, was wir waren, was wir sind und sein möchten, wovon wir uns distanzieren. Durch sie sind unsere Vorlieben und Abneigungen, Stärken und Schwächen, Deformationen und Wandlungen, unsere raum-zeitliche Identitäts-Kreise und Statusbezüge veräußert" (ebd.: 205). Der Freund/die Freundin ist im Prinzip ein Fixpunkt, mit dem/der sich eine gemeinsame Geschichte verbindet, in deren Verlauf sie zu Zweit viele Situationen durchlebt haben. Beziehungssinn leitet sich für Ursula Nötzold-Linden (1994) entsprechend durch sinnliche Erfahrungen des solidarischen ‚Zusammen Machens' ab. „Das durch den Körper initiierte gemeinsame Durchschreiten des sozialen Raumes impliziert auch geteilte Zeit, gemeinsames Altern, Synchronisation von Ereignissequenzen. Freundschaft basiert mit auf der zeitlichen Verflechtung und Organisation von Erinnerungen, gegenwärtigen Verhaltensplänen und Zukunftsvorstellungen" (Nötzold-Linden 1994: 158). Durch langjährige Freunde/Freundinnen werden eigene Lebensabschnitte und Identitätsveränderungen widergespiegelt. Als *Erinnerungsträger sedimentierter Selbstanteile* verkörpern sie wichtige Episoden und Anteile vergangenen inneren Erlebens (ebd.). Freundschaftsbeziehungen unterstützen nach Paul H. Wright (1984) durch die Kriterien „*voluntary interdependence*" (freiwillige Abhängigkeit) und „*person qua person*" (Respektierung der Individualität) mit einer Art Belohnungseffekt die Erreichung des angenommenen Selbstkonzeptes.

Freundschaften tragen nach Ursula Nötzold-Linden (1994) auch zur *Unsicherheitsreduktion* bei. Sie unterscheidet dabei zwischen innerer und äußerer Sicherheit. „Durch Freundschaft wird einerseits innere Sicherheit, d.h.

Identität und damit Selbstsicherheit sowie äußere Sicherheit, nämlich die handelnde Herstellung praktischer Realitäten ermöglicht (…). Unsicherheit wird reduziert durch Austausch von Information und Wissen, bewertende Kommunikation (Bestätigung, Feedback), instrumentelle Hilfe (Arbeit, Zeit, Intervention bei Konflikten und Streß), emotionale Unterstützung (Achtung, Gefühl, Empathie, Vertrauen)" (ebd.: 191). In einer anderen Perspektive auf Unsicherheit zeigt Martin Diewald (2003) in seiner Untersuchung persönlicher Beziehungen bei Männern im Kontext von Erwerbsarbeit, dass (äußere) Diskontinuitäten der beruflichen Einbindung wenig Einfluss auf den (inneren) Bestand der Freundschaftsbeziehung haben. So gehen berufliche Misserfolge nur in Form von mehreren Arbeitslosigkeitsperioden mit einer Beeinträchtigung der Beziehung zum Freund einher, „während weder aktuelle Arbeitslosigkeit alleine noch berufliche Abstiege negative Konsequenzen auf das Vorhandensein von Freunden als persönlich wichtige Beziehungspersonen haben" (ebd.: 16).

Bei all den Effekten die Freunde und Freundinnen entfalten können, ist ihre positive Wirkung nicht zwangsläufig. Zu Recht verweist Insa Schöningh (1996) darauf, dass die durch Freunde/Freundinnen hervorgerufenen Belastungen und Konflikte in der Freundschaftsforschung wenig Beachtung finden. Sie führt weiter aus: „Konflikte können sowohl in der Freundschaft selbst entstehen als auch durch bedeutsame dritte Personen. Freundschaften bereiten aber auch Probleme, wenn sie fehlen" (ebd.: 195).

5. Freundschaftsbeziehungen und Geschlecht

Wie bereits erwähnt, sind Freundschaftsbeziehungen geschlechtlich konotiert und entsprechend zeichnen sich Untersuchungen in der Regel durch einen starken geschlechtervergleichenden Fokus aus. Lange Zeit galten Männer als das freundschaftsfähige Geschlecht; inzwischen wird die Qualität der Freundschaftsbeziehungen vor allem an weiblichen Beziehungsmaßstäben festgemacht. Es hat den Anschein, als ob Frauen heute das freundschaftsfähigere Geschlecht wären. Beispielsweise sieht Brigitte Dorst (1993) die Bedeutung von Frauenfreundschaften im weiblichen Lebenszusammenhang als *Modell für eine neue Beziehungskultur*. Oder in einer ähnlichen Perspektive auf Freundschaft möchte Hans G. Wiedemann (1992) mit seinem *Plädoyer für Männerfreundschaft* dazu beitragen, „das Verbot des Eros in den Beziehungen heterosexueller Männer auszuräumen" (ebd.: 105) und setzt männliche Freundschaft in ein heute idealisiert anmutendes neues Verhältnis von Liebe und Wettstreit.

Die gängigste Unterscheidung der Konstruktion von Freundschaftsbeziehungen bei Frauen und Männern rührt von der Schlussfolgerung Paul H. Wright (1982), dass Freundschaften tendenziell bei Frauen als face-to-face Beziehung und bei Männern als side-by-side Beziehungen gestaltet sind. Diesbezüglich formuliert Ann E. Auhagen (1991) für den deutschen Sprachraum die Grundtendenz: „Frauen konzentrieren sich in Freundschaften mehr aufeinander, Männer mehr miteinander auf etwas Drittes – auf ein Hobby, eine Sportart, die sie gemeinsam ausüben" (8). Entsprechend besteht ein relativ einmütiges geschlechtsspezifisches Freundschaftsmuster für das junge und mittlere Lebensalter: „Männer legen in der Tendenz stärkeren Wert auf aktivitätsbezogene Aspekte, etwa gemeinsame Unternehmungen, die aus einem geteilten Interesse an einer Sache resultieren. Von Frauen dagegen heißt es, dass sie mehr Wert auf Emotionalität legen und stärker am wechselseitigen Austausch ihrer persönlichen Angelegenheiten interessiert sind" (Schütze/Lang 1993: 214).

Diese Konstrastierung von Frauen- und Männerfreundschaften finden aber in empirischen Untersuchungen keine eindeutige Bestätigung. Einige Untersuchungsergebnisse zeigen vielmehr, dass mit der Freundschaftsdauer (Sammet 1995), der Freundschaftsqualität (Auhagen 1993) sowie dem Alter der Freunde/Freundinnen (Schütze/Lang 1993) es in der Freundschaftsgestaltung eher zu einer Annäherung als zu einer Divergenz zwischen den Geschlechtern kommt. So kann Natalie Sammet (1995) in ihrer Untersuchung zu Freundschaftstypen und ihren Funktionen zeigen, dass mit der Dauer der Freundschaft die statistisch bedeutsamen Geschlechtsunterschiede abnehmen. Bei den langfristigen Freundschaften wurden nur unterschiedliche Funktionseinschätzungen von Frauen und Männern bei der Funktion „Freiwillige Aktivitäten" – d. h. die eigene Kontaktaufnahme sowie die durch den/die Freund/in – deutlich. Ann E. Auhagen (1993) kommt bezüglich Geschlechtsunterschiede zu dem Ergebnis, dass diese abnehmen, je länger und enger die Freundschaften sind. „Mit Ausnahme der Kindheit und frühen Jugend, die derart grundlegende Veränderungen für Menschen mit sich bringen, dass sie sich genuin auf soziale Beziehungen auswirken, gibt es wenig empirischen Rückhalt für die Annahme, Freundschaften in verschiedenen Lebensaltern des Erwachsenendaseins würden sehr different erlebt" (ebd.: 224). Schließlich liefern die Ergebnisse von Yvonne Schütze und Frieder Lang (1993) zu den qualitativen Aspekten der Freundschaften alter Männer und Frauen auch Hinweise, dass sich das Freundschaftsverhalten der Männer im Alter dem der Frauen angleicht. Dabei stößt die Angleichung offenbar an Schranken, wenn es sich um Zärtlichkeiten – als möglicherweise *letzte Bastion* freundschaftsbezogener Geschlechtsrollenstereotype – handelt.

Da es durch die komplexen Dimensionen von Freundschaftsbeziehungen keine Theorie der Freundschaft gibt, wird es hier vorgezogen Inhalte und Funktionen von Freundschaftsbeziehungen bei Frauen und Männern aus sich heraus zu beschreiben. So kann ein wertender Vergleich vermieden werden, für den es bisher keinen empirisch fundierten Maßstab gibt. Die folgende Beschreibung primärer Charakteristika der Freundschaftsbeziehung zwischen Männern beruht auf eigenen Untersuchungen (Stiehler 1997, 2003, 2005). Daran schließen sich Ausführungen von Verena Kast (1992) zur Beziehung bester Freundinnen an.

5.1 Männerfreundschaften

Durch eine weitgehend substantiell-eigenständige Beschreibung männlicher Freundschaftsinhalte und -funktionen wurde es möglich, aktuelle Inhalte und relevante Bedeutungen von Freundschaft im männlichen Lebenszusammenhang aufzuschließen. Insgesamt zeigt sich *gemeinsame Aktivität* innerhalb von Männerfreundschaften als primärer und zugleich vielgestaltiger Beziehungsträger. Neben dem aktiven und freudigen Zusammensein beinhalten die gemeinsamen Unternehmungen mit dem Freund ein freundschaftsförderndes Entwicklungspotential, das einen exklusiven Beziehungsgehalt und emotionale Verbundenheit schafft. Entsprechend sind mit den geteilten Erlebnissen und Unternehmungen eine Vielzahl von (bewussten und unbewussten) Funktionen verbunden: Wie Konstituierung der Freundschaftsbeziehung, Chance zum Erleben von Nähe und Vertrautheit, Rahmen für (intime) Gespräche, Qualitätsanzeiger der momentanen Freundschaftsbeziehung und Anhaltspunkt für Zukünftiges. Das geteilte (und durchaus idealisierte) Wissen aus gemeinsamen Aktivitäten wirkt in Männerfreundschaften meist noch gegenwärtig substantiell und primär freundschaftsgestaltend. Gleichzeitig werden beim aktiven Zusammensein auch indirekt-emotionale Inhalte wie Zuneigung und Nähe sowie Vertrauen und Erwartungssicherheit transportiert, die einen längerfristig stabilen Erfahrens-, Erlebens- und Wissensfundus bilden. Die mehrdimensionale Relevanz von Aktivität für diese Beziehungsform zeigt sich auch darin, dass Männer versuchen drohende bzw. eingetretene Beziehungsermüdung in ihrer Freundschaft durch bewusste Forcierung gemeinsamer Unternehmungen entgegenzuwirken bzw. den Freundschaftszustand an sich zu verbessern bzw. zu konsolidieren.

In der *Kommunikation unter Freunden* geht es nicht darum Konsens zu schaffen, sondern unter Wahrung der eigenen Identität sich offen zu äußern und vorbehaltloses Verständnis zu finden. Als typisch gilt die vertrauensvolle Mitteilungsmöglichkeit bei gleichzeitiger Nichteinmischung und vorbehaltloser Akzeptanz der zu fällenden bzw. gefällten Entscheidung. Die charakteristische Form der Kommunikation unter Freunden beinhaltet eine *Vermeidung von Direktheit*. Zu direkten Fragen nach Befindlichkeiten und Problemen kommt es in Männerfreundschaften eher selten. Begründet wird dies damit, dass der Freund mit dem was ihn beschäftigt und was er loswerden will, von sich aus kommt. Im Zusammenhang mit der Vermeidung von Direktheit steht auch, dass in der Freundschaft zwischen Männern meist versucht wird, dem direkten Konflikt mit dem Freund aus dem Weg zu gehen bzw. beziehungsgefährdendes Streit- und Konfliktpotential durch Vermeidungsverhalten zu entschärfen. Dies geschieht beispielsweise durch Zurücknahme, Verschlossenheit, Abwarten und Sich-Entziehen.

Wie die Untersuchung von Helen M. Reid und Gary A. Fine (1992) bestätigt, muss von einem weitergefassten Begriff von Self-Disclosure in Männerfreundschaften ausgegangen werden: „any information exchange that refers to the self, including personal states, dispositions, events in the past, and plans for the future" (132 f.). In ihrer Studie zum Umgang verschiedener Beziehungsformen mit Selbstoffenbarungen gibt es u. a. das Ergebnis, dass diese kumulativ sind und Männer eine Art Wohlbefinden darüber ausdrücken, dass es jemanden gibt, der einen kennt. Dabei gelten einschränkend Competiton, Vulnerability and Openness sowie Homophobia als spezifische Barrieren männlicher Gesprächsintimität. Vor dem Hintergrund einer hohen Reziprozität zwischen Freunden, der Orientierung an der ganzen Person und der umfassenden zeitlichen Dimensionalität erscheint diese weitergefasste Form der Selbstoffenbarung (u. a. in Form der Eigendarstellung aktueller Lebensentwürfe und Selbstkonzepte) als ein praktiziertes Kommunikations- und Wesenselement der Männerfreundschaften. Für Männer gelten Freundschaftsbeziehungen als unterstützend und befriedigend, wenn gegenseitig und vorbehaltlos dargestellt werden kann, was einen bewegt und das Gefühl existiert, sich gegenüber dem Freund offen und identisch äußern zu können. Berücksichtigt man die Aspekte des langjährigen einander Kennens und blinden Verstehens und erfasst die differenzierten Formen von Selbstoffenbarung, besitzt die Kommunikation unter Freunden einen durchaus ernstzunehmenden Intimitätsgehalt.

Emotionalität und Aktivität stehen in der Männerfreundschaft in einem engen Zusammenhang. Entsprechend gilt, dass sich mittels gemeinsamer Aktivität ein eigenständiger, emotionaler Gefühlsgehalt konstituiert und den Freund zu einem einzigartigen Individuum werden lässt. Aktives Zusammensein fördert die Selbstentwicklung und schafft den Zugang zu geteilten Emotionen oder wie Ursula Nötzold-Linden (1994) formuliert „Freundschaftliche Wirklichkeit wird mittels Emotionen konstruiert und diese entstehen innerhalb von Interaktionen" (173). Es bedarf allerdings eines nuancierten Blicks, um bestehende Emotionalität zwischen Freunden deutlich erkennbar und fassbar zu machen.

Für die Entwicklung eines emotionalen Freundschaftsgehaltes sind gegenseitige Sympathie und gemeinsames Er- und Durchleben unterschiedlichster Lebenssituationen maßgebliche Faktoren. Emotionalität in Männerfreundschaften stellt sich im (zumeist unausgesprochenem) Gefühl von Nähe und Übereinstimmung im Zusammensein mit dem Freund dar. Emotionale Nähe wird als ein Gefühl beschrieben, das in besonderen Situationen aus der Vertrautheit heraus sowie als Zeichen von Freude auftritt und durch kurzzeitige Berührungen sowie durch Signale in der Gestik und Mimik des Gegenübers seinen Ausdruck findet. Die dabei erlebte Gefühlstiefe ist von dem Freundschaftsverhältnis an sich, von den individuellen Dispositionen und der Art der mit dem Freund geteilten Erlebnisse abhängig. Nähe in Männerfreundschaften drückt sich demnach durch ein festes Vertrauen aus und erwächst im übertragenen Sinn aus dem Kennen des Freundes (Sich-Vertraut-Sein), der Vertrautheit seiner Reaktionen (Erwartungssicherheit) sowie dem festen Glauben an seine Loyalität (Treue) selbst in extremen Lebenssituationen. Vertrauen als wohlwollende Intention bedeutet hierbei auch Kontroll- und Wissensverzicht (ebd.).

Die Freundschaftsbeziehung gilt für Männer als wichtige Quelle von *Unterstützung* und wird als einzigartige soziale Ressource (die u. a. Krisen abpuffert und Isolation verhindert) wahrgenommen. Emotionale Unterstützung und instrumentelle Hilfe durch den Freund zu erhalten bzw. selbst zu geben, ist fester Bestandteil dieser Beziehungsform. Es besteht die Forderung, dass der Freund jederzeit bereit sein muss, eigene Interessen zugunsten einer notwendigen Unterstützung zurückzustellen. Grundvoraussetzung für gegenseitige emotionale Unterstützung sind u. a. eine feste Vertrauensbasis, Verschwiegenheit gegenüber Dritten sowie Entscheidungstoleranz (keine Rechenschaftspflicht). Bevorzugte Formen der Ausgestaltung emotionaler Unterstützung in Freundschaftsbeziehungen sind Gehör zu finden, sich auszusprechen, Probleme loszuwerden und eine (einfühlend-ernstgemeinte) Rückmeldung zu bekommen. Igor S. Kon (1979) macht in diesem Kontext auf die psychologische Unterscheidung aufmerksam „zwischen der Fähigkeit zur unmittelbaren emotionalen Reaktion auf die Erlebnisse des anderen (Einfühlung, Empathie) und der kognitiven Fähigkeit zur Erkenntnis emotionaler Zustände, Ziele und Beweggründe des anderen aus dessen Sicht (*Verstehen*)" (98 f.). In der Freundschaftsbeziehung zwischen Männern erschließt sich meist über das kognitive Verstehen des Freundes ein Bedeutungshorizont emotionaler Selbstöffnung und Zuwendung, der Einfühlung und Empathie beinhaltet. Emotionale Zuwendung wird in Freundschaften erlebt, indem die Sicherheit besteht, dass der Freund in wichtigen Situationen/Krisen da ist, mitfühlt und zuhört sowie Verständnis aufbringt und zu einem steht. Körperlichkeit bzw. direkter Körperkontakt als Ausdruck außerordentlicher Zuneigung oder bewusst dargestellter Zuwendung (Geborgenheit) bleibt in der Regel außen vor. Zwischen Freunden zeichnet sich vielmehr eine unbedingte, fast idealisierte Gewissheit ab, sich wenn nötig, gegenseitig zu unterstützen. Diese besteht relativ unabhängig von der momentanen Freundschaftssituation und selbst ein imaginärer Freundschaftsgehalt wird von Männern als unterstützend wahrgenommen.

5.2 Beste Freundin

Bezüglich engen Freundschaftsbeziehungen zwischen Frauen kann aus der Sicht von Verena Kast (1992) generalisierend gesagt werden: „Bei der besten Freundin spüren die Frauen Nähe, Wärme, fühlen sie sich geborgen und sicher, akzeptiert, auch wenn sie etwas machen, das die Freundin eigentlich nicht versteht. (...) Als beste Freundin wird die verlässlichste bezeichnet, in der Beziehung zu ihr sind am wenigsten Vertrauensbrüche vorgekommen" (18). Sie eruiert in ihrer empirischen Untersuchung drei Beziehungsformen zur besten Freundin. Zum einen kann die beste Freundin eine Frau sein, die am besten gekannt wird, unabhängig davon ob eine andere im Moment gefühlsmäßig ihr näher steht. „Die beste Freundin ist hier die, die die eigene Geschichte präsent hat, die eine Zeugin ist für die eigene Geschichte, die einem Aspekt der Identität mit großer Gewissheit einem einfach wieder nahe bringen kann" (ebd.: 19). Des Weiteren kann die beste Freundin eine frühere Krisen-Begleiterin sein, zu der es aktuell wenig Kontakt gibt. „Die beste Freundin in diesem Fall ist die Frau, die einmal in einer Schlüsselsituation des Lebens die beste Begleitung angeboten hat" (ebd.: 19 f.). Und zum anderen kann die beste Freundin eine Frau sein, die im Moment ihr nahe steht und mit Aktuellem konfrontiert. „Die beste Freundin scheint die zu sein, die einem im Moment besonders gut tut und die Lebensbedürfnisse oder die Entwicklungsbedürfnisse, die man hat, am besten abdeckt, oder die am ehesten bestimmte Fähigkeiten und Seiten in einem zu wecken oder zu stimulieren vermag" (ebd.: 20).

Dass fast alle Frauen verschiedene und durchaus auch mehrere beste Freundinnen haben, die jeweils unterschiedliche Lebens- und Persönlichkeitsbereiche abdecken, spricht dafür, dass der Individuationsprozess die Beziehungen zur (besten) Freundin mitbestimmt. Die Erfahrungen anderer Lebensentwürfe hindern aber nicht daran, grundsätzlich davon auszugehen, dass die Beziehung zwischen den Freundinnen eine Vertrauensbeziehung ist und Freundschaft für Frauen einen Ort des Vertrauens bildet. Das Vertrautsein im Sinne des Sich-nicht-fremd-Seins bildet also eine primäre Basis der Beziehung zur (besten) Freundin und „wird in den meisten Äußerungen als Folge davon gesehen, dass die Freundin auch eine Frau ist, die die gleiche Sozialisation hinter sich hat, gleich empfindet usw." (ebd.: 20 f.). Darüber hinaus sind Gespräche in Freundschaftsbeziehungen von Frauen zentral „... in denen es um ‚Gott und die Welt' geht, vor allem aber um sich selber, um Beziehungen (...). Immer steht im Mittelpunkt, dass die Frauen ihre eigenen Empfindungen und Wahrnehmungen formulieren, und dass ihnen jemand interessiert zuhört" (ebd.: 21). Ebenfalls eine Beziehung gestaltende Rolle zwischen Freundinnen spielen Hilfestellungen zur Bewältigung des Alltags. „Hilfe zu geben und auch zu erhalten scheint bei den Frauen eine Form der Beziehung und des Aufnehmens von Beziehung zu sein, es hat weniger damit zu tun, dass sie sich in ihrer Kompetenz beeinträchtigt fühlen, wenn sie Hilfe brauchen. Deshalb sind auch die emotionale Unterstützung, die sie einander geben, und die instrumentelle nicht voneinander zu trennen" (ebd.: 33 f.).

5.3 Beziehungsträger in Frauen- und Männerfreundschaften

Vor dem Hintergrund der hier skizzierten Untersuchungsergebnisse für Freundschaftsbeziehungen zwischen Frauen bzw. Männern und den aktuellen Erfordernissen von Differenzierung und Mobilität erscheint die primäre geschlechtsspezifische Unterscheidung zwischen Freundinnen als face-to-face Beziehungen und zwischen Freunden als side-by-side Beziehungen (Wright 1982; Auhagen 1991) zu grob, um die geschlechtsspezifische Substanz von Freundschaftsbeziehungen treffend zu beschreiben. Vielmehr wird für die Beziehung zwischen Freunden deutlich, dass sie sich über das Miteinander aufeinander beziehen (also über die „Externalisierung" zum „Innen") und bei Freundinnen über den Bezug aufeinander ein Miteinander entsteht (also über die „Internalisierung" zum „Außen"). Somit gelten unter Wahrung der eigenen Identität die geteilten Aktivitäten mit dem Freund als primärer Beziehungsträger in Männerfreundschaften, in deren Kontext u. a. Nähe und Vertrautheit transportiert sowie Raum für Selbstoffenbarungen und (Lebens-)Bewältigung hergestellt werden. Orientiert an der eigenen Entwicklung gilt gegenseitige Unterstützung durch die Freundinnen als primärer Beziehungsträger in Frauenfreundschaften, in deren Kontext u. a. Vertrautsein und Akzeptanz transportiert sowie Raum für Autonomie und Teilhabe hergestellt werden.

Literatur

Auhagen, Ann Elisabeth (1991): Freundschaft im Alltag. Eine Untersuchung mit dem Doppeltagebuch. Bern: Hans Huber

Auhagen, Ann Elisabeth (1993): Freundschaft unter Erwachsenen. In: Auhagen, Ann Elisabeth/Salisch, Maria von: Zwischenmenschliche Beziehungen. Göttingen: 215-234

Auhagen, Ann Elisabeth (2002): Globalisierung und Freundschaft. In: Hantel-Quitmann, Wolfgang/Kastner, Peter (Hg.): Die Globalisierung der Intimität. Gießen: 87-115

Beck, Ulrich (1986): Risikogesellschaft. Auf dem Weg in eine andere Moderne. Frankfurt a.M.: Suhrkamp

Beck, Ulrich/Beck-Gernsheim, Elisabeth (1994) (Hg.): Riskante Freiheiten. Individualisierung in modernen Gesellschaften. Frankfurt a.M.: Suhrkamp

Beck-Gernsheim, Elisabeth/Beck, Ulrich (1990): Das ganz normale Chaos der Liebe. Frankfurt a.M.: Suhrkamp

Bruckner, Elke/Knaup, Karin (1990): Frauen-Beziehungen – Männer-Beziehungen? Eine Untersuchung über geschlechtsspezifische Unterschiede in sozialen Netzwerken. In: Müller, Walter (Hg.): Blickpunkt Gesellschaft. Opladen: 45-62

Diewald, Martin (2003): Kapital oder Kompensation? Erwerbsbiographien von Männern und die sozialen Beziehungen zu Verwandten und Freunden. In: Berliner Journal für Soziologie 13: 213-238

Deindl, Christian (2005): Soziale Netzwerk und Soziales Kapital. Einfluss auf Lebenszufriedenheit und Vertrauen. http://www.suz.uzh.ch/ages/pages/PAGES-05.pdf. (Download am 07.07.07)

Dorst, Brigitte (1993): Die Bedeutung von Frauenfreundschaften im weiblichen Lebenszusammenhang. In: Gruppendynamik 24: 153-163

Eisenstadt, Shmuel N. (1974): Friendship and the structure of trust and solidarity in society. In: Leyton, Elliot (ed): The compact: Selected dimensions of friendship. St. John, Memorial University: 138-145

Hays, Robert B. (1988): Friendship. In: Duck, Steve (ed): Handbook of Personal Relationships. Chichester: 391-408

Heidbrink, Horst (1993): Freundschaft. In: Schorr, Angela (Hg.): Handwörterbuch der Angewandten Psychologie. Bonn: 256-259

Huinink, Johannes (1995): Warum noch Familie? Zur Attraktivität von Partnerschaft und Elternschaft in unserer Gesellschaft. Frankfurt a.M.: Campus

Kast, Verena (1992): Die beste Freundin. Stuttgart: Kreuz

Kon, Igor S. (1979): Freundschaft. Reinbeck: Rowohlt

Kracauer, Siegfried (1990): Über die Freundschaft. Frankfurt a.M.: Suhrkamp

Kracauer, Siegfried (1996): Aufsätze 1925-1926. In: Kracauer, Siegfried: Schriften Bd. 5.1. Frankfurt a.M.: 130-148

Kugele, Kordula (2006): Junge Global Nomads und ihre Freundschaften. Auswirkungen des Aufwachsens in mehreren Kulturen und Verhalten in Freundschaftsbeziehungen. In: Gruppendynamik und Organisationsberatung 37: 155-172

Lenz, Karl (Hg.) (2003): Frauen und Männer. Zur Geschlechtstypik persönlicher Beziehungen. Weinheim, München: Juventa

Lenz, Karl (2006): Soziologie der Zweierbeziehung. Eine Einführung. Opladen: Westdeutscher Verlag

Lettner, Karin/Sölva, Margit/Baumann, Urs (1996): Die Bedeutung positiver und negativer Aspekte sozialer Beziehungen für das Wohlbefinden. In: Zeitschrift für Differentielle und Diagnostische Psychologie 17: 170-186

Luhmann, Niklas (1994): Liebe als Passion: Zur Kodierung von Intimität. Frankfurt a.M.: Suhrkamp

Mayr-Kleffel, Verena (1991): Frauen und ihre sozialen Netzwerke. Auf der Suche nach einer verlorenen Ressource. Opladen: Leske + Budrich

Montaigne, Michel de (2005): Von der Freundschaft. München: dtv

Nötzold-Linden, Ursula (1994): Freundschaft. Zur Thematisierung einer vernachlässigten soziologischen Kategorie. Opladen: Westdeutscher Verlag

Reid, Helen M./Fine, Gary A. (1992): Self-disclosure in men's friendships. In: Nardi, Peter M. (ed): Men's friendships. London: 132-151

Ritter, Joachim (Hg.) (1972): Historisches Wörterbuch der Philosophie. Basel: Schwabe

Sammet, Natalie (1995): Freundschaftstypen und ihre Funktionen. Eine Untersuchung zur Theorie von E. Litwak. Freie Universität Berlin. Diplomarbeit

Schaub, Johannes (2002): Freundschaftsnetzwerke in den neuen Bundesländern. Eine vergleichende empirische Untersuchung. Frankfurt a.M.: Peter Lang

Scherm, Alfred (1977): Freundschaft als pädagogisches Problem. Kastellaun, Hunsrück: 556

Schöningh, Insa (1996): Ehen und ihre Freundschaften. Opladen: Leske + Budrich

Schütze, Yvonne/Lang, Frieder R. (1993): Freundschaft, Alter und Geschlecht. In: Zeitschrift für Soziologie 3: 209-220

Simmel, Georg (1968): Soziologie. Untersuchungen über die Formen der Vergesellschaftung. Berlin: Duncker & Humblot

Stiehler, Steve (1997): Männerfreundschaften. Eine qualitative Untersuchung zum Freundschaftskonzept des besten/nächsten Freundes. TU Dresden. Diplomarbeit

Stiehler, Steve (2003): Männerfreundschaft – mehr als eine Beziehung zweiter Klasse. In: Lenz, Karl (Hg.): Frauen und Männer. Zur Geschlechtstypik persönlicher Beziehungen. Weinheim, München: 207-228

Stiehler, Steve (2005): Der Freund als Helfer – eine vernachlässigte Ressource. In: Gruppendynamik und Organisationsdynamik 36: 385-408

Suttles, Gerald D. (1970): Friendship as a social institution. In: McCall, George J. (ed): Social relationships. Chicago: 95-135

Valtin, Renate/Fatke, Reinhard (1997): Freundschaft und Liebe. Persönliche Beziehungen im Ost/West und im Geschlechtervergleich. Donauwörth: Auer

Weber, Max (1984): Soziologische Grundbegriffe. Tübingen: Mohr

Wiedemann, Hans G. (1992): Plädoyer für Männerfreundschaft. Stuttgart: Kreuz

Wolf, Christof (1996): Gleich und gleich gesellt sich: individuelle und strukturelle Einflüsse auf die Entstehung von Freundschaften. Hamburg: Dr. Kovač

Wright, Paul H. (1982): Men's friendship, women's friendship and the alleged inferioroty of the latter. In: Sex Roles 8: 1-20

Wright, Paul H. (1984): Self-referent motivation and the intrinsic quality of friendship. In: Journal of Social and Personal Relationships 1: 115-130

Wufka, Stefan (2000): Soziale Netzwerkanalyse und soziale Beziehungen. Chancen und Risiken egozentrierter Netzwerke am Beispiel von Freundschaftsbeziehungen. Frankfurt a.M.

Youniss, James (1984): Moral, kommunikative Beziehung und die Entwicklung der Reziprozität. In: Edelstein, Wolfgang/Habermas, Jürgen (Hg.): Soziale Interaktion und soziales Verstehen. Frankfurt a.M.: 34-60

Ziegenbalg, Jenny (2002): Können Männer und Frauen Freunde sein? Eine Studie über gegengeschlechtliche Freundschaft. TU Dresden. Diplomarbeit

Zulehner, Peter M. (1998): Männer im Aufbruch: Wie Deutschlands Männer sich selbst und wie Frauen sie sehen. Ostfildern: Schwabenverlag

Karin Wehner

Freundschaften unter Kindern

Freundschaft ist eine persönliche Beziehung, die bereits durch ihre bloße Existenz identitäts- und selbstwertstärkend wirkt. Sie schafft soziale Integration, vermittelt persönliche Wertschätzung und bietet einen Rahmen für verschiedene Formen sozialer Unterstützung. Freundschaften können nicht isoliert betrachtet werden, sondern nur eingebettet in das gesamte Beziehungs- und Umgebungsgefüge der Heranwachsenden einschließlich der Bedingungen, die zur Ausprägung von Persönlichkeitsmerkmalen und Verhaltensweisen von Kindern beitragen. Denn diese sind ein Kriterium dafür, welche anderen Kinder als Freunde und Freundinnen in Frage kommen, welche Erwartungen und Bedürfnisse die Freundschaft erfüllen soll, welche Kompetenzen zu ihrer Gestaltung zur Verfügung stehen und welche Konsequenzen für Verhalten und Entwicklung sich in Anbetracht der verhaltensverstärkenden Wirkung von Freundschaften daraus ergeben.

1. Was unterscheidet Freundschaft von anderen Beziehungen?

Freundschaft ist eine freiwillige, personenbezogene, wenig sozial standardisierte, gleichheitliche, bilaterale, (symmetrisch) reziproke, längerfristige Beziehung (vgl. Stiehler i. d. B.). Freundschaft gehört zu den Wahlbeziehungen. Der wohl bedeutendste Unterschied zu allen anderen persönlichen Beziehungen mit Ausnahme von Zweierbeziehungen besteht in ihrer *Freiwilligkeit*. Freundschaften entstehen nicht durch Blutsbande oder soziale Rollen. Sie entstehen durch die gegenseitige Wahl von zwei Personen, die sich attraktiv und sympathisch finden. Sie sind also *personenbezogen* und *am Individuum orientiert*. Daraus ergibt sich, dass Freundschaften allein durch ihre Existenz den darin verbundenen Personen Anerkennung und Wertschätzung vermitteln. Um mit Lothar Krappmann (1993) zu sprechen: „Unterstützung und Stärkung der Identität stützen sich gerade darauf, dass man einen anderen Menschen für sich gewonnen hat, der frei ist, sich auch abzuwenden" (49).

Im Zusammenhang mit der Freiwilligkeit von Freundschaftsbeziehungen steht ihre *geringe soziale Standardisiertheit*. Freundschaft muss persönlich individuell ausgestaltet werden als Prozess gegenseitiger Aushandlungen. Insofern stellt diese Beziehung für Kinder eine enorme Anforderung dar. Gleichzeitig bietet sie damit aber einen einzigartigen Entwicklungsraum zum Erwerb sozialer und kommunikativer Fertigkeiten sowie zur Entwicklung von Autonomie gegenüber der Außenwelt.

Jean Piaget (1983) sah in Aushandlungsprozessen von Kindern Impulse für ihre kognitive Entwicklung. Er beobachtete, wie relativ gleichaltrige Kinder beim Murmelspiel miteinander umgingen und ihre Spielregeln bestimmten. Bei Kindern von ca. 12 Jahren entdeckte er eine Qualität in der Anwendung von Regeln, die er als „autonome Moralvorstellungen" bezeichnete. Sie beruhen auf der freiwilligen Übereinkunft, dass die entsprechenden Regeln eingehalten werden, ohne dass dies auf Gehorsam gegenüber Erwachsenen zurückzuführen wäre. Allerdings unterschied er bei den Aushandelnden nicht zwischen befreundeten und nicht befreundeten Kindern.

James Youniss (1982) verglich die Beziehung zwischen Kindern mit der zwischen Kindern und Eltern. Während letztere „asymmetrische Interaktionen" impliziert, da die Handlung des Elternteils die Handlung des Kindes grundsätzlich kontrolliert, ermöglichen Beziehungen unter Kindern, zumindest wenn sie befreundet sind, *„symmetrische Interaktionen"*, in denen die Handlungen wechselseitig kontrolliert werden. Freundschaftsbeziehungen beruhen auf dem *Prinzip der Gleichheit* im Sinne von Gleichrangigkeit. Die Aushandelnden zeichnen sich nicht wie bei Beziehungen zwischen Kindern und Erwachsenen durch einseitige Überlegenheit in Wissen und Können sowie größere Durchsetzungskraft aufgrund einer Position aus, sondern sind sich weitgehend ebenbürtig in Bezug auf Position und Entwicklungsstand. Daher haben sie auch den gleichen Anspruch auf Berücksichtigung ihrer Argumente und Interessen. Beharrt jedes Kind auf seiner Position, kann dies in eine Sackgasse führen. Laut James Youniss entwickelt sich bei befreundeten Kindern aber eher als bei nicht befreundeten eine hoch entwickelte Form von Symmetrie, die Kooperation. Freunde glauben an den Bestand ihrer Beziehung über einzelne Aushandlungsinteraktionen hinaus. Sie gehen davon aus, dass in der Zukunft ein Ausgleich möglich ist und können deshalb in „Vorleistung" gehen (Uhlendorff 2006). Aus der Kooperation entwickeln sich neue Handlungsweisen: Kompromiss, Diskussion, Debatte und Verhandlung. Allerdings ist zu fragen, ob die befreundeten Kinder sich tatsächlich aufgrund der Aushandlungen kognitiv und sozial weiter entwickeln, wie viele Querschnittstudien nahe legen, oder ob weiter entwickelte Kinder eher Freunde finden. Eine Antwort darauf können nur Längsschnittstudien geben, von denen bisher zu wenige vorliegen (ebd.).

Aus dem Prinzip der Gleichheit ergibt sich darüber hinaus die Möglichkeit zum sozialen Vergleich und damit zur Selbstbeurteilung. Je nach Ergebnis kann dies zwar sowohl selbstwertstärkend als auch selbstwertmindernd sein, doch selbst das schlechtere Abschneiden im Vergleich kann als Entwicklungsimpuls betrachtet werden, da der Vergleichspartner oder die Vergleichspartnerin als Verhaltensmodell benutzt werden kann.

Freundschaft ist eine *bilaterale Verbindung* – eine Beziehung, die auf Gegenseitigkeit beruht. Beide Beziehungspartner/innen müssen sich gegenseitig zum Freund/zur Freundin wählen, und sie müssen beide im Verlaufe der Freundschaft zu ihrer Aufrechterhaltung beitragen. Dies impliziert die

Norm der symmetrischen Reziprozität und führt zu gegenseitiger Verpflichtung und Abhängigkeit. Im Hinblick auf soziale Unterstützung heißt das, dass die Rollen des Gebens und Nehmens immer wieder gewechselt werden müssen. Gelingt das, wird ein Beitrag zur Aufrechterhaltung von Selbstvertrauen und Selbstwertgefühl geleistet und soziale Anerkennung vermittelt, denn, wie Martin Diewald (1991) formuliert: „Nicht reziproke Beziehungen können den Glauben an die eigene Kompetenz unterminieren und das Gefühl hervorrufen, dass man als Person nichts zu bieten hat und für seine Umgebung nur eine Last darstellt" (103).

Zusammen mit dem erwähnten Charakteristikum der *Längerfristigkeit*, das Freundschaftsbeziehungen (ab einer bestimmten Entwicklungsstufe des Freundschaftskonzepts) insbesondere von momenthaften Interaktionen nicht befreundeter Kinder unterscheidet, ermöglicht die Reziprozitätsregel auch das bessere Aushalten eines situativen Machtungleichgewichts, das in einer Hilfssituation herrscht. Die unterstützte Person gerät in Abhängigkeit von der helfenden, die helfende erhält Macht. Hans Oswald, Lothar Krappmann, Harald Uhlendorff und Karin Weiss (1994) konnten bei Grundschulkindern beobachten, dass sich Hilfssituationen häufig recht problematisch gestalteten, da die Helfenden ihre durch die Hilfeleistung erhaltene Macht oft auszunutzen versuchten. Unter befreundeten Kindern aber war das seltener der Fall. Auch schienen die Kinder, denen von einem Freund/einer Freundin geholfen wurde, die Abhängigen-Rolle besser annehmen zu können. Hans Oswald et al. fuhren das darauf zurück, dass eine andauernde Freundschaftsbeziehung die Perspektive vermittelt, das momentane Ungleichgewicht auszubalancieren und Hilfssituationen als mit dem Gleichheitsprinzip vereinbar zu interpretieren. Es entsteht ein emotionaler Rückhalt, der die Gewissheit vermittelt, im Bedarfsfall mit Hilfe rechnen zu können. Eine Grenze setzt diese Reziprozitätsnorm allerdings Unterstützungsarten, die entweder längerfristige einseitige Hilfeleistung erfordern oder Hilfeleistungen, die nicht in ähnlicher Form erwidert werden können, denn *symmetrische* Reziprozität bedeutet den Austausch gleichartiger Handlungen.

2. Was verstehen Kinder unter Freundschaft?

Der Frage, was Kinder unter Freundschaft verstehen, hat sich die Forschung bisher hauptsächlich in zwei methodischen Zugangsweisen genähert: Mit inhaltsorientierten und mit strukturellen Ansätzen (Wagner/Alisch 2006; Wagner 1994).

Inhaltsorientierte Ansätze gehen der Frage nach, mit welchen Merkmalen Kinder das Konstrukt Freundschaft im Laufe ihrer Entwicklung beschreiben. Aus welchen Motiven werden Freundschaftsbeziehungen eingegangen? Welche Erwartungen haben Freunde aneinander? Welche Regeln benutzen sie beim Aufbau und der Pflege ihrer Beziehung?

Als das bekannteste inhaltsorientierte Entwicklungsmodell des Freundschaftsverständnisses gilt das Modell von Brian J. von Bigelow (1977) sowie Brian J. Bigelow und La Gaipa (1975). Hier werden drei Stufen des Freundschaftskonzeptes unterschieden:

1. „Situationale Stufe", in der Freundschaft anhand „oberflächlicher" Kriterien wie gemeinsamer Aktivitäten und räumlicher Nähe beschrieben wird;
2. „Stufe der vertraglichen Vereinbarung", in der Freundschaftsnormen und -regeln am bedeutsamsten sind, und
3. „Intern-psychologische Stufe", in der psychische und emotionale Aspekte das Konzept bestimmen: Verständnis, Vertrauen, Intimität, Loyalität, gemeinsame Interessen.

Kritisiert wird an diesem Forschungsansatz von Jürgen Wagner und Lutz-Michael Alisch, dass er das Entwicklungsniveau des kindlichen Freundschaftsverständnisses nach der Ähnlichkeit mit dem Verständnis von Erwachsenen bemisst, ohne deren Vorstellungen zu reflektieren.

Strukturelle oder strukturalistische Ansätze betrachten das Freundschaftsverständnis als sozialkognitive Struktur, die sich im Laufe der kindlichen Entwicklung qualitativ verändert. Das elaborierteste Entwicklungsmodell innerhalb dieses Ansatzes ist das Stufenmodell von Robert L. Selman (1984). Grundlage der von ihm betrachteten Entwicklung ist die zunehmende Fähigkeit des Kindes, soziale Perspektiven zu unterscheiden und zu koordinieren. Keine oder zu wenig Berücksichtigung finden dabei die realen sozialen Erfahrungen eines Kindes, soziodemografische, geschlechtsspezifische und kulturelle Faktoren ebenso wie die affektiven Bestandteile von Freundschaften (Valtin 1991; Wagner 1991).

Das Modell beinhaltet 5 Stufen:

Stufe 0: „Enge Freundschaft als momentane physische Interaktion"
(Alter: 3-7 Jahre)
Grundlage von Freundschaft sind physische Nähe und gemeinsames Spiel. Die Kinder befinden sich im Stadium des egozentrischen Denkens, in dem Perspektiven anderer noch nicht wahrgenommen werden können. Konflikte entstehen nicht durch Kollision verschiedener Perspektiven, sondern auf Grund physischer Hindernisse bei der Erreichung eines Ziels (z. B. Vorenthalten von Spielzeug) und werden auf physischem Wege gelöst (z. B. durch körperliche Gewalt oder Abwendung).

Stufe 1: „Enge Freundschaft als einseitige Hilfestellung" (Alter: 4-9 Jahre)
Auf dieser Stufe ist eine erste Differenzierung zwischen der eigenen Perspektive und der des anderen möglich, die Perspektiven können aber noch nicht aufeinander bezogen werden. Freundschaft entsteht aus dem individuellen Interesse eines Kindes, die eigenen Wünsche zu befriedigen. Als Freund kommt nur in Betracht, wer

dabei hilft und nur so lange, wie er hilft. Konflikte können ausschließlich einseitig durch Nachgeben einer Person gelöst werden.

Stufe 2: „Enge Freundschaft als Schönwetter-Kooperation"
(Alter: 6-12 Jahre)

Hier findet erstmals die Berücksichtigung der Perspektive des anderen statt, ist aber noch sehr störanfällig. Konflikte entstehen schnell, sind aber nur noch beidseitig zu lösen.

Stufe 3: „Enge Freundschaft als intimer gegenseitiger Austausch"
(Alter: 9-15 Jahre)

Auf dieser Stufe kann über die Einnahme der Perspektive des anderen hinaus, die Perspektive eines Dritten auf die Freundschaftsbeziehung eingenommen werden. Das Denken der Kinder dreht sich nicht mehr nur um ihre individuellen Interessen, sondern auch um die Freundschaft als dauerhafte affektive Verbindung, die aufrechterhalten und gepflegt werden muss. Die Perspektive des anderen wird auch bei der Lösung von Konflikten eingenommen. Als problematisch erweist sich allerdings, die Unabhängigkeit des anderen hinsichtlich weiterer Beziehungen zu akzeptieren.

Stufe 4: „Enge Freundschaft als Autonomie und Interdependenz"
(Alter: 12 Jahre bis Erwachsenenalter)

Der Höhepunkt der Entwicklung gilt als erreicht, wenn Unabhängigkeit jedes Einzelnen und wechselseitige Abhängigkeit in Bezug auf Vertrauen, Intimität und Unterstützung miteinander vereinbart werden können.

3. Was bedeutet Kindern Freundschaft?

Auf die Frage, was ihnen wichtig ist, gaben 77% der 908 vom Kindermagazin „Geolino" im Jahr 2006 befragten Kinder zwischen 6 und 14 Jahren Freundschaft als „total wichtig" an. Damit erhielt Freundschaft den mit Abstand höchsten Rangplatz von 20 Kategorien sozialer Eigenschaften noch vor Vertrauen, Zuverlässigkeit, Geborgenheit und Ehrlichkeit.

Als grundlegende Motive für eine Freundschaft hat Renate Valtin (1991) in einer sehr eindrucksvollen empirischen Untersuchung mit Kindern im Alter von 5 bis 12 Jahren die Wünsche nach Gemeinschaft, Zugehörigkeit, Austausch, Sicherheit, Anerkennung und Zuneigung herausgearbeitet. Sie seien auf allen Altersstufen die gleichen, wenn sich auch die damit verbundenen Konzepte in Abhängigkeit vom Entwicklungsstand der Kinder qualitativ unterscheiden sowie soziokulturellen und geschlechtsspezifischen Einflüssen unterliegen würden. Zu ähnlichen Ergebnissen kommt Ulf Preuss-Lausitz (1999) in einer Befragung von Kindern des dritten bis sechsten Schuljahres. Er beschreibt das Bild der Kinder von einem besten Freund bzw. einer besten Freundin als „durch die Erwartung bestimmt, dass diese sich in jeder Situation solidarisch zeigen, Schutz und Hilfe bieten, zeitlich zur Verfügung stehen, Wohlwollen zeigen, man mit ihnen Spaß haben und sich auf sie verlassen kann" (173).

Dafür, dass dies nicht nur ein Wunschbild ist, sprechen die Ergebnisse einer empirischen Studie von Birgit Holler und Klaus Hurrelmann (1990). Hier stimmten 95 % der befragten 13- bis 16-Jährigen der Aussage zu, immer zur gegenseitigen Hilfe bereit zu sein. 89 % bejahten die Frage, über alles sprechen zu können.

Bei Befragungen zur Bedeutungshierarchie verschiedener Beziehungen messen Kinder und Jugendliche Freund/innen stets einen hohen Stellenwert bei. In der Zweiten Dresdner Kinderstudie (Lenz/Fücker 2005) z.B. gaben 71 % der knapp 2000 befragten Schüler/innen der Klassenstufen 3 bis 9 den besten Freund/die beste Freundin als sehr wichtig und weitere 26 % als wichtig an. Damit standen Freund/innen bei der Kategorie sehr wichtig an dritter Stelle der Bedeutungshierarchie (nach Mutter und Vater), bei Zusammenfassung beider Kategorien sogar an zweiter Stelle (vor dem Vater). Wurden die Kinder und Jugendlichen nach Geschlecht differenziert, ergab sich bei den Mädchen, dass Freund/innen in beiden Kategorien jeweils den zweiten Platz einnahmen. Ab dem 11. Lebensjahr war bei beiden Geschlechtern eine deutliche Zunahme in der Höchstrelevanz von Freund/innen festzustellen. Ähnliche Resultate erzielte eine Befragung 10- bis 13-Jähriger von Jürgen Zinnecker und Christiane Strzoda (1996). Hier gaben 56 % für die gute Freundin und 55 % für den guten Freund „sehr wichtig" an, weitere 31 % bzw. 34 % „etwas wichtig". Auf der Rangliste erreichten Freund/Freundin ebenfalls die dritte Position nach Mutter und Vater.

Die wichtigsten Begleiter/innen sind Freund/innen im Freizeitbereich, aber auch beim Besprechen von Problemen spielen sie eine bedeutende Rolle. In der Zweiten Dresdner Kinderstudie nannten die befragten Sechst- bis Neuntklässler bei der Frage, mit wem sie über Probleme reden, zu 76 % ihre Freund/innen. Damit nahmen die Freund/innen den ersten Platz ein. Die Mutter als am zweithäufigsten genannte Person erreichte insgesamt gesehen nur geringfügig niedrigere Werte (74 %). Bei Geschlechterdifferenzierung wurde sie in der Gruppe der Mädchen aber deutlich von den Freund/innen abgeschlagen. Mädchen suchten das vertraute Gespräch nur zu 66 % bei der Mutter, aber zu 85 % bei den Freund/innen. Bei den Jungen stand die Mutter an erster Stelle (77 % zu 66 % bei Freunden).

In der zitierten Untersuchung von Jürgen Zinnecker und Christiane Strzoda folgten Freund/innen bei der Einschätzung, wie gut sie in sieben vorgegebenen Situationen Rat geben könnten, den Eltern mit größerem Abstand. Immerhin wurde aber für die gute Freundin bei drei Situationen mehrheitlich angegeben, dass sie gut bis sehr gut helfen könne (Ich brauche Hilfe in einem Schulfach, wo ich nicht so gut bin. / Ich brauche einen Ratschlag bei meinem Hobby. / Ich will mir ein gutes Kleidungsstück kaufen.) Bei der Situation, was ich mache, wenn es mir schlecht geht, gaben dies noch 47 %

an. Der gute Freund schnitt in der Beurteilung der Kinder schlechter ab. Für die Mehrheit konnte er nur in einem Bereich gute bis sehr gute Hilfe geben: Bei einem Rat fürs Hobby. Zu 48 % konnte er im Schulfach helfen und zu 43 %, wenn es dem anderen Kind schlecht geht.

Einen Zusammenhang zwischen der Unterstützungsquelle bei Problemen und der Art des Problems ermittelten auch Marcus Freitag (1995) sowie Erich Kirchler, Augusto Palmonari und Maria Luisa Pombeni (1992). Während Freund/innen vor allem bei emotionalen Schwierigkeiten in Anspruch genommen wurden, waren es bei Problemen in der Schule und am Arbeitsplatz die Eltern. Wie hilfreich das Gespräch empfunden wurde, hing sowohl vom Problemtyp als auch vom Gesprächspartner/der Gesprächspartnerin ab. Die meisten Probleme wurden von den Jugendlichen selbst gelöst, unter den Fremdquellen nahmen Freund/innen aber mit deutlichem Abstand zu allen anderen Beziehungspartner/innen den ersten Platz ein.

In einer Untersuchung 16- bis 19-jähriger Jugendlicher, die in Heimen lebten (Kolip 1993), wurden Freunde/innen sogar in allen erfragten Unterstützungsbereichen an erster Stelle angegeben. Dies wird allerdings darauf zurückzuführen sein, dass ihnen die im Allgemeinen so wichtigen Eltern in deutlich geringerem Ausmaß zur Verfügung stehen.

Die empirischen Ergebnisse sprechen also dafür, dass Freundinnen und Freunde in der Wahrnehmung von Kindern und Jugendlichen eine wesentliche Unterstützungsquelle darstellen, die mit zunehmendem Alter immer mehr an Bedeutung gewinnt. Freundinnen werden dabei in der Regel als hilfreicher eingeschätzt als Freunde.

4. Welche Wirkungen haben Freundschaftsbeziehungen?

Die vorwiegend theoretischen Erörterungen zu Beginn des Beitrags legen den Schluss nahe, dass Freundschaften eine sehr positive Wirkung auf das Wohlbefinden und die Entwicklung von Kindern haben. Was aber sagen empirische Untersuchungen dazu?

4.1 Freunde fördern Gesundheit und soziale Kompetenzen

Studien, die Auswirkungen von Freundschaftsbeziehungen auf die Gesundheit von Kindern und Jugendlichen untersuchen, bestätigen die positive Wirkung von Freundschaften. Zumindest belegen sie einen positiven Zusammenhang zwischen der Unterstützung aus Freundschaftsbeziehungen und der Gesundheit von Kindern und Jugendlichen. Nachgewiesen werden konnte ein signifikant positiver Effekt der Unterstützung von Freund/innen auf das Wohlbefinden (z. B. Meuss 1994; Winefield et al. 1992), eine negative Korrelation mit dem Ausmaß psychosomatischer Beschwerden (Freitag 1995) und depressiver Persönlichkeitstendenzen (Ederer 1988) sowie eine Schutzfunktion gegenüber möglichem Suizidverhalten (Eskin 1995).

Unterstützung in Freundschaften steht in positivem Zusammenhang mit sozialer Kompetenz (Wolchik et al. 1984, zitiert in Wolchik et al. 1989) wie auch mit der Entwicklung von Identität und persönlicher Akzeptanz (Poole 1989). Die bloße Eingebundenheit in Freundschaften korreliert positiv mit zwischenmenschlichen Kompetenzen (Buhrmester/Furman 1986; von Salisch 1991) wie auch mit sozialer Anpassung (Bagwell et al. 1998). Sie erleichtert die Akzeptanz von Kritik und verringert die Angst im Wettbewerb unter Kindern (Schartmann 1992, zitiert in Preuss-Lausitz 1999). In positivem Zusammenhang mit dem Selbstkonzept steht die Freundschaftsqualität (Franco/Levitt 1998). Hinsichtlich des Zusammenhangs von Victimisierung durch Gleichaltrige und Verhaltensauffälligkeiten, den Sonja Perren et al. (2006) in einer Untersuchung mit Kindergartenkindern sowohl bei Kindern mit als auch ohne bestem Freund/ bester Freundin fanden, erwies sich das Vorhandensein eines besten Freundes/einer besten Freundin insofern als protektiver Faktor, als dass sowohl die Werte für Victimisierung als auch für Verhaltensauffälligkeiten hier niedriger waren.

In Bezug auf Schulleistungen konnte gezeigt werden, dass Freundschaften zu Klassenkameraden Motivation und Leistungen in der Schule erhöhen können (Berndt/Keefe 1995; Mounts/Steinberg 1995). Auslöser dieses Effekts ist allerdings nicht das Eingebundensein in Freundschaften an sich, sondern sind die Leistungen und das Leistungsverhalten der Freunde.

4.2 Freunde verstärken Risikoverhalten und Delinquenz

Ein ganz anderes und offenbar gar nicht erfreuliches Bild zeichnen Untersuchungen zu Risikoverhalten und Delinquenz bei Jugendlichen. Zu empirischen Ergebnissen zählen positive Korrelationen zwischen dem Unterstützungsgrad durch Gleichaltrige oder dem Ausmaß gemeinsam verbrachter Zeit und dem Ausmaß an Risikoverhaltensweisen wie z.B. Alkohol- und Drogenkonsum, Rauchen oder Nicht-Benutzen von Sicherheitsgurten und/ oder Delinquenz (Cochran/Bø 1989; Hansell/Mechanic 1990; Wills/Vaughn 1989). Im Gegensatz dazu stehen Unterstützung durch die Eltern und gemeinsame Zeit mit ihnen eher in negativem Zusammenhang mit Risikoverhalten und Delinquenz (Brendgen et al. 2000; Cochran/Bø 1989; Wills/ Vaughn 1989). Relativiert werden diese Ergebnisse allerdings, wenn die Qualität der Beziehung zu den Eltern in die Betrachtung einbezogen wird. So ermittelten Stephen Hansell und David Mechanic (1990) bei 13- bis 17-jährigen Jugendlichen zwar ebenfalls einen positiven Zusammenhang zwischen der Kontakthäufigkeit mit Freunden und gesundheitsgefährdendem Verhalten. Sie fanden aber auch, dass vor allem jene Jugendliche mehr Alkohol, Marihuana oder Nikotin zu sich nahmen, seltener Sicherheitsgurte gebrauchten und weniger Sport trieben, die ihre Eltern als wenig interessiert an ihren Kindern erlebten.

Interessante Interaktionen ergeben sich, wenn die genannten Unterstützungsquellen gemeinsam betrachtet werden. In einer Längsschnittstudie von Thomas Wills und Roger Vaughn (1989) zeigte sich bei Kindern, die zu Beginn der Untersuchung 12 bis 13 Jahre und zum Ende 13 bis 14 Jahre alt waren, die Unterstützungssuche bei Erwachsenen in negativem Zusammenhang mit Rauchen und Alkoholtrinken, während die Unterstützungssuche bei Freunden in positivem Zusammenhang damit stand. Das Ausmaß von Rauchen und Trinken war aber dann am höchsten, wenn hohe Unterstützung durch die Freunde mit niedriger Hilfe durch Erwachsene zusammenfiel. Das geringste Ausmaß an Rauchen und Trinken zeigten Kinder mit hoher Unterstützung durch Erwachsene, deren Eltern nicht rauchten oder tranken. Auch andere Studien zeigen negative im Gegensatz zu positiven Effekten von Peer-Unterstützung vor allem bei Mangel an Unterstützung durch Eltern oder andere Erwachsene (Sandler et al. 1997). Fuligni und Eccles (1993) fanden Jugendliche dann auf intensiverer Suche nach Ratschlägen, wenn sie wenig Entscheidungshilfen von ihren Eltern erlebten.

Diese Befunde könnten dafür sprechen, dass nicht die Unterstützung durch Freunde Risikoverhalten auslöst, sondern eher die mangelnde Unterstützung durch Eltern oder andere Erwachsene. Dieser Mangel wird im Freundeskreis zu kompensieren versucht, kann aber dort nicht ausgeglichen werden. Was hier deutlich wird, ist, dass es bei der Frage nach Gesundheitsförderung oder -gefährdung durch soziale Beziehungen nicht nur auf die Unterstützungskraft einzelner Beziehungen ankommt, sondern auch auf ihre Anteile an der Gesamtunterstützung und das Verhältnis zwischen ihnen.

Ein weiterer Faktor, der in empirischen Studien selten beachtet wird, ist das Ausgangsniveau gesundheitsfördernden oder -gefährdenden Verhaltens zu Beginn der Freundschafts- und Peerbeziehungen. Wird es in Rechnung gestellt, zeigt sich kein explizit negativer Einfluss von Freundschaften, sondern ein (grundsätzlich neutraler) verhaltensverstärkender. Delinquente Jugendliche verhalten sich in Freundschaften delinquenter, sozial angepasste Jugendliche angepasster (Bender/Lösel 1997; von Salisch 1998). Maria von Salisch (1998) interpretiert das als Selbstselektion. Delinquente Jugendliche suchen sich delinquente Freunde, normangepasste nicht. Die Frage ist, warum? Es gilt als nachgewiesen, dass Freundschaften von Personen eingegangen werden, die sich ähnlich sind (z.B. Haselager et al. 1998). Für delinquente Kinder und Jugendliche bedeutet dies möglicherweise, dass die sozial angepassten sich nicht mit ihnen befreunden wollen. Wer bleibt dann noch zur Vermittlung von Selbstwertbestätigung und Identitätsstärkung? Wahrscheinlich nur Peers, die abweichendes Verhalten wertschätzen. Dass ein delinquenter Freund besser ist als keiner, legen sowohl eine Untersuchung von Jennifer A. Sanderson und Michael Siegal (1995) als auch eine ethnographische Analyse von Moynihan (1980) nahe. Die Untersuchung von Jennifer A. Sanderson und Michael Siegal konnte zeigen, dass eine wechselseitige Freundschaft genügt, damit abgelehnte Kinder sich nicht einsamer fühlen als anerkannte Gleichaltrige. Moynihan analysierte Bedürfnisse australischer Arbeiterjungen nach Anerkennung. Hier erwiesen sich die Darstellung waghalsiger Stunts, Vandalismus, Autodiebstahl oder

Drogengebrauch als statusfördernde Verhaltensweisen. Damit deuten die Beobachtungen Moynihans auch darauf hin, dass die Gleichaltrigen für diese riskanten und normabweichenden Verhaltensweisen Selbstwertunterstützung, Identitätssicherung und Zugehörigkeitsgefühle bereitstellten. Dies sind Aspekte sozialer Unterstützung, die für die psychischen und sozialen Anteile von Gesundheit wesentliche Bedeutung besitzen. Möglicherweise sind ihre Wirkungen von längerer Dauer als die des Risikoverhaltens. Das können aber nur langfristige Längsschnittuntersuchungen erweisen.

Ein Forschungsproblem betrifft dabei die Operationalisierung von gesundheitsgefährdendem oder Risikoverhalten. Zumeist wird es über den Konsum von Nikotin, Alkohol oder Marihuana gemessen. Untersuchungsresultate sind positive Zusammenhänge zwischen der Integration in Freundschafts- oder Peerbeziehungen und dem Risikoverhalten. Bei Auswahl anderer Variablen zeigen sich andere Ergebnisse. Ralf Schwarzer und Anja Leppin (1990) bestätigen zwar einen positiven Zusammenhang zwischen der Integration männlicher Jugendlicher in der Gleichaltrigengruppe und Rauchen und Trinken. Es fand sich aber auch ein positiver Zusammenhang zwischen der Integration und körperlicher Bewegung sowie ausgewogener Ernährung. Solche Operationalisierungen entsprechen einem epidemiologischen Verständnis von Risikoverhalten. Danach wird Risikoverhalten definiert als „ein Bündel von Verhaltenweisen eines Menschen bzw. einer Bevölkerungsgruppe, das auf längere Sicht die Wahrscheinlichkeit, von einer bestimmten körperlichen Schädigung oder chronischen Erkrankung befallen zu werden, eindeutig erhöht – im Vergleich zu Personen oder Gruppen ohne dieses Verhaltensmuster" (Franzkowiak 1986: 4, unter Bezugnahme auf Pflanz 1973). Im sozialwissenschaftlichen Verständnis hat Risikoverhalten dagegen nicht nur einen Bezug zu Krankheit. Es wird als soziales Handeln angesehen, das vielfältige Funktionen erfüllen kann. Dabei folgt es einer subjektiv-biographischen Sinnlogik und ist handlungsorientierend, insbesondere bei der Kompensation von Belastungen und dem Ausagieren von Ausbruchswünschen. Dies wiederum ist gemeinschaftlich und gesellschaftlich verankert (Franzkowiak 1986). Untersuchungen zur Funktion von Risikoverhalten im Jugendalter bewerten Risikoverhalten als „ein greifbares Medium zur persönlichen und sozialen, dabei immer auch körperlich vermittelten Identitätsbildung" (Franzkowiak 1986: 21). Es dient der sozialen Integration in eine Bezugsgruppe, der Auseinandersetzung mit der Erwachsenenwelt, der Lösung vom familiären Lebens- und Orientierungsrahmen, dem Selbstständig- und Autonom-Werden wie auch der Auseinandersetzung mit und der Bewältigung von Problemen wie Orientierungs- oder gar Perspektivlosigkeit, was in Zeiten zunehmender Pluralisierung und Individualisierung eine besonders schwere Aufgabe darstellt. Insofern können auch in Freundesgruppen, die Risikoverhalten praktizieren, wie auch im Risikoverhalten selbst gesundheitsfördernde Unterstützungsformen gefunden werden.

5. Welche Lebensbedingungen braucht Freundschaft?

Um Freundschaften schließen und am Leben erhalten zu können, brauchen Kinder Unterstützung durch Erwachsene und durch räumlich-strukturelle Gegebenheiten.

Als Ausgangsbedingung brauchen sie *Raum und Zeit*. Um Freunde zu finden, benötigen Kinder wie auch Erwachsene Orte, an denen sie mit Anderen zusammentreffen, immer wieder Zeit mit diesen Anderen verbringen und etwas miteinander tun können. Freunde brauchen also Konträume und Kontaktzeiten. Darüber hinaus brauchen sie auch Medien, über die sie miteinander in Interaktion kommen können. Das kann ein Bach sein, in den man Steine wirft, ein Fußball oder eben das Inventar von Spielplätzen und Freizeiteinrichtungen. Eine Untersuchung von Charles DeStefano (1976) zeigte, dass die Art vorhandenen Spielzeugs die Interaktion von kleineren Kindern beeinflusst. Während größeres Spielzeug gemeinsames Spiel mit positivem Affekt anregte, verleiteten kleine Spielsachen eher zu Alleinbeschäftigungen.

Eine räumliche Bedingung, die Kontakte erleichtern oder erschweren kann, betrifft die Struktur des Wohngebietes. Ross Parke und Navaz Bhavnagri (1989) führen drei Kriterien an, die hierfür wichtig sind: Entfernung und Zugangsmöglichkeiten zwischen Häusern, Zugang zu öffentlichen Einrichtungen, Dichte der Kinderpopulation. Zu ergänzen wäre die Verkehrsdichte. Damit sind Rahmenbedingungen für Kontakte genannt. Je kleiner die Kinder sind, desto mehr brauchen sie aber Erwachsene, die sie zu den Konträumen begleiten und beim Überbrücken von Entfernungen helfen. Besuchen die Kinder Bildungs- und Betreuungseinrichtungen wie Kindergarten, Schule, Hort, kommt der Auswahl dieser Einrichtungen eine große Bedeutung zu – zum einen hinsichtlich ihrer Lage und ihres Einzugsgebietes, zum anderen hinsichtlich ihrer konzeptionellen und organisatorischen Gestaltung.

In einer Untersuchung von Barton Hirsch und David DuBois (1989) an Schüler/innen einer Junior-High-School erwies sich die Schule als Einflussfaktor in Bezug auf die Initiierung von Freundschaften. Für die Vertiefung der Beziehung spielte allerdings der außerschulische Kontext die bedeutendere Rolle. Mehr als vier Fünftel der Jugendlichen sahen ihre Schulfreund/innen wöchentlich bis fast täglich außerhalb der Schule, und mehr als vier Fünftel gaben auch an, dass es „wahr" oder „ziemlich wahr" sei, dass sie sich den Schulfreunden näher fühlten, mit denen sie eine Menge Zeit außerhalb der Schule verbrachten. Zu weit voneinander entfernt zu wohnen, erwies sich als Hindernis zur Vertiefung von Freundschaften. Fast die Hälfte der Schüler/innen kam auch mindestens einmal pro Woche mit Freunden/innen aus der Nachbarschaft zusammen, die nicht ihre Schule besuchten. Dies bestätigt die Bedeutung für Heranwachsende, Gleichaltrige in der Nachbarschaft zu haben und möglichst auch mit diesen eine Schule zu besuchen. Dabei sollte nicht nur davon ausgegangen werden, dass Freundschaften umso hilfreicher ausfallen, je tiefer sie sind. Bei einer Orientierung an Urie Bronfenbrenners

(1981) ökologischem Modell der menschlichen Entwicklung gilt die Ausweitung von Kontakten mit Schulfreunden auf den außerschulischen Bereich auch deshalb als bedeutsam, weil kontextübergreifende Dyaden als entwicklungsfördernd angesehen werden. Dieser These liegt die Annahme zugrunde: „Wenn viele verschiedene gemeinsame Tätigkeiten in vielen verschiedenen Situationen, aber im Kontext einer anhaltenden zwischenmenschlichen Beziehung ausgeführt werden, fördert diese Beziehung die Ausbildung höherer Fertigkeitsgrade und schafft im allgemeinen besonders starke und anhaltende Motivationen [zum Lernen, K. W.]" (ebd.: 204).

Welch hohe Bedeutung die Schule neben ihrer „offiziellen" Funktion als Bildungsstätte zur Pflege von Freundschaften hat, belegte Ulf Preuss-Lausitz (1999) mit einer Befragung von Schüler/innen der 3. bis 6. Klasse. 78% der Kinder stimmten bei der Frage, was ihnen in der Schule wichtig sei, der Aussage zu „dass man seine Freunde trifft". An erster Stelle in der Häufigkeit der Zustimmungen stand mit 86% die Antwort, „anderen Kindern helfen zu können". Ob in Klassenverbänden oder Kursen unterrichtet wird, wer neben wem sitzt, ob Aufgaben kooperativ oder einzeln zu lösen sind, wer mit wem zusammenarbeiten kann oder muss, sind Beispiele für Gestaltungsspielräume, die Lehrer/innen nutzen können, um Kindern Kontakt- und Interaktionsmöglichkeiten zu bieten, die neben ihren kognitiven auch ihre sozialen Fähigkeiten entscheidend erweitern können. So ermittelte Brenda Bryant (1985) bei 10-jährigen (nicht aber bei 7-jährigen) Kindern einen Zusammenhang zwischen dem Besuch von Einrichtungen mit unstrukturierten Aktivitäten und einer höheren Fähigkeit zur Einnahme einer sozialen Perspektive.

Doch auch über die Unterrichtsgestaltung hinaus kann Schule als Interventionsrahmen genutzt werden. Erprobt wurde so etwas in der Stadt Unna in Nordrhein-Westfalen mit dem Projekt „Gemeinwesenorientierte Schule", dessen Ziel es war, Schule als Begegnungsraum für Kinder aus der Nachbarschaft anzubieten und Anlässe dafür zu schaffen (Dyroff 1994). Darüber hinaus beteiligte sich die Schule an der Stadterneuerung und ließ die Vorstellungen und Wünsche der Kinder über Gespräche und Spielaktionen in die Umgestaltung und Verbesserung des Wohnumfeldes einfließen. Das Projekt war nicht speziell auf die Förderung von Freundschaften ausgelegt, schloss dies aber mit ein, wenn es darum ging, Schule als Teil des Gemeinwesens zu begreifen und soziokulturell zu nutzen.

Neben Gelegenheiten benötigen Kinder auch *emotionalen Rückhalt*, um Freundschaften eingehen und gestalten zu können. Sie benötigen ihn für sich als Person, aber auch für ihre Entscheidung, mit einem bestimmten Kind befreundet zu sein.

Der emotionale Rückhalt für das Selbst eines Kindes vermittelt sich vor allem über die Zuwendung von Eltern und anderen Bezugspersonen. Eine Untersuchung von Howes (1984) erbrachte, dass (kleine) Kinder, deren Mütter länger mit ihnen spielten, häufiger Kontakt zu Gleichaltrigen aufnahmen. Jungen, deren Mütter sich häufiger mit ihnen unterhielten, erwiesen sich lt. Kevin MacDonald und Ross D. Parke (1984) als hilfsbereiter gegenüber ihren Spielkameraden und kamen besser mit ihnen aus; Söhne direktiver, bestimmender Väter dagegen kommunizierten weniger mit anderen. Auch Ming Cui et al. (2002) konnten nachweisen, dass elterliche Unterstützung zu unterstützendem Verhalten gegenüber Freund/innen führt und darüber die Qualität der Beziehung beeinflusst. Wärme und Akzeptanz von Eltern verbunden mit einer Behandlung der Kinder als reifere Persönlichkeit erhöhen die Intimität von Freundschaften (Updegraff et al. 2002). Familiäre Gewalt dagegen führt zu vermehrten Konflikten mit Peers und engen Freund/innen (McCloskey/Stuewig 2001).

Auch Kinder, deren Mütter ihre Erziehung stark über Strafen gestalten, scheinen konfliktträchtigere Freundschaften zu haben (ebd.). Vielfältige Ergebnisse zum Zusammenhang der frühkindlichen Bindungserfahrungen mit der Beziehungsqualität zu Gleichaltrigen erbrachte die Bindungsforschung (s. a. i. d. B.; ausführlicher dargestellt z. B. bei Wagner/Alisch 2006; Vaughn et al. 2001; Zimmermann et al. 1996).

Nicht zu unterschätzen ist die Wirkung von Erwachsenen, die für ganze Kindergruppen Bezugspersonen darstellen. Jürgen Wagner (1994) stellte einige Untersuchungen zusammen, die den Einfluss von Lehrer/innen auf die Beliebtheit eines Kindes und dadurch auf seine Attraktivität als potenzieller Freund/potenzielle Freundin zeigen.

Der Aufbau und die Ausgestaltung von Freundschaften verlangt soziale Kompetenzen. Um diese auszubilden, brauchen Kinder neben den oben beschriebenen Gelegenheiten zu symmetrischen Interaktionen auch *Vorbilder und Lehrmeister/innen* sowie *Kontrolle und Supervision*.

Wichtige Erfahrungen stellen die Freundschaftsbeziehungen von Eltern dar. So ermittelte Harald Uhlendorff (1996, 2000) bei den älteren Kindern einer Stichprobe aus zweiten bis fünften Schulklassen einen positiven Zusammenhang zwischen der Anzahl mütterlicher oder väterlicher Freund/innen und der Anzahl reziproker guter und bester Freund/innen der Kinder innerhalb der Schulklasse. Ein weiterer Zusammenhang bestand zwischen der Anzahl elterlicher Freund/innen und der Entwicklung des Freundschaftskonzepts der Kinder. Da diese Zusammenhänge nur für elterliche Freund/innen bestanden, nicht aber für Beziehungen zu Verwandten und anderen Personen, ist anzunehmen, dass die Korrelationen auf das Modellverhalten zurückzuführen sind, welches die Kinder an ihren Eltern und deren Freund/innen hinsichtlich sozialer Strategien im Umgang miteinander erlebten. Offensichtlich gibt es einen Zusammenhang zwischen der Zufriedenheit von Müttern mit ihren Sozialkontakten und der sozialen Kompetenz ihrer Kinder. Laut einer Untersuchung von Anna B. Doyle, Dorothy Markiewicz und Cindy Hardy (1994) weisen die Freundschaftsbeziehungen von Kindern einen höheren Grad an Intimität auf, wenn die Mütter ihre eigenen Freundschaften als unterstützend erleben.

Die Bedeutung von Kontrolle und Supervision vermitteln Ross Parke und Navaz Bhavnagri (1989) in einem Aufsatz zum elterlichen Management kindlicher Peer-Beziehungen. Darin stellen sie verschiedene Untersuchungsergebnisse zusammen, die zeigen, dass Kinder und Jugendliche, die von ihren Eltern hinsichtlich ihrer Freundeswahl, Aufenthaltsorte nach der Schule und der Art von Aktivitäten weniger kontrolliert werden, stärkere antisoziale Tendenzen und höhere Delinquenzraten zeigen als kontrollierte Kinder. Sie zitieren z. B. Laurence Steinberg (1986). Er ermittelte bei Jugendlichen der sechsten bis neunten Klasse, insbesondere bei Mädchen, die sich nach der Schule nicht zu Hause aufhielten und bei denen die Eltern ihren Aufenthaltsort nicht kannten, eine größere Empfänglichkeit für Nötigungen der Peers, sich an antisozialen Aktivitäten wie Vandalismus, Betrügen oder Stehlen zu beteiligen. In eigenen Laborexperimenten ermittelten Ross D. Parke und Navaz Bhavnagri (1989) einen positiven Zusammenhang zwischen direkter mütterlicher Einflussnahme auf das Spiel ihrer zwei- bis sechsjährigen Kinder mit Gleichaltrigen und einer höheren Qualität des Spiels wie auch höherer sozialer Kompetenz der Kinder. Bei jüngeren Kindern war der Zusammenhang stärker als bei älteren.

Unter dem Stichwort Kontrolle soll auch das Bemühen von Eltern um Kontakte für ihre Kinder als Einfluss erwähnt werden. Einen Zusammenhang elterlicher Initiativen zur Herstellung von Gleichaltrigenkontakten mit der Qualität von Peer-Beziehungen und -aktivitäten wie auch mit der sozialen Kompetenz der Kinder im Umgang mit Gleichaltrigen wies Lothar Krappmann (1986) nach. Zehn- bis Zwölfjährige, deren Eltern Gleichaltrigenbeziehungen und -aktivitäten stimulierten, hatten engere und stabilere Peer-Beziehungen sowie weniger Probleme in ihren Beziehungen als Kinder, deren Eltern in dieser Hinsicht nicht aktiv waren (vgl. auch Parke/Bhavnagri 1989).

Zu einem ganz anderen Ergebnis kamen Mechthild Gödde, Sabine Walper und Anette Engfer (1996) bei Sechsjährigen. In ihrer Untersuchung wurden die Kinder, deren Mütter in hohem Maße direkte kontaktfördernde Verhaltensweisen entwickelten, von Müttern und Kindergärtnerinnen als sozial weniger kompetent eingeschätzt und hatten kleinere soziale Netzwerke. Da es sich aber um eine Querschnittsuntersuchung handelt, ist keine Aussage darüber möglich, ob die Mütter damit Defizite in der Sozialkompetenz ihrer Kinder erzeugten oder aber auf diese reagierten. Ihre Aussagen in den Interviews deuten darauf hin, dass die Mütter vermehrt mit Kontaktermutigungsversuchen reagierten, wenn sie den Eindruck gewannen, ihre Kinder hätten nicht genügend Freunde. Kinder, deren Mütter bei der Vermittlung von Kontakten und Freundschaftsbeziehungen eine starke Orientierung an den peerbezogenen Wünschen ihrer Töchter und Söhne zeigten, erwiesen sich sowohl in der Selbst- als auch in der Fremdwahrnehmung als sozial kompetenter, hinsichtlich der Fremdwahrnehmung sogar noch drei Jahre später. Dies deutet darauf hin, dass die Qualität der elterlichen Einflussnahme auf Gleichaltrigenkontakte einen wesentlichen Faktor für die kindliche Entwicklung darstellt.

Doch nicht nur der bewusste oder über Modellverhalten vermittelte Einfluss von Eltern und anderen Erwachsenen auf die konkreten Interaktionen zwischen Kindern wirkt sich auf die Qualität von Freundschaftsbeziehungen und die Kompetenzen der Kinder aus. Aus der ökologischen Perspektive Urie Bronfenbrenners (1981) spielt auch die *Qualität der sozialen Netzwerke* eine entscheidende Rolle. Dabei kommt der Verbindung zwischen den Netzwerkmitgliedern, die unterschiedliche Lebensbereiche der Kinder repräsentieren, eine entscheidende Bedeutung zu, so wie es bei Freund/innen und Eltern der Fall ist. Sind die Verbindungen positiv konnotiert, können Kinder sich besser entwickeln. Dem entspricht ein Untersuchungsbefund von Barton Hirsch und Thomas Reischl (1985) bei Jugendlichen. Er zeigt (mit Ausnahme von physisch oder psychisch chronisch kranken Eltern) eine positive Korrelation zwischen stärkerem Kontakt von Eltern mit Peers und festerer Freundschaft, größerer sozialer Unterstützung sowie besserer mentaler Gesundheit der Jugendlichen.

Literatur

Bagwell, Catherine L./Newcomb, Andrew F./Bukowski, William M. (1998): Preadolescent friendship and peer rejection as predictors of adult adjustment. In: Child Development 69: 140-153

Bender, Doris/Lösel, Friedrich (1997): Protective and risk effects of peer relations and social support on antisocial behaviour in adolescents from multi-problem milieus. In: Journal of Adolescence 20: 661-678

Berndt, Thomas/Keefe, Keunho (1995): Friends influence on adolescents adjustment to school. In: Child Development 66: 1319-1329

Bigelow, Brian J. (1977): Children's friendship expectations: A cognitive-developmental study. In: Child Development 48: 246-253

Bigelow, Brian J./La Gaipa, John J. (1975): Children's written descriptions of friendship: A multidimensional analysis. In: Developmental Psychology 11: 857-858

Brendgen, Mara/Vitaro, Frank/Bukowski, William M. (2000): Stability and variability of adolescents' affiliation with delinquent friends: Predictors and consequences. In: Social Development 9: 205-225

Bronfenbrenner, Urie (1981): Die Ökologie der menschlichen Entwicklung. Natürliche und geplante Experimente. Stuttgart: Klett-Verlag

Bryant, Brenda K. (1985): The neighborhood walk: Sources of support in middle childhood. In: Monographs of the Society for Research in Child Development 50: 6-13

Buhrmester, Duane/Furman, Wydol (1986): The changing functions of friends in childhood: A neo-sullivan perspective. In: Derlega, Valerian J./Winstead, Barbara A. (eds): Friendship and social interaction. New York: 41-62

Cochran, Moncrieff/Bø, Inge (1989): The social networks, family involvement, and pro- and antisocial behavior of adolescent males in Norway. In: Journal of Youth and Adolescence 18: 377-398

Cui, Ming/Conger, Rand D./Bryant, Chalandra M./Elder, Glen H. Jr. (2002): Parental behavior and the quality of adolescent friendships: A social contextual perspective. In: Journal of Marriage and the Family 64: 676-689

DeStefano, Charles T. (1976): Environmental determinants of peer social behavior and interaction in a toddler playgroup. Unpubl. Doctoral diss.

Diewald, Martin (1991): Soziale Beziehungen: Verlust oder Liberalisierung? Soziale Unterstützung in informellen Netzwerken. Berlin: Edition Sigma

Doyle, Anna B./Markiewicz, Dorothy/Hardy, Cindy (1994): Mother's and children's friendships: Intergenerational associations. In: Journal of Social and Personal Relationships 11: 363-377

Dyroff, Hans-Dieter (1994): Nachbarschaftskultur. Kulturelle Netzwerke im Wohnumfeld. In: Unesco heute 41: 465-469

Ederer, Elfriede (1988): Personality and network correlates of depression in children: Findings, problems, perspectives. Arbeitsbericht 2/1988 aus der Abteilung für Pädagogische Psychologie. Graz: Karl-Franzens-Universität

Eskin, Mehmet (1995): Suicidal behavior as related to social support and assertiveness among swedish and turkish high school students: A cross-cultural investigation. In: Journal of Clinical Psychology 51: 158-172

Franco, Nathalie/Levitt, Mary J. (1998): The social ecology of middle childhood: Family support, friendship quality, and self-esteem. In: Family Relations 47: 315-321

Franzkowiak, Peter (1986): Risikoverhalten und Gesundheitsbewußtsein bei Jugendlichen. Der Stellenwert von Rauchen und Alkoholkonsum im Alltag von 15- bis 20jährigen. Berlin u. a.: Springer-Verlag

Freitag, Marcus (1995): Unterstützung aus dem persönlichen Umfeld: Eine Hilfe nur bei Belastungen? In: Settertobulte, Wolfgang/Palentin, Christian/Hurrelmann, Klaus (Hg.): Gesundheitsversorgung für Kinder und Jugendliche. Ein Praxishandbuch. Heidelberg: 121-132

Gödde, Mechthild/Walper, Sabine/Engfer, Anette (1996): Die Peernetzwerke neunjähriger Kinder: Zum Verhältnis von Netzwerkressourcen, kindlicher Kompetenz und mütterlichen Strategien der Kontaktsteuerung. In: Psychologie in Erziehung und Unterricht 43: 100-113

Hansel, Stephen/Mechanic, David (1990): Parent and peer effects on adolescent health behavior. In: Hurrelmann, Klaus/Lösel, Friedrich (eds): Health hazards in adolescence. Berlin, New York: 43-65

Haselager, Gerbert J./Hartup, Willard W./Lieshout, Cornelis F. M./Riksen-Walraven, J. Marianne van (1998): Similarities between friends and nonfriends in middle childhood. In: Child Development 69: 1198-1208

Hirsch, Barton J./Reischl, Thomas (1985): Social networks and developmental psychopathology: A comparision of adolescent children of a depressed, arthritic, or normal parent. In: Journal of Abnormal Psychology 94: 272-281

Hirsch, Barton J./DuBois, David L. (1989): The school – nonschool ecology of early adolescent friendships. In: Deborah Belle (ed): Children's social networks and social support. New York: 260-274

Holler, Birgit/Hurrelmann, Klaus (1990): The role of parent and peer contact for adolescents' state of health. In: Hurrelmann, Klaus/Lösel, Friedrich (eds): Health hazards in adolescence. Berlin, New York: 409-432

Kirchler, Erich/Palmonari, Augusto/Pombeni, Maria Luisa (1992): Auf der Suche nach einem Weg ins Erwachsenenalter. Jugendliche im Dickicht ihrer Probleme und Unterstützung seitens Gleichaltriger und der Familienangehörigen. In: Psychologie in Erziehung und Unterricht 39: 277-295

Kolip, Petra (1993): Freundschaften im Jugendalter. Der Beitrag sozialer Netzwerke zur Problembewältigung. Weinheim, München: Juventa

Krappmann, Lothar (1993): Die Entwicklung vielfältiger sozialer Beziehungen unter Kindern. In: Auhagen, Ann Elisabeth/Salisch, Maria von (Hg.): Zwischenmenschliche Beziehungen. Göttingen: 37-58

Krappmann, Lothar (1986): Family relationships and peer relationships in middle childhood: An exploratory study of the association between children's integration into the social network of peers and family development. Paper presented at the conference „Family systems and life-span development" at the Max Planck Institute for Human Development and Education, Berlin

Lenz, Karl/Fücker, Michael (2005): Zweite Dresdner Kinderstudie. Abschlussbericht. Forschungsgruppe Kinder und Jugend an der TU Dresden

MacDonald, Kevin/Parke, Ross D. (1984): Bridging the gap: Parent-child play interaction and peer interactive competence. In: Child Development 55: 1265-1277

McCloskey, Laura Ann/Stuewig, Jeffrey (2001): The quality of peer relationships among children exposed to family violence. In: Development and Psychopathology 13: 83-96

Meuss, Wim (1994): Psychosocial problems and social support in adolescence. In: Nestmann, Frank/Hurrelmann, Klaus (eds): Social networks and social supports in childhood and adolescence. Berlin, New York: 241-255

Mounts, Nina S./Steinberg, Laurence (1995): An ecological analysis of peer influence on adolescent grade point average and drug use. In: Developmental Psychology 68: 1181-1197

Moynihan, M. (1980): External influences on young people. In: Her Keystone Park. Youth in limbo. Parkside: Service to the Youth Council

Oswald, Hans/Krappmann, Lothar/Uhlendorff, Harald/Weiss, Karin (1994): Social relationships and support among peers during middle childhood. In: Nestmann, Frank/Hurrelmann, Klaus (eds): Social networks and social supports in childhood and adolescence. Berlin, New York: 171-189

Parke, Ross D./Bhavnagri, Navaz P. (1989): Parents as managers of children's peer relationships. In: Belle, Deborah (ed): Children's social networks and social support. New York: 260-274

Perren, Sonja/Wyl, Agnes von/Stadelmann, Stephanie/Bürgin, Dieter/Klitzing, Kai von (2006): Associations between behavioral/emotional difficulties in Kindergarten children and the quality of their peer relationships. In: Journal of the American Academy of Child & Adolescent Psychiatry 7: 867-876

Pflanz, Manfred (1973): Allgemeine Epidemiologie. Stuttgart: Thieme

Piaget, Jean (1983): Das moralische Urteil beim Kinde. Frankfurt a.M.: Suhrkamp

Poole, Millicent E. (1989): Adolescent transitions: A life-course perspective. In: Hurrelmann, Klaus/Engel, Uwe (eds): The social world of adolescents. International Perspectives. Berlin, New York: 65-85

Preuss-Lausitz, Ulf (1999): Schule als Schnittstelle moderner Kinderfreundschaften – Jungen und Mädchen im Austausch von Distanz und Nähe. In: Zeitschrift für Soziologie der Erziehung und Sozialisation 19: 163-187

Salisch, Maria von (1991): Kinderfreundschaften. Emotionale Kommunikation im Konflikt. Göttingen: Hogrefe

Salisch, Maria von (1998): Freundschafen und ihre Folgen: Längsschnittstudien im Überblick. Unveröffentlichtes Manuskript

Sanderson, Jennifer A./Siegal, Michael (1995): Loneliness and stable friendship in rejected and nonrejected preschoolers. In: Journal of Applied Development Psychology 16: 555-567

Sandler, Irwin N./Wolchik, Sharlene A./MacKinnon, David/Ayers, Tim S./Roosa, Mark W. (1997): In: Wolchik, Sharlene A./Sandler, Irwin N. (eds): Handbook of children's coping. Linking theory and intervention. New York, London: 11-21

Schartmann, Dieter (1992): Wozu Kinder Freunde brauchen. In: Welt des Kindes 5: 34-37

Schwarzer, Ralf/Leppin, Anja (1990): Sozialer Rückhalt, Krankheit und Gesundheitsverhalten. In: Schwarzer, Ralf (Hg.): Gesundheitspsychologie. Ein Lehrbuch. Göttingen: 395-414

Selman, Robert L. (1984): Die Entwicklung des sozialen Verstehens. Entwicklungspsychologische und klinische Untersuchungen. Frankfurt a.m.: Suhrkamp

Steinberg, Laurence (1986): Latchkey children and susceptibility to peer pressure: An ecological analysis. In: Developmental Psychology 22: 433-439

Uhlendorff, Harald (1996): Elterliche soziale Netzwerke in ihrer Wirkung auf die Freundschaftsbeziehungen der Kinder. In: Psychologie in Erziehung und Unterricht 43: 127-140

Uhlendorff, Harald (2000): Parents' and childrens' friendship networks. In: Journal of Family Issues 21: 191-204

Uhlendorff, Harald (2006): Freundschaften unter Kindern im Grundschulalter. In: Alisch, Lutz-Michael/Wagner, Jürgen W. L. (Hg.): Freundschaften unter Kindern und Jugendlichen. Interdisziplinäre Perspektiven und Befunde. Weinheim, München: 95-105

Updegraff, Kimberly A./McHale, Susan M./Crouter, Ann C. (2002): Adolescents' sibling relationships and friendship experiences: Developmental patterns and relationship linkages. In: Social Development 11: 182-204

Valtin, Renate (1991): Mit den Augen der Kinder. Freundschaft, Geheimnisse, Lügen, Streit und Strafe. Reinbek: Rowohlt

Vaughn, Brian E./Heller, Caroll/Bost, Kelly K. (2001): Bindung und Gleichaltrigenbeziehungen während der frühen Kindheit. In: Suess, Gerhard J./Scheuerer-Englisch, Hermann/Pfeifer, Walter-Karl P. (Hg.): Bindungstheorie und Familiendynamik. Anwendung der Bindungstheorie in Beratung und Therapie. Gießen: 53-82

Wagner, Jürgen W. L. (1991): Freundschaften und Freundschaftsverständnis bei drei- bis zwölfjährigen Kindern. Sozial- und entwicklungspsychologische Aspekte. Heidelberg: Springer

Wagner, Jürgen W. L. (1994): Kinderfreundschaften. Wie sie entstehen – was sie bedeuten. Berlin u. a.: Springer

Wagner, Jürgen W. L./Alisch, Lutz-Michael (2006): Zum Stand der psychologischen und pädagogischen Freundschaftsforschung. In: Alisch, Lutz-Michael/Wagner, Jürgen W. L. (Hg.): Freundschaften unter Kindern und Jugendlichen. Interdisziplinäre Perspektiven und Befunde. Weinheim, München: 11-91

Wills, Thomas A./Vaughn, Roger (1989): Social support and substance use in early adolescence. In: Journal of Behavioral Medicine 12: 321-339

Winefield, Helen R./Winefield, Anthony H./Tiggemann, Marika (1992): Social support and psychological well-being in young adults: The multi-dimensional support scale. In: Journal of Personality Assessment 58: 198-210

Wolchik, Sharlene A./Sandler, Irwin N./Braver, S. L. (1984): The social support networks of children of divorce. Poster presented at the annual meeting of the American Psychological Association. Toronto

Wolchik, Sharlene A./Beals, Janette/Sandler, Irwin N. (1989): Mapping children's support networks: Conceptual and methodological issues. In: Belle, Deborah (ed): Children's social networks and social support. New York: 191-220

Youniss, James (1982): Die Entwicklung und Funktion von Freundschaftsbeziehungen. In: Edelstein, Wolfgang/Keller, Monika (Hg.): Perspektivität und Interpretation. Frankfurt a.M.: 78-108

Zimmermann, Peter/Gliwitzky, Judith/Becker-Stoll, Fabienne (1996): Bindung und Freundschaftsbeziehungen im Jugendalter. In: Psychologie in Erziehung und Unterricht 43: 141-154

Zinnecker, Jürgen/Strzoda, Christiane (1996): Freundschaft und Clique. Das informelle Netzwerk der Gleichaltrigen. In: Zinnecker, Jürgen/Silbereisen, Rainer K. (Hg.): Kindheit in Deutschland. Aktueller Survey über Kinder und ihre Eltern. Weinheim, München: 81-97

Martin Diewald, Sebastian Sattler,
Verena Wendt und Frieder R. Lang

Verwandtschaft und verwandtschaftliche Beziehungen

Im Kontext dieses Handbuchs stellt sich für den Begriff der Verwandtschaft als Kategorie persönlicher Beziehungen eine zweifache Aufgabe: Erstens geht es darum, verwandtschaftliche von nicht-verwandtschaftlichen Beziehungen abzugrenzen. Wir zeigen, dass bei unterschiedlichen Verwandtschaftsdefinitionen sowohl biologische als auch soziale Kriterien eine Rolle spielen. Dabei wird die (weitere) Verwandtschaft als Beziehungskategorie von Familie abgegrenzt. Bei dieser internen Differenzierung der gesamten Verwandtschaftsbeziehungen fungiert Verwandtschaft als Restkategorie gegenüber den Familienbeziehungen, die in diesem Band mit je eigenen Kapiteln vertreten sind. Zweitens soll Verwandtschaft, inklusive Familie, als spezifisches Beziehungssystem dargestellt werden. Für dieses System werden in der Forschung zwei zentrale Mechanismen diskutiert, welche die Verwandtschaftsinteraktionen prägen: Altruismus und Tausch. Nach einer Darstellung dieser Mechanismen wird auf gesellschaftliche Veränderungen eingegangen, welche die Bedeutung von Verwandtschaft modifiziert haben. Angesichts einer stiefmütterlichen Behandlung von Verwandtschaftsbeziehungen jenseits der Familie innerhalb der gesamten Netzwerk-, Unterstützungs- und Sozialkapitalforschung verwenden wir aktuelle Daten des Sozio-oekonomischen Panels (SOEP)[1], um den heutigen Stellenwert von Verwandtschaftsbeziehungen in Deutschland zu illustrieren.

1. Definition von Verwandtschaft

1.1 Genetische Verwandtschaft

Der Grad der genetischen Verwandtschaft wird über den gemeinsamen Anteil an Allelen definiert. Als Allel bezeichnet man eine alternative Ausprägung eines Gens auf den paarweise vorhandenen menschlichen Chromosomen, also beispielsweise blaue statt braune Augen. Ausdrücken lässt sich die Nähe der Verwandtschaft über den Verwandtschaftskoeffizienten r (Hamilton 1964). Dieser hat sein Minimum bei 0 bzw. 0 % Übereinstimmung, d. h. keinerlei Verwandtschaft, und einem Maximum von 1 bzw. 100 % ge-

---

1 Die in diesem Kapitel verwendeten Daten des Sozio-oekonomischen Panels (SOEP) werden vom Deutschen Institut für Wirtschaftsforschung (DIW), Berlin, bereitgestellt (SOEP Group 2001).

netischer Übereinstimmung bei monozygoten Zwillingen. Eltern, Geschwister, Kinder und dizygote Zwillinge sind zu 0,50 verwandt; Großeltern, Enkel, leibliche Kinder von Geschwistern zu 0,25, Cousins und Cousinen sind noch zu 0,125 verwandt, deren Kinder zu 0,0675 (Neyer/Lang 2003: 310; Workman/Reader 2004). Es handelt sich dabei um Durchschnittswerte der genetischen Überlappung, die im Einzelfall auch davon abweichen können.

Die in einigen juristischen Quellen noch nachweisbare, aber wissenschaftlich veraltete Unterteilung in „Blutsverwandtschaft" verschiedener Grade folgt nicht den Regeln der genetischen Verwandtschaft. Im Recht wird die Verwandtschaft zusätzlich auch auf nicht-genetische Verwandte ausgedehnt, wie im Folgenden dargestellt.

1.2 Soziale Verwandtschaftskonstruktionen

Neben der genetischen kann eine rechtliche Form von Verwandtschaft unterschieden werden, die nicht auf genetischer Verwandtschaft aufbaut. Diese (Affinal-)Verwandten sind in der Regel über Heirat, Adoption oder andere rechtlich geregelte Verfahrensweisen zu Verwandten geworden (z. B. § 1590 BGB zu Schwägerschaft und § 1741 BGB zur Adoption). Solcherart in ein Verwandtschaftssystem integrierte Personen hatten in der Regel vorher keine gemeinsamen (nahen) genetischen Verwandten. Dies wird durch die in allen Gesellschaften existierenden Inzestregeln sogar explizit zu vermeiden versucht. Eine auf dynastische Sicherung von Adligen- und insbesondere Königshäusern beschränkte Ausnahme bildet die Institution der Geschwister- und Verwandtenehe: „Sie dient dem Zusammenhalt der ökonomischen Machtmittel des Hauses, daneben, wohl dem Ausschluß politischer Prätendentenkämpfe, endlich auch der Reinerhaltung des Bluts" (Weber 1922: 218). Verwandtschaft ist demnach nicht nur biologisch definiert, sondern auch sozial konstruiert (Lang/Neyer 2005). So haben anthropologische und historische Forschungen beispielsweise von Lewis Henry Morgan (1877) und später von George P. Murdock (1949) gezeigt, dass die Definition von Verwandtschaft in unterschiedlichen Gesellschaften und historischen Phasen verschieden sein kann. Das, was als Verwandtschaft wirksam wird, ist teilweise unabhängig von genetischer Verwandtschaft, bzw. werden bei gleicher genetischer Verwandtschaft in verschiedenen Kulturen unterschiedliche Verhaltensregeln und Besitzansprüche definiert. In nicht komplexen Gesellschaften wurde beispielsweise über Residenzregeln entschieden, zu welcher Familie ein Paar nach der Ehe zugeordnet wird und wer für den Unterhalt zuständig ist (z. B. nach dem Wohnort der weiblichen Verwandtschaft der Frau bei den Chiapas in Mexiko, Georgas 2004).

Ein weiteres klassisches Beispiel sozialer Konstruktionen sind Deszendenzregeln, die die Zugehörigkeit zu Verwandtschaftssystemen regulieren. Sie können matrilinear, patrilinear oder bilinear konstruiert sein (Harris 1989): Verwandte werden durch Deszendenzregeln auf unterschiedliche Verwandtschaftspositionen platziert (z. B. der Mutter zugehörig: matrilinear). Innerhalb eines derart konstruierten Verwandtschaftssystems befinden sich auch Personen, die nicht miteinander genetisch verwandt sind. Der aus dem römischen Recht bekannte Satz „Mater semper certa est, pater est, quem nuptiae demonstrant"[2] deutet die Probleme an, die mit einer eindeutigen Zuordnung verbunden sind. Bei der Mutterschaft qua Geburt des Kindes gibt es keine Unsicherheiten. Die Vaterschaft ist jedoch nur durch einen genetischen Vaterschaftstest beweisbar – eine Möglichkeit, die es im alten Rom nicht gab. Deshalb wurden die Ehemänner via Rechtsspruch zu Vätern von Kindern ihrer Frauen erklärt, wenn sie ein Kind nach der Geburt annahmen. Allein, um die Besitzstände einer Familie im Falle eines untergeschobenen „Kuckuckskindes" zu wahren, war diese Option eine rationale Entscheidung aus Sicht der Ehemänner. Interessengeleitete Definitionen von Verwandtschaft finden wir auch in den Adelsfamilien des Mittelalters, wo Thronfolgeregelungen und strategische Allianzen über Patenschaften und Adoptionen in Verwandtschaftsverhältnisse überführt und damit abgesichert wurden (Jussen 1991).

Auch in heutigen Gesellschaften spielen subjektive Verwandtschaftsdefinitionen jenseits genetischer und sozialer Verwandtschaft noch eine Rolle: Es ist „eine weit verbreitete Praxis der Klassifikation, ziemlich entfernte Verwandte oder Personen, die überhaupt keine Verwandten sind, mit dem Namen naher Verwandter zu bezeichnen" (Homans 1970: 221). So werden beispielsweise die Bezeichnungen Onkel und Tante gelegentlich auch für enge, aber nicht verwandte „Familienfreunde" benutzt. Es handelt sich um Wahlverwandte (Lang/Neyer 2005) oder auch „Verwandte aus Gunst" (Homans 1970). Subjektiv können sie von den Akteuren aufgrund von Rollenerwartungen und Handlungen zur Familie oder der Verwandtschaft gerechnet werden (Bien/Marbach 1991; Lang/Neyer 2005; Widmer 2006).

1.3 Abgrenzung von Familie und Verwandtschaft

Die Abgrenzung zwischen Familie und weiteren Verwandten unterliegt keiner eindeutigen Definition. Unbestritten zählen zur Familie die Ehe und die Eltern-Kind-Beziehung. Dieser „verkürzte" Familienbegriff war meist pragmatisch begründet, weil er sich in der amtlichen Statistik, der empirischen Sozialforschung und Gesetzgebung als eindeutige und klar abgrenzbare Lebensform fassen ließ (Bertram 1991; Bengtson/Schütze 1994). Aber auch die einflussreiche, von Talcott Parsons (1943) begründete strukturfunktionalistische Familientheorie ist insofern dafür verantwortlich, als die in modernen Gesellschaften verbliebene Restfunktion der Verwandtschaft, die Reproduktion, allein in der Kernfamilie wahrgenommen wird, ohne dass dazu eine Einbettung in die weitere Verwandtschaft notwendig ist. Darüber hinaus wurden und werden auch unabhängig von der Haushaltszu-

---

2 „Die Mutter ist sicher, der Vater ist der, der durch Heirat bezeichnet ist."

gehörigkeit Geschwister und Großeltern zur Familie gerechnet (Lang 1994; Lang/Schütze 1998), als den jenseits der Eltern-Kind-Beziehung nächsten Verwandten sowohl in der Linienverwandtschaft als auch der Seitenverwandtschaft. Mit diesen Erweiterungen, dürfte dies am ehesten der Abgrenzung der Familienbeziehungen gegenüber der weiteren Verwandtschaft entsprechen.

Zu letzteren können beispielsweise Cousinen, Cousins und weitere Seitenverwandte gezählt werden. Hinzu kämen auch Affinalverwandte wie die Schwiegereltern. Im Sinne einer soziokulturellen Definition kann die Familie auch als nahe Verwandtschaft bezeichnet werden. Dieses Vorgehen bietet sich an, wenn mit Sekundärdaten gearbeitet werden muss, die keine exakte Trennung nach genetischem Verwandtschaftsgrad erlauben. Dies trifft beispielsweise auf Sammelkategorien wie „Onkel und Tanten" oder „Brüder und Halbbrüder" zu. Allerdings bleibt festzuhalten, dass es keine eindeutige und allgemein gültige Abgrenzung zwischen Familie und weiterer Verwandtschaft gibt.

2.　Bedeutung von Verwandtschaft: Mechanismen und historischer Wandel

2.1 Mechanismen der Verwandtschaft: Wie funktioniert sie?

Untersuchungen konnten Evidenzen dafür liefern, dass genetische Verwandtschaft die Gewährung von Hilfeleistungen nur bedingt beeinflusst (Neyer/ Lang 2003; Pennisi 2005). Besonders in lebensbedrohlichen Situationen, das belegen historische Darstellungen, schaffen Verwandte aber einen Überlebensvorteil (Pennisi 2005; McCullough/Barton 1991; Grayson 1993). Es stellt sich folglich die Frage, wie sich die Kooperationen, Interaktionen und Wechselwirkungen zwischen Verwandten verstehen und erklären lassen. In der Literatur werden in erster Linie zwei Mechanismen verantwortlich gemacht: (a) Altruismus basierend auf der Kinselection-Theorie (Hamilton 1964) und (b) sozialer Tausch durch Vertrauen bzw. Reziprozität. Es geht folglich um eine der Kernfragen der Verhaltenswissenschaften nach altruistischen und rein materialistisch-egoistischen Präferenzen (Lang/Neyer 2005; Opp 2004). Zusätzlich sind in der Literatur Theorien eines „selfish gene" prominent (Dawkins 2006).

Genetisch bedingter Altruismus

Der Mensch ist ein soziales Lebewesen, d.h. soziale Wertschätzung und Zugehörigkeit sind für das Wohlergehen wichtig. Als besonders adaptiv hat sich aus evolutionspsychologischer Sicht die Orientierung an genetisch Verwandten erwiesen (Neyer/Lang 2004). Diese beschreibt die Neigung, im Sozialverhalten nach dem Verwandtschaftsgrad zu differenzieren und nähere Verwandte gegenüber entfernten bzw. nicht verwandten Personen zu bevorzugen (Lang/Neyer 2005; Voland/Paul 1998). Grundlage der gesuchten

Nähe ist die von William D. Hamilton (1964) formulierte Hypothese, dass die Weitergabe von Genen von der einen auf die nächste Generation nicht nur und keineswegs immer am sichersten durch direkte sexuelle Fortpflanzung erreicht wird, sondern auch indirekt durch die Unterstützung von verwandten Personen, die ja zu einem bestimmten Prozentsatz ebenfalls Träger der eigenen Gene sind. Es gibt demnach einen biologischen Imperativ, der – wenn auch nicht deterministisch, sondern im Zusammenspiel mit persönlicher Situation und kultureller Tradierung – das situative Verhalten so steuert, als ob damit die Wahrscheinlichkeit einer maximalen Genreproduktion angestrebt würde (Voland/Paul 1998). Nach der so genannten Hamilton-Ungleichung steigert die Verwandtschaftsnähe (ceteris paribus) die Wahrscheinlichkeit, dass ein reproduktiver Vorteil durch altruistisches Verhalten entsteht. Aus dieser Ungleichung lässt sich ableiten, dass sich individuelle Akteure bzw. Organismen eher unterstützen, wenn sie stärker verwandt sind. Die Theorie der „inclusive fitness" versteht Altruismus als e-goistische Überlebensstrategie von Genen (Kappelhoff 2004: 86 ff.). Individuelles Verhalten wird aus „genetischem Eigennutz" im Evolutionsprozess selegiert, dieser Eigennutz bezieht sich dabei aber „nicht auf das handelnde Individuum, sondern auf seine genetischen Programme" (Voland/Paul 1998: 37). „Die Fitnessnachteile einer altruistischen Verhaltensweise" werden „für den Träger des Gens mit den […] Fitnessgewinnen bei anderen Trägern des gleichen Gens verrechnet" (Kappelhoff 2004: 86 ff.).

Sozial bedingter Tausch

Um begehrte Güter zu erhalten, ist der Mensch auf Tausch angewiesen. Gerade sozialer Tausch birgt viele Risiken. Es wird zeitlich versetzt gehandelt, es gibt Anreize zur Defektion, Vereinbarungen können nicht rechtlich durchgesetzt werden, etc. (Voss 1998; Dasgupta 1988). Welche Vorteile bietet hierfür die Integration in ein Verwandtschaftssystem aus vertrauenstheoretischer Sicht? Die Antwort fällt leicht, wenn man die besonders nahen (egal ob biologisch oder sozial) Verwandten als strong-tie-Beziehungen (Granovetter 1973) betrachtet. Diese sind bestimmt durch ein hohes Maß an emotionaler Nähe, Intimität, gemeinsam verbrachter Zeit und Multiplexität. Folglich liegen gute Bedingungen für gegenseitige Kredit- bzw. Vertrauenswürdigkeit vor, die für längerfristig angelegten sozialen Tausch zentral sind. Beispielsweise sind durch einen „Schatten der Vergangenheit" viele Informationen zur gegenseitigen Verhaltensabschätzung als Reputation vorhanden (Dasgupta 1988). Ein „Schatten der Zukunft" (Axelrod 1987) – d.h. erwartete gemeinsame Interaktionen in der Zukunft – ermöglicht es, Verhalten zu kontrollieren, Abweichungen zu sanktionieren und somit zu reduzieren. James S. Coleman (1988: 105) nennt zudem eine „intergenerational closure", die ebenso für die Lenkung von Verhalten verantwortlich ist. Den Verwandtschaftsmitgliedern kann ein Interesse unterstellt werden, die Reputation gegenüber externen Tauschpartnern zu wahren und soziale Kontrolle auf den Einzelnen auszuüben. Bei tolerierten Abweichungen würde der Nutzen einer Zugehö-

rigkeit schwinden, da die Reputation für Tausch außerhalb der Verwandtschaft einen wichtigen Tauschparameter darstellt.

Der spezifische Solidarcharakter von Verwandtschaft lässt sich an der Unterscheidung der für Wahlbeziehungen typischen kurzfristigen Reziprozität
im Vergleich zur für Verwandtschaft typischen aufgeschobenen oder sogar
generalisierten Reziprozität (Gouldner 1960) festmachen: Beinhalten die
auf wechselseitige Attraktivität angelegten, auflösbaren Wahlbeziehungen
vor allem das Potential für wechselseitig vorteilhaftes Geben und Nehmen
im direkten Austausch, ermöglicht Verwandtschaft eher eine zeitlich ent-
zerrte Vorstellung von Leistung und Gegenleistung: So genannte riskante
Vorleistungen, die Vertrauen erfordern (Luhmann 1973; Coleman 1988).

Durch die langfristige wechselseitige Verpflichtung und Kontrolle innerhalb von Verwandtschaftsnetzen kann solche einseitige Hilfe auch von der
einzelnen Beziehung entkoppelt werden, ohne dass das (in diesem Falle:
generalisierte) Reziprozitätsprinzip verletzt würde: Man leistet diese Hilfe
dem Verwandten A und bekommt sie bei eigener Bedürftigkeit vom Verwandten B vergolten, da Person A gerade nicht in der Lage ist. Man hilft
sich eben gegenseitig. Es gibt dafür zwar keine Garantie, aber doch eine
höhere Wahrscheinlichkeit als in weniger definierten, weniger vernetzten
und eher kündbaren Wahlbeziehungen wie etwa Freundschaften (Diewald
1997; Lang 1994). Gerade einseitige Verpflichtungen und asymmetrische
Hilfebedürftigkeiten vertragen sich schlechter mit den Erlebnishorizonten
von Freundschaft.

Altruismus oder Tausch?

Eine Herausforderung für soziobiologische Erklärungen stellt es dar, wenn
Kinder adoptiert, gepflegt oder zu Stiefkindern werden. Diese müssten der
Theorie entsprechend eine hohe genetische Nähe aufweisen oder die Übernahme dieser Verantwortung müsste die eigene genetische Reproduktion
fördern, etwa durch erwerbbares soziales Ansehen und positive Folgen für
den Fortpflanzungserfolg. Dies scheint aber nicht in allen Fällen zutreffend
zu sein. Es steht auch in Frage, ob beispielsweise die Bereitschaft, ältere
Verwandte zu pflegen mit dem „selfish gene" erklärt werden kann. Die reproduktive Phase Älterer, auch deren Unterstützungspotential für das Auf-
ziehen von Enkeln, ist im Pflegestadium überschritten und wäre damit
Energieverschwendung. Peter Kappelhoff (2004) weist deshalb darauf hin,
dass die Bedeutung des durch genetische Überlappung begründeten Ver-
wandtschaftsaltruismus bei sozial lebenden Säugetieren und vor allem bei
Menschen gegenüber anderen, sozial konstruierten und auf kognitive Leistungen des Erkennens, Auswählens und Unterscheidens gegründeten Soli-
dargemeinschaften deutlich relativiert werden muss. Umgekehrt gilt: Die
evolutionstheoretische Sichtweise auf Verwandtschaft negiert keineswegs
soziale Konstruktionen von Verwandtschaft, doch widerspricht sie ausdrücklich Vorstellungen, wonach Verwandtschaft bis zur Bedeutungslosigkeit zerfallen könnte (Voland 2000). So lässt sich empirisch in der Tat

nachweisen, dass das Näheempfinden durch genetische Verwandtschaft zwar nicht determiniert, doch signifikant gesteuert wird (Neyer/Lang 2003). Josephine D. Korchmaros und David A. Kenny (2001) zeigen, dass genetische Verwandtschaft nicht direkt das Hilfeverhalten beeinflusst, sondern über die emotionale Nähe vermittelt wird.

Behandelt man Altruismus und Tausch nicht losgelöst voneinander, stellt sich die Frage nach der Stärke verschiedener Erklärungen und zugrunde liegender Kausalitäten (Cox/Rank 1992). Steigert die genetische Nähe

1. altruistische Präferenzen und damit die Bereitschaft zu altruistischem Handeln, was auch über eine erhöhte Interaktionshäufigkeit und -intensität zum Ausdruck kommt?
2. die Interaktionshäufigkeit und -intensität, d. h. die soziale und zeitliche Einbettung, welche reziproken Tausch ermöglicht?

Dabei würde hauptsächlich die erste Erklärung auf den Egoismus der Gene als Mechanismus zwischen Genen und Präferenzen verweisen: „Natural selection favours genes that control their survival machines in such a way that they make the best use of their environment" (Dawkins 2006: 66). Möglicherweise bauen beide Erklärungen aufeinander auf. Dass altruistische Präferenzen auch in Tauschprozesse einfließen, zeigt Norman Braun (1992). Da Tausch, wie erörtert wurde, unter Verwandten unter bestimmten Bedingungen vorteilhaft ist, stellt dies eine gute Umweltanpassung dar. Altruismus kann also eine gelernte vorteilhafte Strategie sein, die sich evolutionär als Meme durchgesetzt hat (Dawkins 2006). Wie erklärungskräftig Altruismus ist, sollte sich beispielsweise zeigen, wenn altruistische Präferenzen bei räumlicher Trennung von Verwandten bzw. bei Wahlverwandtschaften (d. h. nicht genetischer Verwandtschaft) deutlich geringer sind. Die Ergebnisse von Donald Cox und Mark R. Rank (1992) deuten genau dies an, indem Transfers eher Austauschmotiven als Altruismus zu folgen scheinen. Für eine alternative Erklärung müsste der Mechanismus zwischen Genen und Handlungen spezifiziert werden (bspw. mit geringeren Transaktionskosten durch größere Ähnlichkeit, siehe Posner 1980), denn eine direkte genetische Steuerung des Verhaltens gibt es nicht. Auch die Vertrautheit, die durch ein Zusammenleben entsteht, kann einer dieser Mechanismen sein (ebd.). Kooperation unter Verwandten ist aber nicht immer auf altruistische Präferenzen angewiesen – beispielsweise, wenn die Interaktionswahrscheinlichkeit groß ist (Axelrod/Hamilton 1981). Allerdings kann Verwandtschaft die Anfangskooperation erleichtern (ebd.). Insgesamt gilt jedoch, dass bei der Frage nach Effektstärke und Kausalität der konkurrierenden Erklärungen weiterer Forschungsbedarf besteht. Wie stark sozial determiniert Verwandtschaft ist, soll nun ein Blick auf den Wandel ihrer Bedeutung zeigen.

2.2 Wie und warum hat sich die Bedeutung der Verwandtschaft verändert?

Verwandtschaft ist das elementarste Prinzip der sozialen Organisation, das die vergleichsweise größte Bedeutung in parochialen Gesellschaften hat. Die Integration in ein Verwandtschaftssystem kann unter anderem vier materielle und immaterielle Vorteile mit sich bringen (Ott 1989; Ben-Porath 1980): (1) Sie dient der gemeinsamen und spezialisierten Produktion von tauschbaren Gütern, (2) sie ermöglicht den gemeinsamen und effizienten Konsum unteilbarer, haushaltsöffentlicher Güter; (3) sie sichert gegen (materielle) Risikofälle ab und (4) sie liefert spezifische immaterielle Güter wie emotionale Geborgenheit und Vertrauen. Wie stellt sich die Bedeutung einiger dieser Vorteile skizzenhaft im Zeitverlauf dar? Gerade durch die materiellen Vorteile – die gemeinsame Produktion und Sorge füreinander im Notfall – wurde das Überleben in engen Verwandtschaftssystemen gesichert und geregelt.

Ihre Bedeutung wurde dann durch die Ausdifferenzierung von gesellschaftlichen Teilsystemen (oder Institutionen) relativiert. Bereits im frühen Mittelalter entwickelte (Latein-)Europa eine im Kulturvergleich singuläre Einschränkung verwandtschaftlicher Zuständigkeiten, denn mit der Ausbreitung des Christentums und damit kirchlicher Organisationsformen sowie nationalstaatlicher Ansätze ging eine fundamentale Schwächung der Verwandtschaft einher. Von ihr wurden fortan weit weniger Lebensbereiche geregelt als zeitgleich in islamischen Gesellschaften oder China. Die Weitergabe gelehrten Wissens, um ein Beispiel zu nennen, war im lateinischen Mittelalter zunehmend einer ständischen Institution anvertraut, nämlich den Klöstern und der Universität. In islamischen Gesellschaften wurde diese Weitergabe hingegen verwandtschaftlich organisiert (Jussen 2008).[3]

Eine weitere Bedeutungseinschränkung wird mit der Modernisierung des Okzidents nach dem Mittelalter und insbesondere seit etwa der Mitte des 19. Jahrhunderts verknüpft: Die Ausbildung von nationalen Wohlfahrtsstaaten, von Rationalisierung und Bürokratie, einer unabhängigen Justiz, die Entwicklung von Arbeits- und Gütermärkten und damit verbunden sozialer Schichtung (statt Ständen) und sozialer Mobilität zwischen diesen Schichten. Infolgedessen wurde die Produktion von Gütern immer stärker arbeitsteilig und Überschuss produzierend durchgeführt; somit vergrößerten sich die Tauschkreise weit über Verwandtschaften hinaus. Auch die Unsicherheiten des Tauschs wurden rechtlich und mit zentralen Instanzen immer stärker (ex ante) glaubwürdig abgesichert. Die Bedeutung von Verwandtschaft als Solidargemeinschaft wurde durch die historisch später einsetzende Ausdifferenzierung und Leistungssteigerung von Markt und Wohlfahrts-

---

3 Auch heute noch sind die Verbindungen zwischen Kernfamilie und Verwandtschaft in Staaten wie Schweden, Großbritannien und den USA lockerer als in China, Indien und Griechenland (zusammenfassend: Georgas 2004).

staat noch weiter relativiert: Nicht nur der produktive, sondern auch der Versicherungsnutzen der Verwandtschaft sinkt. Wenn Akteure eine Pflicht-abgabe in die Arbeitslosen- oder Pflegeversicherung zahlen können oder sogar müssen und mit juristisch abgesicherter Erwartbarkeit Auszahlungen im Bedarfsfall erhalten, sinkt selbst dann, wenn Sicherungsfunktionen wie etwa die Pflege innerhalb der Verwandtschaft bedeutsam bleiben, die opti-male Verwandtschaftsgröße, da durch alternative Absicherungsmodi immer weniger Verwandte benötigt werden, um diese Risiken aufzufangen (Be-cker 1974; Posner 1980). Diese funktionalen Spezialisierungen führten demnach dazu, dass (gerade komplexe) Güter günstiger bzw. qualitativ bes-ser hergestellt werden konnten als durch die Verwandtschaft. Insgesamt verringerten sich dadurch die Anreize, in Verwandtschaftsbeziehungen zu investieren bzw. Vorteile von ihnen zu erwarten, denn der Statuserwerb, die Absicherung gegen Lebensrisiken sowie die Versorgung mit Gütern und Diensten wurden nun von jeweils spezialisierten Institutionen geregelt (Cox/ Rank 1992 zu empirischen Evidenzen intergenerationaler Transfers und staatlicher Hilfen). Wie bereits erwähnt, wurde für die Verwandtschaftsbe-ziehungen außerhalb der Familie deshalb die Vermutung einer weit rei-chenden Deinstitutionalisierung des weiteren Verwandtschaftssystems (Par-sons 1943; Tyrell 1976) sowie einer strukturellen Isolation der Kernfamilie (Litwak 1960) entwickelt: Die weitere Verwandtschaft in modernen Gesell-schaften hat demnach keine wesentlichen Funktionen für die gesellschaftli-chen Aufgaben der Kernfamilie behalten; für die Reproduktion und die Be-friedigung der physischen und psychischen Bedürfnisse der Mitglieder ist die Gattenfamilie ausreichend.

Einhergehend mit dieser Bedeutungseinschränkung ging auch die Verfüg-barkeit von Verwandten zurück: Verwandtschaftsnetze werden – durch Ar-beitsmobilität etc. – immer stärker räumlich getrennt (Leigh 1982; Robins/ Tomanec 1962; Reiss 1962). Zudem sinkt der Anteil von Mehrgeneratio-nenhaushalten (Keilmann 1987; Peukert 1996), was zum einen das Nähege-fühl und zum anderen die Interaktionshäufigkeit mit Verwandten verringert und (nicht-finanziellen) Tausch durch höhere Transaktionskosten verteuert. Auch die Anzahl verfügbarer Verwandter auf horizontaler Ebene (d.h. Sei-tenverwandter wie Geschwister, Neffen, Nichten, Cousinen und Cousins etc.) ist im Zeitverlauf durch abnehmende Geburtenraten gesunken (Höpf-linger/Stuckelberger 1999; BMFSFJ 2005). Stattdessen trägt die steigende Lebenserwartung dazu bei, dass Beziehungen zwischen aufeinander folgen-den Generationen heute wichtiger werden (Szydlik 2000). Vern L. Bengt-son und Yvonne Schütze (1994) sprechen daher von einer „Bohnenstangen-Familie".

Ist demnach – insbesondere die weitere Verwandtschaft – heutzutage be-deutungslos geworden? So wird argumentiert, dass in den westlichen Ge-genwartsgesellschaften durch die skizzierten gesellschaftlichen Differenzie-rungsprozesse und die Wohlstandssteigerung informelle Beziehungen in ei-nem historisch ungekannten Maße frei geworden seien für die Befriedigung emotionaler Bedürfnisse, und das unter diesen Umständen allerdings eher Wahlbeziehungen, die nach eigenen Neigungen eingegangen und aufgelöst werden können, die adäquatere Beziehungsform zu sein scheinen: Freundschaft statt Verwandtschaft, Freiwilligkeit statt Zuschreibung, Auflösbarkeit statt Permanenz, gestaltbare Reziprozität statt festgeschriebener Zugehörigkeit (zusammenfassend: Schuster et al. 2003). Für diese These sprechen allerdings weniger vergleichende Untersuchungen zur Beziehungsqualität von verwandtschaftlichen, insbesondere familialen, und nichtverwandtschaftlichen Beziehungen (s. Abschnitt 4), als vielmehr die Tatsache, dass Ehe und Elternschaft unter heutigen Bedingungen seltener eingegangen werden. Zwar bedeutet dies keineswegs, dass Ehe und Familie unattraktiv geworden wären und es keine nennenswerten Kontakte zu Verwandten mehr gäbe, doch hat die Verwandtschaft weniger Gruppencharakter und wird eher selektiv aktiviert.

Entgegen der oben formulierten These eines Bedeutungsverlusts der Verwandtschaft durch steigende Wohlfahrt kann die Bedeutung auch zunehmen. Betrachtet man die Mikroebene, erhöht die gesellschaftliche Wohlfahrt den Anreiz in Verwandtschaftsbeziehungen zu investieren, da die absolute Menge eines potentiellen Erbes zunimmt. Durch positive Dienste oder Nähe (z. B. der Pflege der Eltern durch die Kinder) kann man die Wahrscheinlichkeit erhöhen, etwas von diesem Kuchen abzubekommen (Cox/Rank 1992). Im Gegenzug steigt die Nachfrage intergenerational geleisteter finanzieller und praktischer Hilfen mit zunehmender Lebenserwartung, und zwar insbesondere dann, wenn die Leistungen der Pflegeversicherung die anfallenden Kosten nicht deckt und Unterversorgung droht (Wagner/Wolf 2001). Die dann erbrachten Leistungen können sich auch qualitativ von den staatlich gewährten unterscheiden. Daher finden sich beim Vergleich moderner Wohlfahrtsstaaten auch nur uneindeutige (Scheepers et al. 2002; van Oorschot/Arts 2005) oder gar keine (Lüdicke/Diewald 2007) Belege dafür, dass ausgebaute Wohlfahrtsstaaten im Vergleich zu weniger stark ausgebauten den Kontakt zwischen Verwandten reduzieren würden. Die hohe Erwartbarkeit und Garantiertheit beim Tausch von Leistungen macht demnach Verwandtschaften nach wie vor zu einer vergleichsweise kalkulierbaren Rückfalloption für die Wechselfälle des Lebens mit ihren Belastungen der Unsicherheit und Instabilität. Verwandtschaftsbeziehungen sind deshalb auch heute noch die erste Anlaufstelle für Hilfen, die unvorhersehbar bzw. punktuell nötig werden sowie bei Unterstützung, die über längere Zeit einseitig gewährleistet wird (Diewald 1991; Schneekloth/ Leven 2003), und sie haben eine kompensatorische Bedeutung vor allem für diejenigen, die über wenig Einkommen und Bildung verfügen (Lüdicke/Diewald 2007). Sie stellen damit auch in modernen, ausdifferenzierten und kulturell pluralen Gesellschaften spezifische komparative Vorteile in der Beziehungsgestaltung gegenüber anderen Beziehungsformen dar. In modernen, hoch differenzierten Gesellschaften genießt Verwandtschaft zudem im Hinblick auf ihren Solidarcharakter noch einen gesellschaftlichen

Schutz. Für sie werden im Rechtssystem besondere Rechte (z. B. Zeugnis-verweigerungsrecht, Erbrecht) definiert. Dies „erweitert Handlungsgradien-ten und gewährt Wahlmöglichkeiten, wie sie unter Nichtverwandten in die-ser Form nicht bestehen" (Lucke 1998: 75). Allerdings werden auch Pflich-ten (z. B. Unterhaltspflicht) verankert und zwar weitgehend unabhängig von der tatsächlichen Qualität der aktuellen Beziehung, doch abgestuft nach dem Verwandtschaftsgrad.[4] So können affinalverwandtschaftliche Koopera-tionsbeziehungen (z. B. die Ehe) gelöst werden, Rechtsvorschriften regeln jedoch die Fortsetzung des Tausches (z. B. Unterhaltsrecht) und reduzieren während der Beziehung die Möglichkeiten gegenseitiger Ausbeutung. Ver-wandtschaftsbeziehungen jenseits der Familie wird heute allerdings nur noch eine marginale Bedeutung beigemessen. Dies zeigt sich in den eben genannten, eher auf Familie als die weitere Verwandtschaft zutreffenden Argumenten einer weiterhin bestehenden Bedeutung, und es spiegelt sich auch generell in einer weitgehenden Vernachlässigung innerhalb der Bezie-hungs-, Netzwerk- und Unterstützungsforschung wider.

Im Folgenden werden wir die im dritten Abschnitt angestellten Überlegun-gen zur Verfügbarkeit sowie der heutigen Bedeutung von Verwandtschafts-beziehungen vor dem Hintergrund aktueller Daten überprüfen und dabei insbesondere Kernfamilie und weitere Verwandtschaft vergleichend gegen-überstellen.

3. Empirische Ergebnisse zur Struktur und Bedeutung von Verwandtschaft heute

3.1 Befunde zur Größe der Verwandtschaft

Fragt man danach, wie viele Verwandtschaftsbeziehungen als potentielles Beziehungsnetzwerk (Lang/Schütze 1998) heute zur Verfügung stehen, er-hält man für die in Deutschland ansässige Bevölkerung eine durchschnittli-che Anzahl von rund 10,6 Verwandten (eigene Berechnungen auf Basis des SOEP 2006).[5] Davon stammen durchschnittlich 5,1 Personen aus der Fami-lie. Weitere 5,4 Personen gehören zur weiteren Verwandtschaft. 69,1 % der (bis 17 Jahre) Befragten haben zusätzlich einen Partner und verfügen damit

---

4 Vgl. dazu die Beiträge in diesem Handbuch zu spezifischen Verwandtschaftsbezie-hungen.
5 Diese Angabe setzt sich zusammen aus genetischen und nicht genetisch (verschwäger-ten) Personen. Eine Trennung zwischen genetischen und nicht genetisch Verwandten ist anhand der Daten nicht eindeutig möglich. Zur *Kernfamilie* werden hier (Stief- und Pflege-)Eltern, Kindern, (Halb-)Geschwistern, Großeltern und Enkeln gezählt. Die *wei-tere Verwandtschaft* setzt sich zusammen aus: Tanten, Onkel, Neffen, Nichten und sons-tigen Verwandten. Ehemalige (Ehe-)Partner werden hier nicht berücksichtigt. Die Affi-nalverwandtschaft ist also dieser Erhebung unterrepräsentiert. Folglich wird die (soziale) Verwandtschaft nicht umfassend abgebildet. Bei dieser und allen folgenden Berechnun-gen wurde eine Querschnittsgewichtung (Welle 2006) vorgenommen (Pischner 2007). So lässt sich eine an die Bevölkerungsstatistik angepasste Repräsentativität erreichen.

durchschnittlich über 11,3 Personen. Befragte mit nicht deutscher Staatsangehörigkeit verfügen insgesamt über eine größere Gesamtverwandtschaft (aus Familie und weiterer Verwandtschaft mit durchschnittlich 6,7 Personen mehr) als Deutsche. Beispielsweise ist diese Gesamtverwandtschaft von Migranten mit türkischem Hintergrund fast doppelt so groß wie die von Deutschen. Dies liegt in erster Linie an der weiteren Verwandtschaft. Die Gesamtverwandtschaft ist von Befragten, die zum Zeitpunkt der Befragung in den neuen Bundesländern lebten, um mehr als eine Person kleiner als bei jenen aus den alten Ländern. Mit dem Alter geht besonders die Anzahl der weiteren Verwandten zurück (Wagner/Wolf 2001).

3.2 Überlappung zwischen Freundschaft und Verwandtschaft

Dass Verwandtschaft und Wahlbeziehungen (Freundschaft) keine völlig voneinander getrennten Beziehungssysteme sind und einander überlappen können, wurde bereits im zweiten Abschnitt erwähnt. Auf der einen Seite können zwischen verwandten Personen Beziehungsqualitäten entstehen, die den idealtypischen Charakter von Freundschaften annehmen, also aufgrund von Sympathie ausgewählte Personen, mit denen reziproke, auf wechselseitige Bestätigung, Freizeitaktivitäten und emotionale Öffnung ausgerichtete Interaktionen gepflegt werden. Dass dies auch heute keineswegs selten der Fall ist, zeigen eigene Analysen mit den Daten des Sozio-oekonomischen Panel (SOEP) von 2006. Fragt man nach den drei „persönlich wichtigsten Freunden" außerhalb des eigenen Haushaltes, zeigt sich, dass bei knapp 28% der Befragten alle genannten Freundschaften aus der Verwandtschaft stammen. Mehr als jeder zweite Freund (51,4%) ist gleichzeitig ein Verwandter. Wen die Befragten als verwandt bezeichnen, unterliegt bei dieser Frage ihrer subjektiven Definition. Bei circa 26% sind keine der drei wichtigsten Freunde gleichzeitig Verwandte. Dies ist bei Ostdeutschen etwas häufiger der Fall als bei Westdeutschen, d.h. Westdeutsche rekrutieren öfter wichtige Bekannte/Freunde aus der Verwandtschaft als Ostdeutsche. Zudem sinkt der Anteil Verwandter unter den Bekannten/Freunden mit zunehmendem Alter. Männer und Frauen unterscheiden sich hierbei nicht.

Umgekehrt können nichtverwandte Personen Handlungen übernehmen und Erwartungen erfüllen, die der Verwandtschaftsrolle entsprechen. Dann gehören sie subjektiv zur Familie (Bien/Marbach 1991). Nach Untersuchungen auf Basis des Familiensurvey ist auch dies ein keineswegs seltenes Phänomen, sondern kommt bei knapp zehn Prozent der Befragten vor (ebd.).

3.3 Bedeutung der Verwandtschaft als Unterstützungssystem

Fragt man nach der Bedeutung von Familie und Verwandtschaft im Vergleich zu nichtverwandten Personen für eine Palette verschiedener Formen sozialer Unterstützung, zeigt sich, dass in Übereinstimmung mit früheren Untersuchungen die Familie und Partner (wenn vorhanden) die zentrale Rolle im Leben eines Menschen spielen, und zwar sowohl wenn es um emo-

Tab. 1: Anteil der Nennungen (bei jeweils maximal 3 Nennungen) nach Beziehungskontext (N=19.431 konstant gehalten; fehlende Antworten ausgeschlossen; Quelle: SOEP 2006, eigene Berechnungen mit Querschnittsgewichtung).[6]

	% von genannten Beziehungen					
Generatoren (kursiv = einzeln, normal = aggregiert)	Partner	Kern-familie	weitere Verwandt-schaft	Nicht-Verwandte	% keine Beziehung genannt	Gesamt-Mittelwert
Emotionale Unterstützung	37,6 (1,2)	41,8 (1,7)	3,1 (0,1)	17,4 (0,7)	2,8	3,8
a) Gedanken/Gefühle mitteilen	39,9 (0,7)	39,9 (0,9)	3,1 (0,1)	17,1 (0,4)	6,0	2,0
b) Wahrheiten erfahren	39,8 (0,6)	40,5 (0,8)	2,6 (0,1)	17,1 (0,3)	14,0	1,7
Instrumentelle Unterstützung	37,2 (0,9)	42,8 (1,3)	2,8 (0,1)	17,2 (0,5)	5,5	2,7
c) potentielle Pflegehelfer	37,1 (0,6)	45,8 (1,0)	3,0 (0,1)	14,1 (0,3)	7,0	1,9
d) berufliche Förderer	42,0 (0,3)	31,5 (0,3)	1,5 (0,0)	24,9 (0,2)	57,2	0,8
Unterstützung – Gesamt	35,8 (2,1)	43,4 (3,0)	3,2 (0,2)	17,6 (1,2)	1,3	6,4
belastende Streits und Konflikte	34,6 (0,2)	36,6 (0,3)	4,9 (0,0)	23,9 (0,2)	50,0	0,8
Gesamt	35,4 (2,5)	43,3 (3,4)	3,4 (0,1)	17,9 (1,2)	1,1	7,2

Anmerkung: in Klammern – mittlere Anzahl, inklusive der Personen ohne Nennungen.

tionale (Item a und b) als auch wenn es um instrumentelle (Item c und d) Unterstützung geht (vgl. Tab. 1, Spalten 2 und 3). Auf sie entfallen jeweils etwas mehr als 40% der genannten Beziehungen. Besonders hoch ist der Anteil Nicht-Verwandter bei der Frage der beruflichen Unterstützung (Spalte 5).

Unter diesen Helfern findet sich fast ein Viertel Nicht-Verwandte – ähnlich stellt sich das Bild beim Streit dar. Dafür spielen in diesen zwei Fragen zum einen die Familie, zum anderen die Partner eine geringere Rolle. Die weitere Familie tritt kaum in Erscheinung (Spalte 4) – nicht nur im Vergleich zur

6 Die *Kernfamilie* ist wie in Fußnote 4 zusammengesetzt, allerdings können Halbgeschwister nicht gesondert genannt werden. Bei der weiteren *Verwandtschaft* war zusätzlich die Nennung der Schwiegereltern möglich. *Nicht-Verwandte* bestehen hier nicht nur aus ehemaligen (Ehe-)Partnern, sondern auch aus Kollegen, Vorgesetzten sowie Personen, die man aus der Ausbildung, Nachbarschaft, aus Vereinen und Freizeit kennt, sowie professionelle Helfer und andere.

Familie, sondern auch im Vergleich zu nichtverwandten Personen. Diese Ergebnisse unterstützen die im dritten Abschnitt genannten Annahmen der herausgehobenen Bedeutung der Familie, auch wenn die Deckelung der möglichen Antworten bei maximal drei die Bedeutung von nichtverwandten Personen etwas unterschätzten dürfte. Allerdings spiegelt sich auch bei der Häufigkeit belastenden Streits bzw. belastender Konflikte diese Vorranstellung der Familie und die geringe Bedeutung der weiteren Verwandtschaft wider.

Werden Personen danach gefragt, wie eng denn die Beziehungen zu nicht im selben Haushalt lebenden Verwandten seien, so bestehen zu den eigenen Kindern die engsten Bande, gefolgt von Beziehungen zu Eltern, Geschwistern, Großeltern und Sonstigen Verwandten (SOEP 2001, eigene Berechnungen). Für Migranten sind alle Beziehungen etwas wichtiger als für Deutsche, die Relationen sind aber sehr ähnlich. Darüber hinaus ist ein klarer Geschlechtsunterschied zu erkennen: Die Verbindungen zu Müttern, Töchtern oder Schwestern sind jeweils enger als zu Vätern, Söhnen oder Brüdern. Weitere Verwandte stehen bei allen Befragtengruppen ganz am Ende der Bedeutungshierarchie. Zu restlichen Verwandten wie etwa Cousins/Cousinen, Onkel/Tanten oder Neffen/Nichten werden in allen Befragtengruppen am wenigsten enge Beziehungen unterhalten.

3.4 Bedingungen der Aktivierung von Verwandtschaftsbeziehungen

Solche Durchschnittswerte sagen jedoch noch nichts darüber aus, inwiefern sich unter bestimmten Bedingungen die relative Bedeutung verschiedener Beziehungskontexte erheblich nach oben oder unten verschieben kann, etwa unter den Bedingungen von manifesten Konflikten oder des Fehlens bestimmter Beziehungen. Sie schließen nicht aus, dass unter bestimmten Bedingungen der besondere Charakter auch der weiteren Verwandtschaftsbeziehungen im Sinne von Verfügbarkeit und (biologisch begründeter) Gegebenheit sie zu mobilisierbaren Ressourcen macht, wenn andere Beziehungen nicht zur Verfügung stehen, durch Konflikte belastet oder zu aufwändig zu pflegen sind. Sie können in diesem Sinne so etwas wie eine Notfallreserve darstellen, auf die unter bestimmten Bedingungen dann doch zurückgegriffen wird. Im Folgenden gehen wir deshalb auf einige sozialstrukturelle Bedingungen ein, die für die Aktivierung von Verwandtschaftsbeziehungen (Lang/Schütze 1998) bedeutsam sind. Hierfür wird die Anzahl der Nennungen bei den in Tabelle 1 verwendeten vier Unterstützungsgeneratoren für die vier Gruppen: (a) Partnerschaften; (b) Familie; (c) weitere Verwandtschaft und (d) Nicht-Verwandte sowie (e) insgesamt zusammenaddiert. Partner können theoretisch 0- bis 4-mal genannt worden sein, alle anderen Personengruppen 0- bis 12-mal. Tabelle 2 zeigt nun, wie diese Summen jeweils von der Anzahl der vorhandenen Personen (z.B. Partner) und potentiellen Beziehungen sowie einigen sozialstrukturellen Merkmalen beeinflusst werden. Dabei sind die positiven Zusammenhänge zwischen dem Vorhandensein bzw. der Anzahl von Beziehungen eines bestimmten Typs und der Häufigkeit von deren Nennung als Unterstützungspersonen lediglich als Kontrollvariablen anzusehen, denn ein starker positiver Zusammenhang ist generell zu erwarten. Tatsächlich zeigt sich auch, dass das quantitative Vorhandensein eines Beziehungstyps die Häufigkeit seiner Nennung (moderat) erhöht. So erhöht beispielsweise jedes vorhandene Familienmitglied die Anzahl der als Helfer genannten Familienmitglieder um 3 % (vgl. Tab. 2). Dies gilt insbesondere für die Partnerschaft. Ist ein Partner vorhanden, zählt dieser sehr oft – aber nicht immer – auch zu den Unterstützern. Interessant ist hingegen, in welchem Umfang durch das Vorhandensein von bestimmten Beziehungen bestimmte andere Beziehungstypen seltener als Unterstützer genannt werden.

Personen mit Partner nennen alle anderen Beziehungsgruppen seltener, und zwar besonders Nichtverwandte. Das Fehlen einer großen Familie scheint in etwa gleichem Maße durch weitere Verwandtschaft und Nichtverwandte substituiert zu werden, denn kleine Familien erhöhen die Anzahl von Unterstützern aus beiden Bereichen. Umgekehrt beeinflusst eine umfangreiche weitere Verwandtschaft die Zahl der Helfernennungen aus der Familie leicht positiv, möglicherweise auf Grund des Umstands, dass ausgedehnte Verwandtschaftsnetzwerke eine starke Familienorientierung implizieren. Nichtverwandte schließlich werden besonders dann genannt, wenn kein Partner und nur eine kleine Familie vorhanden sind (Bien/Marbach 1991).[7]

Betrachten wir wenige ausgewählte sozialstrukturelle Bedingungen der Aktivierung verschiedener Netzwerksegmente als Unterstützer, so zeigt sich, dass mit jedem Lebensjahr die Zahl der Unterstützer in fast allen Segmenten um 1 bis 2 % zurückgeht, und zwar vor allem unter den Nichtverwandten, mit Ausnahme der weiteren Verwandtschaft, die offensichtlich das Wegbrechen familialer und nichtverwandtschaftlicher Beziehungen wenigstens teilweise kompensiert. Zum zweiten zeigen wir geschlechtsspezifische Unterschiede: Frauen nennen durchgängig weniger Unterstützer – besonders aus dem Bereich der weiteren Verwandtschaft. Allein bei der Nennung des Partners bzw. der Partnerin offenbaren sich keine Geschlechtsunterschiede: Diese Beziehungen sind beiden gleich wichtig. Der bekannte Effekt, wonach Hochgebildete besonders über mehr nichtverwandtschaftliche Unterstützer verfügen, lässt sich auch anhand dieser Daten nachweisen. Auch eine Erwerbstätigkeit führt zur Nennung von mehr nichtverwandtschaftlichen Beziehungen. Jedoch reduziert sie – möglicherweise auch mobilitätsbedingt – die Zahl der Beziehungen innerhalb der Familie und mit der weiteren Verwandtschaft.

---

7 Ein potentielles Netzwerk für Nichtverwandte zu ermitteln stellt ein kaum zu lösendes methodisches Problem dar und wurde auch nicht erhoben.

Tab. 2: Einflüsse auf die Anzahl der Helfernennungen aus verschiedenen Herkunftskontexten zu vier Unterstützungsfragen – Poisson-Regressionen; Quelle: SOEP 2006, eigene Berechnungen mit Querschnittsgewichtung (N = 18.203).[8]

Faktorielle Änderung der Odds Ratios	(a) Partner	(b) Familie	(c) Weitere Verwandtschaft	(d) Nicht-Verwandte	(e) Gesamt
Konstante (B-Wert)	-2,62***	1,81***	-0,97***	0,90***	2,08***
Potentielles Netzwerk					
Partner vorhanden	35,75***	0,72***	0,72***	0,58***	1,14***
Familie (Anzahl)	0,99	1,03***	0,94***	0,96***	1,01***
Weitere Verwandtschaft (Anzahl)	1,00*	1,00***	1,03***	1,01***	1,01***
Sozialstrukturelle Merkmale					
Geschlecht (=Frau)	1,02	0,89***	0,73***	0,90**	0,94***
Alter (Jahre)	0,99*	0,99***	1,00	0,98***	0,99***
Region (=West)	0,99	0,91***	1,04	1,00	0,95***
Staatsbürgerschaft (=deutsch)	1,04	1,22***	0,97	1,39**	1,17***
Hochschulabschluss (=ja)	1,10***	1,09**	0,86	1,29***	1,12***
Erwerbstätigkeit (=ja)	1,13***	0,91***	0,72***	1,32***	1,02
Wald Chi² (Sig.)	1122***	1618***	147***	1014***	2276***

* signifikant auf dem 5 %-Niveau; ** 1 %-Niveau; *** 0,1 %-Niveau.
(a) Anzahl Partner-Nennungen (MM 0-4; MW 2,08; SD 1,56)
(b) Anzahl Familienmitglieder-Nennungen (MM 0-12; MW 3,02; SD 2,44)
(c) Anzahl Nennungen weiterer Verwandtschaft (MM 0-12; MW 0,21 SD 0,66)
(d) Anzahl Nichtverwandten-Nennungen (MM 0-12; MW 1,14 SD 1,15)
(e) Summe der Nennungen (MM 0-12; MW 6,47 SD 2,90)

---

8 Die Anzahl der Unterstützer setzt sich aus Nennungen zu zwei instrumentellen und zwei emotionalen Unterstützungsfragen zusammen. Zur Berechnung werden auch Personen einbezogen, die bei allen vier Fragen keine Unterstützer genannt haben. Bei der Anzahl der Netzwerknennungen handelt es sich um klassische Zählvariablen. Deshalb werden Poisson-Regressionen verwendet. Diesen Modellen liegt die Annahme zugrunde, dass bei der zu erklärenden Variable kleine Werte häufiger sind als große (Chatterjee/Hadi 2006: 343). Lineare Anwendungen würden erfahrungsgemäß ineffiziente, inkonsistente und verzerrte Schätzer liefern. Eine faktorielle Änderung der Odds ist als Chancenverhältnis interpretierbar: Werte größer als 1 implizieren einen positiven Zusammenhang – Werte kleiner 1 einen negativen. So steht beispielsweise eine Änderung bei der Staatsbürgerschaft um den Faktor 1,22 für eine 22 % [(1,22-1)*100] höhere Anzahl an Nennungen bei Deutschen gegenüber Nichtdeutschen – während ein Faktor von 0,91 bei der Region für 9 % [(0,91-1)*100] weniger Nennungen bei Westdeutschen im Vergleich zu Ostdeutschen steht. Der Wert 1,00 deutet auf die Einflusslosigkeit der Variable.

Nichtdeutsche Staatsbürger nennen – wohlbemerkt bei gleichzeitiger Kontrolle der potentiellen Verwandtschaftsnetzwerke – weniger familiale und weniger nichtverwandtschaftliche Unterstützer als Deutsche, während Deutsche tendenziell seltener die weitere Verwandtschaft mobilisieren. Wenn, wie auch in der Studie von Bernhard Nauck, Anette Kohlmann und Heike Diefenbach (1997), sich bei Migranten gerade die Familien- und Verwandtschaftsbeziehungen als bedeutsam erweisen, so dürfte dies, wie oben bereits beschrieben, vor allem auf die größeren potentiellen Verwandtschaftsnetzwerke zurückzuführen sein. Hier gibt es jedoch einen deutlichen Wandel in der Generationenfolge: In der Elterngeneration sind dabei neun von zehn Beziehungen (sechs Generatoren zu sozialer Unterstützung) bei „Berliner Türken" verwandtschaftlichen Ursprungs – in der Kindergeneration sind es noch drei von vier Beziehungen.

Diese aktuellen Ergebnisse zeigen in Übereinstimmung mit früheren Untersuchungen, dass die weitere Verwandtschaft heute tatsächlich einen vergleichsweise geringen Stellenwert innerhalb des gesamten Beziehungsgefüges einnimmt. Vergleicht man die Kontakthäufigkeiten, fällt auf, dass diese mit zunehmender verwandtschaftlicher Distanz sinken (Leigh 1982; Robins/Tomanec 1962; Reiss 1962). Auch macht Goffrey K. Leighs Studie deutlich, dass die Interaktionshäufigkeit stark von der empfundenen Nähe und der Freude des Kontakthaltens abhängt, sowohl bei nahen als auch entfernten Verwandten. Die einschlägige Forschung kennt weitere Bedingungen und Situationen, unter denen eine Aktivierung weiterer Verwandtschaft gegen die Vermutung ihrer Bedeutungslosigkeit stattfindet. Ein Beispiel ist die internationale Migration als Kettenmigration von Verwandtschaftsnetzen, innerhalb derer die Erstankömmlinge gewissermaßen den Boden bereiten für spätere Migranten (z.B. Boyd 1989). Ein weiteres Beispiel stellen die Beziehungen der DDR-Bürger zu ihren West-Verwandten dar. Oft handelte es sich dabei um weitere Verwandtschaft, die jedoch als Informations- und Kommunikationsquelle sowie über die Geld- und Sachgeschenke eine wichtige Ressource für das Leben innerhalb der DDR darstellten (Diewald 1995). Ein drittes Beispiel zeigen Untersuchungen zu Auswirkungen von einerseits Arbeitslosigkeit, andererseits Arbeitsbelastungen auf die Beziehungsstruktur (Diewald 2007): Bei Langzeitarbeitslosen sind Familienbeziehungen überproportional konfliktbelastet, während weitere Verwandtschaftsbeziehungen kompensatorisch gestärkt zu werden scheinen (auch Diewald 2003 zur Stärkung von Freundschaftsbeziehungen), um das Wegbrechen der Beziehungen am Arbeitsplatz auszugleichen. Umgekehrt führt eine hohe zeitliche und psychische Arbeitsbelastung zu einer Kontraktion von Netzwerken auf Familie und Arbeitsplatz, wobei weitere Beziehungen, auch die innerhalb der Verwandtschaft, vernachlässigt werden.

4. Zusammenfassung

Es hat sich sowohl bei der Definition als auch bei der Darstellung der Mechanismen von Verwandtschaft gezeigt, dass die Forschung zur Verwandtschaft sowohl evolutionstheoretische als auch sozialstrukturelle und kulturelle Argumentationen berücksichtigt. Aktuelle evolutionstheoretische Definitionen beruhen auf dem Kriterium der genetischen Verwandtschaft und verwenden die genetische Nähe als Kriterium. Soziokulturelle Definitionen gibt es hingegen in sehr vielen Spielarten, z. B. Deszendenzregeln und Residenzregeln. Auf der Ebene der Mechanismen konkurrieren in erster Linie Erklärungen über altruistische Präferenzen gegenüber Verwandten aus „Fitnessgründen" mit materialistisch-egoistischen Präferenzen beim Tausch in Verbindung mit Vertrauen und Reziprozität. Verwandtschaft wäre dabei eine Transaktionskosten senkende Instanz, die Tausch erleichtert. Für beide Mechanismen gibt es plausible Gründe und Einschränkungen. Wie gezeigt wurde, schließen sich beide auch nicht aus, sondern sind kombinierbar.

Die Bedeutung von Verwandtschaft ist in einigen Bereichen geringer geworden, in anderen hat sie sich im Laufe der Zeit gewandelt. Beispielsweise ließ die rechtliche Absicherung von Tauschhandlungen die soziale Einbettung in ein Verwandtschaftsnetzwerk unbedeutender werden. Die räumliche Nähe und die Größe der Verwandtschaft haben abgenommen. Durch wohlfahrtstaatliche Institutionen wurden Verwandtschaftsbeziehungen von der Absicherung verschiedener Risiken entlastet. Diese Absicherung erfasst allerdings nicht universell alle Lebensbereiche erschöpfend. Beispielsweise sind Verwandte in der häuslichen Pflege nach wie vor eine zentrale Ressource mit komparativen Vorteilen. Verwandte werden heutzutage eher selektiv und weniger als geschlossenes Kollektiv aktiviert. Insbesondere in Fragen des Tauschs von emotionaler Nähe konkurrieren sie mit Wahlbeziehungen. Dass zwischen verwandten Personen Beziehungsqualitäten entstehen, die den Charakter von Freundschaften im engeren Sinn annehmen, zeigten aktuelle Daten. Bei Fragen der Unterstützung sind gerade nahe Verwandte aus der Familie und der Partner sehr bedeutsam. Allerdings sind Familienbeziehungen auch die häufigste Quelle belastender Konflikte und von Streit. Die weitere Verwandtschaft spielt dagegen im Durchschnitt kaum eine Rolle. Allerdings können sie unter bestimmten Bedingungen wie geringen Ressourcen und Misserfolgen im Leben weiterhin eine Art aktivierbare Notfallreserve für die Betroffenen darstellen. Auch dieser Aspekt verweist darauf, dass weitere Verwandtschaft in modernen Gegenwartsgesellschaften durch Möglichkeiten einer selektiven, präferenz- und situationsabhängigen Aktivierung geprägt ist und weniger noch den Charakter eines fest gefügten Beziehungssystems besitzt.

Literatur

Axelrod, Robert (1987): Die Evolution der Kooperation. München: Oldenbourg

Axelrod, Robert/Hamilton, William D. (1981): The evolution of cooperation. In: Science 211: 1390-1396

Bien, Walter/Marbach, Jan H. (1991): Haushalt – Verwandtschaft – Beziehungen. Familienleben als Netzwerk. In: Bertram, Hans (Hg.): Die Familie in Westdeutschland. Stabilität und Wandel familialer Lebensformen. Opladen: 3-44

Becker, Gary S. (1974): A theory of social interactions. In: Journal of Political Economy 82: 1063-1093

Ben-Porath, Yoram (1980): The F-connection: Families, friends, firms and the organisation of exchange. In: Population and Development Review 6: 1-30

Bengtson, Vern L./Schütze, Yvonne (1994): Altern und Generationenbeziehungen: Aussichten für das kommende Jahrhundert. In: Baltes, Paul B./Mittelstrass, Jürgen (Hg.): Zukunft des Alterns und gesellschaftliche Entwicklung. Berlin: 492-517

Bertram, Hans (1991): Einführung in das Gesamtwerk. In: Bertram, Hans (Hg.): Die Familie in Westdeutschland. Stabilität und Wandel familialer Lebensformen. Opladen: i-xix

Boyd, Monica (1989): Family and personal networks in international migration: Recent developments and new agendas. In: International migration review 23: 638-670

Braun, Norman (1992): Altruismus, Moralität und Vertrauen. In: Analyse und Kritik 14: 177-186

Bundesministerium für Familie, Senioren, Frauen und Jugend (BMFSFJ) (2005): Fünfter Bericht zur Lage der älteren Generation in der Bundesrepublik: Potenziale des Alters in Wirtschaft und Gesellschaft. Berlin 2005

Chatterjee, Samprit/Hadi, Ali S. (2006): Regression Analysis by Example. Hoboken: Wiley

Coleman, James S. (1988): Social capital in the creation of human capital. In: The American Journal of Sociology 94: 95-120

Cox, Donald/Rank, Mark R. (1992): Inter-vivos transfers and intergenerational exchange. In: The Review of Economics and Statistics 74: 305-314

Dasgupta, Partha (1988): Trust as a commodity. In: Gambetta, Diego (Hg.): Trust. Making and breaking cooperative relations. Oxford: 49-73

Dawkins, Richard (2006): The selfish gene. New York: Oxford University Press

Diewald, Martin (1991): Soziale Beziehungen. Verlust oder Liberalisierung? Berlin: sigma

Diewald, Martin (1995): „Kollektiv", „Vitamin B" oder „Nische"? Persönliche Netzwerke in der DDR. In: Huinink, Johannes/Mayer, Karl Ulrich/Diewald, Martin/Solga, Heike/Sorensen, Annemette/Trappe, Heike (Hg.): Kollektiv und Eigensinn. Lebensverläufe in der DDR und danach. Berlin: 223-260

Diewald, Martin (1997): Getrennte Welten oder kreative Verschmelzung? Integrations- und Solidaritätspotentiale in Familien- und Freundschaftsbeziehungen. In: Ethik und Sozialwissenschaften 8: 19-21

Diewald, Martin (2003): Kapital oder Kompensation? Erwerbsbiographien von Männern und die sozialen Beziehungen zu Verwandten und Freunden. In: Berliner Journal für Soziologie 13: 213-238

Diewald, Martin (2007): Arbeitsmarktungleichheiten und die Verfügbarkeit von Sozialkapital. Die Rolle von Gratifikationen und Belastungen. In: Franzen, Axel/

Freitag, Marcus (Hg.): Sozialkapital. Sonderheft der Kölner Zeitschrift für Soziologie und Sozialpsychologie 47: 183-210

Georgas, James (2004): Family and culture. In: Spielberger, Charles D. (Hg.): Encyclopedia of applied psychology. Volume 1. St. Louis: 10-22

Gouldner, Alvin W. (1960): The norm of reciprocity: A preliminary statement. In: American Sociological Review 25: 161-178

Granovetter, Mark (1973): The strength of weak ties. In: American Journal of Sociology 78: 1360-1380

Grayson, Donald K. (1993): Differential mortality and the donner party disaster. In: Evolutionary Anthropology 2: 151-159

Hamilton, William D. (1964): The genetic evolution of social behavior I&II. In: Journal of theoretical Biology 7: 1-16 und 17-52

Harris, Marvin (1989): Kulturanthropologie. Ein Lehrbuch. Frankfurt a.M.: Campus

Homans, George C. (1970): Theorie der sozialen Gruppe. Köln, Opladen: Westdeutscher Verlag

Höpflinger, François/Stuckelberger, Astrid (1999): Demographische Alterung und individuelles Altern. Zürich: Seismo

Jussen, Bernhard (1991): Patenschaft und Adoption im frühen Mittelalter. Künstliche Verwandtschaft als soziale Praxis. Göttingen: Vandenhoeck/Ruprecht

Jussen, Bernhard (2008, in Druck): Perspektiven der Verwandtschaftsforschung zwanzig Jahre nach Jack Goodys „Entwicklung von Ehe und Familie in Europa". In: Spiess, Karl-Heinz (Hg.): Die Familie in der Gesellschaft des Mittelalters. Ostfildern

Kappelhoff, Peter (2004): Adaptive Rationalität, Gruppenselektion und Ultrasozialität. In: Diekmann, Andreas/Voss, Thomas (Hg.): Rational-Choice-Theorie in den Sozialwissenschaften. München: 79-95

Keilmann, Nico (1987): Recent trends in family and household composition in Europe. In: European Journal of Population 3: 297-325

Korchmaros, Josephine D./Kenny, David A. (2001): Emotional closeness as a mediator of the effect of genetic relatedness on altruism. In: Psychological Science 12: 262-265

Lang, Frieder R. (1994): Die Gestaltung informeller Hilfebeziehungen im hohen Alter – Die Rolle von Elternschaft und Kinderlosigkeit. Berlin: Edition Sigma

Lang, Frieder R./Neyer, Franz J. (2005): Soziale Beziehungen als Anlage und Umwelt. Ein evolutionspsychologisches Rahmenmodell der Beziehungsregulation. In: Zeitschrift für Soziologie der Erziehung und Sozialisation 25: 162-177

Lang, Frieder R./Schütze, Yvonne (1998): Verfügbarkeit und Leistungen verwandtschaftlicher Beziehungen im Alter. In: Wagner, Michael/Schütze, Yvonne (Hg.): Verwandtschaft Sozialwissenschaftliche Beiträge zu einem vernachlässigten Thema. Stuttgart: 163-182

Leigh, Goffrey K. (1982): Kinship interaction over the family life span. In: Journal of Marriage and the Family 44: 197-208

Litwak, Eugen (1960): Occupational mobility and extended family cohesion. In: American Sociological Review 25: 9-21

Lucke, Doris (1998): Verwandtschaft im Recht – Rechtssoziologische Aspekte verwandtschaftlicher Beziehungen. In: Wagner, Michael/Schütze, Yvonne (Hg.): Verwandtschaft. Sozialwissenschaftliche Beiträge zu einem vernachlässigten Thema. Stuttgart: 59-90

Lüdicke, Jörg/Diewald, Martin (2007): Modernisierung, Wohlfahrtsstaat und Ungleichheit als gesellschaftliche Bedingungen sozialer Integration – eine Analyse von 25 Ländern. In: Lüdicke, Jörg/Diewald, Martin (Hg.): Soziale Netzwerke und soziale Ungleichheit. Wiesbaden: 265-301

Luhmann, Niklas (1973): Vertrauen. Ein Mechanismus zur Reduktion sozialer Komplexität. Stuttgart: Enke

McCullough, John M./York Barton, Elaine (1991). Relatedness and mortality risk during a crisis year: Plymouth colony. 1620-1621. In: Ethology and Sociobiology 12: 195-209

Morgan, Lewis Henry (1877): Ancient society, or: Researches in the lines of human progress from savagery through barbarism to civilisation. London: MacMillan & Company

Murdock, George P. (1949): Social structure. New York: Macmillan

Nauck, Bernhard/Kohlmann, Anette/Diefenbach, Heike (1997): Familiäre Netzwerke, intergenerative Transmission und Assimilationsprozesse bei türkischen Migrantenfamilien. In: Kölner Zeitschrift für Soziologie und Sozialpsychologie 49: 477-499

Neyer, Franz J./Lang, Frieder R. (2003): Blood is thicker than water: Kinship orientation across adulthood. In: Journal of Personality and Social Psychology 84: 310-321

Neyer, Franz J./Lang, Frieder R. (2004): Die Bevorzugung von genetisch Verwandten im Lebenslauf. In: Zeitschrift für Sozialpsychologie 35: 115-129

Opp, Karl-Dieter (2004): Die Theorie rationalen Handelns im Vergleich mit alternativen Theorien. In: Gabriel, Manfred (Hg.): Paradigmen der akteurszentrierten Soziologie. Wiesbaden: 43-68

Ott, Notburga (1989): Familienbildung und familiale Entscheidungsfindung aus verhandlungstheoretischer Sicht. In: Wagner, Gert/Ott, Notburga/Hofmann-No wotny, Hans-Joachim (Hg). Studies in Contemporary Economics. Familienbildung und Erwerbstätigkeit im demographischen Wandel. Berlin, Heidelberg: 97-118

Parsons, Talcott (1943): The kinship system of the contemporary United States. In: American Anthropologist 45: 22-38

Pennisi, Elizabeth (2005): How did cooperative behaviour evolve? In: Science 309: 93

Peukert, Rüdiger (1996): Familienformen im sozialen Wandel. Stuttgart: Leske + Budrich

Pischner, Rainer (2007): Die Querschnittsgewichtung und die Hochrechnungsfaktoren des Sozio-oekonomischen Panels (SOEP) ab Release 2007 (Welle W). In: DIW Data Documentation 22

Posner, Richard A. (1980): A theory of primitive society. In: Journal of Law and Economics 23: 1-14

Reiss, Paul J. (1962): The extended kinship system: Correlates of and attitudes on frequency of interaction. In: Marriage and family living 24: 333-339

Robins, Lee N./Tomanec, Miroda (1962): Closeness to blood relatives outside the immediate family. In: Marriage and family living 24: 340-346

Scheepers, Peer/Te Grotenhuis, Manfred/Gelissen, John (2002): Welfare states and dimensions of social capital. Cross-national comparisons of social contacts in european countries. In: European Societies 4: 185-207

Schneekloth, Ulrich/Leven, Ingo (2003): Hilfe- und Pflegebedürftige in Privathaushalten in Deutschland 2002. München: Infratest Sozialforschung. In: http://www.bmfsfj.de/RedaktionBMFSFJ/Abteilung3/Pdf-Anlagen/hilfe-und-pflegebeduerftige -in-privathaushalten (Download am 21.06.2007)

Schuster, Peter/Stichweh, Rudolf/Schmidt, Johannes et al. (2003): Freundschaft und Verwandtschaft als Gegenstand interdisziplinärer Forschung. In: Sozialer Sinn. Zeitschrift für hermeneutische Sozialforschung 4: 3-20

SOEP Group (2001): The german socio-economic panel (GSOEP) after more than 15 years – overview. In: Holst, Elke/Lillard, Dean R./DiPrete, Thomas A. (Hg.): Proceedings of the 2000 fourth international conference of german socio-economic panel study users (GSOEP2000), Vierteljahrshefte zur Wirtschaftsforschung 70: 7-14

Szydlik, Marc (2000): Lebenslange Solidarität? Generationenbeziehungen zwischen erwachsenen Kindern und Eltern. Opladen: Leske + Budrich

Tyrell, Hartmann (1976): Probleme einer Theorie der gesellschaftlichen Ausdifferenzierung der privatisierten modernen Kernfamilie. In: Zeitschrift für Soziologie 5: 393-417

van Oorschot, Wim/Arts, Wil (2005): The social capital of european welfare states: The crowding out hypothesis revisited. In: Journal of European Social Policy 15: 5-26

Voland, Eckart/Paul, Andreas (1998): Vom „egoistischen Gen" zur Familiensolidarität – Die soziobiologische Perspektive von Verwandtschaft. In: Wagner, Michael/Schütze, Yvonne (Hg.): Verwandtschaft. Sozialwissenschaftliche Beiträge zu einem vernachlässigten Thema. Stuttgart: 35-58

Voland, Eckart (2000): Grundriss der Soziobiologie. Heidelberg, Berlin: Spektrum

Voss, Thomas (1998): Vertrauen in modernen Gesellschaften – eine spieltheoretische Analyse. In: Metze, Regina/Mühler, Kurt/Opp, Karl-Dieter (Hg.): Der Transformationsprozess. Leipzig: 91-129

Wagner, Michael/Wolf, Christof (2001): Altern, Familie und soziales Netzwerk. In: Zeitschrift für Erziehungswissenschaft 4: 529-554

Weber, Max (1922): Wirtschaft und Gesellschaft. Tübingen: Mohr

Widmer, Eric D. (2006): Who are my family members? Bridging and binding social capital in family configurations. In: Journal of Social and Personal Relationships 23: 979-998

Workman, Lance/Reader, Will (2004): Evolutionary psychology. Cambridge: Cambridge University Press

Julia Günther

Nachbarschaft und nachbarschaftliche Beziehungen

1. Definitionen und Typologien

Das Thema Nachbarschaft scheint sowohl in der öffentlichen als auch in der sozialwissenschaftlichen Diskussion und Forschung etwas aus der Mode gekommen zu sein. Im Vergleich zu anderen Formen sozialer Einbindung wird ihr gegenwärtig vergleichsweise wenig Aufmerksamkeit zu teil. Dabei macht, wie Bernd Hamm (1998: 172) treffend konstatiert, kaum ein anderer Typ persönlicher Beziehungen „den wechselseitigen Zusammenhang zwischen sozialer und räumlicher Organisation von Gesellschaft so konkret, so elementar und so unmittelbar erfahrbar wie die Nachbarschaft".

Zudem ist sie ein universelles Phänomen, dem man sich kaum entziehen kann: Jeder, egal ob auf dem Land oder in der Stadt, im Ein- oder Mehrfamilienhaus wohnend und unabhängig davon, ob er Mieter oder Wohneigentümer ist, hat Nachbarn und ist selbst Nachbar. Nachbarschaften und Nachbarn sind somit alltäglich und selbstverständlich. Mit Nachbarn, die man sich in der Regel nicht selbst ausgesucht hat, lebt man Wand an Wand oder vis a vis, was nicht zwangsläufig bedeutet, dass man einander gut kennt und in regelmäßigem oder gar intensivem Kontakt steht.

Eine Thematisierung nachbarschaftlicher Beziehungen setzt meist nur und dann sehr vehement ein, wenn spektakuläre Fälle unterlassener Hilfeleistungen im Wohnumfeld die Öffentlichkeit erschrecken lassen, etwa wenn Menschen in und unbemerkt von ihrer Nachbarschaft vereinsamen, erkranken oder versterben. Häufig wird dann in der Bevölkerung und auch in den Medien der Zerfall vormals intakter Gemeinschaften und die zunehmende Anonymität und Isolation insbesondere in städtischen Wohngebieten beklagt.

Umfrageergebnisse können diese negativen Wahrnehmungen nicht generell bestätigen. Einer repräsentativen Emnid-Umfrage zufolge ist eine gute Nachbarschaft für die allermeisten Menschen wichtig und etwa 93% der Deutschen halten sich selbst für gute Nachbarn (Emnid/BHW 2004).

Eine soziologische Langzeitstudie (Kahl 2003) ergab ebenfalls, dass intakte Nachbarschaftsbeziehungen ein hohes Gut sind und ein wichtiges Kriterium für „gutes Wohnen" vor allem für ältere Personen. Gute Kontakte zu Nachbarn sind danach gar ein stärkeres Indiz für die Wohnqualität als der Komfort der Wohnung oder die bezahlbare Miete (ebd.). Eine harmonische Nachbarschaft erhöht die Bindung an den Wohnort und ist für viele ein Grund trotz unbefriedigender Wohnverhältnisse nicht umziehen zu wollen (Günther 1998).

Befragt nach ihren Assoziationen zum Thema Nachbarschaft gaben mehr als 50% der Befragten in einer Emnid-Umfrage (2004) den Begriff Freundschaft an. Für 47,9% der Interviewten bedeutet Nachbarschaft, einander zu unterstützen, und mehr als ein Drittel verbinden mit ihr eine Interessengemeinschaft. Im Vergleich dazu wird Streit nur von 2,4% der Befragten mit Nachbarschaft assoziiert (Emnid 2004).

Hinsichtlich der Beschreibung ihrer nachbarschaftlichen Verhältnisse berichtete die Mehrzahl der Befragten (46,8%) von Grußbeziehungen und gelegentlichen Unterhaltungen, geringfügig weniger (39,4%) gaben an, freundschaftliche Nachbarschaftsbeziehungen zu haben und einander regelmäßig im Alltag zu unterstützen (ebd.).

Was aber ist Nachbarschaft? Wie stellt sie sich dar und welche Bedeutung und Funktion hat sie heute (noch)?

Abgeleitet aus der Etymologie der deutschen Sprache lässt sich der Nachbar schlicht als eine Person definieren, die in der Nähe wohnt. So fügt sich das althochdeutsche „Nagivur(o zusammen aus den Wörtern „nah" und „Bauer". Da Bauernschaft in der mittelalterlichen ländlichen Sozialordnung nicht nur die landwirtschaftliche Tätigkeit, sondern auch den Haus- und Grundbesitz umfasste (Essenfelder 2000) wird der Nachbarschaftsbegriff ursprünglich durch die drei Bestimmungselemente der geographischen Nähe, der bäuerlichen Tätigkeit sowie den Grundbesitz konstituiert (Hamm 1973).

Gegenwärtig ist der Nachbarschaftsbegriff eher unscharf. Allgemein gebräuchlich ist der Terminus Nachbarschaft für ein den eigenen Wohnbereich umgebendes oder an ihn grenzendes Territorium etwa einen Häuserblock, einen Straßenzug oder eine Siedlung. Nachbarschaft meint zudem das soziale Netzwerk der Personen, die in räumlicher Nähe wohnen. Die unterschiedlichen Bedeutungen resultieren nicht zuletzt daraus, dass Nachbarschaft ein äußerst heterogenes Forschungsfeld darstellt. Vorwiegend raumbezogenen Definitionen folgen beispielsweise Stadt- und Siedlungsplanung, die Nachbarschaften als abgeschlossene geographische Einheiten betrachten. Dies sind „Gebiete mit relativ homogener Bevölkerung und Bausubstanz, die für die Bewohner eine eigene Identität haben und auch in den kognitiven Landkarten der übrigen Stadtbewohner/innen als Einheiten auftreten" (Hamm/Neumann 1996: 245). Auch der juristische Nachbarschaftsbegriff ist vorwiegend lokal bestimmt. So legen die Nachbarrechtsgesetzte der Bundesländer fest, dass der Nachbar Eigentümer eines Grundstückes ist, das an ein anderes Grundstück angrenzt bzw. mit diesem in engem örtlichen Zusammenhang steht (siehe z.B. SächsNRG) und definieren Nachbarschaft somit in Abhängigkeit von räumlichen als auch Besitzverhältnissen – eine Definition, die zwar juristischen Ansprüchen, jedoch nicht der alltäglichen sozialen Praxis von Nachbarschaft gerecht werden kann. Sozialwissenschaften und Psychologie fokussieren eher die persönlichen Beziehungen, die sich infolge geographischer Nähe etablieren. Nach Frances E. Kuo et al. (1998) sind diese der „Kitt", um aus benachbart Wohnenden eine Nachbarschaft werden zu lassen.

Differenziertere Begriffe von Nachbarschaft beinhalten zwei wesentliche, jedoch unterschiedliche (und von den sich mit dieser Thematik befassenden Disziplinen auch unterschiedlich gewichtete) Aspekte – einen räumlichen und einen sozialen. Nach einer aus den 1970er stammenden und in zahlreichen, auch jungen Publikationen immer wieder verwendeten Definition von Bernd Hamm (1973: 18) ist Nachbarschaft danach als „eine soziale Gruppe, deren Mitglieder primär wegen der Gemeinsamkeit des Wohnens interagieren" zu verstehen. Was Nachbarschaften als soziale Gruppierungen von anderen Formen sozialer Einbindung unterscheidet, ist folglich weniger die physische Nähe ihrer Mitglieder, die auch andere face-to-face Gruppen wie etwa Arbeitsgruppen oder Kernfamilien prägen kann, sondern vielmehr „die Bindung an den Ort der Wohnung" (Hamm 1998: 173). Dies impliziert auch, dass Nachbarn austauschbar sind und sich beispielsweise in Fällen von Zu- bzw. Wegzügen das soziale Interaktionsnetz der Nachbarschaft neu formiert.

Dem Nachbarschaftsbegriff, dem auch die weiteren Ausführungen folgen, liegt ein Verständnis zu Grunde, dass Nachbarschaft als einen Typus sozialer Beziehungen begreift, die Einzelpersonen und Gruppen aufgrund ihrer räumlichen Nähe durch die gemeinsame Bindung an einen Wohnort eingehen. Diese Beziehungen existieren dabei in unterschiedlicher Intensität und Ausprägung. Wie Bernd Hamm (1973: 74) betont, müssen Kontakte und Interaktionen zwischen den beteiligten Personen nicht unbedingt manifest sein, um nachbarschaftliche Beziehungen zu konstituieren. Nachbarschaft besteht nach seiner Definition auch dann, „wenn lediglich eine latente Bereitschaft zur Aufnahme von Beziehungen vorliegt". Nachbarschaft kann somit nur „potentiell" oder „latent" vorhanden sein, aber auch den Charakter enger Sozialbeziehungen annehmen (Bertels 1990: 72). Sie begreift sich demnach „als eine Art subjektiver Zusammengehörigkeit" (ebd.: 59) auf der Basis ausschließlich physischer, gelegentlich aber auch emotionaler Verbundenheit. Diese multidimensionale Nachbarschaftsdefinition unterstreicht zugleich die Wandlungsfähigkeit und den prozessualen Charakter dieser Art persönlicher Beziehungen (Wolf 2000). Ein mehrperspektivischer Nachbarschaftsbegriff schließt zudem die emotionalen Bindungen der Personen mit ein, egal ob sie einander zugerichtet oder voneinander abgewandt sind (ebd.) und deckt alle Facetten nachbarschaftlicher Kontakte ab.[1]

---

1 Verwiesen sei an dieser Stelle auf weitere, die Merkmale räumliche Nähe und gemeinsamer Wohnsitz vernachlässigende, Beschreibungen von Nachbarschaft, die etwa im Sinne von Schicksalsgemeinschaften auf gemeinsamen Interessen und daraus re-

Zur Definition des Nachbarschaftsbegriffes haben auch die unterschiedlichen Versuche beigetragen, Nachbarschaften und nachbarschaftliche Beziehungen zu typisieren und somit voneinander abgrenzbar zu machen. Insbesondere die soziologische Forschung hat dazu beigetragen, verschiedene Typen sozialer Nachbarschaft zu kategorisieren. Eine der ältesten deutschsprachigen Kategorisierungen stammt von Rudolf Heberle (1959), der zwischen einer „normativen" und einer „emotiven" Nachbarschaft unterscheidet. Letztere meint persönliche Beziehungen, die auf Freiwilligkeit beruhen und entsprechend den eigenen Bedürfnissen und Vorstellungen gestaltet werden. „Normativ" hingegen beschreibt den traditionellen Charakter der Nachbarschaft als „soziale Institution" gegenseitiger Verpflichtung, wobei „ziemlich genau festgelegt [ist], wer die Nachbarn sind und was die Nachbarn voneinander zu erwarten haben" (192), ohne dass diese Sympathien füreinander hegen müssen. Rudolf Heberle geht davon aus, dass die Nachbarschaft auch in städtischen Regionen und bei fortschreitender Modernisierung normativ-institutionelle Merkmale beibehalten wird.

Andere Kategorisierungen orientieren sich an Anzahl, Formen, Intensität und räumlicher Ausweitung nachbarschaftlicher Interaktionen. Dazu zählt beispielsweise die aus Studienergebnissen abgeleitete Unterscheidung von „kontaktreichen", „vorsichtigen" und „zurückgezogenen" Nachbarn (Institut für praxisbezogene Forschung der Evangelischen Fachhochschule Hannover & Bürgerbüro Stadtentwicklung Hannover 1999) oder die ältere, jedoch auch in jüngeren Arbeiten vielfach herangezogene, auf die Deskription nachbarschaftlicher Verhaltensweisen zielende Kategorisierung von Helmut Klages (1968), der zwischen Nachbarn des „zeremonielle(n) Verhaltens", des „Solidaritätsverhaltens" sowie des „individuellen Kontaktverhalten(s)" differenziert (104). Zeremonielles Verhalten meint dabei weitgehend ritualisierte, durch Konventionen geregelte Interaktionen mit verbindlichem Charakter wie dem gegenseitigen Gruß. Solidaritätsverhalten umfasst den Austausch praktischer Hilfeleistungen im engeren nachbarlichen Umkreis, während die dritte Kategorie selektive und individuelle Handlungs- und Beziehungsformen im Sinne einer näheren Bekanntschaft beschreibt.

Eine der populärsten Typisierungen aus dem angloamerikanischen Sprachraum legt Donald J. Warren (1978) vor, die auch in deutschsprachigen Veröffentlichungen mehrfach rezipiert wurde. Donald J. Warren beschreibt sechs *Nachbarschaftstypen*, die sich hinsichtlich der sozialen Interaktionen der Bewohner, dem Grad der Identifikation der Anwohner mit dem Quartier sowie deren Partizipation an informellen wie auch formellen Aktivitäten unterscheiden. Die „integrale Nachbarschaft" als das Ideal lokalen Zusam-

---

sultierender geistiger Nähe und Verbundenheit resultieren. Ein jüngeres Verständnis begreift Nachbarschaften als dauerhafte Gruppierungen, die sich um einen gemeinsamen Bezugspunkt im virtuellen Raum etabliert haben („virtuelle Nachbarschaften"). Die folgenden Ausführungen schließen diese Sichtweisen von Nachbarschaften aus.

menlebens zeichnet sich aus durch eine starke interne Kohäsion, häufige soziale Interaktionen und eine hohe Beteiligung der Bewohner an formellen und informellen Aktivitäten und Organisationen in der unmittelbaren Wohnumgebung als auch auf Gemeinde- und überregionaler Ebene. Auch die „parochiale Nachbarschaft" ist geprägt von zahlreichen sozialen Interaktionen und einer positiven Identifikation der Nachbarn mit ihrem Quartier, sie ist jedoch kaum mit der erweiterten, sie umgebenden Gemeinde verbunden. Mitglieder der „stepping-stone-Nachbarschaft" sind in interaktive Quartiersbezüge als auch formelle Organisationen integriert, unterhalten aber verbindlichere persönliche Beziehungen über die Nachbarschaftsgrenzen hinaus. Eine „diffuse Nachbarschaft" lässt kaum soziale Interaktionen erkennen, der Grad der Identifikation der Bewohner mit ihrem Quartier ist jedoch relativ stark. Die Nachbarn haben ähnliche soziodemographische Merkmale und Wertorientierungen, sind jedoch nicht genügend organisiert, um Entwicklungen auf lokaler und gesellschaftlicher Ebene beeinflussen zu können. In „transitorischen Nachbarschaften" sind soziale Interaktionen, Engagement und Identität nur schwach ausgeprägt. Häufig finden sich zudem separierte Gruppen alteingesessener und neu zugezogener Anwohner. In „anomischen Nachbarschaften" hingegen leben Bewohner eher anonym und isoliert. Sie partizipieren nicht am Leben der Gemeinde und es gibt keine organisierten nachbarschaftlichen Strukturen und Aktivitäten. Die Bindung an das Quartier und die Identifikation mit dem Quartier sind äußerst gering (vgl. Wireman 1984; Wendorf et al. 2004). Zwar bleibt strittig, inwieweit sich diese Typisierung auf deutsche Nachbarschaften übertragen lässt, Gabriele Wendorf et al. (2004) schlagen jedoch vor, im Hinblick auf den Wandel von Nachbarschaften in Folge gesellschaftlich-sozialer wie auch siedlungsstruktureller Veränderungen dieses Kategoriensystem als Bezugsrahmen aktueller Analysen anzuwenden.

Zahlreich, aber ebenso disparat wie die vorliegenden Definitionsversuche, sind auch die Bestrebungen, ein Idealbild sozialer Nachbarschaft zu formulieren. Manfred Fischer und Egon Stephan (1985: 337) nennen in Anlehnung an David Popenoe (1973) sechs Kriterien, die eine ideale Nachbarschaft erfüllen müsste. Danach soll Nachbarschaft

* eine primäre Bezugsgruppe bilden, in der jedes Mitglied nach Bedarf mit anderen interagieren kann;
* soziale Kontrolle ausüben zur Prävention krimineller Handlungen;
* ihren Bewohnern ein Gefühl von Sicherheit vermitteln;
* formelle Beziehungen ihrer Anwohner fördern, beispielsweise über die gemeinsame Mitgliedschaft in lokalen Organisationen;
* kollektiv als ein Ort erlebt und symbolisiert werden, mit dem die Anwohner sich identifizieren können und dem sie sich emotional zugehörig fühlen;
* Interaktionen zwischen Eltern und Kindern sowie zwischen Heranwachsenden unterstützen und entwicklungsförderliche Interaktionsmuster anregen.

Andere Definitionsversuche der idealen Nachbarschaft formulieren Kriterien, die eher auf den Schutz der Privatsphäre und die Einhaltung sozialer Distanz zielen. Mit Heinz Schilling (1997) besteht die Idealnachbarschaft heute „aus Menschen, die füreinander da sind, wenn es die Situation erfordert, sich aber ansonsten in Ruhe lassen" (10) und somit aus einer Kombination dörflicher Nachbarschaft und ihrer Verquickung von Hilfe einerseits und rigider Kontrolle andererseits mit einer „urbanen" Nachbarschaft, die in erster Linie auf Freiwilligkeit beruht (ebd.). Die ideale Nachbarschaft kombiniert scheinbar gegensätzliche Werte: Zugehörigkeit und „Solidarität, wenn es die Not gebietet. Fremdbleiben, wenn es die individuelle Verwirklichungsmöglichkeit erfordert. Elimination der Kontrolle" (ebd.). Ganz im Gegensatz zu den normierten und tradierten Nachbarschaftsbeziehungen früherer Zeiten, sind diese in der Gegenwart idealerweise optional – sowohl hinsichtlich der Auswahl möglicher Kontaktpersonen als auch der Gestaltung der Beziehungen – und unverbindlich. Die Unverbindlichkeit der Nachbarschaft, die für einige heute nur noch ein Symbol kleinbürgerlichen Spießertums (Stenchly/Rauch 1989) darstellt, gilt für viele als hohes Gut, das jedoch auch Schattenseiten hat. So wird in der Öffentlichkeit häufig die wachsende Anonymität und Kontaktlosigkeit insbesondere in großstädtischen Ballungsräumen beklagt und die ländliche Nachbarschaft als vermeintlich noch intakte funktionale Gemeinschaft idealisiert. Diskussionen und Initiativen, die auf die Reaktivierung des verloren geglaubten Nachbarschafts- bzw. Gemeinsinns zielen, deuten nach Jutta-Beate Engelhard (1986: 3) darauf hin, dass „sich das Verhältnis der nahebei Wohnenden vielerorts zu intensivieren oder neu zu formieren beginnt" – sichtbar z.B. an der Ende der 80er Jahre einsetzenden Gründungswelle von Nachbarschaftsvereinen und -initiativen. Auch Alice Kahl (2003) kommt nach ihrer Studie in einer ostdeutschen Großwohnsiedlung zu dem Schluss, dass sich die Mehrzahl der Bewohner eine „reduzierte Distanz" zum Nachbarn wünscht, die ein näheres Kennen der Nachbarn, Unterhaltungen und Aushilfen umfasst. Wie vielfältig und teilweise gegensätzlich die Leitbilder einer idealen Nachbarschaft sind, zeigt auch Jan Philipp Reemtsmas Sicht gutnachbarlicher Beziehungen (2004), die sich für ihn nicht durch Abgrenzung voneinander äußern, sondern erst mit der Öffnung des privaten Raums und der Überschreitung von (nachbarlichen) Grenzen, also „erst in der Herstellung von Intimität" ermöglicht werden.

Konstatieren lässt sich somit, dass sich die Bedürfnisse und Wünsche an nachbarschaftliches Zusammenleben mit der Zeit und den gesamtgesellschaftlichen Wandlungsprozessen ändern und zunehmend disparat werden. Dass darin wie auch im damit einhergehenden Zerfallen einheitlicher und verbindlicher Verhaltensregeln für benachbart Wohnende Gründe für die wachsende Anzahl „problematischer" Nachbarschaftsverhältnisse liegen, ist zu vermuten.

2. Einflussfaktoren auf die Beziehungsentwicklung

Umfangreiche Befunde belegen, dass die Entstehung und Gestaltung nachbarschaftlicher Beziehungen von vielen Faktoren beeinflusst wird. Unterschieden werden können diesbezüglich baustrukturelle von sozialstrukturellen und situativen Determinanten der Beziehungsentwicklung.

Baustrukturelle Faktoren: Wie Hans Joachim J. Harloff et al. (1999: 17f.) zusammenfassen, wird die Entwicklung nachbarschaftlicher Beziehungen und Netzwerke u. a. beeinflusst von

- der Größe der Wohngebäude: Eine Gruppierung von maximal 25 Haushalten gilt dabei als förderlich für die Entstehung nachbarschaftlicher Bindungen,
- der räumlichen Anordnung der Wohnhäuser zueinander sowie zu Straßen und Erschließungswegen: Häuser sollten einander zu- und nicht weggerichtet sein. Zu lange Häuserzeilen erschweren die Bildung nachbarschaftlicher Netzwerke,
- der Gruppierung der Gebäude zu in sich mehr oder weniger geschlossenen Nachbarschaften und Siedlungen: Die Verbindung von zehn bis dreißig Wohnsiedlungsgruppen gilt als förderlich für die Bildung kohäsiver Nachbarschaftsnetzwerke,
- der Bildung von Räumen und Höfen z. B. durch Zäune oder Hecken und gemeinschaftlich nutzbaren Bereichen: Gemeinschaftlich anzueignende und nutzbare Höfe, Freiflächen und Gemeinschaftsräume unterstützen die Entstehung nachbarlicher Kontakte und gemeinschaftlicher Tätigkeiten, die wiederum die Bildung starker Nachbarschaftsnetzwerke fördern,
- dem Charakter der Straßen: Verkehrsberuhigte und entsprechend ausgestattete Straßen fördern den Kontakt der Bewohner zueinander, während ein hohes Verkehrsaufkommen ihn behindert,
- Vorhandensein und Nutzbarkeit von Grünflächen: Bäume, Hecken und Grünflächen gelten allgemein als förderlich für Wohlbefinden und Kontaktfreudigkeit,
- infrastrukturellen Bedingungen des wohnnahen Raumes: Eine Infrastruktur, die Begegnungen der Nachbarn unterstützt, z. B. zentrale und gemeinsam genutzte Garagen, Briefkästen und Hausflure wirkt Kontakt fördernd.

Ergebnisse einer älteren Erhebung zeigen einen deutlichen Zusammenhang zwischen der räumlichen Nähe von Bewohnern eines Hauses und der Intensität ihrer sozialen Beziehungen (Festinger et al. 1950). Je geringer der räumliche Abstand der Wohnungen zueinander war, umso höher war die Wahrscheinlichkeit gutnachbarlicher und freundschaftlicher Beziehungen zwischen den Bewohnern.

Neben diesen räumlich-baulichen Faktoren determinieren verschiedene sozialstrukturelle Variablen die nachbarschaftliche Beziehungsentwicklung. Dazu zählen beispielsweise

- die soziale Homogenität bzw. Heterogenität der Bewohnerschaft: Studien belegen, dass Kontakt und Zusammenhalt in der Nachbarschaft umso stärker sind, je homogener die Anwohnerstruktur ist (Unger/Wandersman 1982; Hamm 1998). Verglichen mit anderen persönlichen Beziehungen beispielsweise zu Freunden und Verwandten sind Nachbarschaftsnetzwerke hinsichtlich beruflichem, finanziellem und Bildungsstatus jedoch am wenigsten homogen (Argyle/Henderson 1986).
- das Alter der Nachbarn: Zahlreiche Befunde zeigen, dass die Integration in die Nachbarschaft mit steigendem Alter zunimmt. Dem Britischen Household Survey (2000) zufolge steigen mit zunehmendem Alter die Zahl bekannter Personen in der Nachbarschaft, die Häufigkeit der Gesprächskontakte im Wohnumfeld, die Wahrscheinlichkeit gutnachbarlicher und reziproker Beziehungen sowie die Anzahl nachbarlicher Hilfeleistungen (Coulthard et al. 2002).
- das Geschlecht: Frauen haben mehr nachbarschaftliche Kontakte als Männer und engagieren sich stärker in der Nachbarschaft (Engelhard 1986) und haben nach Befunden des British General Household Survey (2000/2001) öfter reziproke Nachbarschaftsbeziehungen (Coulthard et al. 2002). Michael Argyle und Monika Henderson können (1986) diesbezüglich präzisieren, dass Frauen mehr informelle und Gesprächskontakte haben, Männer jedoch aktiver in Organisationen und Vereinen auf Nachbarschaftsebene sind. Insgesamt jedoch steht das Nachbarschaftsverhalten wesentlich stärker in Zusammenhang mit dem Alter als mit dem Geschlecht einer Person (Coulthard et al. 2002).
- der soziale Status: Die hierzu vorliegenden Befunde sind äußerst heterogen. Älteren Erhebungen, die intensivere nachbarschaftliche Beziehungen in Quartieren statusniedriger Bevölkerungsgruppen konstatieren (z.B. Klages 1968) stehen Befunde gegenüber, die auf eine geringere nachbarschaftliche Distanz in Vierteln statushoher Bewohner hinweisen (zusammenfassend Engelhard 1986). Erhebungen, die eine Statusabhängigkeit der sozialen Integration in die Nachbarschaft mit der unterschiedlichen Häufigkeit der Kontakte, Unterhaltungen und Hilfeleistungen der Personen unterschiedlicher sozialer Schichten nachzuweisen versuchen, sind kritisch zu betrachten, da gefundene Differenzen auch mit unterschiedlichen Zeitbudgets, Kommunikations- und Hilfebedürfnissen zusammenhängen können und nicht unbedingt ein geringeres Interesse an nachbarschaftlichen Beziehungen widerspiegeln müssen.
- Stellung im Familienzyklus: Verheiratete und verwitwete Personen sind stärker in nachbarschaftliche Bezüge integriert als Singles und nicht verheiratete Paare (Coulthard et al. 2002). Familien mit Kindern sind besonders nachbarschaftsorientiert (Engelhard 1986; Robinson/Wilkinson 1995), vor allem dann, wenn die Kinder noch klein sind (Herlyn 1970).
- Wohndauer: Untersuchungsergebnisse deuten mehrheitlich darauf hin, dass eine längere Wohndauer die soziale Integration positiv beeinflusst. Nach Ergebnissen des Britischen Household Survey erhöht sich mit längerer Wohndauer die Anzahl von Nachbarschafts- und Gesprächskontak-

ten sowie reziproker und vertraulicher Beziehungen (Coulthard et al. 2002). Eine hohe Bewohnerfluktuation hingegen belastet die nachbarschaftlichen Netzwerke (Kahl 2003).

• Eigentumsverhältnisse: Wohnungs- bzw. Hauseigentümer sind nachbarschaftlicher als Mieter. Sie haben mehr Bekannte im Quartier, berichten über mehr Hilfeleistungen und beurteilen ihre Nachbarschaft häufiger positiv (Coulthard et al. 2002).

Daneben moderieren unterschiedliche, in zahlreichen sich mit nachbarschaftlichen Beziehungen befassenden Arbeiten aber meist vernachlässigte situative und personale Determinanten die Entwicklung nachbarschaftlicher Beziehungen. Allgemein lässt sich ein Zusammenhang des Nachbarschaftsverhaltens mit der generellen Kontaktfreude feststellen. Personen, die viele soziale Kontakte (außerhalb des Wohnquartiers) haben, sind in der Regel auch stärker in nachbarschaftliche Bezüge integriert (Herlyn 1970; Vierecke 1972). Elisabeth Pfeil kommt im Rahmen der ersten größeren Nachbarschaftsanalysen in Deutschland zu dem Schluss, dass „persönliche Geneigtheit und das Vorhandensein einer als Katalysator wirkenden Persönlichkeit" (1959: 198) die soziale Integration im Quartier beeinflussen. Nach Heinz Schilling (1997) bedarf es „kritischer Situationen", um den nebenan Wohnenden als Nachbarn zu erproben. Ähnliche Problem- und daraus resultierende gemeinschaftliche Interessenlagen wie beispielsweise die Verkehrsberuhigung, räumliche Gestaltung oder Sicherung des Wohngebietes wirken beziehungsstiftend und nachbarschaftsfördernd (Vierecke 1972; Engelhard 1986). Institutionen des Gemeinwesens (Quartiersmanagement) können die Bildung nachbarschaftlicher Beziehungs-, Kommunikations- und Hilfestrukturen professionell fördern und begleiten.

3. Handlungsformen in der Nachbarschaft: Was leisten nachbarschaftliche Beziehungen?

Trotz des Gestaltwandels, den nachbarschaftliche Beziehungen erfahren haben, sind sie längst nicht so inhaltsarm wie gemeinhin angenommen. Kaum ein anderer Beziehungstyp scheint einem von James S. House, Karl R. Landis und Debra Umberson (1988) vorgeschlagenen Modell sozialer Beziehungen, das neben strukturellen Aspekten die prozessualen und interaktiven Dimensionen der sozialen Unterstützung, sozialen Kontrolle und Regulation sowie des sozialen Konflikts als signifikante Funktionen persönlicher Beziehungen beschreibt, so sehr zu entsprechen wie die Nachbarschaft.

Betrachtet man die Praxis von Nachbarschaft, so scheinen dieser alle drei Funktionsdimensionen inhärent und in hohem Maße miteinander verzahnt zu sein, auch wenn bislang in wissenschaftlich-theoretischen Auseinandersetzungen wie auch in empirischen Analysen die einzelnen Ebenen meist getrennt voneinander betrachtet wurden.

Soziale Unterstützung: Unter dem etablierten Begriff der *Nachbarschafts-hilfe* ist vor allem das Unterstützungspotenzial nachbarschaftlicher Bezie-hungen zum Gegenstand zahlreicher Arbeiten und empirischer Studien mit teilweise sehr gegensätzlichen Befunden geworden.

Nachbarschaftshilfe zeichnet sich aus durch die Freiwilligkeit und Unent-geltlichkeit der geleisteten Hilfen, ein eher laienhaftes Unterstützungsver-halten und die räumliche wie persönliche Nähe zwischen den Helfenden und den von ihnen unterstützten Personen (Wild 1999).

Nachbarn sind ideale Unterstützungsquellen in alltäglichen und unvorher-gesehenen Krisensituationen, die bedarfsgerechte, lebensweltbezogene und unbürokratische Hilfestellungen zeitnahe erfordern (Günther 2005). Nach den Ergebnissen einer internationalen Vergleichsstudie scheinen Nachbarn bezogen auf instrumentelle Hilfeleistungen in der „Helferhierarchie" jedoch eine nachrangige Position einzunehmen und nicht mit Partnern, Freunden, Kindern oder Eltern konkurrieren zu können, auch wenn ihre Unterstützung erwartbarer ist als die entfernter Verwandter oder professionell Tätiger (Höllinger 1989). Ähnliche Befunde ergab die Studie von Herbert Schubert (1990), der das Unterstützungspotenzial von Verwandtschaft, Freundschaft und Nachbarschaft verglich. Auch Befunde aus dem angloamerikanischen Sprachraum weisen darauf hin, dass Nachbarn nachrangige Helfer vergli-chen mit Freunden und Verwandten sind, jedoch bedeutsamer als Kontakt-personen aus dem beruflichen wie auch professionellen Kontext (Warren 1981).

Untersuchungsergebnisse belegen weiterhin, dass die Palette der nachbar-schaftlichen Hilfeleistungen breiter und längst nicht auf das Erweisen be-langlos erscheinender Gefälligkeiten reduziert ist. So ist die Nachbarschaft eine wichtige Ressource gesundheitlicher Versorgung. Auch wenn Nach-barn kaum langfristige Versorgungs- und Pflegeleistungen erbringen, sind sie in akuten Krankheitsfällen wichtige (Erst-)Helfer (vgl. Grunow et al. 1983). Nach Carl F. Young et al. (1982) wie auch Arthur J. Naparstek, Da-vid E. Biegel und Herzl R. Spiro (1982) haben sie eine wichtige Unterstüt-zungsfunktion bei der Rehabilitation nach Krankheit sowie bei der Bewälti-gung von Einsamkeit und Trauer. Kelly M. Everard et al. (2000) arbeiten heraus, dass enge persönliche Beziehungen in der Nachbarschaft die kör-perliche Gesundheit fördern, indem sie Anlässe für Aktivitäten und für so-ziales Engagement bieten (Shaw 2005). Nicht zuletzt sind Nachbarn Ratge-ber in Gesundheitsfragen (Argyle/Henderson 1986). Auch indirekt beein-flusst Nachbarschaft das psychophysische Wohlbefinden. Karlyn Geis und Catherine E. Ross (1998) zufolge klagen Personen, die persönliche Bezie-hungen mit Nachbarn pflegen, seltener über Machtlosigkeit oder Gefühle, die Kontrolle über ihr Leben verloren zu haben, als jene ohne soziale Kon-takte im Wohnumfeld. Wie Catherine E. Ross und Sung J. Jang (2000) her-ausarbeiten, können nachbarschaftliche Beziehungen und Interaktionsnetze dazu beitragen, negative Wohnverhältnisse in unwirtlichen, verwahrlosten und von Vandalismus bedrohten Quartieren, die als unsicher und desorganisiert erlebt werden, zu kompensieren. Gleichzeitig mindern sie die Furcht, Opfer von Gewalt und Kriminalität zu werden (ebd.).

Nachbarschaftshilfe umfasst weiterhin den Austausch von Informationen und Ratschlägen zur Bewältigung alltäglicher wie auch sehr spezifischer Problemlagen. Man informiert einander über Ereignisse in der Nachbarschaft, berät sich hinsichtlich der Haushaltsführung, der Gartenpflege, vor der Neuanschaffung größerer Konsumgüter oder bei der Planung von Urlaubsreisen, aber auch, wenn, wie Stefan Buchholt (1998) zeigen konnte, persönliche Entscheidungen und Veränderungen anstehen. Dass das Informationspotenzial des nachbarschaftlichen Netzwerkes eine hilfreiche Rolle bei der Arbeitsplatzsuche spielt, beschreibt Rachel G. Kleit (2001). Richard Fauser (1982) wie auch Albert Lenz (1990) beobachten den Austausch und die gegenseitige Beratung von Nachbarinnen in Erziehungsfragen (zusammenfassend s. a. Günther 2005), was wiederum den Schluss zulässt, dass Nachbarn eine nicht unerhebliche Rolle bei der Sozialisation von Kindern spielen können.

Studienergebnisse belegen, dass Nachbarn auch wertvolle emotionale Unterstützungsressourcen sein können. Allein das Wissen, sie notfalls um Hilfe bitten zu können und diese auch gewährt zu bekommen, wird als emotional stützend und hilfreich erlebt (Günther 2005). Nachbarschaftliche Beziehungen beugen Vereinsamung und Isolation vor. Sie fördern die soziale Integration in die Gemeinde und die Identifikation mit dem lokalen Umfeld (Unger/Wandersman 1985). Studienergebnissen von Barry Wellman und Scott Wortley (1990) folgend, zeigt Christian Melbeck (1993), dass nachbarschaftliche Geselligkeit, Gespräche und gemeinsame Aktivitäten emotional unterstützend erlebt werden. Eine Interviewstudie in ostdeutschen Hausgemeinschaften ergab, dass einander nahe stehende Nachbarn die politische „Wende" in der DDR und die damit einhergehenden Wandlungsprozesse sowie daraus resultierende Schwierigkeiten und Ängste beispielsweise vor Arbeitslosigkeit oder einer ungewissen Zukunft „kollektiv" bewältigten und dies als wertvolle emotionale Unterstützung bewerteten (Günther 1998; Günther/Nestmann 2000).

Nachbarschaftshilfe umfasst somit eine breite Palette unterstützender, oft in alltägliche Interaktions- und Kommunikationsprozesse eingebetteter und deshalb möglicherweise oftmals wenig reflektierter Handlungsformen. Ihre Bedeutung variiert mit dem Alter und der Stellung im Lebenszyklus, dem sozialen Status, der Einbindung in andere supportive Bezüge, der Mobilität, aber auch mit der infrastrukturellen Ausstattung von Wohnquartieren. Nachbarliche Beziehungen und Hilfeleistungen sind nachweislich besonders wichtig für jene, denen es an anderen Unterstützungsressourcen fehlt, beispielsweise für arme und sozial schwache (Hamm 1998) wie auch ältere Personen (Guttman 1982).

Soziale Kontrolle wird in der Bevölkerung und teilweise auch in wissenschaftlichen Zusammenhängen vielfach als die negative Dimension nachbarschaftlicher Beziehungen und Interaktionen betrachtet. Auffallend ist, dass in angloamerikanischen Arbeiten die Kontrolldimension nachbarschaftlicher Netzwerke eine wesentlich positivere Konnotation erfährt als in deutschsprachigen. Möglicherweise beruht dies auf der Tatsache, dass in Deutschland das Kontrollpotenzial der Nachbarschaft (wie auch die Gemeinschaftsideologie) in der Vergangenheit mehrfach für politische Zwecke missbraucht worden ist. So war das deutsche Blockwartsystem in Zeiten des zweiten Weltkriegs ein Instrument zur Bespitzelung von Nachbarschaften (Schneppen 1994). In der DDR stellten die gewählten Hausgemeinschaftsleitungen weniger eine Interessenvertretung der Mieter als vielmehr Organe der Überwachung von Anwohnern sowie der Ordnung und Sicherheit in den Wohnhäusern dar, deren Kontrollfunktion etwa mittels obligatorischer, im Meldegesetz der DDR verankerter Hausbücher wiederum von staatlichen Sicherungsorganen überprüft wurde (Günther 1998; Günther/Nestmann 2000).

Nachbarn bekommen trotz der viel zitierten Kontaktarmut viel voneinander mit. Das kann beabsichtigt, durchaus aber auch „aus Versehen" geschehen. Eine leichte Einsehbarkeit oder die Hellhörigkeit von Wohnungen machen Nachbarn zu oftmals unfreiwilligen Zeugen im Alltag. Nachbarschaftliche Kontrolle kann jedoch auch gezielt ausgeübt (und eingesetzt) werden. Sie kann sich auf die Einhaltung eines nachbarschaftlichen Verhaltenskodex beziehen (Beachten von Lärm- und Ordnungsvorschriften, Befolgen nachbarschaftlicher „Anstandsregeln" wie Grüßen, die Tür aufhalten etc.), sich aber auch auf den persönlichen und familiären Lebensstil oder das Verhalten der Anderen richten.

Die möglichen Sanktionen von Personen, deren Verhalten mit den Vorstellungen der Nachbarn kollidiert, sind auf den ersten Blick gering. Nicht mehr gegrüßt, von Nachbarn gemieden und von gemeinschaftlichen Interaktionen ausgeschlossen zu werden, erscheinen als verhaltensregulierende Maßnahmen wenig und insbesondere dann nicht wirkungsvoll, wenn die Betreffenden nicht auf soziale Interaktionen und Unterstützungen im Wohnumfeld angewiesen sind, wie dies z. B. bei mobilen, jüngeren und berufstätigen Stadtbewohnern mit weit verzweigten Beziehungsnetzwerken der Fall ist. Zudem sind das Ausmaß und die regulative Funktion informeller sozialer Kontrolle von der sozialen Struktur der Nachbarschaft abhängig. Mit Bernd Hamm (1998: 175) ist davon auszugehen, dass „die Intensität von Nachbarschaft und sozialer Kontrolle steigt mit der Homogenität in einem Quartier, und sie nimmt in dem Maße zu, in dem Menschen auf sie angewiesen sind". Untersuchungsergebnisse deuten darauf hin, dass tatsächliche aber auch antizipierte soziale Kontrolle in der Nachbarschaft bereits einen starken Anpassungsdruck ausüben und verhaltensregulierend wirken können. Albert Lenz (1990) stellt für ländliche Nachbarschaften fest, dass der private Bereich der für Nachbarn interessanteste ist, der einer

„ständigen Beobachtung, Bewertung und Kontrolle unterliegt" (155). Konflikte in der Erziehung, mit den Kindern oder dem Ehepartner, aber auch psychische Probleme werden deswegen nach Möglichkeit verheimlicht, um „geschwätzige Neugier", Klatsch und Gerüchte bis hin zu Etikettierungen und Stigmatisierungen zu vermeiden (155 f.). Stefan Buchholt (1998) beobachtete im Rahmen seiner Netzwerkanalyse sorbischer Familien in der Oberlausitz den Einfluss sozialer Kontrolle und (antizipierter) negativer Reaktionen durch die Nachbarschaft auf das Konsumverhalten von Dorfbewohnern.

Soziale Kontrolle und soziale Unterstützung stellen nur auf den ersten Blick voneinander unabhängige und gegensätzliche Momente nachbarschaftlicher Interaktionen dar. Sie schließen einander jedoch keineswegs aus. Wer Hilfe in der Nachbarschaft sucht, gewährt Einblick in seine private Sphäre (Hamm 1998) und offenbart eigene Schwächen.

Die positiven Wirkungen sozialer Kontrolle in der Nachbarschaft werden dabei leicht übersehen. Indem z.B. spielende Kinder beobachtet und mögliche Gefährdungen erkannt, benachbarte Wohnungen oder Häuser überwacht und Einbrüche verhindert werden, tragen „kontrollierende" Nachbarn zur Sicherheit des Quartiers und seiner Bewohner bei. Persönliche und soziale Notlagen werden wahrgenommen, notwendige Interventionen und Hilfeleistungen, gegebenenfalls auch von Behörden und professionellen Diensten, veranlasst. Polizei- und Justizbehörden bemühen sich seit längerem das kriminalpräventive Potenzial nachbarschaftlicher Kontakte durch Kampagnen wie der bundesweiten Aktion „Vorsicht! Wachsamer Nachbar" zu nutzen, die Aufmerksamkeit der Nachbarn zu erhöhen und sie unter dem Schlagwort „Community Policing" an Kriminalitätsprävention auf Gemeindeebene zu beteiligen (Schneppen 1994). Bestrebungen, Nachbarschaften als Institutionen sozialer Kontrolle zu formalisieren, finden verstärkt im angloamerikanischen Sprachraum statt. „Neighborhood Watchs" als Initiativen freiwilliger Selbstüberwachung haben in den USA, aber auch in Großbritannien, Südafrika und Australien eine längere Tradition. Jedoch haben ihnen ihre teilweise rigiden und totalitären Züge den Ruf von Bürgerwehren eingebracht (ebd.), die als verlängerter Arm von Polizei und Staat eine gezielte Überwachung der Bürger praktizieren.

Das Zusammenleben von und mit Nachbarn verläuft nicht immer positiv. *Nachbarschaftliche Konflikte* stellen keine Ausnahmeerscheinung dar, beschäftigen zunehmend juristische Institutionen und werden auch in den Medien publikumswirksam thematisiert.

Nach Volker Linneweber (1990) ist das hohe Konfliktpotential nachbarschaftlicher Beziehungen darauf zurückzuführen, dass es sich nicht um freiwillige Kontakte, sondern „Zwangsgemeinschaften" handelt. Nachbarn kann man sich in der Regel nicht aussuchen, muss aber mit ihnen über einen langen Zeitraum auskommen.

Bauliche Strukturen können die Entstehung nachbarschaftlicher Konflikte beeinflussen. Mit zunehmender räumlicher Dichte, wie sie etwa für Mehrgeschosser, Reihenhaus- und Terrassensiedlungen beispielhaft ist, nehmen die Anlässe für soziale Konflikte und somit auch die Nachbarschaftsstreitigkeiten zu (Bösch 1998).

Die Ursachen nachbarschaftlicher Konflikte erscheinen bisweilen banal. Eine Studie interethnischer Nachbarschaften in Österreich (Kohlbacher 2000) fand folgende Hauptanlässe für nachbarliche Zwistigkeiten: Lärmbelästigungen, Unfreundlichkeit und Grußverweigerungen, persönliche Antipathien und Auseinandersetzungen um gemeinschaftlich zu nutzende Bereiche. Bill Randall (2005) unterscheidet minderschwere Belastungen und Konflikte von „gemeinschaftsfeindlichem" Verhalten. Der Übergang zwischen beiden ist jedoch fließend, wenn Belästigungen wiederholt auftreten, so dass sich die Betroffenen geängstigt oder bedrückt fühlen. Formen gemeinschaftsfeindlichen Verhaltens in der Nachbarschaft sind beispielsweise Nötigung von Nachbarn durch Drohungen oder Gewalt, Schikanierung einschließlich rassistisch motivierter Attacken, verbale und homophobe Übergriffe, systematisches Schikanieren von Kindern, einschüchterndes und bedrohendes Verhalten gegenüber bestimmten Personengruppen, beispielsweise alten oder behinderten Nachbarn, Lärmbelästigung, Belästigung durch Tiere, Abladen von Müll sowie Sachbeschädigung und Vandalismus (ebd.).

Störungen, die von Nachbarn ausgehen, werden oft als Eingriff in die private Sphäre erlebt, die oft unter erheblichen finanziellen und persönlichen Schwierigkeiten geschaffen wurde. Das eigene Territorium wird deshalb besonders intensiv verteidigt, da ein den Nachbarschaftskonflikt beendender Wohnungswechsel insbesondere für Eigentümer, aber auch für Mieter häufig schwer realisierbar und zudem mit hohen materiellen Verlusten, aber auch emotionalen Einbußen verbunden wäre (Bösch 1998).

Konflikte in der Nachbarschaft folgen oft einem bestimmten Muster: Banale Anlässe führen zu Streitigkeiten, die dann eine schwer zu bremsende Eigendynamik entwickeln. Oft besteht der Konflikt dann jahrelang und wird zum bedeutenden Lebensinhalt, wobei die eigentliche Ursache oft gar nicht mehr bekannt ist. Auch juristische Klärungen können häufig nicht dazu beitragen, Konflikte zwischen Nachbarn dauerhaft zu beseitigen (Bergmann 1992).

Um das sensible Beziehungssystem nicht zu belasten, und da verbindliche Regeln für nachbarschaftliches Verhalten fehlen, bleiben Störungen oftmals auch ohne Sanktion. Luise Behringer (1992) und Josef Kohlbacher (2000) können an den Beispielen dörflicher bzw. interethnischer Nachbarschaften herausarbeiten, dass Belastungen im nachbarschaftlichen Zusammenleben häufiger „erduldet" und sanktionsfrei bleiben und nicht zu offenen Konflikten transformiert werden.

4. Zukunftsperspektiven

Politische, wirtschaftliche und gesellschaftlich-soziale Umbrüche auf über-lokaler, nationaler und internationaler sowie globaler Ebene bringen auch Veränderungen im Bereich der Nachbarschaft mit sich. Weitere Polarisie-rungen und damit verbundene sozial-räumliche Segregationsprozesse füh-ren dazu, dass sich Quartiere herausbilden, in denen Benachteiligungen und Belastungen kumulieren, was sich wiederum negativ auf das soziale und nachbarschaftliche Klima auswirkt. Bernd Hamm (1998) entwirft ein düste-res Zukunftsszenario städtischer Nachbarschaften, wobei Arbeitslosigkeit und Armut die dominierenden Schlüsselprobleme sein werden. Nachbar-schaft erfährt dadurch zwar einen Bedeutungsgewinn, da arme und einge-schränkt mobile Personen diese als wichtigen Bezugspunkt erleben (ebd.) und auf einen intensiven gegenseitigen Hilfetransfer angewiesen sind. Gleichzeitig gerät Nachbarschaft jedoch in Gefahr, „abweichende Verhal-tensweisen (zu) fördern und (zu) bestärken" mit der Folge zunehmender Konflikte, Gewalt, Kriminalität, Krankheit etc. auf lokaler Ebene (Hamm 1998: 177 ff.).

Neben dem quasi erzwungenen Nachbarschaftsbezug in Folge von Armut und mangelnder Mobilität gibt es Anzeichen einer freiwilligen und bewussten Rückbesinnung auf nachbarschaftliche Beziehungen. Menschen in unter-schiedlichen Lebenslagen und -phasen organisieren und formieren neue For-men nachbarschaftlicher Kooperation und Einbindung. Davon zeugen zahl-reiche Aktivitäten, Projekte und Initiativen auf Quartiersebene beispielsweise mit dem Ziel gemeinsamer Freizeit- oder Wohnumfeldgestaltung oder der Förderung von Kommunikation und gegenseitiger Hilfe im wohnnahen Raum. Ein weiteres Indiz für ein wachsendes Interesse an Nachbarschaft sind ebenso die facettenreichen Formen kollektiven Wohnens von Einzelpersonen und Familien als Gegentrend zu Vereinzelung und Anonymisierung und mit dem Bestreben, Gemeinschaft, Kommunikation und Solidarität in einem lo-kalen, gemeinsamen Lebenskontext zu verankern.

Um Nachbarschaftsbeziehungen aufzubauen und lebendig zu erhalten, aber auch um „überforderte Nachbarschaften" (GdW 1998) zu entlasten, kann – neben dem Engagement der Einzelnen – formalisierte professionelle Unter-stützung auf lokaler Ebene einen wesentlichen Beitrag leisten. Nationale Maßnahmen, die eine (Wieder-)Belebung von Nachbarschaft anstreben, wie sie beispielsweise im Bund-Länder-Programm „Soziale Stadt" enthalten sind, können mit der Hilfe lokaler Einrichtungen, etwa des Quartiers- und Stadtteilmanagements oder des Gemein- und Wohnungswesen, wirkungs-voll umgesetzt werden. Diese initiieren nachbarschaftliche Kontakte, ver-netzen Personen miteinander und mit Einrichtungen im Wohnbereich und begleiten bestehende Kooperationen.

Maßnahmen zur Förderung von Nachbarschaft sollten – ganz im Sinne der bereits skizzierten integralen Nachbarschaft nach Donald J. Warren – neben der Förderung sozialer Interaktionen auch auf die Beteiligung und eigene

Verantwortung sowie die Identifikation der Bewohner mit ihrer Nachbarschaft zielen. Dazu ist es wichtig, in Wohnquartier und Nachbarschaft „Beteiligungsbereitschaft, Eigeninitiative und Selbsthilfeansätze von Bewohnerinnen und Bewohnern sowie anderen lokalen Akteuren" zu wecken (Deutsches Institut für Urbanistik 2003: 18) und die nachbarliche Selbstorganisation zu fördern (Hamm 1998).

Damit sozialintegrative Maßnahmen im Bereich der Wohnnachbarschaft wirkungsvoll sind, bedürfen sie der Unterstützung durch Stadt- und Siedlungsplanung. Deren Aufgabe ist es, räumliche Arrangements zu schaffen, die die soziale Integration und Beteiligung aller Bewohner, d. h. unabhängig von Alter, Lebensphase, Schichtzugehörigkeit und ethnischer Herkunft fördern.

Keinesfalls dürfen Nachbarschaften und Nachbarn als billiges Allheilmittel für jegliche Problemstellungen angesehen und in ihrer Leistungsfähigkeit überschätzt werden.

Trotzdem können sie wertvolle Ressourcen der Lebensführung sein, die Beachtung und Engagement verdienen und brauchen – von Seiten der Sozialpolitik, der Stadtplanung und -entwicklung, aber auch der beteiligten Nachbarn selbst.

Literatur

Argyle, Michael/Henderson, Monika (1986): Die Anatomie menschlicher Beziehungen. Spielregeln des Zusammenlebens. Paderborn: Junfermann

Behringer, Luise (1992): Lebenswelt „Dorf". In: Böhm, Ingrid/Faltermaier, Toni/ Flick, Uwe/Krause, Jacob (Hg.): Gemeindepsychologisches Handeln: ein Werkstattbuch. Freiburg i.B.: 107-118

Bergmann, Thomas (1992): Giftzwerge. Wenn der Nachbar zum Feind wird. München: Beck

Bertels, Lothar (1990): Gemeinschaftsformen in der modernen Stadt. Opladen: Leske + Budrich

Bösch, Peter (1998): Der Nachbarschaftsstreit und dessen Beilegung. In: Schweizerische Juristenzeitung 94: 77-85; 105-110

Buchholt, Stefan (1998): Gesellschaftliche Transformation, kulturelle Identität und soziale Beziehungen. Soziale Netzwerke in der Oberlausitz zwischen Modernisierung und Kontinuität. Münster: LIT

Coulthard, Melissa/Walker, Alison/Morgan, Antony (2002): People's perception of their neighbourhood and community involvement. Results from the social capital module of the general household survey 2000. London: The Stationery Office

Deutsches Institut für Urbanistik (2003): Strategien für die soziale Stadt. Erfahrungen und Perspektiven – Umsetzung des Bund-Länder-Programms „Stadtteile mit besonderem Entwicklungsbedarf – die soziale Stadt". Bericht der Programmbegleitung. Berlin

Emnid (2004): Nachbarschaftliche Netzwerke. Demoskopische Untersuchung im Auftrag der BHW. Bielefeld: Tns Emnid

Engelhard, Jutta-Beate (1986): Nachbarschaft in der Großstadt. Münster: Coppenrath

Essenfelder, Petra (2000): Nachbarschaft: Ein alter Hut? In: Schnur, Olaf (Hg.): Nachbarschaft, Sozialkapital & Bürgerengagement: Potenziale sozialer Stadtteilentwicklung? Arbeitsberichte des Geographischen Instituts der Humboldt-Universität zu Berlin, Heft 48, Berlin: 47-49

Everard, Kelly M./Lach, Helen W./Fisher, Edwin B./Baum, Carolyn M. (2000): Relationship of activity and social support to the functional health of older adults. In: Journal of Gerontology: Social Sciences 55B: 208-212

Fauser, Richard (1982): Zur Isolationsproblematik von Familien. Sozialisationstheoretische Überlegungen und empirische Befunde. München: Verlag Deutsches Jugendinstitut

Festinger, Leon/Schachter, Stanley/Back, Kurt (1950): Social pressures in informal groups: A study of human factors in housing. New York: Harper

Fischer, Manfred/Stephan, Egon (1985): Analyse von Wohnumwelten aus psychologischer Sicht – ein Beitrag für die Planung politischer Entscheidungen. In: Hehl, Franz-Josef/Ebel, Volker/Ruch, Willibald (Hg.): Diagnostik und Evaluation bei betrieblichen, politischen und juristischen Entscheidungen. Bonn: 336-347

GdW (Hg.) (1998): Überforderte Nachbarschaften. GdW Schriften 48, Bundesverband deutscher Wohnungsunternehmen e.V. Köln, Berlin

Geis, Karlyn J./Ross, Catherine E. (1998): A new look at urban alienation: The effect of neighbourhood disorder on perceived powerlessness. In: Social Psychology Quarterly 61: 232-246

Grunow, Dieter/Breitkopf, Helmut/Dahme, Heinz-Jürgen/Engfer, Renate/Grunow-Lutter, Vera/Paulus, Wolfgang (1983): Gesundheitsselbsthilfe im Alltag. Stuttgart: Enke

Günther, Julia (1998): Nachbarschaftsbeziehungen in der Stadt. Gestalt und Wandel ostdeutscher Nachbarschaften. Unveröffentlichte Diplomarbeit am Institut für Sozialpädagogik und Sozialarbeit der TU Dresden

Günther, Julia (2005): Das soziale Netz der Nachbarschaft als System informeller Hilfe. In: Gruppendynamik und Organisationsberatung 36: 427-442

Günther, Julia/Nestmann, Frank (2000): Quo vadis, Hausgemeinschaft? Zum Wandel nachbarschaftlicher Beziehungen in den östlichen Bundesländern. In: Gruppendynamik 31: 321-337

Guttmann, David (1982): Neighborhood as a support system for euro-american elderly. In: David E. Biegel/Naparstek, Arthur J. (eds): Community support systems and mental health. New York: 73-85

Hamm, Bernd (1973): Betrifft: Nachbarschaft. Verständigung über Inhalt und Gebrauch eines vieldeutigen Begriffs. Düsseldorf: Bertelsmann

Hamm, Bernd (1998): Nachbarschaft. In: Häußermann, Hartmut (Hg.): Großstadt. Soziologische Stichworte. Opladen: 172-181

Hamm, Bernd/Neumann, Ingo (1996): Siedlungs-, Umwelt- und Planungssoziologie. Opladen: Leske + Budrich

Harloff, Hans Joachim J./Christiaanse, Kees W./Wendorf, Gabriele/Zillich, Klaus (1999): Die Bedeutung von Wohngruppen für die Bildung nachhaltiger Konsummuster. Forschungsbericht aus der Abteilung Psychologie im Institut für Sozialwissenschaften der Technischen Universität Berlin, Nr.1999-1

Heberle, Rudolf (1959): Das normative Element in der Nachbarschaft. In: Kölner Zeitschrift für Soziologie und Sozialpsychologie 11: 181-197

Herlyn, Ulfert (1970): Wohnen im Hochhaus. Stuttgart: Krämer

Höllinger, Franz (1989): Familie und soziale Netzwerke in fortgeschrittenen Industriegesellschaften. Eine vergleichende empirische Untersuchung in sieben Nationen. In: Soziale Welt 40: 513-537

House, James S./Landis, Karl R./Umberson, Debra (1988): Structures and processes of social support. In: Annual Review of Sociology 14: 293-318

Institut für praxisbezogene Forschung der Evangelischen Fachhochschule Hannover & Bürgerbüro Stadtentwicklung Hannover (Hg.) (1999): „Nachbarschaft, – gibt's die überhaupt noch?" Eine Untersuchung zur Nachbarschaft in der Albertatraße und in der Kochstraße in Hannover-Linden. Hannover: Evangelische Fachhochschule

Kahl, Alice (2003): Erlebnis Plattenbau. Eine Langzeitstudie. Opladen: Leske + Budrich

Klages, Helmut (1968): Der Nachbarschaftsgedanke und die nachbarliche Wirklichkeit in der Großstadt. 2. Aufl. Stuttgart: Kohlhammer

Kleit, Rachel G. (2001): The role of neighborhood social networks in scattered-site public housing residents' search for jobs. In: Housing Policy Debate 12: 541-573

Kohlbacher, Josef (2000): Interethnische Wohnnachbarschaft – Soziales Kontakt- und Konfliktterrain? Theoretische und empirische Befunde zu nachbarschaftlichen Interaktionen von In- und Ausländern in Wien. In: Österreichische Zeitschrift für Soziologie 25: 68-91

Kuo, Frances E./Sullivan, William C./Coley, Rebekah L./Liesette Brunson (1998): Fertile ground for community: Inner-city neighborhood common spaces. In: American Journal of Community Psychology 26: 823-851

Lenz, Albert (1990): Ländlicher Alltag und familiäre Probleme. Eine qualitative Studie über Bewältigungsstrategien bei Erziehungs- und Familienproblemen auf dem Lande. München: Profil

Linneweber, Volker (1990): Konflikte in nachbarlichen Beziehungen als Gegenstand sozial- und umweltpsychologischer Forschung. In: Magazin Forschung der Universität des Saarlandes 1: 15-20

Melbeck, Christian (1993): Nachbarschafts- und Bekanntschaftsbeziehungen. In: Auhagen, Ann Elisabeth/Salisch, Maria von (Hg.): Zwischenmenschliche Beziehungen. Göttingen: Hogrefe

Naparstek, Arthur J./Biegel, David E./Spiro, Herzl R. (1982): Neighborhood networks for human mental health care. New York: Plenum Press

Pfeil, Elisabeth (1959): Nachbarkreis und Verkehrskreis in der Großstadt. In: Ipsen, Gunther (Hg.): Daseinsformen der Großstadt. Tübingen: 159-225

Popenoe, David (1973): Urban residential differentiation: An overview of patterns, trends and problems. In: Sociological Inquiry 43: 34-46

Randall, Bill (2005): Safe as houses. EU social housing organisations: Preventing and dealing with anti-social behaviour. European Liason Committee for Social Housing (CECODHAS): http://www.cecodhas.org/en/publi/SafeAsHouses_de.pdf (Download am 27.02.2007)

Reemtsma, Jan Philipp (2004): Nachbarschaft als Gewaltressource. http://www.eurozine.com/articles/article_2005-11-02-reemtsma-de.html (Download am 30.01.2007)

Robinson, David/Wilkinson, Derek (1995): Sense of community in a remote mining town: Validating a neighbourhood cohesion scale. In: American Journal of Community Psychology 23: 137-148

Ross, Catherine E./Jang, Sung J. (2000): Neighborhood disorder, fear, and mistrust: The buffering role of social ties with neighbors. In: American Journal of Community Psychology 28: 401-420

Sächsisches Staatsministerium der Justiz (Hg.) (2004): Nachbarrecht in Sachsen. Dresden

Schilling, Heinz (1997): Nebenan und Gegenüber: Nachbarn und Nachbarschaften heute. Frankfurt a.M.: Institut für Kulturanthropologie und Europäische Ethnologie

Schneppen, Anne (1994): Die neue Angst der Deutschen: Plädoyer für die Wiederentdeckung der Nachbarschaft. Frankfurt a.M.: Eichborn

Schubert, Herbert (1990): Private Hilfenetze: Solidaritätspotentiale von Verwandtschaft, Nachbarschaft und Freundschaft. Materialien des Instituts für Entwicklungsplanung und Strukturforschung, Band 145, Hannover

Shaw, Benjamin A. (2005): Anticipated support from neighbors and physical functioning during later life. In: Research on Aging 27: 503-525

Stenchly, Susanne/Rauch, Gabriele (1989): Hallo, Nachbarn! In: Psychologie Heute 16: 42-47

Unger, Donald G./Wandersman, Abraham (1982): Neighboring in urban environment. In: American Journal of Community Psychology 10: 493-509

Unger, Donald G./Wandersman, Abraham (1985): The importance of neighbours: The social, cognitive and affective components of neighbouring. In: American Journal of Community Psychology 13: 139-169.

Vierecke, Kurt Dieter (1972): Nachbarschaft. Ein Beitrag zur Stadtsoziologie. Köln: Bachem

Warren, Donald J. (1978): Exploration in neighborhood differentation. In: Sociological Quarterly 19: 310-331

Warren, Donald J. (1981): Helping networks. How people cope with problems in the urban community. Notre Dame: The University of Notre Dame Press

Wellman, Barry/Wortley, Scot (1990): Different strokes from different folks: Community ties and social support. In: American Journal of Sociology 96: 558-588

Wendorf, Gabriele/Felbinger, Doris/Graf, Bettina/Gruner, Sabine/Jonuschat, Helga/ Saphörster, Olaf (2004): Von den Qualitäten des Wohnumfeldes zur Lebensqualität? Das Konzept des „Atmosphärischen" als Ausgangspunkt einer integrierten Theorie. Discussion paper Nr. 11/04. Berlin: Zentrum Technik und Gesellschaft. http://www.tu-berlin.de/ztg/pdf/Atmosphaerisches.pdf (Download am 06.06.2006)

Wild, Claudia (1999): Organisierte Nachbarschaftshilfe in der Steiermark. In: Schöpfer, Gerald (Hg.): Seniorenreport Steiermark. Altwerden in der Steiermark: 55-68

Wireman, Peggy (1984): Urban neighborhoods, networks and families: New forms for old values. Lexington: D.C. Heath and Company

Wolf, Reinhard (2000): Sozial verwaltetes Wohnen. Empirische Fallstudie einer Großwohnanlage. Frankfurt a.M.: Campus

Young, Carl F./Giles, Dwight E./Plantz, Margaret C. (1982): Natural networks: Help-giving and help-seeking in two rural communities. In: American Journal of Community Psychology 10: 457-469

Ursel Sickendiek

Persönliche Beziehungen am Arbeitsplatz

Im Jahr 2006 waren in Deutschland von den rund 83 Millionen Einwohner/innen etwa 39 Millionen Menschen erwerbstätig, darunter zu 45% Frauen. 34 Millionen arbeiteten als abhängig Beschäftigte. Bei den abhängig Beschäftigten sind die Arbeitszeiten bekannt: 67% arbeiteten in Vollzeit mit im Schnitt 38,2 Stunden pro Woche. Vollzeit- und Teilzeitbeschäftigte, letztere zu über 80% Frauen, zusammengenommen kamen auf 30,3 Stunden pro Woche bei 211 Arbeitstagen im Jahr (IAB 2007). Dass der weitaus größte Teil der Erwerbstätigen Kolleginnen und Kollegen hat, ist anzunehmen. Sicher arbeiten Selbstständige und Freiberufler/innen zum Teil allein und auch Arbeitnehmer/innen sind manchmal auf Arbeitsplätzen beschäftigt, bei denen sie über lange Zeit allein und auf sich gestellt sind. Aber Erwerbsarbeit ist in sehr vielen Fällen an Kooperation mit anderen Personen gebunden, ob nun direkt mit- und nebeneinander in der Fabrik oder im Büro, vermittelt über Telefon oder Internet etc. oder gelegentliche Kontakte bei Besprechungen.

Viele Menschen verbringen somit einen Großteil ihrer (wachen) Zeit mit Kolleg/innen. Bei Vollzeitarbeitenden kann die Arbeitszeit manchmal die Zeit übertreffen, die sie mit Lebensgefährt/innen, Familienangehörigen oder Freund/innen verbringen. Wer Überstunden oder z.B. Schichtarbeitszeiten mit Wochenenddienst leistet, hat vielleicht noch weniger gemeinsame Zeit mit den privaten Beziehungspersonen: Wochenend-, Nacht- und Schichtarbeit leisteten im Jahr 2004 z.B. immerhin 17,3 Millionen Männer und Frauen (Statistisches Bundesamt 2005). Besonders wer allein lebt, wird als Vollzeiterwerbstätiger an Arbeitstagen leicht mehr Stunden mit Kolleg/innen verbringen als mit anderen wichtigen Personen. Nun ist mit der zeitlichen Dauer täglichen Kontakts noch nichts über die Qualität, Intensität und Bedeutung der persönlichen Beziehungen am Arbeitsplatz gesagt; sicherlich sind für die meisten Berufstätigen die privaten Beziehungen ungleich bedeutsamer für das Wohlbefinden und die individuelle Lebensführung. Trotzdem wissen fast alle Berufstätigen, die Kolleg/innen neben Paarbeziehung, Familie und Freundschaften zu ihrem Beziehungsnetzwerk zählen, wie diese das persönliche Wohlbefinden im positiven wie im negativen Sinne mit beeinflussen können.

Die gefühlsmäßige Bindung von Arbeitskräften an den Betrieb insgesamt war eines der klassischen Themen der Arbeits- und Organisationssoziologie und -psychologie schon zu Beginn des 20. Jahrhunderts. Zum Teil ausgehend vom Marxschen Konzept der Entfremdung des Arbeiters interessierte, welche emotionalen Dispositionen den Arbeitsalltag von abhängig Beschäftigten vor allem in der Industrie bestimmen. Es war eine große Errungenschaft, Gefühle von Arbeitenden in Organisationen (als Bedingungsfaktor von Leistung) überhaupt wissenschaftlich zur Kenntnis zu nehmen. In seiner Studie über „Die Angestellten" beschreibt Siegfried Kracauer 1929 die Arbeitsalltage von „kleinen Angestellten" in Berlin: Schon damalige Unternehmensführungskonzepte etwa des DINTA, des Deutschen Instituts für technische Arbeitsschulung, wirkten zum Aufbau von „Werksgemeinschaften" im Sinne eines Zusammengehörigkeits- und Loyalitätsempfindens der Belegschaften „unter Anwendung aller möglichen Methoden und Mittel darauf hin, die Arbeitnehmer von Klassenkampf abspenstig zu machen" (Kracauer 1971: 77 f.). Die Personalpolitik bestand z.B. im Aufbau von Gesangsvereinen, im Ausrichten von Sportwettkämpfen zwischen Firmenmannschaften oder in geselligen Abenden, zu denen auch die Familien der Belegschaft eingeladen waren. Persönliche Beziehungen zwischen Beschäftigten wurden und werden bis heute aktiv gefördert, solange sie der Motivierung und der Loyalität gegenüber „der Firma" dienen.

In einer bis heute oft zitierten sozialpsychologischen Studie wurde beginnend 1927 für eine große Elektrizitätsgesellschaft in Hawthorne, USA, untersucht, wie sich Arbeiter an ihren Arbeitsplatz anpassen und welche Rolle dabei auch Bindungen an Kollegen spielten (Roethlisberger/Dickson 1939). Im Scientific Management nach Frederick W. Taylor (1911) wurde zuvor angenommen, dass neben der Bezahlung primär räumlich-zeitliche Bedingungen wie Licht und Lärm, Arbeitsmittel oder Pausen für die Leistung an Industriearbeitsplätzen von Bedeutung seien. In der Hawthorne-Studie zeigte sich nun, dass soziale Beziehungen im Betrieb und informelle Kommunikation zwischen Kolleg/innen wie auch die Haltung von Vorgesetzten ihren Mitarbeiter/innen gegenüber wesentlich wichtiger waren als angenommen. Die Mitte des 20. Jahrhunderts in wissenschaftlicher Betriebsführung und Management aufkommende *Human-Relations-Bewegung* zentrierte sich dementsprechend auf die sozialen Beziehungen und auf das soziale Klima.

Allerdings soll aus Sicht der Organisation das Verhältnis zwischen Beschäftigten auch nicht im Übermaß freundschaftlich sein: Zu großes Zusammengehörigkeitsgefühl und unverbrüchliche Solidarität können zu Koalitionsbildungen zwischen Beschäftigten führen, die im Sinne der Arbeitsleistung nicht unbedingt förderlich sein müssen. Wenn z.B. zuviel Zeit mit Privatgesprächen verbracht wird, könnte dieses die Leistung einschränken. Oder Kolleg/innen könnten eine in vielen Bereichen sinnvolle kritische Distanz zum Arbeitsverhalten der anderen verlieren. Dieses mag besonders in Bereichen nachteilig sein, in denen Sicherheitsrisiken bestehen, z.B. in Operationsteams in Krankenhäusern oder in Unternehmen, in denen mit Gefahrstoffen gearbeitet wird.

Dass enge Freundschaften und großes Vertrauen zwischen Kolleg/innen nicht immer der Arbeit zugute kommen, kalkulieren z.B. Fluggesellschaften bei der Zusammensetzung der Flugzeugbesatzung ein. Die Crew aus Pilot/innen und Stewardessen bzw. Stewards wird bei vielen Gesellschaften immer wieder neu zusammengestellt und wechselt täglich. Der Flugsicherheit halber ist es unerlässlich, dass die Mitglieder der Crew sich gegenseitig kontrollieren und keine Nachlässigkeit der anderen tolerieren. Zu gut vertraute Personen könnten sich vielleicht darauf verlassen, dass der oder die andere bestimmungsgemäß vorgeht und nichts vergisst.

Soziale Beziehungen zwischen Kolleg/innen sind also ein schillerndes Thema. Und wie wir zusammen arbeiten, wie Kolleg/innen miteinander umgehen, ist wesentlich mitbestimmt von den Kontexten der Erwerbstätigkeit. Hierzu liefern arbeitssoziologische Studien der letzten Jahre aufschlussreiche Erkenntnisse.

1. Gesellschaftliche Hintergründe: Perspektiven aus der Soziologie der Arbeitswelt

Im Hinblick auf die Auswirkungen gesellschaftlich-ökonomischer und arbeitsorganisatorischer Veränderungen auf persönliche Beziehungen am Arbeitsplatz sind zunächst zwei Untersuchungen besonders interessant, weil sie Arbeitsverhältnisse aus der Sicht von Beschäftigten betrachten. Die US-amerikanischen Soziolog/innen Richard Sennett (1998) und Arlie R. Hochschild (2006) kommen in ihren qualitativen Studien zum Lebensalltag von Erwerbstätigen zu teilweise divergierenden Einschätzungen über die persönlichen Beziehungen zwischen Kolleg/innen. Beide teilen zunächst durchaus ihre prononciert kritische Sicht der Veränderungen der Lebensführung von abhängig Beschäftigten durch die im Vergleich zur Mitte des 20. Jahrhunderts (wieder) zunehmende Dominanz des Erwerbslebens und kapitalistischer Verwertungslogiken von Arbeitskraft über Privatleben und Freizeit. Viele moderne Unternehmen erwarten, oft subtil und weniger explizit, dass die Beschäftigten ihre Zeit in erster Linie in den Dienst der Firma stellen und bereit sind, flexibel und ausdauernd Arbeitszeiten an Logiken des Arbeitsplatzes anzupassen sowie nach Bedarf Überstunden zu leisten. Das Privat- und Familienleben muss zum Teil dahinter zurückstehen und sich der jeweiligen Arbeitsdynamik anpassen. Wer in Teams, denen in Verwaltungen ebenso wie in der Produktion ein hohes Maß an Selbstkontrolle und Selbstregulation zugestanden wird, pünktlich nach Hause muss, um für Lebenspartner oder Kinder da zu sein, hat oft das Nachsehen gegenüber ungebundenen Kolleg/innen, die länger bleiben und das Fertigstellen von Aufgaben wichtiger nehmen (können) als persönliche Interessen: Wer lange bleibt und vielleicht noch am Wochenende kommt, gewinnt u.U. in der Gunst der Vorgesetzten.

Richard Sennett (1998) beschreibt unter dem Begriff des Drift eher, wie subjektive Bindungen an die Arbeitsorganisation und die Tätigkeit abnehmen und ebenso persönliche Beziehungen unter Kolleg/innen erodieren:

Zum einen ergeben sich (zum Teil ungewollte) Ungleichgewichte und Ressentiments unter Kolleg/innen, wenn die Bereitschaft zu Flexibilität und Überstunden ungleich verteilt ist. Zum anderen nimmt insgesamt unter Beschäftigten die Zahl derjenigen ab, die über lange Jahre und mit gleichen, fest vorgegebenen Arbeitszeiten miteinander arbeiten und – im positiven Fall – Vertrauen und Solidarität aufbauen können. Ungleichheit zwischen fest und befristet Angestellten sowie divergierende Interessen zwischen (älterem) Stammpersonal und wechselnden neuen (und oft jüngeren) Mitarbeiter/innen können kollegiale Loyalität in Frage stellen. Unsichere, wechselnde Arbeitsverhältnisse fördern Richard Sennetts Erkenntnissen zufolge gute persönliche Beziehungen kaum.

In den Analysen von Arlie Russell Hochschild (2006) ergibt sich ein anderes Bild: Sie zeichnet nach, wie mit den ausufernden Anforderungen an Zeiteinsatz und „freiwillige" Überstunden das berufliche soziale Leben an Bedeutung gewinnt. Bei nur schwer konkret messbaren Leistungen bewerten Vorgesetzte das Arbeitsengagement der Einzelnen oft weit mehr nach Anwesenheit als nach „Output". Gerade Vollzeitbeschäftigte mit Kindern, oft Frauen, müssen in den von Arlie Russell Hochschild untersuchten Unternehmen die wenige Zeit, die sie täglich für ihre Kinder zur Verfügung haben, viertelstundengenau einteilen und hochgradig effizient durchstrukturieren, um „alles zu schaffen" (Kinder frühmorgens wecken, zur Kita fahren, spät nachmittags zumeist mit ungutem Gefühl den Arbeitsplatz verlassen, um die Kinder abzuholen, Termine wie Musikunterricht einhalten, Hausarbeit erledigen, Kinder rechtzeitig zu Bett bringen etc.). Die mit den Kindern verbrachte Zeit wird somit für viele anstrengend und freudlos, zumal Kinder eben in aller Regel nicht reibungslos in solchen Tagesplänen funktionieren und die Eltern sich schuldig fühlen, weil sie so wenig Zeit für ihre Kinder aufbringen. Überwiegend sind es Mütter, die in dieser Art von Tagesstruktur leben. In dieser Situation werden vor allem unter Frauen die Kolleginnen zu Freundinnen: Zum einen reduzieren sich Freundschaften außerhalb der Arbeit rein zeitlich auf ein Minimum, zum anderen wird die bei der Arbeit erlebte Zeit oft als deutlich entspannter empfunden. Hier kann man gemeinsam über die Hausarbeit und Erziehungsprobleme räsonieren, es geht zum Teil ruhiger zu als daheim. Kreativität, Ideen und Zusammenarbeit sind gefordert anstelle von Putzen oder Antreiben der Kinder, sich schneller für die Schule anzuziehen. Selbst in Fabriken, in denen Lärm und Schmutz sich oft verringert haben, macht man sich die Arbeit angenehm mit Witzen, Tratschen, Austausch von Neuigkeiten über andere, mit Flirten, kurzen Gesprächen über Probleme zuhause u. a.

Viele von Arlie Russell Hochschilds Interviewpartner/innen, auch Männer, die Erziehungs- und Familienarbeit übernehmen, fühlen sich, wie sie zumeist mit großem Bedauern feststellen, am Arbeitsplatz wohler als abends daheim. Im Produktionsbereich ebenso wie in Dienstleistungsbereichen mit Wechselschichten oder Nacht- und Wochenenddiensten kommt hinzu, dass man mit Kolleg/innen eine Tagesstruktur teilt, die oft kaum kompatibel ist mit den Lebensrhythmen von Partner/innen, Kindern und Freundeskreis; auch das bringt Gemeinschaftsgefühl und geteilte Erfahrungen mit sich. Wenn nachts Dienstschluss ist, schläft der Rest der Familie und man geht vielleicht noch mit Kolleg/innen etwas trinken, um den Tag ausklingen zu lassen.

Richard Sennett (1998) und Arlie Russell Hochschild (2006) kommen sicherlich vor dem Hintergrund der Geschlechterperspektive zu unterschiedlichen Schlussfolgerungen. Richard Sennett geht wesentlich von dem Verlust des überdauernden Normalarbeitsverhältnisses aus, das vor allem für Männer in der Mitte des 20. Jahrhunderts die bestimmende Erwerbsform darstellte und Sicherheit sowie Kontinuität auch in den Kollegenbeziehungen ermöglichte. Arlie Russel Hochschild hingegen fragt nach der Vereinbarkeit von Familien- und Erwerbsarbeit und rückt eher Frauen und Familienarbeit leistende Männer in den Mittelpunkt. Für viele Frauen mit Kindern ist die Möglichkeit der Erwerbsarbeit eine positive Entwicklung und Kolleg/innenbeziehungen sind eine Bereicherung, nachdem ihre Müttergeneration oft über lange Jahre auf Heim und Herd verwiesen war.

In der deutschsprachigen Arbeitssoziologie finden die Positionen Richard Sennetts und vor allem Arlie Russell Hochschilds ihre Entsprechung u. a. in den Konzepten der entgrenzten Arbeit und des „Arbeitskraftunternehmers" in den Arbeiten von G. Günter Voß (1998, 2001), Karin Jurczyk (Jurczyk/ Voß 2000), Julia Egbringhoff (Voß/Egbringhoff 2004), Hans Pongratz (Voß/Pongratz 1998) u. a. Mit der Entgrenzung von Arbeit ist u. a. eine zunehmende Flexibilisierung von Arbeitsbedingungen, -orten und -teams, allem voran aber von Arbeitsanforderungen und Arbeitszeit angesprochen. Für immer mehr und vor allem jüngere Beschäftigte strukturiert sich das Arbeitsverhältnis nicht mehr in dauerhaft angelegten und formal hochregulierten Vorgaben (z.B. die Arbeitszeit betreffend), sondern eher in zeitlich begrenzten, marktförmigen Arbeitsaufträgen, bei denen die Form der Erledigung ihnen stärker selbst überlassen wird. Diese Form des Arbeitens kann im Rahmen konventioneller Arbeitsverhältnisse (z.B. über Gruppenarbeit, Zielvereinbarungen, Telearbeit und neue Heimarbeit) ebenso wie in formal selbstständiger Arbeit (z.B. Scheinselbstständigkeit, Out-Sourcing) stattfinden und erstreckt sich inzwischen neben modernen Dienstleistungsberufen auch auf Handwerk oder Produktion.

Der Arbeits- und Lebenszusammenhang des neuen „Arbeitskraftunternehmers" zeichnet sich aus durch

- *erhöhte Selbstkontrolle und Selbstbeherrschung*: Die Arbeitenden beginnen selbst aktiv zu steuern, was sie wie und wann sowie ggf. mit wem tun – wichtig ist nur das Produkt zur rechten Zeit. Mit der Reduzierung formaler Kontrolle durch Vorgesetzte steigt z.T. der Leistungsdruck, ein bestimmtes Arbeitsergebnis in immer kürzerer Zeit herzustellen.
- *vermehrte Selbstökonomisierung der Person*: Die Arbeitenden sehen sich veranlasst, ihr persönliches Arbeitsvermögen in Kompetenzen und Zeit

so gut wie möglich auch innerbetrieblich zu vermarkten und zu verwerten. Sie haben ihren Nutzen für das Unternehmen zunehmend unter Beweis zu stellen.

• *zunehmende Selbstrationalisierung und „Verbetrieblichung" des Lebens*, die sich auch auf die private Lebensführung auswirkt. Immer weniger strukturiert sich die arbeitsfreie Zeit nach den Bedürfnissen von Angehörigen oder zur eigenen Erholung. Zeit wird „vernünftig" verwendet: Freiwillige Überstunden, Zeitaufwendung für Fortbildung (z. B. in „Zeitmanagement"), Coachingstunden, Teilnahme an relevanten „Events" in beruflich förderlichen Netzwerken führen dazu, dass auch freie Zeit strategisch eingesetzt wird (Voß/Pongratz 1998; Voß/Egbringhoff 2004).

Karin Jurczyk und G. Günther Voß (2000) zufolge lassen sich polarisierend sowohl Gewinner wie Verlierer des neuen Zeithandelns feststellen: Auf der einen Seite stehen diejenigen, die eine „kunstvolle Zeitkultur" pflegen. Das sind Arbeitende, die die erforderlichen Kompetenzen zur Vermarktung ihres Arbeitsvermögens mitbringen, in der Lage sind, Anforderungen zu antizipieren und zu bewältigen sowie, so ließe sich ergänzen, deren privates und familiäres Leben einen strategischen Einsatz von Zeit zulässt. Sie empfinden die Selbstgestaltung der Arbeitszeit als souveränes und individuelles Jonglieren; langfristig geplant wird nur unbedingt Notwendiges. Dem gegenüber finden sich die „hilflosen Zeitbastler". Ihnen mangelt es eher an sozialem und kulturellem Kapital zur Bewältigung der neuen Arbeitsanforderungen. In ihrer persönlichen Lebenslage empfinden sie eher die Nachteile entgrenzter Arbeit mit immer wieder scheiternden Versuchen des Planens von Zeit, verlorengehendem „verdientem Feierabend" und andauernder zeitlicher Überforderung. Zu ihnen gehören vermutlich diejenigen mit solchen Privatbeziehungen, die viel Zeit oder Planung benötigen, vor allem Kinder, hilfebedürftige Angehörige oder Freunde, die verlässliche Verabredungen einfordern.

Mit der Dynamisierung und Flexibilisierung gehen auch flexiblere Formen der Zusammenarbeit einher. Projektbezogen arbeitende Teams setzen sich immer wieder neu zusammen und kurzfristigere, aber auch punktuell intensivere Arbeitsbeziehungen entstehen. Die gemeinsame Verantwortung für einen Auftrag kann verbinden, noch dazu, wenn Überstunden bis in den Abend anfallen, gemeinsame Bestellungen beim Pizzadienst aufgegeben werden oder man sich abspricht, auch am Samstag zu kommen (vgl. Hochschild 2006).

Selbststeuerung und Flexibilität können allerdings auch Unfrieden schaffen, wenn in einem Team jemand nicht flexibel ist – Unmut von Seiten der flexibel Arbeitenden oder von Seiten derjenigen, die früher nachhause gehen und fürchten, nicht mitzubekommen, was möglicherweise am späten Nachmittag noch wichtiges passiert „in der Firma". Mit dem Zwang zur individuellen Vermarktung des eigenen Arbeitsvermögens können sich zum einen strategische Netzwerkbeziehungen mit Personen ergeben, die nützlich sein können; ob sich unter direkten Kolleg/innen, mit denen man eventuell in Konkurrenz um den nächsten Auftrag stehen könnte, Solidarität oder Konkurrenz entwickelt, wird von vielen Faktoren abhängen. Zu vermuten ist, dass Arbeitsbeziehungen unter Kolleg/innen widersprüchlicher und ambivalenter werden, was gute persönliche Beziehungen von Kolleg/innen jenseits der Arbeit sicherlich erschwert, aber auch wertvoller machen kann. Das kann auch für Liebes- und Paarbeziehungen gelten, die sich unter Kolleg/innen entwickelt haben.

So ist von drei möglichen Entwicklungen in persönlichen sozialen Netzwerken als Folge einer fortschreitenden Entgrenzung von Arbeit auszugehen:

(1) *Gute persönliche Beziehungen zwischen Kolleg/innen werden durch die Bedingungen entgrenzter Arbeit erschwert,* weil Unsicherheit und Konkurrenz eher belastend wirken. Denkbar wäre allerdings auch, *dass Beschäftigte besonderen Wert auf Solidarität und Vertrauen zu Kolleg/innen legen* und sich aktiv darum bemühen, um bei aller Unsicherheit der formalen Arbeitsverhältnisse zumindest in guten persönlichen Beziehungen Halt zu finden.

(2) *Hohe Leistungsanforderungen und Arbeitszeiten belasten die privaten Beziehungen außerhalb der Arbeit.* Familienangehörige haben das Nachsehen in der Priorität der Zeit, wenn man als Beschäftigter der Arbeit nicht konsequente Grenzen setzt. Das gilt auch für Freundschaften und für lockere Beziehungen, z.B. in Vereinen, Initiativen, beim Sport, die oft zurückstehen müssen.

(3) Bei aller Konkurrenz und Ambivalenz *begünstigen Leistungsdruck und Zeitrhythmen der neuen Arbeitsformen sicherlich persönliche Beziehungen unter Kolleg/innen* oder zumindest unter Zugehörigen bestimmter beruflicher „Szenen" und Milieus, auch wenn diese teilweise zunächst strategisch eingegangen werden. Das gemeinsame Erleben der intensiven Arbeitsanforderungen kann verbinden und selbst aus strategisch aufgenommenen Beziehungen können echte Freundschaften und Unterstützungsbeziehungen erwachsen.

2. Strukturelle Dimensionen persönlicher Kolleg/innenbeziehungen

Beziehungen zu Kolleg/innen sind im Unterschied zu Paarbeziehungen, Familie und Freundschaft dadurch geprägt, dass sie innerhalb einer formellen Organisation stattfinden, die nicht wie die Familie oder eine Freundschaft dem Selbstzweck, sondern dem Erbringen von Arbeitsleistungen dient. Eine Arbeitsorganisation besteht im allgemeinen auch dann weiter, wenn einzelne Mitglieder aussteigen und durch andere ausgetauscht werden (vgl. Lenz/Nestmann i.d.B.); die Form der Zusammenarbeit mit den neuen Kollegen kann mehr oder weniger erhalten bleiben. Kolleg/innen sind in den meisten Fällen bis zu einem recht hohen Grad austauschbar, auch wenn jede und jeder seinen oder ihren Arbeitsplatz mit individuellen Eigenschaften und Fähigkeiten ausfüllt oder mit prägt. Je nach Größe der Organisation, Art der Tätigkeit und der ausgeübten Funktion gibt es hierfür graduelle Unterschiede: So kann ein Kollege am Fließband einer Fabrik oder eine Kollegin im Call-Center oft leichter ausgetauscht werden als z.B. der Kompagnon in einer Ärztepraxis oder in einem kleinen Handwerksbetrieb – die Organisation als solche existiert jedoch unabhängig davon fort.

Persönliche Beziehungen beruhen hingegen auf der individuellen Relation zwischen zwei oder mehr Personen, wobei gerade Individualität und persönliche Bindung die Beziehung ausmachen. In persönlichen Beziehungen sind die Individuen nicht austauschbar (vgl. Lenz/Nestmann i.d.B.), denn die Beziehung endet, wenn eine Seite die Beziehung verlässt oder verlassen muss, ob durch gewollten oder ungewollten Abbruch. Persönliche Beziehungen binden die Person an die Rolle: Wenn ein Elternteil stirbt oder ein Lebensgefährte die Beziehung aufkündigt, ist die Rolle des Kindes ebenso beendet wie die des Partners in der Paarbeziehung. Im Verhältnis zwischen Kolleg/innen allerdings bleibt die *Kolleg/innenrolle* formell erhalten, sobald eine neue Kollegin eingestellt wird. Was endet, ist die *informelle persönliche Beziehung* zwischen denjenigen, die diese Rollen ausgefüllt haben, und die z.B. durch Sympathie, Wohlwollen und gutes Zusammenwirken geprägt oder auch durch Abneigung und Konkurrenz gekennzeichnet gewesen sein kann. Die persönliche Beziehung verläuft zwar innerhalb der Rollen der Kolleg/innen, ist aber auf die Identität der Person hinter der Rolle gerichtet: Mit einem Kollegen bestehen vielleicht sogar Konflikte in den Arbeitsvollzügen, aber man mag und schätzt sich persönlich eventuell unabhängig davon. In der Kollegenbeziehung verschränkt sich also die formelle Rolle der zusammen Arbeitenden mit ihren Aufgaben und Positionen in der Organisation einerseits mit der informellen Rolle andererseits, die je nach Qualität und Intensität des Verhältnisses einer Freundschaft oder guten Bekanntschaft nahekommen kann, die eher durch Neutralität geprägt sein mag oder die im negativsten Fall in Animosität besteht.

Für diese Beziehungen zwischen Kolleg/innen gelten über die persönliche Unersetzbarkeit hinaus Strukturmerkmale aller persönlichen Beziehungen, so wie Karl Lenz und Frank Nestmann (vgl. i.d.B.) sie kennzeichnen:

• Sie beruhen auf (für einen gewissen Zeitraum) *überdauernder Interaktion und Kontinuität.* Anders als Freundschaften z.B. sind Kollegenbeziehungen immer zeitlich befristet, wenn auch vielleicht eine langjährige Dauer im Einzelfall bis zum Rentenalter antizipiert werden mag. Da sich Kollegenbeziehungen allerdings zu Freundschaften wandeln können, ist unter Umständen eine Fortdauer auch über das Ende des Arbeitsverhältnisses nicht ausgeschlossen.
• Die *Individualität der Kolleg/innen* kann für die Qualität der Beziehung Vorrang vor der sozialen Rolle und Identität der anderen einnehmen: Im

Arbeitsalltag kann die Wahrnehmung persönlicher Eigenschaften eines Kollegen (wie z. B. ein ähnliches Hobby oder eine besondere familiäre Situation) das Verhältnis dominieren und seine berufliche Kompetenz steht vielleicht erst an zweiter Stelle.

- Das *persönliche Wissen übereinander* und die Erfahrung der Zusammenarbeit erhöhen Vertrauen, vereinfachen oft den Kontakt miteinander und ermöglichen eine größere Variationsbreite des Umgangs miteinander, anders als wenn Fremde vorrangig in ihren Rollen (z. B. als Patientin und Arzt oder als Sachbearbeiter und Verwaltungsleiterin) interagieren. Privates Wissen und gemeinsame Erfahrungen können den Umgang miteinander allerdings auch erschweren und gerade im beruflichen Kontext kann manches sich im Einzelfall komplizieren, wenn man zu viel voneinander weiß. Zu große Vertraulichkeit kann im Konfliktfall, wenn der gute Wille verloren ist, auch eine Angriffsfläche für missgünstige Kolleg/innen bieten.

- Sie sind im Allgemeinen mit einer bestimmten *emotionalen Qualität* versehen, die sich zumeist mit der Dauer der Beziehung und mit Erfahrungen von Kollegialität ergibt. Das Spektrum reicht von Freundschaft und Solidarität über gemischte Gefühle oder Distanz bis zu Antipathie und regelrechter Feindschaft. Wer lange und viel zusammenarbeitet, bleibt sich oftmals nicht gleichgültig.

Beziehungen zu Kolleg/innen sind (als gut oder schlecht empfundene) Bestandteile der persönlichen Netzwerkbeziehungen von Erwerbstätigen und sie haben ihren eigenen Stellenwert neben den privaten Beziehungen, in denen wir leben. Ähnlich wie unseren Familienbeziehungen und anders als Freundschaften können wir ihnen nur schwerlich ausweichen: Kollegenbeziehungen sind in aller Regel durch die Arbeitsorganisation schon vorhanden oder werden vorgegeben (sofern wir keinen Einfluss auf die Stellenbesetzungspolitik haben). Wie wir sie handhaben, hängt zum einen von uns selbst ab, zum anderen davon, wie sie sich unter den Bedingungen der Arbeitswelt, der jeweiligen beruflichen Branche und Position sowie der konkreten Organisation und Abteilung gestalten lassen.

Bei genauerem Hinsehen sind enge und gute persönliche Beziehungen zwischen Kolleg/innen *schwer abzugrenzen von Freundschaften* und oftmals erwächst aus Zusammenarbeit oder sporadischem Kontakt am Arbeitsplatz auch eine dauerhafte Freundschaft. Als Kriterium für den Übergang zu einer Freundschaft könnte es gelten, wenn (wie Monika Henderson und Michael Argyle 1985 unterschieden haben, s. u.) man sich auch öfter außerhalb des Arbeitsplatzes trifft und die Beziehung gute Chancen hat, bei einem Wechsel oder Verlust des Arbeitsplatzes bestehen zu bleiben. Wenn Liebe hinzukommt, kann die persönliche Beziehung anstelle einer Freundschaft selbstverständlich auch in eine Affäre oder Paarbeziehung übergehen.

Die informellen persönlichen Beziehungen umfassen all das, was sich an Kommunikation oder Wissen übereinander nicht auf die Kollegenrolle, sondern auf die Individualität und Privatheit der anderen beziehen mag (Argyle/Henderson 1985): Pausengespräche über persönliche Angelegenheiten wie Familie, Freizeit oder Gesundheit, Zeigen von Urlaubsfotos, Austausch von Geschenken bei privaten Anlässen etc. Informelle Gespräche können sich auch auf berufliche Angelegenheiten beziehen, auf Kränkungen oder Freude, auf berufliche Ängste oder Wünsche, die zu heikel sind, um sie auf der formalen Kooperationsebene zu artikulieren. Solche persönlichen Interaktionen erfordern Sympathie, Zusammengehörigkeitsgefühl und vor allem ein recht hohes Vertrauen zueinander.

Persönliche Beziehungen mit Kolleg/innen können auch über die am Arbeitsplatz verbrachte Zeit hinausgehen: Gemeinsame Aktivitäten nach Feierabend, Telefongespräche am Wochenende oder SMS aus dem Urlaub, Hilfe beim Umzug oder Besuche bei Krankheit gehören oft dazu. Solche Beziehungen sind von Freundschaften kaum zu differenzieren und zumeist beruht es auf der individuellen Definition, ob man sie noch als Kolleg/innen oder schon als Freund/innen einstuft, kommt doch die Interaktion in Intensität und Kontakt einer Beziehung unter Freund/innen gleich.

3. Negative Seiten: Sexuelle Belästigung, Konkurrenz, Mobbing

Viele Großunternehmen weltweit haben z. T. auf Druck von Gewerkschaften Richtlinien zur Sanktionierung von Mobbing, sexueller Belästigung, sexistischer und rassistischer Diskriminierung eingeführt (in Deutschland zumeist als Betriebsvereinbarungen zwischen Führung und Betriebsrat). Diese betreffen die negative Seite der Verhältnisse unter Kolleg/innen oder zwischen Vorgesetzten und Kolleg/innen und ermutigen Beschäftigte, sich gegen Übergriffe und Ausgrenzung zur Wehr zu setzen – ob diese nun die formellen Arbeitsbeziehungen betreffen oder sich auf persönliche Beziehungen zwischen Kolleg/innen erstrecken.

Im Falle *sexueller Belästigung* ist es nur eine Seite, die über die formale Kolleg/innenbeziehung hinaus persönlich intendierte Handlungen ausübt. Die Opfer sexueller oder sexualisierter Belästigung wollen diese „persönliche" Ebene gerade nicht und erleben sie gegen ihren Willen. Solche Übergriffe einer (oft männlichen) Person gegen eine andere (oft weibliche) geschehen in allen Kontexten des Zusammenlebens und eben auch am Arbeitsplatz. Sexuelle Belästigung kann in störenden Blicken und Gesten, anzüglichen Bemerkungen, Versuchen, im Gespräch immer wieder auf sexuelle Themen zu kommen, oder in körperlichen Angriffen bestehen. Mit dem Begriff der „sexualisierten Belästigung" werden sexuell konnotierte Handlungen in erster Linie als Anmaßung und Missbrauch von Macht über das Opfer interpretiert, die sich in sexueller Erscheinungsform zeigen – der Absicht der Machtausübung wird hier mehr Bedeutung zugemessen als der sexuellen Dimension des Übergriffs.

Kolleg/innen und Vorgesetzte, die Mitarbeiter/innen sexualisiert belästigen, können sich allzu oft zunutze machen, dass die Opfer ihrer Übergriffe sich zumeist dem Kontakt kaum entziehen können oder sogar Scheu haben, das Geschehen publik zu machen. Hierbei spielt vielfach die Abhängigkeit vom Täter oder das Angewiesensein auf eine weitere Zusammenarbeit eine Rolle, ebenso auch ein Betriebsklima, in dem ihre Klagen nicht ernst genommen und als Einbildung, Hysterie oder Verklemmtheit abgetan werden (Hite 2000). Gerade bei sexueller Belästigung wird den Opfern manchmal auch eine Mitschuld zugeschrieben, z. B. mit dem Argument, sie (oder er) kleide oder gebare sich provozierend oder fordere Übergriffe heraus. Sexuelle Belästigung kann im übrigen Bestandteil von Mobbing sein oder führt manchmal zu Mobbing, wenn Täter/innen z. B. aus Furcht vor Entdeckung das Opfer isolieren wollen.

Konkurrenz unter Kolleg/innen ist zum einen ein Anlass zur Leistungssteigerung und muss nicht unbedingt fatale Folgen für das persönliche Verhältnis haben: Sich als kompetenter oder leistungsfähiger zu zeigen als andere kann, muss das soziale Klima unter Kolleg/innen nicht unbedingt vergiften. Konkurrenz am Arbeitsplatz kann sich

1. sachlich auf Leistung und Leistungsbereitschaft beschränken, wobei es zumeist um deutlich sichtbare Leistung oder auch nur um den Anschein besonderer Leistung(sbereitschaft) geht. Wer bewusst konkurriert, möchte meistens auch, dass die bessere oder höhere Leistung offenkundig wird und er oder sie als leistungsfähig, kreativ oder auch der Organisation gegenüber loyal dasteht.
2. auf die Zuneigung von Vorgesetzten beziehen, z. B. mit der Absicht auf bessere Karrierechancen in der Organisation. Dies kann mit Leistung versucht werden, aber auch mit besonderer Loyalität der oder dem einzelnen Vorgesetzten gegenüber, mit weitgehender Anpassung an von ihm oder ihr vorgelebte Arbeitshaltungen und Umgangsformen. Diese Art konkurrierenden Verhaltens wird oftmals von Kolleg/innen mit Unwillen betrachtet und mag in manchen Organisationen, in denen z. B. Leistung schwerlich objektivierbar ist, eher zu Konflikten Anlass geben als Konkurrenz über Leistung.

Die wohl bekannteste und auch in der Sozialforschung breit untersuchte negative Erscheinungsform von Beziehungen unter Kolleg/innen ist das *Mobbing*, d. h. systematisches, geplantes und andauerndes destruktives Handeln gegenüber zumeist einem Kollegen oder einer Kollegin (Leymann 1993). Mobbing wird begünstigt von Arbeitsbedingungen, die Konkurrenz fördern oder initiieren, von Deregulierung und unsicheren Beschäftigungsverhältnissen ebenso wie von willkürlichen Führungsstilen der Vorgesetzten. Aber auch individuelle Dispositionen von Beschäftigten spielen eine Rolle: Neid und Missgunst, übergroße Unsicherheit oder die Unfähigkeit, schon kleinere Konflikte oder Unstimmigkeiten auszuhalten oder sie offen und konstruktiv zu lösen, können jemanden motivieren, einen Kollegen oder eine

Kollegin psychisch zu misshandeln und zu quälen (Esser/Wolmerath 1999). Mobbing kann von gleichgestellten Kolleg/innen ebenso ausgehen wie von Vorgesetzten gegen Untergebene. Es äußerst sich in Einflussnahme auf Kommunikation und Kontakt des Opfers, im Versuch seiner oder ihrer bewussten Isolierung, in der Einflussnahme auf die Arbeitsaufgaben des Opfers, im Versuch der Herabsetzung seines oder ihres Ansehens sowie in der Androhung oder Ausübung physischer Gewalt (Leymann 1996).

Mobbing geschieht zwar in der Regel auf die formelle Kooperation bezogen, schließt aber oft ein, dass der betroffene Kollege auch informell ausgegrenzt oder malträtiert wird (z. B. in der Mittagspause geschnitten oder von privaten Einladungen ausgeschlossen). Zudem ist Mobbing ein solch folgenreiches Handeln, dass es auf jeden Fall, auch bei leichteren Formen, den persönlichen Beziehungen am Arbeitsplatz drastischen Schaden zufügt. Wenn man einmal davon absieht, dass gemeinsam gegen jemanden „mobbende" Kolleg/innen möglicherweise ihre persönliche Beziehung intensivieren, wirkt Mobbing sich fast immer äußerst nachteilig auf die Kooperation und Leistung, das (arbeitsbezogene wie persönliche) Vertrauen und auf das Engagement in der jeweiligen Abteilung oder Team aus. Opfer von Mobbing leiden oft heftig unter den gegen sie als Kollege *und* als Person geführten Angriffen und Ausschlussstrategien, vielmals bis hin zu psychischer und physischer Erkrankung und zumeist bis hin zur Kündigung, sofern wohlgesonnene Kolleg/innen und vor allem Vorgesetzte nicht eingreifen, dem Mobber Grenzen setzen und ihn oder sie aus der Abteilung entfernen. Im Fall der Kündigung eines Mobbing-Opfers bleibt unter den verbliebenen Kolleg/innen vielmals ein von Angst und Misstrauen durchdrungenes Klima bestehen, zum Teil verbunden mit Schuldgefühlen, sich nicht genug gegen den Mobber oder die Mobberin und für das Opfer eingesetzt zu haben.

In einer repräsentativen Telefonbefragung der Bevölkerung in Deutschland erwies sich, dass circa 2,7 % der Erwerbstätigen oder etwa 1,05 Millionen Menschen in Deutschland unter Mobbing leiden. Rechnet man Erfahrungen von Mobbing in der Vergangenheit hinzu, schätzen Bärbel Meschkutat et al. (2002), dass immerhin etwa 11 % der Erwerbstätigen irgendwann einmal Opfer von Mobbing waren. Im Geschlechtervergleich gilt dieses für 12 % der erwerbstätigen Frauen und 9 % der erwerbstätigen Männer. 38 % der Mobber/innen waren Vorgesetzte allein und in 12 % der Fälle mobbten Vorgesetzte gemeinsam mit Kolleg/innen gegen eine Person. In weiterer 20 % der Fälle waren es Gruppen von Kolleg/innen, die mobbten, und in 22 % einzelne Kolleg/innen. In den Angaben zu den Täter/innen des Mobbing zeigte sich außerdem, dass die so genannten „Hauptmobber" zu 40 % Frauen und zu 59 % Männer waren. Männer werden vor allem durch andere Männer, Frauen allerdings durch Frauen und Männer gemobbt (Meschkutat et al. 2002).

Mobbing-Opfer bedürfen – besonders wenn ihnen außer der Kündigung kein Ausweg bleibt – oftmals der Hilfe von Angehörigen, (ehemaligen)

Kolleg/innen oder auch Professionellen, um ihr Selbstwertgefühl zurück zu gewinnen. Hierbei ist die soziale Unterstützung aus ihrem persönlichen Umfeld von großer Bedeutung. Das Erfahren von Solidarität und hier wiederum besonders von Solidarität der Kolleg/innen ist in vielen Fällen eine wichtige Hilfe zur Bewältigung des erlittenen Unrechts.

4. Soziale Unterstützung und Freundschaft zwischen Kolleg/innen

Soziale Beziehungen vermitteln uns zum einen Gemeinschaft und Zusammengehörigkeit allein durch das Vorhandensein von mehr oder weniger engen und gefühlsmäßig bedeutsamen Bindungen. Zum anderen werden in sozialen Beziehungen in einem sehr hohen Maße Unterstützungsleistungen ausgetauscht: Von emotionaler Anteilnahme über praktische und instrumentelle Hilfe bis zu Informationsaustausch erstreckt sich das breite Spektrum dessen, was wir zumeist wechselseitig füreinander leisten. Zusammengehörigkeit und Austausch von Unterstützung sind substantielle Bedingungen für unser persönliches Wohlbefinden. Kolleg/innen spielen eine Rolle in den persönlichen Unterstützungsnetzwerken vieler Menschen.

Neben Lebensgefährt/innen, Familienangehörigen, Freund/innen, Verwandten und Nachbar/innen werden Kolleg/innen in Studien zu individuellen Beziehungssystemen genannt, wobei die Beziehungen zu Kolleg/innen oft als weniger eng und primär pragmatisch geprägt charakterisiert werden (Henderson/Argyle 1985; Nestmann 1988). In der Untersuchung informeller Hilfesysteme und sozialer Unterstützung erweisen sich immer wieder bestimmte „Zuständigkeiten" verschiedener Beziehungspersonen: So sind es primär Familienangehörige, die emotionalen Beistand in schwierigen Lebenssituationen wie auch praktische Unterstützung in vielerlei Hinsicht geben, z. B. finanzieller Art oder etwa Pflege im Krankheitsfall. Freund/innen werden vorrangig als emotionale Unterstützer/innen genannt und vermitteln in hohem Maße Gemeinschaftsempfinden. Unter Nachbar/innen z. B. wird typischerweise praktische Hilfe bei Alltagserledigungen geleistet (Diewald 1991). Die empirisch erhobenen Beziehungen zwischen Kolleg/innen beschränkten sich laut Frank Nestmanns (1988) Resümee diverser Studien der 1980er Jahre offenbar oft auf Beistand in Angelegenheiten, die den Arbeitsplatz betreffen, wobei sie allerdings eine recht wichtige Pufferrolle gegenüber arbeitsbezogenen Belastungen und beim Bewältigen von Stress am Arbeitsplatz spielen können (Nestmann 1988). Wie wichtig der alltägliche Kontakt zu Kolleg/innen sein mag, erweist sich manchmal erst, wenn er abhanden kommt: Zu deutlich reduzierter Lebenszufriedenheit und selbst zu Krankheit in Folge von Arbeitslosigkeit trägt bei vielen Betroffenen auch der Verlust der Beziehungen am Arbeitsplatz bei (Vogel 2000). Für persönliche Beziehungen zu Kolleg/innen trifft zu, was Martin Diewald (1991) für Freundschaften feststellt: Sie können in den persönlichen Netzwerken bestimmter Gruppen einen zunehmenden Stellenwert bekommen und zum Teil andere Beziehungen (wie Verwandtschaft, Nachbarschaft) substituieren. Das könnte z. B. für hochgradig berufsorientierte und zeitlich stark im Beruf engagierte Personen gelten.

Im Vergleich zu Paarbeziehungen, Familie oder/und Freundschaft sind informelle Kollegenbeziehungen in psychologischen, sozialpsychologischen und soziologischen Studien zu Beziehungsverhältnissen und zu sozialer Unterstützung allerdings deutlich vernachlässigt. Sie werden zumeist nur am Rande mit erwähnt oder sind zwar mit Gegenstand wissenschaftlicher Auseinandersetzungen, werden aber „nicht beim Namen genannt" und eben nicht als persönliche Beziehungen und explizit Thema (Lenz 2008). Wenige Studien der 1970er bis 1990er Jahre liefern zudem uneinheitliche Ergebnisse z. B. zu Zusammenhängen von Unterstützung und Arbeitsstress oder Arbeitszufriedenheit (Bailey et al. 1996). In der breitgefächerten Arbeits- und Organisationspsychologie zu formellen Beziehungen am Arbeitsplatz etwa stehen weitaus häufiger Verhältnisse zwischen Vorgesetzten und Untergebenen als zwischen Kolleg/innen im Mittelpunkt, was sicherlich u. a. damit begründet ist, dass die entsprechenden Untersuchungen in erster Linie aus Interesse an Personalführungskonzepten und -führungsstilen resultieren (Greenberg 2003; Campbell Quick et al. 2003; Weinert 2004). Aber auch Studien zum sozialen Klima in Büro- oder Fabriksettings gehen nur peripher auf persönliche Kollegenbeziehungen ein (z. B. Marx 2003; Hangebrauck et al. 2003). Für Kollegenbeziehungen kommt für empirische Studien erschwerend hinzu, was möglicherweise auch für Nachbarschaftsbeziehungen gilt: Kollegenbeziehungen können in Freundschaften übergehen und werden dann oft als solche erfasst.

Monika Henderson und Michael Argyle (1985) untersuchten schon in den 1980er Jahren den Zusammenhang zwischen kollegialen Beziehungen und empfundenem Stress bei 63 Männern und 37 Frauen aus vier Qualifikationsniveaus (professional, skilled, semi-skilled und unskilled, Arbeiter/innen ebenso wie Büroangestellte). Ihre Studie liefert eine instruktive *Systematik persönlicher Beziehungen und Unterstützungsleistungen unter Kolleg/innen*. Monika Henderson und Michael Argyle gingen von drei Dimensionen sozialer Unterstützung am Arbeitsplatz aus: (a) praktisch-greifbar, (b) informationsbezogen und (c) sozio-emotional, wobei je nach Beziehung auch auf zwei oder allen drei Dimensionen Unterstützung ausgetauscht werden konnte. Die Unterstützung konnte sich sowohl auf die Arbeit wie auf private Anliegen beziehen.

Vier Kategorien von Kolleg/innenbeziehungen konnten als Unterstützungsquelle unterschieden werden:

1. Soziale Freund/innen: Kolleg/innen, mit denen man Freundschaft geschlossen hat und mit denen man sich außerhalb der Arbeit und zu Hause trifft,
2. Freund/innen bei der Arbeit: Kolleg/innen, die man als Freund/innen einstuft, aber nur bei der Arbeit sieht,

3. neutrale Kolleg/innen, mit denen man lediglich formal und arbeitsbezogen interagiert,
4. Kolleg/innen, zu denen ein konfliktives Verhältnis besteht und die man „aktiv nicht mag".

Gerade bei ermüdenden und monotonen Tätigkeiten, in der Produktion wie im Büro, kommt den Interaktionen mit Kolleg/innen eine wichtige Bedeutung im Tagesablauf zu. Kurze Spielchen, wiederkehrende lustige Gesten und Bemerkungen, Witze und gegenseitiges Necken trugen wesentlich dazu bei, dass Langeweile überwunden wurde und die Arbeit „gut von der Hand ging".

Es zeigte sich zum einen, dass das Verfügen über zumindest eine soziale Freundin bzw. einen sozialen Freund am Arbeitsplatz mit *deutlich weniger Stressempfinden* bei der Arbeit korrelierte. Als bedeutsam erwies sich häufiges Spaßmachen und Scherzen mehr als häufige ernsthafte Gespräche über persönliche Angelegenheiten. Zu viele ernsthafte Gespräche über persönliche Probleme wurden sogar eher als belastend empfunden. Zum zweiten empfanden diejenigen weniger Stress bei der Arbeit, die auch mit den neutralen Kolleg/innen scherzten und ab und zu ein kleines persönliches Gespräch führten. In Bezug auf die konfliktträchtigen Beziehungen gingen häufige Gespräche über Arbeitsangelegenheiten ebenfalls mit niedrigerem Stressempfinden einher, während mit ihnen zu scherzen eher als stressreich empfunden wurde. Insgesamt erwies sich, dass diejenigen Personen am wenigsten Stress empfanden, die freundliche, aber nicht zu intime Themen betreffende Interaktionen mit den Kolleg/innen der Kategorien 1 und 2 teilten, viel Spaß miteinander trieben, kurze Bemerkungen hin- und herwarfen, zusammen Kaffeetrinken gingen etc. (vgl. Hochschild 2006).

Die Bedeutung kurzer vertraulicher Gespräche für das Wohlbefinden am Arbeitsplatz belegt auch eine sozialpsychologische Längsschnittstudie aus der Schweiz (Tschan 2001). 93 junge Erwachsene aus Berufen u.a. in der Elektronikbranche, der Krankenpflege oder als Koch nahmen an der Studie teil. Fast drei Viertel der Teilnehmer/innen hatte mindestens einen engen Freund oder eine enge Freundin unter den Kolleg/innen gefunden. Obwohl zum Teil nur sehr kurze informelle Gespräche während der Arbeitszeit stattfanden, sehr selten mehr als zehn Minuten privat miteinander gesprochen wurde, wurde der Kontakt doch als bedeutsam empfunden. Im Mittel wurde täglich eine Interaktion zu einem privaten Thema angegeben. Die Gespräche zu privaten Themen gingen eher mit dem Empfinden sozialer Unterstützung einher als arbeitsbezogene Kommunikationen; sie trugen auch zu einer engeren Bindung an die Arbeitsstelle und zu mehr Arbeitszufriedenheit bei.

Aktuell untersucht die noch laufende deutsche Studie IDUN das *Verhältnis zwischen verwandtschaftlichen und beruflichen Beziehungsnetzwerken* u.a. im Hinblick darauf, welche Rolle diese für Jugendliche oder auch Erwachsene im mittleren Alter bei der Bewältigung wichtiger persönlicher und beruflicher Entwicklungsaufgaben spielen (Wendt et al. 2006). Werden in Erhebungen sozialer Beziehungsmuster und Netzwerke lediglich bestehende Freundschaften erfasst, wird zumeist nicht gefragt, woher diese Beziehungen rühren. Dass viele Freundschaften (ebenso wie Paarbeziehungen) in schulischen und beruflichen Kontexten entstanden sind, geht dabei verloren. Verena Wendt, Martin Diewald und Frieder Lang (2006) stellen fest, dass in Schule, Ausbildung und Studium sowie beruflich gewachsene Verhältnisse zu wichtigen persönlichen Bezügen werden: So nennen z. B. 97 % der von ihnen befragten Jugendlichen und 83 % der befragten Erwachsenen Netzwerkpartner/innen aus Schule oder Beruf, sofern denn nach der Herkunft der Beziehung gefragt wird. Die Jugendlichen und jungen Erwachsenen, die positive Beziehungen zu Mitschüler/innen oder Kommiliton/innen haben, haben oft auch signifikant weniger Probleme und Konflikte in der Familie oder der Paarbeziehung. Ähnliches gilt für die Erwachsenen im mittleren Alter, die positive Beziehungen zu Kolleg/innen angeben.

Dass es *Geschlechterunterschiede* in sozialen Beziehungen und sozialen Unterstützungsstrukturen gibt, gilt lange als erwiesen (Schmerl/Nestmann 1990; Lenz 2003; vgl. Koppetsch i. d. B.). Einer der wesentlichen Unterschiede wurde lange Zeit darin gesehen, dass für viele Frauen tendenziell intensive Beziehungen zu wenigen Freund/innen wichtig sind, mit denen sie viel kommunizieren und Unterstützungsleistungen austauschen, die sowohl emotionaler wie instrumenteller Art sind. In der Befragung von Männern hatten eher gemeinsame Aktivitäten z. B. im Sport eine große Bedeutung für Freundschaft. Ob diese zum Teil aus älteren Studien belegten Tendenzen weiterhin und auch für gute persönliche Beziehungen unter Kolleg/innen, die ja Überschneidungen mit Freundschaften aufweisen, angenommen werden können, ist fraglich (Stiehler 2003, i. d. B.).

Auch am Arbeitsplatz sind es oft Frauen, die intensivere persönliche Beziehungen zu Kolleg/innen führen und dabei Unterstützung austauschen, die sich neben arbeitsbezogenen Gesprächen auch auf private Angelegenheiten bezieht (z. B. emotionalen Beistand bei Kummer betreffend, Bailey et al. 1996). Für Frauen scheint der Puffereffekt guter persönlicher Beziehungen zu Kolleg/innen gegen Stress am Arbeitsplatz zu wirken (Snow et al. 2003). Viele Männer betonen im persönlichen Verhältnis zu ihren (männlichen) Kollegen eher die Kommunikation über Arbeitsangelegenheiten, scherzen miteinander oder tauschen instrumentelle Hilfe aus, z. B. Tipps in technischen Angelegenheiten (Hochschild 2006). Bei diesen Befunden ist zu berücksichtigen, dass anhaltend weite Bereiche der Arbeitswelt durch eine geschlechtsspezifische Arbeitsteilung charakterisiert sind und Frauen bis heute öfter in sozialen Berufen arbeiten, Männer eher in technischen. Bestimmte Kommunikationsstile sind hiermit vorgegeben oder zumindest mitgeprägt. Zumeist wird davon ausgegangen, dass für Frauen die sozialen Beziehungen am Arbeitsplatz wichtiger für die Arbeitszufriedenheit sind als für Männer, die vielleicht eher auf Karrieremöglichkeiten blicken (Weinert 2004). Insgesamt gibt es jedoch auch im Hinblick auf Geschlechterunterschiede in Kolleg/innenbeziehungen ein Forschungsdefizit. Zwar werden in Studien zu Arbeitszufriedenheit, zu Führung und Führungsstilen oder zu psychischen Belastungen am Arbeitsplatz Geschlechtervergleiche einbezogen; gerade die Konstruktion „weiblichen" und „männlichen" Führungsverhaltens ist ein recht ausgiebig untersuchtes Thema. Zu Kooperations- wie zu persönlichen Beziehungen unter Kolleg/innen liegen jedoch nur sehr wenige aufschlussreiche Studien vor.

Kollegenbeziehungen sind, ähnliche wie die zu Nachbar/innen, *weitgehend fremdbestimmte Beziehungen.* Wir können uns in den seltensten Fällen aussuchen, mit wem wir zusammen arbeiten: Wenn wir an einen neuen Arbeitsplatz kommen, sind einige schon da, andere kommen mit der Zeit ohne unser Zutun hinzu. Wir verlieren mit Bedauern oder Freude gute oder weniger gute Kolleg/innen durch Kündigung oder Jobwechsel. Die Dauer der Beziehung am Arbeitsplatz ist ebenso fremdbestimmt wie die Enge des Zusammenseins z.B. durch gemeinsames und aufeinander angewiesenes Arbeiten an einer Aufgabe oder das Teilen eines Büros oder Nebeneinandersitzen in der Fabrik. Zumeist haben wir nur einen begrenzten Einfluss darauf, wie eng sich das Zusammensein arbeits- und aufgabenbezogen und formell gestaltet.

Und auch die persönliche, informelle Beziehung, die wir möglicherweise mit Kolleg/innen entwickeln, ist mit bestimmt von den Arbeitsverhältnissen und der formalen Gestaltung der Kooperation. Dabei spielen sowohl allgemeine Bedingungen des Arbeitsplatzes eine Rolle wie intendierte Maßnahmen der Personalführung. Der Zuschnitt von Aufgaben und Arbeitsabläufen z.B. in einer Fabrik oder einer Verwaltung, Leistungsdruck und Arbeitsintensität, die Teamstruktur, ökologische Eigenschaften des Settings wie Zeiten und Pausen, Raum, Lautstärke etc. beeinflussen mit, wie sich persönliche Kontakte ergeben können. In manchen Unternehmen wird planvoll auf Kollegenbeziehungen hingewirkt, die so „anständig" und „locker" sein sollen, dass konstruktiv und kreativ gearbeitet wird und nicht übergroße Konkurrenz die Leistung beeinträchtigt, die andererseits aber nicht so eng werden sollen, dass aus zu großer Solidarität unter Kolleg/innen Widerstand gegen die Führung erwachsen könnte (Sennett 1998; Minsen 2003). In Firmen, die nach dem Total Quality Management arbeiten, gestaltet die Personalführung manchmal aktiv „informelle Events", die der Verbesserung und dem Erhalt guter persönlicher Verhältnisse unter der Belegschaft in den Büroetagen ebenso wie in der Produktion dienen, aber gleichzeitig unter Kontrolle der Leitung stattfinden: Jubiläen und Feiern von „awards" für besondere Leistungen von Mitarbeiter/innen, Weihnachtspartys, Sportwettkämpfe und Grillabende mit Familienangehörigen etc. (Hochschild 2006).

5. Liebesbeziehungen zwischen Kolleg/innen

Frauenzeitschriften wie Cosmopolitan oder Freundin sowie Manager-Journale wie das Fortune-Magazine geben gern Telefon- und Internetumfragen bei Sozialforschungsinstituten in Auftrag, um die Bedeutung von Liebe am Arbeitsplatz zu untersuchen. Ergebnisse wie die, dass jede dritte Ehe „heute im Job startet" oder dass fast ein Drittel aller arbeitenden Deutschen schon mindestens einmal „Sex im Büro" hatte, werden dann auch von anderen Blättern gern zitiert (stern/GEWIS 2003; tageszeitung 2005). Die dabei geschilderten Beispiele beziehen sich, den Adressat/innen der Zeitschriften gemäß, fast immer auf heterosexuelle Beziehungen, auf Büroarbeitsplätze in großen Firmen, auf Sekretärinnen-Chef-Verhältnisse (mit Beispielen aus Show-Geschäft, Unternehmen und Politik) oder zusammen arbeitende Manager/innen. Liebe im Handwerksbetrieb oder Sex „in der Fabrik" finden hingegen keine Erwähnung – ob sie aufgrund der möglicherweise ungünstigen Settings weniger vorkommen oder Arbeiter/innen seltener befragt werden, bleibt offen. Auch in der englischsprachigen Literatur sind die wenigen existierenden Studien fast ausschließlich auf heterosexuelle „white collar employees" beschränkt.

Arbeitsplatz und Erwerbsarbeit sind immer schon Orte, an denen sich spätere Paare kennen lernen. Je weniger Paare in Verwandtschaft und Freundeskreisen zusammenfinden und je mehr Männer und Frauen Zeit mit Berufsarbeit verbringen, desto größer wird die Wahrscheinlichkeit, dass sich Kolleg/innen näher kommen und Paarbeziehungen eingehen. Wenn zu wechselseitiger Attraktivität noch die gemeinsam verbrachte Zeit und das gemeinsame Tun, ein oftmals ähnlicher Bildungsstatus und geteilte Lebenswelten hinzukommen, kann das Liebesbeziehungen ebenso wie Affären sehr begünstigen. Mit steigendem (Erst-)Heiratsalter, wachsenden Scheidungszahlen und zunehmenden Zahlen von Singles ist davon auszugehen, dass Partnersuche oder auch Offenheit für das Eingehen einer Beziehung den Arbeitsplatz zu einem „Kontakt-Pool" macht, wie es Shere Hite in ihrer Studie über „Männer und Frauen bei der Arbeit" nennt (2000). Dabei spielt z. B. die Bildungshomogamie eine Rolle, d. h. die Tendenz, Partner/innen des eigenen Bildungsniveaus zu bevorzugen; dieses ist am Arbeitsplatz oft gegeben (Lenz 2006, i. d. B.).

Zu Liebe und „Liebeleien" als einer Form persönlicher Beziehungen am Arbeitsplatz liegen über Häufigkeitserhebungen hinaus in Deutschland leider kaum wissenschaftliche Studien vor. Hingegen findet sich einiges an Ratgeberliteratur für die Verliebten oder auch für Manager/innen zum Umgang mit Liebesaffairen im Unternehmen. Liebe und Sex sind (ähnlich wie Freundschaft und soziale Unterstützung) in der Organisationspsychologie und -soziologie vernachlässigte und – so Kathleen Riach und Fiona Wilson (2007) – unterschätzte Themen. Sie erscheinen als unangebracht in der Arbeitswelt und sind offenbar kein beliebtes Beschäftigungsfeld für Wissenschaftler/innen. Seit den 1990er Jahren nimmt die Zahl an wissenschaftlichen Publikationen zwar zu; diese untersuchen jedoch überwiegend Folgen von (fast ausschließlich heterosexuellen) Liebesbeziehungen für die Organisation. Dass sowohl positive wie negative Leistungseffekte auftauchen können, belegen die Forschungsresümees von Christine Williams, Patti Guiffre und Kirsten Dellinger (1999) sowie Kathleen Riach und Fiona Wilson (2007).

Aus Sicht der Organisation können aus Liebesbeziehungen zwischen Beschäftigten diverse Probleme resultieren (Williams et al. 1999). Zum einen befürchten Kolleg/innen, dass die beiden Partner/innen fortan in manchen Angelegenheiten mit zweierlei Maß messen oder Vetternwirtschaft betreiben. Kolleg/innen mutmaßen z.B., dass sie wichtige Informationen unter sich eher weitergeben als anderen Kolleg/innen gegenüber oder dass sich die beiden gegenseitig Vorteile verschaffen. Je weniger transparent Kommunikationsprozesse in der jeweiligen Organisation verlaufen, desto eher besteht Anlass für solches Misstrauen dem „Pärchen" gegenüber. Auch für das Paar selbst mag es schwierig werden, sich gegen solche Skepsis zu verwahren. Besonders heikel kann die Situation im Kolleg/innenkreis zudem nach dem Ende einer Affäre oder Paarbeziehung werden, vor allem, wenn einer der beiden die Beziehung fortsetzen möchte oder wenn gravierende Verletzungen geschehen sind.

In Deutschland und in den meisten Ländern Europas bestehen kaum formale betriebliche Regelungen gegen Liebe am Arbeitsplatz. Lediglich im Öffentlichen Dienst soll vermieden werden, dass jemand Vorgesetzter eines Familienmitglieds ist (Payer 2006). Auch manche Banken bemühen sich darum, dass Partner/innen nicht gemeinsam in einer kleinen Filiale arbeiten. Dabei sind es manchmal auch die Betroffenen selbst, die um eine Versetzung bitten, um keine Konflikte mit Kolleg/innen entstehen zu lassen. In verschiedenen anderen Ländern, besonders in den USA, gibt es in manchen Großunternehmen Richtlinien für Sanktionen, die Vorgesetzte beim Bekanntwerden einer Liebesbeziehung einzuleiten verpflichtet sind (z.B. Versetzung, Abmahnung). Liebesbeziehungen und das „Fraternisieren" unter Beschäftigten werden oftmals als Quelle von Unfrieden und Leistungsminderung eingeschätzt. Christine Williams, Patti Guiffre und Kirsten Dellinger (1999) betonen jedoch auch, dass in vielen anderen Firmen kaum Probleme mit Liebe unter Kolleg/innen gesehen werden oder die Überzeugung herrscht, dass diese durch Verbote eher noch zusätzlichen Reiz bekäme. Teilweise fördern Firmen (z.B. in der High-Tech-Branche) sogar Beziehungen unter den Beschäftigten und bieten Anlässe, die Paarbeziehungen zugute kommen können (Parties, Fitnessangebote etc.). So wird bspw. an manchen ländlich abgelegenen Hochschulen das „Dating" zwischen Kolleg/innen gern gesehen: Dauerhafte Paarbeziehungen können dazu beitragen, dass die betreffenden Wissenschaftler/innen der Hochschule treu bleiben und nicht der Liebe halber wegziehen.

Liebespaaren in Unternehmen in den USA werden insgesamt zwar recht selten berufliche Motive als Anlass für das Eingehen der Beziehung zugeschrieben. Wenn dies jedoch der Fall ist, wird dieses Motiv weitaus eher Frauen als Männern unterstellt. Offenbar attribuieren Kolleg/innen Frauen eher berechnende und karrierebezogene Beweggründe für die Beziehung, während sie bei Männern öfter sexuelles Begehren bzw. „triebhaftes" Handeln annehmen. Andererseits werden Frauen öfter als Männer in der Opferrolle in der Beziehung gesehen, wenn diese wieder endet (Anderson/Fisher 2004). Solche divergierenden Annahmen über Frauen und Männer sind u. a. dadurch zu erklären, dass Männer öfter Vorgesetzte und Frauen Untergebene sind. Insgesamt scheinen negative Haltungen von Kolleg/innen und Vorgesetzten gegenüber Liebesbeziehungen unter Mitarbeiter/innen eher Frauen zu treffen; wenn es zu einer Entlassung kommt, sind es ebenfalls eher die Frauen, die gehen müssen – zumeist auch des niedrigeren Status' halber (Riach/Wilson 2007; Williams et al. 1999).

Anziehung und Sexualität sind in Arbeitsteams fast immer unterschwellig vorhandene Dimensionen, die je nach Branche, Kontext sowie geschriebenen und ungeschriebenen Regeln unterschiedliche Erscheinungsformen finden. Christine Williams, Patti Guiffre und Kirsten Dellinger (1999) gehen davon aus, dass Flirts am Arbeitsplatz oder das Treffen mit interessanten Kolleg/innen, auch wenn gar keine Liebesbeziehung angestrebt ist, die Freude an der Arbeit steigern und der Stimmungslage unter Kolleg/innen zugute kommen können.

6. Resümee: Kollegiales Handeln in formal strukturierten Kontexten

Bei allen formal und fremd bestimmten Strukturen des Miteinanders am Arbeitsplatz bleiben Spielräume für individuelles Handeln und kollegiale oder unkollegiale Umgangsformen zwischen Kolleg/innen. Neben den institutionellen Bedingungen und Aufgaben des Arbeitsplatzes hängt es auch von guten oder schlechten Attitüden, von Ambitionen, von früheren Erfahrungen, von persönlicher Sympathie oder Antipathie zwischen Einzelnen sowie von der Zusammensetzung von Teams und Abteilungen ab, in welche Richtung sich Kollegenbeziehungen entwickeln. Ob Kolleg/innen eher gleichmütig und aufgabenorientiert zusammenarbeiten, die Beziehungen formal und neutral bleiben oder unterstützend werden, ob sich Freundschaften oder Feindschaften entspinnen, ist fast immer im Zusammenspiel dieser Faktoren zu betrachten.

Im alltäglichen Sprachgebrauch ist „kollegiales Verhalten" kameradschaftliches und hilfsbereites Handeln, so als ob es in der Natur der Kollegenbeziehung liege, solidarisch zueinander zu stehen und sich zu unterstützen. Den Blick über die missgünstigen und feindlichen Beziehungen hinweg zu positiven und freundschaftlichen Verhältnissen unter Kolleginnen und Kollegen zu richten scheint dringend geboten, für die Forschung, für den gesellschaftlichen Zusammenhalt wie für die einzelnen Arbeitenden.

Literatur

Anderson, Claire J./Fisher, Caroline (2004): Male-female relationships in the workplace: Percieved motivations in office romance. In: Sex Roles 25: 163-180

Bailey, Darlyne/Wolfe, Donald/Wolfe, Christopher R. (1996): The contextual impact of social support across race and gender: Implications for african american women in the workplace. In: Journal of Black Studies 26: 287-307

Diewald, Martin (1991): Soziale Beziehungen: Verlust oder Liberalisierung? Soziale Unterstützung in informellen Netzwerken. Berlin: Edition Sigma

Esser, Axel/Wolmerath, Martin (1999): Mobbing. Frankfurt a.M.: Bund-Verlag

Greenberg, Jerald (ed) (2003): Organizational behavior: The state of the science. Mahwah, NJ: Erlbaum Publ.

Hangebrauck, Uta-Maria/Kock, Klaus/Kutzner, Edelgard/Muesmann, Gabriele (Hg.) (2003): Handbuch Betriebsklima. München: Hampp-Verlag

Henderson, Monika/Argyle, Michael (1985): Social support by four categories of work colleagues: Relationships between activities, stress and satisfaction. In: Journal of Occupational Behaviour 6: 229-239

Hite, Shere (2000): Sex & Business. Männer und Frauen bei der Arbeit. Newburgh, NY: Financial Times Prentice Hall

Hochschild, Arlie Russel (2006): Keine Zeit. Wenn die Firma zum Zuhause wird und zu Hause nur Arbeit wartet. Wiesbaden: VS Verlag für Sozialwissenschaften

IAB – Institut für Arbeitsmarkt- und Berufsforschung (2007): Daten zur kurzfristigen Entwicklung von Wirtschaft und Arbeitsmarkt: Arbeitszeit. Heft 4. http://doku.iab.de/werkber/2007/wb_arbeitszeit.pdf (Download am 20.04.2007)

Jurczyk, Karin/Voß, G.Günter (2000): Entgrenzte Arbeitszeit – Reflexive Alltagszeit. Die Zeiten des Arbeitskraftunternehmers. In: Eckart, Hildebrandt (Hg.): Reflexive Lebensführung. Zu den sozialökologischen Folgen entgrenzter Arbeit. Berlin: 151-206

Kracauer, Siegfried (1971): Die Angestellten. Frankfurt a.M.: Suhrkamp

Lenz, Karl (Hg.) (2003): Frauen und Männer. Zur Geschlechtstypik persönlicher Beziehungen. Weinheim, München: Juventa

Lenz, Karl (2006): Soziologie der Zweierbeziehung. 3., überarb. Aufl., Wiesbaden: Verlag für Sozialwissenschaften

Lenz, Karl (2008): Persönliche Beziehungen. In: Willems, Herbert (Hg.): Lehr(er)-buch Soziologie. Eine systematische Einführung für die pädagogische Ausbildung und Berufspraxis (im Druck)

Leymann, Heinz (1993): Mobbing. Psychoterror am Arbeitsplatz und wie man sich dagegen wehren kann. Reinbek: Rowohlt

Leymann, Heinz (1996): Handanleitung für den LIPT-Fragebogen (Leymann Inventory of Psychological Terror). Tübingen: dgvt

Marx, Sabine (2003): Kommunikation im Arbeitsteam. Eine Fallstudie mit Ingenieurinnen und Ingenieuren. Frankfurt a.M.: Campus

Meschkutat, Bärbel/Stackelbeck, Martina/Langenhoff, Georg (2002): Der Mobbing-Report. Eine Repräsentativstudie für die Bundesrepublik Deutschland. Dortmund: Bundesanstalt für Arbeitsschutz und Arbeitsmedizin

Minsen, Heiner (2003): Arbeitsmanagement zwischen Humanisierung und Rationalisierung. In: Hangebrauck, Uta-Maria/Kock, Klaus/Kutzner, Edelgard/Muesmann, Gabriele (Hg.): Handbuch Betriebsklima. München: 53-64

Nestmann, Frank (1988): Die alltäglichen Helfer. Berlin: de Gruyter

Payer, Margarete (2006): Kulturen von Arbeit und Kapital. Teil 1: Betriebs- und Unternehmenskulturen. http://www.payer.de/arbeitskapital/arbeitkapital01301. html (Download am 20.4.2007)

Quick, James Campbell/Cooper, Cary L./Nelson, Debra L./Quick, Jonathan D./Gavin, Joanne H. (2003): Stress, health, and well-being at work. In: Greenberg, Jerald (ed): Organizational behavior. The state of the science. Mahwah, NJ: 53-90

Riach, Kathleen/Fiona Wilson (2007): Don't screw the crew: Exploring the rules of engagement in organizational romance. In: British Journal of Management 18: 79-92

Roethlisberger, Fritz J./Dickson, William J. (1939): Management and the worker. An account of a research program conducted by the Western Electric Company, Hawthorne. Cambridge, Mass.: Harvard University Press

Schmerl, Christiane/Nestmann, Frank (1990): Ist Geben seliger denn Nehmen? Frauen und Social Support. Frankfurt a.M.: Campus

Sennett, Richard (1998): Der flexible Mensch. Die Kultur des neuen Kapitalismus. Berlin: Berlin Verlag

Snow, David L./Swan, Suzanne C./Raghavan, Chitra/Connell, Christian M./Klein, Ilene (2003): The relationship of work stressors, coping and social support to psychological symptoms among female secretarial employees. In: Work & Stress 17: 241-263

Statistisches Bundesamt (2005): Mikrozensus 2004. Leben und Arbeiten in Deutschland. Wiesbaden. https://www ec.destatis.de/csp/shop/sfg/bpm.html. cms.cBroker.cls?cmspath=struktur,vollanzeige.csp&ID=1016589 (Download am 20.04.2007)

stern/GEWIS, Gesellschaft für erfahrungswissenschaftliche Sozialforschung (2003): Jede dritte deutsche Ehe startet heute im Job. http://stern.de/lifestyle/ liebesleben/:Liebe-B%FCro-K%FCs (Download am 06.03.2006)

Stiehler, Steve (2003): Männerfreundschaft – mehr als eine Beziehung zweiter Klasse. In: Lenz, Karl (Hg.): Frauen und Männer. Zur Geschlechtstypik persönlicher Beziehungen. Weinheim, München: 207-228

tageszeitung (2005): Kolleginnen, treibt es im Büro nur heimlich! Taz Nr. 7692 vom 17.06.2005: 2

Taylor, Frederick W. (1911): The principles of scientific management. New York: Harper Bros.

Tschan, Franziska (2001): Role transitions and social relationships at work and in private life. Newsletter Schwerpunkt Programm Zukunft Schweiz, Nr.1. http://www.sppzukunftschweiz.ch (Download am 14.02.2006)

Vogel, Berthold (2000): Am Rande der Arbeitsgesellschaft. Neue Befunde zu Arbeitslosigkeit und sozialer Ausgrenzung. In: Verhaltenstherapie & Psychosoziale Praxis 32: 359-368

Voß, G. Günter (1998): Die Entgrenzung von Arbeit und Arbeitskraft. In: Mitteilungen aus der Arbeitsmarkt- und Berufsforschung 31: 473-487

Voß, G. Günter (2001): Der Arbeitskraftunternehmer. Ein neuer Typus von Arbeitskraft und seine sozialen Folgen. In: Reichold, Hermann/Löhr, Albert/Blickle, Gerhard (Hg.): Wirtschaftsbürger oder Marktopfer? München: 15-32

Voß, G. Günter/Egbringhoff, Julia (2004): Der Arbeitskraftunternehmer. In: Supervision Heft 3: 19-27

Voß, G. Günter/Pongratz, Hans J. (1998): Der Arbeitskraftunternehmer. Eine neue Grundform der „Ware Arbeitskraft"? In: Kölner Zeitschrift für Soziologie und Sozialpsychologie 50: 131-158

Weinert, Ansfried (2004): Organisations- und Personalpsychologie. Weinheim: Beltz

Wendt, Verena/Diewald, Martin/Lang, Frieder R. (2006): Interdependenzen zwischen verwandtschaftlichen und beruflichen Beziehungs-Netzwerken (IDUN). DFG-Forschungsprojekt an der Friedrich-Alexander-Universität Erlangen-Nürnberg und der Universität Bielefeld

Williams, Christine L./Guiffre, Patti A./Dellinger, Kirsten (1999): Sexuality in the workplace: Organizational control, sexual harassment, and the pursuit of pleasure. In: Annual Review of Sociology 25: 73-93

Persönliche Beziehungen
im Lebensalter

Hans Oswald

Persönliche Beziehungen in der Kindheit

Persönliche Beziehungen zu signifikanten Anderen bilden die Kontexte, in denen Kinder sich entwickeln und sozialisiert werden (Hartup/Laursen 1999)[1]. Mit signifikanten Anderen sind konkrete Menschen gemeint, deren Sicht auf das Kind für dessen Selbstauffassung relevant ist und die damit Identität stützen oder infrage stellen können. Diese Wirkungen entstehen bevorzugt in direkten Interaktionen, in denen das selbstreflexive Kind sich von den Anderen her sieht (role-taking), sich mit deren Sicht auseinandersetzt und mit seinem Handeln antwortet (Mead 1968). Nicht alle bedeutsamen Anderen sind dem Kind in gleicher Weise wohl gesinnt. Unter den relevanten persönlichen Beziehungen werden deshalb hier auch unfreundliche und feindliche Beziehungen behandelt.

Mit Jean Piaget (1983) lassen sich zwei Idealtypen von Beziehungen der Kinder unterscheiden, in denen aufgrund ihrer unterschiedlichen Struktur andersartige Interaktionsprozesse ablaufen und die den Kindern damit ganz unterschiedliche Lernmöglichkeiten bieten: Die auf Überlegenheit, Macht und Zwang beruhenden Beziehungen zu Eltern und anderen Erwachsenen und die auf Gleichheit beruhenden zu anderen Kindern. James Youniss (1980, 1982) hat diese Sichtweise weiter ausgearbeitet und die Beziehungen zu Eltern asymmetrisch oder komplementär reziprok genannt, während er die Beziehungen zu Gleichaltrigen als symmetrisch reziprok bezeichnet. Im Folgenden werden zunächst asymmetrische Beziehungen in der zeitlichen Reihenfolge ihres Auftretens, dann symmetrische Aspekte in asymmetrischen Beziehungen behandelt, bevor auf die ab Schuleintritt immer wichtiger werdenden symmetrischen Beziehungen zu den Gleichaltrigen einschließlich ihrer asymmetrischen Aspekte eingegangen wird.

1. Asymmetrische Beziehungen zu Erwachsenen

Zu Beginn des Lebens stehen asymmetrische Beziehungen im Vordergrund. Das Neugeborene entwickelt in den ersten Wochen und Monaten seines Lebens eine feste Bindung zu mindestens einer überlegenen Person. Diese primäre Bezugsperson ist auch in unserer Gesellschaft meist die leibliche Mutter, neben die, je nach der Beteiligung an Kommunikationen mit dem

---

1 Fast jede Beziehung von Kindern, die in diesem Kapitel behandelt wird, ist in einem anderen Kapitel dieses Buches ausführlicher behandelt. Hier kommt es darauf an, ein Gesamttableau des kindlichen Beziehungsnetzes zu zeichnen und dabei durchweg die Perspektive der Kinder bis etwa zum 12. Lebensjahr zu berücksichtigen.

Kind, zusätzliche Bindungsfiguren wie Vater, Großeltern oder ältere Geschwister treten können. Die Bindungsbeziehungen in der Familie sind für die meisten Kinder die ersten persönlichen Beziehungen, die für Entwicklung und Sozialisation über viele Jahre hinweg und mit möglichen Folgen für das ganze Leben besonders wichtig sind (Grossmann/Grossmann 2004).

In den Interaktionen mit der primären Bezugsperson und in Abhängigkeit von deren Verhaltensweisen entwickelt das Kind ein grundlegendes Vertrauen oder Misstrauen in die Regelhaftigkeit und Verlässlichkeit von Abläufen als Grundlage für seine weitere Identitätsentwicklung (Erikson 1965). John Bowlby (1984) spricht von einem internen Arbeitsmodell, in dem das Kind seine Interaktionserfahrungen verarbeitet und das auf neue Beziehungen übertragen wird (vgl. Schuster/Uhlendorff i. d. B.). Dabei werden unterschiedliche Typen von Beziehungen nach der Sicherheit der Bindung des Kindes an die Bezugsperson unterschieden. Diese Sicherheit der Bindung hängt vor allem von der Feinfühligkeit ab, mit der die Bindungsperson die Bedürfnisse des Kindes erkennt und darauf eingeht (Ainsworth et al. 1974). Falls das Kind eine Bindung an mehrere Bezugspersonen entwickelt, kann sich die Sicherheit unterscheiden. So kann die Bindung an die Mutter sicher und an den Vater unsicher sein. Der umgekehrte Fall scheint aber ebenso häufig vorzukommen (van IJzendoorn/de Wolff 1997). In einer der ersten persönlichen Beziehungen eine sichere Bindung zu haben, wirkt sich positiv auf das Explorationsverhalten des Kindes und damit auf seine Lernchancen aus und erlaubt ihm, ein positives Selbstbild als geliebte, respektierte und kompetente Person zu entwickeln.

Ungünstiger entwickeln sich Säuglinge und Kleinkinder ohne sichere Bindung. Im Falle von Misshandlung oder gar Missbrauch durch primäre Bezugspersonen kann sich ein desorganisierter Bindungstyp ausbilden (Main/ Salomon 1990). Auch diese Kinder haben eine persönliche Beziehung zu ihren Peinigern, deren Nähe und Liebe sie suchen, vor denen sie aber gleichzeitig Angst haben und die sie fliehen müssen. Solche Kinder entwickeln eine ausgeprägte Aggressivität und eine geringe Bereitschaft zu Mitgefühl (Hopf 2005). Misshandlung in den persönlichen Kinderbeziehungen steht in Zusammenhang mit weiteren Gewalterfahrungen in späteren Lebensphasen sowie mit Gewalttätigkeit und Misshandlung der eigenen Kinder, hat also weit reichende und langfristige Konsequenzen (ebd.).

Die hohe Lebenserwartung hat dazu geführt, dass immer mehr Kinder ihre Großeltern kennen und zu diesen enge Beziehungen pflegen (Höpflinger et al. 2006, i. d. B.). Dabei sind enge persönliche Beziehungen zu Großeltern mütterlicherseits, insbesondere zu den Großmüttern, immer noch etwas häufiger als zu Großeltern der väterlichen Linie. Zu der großen Bedeutung persönlicher Beziehungen zu Großeltern trägt bei, dass die Mehrzahl in großer räumlicher Nähe wohnt (Lange/Lauterbach 1998), neuerdings spielen Handy, SMS und E-Mail eine zunehmende Rolle bei der Überwindung räumlicher Distanz. Großmütter wirken oft schon bei der Betreuung im

Säuglingsalter mit. Sie sind damit zusätzliche Erziehungspersonen, welche manches anders als Mütter und Väter machen, den Kindern „neue Abwandlungen· des bisher Gelernten abverlangen und dadurch deren Fähigkeiten erweitern" (Uhlendorff 2003: 115). Mit jüngeren Enkeln wird viel geschmust, gespielt, erzählt und bei Schulaufgaben geholfen; bei älteren stehen Gespräche über Schule und Probleme im Vordergrund (Herlyn et al. 1998), wobei Themen wie Verliebtheit und riskantes und abweichendes Verhalten eher vermieden werden. Insgesamt wirken sich die großelterlichen Einflüsse positiv auf die Enkel aus. Besonders wichtig können Großeltern im Falle von Scheidungen sein, die sie oft zu verhindern und deren Folgen sie abzufedern versuchen (Fthenakis 1998), gelegentlich kommt es zu zusätzlichen Beziehungen zu Stiefgroßeltern. Die Kinder schätzen ihre Beziehung zu Großeltern durchschnittlich sehr positiv ein, wobei sie das „Immer-für-mich-da-Sein", sowie das Trösten und Helfen hervorheben (Zinnecker et al. 2002).

Weitere asymmetrische Beziehungen knüpft das Kind in Einrichtungen der außerhäuslichen Tagespflege und später in der Schule an. Dabei sind die an die primäre Bezugsperson sicher gebundenen Kinder im Kindergarten insofern im Vorteil, als sie sozial kompetenter interagieren, weniger abhängig von den Erzieher/innen sind und leichter Freunde finden als die unsicher gebundenen (Sroufe/Fleeson 1989). Anders als Lehrer orientieren sich Erzieher/innen in ihrem Verhalten gegenüber den Kindern nicht an spezifischen Lernzielen, sondern an der gesamten Entwicklung der Kleinkinder. Sie beziehen alle Seiten des Kindes ein, sind affektiv nicht neutral, sondern können liebevoll zugewendet und warm sein, indem sie körperliche Nähe zulassen und die Beziehung expressiv gestalten. Entsprechend können die Kinder auch in diesen Beziehungen eine sichere Bindung entwickeln. Insbesondere bei Kleinkindern unter drei Jahren lässt sich die Qualität der außerhäuslichen Tagesbetreuung durch Tagesmütter oder in Krippen unter anderem danach beurteilen, wie weit es den Kindern auch hier gelingt, sichere Bindungen einzugehen. Dabei hängt die Sicherheit der Bindung zu den außerhäuslichen Tagesbetreuerinnen von deren Verhalten ab (Ahnert et al. 2006). In kleinen Gruppen bei Tagesmüttern kommt es wie in der Familie auf die Feinfühligkeit an, mit der Bedürfnisse des Kindes erkannt und befriedigt werden. In größeren Krippengruppen scheint die Bindung dagegen eher durch ein gruppenorientiertes Verhalten zu entstehen: „ein empathisches, gruppenbezogen ausgerichtetes Erzieherverhalten, das die wichtigsten sozialen Bedürfnisse eines Kindes unter der Einbeziehung der Anforderungen der Gruppe zum richtigen Zeitpunkt bedient, (scheint) konstitutiv für die Bindungssicherheit eines Kindes zu seiner Erzieherin zu sein" (Ahnert 2004: 264).

Ein wichtiger Aspekt der persönlichen Beziehung zu außerfamiliären Tagesbetreuerinnen besteht darin, dass gesprochen wird. Dies mag den mehrfach nachgewiesenen Zusammenhang zwischen Tagesbetreuung und sprachlicher Entwicklung bis in die Schulzeit hinein erklären. Insbesondere Kinder aus einkommensschwachen Familien, die zu Hause wenig sprachlich gefördert werden, profitieren hiervon. Dass diese Beziehungen für manche Kinder auch entwicklungsnachteilig sein können, zeigt der schwache aber auch langfristig nachgewiesene Zusammenhang zwischen Ausmaß der Tagesbetreuung und externalisierendem Verhalten (Belsky et al. 2007). Als Gründe kann man hier neben dem häufigen Wechsel der Bezugspersonen in Tageseinrichtungen auch die unfreundliche oder gar feindselige Haltung, die manche Kinder erfahren, vermuten. Mädchen entwickeln zu Erzieher/innen häufiger eine sichere Bindung als Jungen (Ahnert et al. 2006).

Im Gegensatz zur vorschulischen Tagesbetreuung folgen die asymmetrischen Beziehungen zwischen Lehrern und Schülern in der Schule einem anderen Rollenmuster, sie sind instrumentell an einem eng umschriebenen Bündel von Zwecken und nicht an einer diffusen Ganzheit orientiert (Parsons 1968). Bei der Verfolgung dieser Zwecke orientiert sich der Lehrer an universalistischen Kriterien. Damit verbunden orientiert sich das Handeln des Lehrers nicht an allen Seiten der Person des Kindes (so wie er auch nicht alle Seiten seiner Person einbringt), sondern an spezifischen. Die Beziehung zum Kind ist affektiv neutral, sollte also nicht von emotionaler Zuwendung und Zuneigung bestimmt sein. Die professionellen Aspekte des Lehrerhandelns in Bezug auf den Wissenserwerb der Kinder werden seit dem schlechten Abschneiden der deutschen Schüler in internationalen Vergleichstests betont; gleichzeitig wird allerdings hervorgehoben, dass das professionelle Handeln der Lehrer erzieherische Wirkungen zeitigt (Baumert/Kunter 2006), sodass die Beziehung zum Schüler eine erzieherische persönliche Beziehung ist, die am Wohlergehen des Kindes ausgerichtet sein sollte. Wegen des hohen Schulstresses wird ein hilfreiches und zugewandtes Lehrerhandeln empfohlen (Seiffge-Krenke 2006). Besonders in den ersten Schuljahren haben manche Kinder eine liebevolle enge Beziehung zu ihrer Lehrerin (Faust-Siehl 1995), noch in der dritten Klasse äußern sich zwei Drittel der Kinder sehr positiv bis liebevoll (Petillon 2007). Leistungsschwache und wenig normkonforme Kinder stehen indessen oft im Schatten, werden von der überlegenen Position aus schlecht behandelt, in ihren Selbstansprüchen missachtet und können auf diese negative persönliche Beziehung oft mit antischulischem Verhalten reagieren (ebd.). Angst äußern indessen allenfalls 6% österreichischer Viertklässler (Eder 2007). Auch noch in der Grundschule ist die persönliche Beziehung der Mädchen zu ihren Lehrerinnen besser als das der Jungen.

Als Odysseus nach Troja zog, übergab er die Sorge für sein Hauswesen und sein Söhnchen Telemachos seinem Freund Mentor. Dessen Name bezeichnet seither nichtelterliche supportive Erwachsene, zu denen für viele Kinder und Jugendliche, besonders in riskanten Lebenssituationen, segensreiche persönliche Beziehungen bestehen. Studien in den USA belegen deren sozialisatorische Bedeutung (DuBois/Karcher 2005), in Deutschland werden sie dagegen in der Sozialisationsliteratur kaum erwähnt. Unterschieden werden „natürliche" Mentoren, die die Kinder in ihrer Nahumgebung aufgrund glücklicher Umstände finden, von bestallten Mentoren in sozialpädagogischen Programmen, die gezielt persönliche Beziehungen zu Problemkindern und -jugendlichen entwickeln sollen. Natürliche Mentoren sind häufig Mitglieder der weiteren Familie, Erwachsene aus der Schulumgebung, aus Vereinen, aus Kirchen oder sozialen Fürsorgeinstitutionen. Mentoren beraten, ermutigen, unterstützen emotional, schützen und helfen so, Entwicklungsrisiken zu vermeiden oder zu bewältigen (Rhodes 1994). Die Beziehungen zu natürlichen Mentoren scheinen Elemente der Beziehungen zu Eltern und zu Gleichaltrigen zu vereinen, wobei ein Typus mit geringer emotionaler Bindung eher als Rollenmodell dient und anregend und initiierend wirkt, während zu einem anderen Typ sich eine sichere und oft langjährige Bindung entwickelt (Rhodes et al. 2002). Persönliche Beziehungen zu natürlichen Mentoren verringern das Risiko für gewalttätiges und riskantes Verhalten und haben langfristig positive Folgen für den Schulabschluss, die Arbeitsaufnahme, für Lebenszufriedenheit und Selbstbewusstsein, sowie für die gesundheitliche Entwicklung im jungen Erwachsenenalter (DuBois/Silverthorne 2005).

2. Symmetrische Elemente in asymmetrischen Beziehungen

Die Bezeichnung „asymmetrische Beziehung" ist insofern gerechtfertigt, als die Erwachsenen in Familie, Tagesbetreuung und Schule so viel stärker, erfahrener, wissender und mächtiger sind als die Kinder, dass wirkliche Symmetrie gar nicht herstellbar ist. Im Allgemeinen wird das hierarchische Verhältnis, die Anordnungs- und Strafbefugnis der Erwachsenen von Kindern auch nicht angezweifelt. Und doch können Aspekte eines autoritativen Erziehungsstils (Baumrind 1991; Uhlendorff 2001) schon in früher Kindheit symmetrische Elemente in den Interaktionen zwischen Kindern und Erwachsenen bilden und damit für erstere positive Entwicklungsmöglichkeiten bieten. Hierzu gehört, dass Kinder als Personen ernst genommen und akzeptiert werden, dass ihnen Anweisungen erklärt und damit einsichtig werden, sodass „commitment" entstehen kann. Hierzu gehört auch, dass Kinder schon früh an sie selbst betreffenden Entscheidungen beteiligt werden und dass Machtdemonstrationen und körperliche Strafen unterbleiben. Bereits in der mittleren Kindheit kann der Prozess einer Umgestaltung der Eltern-Kind-Beziehung von Asymmetrie zu Symmetrie eingeleitet werden, indem enge Anleitung und Konfrontation durch faire und respektvolle Kooperation ersetzt werden (Schuster et al. 2003), was dem Kind die Entwicklung von Autonomie und Individuation bei gleichzeitiger Verbundenheit ermöglicht (Grotevant/Cooper 1998). Allerdings gelingt diese notwendige Umgestaltung nicht allen Eltern rechtzeitig. Oft kommt es im Laufe der Pubertät zunächst zu Konflikten, wenn beispielsweise Mütter die Autonomiebestrebungen ihrer Kinder missachten und die Kinder die Absichten der Mütter unterlaufen oder offen gegen deren Kontrolle rebellieren (Schuster 1998).

Die positiven Auswirkungen natürlicher Mentorenbeziehungen erklären sich teilweise dadurch, dass in ihnen Machtunterschied und Kontrolle wenig betont sind zu Gunsten von Unterstützung, persönlicher Akzeptanz und Vorbild. Diese Reduktion der asymmetrischen Machtausübung und Kontrolle und damit der einseitigen Abhängigkeit ist noch deutlicher in Schulversuchen gegeben, in denen die Schüler sehr viel mitbestimmen wie beispielsweise in „gerechten Schulgemeinschaften". Meistens ist dabei die Asymmetrie soweit abgebaut, dass in Entscheidungsgremien die Stimmen der Lehrer und Schüler gleich viel wiegen und die Verantwortung geteilt wird (Oser/Althoff 1992). Diese Umgestaltung der Lehrer-Schüler-Beziehung mit der Betonung von Aushandlung und gewaltfreier Argumentation, führt auf Seiten der Schüler zum Erreichen höherer Stufen der Empathie und des moralischen Urteilens. Auch ein weit geringerer Abbau von Asymmetrie im Lehrer-Schüler-Verhältnis durch Mitsprachemöglichkeiten im Klassenzimmer stand in zahlreichen Ländern in Zusammenhang mit politischem Wissen und führte zu größerer politischer Partizipationsbereitschaft von 14-Jährigen (Torney-Purta et al. 2001).

3. Symmetrische Beziehungen zu Gleichaltrigen (Peers)

Die Beziehungen zu Gleichaltrigen können als symmetrisch reziprok bezeichnet werden, weil niemand qua Position das Recht hat, über die anderen zu bestimmen. Peers sind gleichrangig. Dies schafft die Gelegenheit, in Aushandlungsprozessen die Erfahrung zu machen, dass Regeln verabredet und veränderbar sind und dass es lohnt, sich an die gemeinsam getroffenen Verabredungen zu halten. Nach der überzeugenden Argumentation Jean Piagets (1983) kann sich nur in solchen auf Gleichheit beruhenden Auseinandersetzungen die Fähigkeit zu autonomem moralischen Urteilen entwickeln. James Youniss (1982) argumentiert, dass Kinder in den komplementär reziproken Beziehungen zu Eltern deren Meinungen übernehmen, ohne zu einem wirklichen Verständnis zu kommen, weil sie an der Konstruktion nicht beteiligt sind. Dagegen würden mit den gleichgestellten Kindern Lösungen gemeinsam erarbeitet, was zu einem besseren Verständnis führt. Diese Prozesse, in denen die Kinder selbst dann zu richtigen Lösungen kommen können, wenn beide zunächst falsche Lösungswege vorschlagen (Schwarz et al. 2000), wird Ko-Konstruktion genannt. Unter Bezug auf die psychiatrische Theorie von Harry Stack Sullivan (1983) wird betont, dass die persönliche Beziehung zu einem besten Freund („chum") besonders gute Chancen für gemeinsame Konstruktion bietet (Youniss 1994). Diese herausragenden Beziehungen bieten zudem Heilungschancen für Verletzungen, die in der Familie zugefügt wurden.

Krippe und Kindergarten

Auch wenn es richtig ist, dass erst im Schulalter die symmetrische Reziprozität von Freundschaftsbeziehungen so ausgestaltet wird, dass das Bestehen auf gleichartiger und schneller Rückzahlung zu Gunsten einer vielseitigen und langfristigen Wechselseitigkeit aufgegeben wird, so zeigen neuere Untersuchungen doch, dass es gemeinsame Konstruktionen bereits in Krippen zwischen Kindern unter zwei Jahren gibt (Viernickel 2004) und dass dauerhafte Beziehungen bereits im Kindergarten geschlossen werden (Dunn 2004). Dies lässt sich bereits den sorgfältigen Beobachtungen von Anna Freud und Dorothy Burlingham entnehmen, die diese während des Zweiten Weltkrieges an deutschen Waisenkindern machten und die auf eine enge persönliche Beziehung zwischen Kleinkindern, die ihre Familie verloren haben, schließen lassen (1971). Trotz der unter Erwachsenen weit verbreiteten Meinung, Kleinkinder würden ihre Freundschaften häufig wechseln, sind diese oft zeitlich stabil und die Kinder leiden unter Trennungen. Spielbeobachtungen zeigen unterschiedliche Verhaltensweisen gegenüber bevorzugten und weniger bevorzugten Spielpartnern, was als Evidenz für Reziprozität gelten kann (Ross/Lollis 1989).

Kinder im Kindergarten konstruieren gemeinsam eine Kinderkultur, womit nicht nur Spielfolklore oder Konsum und Mediennutzung gemeint ist, sondern vor allem die Regulierungen der Gleichaltrigenbeziehungen durch die Entwicklung von Routinen unter den Kindern selbst. In ihren Interaktionen konstruieren sie Spielregeln, verschiedene Typen von Beziehung zu Peers und Aspekte ihrer Identität in Relation zu Anderen (Völkel 2002). Die wichtigsten Konstruktionsthemen im Kindergarten bestehen darin, wie man Zugang zu spielenden Kindern gewinnt, wie man das gemeinsame Spiel aufrecht erhält und wie man Spielpartner zu Freunden macht. In diesen Aushandlungsprozessen können Erzieher/innen wenig helfen, ihre Eingriffe verhindern im Gegenteil Lernmöglichkeiten der Kinder. William A. Corsaro (1988) untersuchte im Detail, wie das Zugangsproblem gelöst wird, und er zeigt durch den Vergleich von Szenen aus amerikanischen und italienischen Kindergärten, dass Besonderheiten der Erwachsenenkultur sich in den Lösungen der Kinder wieder finden, dass sie also vorhandenes Material benutzen und in ihre Eigenkonstruktionen einbauen.

Weitere wichtige Themen sind die Kontrolle von Furcht, Ungewissheiten und Verwirrung. Kinder entwickeln gemeinsame Routinen, um Angst zu überwinden, wofür Gespenster- und Monsterspiele als Beispiele dienen können. Besonders wichtig sind in diesem Zusammenhang Rollenspiele, Fantasiespiele („pretended play"), in denen Kinder ihre soziale Welt konstruieren, wobei sie meist genau zwischen Phantasie und Wirklichkeit unterscheiden können (Dunn 2004). Alle bedrückenden Themen, über die Kinder nicht sprechen können, werden in solchen Spielen ausagiert: Leben und Tod, Macht und Machtlosigkeit, Eifersucht und Rivalität, Probleme des Größerwerdens, der Veränderung des Selbst, Angst vor dem Verlassenwerden, dem Verloren- und Alleinsein (Parker/Gottman 1989). Darüber hinaus bilden Fantasiespiele unter Freunden einen Lernkontext, in dem soziale Fähigkeiten einschließlich wechselseitigen Verstehens geübt werden und in dem bereits vor dem Schulalter eine Art von Vertrauen und Intimität, also Freundschaft entsteht (Dunn 2004; Harris 2000).

Von großer Entwicklungsbedeutung sind Streit und Auseinandersetzung. Im Kindergarten drehen sich die meisten Konflikte um Besitz, um Verfügung von Spielzeug und Raum. Verbale Angriffe erfolgen auch bei Regelbrüchen und Zugangsproblemen, etwa wenn ein Kind sich in eine Spielgruppe eindrängt oder von einer gemeinsamen Tätigkeit ausgeschlossen werden soll. Kindergartenstreit ist meist kurz und Erwachsene greifen selten ein (Nickel/Schmidt-Denter 1980). Konflikte sind oft in längere konfliktfreie Interaktionssequenzen eingeschlossen und mit Kooperationsszenen verbunden. Befreundete Kinder streiten nicht seltener als nicht befreundete, aber Konflikte zwischen Freunden sind weniger feindselig, haben seltener einen „Gewinner" und werden leichter überwunden (Hinde et al. 1985; Hartup et al. 1988). „Konflikt kann im Dienste sozialer Entwicklung stehen – indem er Individuation und soziale Verbundenheit befördert" (Shantz/Hobart 1989: 72). Die Individuation wird vorangetrieben, weil das Kind sich im Konflikt abzugrenzen lernt, sich seiner Bedürfnisse und Absichten bewusst wird und seine Grenzen erkennt. Konflikte beruhen auf Gemeinsamkeiten und führen zu Gemeinsamkeiten (Simmel 1983). Insofern spricht einiges dafür, die Kinder ihre Konflikte selbst austragen zu lassen.

Dies gilt nicht für Mobbing im Kindergarten, das dadurch gekennzeichnet ist, dass dasselbe Kind immer wieder Opfer von Hänseleien, Verunglimpfungen und körperlichen Angriffen wird und dass sich oft mehrere Kinder zusammentun, um ihr Opfer zu quälen (Alsaker 2003; Perren/Alsaker 2006). Diese Mobbing-Beziehungen sind asymmetrische persönliche Beziehungen unter Gleichrangigen, in denen die machtunterworfene Seite immer wieder erniedrigt wird, hilflos ist und wenig Chancen hat, sich zu wehren. Insofern müssen Erziehungspersonen in die Interaktionen der Kinder eingreifen, um Entwicklungsschäden von den Opfern abzuwenden.

Grundschule

In der Schule stehen eine Vielzahl von Gleichaltrigen zur Auswahl, mit denen vielfältige Arten von Beziehungen eingegangen werden. Diese Vielfalt verschafft Erfahrungen mit Verhaltensstandards, die weit über das in der eigenen Familie Gewohnte hinausgehen und so helfen, die Orientierung an deren partikularistischen Kriterien zu Gunsten der Orientierung an universalistischen Kriterien zu überwinden (Eisenstadt 1966). Vielfältige Beziehungen sind auch hilfreich als Vorstufen der Beziehungen unterschiedlicher Art und Nähe, die Erwachsene eingehen (Krappmann 1992). Obgleich die Eltern in der frühen und mittleren Kindheit den Kontakt zu anderen Kindern fördern oder behindern können (Parke/O'Neil 1999), sind Kinder mit dem Schuleintritt frei, sich ihre Freunde selbst zu wählen. Dabei tendieren sie dazu, sich Freunde im Sinne der Eltern auszusuchen, sodass es mit diesen kaum Konflikte über den Freundeskreis gibt.

Nach dem Kinderpanel des Deutschen Jugendinstituts nennen 8-9-Jährige im Durchschnitt rund sechs Kinder, mit denen sie etwas unternehmen, davon sind rund vier gute Freunde (Traub 2005). Etwa 10 % der Kinder haben keine guten Freunde. Je nach Messmethode können auch etwas höhere Werte für die Zahl der Freunde ermittelt werden. So erbrachte eine Berliner Untersuchung im Durchschnitt fast neun Beziehungen, davon drei beste und mehr als zwei gute Freunde (Krappmann et al. 1999). Auffallend in beiden Untersuchungen ist, dass die Kinder mehr gute Freunde nennen als Spielkameraden und dass es in der Zahl und Art der Freunde keinen Geschlechtsunterschied gibt. Die in der amerikanischen Literatur vertretene These, dass Jungen größere, Mädchen dagegen kleinere und intensivere Freundeskreise hätten, scheint sich nicht verallgemeinern zu lassen.

Wohl aber kann man von den zwei Kulturen der beiden Geschlechter sprechen (Maccobby 2000). Die meisten Kinder haben in der Grundschulzeit ausschließlich gleichgeschlechtliche Freunde, ein Umstand, der wesentlich zur Entwicklung der Geschlechtsrollenidentität beiträgt (Rose/Rudolph 2006). Danach gibt es in den gleichgeschlechtlichen Beziehungen und Gruppen von Mädchen und Jungen große Unterschiede im Verhalten (Spiele und Sport, prosoziales Verhalten, Konversation, Selbst-Enthüllung, Konflikte), im sozial-kognitiven Stil (Wunsch nach Nähe und Abhängigkeit, Wunsch nach Bestätigung, Eifersucht, Empathie, Verfolgung von Eigeninteresse, Angeberei und Rache), in der Erfahrung von Peer-Stress (physische und verbale Aggression, relationale Aggression) und in der Bewältigung solcher Erfahrungen. Mädchen bekommen mehr Nähe, Zuwendung, Vertrauen, Sicherheit, und Selbstbestätigung, Jungen bekommen mehr Spaß. Mädchen und Jungen ärgern und streiten sich in gleichgeschlechtlichen Interaktionen unterschiedlich (Salisch 2000, 2005).

Auch wenn es plausibel ist, dass sich diese unterschiedlichen Erfahrungen mit gleichgeschlechtlichen Partnern auf die Persönlichkeitsentwicklung auswirken, zumal die bezeichneten Unterschiede mit dem Alter stärker werden, so sind doch zwei Einschränkungen hinzuzufügen. Erstens handelt es sich bei all diesen Unterschieden um Durchschnittsunterschiede, bei denen der Überschneidungsbereich größer ist als die Differenz, was bedeutet, dass Mädchen und Jungen auch viele gleichartigen Erfahrungen machen (Dunn 2004). Zweitens gibt es in koedukativen Schulen viele Interaktionen über die Geschlechtsgrenze hinweg, in denen sich Mädchen und Jungen wechselseitig vor Ansprüche stellen (Krappmann/Oswald 1995). Das unter Viertklässlern noch riskante Überschreiten der Geschlechtsgrenze in flirtender Absicht wird durch gleichgeschlechtliche Koalitionen erleichtert (ebd.). Trotz der postulierten zwei Kulturen gibt es auch schon vor der Pubertät einen ausgeprägten Sexualitätsdiskurs, Verliebtheit und heterosexuelle Paarbildung, allerdings auch eine kunstvolle Inszenierung des Geschlechtsgegensatzes (Breidenstein/Kelle 1998).

Beste Freunde

Die wichtigsten Beziehungen werden mit dem Eintritt in die Schule die besten Freunde. Deren Bedeutung beruht darauf, dass es sich um intime Beziehungen handelt, um die Anfänge wirklicher Liebe (Sullivan 1983). Man sieht sich mit den Augen des Anderen und dieser „enthält in allen Wertebereichen die gleiche Bedeutung wie man selbst" (ebd.: 278). Statt dass man sagt: „Was sollte ich machen, um zu bekommen, was ich will?" sagt man: „Was sollte ich machen, um zum Glück und zum Ansehen und zum Selbstwertgefühl meines Freundes beizutragen?" In der dyadischen Freundschaft erfährt man gleichberechtigte Reziprozität und lernt, die Befriedigung der Bedürfnisse des anderen mit der Befriedigung der eigenen Bedürfnisse in Einklang zu bringen (Buhrmester 1996; Buhrmester/Furman 1987). Kinder ohne Freunde haben Entwicklungsnachteile (Krappmann 2006), weil sie die zahlreichen entwicklungsfördernden Aspekte von Freundschaften nicht nutzen können (Bukowski et al. 1996).

Die einzelnen Stufen, in denen sich das Freundschaftskonzept entwickelt und Freundschaftsbeziehungen intensiver und intimer werden, können hier nicht nachgezeichnet werden (Überblick bei Wagner/Alisch 2006; vgl. Wehner i. d. B.). Wesentlich für die reife Freundschaftsbeziehung ist, dass durch das Zusammenhandeln beide Seiten ihren Wert bestätigt bekommen, was ein hohes Maß an interpersonellem Verstehen und die Bereitschaft, sich gegenseitig in seinen innersten Nöten zu öffnen, erfordert. Dabei muss man sich nicht nur darauf verlassen können, dass die eigenen Geheimnisse beim Anderen sicher aufgehoben sind. Darüber hinaus muss man darauf vertrauen können, dass der Andere sein Wissen um die Schwächen nicht gegen einen selbst ausspielt (Oswald im Druck). Die intensiven Gespräche über persönliche Probleme werden neuerdings unter dem Stichwort „co-rumination" (Rose 2002) untersucht.

Eine Beziehung kann dann als reziprok bezeichnet werden, wenn eine Balance von Geben und Nehmen besteht. In kurzfristigen und losen Beziehungen, auch unter sehr kleinen Kindern, wird die Frage des Ausgleichs oft sehr eng gesehen. Für das Funktionieren von Institutionen und für dauerhafte Beziehungen kann die kleinliche Aufrechnung indessen unzweckmäßig sein. Gute Freundschaften bieten einen Kontext, in dem flexibles Kooperieren, Helfen und Teilen gelernt werden kann, weil Freunde sich mögen und die Beziehung auf Dauer angelegt ist (Barry/Wentzel 2006). In einer Freundschaft ist es möglich, dass jeder das gibt, was er hat und was dem anderen fehlt, ohne dass die Gefahr besteht, übervorteilt zu werden. Die Handlungen zu Gunsten des jeweils anderen müssen nicht in strengem Sinn äquivalent sein, außerdem ist die Kreditbeziehung langfristig, es muss nicht in gleicher Münze und nicht sofort zurückgezahlt werden. Die höchste Lektion der Freundschaft in Hinblick auf gegenseitige Unterstützung mag darin bestehen, dass überhaupt nicht zurückgezahlt werden muss, wenn die Situation der Not nicht eintritt. Um dem anderen zu helfen, genügt die Überzeugung, dass der andere mir ebenfalls helfen wird, wenn ich es brauche. Die Reziprozität besteht in dem sicheren Vertrauen darauf, dass man geschützt ist, und nicht in einer tatsächlich vollzogenen Handlung (Oswald im Druck).

Gruppenbeziehungen

Die Beziehungen der Kinder zu Gleichaltrigen sind untereinander vernetzt. Die entsprechenden Gebilde werden auch in der deutschsprachigen Literatur Peergroup genannt. Dies sind auf Freiwilligkeit beruhende informelle Zusammenschlüsse, die unabhängig von Erwachsenen sind. In der älteren soziologischen und sozialpsychologischen Literatur werden diese Gruppen als *Primär*gruppen bezeichnet, womit auf deren sozialisierende Bedeutung verwiesen wird (Cooley 1909). Außerdem werden ihnen Gruppenmerkmale zugesprochen wie eine klare Außengrenze und Wir-Gefühl, rollenmäßige Binnendifferenzierung einschließlich hierarchische Unterschiede und Anführerschaft, sowie gemeinsame Normen und Werte (Dunphy 1963). Berühmt wurden die Experimente in amerikanischen Kinder-Ferienlagern (Sherif et al. 1961), in denen die Gruppen Aufgaben in Konkurrenz zu anderen Gruppen lösen mussten und unter diesen Bedingungen die genannten Gruppenmerkmale einschließlich ausgeprägter In-group-Vorlieben und Out-group-Aversionen entwickelten.

Es ist allerdings fraglich, ob die unter nichtexperimentellen Bedingungen bestehenden Gruppierungen in Grundschulen und Nachbarschaften diesen Kriterien entsprechen. Informelle Cliquen sind zeitlich wenig stabil und durch hohe Fluktuationsraten gekennzeichnet (Urberg et al. 2000). Unklare Außengrenzen und Doppelmitgliedschaften lassen oft kein Wir-Gefühl entstehen (Shrum/Cheek 1987). „Geflechte" von Kindern könnten insofern typischer sein als Gruppen im sozialpsychologischen Verständnis (Krappmann/Oswald 1995). Selbst in Bezug auf Straßenbanden wurde vorgeschlagen, von „near-group" zu sprechen (Yablonski 1973). Binnendifferenzierung nach Beliebtheit scheint sich selten zu Anführerschaft zu verdichten (Zinnecker et al. 2002; Uhlendorff/Oswald 2003), auch wenn manche Meinungsführer durch Klatsch, Lächerlichmachen und wechselnde Koalitionen Einfluss ausüben (Adler/Adler 1998).

Die Mitglieder von Cliquen sind aufgrund von Selektionsprozessen in Bezug auf Sozialschichtzugehörigkeit und ethnische Zugehörigkeit, oft auch nach dem schulischen Leistungsniveau homogen. Auch darüber hinausgehende Ähnlichkeiten in Persönlichkeitseigenschaften, Einstellungen und Verhaltensweisen dürften teilweise durch Selektion zustande kommen, wobei es neben dem aktiven Wahl- und Abstoßungsverhalten auch den indirekten Einfluss über Eigenschaften der elterlichen Netzwerke gibt, der als Selektionswirkung des Sozialkapitals interpretiert werden kann. Denise Kandel (1978) hat in einer Längsschnittstudie schon früh nachgewiesen, dass Selektions- und Sozialisationsmechanismen nebeneinander wirksam sind, was inzwischen vielfach bestätigt wurde (z. B. Schmid 2006).

Riskantes und abweichendes Verhalten

Den positiven Wirkungen von Peer-Beziehungen steht gegenüber, dass aller Unfug, den Kinder treiben, zusammen mit Anderen geübt wird. Während raue Spiele („rough and tumble play") noch Entwicklungsvorteile bieten können (Oswald 1997), gilt dies nicht für Aggression, für Drogenkonsum und kriminelles Verhalten. Diese Verhaltensweisen steigen in der Jugendphase kontinuierlich an, Vorformen, erste Versuche und vor allem Ursachen finden sich aber schon vor der Pubertät.

Weil die Abweichung von Freunden immer wieder als bester Prädiktor für abweichendes Verhalten festgestellt wurde, wird häufig von „Ansteckung" gesprochen (Hartup 2005). Andererseits erweist sich besonders in der Grundschule die Ablehnung durch Peers und das damit oft verbundene Schulversagen als Ursache für antisoziales Verhalten und den Anschluss an Banden (Dishion et al. 2005). Die Ablehnung durch Peers wird ihrerseits durch aggressives Verhalten, das seine Ursachen im Elternhaus hat, erzeugt (Claes et al. 2005). Betroffen sind vor allem Kinder, die einem autoritären Erziehungsstil mit rigider körperlicher Strafpraxis oder gar Misshandlungen ausgesetzt sind (Bolger/Patterson 2001). Gegen „Ansteckung" als primäre Ursache von Delinquenz spricht auch, dass Kinder, die sehr früh delinquent werden, sich erst danach delinquenten Freunden anschließen (Vitaro et al. 2005). In den persönlichen Beziehungen zu solchen Freunden wird dann das abweichende Verhalten verstärkt.

Auch Rauchen und Alkoholtrinken sowie der Konsum illegaler Drogen findet im Peerkontext statt. Als Ursachen wurden Eigenschaften wie „Verführbarkeit" (Allen et al. 2006) und „extreme Peerorientierung" (Fuligni et al. 2001) sowie der Wunsch, dazu zu gehören oder nicht aufzufallen, festgestellt. Direkter Zwang scheint dagegen selten zu sein (Berndt 1999). Insofern kann der Terminus „peer pressure" in Frage gestellt werden (Oswald/Uhlendorff 2008). Deutlich zeigt sich auch beim Alkoholtrinken und beim Rauchen ein Zusammenhang mit den entsprechenden Verhaltensweisen im Elternhaus (Urberg et al. 2005; Engels et al. 2004).

4. Ungleichheiten (Asymmetrien) in symmetrischen Beziehungen

Bereits im Kindergarten stehen befreundete Kinder nicht immer auf gleicher Stufe. In Dyaden gibt gelegentlich ein Kind den Ton an, während das andere eher nachfolgt (Dunn 2004). Mit Mobbing wurde ein Beziehungsgeschehen angesprochen, das zur klaren Unterlegenheit der Opfer führt. Auch unter den Freundschaften der mittleren Kindheit, deren Vorteil in der flexiblen symmetrischen Reziprozität besteht, finden sich Ungleichheiten beim Einfluss auf Entscheidungen. Diese können auf Fähigkeiten beruhen, aber auch auf einem Unterschied in der emotionalen Abhängigkeit, wie es besser für spätere Liebesbeziehungen als für Freundschaften in der Kindheit nachgewiesen ist (Hinde 1997; Lenz 2006). Mitglieder von Geflechten und Gruppen verneinen meist, dass es Anführerschaft gebe (außer für begrenzte Zeit und für die Lösung einer anstehenden Aufgabe), aber Forscher haben dennoch immer wieder führende Personen in Netzwerken identifiziert.

Akzeptanz

Ganz deutlich werden Ungleichheiten durch einen andersartigen methodischen Zugriff sichtbar. Mit der Soziometrie werden Anziehungs- und Abstoßungstendenzen zwischen institutionell Zusammengehörenden (z. B. in einer Schulklasse) erfasst. Jacob L. Moreno, der Erfinder dieser Methode, bezeichnete das Ergebnis eines Soziogrammes als die psychologische Tiefenstruktur der Gruppe, durch deren Kenntnis das Zusammenleben besser organisiert werden könne (1967). Die vielfach abwandelbaren Fragen danach, wen man mag und wen man nicht mag, die gruppenweise erhoben werden können, machen dieses Verfahren zur Messung von Gruppenstrukturen, Beliebtheit und sozialem Status leicht handhabbar (Cillessen/Bukowski 2000). In einer weit verbreiteten Anwendung werden populäre, kontroverse, vernachlässigte, abgelehnte und durchschnittliche Kinder unterschieden (Coie et al. 1982) und deren Eigenschaften untersucht (Newcomb et al. 1993). Ein Schwergewicht der Forschung liegt auf den abgelehnten Kindern, da starke Zusammenhänge mit schlechten Schulleistungen, Einsamkeit, psychischen Krankheiten, riskantem Verhalten und Devianz bestehen (Asher/Coie 1990; Kupersmidt/Dodge 2004). Längsschnittuntersuchungen zeigen, dass psychische Gesundheit und Lebenserfolg noch im Erwachsenenalter mit der Zahl der Freunde und dem Peerstatus in der Schulzeit zusammenhängen (Bagwell et al. 2001; Parker/Asher 1987). Besondere Aufmerksamkeit richtet sich auf die Folgen der Akzeptanz für die psychopathologische Entwicklung (Bukowski/Adams 2005).

Unproblematisch scheinen die populären Kinder zu sein, die durchschnittlich gute Schulleistungen zeigen und hilfsbereit sind, wobei Zusammenhänge zwischen Popularität und Merkmalen des Elternhauses bestehen. Aber auch unabhängig von dem familiären Hintergrund wirkt sich kreatives, hilfreiches und humorvolles Verhalten auf Beliebtheit und Einfluss aus (Oswald/

Krappmann 2004). Neuerdings kommen auch nonkonforme Verhaltensweisen populärer Kinder und Jugendlicher in den Fokus der Forschung (Allen
et al. 2005; De Bruyn/Cillessen 2006). Mit einem Instrument, das die wahrgenommene Popularität misst (Cillessen/Rose 2005), werden Populäre
identifiziert, die einflussreich sind, obgleich sie Aggressionen zeigen.

5. Zusammenschau und Ausblick

Zu Beginn ihres Lebens sind Kinder aufgrund ihrer biologischen Ausstattung
auf fürsorgliche Erwachsene als erste persönliche Beziehungen angewiesen.
Asymmetrische Beziehungen, in denen Macht und Zwang ausgeübt wird, begleiten das Kind während seiner ganzen Entwicklung bis zum Ende der Jugendphase. Unter glücklichen Umständen wird diese Macht im wohlverstan-
denen Interesse des Kindes ausgeübt, es wird versorgt, beschützt und in das
gesellschaftliche Umfeld eingewiesen. Dabei entstehen Bindungen, die, abhängig vom Sicherheitsgrad, eine Basis für Explorieren bilden. Das Kind geht
schon früh aktiv mit seinen Bezugspersonen um und beeinflusst damit deren
Verhalten ihm gegenüber. In diesen Interaktionen entstehen geteilte Bedeutungen, die sich auch auf das Selbst des Kindes beziehen. Je mehr emotionale
Zuwendung und Anerkennung ein Kind bekommt, desto produktiver kann es
seine sozialen und kognitiven Fähigkeiten ausbilden. Von Vorteil ist auch,
wenn die Asymmetrie in den Beziehungen zum Kind schon früh gemildert
wird und so Selbständigkeit und Entscheidungsfähigkeit gefördert werden.

Aber selbst bei einem autoritativen Erziehungsstil überwiegen die Konstruktionen der mächtigen Erwachsenen für das Kind, die diese zwar übernimmt, aber oft nur unvollständig versteht. Unerlässlich für eine gesunde
Entwicklung ist deshalb die Erfahrung mit symmetrischen Beziehungen,
weil in diesen gemeinsam konstruiert wird. Dies beginnt schon früh in
Krippe und Kindergarten, entscheidend wichtig für die Entwicklung sozialer Fähigkeiten und die Exploration der Erwachsenenwelt werden aber die
Ko-Konstruktionen mit Peers in der Schulzeit. Insbesondere in Freundschaftsbeziehungen lernen die Kinder den angemessenen Umgang von
gleich zu gleich, entwickeln Empathie und moralische Urteilsfähigkeit und
bekommen ihren Wert bestätigt. Aber auch im Umgang mit den anderen
Mitschülern und selbst in der Auseinandersetzung mit Rivalen und Feinden
werden die Fähigkeiten ausgebildet, die Erwachsene gegenüber vielfältigen
Anderen brauchen. Das „Positive Peer Culture" genannte Erziehungspro-
gramm basiert auf diesen Erkenntnissen (Opp/Unger 2006) ebenso wie die
Streitschlichtung durch Peers bereits in der Grundschule (Henke 2006). Mit
zunehmendem Alter werden die Erfahrungen mit Gleichrangigen auch auf
die Beziehungen zu den Eltern, unter günstigen institutionellen Bedingungen der Mitbestimmung auch zu Lehrern und Ausbildern übertragen. Je
mehr Symmetrie im Sinne von Gleichberechtigung und wechselseitiger Anerkennung in diesen Beziehungen entsteht, desto mehr kann die Verbundenheit zu den Eltern aufrecht erhalten werden und desto eher können sich

Bürgertugenden im Sinne der Zivilgesellschaft entwickeln und Untertanengeist zurück gedrängt werden.

Asymmetrische wie symmetrische Beziehungen enthalten Gefahrenpotential. In ersteren kann Macht missbraucht werden. Trotz des weltweiten Verbots körperlicher Strafen durch die Kinderrechtskonvention der UNO werden viele Kinder in der Familie gezüchtigt und gedemütigt und eine bedauernswerte Minderheit wird in Erziehungsinstitutionen schlecht behandelt. Diese Kinder reagieren oft mit eigenen Aggressionen, werden deshalb auch von Peers abgelehnt und geraten so durch die Wahl abweichender Freunde in abweichende Karrieren. Die Strafmaßnahmen, insbesondere in der asymmetrischen Zuspitzung einer Institutionalisierung, bringt deviante Kinder und Jugendliche in einen Zusammenhang, in dem die abweichenden Tendenzen entgegen den Resozialisierungszielen verstärkt und entsprechende Techniken gelernt werden. Ansteckung in diesem Sinne auf dem Gebiet der Präventiv- und Korrekturmaßnahmen ist gut belegt (Dodge et al. 2006).

Obgleich für die Mehrheit der Kinder die positiven persönlichen Beziehungen zu Peers überwiegen, bezieht sich die Mehrzahl empirischer Studien auf das abweichende Verhalten. Dabei besteht ein auffallendes Forschungsdesiderat darin, dass wir wenig über die Prozesse wissen, die zwischen Kindern ablaufen und zu positiven oder negativen Ergebnissen führen. Ein Desiderat der deutschen Sozialisationsforschung besteht in der vollständigen Vernachlässigung der Beziehung zwischen Kindern und natürlichen Mentoren.

Literatur

Adler, Patricia A./Adler, Peter (1998): Peer power. Preadolescent culture and identity. New Brunswick: Rutgers University Press

Ahnert, Lieselotte (2004): Bindungsbeziehungen außerhalb der Familie: Tagesbetreuung und Erzieher/innen-Kind-Bindung. In: Ahnert, Lieselotte (Hg.): Frühe Bindung. Entstehung und Entwicklung. München: 256-277

Ahnert, Lieselotte/Pinquart, Martin/Lamb, Michael E. (2006): Security of children's relationships with nonparental care providers: A meta-analysis. In: Child Development 74: 664-679

Ainsworth, Mary D. S./Bell, Silvia M./Stayton, Donelda J. (1974): Infant-mother attachment and social development: „Socialisation" as a product of reciprocal responsivness to signals. In: Richards, Martin P. M. (Hg.): The integration of a child into a social world. New York: 99-135

Allen, Joseph P./Porter, Maryfrances R./McFarland, F. Christy/Marsh, Penny/ McElhoney, Kathleen B. (2005): The two faces of adolescents' success with peers: Adolescent popularity, social adaption, and deviant behavior. In: Child Development 76: 747-760

Allen, Joseph P./Porter, Maryfrances R./McFarland, F. Christy (2006): Leaders and followers in adolescent close friendships: Susceptibility to peer influence as a predictor of risky behavior, friendship instability, and depression. In: Development and Psychopathology 18: 155-172

Alsaker, Françoise D. (2003): Quälgeister und ihre Opfer. Mobbing unter Kindern und wie man damit umgeht. Bern, Göttingen u. a.: Hans Huber Verlag

Asher, Steven R./Coie, John D. (Hg.) (1990): Peer rejection in childhood. Cambridge: Cambridge University Press

Bagwell, Catherine L./Schmidt, Michelle E./Newcomb, Andrew F./Bukowski, William M. (2001): Friendship and peer rejection as predictors of adult adjustment. In: New Directions for Child and Adolescent Development 91: 25-49

Barry, Caroline M./Wentzel, Kathrin R. (2006): Friend influence on prosocial behavior: The role of motivational factors and friendship characteristics. In: Developmental Psychology 42: 153-163

Baumert, Jürgen/Kunter, Mareike (2006): Stichwort: Professionelle Kompetenz von Lehrkräften. In: Zeitschrift für Erziehungswissenschaft 9: 469-520

Baumrind, Diana (1991): Parenting styles and adolescent development. In: Lerner, Richard/Petersen, Anne C./Brooks-Gunn, Judy (Hg.): The encyclopedia of adolescence. New York: 746-758

Belsky, Jay/Burchinal, Margaret R./McCartney, Kathleen/Vandell, Deborah Lowe/ Clarke-Stuart, K. Alison/Tresch Owen, Margaret (2007): Are there long-term effects of early child care? In: Child Development 78: 681-701

Berndt, Thomas J. (1999): Friends influence on children's adjustment to school. In: Collins, William A./Laursen, Brett (Hg.): Relationships as developmental contexts. The Minnesota Symposia on Child Psychology, Vol 30. Mahwah, N.J.: 85-107

Bolger, Kerry E./Patterson, Charlotte J. (2001): Developmental pathways from child maltreatment to peer rejection. In: Child Development 72: 549-568

Bowlby, John (1984): Bindung. Eine Analyse der Mutter-Kind-Beziehung. Frankfurt a.M.: Fischer

Breidenstein, Georg/Kelle, Helga (1998): Geschlechteralltag in der Schulklasse. Ethnographische Studien zur Gleichaltrigenkultur. Weinheim, München: Juventa

Buhrmester, Duane (1996): Need fulfillment, interpersonal competence, and the developmental contexts of early adolescent friendship. In: Bukowski, William M./ Newcomb, Andrew F./Hartup, Willard W. (Hg.): The company they keep: Friendship in childhood and adolescence. Cambridge: 158-185

Buhrmester, Duane/Furman, Wyndol (1987): The development of companionship and intimacy. In: Child Development 58: 1101-1113

Bukowski, William M./Adams, Ryan (2005): Peer relationships and psychopathology: Markers, moderators, mediators, mechanisms, and meanings. In: Journal of Clinical Child and Adolescent Psychology 34: 3-10

Bukowski, William M./Newcomb, Andrew F./Hartup, Willard W. (Hg.) (1996): The company they keep: Friendship in childhood and adolescence. Cambridge: Cambridge University Press

Cillessen, Antonius H. N./Bukowski, William M. (2000): Conceptualizing and measuring peer acceptance and rejection. In: Cillessen, Antonius H. N./Bukowski, William M. (Hg.): Recent advances in the measurement of acceptance and rejection in the peer system. In: New Directions for Child and Adolescent Development 88: 3-10

Cillessen, Antonius H. N./Rose, Amanda J. (2005): Understanding popularity in the peer system. In: Current Direction of Psychological Science 14: 102-105

Claes, Michel/Lacourse, Eric/Ercolani, Anna-Paula/Pierro, Antonio/Leone, Luigi/ Presaghi, Fabio (2005): Parenting, peer orientation, drug use, and antisocial behavior in late adolescence: A cross-national study. In: Journal of Youth and Adolescence 34: 401-411

Coie, John D./Dodge, Kenneth A./Coppotelli, Heide (1982): Dimensions and types of social status: A cross-age perspective. In: Developmental Psychology 18: 557-570

Cooley, Charles Horton (1909): Social organization. A study of the larger mind. New York: Charles Scribner's Sons

Corsaro, William A. (1988): Routines in the peer culture of American and Italian nursery school children. In: Sociology of Education 61: 1-14

De Bruyn, Eddy H./Cillessen, Antonius H. N. (2006): Heterogeneity of girls' consensual popularity: Academic and interpersonal behavioral profiles. In: Journal of Youth and Adolescence 35: 412-422

Dishion, Thomas J./Nelson, Sarah E./Yasui, Miwa (2005): Predicting early adolescent gang involvement from middle school adaption. In: Journal of Clinical Child and Adolescent Psychology 34: 62-73

Dodge, Kenneth A./Dishion, Thomas J./Lansford, Jennifer E. (Hg.) (2006): Deviant peer influence in programs for youth. Problems and solutions. New York, London: Guilford Press

DuBois, David L./Karcher, Michael J. (2005): Handbook of youth mentoring. Newbury Park u. a.: Sage

DuBois, David L./Silverthorn, Naida (2005): Natural mentoring relationships and adolescent health: Evidence from a national study. In: American Journal of Public Health 95: 518-524

Dunn, Judy (2004): Children's friendships. The beginnings of intimacy. Malden, MA: Blackwell

Dunphy, Dexter C. (1963): The social structure of urban adolescent peer groups. In: Sociometry 26: 230-246

Eder, Ferdinand (2007): Das Befinden der Schülerinnen und Schüler in der österreichischen Schule. Innsbruck u. a.: StudienVerlag

Eisenstadt, Shmuel N. (1966): Von Generation zu Generation. München: Juventa

Engels, Rutger C. M. E./Vitaro, Frank/Blokland, Endy Den Exter/de Kemp, Raymond/Scholte, Ron H. J. (2004): Influence and selection processes in friendships and adolescent smoking behaviour: The role of parental smoking. In: Journal of Adolescence 27: 531-544

Erikson, Erik H. (1965): Kindheit und Gesellschaft. Stuttgart: Klett-Cotta

Faust-Siehl, Gabriele (1995): Kinder und ihre LehrerInnen. Sichtweisen und Interpretationen. In: Behnken, Imbke/Jaumann, Olga (Hg.): Kindheit und Schule. Kinderleben im Blick von Grundschulpädagogik und Kindheitsforschung. Weinheim, München: 159-172

Freud, Anna/Burlingham, Dorothy (1971): Heimatlose Kinder. Zur Anwendung psychoanalytischen Wissens auf die Kindererziehung. Frankfurt a.M.: Fischer

Fthenakis, Wassilos E. (1998): Intergenerative familiale Beziehungen nach Scheidung und Wiederheirat aus der Sicht der Großeltern. In: Zeitschrift für Sozialisationsforschung und Erziehungssoziologie 18: 152-167

Fuligni, Andrew J./Eccles, Jacquelynne S./Barber, Bonnie L./Clements, Peggy (2001): Early adolescent peer orientation and adjustment during high school. In: Developmental Psychology 37: 28-36

Grossmann, Karin/Grossmann, Klaus E. (2004): Bindungen – Das Gefüge psychischer Sicherheit. Stuttgart: Klett-Cotta

Grotevant, Harold D./Cooper, Catherine R. (1998): Individuality and connectedness in adolescent development: Review and prospects for research on identity, relationships and context. In: Skoe, Eva/Vonder Lippe, Anna: Personality development in adolescent: A cross national and life span perspective. London: 3-37

Harris, Paul L. (2000): The work of the imagination. Oxford: Blackwell

Hartup, Willard W. (2005): Peer interaction: What causes what? In: Journal of Abnormal Child Psychology 33: 387-394

Hartup, Willard W./Laursen, Brett (1999): Relationships as developmental contexts: Retrospective themes and contemporary issues. In: Collins, William A./ Laursen, Brett (Hg.): Relationships as developmental contexts. The Minnesota Symposia on Child Psychology 30: 13-35

Hartup, Willard W./Laursen, Brett S./Stewart, Mark I./Eastenson, Amy (1988): Conflict and the friendship relations of young children. In: Child Development 59: 1590-1600

Henke, Catharina (2006): Peer-Mediation an Schulen: Erfahrungen bei der Implementierung und der Ausbildung von Streitschlichtern. In: Praxis der Kinderpsychologie und Kinderpsychiatrie 55: 644-659

Herlyn, Ingrid/Kistner, Angelika/Langer-Schulz, Heike/Lehmann, Bianca/Wächter, Juliane (1998): Großmutterschaft im weiblichen Lebenszusammenhang. Pfaffenweiler: Centaurus

Hinde, Robert A. (1997): Relationships. A dialectical perspective. Hove: Psychology Press

Hinde, Robert A./Titmus, Graham/Easton, Douglas/Templin, Alison (1985): Incidence of „friendship" and behavior with strong associates versus nonassociates preschoolers. In: Child Development 56: 234-245

Hopf, Christel (2005). Frühe Bindungen und Sozialisation: Eine Einführung. Weinheim, München: Juventa

Höpflinger, François/Hummel, Cornelia/Hugentobler Valerie (2006): Enkelkinder und ihre Großeltern: Intergenerationelle Beziehungen im Wandel. Zürich: Seismo

Kandel, Denise B. (1978): Homophily, selection, and socialization. In: American Journal of Sociology 84: 427-438

Krappmann, Lothar (1992): Die Entwicklung vielfältiger sozialer Beziehungen unter Kindern. In: Auhagen, Ann Elisabeth/Salisch, Maria von (Hg.): Zwischenmenschliche Beziehungen. Göttingen u. a.: 37-58

Krappmann, Lothar (2006): Kindheit ohne Freundschaft? – Neue Aufgaben für die Schule. In: Opp, Günther/Hellbrügge, Theodor/Stevens, Luc (Hg.): Kindern gerecht werden. Bad Heilbrunn: 221-233

Krappmann, Lothar/Oswald, Hans (1995): Alltag der Schulkinder. Beobachtungen und Analysen von Interaktionen und Sozialbeziehungen. Weinheim, München: Juventa

Krappmann, Lothar/Uhlendorff, Harald/Oswald, Hans (1999): Qualities of children's friendships in middle childhood in east and west Berlin. In: Silbereisen, Rainer K./Eye, Alexander von (Hg.): Growing up in times of social change. Berlin, New York: 91-106

Kupersmidt, Janis B./Dodge, Kenneth A. (Hg.) (2004): Children's peer relations: From development to intervention. Washington: American Psychological Association

Lange, Andreas/Lauterbach, Wolfgang (1998): Die gesellschaftliche Relevanz multilokaler Mehrgenerationenfamilien. In: Zeitschrift für Sozialisationsforschung und Erziehungssoziologie 18: 227-249

Lenz, Karl (2006): Soziologie der Zweierbeziehung. 3. überarb. Aufl., Wiesbaden: Verlag für Sozialwissenschaften

Maccoby, Eleanore E. (2000): Psychologie der Geschlechter. Sexuelle Identität in den verschiedenen Lebensphasen. Stuttgart: Klett-Cotta

Main, Mary/Salomon, Judith (1990): Procedures for identifying infants as disorganized/disoriented during the Ainsworth strange situation. In: Greenberg, Marc T./Ciccetti, Dante/Cummings, E. Mark (Hg.): Attachment in the preschool years. Chicago, London: 121-160

Mead, George H. (1968): Geist, Identität und Gesellschaft. Frankfurt a.M.: Suhrkamp

Moreno, Jacob L. (1967): Grundlagen der Soziometrie – Wege zur Neuordnung der Gesellschaft. Köln, Opladen: Westdeutscher Verlag

Newcomb, Andrew F./Bukowski, William M./Pattee, Linda (1993): Children's peer relations: A meta-analytic review of popular, rejected, neglected, controversial and average sociometric status. In: Psychological Bulletin 113: 99-128

Nickel, Horst/Schmidt-Denter, Ulrich (1980): Sozialverhalten von Vorschulkindern. Konflikt, Kooperation und Spiel in institutionellen Gruppen. München, Basel: Ernst Reinhardt

Opp, Günther/Unger, Nicola (2006): Kinder stärken Kinder – Positive Peer Culture in der Praxis. Hamburg: edition Körber-Stiftung

Oser, Fritz/Althoff, Wolfgang (1992): Moralische Selbstbestimmung. Stuttgart: Klett-Cotta

Oswald, Hans (1997): Zur sozialisatorischen Bedeutung von Kampf- und Tobespielen (rough and tumble play). In: Renner, Erich (Hg.): Spiele der Kinder – Interdisziplinäre Annäherung. Weinheim, München: 154-167

Oswald, Hans (in Druck): Freundschaft als Kontext der Identitätsentwicklung. In: Baader, Meike Sophia/Bilstein, Johannes/Wulf, Christoph (Hg.): Freundschaft in pädagogisch-anthropologischen Perspektiven. Weinheim: Beltz

Oswald, Hans/Krappmann, Lothar (2004): Soziale Ungleichheit in der Schulklasse und Schulerfolg. In: Zeitschrift für Erziehungswissenschaft 7: 479-496

Oswald, Hans/Uhlendorff, Harald (2008): Die Gleichaltrigen. In: Silbereisen, Rainer/Hasselhorn, Marcus (Hg.): Enzyklopädie Psychologie, Themenbereiche (Theorie und Forschung) Serie V (Entwicklung), Bd 5: Entwicklungspsychologie des Jugendalters. Göttingen: 189-228

Parke, Ross D./O'Neil, Robin (1999): Social relationships across contexts: Family-peer linkages. In: Collins William A./Laursen, Brett (Hg.): Relationships as developmental contexts. The Minnesota Symposia of Child Psychology, 30. Mahwah, N.J: 211-239

Parker, Jeffrey G./Asher, Steven R. (1987): Peer relations and later personal adjustment: Are low-accepted children at risk? In: Psychological Bulletin 102: 357-389

Parker, Jeffrey G./Gottman, John M. (1989): Social and emotional development in a relational context: Friendship interaction from early childhood to adolescence. In: Berndt, Thomas J./Ladd, Gary W. (Hg.): Peer relationships in child development. New York u. a.: 95-131

Parsons, Talcott (1968): Die Schulklasse als soziales System. Einige ihrer Funktionen in der amerikanischen Gesellschaft. In: Parsons, Talcott: Sozialstruktur und Persönlichkeit. Frankfurt a.M.: 99-139

Perren, Sonja/Alsaker, Françoise D. (2006): Social behavior and peer relationships of victims, bully-victims, and bullies in kindergarten. In: Journal of Child Psychology and Psychiatrie 47: 45-57

Petillon, Hans (2007): Die Lehrer-Schüler-Beziehung aus der Sicht von Grundschulkindern. Landau: Unveröffentlichtes Manuskript

Piaget, Jean (1983): Das moralische Urteil beim Kinde. Stuttgart: Klett-Cotta

Rhodes, Jean E. (1994): Older and wiser: Mentoring relationships in childhood and adolescence. In: The Journal of Primary Prevention 14: 187-196

Rhodes, Jean E./Bogat, G. Anne/Roffman, Jennifer/Edelman, Peter/Galasso, Lisa (2002): Youth mentoring in perspective: Introduction to the special issue. In: American Journal of Community Psychology 30: 149-155

Rose, Amanda J. (2002): Co-rumination in the friendships of girls and boys. In: Child Development 73: 1830-1843

Rose, Amanda J./Rudolph, Karen D. (2006): A review of sex differences in peer relationship processes: Potential trade-offs for the emotional and behavioral development of girls and boys. In: Psychological Bulletin 132: 98-131

Ross, Hildy S./Lollis, Susan P.(1989): A social relations analysis of toddler peer relationships. In: Child Development 60: 1082-91

Salisch, Maria von (2000): Wenn Kinder sich ärgern. Göttingen u. a.: Hogrefe

Salisch, Maria von (2005): Streit unter Freunden. In: Alt, Christian (Hg.): Kinderleben – Aufwachsen zwischen Familie, Freunden und Institutionen, Bd. 2. Wiesbaden: 63-82

Schmid, Christine (2006): Die Übereinstimmung politischer Orientierungen und Verhaltensbereitschaften in jugendlichen Freundschaften: Selektion oder Sozialisation? In: Ittel, Angela/Stecher, Ludwig/Merkens, Hans/Zinnecker, Jürgen (Hg.): Jahrbuch Jugendforschung. Wiesbaden: 131-155

Schuster, Beate (1998): Interaktionen zwischen Müttern und Kindern: Die Konstruktion sozialer Wirklichkeit in Autoritätsbeziehungen. Weinheim, München: Juventa

Schuster, Beate/Uhlendorff, Harald/Krappmann, Lothar (2003): Die Umgestaltung der Mutter-Kind-Beziehung in der Präadoleszenz. In: Masche, J. Gowert/Walper, Sabine (Hg.): Eltern-Kind-Beziehungen im Jugend- und Erwachsenenalter – Entwicklungsverläufe, Einflussfaktoren und Konsequenzen der Individuation. In: Zeitschrift für Familienforschung, Sonderheft: 57-73

Schwarz, Baruch B./Neuman, Yair/Biezuner, Sarit (2000): Two wrongs may make a right if they argue together! In: Cognition & Instruction 18: 461-494

Seiffge-Krenke, Inge (2006): Nach Pisa. Stress in der Schule und mit den Eltern – Bewältigungskompetenz deutscher Jugendlicher im internationalen Vergleich. Göttingen: Vandenhoeck/Ruprecht

Shantz, Carolyn U./Hobart, Cathy J. (1989): Social conflicts and development: Peers and siblings. In: Berndt, Thomas J./Ladd, Gary W. (Hg.): Peer relationships in child development. New York u. a.: 71-94

Sherif, Muzafer/Harvey, Oliver J./White, B. Jack/Hood, William R./Sherif, Carolyn W. (1961): Intergroup conflict and cooperation. The robbers cave experiment. Norman, O.K: The University Book Exchange

Shrum, Wesly/Cheek, Neil H. (1987): Social structure during the school years: Onset of the degrouping process. In: American Sociological Review 52: 218-223

Simmel, Georg (1983): Der Streit. In: Simmel, Georg: Soziologie. Untersuchung über Formen der Vergesellschaftung. 6. Aufl., Berlin: 186-255

Sroufe, L. Alan/Fleeson, June (1989): Attachment and the construction of relationships. In: Hartup, Willard W./Rubin Zick (Hg.): Relationships and development. Hillsdale, NJ: 51-72

Sullivan, Harry Stack (1983): Die interpersonale Theorie der Psychiatrie. Frankfurt a.M.: Fischer

Torney-Purta, Judith/Lehmann, Rainer/Oswald, Hans/Schulz, Wolfram (2001): Citizenship and education in twenty-eight countries. Civic knowledge and engagement at age fourteen. Amsterdam: IEA

Traub, Angelika (2005): Ein Freund, ein guter Freund ... Die Gleichaltrigenbeziehungen der 8- bis 9-Jährigen. In: Alt, Christian (Hg.): Kinderleben – Aufwachsen zwischen Familie, Freunden und Institutionen, Bd 2. Wiesbaden: 23-62

Uhlendorff, Harald (2001): Erziehung im sozialen Umfeld. Opladen: Leske + Budrich

Uhlendorff, Harald (2003): Großeltern und Enkelkinder: Sozialwissenschaftliche Perspektiven und Forschungsergebnisse hinsichtlich einer selten untersuchten Beziehung. In: Psychologie in Erziehung und Unterricht 50: 111-128

Uhlendorff, Harald/Oswald, Hans (2003): Freundeskreise und Cliquen im frühen Jugendalter. Berliner Journal für Soziologie 13: 197-212

Urberg, Kathryn A./Degirmencioglu, Serdar M./Tolson, Jerry M./Halliday-Scher, Kathy (2000): Adolescent social crowds: Measurement and relationships to friendships. In: Journal of Adolescent Research 15: 427-445

Urberg, Kathryn A./Goldstein, Marilyn S./Toro, Paul A. (2005): Supportive relationships as a moderator of the effects of parent and peer drinking on adolescent drinking. In: Journal of Research on Adolescence 15: 1-19

van IJzendoorn, Marinus H./De Wolff, Marianne S. (1997): In search of the absent father – meta-analyses of infant-father attachment: A rejoinder to our discussants. In: Child Development 68: 604-609

Viernickel, Susanne (2004): Kleinkinder konstruieren soziale Bedeutungen. In: Fried, Lillian/Büttner, Gerhard (Hg.): Weltwissen von Kindern. Zum Forschungsstand über die Aneignung sozialen Wissens bei Krippen- und Kindergartenkindern. Weinheim, München: 35-54

Vitaro, Frank/Brendgen, Mara/Wanner, Brigitte (2005): Patterns of affiliation with delinquent friends during late childhood and early adolescence: Correlates and consequences. In: Social Development 14: 82-108

Völkel, Petra (2002): Geteilte Bedeutung – Soziale Konstruktion. In: Laewen, Hans-Joachim/Andres, Beate (Hg.): Bildung und Erziehung in der frühen Kindheit. Weinheim: 159-207

Wagner, Jürgen W. L./Alisch, Lutz-Michael (2006): Zum Stand der psychologischen und pädagogischen Freundschaftsforschung. In: Alisch, Lutz-Michael/Wagner, Jürgen W. L. (Hg.): Freundschaften von Kindern und Jugendlichen – Interdisziplinäre Perspektiven und Befunde. Weinheim, München: 11-91

Yablonski Lewis (1973): The delinquent gang as a near group. In: Rubington, Earl/Weinberg, Martin S. (Hg.): Deviance. The interactionist perspective. New York: 245-255

Youniss, James (1980): Parents and peers in social development: A Sullivan-Piaget perspective. Chicago: University of Chicago Press

Youniss, James (1982): Die Entwicklung und Funktion von Freundschaftsbeziehungen. In: Edelstein Wolfgang/Keller, Monika (Hg.): Perspektivität und Interpretation. Frankfurt a.M.: 78-109

Youniss, James (1994): Piaget und das in Beziehungen entstehende Selbst. In: Youniss, James: Soziale Konstruktion und psychische Entwicklung. Frankfurt a.M.: 141-174

Zinnecker, Jürgen/Behnken, Imbke/Maschke, Sabine/Stecher, Ludwig (2002): Null zoff & voll busy. Die erste Jugendgeneration des neuen Jahrhunderts. Ein Selbstbild. Opladen: Leske + Budrich

Uwe Uhlendorff, Stephanie Spanu und
Christopher Spenner

Persönliche Beziehungen im Jugendalter

Innerhalb der Wissenschaft gibt es keine einheitliche Definition des Jugendalters. Einige Autoren gehen bei ihrer Definition von einer biologisch bedingten Entwicklungsphase aus, die mit dem Eintritt der Pubertät (mit ungefähr 13 Jahren) beginnt und mit dem Erwachsen- bzw. Ausgewachsensein des Körpers endet (mit ca. 18 Jahren). Andere Autoren orientieren sich am rechtlichen Status, demnach beginnt die Jugendphase mit dem Beginn der Strafmündigkeit (je nach Länderrecht ab 12. bzw. ab 14. Lebensjahr) und endet mit der Volljährigkeit, d. h. mit dem Besitz aller bürgerlichen Rechte, wie Wahlrecht und Geschäftsfähigkeit etc. Letzteres wird staatlich unterschiedlich gehandhabt, in einigen Staaten erhält man die wesentlichen bürgerlichen Rechte mit dem 18. Lebensjahr, in anderen erst mit dem 21. Lebensjahr. Manche Wissenschaftler gehen von altersspezifischen Lebensereignissen und Bewältigungsprozessen aus, wie Ablösung vom Elternhaus, Eingehen von Paarbeziehungen, Berufsorientierung, Identitätsfindung etc. Andere wiederum, wie z. B. der Soziologe Helmut Schelsky, machen es sich einfacher, indem sie Jugend definieren als nicht mehr Kind und noch nicht Erwachsener (Schelsky 1957). Geht man, was Thema dieses Beitrags ist, von dem spezifischen sozialen Beziehungstypus der Jugendphase aus, dann beginnt die Jugendphase damit, dass Personen beginnen, intensive Beziehungen in Peer-Group-Kontexten einzugehen, und zwar in Cliquen oder in Form von engen Freundschaften (zunächst zu gleichgeschlechtlichen Partnern) und später auch in Form von Paarbeziehungen. Damit ist nicht gesagt, dass es nicht schon während der Kindheit Peer-Groups, Freundschaften und Liebesbeziehungen gibt. Allerdings unterscheiden sich die Beziehungen im Jugendalter hinsichtlich der Thematiken von denen der Kindheit: Freundschaft, gegenseitiges Vertrauen, Sexualität, Fragen des Lebensstils, ästhetisches Erfahren über Musik sind Gegenstand intensiver Gespräche. Im Unterschied zur Kindheit haben die Beziehungen im Jugendalter, insbesondere die Freundschaften, etwas Exklusives: Die Partner wissen, was sie gemeinsam und voneinander haben. Es spricht also nichts dagegen, spezifische Beziehungsmodi sowie die Lernerfahrungen und Thematiken, die mit ihnen einhergehen, zum Ausgangspunkt der Definition und Beschreibung der Jugendphase zu wählen. Dies soll im Folgenden versucht werden. Allerdings unterscheiden wir zwei Jugendphasen: Während der ersten gehen Jugendliche gleichgeschlechtliche Freundschaften ein (ungefähr zwischen dem 12. und 16. Lebensjahr). In der zweiten Phase, der Adoleszenz, werden die Freundschaften vertieft, außerdem gehen die Heranwachsenden Liebesbeziehungen ein, die später in verbindlichere Paarbeziehungen münden (in der Regel zwischen dem 17. und 21. Lebensjahr und darüber). Im ersten Schritt sollen die Lernerfahrungen bzw. Entwicklungsaufgaben, die mit den Beziehungen der Jugendphase einhergehen, erläutert werden. Im zweiten Schritt werden die Beziehungsformen und Thematiken behandelt, mit denen Jugendliche sich in ihren Beziehungen auseinandersetzen, und zwar aufgeschlüsselt nach Peer-Beziehungen bzw. Jugendsubkulturen, Cliquen, Freundschaften und Zweierbeziehungen.

1. Entwicklungsaufgaben und Lernerfahrungen in der Jugendphase

1.1 Beziehungsmodi während der frühen Jugendphase

Während der frühen Phase des Jugendalters (ungefähr zwischen dem 12. und 15. Lebensjahr) entwickeln Jungen und Mädchen Freundschaftskonzepte und gleichgeschlechtliche Beziehungen, in denen die Perspektive des signifikanten Anderen – damit ist die Sichtweise einer konkreten Person gemeint – voll zur Entfaltung kommt. Nach der modernen Entwicklungspsychologie, die ausgehend von dem Ansatz Jean Piagets und von dem Stufenmodells Lawrence Kohlbergs wesentliche theoretische Elemente der Interaktionstheorie, Psychoanalyse und der Bildungstheorie aufgegriffen hat, bilden schon Kinder im Alter zwischen sieben und zwölf Jahren in ihren Beziehungskontexten diese „Zweite Person-" oder „reziproke Perspektivenübernahme" aus (Selman 1984: 51 f.). Allerdings kommt sie erst während der Jugendphase in Form von verlässlichen Beziehungen, die auf gemeinsamen Freundschaftskonzepten basieren, vollständig zum Tragen. Eine zentrale Aufgabe während der frühen Phase des Jugendalters ist die Hereinnahme der Haltungen des Freundes, der Freundin in das Denken, Fühlen und Handeln. Mit Haltungen sind hier die von Gleichaltrigen geäußerten Interessen, Wünsche, sozialen und normativen Erwartungen gemeint, die der Jugendliche verinnerlicht hat und auch in deren Abwesenheit gedanklich in sein Bewusstsein bringen kann (hierzu und im Folgenden: Selman 1984; Kegan 1991; Oerter/Montada 1987; zusammenfassend Uhlendorff 2001). Eine Voraussetzung dafür ist, dass es Jugendlichen gelingt, gleichsam aus sich herauszutreten und sich selbst aus der Perspektive eines konkreten Anderen, des Freundes, zu sehen. Die Heranwachsenden integrieren die Stimme des Anderen in ihr Denken und Tun und versuchen, bei ihren Plänen dessen Erwartungen zu berücksichtigen. Die Sichtweisen nahe stehender Personen bilden den Horizont, vor dem man sein eigenes Verhalten bewertet. Der Andere (der Freund, die Freundin) wird also zu einer moralischen Instanz. Die Qualität der Beziehungen der ersten Jugendphase besteht also darin, dass die Beteiligten in ihren Beziehungen ihr wechselseitiges Verhalten auf gemeinsame Erwartungen ausrichten. Was die Jugendphase u. a. ausmacht, ist das Eingehen von Zweierbeziehungen, die durch Konventionen im Sinne von gemeinsamen Übereinkünften geprägt sind. In den Freundschaftsbeziehungen bildet sich ein „zwischenmenschliches Selbst" (Kegan 1991) oder „konformes Selbst" (Selman 1984). Die Jugendlichen gehen soziale Verpflichtungen ein und versuchen, mit Gleichaltrigen gemeinsame Interessen auszuloten, nicht nur, weil sie befürchten, ihre Freundschaften zu verlieren, sondern weil die „Organisation ihres Selbst" wesentlich davon abhängt. Man könnte anstatt von zwischenmenschlichem Selbst von Identitätsentwicklung oder Ich-Identität (Erikson 1980) sprechen, aber der Begriff Identität ist aus philosophischer und bildungstheoretischer Sicht ein schwieriger Terminus (Mollenhauer 1983).

Mit dieser Form der Perspektivenübernahme in den Gleichaltrigenbeziehungen verändern sich die Körpererfahrungen der Jugendlichen. Sie entwickeln ein Körperselbstbild, in dem die Kooperation mit anderen und die interaktive Verträglichkeit der eigenen Körperäußerungen und -bewegungen eine größere Beachtung findet. Die sozialen Komponenten der Körperlichkeit rücken in den Gleichaltrigenbeziehungen ins Blickfeld. Im Körperbild sind die sozialen Erwartungen der anderen aufgenommen. Es geht in den Gleichaltrigenbeziehungen darum, das Thema Stärke und Durchsetzung in sozial verträglichen Tätigkeitsgestalten auszudrücken. Jugendliche kultivieren spezifische Spielformen, in denen dies eingeübt wird. Dieses Phänomen lässt sich in Jugendzentren ziemlich gut beobachten. Jugendliche begeistern sich stundenlang am Tischtennis oder Tischfußball (Kicker). Diese jugendspezifischen Bewegungsformen konfrontieren sie mit Entwicklungsaufgaben, die typisch für den sozialen Beziehungsmodus im frühen Jugendalter sind: Ein gelungenes Zusammenspiel erfordert Perspektivenübernahme, es konfrontiert die Mitspieler mit der Aufgabe, ihre Körperbewegungen aus der Perspektive der Kooperationspartner zu sehen. Aufgrund der wechselseitigen Perspektivenübernahme in den Spielaktivitäten unter Gleichaltrigen entsteht ein gemeinsames Feld, d. h. in die Sphäre der Zwischenleiblichkeit treten allgemeinverbindliche Regeln (dies wird von Jean Piaget am Beispiel des Murmelspiels beschrieben; Piaget 1976). Die Erfahrungen, die Jugendliche im Spiel machen, werden auch auf die normative Ebene von Gleichaltrigenbeziehungen übertragen. Die Jugendlichen sind – meist schon während der Phase der Kindheit – zu der Erkenntnis gekommen, dass man aufgrund der Orientierung am eigenen Vorteil, durch rücksichtslose Durchsetzung der eigenen Neigungen und Nachgehen privater Interessen ständig zwischenmenschlichen Konflikten ausgesetzt ist. Sie haben die Erfahrung gemacht, dass man so in seinen Interessen gefangen und auf sich selbst zurückgeworfen bleibt. Die Befriedigung der ich-bezogenen Wünsche in den Kontakten zu Gleichaltrigen wird oft mit Einsamkeit bezahlt. Diese „Einsamkeit des Ichs" wird durch das Einhalten von Konventionen in den sozialen Beziehungen überwunden. Die Gleichaltrigen in der Jugendphase bemühen sich, soziale Verbindlichkeiten einzugehen. Sie entwickeln Freundschaftskonzepte, die auf Werte bauen, wie Gemeinsamkeit, Vertrauen, gegenseitige Hilfe und Loyalität, Ehrlichkeit, Einhalten von Versprechungen.

Die Intensität und der Wert von Freundschaften misst sich an beiderseitig erfüllten Erwartungen (Kolip 1993). Im Übrigen geht mit den gelebten Freundschaftskonzepten die Entwicklung von „sozialen Zeitschemata" einher: Freunde beziehen bei ihren Plänen die Zeitperspektive des Partners ein, sie machen gemeinsame Pläne im Sinne des Abstimmens gemeinsamer Zeitperspektiven. Auf diese Weise entsteht die Erfahrung gemeinsam erlebter Zeit, auf die sich die Partner zurückbesinnen können.

Kennzeichen des hier beschriebenen Beziehungsmodus sind spezifische Interaktionsrituale. Zu Beginn der Jugendphase wird die Durchsetzung der eigenen Interessen mit Körpergewalt oder physischen Verhandlungsmethoden mehr und mehr aufgegeben (Selman/Schultz 1990). Für den Beginn der Jugendphase (ca. 12 Jahre) sind folgende Interaktionsstrategien charakteristisch: Es werden subtile Drohungen verlautbart, wie z.B.: „Ich bin nicht mehr dein Freund, wenn du das nicht tust". Ein anderes Mittel ist die Bestechung mit Zuwendungen verschiedenster Art: „Wenn du mir hilfst, schenke ich dir dies!" oder das Bluffen, indem man die eigenen Kompetenzen überhöht und den anderen als schwach und unterlegen darstellt. Gegenüber diesen „other-transforming-strategies" (Selman/Schultz 1990) sehen die weichen „self-transforming-strategies" folgendermaßen aus: Man macht Vorschläge und gleichzeitig Andeutungen, dass man sie auch zurücknimmt, falls der andere einen besseren Plan hat, oder hofft durch vorsichtige Anregungen dennoch zu seinem Recht zu kommen: „Gut, wir machen jetzt was du willst, aber morgen das, was ich wünsche". Diese Interaktionsstrategien werden durch andere, bessere, mehr und mehr ersetzt. Eine Entwicklungsaufgabe des „frühen" Jugendalters besteht darin, gemeinsam in Gleichaltrigenbeziehungen eine zwischenmenschliche Sphäre zu etablieren, in der sich die Individuen nicht mehr taktisch zueinander verhalten, sondern ihre Interessen, Befindlichkeiten, Enttäuschungen und Schwächen mitteilen können. Die Konstitution eines solchen Raumes, in dem gemeinsam verhandelt wird, gegenseitiges Verständnis geübt wird, Verbindlichkeiten hergestellt und Interessen und Vorhaben abgestimmt werden können, scheint eine wesentliche Aufgabe dieser Phase zu sein (Uhlendorff 2001). Die Bewältigung dieser Entwicklungsaufgabe wird durch sozialpädagogische Einrichtungen und Maßnahmen, wie z.B. die offene Jugendarbeit in Jugendzentren, durch soziale Gruppenarbeit, aber auch durch sozialpädagogische Angebote in Ganztagsschulen unterstützt.

1.2 Beziehungsmodi während der späten Jugendphase (Adoleszenz)

Heranwachsende, die sich am Anfang dieser zweiten Phase befinden, wissen in ihren Beziehungen, was sie selbst von den anderen wollen und was die anderen von ihnen erwarten. In ihrem Denken und Handeln sind sie in zwischenmenschliche Beziehungen und die mit ihnen verknüpften sozialen Verpflichtungen und Konventionen eingebunden. Es gelingt ihnen aber noch nicht, sich in Freundschaften über gegenseitige Erwartungen auszutauschen. Die Heranwachsenden sind zwar in der Lage, die Perspektive des Partners zu übernehmen, sie können über sich und den anderen nachdenken, aber noch nicht über die gemeinsame Beziehung; „zwei einzelne Individuen sehen sich selbst und den Anderen, jedoch nicht ihre Beziehung zueinander" (Selman 1984: 52). Das heißt, die Jugendlichen können sich in ihren Freundschaften über Interessen verständigen und Übereinstimmungen erzielen, sie haben auch ein Bewusstsein von den gegenseitigen sozialen Erwartungen, aber sie sind noch nicht imstande, die unterschiedlichen gegenseitigen Wünsche im Hinblick auf gemeinsame, über längere Zeit hinweg konsistente Einstellungen und Pläne abzustimmen. Freundschaftskonzepte werden zwar formuliert, aber noch nicht gemeinsam ausgehandelt und in Übereinstimmung gebracht. Die Beziehungen sind daher noch instabil und konflikthaft. Freundschaften zerbrechen, oder es kommt zu Spannungen, sobald sich unterschiedliche Erwartungen gegenüberstehen. Eine wesentliche Entwicklungsaufgabe der Adoleszenz besteht darin, eine „Dritte-Person-Perspektive" (ebd.) in den Freundschaftsbeziehungen zur Geltung zu bringen. Erst aus der Position des „generalisierten Anderen" (Mead 1975) gelingt es, soziale Erwartungen wechselseitig abzustimmen und einen gemeinsamen Erwartungshorizont abzustecken: „Die Dritte-Person-Perspektive gestattet es, über das Einnehmen der Perspektive des Anderen auf das Selbst hinauszugehen: die ... wirkliche Dritte-Person-Perspektive auf Beziehungen umschließt die Perspektiven des Selbst und des (der) Anderen und koordiniert sie zugleich miteinander; so werden von der Perspektive der Dritten Person bzw. des generalisierten Anderen aus das ganze Beziehungssystem bzw. die ganze Situation sowie alle beteiligten Parteien in das Blickfeld gerückt" (Selman 1984: 53). Robert L. Selman zufolge entwickelt sich diese „Dritte Person- und gegenseitige Perspektivenübernahme" auf der konzeptionellen Ebene ungefähr im Alter zwischen zehn und zwölf Jahren (ebd.). Jean Piaget zeigt am Beispiel des Regelspiels, dass Kinder bereits mit zehn Jahren diese Perspektive beherrschen (Piaget 1976). Die Umsetzung der Dritten-Person-Perspektive gelingt Kindern bereits im Regelspiel, aber erst im Jugendalter wird sie in den persönlichen Beziehungen zu Gleichaltrigen vollständig entfaltet.

Mit dieser Fähigkeit bilden sich auch neue normative Orientierungen. Weil es den Heranwachsenden gelingt, sich aus ihren gegenwärtigen zwischenmenschlichen Beziehungen herauszuheben und zu ihnen in ein betrachtendes Verhältnis zu treten, werden die Konventionen, die man bisher für selbstverständlich hielt, in Frage gestellt. Jugendliche gelangen mehr und mehr zu der Einsicht, dass soziale Regeln und Gesetze gemacht werden, dass man sie in einem gemeinsamen Aushandlungsprozess mitbestimmen kann und dass wechselseitige Abstimmungsprozesse für die Stabilität von Gleichaltrigenbeziehungen von großer Bedeutung sind. Die Vorstellung, seine Pflicht zu tun, Autoritäten zu respektieren und sich Regeln zu unterwerfen, wird zugunsten einer „Vertragsorientierung" (Kohlberg 1974) aufgegeben; der soziale Vertrag wird als Ausdruck gemeinsam erzielter Übereinstimmung aufgefasst. Gleichberechtigung, gegenseitiger Respekt, Verzicht auf Gewalt, gegenseitige Verantwortung und Rücksichtnahme, Ehrlichkeit zu sich selbst und den anderen werden als wichtige Werte erkannt und in den Beziehungen thematisiert (Gilligan 1988). Es bildet sich in Ansätzen ein „institutionelles Selbst" (Kegan 1991), das sein Profil durch die Identifizierung mit gesellschaftlichen Rollen, politischen Weltauffassungen und Prinzipien erhält, die zwischenmenschlichen Beziehungen gleichsam übergeordnet werden.

2. Beziehungsformen im Jugendalter

Auf der Grundlage der vorangegangenen Ausführungen zu den Veränderungen der Beziehungsmodi in der frühen und späten Jugendphase sollen im Folgenden vier typische Beziehungsformen in dieser Lebensphase näher betrachtet werden. Bei diesen Beziehungsformen geht es jeweils um Beziehungen zu Gleichaltrigen (Peers). Den Peers kommt im Abblösungsprozess von den Eltern (Nolteernsting 1998; Oerter/Montada 1998) eine hohe soziale Relevanz zu.

2.1 Peer-Beziehungen

Auf einer ersten Ebene lassen sich die mehr oder weniger unverbindlichen Kontakte von Heranwachsenden nennen, die vielfach in Jugendsubkulturen eingebettet sind. Charakteristisch für Jugendsubkulturen sind gemeinsame Normen und Wertvorstellungen, ein eigener Sprachstil (Jargon), ein spezifischer Kleidungsstil und eine eigene Musikrichtung. Jugendsubkulturen verfügen über besondere Inszenierungsformen in der Öffentlichkeit, z.B. durch einen mehr oder weniger provokativen Kleidungsstil, wie bei den Punks, durch bestimmte und z.T. auch riskante Bewegungsarten (Skate-Board-Fahren, Break-Dance). Was das Auftreten einer Jugendsubkultur in der Öffentlichkeit auszeichnet und wodurch sie sich von anderen unterscheidet, sind also spezifische Bewegungsmodi, d.h. körperliche und gestische Ausdrucksmittel und bestimmte Ästhetisierungsformen, wie Musikstile und künstlerische Manifestationen (wie z.B. Graffiti). Die Raum- und Bewegungsinszenierungen, die bei Jugendsubkulturen eine zentrale Rolle spielen, waren und sind auch der Ankerpunkt organisierter Jugendarbeit (Treptow 1993). Erste Jugendsubkulturen, die im größeren Stil öffentlich in Erscheinung traten, waren z.B. die Wandervögel zu Beginn des 20. Jahrhunderts. Als jüngere Beispiele sind hier zu nennen: Mods, Punks, Skinheads, HipHop. Letztere Jugendsubkultur soll im Folgenden beispielhaft vorgestellt werden:

Weite Hosen, übergroße Pullover, dicke Jacken, Cappys und Turnschuhe, deren Laschen nach vorne geklappt werden, sind äußere Zeichen dieser Subkultur, deren Ursprungsgeschichte bis weit in die 70er Jahre zurück geht. In der New Yorker Bronx feierten zumeist afroamerikanische Jugendliche Blockparties, da es ihnen finanziell nicht möglich war, Diskotheken zu besuchen. Als Lokalität boten sich daher Parks oder Hinterhöfe an. Kennzeichen dieser Parties war das Abspielen von Platten mit zwei Plattenspielern von einem Diskjockey. Die hieraus entstandene Musikrichtung war vollkommen neu und wurde Breakbeat genannt. Noch heute wird der dazugehörige Tanz Breakdance genannt und die Tänzer nennen sich selber Breaker oder B-Boys. Mit den Motiven, auch das Publikum zum Tanzen zu bewegen, traten mit den DJ's auch so genannte „Master of Ceronomy", kurz MC's, auf und besangen die Fähigkeiten der DJ's oder die Missstände der afroamerikanischen Jugendlichen in Form des Sprechgesanges (Rap) (www.jugendszenen.com).

Der HipHop etablierte sich zu einer eigenständigen Jugendkultur, die zu Beginn der 80er Jahre auch Deutschland erreichte. Zeigte sich zunächst nur eine kleine Fangemeinde in Deutschland, wuchs die Zahl der begeisterten Anhänger in den letzten zehn Jahren kontinuierlich an. In der Hip Hop Szene ist der Anteil an jugendlichen Migranten, die sich dieser Szene zugehörig fühlen, im Unterschied zu anderen Jugendkulturen vergleichsweise groß. In den zumeist deutschsprachigen Texten werden Probleme wie Ausländerfeindlichkeit, Perspektivlosigkeit und die Identifikation mit dem eigenen Stadtteil besungen. Ausnahmen bilden jedoch besondere Genres des HipHops. So etablierten sich provokante und aggressive Rapper (ebd.), die durchaus auch gewaltverherrlichende und drogenglorifizierende Inhalte besingen. Als weitere Abgrenzung zum Rap leben Jugendliche dieser Jugendsubkultur eine ausgeprägte Graffitikultur, in der jede Gang (oder auch Posse) ihre eigenen „Tags" (vergleichbar einer Signatur) haben. Ferner gelten, wie auch in vielen anderen Jugendszenen, in der HipHop-Szene bestimmte Prinzipien: Songtexte müssen nachvollziehbar und authentisch sein (www. jugendszenen.com). Wie in anderen Szenen auch, zelebrieren die Jugendlichen einen bestimmten Sprachgebrauch (oder auch „Slang"); er kennzeichnet, welcher „Schule" man angehört. In den USA gibt es auch besonders ausgeprägte Formen von Bandenkriegen, so z.B. Eastcoast vs. Westcoast; die Gruppen grenzen sich in ihrer Kleidung klar voneinander ab und pflegen unterschiedliche Slangs.

Anhänger der HipHop-Szene treffen sich auf so genannten „Jams". Hierunter zählen sowohl Diskotheken mit dem entsprechenden Programm, als auch „Battles", bei denen sich die Jugendlichen mit ihren teilweise eigenen Versmaßen gegenseitig zu beeindrucken versuchen und das Publikum mit entscheiden kann, wer als Sieger hervorgeht. Wichtige Treffpunkte sind weiterhin bestimmte Szeneläden, wie z.B. Plattengeschäfte oder Bekleidungsgeschäfte, die sich auf die entsprechende Szenekleidung spezialisiert haben.

2.2 Cliquen

Cliquen sind kleine überschaubare Gruppen, die einen sozialen Verbind-lichkeitscharakter haben. Aus der Sicht von Jugendlichen handelt es sich um Beziehungskontexte, „in denen man unter seinesgleichen ist, in denen man sich nicht dauernd erklären muss, wo man nicht damit rechnen muss, dass einem irgendwelche Anweisungen erteilt werden können, in denen man eben so genommen wird, wie man ist (oder zu sein meint), und vor al-lem für voll genommen wird" (Allerbeck/Hoag 1985 zit. nach Nolteernsting 1998: 32). Das Hauptmotiv für die Konstituierung einer Clique ist nach Jürgen Zinnecker et al. (2002) das gemeinsame Erleben („Spaßfaktor") und der Stressabbau. Cliquen bilden sich auf der Basis gemeinsamer Interessen, wie Sport, gleicher Lebensstil, bestimmte Musik etc.

Zwei Drittel der von Jürgen Zinnecker et al. (2002) befragten Jugendlichen erklären, dass sie einer Clique angehören. Interessant ist, dass sich die Cli-quenbildung mit steigendem Alter verstärkt: So sind die 10- bis 12-Jährigen zu 52% Mitglied in einer Clique, die 16- bis 18-Jährigen zu 82%. Jürgen Zinnecker et al. konnten in ihrer Studie belegen, dass die Häufigkeit der Treffen bei vier Mal pro Woche liegt. Die Cliquengröße liegt bei durch-schnittlich sieben Personen, wobei die Gruppengröße mit wachsendem Al-ter der Mitglieder steigt. Cliquen, so zeigen die Forschungsergebnisse, ha-ben in vielen Fällen ganz bestimmte Orte, an denen man sich trifft. Hier zeigt sich, dass die Schule als Treffpunkt eine hohe Attraktivität besitzt.

Wichtig erscheint in diesem Zusammenhang, dass Cliquen nicht immer nur positive Einflüsse haben, wie das Einüben von Sozialverhalten. Die Shell Studie (2006) zeigt, dass sich in ihnen auch negative Dynamiken entfalten, z. B. durch gegenseitiges Hänseln und Schikanieren oder Bildung von kon-kurrierenden Grüppchen.

2.3 Jugendfreundschaften

Jugendfreundschaften sind dyadische, persönliche und informelle Sozialbe-ziehungen (Kolip 1993; Auhagen/Salisch 1993). Ann E. Auhagen und Ma-ria von Salisch nennen vier Elemente, die charakteristisch sind und die im Übrigen auch für Freundschaften im Erwachsenenalter gelten: Freiwillig-keit, zeitliche Ausdehnung, positiver Charakter, keine offene Sexualität. Petra Kolip (1993) definiert Freundschaft als ein Verhältnis zwischen Men-schen auf der Basis gegenseitiger emotionaler Verbundenheit, geistiger Verwandtschaft und Gemeinsamkeit der Interessen. Weil sie mit einem tie-fen und innigen Gefühl verbunden sind, haben Freundschaften einen exklu-siven Charakter (vgl. auch Stiehler i. d. B.).

Das Thema Jugendfreundschaft ist mittlerweile gut erforscht (zusammen-fassend Alisch/Wagner 2006: 14 ff.): Jugendliche mit bestehenden Freund-schaftssystemen werden als sozial kompetenter eingeschätzt und gelten als prosozialer, sie zeigen mehr Altruismus und besitzen ein höheres Selbstwertgefühl. Außerdem weisen sie ein reflektiertes Selbstkonzept auf. Die vorliegenden Studien zu Jugendfreundschaften sind allerdings, so Lutz-Michael Alisch und Jürgen W. L. Wagner (2006) anfechtbar, da zu vermuten ist, dass gerade die Jugendlichen mit den genannten Kompetenzen in der Lage sind, Freundschaften zu schließen. Längsschnittuntersuchungen zu Freundschaftsbeziehungen zeigen, dass Freundschaften eine „Stützfunktion" haben (bei Problemen in Schule oder im Elternhaus), gelegentlich aber auch eine „Störfunktion" aufweisen (Delinquenz, Sucht etc.).

Andere Studien belegen, dass sich Mädchen- und Jungenfreundschaften unterscheiden (Zinnecker et al. 2002). In heterogenen Cliquen finden sich meist feste duale Freundschaften von Mädchen, die so genannten „besten Freundinnen". Mädchenfreundschaften sind geprägt von dem Anspruch enger Vertrautheit und der Vorstellung, dass sie etwas sehr besonderes und elitäres sind. Lachen, Geheimnisse teilen, Sorgen und Probleme besprechen und glückliche Momente teilen, sind zentrale Bestandteile von Freundschaftskonzepten. Dennoch erleben einige Mädchen das Konstrukt der „besten Freundin" zuweilen auch als sehr belastend. So zeigt Rolf Göppel (2005), dass es auch in den von festen Werten dominierenden Freundschaftskonstellationen zu Konkurrenzdenken kommen kann. Zu Konflikten kommt es häufig, wenn eine der Freundinnen einen festen Freund hat.

Jungen können in den meisten Fällen nicht auf ein derartiges Netzwerk an Vertrauen zurückgreifen. Dieses soziale Defizit bei Jungen manifestiert sich schon in den ersten Kindheitsbeziehungen. So konnten Rainer Strätz und Ernst A. E. Schmidt (1982) feststellen, dass Jungen im Alter von fünf Jahren lieber für sich oder in lockeren Gruppenkontakten bleiben als Mädchen, die ein höheres Explorationsverhalten zeigen und auch mehr auf Ressourcen ihres Netzwerkes zurückgreifen. Jungen hingegen sind mehr auf sich selbst gestellt, wenn es um elementare Fragen ihres Lebens geht (vgl. auch Hurrelmann/Albert 2006).

Das Vorhandensein von sozialen Netzwerken scheint, so die Ergebnisse der Shell Studie von 2006, abhängig zu sein von ökonomischen Faktoren. Leidet die Familie unter einer hohen finanziellen Belastung, leiden auch die Netzwerke der Jugendlichen darunter.

Untersucht wurden darüber hinaus der Freundschaftsbegriff unter Jugendlichen sowie der Verlauf und die Kontinuität von Freundschaften. Als Forschungsmethoden dienten Alltagsbeobachtungen, Interviews und Fragebögen (zusammenfassend Alisch/Wagner 2006). Jedoch ist das Feld noch nicht in Gänze erforscht, dies betrifft beispielsweise die Auswirkung von Freundschaften auf die individuelle Entwicklung unter Berücksichtigung differentieller Einflüsse der peer-group. Darüber hinaus sind Forschungslücken auf dem Gebiet der „Freundschaftsphasen" und der Dynamik von Freundschaftsbeziehungen zu verzeichnen.

2.4 Zweierbeziehungen im Jugendalter

Das Erlernen derjenigen Fähigkeiten, die zum Aufbau von Zweierbeziehungen beitragen, gehört mit zu den wesentlichen Entwicklungsaufgaben im Jugendalter (Oerter/Dreher 1998). Zentral in diesem Entwicklungsabschnitt ist u. a. der Aspekt der Liebe (vgl. auch Lenz Aufbauphase i. d. B.). Dennoch ist das Thema Liebe kein selbstverständlicher Gegenstand wissenschaftlicher Betrachtung: „Entweder wird sie als irgendwie selbstverständlich vorausgesetzt, als irrelevant angesehen oder einfach vergessen" (Burkart 1999: 11). Einen Grund für die Vernachlässigung der Liebe im wissenschaftlichen Diskurs sieht Günter Burkart darin, dass der Begriff in vielen Fachdisziplinen für unwissenschaftlich gehalten wird. Liebe sei schwer messbar und kaum operationalisierbar. Ein weiterer Grund könnte darin bestehen, dass es die unterschiedlichsten Formen der Liebe gibt. Eine Möglichkeit der Unterscheidung verdeutlicht Erich Fromm. In einem seiner Werke unterscheidet er u. a. die romantische Liebe, die erotische Liebe, die platonische Liebe, die mütterliche Liebe oder die Selbstliebe (2000). Im Folgenden wird der Blick auf die romantische und die erotische Liebe im Rahmen von Zweierbeziehungen im Jugendalter gerichtet. Die *romantische Liebe* bzw. das *Verliebtsein*, so Jürg Willi (1998: 114 f.), bricht die Person auf, „... im Verliebtsein öffnet sie das Herz, ihre innerste Kammer, lässt ihre geheim gehaltene Sehnsucht, Hoffnung und Erwartung hervorbrechen, lässt sich davon packen und durchströmen. Die zuvor brachliegenden und ziellos vorhandenen Energien werden nun ausgerichtet und integriert, was zu einer gewaltigen Belebung der Person führen kann". Im „Aufbrechen" der Person wird deren Persönlichkeitsgefüge gelockert. Handlungs- und Erlebensweisen werden mobilisiert, die eine neue Dimension eröffnen. Zudem möchten Verliebte das „Geheimnis des Anderen" entdecken. Der sich in einer Zweierbeziehung befindende Mensch beginnt, sich in den Verhaltensbereichen intensiver zu entwickeln, wo er durch den Partner „beantwortet" wird (Willi 1998: 43). Neben der romantischen Liebe scheint insbesondere die Neugierde auf erste Erfahrungen mit der *erotischen Liebe* bzw. *Sexualität* ein Grund zu sein, weshalb Jugendliche untereinander Zweierbeziehungen eingehen (BZgA 2006). Nach Erich Fromm handelt es sich bei der erotischen Liebe um das Verlangen nach vollkommener Vereinigung, nach der Einheit mit einer anderen Person. Für Erich Fromm liegt der Grund für diese Form der Liebe darin, dass die Phase des Verliebtseins „kurzlebig" (2000: 66) sei. Für die meisten ist die eigene Person genau wie die des Anderen schnell ausgeschöpft und ergründet, was zum Gefühl des „Getrenntseins" (ebd.) führe. Weil sich das Getrenntsein des anderen primär als körperliches Getrenntsein darstelle, bedeute die körperliche Vereinigung für das Paar die Überwindung des Getrenntseins. Intimität erreichen sie nun in erster Linie durch sexuelle Vereinigung. Diese, nicht nur von Erich Fromm sondern auch von Medien, verbreitete pathetische und wissenschaftlich fragwürdige Auffassung von Liebe entspricht allerdings häufig nicht den realen Erfahrungen von Jugendlichen. Die Erkenntnis, dass die Vorstellung bzw. das

Ideal und die tatsächlichen Erfahrungen mit Sexualität und Erotik auseinanderklaffen, scheint eine besondere Thematik von Beziehungen im Jugendalter zu sein (Dannenbeck/Stich 2002; Lenz/Funk 2005). Im Übrigen ist dies auch in der Geschichte in zahlreichen Dramen verarbeitet worden, z. B. in dem Theaterstück „Frühlingserwachen" von Frank Wedekind. Im Unterschied zu dem oben genannten, von Erich Fromm beschriebenen, Motiv für Sexualität beschreibt ein hoher, tendenziell steigender Anteil der Jugendlichen im Alter von 14 bis 17 Jahren seinen ersten sexuellen Kontakt nicht als *intentionalen* Versuch der Überwindung des „Getrenntseins", sondern als *Zufall* (BZgA 2006: 88 f.). Für fast vier von zehn Jungen (37 %) und etwa ein Viertel der Mädchen (24 %) war zumindest der erste Geschlechtsverkehr ein ungeplantes, überraschend stattfindendes Ereignis (Angaben für 2005, vgl. Abb. 1). Ist die Zahl bei den Mädchen im Zeitraum von 1996 bis 2005 relativ konstant geblieben, so zeigt sich bei den Jungen im Vergleich zu den letzten Erhebungen – im Rahmen der von der Bundeszentrale für gesundheitliche Aufklärung (BZgA) seit 1980 durchgeführten repräsentativen Wiederholungsbefragung von 2006 – ein erneuter Anstieg des Anteils derjenigen, die „das erste Mal" zufällig erlebt haben, und zwar um sieben Prozentpunkte (vgl. auch Dannebeck/Stich 2002)

Abb.1: Anteil der Jungen und Mädchen, die ihren ersten Geschlechtsverkehr als Zufall erlebt haben (Bundeszentrale für gesundheitliche Aufklärung 2006: 88)

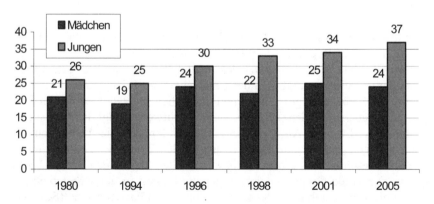

Eine wesentliche Rolle bei der „Planung" des ersten Geschlechtsverkehrs kann dem Alter zugeschrieben werden. Sowohl für Mädchen als auch für Jungen konnte festgestellt werden, dass je niedriger das Alter beim ersten Mal war, desto spontaner und eher zufällig erfolgte dieser (ebd.). Erwartungsgemäß sind die Erfahrungen im sexuellen Bereich insgesamt stark vom Alter abhängig. Mit 14 Jahren haben ein Drittel der befragten Mädchen (34 %) und vier von zehn Jungen (42 %) noch keinen sexuellen Kontakt zum anderen Geschlecht. Mit 15 Jahren verringert sich der Anteil bei Mädchen um etwa ein Drittel (22 %), die Zahl der Jungen ohne sexuellen

Kontakt reduziert sich ebenso, wodurch sich die männlichen Jugendlichen in diesem Alter um fünf Prozentpunkte von den Mädchen unterscheiden (27 %). Bei den 16- und 17-Jährigen besteht die Differenz zwischen sexuell unerfahrenen Mädchen und Jungen noch drei Prozentpunkte. Gleichwohl haben 6 % der Mädchen und 9 % der Jungen mit 17 Jahren noch keine Erfahrung im sexuellen Bereich (vgl. Abb. 2).

Abb. 2: Anteil der Jugendlichen mit keinerlei sexuellen Erfahrungen in den Altersgruppen 14. bis 17. Lebensjahr (vgl. Bundeszentrale für gesundheitliche Aufklärung 2006: 74)

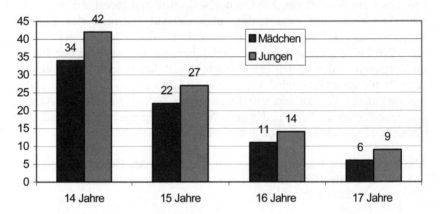

Werden andere Studien in den Blick genommen (zusammenfassend Silbereisen/Schmitt-Rodermund 1998) bestätigt sich, dass sich die Beziehungen zu Gleichaltrigen im Verlauf des Jugendalters in eine Richtung verändern, die von einer – folgt man der Unterscheidung Erich Fromms (ebd.) – erotischen Liebe geprägt ist: Während des frühen Jugendalters bleiben Jungen und Mädchen tendenziell unter sich. Schrittweise steigt das gegenseitige Interesse. Etwa im Alter von 15 Jahren häufen sich die Aktivitäten mit Gleichaltrigen. Im Verlauf dieser Phase werden Zweierbeziehungen mit – wie oben beschrieben – erotischen bzw. sexuellen Merkmalen (BZgA 2006) erlebt. Die große Gruppe Gleichaltriger wird somit in der späteren Phase der Adoleszenz durch einen lockeren Verbund von Paaren ersetzt (Silbereisen/Schmitt-Rodermund 1998).

Literatur

Alisch, Lutz-Michael/Wagner, Jürgen W. L. (Hg.) (2006): Freundschaften unter Kindern und Jugendlichen. Interdisziplinäre Perspektiven und Befunde. Weinheim, München: Juventa

Auhagen, Anne E./Salisch, Maria von (Hg.) (1993): Zwischenmenschliche Beziehungen. Göttingen: Hogrefe

Bundeszentrale für gesundheitliche Aufklärung (2006): Jugendsexualität. Repräsentative Wiederholungsbefragung von 14- bis 17-Jährigen und ihren Eltern. Köln

Burkart, Günther (1999): Liebe, Partnerschaft, Elternschaft. In: Bundeszentrale für gesundheitliche Aufklärung (BZgA): Forschung und Praxis der Sexualaufklärung und Familienplanung. Teil 3 – Familienplanung. Aachen

Dannenbeck, Clemens/Stich, Jutta (2002), Sexuelle Erfahrungen im Jugendalter. Aushandlungsprozesse im Geschlechterverhältnis. Hg. v. Bundeszentrale für gesundheitliche Aufklärung. Köln

Erikson, Erik H. (1980): Identität und Lebenszyklus. Frankfurt a.M.: Suhrkamp

Fromm, Erich (2000): Die Kunst des Liebens. München: Deutscher Taschenbuchverlag

Gilligan, Carol (1988): Die andere Stimme: Lebenskonflikte und Moral der Frau. München, Zürich: Piper

Göppel, Rolf (2005): Das Jugendalter. Entwicklungsaufgaben- Entwicklungsrisiken- Bewältigungsformen. Stuttgart: Kohlhammer

Hurrelmann, Klaus/Albert, Matthias (2006): Jugend 2006. 15. Shell Jugendstudie. Eine pragmatische Generation unter Druck. Frankfurt a.M.: Fischer

Kegan, Robert (1991): Entwicklungsstufen des Selbst. Fortschritte und Krisen im menschlichen Leben. München. Kindt

Kohlberg, Lawrence (1974): Zur kognitiven Entwicklung des Kindes. Frankfurt a.M.: Suhrkamp

Kolip, Petra (1993): Freundschaften im Jugendalter. Der Beitrag sozialer Netzwerke zur Problembewältigung. Weinheim, München: Juventa

Lenz, Karl/Funk, Heide (2005): Sexualitäten: Entgrenzungen und soziale Problemfelder. Eine Einführung. In: Funk, Heide/Lenz, Karl (Hg.): Sexualitäten. Diskurse und Handlungsmuster. Weinheim, München: 7-52

Mead, George H. (1975): Geist, Identität, Gesellschaft. Frankfurt a.M.: Suhrkamp

Mollenhauer, Klaus (1983): Vergessene Zusammenhänge. Über Kultur und Erziehung. Weinheim, München: Juventa

Nolteernsting, Elke (1998): Jugend. Freizeit. Geschlecht. Der Einfluss gesellschaftlicher Modernisierung. Opladen: Leske + Budrich

Oerter, Rolf/Dreher, Eva (1987): Das Jugendalter. In: Oerter, Rolf/Montada, Leo: Entwicklungspsychologie. Ein Lehrbuch. Weinheim, Basel: 258-318

Oerter, Rolf/Montada, Leo (1998): Entwicklungspsychologie. Ein Lehrbuch. Weinheim, Basel: Psychologie Verlagsunion

Piaget, Jean (1976): Das moralische Urteil beim Kinde. Stuttgart: Klett-Cotta

Schelsky, Helmut (1957): Die skeptische Generation. Düsseldorf, Köln: Diederichs

Selman, Robert L. (1984): Die Entwicklung des sozialen Verstehens: Entwicklungspsychologische und klinische Untersuchungen. Frankfurt a.M.: Suhrkamp

Selman, Robert L./Schultz, Lynn H. (1990): Making a friend in youth: Developmental theorie and pair therapy. Chicago, London: University of Chicago Press

Silbereisen, Rainer K./Schmitt-Rodermund, Eva (1998): Entwicklungen im Jugendalter: Prozesse, Kontexte und Ergebnisse. In: Keller, Heidi: Lehrbuch Entwicklungspsychologie. Bern: Hans Huber Verlag

Strätz, Rainer/Schmidt, Ernst A. E. (1982): Wahrnehmung sozialer Beziehungen von Kindergartenkindern. Köln u. a.: Kohlhammer

Treptow, Rainer (1993): Bewegung als Erlebnis und Gestaltung. Zum Wandel jugendlicher Selbstbehauptung und Prinzipien moderner Jugendkulturarbeit. Weinheim, München: Juventa

Uhlendorff, Uwe (2001): Sozialpädagogische Diagnosen III – Ein sozialpädagogisch-hermeneutisches Diagnoseverfahren für die Hilfeplanung. Weinheim, München: Juventa

Willi, Jürg (1998): Was hält Paare zusammen? Der Prozess des Zusammenlebens in psychoökologischer Sicht. Hamburg: Reinbek

www.jugendszenen.com

Zinnecker, Jürgen/Behnken, Imbke/Maschke, Sabine/Stecher, Ludwig (2002): null zoff & voll busy. Die erste Generation des neuen Jahrtausends. Opladen: Leske + Budrich

Vera Bamler

Persönliche Beziehungen im Alter

Persönliche Beziehungen verändern sich im Verlauf des Lebens. So wie sich Individuen weiterentwickeln, so entwickeln sich auch deren Beziehungen in denen sie leben und eingebunden sind. Die Anzahl persönlicher Beziehungen kann sich verkleinern oder vergrößern. Sie können intensiver oder lockerer und als befriedigend oder belastend erlebt werden. Menschen sind emotional miteinander verbunden, sie vertrauen sich, sorgen für einander, unterstützen sich gegenseitig usw.

Die Lebensphase Alter ist von verschiedenen normativen und individuellen Bewältigungsanforderungen geprägt. Dazu zählen Ablösungsprozesse von den Kindern, Übernahme der Rolle als Großmutter bzw. Großvater, Austritt aus dem aktiven Arbeitsleben, Eintritt in eine nachberufliche Phase, Neu-Aushandlung ehelicher oder partnerschaftlicher Beziehungen, Neugestaltung von Alltag und Interessensbereichen, Trennungen und Scheidungen, Eingehen neuer Zweierbeziehungen, Verlust von Beziehungen durch den Tod von Netzwerkmitgliedern, Entwicklung und Veränderung hinsichtlich Sexualität bzw. sexueller Beziehungen, physische, psychische und gesundheitliche Veränderungen, Krankheiten und Pflegebedürftigkeit, Pflege und Betreuung der Partnerin bzw. des Partners oder anderer Netzwerkmitglieder usw.

All diese Anforderungen und Probleme wirken sich auch auf die Entwicklung und Gestaltung persönlicher Beziehungen im Alter aus. So kann zum Beispiel die Phase der Entberuflichung erhebliche Belastungen für eine bestehende Zweierbeziehung darstellen. Frauen und Männer werden aus einem dichten und funktionierenden beruflichen Netzwerk entlassen und finden sich in ihrem häuslichen Milieu vor, in welchem sie in erster Linie auf sich selbst zurückgeworfen sind. Bereits zu Hause lebende Frauen können befürchten, dass pensionierte Männer den von ihnen strukturierten häuslichen Alltag „durcheinander bringen" und dominieren oder geschaffene Freiheiten und Rückzugsmöglichkeiten kontrollieren. Die Pflege der (Ehe-) Frau bzw. des (Ehe-)Mannes kann mit erheblichen Belastungen und Überforderungsgefühlen verbunden sein und qualitative Aspekte der Zweierbeziehung, wie beispielsweise die sexuelle Beziehung, verändern. Auf der anderen Seite können sich Kontakte zu Kindern, Freundinnen und Freunden aktivieren und intensivieren, auch um Unterstützung und Hilfe zu erhalten.

Diese Entwicklungen verweisen darauf, dass Menschen auch im Alter Beziehungen neu aushandeln müssen bzw. dass diese sich weiterentwickeln. Das gilt sowohl für die Veränderung von Beziehungsstrukturen oder Beziehungsdynamiken als auch für die Intensivierung und Reduzierung von Kontakten zu bestimmten Personen: Beziehungen müssen dann neu definiert und (um)gestaltet oder neue Beziehungen hergestellt und aufgebaut werden. Diese Wandelprozesse betreffen nicht nur das Binnenklima intimer Zweierbeziehungen, sondern auch die Beziehungen zu anderen Personen, wie z. B. Kindern, Enkelinnen und Enkeln, Freundinnen und Freunden. Persönliche Beziehungen können sowohl Quelle von Zufriedenheit, Glück und wechselseitiger Unterstützung sein – weil sich die Beteiligten verstehen, wertschätzen, ihre Ressourcen gleichwertig verteilen etc. – als auch zu Stress, Unzufriedenheit oder gar Krankheit führen – weil sich die Beteiligten nicht verstehen, streiten oder in einseitige und gesundheitlich belastende Unterstützungsarrangements eingebunden sind.

Sowohl in Medizin, Soziologie, Psychologie und Pädagogik als auch in der Gerontologie und Geriatrie werden Beziehungen alter Menschen empirisch erforscht. Persönliche Beziehungen werden u. a. hinsichtlich ihrer Auswirkungen auf die emotionale, kognitive und gesundheitliche Entwicklung alter Menschen untersucht. Analysiert wird z. B., welche Rolle soziale Beziehungen und soziale Unterstützungsleistungen für die gesellschaftliche Integration und Partizipation von Individuen spielen und wie hilfreich persönliche Beziehungen bei der Bewältigung psychosozialer Krisen wirken. Berücksichtigt werden muss dabei, dass die Entwicklungs- und Veränderungsprozesse innerhalb individueller Lebensgeschichten stattfinden und diese biographischen Erfahrungen wiederum persönliche Beziehungen beeinflussen.

Dass die Beziehungen alter Menschen in ihre Biographie und ihren Lebenslauf eingebettet sind, skizziert Toni C. Antonucci anhand des Konvoi-Modells (Ajrouch et al. 2005). Die Metapher „Konvoi" verweist sowohl auf Kontinuitäten als auch auf Wandel- und Veränderungsprozesse, die Beziehungen beeinflussen und gestalten. Diese Konvois begleiten und unterstützen Individuen von Geburt bis zum Tod. Sie setzen sich aus verschiedenen Menschen zusammen, die der Familie und Verwandtschaft, dem Freundeskreis, der Nachbarschaft oder dem Arbeitskollegium angehören können, welche sowohl durch enge als auch entfernte Beziehungen miteinander verknüpft sind. Besonders die nahen Beziehungspersonen werden zu wichtigen biographischen Bezugspunkten, die u. a. bei Problemen und Konflikten hilfreich sind. Andere Personen verlieren an Bedeutung, steigen aus dem Konvoi aus oder kommen neu hinzu und gewinnen an Bedeutung: „Convoys are though to be dynamic and lifelong, changing in some ways, but remaining stable in others, across time and situations" (ebd.: 311). Beziehungen verändern sich nicht ad hoc, weil Menschen alt (geworden) sind oder altern. Soziale und persönliche Beziehungen „hat Mann und hat Frau im Alter nicht einfach so oder hat sie nicht, sondern diese entwickeln sich über das gesamte Leben" (Nestmann 1999: 100).

1. Der demographische Alterungsprozess und dessen Auswirkungen auf Beziehungen alter Menschen

Gegenwart und Zukunft der Industrieländer sind durch den Prozess der zunehmenden Alterung ihrer Bevölkerung gekennzeichnet. Dieser Strukturwandel ist u. a. durch geringere Fertilitäts- und Mortalitätsraten bedingt und beinhaltet zwei wesentliche Tendenzen, die die Lebensphase Alter beeinflussen: Zum einen steigt die Lebenserwartung kontinuierlich, was den Anteil alter Menschen immer mehr erhöht. Zum anderen kommt es dadurch zu einer Ausdifferenzierung der Lebensphase Alter in modernen Gesellschaften: Alter diversifiziert sich gegenwärtig in „junge Alte", „alte Alte" und Hochaltrige. In der Gerontologie wird zwischen mittlerem Alter, das sind die 40- bis 60-Jährigen, höherem Erwachsenenalter, die ca. 60- bis 80-Jährigen, und hohem Alter unterschieden, das die über 80-Jährigen meint. Frauen und Männer, die sich heute im sechsten oder siebten Lebensjahrzehnt befinden, haben in der Regel noch viele Lebensjahre vor sich, in denen sie in persönlichen Beziehungen leben.

François Höpflinger (2002) unterteilt die Lebensphase Alter in drei Etappen. Er differenziert dabei nach dem jeweiligen gesundheitlichen Status und dem daraus folgenden Grad sozialer Selbstbestimmung, der sich durch die Aspekte Selbständigkeit und Unabhängigkeit von anderen Menschen ausdrückt. Er beschreibt: „a) eine Phase selbständigen Rentenalters (‚retraite indépendante'), in der ältere Menschen ohne körperliche Einschränkungen ihren nachberuflichen Aktivitäten nachgehen, b) eine Phase verstärkter Gebrechlichkeit (‚fragilisation'), in der körperliche und teilweise auch kognitive Veränderungen das Alltagsleben erschweren und zu kompensatorischen Anpassungen zwingen, und c) eine Phase ausgeprägter Pflegebedürftigkeit (‚vie dépendante'), etwa aufgrund hirnorganischer Störungen oder körperlicher Morbidität" (ebd.: 330). Da vor allem die Phase der Hochaltrigkeit mit beschwerlichen Krankheiten einhergeht, in der die Betroffenen einer Pflege durch andere Personen bedürfen, wird in diesem Sinne vom so genannten vierten Alter gesprochen (Scharer 2006). Aufgrund von Krankheit und Pflege bedeutet diese Phase für sehr alte Menschen ein überwiegend abhängiges und fremdbestimmtes Leben. Persönliche Beziehungen werden dadurch entscheidend verändert. Vergessen werden darf allerdings nicht, dass zirka Dreiviertel (75 %) der über 80-jährigen Frauen und Männer *nicht* pflegebedürftig sind und deshalb keine intensive Pflege, sondern eher instrumentell-praktische Hilfe bei der Alltagsgestaltung benötigen (Blüher 2003).

Vor dem Hintergrund der strukturellen Veränderungen in der alternden Gesellschaft prognostizierten Vern L. Bengtson und Peter Martin (2001), dass die Familienkonstellationen tendenziell die Gestalt von „*Bohnenstangen*" annehmen: „long but thin, with many older persons still living but with fewer children following them" (208). Dieser Trend sei sowohl charakteristisch für den demographischen Wandel innerhalb der US-amerikanischen Gesellschaft als auch in europäischen Industrieländern und resultiere daraus, dass sich aufgrund der geringen Geburtenrate „kinderreiche" Familien mit mehr als zwei Nachkommen reduzieren und sich dadurch zukünftige Generationenbeziehungen ausdünnen.

Trotz dieser Entwicklungen verweisen die Ergebnisse unterschiedlicher empirischer Untersuchungen zu sozialen Netzwerken und persönlichen Beziehungen darauf, dass alte Menschen deshalb nicht zwangsläufig vereinsamen oder isoliert und alleine ihren Lebensabend fristen müssen. Im Gegenteil: Die Mehrheit der alten Bevölkerung in Deutschland ist in ein stabiles soziales Netzwerk eingebunden. Dieses zeichnet sich durch mehr oder weniger intensive Beziehungen zu anderen Menschen aus. Auch im Alter unterhalten Frauen und Männer kontinuierliche Kontakte zu anderen, z. B. zu Familienangehörigen (wie Partnerin, Partner, Tochter, Sohn, Schwiegertochter), Freundinnen und Freunden, Nachbarinnen und Nachbarn, und pflegen diese Netzwerke. Sie leben innerhalb eines Hilfesystems und werden nicht nur bei Schwierigkeiten und Problemen (z. B. Krankheiten) unterstützt, sondern auch im Alltagsverlauf.

Einschnitte in die Netzwerkgröße und -stabilität konstatiert der aktuelle Alterssurvey 2002 erst in der Phase der Hochaltrigkeit, die dort als Altersphase zwischen 76 bis 91 Jahre ausgewiesen ist. Zurückgeführt werden diese Veränderungen auf die mit dem hohen Alter einhergehenden gesundheitlichen Belastungen und Risiken, die eine Beziehungspflege stark einschränken bzw. verhindern können (Hoff 2003). Hinzuzufügen wäre in diesem Sinne die erhöhte Pflegebedürftigkeit und Mortalität im Vergleich zu jüngeren Kohorten. Dadurch können soziale Kontakte nicht mehr unterhalten werden bzw. verengt sich aufgrund des Ablebens von Netzwerkmitgliedern (z. B. Ehefrau bzw. Ehemann, Gleichaltrigen, Kindern) der Beziehungsspielraum.

Zwei wesentliche Tendenzen, die den Strukturwandel der Altersphase begleiten und Auswirkungen auf Beziehungen im Alter haben, sind die der Singularisierung und Feminisierung. Beide Dimensionen verweisen einerseits darauf, dass sich sowohl soziale Netzwerke als auch persönliche Beziehungen im Alter qualitativ und quantitativ verändern und andererseits, dass diese Veränderungen mit der jeweiligen Geschlechtszugehörigkeit korrespondieren. Besonders ab dem siebten Lebensjahrzehnt wird demographisch der so genannte „Frauenüberschuss" sichtbar. Dieser resultiert zum einen aus der höheren Lebenserwartung von Frauen und ist zum anderen auch bedingt durch das frühe Sterben von Männern, die den Kriegsgenerationen angehörten.

Bei den 70 bis 75 Jahre alten Menschen standen sich zum Jahresende 2004 in Deutschland 1.628.200 (45,1 %) Männer und 1.983.700 (54,9 %) Frauen gegenüber. Bei den 80- bis 85-Jährigen veränderte sich das Geschlechterverhältnis dramatisch von 641.500 (29,9 %) Männern zu 1.504.200 (70,1 %) Frauen. Von den 85- bis 90-Jährigen lebten zum Jahresende 2004 insgesamt 203.100 (25,7 %) Männer und 586.500 (74,3 %) Frauen und bei den über 90-

Jährigen 142.000 (22,8 %) Männer und 479.700 (77,2 %) Frauen (Statistisches Bundesamt 2006). Wenngleich sich diese Relation zwischen alten Frauen und Männern zukünftig reduzieren wird, da dann die demographischen Auswirkungen der Kriegsjahre zunehmend überwunden sind, werden aber weiterhin mehr Frauen als Männer sehr alt bzw. hochaltrig.

Heterosexuelle Zweierbeziehungen zeichnen sich bei Frauen und Männern, die heute alt sind, in der Regel durch den Status „Ehe" aus. Im Leben *überhaupt* zu heiraten hat vor allem für die Generationen, die im ersten Drittel des 20. Jahrhunderts geboren wurden, eine außerordentlich hohe Priorität – und dabei besonders für Frauen. Verheiratet zu sein ist demzufolge gegenwärtig immer noch *die* dominierende Beziehungsform alter Männer und Frauen. Vorwiegend Männer können allerdings – im Gegensatz zu Frauen – eine Ehe bis zu ihrem Tod aufrechterhalten (s. o.). Frauen sind, auch aufgrund soziokultureller Normen und Wertmaßstäbe, vor allem mit Männern zusammen, die um einige Jahre älter sind als sie selbst. Dieser Altersunterschied führt auch dazu, dass Frauen dann im Alter sehr oft alleine leben. Der Tod des Partners beendet die Zweierbeziehung für die Partnerin.

Aus der Perspektive der alten Frauen heraus betrachtet ist jedoch eher der „Männermangel" dafür verantwortlich, dass es für sie ab einem bestimmten Alter nahezu unmöglich wird, eine neue heterosexuelle Zweierbeziehung einzugehen. Von den insgesamt 4.915.700 der über 65-Jährigen verwitweten Menschen im Jahr 2004 in Deutschland sind 4.065.000 (82,7 %) Frauen (Statistisches Bundesamt 2006). Für viele Frauen die 65 Jahre und älter sind, verringern sich die Chancen rapide, in einer Zweierbeziehung zu leben. So heirateten in Deutschland im Jahr 2004 insgesamt 14.366 Männer (entweder zum ersten oder zum wiederholten Mal), die 60 Jahre und älter waren, aber nur 6.462 der über 60-Jährigen Frauen (ebd.). Im Geschlechtervergleich können vor allem Männer bis zu ihrem Tod in einer Zweierbeziehung leben. Alte Frauen dagegen werden einige bis viele Jahre allein lebend bzw. als Witwe verbringen. Dennoch leiden Frauen im Alter nicht zwangsläufig an „Vereinsamung" (Livson 1983). Sie sind, wie zahlreiche empirische Studien (u. a. Engel et al. 1996; Höpflinger 2003; Lyyra/Heikkinen 2006) belegen, größtenteils in unterstützende Netzwerke und solidarische Beziehungen eingebunden.

2. Unterstützungsbeziehungen im Alter

Alte Menschen leben in der Regel in reziproken Unterstützungsbeziehungen, die auch zwischen den Generationen bestehen (u. a. Bengtson/Martin 2001; Blüher 2003; Höpflinger 2002). Diese intergenerationalen Beziehungen zeichnen sich hinsichtlich ihrer Unterstützungsleistungen durch eine breite Palette emotionaler und instrumentell-praktischer Hilfen aus. Die Beziehung zu den eigenen Kindern stellt eine solche wichtige persönliche Verbindung zwischen Angehörigen verschiedener Generationen dar. Überwiegend werden diese Eltern-Kind-Beziehungen sowohl von den alten als auch von den jüngeren Menschen als enge und dichte Beziehungen bezeichnet. Sie können einerseits solidarisch, hilfreich und emotional positiv sein, andererseits auch als konflikt- und stressreich beschrieben werden z.B. hinsichtlich unterschiedlicher Auffassungen von Lebensstilen, Erziehungsverhalten gegenüber den Enkeln (Bengtson/Martin 2001). Während alte Menschen ihre Kinder oft mit finanziellen Mitteln unterstützen, helfen Kinder ihren alten Eltern überwiegend damit, indem sie mit ihnen zusammen sind, emotionalen Kontakt halten, ihnen Arbeit abnehmen oder sie umsorgen und betreuen. Positiv auf die intergenerationalen Unterstützungsbeziehungen wirkt sich aus, wenn diese reziprok gestaltet sind. Helfen alte Frauen und Männer auch ihren Töchtern und Söhnen, können sie überwiegend mit kontinuierlichen und intensiveren Unterstützungsleistungen rechnen: Auch dann, wenn sie aufgrund von Krankheiten nicht mehr in der Lage sind, Hilfe im gewohnten Ausmaß aufrecht zu erhalten oder diese sogar ganz einstellen müssen.

Wie zahlreiche Untersuchungen der sozialen Netzwerk- und Unterstützungsforschung immer wieder zeigen, haben alte Frauen – im Vergleich zu alten Männern – in der Regel größere soziale Netzwerke bzw. geben mehr Menschen an, mit denen sie nahe und enge Hilfebeziehungen und Kontakte pflegen (u.a. Ajrouch et al. 2005; Lyyra/Heikkinen 2006). Männer unterhalten demzufolge Beziehungen zu wenigeren Menschen. Am wichtigsten bleibt für alte Männer die Beziehung zur Ehefrau bzw. Partnerin. Im Gegensatz dazu haben Frauen größere soziale Netzwerke, können sich auf mehrere Menschen verlassen, wenn sie Probleme haben oder Unterstützung benötigen.

Sowohl verheiratete, in Zweierbeziehung lebende als auch allein lebende Frauen verfügen im Alter über größere soziale Netzwerke als Männer und sind stärker als sie in wechselseitige Unterstützungsbeziehungen eingebunden. Frauen sind auch im Alter in erster Linie diejenigen, die familiäre oder verwandtschaftliche Beziehungen pflegen oder neue Beziehungen zu anderen Menschen aufbauen (Arber 2004). In diesem Sinne füllen sie ihre Rolle als „gate-keepers" aus und binden Ehegatten bzw. Partner durch ihre Fürsorgearbeit in persönliche Beziehungssysteme zu anderen Menschen ein. So organisieren und pflegen in der Regel Frauen familiäre, verwandtschaftliche oder freundschaftliche Kontakte und Treffen, laden zu Feiern ein, richten diese aus und sorgen sich um das Wohlergehen der Gäste. Die scheinbar weibliche Domäne dieser Beziehungsarbeit führt auch dazu, dass Frauen im Alter über größere und funktionsfähigere Netzwerke verfügen als Männer. Für Frauen muss – im Gegensatz zu Männern – der Ehemann oder Partner nicht zwangsläufig *die* wichtigste Bezugsperson sein.

Die ehelichen Beziehungen alter Frauen und Männer werden auch unter dem Gesichtspunkt subjektiv erlebter Zufriedenheit erforscht. Vor allem Frauen sind, so wurde nachgewiesen, interpersonelle Aspekte sozialer Beziehungen sehr wichtig. Gegenseitiges Vertrauen, offene Kommunikation und wechselseitige, zufrieden stellende Hilfeleistungen sind für sie als Kriterien wesentlich. In diesem Sinne belegen zahlreiche Studien, dass in erster Linie die empfundene Qualität der Beziehung ausschlaggebend für die subjektive Zufriedenheit im Alter ist.

Demgegenüber stehen die in vielen Studien beschriebenen negativen Effekte zu Lasten der Frauen. Diese resultieren vor allem aus einseitigen Unterstützungsleistungen und führen zu einer höheren gesundheitlichen Belastung von alten Frauen und können ihr Wohlbefinden beeinträchtigen. Dennoch kann die Schlussfolgerung, (alte) Frauen sind benachteiligt und (alte) Männer sind begünstigt, nicht aufrechterhalten werden (Arber 2004). So sind vor allem nicht verheiratete oder verwitwete alte Männer aufgrund ihrer kleineren sozialen Beziehungssysteme eingeschränkt. Sie erhalten weniger Unterstützung und gehen in geringerem Maße reziproke Hilfebeziehungen ein. Alte allein lebende Männer werden seltener als verheiratete von Familienangehörigen und/oder Freunden und Freundinnen emotional und praktisch unterstützt. Alte Frauen erhalten stattdessen mehr Hilfe und Unterstützung als alte Männer, auch wenn sie alleine leben oder verwitwet sind (Attias-Donfut 2001). Das normative Ereignis der „Verwitwung" kann vor allem familiäre oder freundschaftliche Kontakte von Männern reduzieren. Angenommen wird, dass der – im Vergleich zu Frauen – distanzierte und geringer emotionalisierte Umgang von Männern mit den eigenen Kindern oder anderen Personen verhindert, intensivere Beziehungen zu anderen zu knüpfen (Arber 2004).

In diesem Zusammenhang betrachtet kann sowohl die Frauen zugeschriebene „Beziehungsfähigkeit" als auch implizierte „Nicht-Beziehungsfähigkeit" der Männer für beide Geschlechter zu unangenehmen Begleiterscheinungen führen: Bei Frauen werden diese Auswirkungen überwiegend als gesundheitliche Beeinträchtigungen beschrieben und bei Männern als Vereinsamungstendenzen. Auf diese Probleme weisen auch weitere Arbeiten aus dem Bereich der Geschlechterforschung. Aufgrund struktureller Ungleichheiten, Auswirkungen geschlechtshierarchischer Arbeitsteilung und der damit einhergehenden komplementären Zuständigkeiten für die Beziehungs- und Fürsorgearbeit auf der einen Seite und der Erwerbstätigkeit auf der anderen Seite werden Frauen und Männern unterschiedliche Eigenschaften, Merkmale, Interessen, Fähigkeiten etc. zugeschrieben.

In der Männerforschung wird das Strukturprinzip der Externalisierung beschrieben, an welchem sich Männer orientieren (Böhnisch 2004). Das Externalisierungsprinzip beinhaltet verschiedene tradierte Fassetten, die als „typisch" für Männer gelten. Dazu gehört, dass Männer – im Gegensatz zu Frauen – ihr Leben, ihre Beziehungen und auch sich selbst stärker kontrollieren, sie rationaler agieren, keinen bzw. wenig Bezug zu sich selbst herstellen oder ihre Gefühle nicht artikulieren können. Das alles sind Merkmale, die von Männern in westlichen Gesellschaften erwartet, innerhalb des hierarchischen Geschlechterverhältnisses immer wieder hergestellt werden und die viele Männer, auch aus Angst als nicht-männlich zu gelten, internalisiert haben. Darin eingeschlossen ist eine vornehmliche Außenorientierung des Mannes, die eine emotionale Auseinandersetzung mit persönlichen Beziehungen einschränkt und die Beziehungsarbeit als eine dem männlichen Prinzip diametral gegenüberstehende klassische weibliche Domäne erscheinen lässt.

In diesem Sinne kann vermutet werden, dass Männer, die auch im Alter an tradierten Vorstellungen von Männlichkeit festhalten, weniger emotionale Einbettung und soziale Unterstützung sowohl wahrnehmen, erleben und beschreiben als auch einfordern, artikulieren oder veröffentlichen als „moderne" oder liberal eingestellte alte Männer. Nach Insa Fooken (2000) können Männer dann „erfolgreicher altern", wenn sie sich einen größeren und vielfältig ausgestaltbaren „Gender-Spielraum" schaffen. Wenn sie sich verabschieden können von traditionell-rigiden Erwartungen und Zuschreibungen an Mann-Sein und Männlichkeit, dann können Männer im Alter kommunikativer, offener, emotionaler und empathischer (re)agieren.

3. Zweierbeziehungen im Alter

Untersuchungen zu Verlauf von und Zufriedenheit mit Zweierbeziehungen im Alter sind innerhalb der Sozialwissenschaften vorwiegend an den Status „Ehe" gekoppelt. Alternative Beziehungsformen werden dagegen kaum untersucht (Re 2001). Im Vordergrund des Interesses steht, wie Frauen und Männer die Qualität ihre ehelichen Beziehungen im Alter wahrnehmen und bewerten, wie zufrieden sie sind und unter welchen Bedingungen sich alte Menschen scheiden lassen.

Aufgrund der großen Bedeutung für Angehörige dieser Geburtskohorten, verheiratet zu sein, ist es nicht verwunderlich, dass die Ehe *die* häufigste Beziehungsform im Alter darstellt. Die ehelichen Beziehungen zeichnen sich gegenwärtig, im Vergleich zu denen jüngeret Generationen, durch eine relativ hohe Kontinuität und Dauerhaftigkeit aus. Frauen und Männer, die heute 75 Jahre und älter sind, leben in der Regel in „Langzeitbeziehungen". Alte Menschen sind auf der einen Seite immer noch mit deutlich weniger Partnern bzw. Partnerinnen zusammen. Auf der anderen Seite verlaufen ihre Zweierbeziehungen beständiger und konstanter (Starke 2005). So ist es nicht ungewöhnlich, dass alte Frauen und Männer über die Lebensspanne mit ein und demselben Partner verheiratet sind bzw. waren. Im biographischen Sinne kann deshalb auch von „älterwerdenden Beziehungen" gesprochen werden.

Nach Mike Martin und Maria Schmitt (2000) verweisen Langzeitbeziehungen auf einen solchen langjährigen Entwicklungsprozess: Beständige Zweierbeziehungen verändern und entwickeln sich während des gesamten Lebens, in welchem die Gestaltung der Beziehung und das partnerschaftliche

Arrangement eine zentrale Rolle spielen. Wesentliche Kriterien stellen innerhalb dieses Veränderungsprozesses der jeweilige Umgang mit Kommunikation, Problembewusstsein und Bewältigungsverhalten, wechselseitiger Unterstützung und Hilfe dar. Diese unterschiedlichen Aspekte innerhalb einer Zweierbeziehung müssen über die Jahre ständig neu definiert und ausgehandelt werden. So müssen z. b. Haushaltsarrangements (neu)geordnet und der Alltag als eine gemeinsame „Freizeit" umstrukturiert werden. Diese Veränderungen können dazu führen, dass sich alte Frauen und Männer mit der Biographie und der Genese ihrer Beziehung auseinandersetzen, was auch beinhalten kann, dass tradierte und bisher funktionierende Geschlechterarrangements in Frage gestellt, verändert oder aufgehoben werden. In diesem Kontext können „verdrängte" Konflikte, die aus dem Geschlechterverhältnis resultieren, aktualisiert und akut werden und bedürfen dann einer Lösung, die die Beteiligten akzeptieren können (Schmitt/Martin 2003).

In einer langjährigen Zweierbeziehung zu leben heißt demzufolge nicht generell, auch mit dieser zufrieden zu sein. So kann die eheliche bzw. partnerschaftliche Zufriedenheit in den ersten Jahren sehr hoch sein, nach der Geburt der Kinder abfallen, um im Alter wieder anzusteigen. Es können sich im Beziehungsverlauf Phasen von Zufriedenheit und Unzufriedenheit abwechseln oder anfängliche Liebesbeziehungen zu freundschaftlichen Gemeinschaften entwickeln. (Eheliche) Belastungen und Konflikte können aber auch im Verlauf der Beziehung kontinuierlich ansteigen und letztendlich zur Trennung in späteren Lebensjahren führen. Eheliche Konflikte und Belastungen scheinen mit zunehmendem Alter tendenziell abzunehmen bzw. können von den Befragten als weniger belastend wahrgenommen werden, was die Beziehungszufriedenheit scheinbar erhöht. Dennoch sind Zweierbeziehungen auch im Alter niemals problemfrei. Sie beinhalten ein ähnliches Konfliktpotential wie in jüngeren Jahren. Beispielsweise sind Kommunikations- und Aushandlungsprobleme, Konflikte mit Schwiegereltern und/oder der „angeheirateten" Verwandtschaft, mit Kindern und Enkelkindern, ungleiche Rollenverteilung oder Alkohol- und Drogenkonsum immer wiederkehrende Themen, die Auslöser für Streit und Unzufriedenheiten sein können. (u. a. Bookwala/Jacobs 2004; Umberson/Williams 2005).

Insa Fooken (1995) konstatiert anhand von Untersuchungsergebnissen zu Entwicklungstendenzen innerhalb langjähriger Ehen, die Veränderung der Machtverteilung zwischen Eheleuten. Zwar werden in der Regel Männer auch im Alter als dominant wahrgenommen bzw. schätzen sich Männer selbst so ein. Unabhängig davon wie sich Macht, Einfluss und Partizipation in früheren Jahren innerhalb der Ehe ausdifferenzierte, kann allerdings der Anteil egalitärer Machtverteilung in alten Ehen steigen. Auch können Frauen im Verlauf der Beziehung als dominant wahrgenommen werden. So kann eine lange Zeit geschlechterhierarchisch praktizierte Arbeitsteilung sich dahingehend entwickeln, dass Frauen und Männer im Alter gleichberechtigter agieren und ihre Macht und ihren Einfluss innerhalb der Beziehung paritätisch aufteilen. Kollidieren jedoch innerhalb der Zweierbeziehungen unterschiedliche Gender-Vorstellungen und -Erwartungen, können diese auch im hohen Alter noch zu Scheidung oder Trennung führen. Das ist dann z.B. der Fall, wenn nur eine Person tradierte Geschlechterarrangements aufrechterhalten will – die andere allerdings nicht oder wenn ein Partner bzw. eine Partnerin der gewünschten Entwicklung zu liberalen Beziehungsstrukturen entgegenwirkt oder diese verhindert. In diesem Zusammenhang betonen Insa Fooken (2000) und Susanna Re (2001), dass das Scheidungsverhalten von Männern und Frauen, die in langjährigen Ehen (26 Jahre und mehr) leben, in den letzten Jahren zugenommen und sich „die Anzahl der Ehescheidungen nach der Silberhochzeit (…) seit 1975 verdoppelt [hat]" (21).

Zweierbeziehungen wirken sich, wie die Beziehungsforschung zeigt, positiv auf das Wohlbefinden und die Gesundheit von alten Frauen und Männern aus – vorausgesetzt, Ehen bzw. nichtehelichen Beziehungsformen werden von den Protagonistinnen und Protagonisten als subjektiv zufriedenstellend erlebt (Martin/Schmitt 2000). Verwiesen wird in diesem Zusammenhang auf einen signifikanten Unterschied innerhalb des Geschlechterverhältnisses: Frauen sind in der Regel unzufriedener mit ihren Zweierbeziehungen, Männer in der Regel zufriedener. Die Unzufriedenheit der Frauen kann ihre Gesundheit beeinträchtigen (u.a. Umberson/Williams 2005). Diese Befunde korrespondieren mit den Ergebnissen der sozialen Netzwerk- und Unterstützungsforschung. Auch dort wird beschrieben, dass von einer heterosexuellen Zweierbeziehung bzw. Ehe vor allem der Mann profitiert – auch im Alter (u.a. Höpflinger 2000; Dwyer 2000; Marbach 2001). Die Ehefrau oder Partnerin ist *die* zentrale Bezugsperson für Männer – sowohl in Bezug auf die emotionale, intime und sexuelle Beziehung und kognitive Austauschprozesse als auch hinsichtlich ihrer Hilfe- und Unterstützungsleistungen für den Ehemann oder Partner. Die Schweizer Studie von Pasqualina Perrig-Chiello und Matthias Sturzenegger (2001) zu Unterstützungsleistungen alter Menschen bestätigt ebenfalls, dass Männer „partnerinnenzentriert" sind und sie ihre Kontakte zur Partnerin zufrieden stellender bewerten als Frauen dies tun. Die befragten Frauen hingegen haben den Eindruck von ihren Männern weniger unterstützt zu werden, was zu ihrer Unzufriedenheit führt.

Helga Hammerschmidt und Florence Kaslow (1995) betonen in ihrer transnationalen empirischen Studie, dass die untersuchten Frauen (im Mittelwert 56 Jahre alt) und Männer (im Mittelwert 60 Jahre alt) in ihren Ehen dann zufrieden sind, wenn sie in Einstellungen, Interessen und Verhaltensweisen übereinstimmen, sie Zusammenhalt spüren und sie ihre Beziehung als eine emotionale wahrnehmen. Ältere und alte Frauen waren auch unzufriedener in ihren Ehen als Männer. Die Autorinnen vermuten deshalb, Frauen können sich gegenüber ihren Ehemännern schlechter durchsetzen. Frauen reagieren in der Regel sensibler auf Probleme und Konflikte als Männer und erkennen dann, dass ihre Ehe nicht so ist, wie sie es sich vorstellten. Männer hingegen bewerten ihre Ehe als positiv, vor allem weil sie sich mit

Problemen und Konflikten weniger auseinandersetzen oder diese ignorieren. Auch in langjährigen Ehen, so Helga Hammerschmidt und Florence Kaslow, werden u.a. die Faktoren Liebe, Treue, gegenseitiges Vertrauen, Wertschätzung und gegenseitige Fürsorge als wesentliche Voraussetzungen für eine zufrieden stellende Beziehung angesehen.

Florine B. Livson (1983) konstatierte schon früh, dass vor allem alte Frauen weniger mit ihrem Leben und ihrer Zweierbeziehung zufrieden sind als alte Männer, was sie auf größere Diskontinuitäten innerhalb der Biographien von Frauen zurückführt. In erster Linie ist damit die Zuschreibung einer „weiblichen Rolle" gemeint, die mit traditionellen, geschlechtstypischen Merkmalen und Erwartungen einhergeht und beispielsweise eine größere Beziehungs- und Familienorientierung von Frauen impliziert. Maria Schmitt und Mike Martin (2000, 2003) vermuten, dass die größere Unzufriedenheit von Frauen aus ihren einengend und beschränkend erlebten traditionellen Rollenerwartungen und -vorstellungen resultiere. In diesem Sinne gelten auch Unterstützungsbeziehungen und Hilfeleistungen im Alter als ein scheinbares „weibliches Geschäft" (Attias-Donfut 2001), da vorwiegend Frauen (Ehefrauen, Partnerinnen, Töchter, Schwiegertöchter, Enkelinnen etc.) alte Männer unterstützen. Ein Umkehrschluss in dieser Beziehung ist allerdings nicht möglich. Alte Frauen werden – auch wenn der Ehemann noch lebt – hauptsächlich von Frauen unterstützt (Attias-Donfut 2001; Perrig-Chiello/Sturzenegger 2001). Debra Umberson und Kristi Williams (2005) kommen in ihrer Studie zur ehelichen Qualität und deren gesundheitlichen Auswirkungen zu ähnlichen Ergebnissen. Auch bei ihnen berichten alte Frauen von einer geringeren ehelichen Qualität als Männer. Die Unzufriedenheit kann durchaus gesundheitliche Risiken für verheiratete Frauen beinhalten, deren Ursache die Autorinnen ebenfalls in den einseitigen weiblichen Unterstützungsleistungen sehen, die sie vor allem auf den Aspekt des Pflegeverhaltens beziehen. Da Frauen in der Regel ältere Männer heiraten bzw. mit ihnen zusammenleben, sind es in erster Linie auch sie, die mit einem kranken Partner konfrontiert werden, den sie pflegen und versorgen müssen. D.h. überwiegend sind es Frauen, die im Alter ihren Männern helfen, was für sie eine enorme Belastung darstellen kann.

Zweierbeziehungen werden von Frauen und Männern unterschiedlich wahrgenommen, eingeschätzt, interpretiert und bewertet. Sie sind eingebettet in die jeweils individuellen Beziehungsbiographien. Zweierbeziehungen alter Frauen und Männer entwickeln und verändern sich nicht ad hoc aufgrund des „Eintritts" in die Alterslebensphase oder aufgrund allgemeiner Alterungsverläufe, sondern unterliegen einem stetigen Entwicklungsprozess, der bis zu frühesten Bindungserfahrungen in der Kindheit zurückreicht. Sie sind immer auch „Ergebnis" aller erlebten Beziehungen bzw. werden von diesen durchdrungen. Das heißt, individuelle Erwartungen, Handlungsanforderungen, der persönliche Umgang mit Problemen, personale Bewältigungsstrategien, erlebte Kontinuitäten und Brüche, Erfahrungen mit Nähe und Distanz oder Abhängigkeit und Egalität im Lebens- und Beziehungsverlauf beeinflussen aktuelle Zweierbeziehungen und deren qualitative Ausgestaltung im Alter.

Auch die Untersuchung von Insa Fooken (1995) bestätigt diesen Biographisierungsaspekt. Sie sieht die Zufriedenheit mit der aktuellen Beziehung als im Wesentlichen von den erworbenen Erfahrungen über die gesamte Beziehungsdauer abhängig. Persönliche Beziehungen – in diesem Fall die Zweierbeziehung – sind auch immer biographisierte Beziehungen. Die biographischen Beziehungserfahrungen wirken auf gegenwärtige Verläufe in Ehe bzw. Partnerschaft im Alter und diese werden wiederum von aktuellen Erlebnissen, Situationen und Ereignissen beeinflusst. Insa Fooken verweist auf im Alter stark heterogen verlaufende Zweierbeziehungen: „Prozesse psychosozialen Wachstums (mehr Reflexionsfähigkeit, weniger Konflikte, mehr Zusammengehörigkeit), Prozesse der Differenzierung (weniger geschlechtsrollentypische Aufgabenteilung, ausgeglichenere Macht- und Entscheidungsstrukturen), aber auch Prozesse der Abnahme und Verringerung (Zärtlichkeit, Sexualität)" (ebd.: 236).

Das biographische Gewordensein von Beziehungen ist im Alter ein wesentlicher Bezugspunkt der Auseinandersetzungen. Jeder Mensch hat einen subjektiven Blick auf bestehende oder vergangene Zweierbeziehungen. Aufgrund des hierarchischen Geschlechterverhältnisses entstehen unterschiedliche Zufriedenheitskonstruktionen in Bezug auf die Qualität der jeweiligen Ehe bzw. nichteheliche Beziehungen – je nachdem, ob eine alte Frau oder ein alter Mann diese bewertet. Unabhängig davon bleibt in der Regel der Lebenspartner bzw. die -partnerin die wichtigste Bezugsperson für alte Menschen (Hoff 2003; Höpflinger 2003).

4. Ausblick: Persönliche Beziehungen – Vielfalt im Alter

Diversität und Differenz sind die Aspekte, die die Lebensphase Alter auch gegenwärtig kennzeichnen. Alte Menschen leben in unterschiedlichen Beziehungsformen und erleben persönliche Beziehungen unterschiedlich. Da sich Beziehungen und Beziehungsformen verändern und weiterentwickeln, können die Ergebnisse und Befunde zu persönlichen Beziehungen im Alter nicht ohne weiteres generalisiert oder auf kommende Generationen und jüngere Alterskohorten übertragen werden. Bereits innerhalb einer Generation werden Kohorteneffekte beobachtet, die dazu führen, dass Erlebnisse, Ereignisse und Situationen von Menschen mit wenigen Jahren Altersdifferenz unterschiedlich erfahren und bewertet werden. Die so genannte Normalbiographie hat sich zunehmend aufgelöst. Dadurch erweitern sich Gestaltungs- und Handlungsspielräume alter Menschen beträchtlich. Alte Menschen – Frauen und Männer – können heute nicht mehr als eine homogene Gruppe betrachtet werden, die alle gleiche oder ähnliche Beziehungsgeschichten mitbringen. Die Vielfalt an Lebenslagen, Lebensformen, Lebenssituationen, die individuelle Auseinandersetzung der Menschen mit dem Altwerden und unterschiedliche biographische Entwicklungen beeinflussen auch persönliche Beziehungen im Alter. In diesem Sinne wird die Vielgestaltigkeit von Lebens- und Beziehungsformen alter Menschen zunehmen und die wissenschaftliche Auseinandersetzung vor dem Hintergrund der Anerkennung und Akzeptanz dieser Vielfalt stattfinden.

Die Ehe hat heute als Sinnbild stabiler, kontinuierlicher und verlässlicher Beziehungen ausgedient. Zweierbeziehungen sind tendenziell instabiler und brüchiger geworden. Menschen trennen und vereinen sich heute viel schneller als früher. Sich-scheiden-zu-Lassen ist in jüngeren Kohorten normal und ein legitimes und übliches Verfahren, um eheliche Beziehungen zu beenden. Es ist schon lange kein Makel mehr, als Frau oder Mann nicht verheiratet zu sein oder ledig zu bleiben. Wochenend- oder Pendelbeziehungen haben in den letzten Jahren stark zugenommen. Zunehmend mehr Frauen und Männer bleiben kinderlos. Vor diesem Hintergrund werden heute junge bzw. jüngere Menschen später im Alter auf Beziehungsbiographien zurückblicken, die sich von denen der bisherigen Generationen unterscheiden. Auch die Hilfe- und Unterstützungsbeziehungen werden sich aufgrund anhaltender demographischer Entwicklungen verändern. Betroffen sind davon dann auch intergenerationale Hilfeleistungen zwischen alten und jungen Menschen. So nimmt Claudine Attias-Donfut (2001) einerseits an, dass erwachsene Kinder zukünftig in einem höheren Maß ihre immer älter werdenden Eltern versorgen und unterstützen müssen. Andererseits können sie die Pflege oder Betreuung wegen beruflicher Pflichten oder anderweitiger Überlastungen zunehmend nicht selbst ausüben, sondern müssen in einem immer größeren Umfang die Hilfe anderer Personen oder professionelle Unterstützung in Anspruch nehmen. In Bezug auf die Ausgestaltung persönlicher Beziehungen im Alter steht die Frage, wie sich persönliche Beziehungen aufgrund von Hochaltrigkeit oder Pflegebedürftigkeit zukünftig verändern werden: Wann ist die Grenze der Belastbarkeit pflegender Angehöriger erreicht? Wie verändert sich die Qualität intimer Zweierbeziehungen, wenn der Partner gepflegt werden muss?

Nicht wesentlich verändern wird sich allerdings die Tendenz, dass vor allem Männer im Alter weiterhin in Zweierbeziehungen und alte Frauen eher alleine leben werden. Die Anzahl der Ein-Personen-Haushalte wird zunehmen, in denen alte Frauen als „Single" wohnen. Susanna Re (2001) vermutet außerdem ein Ansteigen nichtehelicher und damit alternativer Beziehungsformen im Alter und verweist darauf, dass auch gegenwärtig schon nichtverheiratete, geschiedene oder verwitwete alte Menschen in so genannten „Living-apart-together"-Beziehungen leben. Diese Beziehungsform getrennter Haushalte ermöglicht ihnen ein hohes Maß an individuellen Freiheiten, auf welches Frauen und Männer auch im Alter nicht verzichten wollen. Sie leben in ihren eigenen Wohnungen, müssen ihren Lebensrhythmus und Alltag nicht wesentlich verändern oder sich den Gewohnheiten eines anderen Menschen anpassen – und sind dennoch nicht allein. Die

Vielfalt an Lebens- und Beziehungsformen bietet damit die Chance persönliche Beziehungen im Alter vor dem Hintergrund ihrer Entwicklungs- und Gestaltungsmöglichkeiten und deren Auswirkungen auf die Beteiligten zu betrachten.

Literatur

Ajrouch, Kristine J./Blandon, Alysia Y./Antonucci, Toni C. (2005): Social networks among men and women: The effects of age and socioeconomic status. In: Journal of Gerontology 6: 311-317

Arber, Sara (2004): Gender, marital status, and ageing: Linking material, health, and social resources. In: Journal of Aging Studies 18: 91-108

Attias-Donfut, Claudine (2001): The dynamics of elderly support. The transmission of solidarity patterns between generations. In: Zeitschrift für Gerontologie und Geriatrie 34: 9-15

Bengtson, Vern L./Martin, Peter (2001): Families and intergenerational relationships in aging societies: Comparing the United States with German-speaking countries. In: Zeitschrift für Gerontologie und Geriatrie 34: 207-217

Böhnisch, Lothar (2004): Männliche Sozialisation. Eine Einführung. Weinheim, München: Juventa

Blüher, Stefan (2003): Wie langlebig ist die Solidarität? Generationsbeziehungen in den späten Lebensjahren. In: Zeitschrift für Gerontologie und Geriatrie 36: 110-114

Bookwala, Jamila/Jacobs, Jamie (2004): Age, marital processes, and depressed affect. In: The Gerontologist 44: 328-338

Dwyer, Diana (2000): Interpersonal relationships. London: Routledge

Engel, Frank/Nestmann, Frank/Niepel, Gabriele/Sickendiek, Ursel (1996): Weiblich, ledig, kinderlos und alt. Soziale Netzwerke und Wohnbiographien alter alleinstehender Frauen. Opladen: Leske + Budrich

Fooken, Insa (1995): Geschlechterdifferenz oder Altersandrogynität? Zur Beziehungsentwicklung in langjährigen Ehebeziehungen. In: Kruse, Andreas/Schmitz-Scherzer, Reinhard (Hg.): Psychologie der Lebensalter. Darmstadt: 231-239

Fooken, Insa (2000): Soziale Verluste und Veränderungen „nach dem Zenit". Zur intergenerativen Beziehungsdynamik „spät geschiedener" Männer und Frauen. In: Perrig-Chiello/Höpflinger, François (Hg.): Jenseits des Zenits. Frauen und Männer in der zweiten Lebenshälfte. Bern, Stuttgart, Wien: 99-117

Hammerschmidt, Helga/Kaslow, Florence W. (1995): Langzeitehen. Eine Analyse der Zufriedenheit. In: Familiendynamik. Interdisziplinäre Zeitschrift für systemorientierte Praxis und Forschung 20: 97-115

Hoff, Andreas (2003): Die Entwicklung sozialer Beziehungen in der zweiten Lebenshälfte. Ergebnisse des Alterssurveys 2002. Veränderungen im Längsschnitt über einen Zeitraum von sechs Jahren. http://www.bmfsfj.de/RedaktionBMFSFJ/Abteilung3/Pdf-Anlagen/alterssurvey-2002,property=pdf,bereich=,rwb=true.pdf (Download am 20.07.2005)

Höpflinger, François (2000): Lebenslagen im Alter aus der Sicht der Schweiz. In: Backes, Gertrud M./Clemens, Wolfgang (Hg.): Lebenslagen im Alter. Gesellschaftliche Bedingungen und Grenzen. Opladen: 75-91

Höpflinger, François (2002): Generativität im höheren Lebensalter. Generationensoziologische Überlegungen zu einem alten Thema. In: Zeitschrift für Gerontologie und Geriatrie 35: 328-334

Höpflinger, François (2003): Soziale Beziehungen im Alter. Entwicklungen und Problemfelder. http://www.hoepflinger.com/ (Download am 16.05.2006)

Livson, Florine B. (1983): Changing sex roles in the social environment of later life. In: Rowles, Graham D./Ohta, Russell J. (eds): Aging and milieu. Environmental perspectives on growing old. New York: 131-152

Lyyra, Tiina-Mari/Heikkinen, Riitta-Liisa (2006): Perceived social support and mortality in older people. In: Journal of Gerontology 61: 147-152

Marbach, Jan H. (2001): Aktionsraum und soziales Netzwerk: Reichweite und Ressourcen der Lebensführung im Alter. In: Zeitschrift für Gerontologie und Geriatrie 34: 319-326

Martin, Mike/Schmitt, Marina (2000): Partnerschaftliche Interaktionen im mittleren Erwachsenenalter als Prädikator von Zufriedenheit bei Frauen und Männern in langjährigen Beziehungen. In: Perrig-Chiello/Höpflinger, François (Hg.): Jenseits des Zenits. Frauen und Männer in der zweiten Lebenshälfte. Bern, Stuttgart, Wien: 77-98

Nestmann, Frank (1999): Altern und soziale Beziehungen. In: Lenz, Karl/Rudolph, Martin/Sickendiek, Ursel (Hg.): Die alternde Gesellschaft. Weinheim, München: 97-119

Perrig-Chiello, Pasqualina/Sturzenegger, Matthias (2001): Social relations and filial maturity in middle-aged adults. Contextual conditions and psychological determinants. In: Zeitschrift für Gerontologie und Geriatrie 34: 21-27

Re, Susanna (2001): Entwicklungsformen der Partnerschaft im Alter. In: Berberich, Hermann/Brähler, Elmar (Hg.): Sexualität und Partnerschaft in der zweiten Lebenshälfte. Gießen: 11-30

Scharer, Matthias (2006): Wenn die Jahre dich erreichen, von denen du sagen wirst: Ich mag sie nicht! Überlegungen zur Ambivalenz des Alterns aus kommunikativ-theologischer Perspektive. In: Journal für Psychologie 14: 150-165

Schmitt, Marina/Martin, Mike (2003): Die Interdisziplinäre Längsschnittstudie des Erwachsenenalters (ILSE) über die Bedingungen gesunden und zufriedenen Älterwerdens. In: Karl, Fred (Hg.): Sozial- und verhaltenswissenschaftliche Gerontologie: Alter und Altern als gesellschaftliches Problem und individuelles Thema. Weinheim, München: 205-224

Starke, Kurt (2005): Endet die Liebe? Sexualität im Generationenvergleich. In: Funk, Heide/Lenz, Karl (Hg.): Sexualitäten. Diskurse und Handlungsmuster im Wandel. Weinheim, München: 89-114

Statistisches Bundesamt (2006): Statistisches Jahrbuch 2005 für die Bundesrepublik Deutschland. Wiesbaden

Umberson, Debra/Williams, Kristi (2005): Marital quality, health, and aging. Gender equality? In: Journal of Gerontology 60: 109-112

Professionelle Rollen und persönliche Beziehungen

Ruth Großmaß

Therapeutische Beziehungen: Distante Nähe

Aus der thematischen Perspektive dieses Handbuches betrachtet, stellen berufliche Beziehungen wie die zwischen Therapeut/inn/en und Klient/inn/en in gewisser Weise einen Sonderfall dar; sie sind beides zugleich: Professionelle Rollenbeziehung *und* persönliche Beziehung. Therapeutische Beziehungen als *Rollenbeziehungen* sind auf Seiten der Therapeut/inn/en durch Studium und Berufsstatus, auf Seiten der Klient/inn/en durch Krankheit/Störung und Behandlungsanspruch gekennzeichnet – eine deutliche Asymmetrie fällt auf. Zugleich aber hat die Beziehung auch Merkmale einer sehr *persönlichen Beziehung*: Die individuelle Identität der einzelnen Klienten steht im Zentrum und nur persönliches, ja intimes Wissen kann im heilenden Sinne wirksam werden. Dies erfordert Vertrauen, wechselseitigen Respekt – es muss daher auch eine Ebene der Gleichrangigkeit in diese Beziehungsstruktur eingehen. Eva Jaeggi folgert, es handle sich um eine „ganz besonders schwierige interaktive Konstellation" (Jaeggi 2001: 167). Schon auf der abstrakten Ebene dieser ersten Kennzeichnung scheint es daher einleuchtend, dass es sich bei der therapeutischen Beziehung um einen Beziehungstyp handelt, dessen Gestaltung besonderer Aufmerksamkeit bedarf.

Historisch betrachtet, ist dies jedoch keineswegs selbstverständlich. Dass berufliche Beziehungen, die diese Doppelstruktur (professionelle Rollenbeziehung und persönliche Beziehung) haben, einer besonderen Aufmerksamkeit bedürfen, ist ein modernes Phänomen, das erst mit der Auflösung ständischer Verhältnisse auftaucht. Erst wenn Berufe entstehen, in denen der Rahmen des beruflichen Handelns und die Umgangsformen zwischen Professionellen und ihrer Klientel nicht mehr eindeutig durch Autoritätsverhältnisse bestimmt bzw. ausschließlich durch die Regeln des Warentausches und Handels geordnet sind, taucht die Frage nach der Gestaltung von (mehr oder weniger persönlichen) Beziehungen auf, die sich in Ausübung von Berufen ergeben bzw. in diesen geschaffen werden.

Die ersten Berufe, auf die dies zutrifft, sind die „freien Berufe"[1] des Arztes und des Anwaltes. Hier treten Menschen, die sich jenseits dieses beruflichen Kontaktes zwar nicht gleich(-rangig), aber doch gleichberechtigt gegenüber stünden, in ein Verhältnis zueinander, bei dem der Eine professio-

---

1 Dieser Begriff hat sich seit Max Weber etabliert. Gemeint sind „mit bevorzugten Fähigkeiten oder bevorzugter Schulung ausgestattete „freie Berufe" (Anwälte, Ärzte, Künstler) (Weber 2004: 621).

nell und gegen Bezahlung persönliche Angelegenheiten des Anderen (Gesundheit, Wohlbefinden, Rechtsansprüche) übernimmt und damit auch die Berechtigung erhält, in diese Angelegenheiten einzugreifen.[2] Dass es sich dabei um keinen problemlos selbstverständlichen Vorgang handelt, ist an den Vorkehrungen zu erkennen, die zu seiner Absicherung getroffen werden: Das Entgelt heißt ‚Honorar‘, womit explizit eine Trennung zwischen Leistung und Bezahlung vorgenommen ist. Spezielle Ausbildungen (Studium) und Zulassungsverfahren (Kammern) sind genau so erforderlich wie spezielle Berufskodizes (Hippokratischer Eid, anwaltlicher Ehrenkodex) und berufsständische Kontrollen.[3]

Viele der Vorkehrungen, die durch solche Maßnahmen getroffen werden, reagieren darauf, dass die Asymmetrie einer professionellen Beziehung, die ins Persönliche eingreift, auch Verführungen enthält. So scheint im medizinischen Bereich etwa eine Verführung zu bestehen, das professionelle Wissen nicht zweckgebunden im Interesse/Auftrag der Patienten einzusetzen, sondern umgekehrt die Klienten zur medizinischen Wissenserweiterung zu benutzen. Anwälte dagegen könnten verführt sein, unsinnige Verfahren anzustrengen, nur weil das Honorar attraktiv erscheint. Solche Vergehen bedeuten in diesen Professionen mehr als schlichten Betrug, denn hat man seine persönlichen Angelegenheiten erst einmal vertrauensvoll in professionelle Hände gelegt, lässt sich dies auch im Falle einer Enttäuschung nicht mehr problemlos rückgängig machen: Eine begonnene ärztliche Behandlung ist in der Regel nicht durch Laien fortzusetzen; ein mit anwaltlichem Beistand begonnener Prozess lässt sich nicht mehr in außergerichtliche Ausgleichsformen zurückführen – in beiden Fällen hat das professionelle Handeln die private Angelegenheit so weit ausdifferenziert und ver„fachlicht“, dass sie auch nur noch professionell zu Ende gebracht werden kann. Es ist dieses doppelte Risiko – Möglichkeit des Vertrauensbruchs und der Entfremdung der eigenen Angelegenheiten – das durch die Errichtung von Kammern, durch staatliche Kontrolle und die Abhängigkeit der Professionellen vom „guten Leumund“ abgefedert werden soll. Höflichkeit und Takt kommen hinzu und sind als bürgerliche Tugenden (deren Etablierung auch historisch den freien Berufen als bürgerlichen Professionen vorausgeht) bis ins 20. Jahrhundert hinein selbstverständliche Voraussetzungen der Berufsausübung.

Die Psychotherapie als zunächst vorwiegend ärztliche Kunst ist in diesem Rahmen von Vorkehrungen entstanden und über lange Zeit schienen die damit gegebenen Bedingungen für Umgangsformen und Respekt/Vertrauenswürdigkeit auch psychotherapeutisch ausreichend. Dass berufliche Beziehungen im Kontext der Psychotherapie darüber hinausgehende Beson-

---

2 Zur historischen Fundierung dieser These Hannes Siegrist (1988).
3 Aus systemtheoretischer Sicht stellt dies eine spezifische Form der Rationalitätssicherung dar (Luhmann 1997: 189).

derheiten aufweisen, die eigener Reflexion bedürfen, ist erst im Verlauf des Professionalisierungsprozesses dieses Heilberufes deutlich geworden.

1. Ein Blick in die Geschichte der Psychotherapie

Betrachtet man die Psychotherapie in ihrer historischen Genese, dann wird zunächst einmal deutlich, dass es sich um eine relativ junge kulturelle Innovation handelt. Psychotherapie entsteht gegen Ende des 19. Jahrhunderts als neuer Schwerpunkt der Medizin und, wie man von heute aus sagen kann, als Reaktion auf die zunehmend als spezifisch wahrgenommenen psychischen Leiden. Veränderungen des Lebensgefühls vor allem im Bürgertum, die Joachim Radkau (1998) als „Zeitalter der Nervosität" beschrieben hat, Theoretisierungsbemühungen für die Behandlung der Hysterie (Charcot 1897) sowie die Klassifikationen der entstehenden Sexualwissenschaften (Maasen 1998) können als Voraussetzungen dieser Entwicklung ausgemacht werden.

Die Psychoanalyse als erstes mit rein psychologischen Mitteln arbeitendes Verfahren markiert dann den Anfang einer eigenständigen Psychotherapie. Datiert wird der Beginn in der Regel auf 1902, den Start der Mittwochsgesellschaft Freuds, die ab 1908 „Wiener Psychoanalytische Vereinigung" heißt.[4]

Dass mit dieser Innovation auch eine einschneidende Veränderung des Verhältnisses von Arzt und Patient verbunden ist, wurde – angestoßen durch die Analysen Michel Foucaults (1977) – erst sehr viel später deutlich: „die verborgene Wahrheit des Selbst bedarf des Experten, der sie dechiffrierend in das Bewusstsein des Klienten hebt" (Maasen 1998: 471). Es stehen sich nicht mehr zwei Personen gegenüber, die taktvoll und höflich aushandeln, was die eine für die andere tun kann. Indem sich die Tätigkeit des Arztes in die Psyche selbst verschiebt, greift sie in Affektleben und Selbstgefühl der Patienten ein und überschreitet im therapeutischen Handeln auch die (den freien Berufen selbstverständlich zugeordneten) Grenzen von Takt und Höflichkeit – damit verändert die Beziehung zwischen Arzt und Patient ihre Bedeutung. Im Kontext der Psychoanalyse wird diese Veränderung methodisch gefasst. Die therapeutische Beziehung wird Instrument der Behandlung: Unter der Voraussetzung von Abstinenz (auf Seiten des Analytikers) und freier Assoziation (auf Seiten der Patient/inn/en) entsteht zwischen den Beteiligten eine Übertragungsbeziehung[5], deren Deutung dem Patienten zur Gesundung verhilft. Es ist die Beziehung selbst, die zum Medium der Hei-

---

4 1907 wird auch in Deutschland eine Psychoanalytische Gesellschaft gegründet; 1910 entsteht dann die Internationale Psychoanalytische Vereinigung.
5 Mit „Übertragungsbeziehung" ist der folgende Sachverhalt gemeint: In der Beziehung zum Analytiker werden Affekte, Gefühle, sexuelle Wünsche und Bedürftigkeiten aktualisiert, die aus der kindlichen Entwicklung stammen. Sie werden vom Patienten als aktuelle, auf den Analytiker bezogen erlebt, d.h. auf ihn „übertragen".

lung werden kann. Dass sich der Therapeut im analytischen Prozess möglichst aller Konturierung der eigenen Person, insbesondere aber dem Sichtbarwerden eigener Bedürfnisse enthalten muss (dies ist mit Abstinenz gemeint), könnte man als technische Maßnahme bezeichnen, dient es doch einer möglichst ungestörten Übertragung emotionaler Wünsche/Konflikte und affektiv geladener Phantasien des Patienten auf den Analytiker. Auch das Liegen auf der Couch und die Tatsache, dass der Analytiker hinter der Patient/in sitzt, für diese also nicht sichtbar ist, hat eine solche technische Bedeutung: Es assoziiert sich leichter, wenn die Person des Analytikers nebulös bleibt.

Es gibt allerdings relativ früh Anzeichen dafür, dass die Verwandlung der Arzt-Patient-Beziehung in eine therapeutische Beziehung nicht allein technischen Charakter hat. Sowohl die emotionale Dichte der zwischen Sigmund Freud und Joseph Breuer diskutierten Fallgeschichte „Dora", als auch die erotischen Irrwege, auf denen sich bereits Therapeuten der ersten Generation bewegten – am eindeutigsten Carl G. Jung und Sándor Ferenczi[6] – zeigen, dass die in der Psychoanalyse methodisch wichtig werdende therapeutische Beziehung in einer Weise zur Intensivierung tendiert, die auch die Seite des Analytikers einbezieht. Zwar taucht der Begriff der Gegenübertragung (= Affekte, Phantasien und Impulse, mit denen der Analytiker auf den Patienten reagiert) relativ früh in den Diskussionen auf – eine sorgfältige Auseinandersetzung mit der therapeutischen Beziehung *als ganzer* jedoch findet in der Anfangszeit der Psychotherapie nicht statt. Differenzen in der Einschätzung der Rolle von Sexualität und der Architektur des Unbewussten stehen im Vordergrund der Theorie-Debatten und es sind auch Divergenzen in diesem Bereich, die dann zur Ausdifferenzierung eigenständiger Psychotherapie-Richtungen führen.

In den 1920er Jahren erlebt die inzwischen ausdifferenzierte Psychotherapie einen neuen Höhepunkt. Hintergrund hierfür ist nicht nur das durch den ersten Weltkrieg in Europa hinterlassene soziale und psychische Elend. Die in der Weimarer Republik neu erworbene bürgerliche Freiheit bedeutete auch für viele, die im sozialen Sektor oder im Gesundheitswesen arbeiteten, eine Freisetzung von Reformbereitschaft und Engagement und führte im kulturellen und sozialen Bereich zu einem weitreichenden Modernisierungsschub. Die Psychotherapie profitiert von dem damit verbundenen aufgeschlossenen Klima für Individualität und Psyche; in Deutschland erweist sich zudem ein relativ liberaler rechtlicher Rahmen für die Heilberufe als Anziehungspunkt für Psychotherapeuten aus fast ganz Europa. Psychotherapie beschäftigt sich nun nicht mehr ausschließlich mit „nervösen" Stö-

---

6 Carl G. Jung ging eine sexuelle Beziehung mit seiner Patientin Sabina Spielrein ein, Sándor Ferenczi mit seiner Patientin Elma Palos – in beiden Fällen verbanden sich in der Intensität der therapeutischen Beziehung patriarchale Geschlechterhierarchie mit der Asymmetrie der ärztlichen Beziehung zu einer Missbrauchskonstellation. Beide „Vorfälle" führten zwar zu kollegialen Konflikten, wurden jedoch eher verdeckt als einer Klärung zugeführt (Krutzenbickler/Essers 1991).

rungsbildern, sondern – in Umsetzung der Konzepte von Sigmund Freud, Carl G. Jung und Alfred Adler – mit allen psychischen Problemen der modernen Individualität (= Neurosen). Die Probleme der Psychogenese in der Familie, Erziehungsprobleme, sexuelle Irritationen und - als Auswirkung des ersten Weltkriegs - Kriegsneurosen sind Gegenstand psychotherapeutischen Bemühens. Die Zeit des sozialen Aufbaus und der kulturellen Innovation der Weimarer Republik ist zugleich eine Phase der Institutionalisierung: Psychotherapeutische Abteilungen in Kliniken werden eingerichtet; Institutsambulanzen und Praxen entstehen. In der damit verbundenen Ausdifferenzierung psychotherapeutischer Konzepte – hierbei geht es vorwiegend um deren Anwendung auf unterschiedliche Störungen und eine entsprechende Ausarbeitung der Theorien – rückt die Frage der therapeutischen Beziehung an den Rand. Sie bleibt innerhalb der Psychoanalyse methodisches Instrumentarium, an dem auch kontinuierlich weitergearbeitet wird. So beginnt, angestoßen von Paula Heimann (1950, 1957), in der zweiten Hälfte der 1940er Jahre auch eine intensive Auseinandersetzung mit den Gefühls- und Affektreaktionen des Analytikers und deren Bedeutung für den analytischen Prozess (= Gegenübertragung). Dies bleibt aber Teil der spezialisierten psychoanalytischen Diskussionen; außerhalb der Psychoanalyse ist die therapeutische Beziehung für einen längeren Zeitraum kein bedeutsames Thema.

Bedingt durch die deutsche Rassenpolitik und den zweiten Weltkrieg verschiebt sich die Weiterentwicklung der Psychotherapie in den 1940er Jahren zudem fast vollständig in die Vereinigten Staaten, was mit einer weiteren Ausdifferenzierung verbunden ist. In dieser Zeit entstehen nahezu alle psychotherapeutischen Richtungen, die uns heute zur Verfügung stehen: Unterschiedliche *tiefenpsychologische Richtungen* werden ausdifferenziert, aus der Lerntheorie entsteht die *Verhaltenstherapie*, Carl Rogers entwickelt die Grundzüge der *Gesprächstherapie, Gestalttherapie, Bioenergetik* und Anfänge der *systemischen Psychotherapie* entstehen.[7] – Obwohl die Beziehung zwischen Therapeut/in und Klient/in in den unterschiedlichen Verfahren einen jeweils anderen Stellenwert hat – in den kognitiv orientierten Verfahren einen eher geringen, in den dynamischen Verfahren einen hohen – und seit den 1960er Jahren neben der Zweierkonstellation zunehmend auch Mehr-Personen-Settings und Gruppenkonstellationen in die Psychotherapie Einzug halten, wird die therapeutische Beziehung meist weiterhin als Differenzierung des klassischen Arzt-Patienten-Verhältnisses theoretisiert und das Therapeuten-Verhalten kommt (wie etwa in der Gesprächstherapie)

---

7 Die „Evolution of Psychotherapy"-Konferenz 1985 – der erste Versuch, die sich auseinander entwickelnden Psychotherapie-Schulen wieder in einen gemeinsamen theoretischen Diskurs einzubinden – versammelte Vertreter/innen der folgenden Richtungen: Familientherapie(n), Verhaltenstherapie/kognitive Therapien, Humanistische und existentielle Therapieformen, Psychoanalyse, Gruppentherapeutische Ansätze (Transaktionsanalyse, Gestalttherapie, Psychodrama), Ansätze nach Milton H. Erickson (Zeig 1991).

ausschließlich als therapeutische Haltung in seiner Auswirkung auf Störungen bzw. Gesundung der Patient/in in den Blick. Als beeindruckende Ausnahme kann der Dialog zwischen Martin Buber und Carl Rogers von 1957 gelten (Friedman 1960). Martin Buber weist darauf hin, dass die therapeutische Beziehung keine der vollen Wechselseitigkeit sein kann. Da der Eine Hilfe sucht, der Andere Hilfe leisten soll, unterscheiden sich nicht nur die Rollen, die Situation produziert unterschiedliche Haltungen, Sichten und Einflussmöglichkeiten. Dieser deutliche Hinweis auf die Asymmetrie der therapeutischen Beziehung bleibt jedoch zunächst folgenlos.

Zwei Ereignisse/Prozesse verändern diese Situation dann in den 1980er bzw. 1990er Jahren: Die Aufdeckung sexueller Übergriffe in Therapien und die empirische Wirkungsforschung, die Ergebnisse psychotherapeutischer Behandlungen schulenunabhängig zu untersuchen beginnt.

2. Effekte der Frauenbewegung: Skandalisierung der therapeutischen Beziehung

Mitte der 1970er Jahre wenden sich die gesellschaftskritischen Kräfte der „Neuen Frauenbewegung" der Analyse von Gesundheitswesen/Psychotherapie/Psychiatrie zu – Institutionen, die (wie sich zeigen sollte, mit Recht) der aktiven Beteiligung an der Produktion von Geschlechterhierarchie verdächtig waren. Phyllis Cheslers Streitschrift „Frauen – das verrückte Geschlecht" (1974) war Auslöser für weitreichende Diskussionen innerhalb der Frauenbewegung, darüber hinaus aber auch für die Untersuchung der Praktiken in Psychiatrie und Psychotherapie und für die Kritik am malebias der psychotherapeutischen Konzeptionen. Phyllis Chesler zeigte durch die Analyse statistischer Daten – diese bezogen sich auf die Verhältnisse in den USA, forcierten damit aber auch entsprechende Untersuchungen für europäische bzw. deutsche Verhältnisse – in welchem Ausmaß Frauen psychiatrisiert wurden und welchen Anteil daran eine an patriarchale Geschlechterbilder gebundene Diagnostik hatte.

Neben nachhaltig wirkender Kritik an den geschlechtshierarchischen Konzepten der Psychotherapie hatte die Auseinandersetzung mit den therapeutischen Behandlungsformen auch ein für die Psychotherapie skandalöses Ergebnis: Machtmissbrauch in der Ausbildung (von Drigalski 1979) sowie eine relativ hohe Zahl sexueller Übergriffe in therapeutischen Beziehungen wurden aufgedeckt – heute geht man davon aus, dass 10 bis 20% aller Psychotherapeuten schon sexuelle Beziehungen zu Patientinnen haben/hatten (Krutzenbickler/Esser 1991; Jaeggi 2001). Was ein solcher Tabubruch für die behandelten Patientinnen bedeutet, lässt sich deren Aufzeichnungen und Tagebüchern entnehmen, die inzwischen z.T. publiziert vorliegen (z.B. Anonyma 2004; Augerolles 1991): Es entsteht eine emotionale Abhängigkeit und sexuelle Fixierung, die es fast unmöglich macht, die Therapie zu beenden – auch wenn längst klar ist, dass sie schadet. Erlebt werden Demütigung und erotische Entwertung, Angstsymptome verstärken sich oder entstehen neu. Bei manchen Patientinnen endet die Therapie in Identitätsverwirrung und dem Verlust wichtiger sozialer Beziehungen. – Die therapeutische Beziehung wird zu einem Medium der Destruktion.

Zwei Aspekte psychotherapeutischer Behandlung werden in diesen Erfahrungen grell beleuchtet:

• In therapeutischen Beziehungen gibt es eine Machtdimension, die über die von Arzt- und Anwaltberuf hinausgeht; sie bezieht sich auf Emotionalität und Selbstgefühl – entsprechend gibt es nicht nur das Risiko des Vertrauensbruchs und der Entfremdung der eigenen Angelegenheiten. Hinzu kommt das Risiko der Entfremdung von der eigenen Person.

• Dieser Machtdimension entspricht eine spezifische Form der Verführung: Wie schon die Fallgeschichte Freud/Breuer und die Irrwege von Carl G. Jung und Sándor Ferenczi zeigen, entsteht in therapeutischen Beziehungen eine große emotionale Nähe zwischen Therapeut und Patientin, eine Nähe, die Therapeuten zur persönlichen Bedürfnisbefriedigung verführen kann, Bedürfnisbefriedigung emotionaler und sexueller Art.[8]

Schwierige Selbstaufklärungsprozesse innerhalb der psychotherapeutischen Institute waren die notwendige Folge. Deutlich war, dass die therapeutische Beziehung zusätzlicher Vorkehrungen bedarf, um Medium der Heilung zu sein. Und so hat die Skandalisierung der therapeutischen Beziehung zu einer neuen Beschäftigung mit dieser Beziehung und mit der Macht der Therapeuten geführt. Die therapeutische Beziehung wird nun sehr umfassend zum Gegenstand der Theoriebildung – dies vor allem wiederum in den tiefenpsychologischen Richtungen. Außerdem beginnt eine neue Auseinandersetzung mit den ethischen Standards psychotherapeutischen Arbeitens.

In den Vereinigten Staaten hatten andere rechtliche Bedingungen für die psychotherapeutische Praxis schon deutlich früher dazu geführt, dass ethische Standards für die berufliche Arbeit entwickelt worden sind (American Psychological Association 2002). Auf diese Vorarbeiten konnten die deutschen Träger psychotherapeutischer Ausbildung zurückgreifen. Die seit Beginn der 1990er Jahre als Ergänzung zu den Satzungen entwickelten Standards bzw. Leitlinien haben den Charakter einer Selbstbindung für die Mitglieder; sie schließen verbandsinterne Beschwerdemöglichkeiten und Sanktionen ein. Heute lässt sich konstatieren, dass es in allen großen Therapie-Verbänden ausformulierte Kodizes gibt, die neben Regelungen zu Transparenz, Schweigepflicht, Datenschutz und Fortbildungspflicht auch Standards zur Gestaltung der therapeutischen Beziehung enthalten. Exemplarisch wird

---

8 Dies gilt grundsätzlich natürlich für beide Geschlechter. Zwei Gründe sprechen allerdings dafür, Grenzüberschreitungen von Seiten weiblicher Therapeuten nicht gleichgewichtig zu behandeln. Erstens sind sie weniger häufig; zweitens folgen sie nicht, diese verstärkend, der gesellschaftlich verankerten Geschlechterhierarchie und haben daher andere Effekte.

im Folgenden auf die Kodizes zweier therapeutischer Richtungen – Verhaltenstherapie und Psychoanalyse – Bezug genommen. Beide verfügen seit langem über Kassenanerkennung, liegen in der methodischen Nutzung der therapeutischen Beziehung aber weit auseinander.

Anerkannt und zugleich zur *regulativen Norm* erklärt wird durch solche Leitlinien die besondere Schutzbedürftigkeit einer professionellen Beziehung, die mit der psychischen Dimension der Patienten/Klienten arbeitet. So heißt es in der Präambel der Ethik-Leitlinien des psychoanalytischen Dachverbandes „Wegen der ganz persönlichen und intimen Bezogenheit aller interaktiven Prozesse innerhalb der analytischen Situation sind die vorbewussten und unbewussten Abläufe von Übertragung, Gegenübertragung, Widerstand und Regression empfindlich und störbar. Dies stellt hohe Anforderungen an die Zuverlässigkeit und Disziplin des Psychoanalytikers …" – (DGPT 2005: 1). Dass diese Störbarkeit nicht nur im Kontext der Psychoanalyse gilt – für die ja die therapeutische Beziehung Medium der Behandlung ist – wird deutlich, wenn man die Grundsätze der Verhaltenstherapeuten zum Vergleich hinzuzieht. Auch hier nimmt die therapeutische Beziehung – wenn auch mit anderer Bedeutung – einen wichtigen Platz ein, sie wird bestimmt als „eine Arbeitsbeziehung …, die Autonomie der/des Klienten ermöglicht" (DGVT 2002). Und auch diese Beziehung bedarf des besonderen Schutzes – einschließlich einer Abstinenzregel: „Der/die VerhaltenstherapeutIn übernimmt die Verantwortung für eine geschützte und fördernde therapeutische Beziehung. Daraus folgt, dass er/sie niemals seine/ihre Autorität und professionelle Kompetenz dafür einsetzt, durch den/die KlientIn oder dessen Familie Vorteile zu erzielen. Insbesondere nimmt er/sie keinerlei sexuelle Beziehung zu dem/der KlientIn oder deren/dessen Familie auf. Dieses Abstinenzgebot gilt auch nach Beendigung der Arbeitsbeziehung für mindestens zwei Jahre" (DGVT 2002).[9]

Zwei ursprünglich im Kontext der Psychoanalyse entwickelte Konzepte werden durch diese berufsethische Auseinandersetzung mit der therapeutischen Beziehung nun auch für andere Richtungen der Psychotherapie fruchtbar: Das Konzept der therapeutischen Abstinenz und das Konzept von Übertragung und Gegenübertragung. Dies bedeutet nicht, dass die in der Psychoanalyse damit verknüpfte Theorie und Behandlungsmethode nun in alle Therapierichtungen Einzug hielte. Die darin formulierte Grundbedingung therapeutischen Arbeitens jedoch wird übernommen:

---

9 Zum Vergleich: Die entsprechende, nahezu gleichlautende Regel des Psychoanalytiker-Verbandes heißt: „Ein Psychoanalytiker ist verpflichtet, den analytischen Prozess durch Abstinenz zu sichern. Daraus folgt, dass er niemals seine Autorität und professionelle Kompetenz missbräuchlich dafür einsetzt, durch den Patienten/Analysanden oder dessen Familie Vorteile zu erzielen. Insbesondere nimmt er keine sexuelle Beziehung zu Patienten/Analysanden auf. Er achtet das Abstinenzgebot auch über die Beendigung der analytischen Arbeitsbeziehung hinaus" (DGPT 2007: 3).

- Die Abstinenz-Regel fordert persönliche Bedürfnisse und Befriedigungswünsche nicht in die therapeutische Beziehung einfließen zu lassen, keine Privatbeziehungen mit therapeutischen Beziehungen zu mischen – in den ethischen Richtlinien des amerikanischen Psychologenverbandes wird dieser Aspekt als „multiple relationships" diskutiert (APA 2002: 6) – sowie keinen Vorteil aus der therapeutischen Beziehung und dem darin erworbenen persönlichen Wissen zu ziehen.

- ‚Übertragung' bekommt eine relativ weite Bedeutung. Sie wird auf grundlegende Orientierungsmuster des Menschen zurückgeführt: „mit Hilfe seiner erlernten inneren Schemata (versucht er) die gegenwärtige Situation einzuordnen und ihr einen Sinn zu geben ... Auch Übertragungen sind solche inneren Muster – wenngleich problematische" (Oberhoff 2000: 57). Die Problematik der Schemata, die im psychotherapeutischen Kontext unter ‚Übertragung' gefasst werden, liegt darin, dass es sich um „wiederbelebte Beziehungserfahrungen der individuellen Geschichte" (Oberhoff 2000: 20) handelt, deren grundlegende Anteile biografisch sehr früh entwickelt werden, deshalb unbewusst bleiben, zugleich aber alle weiteren Erfahrungen organisieren. – Übertragung in diesem Sinne findet in jeder therapeutischen Beziehung statt, auch bei solchen therapeutischen Verfahren, die die psychoanalytisch gewollte Intensivierung der Übertragung gerade nicht intendieren.

Es wäre allerdings sachlich unzutreffend, die Bedeutung, die der therapeutischen Beziehung im aktuellen psychotherapeutischen Diskurs zugemessen wird, ausschließlich auf das Eindringen der feministischen Kritik in diesen Diskurs zurückzuführen. Zwei disziplininterne Entwicklungen haben hierzu mindestens genauso beigetragen: Die Weiterentwicklung psychoanalytischer Theorien einerseits, die nun auch der Interaktion zwischen Therapeut/in und Patient/in größere Aufmerksamkeit schenken (Thomä 1999), und die Ergebnisse der empirischen Wirkungsforschung andererseits. Diese zweite Entwicklung bezieht sich auf alle Richtungen psychotherapeutischen Arbeitens und thematisiert die therapeutische Beziehung schulenübergreifend.

3. Ergebnisse der Wirkungsforschung

Zwei Forschungsgruppen haben die deutsche Diskussion über die Wirksamkeit psychotherapeutischer Interventionen besonders beeinflusst: Die von David Orlinsky gegründete Gruppe der amerikanischen Society of Psychotherapy Research (Orlinsky/Howard 1986) und die von Klaus Grawe initiierte deutsche Forschungsrichtung (Grawe et al. 1994; Tscheulin 1992). Empirisch untersucht wurden unterschiedliche Aspekte der therapeutischen Arbeit. Dabei irritierte/beeindruckte immer wieder ein Ergebnis, dass nämlich der Erfolg der Arbeit viel weniger als angenommen von der jeweils angewendeten Methode abhängt. Die strukturellen Gemeinsamkeiten aller psychotherapeutischen Verfahren dagegen – in der weiteren Diskussion „unspezifische Wirkfaktoren" genannt – waren unterschätzt worden. Hierzu gehören – so die Ergebnisse der Gruppe um David E. Orlinsky – das Setting (= geschützte Gesprächssituation, Zeitvorgaben, Abtrennung vom persönlichen Alltag), die verständnisvolle Zuwendung durch den/die jeweilige/n Therapeut/in, sowie deren persönliche Ausstrahlung und Glaubwürdigkeit. Die (methodenabhängig unterschiedlichen) Interventionen scheinen dann hilfreich zu sein, wenn sie innerhalb einer therapeutischen Beziehung stattfinden, die durch etablierte Gewohnheiten[10], eine empathische Grundhaltung und das Vertrauen in Kompetenz geprägt ist.

Das Interesse, eine richtungsübergreifende allgemeine Psychotherapie zu entwickeln, deren Wirksamkeit auch im medizinischen Störungsmodell beschrieben werden kann, hat Klaus Grawe (1998) dazu motiviert, operationalisierbare Wirkfaktoren herauszuarbeiten und zu untersuchen. Neben den bereits genannten *unspezifischen* Wirkfaktoren werden vier *Wirkprinzipien* formuliert: Die Ressourcenaktivierung, die Problemaktualisierung (= Ermöglichen der Erfahrung der Problematik in der therapeutischen Situation), die aktive Hilfe zur Problembewältigung sowie die Vermittlung eines besseren Selbstverständnisses. In diesem Sinne wirksame therapeutische Verfahren werden sich vor allem in der *Problemdefinition* unterscheiden – eine störungsabhängige Indikation für unterschiedliche therapeutische Methoden ist so möglich.

In den durchaus auch kritischen Folgediskussionen (z. B. Fischer/Fäh 1998) herrschte weitgehend Einigkeit darüber, dass diese vier Dimensionen am therapeutischen Erfolgen beteiligt sind. Allerdings blieb die Einschätzung der Relation von spezifischen und unspezifischen Wirkfaktoren kontrovers. Bruce Wampold (2001) hat die – auch in Klaus Grawes „Problem" – dominierende Symptomorientierung der Forschung kritisiert und stattdessen für eine Kontextorientierung plädiert. Das *kontextuelle Modell* geht statt von Krankheitssymptomen von den Elementen des Gesundungsprozesses aus, die in der Psychotherapie wirksam werden: Klienten nehmen ihre Lebenserfahrung wieder in Besitz, überwinden Entfremdung, entwickeln Hoffnung, öffnen sich für neue Lernerfahrungen und für die Wahrnehmung ihrer Gefühle, erleben Selbstwirksamkeit (selbst herbeigeführte Veränderungen) und finden in der therapeutischen Situation Gelegenheit, andere Kommunikationsformen zu üben. – Der Kontext, der in diesem Sinne Gesundung ermöglicht, besteht aus einem stabilen Setting, dem Vertrauen (von Therapeut/in wie Klient/in) in das Behandlungskonzept, einem konsistenten Repertoire an Symptomerklärung und Interventionsmethoden sowie einer tragfähigen therapeutischen Beziehung.

---

10 Das in der soziologischen Beziehungsforschung Claude Kaufmanns für Alltagsbeziehungen herausgearbeitete Beziehungen strukturierende Moment „Gewohnheiten" (Kaufmann 1999) gilt offenkundig auch für therapeutische Beziehungen – ob es sich dabei um eine konstruktive „Übertragung" handelt, kann offen bleiben.

Auch wenn sich auf dem heutigen Stand nicht angeben lässt, in welchen Prozentverhältnissen Setting, Konzept, Interventionsrepertoire und Beziehung zum Erfolg einer Psychotherapie beitragen, so ist doch deutlich, dass die Beziehung zwischen Therapeut/inn/en und Patient/inn/en dabei einen großen Stellenwert einnimmt. Neben der sich aus der Asymmetrie der Beziehung ergebenden Verführbarkeit der Therapeuten, neben der Wichtigkeit von Übertragungsprozessen in der Psychotherapie liefert daher auch die produktive Wirksamkeit der therapeutischen Beziehung Gründe und Argumente dafür, dieser Beziehung besondere Aufmerksamkeit zukommen zu lassen. Dass Selbsterfahrung in psychotherapeutischen Ausbildungen zum festen Bestandteil geworden ist und Supervision die berufliche Praxis verpflichtend begleiten soll, kann daher nur als folgerichtig verstanden werden. – Was allerdings die therapeutische Beziehung genau ausmacht, welche Ebenen und Dimensionen sie im Unterschied zu persönlichen Alltagsbeziehungen kennzeichnen, ist damit noch nicht geklärt.

4. Die therapeutische Situation – Rahmen einer besonderen Beziehung

Beschreibungen therapeutischer Beziehungen werden in der Regel aus der Perspektive eines bestimmten psychotherapeutischen Konzeptes vorgenommen und so erscheinen diese Beziehungen als unterschiedliche, je nachdem ob es sich um eine Verhaltenstherapie oder eine tiefenpsychologische Therapie handelt, ob systemisch gearbeitet oder nach Konzepten der Gesprächspsychotherapie verfahren wird. Nun ist es sicher richtig, dass die Beziehung zwischen Therapeut/in und Patient/in je nach Verfahren anders akzentuiert ist – das allen therapeutischen Richtungen Gemeinsame, die therapeutische Beziehung als „unspezifischer Wirkfaktor" kann dabei jedoch nicht erfasst werden. Deshalb zunächst einmal ein Blick auf die Rahmenbedingungen, unter denen sich diese Beziehung in allen Therapieformen entwickelt:

Damit Beziehungen überhaupt entstehen können, sind bestimmte Gegebenheiten erforderlich, die es ermöglichen, Gewohnheiten und Formen von Kontinuität des miteinander Umgehens herauszubilden. Für die Psychotherapie als Teil der Gesundheitsversorgung sind diese Rahmenbedingungen institutionell vorgegeben: Ärzte, die Psychosomatisches diagnostizieren; Freunde, die beginnen sich Sorgen zu machen; Familienangehörige oder Arbeitskollegen, die Dysfunktionaltäten nicht mehr mittragen wollen; aber auch die eigene Wahrnehmung des Verlustes von Wohlbefinden – solcher Art sind die Gelegenheiten und Gründe, die einen Menschen veranlassen können, einen Therapeuten oder eine Therapeutin aufzusuchen. Ist eine solche Entscheidung gefallen, muss man sich mit den üblichen Praktiken dieses Feldes vertraut machen: Man informiert sich, an wen man sich mit diesem Anliegen wenden kann, bemüht sich Empfehlungen zu bekommen, tätigt einige Anrufe bei psychotherapeutischen Praxen oder der nächstgelegenen Ambulanz. Vielleicht wird man auf Wartelisten verwiesen, vielleicht ist die Stimme auf dem Anrufbeantworter unsympathisch, möglicherweise hilft der überweisende Arzt beim Ausfindigmachen der „richtigen" Therapie oder ein stationärer Aufenthalt wird empfohlen – sich in Psychotherapie zu begeben, ist auf jeden Fall bereits im Vorfeld ein längerer Prozess, durch den man – eher nebenbei – mit einigen nicht unbedeutenden Ritualen der Psychotherapie in Berührung kommt. Man lernt, dass man einen Therapie"platz" braucht und wie lang eine therapeutische „Stunde" ist. Man erfährt, wie der/die Therapeut/in bzw. die Klinik ihre Arbeit organisiert, dass es Erstgespräche gibt, Anträge bei der Krankenkasse zur Kostenübernahme zu stellen sind; man lernt Anamnese-Bögen kennen und füllt Formulare aus.

Auf Seiten des/r Therapeut/en/in geschieht Komplementäres: Die eigenen Arbeitsressourcen (Zeit und Belastbarkeit) werden geplant, die durch Studium, Therapieausbildung und Approbation erworbenen therapeutischen Kompetenzen sind bereitzustellen (den Umgang mit Abrechnung, Diagnoseschlüsseln und Überweisungsstrukturen eingeschlossen), der sichere Umgang mit Erstgespräch, Entscheidungskriterien für die Übernahme eines „Falls" und mit den Bewilligungsverfahren der Kostenträger ist habitualisiert.

Kommt es zu einer Therapievereinbarung und damit zu ersten Interaktionen zwischen Therapeut/in und Patient/in, dann wird zunächst der organisatorische Rahmen der gemeinsamen Arbeit abgesprochen: Anzahl der probatorischen Sitzungen, zeitlicher Abstand zwischen den Sitzungen, zu erwartende Dauer der Therapie, Zahlungsmodalitäten und methodisches Vorgehen.

In diesem Prozedere werden nicht nur organisatorische Details ausgehandelt, sondern zugleich wird die *Struktur der therapeutischen Situation* geschaffen: Ein verabredeter zeitlicher Rahmen (Gesamtdauer und Sitzungsfrequenz) sichert die Kontinuität der Begegnungen und damit eine der Voraussetzungen für das Entstehen von Beziehungen. Die Asymmetrie der Beziehung (Verteilung von Kompetenz/Hilfebedürftigkeit sowie die Festlegung, wessen persönliche Verfasstheit zum Thema der gemeinsamen Arbeit werden soll) wird bei jedem Annäherungsschritt in versachlichter Form praktiziert. Sie erfährt dadurch eine Gestaltung, die persönlichen Respekt nicht ausschließt und einen Rahmen für das kommunikative Geschehen in den therapeutischen Sitzungen bildet.

Wichtig an diesem Vorgehen scheint nicht nur zu sein, *dass* die einzelnen Fragen geklärt werden, sondern auch dass zugleich eine Reihe von Aspekten der therapeutischen Situation *implizit geklärt/ausgehandelt werden* – durch Zugangsrituale und Handlungen, die unmittelbar einem äußerlichen Zweck dienen, gleichzeitig aber den zukünftigen Psychotherapie-Patienten in die Gepflogenheiten dieses Feldes einführen und Therapeut/in und Patient/in habituell auf einander einstimmen. Erst so eröffnet sich ein Raum, in dem der Asymmetrie und der von Anfang an klaren zeitlichen Begrenzung der Beziehung zum Trotz eine verbindliche *persönliche* Beziehung entstehen kann. Pierre Bourdieu hat darauf hingewiesen, dass auch moderne Gesellschaften Formen „institutionell organisierter und garantierter Verkennung" entwickeln, welche Beziehungen, die auf Eigennutz basieren, „durch die ehrlich gemeinte Fiktion eines uneigennützigen Tauschs in freiwillige Verhältnisse auf Gegenseitigkeit verwandeln" (Bourdieu 1987: 205). Obwohl Psychotherapie in einem professionellen Setting – mit asymmetrischer Beziehungsstruktur und dem Austausch von Eigennutz gegen Eigennutz (Behandlung gegen Geld) – stattfindet, ermöglicht gerade dieses Setting sowie die Form, in der es interaktiv hergestellt wird, die Entwicklung einer durchaus aufrichtigen persönlichen Beziehung. Die „institutionell organisierte und garantierte Form der Verkennung", die hier wirksam ist, sorgt dafür, dass das störend Eigennützige und Asymmetrische der Beziehung während der therapeutischen Sitzungen so in den Hintergrund tritt, dass ein davon freies Erleben der jeweils anderen Person möglich ist. Die eigennützige, asymmetrische Seite der Beziehung tritt dabei in den Hintergrund, verschwindet aber nicht. Dies wird z. B. an Konfliktpunkten der Beziehung deutlich – wenn etwa einer Patientin schmerzlich bewusst wird, dass die Zuwendung und das Verständnis ja nur erfolgen, weil es sich um des Therapeuten Job handelt, oder wenn eine Therapeutin sich in frustrierend unergiebigen Phasen der Arbeit damit tröstet, dass sie schließlich Geld damit verdient.

Über weite Strecken der Interaktion jedoch bleibt die so geschaffene therapeutische Situation ein Sicherheit gebender Hintergrund, der Raum für eine persönliche Begegnung eröffnet. Bei allen innerhalb dieser Struktur stattfindenden Sitzungen „spielt sich von der Kontaktaufnahme an von selbst eine gemeinsame Situation ein, die wie die Szene eines wiederholt aufgeführten Dramas mit eigenen Spielregeln über die auftretenden Personen gleichsam verhängt ist, obwohl sie ihnen einen beträchtlichen Spielraum lässt" (Schmitz 1989: 74).

Die Verantwortung dafür allerdings, dass dieser Gestaltungsspielraum für eine „geschützte und fördernde Beziehung" genutzt wird, liegt auf Therapeutenseite. Die Handlungsperspektive dieses Akteurs ist daher von besonderem Interesse.

5. Distante Nähe – Dimensionen therapeutischer Beziehungen

Soll eine Beziehung für einen psychotherapeutischen Prozess produktiv gestaltet werden, dann gilt es für den Therapeuten unterschiedliche Beziehungsdimensionen zu unterscheiden und – je nach Problematik und Stand der Beziehung – auch verschieden zu nutzen. Dies erfordert eine relativ klare Wahrnehmung des Beziehungsgeschehens im laufenden Prozess, denn nur dann lässt sich stützend, klärend, korrigierend oder interpretierend in diesen Prozess eingreifen. Nicht nur durch Wissen über produktive Interventionen und die Prozessabläufe einer Psychotherapie unterscheidet sich daher das Verhältnis der Therapeuten zur therapeutischen Beziehung von dem der Patienten, sondern auch dadurch, dass in den persönlichen Kontakt immer eine *Distanz* eingebaut ist, die *Reflexion* ermöglicht. Sowohl während der therapeutischen Sitzung als auch im späteren Nachdenken darüber (oder bei einer Supervision) gibt es Momente und Phasen der Selbstdistanzierung, in denen äußere Wahrnehmung und eigenes Engagiertsein in ihrem Verhältnis zu einander reflektiert, eingeschätzt und geordnet werden. Diese doppelte Präsenz des/r Therapeut/en/in ermöglicht Entscheidungen darüber, welche Akzente in der Kommunikation gesetzt werden sollen und welche Intervention für die Lösung der Probleme des/r Patient/en/in und seine/ihre Entwicklung und Selbstaufklärung nützlich sein kann. Die Fähigkeit, diese Dopplung intuitiv zu steuern, Distanz einzunehmen, ohne die Nähe der persönlichen Interaktion zu verlassen, macht einen wichtigen Teil der therapeutischen Kompetenz aus.

Jobst Finke (1999) hat vier *Beziehungsdimensionen* beschrieben, auf die sich die psychotherapeutische Intervention jeweils beziehen kann und die deshalb kontinuierlicher Aufmerksamkeit bedürfen: Die Arbeitsbeziehung, die Alter-Ego-Beziehung, die Übertragungsbeziehung und die Dialogbeziehung. Was ist darunter zu verstehen?

Die *Arbeitsbeziehung*[11] knüpft an die Umgangsformen des Alltagslebens an, Patient/in und Therapeut/in kommunizieren auf der Ich-Ebene gleichrangiger Personen. Schon im Aushandeln der Rahmenbedingungen für die therapeutische Situation werden die Grundlagen dieser Beziehungsdimension gelegt. Die Arbeitsbeziehung bildet dann während der gesamten Therapie den Rahmen und den Hintergrund der gemeinsamen Arbeit. Sie ist das „Fundament der anderen drei Beziehungsformen" (Finke 1999: 14). Sie gilt es von Beginn an im Blick zu haben und vor allem in der Anfangsphase einer Psychotherapie zu stärken und abzusichern. Neben den organisatorischen Rahmenbedingungen (Ort, Zeitrahmen und –intervalle, Zielvereinbarung) gehört zu dieser Beziehungsdimension die Bereitschaft des Patienten, freimütig über seine Schwierigkeiten und Erfahrungen zu berichten, Gefühle zuzulassen und sich auf Veränderungsmöglichkeiten einzulassen. Wohlwollen, Unterstützungsbereitschaft und Interesse von Therapeutenseite sind Voraussetzung für das Gelingen dieser Beziehungsebene, denn nur so gelingt es, für die Arbeit zu motivieren und den Halt zu geben, der es Patienten ermöglicht, offen zu sein – auch bei Themen, die Intimes betreffen, möglicherweise beschämend und selbstirritierend sind. Vertrauen auf die Tragfähigkeit und Zuverlässigkeit der therapeutischen Beziehung wird in dieser Beziehungsdimension aufgebaut. Therapeut/inn/en behalten diese

---

11 Die Arbeitsbeziehung hat wie Übertragung/Gegenübertragung im Kontext der Psychoanalyse eine präzisere Bedeutung (hierzu Rudolf 1991).

Beziehungsebene im Blick durch intuitives Erfassen der gemeinsamen Situation, Beobachten des Patientenverhaltens und Vergleichen mit vorangegangenen Erfahrungen/Mitteilungen – kritisches Prüfen und Schlussfolgern ermöglichen eine Einschätzung der Stabilität der Arbeitsbeziehung. Konfrontierende Hinweise, klärende Fragen und erklärendes Deuten helfen sie zu entwickeln und zu bestärken.

Die *Alter-Ego-Beziehung* wird bei den ersten Versuchen des Patienten, sich und seine Schwierigkeiten zu beschreiben, initiiert und dann kontinuierlich weiter aufgebaut. Sie basiert auf Empathie und Einfühlung in die Lebens- und Gefühlswelt der Patienten. Ihr Ziel ist es „den Erlebnisraum des Patienten auch in seinen unbewussten Anteilen zu erspüren" (Finke 1999: 26). Die Kommunikation weicht in dieser Beziehungsdimension sehr deutlich von der Alltagskommunikation ab, denn sie fokussiert einseitig die Selbstmitteilungen der Patienten; der/die Therapeut/in sieht ganz von persönlichen Einfällen, Meinungen und Stellungnahmen ab und stellt sein/ihr Ausdrucksvermögen vollständig in den Dienst des besseren Verstehens des Patientenerlebens. Man lässt sich von der Erzählung des/r Patient/en/in inspirieren, bietet Bilder und Metaphern zur Veranschaulichung an, achtet auf die Körpersprache, bezieht deren Mitteilungen in die Beschreibungen ein und man greift – um Verstehen zu entwickeln – auf lebenspraktische wie theoretische Kontextualisierung zurück. Die Alter-Ego-Beziehung hat im therapeutischen Prozess mehrfache Funktionen: Sie wirkt erlebnisaktivierend, setzt stützende Ressourcen frei und entlastet von einschränkenden Bewertungen. Hinzu kommt eine Einsicht vermittelnde Funktion – der Therapeut stellt einen Zusammenhang her „zwischen dem berichteten Erleben und Verhalten einerseits und der leitenden Perspektive des Patienten andererseits" (Finke 1999: 28). Auch auf Therapeutenseite ergeben sich in dieser Beziehungsdimension neue Einsichten – in die Erlebnisperspektive der Patienten, möglicherweise aber auch in Grenzen der eigenen Wahrnehmungsperspektive.

Sind Arbeitsbeziehung und Alter-Ego-Beziehung in allen Psychotherapierichtungen wichtige Voraussetzungen der Arbeit, die deshalb auch von Therapeutenseite intendiert und in ihrer Entfaltung bewusst unterstützt werden, so gilt dies für die Übertragungsbeziehung nur bedingt. Psychoanalytische und tiefenpsychologische Verfahren, für die Übertragung und Gegenübertragung methodischen Stellenwert haben, fördern das – langsame – Entstehen dieser Beziehungsdimension. Kognitive Verfahren und alle Varianten der Kurztherapie wollen das Entstehen von Übertragung eher eingrenzen. Vermeiden lässt sich diese Beziehungsdimension nicht und aufgrund der in ihr wirksamen affektiven Anteile behält sie auch etwas Unberechenbares. Jobst Finke versteht unter *Übertragungsbeziehung* die „Verschränkung der eigentlichen Übertragung, also die Wiederholung früh geprägter Beziehungserwartungen mit der aktuellen Therapeut-Patienten-Interaktion" (Finke 1999: 62). An die Stelle der Empathie mit dem Patienten tritt hier die Aufmerksamkeit für das emotionale Erleben beider Seiten (= Fremd- und

Selbstempathie). Ambivalenzen und Konflikte, aber auch die Idealisierung oder Erotisierung der Therapeutin oder des Therapeuten gehören in diese Beziehungsdimension – die therapeutische Beziehung selbst wird daher (in manchen psychotherapeutischen Verfahren punktuell, in anderen kontinuierlich) zum Thema. Wichtige Hinweise dafür, dass Übertragung in die Beziehung wirkt, sind z.B. Patienten-Anspielungen auf die Beziehung, wenn der eigennützige Rahmen der Arbeit zum Thema wird, wenn sich ein klagender Grundton einstellt oder wenn Schweigen an die Stelle von Beziehungsmitteilungen tritt. Im Kontext der Psychoanalyse und der tiefenpsychologischen Therapie ist die Übertragung, die in solcher Weise in der Beziehung spürbar wird, ein wichtiges Arbeitsinstrument: In der Aufarbeitung der Genese solcher Übertragungen besteht ein wichtiger Schritt zur Heilung. Aber auch für alle anderen Psychotherapie-Richtungen gilt: Ein Dominant-Werden der Übertragungsbeziehung kann man nicht völlig übergehen. Zur Klärung sollte man die Mitteilung von Beziehungserwartungen anregen und bei der Vergegenwärtigung unbewusster Beziehungserwartungen und Interaktionsmuster behilflich sein.

Die vierte Beziehungsdimension, die *Dialog-Beziehung* stellt sich meist nach geglückter Klärung von Übertragungsmomenten, nach der Auflösung von Konflikten ein oder wenn der/die Patient/in einen wichtigen Schritt der Problembewältigung geschafft hat. Auf neuer Ebene entsteht dann eine relativ gleichgewichtige Beziehungsebene; es findet Austausch statt und der Therapeut ist „für den Patienten das antwortende Du" (Finke 1999: 105). Es geht nun „nicht primär um die innere Welt, die innerpsychische Realität des Patienten ..., sondern (um) die äußere Realität" (ebd.: 108). Die mitgeteilten Wahrnehmungen und Einsichten erweitern sich wechselseitig und auch die Gefühle, um die es in dieser Beziehungsdimension geht, sind nicht in erster Linie Übertragungs- und Gegenübertragungsgefühle (als Ortungsinstrumente für verdeckte Rollenzuweisungen), sondern entsprechen der aktuellen Interaktionserfahrung; sie können als Ich-Botschaften mitgeteilt werden und helfen dem Patienten (im Sinne des kontextuellen Modells) Selbstwirksamkeit zu erleben sowie sich in Kommunikationsformen zu üben, die das eigene Erleben bereichern und den persönlichen Erfahrungsraum erweitern.

Idealtypisch betrachtet, sind die skizzierten Dimensionen der therapeutischen Beziehung in auf einander folgenden Phasen jeweils Schwerpunkt des therapeutischen Prozesses: Zu Beginn stehen Arbeitsbeziehung und Alter-Ego-Beziehung im Mittelpunkt; die Übertragungsbeziehung dagegen hat dann die größte Bedeutung, wenn die Arbeitsbeziehung etabliert, die Alter-Ego-Kommunikation eingespielt ist und an den schwierigen Themen der Patient/inn/en gearbeitet wird. Die Dialogbeziehung schließlich dominiert am Ende des therapeutischen Prozesses, wenn Konfliktstrukturen aufgelöst und Lösungsmöglichkeiten erarbeitet worden sind. Das heißt jedoch nicht, dass sie in reiner Form und deutlich von einander getrennt auftreten. Es gehört vielmehr zu den therapeutischen Kompetenzen, alle vier Dimensionen im Verlauf der Arbeit im Blick zu behalten und jeweils themen- und problemspezifisch die eine oder andere Dimension zum Zentrum der Aufmerksamkeit und Schwerpunkt der Intervention zu machen. Insgesamt ist es die Perspektive der professionellen Akteure, innerhalb derer die therapeutische Beziehung in der skizzierten Weise strukturiert ist und – indem Psychotherapeuten ihr Handeln daran ausrichten – stellen sie diese Struktur auch für ihre Patienten her.

6. Resümee

Ausgangspunkt der hier vorgestellten Überlegungen war, dass die therapeutische Beziehung – Rollenbeziehung *und* persönliche Beziehung zugleich – in ihrer Gestaltung besonderer Aufmerksamkeit bedarf. Sie enthält Asymmetrien und unterschiedliche Definitionsmacht und soll dennoch einen Raum eröffnen, der für die Patient/inn/en sicher und förderlich genug ist, um Intimes, persönliche Schwierigkeiten und Verletzlichkeiten in emotional bedeutsamer Weise zu behandeln. Ein weiteres Spezifikum ergibt sich daraus, dass Psychotherapie mit ausschließlich psychologischen Mitteln arbeitet und (in heilender Absicht) in Emotionalität, Selbstverständnis und Identität der Patienten eingreift. Die Beziehung zwischen Therapeut/in und Patient/in soll diesen therapeutischen Prozess nicht nur sicher tragen, sondern gilt selbst als wichtiger Faktor des Erfolges. In der Analyse dieser Merkmale hat sich dieser Beziehungstyp als eine ausgesprochen komplexe soziale Konstruktion erwiesen: Damit eine solche Beziehung gelingen kann, sind nicht nur die Rahmenbedingungen der freien Berufe erforderlich. Die im therapeutischen Prozess wachsende emotionale Nähe zwischen Therapeut/in und Patientin sowie die damit verbundenen spezifischen Verführungen machen ethische Richtlinien notwendig sowie eine Auseinandersetzung mit Übertragungsphänomenen.

Um zu verstehen, wie sich das Paradox auflösen lässt, in einer professionellen Beziehung persönliche Nähe herzustellen, war der Blick auf die therapeutische Situation gerichtet worden. Es ist der Ablauf von Überweisung, Recherche, Kontaktaufnahme und Aushandeln von Rahmenbedingungen, in dem die Voraussetzungen für eine persönliche Beziehung im professionellen Kontext geschaffen werden. In diesem Prozess werden nicht nur Formalitäten geklärt, in demselben Prozess entsteht auch eine therapeutische Situation, die den Raum für eine persönliche Begegnung eröffnet. Diese Begegnung wird von Seiten der professionellen Akteure mit therapeutischer Kompetenz (Wahrnehmen und Fokussieren der unterschiedlichen Beziehungsdimensionen) so gestaltet, dass auf Patientenseite heilende Selbstexploration, neue Lernerfahrungen und emotionale Stabilisierung stattfinden können.

Literatur

APA (2002) (=American Psychological Association): Ethical principles of psychologists and code of conduct. http://www.apa.org/ethics/code2002.pdf (Download am 10.06.08)

Anonyma (= Christa von Petersdorf) (2004): Verführung auf der Couch. Eine Niederschrift. Gießen: Psychosozial-Verlag

Augerolles, Joëlle (1991): Mein Analytiker und ich. Tagebuch einer verhängnisvollen Beziehung. Frankfurt a.m.: Fischer Taschenbuch Verlag

Bourdieu, Pierre (1987): Sozialer Sinn. Kritik der theoretischen Vernunft. Frankfurt a.m.: Suhrkamp

Charcot, Jean-Martin (1897): La foi qui guérit. Paris: Bureaux du „Progrès médical" F. Alcan. Bibliothèque diabolique. 8.
    http://gallica.bnf.fr/document?O=N068008 (Download am 10.06.08)

Chesler, Phyllis (1974): Frauen, das verrückte Geschlecht? Reinbek b. Hamburg: Rowohlt Taschenbuch Verlag

DGPT (2007): Ethik-Leitlinien der DGPT (Deutsche Gesellschaft für Psychoanalyse, Psychotherapie, Psychosomatik und Tiefenpsychologie e.V.)
    http://www.dgpt.de/Ethikleitlinien%20Stand%2021.09.2007pdf
    (Download am 10.06.08)

DGVT (2002): Ethikkodex der DGVT (Deutsche Gesellschaft für Verhaltenstherapie). http://www.dgvt.de/ethik (Download am 10.06.08)

Drigalski, Dörte von (1979): Blumen auf Granit. Eine Irr- und Lehrfahrt durch die deutsche Psychoanalyse. Frankfurt a.m.: Ullstein

Finke, Jobst (1999): Beziehung und Intervention. Interaktionsmuster, Behandlungskonzepte und Gesprächstechnik in der Psychotherapie. Stuttgart: Thieme

Fischer, Gottfried/Fäh, Markus (Hg.) (1998): Sinn und Unsinn in der Psychotherapieforschung. Eine kritische Auseinandersetzung mit Aussagen und Forschungsmethoden. Gießen: Psychosozial

Foucault, Michel (1977): Sexualität und Wahrheit. Erster Band. Der Wille zum Wissen. Frankfurt a.m.: Suhrkamp

Frey, Manuel (1997): Der reinliche Bürger. Entstehung und Verbreitung bürgerlicher Tugenden in Deutschland, 1760-1860. Göttingen: Vandenhoeck/Ruprecht

Friedman, Maurice (1960): Dialogue between Martin Buber and Carl Rogers. In: Psychologia Kyoto 3: 208-221

Grawe, Klaus/Donati, Ruth/Bernauer, Friederike (1994): Psychotherapie im Wandel. Von der Konfession zur Profession. Göttingen: Hogrefe

Grawe, Klaus (1998): Psychologische Therapie. Göttingen: Hogrefe

Heimann, Paula (1950): On counter-transference. In: International Journal of Psycho-Analysis 31: 84–92

Heimann, Paula (1957): Die Dynamik der Übertragungsinterpretationen. In: Psyche 11: 401-415

Jaeggi, Eva (2001): Und wer therapiert die Therapeuten? Stuttgart: Klett-Cotta

Kaufmann, Jean-Claude (1999): Mit Leib und Seele. Theorie der Haushaltstätigkeit. Konstanz: UVK

Krutzenbickler, H. Sebastian/Essers, Hans (1991): Muss denn Liebe Sünde sein? Über das Begehren des Analytikers. Freiburg: Kore Verlag

Luhmann, Niklas (1997): Die Gesellschaft der Gesellschaft. 2 Bde. Frankfurt a.M.: Suhrkamp

Maasen, Sabine (1998): Genealogie der Unmoral. Zur Therapeutisierung sexueller Selbste. Frankfurt a.M.: Suhrkamp

Oberhoff, Bernd (2000): Übertragung und Gegenübertragung in der Supervision. Theorie und Praxis. Münster: Daedalus

Orlinsky, David E./Howard, Kenneth I. (1986): Process and outcome in psychotherapy. In: Garfield, Sol L./Bergin, Allen E. (ed): Handbook of psychotherapy and behavior change. 3. Auflage. New York: 311-381

Radkau, Joachim (1998): Das Zeitalter der Nervosität. Deutschland zwischen Bismarck und Hitler. München: Hanser

Rudolf, Gerd (1991): Die therapeutische Arbeitsbeziehung. Untersuchungen zum Zustandekommen, Verlauf und Ergebnis analytischer Psychotherapien. Berlin: Springer

Schmitz, Hermann (1989): Leib und Gefühl. Materialien zu einer philosophischen Therapeutik. Paderborn: Junfermann

Siegrist, Hannes (Hg.) (1988): Bürgerliche Berufe. Zur Sozialgeschichte der freien und akademischen Berufe im internationalen Vergleich. Göttingen: Vandenhoeck/Ruprecht

Thomä, Helmut (1999): Zur Theorie und Praxis von Übertragung und Gegenübertragung im psychoanalytischen Pluralismus. In: Psyche. Zeitschrift für Psychoanalyse und ihre Anwendungen 53: 820-873

Tscheulin, Dieter (1992): Wirkfaktoren psychotherapeutischer Intervention. Göttingen: Hogrefe

Wampold, Bruce E. (2001): The great psychotherapy debate. Models, methods and findings. Mahwah, N.J.: Erlbaum

Weber, Max (2004): Wirtschaft und Gesellschaft. In: Gesammelte Werke/mit dem Lebensbild von Marianne Weber. Berlin: Directmedia Digitale Bibliothek

Zeig, Jeffrey K. (Hg.) (1991): Psychotherapie. Entwicklungslinien und Geschichte. Tübingen: dgvt

Georg Hörmann und Ruperta Mattern

Arzt-Patient-Beziehungen

1. Medizin als Heilkunde oder Heilkunst

Im Unterschied zur üblichen Bezeichnung von Wissenschaft als Lehre von den jeweiligen Gegenstandsbereichen, wie etwa Lehre (griech. Logos) von der Seele (griech. Psyche), also Psychologie, vom Leben (Biologie), den Lebewesen (Zoologie) oder den Lebensvorgängen (Physiologie) existieren in der Wissenschaftssystematik einige sachlogische Abweichungen, wie Pädagogik, Physik oder Jura bzw. Jurisprudenz, was darauf hindeutet, dass es in diesen Disziplinen nicht nur um eine Lehre, sondern auch eine Kunst (griech. techne) geht, etwa bei Pädagogik (griech. pais agein, techne; „paidagogike techne" als Kunst, Kinder bzw. im engeren Sinne Knaben zu führen), ähnlich bei der Physik (Kunst des Umgangs mit der pyhsis, d. h. Natur) oder der antiken Diätetik (Kunst der gesunden Lebensführung). Während in neuerer Zeit den Disziplinen ziemlich einfallslos das Epitheton „Wissenschaften" angehängt wird (z. B. Erziehungs-, Rechts- , Sozial- oder Biowissenschaften), befindet sich Medizin immer noch in einer Sonderstellung, da bislang das Wort „Medizinwissenschaft" nicht üblich ist. Eigentlich bedeutet medicina entsprechend der am häufigsten angewandten Applikation das „Heilmittel", so dass es zwar eine Pharmakologie, also eine Wissenschaft von der Wirkung von Heilmitteln (Pharmaka, Pharmakodynamik und -kinetik) gibt, aber ansonsten Medizin neben dem Heilmittel und der Heilkunde auch Heilkunst (lat. „ars medicina" oder griech. „Iatrik") ist. Ohne die historische Herkunft der Heilkunde von Heilskunde bemühen zu wollen (Hörmann 1987), bedeutet „Therapie zwischen Kunst und Kult" (Hörmann 1990) Behandlung einer Krankheit (griech. therapeuein heilen und sorgfältig pflegen), selbstverständlich mit der neuzeitlichen Verpflichtung, dies nach wissenschaftlichen Grundsätzen zu betreiben. Demnach gibt es bekanntlich Therapie, aber keine „Therapeutologie" als „Therapiewissenschaft" oder Lehre von der Therapeutik. Für die Medizin „als Wissenschaft und Kunst von der Heilung von Krankheiten sowie der Gesundheitsvorsorge" bilden „die Grundlagen ... die Naturwissenschaften (Biologie, Pharmakologie, Chemie, Physik), Grundpfeiler der Medizin sind Prophylaxe, Diagnostik und Therapie, Metaphylaxe und Rehabilitation".[1]

Trotz der Errungenschaften einer naturwissenschaftlichen Medizin und der Erfolge ihrer technologischen Seite hat das Unbehagen an einer „Gerätemedizin" zum Schlagwort einer „Sprechenden Medizin" mit dem Vertrauen

---

1 DVD-Lexikon Encarta und Brockhaus zit. nach Hörmann 2004: 20 f.

auf die Kraft der heilenden Worte geführt. Allerdings stellt die Sprechende Medizin keinen Gegensatz zur „Apparatemedizin" dar, sondern eher deren Ergänzung als „Narrative-based Medicine" (Greenhalgh/Hurwitz 2005) vor dem Hintergrund „Evidenzbasierter Medizin" (Beweisgestützter Heilkunde). Während der Psychoanalytiker Michael Balint (2001) der Meinung ist, das wichtigste Heilmittel sei der Arzt selbst, also weniger das verschriebene Präparat, sondern die Art und Weise, wie und in welcher Atmosphäre es der Arzt verschreibe („Droge Arzt"), sehen andere die Macht des Placebos (Shapiro 1997) oder die „Heilkraft der Einbildung" als wirksamstes Wundermittel (Blech 2007). Unabhängig von neurobiologischen Erklärungsmodellen von Wechselwirkungen (Rüegg 2007) und Interaktionen dürfte die Bedeutsamkeit der „therapeutischen Beziehung" (Rössler 2004) unbestritten sein. Da schon die Bezeichnung „Sprechende Medizin"[2] widersinnig ist, weil nicht die Medizin, sondern der Arzt spricht[3], ist ferner darauf zu achten, dass eine Kommunikationsmedizin nicht zur „Quatschenden Medizin" oder einer Gesprächspsychotherapie als „ausufernder Nondirektivität in der therapeutischen Gesprächsführung (Weisbach 1996) verkommt. Was kennzeichnet also „psychosoziale Aspekte medizinischer Intervention" (Hörmann 1988) jenseits weiterer ärztlicher Beziehungs- und Lenkungsaufgaben wie Führung und Management (Hörmann/Langer 1995), kommunikativer Fehlformen (Weber et al. 2007) und psychosozialer Belastungsfaktoren (Weber/Hörmann 2007) in der Arzt-Patienten-Beziehung?

2. Strukturmerkmale der Arzt-Patient-Beziehung

Die mit der Triangulation von Arzt, Patient und Beziehung nach kurzem „Scanning" (Watzlawick et al. 1996: 29) erfassten Bestandteile verweisen zunächst auf die Abstraktion von drei einzelnen, in Relation gesetzten, Begriffen, deren funktionale Relevanz fünffach zu erschließen ist.

Erstens befinden sich Beziehungen, hier als „interpersonaler Prozess" verstanden, in dem sich Menschen mittels Kommunikation über Gefühle und Bedürfnisse austauschen, „immer in einem Zustand von Veränderung und sind durch sich widersprechende Kräfte von Autonomie/Verbundenheit, Neuheit/Vorhersagbarkeit und Offenheit/Verschlossenheit" gekennzeichnet. Sie erfordern fortlaufende Kommunikation, welche den Sinn dieser Beziehung erschließt (Aronson et al. 2004: 391).

---

2 Unter der Listenbezeichnung „Sprechende Medizin" treten auch Gruppierungen zu Wahlen bei Ärztekammern an, um etwa bessere Punktewerte für die Bedeutung der Kommunikation im Verhältnis von Arzt und Patient beim Vergütungssystem EBM (Einheitlicher Bewertungsmaßstab) zu erreichen.

3 Um zu signalisieren, dass nicht nur der Arzt, sondern der Patient sprechen soll, wäre komplementär eine „zuhörende Medizin" (Dörner 2001: 44) angesagt, entsprechend der häufigen Klage über die Ärzte: „Sie hören nicht zu".

Vordergründig kann diese Dialektik auch auf den Begriff der „Arzt-Patient-Beziehung" übertragen werden. Eine genauere Betrachtung zeigt jedoch die Notwendigkeit, diese grundlegende Sichtweise zu erweitern: Eine *„Arzt-Patient-Beziehung"* kann zunächst durch bereits vorgeformte Abstraktionslinien und strukturelle Gegebenheiten als vordefiniert übernommen werden und in der weiteren Kommunikation beziehungsprägend wirken.

Zweitens weisen die mit „Arzt" und „Patient" vollzogenen *Deutungsmuster* auf ein spezifisches begriffliches „Aufeinander-angewiesen-sein": So liegen z. B. die Interessen einer Geschäftsbeziehung in der optimalen Balancierung der Position von Kunde und Verkäufer. Gleiches gilt für eine Liebesbeziehung, die hier kurz als bestenfalls „win-win"-Beziehung gekennzeichnet werden soll. Im Unterschied dazu sind die Beziehungen zwischen Arzt und Patient von basalen Asymmetrien, begrifflich, inhaltlich und funktional gekennzeichnet, welche auf ein erhebliches Spannungspotenzial hinweisen. Gleichzeitig beinhaltet die Arzt-Patient-Beziehung neben der aktuellen Gültigkeit auch Aspekte von Unerwünschtheit mit dem Ziel der Auflösung des Beziehungsverhältnisses.

Drittens: Das *hierarchische Gefälle* von Arzt (als „professionell Handelnder") zu Patienten („Laie", Informationsdefizit) verweist auf (die) Notwendigkeit von Information. ‚Information' erfordert ebenso wie ‚Beziehung' Kommunikation. Die Fokussierung auf Kommunikation wiederum, als „menschliche und im weitesten Sinne technisch fundierte Tätigkeit des wechselnden Zeichengebrauchs ... zum Zwecke der erfolgreichen Verständigung, Handlungskoordinierung und Wirklichkeitsgestaltung" (Krallmann/Ziemann 2001: 13) und mit Niklas Luhmann als „basic unit" des Sozialen bezeichneter Prozess beinhaltet des Risiko, individuelle Komponenten des Kommunikationsprozesses zu vernachlässigen, was zur (Be-)Deutung von ‚Beziehung' für das Verständnis und die Interpretation einer Information, wie sie Paul Watzlawick et al. (1996: 53 ff.) erläutert, führt: „Jede Kommunikation hat einen Inhalts- und einen Beziehungsaspekt, derart, dass letzterer den ersteren bestimmt..." (ebd.: 56).

In diesem Zusammenhang muss auch die Frage gestellt werden, wer die Deutungsmacht über die Beziehung besitzt, was grundsätzlich für den Patienten relevante Konsequenzen bringt. Hier muss der thematisch gesetzte dyadische Blick auf gesellschaftliche und politische Vorprägung erweitert werden (Hörmann/Zygowski 1991).

Viertens: Arzt- und Patientenhandeln ist *Rollenhandeln*, wobei die Ausdifferenzierung der medizinischen Wissenschaft und Praxis ebenso wie die Komplexität menschlichen Seins eine Vielfalt von Interpretationsspielraum eröffnet und zu der Notwendigkeit führt, die jeweilige Position in der konkreten Beziehung zunächst zu definieren.

Fünftens muss nicht zuletzt auf *unterschiedliche sprachliche Strukturierung* der „Beziehungs-Frage" Arzt-Patient hingewiesen werden. „Arzt-Patient-

Kontakte" (deskriptiv/ökonomisch), „Arzt-Patient-Kommunikation" (als „Gesundheitskommunikation" mit meist paritätischer Gewichtung des Verhältnisses Arzt-Patient) thematisieren das „Arzt-Patient-*Verhältnis*" bisweilen mit synonymer Konnotation, was das Risiko beinhaltet, beziehungsrelevante Faktoren aus dem Auge zu verlieren.

- Vor diesem Hintergrund sollen im Folgenden zunächst grundsätzliche Bedingungen menschlicher Kommunikation aufgezeigt werden.
- Im zweiten Schritt wird „Arzt-Patient-Beziehung" als Komponente des medizinischen Systems innerhalb vorgegebener Strukturen und Handlungsspielräume verortet.
- Der dritte Schritt wendet sich der beziehungsstiftenden Begegnung von „Arzt" und „Patient" zu mit jeweils individuumsfokussierender Perspektive.
- Mit der Gewichtung auf jeweilige Ausprägungen von „Beziehung" soll im letzten Schritt versucht werden, vorgefundene „Beziehungsmodelle" auf Zielorientierung, Möglichkeiten und Grenzbereiche abzufragen.
- Das abschließende Resümee diskutiert die Frage der Zulässigkeit des Begriffs im Hinblick auf vorgefundene Varianzen und Interpretationsvielfalt.

3. Menschliche Kommunikation

Mit Blick auf die zu erörternde Thematik ist es nahe liegend, sich den pragmatischen Wirkungen menschlicher Kommunikation nach Paul Watzlawick et al. (1996) zuzuwenden. Diese verweisen u.a. auf die schlichte *Unmöglichkeit, nicht zu kommunizieren.* „Man kann sich nicht *nicht* verhalten" (ebd.: 51). Wie die hierbei wahrgenommene Mitteilung (Information) erst definiert wird, orientiert sich am Empfänger der Nachricht. Darauf wurde bereits hingewiesen. Hervorgehoben werden soll hier zusätzlich die Notwendigkeit der Metakommunikation (als Beziehungsklärung), welche aufgrund der beziehungsimmanenten Dynamik einer permanenten Prüfung bedarf. Dass diese Bedingungen auch in der Arzt-Patient-Beziehung wirksam sind, bestätigen Untersuchungen zu unterschiedlicher Interpretation von Informationen durch Patienten. Untersuchungen zeigen, dass „auch bei solchen Patienten, die die Ärzte gut zu kennen meinten ... und bei denen sie glaubten, eine ‚gute Verständigung' zu haben ... das Patientenwissen ... überschätzt wurde" (Thompson 2001: 75). Die sich hier bereits abzeichnende und nahezu allen Modellen einer Arzt-Patient-Beziehung[4] gemeinsame Orientierung an Wissenstransfer mittels kognitiver Strategien berücksichtigt nur marginal die Bedeutung analoger (nonverbaler) Kommunikation, die dann dominiert, wenn „Beziehung zum zentralen Thema der Kommunikation wird" (Watzlawick et al. 1996: 64). Ein Beleg für diese These sind Er-

---

4 Paternalistisches, informatives, interpretatives, deliberatives Modell: Emanuel/Emanuel 2004: 101 ff.; autoritativ, partizipativ: Hurrelmann/Leppin 2001: 13.

gebnisse von Untersuchungen kritischer Vorfälle in der Gesundheitsversorgung: „Nahezu 47% der erinnerungswerten Erfahrungen, die von Patienten beschrieben wurden, konzentrieren sich auf persönliche Behandlung und zwischenmenschliche Kommunikation mit dem Versorger. Klinische und technische Themen kamen erst an zweiter Stelle und machten lediglich 27% der Erfahrungen aus" (Thompson 2001: 77). Selten finden sich Hinweise zu Effekten nonverbaler Kommunikation in Arzt-Patient-Interaktion. Eine von Theresa L. Thompson (ebd.) zitierte Studie belegt allerdings die sensible Wahrnehmung von Ärzten und Patienten: „Die häufigsten unangemessenen Verhaltensweisen auf Seiten der Krankenhausärzte waren Unterbrechungen, unkonkrete Aussagen oder Probleme mit Feedback, mit der stimmlichen Intensität, dem Sprachfluss, Pausen oder Quantität/Präzision. Bei Patienten fanden sich am häufigsten Probleme mit der Quantität/Präzision, Verständlichkeit, der stimmlichen Intensität, dem Sprachfluss, Pausen, Unterbrechungen und dem Augenkontakt" (ebd.: 77). Deutungsspielraum innerhalb der Kommunikationssituation ergibt sich zudem aus den vier Interpretationskategorien Sach-, Beziehungs-, Selbstoffenbarungs- und Appellaspekt (nach Schulz von Thun 1995), welche sowohl explizit als auch implizit, nonverbal, kongruent oder inkongruent gesendet werden können (ebd.: 33 ff.). Gleiches gilt für den „vierohrigen Empfänger", der die „freie Auswahl" hat (ebd.: 44 f.). Missverständnisse, die sich aus „einseitigen Sende- und Empfangsgewohnheiten" (Schulz von Thun 1995) ergeben können, sind offensichtlich.

Beispiel: „... eine schlichte, zugleich in ihrer Schlichtheit atemberaubende Geschichte: In einer Diskussion mit der katholischen Frauenhilfe in Verl/Westfalen sagte eine ältere Frau: „Also wissen Sie, wenn es mir schlecht geht, kann ich meist nicht mit einem Anderen darüber sprechen." – „Warum denn nicht?" – „Aus Angst, der Andere könnte mir helfen wollen." – „Was wünschen Sie sich denn statt dessen?" – „Ich wünsche mir als den Anderen jemanden, von dem ich sicher sein kann, dass er mir unendlich lange zuhört, nämlich so lange, bis ich durch mein Sprechen selbst darauf komme, was mir fehlt und was ich zu tun habe" (Dörner 2001: 44).

Dieses hier zitierte Beispiel zielt auf den „guten Arzt", „dessen Haltung ‚unendlich langes Hören' auch schon in Minuten oder gar Sekunden wirksam werden lässt. ‚Dazu habe ich keine Zeit', gilt hier nicht. Die *Haltung*[5] ist es, die jedes Zeitproblem gegenstandslos macht" (Dörner 2001: 44).

Über diese allgemeinen Kommunikationsmechanismen hinaus beeinflussen existenzielle Sorgen (Schmerz, Krankheit, Tod), Scham und Verletzbarkeit, Fragen von Würde, Autonomie, Selbstbestimmung und Selbstverantwortung die Art der Beziehung zwischen Arzt und Patient, deren Weichen in der Erstbegegnung gestellt werden. Diese beinhaltet immer „das Fremd-

---

5 Kursivdruck ist nicht Teil des Zitats.

werden einer bisherigen Ordnung, den Grenzgang zwischen mehreren Ordnungen und damit den Aufenthalt im Außerordentlichen sowie die Suche und Erfindung einer neuen Ordnung" (Dörner 2001: 57). Die in der Erstbegegnung „angemessene Haltung" sucht nach einer „zwischenmenschlichkomplexeren und neuen Wahrheit" (ebd.), die eine intensive Beziehung „zwischen dem Anderen und mir" ermöglicht (ebd.: 54).

Deutlich wird insgesamt, dass die zentralen Elemente zwischenmenschlicher Kommunikation in der Arzt-Patient-Interaktion nicht nur eine bedeutende Rolle spielen, sie beinhalten darüber hinaus den ethischen Auftrag, Verantwortung dafür zu übernehmen und sie kontinuierlich in den therapeutischen Prozess mit einzubeziehen: „Diese Haltungsanregungen[6] zur Erstbegegnung werfen die Frage auf, ob nicht die ärztliche diejenige Berufshaltung sei, die am umfassendsten alle Sinnes(organe) zu Tugenden zu kultivieren hat: Das geht vom ärztlichen Blick, der – passiver als der ‚klinische Blick' – die antwortende Erreichbarkeit durch die sprechenden Augen des Anderen meint, über die korrekturbereite Hörfähigkeit, den Geschmack, das ‚Näschen' und die berührende Berührbarkeit, auch den Takt, bis zu den Gemeinsinnen wie die Angst(umgangs)fähigkeit" (Dörner 2001: 61).

4. „Arzt-Patient-Beziehung" als Komponente des medizinischen Systems

Der Versuch einer Positionierung der Arzt-Patient-Beziehung innerhalb des medizinischen Systems führt unvermittelt weg von den oben beschriebenen Fragen der zwischenmenschlichen Kommunikation mit dem Ziel des Aufbaus einer Beziehung. Vielmehr wird auf „neue Beziehungs- und Kommunikationsformen zwischen Ärzten und Patienten" hingewiesen, auf „partnerschaftliche Verhältnisse", auf ein „in vielen Schritten ausgehandeltes Vertragsverhältnis zwischen den beiden Parteien". Die Beziehung „ist von gegenseitigem Geben und Nehmen gekennzeichnet." „Das Verhältnis von Arzt und Patient wird immer mehr zu einem Interaktionsgefüge mit intensivem aufeinander bezogenem Arbeiten beider Seiten im Kontext eines kontinuierlichen Austausches" (Hurrelmann/Leppin 2001: 13). Insgesamt deckt die direkte Arzt-Patient-Kommunikation – einstmals die Hauptachse der Gesundheitskommunikation – nur noch einen Teilbereich gesundheitsrelevanter Kommunikation ab (ebd.: 14). Ziele dieser Kommunikation sind „Therapietreue" oder versteckt-verräterisch Compliance (Willfährigkeit), und Kompetenz zur Selbststeuerung des Verhaltens (Empowerment) (ebd.: 13). Sie kann gelingen durch Fortbildung der Gesundheitsprofessionellen, durch Beratung und Anleitungen von Patient/innen, Schulung von Pati-

---

6 Klaus Dörner (ebd.: 57-61) stellt diesem Zitat in 8 Punkten Handlungsanregungen voraus, welche „das Gelingen der Erstbegegnung auf dem regelhaften heteronomen Wege vielleicht begünstigen" (ebd.: 57).

ent/innen sowie durch gruppenorientierte Präventions- und Gesundheitsförderungsprogramme (ebd.: 13 f.).

Der hier angedeutete Wandel von ‚Beziehung' zu ‚Tausch', der Einbezug von Vertragskriterien sowie die Dimensionierung als „Teilbereich gesundheitsrelevanter Kommunikation" (s. o.) führt zu der Frage nach der Verortung innerhalb des bestehenden Gesundheitssystems, wobei hier über „Health Communication" als eigenständigem Teilgebiet der Gesundheitswissenschaften (Hurrelmann/Leppin 2001: 9) hinaus rechtliche und strukturelle Begrenzungen abgefragt werden sollen. Einfacher formuliert: Wo innerhalb des Gesundheitssystems findet „Arzt-Patient-Beziehung" Raum oder Grenzen?

In diesem Zusammenhang muss auf die Entwicklung der ärztlichen Tätigkeit und auf die Berufsrolle des Arztes hingewiesen werden: Mit Einführung von Kranken-, Renten- und Unfallversicherung Ende des 19. Jahrhunderts wurde dem Arzt eine „monopolähnliche Leitposition" übertragen: Nur ein approbierter Arzt kann die Krankheit und damit den Anspruch auf die Leistungen der Krankenversicherung und anderer Sozialversicherungszweige feststellen und selbständig Versorgungsleistungen erbringen.

Ärztliches diagnostisches und therapeutisches Handeln stellt somit zugleich gesellschaftliches Kontrollhandeln dar, welches ‚abweichendes Verhalten' bei Krankheit überhaupt erst legitimiert und über Leistungsansprüche entscheidet (Schwartz/Klein-Lange 2003: 273). Dass die erhaltenen Leistungen dem Postulat unterliegen, „notwendig", „ausreichend" und „wirtschaftlich" (SGB V §12)[7] zu sein, wird innerhalb der Patientenkommunikation nicht immer hinreichend thematisiert. Dies führt zu oft „widersprüchlichen Rollenanforderungen im Widerstreit zwischen den Regeln der Medizin, den Erwartungen der Patienten, zunehmend scharf formulierten Kostenfragen und Vorschriften des Sozialrechts" (ebd.), welche den Arzt neben dem grundsätzlichen Interesse an wirtschaftlichem Erfolg in die zusätzliche Rolle eines „Unternehmers" oder „Managers" (Hörmann/Langer 1995) führen. Arzt und Patient werden so gleichermaßen zu „Nutzern" des Gesundheitssystems, welches beide auf der „Makroebene" als „Bürger" betreten können. Allerdings ist der Einbezug von Patienten auf dieser Makro-Ebene nur eingeschränkt möglich (z. B. über Spitzenverbände von Selbsthilfeorganisationen/Wohlfahrtsverbände u. ä.). Im Vergleich verschiedener Akteure im Gesundheitswesen nimmt er eine eher untergeordnete Position ein (Bohrmann 2003: 180). Eine Bestätigung seiner Rolle „als Kunde" erhält der (eventuell spätere) Patient durch Beitragszahlung an „seine" Gesundheitskasse, welche er als „Nutzer auf der Mikroebene" (Dierks/Schwartz 2003: 317) in traditioneller Patientenrolle („benevolenter Paternalismus"), als „Kopro-

---

7 SGB V §12 Wirtschaftlichkeitsgebot
   (1) Die Leistungen müssen ausreichend, zweckmäßig und wirtschaftlich sein; sie dürfen das Maß des Notwendigen nicht überschreiten. Leistungen, die nicht notwendig oder unwirtschaftlich sind, können Versicherte nicht beanspruchen, dürfen die Leistungserbringer nicht bewirken und die Krankenkassen nicht bewilligen.

duzent von Gesundheit" (= beteiligter Experte), als „Partner im medizinischen Behandlungsprozess" (= gleichberechtigt mit den Professionellen als „gelernte" und „gelebte" Kompetenz) oder als „Kunde im Markt Gesundheitswesen" (Ärzte als „Leistungserbringer") in Anspruch nimmt (Dierks/ Schwartz 2003: 314 ff.). Auch wenn hier auf die komplexitätserweiternde Differenzierung zwischen klinischer (medizinische Orientierung an Krankheit) und ambulanter Medizin (stärkerer Einbezug psychosozialer Faktoren) nicht näher eingegangen wird, wird hier der Wandel von der „Arzt-Patient-Beziehung" zur „Patienten-Einbeziehung" mit klarer Zielstruktur deutlich: „Einbeziehung auf der individuellen Ebene von Arzt/ Pfleger/Krankenhaus-Patient-Beziehungen bedeutet in erster Linie Information und Beratung zur Befähigung einer selbstbestimmten Entscheidung des Patienten. Einbeziehung hat aber nicht nur einen Autonomiebezug, sondern zielt auch auf dadurch erreichbare bessere Behandlungsergebnisse: Beteiligung an der Behandlung sichert die Compliance und steigert möglicherweise den Behandlungserfolg" (Hart 2003: 335).

Wie und ob sich diese hier präsentierte Einbeziehung von Arzt und Patient im und durch das Gesundheitssystem im konkreten zwischenmenschlichen Arzt-Patient-Kontakt balanciert, muss angesichts aktueller Dynamik im Gesundheitswesen offen bleiben. Dass professionelles medizinisches Handeln in Richtung „Transprofessionalität", d. h. zur Übertragung von Unsicherheit und Instabilität (in der Arzt-Patienten-Beziehung) auf andere wissenschaftliche Disziplinen, hier z. B. die Justiz (Hörmann 2006) führt, ist angesichts steigender juristischer Auseinandersetzungen (Kunstfehler, Regressforderungen) keine abwegige Überlegung. Zunächst wird die „Eindringung des Rechts in die Medizin" (Bohrmann 2003: 255) als Stärkung der Position des Patienten bewertet (ebd.).

Ob und wie gesetzliche „Eingriffe in das Arzt-Patientenverhältnis" (hier: Meldepflicht selbstverschuldeter Krankheiten) mit dem Verweis auf die Besonderheit dieser Beziehung (z. B. Schweigepflicht) weiterhin als „therapeutische Beziehung" besonderen Schutz bedürfen, bleibt offen (dazu Rabbata 2007: 2437).

5. „Arzt" und „Patient"

Die zur Problematik der Meldepflicht formulierte Überschrift „Ärzte als Denunzianten" (Rabbata 2007) kann als plakative Kontrastierung zu anderen, positiven Bildern gelten, welche Selbst- und Fremdverständnis des Arztes prägen und, ebenso wie Selbst- und Fremdbilder des Patienten, auf die beiderseitige Beziehung Einfluss nehmen. Somit befassen sich die weiteren Überlegungen mit dem Selbstverständnis des Arztes, zentralen Komponenten seines professionellen Handelns, ethischen Richtlinien sowie mit seiner möglichen Sicht des Patienten. Aus der Perspektive des Patienten werden dessen Selbstbild als „Kranker", seine Erwartungen bezüglich der eigenen Gesundheit sowie mögliche Erwartungen (Bilder) an die Rolle des Arztes näher betrachtet.

Noch heute gilt der *Hippokratische Eid* vielen Ärzten als *die* Beschreibung des Arztethos schlechthin. Hippokrates (460-375) als Namensgeber wird auch heute noch als „Idealtypus eines Arztes" genannt (Wiesing 2004: 36). Obwohl wegen des mangelnden Einbezugs von Selbstbestimmungsrechten des Patienten heute auch als „paternalistisch" kritisiert, gelten einzelne Aussagen weiterhin. Dazu gehören die Verpflichtung auf das Wohl des Patienten, die Schadensvermeidung und die Schweigepflicht sowie das Verbot, die Situation des Kranken zu eigenem Vorteil auszunutzen (ebd.: 39).

Dem Patienten in der Regel nicht bekannt ist die für alle Ärzte in der Bundesrepublik Deutschland verpflichtende *Berufsordnung*. Die darin niedergelegten Normen sollen u. a. „das Vertrauen zwischen Arzt und Patienten erhalten und fördern" (Präambel der Berufsordnung für die deutschen Ärztinnen und Ärzte; Wiesing 2004: 79). Abschnitt II dieser Präambel benennt die „Pflichten gegenüber Patienten": Dazu gehören Respekt vor der Menschenwürde, der Persönlichkeit und das Recht auf Selbstbestimmung des Patienten (§ 7), das Recht des Patienten, andere Ärzte zu konsultieren (§ 7) und der ausdrückliche Verweis auf persönlichen Kontakt mit dem Patienten: „Der Arzt darf individuelle ärztliche Behandlung, insbesondere Beratung, weder ausschließlich brieflich noch in Zeitungen oder Zeitschriften noch ausschließlich über Kommunikationsmedien oder Computerkommunikationsnetze durchführen" (Präambel § 7 Abs. 3). Die Anwesenheit weiterer Personen im direkten Kontakt zwischen Arzt und Patient bedarf der beiderseitigen Zustimmung (ebd.: Abs. 4).

Dieser Verweis auf die „Pflichten eines Arztes", dem „Pflichten eines Patienten" nicht gegenübergestellt werden können, kann neben der Bestätigung der Intimität einer derartigen Begegnung auch als Indiz für die Schwierigkeit, eine paritätische Beziehung herzustellen, gelten. Der Patient, welcher den Arzt aufsucht, kommt, „… wenn mit ihm ‚etwas ist', wenn er ‚etwas hat' …" (Dörner 2001: 27). Er ist ein „… Mensch, dem seine Selbstverständlichkeiten fraglich geworden sind, dem seine alltägliche Sorge um sich selbst und sein gutes Leben so bewusst geworden ist und dem es damit so ernst geworden ist, dass er eben zu mir kommt" (ebd.). Aus dieser Haltung heraus entwickelt sich zunächst keine paritätische Begegnung von „Mensch zu Mensch", sondern von „Mensch zu Profession" mit einem Gefälle an Wissen und Kompetenz, welche der sich sorgende Mensch für sich beanspruchen möchte. Für das Verständnis einer Beziehung zwischen Arzt und Patient ist es deshalb von zentraler Bedeutung, die Kennzeichen professionellen Handelns zu durchleuchten:

„… Professionen mit einer wissenschaftlichen Ausbildung bilden sich für solche beruflichen Handlungsfelder heraus, in denen umfangreiche nichtalltägliche Wissensbestände zur Bewältigung der Aufgaben erforderlich oder nützlich sind und in denen nichtroutinisierbare komplexe Aufgabenstrukturen ein eigenständiges, ständig innovatives Handeln erfordern, so dass eine Außenkontrolle der Qualität dieses Berufshandelns unmöglich ist und deshalb der Kontrolle der Gleichqualifizierten (peer review) überantwortet wird (Nieke 2006: 40; auch Hörmann 1996, 2006). „... Bestmögliches Wissen ist nur eine Komponente des Begriffs. Entscheidend kommt hinzu, dass dies Wissen nicht direkt, logisch, problemlos angewandt werden kann, sondern jede Anwendung mit dem Risiko des Scheiterns belastet ist. Das gilt für die Prototypen der Profession, für Ärzte und Juristen ..." (Luhmann 2002: 148). „... Im Zentrum der Entwicklung von Professionen steht mithin die Distanz zwischen Idee und Praxis, die durch Wissen allein nicht überbrückt werden kann. Es geht um bedeutende gesellschaftliche Werte ..., für die es keine problemlos anwendbaren Rezepturen gibt". Die Übernahme des Risikos des Scheiterns (hier durch den Arzt) wird mit Prestige entgolten (ebd.). Diese mit Prestige verhaftete professionelle Verbindung der Person des Arztes mit dem hohen Wert ‚Gesundheit' veranlasst den Patienten, mit der Hoffnung auf Heilung den Arzt aufzusuchen. Diese Hoffnung teilen Patienten und Angehörige helfender Berufe gleichermaßen. „Ohne diese Hoffnung wären riskante oder nebenwirkungsreiche Behandlungen nicht durchführbar" (Neitzke 2000: 55).

Hoffnung, als Perspektive im „Handeln in Unsicherheit", ist relational und benötigt Bezugspunkt und Ziel (ebd.: 57). Sie gewinnt dann an Bedeutung, wenn krisenhafte Verläufe einer Erkrankung Kontrollüberzeugungen und Kontrollüberzeugungserwartungen relativieren, sie wird aufgrund der Professionalität des Arztes in seine kommunikative Verantwortung gesetzt. Für den Arzt ergeben sich daraus mehrdimensionale Dilemmata, welche in der beziehungsstiftenden Interaktion mit der Person des Patienten als „Praxis"[8] realisiert werden müssen: Zunächst gehört dazu das Bewusstsein von Grenzen in Raum und Zeit, in eigenem Wissen und der Wissenschaft, welchem das Vertrauen des Patienten in die „Poiesis" („Können")[9] des Arztes gegenübergestellt ist. In der Verantwortung des Arztes liegt es zu entscheiden, welche Anteile einer komplexen medizinischen Wissensproblematik in die konkrete Interaktion eingebracht wird, ohne das notwendige Vertrauen zu zerstören. Entscheidungen müssen getroffen werden, um Anschlusshandlungen zu ermöglichen. Diese Zusammenhänge legen insgesamt nahe, dass der mögliche „Einbezug" von Patienten (s. o.) als „Partner" oder „Koproduzent von Gesundheit" dann möglich ist, wenn salutogenetische Ziele (Antonovsky 1997) verfolgt werden (können). Scheitern, Ohnmacht, Hilflosigkeit, Schmerz, Tod und schweres Leiden, den Verlust von Kontrolle und Machbarkeit als dazugehörige professionelle Aufgabe zu bewältigen, diese gegebenenfalls dem Patienten zu offenbaren, liegt in der Entscheidung des „Professionellen". Kommunikationstheoretisch kann hier ein Blick auf das Axiom der ‚komplementären Interaktion' nach Paul Watzlawick (1996: 68 ff.) nützlich sein: Unterschiedliche, einander ergänzende Verhaltenswei-

---

8 Nach Aristoteles (384-322 v.Chr.) als sittliches Handeln nach sittlicher Einsicht.
9 Zu Poiesis als zweckgebundenes Handeln und Poietik als (Kunst)Lehre des Schaffens und Gestaltens Georg Hörmann 2007.

sen (hier: Arzt – Patient) lösen sich gegenseitig aus. Professionelles Handeln mit hohem Anteil von Kontrollüberzeugungserwartungen darf sich demnach die Frage stellen, ob eine Offenlegung von ‚Unsicherheit/Risiko' der komplementären Seite (hier: Patient) Chancen zu erweiterter Selbstdefinition ermöglicht (dazu ebd.: 103 ff.). Die dazugehörige Grundhaltung des Arztes ist hier „... eine passive, also eine solche, die allen Menschen, besonders dem aktiven abendländischen Menschen und insbesondere dem aufs Handelns sozialisierten Arzt am schwersten fällt. Aber nur in einer Öffnung durch Passivität kann ich Gewalt und ihre institutionelle Verfestigung ... vermeiden und mich angemessen als „Grenzgänger" in einem „Niemandsland" bewegen. Es geht also um ein notwendiges Nichttun, um ein Seinlassen ... und um ein ständiges Entsagen ..." (Dörner 2001: 43).

Dass hier ärztliche Kompetenz (als Beherrschen von Techniken und Wissen und Können, dokumentiert durch abgelegte Prüfungen) durch Kompetenz zur Reflexion des ethischen Konflikts „zwischen technischer Machbarkeit und moralischer Bedenklichkeit" (Dörner 2001: 6) bereichert werden muss, ist offensichtlich. Dass diese Kompetenz durch den *einzelnen* Arzt ausgefüllt werden muss, ebenso.

Die hier vollzogene Fokussierung auf den einzelnen Arzt als ethisch reflektierende und moralisch handelnde Person darf allerdings nicht darüber hinwegtäuschen, dass diese sich innerhalb eines beruflichen Feldes und einer individuellen Persönlichkeit vollzieht, welche Störungen, Brüche und Spannungslinien aufweisen können. Dazu gehört der Arzt als „unperfekter" Mensch, als selbst leidende und kranke, glückliche oder unglückliche, ausgebrannte Person, als Träger von Talenten und Schwächen, welches den Subtext der Arzt-Patient-Beziehung mitgestalten und als unkontrollierte Effekte sowohl positive als auch negative Konsequenzen erzeugen können (Edwards et al. 2002; Flintrop 2001; Kösters 1999; Mäulen 1998; Michaelis et al. 2001; Ripke 2000; Rollmann et al. 1997). Vernachlässigt wird hier die Rolle des „Arztes als Unternehmer" oder Manager (Raem/Schlieper 1995), welche durch Identifikation ökonomischer Interessen eher eindeutig zu positionieren ist.

Deutlich wird insgesamt, dass ärztliches Handeln als Beziehungshandeln und moralisches Handeln im jeweiligen situativen Kontext begriffen werden muss. Dabei erweist sich der Patient zunächst als „der Fremde" (Dörner 2001: 37 ff.), der mich „herausfordert, mich beansprucht, mich in Frage stellt", „... so dass ich als Subjekt nicht mehr Herr im eigenen Hause bin, zumal auch Verstehen misslingt" (ebd.: 41).

Dieser subtilen Selbstreflektion des *Arztes* tritt ein grundsätzlich verunsicherter Mensch als *Patient* in *Beziehung*: „Mir fehlt etwas Bestimmtes oder Unbestimmtes. Meine normale Alltagsruhe und -sicherheit ist einer Beunruhigung und Verunsicherung gewichen. Die verborgene Harmonie meines Gesundseins, dieses undefinierbaren Zustandes des selbstvergessenen Weggegebenseins an meine diversen Lebensvollzüge fehlt mir so sehr, dass ich mich statt dessen ständig selbst thematisieren muss – im Schmerz, im Sichkomisch-oder-anders-oder-fremd-Fühlen, in Selbstsorge. Irgendwann wird das zu viel oder dauert mir zu lange, so dass ich mein Vertrauen von der Selbsthilfe auf die Fremdhilfe verschiebe" (Dörner 2001: 52).

Im Unterschied zur normativen *Ver*pflichtung des Arztes kann mit Talcott Parsons von einer normativen *Ent*pflichtung des Kranken gesprochen werden:

- Der Kranke (= Patient) wird von den normalen und alltäglichen Rollenverpflichtungen befreit, weil seine Rolle neue Handlungsmuster verlangt.
- Der Kranke wird weitgehend entbunden von der Verantwortung für seinen Zustand.
- Krankheit entspricht nicht der normalen Norm und ist sozial unerwünscht.
- Eine Krankheit zu haben bedeutet, auf die Hilfe von Spezialisten angewiesen zu sein und sich fachkundiger Hilfe zu übergeben.

Dem Arzt als Spezialisten vertraut der Patient die ‚Expertenmacht', ‚Definitionsmacht' (Diagnose, Therapie, Krankschreibung ...) und ‚Steuerungsmacht' (Wartezeiten, Termine, Überweisungen ...) an (Bohrmann 2003: 46 ff.).

Diese „Machtdelegation" ist mit unterschiedlichen Erwartungen verbunden, die sich an Organisation[10], Erreichbarkeit[11], Information und Aufklärung[12], Interaktion[13], Räumlichkeiten[14] und fachlich-technische Kompetenz[15] richten können (Bitzer 2003: 458). „Patientenzufriedenheit" stellt sich ein, wenn Erwartungen und subjektive Bewertung des Patienten kongruent sind, dazu finden sich wenige empirische Belege (ebd.: 256). Unzufriedenheit mit unzulänglicher Arzt-Patient-Interaktion birgt das Potenzial für schwerwiegende gesundheitliche Folgen (Thompson 2001: 73). Mögliche Unzufriedenheit scheint mit der subjektiven Kontrollüberzeugung über die gesundheitliche Versorgung zusammenzuhängen, denn trotz uneinheitlichen Vorstellungen von Ärzten oder Patienten über Kontrollvergabe haben „Ärzte, die ihre Beziehungen mit Patienten als ‚Partnerschaft' empfinden, zufriedenere Patienten als diejenigen, die eher autoritäre Beziehungen etablieren" (Thompson 2001: 76).

Insgesamt macht die Sichtung der vorliegenden Literatur deutlich, dass das Profil des „Patienten" regelmäßig als begrifflicher Reflex des Gesundheitssystems interpretiert und im Hinblick auf therapeutischen/ökonomischen

---

10 Wartezeiten, Terminvergabe/Informationsaustausch/Organisationsabläufe ...
11 Öffnungs- und Sprechzeiten
12 Ursache und Verlauf der Erkrankung/Aufklärung über Risiken und Nebenwirkungen, Komplikationen, Alternativen der Behandlung ...
13 Freundlichkeit, Menschlichkeit/Beachtung der Privatsphäre/ partnerschaftliche Einbindung, Zeit ...
14 Sauberkeit/Zimmerausstattung/Wartezimmer
15 Gründlichkeit und Sorgfalt bei Untersuchungen/Arbeitsklima unter den Beschäftigten/wahrgenommene fachliche Kompetenz ...(Bitzer 2003: 458)

Erfolg und mittels unbefriedigender Datenlage erstellt ist. Freiräume ergeben sich daraus für den konstruktiven Dialog (ebenso dessen Notwendigkeit) innerhalb der konkreten Beziehung zwischen Arzt und Patient.

Nicht berücksichtigt werden dabei vorgefertigte Bilder, Urteile, Vorurteile
und Wünsche, welche unausgesprochen in die Expertenrolle des Arztes
übertragen (nach Freud) werden können, wie sie sich in der Befragung einer
Zufallsstichprobe[16] widerspiegeln.

> *Beispiele: Der Arzt als ...*
> *... Kumpel oder Albtraum (Frau: 49 Jahre)*
> *... Familienangehöriger/Freund oder Alpdruck (Frau: 25 Jahre)*
> *... Guter Freund oder unpersönliches Wesen (Mann: 56 Jahre)*
> *... Lebensversicherung oder Brechmittel (Mann: 64 Jahre)*
> *... Gott oder ? (Mann: 20 Jahre)*
> *... Lebensversicherung oder – – – (Mann: 74 Jahre)*
> *... Guter Bekannter und Heiler oder „überflüssig" (Frau: 46 Jahre)*
> *... Berater oder Quacksalber (Mann: 44 Jahre)*
> *... Berater/Freund oder Banker (Mann: 35 Jahre)*
> *... Freund oder Betrüger (Mann: 50 Jahre)*

Deutlich wird in diesen Beispielen für Bilder eines „guten" oder „schlechten" Arztes die Dominanz von emotionalen Beziehungs-Aspekten. Lediglich das Bild der „Lebensversicherung" verweist auf instrumentelle Orientierung innerhalb einer positiven Beziehung. Dieser Aspekt erscheint häufiger als negative Charakterisierung („Quacksalber", „Banker", „Betrüger").

Auf die Asymmetrie der Beziehung und das Angewiesensein auf „Exper-
tenwissen" weisen Beispiele für eine gute oder schlechte Beziehung zum
Arzt:

> *Eine gute Beziehung zu meinem Arzt habe ich, wenn ...*
> *„ ... ich ihn nicht brauche." (Mann: 50 Jahre)*
> *„ ... er Erfahrung und fachliche Kenntnis von seinem Gebiet hat."*
> *(Mann: 44 Jahre)*
> *„ ... er für mich wie ein guter Bekannter ist und mich heilt."*
> *(Frau: 46 Jahre)*
> *„ ... er vertrauensvoll auf mich wirkt und mir helfen kann."*
> *(Frau: 55 Jahre)*
> *„ ... er mich gesund macht."(Mann: 20 Jahre)*
> *„ ... ich ihn sympathisch finde." (Mann: 64 Jahre)*
> *„ ... er mich vorausschauend über mögliche Probleme informiert."*
> *(Mann: 56 Jahre)*
> *„ ... ich seine Handynummer nutzen darf. Jederzeit!" (Frau: 25 Jahre)*
> *„ ... er mir verschreibt, was ich haben will." (Mann: 49 Jahre)*

---

16 Quelle: Zufallsstichprobe im persönlichen Umfeld, Oktober 2007.

Eine schlechte Beziehung zu meinem Arzt habe ich, wenn ...

„... ich kein Vertrauen zu ihm habe." (Mann: 50 Jahre)

„... ich mich ausgenutzt fühle." (Mann: 35 Jahre)

„... er keine Ahnung hat." (Mann: 44 Jahre)

„... ich krank bleibe und er unoffen ist." (Frau: 46 Jahre)

„... er mich schnell abfertigt." (Frau 55 Jahre)

„... er arrogant und inkompetent ist." (Mann: 20 Jahre)

„... er sagt: ‚Was kann ich für Sie tun!'" (Mann: 64 Jahre)

„... er mich nicht vollständig informiert." (Mann: 56 Jahre)

„... ich Angst vor ihm haben muss." (Frau: 25 Jahre)

„... ich lange im Wartezimmer sitzen muss." (Mann: 49 Jahre)

Deutlich wird zudem, dass die Bewertung der Patienten als *Reaktion* auf das Verhalten des Arztes stattfindet, was neben dem grundsätzlichen ärztlichen Ethos auch die Verpflichtung beinhaltet, die Ausgestaltung der Beziehung reflektiert zu berücksichtigen.

6. Die Beziehung

Diese Beziehung kann, wie oben bereits angedeutet, strukturiert werden:

Nach dem *hippokratischen Modell* ist der Patient in einer bestimmten Notlage auf die medizinische Hilfe des Arztes existenziell angewiesen. Hier wird der Patient nicht in der Lage gesehen, aktive Entscheidungen im Hinblick auf Heilbehandlungen zu fällen, der Arzt muss diese Entscheidungen abnehmen und gegebenenfalls das Wohl des Patienten über die eigenen Interessen stellen (Bohrmann 2003: 256 f.).

Das *Vertragsmodell* betrachtet den Patienten als Verbraucher medizinischer Leistungen und herrscht besonders „innerhalb medizinischer Institutionen mit besonderen diagnostischen oder therapeutischen Dienstleistungen, etwa Labormedizin, Strahlentherapie, Teilgebieten der Chirurgie" vor (ebd.: 257). Dieses Modell folgt der Vertragsethik, nach der der Arzt sachliche Verantwortung im Sinne sachlicher Kompetenz auszuüben hat (ebd.).

Das *Partnerschaftsmodell* erfordert die Zusammenarbeit zwischen Arzt und Patient. Beide erbringen in gleicher Weise Leistungen für den Heilungsprozess. „Der Arzt übernimmt die Rolle des beratenden Experten, der Patient die des aktiv-eigenverantwortlichen Mitarbeiters für seine Gesundheit" (ebd.: 258). Voraussetzung ist die Fähigkeit des Patienten zu Selbstkontrolle und Selbstbeobachtung. Daher kann dieses Modell nicht zur Geltung kommen, wo der Patient unfähig ist, Selbstverantwortung auszuüben und wo der Arzt an dem Gesundheitszustand seines Patienten eher uninteressiert ist (ebd.).[17] Besonders hier muss der Arzt die bereits verdeutlichte Verant-

---

17 „Das Partnerschaftsmodell ist um so geeigneter und erfolgversprechender, je mehr sich Arzt und Patient an Intelligenz, Bildung und Lebenserfahrung ähneln" (Bohrmann 2003: 258).

wortung an den Tag legen, die über eine rein sachliche Kompetenz hinausreicht (Bohrmann 2003). Und hier muss auch der Aspekt der *Compliance* (als Therapietreue) verortet werden.

Thomas Bohrmann (ebd.) weist darauf hin, dass die vorgestellten Modelle jeweils für einen bestimmten Zeitpunkt gelten, d. h., „dass diese Beziehungsmuster situationsspezifisch zur Anwendung kommen und nur so ihre ethische Legitimität erhalten". Als entscheidend gilt, „dass die einzelnen Modelle Koalitionen eingehen, bzw. dass ein Modell in ein anderes übergeht" (ebd.: 258), was eine weitere Bestätigung für die besondere Verantwortung des Arztes für die Beziehungsgestaltung ist.

In diesem Zusammenhang erhalten die Fähigkeiten des Arztes zur Positionierung zwischen Empathie und Distanz, Vertrauen zu bilden und zu stärken (auch durch Schweigepflicht), den Therapieprozess zu kommunizieren und das Erkennen von Missbrauchspotenzial in Machtbeziehungen besonderes Gewicht (dazu Bohrmann 2003; Dörner 2001).

Der Einbezug dieser Fähigkeiten wird umso dringlicher, je schwerer eine Erkrankung verläuft oder wenn eine unheilbare Diagnose gestellt werden muss. Diese „schweren" Gespräche erfordern Selbstbesinnung und Vorbereitung. Sie benötigen Zeit und Sensibilität für Gefühle und Stimmungen, welche über die konkrete Lebenssituation hinaus gedacht und gefühlt werden. Dazu gehören der Einbezug des sozialen Umfeldes, Sicherheit vermittelnde Rituale und der Blick auf Ressourcen des Patienten (dazu Bucka-Lassen 2005; Dörner 2001). „Ehrlicherweise" legt der Arzt dieser Begegnung „die Anerkennung dieser brutalen, aber durch nichts wegzuleugnenden Wahrscheinlichkeit der Interessensdifferenz zugrunde; ... auch wegen der außerordentlichen Besonderheit der Krankheitssituation: Krankheit nämlich, sofern sie nur einigermaßen ernst zu nehmen ist, bedeutet immer eine existenzielle Verunsicherung, Todesangst, Selbstbezogenheit, Krise und Kränkung ... sowie andererseits kritiklose Suche nach einem Strohhalm, nach einem Halt um fast jeden Preis und damit extreme Suggestibilität für fast beliebige Angebote des Arztes ..." (Dörner 2001: 73 f.). Das häufig als Schlüsselbegriff beschworene „Verstehen" des Patienten als „aktives Objekt versteht passives Objekt" (Dörner 2001: 79) kann eventuell mittels einfühlender Empathie und verschmelzender Identifizierung Symptomen einzelner Erkrankungen gerecht werden, aber auch unter partnerschaftlich verstandener Beziehung als „Aneignungsstrategie des Arztes" (ebd.: 80) die Würde des Patienten als „des Anderen" ignorieren. Als „Faustregel" für das Verstehen soll gelten: „Als Arzt ist es nicht meine Aufgabe, den anderen besser zu verstehen; vielmehr ist es meine Aufgabe, meine Beziehung vom Anderen her so zu gestalten, dass er sich besser versteht" (Dörner 2001: 83).

Erst auf dieser Basis kann über die Notwendigkeit eines ärztlich indizierten Eingriffs entschieden werden, denn dieser bedarf der Einwilligung des Patienten. Voraussetzung für diese Einwilligung ist die Aufklärung, welche den

Patienten in die Lage versetzen soll, „in Kenntnis der Notwendigkeit, des Grades der Dringlichkeit sowie der Tragweite der ärztlichen Behandlungsmaßnahme eine auch aus ärztlicher Sicht vernünftige Entscheidung zu treffen" (Bundesärztekammer 2004: 115). Zum Zeitpunkt der Aufklärung muss „der Patient noch im vollen Besitz seiner Erkenntnis und Entscheidungsfähigkeit [sein]; ihm muss eine Überlegungsfrist verbleiben, sofern die Dringlichkeit der Maßnahme dies zulässt" (ebd.: 116).

Trotz dieser eindeutigen Vorgaben kann keine Trennung zwischen Beziehungsgestaltung und rationaler Entscheidung über ärztliches Handeln vollzogen werden, denn die „Aufklärung muss individuell in einem Gespräch mit dem Patienten erfolgen. Das Aufklärungsgespräch kann nicht durch Formulare ersetzt werden. ... Das Aufklärungsgespräch muss durch einen Arzt erfolgen; es darf nicht an nichtärztliches Personal delegiert werden. Die Aufklärung muss in einer für den Patienten behutsamen und verständlichen Weise erfolgen. Im persönlichen Gespräch soll der Arzt sich bemühen, die Information dem individuellen Wissenstand des Patienten anzupassen und sich zugleich davon zu überzeugen, dass dieser sie versteht" (Bundesärztekammer 2004/2: 117).

Somit zeigt sich auch durch diese am ärztlichen Handeln orientierten „Empfehlungen zur Patientenaufklärung" (ebd.) die Priorität der Beziehungsklärung als unabdingbare Voraussetzung für erfolgreiches ärztliches Handeln auf dem Hintergrund ethischer Leitlinien.

7. Fazit

Die abschließende Frage nach der Aussagekraft des Begriffes „Arzt-Patient-Beziehung" bestätigt die Notwendigkeit, dessen Einzelkomponenten, also ‚Arzt', ‚Patient' und ‚Beziehung' zu erschließen. Eröffnet wird damit ein dialektisches Spannungsfeld, welches in der jeweiligen Interaktion zentrale und existenzielle Werte (Freiheit und Hilflosigkeit/Krankheit und Gesundheit/Glück und Unglück/Leben und Sterben ...) nicht nur kommuniziert, sondern in der jeweiligen Begegnung einer subjektiven und sinnlichen Wahrnehmung zugänglich macht.

Selbstverständlich sind Werte auch Komponenten anderer Beziehungsformen. Die Besonderheit des Verhältnisses zwischen Arzt und Patient besteht darin, dass diese Werte nicht nur (bestenfalls konsensuell) kommuniziert bzw. erlebt werden. Arzt und Patient betreten die Grenzbereiche dieser Werte. Sie tragen das Risiko, diese zu überschreiten. Der Bedrohung, zentrale Werte wie Leben oder Gesundheit zu verlieren, muss standgehalten werden. Dass dieses „Standhalten" nur gemeinsam bewältigt werden kann, ist bereits durch die aufeinander angewiesene Begrifflichkeit als ‚Arzt' und ‚Patient' offensichtlich. Die Schwierigkeit einer gemeinsamen Orientierung in komplexer bio-psycho-sozialer (Um-)welt erfordert demnach einen kontinuierlichen Austausch der jeweiligen, für den anderen relevanten Position.

Dieser Prozess, der mit den vorliegenden Überlegungen multiperspektivisch durchleuchtet wurde, führt somit zu einem kontinuierlichen Aufeinander-Bezogensein auf der Basis von Unsicherheit und Instabilität. Die daraus erwachsende ‚Beziehung' erschließt sich erst durch die gemeinsam geteilte Distanz zwischen „Praxis und Idee", also zwischen konkreter Lebenssituation und Wert (hier: Gesundheit/Leben). Dementsprechend darf „Arzt-Patienten-Beziehung" nicht nur als abstrakte Deskription eines Arbeitsbündnisses unter Einbezug emotionaler und sozialer Faktoren gelten. Arzt und Patient tragen die Last der Auseinandersetzung mit zentralen Herausforderungen menschlicher Existenz, wobei sie unterschiedliche Rollen, Aufgaben und Verantwortungsfelder einnehmen, die nur durch Beziehung in erfolgversprechende Relation gesetzt werden können. So gesehen ist Beziehung der identitätsstiftende Faktor für Arzt und Patient und unverzichtbarer Bestandteil medizinischen Handelns und der therapeutischen Beziehung, welche durch Vertrauen und Wahrhaftigkeit gekennzeichnet ist.

Der Erfolg einer „Beziehungsmedizin", die weder nur „Psychoedukation" als medizinische Wissensvermittlung noch pure „Erziehungsmedizin" zur Vermittlung erwünschten Verhaltens ist, hängt nicht nur ab vom geschickten Lavieren zwischen Gesprächstechnik und normativem Fundamentalismus, sondern einem achtsamen und respektvollen Umgang, welcher dem Arzt ebenso verbietet, eine infauste Diagnose einem Kranken rücksichtslos an den Kopf zu knallen, wie dem Lehrer, einen Schüler ohne Behutsamkeit unbarmherzig der unerbittlichen Wahrheit der „Notenkeule" zu unterwerfen. Eine Grundregel der Themenzentrierten Interaktion (TZI) nach Ruth Cohn (1991) lautet: „Alles, was du sagst, soll wahr sein, aber nicht alles, was wahr ist, sollst du sagen" (selektive Authentizität)[18]. Es ist also keineswegs nur Ausfluss geschickter Sophistik oder kommunikativer Tricks, einen totalen „Wahrheitsfanatimus" in die Schranken zu weisen, als vielmehr die grundlegende Fähigkeit, Einfühlungs- und Urteilsvermögen in einer Weise zu verbinden, dass „Theorie und Praxis, in völliger „Besonnenheit an die Regel zugleich die wahre Forderung des individuellen Falles ... treffen", also jener Kunst, für welche Johann Friedrich Herbart in seiner ersten pädagogischen Vorlesung an der Universität Göttingen im Jahr 1802 den Begriff „pädagogischer Takt" geprägt hat (Herbart 1964: 13). Für Johann Friedrich Herbart bildet der pädagogische Takt „sich erst während der Praxis; er bildet sich durch die Einwirkung dessen, was wir in dieser Praxis erfahren, auf unser Gefühl; diese Einwirkung wird anders und anders ausfallen, je nachdem wir selbst anders oder anders gestimmt sind; auf diese unsere Stimmung sollen und können wir durch Überlegung wirken; von der Richtigkeit und dem Gewicht dieser Überlegung, von dem Interesse und der moralischen Willigkeit, womit wir uns ihr hingeben, hängt es ab, ob und wie sie unsere Stimmung vor Antretung des Erziehungsgeschäfts, und folg-

---

18 Zu TZI-Regeln vgl.
    http://arbeitsblaetter.stangl-taller.at/KOMMUNIKATION/TZIRegeln.shtml

lich ob und wie sie unsere Empfindungsweise während der Ausübung dieses Geschäfts, und mit dieser endlich jenen Takt ordnen und beherrschen werde, auf dem der Erfolg oder Nichterfolg unserer pädagogischen Bemühungen beruht" (Herbart 1964: 13). Johann Friedrich Herbart versuchte mit seinem „pädagogischen Takt" einerseits die Brücke zu schlagen zwischen wissenschaftlicher Theorie und alltäglicher Praxis, vermittelnder Beeinflussung und zurückhaltender Begleitung. Die seit Johann Friedrich Herbarts Zeiten zugleich wichtige und etwas rätselhafte Zentralkompetenz professioneller „Beziehungsarbeiter" bezeichnet andererseits jenes Einfühlungs- und Urteilsvermögen, das diese benötigen, um in immer wieder neuen Situationen und im Umgang mit je individuellen Menschen angemessen entscheiden und handeln zu können, ein Klima der Achtsamkeit und Rücksichtnahme zu ermöglichen jenseits von Desinteresse oder Aufdringlichkeit sowie „Heilkunst" zu praktizieren, ohne einer schematischen Regel oder einer „Fortschrittsfalle" (Dörner 2002) zu verfallen, sei sie noch so progressistisch im Gewande fürsorglicher Belagerung und kommunikativer Okkupation formuliert[19]. Wenn somit auch handwerkliches Können wichtig ist, gilt auch hier, dass wie jede Kunst auch diese nur teilweise lehrbar ist. Ganz ohne Begabung geht es nicht, aber ohne Übung schon gar nicht, um die erforderliche Meisterschaft zu erlangen und in „ständigem Ausbalancieren" von ärztlichen Beziehungsangeboten und der Anerkennung der Mündigkeit und „Freiheit gegenüber helfend-entlastenden Zugriffen" (Dörner 2002: 2466) seitens des Patienten eine tragfähige Arzt-Patient-Beziehung als „Wissenschaft und Lebenskunst"[20] zu gestalten.

Literatur

Antonovsky, Aaron (1997): Salutogenese. Zur Entmystifizierung der Gesundheit. Tübingen: dgvt
Aronson, Elliot/Wilson, Timothy D./Akert, Robin M. (2004): Sozialpsychologie. 4., aktualisierte Auflage. Pearson. München: Education Deutschland GmbH

---

19 Klaus Dörner (2002: 2465) bringt das Unbehagen an geschwätzigen „verstehenswütigen Psychoattacken" folgendermaßen zum Ausdruck: „Inzwischen hat die Psychotrauma-Therapie den imperialistischen Anspruch, möglichst alle Krisen durch Traumatisierung (früheres Gewalterlebnis, Missbrauch, Misshandlung) zu erklären und zu therapieren. Auch hiervon können wenige profitieren, während die Allgemeinheit durch potenziell lebenslängliche punktuelle Aufmerksamkeitsfixierung geschädigt wird; selbstvergessenes Weggegebensein ist jetzt sehr erschwert. Bei jeder Katastrophe sind heute Opfer wie Helfer den öffentlichkeitswirksamen oder verstehenswütigen Psychoattacken fast zwangsweise, weil wehrlos ausgesetzt. Nach dem Erfurter Amoklauf blieb einer Schülerin die Äußerung vorbehalten, das Schrecklichste seien eigentlich die Psychologen gewesen, die das Alleinsein mit sich selbst und/oder mit Freunden/Angehörigen mit den raffiniertesten Tricks zu verhindern versucht hätten. Dies öffentlich zu sagen bedeutet heute Mut, Zivilcourage."

20 So der Titel eines Beitrages zum Programm einer reflexiven Psychoanalyse (Buchholz 2006).

Balint, Michael (2001): Der Arzt, sein Patient und die Krankheit. Stuttgart: Klett-Cotta

Bitzer, Eva Maria (2003): Die Perspektive der Patienten – Lebensqualität und Patientenzufriedenheit. In: Schwartz, Friedrich Wilhelm/Badura, Bernhard/Busse, Reinhard/Leidl, Reiner/Raspe, Heiner/Siegrist, Johannes/Walter, Ulla (Hg.): Public Health – Gesundheit und Gesundheitswesen. München, Jena: 453-460

Blech, Jörg (2007): Wundermittel im Kopf. In: Der Spiegel 26: 134-144

Bohrmann, Thomas (2003): Organisierte Gesundheit. Das deutsche Gesundheitswesen als sozialethisches Problem. Berlin: Duncker & Humblot

Buchholz, Michael B. (2006): Psychoanalyse – Wissenschaft und Lebenskunst. In: Deutsches Ärzteblatt 103, 114: 908-912

Bucka-Lassen, Edlef (2005): Das schwere Gespräch. Einschneidende Diagnosen menschlich vermitteln. Köln: Deutscher Ärzte-Verlag

Bundesärztekammer (2004): (Muster-)Berufsordnung für die deutschen Ärztinnen und Ärzte – MBO-Ä 1997-1. In: Wiesing, Urban: Ethik in der Medizin. Ein Studienbuch. Stuttgart: 78-90

Bundesärztekammer (2004/2): Empfehlungen zur Patientenaufklärung. In: Wiesing, Urban (2004): Ethik in der Medizin. Ein Studienbuch. Stuttgart: 114-119

Cohn, Ruth C. (1991): Von der Psychoanalyse zur themenzentrierten Interaktion: Von der Behandlung einzelner zu einer Pädagogik für alle. Stuttgart: Klett-Cotta

Dierks, Marie-Luise/Schwartz, Friedrich Wilhelm (2003): Patienten, Versicherte, Bürger – die Nutzer des Gesundheitswesens. In: Schwartz, Friedrich Wilhelm/Badura, Bernhard/Busse, Reinhard/Leidl, Reiner/Raspe, Heiner/Siegrist, Johannes/Walter, Ulla (Hg.): Public Health – Gesundheit und Gesundheitswesen. München, Jena: 314-321

Dörner, Klaus (2001): Der gute Arzt. Lehrbuch der ärztlichen Grundhaltungen. Stuttgart, New York: Schattauer

Dörner, Klaus (2002): Gesundheitssystem: In der Fortschrittsfalle. In: Deutsches Ärzteblatt 99: A 2462–2466

Edwards, Nigel/Kornacki, Mary Jane/Silversin, Jack (2002): Unhappy doctors: What are the causes and what can be done? In: BMJ: 324-838

Emanuel, Ezekiel J./Emanuel, Linda L. (2004): Vier Modelle der Arzt-Patienten-Beziehung. In: Wiesing, Urban (2004): Ethik in der Medizin. Ein Studienbuch. Stuttgart: 101-104

Flintrop, Jens (2001): Mobbing im Krankenhaus. Mit Bauchschmerzen zum Dienst. Immer mehr Ärztinnen und Ärzte leiden unter einem schlechten Arbeitsklima im Krankenhaus. Betroffen sind nicht nur Assistenzärzte, sondern auch ältere Oberärzte. In: Deutsches Ärzteblatt 12: 593-598

Greenhalgh, Trisha/Hurwitz, Brian (Hg.) (2005): Narrative-based medicine –Sprechende Medizin. Bern: Hans Huber Verlag

Hart, Dieter (2003): Einbeziehung des Patienten in das Gesundheitssystem: Patientenrechte und Bürgerbeteiligung – Bestand und Perspektiven. In: Schwartz, Friedrich Wilhelm/Badura, Bernhard/Busse, Reinhard/Leidl, Reiner/Raspe, Heiner/Siegrist, Johannes/Walter, Ulla (Hg.): Public Health – Gesundheit und Gesundheitswesen. München, Jena: 333-339

Herbart, Johann Friedrich (1806/1964): Vorlesungen über Pädagogik. Vom Pädagogischen Takt. Heidelberg: Quelle & Meyer

Hörmann, Georg (1987): Die heile Welt des Heilens – Alternative Therapien auf Abwegen? In: Gesundheitswissenschaften – Beiträge zur Diskussion. Bielefeld (Materialien des Oberstufen-Kollegs): 35-57

Hörmann, Georg (1988): „Psychosoziale Aspekte medizinischer Intervention" In: Hörmann, Georg/Nestmann, Frank (Hg.): Handbuch psychosozialer Intervention. Opladen: 14-23

Hörmann, Georg (1990): Therapie zwischen Kunst und Kult. In: Musik-, Tanz- und Kunsttherapie 1: 3-8

Hörmann, Georg (1996): Professionalisierung künstlerischer Therapien im Rahmen psychotherapeutischer Tätigkeit. In: Zifreund, Walther (Hg.): Therapien im Zusammenspiel der Künste. Tübingen: 59-69

Hörmann, Georg (2006): Deprofessionalisierung als Transprofessionalisierung oder Qualifizierung als Strategie? In: Rapold, Monika (Hg.): Pädagogische Kompetenz, Identität und Professionalität. Hohengehren: 93-131

Hörmann, Georg (2007): Pädagogik als Kunst oder Wissenschaft bzw. Wissenschaft und Lebenskunst? In: Radits, Franz (Hg.): Muster und Musterwechsel in der Lehrer- und Lehrerinnenbildung. Münster: Lit

Hörmann, Georg/Langer, Klaus (1995): Führung und Management. In: Raem, Arnold M./Schlieper, Peter (Hg.): Der Arzt als Manager. München: 9-36

Hörmann, Georg/Zygowski, Hans (1991): Therapeut-Klient-Beziehung. In: Hörmann, Georg/Körner, Wilhelm (Hg.): Klinische Psychologie – Ein kritisches Handbuch. Reinbek: 89-106

Hörmann, Karl (2004): Musik in der Heilkunde. Lengerich: Pabst

Hurrelmann, Klaus/Leppin, Anja (2001): Modelle und Strategien der Gesundheitskommunikation. In: Hurrelmann, Klaus/Leppin, Anja (Hg.): Moderne Gesundheitskommunikation. Vom Aufklärungsgespräch zur E-Health. Bern: 7-71

Kösters, Walter (1999): Dem „Burnout-Syndrom" vorbeugen. Damit der Arzt nicht zum Patienten wird. In: Der Hausarzt 11: 43-44

Krallmann, Dieter/Ziemann, Andreas (2001): Grundkurs Kommunikationswissenschaft. München: UTB Verlag Fink

Luhmann, Niklas (2002): Das Erziehungssystem der Gesellschaft. Frankfurt a.M.: Suhrkamp

Mäulen, Bernhard (1998): Burn-out-Syndrom. Arzt: Beruf oder Martyrium? In: Münchener Medizinische Wochenschrift 140. 21:14-15

Michaelis, Martina/Siegel, W./Hofmann, F. (2001): Psychische und emotionale Faktoren des Arbeitserlebens als Gegenstand betriebsärztlicher Praxis im Krankenhaus. In: Gesundheitswesen 63: 22-28

Neitzke, Gerald (2000): Motivation und Identitätsbildung in den medizinischen Professionen. Konsequenzen für die klinische Praxis. In: Von Engelhardt, Dietrich/von Loewenich, Volker/Simon, Alfred (Hg.): Die Heilberufe auf der Suche nach ihrer Identität. Jahrestagung der Akademie für Ethik in der Medizin e.V. Frankfurt 2000: 48-62

Nieke, Wolfgang (2006): Professionelle pädagogische Handlungskompetenz zwischen Qualifikation und Bildung. In: Rapold, Monika (Hg.): Pädagogische Kompetenz, Identität und Professionalität. Hohengehren: 35-51

Rabbata, Samir (2007): Selbst verschuldete Erkrankungen – Ärzte als Denunzianten. In: Deutsches Ärzteblatt 41: B 2437

Raem, Arold M./Schlieper, Peter (Hg.) (1995): Der Arzt als Manager. München: Urban & Schwarzenberg

Ripke, Thomas (2000): Der kranke Arzt. Chance zum besseren Verständnis des Patienten. In: Deutsches Ärzteblatt 9. 5: C-184 – C-187

Rollmann, Bruce L. et al. (1997): Medical specialty and the incidence of divorce. In: NEJMed 336, 11: 800-803 (Ärzte-Scheidungen: Psychiater führend. Der

Arztberuf und insbesondere der des Psychiaters scheint zwischenmenschlichen Beziehungen nicht zuträglich zu sein. In: Münchener Medizinische Wochenschrift 139/17: 27)

Rössler, Wulf (2004): Die therapeutische Beziehung. Berlin: Springer

Rüegg, Johann C. (2007): Gehirn, Psyche und Körper. Neurobiologie von Psychosomatik und Psychotherapie. Stuttgart: Schattauer

Schulz von Thun, Friedemann (1995): Miteinander Reden 1. Störungen und Klärungen. Reinbek: Rororo

Schwartz, Friedrich Wilhelm/Klein-Lange, Matthias (2003): Konzepte und Strukturen der Krankenversorgung/Berufsfelder in der Krankenversorgung. In: Schwartz, Friedrich Wilhelm/Badura, Bernhard/Busse, Reinhard/Leidl, Reiner/Raspe, Heiner/Siegrist, Johannes/Walter, Ulla (Hg.): Public Health – Gesundheit und Gesundheitswesen. München, Jena: 270-273

SGB V: Sozialgesetzbuch (SGB) Fünftes Buch (V) – Gesetzliche Krankenversicherung – (Artikel 1 des Gesetzes v. 20. Dezember 1988, BGBl. I: 247). www.gesetze-im-internet.de/sgb_5/index.html (Download am 11.12.2007)

Shapiro, Arthur K./Shapiro, Elaine (1997): The powerful placebo: From ancient priest to modern physician. Baltimore: Hopkins

Thompson, Theresa L. (2001): Die Beziehung zwischen Patienten und professionellen Dienstleistern des Gesundheitswesens. In: Hurrelmann, Klaus/Leppin, Anja (Hg.): Moderne Gesundheitskommunikation. Vom Aufklärungsgespräch zur E-Health. Bern: 71-94

Watzlawick, Paul/Beavin, Janet H./Jackson, Don D. (1996): Menschliche Kommunikation. Formen, Störungen, Paradoxien. Bern: Verlag Hans Huber

Weber, Andreas/Hörmann, Georg (Hg.) (2007): Psychosoziale Gesundheit im Beruf. Stuttgart: Gentner Verlag

Weber, Andreas/Hörmann, Georg/Köllner, Volker (2007): Mobbing – eine arbeitsbedingte Gesundheitsgefahr der Dienst-Leistungs-Gesellschaft? In: Gesundheitswesen 69: 267-276

Weisbach, Christian-Rainer (1996): Wider die ausufernde Nondirektivität in der therapeutischen Gesprächsführung. In: Zifreund, Walther (Hg.): Therapien im Zusammenspiel der Künste. Tübingen: 151-160

Wiesing, Uban (2004): Ethik in der Medizin. Ein Studienbuch. Stuttgart: Reclam

Martin R. Textor

Erzieherin-Kind-Beziehung

In den letzten Jahrzehnten haben Dauer und Umfang der Kindertagesbetreuung zugenommen: Kleinkinder werden immer früher in Tageseinrichtungen angemeldet und verbringen immer mehr Stunden pro Tag in ihnen. Diese Tendenz wird sich in den kommenden Jahren noch fortsetzen: Da das 2007 in der Bundesrepublik Deutschland eingeführte Elterngeld nur für ein Jahr gezahlt wird, werden Eltern vermehrt ihre Kinder nach Vollendung des ersten Lebensjahres fremdbetreuen lassen.

Damit verliert die Eltern-Kind-Beziehung an Bedeutung: Viele Kleinkinder verbringen schon jetzt mehr von der Zeit, in der sie wach sind, in Kindertagesstätten als in ihren Familien. So werden (Lern-)Erfahrungen, die Kinder in den Einrichtungen machen, für ihre kognitive, emotionale und soziale Entwicklung immer wichtiger. Da im Kleinkindalter ein Großteil dieser Erfahrungen von Erwachsenen vermittelt werden, rückt die pädagogische Tätigkeit von Erzieherinnen[1] immer mehr in den Mittelpunkt des öffentlichen Interesses. So werden in Deutschland insbesondere die Qualität der Kindertagesbetreuung, die Sprachförderung von ausländischen (und deutschen) Kindern sowie die Ausbildung von Erzieherinnen thematisiert. Nahezu alle Bundesländer haben Bildungs- und Erziehungspläne für Kindertageseinrichtungen verabschiedet, die zu einer Verbesserung der pädagogischen Arbeit beitragen sollen. Das wissenschaftliche Interesse an Kindertagesbetreuung ist in Deutschland jedoch weiterhin eher schwach ausgeprägt.

Obwohl viele (Lern-)Erfahrungen, die Kinder in Tageseinrichtungen machen, in der Interaktion mit Erzieherinnen gemacht werden und obgleich für Kleinkinder die Beziehung zu den Fachkräften von großer Bedeutung für ihre Entwicklung ist, wurde in Deutschland die Erzieherin-Kind-Beziehung[2] bisher kaum in der Öffentlichkeit und im wissenschaftlichen Bereich thematisiert. Beispielsweise enthalten die meisten Bildungs- und Orientierungspläne nur wenige diesbezügliche Aussagen, geschweige denn eigene Kapitel. Praxis- bzw. Fachliteratur über die Erzieherin-Kind-Bezie-

---

1 Da kaum Männer als Erzieher tätig sind, wird im Folgenden nur die weibliche Form verwendet. In Österreich wird weiterhin die Berufsbezeichnung „Kindergärtnerin" verwendet; die weitaus meisten der nachstehenden Aussagen treffen auch auf sie zu. In den meisten Kindergruppen arbeiten Kinderpflegerinnen, Sozialassistentinnen u. a. als sog. Zweitkräfte. Für ihr Verhältnis zu den Kleinkindern dürfte Ähnliches wie für die Erzieherin-Kind-Beziehung gelten.
2 Dieses Kapitel befasst sich nur mit der Erzieherin-Kind-Beziehung in Tagesstätten für Kleinkinder. Ein hoher Prozentsatz von Erzieherinnen ist aber auch z. B. in Kinderhorten, Kinderheimen und Behinderteneinrichtungen tätig.

hung ist kaum zu finden; Arbeitsmaterialien zur Analyse und Reflexion der Beziehungsgestaltung oder der Interaktionsprozesse fehlen. Auch liegen im deutschsprachigen Raum nahezu keine empirischen Studien vor, da der Aufwand für die Gewinnung und Analyse von (Beobachtungs-)Daten sehr hoch ist. Deshalb wird in diesem Kapitel vor allem auf amerikanische und britische Untersuchungen zurückgegriffen, die jedoch zumeist an kleinen und nicht repräsentativen Stichproben gewonnen wurden.

Laut dem Kinder- und Jugendhilfegesetz (KJHG) umfasst der Förderungsauftrag von Kindertageseinrichtungen die „Erziehung, Bildung und Betreuung" (§22 Abs. 3 Satz 1 SGB VIII) von Kleinkindern. In diesem Kapitel wird die Bedeutung der Erzieherin-Kind-Beziehung in jedem dieser drei Aufgabenbereiche beschrieben.

1. Betreuung

Betreuung bildet das Fundament, auf dem Erziehung und Bildung aufbauen. Sie umfasst laut Martin Textor (1999):

1. *Pflege*: Erzieherinnen sollen das körperliche Wohlbefinden der ihnen anvertrauten Kinder sicherstellen. Das bedeutet beispielsweise, dass sie sehr kleine Kinder füttern und wickeln, dass sie bei älteren Kleinkindern darauf achten, dass diese ihr zweites Frühstück zu sich nehmen und (nach-)mittags genügend essen und trinken, dass sie auf eine den jeweiligen Aktivitäten entsprechende Kleidung achten, dass sie Ruhephasen (z. B. Mittagsschlaf) ermöglichen und für das Einhalten von Hygieneregeln sorgen.
2. *Schutz*: Erzieherinnen sollen die Kinder vor Schädigungen physischer und psychischer Art bewahren und deren körperliche Unversehrtheit sicherstellen (Aufsichtspflicht). Die Kinder sollen sich in der Tagesstätte sicher und geborgen fühlen.
3. *Fürsorge*: Erzieherinnen sollen die emotionalen Grundbedürfnisse von Kleinkindern befriedigen, ihnen also Wertschätzung, Aufmerksamkeit, liebevolle Zuwendung und „Nestwärme" zukommen lassen.

Diese Aufgaben entsprechen weitgehend den Aufgaben von Eltern. Die Übereinstimmung ist besonders frappant, wenn Erzieherinnen Babys bzw. unter Dreijährige betreuen. Hier entstehen intensive Beziehungen, wobei sich das jeweilige Kind im Sinne der Bindungstheorie an eine Fachkraft als seine primäre Bezugsperson bindet. In der Regel wird keine andere außerfamiliäre Beziehung im weiteren Leben dieses Kindes wieder dieselbe Intensität und Intimität haben wie die zu seiner Erzieherin. Je älter das Kleinkind jedoch wird bzw. bei Beginn der Fremdbetreuung ist, umso weniger stark ist zumeist die (entstehenden) Bindung und umso wichtiger werden die Beziehungen zu anderen Kindern.

Die Gesetzgeber in den Bundesländern berücksichtigen das Bedürfnis sehr kleiner Kinder nach einer Bezugsperson, indem sie bei der Betreuung von Unter-Dreijährigen kleinere Gruppengrößen vorschreiben, sodass die Erzieherinnen mehr Zeit haben, um sich um diese Kinder zu kümmern und mit ihnen zu interagieren. Dann können sichere Bindungen entstehen, sofern sich die Fachkraft ähnlich wie eine „gute" Mutter verhält. Edith Ostermayer (2006: 55 f.) schreibt: „Was für die sichere Bindung zur Mutter gilt, ist natürlich ebenso auf die Beziehung zur Erzieherin übertragbar (vgl. Schuster/Uhlendorff i.d.B.). Diese sollte zum einen vor allem verlässlich sein. Das Kind muss sicher sein, dass es bei der Erzieherin in jeder Notsituation – Bedrohung, Angst oder Mangel – Schutz, Verständnis und Hilfe erfährt. Auch sollte die Erzieherin in der Lage sein, den Kindern gegenüber konstante Reaktions- und Verhaltenstendenzen zu zeigen. Zum anderen sollte sie – und das ist von hoher Bedeutung – emotional verfügbar sein. Sie sollte in der Lage sein, das kindliche Verhalten sowie seine Befindlichkeit wahrzunehmen, diese richtig zu interpretieren und möglichst zeitnah reagieren".

Das setzt insbesondere bei Babys und anderen sehr kleinen Kindern voraus, dass die Erzieherin nonverbale Signale „lesen" kann. Auch ist wichtig, dass sie ihnen körperliche Nähe und viele taktile Reize bietet, wie Frances M. Carlson (2006: 2) in ihrem Buch "Essential Touch" verdeutlicht: "But when it comes to how much and what types of physical contact belong in early childhood programs, research and practical wisdom offer a clear answer: Young children need positive human touch, and lots of it, in all its forms – carrying, swinging, rolling, holding, a backrub, a hug, a pat, a high-five, rough-and-tumble play, even massage. Nurturing touch from their caregivers is essential for children to feel loved and secure; …". Nur dann können sichere Bindungen entstehen.

Selbst wenn bei älteren Kleinkindern Bindungen an die Erzieherinnen nicht mehr so stark ausgeprägt sind wie bei Unter-Dreijährigen, kommt ihnen weiterhin eine große Bedeutung zu. Auch diese Kinder können sich nur positiv entwickeln, wenn sie seitens der Fachkräfte Sensibilität und Empathie erfahren, wenn diese ihre Bedürfnisse erkennen und angemessen auf sie reagieren, wenn sie ihnen Wärme, Sicherheit und Geborgenheit bieten. Je älter die Kinder werden, umso wichtiger wird das Gespräch im Vergleich zum nonverbalen Kontakt. Im Dialog mit der Erzieherin äußern Kleinkinder oft ihre Probleme und intensive Emotionen wie z.B. Ängste, Schmerz oder Trauer (Ennulat 1998, 2007). Sie „erwarten" dann Verständnis, Zuwendung und Unterstützung.

Wie in der Familie zeigen sicher gebundene Kinder auch in der Tageseinrichtung ein stärker ausgeprägtes Explorationsverhalten, widmen sich also intensiv der Erforschung ihrer Umwelt und der Aufnahme sozialer Beziehungen zu anderen Menschen. Eine gute Erzieherin-Kind-Beziehung ist somit Voraussetzung für die Bildungsbereitschaft und Kontaktfähigkeit eines Kindes. Zugleich ist sie Grundlage für eine harmonische Persönlichkeitsentfaltung, für die Entwicklung von Selbstbewusstsein, Selbstvertrauen und einem positiven Selbstbild.

Dass sich Kleinkinder bei einer positiven Beziehung zu ihren Erzieherinnen besser entwickeln, zeigen einige amerikanische und britische Studien[3]. Beispielsweise wurde bei einer Längsschnittstudie über 733 Kinder, die im Durchschnitt ab ihrem 8. Lebensmonat fremdbetreut wurden und dreimal während der Vorschulzeit sowie in der 2. Schulklasse untersucht wurden, folgendes festgestellt (Peisner-Feinberg et al. 2001: 1544): „Child-care teachers' ratings of the closeness of their relationship with children were modestly related to language and math skills at most assessment ages, and were moderately to modestly related to children's social skills over time". Bei einer engen Erzieherin-Kind-Beziehung wurden im ersten Jahr der Untersuchung positive Auswirkungen auf kognitive und soziale Fähigkeiten ermittelt, deren Intensität in den Folgejahren abnahm, die aber noch in der 2. Klasse evident waren. Beispielsweise wurden diese Kinder von ihren Lehrern seltener als verhaltensauffällig beurteilt.

Bridget K. Hamre und Robert C. Pianta (2001) ermittelten bei ihrer Längsschnittuntersuchung sogar, dass Kinder, deren Erzieherinnen die Beziehung zu ihnen als eng beurteilten, noch in der 8. Schulklasse bessere Schulleistungen und ein besseres Sozialverhalten aufwiesen. Kinder, bei denen die Beziehung eher negativ beschrieben wurde (insbesondere Jungen und Kleinkinder mit Verhaltensauffälligkeiten), erwiesen sich hingegen während der acht Schuljahre häufiger als wenig angepasst. Sondra Birch und Garry W. Ladd (1998) stellten bei ihrer Studie fest, dass Kinder, deren Beziehung zu den Erzieherinnen konflikthaft war, in der 1. Schulklasse etwas weniger prosoziale Verhaltensweisen zeigten und etwas aggressiver gegenüber Mitschülern waren.

Elizabeth Saft und Robert C. Pianta (2001), deren Stichprobe 197 Erzieherinnen und 840 Kinder umfasste, ermittelten einen hohen Grad an Übereinstimmung zwischen Fachkräften und Zweitklasslehrern hinsichtlich der Beurteilung ihrer Beziehung zu einem Kind – entweder als eng oder als konflikthaft. Ein ähnliches Forschungsergebnis wird von Sondra Birch und Garry W. Ladd (1997) sowie von Robert C. Pianta und Megan W. Stuhlman (2004) berichtet. Hier wird deutlich, dass Kinder, denen es nicht gelingt, in der Kindertageseinrichtung eine positive Beziehung zu Erzieherinnen aufzubauen, oft auch in der Schule ein schlechtes Verhältnis zu Lehrern haben.

Wie groß sind überhaupt die Chancen von Kleinkindern, enge Beziehungen zu Erzieherinnen aufzubauen? Hier liegen aus Amerika einige Forschungs-

---

3 Erzieherinnen werden in den USA und in Großbritannien zumeist als „teacher" bezeichnet, oft auch als „caregiver". Diese Begriffe werden im Folgenden mit „Erzieherin" übersetzt.

ergebnisse vor: Jean I. Layzer, Barbara D. Goodson und Marc Moss (1993), bei deren Studie an 119 Tageseinrichtungen in fünf Bundesstaaten jeweils eine Kindergruppe eine Woche lang beobachtet wurde und darüber hinaus viele weitere Untersuchungsverfahren eingesetzt wurden, ermittelten, dass die Fachkräfte knapp 70% der Zeit mit Kindern beschäftigt waren, wobei Mahlzeiten und Ruhephasen nicht berücksichtigt wurden. Jedoch waren sie nur während 10% der Zeit mit einzelnen Kindern befasst. Im Verlauf der einwöchigen Beobachtungsphase hatten mehr als 30% der Kinder überhaupt keinen individuellen Kontakt zu einer Fachkraft – in 12% der Gruppen war es sogar mehr als die Hälfte der Kinder.

Auch Susan Kontos und Amanda Wilcox-Herzog (1997) ermittelten bei ihrer Untersuchung, dass während 80% der Beobachtungszeit Kinder entweder nicht in der Nähe einer Erzieherin waren oder von dieser ignoriert wurden. Wenn sich eine Fachkraft weniger als einen Meter entfernt von einen Kind befand, interagierte sie nur während 18% der Zeit mit ihm. Wenn die Fachkräfte jedoch mit einzelnen Kindern interagierten, waren sie während mehr als drei Viertel der Zeit interessiert involviert. Das heißt, sie sprachen mit ihnen für längere Zeit, spielten mit ihnen, trösteten sie oder nahmen sie in den Arm. Bei beiden Studien wurde auch ermittelt, dass Fachkräfte mit einem höheren Abschluss (College) oder mit einer Zusatzausbildung (Head Start) häufiger mit den Kindern interagierten. Weitere Untersuchungen, die von Susan Kontos und Amanda Wilcox-Herzog (1997), Elizabeth Saft und Robert C. Pianta (2001) sowie Frances M. Carlson (2006) referiert wurden, ergaben, dass

- je größer die Kindergruppe bzw. die Erzieherin-Kind-Relation war, umso weniger individuelle Aufmerksamkeit dem einzelnen Kind gewidmet wurde,
- Erzieherinnen bei jüngeren Kleinkindern mehr involviert waren als bei älteren und ihnen mehr positiven Körperkontakt boten (ältere Kinder wurden hingegen häufiger zwecks Verhaltenskontrolle angefasst),
- Fachkräfte mehr mit Jungen sprachen, aber auch häufiger negativ auf sie reagierten (mehr Konflikte), während sie Mädchen seltener kritisierten und ihnen mehr Zuwendung gaben,
- Erzieherinnen mehr Nähe zu Kindern mit derselben ethnischen Zugehörigkeit empfanden,
- manche Kinder (z.B. wegen Verhaltensauffälligkeiten oder Hilfsbedürftigkeit) mehr von den Fachkräften beachtet wurden als andere,
- Erzieherinnen, die das Geschehen in der Gruppe stärker bestimmten und mehr Wissen vermitteln wollten, oft weniger warm, sensibel und verbal stimulierend waren als kindzentrierte Kolleginnen, dafür aber das Verhalten der Kinder häufiger positiv verstärkten.

Diese Untersuchungen lassen vermuten, dass die für die Ausbildung von engen Erzieherin-Kind-Beziehungen bzw. -Bindungen so wichtigen individuellen persönliche Kontakte relativ selten auftreten. Auch eine der wenigen deutschen Studien (Ahnert 2006), bei der „hausbetreute" und „KiTa-betreute" Kinder miteinander verglichen wurden, ergab, dass fremdbetreute Kinder „weit weniger Zuwendung" erhielten. So verwundert es nicht, dass Erzieherinnen ihre Beziehungen zu Kindern im Durchschnitt nur als „ziemlich eng" beurteilen (z. B. laut Peisner-Feinberg et al. 2001).

Dennoch scheinen auch in Kindertageseinrichtungen die weitaus meisten Kinder sicher gebunden zu sein. So berichteten beispielsweise Carollee Howes und Claire E. Hamilton (1992a: 862f), die 72 jüngere Kleinkinder über drei Jahre hinweg untersuchten: „Seventy-six percent of the children were classified as secure with mother, 14% ambivalent, and 10% avoidant. Seventy-three percent of the children were classified as secure with teacher, 14% avoidant, and 13% ambivalent". Allerdings war bei den Kleinkindern die Intensität der Bindung an die Mutter größer als die der Bindung an die Erzieherin.

Beschreiben Kleinkinder die Qualität der Beziehung zu ihren Erzieherinnen, so sind ihre Aussagen recht verlässlich, wie ein Vergleich mit dem Urteil von Beobachtern ergab (Payne 2003). Hatten sie sensiblere Betreuer, wurde von ihnen die Beziehung positiver bewertet. Bei einer deutschen Untersuchung (Sturzbecher et al. 2001), bei der 800 vier- bis achtjährige Kinder aus Tageseinrichtungen in Brandenburg und Nordrhein-Westfalen hinsichtlich ihrer Beziehung zu den Fachkräften und ihren Eltern befragt wurden, bescheinigten diese beiden Seiten überwiegend ein positives Erziehungsverhalten: „Bezüglich der Erzieherinnen kann festgehalten werden, dass – wie bei den Eltern – aus kindlicher Sicht die unterstützenden Verhaltensweisen überwiegen. Interessanterweise liegen die Mittelwerte der Erzieherinnen bei allen Verhaltenseigenschaften unterhalb der Werte der Eltern" (Sturzbecher et al. 2001: 63), also auch bei negativen Reaktionsweisen wie Restriktion und Abweisung.

Laut dieser Studie würden die Fachkräfte den Kindern z. B. Trost und Hilfe bieten, ihre Ideen berücksichtigen und sie bei deren Umsetzung bestärken, mit ihnen bei Aktivitäten kooperieren usw. Die Kinder berichteten, dass sie nur selten zurückweisende, einschränkende oder repressive Verhaltensweisen erleben würden. Mädchen erfuhren aus ihrer Sicht sowohl mehr Kooperation und Hilfe als auch mehr Trost, Bekräftigung ihrer Ideen sowie Faxen und Toben seitens ihrer Erzieherinnen als Jungen. Auch nahmen sie seltener Restriktionen und emotionale Abwehr wahr. Etwa 5% der Kinder erlebten von den Eltern wenig Hilfe und viel Einschränkung oder Abweisung. Sie erhielten aber aus eigener Sicht überdurchschnittlich viel Hilfe und Kooperation seitens der Erzieherinnen. Hier könnte die Kindertageseinrichtung durchaus eine kompensatorische Wirkung haben, wie sich auch aus vergleichbaren amerikanischen Forschungsergebnissen folgern lässt (z. B. Howe/ Hamilton 1992b).

2. Erziehung

Hinsichtlich ihrer pädagogischen Tätigkeit können Erzieherinnen somit zumeist auf einer relativ engen Beziehung zum jeweiligen Kind aufbauen, die insbesondere bei jüngeren Kleinkindern in vielerlei Hinsicht der Bindung an die Eltern ähnelt. Da Kleinkinder erst am Anfang ihrer Persönlichkeitsentwicklung stehen und ihr Sozialverhalten noch unausgereift ist, sind sie in hohem Maße erziehungsbedürftig. So sind Fachkräfte in Kindertageseinrichtungen in einem hohen Maß als Erziehende gefordert – ähnlich wie Eltern und weitaus mehr als z.B. Lehrer. Da ein großer Teil der Betreuungszeit unstrukturiert ist (insbesondere während des Freispiels) – viel mehr als in der Schule, aber weniger als in der Familie –, entstehen fortwährend Erziehungssituationen.

Dementsprechend benötigen die Fachkräfte ausgeprägte erzieherische Kompetenzen, wie Ulrike Goldmann (2001: 356) verdeutlicht: „Im Vorfeld der eigentlichen Erziehungssituation ist das normative, analytische und das operative Steuerungswissen des Erziehers gefragt, denn er kann eine Erziehungssituation auslösen, er kann den Rahmen gestalten, er kann die bisherigen Erziehungssituationen analysieren und pädagogisch diagnostizieren, Ziele und Sinn von Erziehungssituationen festlegen, einen Handlungsplan entwerfen und im Anschluss an die Erziehungssituation über sein Handeln und das der Kinder reflektieren (…) Bei der Durchführung der Handlungen des Erziehers in einer aktuellen Erziehungssituation wird dann das Steuerungswissen angewendet, denn auch innerhalb der Erziehungssituation kann es notwendig sein, dass der Rahmen geändert wird oder sich Ziele verschieben, was zum Beispiel dann der Fall sein kann, wenn das Kind den Mitteilungssinn nicht versteht oder nicht akzeptiert etc. Dies kann dann dazu führen, dass der vorher entworfene Handlungsplan in der konkreten Situation geändert wird". Je jünger das Kleinkind ist, umso höher ist die Wahrscheinlichkeit, dass es verbale Mitteilungen der Erzieherin nicht versteht und diese dann auf Mimik, Gestik oder Körperkontakt zurückgreifen muss. Dies verdeutlicht die große Bedeutung kommunikativer Kompetenzen, zum einen hinsichtlich der Anpassung an den Sprachentwicklungsstand des jeweiligen Kindes, zum anderen im nonverbalen Bereich.

Die Bereitschaft des Kindes, sein Verhalten zu ändern, ist bei einer engen Erzieherin-Kind-Beziehung relativ hoch: Es will schließlich der Zuneigung und Liebe seiner Bezugsperson nicht verlustig gehen. Allerdings will es sich aber auch abgrenzen, um ein eigenes Selbst ausdifferenzieren und die eigene Individuation vorantreiben zu können. So mag es sich in manchen Erziehungssituationen und insbesondere während der Trotzphase (zunächst) dem erzieherischen Einfluss verschließen. Dann kann es in der Erzieherin-Kind-Beziehung Machtkämpfe geben. Auch mag ein Kleinkind überhaupt nicht verstehen, dass sein Verhalten von der Fachkraft als problematisch definiert wird (z.B. wenn ein Zweijähriger einem anderen Kind etwas gegen dessen Willen wegnimmt, weil er jetzt damit spielen will).

Gerade bei (jüngeren) Kleinkindern können Erziehungssituationen leicht ins Leere laufen, da ihr Verhaltensrepertoire häufig noch so begrenzt ist, dass keine alternativen Handlungsweisen zur Verfügung stehen. Hier ist die Erzieherin gefordert, das jeweilige Kind bei der Entwicklung neuer Kompetenzen zu unterstützen, indem sie z. B. erste Ansätze positiv verstärkt oder indem sie es mit älteren Kleinkindern zusammen bringt, an deren Verhalten es sich orientieren kann (was durch die Altersmischung in Kindertageseinrichtungen erleichtert wird: So sind in den Gruppen mindestens drei Jahrgänge vertreten, bei der sog. weiten Altersmischung auch fünf und mehr).

Die Erzieherin kann die benötigten Kompetenzen aber auch vormachen (z. B. in individuellen Spiel- bzw. Gesprächssituationen oder in einer Kleingruppe). Hier wird die große Bedeutung der Fachkraft als Verhaltensmodell deutlich. Gerade aufgrund der engen Beziehung (Bindung) zu ihr sind Kleinkinder hoch motiviert, sie nachzuahmen, wobei zunächst Oberflächen- und erst später Tiefenmerkmale imitiert werden. Deshalb sind Erzieherinnen gefordert, sich nicht auf eine wissensvermittelnde Rolle zu beschränken, sondern sich aktiv an Spielsituationen, Aktivitäten der Kinder, Problemlösungsprozessen, Konflikten usw. zu beteiligen, sodass sie eine möglichst große Bandbreite von Verhaltensweisen und Eigenschaften repräsentieren können. Dennoch ist deren Übernahme durch die Kleinkinder nicht gewährleistet, da dies eine hohe individuelle Leistung verlangt, wie Rolf Oerter (1993: 9) verdeutlicht: „Was man von dem Vorbild oder dem Modell sieht, ist visuelle oder akustische Information. Was man aber ausführt, ist Motorik oder gedankliche Verarbeitung. Es muss also ein gewaltiger Transformationsprozess erfolgen …".

In Erziehungssituationen ist häufig ein engerer Bezug zwischen Fachkraft und Kind gegeben als in anderen Situationen. Dies gilt insbesondere für intensive Gespräche, in denen das Kleinkind sein psychisches Erleben offenbart, das dann von der Erzieherin beeinflusst werden kann. Aber auch in weiteren Situationen werden seine Gefühle und Gedanken zugänglich: „Kinder zwischen drei und sechs Jahren befinden sich im so genannten ,Erzählalter'. Sie leben in einer Fantasiewelt und erklären sich ihre Welt über Geschichten. Diese spiegeln Wünsche, Probleme und Konflikte der Kinder wider. Die gehörten Geschichten sind Vorlagen für ihre Rollenspiele. Und durch Rollenspiele wiederum wird die Fantasie der Kinder angeregt und für sie werden dann Wünsche und Träume Wirklichkeit. Rollenspiele helfen, eigene Gefühle und Gedanken zu ordnen und anderen mitzuteilen" (Kolthoff 2006: 38). Hinzu kommt, dass Kleinkinder ihr Denken noch nicht verinnerlicht haben: Sie denken laut, äußern offen ihre Absichten und Gedanken, begleiten ihre Aktivitäten mit einem konstanten Redefluss, steuern ihre Handlungen mit Worten usw. (Bailey/Brookes 2003). Die Fachkräfte müssen also „nur" beobachten und zuhören, um Zugang zu mentalen Zuständen der Kinder zu bekommen.

So entstehen in Kindertageseinrichtungen immer wieder Situationen, in denen Erzieherinnen Kindern helfen können, Erlebnisse und Erfahrungen zu verarbeiten, die eigenen Bedürfnisse und Emotionen zu verstehen, mit Frustrationen und Problemen umzugehen, Ängste zu äußern und abzubauen. In der engen Beziehung zum Kind kann die Fachkraft zu einem „Spiegel" werden, der die Gefühle und Gedanken zurückwirft und einer (gemeinsamen) Bearbeitung zugänglich macht. Wichtig ist hier auch, das Kind beim Benennen von Empfindungen und Emotionen zu unterstützen, da dies das Wahrnehmen und Ausdifferenzieren von affektiven Zuständen erleichtert. Solch intime Gesprächssituationen erleben Kleinkinder sonst nur in der Eltern-Kind-Beziehung.

Da das Sozialverhalten von Kleinkindern noch unausgereift ist, müssen Fachkräfte in Kindertageseinrichtungen auf diesem Gebiet in weitaus größerem Maße als z.B. Lehrer erzieherisch tätig werden. Beispielsweise benötigen schüchterne Kinder oder „Neulinge" oft Unterstützung bei der Aufnahme persönlicher Beziehungen. So müssen Erzieherinnen ihnen zeigen, wie man sich einer Kleingruppe anschließt und als Spielkamerad akzeptiert wird. Oder sie beginnen mit dem jeweiligen Kind eine besondere Aktivität, an der sich bald andere Kinder beteiligen wollen, sodass sich die Fachkräfte wieder zurückziehen können. Andere Kinder benötigen Unterstützung bei der Entwicklung von Durchsetzungsvermögen, sodass sie nicht länger andere über sich selbst bestimmen lassen.

Viel individuelle Aufmerksamkeit verlangen verhaltensauffällige Kinder, insbesondere wenn sie aggressiv, zerstörerisch oder gar gewalttätig sind. Manche dieser Kinder leiden unter familialen Belastungen (z.B. Trennung/ Scheidung, Alleinerzieherschaft, Arbeitslosigkeit, Armut) oder unter einem Mangel an positiver Zuwendung seitens ihrer Eltern. Hedi Friedrich (2003: 87) kommentiert: „Provokative Grenzüberschreitungen weisen häufig auch auf fehlende Regeln und Grenzen in den bisherigen Beziehungen hin. (…) Die Gleichgültigkeit oder mangelnde Annahme, die Kinder in manchen Beziehungen spüren und die das Gefühl hervorruft, allein und ungeliebt zu sein, bringt Kinder bewusst oder unbewusst dazu, mit Grenzerfahrungen zu spielen. (…) Negative Zuwendung ist für Kinder manchmal erträglicher als gar keine, und diese kann man erhalten, wenn man Grenzen überschreitet und Regeln missachtet". Um diesen Kindern zu helfen, reichen heilpädagogische Techniken nicht aus. Vielmehr muss die Erzieherin-Kind-Beziehung so ausgestaltet werden, dass sie kompensatorisch wirkt, dass sich also das jeweilige Kind als Person angenommen, verstanden und geliebt fühlt.

Aber auch unabhängig von Verhaltensauffälligkeiten treten Konflikte in Kindertageseinrichtungen bei weitem häufiger als z.B. in Schulen auf, da hier wenig strukturierte Situationen überwiegen und Kleinkinder erst ansatzweise über Konfliktlösungstechniken verfügen. So ist die Erzieherin in hohem Maße als Streitschlichterin gefragt, wobei sie allerdings den Konflikt nicht abbrechen oder für die Kinder lösen sollte, da dann der Streit oft wieder aufflackert, weil er aus Sicht der Kinder nicht bewältigt wurde. Besser ist es, wenn die Fachkraft von der Mediation Gebrauch macht: „Sie hilft den Kindern, deren jeweilige Sichtweise des Konflikts darzustellen und die damit einhergehenden Gefühle zu erkennen und zu klären. (...) Gemeinsam suchen alle Beteiligten nach Lösungsmöglichkeiten. Den Kindern wird bewusst, dass nicht die Erzieherin eine Lösung vorgibt und bestimmt, sondern dass sie ihnen selbst die Lösung des Streits überlässt" (Kolthoff 2006: 65). So hilft sie ihnen zu lernen, wie man Konflikte konstruktiv löst, nämlich indem man den anderen nicht beschimpft oder sich mit Gewalt durchzusetzen versucht, sondern indem man ihn ausreden lässt, ihn zu verstehen versucht und kompromissbereit ist. Besonders wichtig ist, dass sich die Erzieherin bei Konflikten mit Kindern genauso verhält, dass sie also wieder als Vorbild bzw. Verhaltensmodell wirkt.

Dennoch gibt es gerade bei ausufernden Streitigkeiten zwischen Kindern, bei Gewaltausübung oder Zerstörungswut Situationen, wo die Fachkraft Grenzen ziehen und oft auch Kinder festhalten muss. Solche Situationen sind für die Erzieherin-Kind-Beziehung nicht unproblematisch, da hier Macht ausgeübt wird. Das aufgrund des Altersunterschieds und des viel höheren Entwicklungsstandes der Fachkraft sowieso schon bestehende Ungleichgewicht in der Beziehung zu den Kleinkindern wird dadurch noch verschärft. Deshalb ist es wichtig, dass die Erzieherin den Kindern erklärt, weshalb sie durchgegriffen hat. Dieses Gespräch kann durchaus zu einem späteren Zeitpunkt erfolgen, wenn sich die Gemüter wieder beruhigt haben.

Dasselbe gilt für das Setzen von Regeln und die Bestrafung bei Grenzüberschreitungen. Auch hier besteht ein Begründungsbedarf: Regeln und Strafen müssen nicht nur kindgemäß erklärt, sondern auch gerechtfertigt werden. Selbstverständlich sollten sie dem Alter der Kinder entsprechen und gerecht angewendet werden.

Das hier angesprochene Ungleichgewicht an Macht in den Erzieherin-Kind-Beziehungen ist in den letzten Jahren immer wieder problematisiert worden. So wurde eine Demokratisierung des Verhältnisses gefordert – und mancherorts umgesetzt: In vielen Kindertageseinrichtungen haben Kinder Mitbestimmungsrechte erhalten. Sie können im Stuhlkreis beispielsweise selbst Regeln für das Zusammenleben aufstellen, die oftmals ganz anders als die Vorschriften von Erwachsenen sind. Auch können sich ihre Regeln auf das Verhalten der Fachkräfte beziehen (z. B. dass sie die Kinder nicht beim Spielen stören dürfen).

Die Mitbestimmung der Kinder kann aber noch weiter reichen: „Kindzentriertes Verständnis von Partizipation (...) fordert, dass aus der Beteiligung von Kindern eine Einmischung mit Folgen auch für Erwachsene wird: Die Kinder werden hier von Erwachsenen grundsätzlich und ausgiebig befragt und informiert, bevor etwas geplant oder verwirklicht wird. Bringen Kinder ihre eigenen Interessen ein, wird ernsthaft und folgenreich auf sie eingegangen" (Henneberg et al. 2004: 30f.). So können sie beispielsweise im

Gesprächskreis oder in der Kinderkonferenz Themen für Projekte vorschlagen und deren Ablauf mit planen, eine Exkursion reflektieren oder über einen am vergangenen Tag erfolgten Konflikt diskutieren. Sie haben viele Mitbestimmungsmöglichkeiten hinsichtlich des Tages-, Wochen- bzw. Monatsprogramms, da es für Kindertageseinrichtungen (im Gegensatz zu Schulen) keine Lehrpläne gibt.

Die Kinder werden somit an vielen Entscheidungen beteiligt und müssen dementsprechend altersgemäß Verantwortung übernehmen. Selbstverständlich gibt es auch hier Grenzen; aber selbst wenn sich die Kinder gegenüber der Erzieherin nicht durchsetzen konnten, stärkt es dennoch die Beziehung, wenn sie das Gefühl haben, dass sie ihre eigenen Wünsche und Interessen äußern und mit der Fachkraft diskutieren konnten.

Partizipation wirkt sich auch auf die emotionale und soziale Entwicklung der Kinder positiv aus: „Selbstwertgefühl und Selbstvertrauen sind nicht nur ein Schlüssel für persönliches Wohlbefinden und Erfolg, sondern auch für soziales Engagement und Zivilcourage. Einzutreten für seine Meinung oder sein Recht, sich mitzuteilen, zu behaupten und durchzusetzen, sind ebenso wichtige Fähigkeiten für demokratisches Zusammenleben wie der Austausch von Erfahrungen und verständnisvolles Eingehen auf andere Personen, gemeinsames Handeln und konstruktives Lösen von Konflikten" (Friedrich 1992: 10). So werden Solidarität und Gemeinschaftsgefühl gestärkt.

Über das Ausmaß der Partizipation gibt eine von Susanna Roux (2002) in den neuen Bundesländern durchgeführte Schlüsselbildbefragung Auskunft, an der 144 Kinder aus 36 Tageseinrichtungen teilnahmen. Sie ergab, dass 91,6% der Kinder Stuhlkreise gewohnt sind; dem Rest sind sie unvertraut. 34% der Kinder besprechen hier zukünftige Vorhaben (Planung), 11% diskutieren Probleme in der Gruppe und 9% reflektieren vergangene Aktivitäten, während 44% diese Gruppensituation vor allem vom Spielen, 20% vom Besprechen von Sachthemen, 16% vom Singen und 13% vom Vorlesen her kennen. „Auf die Frage, ob sie dort auch was sagen dürfen, berichten (…) die meisten Kinder, dass man das dürfe, sich dabei aber an bestimmte Regeln halten müsse (52,4%). Hingegen äußern Kinder seltener, sie dürften immer beitragen (23%) oder nur, ‚wenn ich von der Erzieherin aufgerufen werde' (21,4%). Dass nur die Erzieherinnen sprechen dürften, wird von 7,9% berichtet" (Roux 2002: 141). 83% der Kinder können in den Gesprächsrunden sagen, was sie gut und schön finden, 42%, was sie nicht gut finden, und 52%, was sie gerne anders machen möchten; 56,6% haben schon einmal etwas vorgeschlagen.

Diese Untersuchung verdeutlicht, dass Kleinkinder bereits in hohem Maße das Geschehen in der Kindertageseinrichtung mitbestimmen können und viel Wert auf ihre Meinung gelegt wird. Eine große Entscheidungsfreiheit besteht auch bei der Auswahl von Aktivitäten: So können 71% der befragten Kleinkinder selbst bestimmen, mit was sie sich beschäftigen, 21% sagten, manchmal gäbe es Vorgaben. Laut 15 % der Kinder gibt die Erzieherin, und laut 12 % geben andere Kinder die Tätigkeiten vor. 53 % der Kinder können laut eigener Aussage auch manchmal in einem Raum spielen, in dem keine Erzieherin ist.

Aus der Kindperspektive heraus wird jedoch ein pädagogisch positiv zu bewertendes Verhalten von Erzieherinnen bei Konflikten (s. o.) eher selten genannt. So geben bei der Studie von Susanne Roux (2002) nur 25,2 % der Kinder an, dass die Erzieherin Lösungen initiieren würde, während 37,8 % sagen, sie würde schimpfen. Laut 30,3 % würde sie bestimmen, was zu tun sei, und laut 22,7 % würde sie die Kinder bestrafen.

Relativ autoritäre Verhaltensweisen der Fachkräfte wurden auch von einigen der 800 Kinder bei der bereits erwähnten Untersuchung von Dietmar Sturzbecher, Heidrun Großmann und Rudolf Welskopf (2001) genannt: So bekäme laut eigener Aussage mehr als jedes zehnte Kind von der Erzieherin oft zur Antwort, dass es nicht widersprechen soll („keine Widerrede"), 3,6 % würden mit Strafe bedroht, wenn sie etwas nicht machen wollen, und 2,8 % würden sofort bestraft. Diese Prozentangaben zeigen jedoch, dass derartige Reaktionen eher die Ausnahme sind.

Bei der vorgenannten Studie wurden auch Clusteranalysen durchgeführt, nach denen sich aus Sicht der Kinder folgende sechs typischen Erziehungsmuster von Erzieherinnen ergaben:

- stark unterstützend, ausgeglichen und repressionsarm (23,7 %),
- durchschnittlich unterstützend und repressiv (22,3 %),
- durchschnittlich unterstützend und repressionsarm (21,1 %),
- wenig unterstützend und durchschnittlich repressiv (14,6 %),
- wenig unterstützend und repressionsarm (10,8 %),
- stark unterstützend, emotional und mäßig repressiv (7,5 %).

Leider liegen keine Daten über eine Beurteilung des Erziehungsverhaltens von Fachkräften durch qualifizierte Beobachter vor, sodass ungeklärt bleibt, ob wirklich relativ viele Erzieherinnen repressiv bzw. wenig unterstützend gegenüber den ihnen anvertrauten Kleinkinder sind.

3. Bildung

Der Bildungsauftrag von Kindertageseinrichtungen wurde in den letzten Jahren stärker als zuvor thematisiert – mitbedingt z. B. durch das schlechte Abschneiden deutscher Schüler bei den PISA- und IGLU-Studien. In den daraufhin von den Bundesländern verabschiedeten Bildungs- und Orientierungsplänen werden zum einen die vielen Kompetenzen aufgelistet, die Erzieherinnen Kleinkindern vermitteln sollen, und zum anderen die zu berücksichtigenden Bildungsbereiche aufgeführt.

Bildung im Kleinkindalter bedeutet aber keinesfalls Unterricht durch Erzieherinnen. Entwicklungspsychologie und Hirnforschung haben in den letzten Jahren aufgezeigt, dass Kleinkinder sich selbst bildende Wesen sind, die ihre Entwicklung aktiv mitgestalten (Textor 2006). Sie sind in großem Maße neugierig und interessiert, lernen hoch motiviert und selbsttätig. Kleinkinder erschließen sich ihre natürliche, soziale und kulturelle Umwelt wie „kleine Wissenschaftler" selbst und eignen sich dabei eine Unmenge an Wissen an. Dabei spielen Interaktionen mit anderen Kindern eine große Rolle – gemeinsam wird etwas beobachtet, untersucht, ausprobiert und diskutiert. Die Sichtweise, dass Kleinkinder kompetente Wesen sind, ersetzt somit zunehmend das früher vorherrschende Defizitmodell.

Obwohl das meiste Lernen eigenaktiv ist bzw. in Interaktion mit Gleichaltrigen erfolgt, sind Erzieherinnen in hohem Maße hinsichtlich ihrer Bildungsfunktion gefordert, wie z. B. in einem Orientierungsplan verdeutlicht wird: „Vor dem Hintergrund des sich selbst bildenden Kindes wäre es verhängnisvoll zu glauben, es könne sich selbst überlassen bleiben. Der Erwachsene ist herausgefordert, das Kind in seiner Entwicklung zu unterstützen und zu fördern. Er schafft Impulse in den unterschiedlichsten Bereichen, sei es über die Anregung aller Sinne oder die Gestaltung von Räumen. Er setzt einen Rahmen (zeitlich oder räumlich), welcher der momentanen Entwicklungsphase angemessen ist. Er bietet dem Kind einerseits genügend Sicherheit und andererseits den nötigen Freiraum, Neues zu erobern. Ohne diese wichtigen Elemente würden die Bildungsprozesse des Kindes ins Stocken geraten, wenn nicht sogar verkümmern. Dabei ist dem Erwachsenen bewusst, dass er in seinem Tun oder auch (Unter-)Lassen stets Orientierung für das Kind ist, ihm als Vorbild dient und für emotionale Geborgenheit sorgen muss" (Baden-Württemberg Ministerium für Kultus, Jugend und Sport 2006: 25 f.). Diese Aussagen verdeutlichen erneut die Bedeutung von Bindung und Vorbildwirkung (s. o.).

Die Erzieherin-Kind-Beziehung ist aber auch der Ort, an dem viele Bildungsprozesse ablaufen. Das aktuelle frühpädagogische Bildungsverständnis fußt weitgehend auf dem Sozialkonstruktivismus, für den Bildung im Kleinkindalter ein sozialer Prozess ist, an dem sich Kinder und Erwachsene aktiv beteiligen. Nur in Interaktion, im kommunikativen Austausch und im *ko-konstruktiven* Prozess findet Bildung statt, eingebettet im jeweiligen sozialen und kulturellen Kontext. Lernen erfolgt somit kooperativ.

Im Prozess der Ko-Konstruktion verständigen sich Kind und Erzieherin (oder ein anderes Kind) zunächst über die jeweilige Fragestellung; beide Seiten müssen einander erst einmal verstehen – also die unterschiedlichen Perspektiven, die zugrunde liegenden Motive, die individuellen, kulturellen und ethnischen Charakteristika, die Bedeutung von Begriffen usw. (Herstellen von Intersubjektivität). Dann kann die Erzieherin die kindliche „Forschertätigkeit" durch die Lenkung der Aufmerksamkeit auf noch nicht wahrgenommene oder unberücksichtigte Aspekte, durch das Bereitstellen benötigter Materialien, durch das Schaffen von Vergleichsmöglichkeiten, durch Erklärungen, Interpretationen, Wissensvermittlung u. a. unterstützen. Edith Ostermayer (2006: 81 f.) ergänzt: „Die Erzieherin kann in diesem Kontext als Bildungspartnerin zur Verfügung stehen, die einerseits Fragen beantwortet, entweder selbst oder in gemeinsamer Erkundung mit dem Kind. Sie sollte ebenso in der Lage sein, Fragen so zu stellen, dass sie Kindern als Initialzündung für weitere eigenständige Denkprozesse dienen". Ferner soll sie die lernmethodische Kompetenz der Kinder fördern, indem sie metakognitive Prozesse stimuliert – also das Nachdenken darüber, *was* und *wie* gelernt wurde. Schließlich gilt es, den Lernerfolg positiv zu verstärken. Solche Prozesse der Ko-Konstruktion können übrigens auch in Kleingruppen ablaufen.

Renate Fliedner (2004: 220) untersuchte ko-konstruktive Prozesse in einer leicht abzugrenzenden Bildungssituation, nämlich der Bilderbuchbetrachtung, wobei sie das Verhalten von 52 Erzieherinnen und 52 Müttern verglich, deren Kinder im Durchschnitt 4,4 Jahre alt waren: „Erzieherinnen nehmen sich mehr Zeit, um mit Kindern Bilderbücher zu betrachten und miteinander darüber zu sprechen. Das verbinden sie mit Anregungen zur höheren Distanzierung, sodass von den Kindern längere Konzentration und ein interaktives Frage-Antwort-Verhalten auf höherem Distanzierungsniveau gefordert wird. Mütter gestalten die Interaktion eher mit geringeren kognitiven Anforderungen an die Kinder. Sie stellen ihnen weniger Fragen und erklären dafür mehr, sodass die Kinder eher bei der psychischen Verarbeitung unterstützt werden und Gelegenheit haben, selbst Fragen zu stellen". Die Erzieherinnen lobten die Kinder häufiger und zollten ihnen mehr Anerkennung als die Mütter. Spontane Äußerungen der Kinder traten bei der Bilderbuchbetrachtung in der Tageseinrichtung jedoch seltener auf. Zudem waren bei etwa einem Drittel der Kinder die kognitiven Anforderungen eher gering.

Auch Iram Siraj-Blatchford et al. (2002) stellten bei ihrer Längsschnittstudie fest, bei der in Großbritannien 2.800 Kinder aus 141 Kindertageseinrichtungen untersucht wurden, dass durchaus mehr anspruchsvoller kognitiver Austausch zwischen Erzieherin und Kind(ern) ablaufen könnte. Dies gilt zum einen generell: Mehr als 45 % aller Interaktionen umfassten reine Wissensvermittlung und mehr als 30 % Verhaltensanleitung bzw. -kontrolle, während nur bei etwas mehr als 5 % der Interaktionen gemeinsam längere Zeit überlegt und reflektiert wurde.[4] Zum anderen wurden solche Interaktionen in einigen Kindertageseinrichtungen häufiger als in anderen beobachtet: „In achieving this, the provision of worksheets and/or over directed or didactic teaching is unhelpful. The sociodramatic play of the home corner provides a particularly useful context for such interactions …" (Siraj-Blatchford et al. 2002: 44) – insbesondere wenn die Erzieherinnen aktiv involviert waren und die Fantasie der Kinder durch offene Fragen stimulier-

---

4 Im Original „teaching", „monitoring" und „shared sustained thinking".

ten. Längere Interaktionen mit hohen kognitiven Anforderungen traten natürlich ebenfalls in anderen Situationen auf (und auch nur zwischen Kindern, insbesondere in Kleingruppen und während des in effektiven Einrichtungen besonders häufigen Freispiels), wobei ein hoher Prozentsatz von den Kindern selbst initiiert wurde.

Prozesse von Ko-Konstruktion innerhalb der Erzieherin-Kind-Beziehung konnten also bei der britischen Studie erfasst werden, waren aber relativ selten. Sie traten häufiger bei Fachkräften auf, die den Kindern einen großen Freiraum für das aktive und selbsttätige Erforschen ihrer (von der Erzieherin nach pädagogischen Gesichtspunkten gestalteten) Umwelt ließen, das Gespräch mit ihnen suchten, ihre Vorstellungskraft stimulierten, viele offene Fragen stellten, ihnen viel Feedback während ihrer Aktivitäten gaben, sie ermutigten und mit ihnen die gemachten Erfahrungen reflektierten. Besonders effektive Erzieherinnen beobachteten die Kinder systematischer, setzten häufiger Modelllernen ein und förderten lernmethodische Kompetenzen stärker. Ferner wurden mehr kognitiv anspruchsvolle Interaktionen mit Kindern bei höher qualifizierten Fachkräften beobachtet. Auch bei der bereits erwähnten Untersuchung von Jean I. Layzer, Barbara D. Goodson und Marc Moss (1993) wurde festgestellt, dass amerikanische Erzieherinnen in weitaus größerem Maße als Zweitkräfte die kognitive Entwicklung von Kleinkindern förderten, also z. B. mehr Fragen stellten, mehr erklärten und Lernerfolge häufiger positiv verstärkten.

4. Schlusswort

In diesem Beitrag wurde verdeutlicht, dass die Erzieherin-Kind-Beziehung sowohl der Eltern-Kind-Beziehung (Bedeutung der Bindung, stark ausgeprägte Betreuungs- und Erziehungsfunktion) als auch der Lehrer-Kind-Beziehung (immer wichtiger werdende Bildungsfunktion) ähnelt, sich von diesen aber auch unterscheidet. Es wurde anhand empirischer Studien herausgearbeitet, dass das in ihr liegende Potenzial aber erst zum Teil genutzt wird – und auch nur in einem Teil der Kindertageseinrichtungen. Erzieherinnen könnten ihren Betreuungs-, Erziehungs- und Bildungsfunktionen besser nachkommen und engere Bindungen zu den ihnen anvertrauten Kleinkindern aufbauen, wenn sie u. a. besser qualifiziert wären und kleinere Gruppen hätten. Auch sollte ihre pädagogische Arbeit regelmäßig überprüft werden – es ist heute nicht mehr akzeptabel, dass einige Kindertageseinrichtungen qualitativ viel schlechter sind als andere. Dies kann nämlich laut der Untersuchung von Wolfgang Tietze (1998) dazu führen, dass Kinder bei einer miserablen Betreuungsqualität in ihrer Entwicklung um ein Jahr hinter der von Kindern aus guten Tagesstätten zurückfallen.

Literatur

Ahnert, Lieselotte (2006): Frühe Kindheit. Bindungs- und Bildungsgrundlagen. In: Stimme der Familie 53: 6-8

Baden-Württemberg Ministerium für Kultus, Jugend und Sport (2006): Orientierungsplan für Bildung und Erziehung für die baden-württembergischen Kindergärten. Pilotphase. Weinheim, Basel: Beltz

Bailey, Becky A./Brookes, Carolyn (2003): Thinking out loud. Development of private speech and the implications for school success and self-control. In: Young Children 58: 46-52

Birch, Sondra H./Ladd, Garry W. (1997): The teacher-child relationship and children's early school adjustment. In: Journal of School Psychology 35: 61-79

Birch, Sondra H./Ladd, Garry W. (1998): Children's interpersonal behaviors and the teacher-child relationship. In: Developmental Psychology 34: 934-946

Carlson, Frances M. (2006): Essential touch. Meeting the needs of young children. Washington, D.C.: National Association for the Education of Young Children

Ennulat, Gertrud (1998): Kinder in ihrer Trauer begleiten. Ein Leitfaden für ErzieherInnen. Freiburg, Basel, Wien: Herder

Ennulat, Gertrud (2007): Umgang mit Ängsten: Wie verkraften unsere Kinder diese Nachrichten? http://www.kindergartenpaedagogik.de/837.html (Download am 15.01.2007)

Fliedner, Renate (2004): Erwachsenen-Kind-Interaktionen in Familien und Kindergärten. Eine Methode zur Feststellung unterschiedlicher Qualitätsniveaus kognitiver Förderung. Frankfurt a.M.: Peter Lang

Friedrich, Hedi (1992): Auf Kinder hören – mit Kindern reden. Gespräche und Spiele im Kindergarten. 4. Auflage. Freiburg, Basel, Wien: Herder

Friedrich, Hedi (2003): Beziehungen zu Kindern gestalten. 3. Auflage. Weinheim, Basel: Beltz

Goldmann, Ulrike (2001): Der Zusammenhang von Entwicklung und Erziehung aus systemtheoretischer Sicht. Inaugural-Dissertation in der Erziehungswissenschaftlichen Fakultät der Friedrich-Alexander-Universität Erlangen-Nürnberg: Erlangen

Hamre, Bridget K./Pianta, Robert C. (2001): Early teacher-child relationships and the trajectory of children's school outcomes through eighth grade. In: Child Development 72: 625-638

Henneberg, Rosy/Klein, Helke/Klein, Lothar/Vogt, Herbert (2004): Den Sinn kindlichen Handelns verstehen und respektieren. In: Henneberg, Rosy/Klein, Helke/Klein, Lothar/Vogt, Herbert (Hg.): Mit Kindern leben, lernen, forschen und arbeiten. Kindzentrierung in der Praxis. Seelze-Velber: 14-45

Howes, Carollee/Hamilton, Claire E. (1992a): Children's relationships with caregivers: Mothers and child care teachers. In: Child Development 63: 859-866

Howes, Carollee/Hamilton, Claire E. (1992b): Children's relationships with child care teachers: Stability and concordance with parental attachments. In: Child Development 63: 867-878

Kolthoff, Martina (2006): Gesprächskultur mit Kindern. klein&groß PraxisExpress. Weinheim, Basel: Beltz

Kontos, Susan/Wilcox-Herzog, Amanda (1997): Teachers' interactions with children: Why are they so important? In: Young Children 52: 4-12

Layzer, Jean I./Goodson, Barbara D./Moss, Marc (1993): Observational study of early childhood programs. Final Report, Volume 1: Life in Preschool. Washington, D.C.: Department of Education

Oerter, Rolf (1993): Brauchen Kinder Vorbilder? In: durchblick 2: 8-19

Ostermayer, Edith (2006): Bildung durch Beziehung. Wie Erzieherinnen den Ent-wicklungs- und Lernprozess von Kindern fördern. Freiburg, Basel, Wien: Her-der.

Payne, Arnie Lapp (2003): Measuring preschool children's perceptions of teacher-child relationship quality: Developing and testing the "feelings about my school and teachers" instrument. In: Dissertation Abstracts International Section A: Humanities and Social Sciences 64: 391

Peisner-Feinberg, Ellen S./Burchinal, Margaret R./Clifford, Richard M./Culkin, Mary L./Howes, Carollee/Kagan, Sharon L./Yazejian, Noreen (2001): The rela-tion of preschool child-care quality to children's cognitive and social develop-mental trajectories through second grade. In: Child Development 72: 1534-1553

Pianta, Robert C./Stuhlman, Megan W. (2004): Teacher-child relationships and children's success in the first years of school. In: School Psychology Review 33: 444-458

Roux, Susanna (2002): Wie sehen Kinder ihren Kindergarten? Theoretische und empirische Befunde zur Qualität von Kindertagesstätten. Weinheim, München: Juventa

Saft, Elizabeth W./Pianta, Robert C. (2001): Teachers' perceptions of their rela-tionships with students. Effects of child age, gender, and ethnicity of teachers and children. In: School Psychology Quarterly 16: 125-141

SGB VIII (= Sozialgesetzbuch Achtes Buch) (2005): Kinder- und Jugendhilfe (Ar-tikel 1 des Gesetzes v. 26. Juni 1990, BGBl. I S. 1163, zuletzt geändert durch Art. 1 G v. 8. 9.2005 I 2729). http://www.bmfsfj.de/RedaktionBMFSFJ/ Abteilung5/Pdf-Anlagen/sgb-vlll,property=pdf,bereich=,rwb=true.pdf (Downlo-ad am 15.01.2007)

Siraj-Blatchford, Iram/Sylva, Kathy/Muttock, Stella/Gilden, Rose/Bell, Danny (2002): Researching effective pedagogy in the early years. Research Report No. 356. Norwich: Queen's Printer

Sturzbecher, Dietmar/Großmann, Heidrun/Welskopf, Rudolf (2001): Hilfsbereit und humorvoll? Die kindlichen Einschätzungen des Erziehungsverhaltens von Eltern und Erzieherinnen. In: Sturzbecher, Dietmar/Großmann, Heidrun (Hg.): Besserwisser, Faxenmacher, Meckertanten. Wie Kinder ihre Eltern und Erziehe-rinnen erleben. Neuwied, Kriftel, Berlin: 57-86

Textor, Martin R. (1999): Bildung, Erziehung, Betreuung. In: Unsere Jugend 51: 527-533

Textor, Martin R. (2006): Bildung im Kindergarten. Zur Förderung der kognitiven Entwicklung. Münster: Monsenstein und Vannerdat

Tietze, Wolfgang (Hg.) (1998): Wie gut sind unsere Kindergärten? Eine Untersu-chung zur pädagogischen Qualität in deutschen Kindergärten. Weinheim, Basel: Beltz

Werner Helsper und Merle Hummrich

Lehrer-Schüler-Beziehung

Schule weist einen anderen Vergesellschaftungsmodus auf als Familie (Kohli 1988). Während Familienbeziehungen diffus und intim sind, steht Schule eher für kündbare, spezifisch begrenzte und universalistisch orientierte Beziehungsmuster. Allerdings ist die Schule in der Biographie von hoher Bedeutung (Lenz 1991). Lehrer und Schüler treten sich, mitunter über längere Zeiträume und mit hoher Intensität, als handelnde Personen gegenüber. Sie nehmen also Beziehungen auf, die gewiss auch persönliche Anteile haben. Dies auszuloten ist das Anliegen dieses Beitrages.

1. Lehrer und Schüler – Allgemeine Verhältnisbestimmungen

1.1 Lehrer-Schüler-Beziehungen in pädagogischen Entwürfen

Dass Lehrer-Schüler-Beziehungen überhaupt ein Gegenstand wissenschaftlicher Betrachtung wurde, verdankt sich den aufklärerischen Beiträgen zur Pädagogik, die erstens der ständischen Festschreibung von Bildungsverläufen entgegen wirkte, zweitens Erziehung nicht von Gott gegeben sah, sondern – wie bei Johann Amos Comenius – zum Gegenstand der menschlichen Reflexion machte (Blankertz 1982) und drittens das Selbstverständnis von Kindheit als eigenständige Lebensphase etablierte (etwa Campe 1778). Auch wenn es sicherlich interessant wäre, die geschichtliche Entwicklung mit Blick auf die Lehrer-Schüler-Beziehung umfassend zu analysieren, kann dies hier nur exemplarisch, anhand von einigen ausgewählten Positionsbestimmungen geschehen. Hierbei ist Jean-Jacques Rousseau als zentrale Bezugsgröße zu nennen, der sich gegen defizitorientierte Sichtweisen auf das Kind wendet, in denen etwa Erziehung als Anpassung an die Gesellschaft oder als Befreiung von der Erbsünde verstanden wird. Den von der Idee der Rollenförmigkeit und Autoritätsbeziehungen durchzogenen vorausgehenden Werken zur Erziehung, setzt Jean-Jacques Rousseau das dyadische Erzieher-Educanden-Verhältnis entgegen, in dem sich der Erzieher ganz dem Kind zuwendet und Raum für natürliche (Selbst-)Erfahrungen schafft, ohne direkt auf das Kind einzuwirken. Der damit als „negative Erziehung" bezeichnete Erziehungsprozess ist dadurch gekennzeichnet, dass das Kind auf die Stufe eines Wilden zurückgesetzt wird, um so den größtmöglichen Raum für Selbstentfaltung zu erhalten (Rousseau 1983). Die Idee der besonderen Beziehung zwischen Lehrer und Schüler findet sich auch wieder bei Johann Friedrich Herbart, der sich jedoch von der Idee der

„natürlichen Erziehung" distanziert, da dadurch wichtige kulturelle Wissensbestände verloren gingen und sich die „überstandenen Übel womöglich von vorn wiederholen" (Herbart 1806: 19). In seiner pädagogischen Theorie differenziert Johann Friedrich Herbart die Lehrer-Schüler-Beziehung systematisch in ihrer Doppelwertigkeit von Erziehung und der Vermittlung von Bildung aus.

Georg W. F. Hegel schließlich entwirft die Bedeutung der Schule und der Lehrer-Schüler-Beziehung im Horizont seiner Theorie der Sittlichkeit (Honneth 2001): Während in der Sphäre der Familie auf der Grundlage der Liebe die Bedürfnisse entfaltet werden, bedarf es der Sphäre der Gesellschaft, um die Herausbildung zweckrationaler Interessen zu entfalten und schließlich der Sphäre des Staates, damit die Vernunft als Ausdruck des Allgemeinen und des Allgemeinwohls entstehen kann. Dies lässt sich auch als ontogenetischer Bildungsprozess des Subjekts begreifen, das in der lebensgeschichtlichen Abfolge der Partizipation an diesen Sphären einen Entwicklungsprozess hin zur Entfaltung der allgemeinen Vernunft durchläuft. Darin steht die Schule – so Georg W. F. Hegel (1995) in seiner Gymnasialrede von 1811 – in einer „Mittel-Sphäre" (ebd.: 48): Sie führt das Kind aus dem Krcis der Liebe, Empfindung und Neigung in „das Element der Sache" (ebd.) und führt ihn hin zur „Welt": Dort hat dieser seinen Wert nur „durch das, was er leistet: er hat den Werth nur, insofern er ihn verdient. Es wird ihm wenig aus der Liebe und um der Liebe willen; hier gilt die Sache, nicht die Empfindung und die besondere Person. Die Welt macht ein von dem Subjektiven unabhängiges Gemeinwesen aus, der Mensch gilt darin (…) je mehr er sich der Besonderheit abgethan, und zum Sinne eines allgemeinen Seyns und Handelns gebildet hat" (ebd.). Genau diese Aufgabe der Bildung zur Welt des Allgemeinen nimmt die Schule wahr, indem sie das Kind nun – im Unterschied zu den an Liebe und am Einzelnen orientierten Familienbeziehungen – in den Horizont von Lehrer-Schüler-Beziehungen einrückt, die ihm universelle Pflichten und Regeln auferlegen: In der Schule hat das Kind „im Sinne der Pflicht und eines Gesetzes sich zu betragen, und um einer allgemeinen, bloß formellen Ordnung willen dies zu thun und anderes zu unterlassen" (ebd.: 49). Dadurch kommt es zur „Ausbildung socialer Tugenden", die es für Gesellschaft und Staat vorbereiten. In diesem Sinne repräsentieren die formalen, unpersönlichen Lehrer-Schüler-Beziehungen in Georg W. F. Hegels Entwurf der Entfaltung der Sittlichkeit im Bildungsprozess bereits die allgemeinen Sphären der Gesellschaft und des Staates.

Die Idee der an der Individualität des Kindes ausgerichteten besonderen Beziehung zwischen Lehrer und Schüler gewinnt im Zuge der Entwicklung reformpädagogischer Theorien wieder an Bedeutung. In Bildern des „heiligen", schöpferischen, aktiven, sich selbst entfaltenden Kindes wie sie schon in romantischen Kindheitsentwürfen vorlagen und in der Reformpädagogik wieder aufgenommen wurden (Ullrich 1999), entwickelt sich der Entwurf von Lehrer-Schüler-Beziehungen, in denen – zumindest dem Anspruch nach – der Lehrer weitgehend auf Führung verzichtet, zum Begleiter und

Schützer des Schülers wird und sich nahezu eine Verkehrung der Asymmetrie andeutet: Das Kind soll – in seiner individuellen eigenen und inneren Entfaltung – dem Lehrer den Weg weisen, dem dieser zu folgen hat. Diese Entwürfe finden, in einer moderaten Variante, Aufnahme in Konzepten der kritischen Pädagogik (etwa Klafki 1985): Orientiert am Modell des herrschaftsfreien Diskurses soll die Asymmetrie und Komplementarität in den Lehrer-Schüler-Beziehungen möglichst weitgehend relativiert und den Schülern weite Räume der Partizipation und Selbstbestimmung eröffnet werden. In einer radikalisierten Variante werden die Lehrer-Schüler-Beziehungen etwa in der Antipädagogik nach dem Modell von Freundschaft und Begleitung als persönliche Beziehungen konzipiert, die im Entwurf Georg W. F. Hegels für familiäre Beziehungen reserviert wären (z. B. von Braunmühl 1978).

1.2 Lehrer-Schüler-Beziehungen in ausgewählten theoretischen Perspektiven

Die Lehrer-Schüler-Beziehung wird auch aus der Perspektive verschiedener sozial- und erziehungswissenschaftlicher Ansätze unterschiedlich justiert. In einer rollentheoretischen und strukturfunktionalistischen Sicht – durchaus mit Parallelen zu Georg W. F. Hegel – erscheinen Lehrer vor allem als Statthalter modernisierter Wertbezüge und Handlungsmuster, die Heranwachsende benötigen, um in unpersönlichen, abstrakten, komplexen und universalistischen sozialen Organisationsformen handlungsfähig zu werden und darin ihren Beitrag zur Reproduktion des Sozialen zu leisten (Fend 1980; Parsons 1981). In der Lehrerrolle sind diese Wertmuster repräsentiert und mit institutionellen Gratifikations- und Sanktionierungsressourcen verbunden. Dazu komplementär ist die Rolle der Schüler angelegt, die in der Konfrontation mit der Lehrerrolle die spezifischen, affektiv neutralen, auf individuelle Zuschreibung bezogenen Leistungshaltungen und universalistischen Vergleichsmaßstäbe repräsentiert und in deren Übernahme inkorporiert. Was dem nicht entspricht, erscheint als Abweichung und wird mit Sanktionen belegt. Die Lehrer-Schüler-Beziehung ist damit als eine komplementäre Rollenbeziehung konzipiert, die die reproduktive Enkulturation des Nachwuchses sicherstellt.

Interaktionistische Ansätze relativieren und differenzieren diese starre und reproduktive rollentheoretische Position. Die Lehrer-Schüler-Beziehung erscheint hier als ein gegenseitiger Aushandlungs- und Interpretationsprozess und wird situativ in schulischen sozialen Arenen generiert. Die schulischen Akteure verfügen dabei über Interpretations- und Ausgestaltungsmöglichkeiten der Rollenbeziehungen, über Rollendistanz und vermögen mittels dramaturgischer Inszenierungen und Taktiken der Selbstpräsentation im Agieren auf schulischen Vorder- und Hinterbühnen die Lehrer-Schüler-Beziehungen zu reinterpretieren, umzudefinieren und situativ auch Verkehrungen von Komplementarität und Asymmetrie zu erzeugen (schon Zinnecker 1978; Heinze 1981; Volmer 1990). In dieser Sichtweise wird Schülern und Lehrern als Akteuren der schulischen Beziehungen eine größere Bedeutung beigemessen und damit der Spielraum für die Ausgestaltung unterschiedlichster Formen der Lehrer-Schüler-Beziehungen geöffnet. Diese Betonung der konkreten Generierung der Lehrer-Schüler-Beziehungen wird in den 1990er Jahren in der neuen Kindheitsforschung und -theorie radikalisiert (Krappmann/Oswald 1995; Breidenstein/Kelle 1998; als Überblick Zinnecker 2008): Heranwachsende erscheinen nicht nur als aktive Gestalter und Konstrukteure ihrer eigenen schulischen Peerbeziehungen, sondern auch als konstitutiv den Unterricht mit erzeugende Kokonstrukteure der Lehrer-Schüler-Beziehungen und ihrer Regeln (Meyer/Jessen 2000; Kalthoff/Kelle 2000). Und in den ritual- und praxistheoretischen Linien (Wulf et al. 2007; Breidenstein 2006) wird die performative Aushandlung und Ausgestaltung der Lehrer-Schüler-Beziehungen in Form konkreter situierter Praktiken ins Zentrum gerückt.

In systemtheoretischen Perspektiven wird ebenfalls die Variabilität der Lehrer-Schüler-Beziehungen betont, auch wenn im Zuge der Theorie funktionaler Differenzierung eine deutliche Differenz zwischen familiärer und schulischer Kommunikation entworfen wird (Tyrell 1987; Luhmann 2002). So wird die hohe Komplexität des „Interaktionssystems Unterricht" durch rollenspezifische komplementär strukturierte Kommunikationsmuster zwischen Lehrer und Schüler zwar geregelt – ethnomethodologische Ansätze weisen etwa auf spezifische Muster der Frage-Antwort-Verkettungen hin, die sich so typischerweise nur im Unterricht finden (Kalthoff 1997) – aber es besteht ein „Technologiedefizit", so dass die Lehrer-Schüler-Kommunikation konstitutiv ungewiss ist und als „Einheit von Ordnung und Unordnung" erscheint (Luhmann 2002). Und in dem Maße, in dem die Absicht etwas vermitteln zu wollen vom Lehrer kommuniziert wird, sind Schüler auch in der Lage daran offen, rebellierend, taktisch, getarnt oder verdeckt negativ anzuschließen – sie wollen sich genau das nicht vermitteln lassen. Inwiefern also die Absicht zu vermitteln auch zur Aneignung auf Seiten der Schüler führt, bleibt riskant und ungewiss (auch Kade 1997).

Wird in den mikrosozialen Perspektiven die akteurs- und situationsspezifische Generierung der Lehrer-Schüler-Beziehungen in ihrer Vielfalt hervorgehoben, so sind durchaus Anschlüsse an institutionelle und makrosoziale Linien möglich: Die symbolisch-interaktionistische Perspektive ist etwa mit dem Labeling-Ansatz zu verbinden: Hier erscheinen Lehrer als definitionsmächtige Andere, die in ihren Urteilen die Schüler mit Me-Bildern konfrontieren, die für ihre schulisch-institutionelle Karriere bedeutsam werden, wodurch versagende, erfolgreiche und deviante Karrieren erzeugt werden, die sich in Etikettierungsprozessen bis hin zur Übernahme eines devianten Selbst entwickeln können mit daraus resultierenden Bewältigungsformen sekundärer Devianz (schon Hargreaves et al. 1981; Hurrelmann/Wolf 1986; Nittel 1992; Holtappels 2000). Und die praxistheoretischen Linien weisen enge Verbindungen zur Bourdieuschen Habitustheorie auf, in der die Lehrer-Schüler-Beziehungen daraufhin analysiert werden, inwiefern Lehrer gegenüber Schülern als Sachwalter des schulisch geforderten sekundären Habitus auftreten, der zum primären Habitus von Schülern und deren kulturellen Praktiken dann in einem starken Spannungsverhältnis steht, wenn Schüler aus schulfernen und mit Bildungskapital schwach ausgestatteten Herkunftsmilieus und Familien stammen. Damit geht die unterschiedliche Anerkennung des jeweiligen primären Habitus der Schüler einher und damit die unterschiedlichen Chancen von Schülern zum Erwerb wertvoller Bildungskapitalien (Bourdieu/Passeron 1973; Bourdieu et al. 1997).

Diese Perspektive, die Lehrer-Schüler-Beziehungen im Zusammenhang sozialer Anerkennungs- und Machtverhältnisse zu begreifen, wird in diskurs- und machttheoretischen Ansätzen – etwa im Anschluss an Michel Foucault – noch stärker in den Vordergrund gerückt. Die Lehrer-Schüler-Beziehungen erscheinen hier durch Machtdispositive strukturiert, in denen sowohl die Position des Lehrers, des Schülers als auch deren Relationierung zueinander erst hervorgebracht werden (Foucault 1976; Pongratz 1989, 2004). Schüler werden in einer Zeit- und Raumstruktur verortet und gleichermaßen pädagogischen Praktiken unterworfen, die sie disziplinieren und gelehrige Haltungen hervorbringen. Lehrer nehmen Kontroll- und Überwachungspositionen in dieser Zeit- und Raumorganisation ein und unterscheiden und differenzieren die Schüler, die dadurch unterschiedliche Positionen zugewiesen erhalten und „individualisiert" werden. Im Zuge der Modernisierung der Schule (im Folgenden) verschieben sich die Lehrer-Schuler-Beziehungen von einem äußerlich strafenden, züchtigenden Regime hin zur Aufforderung, sich selbst zu disziplinieren und nehmen die Gestalt subtiler introspektiver, in die Subjektivität der Schüler „eindringenden" Formen an.

Erscheinen im Foucaultschen Ansatz die Lehrer-Schüler-Beziehungen als durch Machtdispositive generierte Verhältnisse so heben psychoanalytische Ansätze die unbewussten, nicht intentionalen und unverfügbaren Dynamiken und Übertragungs-Gegenübertragungsphänomene in der Lehrer-Schüler-Beziehung hervor (Wellendorf 1973; Erdheim 1982). Wie Siegfried Bernfeld (1925/1990) bereits betont, steht der Lehrer vor einem doppelten Kind: Dem in ihm und dem vor ihm. Und Sigmund Freud (1914/1999) weist in seinem Beitrag zur Psychologie des Gymnasiasten darauf hin, dass die Schüler mit ihren Lehrern familiäre Ablösungs- und Konfliktdynamiken reinszenieren. In dieser Sichtweise erscheinen die Lehrer-Schüler-Beziehungen in einer anderen Hinsicht ungewiss: Die rationalisierten und distanzierten Lehrer-Schüler-Beziehungen, die zweck- und sachbezogen erscheinen, werden von manchmal manifesten, oft aber latent mitschwingenden emotionalen Dramatiken durchdrungen.

Strukturtheoretische Positionen fassen die Lehrer-Schüler-Beziehung als pädagogisches Arbeitsbündnis auf (Oevermann 2002; Helsper 2004), in das sowohl der Lehrer als auch die einzelnen Schüler, die Schulklasse und die Eltern involviert sind. Die Beziehungsstruktur des pädagogischen Arbeitsbündnisses lässt sich somit als „triadische" verstehen (Helsper 2007; Helsper/Hummrich 2008). In dieser triadischen Beziehungsstruktur erhält der Lehrer die Aufgabe stellvertretender Krisenbewältigung im Prozess der sozialisatorischen Erzeugung des psychisch Neuen. Theoretisch bereits als Spannung von „reinen", diffusen und unpersönlich-spezifischen Rollenbeziehungen bestimmt, zeigt sich in der Rekonstruktion unterschiedlicher pädagogischer Arbeitsbündnisse, dass diese schul- und klassenkulturell je spezifisch ausgeformt sind und sich zwischen der Dominanz der Orientierung an der Sache und der Dominanz der Orientierung an der Person aufspannen (ebd.; Helsper/Ullrich et al. 2007).

1.3 Lehrer-Schüler-Beziehungen in Modernisierungsprozessen

Modernisierungsprozesse lassen sich in ihrer Auswirkung für Kinder und Jugendliche ambivalent fassen. Auf der einen Seite ist die Rede von kultureller Freisetzung, Optionserweiterung und dem Abbau von Asymmetrie. Das Verhältnis von Kindern und Jugendlichen weist in dieser Lesart deutliche Informalisierungstendenzen auf (Wouters 1977; Elias 1986), die Beziehungen zwischen Eltern und Kindern wandeln sich von Autoritätsverhältnissen in Verhandlungshaushalte (du Bois-Reymond 2002; Ecarius 2003) und es kommt insgesamt zu einer Relativierung der Definitions- und Regelsetzungsmacht der Älteren gegenüber den Jüngeren (Langness et al. 2006), die auch die schulischen Beziehungen betrifft.

Auf der anderen Seite gelten Kinder und Jugendliche als der kalten Rationalität der Moderne ausgeliefert, sie leiden unter der Abwesenheit von Vorbildern und der Gleichgültigkeit gegenüber den Individuen. Zugleich impliziert die Dominanz der Erziehungsziele Autonomie, Mit- und Selbstbestimmung aufgrund der Informalisierungstendenzen die Gefahr, die heteronomen und bedürftigen Anteile von Kindern und Jugendlichen auszublenden (Winterhager-Schmid 2000). Zwar geht der unmittelbare persönliche Zwang zurück, doch impliziert die steigende Bedeutung von Bildungsabschlüssen seit der Bildungsexpansion den Zwang, das Beste aus dem eigenen Bildungsweg zu machen (Helsper/Ullrich et al. 2007) und schulische Partizipationsvorstellungen unterliegen selbst dem Problem, dass die weit ausgreifenden Vorstellung von Autonomie und Mitverantwortung „verordnet" und damit auch zum Zwang für die Schüler werden können (Helsper et al. 2001; Rabenstein 2007).

Schule lässt sich in diesem Zusammenhang ansiedeln im Spannungsfeld von a) ihrer Ermöglichungsstruktur als Bildungsmoratorium und eigenständiger außerfamilialen Erfahrungsraum (ebd.); b) der Ausrichtung auf die Förderung eines erfolgs- und leistungsorientierten Schülerhabitus, der sich streng an seinen Leistungszielen orientiert (Fend 2000), und c) der überbordenden Autonomieforderungen und gesteigerten Partizipationsbestrebungen. Sie ist somit einerseits Instanz kultureller Modernisierungsprozesse und trägt mit der Relativierung partikularer Lebensformen und Lebenswelten zur Dezentrierung von Selbst- und Weltdeutungen bei. Zugleich wird sie selbst mit soziokulturellen Veränderungen konfrontiert, die den schulkulturellen Raum durchdringen (Helsper/Ullrich/Stelmaszyk 2007). Die Lehrer-Schüler-Beziehungen, die in diesem Spannungsfeld angesiedelt sind, werden nun unterschiedlich diskutiert. Bereits 1982 stellen Thomas Ziehe und Herbert Stubenrauch fest dass sich – angesichts des Verlustes an Selbstverständlichkeit hinsichtlich der Vermittlung gültiger Bildungsgüter und Wissensbestände sowie der immer weiter sich ausdifferenzierenden Möglichkeiten der Wissensvermittlung – die Autorität des Lehrers relativiert (auch Winterhager-Schmid 2000). Auch Manuela du Bois-Reymond (2005) nimmt an, dass das klassische Lehrer-Schüler-Verhältnis, das auf einem klaren Wissensvorsprung des Lehrers basiert, erodiert ist, wobei sie als Begründungsfigur die zunehmende Unwägbarkeit von Lebensläufen heranzieht. Diese Erosion wird als Relativierung der Generationsdifferenz gedeutet, in dem das kreative und schöpferische Potenzial der Jugend als Kraft der Erneuerung gedeutet wird – eine These, die bis zur Annahme einer Verkehrung des Verhältnisses der Älteren zu den Jüngeren gesteigert wird (dazu Hummrich et al. 2006).

In Fortführung dieser Gedankengänge wäre schließlich zu überlegen, ob in Anbetracht der individualisierten Leistungsorientierung und gesteigerten Selbstverantwortlichkeit der Jugendlichen, der Relativierung des hochkulturellen Bildungskanons, der zunehmenden Bedeutung jugendlicher „Eigenwelten" (Ziehe 2005) und außerschulischer – insbesondere auch medialer und virtueller (Marotzki 2001; Böhme 2006) – Bildungsräume sowie der hohen Relevanz von peer-kulturellen Erfahrungswelten (Oswald/Krappmann 2004; Grundmann 2006), die schulischen Lehrer-Schüler-Beziehungen überhaupt noch einen entscheidenden Stellenwert besitzen? Trotz der skizzierten Modernisierungslinien, den damit einher gehenden Relativierung und Ambivalenzen ist aber festzuhalten, dass die Lehrer-Schüler-Beziehungen im Kern durch eine konstitutive Generationsdifferenz gekennzeichnet bleiben, wenn diese auch relativierter, störanfälliger und mit stärkerem Begründungsbedarf versehen erscheint. Dies ist eine Folge der Logik, dass trotz gesteigerter Autonomiespielräume und -forderungen das Kind immer auf eine sozial vorstrukturierte Welt trifft, die von der Generation zuvor gestaltet wurde, die Lehrer im Rahmen der Schule repräsentieren.

Wie sieht diese Welt nun hinsichtlich der Lehrer-Schüler-Beziehungen aus? Zunächst ist diese doppelt gerahmt durch das Schulsystem und die Einzelschule. Das Schulsystem bietet aufgrund seiner hochgradigen Differenziertheit und vielfältigen Schulkulturen zahlreiche Anknüpfungspunkte für die Bearbeitung der Modernisierungsambivalenzen. Denn Schulen sind dem Modernisierungsprozess nicht nur ausgeliefert, sie entwickeln aktive Haltungen und kreative Lösungsentwürfe hinsichtlich der auftretenden Spannungsverhältnisse (Helsper et al. 2001; Helsper 2006; Hummrich 2008). Auf der Handlungsebene bedeutet das, dass die Schüler-Lehrer-Beziehung aufgrund der bis in die Adoleszenz reichenden Abhängigkeit und Asymmetrie eigene Ambivalenzen birgt, die sich zwischen diffusen und spezifischen, partikularistischen und universalistischen, distanziert-neutralen und affektiven Anteilen aufspannen und je nach Bearbeitungsentwurf der Schule ausgestaltet werden. Dabei ist zu beachten, dass entsprechend der komplexen Durchdringung von institutioneller Kultur und familiären Milieus – dem Sachverhalt also, dass Schulen als „Institutionen-Milieu-Komplexe" (Helsper et al. 2001; Helsper 2006) verstanden werden müssen – die Balancierung der Lehrer-Schüler-Beziehung zu einer anspruchsvollen Herausforderung wird. Gleichzeitig muss erwähnt werden, dass die Antworten auf die Modernisierungsambivalenzen gerade auch darauf hinauslaufen können, dass schulkulturell eine bewusste Distanznahme von gesellschaftlichen Trends erfolgen kann. Reformpädagogische Konzeptionen der Lehrer-Schüler-Beziehung geben ein Zeugnis modernitätskritischer Entwürfe (Oelkers 2003; Ullrich 1999). Man findet solche Haltungen „pädagogischen Eigensinns" aber auch in gymnasialen Schulkulturen, die eine „Lebensform Schüler" propagieren (Helsper et al. 2001; Böhme 2000), in der das Leben in den Dienst der Bildungsvervollkommnung gestellt werden soll.

2. Lehrer-Schüler-Beziehungen – Ergebnisse der empirischen Forschung

Im Folgenden werden einzelne Dimensionen und Linien der Lehrer-Schüler-Beziehungen vor dem Hintergrund empirischer Studien in den Blick genommen: Die Prozess- und Entwicklungsperspektive der Lehrer-Schüler-Beziehungen, die Linie sozialer Ungleichheit in der Lehrer-Schüler-Beziehung, die Bedeutung der Lehrer-Schüler-Beziehung für inhaltliche Lern- und Bildungsprozesse sowie deren Relevanz für Individuation und Biographie der Schüler.

2.1 Lehrer-Schüler-Beziehungen in entwicklungstheoretischer Perspektive

Pädagogische Beziehungen – somit auch die Lehrer-Schüler-Beziehungen – sind strukturell durch eine genetisch-prozesshafte Linie bestimmt: Sie sind gerade nicht auf Dauer angelegt, sondern zielen auf ihr Ende. Sie sind dann erfolgreich, wenn sie als pädagogische Beziehungen überflüssig werden. Das bedeutet aber – für die Eltern-Kind-Beziehungen im Übergang zur Jugend ist dies inzwischen gut belegt (zusammenfassend Helsper/Ullrich/ Stelmaszyk et al. 2007) – dass die Lehrer-Schüler-Beziehungen von der Kindheit über die Frühadoleszenz bis zur Hochadoleszenz einem starken Transformationsdruck unterliegen (auch Fend 2000): Die anfängliche noch starke Asymmetrie kann sich zunehmend in symmetrischere Formen wandeln; stärker struktursetzende, heteronome Rahmungen können sich in Richtung Autonomie transformieren; ursprünglich stärkere Beziehungsmuster der Nähe und emotionalen Stützung können im Zuge der Entwicklung komplexerer Perspektivenübernahme und Kompetenzen des Rollenhandelns in distanziertere und spezifischer Beziehungsmuster überführt werden; die fachlich-kognitive Überlegenheit des Lehrers und seine inhaltlich-pädagogische Autorität kann im Zuge der kognitiven Dezentrierung im Verlauf der Adoleszenz relativiert werden. Damit sind die antinomischen Spannungen in der Lehrer-Schüler-Beziehung nicht aufgehoben, aber sie müssen je spezifisch entsprechend der kognitiven, symbolischen, sozialen und emotionalen Entwicklungsstände der Schüler und Klassen ausbalanciert werden: So sind die autonomen Potenziale von Kindern von Anfang an zu achten und zu fördern, auch wenn heteronome Rahmungen dominieren; und auch wenn die autonomen Potenziale in der Adoleszenz in den Vordergrund rücken, ist verbliebene Heteronomie zu beachten (Helsper 2004; Helsper/Ullrich/Stelmaszyk et al. 2007). Dies markiert die hohe Anforderung an Lehrer, pädagogische Beziehungen in der Altersspanne von sechs bis neunzehn Jahren zu gestalten und zu spezifizieren, wobei die konkrete Ausgestaltung der Beziehungen immer nur als wechselseitiges Zusammenspiel von Lehrern und Schülern zu verstehen ist.

Allerdings liegen bislang nur wenige Längsschnittstudien vor, die derartige Entwicklungsverläufe in den Blick nehmen. Hervorzuheben ist die Längsschnittstudie von Helmut Fend (1997, 2000): Darin kann gezeigt werden, dass insbesondere die Frühadoleszenz, das Alter von 13 bis 14 Jahren, eine wichtige Transformationsstelle in der Haltung von Schülern gegenüber Schule und Lehrern ist (auch Frei 2003). Die Schüler gehen in diesem Alter in eine deutlich stärkere Distanz zur Schule. Ihr positiver Schulbezug, die Akzeptanz der Lehrer sowie die Schul- und Lernfreude gehen zurück. Dies geht mit einem stärkeren Einbezug in Peerkontexte und jugendkulturelle Welten einher, wodurch der Schule, den Fächern und den Lehrern eine starke außerschulische Konkurrenz in Form eines neuen attraktiven Handlungsfeldes gegenübertritt, auch wenn dies – je nach jugendkulturellem Milieu – in unterschiedlicher Deutlichkeit geschieht (Fend 1997, 2000). In diesem Alter beginnen sich auch schuldistanzierte Jugendmilieus herauszukristallisieren, in denen die Schuldistanz durch die Peers besonders anerkannt und Selbstwert stärkend erfahren wird (ebd.). Dieses Alter läutet auch den Höhepunkt sogenannten „abweichenden Verhaltens" oder auch körperlicher und psychisch-verbaler Gewalt ein (Tillman et al. 1999; Fuchs et al. 2005), die in den Lehrer-Schüler-Beziehungen zu neuen Herausforderungen führt und zu Spannungen beiträgt.

Diese Ergebnisse verdeutlichen, dass die Lehrer-Schüler-Beziehungen insbesondere in der Transformation vom Kind zum Jugendlichen einen bedeutsamen Wandel erfahren und einer Neujustierung bedürfen. Dafür wäre insbesondere die verstärkte Eröffnung von Partizipation in Schule und Unterricht bedeutsam. Allerdings belegen quantitative und qualitative Studien zur Schülerpartizipation, dass die faktische Einflussnahme von Schülern auf schulische und unterrichtliche Belange – trotz der Ausweitung von Schülerrechten – zu wünschen übrig lässt. Die stärksten Einflussmöglichkeiten finden sich in den „weichen Zonen" des Schulalltags, etwa der Ausgestaltung von Räumen, der Gestaltung von Ausflügen, Klassenfahrten oder Schulveranstaltungen oder auch der Mitwirkung am schulischen Freizeitangebot und auch dem Einfluss der Schülervertretung wird ein geringerer Stellenwert beigemessen (Schmidt 2001; Böhme/Kramer 2001; Krüger/Reinhardt 2002; Helsper et al. 2006). Deutlich restriktiver fallen die Beteiligungsmöglichkeiten in den Kernzonen des schulischen und unterrichtlichen Geschehens aus: Einflussmöglichkeiten auf den Unterricht sieht nur eine deutliche Minderheit der Schüler, die für die Beteiligung an der Notengebung oder die Mitarbeit an der Gestaltung der Hausordnung nochmals schrumpft (ebd.). Und auch dort, wo ein Einbezug stattfindet, können qualitative Studien verdeutlichen, dass in den partizipativen Beziehungen zwischen Lehrern und Schülern paradoxe Verstrickungen nahe liegen, etwa indem Schüler zur Mitwirkung verpflichtet werden, die Partizipation von Lehrern kontrolliert wird, Schülerpartizipation zur Außendarstellung der Schule verwendet wird etc. (Meyer/Schmidt 2000; Meyer et al. 2007; Helsper/Lingkost 2004; Helsper et al. 2006). Im Verlauf der Entwicklung der Schüler-Lehrer-Beziehungen scheint also die zunehmende Gewährung von Partizipation bedeutsam zu sein, was allerdings als eine zentrale Problemzone der Lehrer-Schüler-Beziehungen zu markieren ist.

Eine weitere Problemzone der Lehrer-Schüler-Beziehungen besteht darin, dass Lehrer zunehmend als Instanzen der Gestaltung der Schulkarriere fungieren: Der Widerspruch von Förderung und Unterstützung in domänenspezifischen und übergreifenden Bildungsprozessen einerseits und der hoheitsstaatlichen Aufgabe der Kontrolle von Leistungen und Zuweisung von Lebenschancen andererseits (Schütze et al. 1996) spitzt sich im Verlauf der Schulkarriere von Schülern zu. So zeigt sich etwa, dass das schulische Fähigkeitsselbstbild der Schüler sich im Laufe der Grundschulzeit immer stärker an die Schulleistungen anpasst und tendenziell sinkt (Weinert/ Helmke 1997). Wie etwa Dieter Nittel (1992) in seinen schülerbiographischen Studien zur Schullaufbahn von Gymnasiasten zeigen kann, fungieren bereits die Grundschullehrerinnen als Gatekeeper der schulischen Laufbahn und gewinnen mit frühen Förderschulzuweisungen und insbesondere den Übergangempfehlungen im vierten bzw. sechsten Schuljahr eine hohe Bedeutung für den weiteren Erfolg oder das Versagen in der Schulkarriere (Ditton 1992, 2008; Büchner/Koch 2001; Ditton/Krüsken 2006; Helsper et al. 2007). Zwischen zehn und sechzehn Jahren werden die Lehrer-Schüler-Beziehungen durch die deutlich steigenden Quoten von Wiederholungen belastet (Tillmann/Meier 2001; Kronne/Meier 2004) und Lehrer fungieren in diesem Zeitraum gegenüber ihren Schülern verstärkt als Protagonisten schulischer Auf- und Abstiege, wobei der Abstieg von höheren Schulformen den Aufstieg bei weitem überwiegt (schon Bellenberg 1999). Schließlich werden Lehrer am Ende der Regelschulzeit in den Abschlussklassen Sachwalter der Schulabschlüsse, wodurch sie ihren Schülern direkt als Verteiler zukünftiger Lebenschancen gegenübertreten.

2.2 Lehrer-Schüler-Beziehungen im Licht der sozialen Ungleichheit

Insbesondere im Zusammenhang mit den PISA-Vergleichsstudien wurden Geschlecht, Milieu und Ethnizität als Achsen sozialer Ungleichheit in ihrer Bedeutsamkeit für den Bildungserfolg bestimmt (Baumert et al. 2001; Prenzel et al. 2004; Ditton 2008; Helsper/Hummrich 2005). Welche Bedeutung hat nun aber die Ungleichheitsthematik für die Beziehungen zwischen Lehrer und Schüler? Wenn wir den Lehrer als Person bestimmen, die nicht nur die Aufgabe der Wissensvermittlung, sondern – insbesondere in den Jahren der frühen schulischen Sozialisation – auch der Einsozialisation in einer Rolle hat, so wird deutlich, dass sich besonders im Grundschulalter universalistische und partikulare Anteile in der Beziehung zwischen Lehrer und Schüler mischen. Hier kommt es nun zu Wahrnehmungsmustern auf der Grundlage nicht-leistungsbezogener Kriterien, die von Lehrern dennoch leistungsbezogen gewendet werden (Ditton 2008). Anerkennungstheoretisch betrachtet lässt sich hier von grundlegenden Problemen auf der emotionalen, kognitiven und sozialen Beziehungsebene sprechen, bei denen das grundlegende Interaktionsmuster zwischen Lehrer und Schüler zum Krisengenerator wird, bis hin zu einer generellen Krise des Schulbezugs aufgrund milieuspezifischer Schulferne (Grundmann et al. 2004) oder ethnisierender Zuschreibungen (Boos-Nünning/Karakaşoğlu 2005; Badawia et al. 2005). Über die soziale Strukturkategorie Geschlecht wurden vor allem in Reaktion auf die PISA-Studie viele Mutmaßungen laut, dass inzwischen Jungen das benachteiligte Geschlecht seien (Diefenbach/Klein 2002). Dies wird zum einen als Folge der Feminisierung des Erziehungssystems erklärt (Larcher/Schafroth 2004), zum anderen verweisen Studien zum Geschlechteralltag in der Schulklasse (Breidenstein/Kelle 1998), zur Frage der Koedukation (Faulstich-Wieland/Horstkemper 1995) und zum doing-gender im Schulalltag (Faulstich-Wieland et al. 2004) darauf, dass eindimensionale Begründungsfiguren für die Benachteiligung nicht tragfähig sind und dass Erfolgsmuster von Mädchen und Jungen gebrochen werden, wenn sie z. B. von weiteren Faktoren sozialer Ungleichheit betroffen sind (Weber 2003).

Im Gang durch die Studien zum Wirksamwerden von sozialer Ungleichheit in der Lehrer-Schüler-Beziehung stellt sich insgesamt heraus, dass auf der Ebene der Beziehungen die sozialstrukturellen Kategorien (Klasse, Ethnizität und Geschlecht) eher in einer verkennenden Form eine Rolle spielen, wenn es um die Beurteilung von individueller Leistungsfähigkeit geht. Zugleich wird deutlich, dass Rückschlüsse auf den Bildungserfolg eindimensional sind, wenn die hier benannten Strukturkategorien nicht in ihrer Verschränkung gedacht werden und wenn Studien nicht die mikrosoziale Ebene, die interaktiven Handlungsräume und die individuellen Erfahrungsfelder analytisch mit einbeziehen. So lassen sich in qualitativen Studien der letzten Jahre gerade Hinweise darauf finden, dass Lehrer im Verlaufe von – makroanalytisch betrachtet – unwahrscheinlichen Bildungskarrieren eine besondere Rolle einnehmen können, wenn es um sozialen Aufstieg und Statustransformation bei Arbeitermädchen (Brendel 1998) oder Migrantinnen und Migranten geht (Hummrich 2006).

2.3 Die Bedeutsamkeit der Lehrer-Schüler-Beziehung unter der Perspektive unterrichtlicher Lern- und Bildungsprozesse

Die Bedeutung der Qualität der Lehrer-Schüler-Beziehung für Bildungs- und Unterrichtprozesse ist unter zwei Perspektiven in den Blick zu nehmen: Zum einen der Bedeutsamkeit der Lehrer-Schüler-Beziehungen für Klassen- und Schulklima und dessen Relevanz für fachspezifisches Lernen im Unterricht. Und zum anderen der Ausgestaltung der Interaktionen zwischen Lehrern und Schülern im Unterricht und damit die Einbettung unterrichtlicher Bildungsprozesse in die Lehrer-Schüler-Beziehungen in konkreten Unterrichtsverläufen.

Sabine Gruehn (2000) kann in ihrer Studie und ihrem Überblick über die Schul- und Klassenklimaforschung verdeutlichen, dass ein positives Klassenklima und positiv wahrgenommene Lehrer-Schüler-Beziehungen nicht eng mit schulischen Leistungen in Verbindung stehen. Auch in der PISA-Studie (Baumert et al. 2001; Prenzel et al. 2004) zeigt sich, dass es keinen direkten Zusammenhang zwischen einem positiv erfahrenen Schulklima und den fachlichen Leistungen und Bildungsergebnissen gibt (Tillmann/ Meier 2001). Helmut Fend (1998) konnte verdeutlichen, dass in ihren Schülerorientierungen extrem gegensätzliche Lehrer keine systematischen Einflüsse auf die Leistungen ihrer Schüler aufwiesen.

Allerdings darf daraus nicht gefolgert werden, dass die Qualität der Lehrer-Schüler-Beziehungen keinerlei Bedeutung für die Bildungszuwächse der Schüler besitzt. Zum ersten ist hier auf indirekte Wirkungen hinzuweisen: Positive Lehrer-Schüler-Beziehungen, die durch Vertrauen, geringe Angst, Förderorientierung, Orientierung am Erfolg, geringeren Disziplindruck oder auch wenig etikettierende und abwertende Haltungen gekennzeichnet sind, fördern Schulfreude, die Motivation und das Interesse der Schüler und wirken sich mindernd auf Disziplinprobleme und Gewalt in der Klasse aus. Ein positiver Schulbezug, Lernfreude und -motivation sind aber wiederum bedeutsam für Lernhaltungen. Zum zweiten sind für die Unterrichtsleistungen und Lernfortschritte der Schüler andere Dimensionen der Lehrer-Schüler-Beziehungen relevant: Die klare Strukturierung und Linienführung des Unterrichts, Verständlichkeit und Klarheit der Lehreranforderungen, eine Klassenführung, mit der Lehrer eine hohe Aufmerksamkeit und Sensibilität gegenüber der gesamten Klasse aufweisen, eine Konzentration auf die Unterrichtsinhalte und dementsprechend eine optimale Ausnutzung der Lernzeit und geringe Störungen sowie Motivierungs- und Begeisterungsfähigkeit für Fachbezüge sind hier wichtig (Weinert/Helmke 1997; Helmke 2003; Meyer 2004; Kounin 2006; Kunter et al. 2006). Allerdings weisen diese Aspekte der unterrichtlichen Lehrer-Schüler-Beziehungen sehr starke Bezüge zu direktiven, lehrerzentrierten Unterrichtsformen auf. In anderen

Studien wird demgegenüber stärker die Förderung der Eigenständigkeit, der Problemlösefähigkeit und der argumentativen und kommunikativen Auseinandersetzung von Schülern mit Aufgaben- und Fragestellungen hervorgehoben. So zeigen sich im mathematischen und naturwissenschaftlichen Unterricht in Deutschland häufig lehrerzentrierte Unterrichtsskripts mit nur geringer Schülerbeteiligung, während etwa im japanischen aber auch im schweizerischen Mathematikunterricht die Aufforderung zur eigenaktiven Problemlösung und Auseinandersetzung mit Aufgaben deutlich stärker ist (Baumert et al. 1997; Pauli/Reusser 2003; Kunter et al. 2006; Seidel et al. 2006). Die kognitive Anregung durch anspruchsvolle Aufgabenstellung, die strukturierte Klassenführung und die konstruktive Unterstützung der Schüler sind für die Leistungssteigerung bedeutsam (Kunter et al. 2006).

Dabei werden Lehrer aber in ihrer Unterrichtsgestaltung und ihren Unterrichtsbeziehungen auch von der Zusammensetzung der jeweiligen Lerngruppe beeinflusst (ebd.). Dies weist auf die hohe Bedeutsamkeit der Zusammensetzung der Schülerschaft in der jeweiligen Klasse hin: Wie insbesondere Gundel Schümer (2004) und Jürgen Baumert (Baumert et al. 2006) zeigen können, ergeben sich vor allem in Hauptschulen und Gesamtschulen Klassenkompositionen, in denen Schüler mit starken Problembelastungen, Schulversagen und aus sozial und kulturell unterprivilegierten sozialen Lagen besonders stark vertreten sind. Dies führt dazu, dass selektionsbedingte schulische Lernmilieus entstehen, die der Kompetenzentwicklung abträglich sind, so dass Gundel Schümer (2004) von einer doppelten Benachteiligung dieser Schüler spricht. Lehrer agieren in derartigen Beziehungskonstellationen mit geringeren Anforderungen, verringertem Lerntempo, stärkerer Stützung, orientieren sich eher an Schwächeren und sind stark mit der Erhaltung des Unterrichtsverlaufs beschäftigt (etwa Helsper/Wiezorek 2006). Umgekehrte Kompositionseffekte zeigen sich etwa in „exklusiven" Gymnasien mit ihrer sehr „positiv" ausgelesenen Schülerschaft (Helsper et al. 2008).

Dies verdeutlicht, dass unterrichtliche Bildungsprozesse immer sozial konstituiert und durch die Lehrer-Schüler-Beziehungen strukturiert sind. Lehrer gehen, je nach Zusammensetzung der Klasse, unterschiedliche Formen von Arbeitsbündnissen mit einzelnen Schülern und der gesamten Klasse ein (Helsper/Ullrich 2007; Helsper/Hummrich 2008). Diese soziale Konstituierung der Lernbeziehungen zwischen Lehrern und Schülern wird auch in anderen qualitativen Studien verdeutlicht: So kann etwa Georg Breidenstein (2006) herausarbeiten, dass die Sozialformen des Unterrichts durch die Praktiken der Schüler erst in ihrer konkreten Form mit erzeugt werden. Und in Studien zur Lernkultur zeigt sich, dass es unterschiedliche Ausgestaltungen von Lehrer-Schüler-Beziehungen im Zusammenhang von fachlichen Lernkulturen gibt (Wulf et al. 2007; Willems 2007). Dadurch werden auch fachspezifisch variierende kulturelle Muster von Lehrer-Schüler-Beziehungen erzeugt, ähnlich wie die Forschung auf international variierende Unterrichtsskripts und unterrichtliche Beziehungsmuster verweist (Baumert/Lehmann 1997; Fend 2004).

2.4. Die Bedeutsamkeit der Lehrer-Schüler-Beziehung für Individuation und Biographie des Schülers

Wie bereits gezeigt werden konnte, unterliegt die Lehrer-Schüler-Beziehung im Laufe der Schullaufbahn und insbesondere mit der Entwicklung des Kindes zum Jugendlichen einer deutlichen Transformation (vgl. Kap. 2.1). Vor dem Hintergrund sich neu konstituierender Identitätsvorstellungen müssen die Antinomien von Nähe und Distanz, Asymmetrie und Symmetrie sowie Autonomie und Heteronomie neu ausbalanciert werden (Hummrich et al. 2006).

Dies führt zu unterschiedlichen biographischen Bedeuungskonstellationen. So zeigt Dieter Nittel (1992), dass besonders unter Bedingungen der Bildungsdistanz und Konflikte im Elternhaus, Lehrer durchaus zum signifikanten Anderen für die Schülerbiographie werden können. Dies weist darauf hin, dass die Neubalancierung von Autonomie und Einbindung nicht zwangsläufig mit scharfen Entgegensetzungen einhergeht, sondern dass selbst gewählte Formen der Verbundenheit den kreativen Handlungsspielraum optionserweiternd ausgestaltbar machen. Insbesondere im Bereich der Biographieforschung sind in den letzten Jahren Studien entstanden, die die Lehrer-Schüler-Beziehung sowohl im gelingenden als auch im misslingenden Fall hinsichtlich ihrer biographischen Bedeutsamkeit untersuchen. In diesem Zusammenhang spielt insbesondere der Begriff des „schulbiographischen Passungsverhältnisses" (Kramer 2002) eine Rolle. Rolf-Torsten Kramer arbeitet heraus, dass das Zusammenspiel aus biographischer Primärerfahrung und den daraus resultierenden Habitusformationen und die (imaginären) Lösungsentwürfe der Schule die Spielräume für die Gestaltung der Schülerbiographie eingrenzen. Im schulbiographischen Passungsverhältnis wird der je individuell gebrochene Herkunftshabitus des familiären Milieus zum schulkulturellen Habitus idealer Schülerschaft vermittelt (ebd.). Die Beziehung zwischen Schüler und Lehrer ist in diesem Zusammenhang auch immer von Aushandlungen um das je spezifische Passungsverhältnis geprägt und in der Rekonstruktion je spezifischer Unterrichtsinteraktionen kommt zum Ausdruck, dass Aushandlungen über Unterrichtsinhalte auf der latenten Ebene auch das Passungsverhältnis thematisieren (Hummrich et al. 2006). Jedoch ist dieses Passungsverhältnis nicht nur von dem jeweiligen schulkulturellen Idealentwurf abhängig, sondern wird gebrochen durch die beteiligten Interaktionspartner: den Schüler auf der einen Seite, den Lehrer (der ja auch wieder in spezifischer Position zur Schule steht) auf der anderen Seite.

Resümiert man aus den hier genannten Studien die Bedeutsamkeit der Lehrer-Schüler-Beziehung für die Individuation und Biographie, so kann gefolgert werden, dass die Bedeutungszusammenhänge hochgradig differieren. So kann auf der einen Seite festgestellt werden, dass auch misslingende Lehrer-Schüler-Beziehungen eine nachhaltige Wirkung für die Selbstsicht auf die Biographie haben (etwa im Fall von stigmatisierenden und etikettierenden Beziehungen, z.B. Hummrich 2002, 2006) und dass gelingende Beziehungen sich unterstützend für den jeweiligen Selbstentwurf auswirken (dazu: Helsper et al. 2008). Zugleich muss die Bedeutsamkeit des Lehrers relativiert werden angesichts der Verwobenheit des schulbiographischen Passungsverhältnisses mit dem familialen Herkunftsmilieu und der Komplexität des pädagogischen Arbeitsbündnisses, das neben dem einzelnen Schüler auch den Klassenkontext einbeziehen muss.

3. Die empirische Vielfalt der Lehrer-Schüler-Beziehungen in Schulformen, Einzelschulen und im internationalen Vergleich

In unterschiedlichen Schulformen und hier wiederum mit deutlichen Unterschieden zwischen Einzelschulen nimmt die Lehrer-Schüler-Beziehung allerdings unterschiedliche Gestalt an. Das konnte Helmut Fend bereits in seinen Schulformvergleichsstudien verdeutlichen, in denen sich etwa hinsichtlich des Disziplin- und Leistungsdrucks in den Lehrer-Schüler-Beziehungen die deutlich geringsten Werte in den reformorientierten Modellgesamtschulen fanden, wobei sich allerdings zeigte, dass diese positive schülerorientierte Beziehungsqualität dann verloren ging, wenn diese ohne spezifische Rekrutierung der Lehrerschaft zum Regelfall des Schulischen wurden (zusammenfassend Fend 1982)

Auch in den PISA-Studien wird deutlich, dass es unterschiedliche Beziehungsmuster der Unterrichtsinteraktion zwischen Lehrern und Schülern an unterschiedlichen Schulformen gibt: Bereits in der PISA-Studie 2000 zeigen sich Unterschiede dahingehend, dass für Hauptschulen und Gesamtschulen die Disziplinprobleme stärker ausfallen als etwa im Gymnasium. Dafür nehmen Hauptschüler sowohl in Deutsch als auch in Mathematik eine deutlich stärkere Unterstützung durch ihre Lehrer wahr, als etwa die Gymnasiasten und auch die Einschätzung der Lehrkräfte durch die Schüler fällt an Hauptschulen positiver aus als an Gymnasien (Tillmann/Meier 2001). In der PISA-Studie 2003 zeigt sich dies für den Mathematikunterricht noch deutlicher: In Schulen mit mehreren Bildungsgängen und in Gymnasien zeigt sich die stärkste Störungsfreiheit, aber das Gymnasium besitzt hinsichtlich der sozialen Orientierung des Unterrichts und dem Lehrerethos der Verantwortung eindeutig die geringsten Werte aller Schulformen (Baumert et al. 2004). Insbesondere in Gymnasien zeigen sich aus der Perspektive der Schüler die deutlichsten Problemzonen in der Lehrer-Schüler-Beziehung im Mathematikunterricht: „In 35 Prozent der Klassen beschreiben Schülerinnen und Schüler einen Mathematikunterricht, in dem die Lehrkraft ihrer fachlichen und persönlichen Verantwortung nicht wirklich gerecht wird. Im hohen Maße bedenklich muss es jedoch sein, wenn in 15 Prozent der untersuchten Klassen Schülerinnen und Schüler im Mathematikunterricht eine Situation vorzufinden meinen, die durch pädagogische

Verantwortungslosigkeit, mathematische Einfallslosigkeit und Rücksichtslosigkeit im Durchgang durch den Stoff gekennzeichnet ist" (ebd.: 35 f.).

Eher überraschend, angesichts des Negativszenarios der Hauptschule, sind die Hinweise darauf, dass in den pädagogischen Hauptschulkulturen wichtige Stabilisierungen erfolgen und für die Jugendlichen überhaupt positive Schulbezüge ermöglicht werden. So konnten Klaus-Jürgen Tillmann et al. (1999) in ihrer Studie zur schulischen Gewaltbelastung zwar einerseits feststellen, dass Hauptschulen in der Tendenz hoch belastet sind, zugleich ist die Einschätzung der Beziehungsqualität zwischen Lehrern und Schülern aber in Hauptschulen im Vergleich zu anderen Schulformen deutlich am positivsten. Diese Ergebnisse werden auch durch die PISA-Studie erhärtet: „Schülerinnen und Schüler an Hauptschulen entwerfen ein Bild des Mathematikunterrichts, das ihren Lehrkräften ein großes Kompliment ausstellt (…) In keiner anderen Schulform sehen Schülerinnen und Schüler ein vergleichbares Maß an Verantwortungsbewusstsein der Lehrkräfte für die fachliche und persönliche Entwicklung der Jugendlichen realisiert. Dies verbindet sich gleichzeitig mit einer ungemein positiven Bewertung der Angebotsstruktur des Mathematikunterrichts, die für die Schülerschaft offenbar herausfordernd ist und Gelegenheit bietet, auch kooperativ zu lernen. Gleichzeitig stellen die Schülerinnen und Schüler aber fest, dass eine effiziente Klassenführung schwieriger als an anderen Schulformen zu realisieren ist: Störungen und Zeitverschwendungen kommen häufiger vor" (Prenzel et al. 2004: 34). In einer eigenen Studie (Helsper et al. 2006) konnte belegt werden, dass die Achtung der Schülerpersönlichkeit durch die Lehrkräfte von den Hauptschülern deutlich am positivsten gegenüber den Schülern aller anderen Schulformen eingeschätzt wird. Und in der qualitativen Studie zeigt sich, dass die Beziehungsqualität stark an Mustern der Fürsorge, der emotionalen Unterstützung und Anteilnahme sowie der Orientierung an der ganzen Person der Schüler orientiert ist (Wiezorek 2006; Helsper/ Wiezorek 2006). Diese Ergebnisse zum Unterschied von Lehrer-Schüler-Beziehungen zwischen Schulformen – dabei bestehen aber auch gravierende Unterschiede auf der Ebene der Einzelschulen derselben Schulform (etwa Helsper/Krüger et al. 2006) – können so verstanden werden, dass sich in spezifischen Schulformen angesichts schulformenspezifischer Traditionen, selektierter Schülerschaften und spezifischer Strukturprobleme spezifische Muster des Umgangs zwischen Lehrern und Schülern herausgebildet haben: So scheint die Herausbildung einer stark selektierten, tendenziell problembelasteten und durch negative schulische Karrieren gekennzeichneten Hauptschülerschaft in den letzten Jahrzehnten zu einer stützungsorientierten und fürsorglichen Qualität in den Lehrer-Schüler-Beziehungen geführt zu haben. In Gymnasien scheinen nach wie vor stärker distanzförmige, auf Fachleistungen und Selbstverantwortlichkeit der Schüler bezogene Haltungen zu dominieren. Und in der ostdeutschen Variante von Schulen mit mehreren Bildungsgängen – etwa Sekundarschulen – liegen durch starke Disziplinierung, Kontrolle, asymmetrische Unterordnung und geringe Selbständigkeits- und Mitwirkungsmöglichkeiten der Schüler gekennzeichnete Beziehungsmuster vor (Baumert et al. 2004; Sandring/Gibson 2006).

In einer internationalen Vergleichsperspektive zeigt sich, dass die Lehrer-Schüler-Beziehungen in Deutschland weniger positiv durch die Schüler wahrgenommen werden: Die Förder- und Stützungsorientierung von Lehrern ist in Deutschland im Vergleich zu anderen Ländern geringer. Deutschland gehört zu jenen fünf Ländern, in denen die Unterstützung durch die Lehrer am negativsten eingeschätzt wird (Senkbeil et al. 2004). Auch das Lehrer-Schüler-Verhältnis insgesamt ist unter dem OECD-Durchschnitt angesiedelt (ebd.). Auch in einem Vergleich zwischen schweizerischen und deutschen Schulen konnte Helmut Fend zeigen, dass die Schüler in der Schweiz die Beziehung zu ihren Lehrern positiver einschätzen (Fend 1998; auch Senkbeil et al. 2004). Allerdings muss bei diesen internationalen Vergleichen relativierend auf unterschiedliche pädagogische Kulturen verwiesen werden, in denen jeweils spezifische Dimensionen der Lehrer-Schüler-Beziehungen – etwa die Stärke der Disziplin, die Fürsorge etc. – in einen je spezifisch kulturellen Deutungshorizont der Schüler eingebunden ist (auch Fend 2004).

Auch zu reformpädagogisch orientierten Schulen und zu Schulen in freier Trägerschaft liegen inzwischen Forschungsergebnisse zu Lehrer-Schüler-Beziehungen vor, etwa zu Schulen in kirchlicher Trägerschaft (Standfest et al. 2005), zu Galionsschulen der neuen Reformpädagogik (Breidenstein/ Schütze 2008; Busse et al. 2008), etwa der Laborschule Bielefeld (Watermann et al. 2005) oder auch zu Waldorfschulen (als Überblick Helsper/Ullrich et al. 2007; Ullrich/Idel 2008; Ullrich et al. 2004). Hier sollen exemplarisch Ergebnisse zu Waldorfschulen vorgestellt werden: So schätzen etwa Waldorfschüler ihre Beziehungen zu Lehrern eindeutig positiver ein als Gymnasiasten (Randoll 1999). Auch in einer neuen empirischen Studie, einer retrospektiven Befragung von ehemaligen Waldorfschülern zu ihrer Schulzeit und ihrer Einschätzung von Waldorfschule und Waldorflehrern, finden sich Ergebnisse, die diese positive Haltung gegenüber der Waldorfschule eher unterstützen (Barz/Randoll 2007). Allerdings zeigt sich in dieser Studie, dass die negativen Rückerinnerungen vor allem mit Lehrkräften verbunden werden, so dass sich hier auch Relativierungen der deutlich positiv gefärbten Lehrer-Schüler-Beziehungen andeuten (ebd.). Neuere qualitative Studien zu Waldorfschulen fördern zudem starke Unterschiede in der Beziehungsqualität zwischen Lehrern und Schülern zu Tage (Idel 2007; Helsper/Ullrich et al. 2007): So finden sich einerseits Lehrer-Schüler-Beziehungen die durch eine starke, Orientierung stiftende und Halt gebende Vorbildkonstellation des Lehrers für die Schüler, durch eine emotionale, stützende gegenseitige diffuse Personorientierung zwischen Lehrer und Schüler oder durch die reziproke, interessenbezogene Gemeinsamkeit von Weltzugängen gekennzeichnet sind, in denen der Lehrer wesentliche Bildungsimpulse gibt. Andererseits zeigen sich aber auch emotionalisierte Dramatiken und Kampfszenarien zwischen Lehrern und Schülern, die an familiäre Ablösungskonflikte erinnern, zerfallene und stark distanzierte Beziehungsmuster, die dem Ideal der Klassenlehrer-Schüler-Beziehung deutlich widersprechen und vor allem auch Muster einer übergriffshaften, entgrenzenden Nähe- und Personorientierung mit gegenseitigen Entwertungen und Verletzungen. Insbesondere das letzte Muster scheint eine besondere Problematik von Lehrer-Schüler-Beziehungen in allen Schulkulturen zu repräsentieren, die mit einem starken Anspruch auf Nähe und diffuser Personorientierung verbunden sind (auch Hummrich/Helsper 2004).

4. Resümee und Ausblick

Festzuhalten ist, dass Lehrer-Schüler-Beziehungen weder als spezifisch-universalistische Rollenbeziehungen noch als persönliche, „reine", um affektive, partikulare und diffuse Muster zentrierte Beziehungskonstellationen hinreichend zu fassen sind. Vielmehr sind sie gerade durch die Spannung dieser Beziehungslogiken gekennzeichnet: Sie sind um Unterrichts- und Sachbezüge zentriert, aber grundsätzlich nicht von der Personorientierung zu lösen, sowohl der der Lehrer, als auch der der Schüler; sie sind als inhaltbezogene Sachbezüge „rationaler" und affektiv-neutraler angelegt, aber zugleich entstehen in ihnen Bereiche emotionaler Anerkennung mit hoher Bedeutsamkeit für das Selbst von Schülern und Lehrern; sie sind durch Anforderungen universalistischer Gleichbehandlungen gekennzeichnet, aber bedürfen dabei der Beachtung partikularer Bezüge um den Ausgangslagen von Schülern gerecht zu werden. Sie sind zudem in einer genetisch-prozesshaften Perspektive einem Transformationsdruck unterworfen, so dass sie sich verändern müssen. Und sie weisen dadurch eine hohe Komplexität auf, dass sie immer als Kombination dyadischer Beziehungsmuster im Kontext von Lehrer-Schüler-Klassenbeziehungen im Zusammenspiel mit Peerbeziehungen zu verstehen sind.

Zudem sind die Lehrer-Schüler-Beziehungen durch institutionelle Vorstrukturierungen und organisatorische Rahmensetzungen im Unterschied zu frei wählbaren Beziehungen gekennzeichnet. Dadurch sind sie auch in organisatorische Spannungen eingerückt (Schütze et al. 1996; Breidenstein/Schütze 2008): Hier ist etwa auf die hohe Bedeutsamkeit schulischer Beurteilungs-, Statuszuweisungs- und Selektionsprozesse in den Lehrer-Schüler-Beziehungen zu verweisen, was ihnen den zwiespältigen Charakter von stützender Förderung einerseits und zurückweisender Ausschließung andererseits verleiht.

Für die Lehrer-Schüler-Beziehungen besteht weiterer Forschungsbedarf vor allem für die folgenden Punkte:

• Es bedarf der weiteren Ausdifferenzierung des Variationsreichtums von Lehrer-Schüler-Beziehungen im internationalen Vergleich, zwischen Schulformen und in verschiedenen Schulkulturen von Einzelschulen hinsichtlich verschiedener Klassenkonstellationen. Zwar liegen inzwischen eine Reihe von Erkenntnissen zur Vielfalt der schulischen Beziehungsmuster vor, aber deren Bandbreite ist noch differenzierter zu erfassen.

• Dabei sollte das komplexe Zusammenspiel von Peerbeziehungen in spezifischen Zusammensetzungen der Schülerschaft mit der Herausbildung von Beziehungsmustern zwischen Lehrern und Schülern weiter untersucht werden.

• Ebenfalls ist die Rekonstruktion unterschiedlicher Beziehungsmuster im Grundschulalter, in der Frühadoleszenz und der Adoleszenz bislang noch wenig entfaltet. Die genetisch-prozesshafte Dimension der Lehrer-Schüler-Beziehung bleibt weiter auszuleuchten.

• In diesem Zusammenhang ist auch die Dynamik der individuellen Anerkennung im schulisch-institutionellen Leistungs- und Statussystem weiter in den Blick zu nehmen: Welche Bedeutung gewinnt dies im Verlauf der Schulkarriere für die Lehrer-Schüler-Beziehung?

• Und schließlich ist die soziale Konstituierung der Lern- und Bildungsprozesse in unterschiedlichen dyadischen und Klassen-Beziehungs-Mustern zwischen Lehrern und Schüler weiter zu erhellen und damit die Relevanz der Lehrer-Schüler-Beziehungen für die inhaltlichen Bildungsprozesse.

Literatur

Badawia, Tarek/Hamburger, Franz/Hummrich, Merle (2005): Bildung durch Migration. Konzeptionelle Überlegungen. In: Badawia, Tarek/Hamburger, Franz/ Hummrich, Merle (Hg.): Bildung durch Migration Über Anerkennung und Integration in der Einwanderungsgesellschaft. Wiesbaden: 329-339

Barz, Heiner/Randoll, Dirk (Hg.) (2007): Absolventen von Waldorfschulen. Eine empirische Studie zu Bildung und Lebensgestaltung. Wiesbaden: Verlag für Sozialwissenschaften

Baumert, Jürgen/Klieme, Eckard/Neubrand, Michael/Prenzel, Manfred/Schiefele, Ulrich/Schneider, Wolfgang/Stanat, Oetra/Tillmann, Klaus-Jürgen/Weiß, Manfred (Hg.) (2001): PISA 2000. Basiskompetenzen von Schülerinnen und Schülern im internationalen Vergleich. Opladen: Leske + Budrich

Baumert, Jürgen/Kunter, Mareike/Brunner, Martin/Krauss, Stefan/Blum, Werner/ Neubrand, Michael (2004): Mathematikunterricht aus der Sicht der PISA-Schülerinnen und -Schüler und ihrer Lehrkräfte. In: Deutsches PISA-Konsortium (Hg.): PISA 2003. Der Bildungsstand der Jugendlichen in Deutschland – Ergebnisse des zweiten internationalen Vergleichs. Münster: 314-335

Baumert, Jürgen/Lehmann, Rainer/Lehrke, Manfred/Schmitz, Bernd/Clausen, Marten/Hosenfeld, Ingmar/Köller, Olaf/Neubrand, Johanna (1997): TIMMS – Mathematisch-naturwissenschaftlicher Unterricht im internationalen Vergleich. Opladen: Leske + Budrich

Baumert, Jürgen/Stanat, Petra/Watermann, Rainer (Hg.) (2006): Herkunftsbedingte Disparitäten im Bildungswesen: Differenzielle Bildungsprozesse und Probleme der Verteilungsgerechtigkeit. Wiesbaden: Verlag für Sozialwissenschaften

Bellenberg, Gabrielle (1999): Individuelle Schullaufbahnen. Eine empirische Untersuchung über Bildungsverläufe von der Einschulung bis zum Abschluß. Weinheim, München: Juventa

Bernfeld, Siegfried: (1925/1990): Sisiphos oder die Grenzen der Erziehung. Frankfurt a.M.: Suhrkamp

Blankertz, Herwig (1982): Die Geschichte der Pädagogik. Von der Aufklärung bis zur Gegenwart. Wetzlar: Büchse der Pandora

Böhme, Jeanette (2000): Schulmythen und ihre imaginäre Verbürgung durch oppositionelle Schüler. Ein Beitrag zur Etablierung erziehungswissenschaftlicher Mythosforschung. Bad Heibrunn: Klinkhardt

Böhme, Jeanette (2006): Schule am Ende der Buchkultur. Medientheoretische Begründungen schulischer Bildungsarchitekturen. Bad Heilbrunn: Klinkhardt

Böhme, Jeanette/Kramer, Rolf-Torsten (Hg.) (2001): Partizipation in der Schule. Opladen: Leske + Budrich

Boos-Nünning, Ursula/Karakaşoğlu, Yasemin (2005): Viele Welten leben. Zur Lebenssituation von Mädchen und jungen Frauen mit Migrationshintergrund. Münster: BM für Familien, Senioren, Frauen und Jugendliche

Bourdieu, Pierre/Passeron, Jean-Claude (1973): Grundlagen einer Theorie der symbolischen Gewalt. Frankfurt a.M.: Suhrkamp

Bourdieu, Pierre et al. (1997): Das Elend der Welt. Frankfurt a.M.: UTB

Braunmühl, Ekkehard von (1978): Zeit für Kinder. Frankfurt a.M.: tologo Verlag

Breidenstein, Georg (2006): Teilnahme am Unterricht. Ethnographische Studien zum Schülerjob. Wiesbaden: Verlag für Sozialwissenschaften

Breidenstein, Georg/Kelle, Helga (1998): Geschlechteralltag in der Schulklasse. Ethnographsche Studien zur Gleichaltrigenkultur. Weinheim, München: Juventa

Breidenstein, Georg/Schütze, Fritz (Hg.) (2008): Paradoxien der Schulreform. Wiesbaden (im Erscheinen)

Brendel, Sabine: (1998): Arbeitertöchter beißen sich durch. Bildungsbiographien und Sozialisationsbedingungen junger Frauen aus der Arbeiterschicht. Weinheim, München: Juventa

Büchner, Peter/Koch, Katja (2001): Von der Grundschule in die Sekundarschule. Band 1. Opladen: Leske + Budrich

Busse, Susann/Helsper, Werner/Hummrich, Merle/Kramer, Rolf-Torsten (2008): Zwischen Familie und Schule. Wiesbaden (im Erscheinen)

Campe, Joachim Heinrich (1778): Notwendige Willkür des irdischen Vaters als Vertreter des himmlischen Vaters. In: Rutschky, Katharina (Hg.): Schwarze Pädagogik. Quellen zur Naturgeschichte der bürgerlichen Erziehung. Frankfurt a.M.: 83-88

Diefenbach, Heike/Klein, Michael (2002): „Bring Boys Back". In: Soziale Ungleichheit zwischen den Geschlechtern im Bildungssystem zuungunsten von Jungen am Beispiel der Sekundarabschlüsse. In: Zeitschrift für Pädagogik 6: 938-959

Ditton, Hartmut (1992): Ungleichheit und Mobilität durch Bildung. Weinheim, München: Juventa

Ditton, Hartmut (2008): Schule und sozial-regionale Ungleichheit. In: Helsper, Werner/Böhme, Jeanette (Hg.): Handbuch der Schulforschung. Wiesbaden, 2. Auflage (im Erscheinen)

Ditton, Hartmut/Krüsken, Jan (2006): Der Übergang von der Grundschule in die Sekundarstufe. In: Zeitschrift für Erziehungswissenschaft 9: 348-372

du Bois-Reymond, Manuela (2004): Neues Lernen – alte Schule: europäische Perspektiven. In: Tully, Claus J. (Hg.): Verändertes Lernen in modernen technisierten Welten. Organisierter und informeller Kompetenzerwerb Jugendlicher. Wiesbaden: 135-162 du Bois-Reymond, Manuela (2002): Kindheit und Jugend in Europa. In: Krüger, Heinz Hermann/Grunert, Cathleen (Hg.): Handbuch Kindheits- und Jugendforschung. Opladen: 371-391

Ecarius, Jutta (2003): Familienerziehung im historischen Wandel. Eine qualitative Studie über Erziehung und Erziehungserfahrungen von drei Generationen. Opladen: Leske + Budrich

Elias, Norbert (1986): Die Gesellschaft der Individuen. Frankfurt a.M.: Suhrkamp

Erdheim, Mario (1982): Die gesellschaftliche Produktion von Unbewußtheit. Eine Einführung in den ethnopsychoanalytischen Prozeß. Frankfurt a.M.: Suhrkamp

Faulstich-Wieland, Hannelore/Horstkemper, Marianne (1995): „Trennt uns bitte, bitte nicht!" Koe-dukation aus Mädchen- und Jungensicht. Opladen: Leske + Budrich

Faulstich-Wieland, Hannelore/Weber, Martina/Willems, Katharina (2004): Doing Gender im heutigen Schulalltag. Empirische Studien zur sozialen Konstruktion von Geschlecht in schulischen Interaktionen. Weinheim, München: Juventa

Fend, Helmut (1980): Theorie der Schule. Weinheim, Basel: Beltz

Fend, Helmut (1982): Gesamtschule im Vergleich. Bilanz der Ergebnisse des Gesamtschulversuchs. Weinheim, Basel: Beltz

Fend, Helmut (1997): Der Umgang mit Schule in der Adoleszenz. Aufbau und Verlust von Lernmotivation, Selbstachtung und Empathie. Entwicklungspsychologie der Adoleszenz in der Moderne. Bd. IV. Bern, Göttingen, Toronto, Seattle: Huber

Fend, Helmut (1998): Qualität im Bildungswesen. Weinheim, München: Juventa

Fend, Helmut (2000): Entwicklungspsychologie des Jugendalters. Opladen: Leske + Budrich

Fend, Helmut (2004): Was stimmt mit den deutschen Schulsystemen nicht? Wege zur Erklärung von Leistungsunterschieden zwischen Bildungssystemen. In: Schümer, Gundel/Tillmann, Klaus-Jürgen/Weiß, Manfred (Hg.): Die Institution Schule und die Lebenswelt der Schüler. Vertiefende Analysen der PISA-2000-Daten zum Kontext von Schülerleistungen. Wiesbaden: 15-39

Foucault, Michel (1976): Überwachen und Strafen. Frankfurt a.M.: Suhrkamp

Frei, Bernadette (2003): Pädagogische Autorität. Münster: Waxmann

Freud, Sigmund (1914/1999): Zur Psychologie des Gymnasiasten. In: Freud, Sigmund: Gesammelte Werke, Band 10. Frankfurt a.M.: Fischer

Fuchs, Marek/Lamnek, Siegfried/Luedtke, Jens/Baur, Nina (2005): Gewalt an Schulen. Wiesbaden: Verlag für Sozialwissenschaften

Giddens, Anthony (2001): Entfesselte Welt – Wie die Globalisierung unser Leben verändert. Frankfurt a.M.: Suhrkamp

Gruehn, Sabine (2000): Unterricht und schulisches Lernen. Schüler als Quellen der Unterrichtsbeschreibung. Münster: Waxmann

Grundmann, Matthias (2006): Sozialisation. Konstanz: UVK

Grundmann, Matthias/Bittlingmayer, Uwe/Dravenau, Daniel/Groh-Samberg, Olaf (2004): Die Umwandlung von Differenz in Hierarchie? Schule zwischen einfacher Reproduktion und eigenständiger Produktion sozialer Bildungsungleichheit. In: Zeitschrift für Soziologie der Erziehung und Sozialisation 2: 124-146

Hargreaves, David H./Hester, Stephen K./Mellor, Frank .J. (1981): Abweichendes Verhalten im Unterricht. Weinheim, Basel: Beltz

Hegel, Georg Wilhelm Friedrich (1995): Gymnasialrede am 2. September 1811. In: Apel, Hans J./Grunder, Hans-Ulrich (Hg.): Texte zur Schulpädagogik. Weinheim, München: 46-55

L

Heinze, Thomas (1981): Schülertaktiken. Weinheim, Basel: Beltz

Helmke, Andreas (2003): Unterrichtsqualität. Erfassen, bewerten, verbessern. Seelze: Kallmeyer

Helsper, Werner (2004): Antinomien, Widersprüche, Paradoxien: Lehrerarbeit – ein unmögliches Geschäft? Eine strukturtheoretisch-rekonstruktive Perspektive auf das Lehrerhandeln. In: Koch-Priewe, Barbara/Kolbe, Fritz-Ulrich/Wildt, Johannes (Hg.): Grundlagenforschung und mikrodidaktische Reformansätze zur Lehrerbildung: 49-99

Helsper, Werner (2006): Elite und Bildung im Schulsystem – Schulen als Institutionen-Milieu-Komplexe in der ausdifferenzierten höheren Bildungslandschaft. In: Ecarius, Jutta/Wigger, Lothar (Hg.): Elitebildung – Bildungselite. Erziehungswissenschaftliche Diskussionen und Befunde über Bildung uns soziale Ungleichheit. Opladen: 162-187

Helsper, Werner (2007): Schulkulturen als symbolische Sinnordnungen und ihre Bedeutung für pädagogische Professionalität. In: Helsper, Werner/Busse, Susann/Hummrich, Merle/Kramer, Rolf-Torsten (Hg.): Pädagogische Professionalität in Organisationen. Neue Verhältnisbestimmungen am Beispiel der Schule. Wiesbaden: 115-145

Helsper, Werner/Böhme, Jeanette/Kramer, Rolf-Torsten/Lingkost, Angelika (2001): Schulkultur und Schulmythos. Rekonstruktionen zur Schulkultur I. Opladen: Leske + Budrich

Helsper, Werner/Brademann, Sven/Kramer, Rolf-Torsten/Ziems, Carolin/Klug, Ron (2008): „Exklusive" Gymnasien und ihre Schüler-Kulturen der Distinktion in der gymnasialen Schullandschaft. In: Ullrich, Heiner/Strunck, Susanne (Hg.): Begabtenförderung an Gymnasien. Wiesbaden: 215-249

Helsper, Werner/Busse, Susann/Hummrich, Merle/Kramer, Rolf-Torsten (2008): Jugend und Schule. In: Münchmeier, Richard/Nordmann, Anja/Bingel, Gabrielle (Hg.): Die Gesellschaft und ihre Jugend (im Erscheinen)

Helsper, Werner/Hummrich, Merle (2005): Erfolg und Scheitern in der Schulkarriere. In: Sachverständigenkommission Zwölfter Kinder- und Jugendbericht (Hg.): Kompetenzerwerb von Kindern und Jugendlichen im Schulalter. Materialien zum Zwölften Kinder- und Jugendbericht, Band 3. München: 95-173

Helsper, Werner/Hummrich, Merle (2008): Arbeitsbündnis, Schulkultur und Milieu. Reflexionen zu Grundlagen schulischer Bildungsprozesse. In: Breidenstein, Georg/Schütze, Fritz (Hg.): Paradoxien in der Reform der Schule. Ergebnisse qualitativer Sozialforschung (im Erscheinen)

Helsper, Werner/Krüger, Heinz-Hermann/Fritzsche, Sylke/Sandring, Sabine/Wiezorek, Christine/Böhm-Kasper, Oliver/Pfaff, Nicole (2006): Unpolitische Jugend? Eine Studie zum Verhältnis von Anerkennung, Jugend und Politik. Wiesbaden: Verlag für Sozialwissenschaften

Helsper, Werner/Lingkost, Angelika (2004): Schülerpartizipation in den Antinomien modernisierter Schulkultur. In: Helsper, Werner (Hg.): Schule und Jugendforschung zum 20. Jahrhundert. Wiesbaden: 198-229

Helsper, Werner/Ullrich, Heiner/Stelmaszyk, Bernhard/Graßhoff, Gunther/Höblich, Davina/Jung, Dana (2007): Autorität und Schule. Wiesbaden: Verlag für Sozialwissenschaften

Helsper, Werner/Wiezorek, Christine (2006): Zwischen Leistungsforderung und Fürsorge. Perspektiven der Hauptschule im Dilemma von Fachunterricht und Unterstützung. In: Die Deutsche Schule 4: 436-455

Herbart, Johann Friedrich (1806): Pädagogische Grundschriften. Hg. von Asmus, Walter (1982). Stuttgart: Küpper

Holtappels, Heinz Günter (2000): „Abweichendes Verhalten" und soziale Etikettierungsprozesse in der Schule. In: Schweer, Martin K. W. (Hg.): Lehrer-Schüler-Interaktion. Pädagogisch-psychologische Aspekte des Lehrens und Lernens in der Schule. Opladen: 231-255

Honneth, Axel (2001): Leiden an Unbestimmtheit. Stuttgart: Reclam

Hummrich, Merle (2002): Bildungserfolg und Migration. Biographien junger Frauen in der Einwanderungsgesellschaft. Opladen: Leske + Budrich

Hummrich, Merle (2006): Migration und Bildungsprozess. Zum ressourcenorientierten Umgang mit der Biographie. In King, Vera/Koller, Christoph (Hg.): Adoleszenz – Migration – Bildung. Bildungsprozesse Jugendlicher und junger Erwachsener mit Migrationshintergrund. Wiesbaden: 85-102

Hummrich, Merle (2008): Die Öffnung der Schule als soziale Schließung. In: Breidenstein, Georg/Schütze, Fritz (Hg.): Paradoxien in der Reform der Schule. Ergebnisse qualitativer Sozialforschung (im Erscheinen)

Hummrich, Merle/Helsper, Werner/Busse, Susann/Kramer, Rolf-Torsten (2006): Individuation in pädagogischen Generationsbeziehungen. In: ZBBS 1: 25-46

Hummrich, Merle/Helsper, Werner (2004): „Familie geht zur Schule": Schule als Familienerzieher und die Einschließung der familiären Generationsbeziehungen in eine schulische Generationsordnung. In: Idel, Till-Sebastion/Kunze, Katharina/Ullrich, Heiner (Hg.): Das Andere Erforschen. Empirische Impulse aus Reform- und Alternativschulen. Wiesbaden: 235-248

Hurrelmann, Klaus/Wolf, Hartmut K. (1986): Schulerfolg und Schulversagen im Jugendalter. Fallanalysen von Bildungslaufbahnen. Weinheim, München: Juventa

Idel, Till-Sebastian (2007): Waldorfschule und Schülerbiographie. Fallrekonstruktionen zur lebensgeschichtlichen Relevanz anthroposophischer Schulkultur. Wiesbaden: Verlag für Sozialwissenschaften

Idel, Till-Sebastian/Ullrich, Heiner (2008): Reform- und Alternativschulen. In: Helsper, Werner/Böhme, Jeanette (Hg.): Handbuch der Schulforschung. 2., durchgesehene und erweitere Auflage. Wiesbaden (im Erscheinen)

Kade, Jochen (1997): Vermittelbar/Nicht-Vermittelbar: Vermitteln: Aneignen. Im Prozeß der Systembildung des Pädagogischen. In: Luhmann, Niklas/Lenzen, Dieter (Hg.): Bildung und Weiterbildung im Erziehungssystem. Frankfurt a.M.: 30-80

Kalthoff, Herbert (1997): Wohlerzogenheit. Eine Ethnographie deutscher Internatsschulen. Frankfurt a.M.: Campus

Kalthoff, Herbert/Kelle, Helga (2000): Pragmatik schulischer Ordnung. Zur Bedeutung von „Regeln" im Schulalltag. In: Zeitschrift für Pädagogik 46: 691-710

Klafki, Wolfgang (1985): Neue Studien zur Bildungstheorie und Didaktik. Weinheim, Basel: Beltz

Kohli, Martin (1988): Die Institutionalisierung des Lebenslaufes. Historische Befunde und theoretische Argumente. In: KZfSS 37: 1-29

Kounin, Jacob S. (2006): Techniken der Klassenführung. Münster: Waxmann

Kramer, Rolf-Torsten (2002): Schulkultur und Schülerbiographie. Rekonstruktionen zur Schulkultur II. Opladen: Leske + Budrich

Krappmann, Lothar/Oswald, Hans (1995): Alltag der Schulkinder. Weinheim, München: Juventa

Krohne, Julia Ann/Meier, Ulrich (2004): Sitzenbleiben, Geschlecht und Migration. In: Schümer, Gundel/Tillmann, Klaus-Jürgen/Weiß, Manfred (Hg.): Die Institution Schule und die Lebenswelt der Schüler. Vertiefende Analysen der PISA-2000-Daten zum Kontext von Schülerleistungen. Wiesbaden: 117-149

Krüger, Heinz-Hermann/Reinhardt, Sybille/Kötters-König, Catrin/Pfaff, Nicolle/ Schmidt, Ralf/Krappidel, Adrienne/Tillmann, Frank (2002): Jugend und Demokratie – Politische Bildung auf dem Prüfstand. Eine quantitative und qualitative Studie aus Sachsen Anhalt. Opladen: Leske + Budrich

Kunter, Mareike/Dubberke, Tamar/Baumert, Jürgen (2006): Mathematikunterricht in den PISA-Klassen 2004: Rahmenbedingungen, Formen und Lehr-Lernprozesse. In: PISA-Konsortium Deutschland (Hg.): PISA 2003. Untersuchungen zur Kompetenzentwicklung im Verlauf eines Schuljahres. Münster: 161-195

Langness, Anja/Leven, Ingo/Hurrelmann, Klaus (2006): Jugendliche Lebenswelten: Familie, Schule, Freizeit. In: Shell Deutschland Holding (Hg.): Jugend 2006. Eine pragmatische Generation unter Druck. Frankfurt a.M.: 49-102

Larcher, Sabine/Schafroth, Kahtrin (2004): Die Bildungsfrage – auch eine Geschlechterfrage. http://www.educa.ch/tools/12639/files/larcher.pdf (Download am 17.07.2007)

Lenz, Karl (1991): Prozeßstrukturen biographischer Verläufe in der Jugendphase. In: Combe, Arno/Helsper, Werner (Hg.): Hermeneutische Jugendforschung. Opladen: 50-70

Luhmann, Niklas (2002): Das Erziehungssystem der Gesellschaft. Frankfurt a.M.: Suhrkamp

Marotzki, Winfried (2001): Jugendliche Kompetenz und erwachsene Inkompetenz? Verkehrt sich das Wissensgefälle zwischen Jugendlichen und Erwachsenen? In: Kramer, Rolf-Torsten/Helsper, Werner/Busse, Susann (Hg.): Pädagogische Generationsbeziehungen. Opladen: 293-305

Meyer, Hilbert (2004): Was ist guter Unterricht? Berlin: Cornelsen Verlag

Meyer, Meinart A./Jessen, Silke: (2000): Schülerinnen und Schüler als Konstrukteure ihres Unterrichts. In: Zeitschrift für Pädagogik 5: 711–730

Meyer, Meinart A./Kunze, Ingrid/Trautmann, Matthias (Hg.) (2007): Schülerpartizipation im Englischunterricht. Eine empirische Untersuchung in der gymnasialen Oberstufe. Opladen: Leske + Budrich

Meyer, Meinart A./Schmidt, Ralf (2000): Schülermitbestimmung im Fachunterricht. Opladen: Leske + Budrich

Nittel, Dieter (1992): Gymnasiale Schullaufbahn und Identitätsentwicklung. Weinheim: Deutscher Studien Verlag

Oelkers, Jürgen (2003): Reformpädagogik. Eine kritische Dogmengeschichte, 3. Auflage. Weinheim, München: Juventa

Oevermann, Ulrich (2001): Die Soziologie der Generationsbeziehungen und der Generationen aus strukturalistischer Sicht und ihre Bedeutung für die Schulpädagogik. In: Kramer, Rolf-Torsten/Helsper, Werner/Busse, Susann (Hg.): Pädagogische Generationsbeziehungen. Opladen: 78-126

Oevermann, Ulrich (2002): Professionalisierungsbedürftigkeit und Professionalisiertheit pädagogischen Handelns. In: Kraul, Margret/Marotzki, Winfried/ Schweppe, Cornelia (Hg.): Biographie und Profession. Bad Heilbrunn: 19-63

Oswald, Hans/Krappmann, Lothar (2004): Soziale Ungleichheit in der Schulklasse und Schulerfolg. Eine Untersuchung in dritten und fünften Klassen Berliner Grundschulen. In: Zeitschrift für Erziehungswissenschaft 4: 479-497

Parsons, Talcott (1981): Sozialstruktur und Persönlichkeit. Frankfurt a.M.: EVA

Pauli, Christine/Reusser, Kurt (2003): Unterrichtsskripts im schweizerischen und im deutschen Mathematikunterricht. In: Unterrichtswissenschaft 3: 238-373

Pongratz, Ludwig A. (1989): Pädagogik im Prozess der Moderne. Studien zur Sozial- und Theoriegeschichte der Schule. Weinheim: Deutscher Studien Verlag

Pongratz, Ludwig A. (2004): Freiwillige Selbstkontrolle. Schule zwischen Disziplinar- und Kontrollgesellschaft. In: Ricken, Norbert/Rieger-Ladich, Markus (Hg.): Michel Foucault: Pädagogische Lektüren. Wiesbaden: 243-261

Prenzel, Manfred/Baumert, Jürgen/Blum, Werner/Lehmann, Reinhard/Leutner, Detlev/Neubrand, Michael/Pekrun, Reinhard/Rolff, Hans-Günther/Root, Jürgen/Schiefele, Ulrich (2004): PISA 2003 – Der Bildungsstand der Jugendlichen in Deutschland – Ergebnisse des zweiten internationalen Vergleichs. Münster: Waxmann

Rabenstein, Kerstin (2007): Das Leitbild des selbstständigen Schülers. Machtpraktiken und Subjektivierungsweisen in der pädagogischen Reformsemantik. In: Rabenstein, Kerstin/Reh, Sabine (Hg.): Kooperatives und selbstständiges Arbeiten von Schülern. Wiesbaden: 39-61

Randoll, Dirk (1999): Waldorfpädagogik auf dem Prüfstand. Auch eine Herausforderung an das öffentliche Schulwesen? Berlin: Vwb

Rousseau, Jean-Jacques (1983): Emile oder über die Erziehung. Paderborn: Schöningh

Sandring, Sabine/Gibson, Anja (2006): Schulische Grenzziehungen als Ausdrucksform schulischer Problembearbeitung – Die Probleme bleiben ‚draußen'. In: Helsper, Werner/Krüger, Heinz-Hermann/Fritzsche, Sylke: Unpolitische Jugend? Wiesbaden: 165-193

Schmidt, Ralf (2001): Partizipation in Schule und Unterricht. In: Beiträge zur Wochenzeitung Das Parlament. 2. November: 24-30

Schümer, Gundel (2004): Zur doppelten Benachteiligung von Schülern aus unterprivilegierten Gesellschaftsschichten im deutschen Schulwesen. In: Schümer, Gundel/Tillmann, Klaus-Jürgen/Weiß, Manfred (Hg.): Die Institution Schule und die Lebenswelt der Schüler. Vertiefende Analysen der PISA 2000-Daten zum Kontext von Schülerleistungen. Wiesbaden: 73-117

Schütze, Fritz/Bräu, Karin/Liermann, Hildegard/Prokopp, Karl/Speth, Martin/Wiesemann, Jutta (1996): Überlegungen zu Paradoxien des professionellen Lehrerhandelns in den Dimensionen der Schulorganisation. In: Helsper, Werner/ Krüger, Heinz-Hermann/Wenzel, Hartmut (Hg.): Schule und Gesellschaft im Umbruch. Band 1: Theoretische und internationale Perspektiven. Weinheim: 333-377

Seidel, Tina/Prenzel, Manfred/Rimmele, Rolf/Dalehefte, Inger Marie/Herweg, Constanze/Kobarg, Mareike/Schwindt, Katharina (2006): Blicke auf den Physikunterricht. Ergebnisse der IPN-Videostudie. In: Zeitschrift für Pädagogik 6: 798-832

Senkbeil, Martin/Drechsel, Barbara/Rolff, Hans-Günter/Bonsen, Martin/Zimmer, Karin/Lehmann, Rainer H./Neumann, Astrid (2004): Merkmale und Wahrnehmungen von Schule und Unterricht. In: Deutsches PISA-Konsortium (Hg.): PISA 2003. Der Bildungsstand der Jugendlichen in Deutschland – Ergebnisse des zweiten internationalen Vergleichs. Münster: 296-314

Standfest, Claudia/Köller, Olaf/Scheunpflug, Annette (2005): leben – lernen – glauben. Zur Qualität evangelischer Schulen. Eine empirische Untersuchung über die Leistungsfähigkeit von Schulen in evangelischen Trägerschaft. Münster: Waxmann

Tillmann, Klaus-Jürgen/Meier, Ulrich (2001): Schule, Familie und Freunde – Erfahrungen von Schülerinnen und Schülern in Deutschland. In: Deutsches PISA-

Konsortium (Hg.): PISA 2000: Basiskompetenzen von Schülerinnen und Schülern im internationalen Vergleich. Opladen: 468-509

Tillmann, Klaus-Jürgen/Holler-Nowitzki, Birgit/Holtappels, Heinz Günter/Meier, Ulrich/Popp, Ulrike (1999): Schülergewalt als Schulproblem. Verursachende Bedingungen, Erscheinungsformen und pädagogische Handlungsperspektiven. Weinheim, München: Juventa

Tyrell, Hartmann (1987): Die „Anpassung" der Familie an die Schule. In: Oelkers, Jürgen/Tenorth, Heinz-Elmar (Hg.): Pädagogik, Erziehungswissenschaft und Systemtheorie. Weinheim, Basel: 102-125

Ullrich, Heiner (1999): Das Kind als schöpferischer Ursprung. Bad Heilbrunn: Klinkhardt

Ullrich, Heiner/Idel, Till-Sebastian/Kunze, Katharina (Hg.) (2004): Das Andere erforschen. Wiesbaden: Verlag für Sozialwissenschaften

Volmer, Gerda (1990): Autorität und Erziehung. Weinheim: Deutscher Studien Verlag

Watermann, Rainer/Thurn, Susanne/Tillmann, Klaus-Jürgen/Stanat, Petra (Hg.) (2005): Die Laborschule im Spiegel ihrer Pisa-Ergebnisse. Weinheim, München: Juventa

Weber, Martina. (2003): Heterogenität im Schulalltag. Konstruktion ethnischer und geschlechtlicher Unterschiede. Opladen: Leske + Budrich

Weinert, Franz E./Helmke, Andreas (Hg.) (1997): Entwicklung im Grundschulalter. Weinheim, Basel: Beltz

Wellendorf, Franz (1973): Schulische Sozialisation und Identität. Weinheim, Basel: Beltz

Wiezorek, Christine (2006): Die Schulklasse als heimatlicher Raum und als Ort der Einübung demokratischer Haltungen. In: Helsper, W./Krüger, Heinz-Hermann/ Fritzsche, Sylke: Unpolitische Jugend? Wiesbaden: 259-292

Willems, Katharina (2007): Schulische Fachkulturen und Geschlecht. Physik und Deutsch – natürliche Gegenpole? Bielefeld: Transcript

Winterhager-Schmid, Luise (2000): „Groß" und „Klein" – zur Bedeutung der Erfahrung mit Generationendifferenz im Prozeß des Heranwachsens. In: Winterhager-Schmid, Luise (Hg.): Erfahrung mit Generationendifferenz. Weinheim: 15-38

Wouters, Cas (1977): Informalisierung und der Prozess der Zivilisation. In: Gleichmann, Peter et al. (Hg.): Materialien zu Norbert Elias' Zivilisationstheorie. Frankfurt a.M.: 279-299

Wulf, Christoph/Althans, Birgit/Blaschke, Gerald et al. (2007): Lernkulturen im Umbruch. Rituelle Praktiken in Schule, Medien, Jugend und Familie. Wiesbaden: Verlag für Sozialwissenschaften

Ziehe, Thomas (2005): Die Eigenwelten der Jugendlichen und die Anerkennungskrise der Schule. In: Horster, Detlef/Oelkers, Jürgen (Hg.): Pädagogik und Ethik. Wiesbaden: 277-295

Ziehe, Thomas/Stubenrauch, Herbert (1982): Plädoyer für ungewöhnliches Lernen Reinbek: Rowohlt

Zinnecker, Jürgen (1978): Emanzipation der Frau und Schulausbildung. Zur schulischen Sozialisation und gesellschaftlichen Position der Frau. Weinheim, Basel: Beltz

Zinnecker, Jürgen (2008): Schul- und Freizeitkultur der Schüler. In: Böhme, Jeanette/Helsper, Werner: Handbuch der Schulforschung. 2. Auflage (im Erscheinen)

Cornelia Wustmann

Persönliche Beziehungen in der Arbeit mit Jugendlichen

Sozialarbeiter/innen und Jugendliche treffen in unterschiedlichen sozialen Settings aufeinander, die mit unterschiedlichen Zielen und Erwartungen auf beiden Seiten verknüpft sein können. Einige Beispiele zum Einstieg:

- Sozialarbeiter/innen und Jugendliche begegnen sich, wenn Jugendliche in Jugendfreizeiteinrichtungen kommen, dort agieren, einfach „abhängen", andere Jugendliche treffen und das Gespräch mit dem Jugendarbeiter bzw. der Jugendarbeiterin suchen.
- Sie treffen sich in Jugendverbänden, sei es bei der Freiwilligen Feuerwehr, in der Landjugend oder den Sportverbänden. Jugendliche bringen sich dort mehr oder weniger aktiv ein, widmen sich im Peer-Kontext bestimmten für sie wichtigen Themen und fordern gleichzeitig die Hilfe und Unterstützung Erwachsener ein.
- Als minderjährige Schwangere suchen Jugendliche in einer schwierigen persönlichen und meist auch familialen Situation Hilfe bei einer Sozialarbeiterin.
- Untergebracht außerhalb der Familie in einem Heim – und dies oft alles andere als freiwillig – treffen Jugendliche auf eine/n Sozialarbeiter/in als Begleiter/in.
- Wenn Jugendliche die „Geheimnisse" ihres und des anderen Geschlechts entdecken, können Situation auftreten, in denen sie sich mit Fragen und Rat an einen professionellen Helfer wenden.
- Auch kommt es vor, dass sie mit einem gehörigen Berg an Schulden an den/die Sozialarbeiter/in herantreten und kurzfristige Hilfe und Unterstützung verlangen.
- Wenn Jugendliche zum ersten oder wiederholten Male ohne Führerschein gefahren sind und dabei ertappt wurden, werden sie sich mit den Mitarbeiter/innen der Jugendgerichtshilfe gemeinsam auf die Verhandlung vorbereiten.
- Oder nachdem sie sich endlich einen Ausbildungsplatz gesichert haben oder noch vor Schulabschlussprüfungen zittern, können sie die Unterstützung der Mitarbeiter/innen der Jugendberufshilfe in Anspruch nehmen.

Diese Liste ließe sich lange fortsetzen und sie beschreibt gleichwohl: Allen diesen Jugendlichen mit ihren individuellen Anforderungen und Bewältigungsmustern begegnen Sozialarbeiter/innen in den unterschiedlichen Feldern der Jugendarbeit, der Jugendsozialarbeit, des Erzieherischen Kinder-

und Jugendschutzes und eventuell auch im Arbeitsfeld der Erzieherischen Hilfen bzw. in der Mitwirkung vor Gerichten. In diesen – auf Wiederholung angelegten – Begegnungen wird der Sozialarbeiter/die Sozialarbeiterin unterschiedlich von den Jugendlichen in seiner/ihrer Rolle wahrgenommen: als Rettender/Rettende in unliebsamen und unüberschaubar erscheinenden Situationen; als „Kumpel", dem man sich anvertrauen kann und der einen versteht; als Berater/Beraterin auf gleicher „Augenhöhe" aber auch als weisungsberechtigte Person.

In diesem Artikel werden persönliche Beziehungen zwischen Sozialarbeiter/innen und Jugendlichen in der entsprechenden Vielschichtigkeit betrachtet. Als Zugang dient dabei zunächst die rechtliche Rahmung, auf deren Grundlage diese Beziehungen überhaupt gestaltet werden können. In einem zweiten Schritt wird die Forschungslandschaft für diesen Bereich innerhalb der Jugendhilfeforschung untersucht und es werden anhand weniger aber relevanter Studien Ergebnisse für die Gestaltung dieser Beziehungen formuliert. Einen Abschluss bilden Überlegungen, wie diese Beziehungen gewinnbringend für beide Beteiligtengruppen gestaltet werden können.

1. Rechtliche Voraussetzungen für die Arbeit mit Jugendlichen

Nach Gertrud Bäumer (1929: 3) umfasst Sozialpädagogik „alles was Erziehung ist, aber nicht Schule und Familie (..). Sozialpädagogik bedeutet (…) den Inbegriff der gesellschaftlichen und staatlichen Erziehungsfürsorge, sofern sie außerhalb der Schule liegt". Diese frühe Bestimmung von Gertrud Bäumer prägt bis heute das Grundverständnis der Jugendhilfe. Jugendhilfe wird verstanden als eine eigenständige und zugleich subsidiäre Sozialisationshilfe, die neben Familie und Schule spezielle Methoden, Aufgaben und eigene Zuständigkeiten bereit hält. Sie ist in den Kontext sozialpolitischer Vergesellschaftungsprozesse und Diskurse eingelagert und darauf ausgerichtet, den Bewältigungsdruck von dem/der Einzelnen zu nehmen (Böhnisch/Schröer 2001; Jordan/Sengling 2000).

Diese Grundlegung hat Eingang gefunden in die Verrechtlichung der Sozialen Arbeit und bildet die Basis für die Beziehungsarbeit zwischen Jugendlichen und Sozialarbeiter/innen. Grundsätzlich gilt nach den Vorgaben des Sozialgesetzbuch VIII (Kinder- und Jugendhilfegesetz) und den entsprechenden Ausführungsgesetzen der einzelnen Bundesländer, dass ein jeder junge Mensch ein Recht auf Förderung seiner Entwicklung und auf Erziehung zu einer eigenverantwortlichen und gemeinschaftsfähigen Persönlichkeit hat (§ 1, 1 SGB VIII). Dieses Gesetz hat das Paradigma abgelöst, dass es nur darum gehe, Hilfen für gefährdete, hilfebedürftige oder benachteiligte Jugendliche bereit zu halten. Die bereitgestellten Hilfen erstrecken sich nicht nur auf die Kinder und Jugendlichen als der eigentlichen Zielgruppe, sondern schließen ebenso Personensorgeberechtigte als Leistungsberechtigte mit ein. Es ist ein Fortschritt, dass für Kinder und Jugendliche Hilfen rechtlich verankert sind und ihnen zur Verfügung stehen, ohne dass – wie es in der Historie der Sozialen Arbeit lange der Fall war – die Anspruchsberechtigung als „würdige" und „nicht schuldige" Hilfesuchende geklärt werden muss. Nicht ausgeschlossen ist allerdings, dass sich Kinder und Jugendliche in Hilfeangeboten im Verhältnis zum Willen der Sorgeberechtigten übergangen fühlen. Dies ist der Fall, wenn Hilfen eingefordert werden, welche die Eltern benötigen, die aber für die Kinder und Jugendlichen einen Eingriff in ihre Privatsphäre bedeuten oder wenn – im Bereich der Erzieherischen Hilfen – eine temporäre Herauslösung aus dem familialen Kontext erfolgt.

Jugendliche im Sinne des Kinder- und Jugendhilfegesetzes ist die Altersgruppe von 14 bis 27 Jahren. Einbezogen werden die 14- und 18-Jährigen als Jugendliche und die jungen Volljährigen bzw. jungen Erwachsenen, die schon 18, aber noch nicht 27 Jahre alt sind. Bei dieser starren Festlegung wird nicht beachtet, dass Jugend längst ein entgrenztes soziales Phänomen ist, das neben einer zeitlichen Ausdehnung eine Vielfalt von Bewältigungskonstellationen von jungen Menschen zwischen elf und siebenundzwanzig Jahren widerspiegelt (Schröer 2004). Darüber hinaus greift es nicht den Generationenbezug auf, der nach Klaus Mollenhauer (1998) eines der Zentralthemen an sich ist und sich gerade in der Arbeit mit Jugendlichen noch einmal zuspitzt in der Frage, wie Jugend wahrgenommen wird. Es ist seiner Auffassung nach zu beachten, dass diese „Relation einerseits das Problem der personalen Beziehung zwischen Erwachsenen und Kindern in sich birgt, andererseits aber auch als gesellschaftlich-strukturelles Verhältnis der generativen Reproduktion den politisch-ökonomischen Rahmen absteckt, innerhalb dessen Jugendhilfeprobleme im Kontext des Sozialstaates fungieren" (Mollenhauer 1998: 35).

Die Bestimmungen für die Arbeit mit Jugendlichen und für Jugendliche (und Erziehungsberechtigte) gehen grundsätzlich von der Gleichheit der Förderung aus und formulieren, wie und mit welchem Ziel diese erreicht werden kann. Weiterhin wird die heranwachsende Generation als gefährdete oder zumindest als vor Gefährdungen schützenswerte Gruppe aufgefasst, der das Gesetz in Aussicht stellt, sie durch Maßnahmen zu befähigen, „sich vor gefährdenden Einflüssen zu schützen und sie zur Kritikfähigkeit, Entscheidungsfähigkeit und Eigenverantwortlichkeit sowie zur Verantwortung gegenüber ihren Mitmenschen zu führen" (§ 14, 2 SGB VIII). Diese allgemeinen Aussagen werden dann durch Differenzierungen anhand schwieriger Lebenslagen vorgenommen und stellen dazu Hilfen in Aussicht, um „jungen Menschen, die zum Ausgleich sozialer Benachteiligungen oder zur Überwindung individueller Beeinträchtigungen in erhöhten Maße auf Unterstützung angewiesen sind, (…) im Rahmen der Jugendhilfe sozialpädagogische Hilfen [anzubieten], die ihre schulische und berufliche Ausbildung, Eingliederung in die Arbeitswelt und ihre soziale Integration fördern" (§ 13 SGB VIII). Dabei sind Kinder und Jugendliche in ihrer Selbstbestimmtheit durch das „Wunsch- und Wahlrecht" und durch das Recht auf die „Mitwirkung am Hilfeplan" bestärkt. Sie haben, ebenso wie ihre Mütter und Väter oder andere Sorgeberechtigte, das Recht mitzubestimmen, nicht nur bei der Auswahl der Hilfe, sondern auch in der Realisierung derselben. Sie agieren so als Miterbringer dieser Hilfe (ohne sich dessen immer bewusst zu sein) und gleichzeitig auch als Bewertende der Hilfen. Dieses neu verbriefte Recht ist eine der großen Errungenschaften des Kinder- und Jugendhilfegesetzes, verspricht es doch, dass alle Beteiligten ihre Erwartungen auf den Tisch legen und heimliche Aufträge des Jugendamtes von vornherein ausgeschlossen sind (Späth 1993).

Ohne auf den Diskurs zu Hilfen näher eingehen zu können, lässt sich dieser Optimismus nicht allzu lang aufrecht erhalten, denn das Verständnis von Hilfe bleibt trotz dieser Regulierungen ambivalent (zum Diskurs um Hilfen u. a. Sahle 1987; Gängler 1995; Bommes/Scherr 2000). Das eigentlich Heikle an dieser historisch gewachsenen und Verwaltungslogiken folgenden Aufteilung der Zielgruppen des Gesetzes ist, dass es Jugendliche nur in Kategorien wahrnimmt, nicht jedoch deren Lebenswelt in ihrer Ganzheit und Komplexität. Aber Jugendliche sind eben nicht nur Aufsuchende der Angebote der Jugendarbeit oder nur Gestalter/innen der Jugendarbeit oder nur Hilfesuchende in Notfällen etc. Durchaus möglich ist, dass es sich jeweils um die gleiche Person handelt, die sich in verschiedenen Handlungslogiken der Kinder- und Jugendhilfe wieder findet und von der Sozialarbeiter/in unterschiedlich wahrgenommen wird: Als hilfebedürftiges Wesen, mithin als Kind; als gleichberechtigter und interessanter Gesprächspartner; als schuldbeladenes Wesen, dem geholfen wird, das aber auch einer Erziehung bedarf usw. Auch dies ist mitzudenken, wenn eine Bestimmung des Verhältnisses von Jugendlichen und Sozialarbeiter/innen versucht wird.

2. Forschung zur Beziehungsarbeit mit Jugendlichen

Ein Nachdenken über Netzwerkarbeit als Präventions- und Unterstützungsangebot bietet sich aus den rechtlichen Rahmungen an und könnte einen Weg darstellen, die Lebenswelt der Jugendlichen nicht nur in Ausschnitten zu betrachten, sondern in ihrer Ganzheit und Komplexität zu erfassen. Neben dieser pädagogisch-orientierten Dimension könnte es zudem ein Weg sein, individuelle Hilfebedarfe von Jugendlichen und Fragen der immer wieder eingeforderten (ökonomischen) Effektivität von Hilfeleistungen in einem Arbeitsansatz zu bündeln. Erste Ansätze zu einer solchen Arbeitsweise zeigen sich im Bereich der Erzieherischen Hilfen seit Beginn der 1990er Jahre. Sie firmierten unter Begriffen wie „flexible Hilfen", „Hilfen aus einer Hand", „Hilfestationen" oder auch „integrierte Hilfen". Letzten Endes sind sie als Antwort auf die rechtlich versäulte und starre Organisation der Hilfen zu verstehen, die nicht unerhebliche Folgeprobleme für die Klient/innen in sich bergen können wie Abbrüche von Hilfeprozessen, Verschiebepraktiken in andere Hilfen bis hin zu Ausgrenzungsmechanismen. Verschwiegen werden darf dabei aber nicht, dass die so genannte Verwaltungsmodernisierung oder bloße Sparzwänge für die Durchsetzung dieser Ansätze mit verantwortlich waren. Theoretisch eingebettet in das Konzept der Sozialraumorientierung gelang eine Zusammenführung verschiedener Träger der Kinder- und Jugendhilfe. Dieser Ansatz ist dahingehend zu verstehen, Angebote als Teil des Gemeinwesens zu konzipieren und „individuellere Betreuungsarrangements für Kinder und Jugendliche, wohnortnah und entspezialisiert, unter Orientierung am Gemeinwesen bzw. an den Ressourcen des Sozialraums zu kreieren und der örtlichen Praxis sozialverantwortlich mit Leben zu erfüllen" (Beher 2002: 574). So bemerkenswert diese Arbeitsansätze waren und sind, so bergen sie die Gefahr in sich, die aufgrund des einen formulierten Zieles – die institutionelle Zusammenführung von Jugendhilfemaßnahmen – eher der Logik der Sozialverwaltung entspricht, „die ‚Krise des Sozialstaates' in den Sozialräumen aus eigener Kraft sich regulieren zu lassen, mit anderen Worten: Die Problemlösungen werden wieder in den Sozialraum zurückgegeben. Was hier als Reformkonzept gefeiert wird, ist offensichtlich anfällig für eine politische Instrumentalisierung, denn das Ansinnen der Jugendhilfe, Ressourcen in den Sozialräumen zu mobilisieren und zu aktivieren, klingt angesichts des propagierten aktivierenden Staats aussichtsreich und verspricht zudem ein Kosten sparendes Unterfangen zu werden" (Wolff 2004: 103 f.). Einen Lösungsansatz, die Bedarfe der Jugendlichen deutlicher in den Vordergrund zu stellen, bietet Lothar Böhnisch (2002), indem er für das Konzept dringend einen interventionsgeleiteten Bezugsrahmen einfordert, der sich entlang der Biografieperspektive orientiert. Dies eingebettet in ein Netzwerkkonzept könnte eine deutliche Handlungskompetenzerweiterung (und Theorieentwicklung) bringen. Jugendhilfe könnte so zu dem Ort werden, in dem Jugendliche Lern-, Bildungs- und Bewältigungserfahrungen machen und sich als Subjekt erfahren. Dies wird auch von Jugendarbeiter/innen eingefordert, die sich mit der Anforderung konfrontiert sehen, dass eine „pädagogische Beziehung" eine Voraussetzung für das Gelingen von Hilfen ist, ohne dass konkretisiert wird, wie dies zu erreichen wäre.

Wie aber kann diese pädagogische Beziehung gestaltet werden? Soziale Arbeit ist dann innovativ, so Franz Hamburger, wenn sie in der Lage ist, ein Darinsein, Dabeisein und Transzendieren zu sein, mithin also eine Zwischenstellung einzunehmen und „Metaintentionen" in einer Situation zu verfolgen und sie zu realisieren (Hamburger 2003: 66). Dies klingt einleuchtend, birgt vielfältige Beziehungsaspekte und kennzeichnet gleichzeitig das Dilemma der im Bereich der Sozialen Arbeit Beschäftigten: Der/die Professionelle ist dabei, muss sich jedoch auch abgrenzen können, Ressourcen aufdecken und nutzen und als Basis für Veränderungen in der Situation einbringen. Dass sie dieses Dilemma in ihrer alltäglichen Praxis erleben, beklagen viele Jugendarbeiter/innen, weil sie den Bereich der Beziehungsarbeit in den Theorien der Jugendarbeit vermissen und zur Gestaltung, Reflexion und konzeptioneller Einbindung von professionellen Beziehungen keine Antworten bekommen (Bimschas/Schröder 2003).

Mit dem Konzept der Lebensweltorientierung als einem der Theoriekonzep-te der Sozialpädagogik besteht seit Anfang der 1990er Jahre die Forderung, die Lebensverhältnisse der Adressaten, in denen Hilfe zu Lebensbewälti-gung praktiziert wird, in Hinsicht auf individuelle, soziale und politische Ressourcen in den Blick zu nehmen ebenso wie soziale Netzwerke und lo-kale und regionale Strukturen (Thiersch 1992). Determinanten für die Be-stimmung der Lebenswelt sind dabei Zeit, Raum und soziale Bezüge. Auch weitergehende Überlegungen betonen die Dimension der Beziehungswelten neben der sozialräumlichen und kulturellen Dimension (Schwabe 1996). Grundsätzlich wird demnach dem Beziehungsaspekt große Beachtung ge-schenkt und davon ausgegangen, dass „Jugendarbeit als Beziehungsarbeit und Jugendarbeit als ressourcen- und raumbezogene Arbeit (...) zwei Sei-ten derselben Sache [sind]" (Müller 2002: 244). Die Untersuchungen zu so-zialen Netzwerken und Unterstützungssystemen (vgl. Laireiter i. d. B.) zei-gen deutlich, dass diese zur Analyse sozialer Beziehungen hinsichtlich ihrer Strukturen, Qualitäten und Funktionen nutzbringend sind und eine wesent-liche Dimension der Sozialisationsbedingungen von Jugendlichen abzubil-den vermögen, auf deren Grundlage die nötigen sozialen Unterstützungen zu bestimmen sind (Dewe/Wohlfahrt 1991; Bullinger/Nowak 1998; Nest-mann 2001).

Obwohl es eigentlich nahe liegt, dass sich die Forschung in einem breiten Umfang der Beziehung der Professionellen zu den Jugendlichen widmet, ist das nicht der Fall. Die Forschung im Bereich der Kinder- und Jugendhilfe hat sich zwar zu einem expandierenden und am differenziertesten ausge-bauten Forschungsbereich in der Sozialpädagogik entwickelt, gleichwohl scheint sie etwas im „Schatten" der sozialpädagogischen Erfolgsgeschichte platziert (Schweppe/Thole 2005). Die Forschung zur Kinder- und Jugend-hilfe ist in den letzten Jahren nach einer Untersuchung der veröffentlichten Forschungen in der Datenbank FORIS (Forschungsinformationssystem So-zialwissenschaften) stark angewachsen (Rosenbauer/Seelmeyer 2005). Die Beziehungen zwischen Sozialarbeiter/in und Jugendlichen wurden nur sel-ten als zentrales Forschungsthema aufgegriffen. Die wenigen Untersuchun-gen beziehen sich auf die Beziehungsgestaltung als eine der Kategorien zur positiven Realisierung von Hilfen zur Erziehung (JULE 1998) bzw. zur Be-ziehungsarbeit als einer ‚Seite der Medaille' der Jugendarbeit (Sax 1999; Bimschas/Schröder 2003).

Darüber hinaus finden sich weitere Arbeiten, die persönliche Beziehungen in Einzelaspekten untersuchen, wie zur

- Arbeit mit Jugendlichen als Arbeit mit dem Subjekt (u. a. Böhnisch 2002; Müller 2002),
- Berücksichtigung der Generationenfragen innerhalb der Arbeit mit Ju-gendlichen (u. a. Ecarius 1998; Mollenhauer 1998; King/Burkhard 2000; Hafenegger 2002; Karsten 2002; Schweppe 2002),

- Gestaltung von Beziehungen als Frage von Nähe und Distanz zwischen Professionellen und jugendlichen Klient/innen (u. a. Dörr/Müller 2005; Thiersch 2006),
- Realisierung von Beziehungen innerhalb des Spagats zwischen Hilfe und Kontrolle (u. a. Hörster/Müller 1996; Schütze 1996; Bommes/Scherr 2000),
- Wirkung theoriegeleiteten Wissens zur Gestaltung der pädagogischen Praxis (u. a. Thole/Küster-Schapfl 1997; Bock 2005).

Insgesamt wird trotz der Fülle an Untersuchungen im Bereich der Kinder- und Jugendhilfe deutlich, dass die Analyse von Netzwerken und Beziehungsinhalten und -qualitäten von Sozialarbeiter/innen und Jugendlichen bislang kaum im Fokus der Theoriebildung stand und als eines der Desiderate der Jugendhilfeforschung gelten kann. Bärbel Bimschas und Achim Schröder (2003) haben sich mit den Gründen für diese Abstinenz befasst: Sie halten fest, dass die Jugendarbeit über einen langen Zeitraum mehr an einer Konzeptfindung orientiert war. Als das zentrale Argument für diese Abstinenz nennen sie die Schwierigkeit, persönliche Beziehungen zu operationalisieren. Konzepte, Methoden und Rahmenbedingungen ließen sich konzipieren, erproben und evaluieren, für den Bereich der Beziehungsverläufe gelänge dies nicht so leicht (Bimschas/Schröder 2003).

3. Studien zur Beziehung zwischen Sozialarbeiter/innen und Jugendlichen

Aus dem Bereich der Kinder- und Jugendhilfeforschung werden im folgenden Ergebnisse aus zwei Untersuchungen aus den Bereichen Erzieherische Hilfen und Jugendarbeit zur Beziehungsgestaltung und -arbeit vorgestellt. Bewusst wurden diese beiden Studien ausgewählt, da sie ein deutliches Unterscheidungsmerkmal für die Rolle des Jugendlichen in der Begegnung mit Sozialarbeiter/innen widerspiegeln, wie dies bereits in der Beschreibung der rechtlichen Rahmung deutlich wurde: Je nach Bedarfslage finden sich Jugendliche in unterschiedlich strukturierten Handlungsfeldern und Handlungsverläufen der Jugendhilfe wieder.

Die Untersuchung der Forschergruppe unter Leitung von Hans Thiersch an der Universität Tübingen widmete sich dem Bereich der teilstationären und stationären Angebote der Hilfen zur Erziehung, die in der Traditionslinie der Jugendfürsorge dann greifen, wenn „eine dem Wohl des Kindes oder des Jugendlichen entsprechende Erziehung nicht gewährleistet ist". Damit hat diese für Kinder und Jugendliche einen deutlichen interventionistischen und selbst dann nicht freiwilligen Charakter, wenn die Kinder und Jugendlichen selbst um eine solche Hilfe ersuchen.

Der Grundsatz der Jugendarbeit, Angebote zur Verfügung zu stellen – und damit letztlich immer auch mit ihren Angeboten um die Zielgruppe Jugendlicher zu werben – wird im Arbeitsfeld der Jugendarbeit untersucht und kennzeichnet den deutlichen Gegensatz zur Heimerziehung: Es handelt sich um eine Freiwilligkeit der Teilnahme an diesen Angeboten und stellt die Jugendlichen vor die Frage, ob sie ein solches Angebot annehmen und wie sie sich die Ausgestaltung vorstellen. Der Weg in die Begegnung unterscheidet sich also wesentlich und bestimmt, wie persönliche Beziehungen hergestellt werden können.

Von 1995 bis 1998 wurde an der Universität Tübingen im Forschungsprojekt Jugendhilfeleistungen (JULE) teilstationäre und stationäre Angebote der Hilfen zur Erziehung (nach §§ 32, 34 und 41 SGB VIII) auf ihren Erfolg untersucht; Erfolg wurde dabei als Ertrag für die Jugendlichen gefasst. Dazu wurden abgeschlossene Hilfen aus den Jahren 1993 und 1994 zur Grundlage genommen, die Erfolgsbeurteilung erfolgte über standardisierte Beurteilungskriterien an Hand von Aktenanalysen und Probandennachbefragung, in deren Zentrum die subjektive Bewertung und Zufriedenheit mit den erfolgten Hilfen ermittelt wurde. In sechs verschiedenen Jugendämtern dreier Bundsländer (ohne die neuen Bundesländer) konnten insgesamt 284 Akten ausgewertet werden. Die Prämissen für die Evaluierung der Hilfeprozesse orientierten sich am lebensweltorientierten Ansatz mit den Dimensionen Zeit, Raum und soziale Bezüge. Vom Projektteam wurden dazu folgende Kategorien zur Untersuchung der individuellen Entwicklungen der jungen Menschen entworfen: Der Jugendliche selbst als Bezugsrahmen zur Bemessung des Erreichten, die Analysen zur Wechselwirkung zwischen seinen Lebensfeldern, der Vergleich zwischen Ausgangslage und dem Erreichten und der Gestaltung seines Lebens nach Beendigung der Hilfen (JULE 1998: 16). Als Forschungsergebnis in Bezug auf die Beziehungsgestaltung kommt das Forschungsteam zu dem Schluss, dass die Berücksichtigung der Beziehungsintensität aus Sicht der Jugendlichen – auch jenseits der außerschulischen Jugendarbeit, wo eine solche eher als selbstverständlich erwartet wird – sich als die Dimension erweist, die unbedingt mitgedacht und beachtet werden muss. Aus der Befragung der Mädchen und Jungen in stationären und teilstationären Einrichtungen ging deutlich hervor, dass sie den Erfolg einer Hilfe mit ihren Bedürfnissen nach Beziehung und dem Grad der Entsprechung in Verbindung bringen (JULE 1998). „Für mich wars einfach diese helfende Hand, die natürlich auch teilweise ein bisschen stärker geschubst oder gestoßen hat, oder mich auch manchmal in eine andere Richtung gelenkt, wo ich vielleicht gar nicht hinwollte, aber was dann schon die richtige war" (JULE 1998: 6. Kap., 54). Als zentral für diesen Erfolg führt das Forscherteam an, dass eine der wichtigsten Prämissen die Aufarbeitung der biografischen Vorerfahrungen und Verletzungen in Beziehungen ist, denn zu Beginn der ersten stationären Hilfen lag in fast 68% eine Störung der Eltern-Kind-Beziehung und dabei in 18% der Fälle eine ausdrückliche Ablehnung des Kindes oder des Jugendlichen vor. Knapp 54% der Kinder waren Opfer familialer Konflikte, 43% hatten Gewalt- und Missbrauchserfahrungen erlitten und knapp 48% Formen von Vernachlässigung. Auch bestand das Interesse an einer Beziehung zu ihrem Kind nur bei 28% der Eltern (JULE 1998: 209 ff.).

Von Seiten der Jugendlichen wurde eine Hilfe dann positiv eingeschätzt, wenn die Beziehung (zum Teil auch über die Beendigung der Hilfen hinaus) stabil und verlässlich war, ein ausgewogenes Verhältnis von Anforderung und Anregungen bot, das sich zwischen den Polen Verständnis und Auseinandersetzung, Anregung und Rückzugsmöglichkeit, gefordert sein und in Ruhe gelassen werden einpendelte. Entlastend wurden für die Beziehungsgestaltung Strukturen empfunden, die Normalität und damit Verlässlichkeit der Tagesabläufe boten ebenso wie die Entlastung der Abläufe durch „Spielregeln". Aber auch das Kennenlernen und Erleben der persönlichen Identität der Pädagog/innen – bspw. in Spielsituationen – wurde von Jugendlichen im Sinne einer Authentizität der Person als vorteilhaft für die Beziehungsgestaltung eingeschätzt.

Für das professionelle Handeln wurden drei Haltungen herausgearbeitet, die für das Gelingen von Beziehungen bestimmend sind: (1) Zunächst eine kritische Auseinandersetzung mit der Macht und dem Wissen um Beziehungsgestaltungen. (2) Eine respektvolle Haltung dem Anderen gegenüber, dessen Anerkennung und das Wahrnehmen der Verantwortung ihm gegenüber. (3) Eine selbstreflexive Haltung zur eigenen pädagogischen Arbeit, die einen selbstkritischen Umgang mit Gefühlen und Strukturen, Bewusstheit gegenüber der eigenen Unzulänglichkeit einerseits, aber auch methodisches Wissen, Verfügung über situative Arrangements und das Wissen um ihre Wirkung andererseits erfordert (JULE 1998: 6. Kap.).

Das Projekt zur „Beziehungsgestaltung in der Jugendarbeit" brachte ein interdisziplinäres Team von Jugendarbeitsforscher/innen und Supervisor/innen mit psychoanalytischer Ausrichtung unter Leitung von Achim Schröder von der Fachhochschule Darmstadt zusammen. In dem zweijährigen Projekt wurden empirische Daten aus Supervisionssitzungen mit Sozialarbeiter/innen und Gruppeninterviews mit Jugendlichen interpretiert. Zentrale Themen waren dabei: Stellvertretende Ablösung, Vorbilder und Geschlecht, Jugendarbeit als Lebenszusammenhang und als Beruf, Offenheit und Halt, Intuition und Reflexion. Das Projektteam hielt Vorüberlegungen fest, die als Forschungsfolie dienten: Eine Theorie der Adoleszenz als Voraussetzung für eine qualifizierte Jugendarbeit zum einen und Arbeitsbündnisse als Verknüpfung von Beziehungs- und Sachdimension als Grundlage für die Auseinandersetzung mit der Beziehungsdynamik zum anderen. Ziel war es damit, die Polarität „von ‚Wissensvermittlung' und ‚Zwischenmenschlichkeit' und deren unselige Tradition zu überwinden. Statt dessen sollte es darum gehen, die Arbeit an *Personen und Beziehungen* nicht von der Arbeit an *Inhalten und Perspektiven* zu trennen" (Bimschas/Schröder 2003: 16; Hervorhebung i. Orig.). Die Ergebnisse dieser Untersuchung sollen im Folgenden gerafft in vier Thesen dargestellt werden. In diesen Thesen werden Aussagen zur Beziehungsgestaltung gebündelt hinsichtlich (1) der Besonderheit des Arbeitsfelds Jugendarbeit in Bezug auf die Freiwilligkeit der Angebotsannahme und der Arbeit von Ehrenamtlichen, (2) der theoretischen Einbettung und Reflexion von Beziehungen, (3) der Generationendimension der Beziehungen und (4) dem Spannungsfeld von Angebots- und Beziehungsgestaltung.

(1) Jugendarbeit ist ein Angebot der Jugendhilfe, das auf dem Prinzip der Freiwilligkeit beruht. Dabei ist die Beziehungsgestaltung eine Dimension, die zwar als zentral angesehen wird, dennoch leicht hinter Konzeptionen und Richtlinien verschwindet. Anders als in anderen Arbeitsfeldern der Sozialen Arbeit, die „über ein klareren Auftrag und ein klareres Setting verfügen" (ebd.: 175) ist deshalb die konkrete Klärung der Inhalte der Arbeitsbündnisse notwendig, in dem Ziele, Bedingungen und Erwartungen präzise formuliert und transparent gestaltet werden. Eine weitere Besonderheit der Jugendarbeit ist die hohe Anzahl an ehrenamtlich Tätigen. Diese Ehrenamtlichen können gleichaltrig sein, aber auch einer anderen Generation angehören und nicht zwangsläufig aus dem pädagogischen Berufsfeld in die Jugendarbeit einmünden. Deshalb, so ein Fazit der Forschungsgruppe, bedarf es einer Beziehungsreflexion auch mit den im Feld ehrenamtlich Tätigen, dann weniger in Form von Fallsupervisionen, sondern eher als Reflexion der eigenen Person in der Tätigkeit.

(2) Die theoretische Grundlage für die Überlegungen der Forschergruppe bildete die Theorie der Anerkennung. Diese Theorie erweitert die normativen Grundlagen für soziale Beziehungen und birgt zwei Chancen in sich: Sie thematisiert das Problem der Herrschaft in sozialen Beziehungen und bietet einen Bezugsrahmen, in dem eine Verknüpfung der alltäglichen intersubjektiven Arbeit mit ethischen Grundsätzen möglich wird. Dabei dürften Respekt und Anerkennung als Grundaxiom von Handeln als gegeben vorausgesetzt werden. Mit diesem Konzept verbindet sich weiter die Möglichkeit, anerkennende Haltungen gegenüber dem Anderen zu erproben und zu entwickeln. Dazu bietet sich gerade das Feld der Jugendarbeit an, um den Jugendlichen jenseits von Schule und Familie durch das Experimentieren und Erproben die Möglichkeit zu eröffnen, ihren Weg in die Gesellschaft zu finden (ebd.: 182). Als Voraussetzung für die Umsetzung in die pädagogische Praxis geht das Forscherteam davon aus, dass fachspezifische und persönliche Anteile der beruflichen Beziehungen in Balance gehalten werden müssen (ebd.: 176). Jugendarbeiter/innen benötigen bestimmte Fähigkeiten und Kenntnisse in der Jugendarbeit, soll diese als spezielle Art von Kulturarbeit gelingen. Dazu zählen historische und soziologische Einschätzungen zur Lage von Jugendlichen ebenso wie Methoden, Kulturtechniken und medienpädagogische Kenntnisse, die in der Ausbildung erlernt werden können. Neben diesen fachspezifischen Anteilen lassen sich private Rollen erkennen, die aufgrund vieler persönlicher Einlassungen deutlich hervortreten. Dabei werden vom Team spezifische und diffuse Rollenanteile unterschieden, von denen erstere sich eingrenzen und formalisieren lassen, letztere sich aus familiären Beziehungen herleiten und eher privaten und wenig abgegrenzten Charakter haben. Um

diese in einem professionellen Sinn nutzen zu können und private Anteile der Rolle weder zu verstecken noch zu sehr in die Arbeit einzubringen, bedarf es einer (stetigen) Beziehungsreflexion.

(3) Der Generationendimension in Beziehungen ging das Forscherteam in Anlehnung an Hermann Nohl nach. Mit seinen Überlegungen zum Zwiespalt zwischen der lernenden ‚Hingabe' bei Jugendlichen und deren Wunsch nach Selbstständigkeit proklamierte er die richtige pädagogische Einstellung und implizierte so letztlich eine Aufhebung des Generationenkonflikts in die ‚pädagogische Weisheit', die jedoch nicht als Prozess intersubjektiver Irritationen und Aushandlungen konzipiert war. „Die Anerkennung von Jugendlichen bedeutet, sich immer wieder im Alltag ihren Ambivalenzen und Interventionen zu stellen und die eigenen Ambivalenzen als Normalität zu begreifen. Das Konzept zwischen Offenheit und Halt meint genau dies: Sich pädagogisch selbstbewusst gegenüber den Anfragen Jugendlicher zu öffnen, andererseits das Gegenüber zu halten, in dem man Aushandlungsprozesse durchsteht" (ebd.: 181). Deshalb braucht ein pädagogischer Prozess einen dynamischen Umgang mit der Spannung zwischen Offenheit und Halt. Aus den Ambivalenzen, die sich aus der Realisierung des Bedürfnisses von Jugendlichen nach Selbstständigkeit und Selbstbestimmung ergeben, leitet das Forscherteam die gegenwärtigen Herausforderungen für die Jugendarbeit ab. Dazu gehört ebenso, dass in der Jugendarbeit stellvertretende Ablösebeziehungen zu beobachten sind (ebd.: 179). Die in der Jugendarbeit Tätigen beschreiben ihre Arbeit als Erfahren eines ständigen (und teilweise für sie unerklärlichen) Wechsels von Bindung und Trennung, einem Aufeinanderzugehen und Distanzieren, was nicht unerhebliche Auswirkungen auf ihr Selbstbewusstsein, auf ihre Arbeitsfähigkeit und damit auf die Beziehungsfähigkeit hat. Dabei eröffnet Jugendarbeit mit seiner spezifischen Funktion gerade eine solche Option: Ablöseprozesse stellvertretend ausprobieren zu können. Damit wird gleichzeitig eine Paradoxie der Beziehungsarbeit in der Jugendarbeit deutlich, die ein hohes Kränkungspotential beinhaltet.

(4) Dass Beziehungen gerade mit Jugendlichen als Adoleszente nicht ohne Berücksichtigung ihrer biographischen Herausforderungen und Bewältigungsmuster zu denken sind, wurde an einem Thema besonders deutlich: Die Entdeckung der eigenen Geschlechtlichkeit. Diese ist für Jugendliche selbst das Neue, wogegen sich pädagogische Konzepte eher auf die Veränderung im Geschlechterverhältnis konzentrieren (ebd.: 180). Jugendarbeit sieht sich zu Recht in der Pflicht, Ungerechtigkeiten und Beschränkungen des eigenen Geschlechts entgegenzuwirken. Deshalb thematisierte das Forscherteam auch diesen Bereich und war erstaunt darüber, in welchem Umfang Irritationen zwischen den pädagogischen Erwartungen und den Reaktionen der Jugendlichen auftraten. Auf Seiten der Sozialarbeiter/innen stand der Anspruch, traditionelle und sozial beschränkende Auffassungen zu Geschlechterrollen zu thematisieren. Dies wurde von den Jugendlichen häufig abgelehnt auf-

grund ihrer noch sehr unsicheren Haltung zum eigenen Geschlecht und dem Verlangen nach Klarheiten, was sich in ihren Reaktionen spiegelte, sich typisch „männlich" bzw. „weiblich" zu verhalten. Ein zweites Erstaunen bot dieses Thema hinsichtlich des zu beobachtenden Widerspruchs in der Gruppe der Sozialarbeiter/innen zwischen den eigenen geschlechtlichen Wünschen und ‚politisch korrekten' Vorstellungen. Beide Erfahrungen von Missverständnissen und Widerständen, so die Schlussfolgerung des Forscherteams, seien ein besonders notwendiges Feld der Reflexion.

4. Professionelle Arbeit und Beziehungsgestaltung

Der Rahmen für Hilfen gestaltet sich, wie eingangs durch die Arbeitsfelder der Jugendhilfe aufgezeigt, entsprechend der gesetzlichen Vorgaben für dieses Gebiet der Sozialpädagogik sehr heterogen und wird nicht nur durch strukturelle Faktoren wie Konzeptgestaltung, Finanzierungsmodalitäten, Lage und Ausstattung der Einrichtung etc. bestimmt. Von zentraler Bedeutung sind vielmehr die in diesem Setting Beteiligten: Sozialarbeiter/in und Jugendliche/r. Das heißt auch, es kann von keiner „prototypischen Beziehung [ausgegangen werden], die sich zwischen diesen Personenkreisen aufbaut oder aufbauen sollte", denn sonst „würde man die Realität auf extreme Weise reduzieren. Die Beziehungen sind facettenreich und von vielen Faktoren abhängig" (Bimschas/Schröder 2003: 62).

Arbeit mit Jugendlichen ist Beziehungsarbeit – so das einhellige Statement aller im Feld der Kinder- und Jugendhilfe Tätigen, seien es Sozialarbeiter/in, Sozialpädagog/in oder Lehrende bzw. Forschende an einer Hochschule. Deshalb kann es nur erstaunen, dass diese Beziehungsarbeit nur marginal in der Forschung bearbeitet wird; für die Lehre an Hochschulen eingefordert, jedoch nicht flächendeckend realisiert wird sowie im pädagogischen Alltag wohl eher auf biographischen Erfahrungen der Jugendarbeiter/innen aufbaut und wenig selbstreflexiv gestaltet wird. Die eingangs beschriebenen Kontakte zwischen Jugendlichen und Sozialarbeiter/innen zeigen eine Spannbreite zwischen funktionaler Interaktionen bis hin zu Momenten von persönlichen Beziehungen als ein ‚Aufeinander einlassen', ‚den Anderen ganzheitlich wahrnehmen' und ‚unterstützen'.

Aus diesen Desiderata heraus entstehen Überlegungen, die sich (1) auf die Selbstvergewisserung der Sozialen Arbeit und ihrer gesellschaftlichen Funktion, (2) auf die Ausbildung von Sozialarbeiter/innen und (3) die konkrete Beziehungsgestaltung im pädagogischen Alltag beziehen.

(1) Soziale Arbeit braucht die Vergewisserung darüber, unter welchen Bedingungen sie antritt, welche Aufgaben sie übernimmt und wann sie als hilfreich angesehen werden kann. Das heißt zunächst, dass sie „staatskritisch, organisationskritisch und selbstkritisch" agieren muss (Schütze 1996: 247). Dabei spielt der Spagat zwischen Hilfe und Kontrolle bzw.

das Aushalten des Doppelten Mandats als dem Sinnbild der Asymmetrie zwischen verschiedenen Verpflichtungen des/der Sozialarbeiter/in eine wesentliche Rolle. Gemeint ist damit die Verpflichtung, zum einen gegenüber dem Auftraggeber und zum anderen gegenüber dem Klienten hinsichtlich seiner anwaltlichen Interessenvertretung. Noch zugespitzter formuliert ist die Sozialpädagogik auf ein Handlungsfeld verwiesen, „in dem alle Handlungsaufforderungen und institutionellen Äußerungsmodalitäten durch die Topoi von Hilfe und Kontrolle vorstrukturiert sind (…). Die Platzanweisung an die Sozialpädagogik – ob ihr das schmeckt oder nicht – lautet, die Aufgaben zu leisten, soziale Kontrolle möglichst präventiv mittels Anbieten von ‚Hilfen' zu bewirken, dass es Devianten lohnend erscheint, ‚sich zu benehmen', und den übrigen, sich daran ein Beispiel zu nehmen, so dass der Einsatz von Zwangsmitteln und Sanktionen (…) auf das unvermeidbare Minimum beschränkt werden kann" (Hörster/Müller 1996: 616). Dabei kann eine Beziehungsgestaltung, so die Schlussfolgerung, nur gelingen, wenn die Hilfe nicht per se als das Gute der Sozialen Arbeit begriffen wird und von der Traumvorstellung eines gleichberechtigten, auf gegenseitiger Anerkennung beruhendes Verhältnisses ausgegangen wird, ohne Strukturen hinsichtlich Status, Macht, Bildung etc. zu reflektieren und für die jeweilige Rollenbestimmung zu nutzen.

Damit eine solche Rollendefinition erfolgen kann, ist die Aufdeckung der Ressourcen der Jugendlichen und ihrer Netzwerke anhand ihrer biografischen Erfahrungen notwendig, um Jugendliche aus einer einseitigen Betrachtungsweise zu entlassen und sie unabhängig von ihrem Hilfebedarf als Person ganzheitlich wahrzunehmen. Damit gäbe es zudem die Möglichkeit, dass sich die Jugendhilfe aus der Verlegenheit der „sekundären Normalisierung" befreien und sich als eigenständige Sozialisationsinstanz emanzipieren und verorten könnte. Hierzu muss sie sich gegenüber der Schule mit ihrer arbeitsgesellschaftlich fixierten Logik mit einem eigenen, klar definierten Bildungsauftrag etablieren, der zur Kompetenzvermittlung für die Bewältigung der sozialen Anforderungen im gesellschaftlichen Umbruch beiträgt (Böhnisch 2002).

(2) Die Diskussion zu Kompetenzen von Sozialarbeiter/innen und der Übertragbarkeit theoretischer Wissensbestände in den pädagogischen Alltag als eine Voraussetzung zur gelingenden Gestaltung von Beziehungen ist eine vielfach diskutierte Frage zur Erfassung des Gelingens des so genannten Theorie-Praxis-Transfers. Der mündet häufig in der Fragestellung, wie ein solcher Transfer angesichts vielfältiger alltäglicher Handlungen gelingen kann. Genauso wenig, wie es *den* Jugendlichen gibt, gibt es *den* Prototyp des professionellen Begleiters, so das Fazit von Werner Thole und Ernst-Uwe Küster-Schapfl anhand ihrer Untersuchung zum beruflichen Habitus, Wissen und Können von Pädagog/innen im Bereich der außerschulischen Kinder- und Jugendarbeit. Dabei gehen sie davon aus, dass in der Jugendarbeit den sozial-kommunikativen Orientierungen und Kompetenzen ein hoher Stellenwert

zukommt, dieser jedoch nicht auf eine „Ausbuchstabierung einer systematischen, wissenschaftlich gestützten und reflexiven Fachlichkeit" (Thole/Küster-Schapfl 1997: 65) verzichten kann. Als Ergebnis ihrer Untersuchung halten sie fest, dass „die in der Kindheit und Jugend gesammelten Erfahrungen einen vorberuflichen Ressourcen-Pool bereitstellen, auf den bei der Ausgestaltung des beruflichen Alltags zurückgegriffen werden kann" und auch zurück gegriffen wird (ebd.: 42). Dieser Pool an eigenen biographische Erfahrungen und Idealvorstellungen vom Beruf wird in Erzählungen von Mitarbeiter/innen der Sozialen Arbeit häufig an die derzeitigen Erfahrungen angekoppelt und bildet damit die Hintergrundfolie der Gestaltung von Beziehungen zum Klientel: Als eher mütterliche und wohlwollende Beziehung, als väterliche und fordernde Variante, als die Gestaltung der Beziehung auf einer rein beruflichen Konstellation ohne Einlassung usw. Insgesamt ergibt sich aus den Interviews, dass die fachlichen Wissens- und Erfahrungsressourcen in den Deutungen der Handelnden vorrangig in lebensweltlichen, biografisch angehäuften und alltagspraktischen Kompetenzen eingelagert ist. „Weder scheinen die AkteurInnen sozialpädagogischer Praxis darauf zu vertrauen, daß ihrem Wissen ein exklusiver Stellenwert in Bezug auf soziale Fragen, Probleme und Risiken von den gesellschaftlichen Öffentlichkeiten zugestanden wird, noch scheinen sie ihrem Wissen soweit zu vertrauen, daß sie es massiv und wohltemperiert zur habituellen Profilierung einzusetzen vermögen" (ebd.: 66). Das Ergebnis ist nicht ermutigend und so bleibt die Frage, wie eine Hochschulausbildung gedacht werden könnte, um ein Gelingen zu sichern. Ausgangspunkt könnte das sozialdidaktische Prinzip sein, das interdisziplinäre Wissensbestände, ein adäquates Theorie-Praxis-Verhältnis sowie die Vermittlung beruflicher Handlungskompetenzen verknüpft. Einen deutlichen Appell in Richtung Hochschulen sendet dazu Hans Thiersch, wenn er einfordert, dass es neben einer theoretischen Fundierung auch der Vorbereitung der Beziehungsarbeit in Kasuistikseminaren bedarf, damit das Aushalten von Nähe und Distanz in einer gesicherten Reflexivität, methodischer Transparenz und vertraglichen Verbindlichkeit gelingen kann (Thiersch 2006: 43 f.). Geht man weiter davon aus, dass sich Bildungsprozesse quasi in einem Spannungsverhältnis zwischen „Selbstreflexivität und ökonomischer Funktionalität, zwischen Urteilsfähigkeit und staatlicher Beeinflussung, zwischen Gleichheit und Hierarchie" (Löw 2003: 21) befinden, dann ist es ausschlaggebend, in einem weiteren Zugang neben der notwendigen Arbeit mit der Biografie der Studierenden auf die Aneignung gegenwartsdiagnostischer Befunde zu setzen, damit auch die gesellschaftlichen und sozialen Bedingungen sichtbar gemacht werden, die Bildung und Kompetenzerlangung ermöglichen (Böhnisch et al. 2005). Schließlich sind drittens Prozesse der sozialen und kulturellen Raumaneignung (Bourdieu 1985) zu fördern, womit der Umgang mit spezifischen Wissensformen und Handlungsschemata in Organisationen und Institutionen gemeint ist.

(3) Innerhalb dieser vielfältig möglichen Rahmungen muss Raum und Zeit geschaffen werden, innerhalb derer sich zwischen Jugendlichen und Sozialpädagog/innen eine Beziehungsdynamik überhaupt entfalten kann. Dazu gehört unmittelbar, Rollen zu definieren, um das „Dritte" – die psychosozialen Ressourcen der Jugendlichen – (wieder) zu entdecken, ein Bereich, der dem Jugendlichen gehört und dessen Aufdeckung ihn zu einem selbst bestimmten Handeln verhelfen kann (Müller 1995). In der Betrachtung der Gestaltung und des Aushaltens von Nähe und Distanz zwischen den professionell Beteiligten und den Klienten können falsche Nähe und mangelnde Distanz, fehlende Aufmerksamkeit und Unachtsamkeit dem gegenüber zu wesentlichen Problemen in der Beziehungsgestaltung führen und verletzend wirken. So berichtet eine junge Frau aus ihren Erfahrungen in der Heimerziehung, dass sie aufgrund mangelnder Zuwendung Drogen in immer größerem Umfang eingenommen hat, um die für sie wichtige Zuwendung zu erhalten. Eine andere dagegen nahm die Beziehung zum Sozialarbeiter als zu nah war und empfand das Verhältnis bereits als übergriffig und einengend. Die Gefahr wird generell als groß beschrieben, dass der Heranwachsende auf den pädagogisch Professionellen angewiesen ist und ihm dabei auch ausgeliefert sein kann. Der professionelle Vorsprung kann dazu verleitet, sich des anderen zu bemächtigen, ihn in seiner Suchbewegung einzuschränken oder sogar in realitätsabgewandte Formen der Gegenmacht zu treiben (JULE 1998; Thiersch 2006).

Ein Ausweg könnte in Supervisionen zu finden sein, um gegenseitige Bedürfnisse und Ansprüche zu klären, die eigene Rolle und das Handeln zu reflektieren und nicht zuletzt auch Themen und Konzepte (auch aus generativer Sicht) zu hinterfragen. Dabei geht es im pädagogischen Alltag meist um ein Minimum an Übereinkünften und Regelkonsens, um auch jenseits fehlender institutioneller Grenzziehung Ansätze für ein professionelles Handeln entwerfen zu können. Den Anfängen der Beziehungsgestaltung zwischen den im Setting Beteiligten wird dabei eine besondere Bedeutung für das Gelingen einer pädagogischen Intervention zugesprochen, die dann gelingen kann, wenn sich der/die professionelle Helfer/in durch eine entsprechende Beziehungsgestaltung auf eine außeralltägliche Position zurückziehen kann (Hörster/Müller 1996; Bimschas/Schröder 2003). Darüber hinaus können Supervisionen dazu beitragen, Jugendliche nicht nur aus der eigenen Institutionssicht wahrzunehmen, sondern sie in allen ihren persönlichen Facetten und Ressourcen und den eigenen Enttäuschungen zu begreifen, die sich aus den notwendigen Ablöseprozessen für die Sozialarbeiter/innen selbst ergeben können.

Literatur

Bäumer, Gertrud (1929): Die historischen und sozialen Voraussetzungen der Sozialpädagogik und die Entwicklung ihrer Theorie. In: Nohl, Herrmann/Pallat, Ludwig: Handbuch der Pädagogik. 5. Band. Langensalza: 3-26

Beher, Karin (2002): Träger der Kinder- und Jugendhilfe. In: Schröer, Wolfgang/ Struck, Norbert/Wolff, Mechthild: Handbuch Kinder- und Jugendhilfe. Weinheim, München: 563-580

Bimschas, Bärbel/Schröder, Achim (2003): Beziehungen in der Jugendarbeit. Untersuchungen zum reflektierten Handeln in Profession und Ehrenamt. Opladen: Leske + Budrich

Bock, Karin (2005): Forschung im Studium der Sozialen Arbeit. Forschendes Lernen und lernendes Forschen in der sozialpädagogischen Aus-, Fort und Weiterbildung. In: Schweppe, Cornelia/Thole, Werner (Hg.): Sozialpädagogik als forschende Disziplin. Theorie, Methode, Empirie. Weinheim, München: 49-62

Böhnisch, Lothar/Schröer, Wolfgang (2001): Pädagogik und Arbeitsgesellschaft. Weinheim, München: Juventa

Böhnisch, Lothar (2002): Jugendhilfe im gesellschaftlichen Wandel. In: Schröer, Wolfgang/Struck, Norbert/Wolff, Mechthild: Handbuch Kinder- und Jugendhilfe. Weinheim, München: 1035-1050

Böhnisch, Lothar/Schröer, Wolfgang/Thiersch, Hans (2005): Sozialpädagogisches Denken. Wege zu einer Neubestimmung. Weinheim, München: Juventa

Bommes, Michael/Scherr, Albert (2000): Soziologie der Sozialen Arbeit. Eine Einführung in Formen und Funktionen organisierter Hilfe. Weinheim, München: Juventa

Bourdieu, Pierre (1985): Sozialer Raum und „Klassen". Zwei Vorlesungen. Frankfurt a.M.: Suhrkamp

Bullinger, Herrmann/Nowak, Jürgen (1998): Soziale Netzwerke. Eine Einführung für soziale Berufe. Freiburg i.B.: Lambertus

Dewe, Bernd/Wohlfahrt, Norbert (Hg.) (1991): Netzwerkförderung und Soziale Arbeit. Empirische Analysen in ausgewählten Handlungs- und Politikfeldern. Bielefeld: Kleine

Dörr, Margret/Müller, Burkhard (2005): ,Emotionale Wahrnehmung' und ,begriffene Angst'. Anmerkungen zu vergessenen Aspekten sozialpädagogischer Professionalität und Forschung. In: Schweppe, Cornelia/Thole, Werner (Hg.): Sozialpädagogik als forschende Disziplin. Theorie, Methode, Empirie. Weinheim, München: 233-252

Ecarius, Jutta (1998): Die (sozial-)pädagogische Zukunft der Generationen. In: rundbrief gilde soziale arbeit – GiSA 2: 47-59

EREV – Evangelischer Erziehungsverband e.V. (Hg.) (2000): Jugendhilfe im Sozialraum. Lippenbekenntnisse oder neue Verantwortung für die Sozialverwaltung und freie Träger. Hannover: Schöneworth

Forschungsprojekt JULE (1998): Leistungen und Grenzen von Heimerziehung. Ergebnisse einer Evaluationsstudie stationärer und teilstationärer Erziehungshilfen. Schriftenreihe des Bundesministeriums für Familie, Senioren, Frauen und Jugend. Band 170. Stuttgart: Kohlhammer

Gängler, Hans (1995): Hilfe. In: Krüger, Heinz-Herrmann/Helsper, Werner: Einführung in Grundbegriffe und Grundfragen der Erziehungswissenschaft. Opladen: 131-138

Giesecke, Hermann (1997): Die pädagogische Beziehung. Pädagogische Professionalität und die Emanzipation des Kindes. Weinheim, München: Juventa

Hafeneger, Benno/Schröder, Achim (2001): Jugendarbeit. In: Otto, Hans-Uwe/Thiersch, Hans (Hg.): Handbuch Sozialarbeit-Sozialpädagogik. Neuwied: 840-850

Hafeneger, Benno (2002): Anerkennung, Respekt und Achtung. Dimensionen in den pädagogischen Generationenbeziehungen. In: Hafenegger, Benno/Henkenborg, Peter/Scherr, Albert (Hg.): Pädagogik der Anerkennung. Schwalbach: 45-62

Hamburger, Franz (2003): Einführung in die Sozialpädagogik. Stuttgart: Kohlhammer

Hörster, Reinhard/Müller, Burkhard (1996): Zur Struktur sozialpädagogischer Kompetenzen. In: Combe, Arno/Helsper, Werner: Pädagogische Professionalität. Frankfurt a.M.: 614-648

Jordan, Erwin/Sengling, Dieter (2000): Kinder- und Jugendhilfe. Einführung in die Geschichte und Handlungsfelder, Organisationsformen und gesellschaftliche Problemlagen. Weinheim, München: Juventa

Karsten, Maria-Eleonora (2002): Bildung in der Jugendhilfe: Anforderungen an einen neuen Geschlechtervertrag zur Realisierung von Chancen- und Geschlechtergerechtigkeit. In: Münchmeier, Richard/Otto, Hans-Uwe/Rabe-Kleberg, Ursula: Bildung und Lebenskompetenz. Opladen: 129-139

King, Vera/Müller, Burkhard (Hg.) (2000): Adoleszens und pädagogische Praxis. Bedeutung von Generation und Herkunft in der Jugendarbeit. Freiburg i.B.: Lambertus

Löw, Martina (2003): Einführung in die Soziologie der Bildung und Erziehung. Opladen: Leske + Budrich

Mollenhauer, Klaus (1998): „Sozialpädagogische" Forschung. In: Rauschenbach, Thomas/Thole, Werner (Hg.): Sozialpädagogische Forschung. Gegenstand und Funktion, Bereiche und Methoden. Weinheim, München: 29-46

Müller, Burkhard (1995): Außensicht – Innensicht. Freiburg i.B.: Lambertus

Müller, Burkhard (2002): Anerkennung als ‚Kernkompetenz' in der Jugendarbeit. In: Hafenegger, Benno/Henkenborg, Peter/Scherr, Albert (Hg.): Pädagogik der Anerkennung. Schwalbach: 236-248

Nestmann, Frank (2001): Soziale Netzwerke – Soziale Unterstützung. In: Otto, Hans-Uwe/Thiersch, Hans (Hg.): Handbuch Sozialarbeit-Sozialpädagogik. Neuwied: 1684-1692

Rosenbauer, Nicole/Seelmeyer, Udo (2005): Was ist und was macht Jugendhilfeforschung? Theoretische Annäherungen und empirische Forschungsergebnisse. In: Schweppe, Cornelia/Thole, Werner (Hg.): Sozialpädagogik als forschende Disziplin. Theorie, Methode, Empirie. Weinheim, München: 253-276

Sahle, Rita (1987): Gabe, Almosen, Hilfe. Fallstudien zur Struktur und Deutung der Sozialarbeiter-Klient-Beziehung. Opladen: Westdeutscher Verlag

Sax, Günter (1999): In Gruppen Beziehungsfähigkeit entwickeln. Ein Plädoyer für Gruppenarbeit – auch in der Mobilen Jugendarbeit. In: sozialmagazin 6: 42-49

Schütze, Fritz (1996): Organisationszwänge und hoheitliche Rahmenbedingungen im Sozialwesen. Ihr Auswirkungen auf die Paradoxien professionellen Handelns. In: Combe, Arno/Helsper, Werner (Hg.): Pädagogische Professionalität. Frankfurt a.M.: 183-275

Schwabe, Matthias (1996): Thesen zum Begriff der Lebensweltorientierung. In: Forum Erziehungshilfen 3: 132-137

Schweppe, Cornelia (Hg.) (2002): Generation und Sozialpädagogik. Theoriebildung, öffentliche und familiale Generationenverhältnisse, Arbeitsfelder. Weinheim, München: Juventa

Schweppe, Cornelia/Thole, Werner (Hg.) (2005): Sozialpädagogik als forschende Disziplin. Theorie, Methode, Empirie. Weinheim, München: Juventa

Späth, Karl (1993): Die SPFH im Rahmen der Bestimmungen des Kinder- und Jugendhilfegesetzes. In: EREV – Evangelischer Erziehungsverband e.V. (Hg.): Sozialpädagogische Familienhilfe zwischen Familientherapie und Gemeinwesenarbeit. Hannover: 20-29

Schröer, Wolfgang (2004): Befreiung aus dem Moratorium? Zur Entgrenzung von Jugend. In: Lenz, Karl/Schefold, Werner/Schröer, Wolfgang: Entgrenzte Lebensbewältigung. Jugend, Geschlecht und Jugendhilfe. Weinheim, München: 19-74

Thiersch, Hans (1992): Lebensweltorientierte Soziale Arbeit. Aufgaben der Praxis im sozialen Wandel. Weinheim, München: Juventa

Thiersch, Hans (2006): Nähe und Distanz in der Sozialen Arbeit. In: Dörr, Margret/Müller, Burkhard (Hg.): Nähe und Distanz. Ein Spannungsfeld pädagogischer Professionalität. Weinheim, München: 29-45

Thole, Werner/Küster-Schapfl, Ernst-Uwe (1997): Sozialpädagogische Profis. Beruflicher Habitus, Wissen und Können von PädagogInnen in der außerschulischen Kinder- und Jugendarbeit. Opladen: Leske + Budrich

Wolff, Mechthild (2004): Integrierte Erziehungshilfen versus Verwaltungslogik. Von Diskursverschiebungen und ihren Effekten. In: Peters, Friedhelm/Koch, Josef (Hg.): Integrierte erzieherische Hilfen. Flexibilität, Integration und Sozialraumbezug in der Jugendhilfe. Weinheim, München: 101-110

Persönliche Beziehungen in Zeiten der Entgrenzung

Nicola Döring

Mediatisierte Beziehungen

1. Mediatisierung sozialer Beziehungen

Wir leben im Medien- und Informationszeitalter, in einer Fernseh-, Computer- und Internet-Gesellschaft, in der Handy-Ära. Jeden Tag verbringen die Deutschen durchschnittlich 8,5 Stunden mit Mediennutzung (Best/Engel 2007). Dabei sind nicht nur *Medien* wie Presse, Hörfunk und Fernsehen heute fester Bestandteil unseres Alltags, sondern auch *Individualmedien bzw. Telekommunikationsmedien*: Wir telefonieren, faxen, mailen, chatten und simsen inzwischen täglich – im Berufs- wie im Privatleben. Und zwar mit unseren Nächsten und Liebsten, aber auch mit Fremden, die wir im Internet neu kennen lernen.

Diese Entwicklung lässt sich als *Mediatisierung, Medialisierung* oder *Virtualisierung* zwischenmenschlicher Interaktionen und Beziehungen bezeichnen.

* Der Begriff der *Mediatisierung* adressiert nach Friedrich Krotz (2001: 22) drei Dimensionen medialer Entgrenzung: 1) *zeitliche Entgrenzung*: immer mehr Medien stehen rund um die Uhr zur Verfügung, 2) *räumliche Entgrenzung*: Medien stehen an immer mehr Orten zur Verfügung, 3) *soziale und symbolische Entgrenzung*: Medien werden in immer mehr Kontexten und Situationen, mit immer mehr Absichten und Motiven verwendet, nicht zuletzt auch in persönlichen Beziehungen. Eine Folge der Mediatisierung – vor allem durch das Internet – könne sein, dass „langfristig neue, rein medial erzeugte Sinnprovinzen des Alltags entstehen, die immer weniger an extramediale Sachverhalte anschließen" (Krotz 2001: 198). Als ein Beispiel wäre die Online-Liebesbeziehung zu nennen, die inklusive Online-Hochzeit rein virtuell gepflegt wird, ohne dass die beiden – im realen Leben möglicherweise anderweitig verheirateten – Internet-User sich je von Angesicht zu Angesicht begegnen (wollen).
* Das Konzept der *Medialisierung* (Schulz 2004) betont drei Funktionen von Medien: Im Unterschied zur *Face-to-Face- bzw. Body-to-Body-Kommunikation*, die körperliche Kopräsenz erfordert, ermöglichen technische Kommunikationsmedien wie Fernsehen, Internet, Festnetz- oder Mobiltelefon einen Austausch über räumliche und zeitliche Distanzen hinweg (*Relay-Funktion*), erweitern das Spektrum der Kommunikationscodes (*semiotische Funktion*) und fördern eine Standardisierung und arbeitsteilige Mitteilungsproduktion (*ökonomische Funktion*). Aus dieser Perspektive fungieren die Medien als Erweiterung unserer Sinnesorgane

und direkten Kommunikationsmöglichkeiten. So erlaubt es beispielsweise die Relay-Funktion, dass wir unser soziales Netzwerk medienvermittelt erweitern, etwa indem wir mit Fachkollegen rund um die Welt per E-Mail kommunizieren und kollaborieren.

- Das Konzept der *Virtualisierung* (Thiedeke 2001) bezieht sich primär auf digitale Medien der interpersonalen Kommunikation. Virtualisierung meint dabei *Vermöglichung*: Die Grenzen der gültigen Wirklichkeit können durch die medialen Ausdrucksformen verschoben werden. Denkbare – aber bislang nicht realisierte – Situationen lassen sich vergleichsweise unaufwändig inszenieren und simulieren. Ein Beispiel wäre der virtuelle Geschlechtertausch, der es etwa Männern ermöglicht, im Internet durch ihre Namenswahl, Selbstbeschreibung oder ihren Avatar (d.h. ihre grafische Repräsentation im Cyberspace) als Frauen aufzutreten und so zu anderen Frauen Frauenfreundschaften aufzubauen oder mit heterosexuellen Männern zu flirten.

Während sich *Virtualisierung* nur auf Computermedien bezieht, umfassen *Mediatisierung* und *Medialisierung* das gesamte Medienspektrum. Auch wenn sich diese beiden Konzepte stark ähneln, ist der Begriff „Mediatisierung" gebräuchlicher, weshalb er im vorliegenden Beitrag favorisiert wird.

Im Hinblick auf die Gestaltung persönlicher Beziehungen sind drei Formen der Mediatisierung zu unterscheiden:

1. *Parasoziale Beziehungen zu Medienfiguren.* Durch die wiederholte und intensive Auseinandersetzung mit Medienfiguren können Menschen quasi-soziale Beziehungen zu ihnen entwickeln (z.B. gefühlsmäßige Bindung an Charaktere in Fernsehserien oder Computerspielen). Parasoziale Beziehungen zu Medienfiguren lassen sich auch als *vollmediatisierte Beziehungen* kennzeichnen, da sie sich ohne entsprechende Medienangebote weder aufbauen noch aufrecht erhalten lassen.
2. *Online-Beziehungen zwischen Internet-Nutzern.* Menschen können sich in interaktiven medialen Umgebungen kennen lernen und neue persönliche Beziehungen aufbauen, ohne sich zunächst von Angesicht zu Angesicht zu begegnen (z.B. sexuelle Affäre zwischen Online-Chat-Teilnehmern). Manche Online-Beziehungen werden ausschließlich computervermittelt gepflegt, andere mit der Zeit durch nicht-virtuelle Kontakte ergänzt (z.B. Telefonate und Treffen zwischen Chattern).
3. *Mediatisierte Kommunikation in Offline-Beziehungen.* Auch bestehende persönliche Beziehungen, die durch Face-to-Face-Kommunikation entstanden sind und getragen werden, können sich durch die Integration und Nutzung verschiedener Medien verändern (z.B. Integration von Handy-Telefonaten und SMS-Botschaften in Eltern-Kind-Beziehungen). Im Zuge der gesellschaftlichen Mediatisierung ist davon auszugehen, dass mediatisierte Kommunikation zunehmend zu einem festen Bestandteil von Offline-Beziehungen wird und diese sich somit zu *teilmediatisierten* Beziehungen entwickeln.

Mediatisierungsphänomene auf allen drei Ebenen werden äußerst kontrovers diskutiert. *Medienkritische Stimmen* warnen vor Manipulation, Täuschung, Wirklichkeitsverlust, Verletzung der Privatsphäre und zwischenmenschlicher Entfremdung. So empfiehlt beispielsweise die politisch engagierte *Kommunikationsökologie* eine „Technikbegrenzung" und eine Förderung der Face-to-Face-Kommunikation, um die Qualität persönlicher Beziehungen zu erhalten (z.B. Mettler-von Meibom/Donath 1998). *Medienoptimistische Stimmen* dagegen loben die durch die neuen Medien möglichen Formen der Selbstentfaltung, Kreativität, zwischenmenschlichen Intimität, sozialen Vernetzung und Unterstützung. Nicht zuletzt wirbt die Telekommunikationsindustrie damit, dass ihre Dienste das zwischenmenschliche Miteinander fördern.

Allerdings kann man den Medien nicht pauschal bestimmte Negativ- oder Positiv-Wirkungen auf persönliche Beziehungen zuzuschreiben. Denn sie wirken nicht deterministisch, sondern immer in Abhängigkeit davon, wie und wozu Menschen Medien in ihren Beziehungsalltag integrieren. Ein und dasselbe Medienangebot (z.B. eine Online-Datingplattform) kann bei unterschiedlichen Nutzergruppen positive, negative oder kaum spürbare Effekte auf ihre sozialen Beziehungen haben. Im Folgenden wird der aktuelle Forschungsstand zu den drei Formen der Beziehungsmediatisierung präsentiert.

2. Parasoziale Beziehungen

Parasoziale Beziehungen (parasocial relationships: PSR) sind einseitige, nicht-reziproke, scheinbar zwischenmenschliche Beziehungen, die Mediennutzer zu Medienfiguren aufbauen. In ähnlicher Weise wie sich zwischenmenschliche Beziehungen über eine Folge von einzelnen Kontakten entwickeln, entstehen auch parasoziale Beziehungen zu einer Medienfigur infolge wiederholter Einzelkontakte, so genannter *parasozialer Interaktionen* (parasocial interactions: PSI, Horton/Wohl 1956; Vorderer 1996).

Die parasoziale Beziehung manifestiert sich auf drei Ebenen: 1) auf kognitiver Ebene durch Nachdenken über die Medienperson, 2) auf emotionaler Ebene in Form von Gefühlen für die Medienperson und sogar 3) auf Verhaltens-Ebene. Dies äußert sich beispielsweise darin, mit der Medienperson während der Mediennutzung zu sprechen, ihr Publikumspost zu schicken oder sich ähnlich wie die Medienfigur zu frisieren und zu kleiden. Bei der Medienperson kann es sich entweder um *nicht-fiktionale*, aber dennoch medial inszenierte Personen handeln (z.B. Nachrichtensprecherin, Talkshow-Moderator, Sänger), um *fiktionale Rollen* (z.B. „Mutter Beimer" in der TV-Serie „Lindenstraße") oder um *künstliche Medienfiguren* (z.B. die Archäologin „Lara Croft" im Computerspiel „Tomb Raider").

Im Vergleich zu zwischenmenschlichen Beziehungen fehlt bei parasozialen Beziehungen die Reziprozität bzw. Interdependenz: Die Medienfigur ihrerseits geht keine Bindung zur Mediennutzerin ein und reagiert gar nicht oder nur vermeintlich individuell auf sie. Andererseits haben parasoziale Beziehungen den Vorteil der Kontrollierbarkeit, Unverbindlichkeit, Anspruchs- und Risikolosigkeit: Man entscheidet selbst, wann, wie oft, wie lange und wo man sich mit der Medienfigur beschäftigt, man kann die Beziehung jederzeit kommentarlos abbrechen, muss sich nicht mit Erwartungen der Medienperson befassen und steht selbst nie in der Gefahr, persönlich kritisiert oder abgelehnt zu werden. Allerdings bleibt der Verlust der Medienperson als Risiko bestehen (z. B. Karriereende eines Stars, Absetzung einer TV-Serie, Auflösung einer Band) und provoziert zuweilen dramatische Reaktionen bei den Fans (Eyal/Cohen 2006).

Die Qualität parasozialer Interaktionen und Beziehungen lässt sich mit Hilfe von Fragebögen erfassen (z. B. Hartmann/Klimmt 2005). Wie eng eine parasoziale Beziehung ausfällt, hängt einerseits von den *Merkmalen der Medienperson* (z. B. häufiges mediales Auftreten, attraktives Erscheinungsbild, direkte Publikumsansprache) ab und andererseits von den *Merkmalen der Mediennutzer* sowie ihrer Lebenssituation (z. B. Geschlecht, Alter, Bildung, Schüchternheit, Intensität der Mediennutzung, Einsamkeit).

Dass Menschen prinzipiell in der Lage sind, mit Medienpersonen parasoziale Interaktionen und Beziehungen einzugehen, lässt sich unter anderem mit der klassischen mikrosoziologischen *Theorie des symbolischen Interaktionismus* (Mead 1968) erklären. Nach dieser ist es für unseren Umgang mit Personen und Dingen entscheidend, welche Bedeutung wir ihnen zuweisen. Dabei scheint es für Menschen besonders nahe liegend zu sein, Medienangebote wie ein soziales Gegenüber zu betrachten und zu behandeln. Die *Media Equation Theory* (Reeves/Nass 1996) postuliert, dass Medien und Medieninhalte dem realen sozialen Leben intuitiv gleichgesetzt werden („media equal real life"). Dies gilt nicht nur für Medienpersonen, sondern auch für die Medientechnologie, etwa wenn der Computer als Gegenüber betrachtet und bei Fehlfunktionen beschimpft wird. Man spricht in diesem Zusammenhang auch vom *CASA-Paradigma* (computers as social actors).

Für eine vertiefte Betrachtung parasozialer Beziehungen erscheint es sinnvoll, nach unterschiedlichen Medientypen zu differenzieren: Massenmedien wie das Fernsehen repräsentieren Medienfiguren nicht-interaktiv (2.1), während Charaktere in interaktiven Medien wie Computerspielen vom Nutzer steuerbar sind (2.2). Bei Robotern ist das mediale Gegenüber nicht nur interaktiv, sondern zusätzlich noch verkörpert und berührbar (2.3).

2.1 Beziehungen zu Fernsehpersonen

Am häufigsten untersucht sind parasoziale Beziehungen zu Fernseh-Personen, insbesondere zu TV-Moderatoren, Nachrichtensprechern oder Soap-Opera-Stars, wobei die Geselligkeits-Funktion besonders betont wird: Diese vertrauten Medienpersonen erscheinen tagtäglich zur gewohnten Zeit auf dem Fernsehschirm im Wohnzimmer und sind als Dauergäste oder Quasi-Familienmitglieder im eigenen Heim präsent. Anhand von Merkmalen wie intellektuelle Anregung, Charakter und Geselligkeit werden die TV-Figuren ähnlich wie reale Nachbarn eingestuft (Gleich/Burst 1996).

Besonders intensive parasoziale Beziehungen werden in Fan-Kulturen gepflegt und können teilweise einen romantischen oder erotischen Charakter annehmen. Ein Beispiel sind die Fan-Kulturen von Mädchen, die sich um Boygroups drehen (Götz 1998). Neben dem (Musik-)Fernsehen bieten hierbei auch Zeitschriften, Internet-Angebote und Live-Events Gelegenheiten für einzelne parasoziale Interaktionen, die sich zu einer parasozialen Beziehung entwickeln können. Es wird vermutet, dass parasoziale Beziehungen gerade in der Pubertät entwicklungsförderliche Funktionen haben. So ist es für Mädchen in der parasozialen Liebesbeziehung zum männlichen Popstar möglich, ihre Gedanken, Gefühle und Wünsche authentisch einzubringen, was in ihren realen heterosexuellen Kontakten oft in viel geringerem Maße der Fall ist. Die parasoziale Beziehung kann bei der Entwicklung der Geschlechts- und sexuellen Identität helfen, zumal in Fan-Kulturen dieser Entwicklungsprozess gemeinsam mit anderen Mädchen erlebt und gestaltet wird. Umgekehrt ist gerade am Beispiel der Boygroups erkennbar, wie stark das Medienangebot im Hinblick auf die parasoziale Beziehungsbildung inszeniert ist: Dies betrifft unter anderem die attraktive Zusammenstellung und Charakterisierung der einzelnen Bandmitglieder sowie deren medienöffentliche Äußerungen über Liebe und Sexualität bei gleichzeitig betontem Single-Status.

2.2 Beziehungen zu Computerprogrammen

Interaktive Medien bzw. Computermedien reagieren auf Nutzereingaben mit differenziertem Feedback. Der amerikanische Informatiker Joseph Weizenbaum (1966) entwickelte bereits in den 1960er Jahren ein Computerprogramm namens ELIZA, das sich überzeugend wie eine Gesprächspsychotherapeutin verhielt und über längere Zeit sinnvoll durch passende Rückfragen und Kommentare mit einem Menschen textbasiert kommunizieren konnte. Viele Testpersonen erlebten diese parasoziale Interaktion ausgesprochen positiv und wollten sich auch dann noch mit ELIZA unterhalten, nachdem sie erfahren hatten, dass es sich nur um computergenerierte Äußerungen handelte und der Computer keinerlei echtes Verständnis oder Mitgefühl aufbringen konnte. Joseph Weizenbaum selbst war entsetzt über die positiven Reaktionen auf sein Programm und entwickelte sich zunehmend zu einem Computerkritiker, der Computertechnik als Bedrohung des sozialen Miteinanders betrachtete (Weizenbaum 1977).

Kommunikationsprogramme wie ELIZA werden heute oft als *Chatbots* oder *Chatterbots* bezeichnet. Im Internet stehen zahlreiche Implementierungen zur Verfügung (z.B. www.alicebot.org). Neuere Chatbots bieten nicht nur ein Textfenster für die Kommunikation, sondern auch einen Avatar zur grafischen Veranschaulichung des Gesprächpartners. Manche Chatbots verfügen zudem über eine Sprachausgabe, was die Einladung zur parasozialen Interaktion mit dem virtuellen Gesprächspartner verstärkt.

Computerprogramme werden unter anderem in der Psychotherapie und bei psychologischen Beratungen erfolgreich eingesetzt (Wagman 1988). Dabei sollen sie nicht die menschlichen Psychotherapeuten verdrängen oder ersetzen, sondern den Patienten zusätzliche Unterstützungsangebote gewähren, etwa indem sie zwischen den Therapiesitzungen mit einem Programm weiterarbeiten können. Darüber hinaus können solche interaktiv reagierenden Computerprogramme sogar diverse Vorzüge haben: Reduzierung von Bewertungsangst und Schamgefühl, individuelle Gestaltung von Zeitpunkt und Tempo, beliebig viele Wiederholungen, keine Ressentiments, unendliche Geduld und ein perfektes Gedächtnis. *Beratungs- und Trainingssoftware* (computer-assisted counseling, self-counseling software) liegen für diverse Problembereiche vor, etwa für Eifersucht, Impotenz, Übergewicht, Raucherentwöhnung, Berufswahl oder auch körperliche Fitness (Bickmore/ Picard 2005).

Eingesetzt werden Chatbots zudem im *E-Commerce*: Bei zahlreichen Internet-Shops wird die Kundschaft auf der Homepage von einem Avatar begrüßt, der Fragen zu Produkten oder zum Unternehmen beantwortet und dadurch die Kundenansprache und -bindung verbessern soll (z. B. Chatbot „Anna" bei ikea.com; Chatbot „Eve" bei yellowstrom.de; Braun 2003).

Weitere Einsatzfelder bieten der *Unterhaltungs- und Erotikbereich*. So existieren diverse Medienangebote für ein primär heterosexuelles männliches Publikum, die auf eine parasoziale Beziehung mit einer „virtuellen Freundin" abzielen. Dabei kann es sich um SMS- und E-Mail-Dienste (z. B. „Love by Mail" des japanischen Spielzeugherstellers Bandai), um Chatbots (z. B. www.karigirl.com) oder um Computerspiele (z. B. „Virtual Valerie" von Mike Saenz/Reactor) handeln. Zu Verbreitung, Nutzung und Wirkung entsprechender Angebote liegen bislang keine wissenschaftlichen Studien vor.

2.3 Beziehungen zu Robotern

Medienangebote ganz neuer Qualität sind *Roboter:* Sie vereinen Interaktivität mit einer körperlichen Gestalt. Über *Sensoren* nehmen sie Informationen aus der Umgebung auf, verarbeiten diese mithilfe künstlicher Intelligenz und können durch *Reaktoren* auf die Umgebung einwirken (z. B. sich bewegen, Dinge manipulieren und transportieren). Neben den *Industrierobotern*, die z. B. in der Automobilfertigung Teile zusammensetzen, und den *professionellen Service-Robotern*, die z. B. bei Weltraumexpeditionen zum Einsatz kommen, wächst das Angebot an *persönlichen Service-Robotern*, das sind Roboter für den Endverbrauchermarkt. Hier unterscheidet man zwei Untergruppen: *Haushaltsroboter*, bislang meist automatisierte Rasenmäher oder Staubsauger, und *Unterhaltungsroboter*, die auf eine parasoziale Mensch-Roboter-Interaktion (HRI: human robot interaction) ausgerichtet sind. Sie werden beispielsweise in menschenähnlicher Gestalt (humanoide Roboter) oder als Roboter-Haustiere vertrieben.

Ein Beispiel für ein solches Roboter-Haustier ist der zwischen 1999 und 2005 von Sony vermarktete *Roboterhund AIBO* (*A*rtificial *I*ntelligence Ro*bot*). AIBO bewegt sich selbstständig in der Wohnung, er spielt mit Ball oder Knochen, führt Kunststücke auf, lässt sich rufen und kann Herrchen und Frauchen erkennen. Zudem zeigt AIBO durch Schwanzwedeln, Farben und Töne auch seinen aktuellen Gefühlszustand: Bei Vernachlässigung macht er durch traurige Geräusche auf sich aufmerksam und auf Streicheleinheiten reagiert er mit sicht- und hörbarem Wohlbehagen. Obwohl es sich bei AIBO augenscheinlich um ein technisches Artefakt handelt, reagieren viele Menschen spontan sehr emotional. Eine Inhaltsanalyse von rund 6.500 Diskussionsbeiträgen in *AIBO-Online-Foren* zeigte, dass die Nutzer zu ihrem Roboterhund soziale Bindungen eingehen (Friedman et al. 2003): „Ich sehe AIBO nicht nur als coole Technologie und Spielzeug, sondern eher als Familienmitglied", äußert ein User, während ein anderer berichtet: „Ich hatte ein richtig schlechtes Gewissen, wenn ich ihn nach dem Spielen wieder in den Karton gesteckt habe, er hat so traurig ausgesehen".

Wenn schon Erwachsene teilweise so stark auf Roboter-Tiere reagieren, wie sieht es dann bei *Kindern* aus? In einer experimentellen Studie spielten 72 Kinder zwischen 7 und 15 Jahren nacheinander mit einem Schäferhund und mit dem Roboterhund AIBO, wobei sie sowohl beobachtet als auch befragt wurden (Melson et al. 2005). Es stellte sich heraus, dass auch die kleineren Kinder deutlich zwischen Tier und Roboter differenzieren konnten: Sie wussten, dass nur das echte Tier verdaut, sich fortpflanzt, eigene Gefühle hat oder die von Menschen erkennen kann. Dennoch empfanden sie auch zu AIBO eine soziale Bindung sowie moralische Verantwortung: 96 Prozent der Kinder waren der Meinung, dass es *nicht* in Ordnung ist, den Schäferhund zu ignorieren, wenn er winselt. 81 Prozent sagten dasselbe über den Roboterhund.

Die Mensch-Roboter-Beziehung wird sowohl durch die Dispositionen des Nutzers (z. B. Lebensalter, Technikaffinität) als auch durch die *Merkmale des Roboters* bestimmt (z. B. seine Lernfähigkeit, Lee et al. 2005). Trotz seiner Popularität ist der Roboterhund AIBO mit einem Preis um 2000 Euro freilich ein Luxusprodukt. Die erschwinglichen Roboterspielzeuge auf dem Massenmarkt (z. B. RoboSapien, Furby, My Real Baby) zeigen dagegen bislang noch enttäuschend wenig Eigenaktivität und künstliche Intelligenz.

Soziale Roboter werden nicht nur zu Unterhaltungszwecken eingesetzt, sondern auch in der Psychotherapie. Dabei wird gerade die parasoziale Beziehung zum Roboter als heilsam eingeschätzt, da sie Ablenkung und Trost vermittelt, Neugier und Aktivität anregt. Wo reale Tiere für eine *tiergestützte Psychotherapie* aufgrund des Betreuungsaufwandes, der Hygiene oder aus Tierschutzgründen nicht einsetzbar sind (z.B. im Krankenhaus auf Intensivstationen), können Robotertiere zum Einsatz kommen. Ein Pionier in der *Robotertherapie* ist der Ingenieur Takanori Shibata von der Universität Tokio. Er entwickelte zwei Robotertiere, die Robbe *Paro* und die Katze *NeCoRo*. Beide erwiesen sich in ersten Felduntersuchungen mit Seniorenheimbewohnern, Schmerz- und Demenzpatienten als nützlich. Sie wurden von den Patienten positiv aufgenommen und steigerten ihren subjektiven und objektiven Gesundheitszustand (z.B. Libin/Cohen-Mansfield 2004; Wada et al. 2005; Wada/Shibata 2006). Allerdings fehlen systematische Kontrollgruppen-Studien.

Zukünftig gilt es genauer zu untersuchen, unter welchen Bedingungen sich welche parasozialen Beziehungen zwischen Mensch und Roboter entwickeln und welche Konsequenzen dies sowohl für das Erleben und Verhalten des Individuums als auch für die Gesellschaft hat (Zhao 2007). Bislang werden Roboter noch eher dem Science-Fiction-Bereich als dem realen Leben zugeordnet. Doch auf die durchgreifende *Computerisierung* unseres Alltags könnte in den nächsten Dekaden die *Roboterisierung* folgen, so dass schließlich der Personalroboter – ebenso wie der Personalcomputer – zur normalen Haushaltsausstattung gehört.

3. Online-Beziehungen

Bei der Online-Beziehung geht es nicht um die Beziehung zu einem Medienartefakt, sondern um ein menschliches Gegenüber, das jedoch (zunächst) nur medial repräsentiert zugänglich ist (Döring 2003). Typischerweise findet der Erstkontakt im Internet statt, zum Beispiel über eine persönliche Homepage oder ein Online-Computerspiel. Auf der Basis einer virtuellen Repräsentation tritt man mit einem anderen Menschen in Kontakt, wobei diese computervermittelten interpersonalen Kommunikationsakte bzw. *virtuellen Interaktionen*[1] sich durch wiederholte mediale Begegnungen und entsprechendes Engagement der Beteiligten mit der Zeit zu einer sozialen Beziehung entwickeln können. Beziehungen, die im Internet entstehen, werden als *virtuelle, Netz-, Cyber-, Internet- oder Online-Beziehungen* etikettiert, um sie von herkömmlichen Beziehungen abzugrenzen, die außerhalb des Netzes entstanden sind (so genannte *Real-Life- bzw. Offline-Beziehungen*).

---

1 Computervermittelt ist nicht nur eine zwischenmenschliche Verständigung (*computervermittelte Kommunikation*; computer-mediated communication CMC) möglich, sondern auch aufeinander bezogenes Handeln (*computervermittelte Interaktion*), etwa beim gemeinsamen Arbeiten oder Spielen in Online-Umgebungen. Angesichts der Vielfalt virtueller Umgebungen, in denen sich Menschen *telepräsent* begegnen und virtuell handeln können, ist es nicht mehr zeitgemäß, den Interaktionsbegriff auf *Kopräsenz* zu verengen (Döring 2003: 38 ff.).

Im Sinne der *Kanalreduktions-Theorie* (Döring 2003: 149 ff.) ist computervermittelte Kommunikation im Vergleich zur ganzheitlichen Face-to-Face-Kommunikation defizitär: Viele Sinnesmodalitäten und Kommunikationscodes fehlen, wodurch der mediale Kontakt unpersönlich, entemotionalisiert und letztlich entmenschlicht sei. Doch diese Sichtweise ist zu einseitig, denn mediale Kommunikation weist je nach Medium spezifische Besonderheiten auf (z. B. zeitversetzte Kommunikation, schriftlicher Austausch, großer Teilnehmerkreis etc.), die eine zwischenmenschliche Annäherung und Verständigung ermöglichen, die in bestimmten Situationen von Angesicht zu Angesicht gar nicht – oder nicht in derselben Qualität – möglich wäre (zu Theorien der computervermittelten Kommunikation siehe Döring 2003, 2007).

Anders als im mündlichen Gespräch, bei dem starker Handlungsdruck besteht, kann man sich bei zeitversetzter computervermittelter Kommunikation unbeobachtet Zeit lassen, um Botschaften in Ruhe zu formulieren. Unsicherheit lässt sich überspielen. Zudem ist es unter den Bedingungen der Anonymisierbarkeit bzw. Pseudonymisierbarkeit sowie der körperlichen Distanz risikoloser möglich, offensiv zu flirten (Whitty 2003), persönliche Informationen preiszugeben oder unbefangen sein „wahres Ich" zu zeigen (Bargh et al. 2002). Im Vergleich zu einem Face-to-Face-Gespräch vermittelt ein Online-Chat in der Regel einen positiveren Eindruck von einer noch völlig unbekannten Person und erzeugt auch mehr angenehme Gefühle (McKenna et al. 2002; Green et al. 2005).

Gerade weil man das Online-Gegenüber nicht sehen und direkt erleben kann, übt es nicht selten eine besondere Anziehungskraft aus, aktiviert Sehnsüchte (*Romeo-und-Julia-Effekt*) und begünstigt Idealisierungen. Diesem imaginativen Reiz des Unbekannten steht beim Kennenlernen im Netz die Sorge gegenüber, dass das Gegenüber gezielt unvollständige und falsche Angaben macht und somit die interpersonale Attraktion keine reale Basis hat. Schließlich lässt sich sogar das biologische Geschlecht problemlos bei der Wahl des im Netz verwendeten Spitznamens manipulieren. Empirisch zeigt sich jedoch, dass Geschlechtertausch nur äußerst selten praktiziert wird (Cooper et al. 1999). Ebenso ist die Konstruktion beliebig wechselnder *fiktiver Identitäten* in der Netzkommunikation unüblich, denn sie ist aufwändig und bietet in der Regel wenige Vorteile für das Anknüpfen sozialer Beziehungen (Ellison et al. 2006 a). Es sei denn, man möchte ausdrücklich andere Nutzer betrügen oder missbrauchen (z. B. wenn Erwachsene, die sexuelle Kontakte zu Kindern suchen, sich in Teenager-Chats als Gleichaltrige ausgeben). Im Internet-Jargon werden Personen, die sich im Netz eine fiktive Identität zulegen, als *Fakes* bezeichnet und sehr negativ sanktioniert. Verbreitet sind dagegen *attraktivitätssteigernde Korrekturen* bei einzelnen Merkmalen (z. B. Familienstand, Körpergewicht). Derartige Taktiken der Selbstdarstellung kommen allerdings auch außerhalb des Netzes zur Anwendung.

Durch die zeitliche und örtliche Entgrenzung computervermittelter Kommunikation erhöht sich unser Kontaktradius: Wir können im Internet per E-Mail, Chat, Instant Messenger, Online-Spiel, Social-Networking-Plattform etc. mit Personen in Verbindung treten, die wir in unserer unmittelbaren Umgebung nie treffen würden. Dies führt zu neuen Bekanntschaften, Freundschaften, Kollegen- und Liebesbeziehungen.

Wenn Online-Beziehungen betrachtet werden, geht es zunächst um Kontaktsuche und Kennenlernen im Internet (3.1) sowie um die weitere Entwicklung dieser Netzbeziehungen (3.2).

3.1 Kontaktsuche und Kennenlernen im Internet

Während einige unserer sozialen Beziehungen durch äußere Umstände vorgegeben sind (z. B. Kollegenbeziehungen, Verwandtschaftsbeziehungen), sind andere prinzipiell frei wählbar (z. B. Freundschafts- und Paarbeziehungen). Im Zuge der gesellschaftlichen Modernisierung und Individualisierung gewinnen selbst gewählte persönliche Beziehungen an Bedeutung: Die lebenslange Einbindung in Ehe, Familie und Dorfgemeinschaft ist heute nicht mehr selbstverständlich; dementsprechend sind Menschen im Laufe ihres Lebens heute häufiger auf der Suche nach neuen Sexual- und Lebenspartnern sowie nach Freunden und Bekannten.

Die Anbahnung neuer persönlicher Beziehungen kann *zielgerichtet* über Kontaktanzeigen erfolgen oder sich im Zuge sozialer Aktivitäten in einer Gemeinschaft *beiläufig* ergeben (z. B. Freundeskreis, Kneipen/Clubs/Vereine, Arbeitsplatz) (vgl. Lenz, Aufbauphase i. d. B.). Durch die zahlreichen Internet-Kontaktbörsen und Online-Gemeinschaften können beide Wege auch computervermittelt verfolgt werden.

Im Vergleich zu klassischen Kontaktanzeigen in Printmedien weisen *Online-Kontaktbörsen* (z. B. www.neu.de; www.friendscout24.de; www.match.com) eine Reihe von Vorteilen auf:

- Ohne zeitliche Begrenzung steht ein riesiges Angebot an Kontaktgesuchen aus dem In- und Ausland zur Verfügung.
- Online-Kontaktanzeigen sind unter anderem durch Kurzbiografien, Selbstinterviews und Fotos deutlich umfangreicher und aussagekräftiger als Print-Anzeigen.
- Auf Kontaktplattformen im Internet stehen Suchfunktionen zur Verfügung, um nach eigenen Präferenzen gezielt bestimmte Anzeigen herauszufiltern. Dazu gehört auch ein automatisches Matching, bei dem das System auf der Basis von Profileinträgen oder Persönlichkeitstests Kontaktvorschläge unterbreitet.
- Über E-Mail, Instant Messaging oder Chat steht ein schneller und anonymisierbarer Rückkanal zur Verfügung – eine unmittelbare computervermittelte Kontaktaufnahme ist möglich.
- Kontaktanbahnungen außerhalb des Netzes werden oft durch nonverbale Signale vorbereitet (v.a. Blickkontakt). Deshalb bieten auch Online-Kontaktplattformen eine Reihe von solchen nonverbalen Signalen an (z.B. ein virtueller Kuss oder eine Blume).

Online-Partnersuche ist mittlerweile veralltäglicht und hat sich zu einem sehr erfolgreichen Geschäftsmodell im E-Commerce entwickelt. In Deutschland nutzten im September 2006 rund 7,2 Millionen Menschen Online-Kontaktbörsen, 24 % mehr als im Vorjahr (Bitkom 2006). Fast jeder dritte US-Amerikaner kannte 2006 mindestens eine Person im Bekanntenkreis, die Online-Kontaktanzeigen nutzt; jeder siebte konnte auf mindestens eine feste Paarbeziehung oder Ehe im eigenen sozialen Umfeld verweisen, die sich durch Online-Kontaktanzeigen ergeben hat (Madden/Lenhart 2006). Von den US-amerikanischen Singles im Netz gaben 37 % an, schon Online-Kontaktanzeigen genutzt zu haben. Die Erfahrungen mit Online-Dating-Plattformen waren mehrheitlich positiv: 52 % der Nutzer berichteten überwiegend positive, 7 % ambivalente und 29 % überwiegend negative Erfahrungen. Der Vorzug des Online-Dating wurde darin gesehen, dass man auf einen großen Kontaktpool zugreifen kann und somit die Chancen steigen, einen passenden Partner zu finden, insbesondere da Online-Kontaktbörsen für unterschiedliche Zielgruppen und Lebensstile existieren.

Typisch für die gezielte Kontaktsuche ist zunächst eine Vorauswahl nach bestimmten Attributen wie Geschlecht, Alter, Foto oder Selbstbeschreibung, die auf den Profilen der Kontaktsuchenden angegeben sind. Als zweiter Schritt folgt eine erste Online-Kontaktaufnahme, bei der sich zeigt, ob die Beteiligten kommunikativ „einen Draht zueinander" finden. Gerade angesichts der Fülle an Online-Kontaktanzeigen lässt sich eine Online-Beziehung keineswegs einfach „per Mausklick" herstellen. Die niederschwellige Kontaktaufnahme im Internet bringt es mit sich, dass bei der Kontaktanbahnung häufiger selektiert wird. Wer in seinen ersten E-Mails auf das Gegenüber nicht positiv wirkt, wird schnell „weggeklickt" oder „gelöscht". Soziale Kompetenz ist bei der Online-Beziehungsanbahnung unumgänglich, dies betrifft sowohl die Wahl potenzieller Beziehungspartner, die Formulierung passender Anbahnungs-Botschaften sowie den Umgang mit ausbleibenden Antworten oder direkten Absagen.

Die Mehrzahl der Internetnutzerinnen und -nutzer nimmt an mindestens einer *Online-Gemeinschaft* teil (Horrigan 2001). Dabei kann es sich um thematisch fokussierte Online-Interessensgruppen handeln wie berufliche Mailinglisten, Hobby-Foren oder Online-Selbsthilfegruppen. Zudem existieren gesellige Online-Treffpunkte (z.B. Chatrooms, Online-Spiele), die wie Kneipen im realen Leben den Charakter von *third places* haben, also öffentlichen sozialen Orten jenseits von Heim und Arbeitsplatz (Soukup 2006; Steinkuehler/Williams 2006). Online-Gemeinschaften bestehen in der Regel aus einem Insider-Kreis von Stammmitgliedern (regulars) sowie einer fluktuierenden Gruppe von mehr oder minder regelmäßigen Besuchern und eher passiven Gästen (lurkers). Je aktiver die Beteiligung an einer Online-Gemeinschaft, umso größer ist die Wahrscheinlichkeit, dass sich beiläufig angenehme Online-Kontakte zu anderen Mitgliedern ergeben und Online-Beziehungen anbahnen. Eine Beziehungsanbahnung über eine Online-Gemeinschaft erfordert immer entsprechenden Zeiteinsatz.

Die Art und Weise, wie und wie oft eine Person in einer Online-Gemeinschaft in Erscheinung tritt, wie witzig, offen, einfühlsam oder kompetent sie auf Anfragen reagiert, all dies sind Attraktivitäts-Faktoren. Dass visuelle und akustische Kontrollen im Zuge eines beiläufigen ersten Kennenlernens im Netz entfallen, wird dabei nicht nur von schüchternen Netznutzern als Erleichterung empfunden (Sheeks/Birchmeier 2007), sondern generell als großer Vorzug erlebt. Das berüchtigte „Taxieren" entfällt, dafür konzentriert man sich zunächst einmal ganz auf das Kommunikationsverhalten. Mit originellen Ideen, differenziertem Ausdruck, elegantem Stil und guter Rechtschreibung kann man hier Eindruck machen – *schriftsprachliche Kompetenz* wird also zu einer wichtigen Attraktivitäts-Ressource. In grafischen Online-Umgebungen, in denen die Beteiligten visuell durch Avatare repräsentiert sind, werden interpersonale Attraktion und Sozialverhalten auch durch die Avatargestaltung beeinflusst. Das Sozialverhalten ändert sich nämlich in Abhängigkeit vom Aussehen des eigenen Avatars (so genannter *Proteus-Effekt*): Mit einem attraktiven Avatar nähert man sich anderen Online-Nutzern stärker an, ein größerer Avatar führt zu selbstsichererem Aufteten (Yee/Bailenson 2007).

Während das beiläufige Kennenlernen in Offline-Gemeinschaften maßgeblich durch räumliche Nähe und körperliche Attraktivität bestimmt ist, finden in Online-Gemeinschaften Menschen nicht selten aufgrund kommunikativer Übereinstimmung zusammen, trotz großer geografischer Distanzen, und oftmals ohne genau zu wissen, wie sie aussehen und ob sie sich möglicherweise hinsichtlich sozialer Merkmale stark unterscheiden.

Zusammenfassend lässt sich festhalten, dass das Internet mit seinen vielfältigen Online-Kontaktbörsen und Online-Gemeinschaften eine Fülle neuer Gelegenheiten für die Beziehungsanbahnung bietet: Die Zahl der ebenfalls kontaktsuchenden Menschen, die sich rund um die Uhr in unserer kommunikativen Reichweite befinden, ist explodiert. Gleichzeitig können wir auf computervermitteltem Wege niederschwellig – das heißt unverbindlich, sicher und unaufwändig – jederzeit Kontakt aufnehmen. Für manche Menschen ist das Kennenlernen im Internet sogar die einzige Chance einer selbst bestimmten Beziehungsanbahnung. Dies gilt beispielsweise für Personen mit bestimmten gesundheitlichen Einschränkungen oder körperlichen Handicaps (Seymour/Lupton 2004) oder für Menschen, die starker sozialer Kontrolle unterliegen. So kann die für viele traditionalistische Gesellschaften typische Geschlechtersegregation und häusliche Isolation von Mädchen und Frauen durch Internet- oder Handy-Kontakte teilweise diskret unterlaufen werden (zum Online-Dating in islamischen Ländern siehe Galal 2003). Ungebremste Idealisierung und überhöhte Hoffnungen einerseits oder übertriebenes Misstrauen und ständiges Hinterfragen der Selbstauskünfte des Gegenübers andererseits wirken sich eher ungünstig auf die Online-Kontaktanbahnung aus.

3.2 Entwicklung von Online-Beziehungen

Von den eher *lockeren* Online-Beziehungen, die ausschließlich oder primär computervermittelt gepflegt werden, sind jene *engen* Online-Beziehungen zu differenzieren, die schrittweise aus dem Netz heraus expandieren und schließlich in mehr oder minder dauerhafte Offline-Beziehungen übergehen.

Durch Kontaktsuche und Kennenlernen im Internet erweitert sich bei den meisten Internetnutzerinnen und -nutzern das persönliche soziale Netzwerk: Sie gewinnen neue private und berufliche Beziehungen hinzu, wobei diese Online-Beziehungen größtenteils den Charakter *lockerer Bekanntschaften* haben. Die Stärke dieser schwachen Bindungen (Granovetter 1973) liegt darin, dass sie uns ohne allzu großen Aufwand mit Menschen außerhalb unseres unmittelbaren Umfeldes in Kontakt bringen und dadurch wichtige Informationen, berufliche Anknüpfungspunkte, private Ratschläge, unterhaltsamen Austausch, sexuelle Gratifikationen oder interkulturelle Erfahrungen vermitteln. Typisch für diese lockeren Online-Beziehungen ist, dass man sich auf wenige Themen beschränkt und vor allem online austauscht.

Lockere Online-Beziehungen können gerade in der modernen, schnelllebigen Gesellschaft, in der Menschen geografisch und sozial mobil sind und sich auf immer neue Gegebenheiten einzustellen haben, wichtige Funktionen übernehmen. Online-Beziehungen lassen sich *orts- und zeitunabhängig* aufbauen und pflegen: Auf einer Geschäftsreise kann man sich nachts vom Hotelzimmer aus per vernetztem Laptop in seinen angestammten Chat-Room einklinken und seine Chat-Bekannten treffen. Dabei werden dann nicht herkömmliche Freundschaften durch oberflächliche Chat-Bekanntschaften ersetzt, sondern vielmehr wird das soziale Netzwerk um Beziehungen ergänzt, die in jenen Situationen Geselligkeit, Unterhaltung und Ablenkung bieten, in denen man sonst alleine wäre.

Für bestimmte Themen und Anliegen lassen sich *gezielt und zeitlich limitiert* Online-Beziehungen aufbauen: Wer nach einem Skiunfall unter einer langwierigen Knieerkrankung leidet, kann sich in der passenden Online-Selbsthilfegruppe Mitbetroffene suchen, die sich gegenseitig wertvolle medizinische Ratschläge geben, Tipps für Ärzte und Kliniken austauschen, sich aber auch gegenseitig aufmuntern und Mut zusprechen – und zwar in effektiverer Weise als dies das reale soziale Umfeld leisten könnte (Maloney-Krichmar/Preece 2005). Ist die Verletzung schließlich nach einigen Monaten ausgeheilt, so heißt es für die meisten Teilnehmer, Abschied nehmen von den Online-Bekannten aus dem Knieforum zugunsten eines anderen privaten oder beruflichen Anliegens, zu dem man sich vielleicht wiederum für eine gewisse Lebensphase passende Online-Bekanntschaften sucht.

Da Online-Beziehungen vom heimischen Internet-Rechner aus sehr diskret angebahnt und gepflegt werden können, unterliegen sie in geringerem Maße der sozialen Kontrolle. Zudem sind virtuelle Interaktionen mit keinerlei körperlichen Risiken verbunden. Diese Bedingungen begünstigen nicht zuletzt die Anbahnung und Pflege *sexueller Online-Beziehungen*. Der schriftliche Austausch per E-Mail oder Online-Chat erleichtert einen offenen Austausch über erotische Erfahrungen und Wünsche und kann besondere Intimität vermitteln. Bei computervermittelten sexuellen Interaktionen (so genannter *Cybersex*) gestalten die Beteiligten eine Begegnung, die Erregung und Befriedigung vermittelt und dabei keineswegs körperlos ist (Döring 2000). Manche sexuellen Online-Beziehungen beschränken sich völlig auf virtuelle Kontakte, andere beinhalten auch Treffen außerhalb des Netzes (Daneback et al. 2007; Peter 2007). Mehr oder minder unverbindliche sexuelle Online-Beziehungen können dazu beitragen, die eigene Sexualität zu erkunden und neue Erfahrungen zu sammeln (Cooper et al. 1999).

Online-Bekanntschaften liefern eine *spezifische Form von sozialem Kapital* (Williams 2007). Dabei kommt es offenbar nicht zu der gefürchteten *Cyberbalkanisierung* der Gesellschaft, also einer Zersplitterung in immer mehr abgeschottete Insider-Zirkel. Im Gegenteil: In Online-Gemeinschaften treffen oftmals Menschen mit ganz unterschiedlichen sozio-kulturellen Hintergründen aufeinander und gehen persönliche Beziehungen ein. Zudem bewegen sich viele Internet-Nutzer in unterschiedlichen Online-Gemeinschaften und stehen somit auch mit unterschiedlichen sozialen Gruppen in Kontakt.

Von den eher lockeren Online-Beziehungen, die ausschließlich oder primär computervermittelt gepflegt werden, sind jene *engen Online-Beziehungen* zu differenzieren, die schrittweise aus dem Netz heraus expandieren und schließlich in mehr oder minder dauerhafte *Offline-Beziehungen übergehen*. Wesentlich ist dabei der *Medienwechsel* von der Online-Kommunikation zum Fotoaustausch und Telefonat und schließlich zum persönlichen Treffen. Grundsätzlich überprüfen die Beteiligten bei jedem Medienwechsel erneut, ob die Attraktion weiterhin besteht oder nicht vielmehr ernüchternde oder störende Merkmale ins Spiel kommen. Attraktivitätssteigernde Beschönigungen, die den textbasierten Erstkontakt im Netz begünstigt haben, können zum Risikofaktor werden, wenn ein persönliches Zusammentreffen bevorsteht. Manche Paare kommen binnen vier Stunden vom Erstkontakt im öffentlichen Chat-Room über den Privat-Chat und Fotoaustausch bis zum Telefonat, andere greifen erst nach vielen Monaten des Mailens und Chattens zum ersten Mal nervös zum Hörer (Baker 2005; Ben-Ze'ev 2004). Ähnlich verhält es sich mit dem Face-to-Face-Treffen: Manche treffen sich bereits am nächsten Tag, andere kennen ihre Cyberliebe schon monatelang und haben ein Treffen noch gar nicht ins Auge gefasst, wobei zum Teil auch äußere Hindernisse eine Rolle spielen (z.B. geografische Distanzen, berufliche Verpflichtungen, Verbot durch Eltern). Diejenigen, die sich nach einem erfolgreichen ersten Face-to-Face-Treffen dann regelmäßig sehen, definieren ihre Beziehung von einer Online-Beziehung oftmals in eine reale bzw. Offline-Beziehung um.

Die Entwicklung von einer Online-Beziehung zu einer Offline-Beziehung ist besonders bei engen Freundschaften und Liebesbeziehungen einschlägig. Manchmal wird die Beziehungsanbahnung hier auch als „Kennenlernen von innen nach außen" beschrieben, weil eben im Internet zunächst der kommunikative Austausch im Mittelpunkt steht und nicht das Aussehen oder die äußeren Lebensumstände. Die Online-Beziehungspflege besteht in regelmäßigen, meist schriftlichen Botschaften, die durch positiven Emotionsausdruck und sehr persönliche Themen geprägt sind (Wright 2004). Enge Online-Freundschaften, die aus dem Netz heraus expandieren, unterscheiden sich auf die Dauer qualitativ kaum von Offline-Freundschaften, allerdings handelt es sich häufiger um gegengeschlechtliche Freundschaften (Parks/Roberts 1998; Chan/Cheng 2004). Es gibt Hinweise darauf, dass Liebesbeziehungen, die sich im Netz angebahnt haben, länger Bestand haben als herkömmliche Offline-Liebesbeziehungen (Baker 2005; McKenna et al. 2002).

Kritiker warnen davor, dass Menschen nach oberflächlichen Online-Beziehungen süchtig werden, wodurch sie ihre Beziehungen außerhalb des Netzes vernachlässigen und sich infolgedessen sozial isolieren und vereinsamen. Für die Mehrzahl der Internetnutzer sind Online-Beziehungen jedoch kein Ersatz, sondern eine Ergänzung herkömmlicher Beziehungen. Gerade die lockeren Online-Beziehungen erfüllen in der modernen Gesellschaft eine Reihe wichtiger sozialer Funktionen. Zuweilen wird gemutmaßt, dass im Internet das Risiko besonders groß sei, an Menschen zu geraten, die unter psychischen Störungen leiden oder kriminelle Absichten haben. Dementsprechend wird gerade beim ersten Face-to-Face-Treffen zu großer Vorsicht geraten. Doch auch wenn Verbrechen im Zusammenhang mit Internet-Dates in der Öffentlichkeit stark wahrgenommen werden, treten sie statistisch viel seltener auf als beim herkömmlichen Kennenlernen. Da Online-Kommunikation jedoch Idealisierungen begünstigt und den Eindruck starker Nähe und Vertrautheit vermitteln kann, ist es sinnvoll, Online-Bekanntschaften vor einem näheren Face-to-Face-Kennenlernen auch bewusst mit kritischer Distanz zu betrachten, um Enttäuschungen zu vermeiden. Ein Teil der Online-Kontakte entwickelt sich zu engen persönlichen Freundschaften oder Liebesbeziehungen. Dann expandieren sie in der Regel aus dem Netz und unterscheiden sich schließlich kaum noch von entsprechenden Offline-Beziehungen.

4. Offline-Beziehungen

Bestehende persönliche Beziehungen können sich durch die Integration von bislang nicht genutzten Kommunikationsmedien – etwa Internet oder Handy – nachhaltig verändern. Dabei ist zwischen medialer Binnenkommunikation (4.1) und medialer Außenkommunikation (4.2) zu unterscheiden. Die Mediatisierung herkömmlicher Beziehungen kann positive wie negative Effekte haben.

4.1 Mediale Binnenkommunikation bei Offline-Beziehungen

Der Lebenszyklus einer herkömmlichen persönlichen Beziehung umfasst vier Abschnitte vom Aufbau der Beziehung zum Bestand bis hin zur Beziehungskrise und -auflösung. In all diesen Phasen können Medienkontakte ergänzend zu Face-to-Face-Begegnungen eine wichtige Rolle spielen.

Ein *Beziehungsaufbau* findet offline beispielsweise im Freundeskreis, am Arbeitsplatz oder bei Freizeitaktivitäten statt (vgl. Lenz, Aufbauphase i. d. B.). Die Beteiligten begegnen sich persönlich und versuchen, über wiederholte Interaktionen einander näher kennenzulernen. Es lässt sich beobachten, dass Medien auch bei dieser – im Vergleich zum Online-Kennenlernen – klassischen Anbahnung eine zunehmend bedeutsamere Rolle spielen. Wenn heute nach einem Flirt auf einer Party Handynummern ausgetauscht werden, so kann die nächste Verabredung per SMS erfolgen – was niederschwelliger sein mag als ein stärker angstbesetzter Telefonanruf. Auch beim näheren Kennenlernen im Kollegenkreis kann anstelle einer mündlichen Einladung eine Einladung per E-Mail erfolgen. Das Zwischenschalten des Computermediums erleichtert es, eine Annäherung voranzutreiben, weil eine mögliche Absage auf schriftlichem Wege für alle Beteiligten leichter zu bewältigen ist. Es ist zu vermuten, dass die flankierende Nutzung von E-Mail und SMS beim Offline-Kennenlernen die Zahl der Annäherungsversuche vergrößert. Entsprechende Studien fehlen allerdings.

Auch in der *Bestandsphase* können Internet und Handy soziale Beziehungen sowohl durch die Quantität als auch die Qualität der Binnenkontakte verändern (vgl. Burkart i. d. B.). Im positiven Fall kommt es zu einer von beiden Seiten erwünschten Intensivierung der Beziehung. Etwa dadurch, dass man sich per SMS häufiger mitteilt, dass man gerade aneinander denkt, dass Verabredungen per Handy-Telefonat flexibel koordiniert werden können und dass beim schriftlichen E-Mail-Austausch eine größere Selbstoffenbarung erfolgt. Davon betroffen sind unter anderem *Eltern-Kind-Beziehungen*: Eltern berichten, dass sie dank Handy ihren Kindern beruhigter mehr Freiräume gewähren (Feldhaus 2004), und generell verändern Computer und Internet die Kommunikations- und Machtverhältnisse innerhalb von Familien (Hughes 2001). *Liebespaare* nutzen Handykommunikation zum Austausch romantischer und erotischer Botschaften im Tagesverlauf und meiden dabei bewusst die Telefon- und Internet-Verbindungen am Arbeitsplatz. Auch *Verwandtschaftsbeziehungen* profitieren von Medienkontakten, etwa wenn die erwachsenen Kinder per E-Mail und Telefon mit den Eltern und Großeltern Kontakt halten. Eine sehr große Rolle spielen mediale Kontakte innerhalb der *Freundschaftsbeziehungen* von Kindern und Jugendlichen: Die für ihre Entwicklung notwendige Ablösung von den Eltern und Orientierung an den Peers wird durch Handy- und Internet-Kontakte unterstützt, die jenseits elterlicher Kontrolle vom Kinderzimmer aus gepflegt werden können. Ein intensiver Online-Kontakt (z. B. per Instant Messenger) innerhalb bestehender *Peer-Beziehungen* von Jugendlichen geht mit häufigeren Offline-Kontakten und gesteigertem Wohlbefinden einher (Valkenburg/Peter 2007).

In Zeiten zunehmender Berufs- und Freizeitmobilität sowie wachsender Zahlen an *Fernbeziehungen* (Schneider et al. 2001) steigt der Bedarf nach medialer Kommunikation innerhalb von persönlichen Beziehungen und zwar sowohl auf sozio-emotionaler (z.B. Rückversicherung und emotionale Unterstützung) als auch auf instrumenteller Ebene (z.B. Koordination von Abhol- und Einkaufsdiensten; Ling 2004). Diesen Vorteilen steht auf emotionaler Seite die Gefahr der *Abhängigkeit* gegenüber, die sich etwa in ständigem Warten auf Nachrichten und einem gewissen *Antwortzwang* niederschlägt, der als belastend erlebt wird. Dem Vorteil der Koordination von Alltagsabläufen steht der Nachteil der *Kontrollierbarkeit* gegenüber.

Neben der Frage, inwieweit sich die ständige mediale Erreichbarkeit ambivalent auf die Beziehung auswirken kann, lässt sich auch fragen, ob und wie sich *Kommunikationsinhalte* verändern (z.B. verstärkte Selbstoffenbarung, häufigere Liebeserklärungen, aggressivere Beschimpfungen) bzw. ob bei vergrößertem Medienensemble die Medienwahl gezielter auf bestimmte Kommunikationsinhalte abgestimmt wird. Patrick O'Sullivan (2000) konnte mit seinen Experimenten zur selbstdarstellerisch motivierten und taktischen Medienwahl in Paarbeziehungen zeigen, dass *negative Botschaften lieber medial übermittelt* werden, um Gesichtsverluste und Konfrontationen zu vermeiden.

Online-Social-Networking-Plattformen (z.B. xing.de; studivz.de; lokalisten.de; linkedIn.com; facebook.com; friendster.com) sind darauf ausgerichtet, die eigenen sozialen Beziehungen zu verwalten. Man legt sich ein *Profil* mit einer Selbstbeschreibung auf der Plattform an und kann dieses mit den Online-Profilen von Kollegen, Freunde und Bekannten verlinken. Studien zeigen, dass solche Social-Networking-Plattformen im Unterschied zu den Online-Kontaktbörsen (siehe Abschnitt 3.1) tatsächlich *nicht* in erster Linie zur Anbahnung neuer Beziehungen genutzt werden, sondern zur Pflege bestehender. So ergab eine Umfrage unter 286 nordamerikanischen Studierenden, dass die Nutzung von Facebook.com in positivem Zusammenhang damit stand, wie intensiv sie ihre bestehenden engen Freundschaften und lockeren Bekanntschaften pflegten und vor allem, ob sie mit früheren Klassenkameraden Verbindung hielten (Ellison et al. 2006b). Diejenigen, die über ein großes soziales Netzwerk von Offline-Beziehungen verfügen, können sich durch kompetente Nutzung von Online-Networking-Plattformen zusätzliches *soziales Kapital* erschließen, indem sie ihre Kontakte effektiver pflegen und verwalten und somit ihren sozialen Vorsprung weiter vergrößern (*Matthäus-Effekt*). Durch Online-Social-Networking-Plattformen werden Beziehungsnetzwerke öffentlich sichtbar gemacht, damit werden Art und Anzahl der Beziehungspartner einer Person verstärkt auch zum *Statussymbol* (Boyd 2006). Eine unbedachte Nutzung von Networking-Plattformen kann zu unerwünschter Verletzung der eigenen Privatsphäre führen

(z. B. wenn zukünftige Arbeitgeber freizügige Urlaubs- und Partyfotos auf Online-Profilen finden).

Gemäß dem *Rhetorik-Ansatz* (Duck/Pond 1989) konstituieren sich interpersonale Beziehungen wesentlich dadurch, dass sich die Beteiligten an Geschichten über ihre Beziehung erinnern, diese erzählen (so genannte *Eigengeschichten*, Lenz 2002) und somit ihrer Verbindung Sinn und Bedeutung verleihen. Dabei greifen sie auch auf mediale Artefakte zurück: Liebesbriefe werden aufgehoben, Familienfotos in Alben geklebt, Tagebücher geführt. Im Zuge der Mediatisierung persönlicher Beziehungen haben sich die Beziehungsdokumente vervielfacht. Insbesondere durch die zeitversetzte computervermittelte Kommunikation wird ein nennenswerter Teil der Beziehungskommunikation inzwischen automatisch protokolliert (E-Mails, Chat-Logs, Handy-Kurzmitteilungen etc.). Darüber hinaus erweitern die digitalen Medien auch die multimedialen Dokumentationsmöglichkeiten (z. B. ständige Verfügbarkeit der Foto- und Videokamera im Handy). Bislang wurde kaum empirisch untersucht, wie in persönlichen Beziehungen mit den alten und neuen medialen Beziehungsdokumenten umgegangen wird, welche Funktionen sie erfüllen (z. B. Bekräftigung der Beziehung, Vermittlung sozialer Nähe bei räumlicher Trennung etc.) und welche Probleme sich möglicherweise durch diese ergeben (z. B. Verletzung der Privatsphäre durch Weitergabe oder Veröffentlichung intimer Dokumente; zur Veröffentlichung von Eigengeschichten siehe Abschnitt 4.2).

In der *Krisen- und Auflösungsphase* von persönlichen Beziehungen, insbesondere von Liebesbeziehungen, scheinen Medienkontakte eher eine negative Rolle zu spielen. Eifersucht und Misstrauen können dazu führen, den Computer oder das Handy des Partners zu durchsuchen. Obwohl Beziehungsratgeber explizit davor warnen, das *Beziehungsende per E-Mail oder SMS zu deklarieren* und dies allgemein als schlechter Stil gilt, berichteten 13 % der 14- bis 24-Jährigen Briten, dass sie schon mindestens einmal per SMS „Schluss gemacht" haben (MORI/UK Lycos 2000).

Wenn im Zusammenhang mit Enttäuschung oder Trennung *Rachegefühle* aufkommen, kann die enthemmende Wirkung der (anonymisierbaren) Telekommunikation ebenfalls negativ zu Buche schlagen, etwa beim so genannten *Telefon-Terror*, zu dem nun noch beleidigende, bedrohende bzw. obszöne Mitteilungen auf neuen Kommunikationskanälen hinzu kommen (z. B. *SMS-Terror*; *Cyber-Stalking*: McFarlane/Bocij 2003). Gescheiterte Paarbeziehungen scheinen der Hauptgrund für gezielte mediale Belästigung zu sein, wobei Frauen stärker betroffen sind als Männer (Spitzberg/Hoobler 2002). In Abhängigkeit von der eigenen Medienkompetenz, der technischen Ausstattung sowie dem sozialen Nutzungskontext lassen sich mediale Übergriffe mehr oder minder erfolgreich verhindern oder bekämpfen. Manchmal sind sie jedoch auch mit belästigendem Offline-Verhalten verbunden.

4.2 Mediale Außenkommunikation bei Offline-Beziehungen

Neue Medien verändern Offline-Beziehungen nicht nur im Hinblick auf ihre Binnen- sondern auch auf ihre Außenkommunikation, weil die Beziehungspartner gleichzeitig auch verstärkt mit Dritten medial kommunizieren. Zu einem Problem wird diese mediale Außenkommunikation beispielsweise im Zusammenhang mit *Cyberuntreue* (Maheu/Subotnik 2001): Mittels Internet und Handy lassen sich Seitensprünge und Nebenbeziehungen heutzutage viel leichter und diskreter anbahnen und pflegen als zu Zeiten, in denen die gesamte Familie ein gemeinsames Festnetztelefon im Wohnzimmer nutzte. Dass Telekommunikationsmedien eine Außenkommunikation, die auf Seitensprünge oder Nebenbeziehungen hinausläuft, begünstigen können, führt umgekehrt dazu, dass misstrauische oder eifersüchtige Partner im Computer oder Handy auf Spurensuchen gehen – und manchmal auch fündig werden. In der klinischen Psychologie wurden bereits *Therapieansätze für Paare zur Bewältigung von Cyberuntreue* entwickelt (Young et al. 2000).

Romantische, erotische oder sexuelle Außenkontakte sind jedoch nicht nur unter dem Vorzeichen individueller oder partnerschaftlicher Störung bzw. Pathologie zu betrachten. Manche Paare erlauben einander nach bestimmten Spielregeln virtuelle Seitensprünge, etwa um offene Wünsche oder anderweitig nicht behebbare Defizite in der Zweierbeziehung zu *kompensieren*. Hierbei wird etwa der rein mediale Kontakt als weniger ernst und bedrohlich konstruiert als ein reales Fremdgehen (Turkle 1995: 224). Zudem besteht auch die Option, dass Paare die Kontaktmöglichkeiten des Netzes gemeinsam nutzen, um ihren Bekanntenkreis zu erweitern, gemeinsame Freundschaften zu pflegen und somit ihre *soziale Integration* zu verbessern. Zudem existieren diverse Online-Foren, in denen Internet-Nutzer sich anonym und offen über Beziehungsprobleme austauschen und einander Ratschläge geben (Döring 2003).

Die virtuelle Aus- und Weiterbildung oder der Teleheimarbeitsplatz sollen Paarbeziehung und Familie begünstigen, indem beruflichen Aktivitäten auch zu Hause nachgegangen wird. Doch zum einen sind diese Modelle in der Praxis wenig verbreitet (stattdessen steigen Mobilitätsanforderungen) und zum anderen kann eine mediale Aufhebung der Grenzen zwischen Arbeitszeit und Freizeit, zwischen Arbeitsraum und Wohnraum belastend wirken, etwa wenn die vom Paar gemeinsam verbrachte Zeit durch häufige geschäftliche E-Mails oder Mobilanrufe gestört wird. Auch die *ständige Erreichbarkeit* für Freunde und Verwandte ist ambivalent: Sie kann die soziale Integration von Paaren fördern, oder ebenfalls als Störfaktor erlebt werden. Wenn etwa ein Paar oder zwei Freunde gemeinsam im Restaurant sitzen und einer von beiden einen Handyanruf entgegen nimmt, behandeln manche dies als willkommene Abwechslung, während andere sich zurückgesetzt fühlen (Döring 2006). Das jeweilige Erleben der Situation hängt maßgeblich von den Einstellungen der Beteiligten ab und davon, ob sie gemeinsame Verhaltensregeln aushandeln können. So scheint es Menschen zu geben, die als *Innies* großen Wert auf Ungestörtheit legen und sich voll auf ihr Gegenüber konzentrieren, während *Outies* Kontakte von außen gern entgegennehmen und in die Situation einbauen (Plant 2002). Auch hinsichtlich der *Abgrenzung von Privat- und Berufsleben* gibt es unterschiedliche Präferenzen: *Segretators* bevorzugen eine strikte raum-zeitliche Trennung, *Integrators* dagegen fließende Übergänge und stören sich auch nicht daran, im privaten Kontext einen beruflichen Anruf zu erhalten (Ashforth et al. 2000).

Kommunikationswissenschaftlich besonders interessant ist die Bereitschaft einer wachsenden Zahl von Personen, ihre persönlichen Beziehungen (z. B. Paarbeziehungen, Eltern-Kind-Beziehungen, Freundschaften) einer größeren Öffentlichkeit medial zu präsentieren und dabei klassische Massenmedien, aber eben auch neue Medien wie das Internet zu nutzen. Dass Paare sich etwa in der *Fernseh-Sendung* „Traumhochzeit" symbolisch vor der Fernsehöffentlichkeit das Ja-Wort geben, interpretiert Jo Reichertz (1998) als Versuch, durch Dokumentation, Zeugenschaft und Ritualisierung die Stabilität der Beziehung zu beschwören. Das Internet wird genutzt, um Beziehungsgeschichten beispielsweise auf persönlichen Homepages zu publizieren: So hat sich unter anderem eine eigene Kultur der *Hochzeits-, Paar-, Baby- und Familien-Homepages* etabliert (Döring 2002). Die internetöffentliche Beziehungsdarstellung lässt sich als Teil der Identitätsarbeit verstehen. Sie könnte insbesondere dann von besonderer Bedeutung sein, wenn es sich um marginalisierte Beziehungsformen handelt und wenn über die Online-Darstellung auch positive Rückmeldungen erfolgen (z. B. per E-Mail, Gästebucheintrag).

Zusammenfassend lässt sich festhalten, dass in Offline-Beziehungen durch mediale Außenkommunikation Probleme entstehen können, etwa bei virtuellen Seitensprüngen oder bei häufigen beruflichen und privaten Handytelefonaten in Anwesenheit des Partners. Andererseits bieten die neuen Medien auch die Chance, dass Beziehungspartner gemeinsam ihre Außenbeziehungen pflegen, sich bei Beziehungsproblemen Hilfe in Online-Foren suchen oder auch ihre Beziehung durch medienöffentliche Eigengeschichten stärken.

5. Fazit

Forschung zur Mediatisierung persönlicher Beziehungen ist grundlagenwissenschaftlich von großer Bedeutung, da es heute kaum noch Beziehungen geben dürfte, die nicht in einem gewissem Maße von Mediatisierungsphänomenen direkt oder indirekt betroffen sind. Auch wenn in der Beziehungsforschung vorrangig die Face-to-Face-Kommunikation betrachtet wird, so besteht das Beziehungsgeschehen empirisch doch zu einem sehr großen Teil aus Medienkontakten. Nicht nur deshalb, weil das Spektrum der verfügbaren Medien sich ständig erweitert, sondern auch, weil durch Individualisierung sowie wachsende Berufs- und Freizeit-Mobilität der Bedarf nach orts- und zeitunabhängiger medialer Kommunikation steigt: Individualisierte Tagesabläufe verlangen häufigere Abstimmungen per Telefon und SMS (z. B. Organisation von Abholdiensten für die Kinder). In Fernbeziehungen spielen regelmäßige Online- oder Telefonkontakte eine entscheidende Rolle für den Zusammenhalt des Paares. Um sich in der ausdifferenzierten und in schnellem Wandel begriffenen modernen Gesellschaft zu orientieren, sind entsprechend vielfältige soziale Beziehungen notwendig, die teilweise nur online zu pflegen sind.

Wissenschaftliche Erkenntnisse zu Merkmalen und Folgen der Mediatisierung sozialer Beziehungen sind in verschiedener Weise praxisrelevant:

- *Entwicklung von Medienkompetenz.* In unserer Mediengesellschaft ist das Gelingen sozialer Beziehungen nicht nur von der sozialen Kompetenz, sondern zunehmend auch von der Medienkompetenz der Beteiligten abhängig. Sie müssen für ihre jeweiligen Beziehungen das richtige Maß und den richtigen Mix an medialen und nicht-medialen Kommunikationsformen finden.
- *Entwicklung beziehungsförderlicher Medienangebote.* Diverse Medienangebote dienen der Anbahnung und Pflege parasozialer oder sozialer Beziehungen. Ihre technische und inhaltliche Gestaltung kann optimiert werden, wenn sozialpsychologisches Wissen über soziale Beziehungen einbezogen wird.
- *Entwicklung von Beratungs- und Therapiemöglichkeiten.* Im Feld der Beziehungsberatung und Paartherapie werden im Zuge der Mediatisierung immer häufiger medienbezogene Probleme thematisiert: Seien es permanente Kontrollanrufe oder Kontroll-SMS des eifersüchtigen Partners oder Online-Affären. Für Berater und Therapeuten ist es deswegen hilfreich, wenn sie auf Erkenntnisse zur Dynamik medienbasierten Beziehungshandelns zurückgreifen können.

Literatur

Ashforth, Blake/Kreiner, Glen/Fugte, Me (2000): All in a day's work. Boundaries and micro-role transitions. In: Academy of Management Review 25: 472-491

Baker, Andea (2005): Double click. Romance and commitment among online couples. Cresskill, NJ: Hampton Press

Bargh, John/McKenna, Katelyn/Fitzsimons, Grainne (2002): Can you see the real me? Activation and expression of the „true self" on the internet. In: The Journal of Social Issues 58: 33-48

Ben-Ze'ev, Aaron (2004): Love online. Emotions on the internet. Cambridge: Cambridge University Press

Best, Stefanie/Engel, Bernhard (2007): Qualitäten der Mediennutzung. In: Media-Perspektiven 1: 20-36

Bickmore, Timothy/Picard, Rosalind (2005): Establishing and maintaining long-term human- computer relationships. In: ACM transactions on computer-human interaction (TOCHI) 12: 293-327

Bitkom (Bundesverband Informationswirtschaft Telekommunikation und neue Medien e.V.) (2006): Fast jeder Zehnte sucht Traumpartner im Internet. http://www.bitkom.org/42467_42462.aspx (Download am 24.9.2007)

Boyd, Danahh (2006): Friends, friendsters, and top 8: Writing community into being on social network sites. first monday, 11 (12). http://firstmonday.org/issues/issue11_12/boyd/ (Download am 24.9.2007)

Braun, Alexander (2003): Chatbots in der Kundenkommunikation. Heidelberg: Springer

Chan, Darius K. S./Cheng, Grand H.-L. (2004): A comparison of offline and online friendship qualities at different stages of relationship development. In: Journal of Social and Personal Relationships 21: 305-320

Cooper, Alan/Scherer, Coralie/Boies, Sylvain/Gordon, Barry (1999): Sexuality on the internet: From sexual exploration to pathological expression. In: Professional Psychology: Research and Practice 30: 154-164

Daneback, Kristian/Månsson, Sven-Axel/Ross, Michael (2007): Using the internet to find offline sex partners. In: CyberPsychology and Behavior 10: 100-107

Döring, Nicola (2000): Feminist views of cybersex: Victimization, liberation, and empowerment. In: CyberPsychology and Behavior 3: 863-884

Döring, Nicola (2002): Personal home pages on the web. A review of research. In: Journal of Computer-Mediated Communication 7. http://jcmc.indiana.edu/vol7/issue3/doering.html (Download am 24.9.2007)

Döring, Nicola (2003): Sozialpsychologie des Internet. Die Bedeutung des Internet für Kommunikationsprozesse, Identitäten, soziale Beziehungen und Gruppen. Göttingen: Hogrefe

Döring, Nicola (2006): Just you and me – and your mobile. Receiver #15. Wish you were here. http://www.receiver.vodafone.com/ (Download am 24.9.2007)

Döring, Nicola (2007): Vergleich zwischen direkter und medialer Individualkommunikation. In: Six, Ulrike/Gleich, Uli/Gimmler, Roland (Hg.): Lehrbuch Kommunikationspsychologie und Medienpsychologie. Weinheim: 297-312

Duck, Steve/Pond, Kris (1989): Friends, romans, countrymen, lend me your retrospections: Rhetoric and reality in personal relationships. In: Hendrick, Clyde (Hg.): Close relationships. Newbury Park, CA: 17-38

Ellison, Nicole/Heino, Rebecca/Gibbs, Jennifer (2006a): Managing impressions online: Self-presentation processes in the online dating environment. In: Journal of Computer-Mediated Communication 11. http://jcmc.indiana.edu/vol11/issue2/ellison.html (Download am 24.9.2007)

Ellison, Nicole/Steinfield, Charles/Lampe, Cliff (2006b): The benefits of facebook "friends": Social capital and college students' use of online social network sites. In: JCMC 12. http://jcmc.indiana.edu/vol12/issue4/ellison.html (Download am 24.9.2007)

Eyal, Keren/Cohen, Jonathan (2006): When good friends say goodbye. A parasocial breakup study. In: Journal of Broadcasting and Electronic Media 50: 502-523

Feldhaus, Michael (2004): Mobile Kommunikation im Familiensystem. Würzburg: Ergon

Friedman, Batya/Kahn, Peter/Hagman, Jennifer (2003): Hardware companions? What online AIBO discussion forums reveal about the human-robotic relationship. Proceedings of the SIGCHI conference on human factors in computing systems CHI '03

Galal, Injy (2003): Online dating in Egypt. In: Global Media Journal 2, Article No 16. http://lass.calumet.purdue.edu/cca/gmj/fa03/graduatefa03/gmj-fa03-galal.htm (Download am 24.9.2007)

Gleich, Uli/Burst, Michael (1996): Parasoziale Beziehungen von Fernsehzuschauern mit Personen auf dem Bildschirm. In: Medienpsychologie 8: 182-200

Götz, Maya (1998): Wenn Mädchen Fans sind ... Facetten der Medienaneignung in der weiblichen Adoleszenz. In: Beinzger, Dagmar/Eder, Sabine/Luca, Renate/Rölleke, Renate (Hg.): Im Wyberspace – Mädchen und Frauen in der Medienlandschaft. Bielefeld: 111-123

Granovetter, Mark (1973): The strength of weak ties. In: American Journal of Sociology 78: 1360-1380

Green, Melanie/Hilken, Jessica/Friedman, Hayley/Grossman, Karly/Gasiewskj, Josephine/Adler, Rob/Sabini, John (2005): Communication via instant messenger. Short- and long-term effects. In: Journal of Applied Social Psychology 35: 445-462

Hartmann, Tilo/Klimmt, Christoph (2005): Ursachen und Effekte parasozialer Interaktionen im Rezeptionsprozess. Eine Fragebogenstudie auf der Basis des PSI-Zwei-Ebenen-Modells. In: Zeitschrift für Medienpsychologie 17: 88-98

Horrigan, John (2001): Online communities: Networks that nurture long-distance relationships and local ties. PEW internet & american life project. http://www.pewinternet.org/PPF/r/47/report_display.asp (Download am 24.9.2007)

Horton, Donald/Wohl, Richard (1956): Mass communication and para-social interaction. Observation on intimacy at a distance. In: Psychiatry 19: 215-229

Hughes, Robert (2001): Computers, the internet, and family. A review of the role of new technology plays in family life. In: Journal of Family Issues 22: 776-790

Krotz, Friedrich (2001): Die Mediatisierung kommunikativen Handelns. Der Wandel von Alltag und sozialen Beziehungen, Kultur und Gesellschaft durch die Medien. Opladen: Westdeutscher Verlag

Lee, Kwan/Park, Namkee/Song, Hayeun (2005): Can a robot be perceived as a developing creature? Effects of a robot's long-term cognitive developments on its social presence and people's social responses toward it. In: Human Communication Research 31: 538-563

Lenz, Karl (2002): Eigengeschichten von Paaren. Theoretische Kontextualisierung und empirische Analyse. In: Melville, Gert/Vorländer, Hans (Hg.): Geltungsgeschichten. Köln: 375-404

Libin, Alexander/Cohen-Mansfield, Jiska (2004): Therapeutic robocat for nursing home residents with dementia. Preliminary inquiry. In: American Journal of Alzheimer's Disease and Other Dementias 19: 111-116

Ling, Richard (2004): The mobile connection. The cell phone's impact on society. San Francisco, CA: Morgan Kaufmann

Madden, Mary/Lenhart, Amanda (2006): Online-dating. PEW internet & american life project. http://www.pewinternet.org/pdfs/PIP_Online_Dating.pdf (Download am 24.9.2007)

Maheu, Marlene/Subotnik, Rona (2001): Infidelity on the Internet. Virtual relationships and real betrayal. Napevile, IL: Sourcebooks

Maloney-Krichmar, Diane/Preece, Jenny (2005): A multilevel analysis of sociability, usability, and community dynamics in an online health community. In: ACM Transactions on Computer-Human Interaction 12: 1-32

McFarlane, Leroy/Bocij, Paul (2003): An exploration of predatory behaviour in cyberspace: Towards a typology of cyberstalkers. first monday 8. http://firstmonday.org/issues/issue8_9/mcfarlane/index.html (Download am 24.09.2007)

McKenna, Katelyn/Green, Amie/Gleason, Marcy (2002): Relationship formation on the internet. What's the big attraction? In: Journal of Social Issues 58: 9-32

Mead, George (1968): Mind, self, and society. Chicago: University of Chicago Press

Melson, Gail/Kahn, Peter/Beck, Alan/Friedman, Batya/Roberts, Trace/Garret, Erik (2005): Robots as dogs? Children's interactions with the robotic dog AIBO and a live australian shepherd. CHI '05 extended abstracts on Human factors in computing systems CHI '05

Mettler-von Meibom, Barbara/Donath, Matthias (1998): Kommunikationsökologie. Systematische und historische Aspekte. Münster: Lit

MORI/Lycos UK (2000): I just text to say I love you. In: Pressemitteilung vom 5. September 2000. URL http://www.mori.com/polls/2000/lycos.shtml (Download am 24.9.2007)

O'Sullivan, Patrick B. (2000): What you don't know won't hurt me. Impression management functions of communication channels in relationships. In: Human Communication Research 26: 403-431

Parks, Malcolm R./Roberts, Lynne D. (1998): "Making moosic". The development of personal relationships on line and a comparison to their off-line counterparts. In: Journal of Social and Personal Relationships 15: 517-537

Peter, Jochen (2007): Who looks for casual dates on the internet? A test of the compensation and the recreation hypotheses. In: New Media & Society 9: 455-474

Plant, Sadie (2002): On the mobile. The effects of mobile telephones on social and individual life. http://www.motorola.com/mot/doc/0/234_MotDoc.pdf (Download am 24.9.2007)

Reeves, Byron/Nass, Clifford (1996): The media equation. How people treat computers, television, and new media like real people and places. Cambridge: Cambridge University Press

Reichertz, Jo (1998): Stabilität durch Dokumentation, Zeugenschaft und Ritualisierung. Vom Nutzen der Sendung „Traumhochzeit". In: Hahn, Kornelia/Burkart, Günter (Hg.): Liebe am Ende des 20. Jahrhunderts. Studien zur Soziologie sozialer Beziehungen. Opladen: 175-198

Schneider, Norbert F./Hartmann, Kerstin/Limmer, Ruth (2001): Berufsmobilität und Lebensform. Sind berufliche Mobilitätserfordernisse in Zeiten der Globalisierung noch mit Familie vereinbar? In: Schriftenreihe des Bundesministeriums für Familie, Senioren, Frauen und Jugend. http://www.bmfsfj.de/bmfsfj/generator/Kategorien/Forschungsnetz/forschungsberichte,did=31426.html (Download am 24.9.2007)

Schulz, Winfried (2004): Reconstructing mediatization as an analytical concept. In: European Journal of Communication 19: 87-101

Seymour, Wendy/Lupton, Deborah (2004): Holding the line online. Exploring wired relationships for people with disabilities. In: Disability & Society 19: 291-305

Sheeks, Miranda/Birchmeier, Zachary (2007): Shyness, sociability, and the use of computer-mediated communication in relationship development. In: CyberPsychology and Behavior 10: 64-70

Soukup, Charles (2006): Computer-mediated communication as a virtual third place. Building Oldenburg's great good places on the world wide web. In: New Media & Society 8: 421-440

Spitzberg, Brian H./Hoobler, Greg (2002): Cyberstalking and the technologies of interpersonal terrorism. In: New Media Society 4: 71-92

Steinkuehler, Constance/Williams, Dmitri (2006): Where everybody knows your (screen) name: Online games as „third places". In: Journal of Computer-Mediated Communication 11: 885-909. http://jcmc.indiana.edu/vol11/issue4/ steinkuehler. html (Download am 24.9.2007)

Thiedeke, Udo (2001): Fakten, Fakten, Fakten. Was ist und wozu brauchen wir Virtualität? DIE (Deutsches Institut für Erwachsenenbildung). In: Zeitschrift für Erwachsenenbildung 3: 21-24

Turkle, Sherry (1995): Life on the screen. Identity in the age of the internet. New York: Simon and Schuster

Valkenburg, Patti/Peter, Jochen (2007): Online communication and adolescent well-being. Testing the stimulation versus the displacement hypothesis. In: Journal of Computer-Mediated Communication, 12: article 2. http://jcmc.indiana.edu/vol12/issue4/valkenburg.html (Download am 24.9.2007)

Vorderer, Peter (Hg.) (1996): Fernsehen als „Beziehungskiste". Parasoziale Beziehungen und Interaktionen mit TV-Personen. Opladen: Westdeutscher Verlag

Wada, Kazuyoshi/Shibata, Takanori (2006): Robot therapy in a care house – its sociopsychological and physiological effects on the residents. In: Proceedings of the 2006 IEEE International Conference on Robotics and Automation: 3966-3971

Wada, Kazuyoshi/Shibata, Takanori/Musha, Toshimitsu/Kimura, Shin (2005): Effects of robot therapy for demented patients evaluated by EEG. Intelligent robots and systems, 2005. (IROS 2005). 2005 IEEE/RSJ International Conference

Wagman, Morton (1988): Computer psychotherapy systems: Theory and research foundations. New York: Gordon and Breach Science Publishers

Weizenbaum, Joseph (1966): ELIZA – a computer program for the study of natural language communication between man and machine. In: Communications of the ACM 9: 36-45

Weizenbaum, Joseph (1977): Die Macht der Computer und die Ohnmacht der Vernunft. Frankfurt a.M.: Suhrkamp

Whitty, Monica Therese (2003): Cyber-flirting. Playing at love on the internet. In: Theory & Psychology 13: 339-357

Williams, Dmitri (2007): The impact of time online. Social capital and cyberbalkanization. In: CyberPsychology and Behavior 10: 398-406

Wright, Kevin B. (2004): On-line relational maintenance strategies and perceptions of partners within exclusively internet-based and primarily internet-based relationships. In: Communication Studies 55: 239-254

Yee, Nick/Bailenson, Jeremy (2007): The proteus effect. The effect of transformed self-representation on behavior. In: Human Communication Research 33: 271-290

Young, Kimberly/Griffin-Shelley, Eric/Cooper, Alvin/O'Mara, James/Buchanan, Jennifer (2000): Online infidelity. A new dimension in couple relationships with implications for evaluation and treatment. In: Sexual Addiction & Compulsivity 7: 59-74

Zhao, Shanyang (2007): Humanoid social robots as a medium of communication. In: New Media & Society 8: 401-419

Norbert F. Schneider

Distanzbeziehungen

1. Formen und Entstehungszusammenhänge von Distanzbeziehungen

Die Beziehung zwischen zwei Personen, die sich wechselseitig als Paar definieren, gehört, neben der Beziehung zwischen Eltern und Kind, zu den besonders signifikanten persönlichen Beziehungen. Die besondere Signifikanz der Paarbeziehung wird unter anderem daran erkennbar, dass die Zufriedenheit mit der aktuellen Partnerschaftssituation einer der wichtigsten Einflussfaktoren der individuellen Lebenszufriedenheit ist (Schindler et al. 1998) und Partnerschaft nach Gesundheit und Familie als wichtigster Lebensbereich genannt wird (Datenreport 2002). Aber nicht nur für die Individuen selbst, auch für die Gesellschaft hat die Paarbeziehung eine hervorgehobene Bedeutung, die sich daraus ergibt, dass „geordnete" Familien- und damit auch Paarbeziehungen als wesentliche Grundlage für gesellschaftliche Ordnung erachtet werden. Daher existieren relativ differenzierte und weithin anerkannte kulturelle Leitbilder zur Beschaffenheit und Zwecksetzung dieses Beziehungstyps. Im westlichen Kulturkreis stehen im Kern dieser Leitbilder vier Merkmale, die sich als sehr beständig erwiesen haben. Paarbeziehungen sind demnach zwingend *exklusiv*, das heißt man kann stets nur in einer und nicht in mehreren Paarbeziehungen gleichzeitig leben. Das Kriterium Exklusivität ist vom Wandel in der Moderne weitgehend untangiert geblieben. Synchron geführte Paarbeziehungen sind nicht regelkonform und gelten weiterhin als unakzeptabel. Im Unterschied zu Kulturen mit „unbedingter Monogamie", in denen auch nach dem Tod des (Ehe-) Partners keine zweite legitime Partnerschaft gestattet wird, erstreckt sich Exklusivität in der Moderne nicht auf den gesamten Lebenslauf. Nach einer Trennung oder nach dem Tod des Partners sind weitere Paarbeziehungen möglich. Ein Muster, das Frank F. Furstenberg, Jr. (1987) als „sukzessive Monogamie" bezeichnet hat.

Ein zweites Kernmerkmal von Paarbeziehungen bildet die Idee wechselseitiger *Solidarität*. Partner in Paarbeziehungen sollen sich emotional, materiell und durch tätiges Tun wechselseitig unterstützen. Solidarisches Handeln in Paarbeziehungen erfolgt nicht völlig voraussetzungslos, sondern basiert auf der Dualität von Solidarität und Reziprozität. Gefühle von Gerechtigkeit in und Zufriedenheit mit einem als ausbalanciert erachteten solidarischen Tauschverhältnis sind die Grundlage langfristig stabiler Paarbeziehungen. Solidarischer Austausch zwischen Partnern ist eine Art von kooperativem Handeln mit Verpflichtungscharakter, das durch soziale Normen, situative Erfordernisse, subjektiv anerkannte Verantwortlichkeiten und individuelle Kosten-Nutzen-Erwägungen geformt ist. Als Grundlage partnerschaftlicher Solidarität haben in der Moderne normative Verbindlichkeiten zugunsten subjektiver Verantwortungsgefühle an Bedeutung verloren (Finch/ Mason 1993).

Das dritte Merkmal bezieht sich auf die *Dauerhaftigkeit* der Beziehung. Paarbeziehungen sind auf Dauer ausgerichtet, wobei zahlreiche Variationen des Bedeutungsgehalts von „Dauerhaftigkeit" zu unterscheiden sind. Eine Form ist die auf lebenslangen Bestand gegründete unauflösliche Partnerschaft im Sinne des kanonischen Eherechts. Als dominantes Muster der Gegenwart hat sich jedoch die Idee der relativen Dauerhaftigkeit etabliert. Paarbeziehungen werden danach zwar mit einer „Unendlichkeitsfiktion" (Huinink 1995) begründet und zu Beginn im Sinne einer langfristigen Dauer idealisiert (Lenz 2003), gleichzeitig aber mit einer Exit-Option eingegangen. Im Kern heißt das, partnerschaftliche Beziehungen entstehen mit der Option, dass die Beziehung im Falle besserer Alternativen jederzeit aufgekündigt werden kann.

Das vierte Kriterium von Paarbeziehungen ist die *Ko-Residenz* der Partner. Das Leitbild, dass verheiratete Paare oder Lebenspartner unter einem Dach zusammen wohnen und wirtschaften ist in den meisten Kulturen so fest verankert, dass Abweichungen davon häufig wahrgenommen und nicht selten durch das soziale Umfeld bewertet werden. Die Bewertungen von fehlender Ko-Residenz können sehr unterschiedlich ausfallen: Einige sehen darin eine bemitleidenswerte Lebenssituation, andere eine zeitgemäße oder pionierhafte Form der Lebensgestaltung. Allerdings scheint das Merkmal Ko-Residenz, das über lange Zeit beinahe konstitutiven Charakter für eine Paarbeziehung hatte, in der Gegenwart etwas an Bedeutung zu verlieren. Eine relevante Zahl an Paarbeziehungen ist durch Solidarität, relative Dauerhaftigkeit und Exklusivität gekennzeichnet, aber nicht durch Ko-Residenz. Fehlende Ko-Residenz bedeutet hier, dass die Partner in getrennten Haushalten leben und keinen gemeinsamen Hauptwohnsitz teilen. Dabei spielt es keine Rolle, ob die Partner diese Konstellation als zwei getrennte oder als zwei gemeinsame Haushalte begreifen.

Die Paarbeziehung auf Distanz, vielfach werden auch die Begriffe „Distanzbeziehung", „Fernbeziehung" oder „Dual Dwelling Duos" (Hess/Catell 2001) verwendet, ist, nach dem verbreiteten soziologischen Verständnis (auch Levin 2004; de Jong Gierveld 2004; Milan/Peters 2003), durch das Fehlen eines gemeinsamen Haushalts gekennzeichnet. Andere Kriterien, z.B. der Umfang gemeinsam verbrachter Zeit oder die Dauer und Häufigkeit der Phasen räumlicher Trennung, wie sie z.B. Peter Wendl (2005) heranzieht, werden hier nicht als konstituierende Merkmale verwendet. Getrennte Schlafzimmer im gleichen Haushalt generieren ebenso wenig eine Distanzbeziehung wie Wochenendpendeln, bei dem einer der Partner unter der Woche am Arbeitsort eine Art Satellitenhaushalt bewohnt und die Wochenenden regelmäßig am gemeinsamen Wohnort verbringt. Auch der Berufssoldat im Auslandseinsatz lebt nach der hier gewählten Diktion nicht in einer Distanzbeziehung.

Paarbeziehungen auf Distanz entstehen im Wesentlichen aus zwei sehr unterschiedlichen Ursachen. Bei einem Teil dieser Beziehungen erfolgt die Gründung und Aufrechterhaltung absichtlich und planvoll aufgrund spezieller Vorstellungen wenigstens eines der beiden Partner von Partnerschaft. Die Partner gehen eine feste Beziehung ein, wollen aber auf Distanz bleiben, weil ihnen eine größere individuelle Autonomie und persönliche Freiräume wichtig sind und sie diese im Fall des gemeinsamen Wohnens beeinträchtigt sehen. Wir bezeichnen diese Form als „Living-apart-together". Ein anderer Teil der Paarbeziehungen auf Distanz, wir bezeichnen ihn als „Long-distance-relationships", entsteht berufs- oder ausbildungsbedingt gleichsam zwangsläufig. Die Partner würden gerne zusammen wohnen, aber äußere Umstände, die durch die Beteiligten kurzfristig nicht zu beeinflussen sind, lassen die Distanzbeziehung als beste oder einzige Alternative erscheinen, um die Beziehung und die Berufstätigkeit beider Partner zu vereinbaren.

Gemeinsam ist beiden Formen, dass die räumliche und zeitliche Distanz für die Paarbeziehung konstitutiv ist. Distanz repräsentiert dabei ein mittelfristig stabiles Beziehungsmerkmal, das ähnlich wie etwa die Partnerzufriedenheit variieren kann (Asendorpf/Banse 2000).

„Living-apart-together-Beziehungen" sind Manifestationen eines Lebensstils, bei dem die Wahrung einer größeren individuellen Unabhängigkeit in der Gemeinsamkeit des Paares eine besondere Bedeutung einnimmt. Es handelt sich um Paarbeziehungen mit einer emotionalen und individuellen Distanz, die durch eine gewisse Zurückhaltung gegenüber allzu großer Nähe und einer erhöhten Achtsamkeit gegenüber möglicher unerwünschter Beeinflussungen durch den Partner geprägt sind. Die räumliche Entfernung spielt dagegen eine untergeordnete Rolle. Die getrennten Haushalte liegen oftmals nahe beieinander – in einer Stadt, manchmal sogar in derselben Straße. Die Partner hätten also, würden sie dies wollen, jederzeit die Möglichkeit einen gemeinsamen Haushalt zu gründen, legen aber Wert auf die getrennte Haushaltsführung. Nähe und Gemeinsamkeit werden bei dieser Beziehungsform anders dosiert. Das Ich hat im Wir eine höhere Bedeutung als im klassischen Fusionspaar, bei dem das Wir im Mittelpunkt steht. Unabhängigkeit und Zeit für sich selbst zu haben nehmen einen hohen Stellenwert ein. Ebenso kann die Absicht, die im gemeinsamen (Haushalts-) Alltag auftretenden „daily hassles" zu vermeiden, die Entstehung und Aufrechterhaltung dieser Form der Distanzbeziehung motivieren. Dies wird häufig von Geschiedenen berichtet, die einen einmal gemachten Fehler nicht wiederholen wollen (Levin 2004). Tatsächlich findet sich diese Form der Partnerschaftsgestaltung häufiger bei Personen im mittleren Erwachsenenalter, oft nach einer Trennung oder Scheidung. Offenkundig führen die Erfahrungen mit einer Trennung vielfach zu einer erhöhten Vorsicht gegenüber Nähe und Intimität, wodurch die Entstehung von Paarbeziehungen auf

Distanz begünstigt wird (Bawin-Legros/Gauthier 2001). Nach Ergebnissen von de Jong Gierveld (2004) steigt mit zunehmendem Alter bei der Trennung die Wahrscheinlichkeit, dass eine nachfolgende Partnerschaft als Beziehung der Form des Living-apart-togethers gestaltet wird. Geschiedene oder verwitwete Frauen bevorzugen diese Beziehungsform stärker als geschiedene oder verwitwete Männer, die stattdessen Beziehungen mit Ko-Residenz anstreben. Dass Frauen dem Living-apart-together stärker zuneigen, wird mit ihren Erfahrungen und der sich daraus ergebenden Antizipation in Verbindung gebracht, dass sie im Falle des Zusammenwohnens die Hauptlast der Hausarbeit übernehmen (müssen) (Noyon/Kock 2006). Nach Befunden von Harriet Gross (1980) über „Dual career couples" ist dadurch auch erklärbar, weshalb ältere Ehepaare mit zwei berufstätigen und stark berufsorientierten Partnern, die lange Zeit zusammen gewohnt haben, meist auf Wunsch der Frau, ihren gemeinsamen Haushalt aufgeben und in eine Paarbeziehung auf Distanz wechseln.

Living-apart-together repräsentiert einen Beziehungstypus mit einem neuartigen Partnerschaftskonzept, der aufgrund seiner speziellen materiellen und sozialen Begleiterscheinungen die weitgehende Gleichstellung der Geschlechter in der Gesellschaft und eine relativ gute Wohlstandsposition der Partner voraussetzt.

„Long-distance-relationships" unterscheiden sich von der eben skizzierten Form der Distanzbeziehung in vielerlei bedeutsamer Hinsicht. Gemeinsam ist beiden Beziehungsformen, dass die Partner über keinen gemeinsamen Haushalt verfügen. Ansonsten überwiegen die Unterschiede. Long-distance-relationships entstehen zumeist aus beruflichen Gründen, wobei zwei typische Entstehungsmuster feststellbar sind. Beim ersten Muster stellen die Partner ihre beruflichen Aspirationen über familiale und ordnen die Beziehungsgestaltung beruflichen Erfordernissen unter. Beim zweiten Muster handelt es sich um eine Art Kompromiss oder um eine Not- oder Übergangslösung, da sich die Partner, um ihrer Berufsarbeit nachgehen zu können, gezwungen sehen, getrennt zu wohnen. Partner in Long-distance-relationships leben in der Regel in großer räumlicher Entfernung. Mehrere Stunden Fahrt- oder Flugzeit zum Wohnort des Partners sind keine Seltenheit. Die Arbeitsplätze der Partner befinden sich an weit entfernten Orten, manchmal auf unterschiedlichen Kontinenten und es besteht kurz- oder mittelfristig nicht die Absicht oder nicht die Möglichkeit den Arbeitsplatz zu wechseln und in der Nähe des Partners ein neues Beschäftigungsverhältnis aufzunehmen. Vermehrt werden solche Beziehungen von Personen mit hoch spezialisierten Berufen geführt, die auf regional begrenzte Arbeitsmärkte verwiesen sind oder, besonders zu Beginn der Berufskarriere, erhöhten beruflichen Mobilitätserfordernissen unterliegen. Typisch ist diese Form der Beziehung auch für Studierende mit unterschiedlichen Studienorten. Die meisten Menschen in Long-distance-relationships haben sich mit ihrer Situation recht gut arrangiert, würden aber, wenn dies möglich wäre, lieber mit ihrem Partner oder ihrer Partnerin zusammen wohnen.

Long-distance-relationships verkörpern eine Beziehungsform, die auf einem Partnerschaftsmodell beruht, bei dem Nähe und Gemeinsamkeit eine wichtige, aber keine überragende Bedeutung zukommt und deren Entstehung und Erscheinung durch starke externe Einflüsse geprägt sind. Long-distance-relationships erscheinen aus Sicht ihrer Protagonisten selten als eine ideale Form der Beziehung, häufiger handelt es sich um einen pragmatischen Kompromiss, der weniger als Dauer- denn als Zwischenlösung betrachtet wird.

2. Paarbeziehungen auf Distanz – Begriffliche und methodische Überlegungen

Die empirische Forschung zu Distanzbeziehungen befindet sich noch in ihren Anfängen. Es gibt in Deutschland nur wenige wissenschaftliche Studien, die sich ausführlicher mit dieser Beziehungsform befasst haben (Diewald 1993; Schlemmer 1995; Schneider et al. 2002; Schneider/Ruckdeschel 2003; Schmidt et al. 2006) und auch international liegen nur wenige größere Untersuchungen vor (Gross 1980 in den USA; Villeneuve-Gokalp 1997 in Frankreich; Milan/Peters 2003 in Kanada; de Jong Gierveld 2004 in den Niederlanden; Levin/Trost 1999 und Levin 2004 in Norwegen und Schweden; Haskey 2005 in Großbritannien). Die Gründe für diese bislang sehr stiefmütterliche Behandlung von Distanzbeziehungen in den Sozialwissenschaften dürften darin liegen, dass es sich um eine neuartige, lange Zeit kaum wahrgenommene und bis heute weithin nicht ernst genommene Beziehungsform handelt. Allein wohnende Personen, die in einer Distanzbeziehung leben, werden verbreitet, z. B. in der amtlichen Statistik, als zwei Singles in Einpersonenhaushalten behandelt und ihre Lebenssituation wird häufig mit derjenigen von Partnerlosen gleichgesetzt (auch Klein 1999). Die Paarforschung hat sich bislang vorwiegend mit Ehen und nichtehelichen Lebensgemeinschaften beschäftigt und einen gemeinsamen Haushalt vorausgesetzt. Trotz eines allmählichen Wandels in der Paarforschung seit den späten 1990er Jahren wird die Distanzbeziehung nach wie vor weithin nicht als eigenständige Beziehungsform erachtet, sondern als (kurzes) Durchgangsstadium im normalen Institutionalisierungsprozess von Paarbeziehungen oder als provisorische Bindung, die rasch wieder aufgelöst wird. Für viele Paare stellt das Leben in getrennten Haushalten eine Übergangsphase im (Beziehungs-) Leben dar, die ihr Ende in der Gründung eines gemeinsamen Haushalts findet oder finden soll. Gerade im Falle von Long-distance-relationships werden Distanzbeziehungen mit der Idee begrenzter Dauer und der Absicht begründet, nach einiger Zeit mit dem Partner zusammenzuziehen. Für zahlreiche andere Paare handelt es sich bei Paarbeziehungen auf Distanz jedoch um einen eigenständigen Beziehungstyp, der sich, soweit dies zum heutigen Stand der Forschung beurteilt werden kann, neben der Ehe und der Kohabitation in den letzten Jahren zunehmend als dritte Partnerschaftsform etabliert hat (Schneider/Ruckdeschel 2003; Haskey 2005; Levin/Trost 1999).

Distanzbeziehungen sind mit den meisten herkömmlichen Datensätzen, die in den Sozialwissenschaften Anwendung finden, nicht oder nur sehr unpräzise zu erfassen. Ersteres gilt z. B. für den Mikrozensus, letzteres für viele der öffentlich zugänglichen internationalen Surveys, etwa dem britischen General Household Survey. In den meisten Studien werden haushaltsbezogene Daten erfasst und die Idee, dass auch haushaltsübergreifend stabile und vitale Beziehungen existieren, hat sich bei den für die Befragungsdesigns Verantwortlichen bislang noch nicht durchgesetzt. In Deutschland gibt es mit dem Familiensurvey des Deutschen Jugendinstituts (Bien/Marbach 2003) einen großen Datensatz, mit dem Paarbeziehungen auf Distanz differenzierter zu analysieren sind.

Bei der empirischen Erfassung von Distanzbeziehungen tritt ein methodisches Problem auf, das darin gründet, dass alle partnerschaftlichen Beziehungen zwangsläufig als Beziehung ohne gemeinsamen Haushalt entstehen. Um Beziehungen in ihrer Anfangsphase oder auch sehr kurzfristige Affären von Distanzbeziehungen als eigenständigen Typus unterscheiden zu können, werden von einigen Forschergruppen (Bien/Marbach 2003; Schneider et al. 2002) nur solche Beziehungen berücksichtigt, die seit mindestens einem Jahr bestehen. Die Vorteile dieser Vorgehensweise sind im oben erwähnten Sinne evident, allerdings sind damit auch Einschränkungen verbunden. Die bloße Dauer sagt wenig über die subjektive Relevanz der Beziehung aus und nicht immer sind für die Beteiligten der Beziehungsbeginn und damit die Dauer der Beziehung exakt angebbar. Ein weiterer Nachteil gründet darin, dass in vielen großen internationalen Studien die Dauer der Beziehung nicht mit erhoben wurde, so dass Vergleiche mit diesen Studien nicht oder nur sehr eingeschränkt möglich sind.

Diese Nachteile versuchen Gunter Schmidt et al. (2006) mit ihrem Konzept der subjektiven Zuschreibung zu umgehen. Als Distanzbeziehung werden alle Beziehungen gerechnet, die von den Befragten, unter dem Kriterium der getrennten Haushaltsführung, als solche betrachtet werden. Auch bei diesem Vorgehen treten Probleme auf. So kann angenommen werden, dass in Abhängigkeit von Geschlecht, Kohortenzugehörigkeit, Alter, Schicht und Ethnie unterschiedliche subjektive Konzepte von Partnerschaft und Beziehung existieren, die eine systematische Über- bzw. Unterschätzung von kurzen Distanzbeziehungen in Abhängigkeit von diesen Merkmalen zur Folge haben können. Auch ist bei diesem Vorgehen eine erheblich größere Heterogenität von Beziehungen in Kauf zu nehmen, die in dieselbe Kategorie „Distanzbeziehung" zusammengefasst werden – vierwöchige Episoden ebenso wie langjährige Ehen mit getrennten Haushalten. Sinnvoll erscheinen daher Studien, in denen beide Konzepte abgebildet und systematisch miteinander verglichen werden können.

3. Verbreitung, subjektive Bedeutung und Charakteristika von Distanzbeziehungen – Ergebnisse empirischer Forschung

3.1 Zur Verbreitung von Distanzbeziehungen

Zuverlässige Daten über die Verbreitung von Paarbeziehungen auf Distanz liegen nur aus wenigen Ländern vor. Für Deutschland kann davon ausgegangen werden, dass mindestens 6% der 18- bis 61-Jährigen in einer Distanzbeziehung leben (Schneider/Ruckdeschel 2003). Andere Berechnungen gelangen zu einem Anteil von bis zu 9% der 18- bis 55-Jährigen (Schneider 1996). Ähnlich scheint die Verbreitung in Kanada zu sein. Nach Ergebnissen von Anne Milan und Alice Peters lebten dort im Jahr 2001 8% der über 19-Jährigen in einer Distanzbeziehung. Für Schweden ermittelten Irene Levin und Jan Trost (1999), dass 1998 mehr als 4% der 18- bis 74-Jährigen in einer Distanzbeziehung lebten. In einer Folgestudie berichtet Irene Levin (2004) einen Anstieg auf etwa 5 bis 6% im Jahr 2001. Nach Schätzungen des U.S. Census Bureaus leben 1,4 Millionen verheiratete Paare in den USA in verschiedenen Haushalten. Nicht einbezogen sind dabei Ehepaare, die sich wegen Eheproblemen getrennt haben (Stafford 2005).

Schon bei dieser einfachen Gegenüberstellung werden die Grenzen und Probleme vergleichender Betrachtungen offenkundig. Die Daten variieren im Hinblick auf die untersuchten Altersgruppen und sie verwenden unterschiedliche Konzepte von Distanzbeziehungen. Während in der deutschen Studie nur Beziehungen mit einer Mindestdauer von einem Jahr gezählt wurden, kann die Dauer der Beziehung mit den schwedischen und kanadischen Daten nicht festgestellt werden. Mithin ist davon auszugehen, dass die Verbreitung von Distanzbeziehungen in Kanada und Schweden, würde das Kriterium „Mindestdauer ein Jahr" Anwendung finden, um schätzungsweise zwei Prozentpunkte geringer wäre.

Viele der hier betrachteten Studien (Villeneuve-Gokalp 1997; Milan/Peters 2003; de Jong Gierveld 2004; Haskey 2005; Schneider/Ruckdeschel 2003) gelangen zu dem Ergebnis, dass die Verbreitung von Distanzbeziehungen in Abhängigkeit vom Alter variiert. Am häufigsten finden sich Distanzbeziehungen bei den 20- bis 29-Jährigen. Mit zunehmendem Lebensalter nimmt die Verbreitung von Distanzbeziehungen ab. Im dritten Lebensjahrzehnt leben nach den Befunden von Norbert F. Schneider und Kerstin Ruckdeschel (2003) 12% in einer Distanzbeziehung, im vierten Lebensjahrzehnt sind es noch knapp 5%. Bezogen auf die Personen im erwerbsfähigen Alter können die vorliegenden Daten zur Verbreitung zusammenfassend so gedeutet werden, dass Distanzbeziehungen annähernd ebenso stark verbreitet sind wie die sozialwissenschaftlich recht gut untersuchten nichtehelichen Lebensgemeinschaften, also nicht verheiratete, kohabitierende Paare.

Die Frage, in welchen Haushaltsformen die Partner in Distanzbeziehungen leben, kann mit dem gegenwärtigen Kenntnisstand relativ gut beantwortet werden. Es dominieren drei Formen: Alleinwohnende, Alleinerziehende und ledige erwachsene Personen, die noch bei ihren Eltern wohnen. Im Hinblick auf die Verteilung sind im internationalen Vergleich Ähnlichkeiten erkennbar. Sowohl in der britischen wie auch in der deutschen Studie verweisen die Befunde darauf, dass knapp ein Drittel der Personen zwischen 18 und 55 Jahren, die in einem Einpersonenhaushalt leben, eine Beziehung zu einem Partner haben, der anderswo wohnt. Auch Alleinerziehende befinden sich ähnlich häufig in einer Distanzbeziehung. Nach John Haskey (2005) sind es 25 % in Großbritannien und nach einer Untersuchung von Norbert F. Schneider et al. (2001) lebt ca. ein Drittel der Alleinerziehenden in Deutschland in einer Distanzbeziehung. Schließlich ist davon auszugehen, dass ein nennenswerter Teil, exakte empirische Daten liegen nicht vor, der unter 25-jährigen Personen in einer Distanzbeziehung noch bei den Eltern wohnt.

Bei den meisten vorliegenden Studien handelt es sich um Querschnittbetrachtungen, die Aussagen über einen ganz bestimmten Zeitpunkt ermöglichen, aber keine Informationen über die Bedeutung von Distanzbeziehungen im Lebenslauf enthalten. Neben dem Familiensurvey bildet die Studie von Gunter Schmidt et al. (2006) in dieser Hinsicht eine Ausnahme. Nach den Ergebnissen dieser Studie lebten 41 % der 1972 Geborenen bis zu ihrem 30. Lebensjahr hauptsächlich in Distanzbeziehungen, bei den 1957 Geborenen waren es nur 23 % (Dekker/Matthiesen 2004). Diese Befunde verweisen auf die rasche Zunahme der Verbreitung von Distanzbeziehungen vor allem im dritten Lebensjahrzehnt im Kohortenvergleich.

Nicht möglich ist es mit den Daten dieser Studien Differenzierungen zwischen Living-apart-together-Beziehungen und Long-distance-relationships vorzunehmen. Geeignet sind dafür die Befunde der Studie „Berufsmobilität und Lebensform" (Schneider et al. 2002), mit denen die Verbreitung dieser Idealtypen empirisch ermittelt werden kann. Deutlich wird mit diesen Befunden, dass berufliche Umstände weit häufiger zur Entstehung von Paarbeziehungen auf Distanz führen als gewandelte Partnerschaftsideale: Über die Hälfte (58 %) aller Paarbeziehungen auf Distanz ent- und besteht aus rein beruflichen Gründen. Die Partner betrachten ihre Lebensform nicht als ideal, im Gegenteil, sie möchten, wenn es die Umstände erlauben würden, möglichst bald zusammenziehen. 29 % der Paarbeziehungen auf Distanz sind als Living-apart-together zu qualifizieren, sie entstehen unabhängig von beruflichen Zwängen aufgrund eines Bindungsstils, der in besonderer Weise auf Autonomie und Unabhängigkeit ausgerichtet ist, wobei Erfahrungen aus früheren Beziehungen mit Ko-Residenz vor allem bei Frauen eine gewisse Zurückhaltung gegenüber einer größeren Nähe induzieren. 13 % schließlich repräsentieren eine Mischform. Sie entstehen infolge beruflicher Erfordernisse eher ungewollt, werden dann aber aufgrund sich entwickelnder individueller Vorlieben und Vorstellungen als Living-apart-together-Beziehung weitergeführt.

Ähnliche Größenordnungen fand auch Catherine Villeneuve-Gokalp (1997) in ihrer Studie in Frankreich. Danach erklärten 66% der befragten 20- bis 49-Jährigen sie lebten aufgrund äußerer Zwänge in einer Distanzbeziehung, die entweder berufsbedingt oder, seltener, familialer Natur sind. 34% befanden sich in einer Distanzbeziehung weil sie Wert auf ihre Unabhängigkeit legten. Wenn das Zusammenziehen mit dem Partner aus familialen Gründen nicht in Betracht gezogen wird, dann meist wegen Pflege- oder Betreuungsaufgaben. Entweder müssen alte Eltern gepflegt werden oder man will den Kindern, mit denen man im Haushalt lebt, kein neues Haushaltsmitglied zumuten.

Nach diesen Ergebnissen sieht sich die Mehrzahl durch strukturelle, meist berufliche Zwänge in diese Lebensform gedrängt und hat eigentlich andere Vorstellungen von Partnerschaft. Die Ausdifferenzierung dieser neuartigen Lebensform ist damit weniger als Folge der Zunahme von Handlungsoptionen, sondern als Ergebnis eines fortschreitenden Eindringens struktureller Zwänge in die Gestaltung der eigenen Partnerschaft zu interpretieren.

3.2 Wer lebt in Distanzbeziehungen und welche Vor- und Nachteile hat diese Beziehungsform?

Paarbeziehungen auf Distanz werden überwiegend von jungen, kinderlosen, ledigen Personen mit überdurchschnittlichen formalen Bildungsabschlüssen praktiziert. Das gilt besonders für Long-distance-relationships. Living-apart-together-Beziehungen werden dagegen auch von älteren geschiedenen Personen mit Kindern bevorzugt. In Deutschland sind unter den 18- bis 61-Jährigen, die nach den Ergebnissen des Familiensurveys in einer Distanzbeziehung leben, mehr als zwei Drittel kinderlos. Ähnlich hoch ist der Anteil Lediger. 70% der Personen in Paarbeziehungen auf Distanz sind ledig, 10% verheiratet, 18% geschieden und 2% sind verwitwet. Im Vergleich mit anderen Lebensformen haben Personen in Distanzbeziehungen signifikant häufiger Abitur und der Anteil an Studierenden ist mit 22% drei Mal so hoch. Eine Folge dieser höheren formalen Bildung sind höhere Durchschnittseinkommen: Erwerbstätige Personen in einer Distanzbeziehung haben im Vergleich zu allen anderen Lebensformen das höchste durchschnittliche Nettoeinkommen (Schneider/Ruckdeschel 2003). Eine zunehmende Attraktivität von Distanzbeziehungen für Ältere belegen die Befunde aus Kanada (Milan/Peters 2003), die zeigen, dass dort 25% der in einer Distanzbeziehung lebenden Personen vierzig Jahre oder älter sind. Die Daten verweisen gleichzeitig auf die Bedeutung dieser Lebensform für die Twens: 55% der „Fernliebenden" sind zwischen zwanzig und 29 Jahre alt.

Als Vorzüge ihrer Beziehungsform heben die „Fernliebenden" in der Studie „Berufsmobilität und Lebensform" (Schneider et al. 2002) hervor, dass ihre Beziehungsform besondere persönliche Freiräume eröffnet. Manche betonen dabei die hohe individuelle Autonomie, andere schätzen die Möglichkeiten sich intensiver im Beruf zu engagieren oder nur auf diese Weise eine attraktive Tätigkeit ausüben zu können. Die sich mit der großen räumlichen Distanz der Partner ergebende strikte Trennung von Beziehungs- und Arbeitsleben kommt, so heben einige hervor, der beruflichen Leistungsfähigkeit zugute. Auch auf der Ebene der Partnerschaft entstehen nicht nur Belastungen. Die Trennung im Alltag wird vielmehr als anregend für das Beziehungsleben eingeschätzt. Fast jeder Zweite in einer Distanzbeziehung erlebt es als Vorteil, dass die gemeinsame Zeit aufgrund der Trennungsphasen intensiver erlebt und interessanter gestaltet wird. Nachteile werden vornehmlich von Personen in Long-distance-relationships genannt und entstehen primär im Zusammenhang mit dem Hin- und Herfahren sowie dadurch, dass es an Zeit für die Partnerschaft und für Freundschaften mangelt. Fast alle Partner in Long-distance-relationships erleben den Mangel an gemeinsamer Zeit mit dem Partner als großen Nachteil ihrer Beziehungsform. Der Zeitmangel scheint sich auch auf die emotionale Bindung zum Partner auszuwirken: Rund jeder dritte Befragte stellt fest, dass durch die Distanz unter der Woche eine gewisse Entfremdung stattfindet und eine gewisse emotionale Distanz auch am Wochenende bestehen bleibt. Die vom Leben an zwei Orten ausgehenden Belastungen betreffen Distanzbeziehungen nicht generell, sondern bleiben weitgehend beschränkt auf Long-distance-relationships, während die Form des Living-apart-together von ihren Protagonisten weitgehend sehr positiv beurteilt wird.

3.3 Merkmale und Gestaltungsformen von Distenzbeziehungen

Die Paarbeziehung auf Distanz hat sich für einen relevanten Teil von Paaren als eigenständige Beziehungsform etabliert, das belegen Daten zur Dauer von Distanzbeziehungen. Jede vierte der von Norbert F. Schneider et al. (2002) untersuchten Distanzbeziehungen bestand zum Zeitpunkt der Befragung bereits sechs Jahre oder länger (darunter die Hälfte mehr als zwölf Jahre). 43% bestanden zwischen drei und sechs Jahren und weitere 32% zwischen einem und drei Jahren.[1] Im Durchschnitt dauern Distanzbeziehungen etwa ebenso lang wie nichteheliche Lebensgemeinschaften, die jedoch mit einer deutlich höheren Wahrscheinlichkeit in eine Ehe und damit in eine längere Partnerschaft münden als Distanzbeziehungen.

Die Partner in Distanzbeziehungen verbringen im Durchschnitt zehn Tage pro Monat gemeinsam, wobei große Variationen feststellbar sind. 20% sehen sich normalerweise zwischen einem und fünf Tagen monatlich, 45% zwischen sechs und zehn Tagen und 35% verbringen mindestens elf Tage pro Monat gemeinsam. Dabei besucht sich etwa die Hälfte (52%) wechselseitig an ihren Wohnorten. Die andere Hälfte hat ihr Beziehungsleben so organisiert, dass meist derselbe Partner reist.

---

1 Im Durchschnitt etwas kürzer waren die in Frankreich untersuchten Distanzbeziehungen. Danach bestanden, bezogen auf Distanzbeziehungen mit einer Mindestdauer von einem Jahr, 18% seit mindestens fünf und 28% seit drei bis unter fünf Jahren (Villeneuve-Gokalp 1997).

Die dabei zurückgelegten Strecken variieren ebenfalls beträchtlich. 26 % benötigen weniger als eine Stunde um zum Partner zu gelangen, dabei handelt es sich fast ausschließlich um die Beziehungsform des Living-aparttogether. 11 % benötigen zwischen einer und zwei Stunden, 36 % zwischen zwei und vier Stunden und mehr als ein Viertel (27 %) ist länger als vier Stunden in eine Richtung unterwegs.

Bei diesen teilweise sehr erheblichen Entfernungen überrascht es nicht, dass 56 % baldmöglichst zusammenziehen wollen. Die anderen 44 % haben diese Absicht derzeit nicht. Trotz der erheblichen Zusatzkosten, zu denen sich die doppelte Haushaltsführung und die Reise- und Kommunikationskosten summieren, im Durchschnitt belaufen sie sich auf über 500 Euro im Monat, wollen diese Personen mittelfristig weiter in ihrer Distanzbeziehung bleiben. Viele davon allerdings aus der Gewissheit heraus, dass sich ein Zusammenziehen aufgrund der beruflichen Situation der Partner gegenwärtig ohnehin nicht realisieren ließe. So befinden sich viele in einer eher ungeliebten Konstellation, mit der sie sich arrangieren, die sie sich als Dauerzustand jedoch nicht vorstellen können. Nur jeder zehnte „Fernliebende" sieht mit seiner Beziehungsform sein Partnerschaftsideal verwirklicht.

4. Spezifische Probleme der Gestaltung von Distanzbeziehungen und Möglichkeiten ihrer Bewältigung

Obwohl sich knapp zwei Drittel der „Fernliebenden" durch ihre Lebensform belastet fühlen (Schneider et al. 2002), zeigen viele vergleichende Studien zwischen Distanzbeziehungen und Zweierbeziehungen mit Ko-Residenz keine signifikanten Unterschiede im Hinblick auf Zufriedenheit, Vertrauen, Zuneigung und Verbindlichkeit (commitment) (zusammenfassend Guldner 2003; Bunker et al. 1992), Konfliktniveau, Altruismus und Sicherheit (Haustein/Bierhoff 1999) sowie Partnerschaftsprobleme (Stafford 2005). Es gibt sogar empirische Hinweise, dass Frauen in Distanzbeziehungen eine höhere Partnerschaftszufriedenheit aufweisen als Frauen in Beziehungen mit Ko-Residenz (Noyon/Kock 2006). Die Autoren führen dies darauf zurück, dass Frauen in einer Partnerschaft mit Ko-Residenz häufiger mit der häuslichen Arbeitsteilung unzufrieden sind als Männer und sich im „klassischen" Beziehungsmodell stärker benachteiligt fühlen (ebd.). Dadurch wird auch erklärbar, weshalb wenige Männer und deutlich mehr Frauen vor allem die Vorteile von Distanzbeziehungen wahrnehmen und meist der aktive Part sind, wenn es darum geht, sich für getrenntes Wohnen zu entscheiden (Levin 2004).

In die gleiche Richtung zeigen die Befunde der Längsschnittstudie von Angelika Traub (2005), in der 122 berufstätige Mütter, darunter 50 allein erziehende, in Brandenburg befragt wurden. Sie zeigen, dass die Lebenszufriedenheit und auch die Zufriedenheit mit der Partnerschaft nicht vom gemeinsamen Wohnen abhängig ist: Mütter in Distanzbeziehungen unterscheiden sich in ihrem psychischen Wohlbefinden und in ihrer Lebenszufriedenheit nicht von

Müttern, die zusammen mit ihrem Ehemann oder nach einer Trennung zusammen mit einem neuen Partner im gleichen Haushalt leben.

Laura Stafford (2005) fasst die Ergebnisse ihrer Literaturübersicht dahin gehend zusammen, dass in Distanzbeziehungen Konflikte weitgehend vermieden werden, die durch den gemeinsamen Alltag und die regelmäßige face-to-face-Kommunikation hervorgerufen werden und die Lebenssituation vieler zusammen wohnender Paare kennzeichnen. Die geringere Dichte und Nähe der Beziehung führt aber auch dazu, dass weniger intensive und unterstützende Bindungen zwischen den Partnern in Distanzbeziehungen im Vergleich mit Ehepaaren und Partnern in nichtehelichen Lebensgemeinschaften vorliegen. Personen in Distanzbeziehungen nennen ihren Partner nach den Befunden von Martin Diewald (1993) signifikant seltener als wichtigste Unterstützungsinstanz in speziellen Bedarfslagen als dies bei koresidierenden Partnern der Fall ist. Dafür sind Personen, die in einer Distanzbeziehung leben, meist intensiver in Freundeskreise integriert und erfahren hier eine größere Unterstützung als zusammen wohnende Personen (ebd.). Ob es sich dabei um die Ursache oder die Folge der geringeren wechselseitigen Unterstützung zwischen den Partnern handelt, kann mit den vorhandenen Daten nicht geklärt werden.

Während es in toto bezüglich der Partnerschaftszufriedenheit und der subjektiv empfundenen Sicherheit in Beziehungen keine empirischen Hinweise auf wesentliche Unterschiede zwischen zusammen und getrennt wohnenden Partnern gibt, unterscheiden sie sich signifikant in ihrem Investment (Haustein/Bierhoff 1999). Zusammen wohnende Partner haben materiell und emotional signifikant mehr in die Beziehung investiert als getrennt wohnende. Die Autoren leiten daraus ab, dass zusammen wohnende Paare stabilere Beziehungen haben und sich weniger leicht trennen als Paare, die getrennt wohnen.

Wenngleich die zitierten Studien explorativen Charakter haben und die Gültigkeit der Ergebnisse nicht überschätzt werden darf, geben sie doch Hinweise darauf, dass Zusammenleben keine systematisch bessere Alternative der Beziehungsgestaltung im Vergleich zum Getrenntwohnen darstellt. Einen entscheidenden Einfluss auf das Erleben der Distanzbeziehung haben der Bindungsstil (Bierhoff 2003) und das subjektive Framing der Partnerschaftsform. Individuen, die sich in einer Beziehungsform befinden, die sie als frei gewählt und selbst gestaltet ansehen, sind normalerweise zufriedener als solche, die ihre Beziehungsform als durch äußere Umstände geprägt betrachten. Mithin sind Personen in Living-apart-together-Beziehungen zufriedener als Personen in Long-distance-relationships (Schneider et al. 2002). Vor diesem Hintergrund kennzeichnen die im Folgenden angesprochenen typischen Probleme und Belastungssituationen im Wesentlichen nur die Long-distance-relationships.

Wichtigste Gestaltungsaufgabe für die Partner in Distanzbeziehungen ist die Regelung von Nähe und Distanz. Während der Trennungsphasen leben die Partner in eigenen Lebenswelten und es ist wichtig, regelmäßig und relativ dicht über die alltäglichen Erlebnisse mit dem Partner zu kommunizieren. Die in den Trennungszeiten fehlenden face-to-face Kontakte können durch Telefonate, E-Mails oder andere Kommunikationsformen nicht vollständig, aber doch hinreichend substituiert werden. Viele Paare bedienen sich dabei bestimmter Alltagsrituale. Manche berichten, dass sie täglich am Abend immer zur gleichen Zeiten miteinander telefonieren, andere beginnen jeden Arbeitstag mit einer E-Mail an den Partner. Auf diese Weise kann Gemeinsamkeit hergestellt und das Erleben von Einsamkeit und Verlassenheit reduziert werden.

Der Mangel an Intimität, körperlicher Nähe und Sexualität kann ein besonderes Problem in Long-distance-relationships darstellen, vor allem, wenn sich die Partner unregelmäßig und selten begegnen. Die Themen Eifersucht und Untreue spielen, darauf verweisen die wenigen vorliegenden empirischen Hinweise, in Distanzbeziehungen aufgrund der eingeschränkten wechselseitigen Kontrollmöglichkeiten eine etwas größere Rolle als in „klassischen" Beziehungsformen (Schneider et al. 2002), ausgeprägte Unterschiede bestehen jedoch nicht.

Prägend für viele Long-distance-relationships sind die wiederkehrenden Episoden von Abschied und Wiedersehen. Trauer und Krise, Sehnsucht, Vorfreude, Erfüllung und Enttäuschung können sich zu typischen Mustern des Gefühlslebens als Begleiterscheinung von Distanzbeziehungen ausbilden. Das damit oftmals verbundene Auf und Ab wird von einigen als besonderer Vorteil der Distanzbeziehung erlebt. Sie genießen und wertschätzen die kostbare und knappe gemeinsame Zeit mit dem Partner, die stets als etwas Besonderes erlebt wird. Andere leiden unter den Trennungsphasen und unter dem Druck, die gemeinsame Zeit doch möglichst angenehm zu gestalten und intensiv zu genießen. Vielen von ihnen gelingt es nicht, adäquate Strategien im Umgang mit der Distanzbeziehung und ihren spezifischen Gestaltungsaufgaben zu entwickeln.

Zur Bewältigung typischer Probleme und Herausforderungen von Distanzbeziehungen hat Peter Wendl (2005: 140 f.) zehn allgemeine Orientierungsregeln zusammengestellt, die eine gewisse Allgemeingültigkeit für Paarbeziehungen auf Distanz, unabhängig von ihrer konkreten Form, für sich beanspruchen können:

„1. Definieren Sie sich als Paar und erhalten Sie das Wir-Gefühl.
2. Vereinbaren Sie – wenn möglich – ihre nächsten Treffen und lassen Sie diese nicht ausfallen.
3. Verabschieden Sie sich möglichst nicht voneinander, ohne zu wissen, wann Sie sich wieder sehen werden.
4. Sie vermeiden Enttäuschungen, wenn Sie das gemeinsame Wochenende nicht mit überhöhten Erwartungen überfrachten.
5. Belasten Sie die gemeinsame Zeit nicht mit zu vielen Verpflichtungen wie einkaufen, putzen oder Besuchen bei Verwandten.

6. Kommunizieren Sie auch während der Woche regelmäßig (wenn möglich auch per Brief) miteinander und lassen Sie den Partner an Ihrem Alltag teilhaben.
7. Schaffen Sie Rituale. Diese verstärken das Gefühl der Gemeinsamkeit.
8. Sprechen Sie Konflikte an und lösen Sie diese schnell, auch wenn es die Harmonie der raren gemeinsamen Zeit stört.
9. Lernen Sie Auseinandersetzungen auch am Telefon zu lösen, so dass Sie die gemeinsame Zeit ohne Ärger beginnen können.
10. Lassen Sie die letzten gemeinsamen Stunden nicht nur von Traurigkeit beherrschen, falls Ihnen der Abschied schwer fällt. Vermeiden Sie schmerzhafte und lange Abschiedsszenen."

Distanzbeziehungen und insbesondere Long-distance-relationships sind für die Beteiligten mit spezifischen Belastungen und Herausforderungen verbunden, beinhalten aber auch besondere Chancen für individuelle Entfaltung sowie berufliche und partnerschaftliche Entwicklung. Wie eine Distanzbeziehung gelingt, ist wesentlich davon abhängig, ob die Partner in der Lage sind, geeignete Coping-Strategien im Umgang mit der Dualität von Trennung und Zusammensein zu entwickeln. Neben der räumlichen Distanz der Haushalte, der Länge und Lage der Trennungsphasen, den Steuerungsmöglichkeiten der Partner bei der Gestaltung ihrer Beziehung und dem Partnerschaftskonzept liegt darin eine entscheidende Grundlage für Erfolg oder Misserfolg von Distanzbeziehungen.

5. Distanzbeziehungen im Kontext gesellschaftlichen Wandels

Unter Paaren, die keine gemeinsamen Kinder haben, etablieren sich Distanzbeziehungen allmählich als Variante der Partnerschaftsgestaltung neben Ehe und Kohabitation. Sie werden als eigenständige Beziehungsform verstärkt öffentlich wahrgenommen und zunehmend sozial akzeptiert. Mit diesen Entwicklungen geht ein Wandel des Symbolgehalts von Distanzbeziehungen einher. Getrenntes Wohnen symbolisierte lange den provisorischen Charakter einer Beziehung. Gegenwärtig wird das Fehlen eines gemeinsamen Haushalts nicht mehr zwingend mit der Unverbindlichkeit einer Beziehung gleichgesetzt. Gleichzeitig büßt Ko-Residenz als allgemein anerkanntes und erkennbares Zeichen, dass zwei Menschen ein Paar sind und ihre Beziehung auf (relative) Dauerhaftigkeit ausgerichtet ist, etwas an Verbindlichkeit und Signifikanz ein.

Die bemerkenswerte Verbreitung von Paarbeziehungen auf Distanz ist Folge vielschichtiger gesellschaftlicher Entwicklungen. Zu diesen Entwicklungen zählen Veränderungen auf den Arbeitsmärkten, familiendemografische Prozesse, gewandelte Geschlechterverhältnisse, verbesserte Verkehrs- und Kommunikationsinfrastrukturen und durch intensive geografische Mobilität vergrößerte Partnermärkte.

Erhöhte berufliche Mobilitätserfordernisse fördern die Entstehung von Distanzbeziehungen, vor allem wenn prekäre oder befristete Arbeitsverhältnisse oder regional beschränkte Arbeitsmärkte Umzüge erschweren. Sind beide Partner berufsorientiert, steigt die Wahrscheinlichkeit der Gründung und Aufrechterhaltung von Distanzbeziehungen in Form so genannter „Dual career couples". Diese Form der Paarbeziehung auf Distanz lässt sich als unmittelbare Folge des Wandels der Geschlechterverhältnisse interpretieren. In dem Frauen ökonomisch selbständig, beruflich gut integriert und verbreitet an einer eigenen beruflichen Karriere interessiert sind, nehmen das Bedürfnis, die Möglichkeiten und die beruflich gegebenen Erfordernisse zu, als Paar räumlich getrennt zu leben.

Die Verbreitung von Distanzbeziehungen erfolgt zudem im Zusammenhang mit sich wandelnden Vorstellungen von Partnerschaft. Während Stabilität und Dauer als Erfolgskriterien von Paarbeziehungen tendenziell an Bedeutung verlieren, gewinnt Authentizität in von Macht und Gewalt befreiten Beziehungen (Giddens 1993) an Bedeutung. Im Zuge der gesellschaftlichen Individualisierung verändern sich die Konstruktionslogiken von Paarbeziehungen. Partnerschaftsideale, die auf mehr Selbständigkeit und größerer Distanz der Partner basieren, fördern die Verbreitung von Beziehungen des Typs Living-apart-together, ein Trend, der durch steigende Scheidungsraten und zunehmende Zahlen kinderloser junger Erwachsener zusätzlich begünstigt wird.

Verbesserungen der Verkehrs- und der Kommunikationsinfrastruktur tragen wegen der erweiterten Möglichkeiten zur Überbrückung von Distanz ebenfalls dazu bei, dass Paarbeziehungen auf Distanz leichter gestaltbar und damit attraktiver werden. Schließlich kommt hinzu, dass intensivierte berufliche und private Reisetätigkeiten sowie die wachsende Präsenz internetgestützter Partnervermittlungsangebote die Entstehung von Paarbeziehungen räumlich getrennt lebender Personen fördern, in dem sie Partnermärkte regional erweitern (Levin 2004).

Die genannten Entwicklungen legen die Annahme nahe, dass sich Distanzbeziehungen in Zukunft weiter verbreiten könnten. Die Paarbeziehung auf Distanz wird die „klassischen" Beziehungsformen in Zukunft jedoch nicht ablösen. Voraussichtlich wird sie aber als weitere Form der Partnerschaftsgestaltung vor allem für junge, kinderlose und gut ausgebildete Personen sowie für Geschiedene im mittleren Erwachsenenalter weiter an Bedeutung gewinnen. Die Bedeutungszunahme von Distanzbeziehungen offenbart die Dilemmata, in denen berufsorientierte Menschen stecken und sie repräsentiert die Ambivalenz der gesellschaftlichen Entwicklung, in dem sie ein Mehr an individuellen Handlungsoptionen ebenso symbolisiert wie das beschleunigte Eindringen von systemischen Handlungslogiken in die Lebenswelt der modernen Menschen.

Literatur

Asendorpf, Jens B./Banse, Rainer (2000): Psychologie der Beziehung. Bern: Huber

Bawin-Legros, Bernadette/Gauthier, Anne (2001): Regulation of intimacy and love semantics in couples living apart together. In: International Review of Sociology 11: 39-46

Bien, Walter/Marbach, Jan H. (Hg.) (2003): Partnerschaft und Familiengründung. Ergebnisse der dritten Welle des Familien-Survey. Familien-Survey 11. Opladen: Leske + Budrich

Bierhoff, Hans-Werner (2003): Dimensionen enger Beziehungen. In: Grau, Ina/ Bierhoff, Hans-Werner (Hg.): Sozialpsychologie der Partnerschaft. Berlin: 257-284

Bunker, Barbara B./Zubek, Josephine M./Vanderslice, Virgina J./Rice, Robert W. (1992): Quality of life in dual-career families. Commuting versus single-residence couples. In: Journal of Marriage and Family 54: 399-407

Dekker, Arne/Matthiesen, Silja (2004): Beziehungsformen im Lebenslauf dreier Generationen. In: Zeitschrift für Familienforschung 16: 38-55

Diewald, Martin (1993): Netzwerkorientierungen und Exklusivität der Paarbeziehung. Unterschiede zwischen Ehen, nichtehelichen Lebensgemeinschaften und Paarbeziehungen mit getrennten Haushalten. In: Zeitschrift für Soziologie 22: 279-297

Finch, Janet/Mason, Jennifer (1993): Negotiating family responsibilities. London: Routledge

Furstenberg, Frank F. Jr. (1987): Fortsetzungsehen. Ein neues Lebensmuster und seine Folgen. In: Soziale Welt 38: 29-39

Giddens, Anthony (1993): Wandel der Intimität. Frankfurt a.M.: Fischer

Gross, Harriet (1980): Dual-career couples who live apart. Two types. In: Journal of Marriage and Family 42: 567-576

Guldner, Gregory T. (2003): Long-distance-relationships. The complete guide. Los Angeles: JF Milne Publications

Haskey, John (2005): Living arrangements in contemporary Britain. Having a partner who usually lives elsewhere and living-together-apart. In: Population Trends 122: 35-45

Haustein, Sonja/Bierhoff, Hans-Werner (1999): Zusammen und getrennt wohnende Paare. Unterschiede in grundlegenden Beziehungsdimensionen. In: Zeitschrift für Familienforschung 11: 59-76

Hess, Judye/Catell, Padma (2001): Dual dwelling duos: An alternative for long-term relationships. In: Journal of Couples Therapy 10: 25-31

Huinink, Johannes (1995): Warum noch Familie? Zur Attraktivität von Partnerschaft und Elternschaft in unserer Gesellschaft. Frankfurt a.M.: Campus

Jong Gierveld, Jenny de (2004): Remarriage, unmarried cohabitation, living apart together. Partner relationships following bereavement or divorce. In: Journal of Marriage and Family 66: 236–243

Klein, Thomas (1999): Pluralisierung versus Umstrukturierung am Beispiel partnerschaftlicher Lebensformen. In: Kölner Zeitschrift für Soziologie und Sozialpsychologie 51: 469-490

Lenz, Karl (2003): Zur Geschlechtstypik persönlicher Beziehungen. Eine Einführung. In: Lenz, Karl (Hg.): Frauen und Männer. Zur Geschlechtstypik persönlicher Beziehungen. Weinheim, München: 7-51

Levin, Irene (2004): Living apart together. A new family form. In: Current Sociology 52: 223–240

Levin, Irene/Trost, Jan (1999): Living apart together. In: Community, Work and Family 2: 279-294

Milan, Anne/Peters, Alice (2003): Couples living apart. In: Statistics Canada – Catalogue No. 11-008: 2-6

Noyon, Alexander/Kock, Tanja (2006): Living apart together. Ein Vergleich getrennt wohnender Paare mit klassischen Partnerschaften. In: Zeitschrift für Familienforschung 18: 27-45

Schindler, Ludwig/Hahlweg, Kurt/Revenstorf, Dirk (1998): Partnerschaftsprobleme. Diagnose und Therapie. 2. Auflage. Heidelberg: Springer

Schlemmer, Elisabeth (1995): Living apart together. Eine partnerschaftliche Lebensform von Singles? In: Bertram, Hans (Hg.): Das Individuum und seine Familie. DJI Familiensurvey Bd. 4. Opladen: 363-398

Schmidt, Gunter/Matthiesen, Silja/Dekker, Arne/Starke, Kurt (2006): Spätmoderne Beziehungswelten. Wiesbaden: Verlag für Sozialwissenschaften

Schneider, Norbert F. (1996): Partnerschaften mit getrennten Haushalten in den neuen und alten Bundesländern. In: Bien, Walter (Hg.): Familie an der Schwelle zum neuen Jahrtausend. Wandel und Entwicklung familialer Lebensformen. DJI Familien-Survey Bd. 6. Opladen: 88-97

Schneider, Norbert F./Krüger, Dorothea/Lasch, Vera/Limmer, Ruth/Matthias-Bleck, Heike (2001): Alleinerziehen. Vielfalt und Dynamik einer Lebensform. Weinheim, München: Juventa

Schneider, Norbert F./Limmer, Ruth/Ruckdeschel, Kerstin (2002): Mobil, flexibel, gebunden. Familie und Beruf in der mobilen Gesellschaft. Frankfurt a.M.: Campus

Schneider, Norbert F./Ruckdeschel, Kerstin (2003): Partnerschaften mit zwei Haushalten. Eine moderne Lebensform zwischen Partnerschaftsideal und beruflichen Erfordernissen. In: Bien, Walter/Marbach, Jan H. (Hg.): Partnerschaft und Familiengründung. Ergebnisse der dritten Welle des Familien-Survey. DJI Familien-Survey Bd. 11. Opladen: 245-258

Stafford, Laura (2005): Maintaining long-distance and cross-residential relationships. Mahwah: LEA

Statistisches Bundesamt (Hg.) (2002): Datenreport 2002. Bonn, Bundeszentrale für politische Bildung

Traub, Angelika (2005): Neue Liebe in getrennten Haushalten. Berlin: Logos

Villeneuve-Gokalp, Catherine (1997): Vivre en couple chacun chez soi. In: Population 5: 1059-1082

Wendl, Peter (2005): Gelingende Fern-Beziehung. Entfernt zusammen wachsen. Freiburg: Herder

Bernhard Nauck

Binationale Paare

1. Begriffsklärung

Da der Begriff „binationale Paare" mit unterschiedlichen Konnotationen verwendet wird, ist es notwendig, zwischen nationalitätsinternen und -externen Paaren einerseits und ethnisch endogamen und exogamen Beziehungen andererseits zu unterscheiden, d.h. ob ein Partner innerhalb derselben Staatsangehörigkeit oder der eigenen ethnisch-kulturellen Gruppe gewählt wird. Mit *ethnischer Zugehörigkeit* ist im Unterschied zur *Staatsangehörigkeit* hier die selbstperzipierte Zugehörigkeit zu einer Herkunftsgemeinschaft gemeint; auf eine materielle Bestimmung kultureller Ähnlichkeit bzw. Verschiedenheit sowie der damit regelmäßig zusammenhängenden soziokulturellen Distanz wird dagegen in diesem Zusammenhang verzichtet. Ethnische Zugehörigkeit kann mit der Nationalität übereinstimmen, muss es aber dann nicht, wenn eine Person in der Paarbeziehung einer Minderheit angehört. Zunehmende Einbürgerungen von in Deutschland lebenden Ausländern führen z.B. dazu, dass nationale und ethnische Zugehörigkeiten zunehmend auseinander fallen. Entsprechend muss eine Zunahme z.B. von „deutsch-türkischen" Eheschließungen nicht zwangsläufig ein Indiz für eine Annäherung zwischen der türkischen Minderheit und der deutschen Mehrheitsbevölkerung sein, vielmehr kann dies auch ein Ausdruck zunehmender Heiratsmigration von Ehepartnern aus der Herkunftsgesellschaft zu einem (eingebürgerten) Minoritätsangehörigen sein. Entsprechend kann weder bei Minoritäts- noch bei Majoritätsangehörigen aus der übereinstimmenden Nationalität umstandslos auf eine monokulturelle Paarbeziehung oder Ehe geschlossen werden (Eheschließung einer Kurdin und eines Türken: Gündüz-Hosgör/Smits 2002), genauso wenig wie unterschiedliche Nationalitäten zwangsläufig eine unterschiedliche ethnische Zugehörigkeit bedeuten. Diese begriffliche Differenzierung ist schon deshalb notwendig, weil viele empirische Analysen von bi-kulturellen Ehen auf einer Auswertung von Registerdaten beruhen, die (in Deutschland) ausschließlich die jeweilige Nationalität zum Gegenstand haben, wohingegen ethnische Bindungen (anders als im anglo-amerikanischen Raum) nicht erfasst werden. Einer solchen Unterscheidung wird in der folgenden Typologie Rechnung getragen (Straßburger 2000, 2003).

Tab. 1: Typologie ethnisch-nationaler Parbeziehungen

| | | Staatsangehörigkeit der Eheschließenden | |
		übereinstimmend	verschieden
Ethnische Zugehörigkeit der Eheschließenden	überein-stimmend	nationalitätsinterne, ethnisch endogame Paarbeziehung	bi-nationale, ethnisch endogame Paarbeziehung
	verschieden	nationalitätsinterne, interethnische (bi-kulturelle) Paarbeziehung	bi-nationale, interethnische (bi-kulturelle) Paarbeziehung

2. Ursachen bi-kultureller Paarbeziehungen und Ehen

Das Ausmaß bi-kultureller Partnerwahlen hängt grundsätzlich von den jeweils gegebenen Opportunitätsstrukturen und Barrieren einerseits und von der Verteilung von individuellen Partnerwahlpräferenzen ab (Kalmijn 1998; Thode-Arora 1999). (1) Wichtige Faktoren der Opportunitätenstruktur sind die Größe der jeweiligen Bevölkerungsgruppen sowie die jeweiligen Anteile von darin wählbaren Männern und Frauen (sex-ratio), die segmentäre Untergliederung des Beziehungs- und Heirats-(binnen)markts und die Etablierung eines internationalen Heiratsmarkts. (2) Wichtige Barrieren sind rechtliche Einschränkungen internationaler Eheschließungen, institutionelle Vorkehrungen, die interethnische Eheschließungen behindern, sowie soziale Diskriminierung. (3) Von den individuelle Präferenzen, die die Selektionsstrategien der Akteure auf dem Beziehungs- und Heiratsmarkt bestimmen, ist für bikulturelle Beziehungen von Bedeutung, inwiefern hierfür ethnisch-kulturelle Endogamie ein bedeutsames Kriterium ist bzw. inwiefern eine interethnische Beziehung einen komparativen Vorteil oder Nachteil gegenüber einer innerethnischen Beziehung darstellt. Folgende Partnerwahlmechanismen sind mit diesen Faktoren verbunden:

(1) Die Gruppengröße ethnischer Minoritäten hat einen doppelten Effekt auf das Ausmaß bi-kultureller Beziehungen: Je größer diese Gruppe ist, desto häufiger sind zwar auch die Gelegenheiten für bi-kulturelle Paarbeziehungen mit der Mehrheitsgesellschaft, es steigen jedoch auch gleichzeitig die Gelegenheiten, einen Partner innerhalb der eigenen ethnischen Gruppe zu finden. Ethnisch homogene Beschäftigungs- und Wohnverhältnisse innerhalb einer Gesellschaft vermindern die Wahrscheinlichkeit einer bikulturellen Partnerwahl. Je stärker segmentiert ein Heiratsmarkt nach Region, ständischer Schließung oder religiöser Zugehörigkeit ist, desto unelastischer ist die sex-ratio des segmentären Heiratsmarktes. Je ungleicher die Geschlechterproportionen innerhalb der eigenen Gruppe ist, desto größer ist die Wahrscheinlichkeit, dass dasjenige Geschlecht mit höherem Anteil an der sex-ratio ein Mitglied einer anderen ethnischen Gruppe wählt. Teil des Globalisierungsprozesses ist es, dass sich durch leichtere

Informationsbeschaffung und die Zugänglichkeit von Transportwegen der internationale Heiratsmarkt ausweitet. Je zugänglicher ein Beziehungs- und Heiratsmarkt außerhalb der eigenen Gesellschaft (z. B. durch Kettenmigration) ist, desto wahrscheinlicher ergänzt er den Binnenmarkt.

(2) Rechtliche Regelungen können eine internationale Partnerwahl erheblich einschränken, indem sie den Aufenthalt zum Zweck der Partnersuche begrenzen, der Partnerschaftsstatus kein Aufenthaltsrecht begründet oder dies an Wartezeiten (nach der Eheschließung) gekoppelt ist. Selten ist ein Zuzug zum Zweck der Paarbildung vor einer Eheschließung möglich, so dass dies nur für solche Ausländer in Betracht kommt, die aufenthaltsrechtlich begünstigt sind (z. B. bestimmte EU-Angehörige): In Gesellschaften mit Eheschließungen, die von religiösen Amtsträgern vorgenommen werden, verhindert eine solche institutionelle Vorkehrung bikulturelle Ehen zwischen Angehörigen verschiedener Religionen wirksam (z. B. in Israel): Je höher die soziale Diskriminierung von bi-kulturellen Ehen, desto geringer ist deren Wahrscheinlichkeit.

(3) Generell ist die individuelle Präferenz für ethnisch-kulturelle Beziehungshomogamie auch dann hoch, wenn die soziale Diskriminierung interethnischer Beziehungen gering ist, d. h. auch dann, wenn mit diesen keine sozialen Kosten verbunden sind. Dies ist darauf zurückzuführen, dass der Nutzen von engen sozialen Beziehungen in modernen Gesellschaften zunehmend weniger in ihrer Instrumentalität für die Sicherung des materiellen Wohlbefindens, sondern vielmehr in ihrer identitätsstiftenden lebensbegleitenden dialogischen Kommunikation gesehen wird (Berger/Kellner 1965; Huinink 1995; Nauck 2001 a): Je stärker individuelle Präferenzen über Gemeinsamkeiten in den Wertvorstellungen, in den Normen der familiären Lebensführung und in den ästhetischen Geschmacksurteilen gesteuert sind, desto unwahrscheinlicher sind zunächst bi-kulturelle Paarbeziehungen. Andererseits beinhaltet die Modernisierung von Gesellschaften einen Prozess interner Differenzierung bei gleichzeitiger globaler Diffusion von kulturellen Präferenzen und Praktiken. Während der erste Prozess die Segmentierung von intraethnischen Beziehungs- und Heiratsmärkten fördert und damit die Wahlmöglichkeiten einschränkt, begünstigt die kulturelle Diffusion zugleich interethnische Paarbeziehungen zwischen Angehörigen ähnlicher Segmente verschiedener Gesellschaften. Auf diese Weise entstehen auf dem Beziehungsmarkt neue internationale „Nischen" für attraktive Zweierbeziehungen.

3. Ausmaß bi-kultureller Paarbeziehungen und Ehen in Deutschland

Der deutsche Beziehungs- und Heiratsmarkt ist bereits seit dem 2. Weltkrieg durch erhebliche Ungleichgewichte in den Geschlechterproportionen gekennzeichnet gewesen. Bis zum Ende der 1950er Jahre war er auf Grund der Kriegsfolgen durch eine erhebliche Knappheit an männlichen Bewerbern gekennzeichnet, was seinerseits dazu beigetragen hat, dass es in dieser Zeit eine große Anzahl von Ehen zwischen deutschen Frauen und Angehörigen der ausländischen Streitkräfte gegeben hat: Noch bis 1970 waren amerikanische Ehemänner die bei weitem am stärksten bevorzugte Nationalität von binationalen Ehen deutscher Frauen (Klein 2000). In den nachfolgenden Kohorten ist jedoch aus mehreren Gründen eine vollkommene Umkehrung der Verhältnisse eingetreten: (1) Während früher die häufigeren Geburten von männlichen Nachkommen durch deren höhere Säuglingssterblichkeit ausgeglichen wurde, so dass ein ungefähres Geschlechtsgleichgewicht im heiratsfähigen Alter gegeben war, führt die stark gesunkene Sterblichkeit in den ersten beiden Lebensjahrzehnten dazu, dass gegenwärtig das Überangebot an männlichen Bewerbern bis zum fünften Lebensjahrzehnt fortbesteht (Statistisches Bundesamt 2006). (2) Da (nicht nur) in Deutschland ein stabiler Abstand im mittleren Heiratsalter von ca. drei Jahren zwischen Männern und Frauen besteht, führt dies in Perioden des Geburtenrückgangs dazu, dass jeweils stärker besetzte Männerkohorten auf schwächer besetzte Frauenkohorten bei der Partnersuche treffen, wodurch sich das Geschlechtsungleichgewicht weiter erhöht (Martin 2001). (3) Da schließlich Bildungshomogamie zu dem wichtigsten Selektionskriterium auf dem Beziehungsmarkt geworden ist (Rüffer 2001) und die Anteile von Frauen mit unterdurchschnittlichen Bildungsabschlüssen seit geraumer Zeit unter denen von Männern liegen (Horstkemper 1995), führt dies segmentär bei den (ohnehin auf dem Beziehungs- und Heiratsmarkt benachteiligten) Männern mit geringer Bildung zu einer weiteren Opportunitätenverknappung (vgl. Lenz, Aufbauphase i. d. B.).

Entsprechend bestehen in den letzten drei Jahrzehnten zunehmend stärkere Anreize für deutsche Männer, eine bi-nationale Ehe einzugehen: Seit Beginn der 1960er Jahre ist ein deutlicher Anstieg zu verzeichnen (Müller-Dincu 1981; Buba et al. 1984; Nauck 1988, 2002) und seit 1993 werden mehr Ehen zwischen ausländischen Frauen und deutschen Männern als Ehen zwischen ausländischen Männern und deutschen Frauen geschlossen (Statistisches Bundesamt 1997).

Tab. 2: Bi-nationale Eheschließungen mit deutschen Ehepartnern in Deutschland

	1950	1960	1970	1980
Mann, deutsch	3.556	3.858	10.152	9.084
Frau, deutsch	14.750	15.600	14.645	18.927
	1990	1995	2000	2005
Mann, deutsch	17.753	26.709	33.839	29.390
Frau, deutsch	22.031	23.977	27.323	21.113

Zusammenstellung nach verschiedenen Quellen des Statistischen Bundesamts

Eine weitere wichtige Strukturkomponente für die Entwicklung bi-kultureller Paarbeziehungen und Ehen ist die demographische Entwicklung der ausländischen Bevölkerung und deren Geschlechterproportionen in Deutschland. Für die Pioniermigrationssituation verzeichnet die Volkszählung von 1961 eine Geschlechterproportion von 451 ausländischen Frauen auf 1000 ausländische Männer; seitdem haben sich die Geschlechterproportionen bis 2005 auf 934 zu 1000 angeglichen (Statistisches Bundesamt 2006). Obwohl von den Arbeitsmigranten in der Pioniermigrationssituation in hohem Maße auf den Heiratsmarkt in der Herkunftsgesellschaft zurückgegriffen worden ist, führte dies auch dazu, dass die männlichen Migranten in dieser Situation verstärkt in die einheimische Bevölkerung eingeheiratet haben, was bei dem ohnehin bestehenden Überschuss deutscher Männer im heiratsfähigen Alter zu einer erheblichen Konkurrenz auf dem Heiratsmarkt in der Aufnahmegesellschaft geführt hat. Gleichzeitig unterscheiden sich die in Deutschland vertretenen Nationalitäten erheblich hinsichtlich ihrer demographischen Entwicklung: Während die italienische Bevölkerung in Deutschland zwischen 1971 (590 Tsd.) und 2005 (541 Tsd.) geringfügig abgenommen und die jugoslawische Bevölkerung geringfügig (von 594 auf 683 Tsd.) zugenommen hat, hat sich die türkische Bevölkerung in diesem Zeitraum annähernd verdreifacht (von 653 auf 1764 Tsd.), und während die polnische und russische Wohnbevölkerung in Deutschland in den 1980er Jahren noch bei unter 60 bzw. 7 Tsd. gelegen hat, leben 2005 327 Tsd. Polen und 186 Tsd. Russen in Deutschland. Entsprechend haben sich bei den Türken, Polen und Russen sowohl die Möglichkeiten, innerhalb der eigenen Nationalität einen Partner zu finden, vergrößert wie das Potenzial derjenigen, die einen Ehepartner in der Herkunftsgesellschaft suchen könnten. Demgegenüber hatten heiratswillige Migranten in der Pioniermigrationssituation keine andere Wahl, als entweder eine Frau in der Herkunftsgesellschaft oder eine Angehörige der Bevölkerungsmajorität zu heiraten. Da die Heiraten mit Frauen der Herkunftsgesellschaft fast ausschließlich dort stattfinden (und dort nicht gesondert im Standesamtsregister ausgewiesen werden, und somit als „Migranten"-Heiraten nirgendwo in Erscheinung treten), werden in der deutschen Aufnahmegesellschaft die in der „Pionier"-Migrationssituation vergleichsweise vielen bi-nationalen Ehen erfasst, die auf diese besondere Gelegenheitsstruktur zurückzuführen sind. Entsprechend ist nicht verwunderlich, dass mit zunehmendem Nachzug („Kettenmigration") und der damit verbundenen Veränderung auf dem intraethnischen Heiratsmarkt (Vergrößerung des „Angebots", Angleichung der Geschlechterproportionen) bi-nationale Eheschließungen abnehmen. Diese Entwicklungstendenzen sind vielfach als besorgniserregende Tendenz „zunehmender ethnischer Schließung", zur „Segregation" und zur wachsenden Konfliktträchtigkeit interethnischer Beziehungen missdeutet worden, da unterstellt wurde, dass diese Entwicklung nicht auf veränderte Gelegenheitsstrukturen, sondern auf sich verändernde Präferenzen zurückzuführen ist. Veränderungen in den Präferenzen treten jedoch erst langfristig ein, sie können somit keinesfalls erklären, warum am Anfang eines Zuwanderungsprozesses binationale Ehen besonders häufig sind. Von solchen Präferenzveränderungen ist jedoch dann auszugehen, wenn entweder die ethnische Zugehörigkeit als Selektionskriterium seine Bedeutsamkeit verloren hat oder sogar eine bewusste Distanzierung von der Herkunftskultur erfolgt. Dies kann aufgrund vollzogener Assimilationsprozesse der ersten Migrantengeneration eintreten, oder wenn im Laufe der Zeit eine zunehmende Zahl von Angehörigen der zweiten Migrantengeneration in den Heiratsmarkt eintritt. Diese beiden, sich überlagernden Prozesse führen mittelfristig zu dem für Zuwanderernationalitäten typischen U-förmigen Entwicklungsverlauf bi-nationaler Eheschließungen. Diese U-Kurve ist inzwischen nicht nur für viele andere Zuwanderungsgesellschaften, sondern auch für den Verlauf der Einheiratungsquoten der meisten Nationalitäten von Arbeitsmigranten in Deutschland beobachtet worden (Kane/Stephen 1988; Klein 2000; Gonzalez-Ferrer 2006):

4. Binationale Partnerwahlprozesse

Interethnische Partnerwahl wird jedoch nicht ausschließlich von den Gelegenheitsstrukturen des Beziehungsmarkts beherrscht, vielmehr sind mit kulturellen Faktoren wichtige Selektionsregeln verknüpft (Haug 2002). Das jeweilige soziale Prestige der ethnischen Gruppen hat hierbei ebenso Auswirkungen auf die interethnische Partnerwahl wie die wahrgenommene kulturelle Nähe bzw. Distanz zur eigenen Kultur (Heer 1985; Müller-Dincu 1981; Pagnini/Morgan 1990; Kalmijn 1993). Solche Selektionsregeln werden darüber hinaus geschlechtsspezifisch modifiziert: Eine empirische Regelmäßigkeit aus weltweit vorliegenden Befunden ist, dass Männer aus Minoritäten eine höhere Einheiratsrate in die dominierende Bevölkerung haben als Frauen, bzw. dass Frauen aus der Mehrheitsgesellschaft eher bereit sind, Minoritätsangehörige zu heiraten als Männer (so bereits Davis 1941). Diese Regelmäßigkeit gilt offenbar auch dann, wenn keine Ungleichgewichte auf dem Beziehungsmarkt herrschen, und zeigt sich in Deutschland daran, dass bi-nationale Eheschließungen deutscher Männer häufiger mit im Ausland lebenden Frauen, Eheschließungen deutscher Frauen häufiger mit Angehörigen der Migrantenminorität stattfinden (Tab. 3).

Tab. 3: Die zehn häufigsten Nationalitäten deutsch-ausländischer Eheschließungen im Jahr 2004

Deutscher Mann heiratet Frau aus ...	Anzahl	Deutsche Frau heiratet Mann aus ...	Anzahl
Polen	4.948	Türkei	4.938
Thailand	2.263	Italien	1.777
Russische Föderation	2.190	Serbien und Montenegro	1.532
Rumänien	2.162	Vereinigte Staaten	1.246
Türkei	1.789	Großbritannien	881
Ukraine	1.709	Marokko	873
Kroatien	944	Österreich	861
Italien	942	Polen	842
Österreich	852	Niederlande	720
Brasilien	738	Kroatien	594

Quelle: Statistisches Bundesamt 2005

Die verschiedenen Nationalitäten heiraten in sehr unterschiedlichem Umfang in die deutsche Bevölkerung ein. Bei deutschen Männern wird die Liste der häufigst gewählten Ausländerin mit großem Abstand von Polinnen angeführt, gefolgt von Frauen aus Thailand, Russland, Rumänien, der Türkei und Ukraine. Bei deutschen Frauen dominieren hingegen die Männer aus der Türkei, gefolgt von Italien, Serbien-Montenegro und den USA. Allerdings ist bei dieser Reihenfolge der Nationalitäten zu berücksichtigen, dass die verschiedenen Nationalitäten u. U. zu unterschiedlichen Anteilen vor deutschen Standesämtern heiraten und damit in der Eheschließungsstatistik erfasst werden. Die Bereitschaft zur Heirat in der Bundesrepublik hängt vermutlich auch davon ab, ob der Mann oder die Frau deutsch ist. Schließlich gibt diese Statistik auch keine Auskunft darüber, in welchem Umfang es sich bei den Heiraten mit Partnern aus Osteuropa um „Kettenmigration" handelt, die von eingebürgerten Aussiedlern ausgelöst worden ist, die einen Partner aus ihrer Herkunftsregion geheiratet haben. Ebenso bleibt verborgen, in welchem Ausmaß es sich bei den deutschen Ehepartnern um Eingebürgerte (aus der Türkei und Jugoslawien) handelt, die ein Mitglied ihrer Herkunftsgesellschaft heiraten.

Binationale Ehen durchlaufen durchaus „Konjunkturen" und Zyklen, wobei die internationalen Heiratsmärkte deutscher Männer und Frauen nur partielle Überschneidungen aufweisen (Roloff 1998; Klein 2000, 2001). Keine geschlechtsspezifischen Unterschiede gibt es in der Wahl von spanischen, österreichischen, französischen oder niederländischen Ehepartnern; bei diesen Nationalitäten, die alle der Europäischen Union angehören und die einen ähnlichen Wohlfahrtsstatus wie die Bundesrepublik aufweisen, hat in den letzten dreißig Jahren stets ein etwa ausgeglichenes Verhältnis zwischen den Heiraten mit Beteiligung deutscher Männer und Frauen auf deutschen Standesämtern geherrscht. Ein (deutliches) Übergewicht der Beteiligung deutscher Männer findet sich dagegen bei Eheschließungen mit Ehepartnern von den Philippinen, aus Thailand und Polen, während ein (ebenso deutliches) Übergewicht der Beteiligung deutscher Frauen bei Eheschließungen mit Ehepartnern aus Italien, der Türkei, den USA und Afrika zu verzeichnen ist. Bis auf die Ehen mit Frauen von den Philippinen (nach rapidem Anstieg in den frühen 80er Jahren seit 1987 rückläufig) und Amerikanern (starke Abnahme in den 60er Jahren, seitdem weiterhin leicht rückläufig) hat die Entwicklung bi-nationaler Ehen mit anderen Nationalitäten (z. T. stark) ansteigende Tendenz.

An den Unterschieden zwischen den vor deutschen Standesämtern geschlossenen bi-nationalen Ehen von deutschen Männern und Frauen wird deutlich, dass die Nationalitätenverteilung stark vom zukünftigen Wohnort des Paares geprägt sind: Während das bi-nationale Heiratsverhalten der deutschen Frauen stärker von den Gelegenheitsstrukturen in Deutschland bestimmt ist und sich vornehmlich auf die klassischen Anwerbestaaten der Arbeitsmigranten und die Staaten mit ausländischen Streitkräften in Deutschland bezieht, spielt bei den deutschen Männern – entsprechend den gegenläufigen Geschlechterproportionen – die Suche von Ehepartnerinnen außerhalb von Deutschland eine größere Rolle. Außer Thailand (und früher die Philippinen) sind die Hauptnationalitäten mit Polen, Russland und Rumänien Länder, von denen früher Aussiedler nach Deutschland zugewandert sind. Insofern ist davon auszugehen, dass viele dieser Heiraten auf Kettenmigration zurückzuführen sind. Frauen aus der ausländischen Wohnbevölkerung in Deutschland sind dagegen als potenzielle Heiratspartner für deutsche Männer nach wie vor von geringer Bedeutung, wenn auch die Heiraten mit türkischen Frauen kontinuierlich angestiegen sind (sofern diese Entwicklung nicht auf Heiraten mit eingebürgerten Männern türkischer Herkunft zurückzuführen ist).

In welchem Ausmaß soziale Distanz zwischen einheimischen und zugewanderten Bevölkerungsgruppen deren interethnische Heiraten beeinflusst, zeigen Bevölkerungsumfragen, in denen ausländische Eltern danach gefragt wurden, ob sie damit einverstanden wären, wenn ihr Kind einen Deutschen oder eine Deutsche heiraten würde (Tab. 4).

Tab. 4: Einstellung ausländischer Eltern zur Heirat ihrer Kinder mit Deutschen nach Nationalität und Geschlecht der Befragten 1985 und 1995 (in Prozent)

		1985	1995	2001
		Türken		
Einverstanden	Mütter	31,2	50,0	57,1
	Väter	35,3	55,9	59,1
Nicht einverstanden	Mütter	68,8	46,3	39,3
	Väter	64,7	38,1	38,0
Keine Angabe	Mütter	–	3,7	3,6
	Väter	–	6,0	2,9
		Italiener		
Einverstanden	Mütter	61,0	84,8	85,6
	Väter	72,0	93,0	85,9
Nicht einverstanden	Mütter	39,0	7,1	11,7
	Väter	28,0	3,8	10,8
Keine Angabe	Mütter	–	8,1	3,7
	Väter	–	3,2	3,3
		Griechen		
Einverstanden	Mütter	44,8	88,6	85,3
	Väter	50,7	89,9	82,6
Nicht einverstanden	Mütter	55,2	9,5	11,2
	Väter	49,3	8,5	14,2
Keine Angabe	Mütter	–	1,9	3,5
	Väter	–	1,5	3,2

Quelle: Mehrländer et al. 1996: 227; Venema/Grimm 2002: 77
(2001: gemittelt aus Angaben für Söhne und Töchter)

2001 sagten annähernd 60 % der türkischen und über 80 % der italienischen und griechischen Eltern, sie wären mit einer Heirat ihrer Kinder mit einem deutschen Partner bzw. einer deutschen Partnerin einverstanden. Die Gegenüberstellung zu den 16 Jahre zurückliegenden Befragungsergebnissen zeigt insbesondere, dass in diesem – vergleichsweise kurzen – Zeitraum die Akzeptierung interethnischer Ehen bei den Familien ausländischer Herkunft aller befragten Nationalitäten stark zugenommen hat: Die Anteile derjenigen, die binationale Ehen ihrer Kinder akzeptieren würden, ist bei allen Eltern um über 25 % gestiegen. Die Unterschiede zwischen den Türken einerseits und den Italienern und Griechen andererseits dürften dabei vor allem auf die längere Aufenthaltsdauer dieser Bevölkerungsgruppen in Deutschland zurückzuführen sein: Mit zunehmendem Alter der befragten Eltern nimmt nämlich deren Bereitschaft zur Akzeptierung einer binationalen Ehe zu (Mehrländer et al. 1996; Venema/Grimm 2002).

In den gleichen Befragungen wurden auch ausländische Arbeitnehmer und Arbeitnehmerinnen, die noch nicht verheiratet sind, aber heiraten möchten, gefragt, ob sie einen deutschen Partner oder eine deutsche Partnerin wählen würden (Tab. 5).

Tab. 5: Bereitschaft unverheirateter ausländischer Frauen und Männer zu einer Ehe mit Deutschen (in Prozent)

		1980	1985	1995	2001
			Türken		
Positive Einstellung	w		13,8	44,3	49,8
		27,8			
	m		49,1	42,8	60,6
Negative Einstellung	w		63,1	38,3	36,1
		32,5			
	m		35,2	34,3	21,9
Unentschlossen	w		23,1	17,4	14,1
		20,2			
	m		15,7	22,9	17,5
			Italiener		
Positive Einstellung	w		50,6	73,8	71,9
		55,5			
	m		58,3	63,4	77,9
Negative Einstellung	w		31,0	18,7	14,2
		28,8			
	m		20,5	26,9	14,9
Unentschlossen	w		18,4	7,6	13,8
		15,7			
	m		21,2	9,7	7,1

			Griechen		
Positive Einstellung	w	38,1	27,5	70,6	80,1
	m		31,7	71,9	72,0
Negative Einstellung	w	36,4	43,1	7,3	8,8
	m		33,3	18,8	11,8
Unentschlossen	w	25,4	29,4	22,1	11,1
	m		34,9	9,3	16,3

Quelle: Venema/Grimm 2002: 82

Die Bereitschaft zur Ehe mit deutschen Partnern variiert nach Nationalität und Geschlecht. Über 80% der griechischen Frauen und 72% der Männer sagten 2001, sie wären bereit, Deutsche zu heiraten. Hier liegt sowohl der insgesamt höchste Anteil als auch die größte Steigerungsrate im Vergleich zu 1980 vor. Die Bereitschaft italienischer Frauen und Männer war hingegen auch schon 1980 relativ hoch. Bei türkischen Männern ist mit rund 60% die geringste Zustimmung zu einer Ehe mit einer deutschen Partnerin zu verzeichnen. Hingegen hat sich die Einstellung türkischer Frauen im selben Zeitraum erheblich zugunsten gemischtnationaler Ehen verändert und ist von 14 auf 50% gestiegen.

Tab. 6: Bildungshomogame und bildungsheterogame bi-nationale Paarbeziehungen und Ehen

	Ehen		alle Paarbeziehungen	
Bildungsniveau des Mannes	Bildungsniveau der Frau			
	ohne Abitur	mit Abitur	ohne Abitur	mit Abitur
	beide deutsch		beide deutsch	
ohne Abitur	75.5%	3.4%	69.1%	5.4%
mit Abitur	12.8%	8.3%	13.5%	12.0%
	deutscher Mann, ausländische Frau		deutscher Mann, ausländische Frau	
ohne Abitur	48.2%	12.4%	45.8%	14.8%
mit Abitur	22.2%	17.3%	20.4%	19.0%
	ausländischer Mann, deutsche Frau		ausländischer Mann, deutsche Frau	
ohne Abitur	55.1%	5.5%	51.9%	7.9%
mit Abitur	14.7%	24.8%	14.4%	25.9%

Quelle: Familiensurvey 1988; nach Klein 2000

Einen begrenzten Einblick in die Bedeutung von internationalen Teilheiratsmärkten von Deutschen ermöglichen Befunde zu Bildungs- und Altersunterschieden in deutsch-ausländischen Paarbeziehungen und Ehen (Klein 2000, 2001; Schroedter 2006; Gonzalez-Ferrer 2006; Glowsky 2006). Entgegen weitverbreiteten Vorstellungen kommt eine bi-nationale Partnerwahl gehäuft vor, wenn zumindest ein Partner Abitur oder Fachhochschulreife hat. Binationale Partnerwahl erscheint somit bei Deutschen wie bei Ausländern an gehobene Bildungsschichten gekoppelt. Wie eingehendere Analysen zeigen (Klein 2000), ist der Anteil bi-nationaler Partnerschaften dann besonders hoch, wenn der Beginn der Paarbeziehung in die Studienzeit fiel; Universitäten geben somit offenbar vergleichsweise günstige Gelegenheiten, eine deutsch-ausländische Paarbeziehungen zu beginnen (vgl. Tab. 6).

Bildungshomogamie ist weitaus deutlicher ausgeprägt, wenn beide Partner deutsch sind oder ein ausländischer Mann mit einer deutschen Frau zusammenfindet. Deutlich niedriger ist die Bildungshomogamie in deutsch-ausländischen Paarbeziehungen mit einem deutschen Mann: Hier überwiegen ganz eindeutig Eheschließungen mit Partnerinnen, die einen höheren Bildungsabschluss aufweisen als sie selbst. Analysen auf der Basis des Mikrozensus kommen zu ähnlichen Befunden (Weick 2001): Die Wahrscheinlichkeit von ausländischen Männern, eine deutsche Frau zu heiraten, steigt ganz erheblich mit ihrem Bildungsgrad an: Italienische Männer mit einem Hauptschulabschluss heiraten bereits mit einer um 57% höheren Wahrscheinlichkeit eine deutsche Frau als Italiener ohne Schulabschluss, bei Italienern mit mittlerer Reife steigt diese Wahrscheinlichkeit auf 79% an, fällt dann bei den Abiturienten allerdings wieder auf 11%. Bei türkischen Männern ist diese Tendenz noch ausgeprägter: Männer mit Hauptschulabschluss heiraten mit 42% höherer Wahrscheinlichkeit eine deutsche Frau als solche ohne Schulabschluss; bei Männern mit mittlerer Reife und Abitur erhöht sich diese Wahrscheinlichkeit auf 193% bzw. 184%. Binationale Ehen stellen somit eine nach Bildungsgrad positive Selektion dar und bewirken – entgegen allen üblichen Vorstellungen – einen Beitrag zum Import von Humankapital, da die ausländischen Ehepartner typischerweise über einen gleich hohen oder höheren Bildungsgrad verfügen als die deutschen.

Deutsch-ausländische Paarbeziehungen mit deutschen Männern haben einen im Durchschnitt besonders großen Altersabstand, wobei die deutschen Männer vergleichsweise alt bei Beginn der Paarbeziehung und der Heirat sind. Dies zeigt sich insbesondere bei Ehen zwischen einem deutschen Ehemann und einer Frau aus den Ländern Thailand, Philippinen und Südamerika. Hier liegt der Altersunterschied bei neun Jahren und ist damit dreimal höher als der Bundesdurchschnitt (Beer 1996; Niessner et al. 1997; Ruenkaew 2003). Dieses hohe Heiratsalter deutscher Männer mit Frauen aus Ländern mit geringem Wohlstand ist vielfach als Indiz gedeutet worden, dass es sich überwiegend um Heiraten handelt, bei denen deutsche Männer aufgrund der demographischen Situation nach längerer erfolgloser Suche auf dem „ersten" Heiratsmarkt (z. B. aufgrund eigener physischer, kultureller und ökonomischer Unattraktivität und sozialer Isolierung) auf den „zweiten" internationalen Heiratsmarkt ausgewichen sind. Demnach wären binationale Ehen deutscher Männer vornehmlich das Ergebnis einer Kompensation von Defiziten ihrer individuellen Ressourcen (Beer 1996; Ruenkaew 2003).

Austauschtheoretische und familienökonomische Überlegungen lassen jedoch auch eine andere Schlussfolgerung zu, wonach auf dem internationalen Heiratsmarkt – sofern es sich um Gesellschaften mit geringerem Wohlstand handelt – ganz generell günstigere Erträge für den Einsatz eigener Ressourcen erzielen lassen, d. h. die Wahrscheinlichkeit, einen attraktiven Partner auf dem internationalen Beziehungsmarkt zu bekommen, ist höher als auf dem nationalen Markt. Aus zweierlei Gründen sollten hiervon Männer mit *hohen* individuellen Ressourcen (an Bildung, Einkommen[-serwartung], physischer Attraktivität) stärker profitieren als Männer mit geringen Ressourcen: Erstens ist für sie (durch höhere Bildung) der Zugang zu diesem Markt und die hierfür notwendige Informationsbeschaffung leichter, zweitens können sie (durch eine höhere Einkommenserwartung) die besten Offerten auf diesem Markt unterbreiten.

Tatsächlich ergibt eine sorgfältige Analyse auf der Basis des Sozio-Ökonomischen Panels von David Glowsky (2006) eine klare Widerlegung der Kompensationshypothese, da unter den Ehen mit Frauen aus ökonomisch benachteiligten Gesellschaften deutsche Männer mit unterdurchschnittlichem Einkommen und unterdurchschnittlicher Bildung *nicht* überrepräsentiert sind, vielmehr ist das Einkommen und die Schulbildung etwas höher. Ebensowenig ließen sich Hinweise finden, dass physische Unattraktivität (Übergewicht) zur Heirat mit einer Frau aus solchen Gesellschaften führt: „In der Gruppe der Männer mit Frauen aus dem ökonomisch schwächeren Ausland gibt es nicht mehr, sondern weniger Übergewichtige als in Ehen mit deutschen Frauen", und die Gesundheitszufriedenheit ist höher (Glowsky 2006: 18). Hingegen erfahren die austauschtheoretischen Überlegungen eine Bestätigung, als die Frauen in diesen Ehen eine besonders hohe Attraktivität aufweisen: Sie haben häufig einen höheren Bildungsabschluss als ihre Männer, sind physisch attraktiver (die Differenz im body-mass-index ist mehr als doppelt so groß als in deutsch-deutschen Ehen) und sind erheblich jünger als ihre Männer (7,9 Jahre Altersunterschied gegenüber 2,8 Jahren bei deutsch-deutschen Ehen). Durch bi-nationale Heiraten erzielen deutsche Männer einen Attraktivitätsgewinn bei ihrer Partnerin. Dieser Befund bleibt unter Kontrolle der individuellen Ressourcen des Mannes stabil (Glowsky 2006), d. h. die Gewinne auf dem internationalen Beziehungsmarkt steigen mit den Ressourcen des Mannes und führen schließlich dazu, dass solche Beziehungen besonders häufig bei überdurchschnittlich gebildeten, gutverdienenden Männern zu finden sind (Klein 2000).

5. Ausblick

Wie Befunde zur sozialen Distanz immer wieder zeigen, sind Familienbeziehungen diejenigen, in denen „zuletzt" interethnische Beziehungen gewünscht werden (Steinbach 2004). Entsprechend häufig sind interethnische oder gemischtnationale Eheschließungen als ein besonders „harter" Indikator für den Zustand interethnischer Beziehungen in einer Gesellschaft und für den Assimilationsgrad von Zuwandererminoritäten herangezogen worden. Empirische Untersuchungen von Heiratsbeziehungen zwischen ethnischen Minoritäten und der Bevölkerungsmajorität haben deshalb in den klassischen Einwanderungsländern, insbesondere in den USA, eine lange Tradition (Gordon 1964, 1975; Crester/Leon 1982; Heer 1985; Alba/Golden 1986; Lee/Yamanaka 1990; Pagnini/Morgan 1990; Sung 1990; Hwang et al. 1995, 1997; Jones/Luijkx 1996; Crowder/Tolnay 2000; Fu 2001; Jacobs/Labov 2002; Kulczycki/Lobo 2002; Rosenfeld 2002; Troy et al. 2006). In der Bundesrepublik sind hingegen entsprechende Untersuchungen nach wie vor spärlich und basieren beinahe ausschließlich auf Zeitreihen der Registrierung gemischtnationaler Eheschließungen vor deutschen Standesämtern, während bi-nationale Heiraten mit deutscher Beteiligung in den Herkunftsländern des Ehepartners oder in Drittstaaten von vornherein unberücksichtigt bleiben. Demzufolge fehlen systematische Untersuchungen über den Verlauf und die Ausgestaltung von bi-kulturellen Paarbeziehungen und Ehen in Deutschland bislang völlig – jenseits von qualitativen Fallstudien (Hardach-Pinke 1988; Scheibler 1992; Kienecker 1993; Wießmeier 1993; Beer 1996; Breger 1998; Geller 1999; Collet 2003; Ruenkaew 2003; Waldis 2003; Waldis/Ossipow 2003; sowie zusammenfassend: Barbara 1989; Thode-Arora 1999; Root 2001). Die internationale Forschungsliteratur zusammenfassend kommt Hilke Thode-Arora (1999: 415) zu dem Ergebnis, „dass es sich bei interethnischen Ehen zwar um ein vieluntersuchtes, jedoch nur bedingt um ein gutuntersuchtes Phänomen handelt". Nach rund achtzig Jahren Zwischenheiratsforschung sei es „allmählich an der Zeit, nicht eine Pilotstudie an die andere zu reihen, sondern systematisch Forschungslücken zu schließen" (Thode-Arora 1999: 415).

Von besonderer Bedeutung wären hier empirische Studien, die neben der endogenen Paarentwicklung auch die Effekte des sozialen Kontextes einbeziehen, d.h. wie die jeweiligen institutionellen Regelungen für bi-nationale Paare und deren Einbettung in heterogene Verwandtschafts-, Netzwerk- und Wohnkontexte auf die Dynamik bi-kultureller Paare einwirken: Dies betrifft nicht nur die z.T. sehr restriktiven Bedingungen der Paaranpassung in der vorehelichen Phase mit dem gesteigerten Risiko von „mismatches", sondern auch die spezifischen Mechanismen sozialer Kontrolle und des Aufbaus von sozialem Kapital in heterogenen Netzwerken im Hinblick auf die Beziehungsentwicklung. Hierzu wären systematisch vergleichende, prospektive Längsschnittstudien notwendig, die bislang – auch international – nicht zur Verfügung stehen.

Wegen der unterschiedlichen rechtlichen Rahmenbedingungen und der Länge der Existenz und der Größe von (Migranten-)Minoritäten sind empirische Befunde aus anderen Gesellschaften – jenseits aller kulturellen Unterschiede – nur sehr bedingt auf die Situation in Deutschland übertragbar. Für mehrere Gesellschaften und kulturelle Minoritäten replizierte Befunde zu bi-kulturellen Paarbeziehungen und Ehen sind außerordentlich selten. Eine Ausnahme sind Analysen zum Trennungs- und Scheidungsrisiko: In bislang allen systematischen Analysen erweisen sich bi-kulturelle Ehen als weniger stabil als monokulturelle Ehen (Kalmijn/De Graaf/Poortman 2004; Kalmijn/De Graaf/Janssen 2004), wohingegen die determinierenden Faktoren als bislang kaum erforscht gelten können.

Zweifellos wird Heiratsmigration in seiner quantitativen Bedeutung in Zukunft noch zunehmen (Haug 2003). Dies ist nicht nur durch die sich verschärfenden Ungleichgewichte auf dem internen Beziehungs- und Heiratsmarkt zurückzuführen, sondern auch an der anhaltenden Nachfrage von Angehörigen der Migrantenminorität der „Zweiten Generation" nach Heiratspartnern aus den Herkunftsgesellschaften ihrer Eltern (Nauck 2001a). Wegen der Assimilation der zweiten Generation an die kulturellen Standards der Aufnahmegesellschaft (Nauck 2001b, 2001c) nehmen diese Beziehungen zunehmend den Charakter bi-kultureller Paarbeziehungen und Ehen an. Solche Anreize für transnationale Partnersuche in Migrantenminoritäten sind insbesondere dann sehr hoch, wenn eine restriktive Zuwanderungspolitik keine anderen Zuwanderungsmöglichkeiten zulässt und gilt entsprechend insbesondere für solche Personengruppen, deren Herkunftsländer von restriktiven Zuwanderungsmöglichkeiten betroffen sind. Nach den Ergebnissen des Mikrozensus 1989 – 2000 sind 29,9 % der Ehefrauen türkischer Migranten der ersten Generation erst nach der Heirat zugewandert, und 25,8 % der Ehefrauen von Angehörigen der zweiten Zuwanderergeneration, wohingegen die entsprechenden Anteile bei den italienischen Migranten bei 8,2 % bzw. 2,4 % liegen. Auch bei den Heiraten der in Deutschland lebenden Migrantinnen sind die Befunde ähnlich: 11,5 % der Ehemänner türkischer Migrantinnen der ersten Generation sind erst nach der Heirat zugewandert und 24,8 % der Ehemänner der zweiten Zuwanderergeneration, wohingegen die entsprechenden Anteile bei den italienischen Migrantinnen bei 0,3 % bzw. 2,3 % liegen (Schroedter 2006) Damit sind bei den türkischen Migrantinnen und Migranten die Anreize, einen Ehepartner in der Herkunftsgesellschaft zu suchen, gleich stark ausgeprägt. Der eigene verfestigte Aufenthaltsstatus des Angehörigen der zweiten Zuwanderergeneration dient als zusätzliche Offerte auf dem Heiratsmarkt in der Herkunftsgesellschaft, der eingesetzt werden kann, um dort einen Ehepartner mit höherem sozialen Status zu bekommen – ein Vorteil, der auf dem Heiratsmarkt in der Aufnahmegesellschaft weder bezüglich der Einheimischen noch der Angehörigen der eigenen Zuwanderungsminorität zur Geltung käme: „Marrying into a Turkish family in Germany is an added attraction for young men in Turkey and raises the bride-price and bargaining power of a young girl's family inasmuch as they can offer a future son-in-law prospects of a residence permit and access to the German labour market" (Wilpert 1992: 183 f.).

Literatur

Alba, Richard D./Golden, Reid (1986): Patterns of interethnic marriage in the United States. In: Social Forces 65: 203-223

Barbara, Augustin (1989): Marriage across Frontiers. Clecedon: Multilingual Matters

Beer, Bettina (1996): Deutsch-philippinische Ehen: Interethnische Heiraten und Migration von Frauen. Berlin: Reimer

Berger, Peter L./Kellner, Hansfried (1965): Die Ehe und die Konstruktion der Wirklichkeit. Eine Abhandlung zur Mikrosoziologie des Wissens. In: Soziale Welt 16: 220-235

Breger, Rosemary (1998): Love and the state: Women, mixed marriages and the law in Germany. In: Breger, Rosemary/Hill, Rosanna (Hg.): Cross-cultural marriage. Identity and choice. Oxford, UK: 129-152

Buba, Hans P./Ueltzen, Werner/Vaskovics, Laszlo A./Müller, Wolfgang (1984): Gemischt-nationale Ehen in der Bundesrepublik Deutschland. In: Zeitschrift für Bevölkerungswissenschaft 10: 421-448

Collet, Beate (2003): Binationale Paare und Familien in Frankreich und Deutschland: Die Auswirkungen des rechtlichen Status auf die Integrationsmodi inländisch verheirateter Ausländer. In: Alber, Jean L./Ossipow, Laurence/Outemzabet, Valerie/Waldis, Barbara (Hg.): Mariages tous azimuts. Grenzüberschreitend heiraten. Fribourg: 103-119

Crester, Gary A./Leon, Joseph J. (1982): Intermarriage in the U.S.: An overview of theory and research. In: Marriage and Family Review 5: 3-15

Crowder, Kyle D./Tolnay, Steward E. (2000): A new marriage squeeze for black women: The role of racial intermarriage by black men. In: Journal of Marriage and the Family 62: 792-807

Davis, Kingsley (1941): Intermarriage in caste societies. In: American Anthropologist 43: 376-395

Fu, Vincent K. (2001): Racial intermarriage pairings. In: Demography 38: 147-159

Geller, Helmut (1999): Liebe zwischen Ehre und Engagement. Zur Konfrontation zweier Orientierungssysteme in binationalen Ehen zwischen deutschen Frauen und Einwanderern der ersten Generation aus mediterranen Ländern. Opladen: Leske + Budrich

Glowsky, David (2006): EU-Bürgerschaft als Ressource bei der Heirat ausländischer Frauen. Eine Analyse deutsch-ausländischer Ehen mit Daten des Sozioökonomischen Panel. Berlin: Institut für Soziologie der FU Berlin

Gonzalez-Ferrer, Amparo (2006): Who do immigrants marry? Partner choice among immigrants in Germany. In: European Sociological Review 22: 171-185

Gordon, Milton M. (1964): Assimilation in American life. The role of race, religion and national origins. New York: Oxford University Press

Gordon, Milton M. (1975): Toward a general theory of racial and ethnic group relations. In: Glazer, Nathan/Moynihan, Daniel (Hg.): Ethnicity. Theory and experience. Cambridge: 84-110

Gündüz-Hosgör, Ayse/Smits, Jeroen (2002): Intermarriage between Turks and Kurds in contemporary Turkey. Inter-ethnic relations in an urbanizing environment. In: European Sociological Review 18: 417-432

Hardach-Pinke, Irene (1988): Interkulturelle Lebenswelten. Deutsch-japanische Ehen in Japan. Frankfurt a.M., New York: Campus

Haug, Sonja (2002): Familie, soziales Kapital und soziale Integration. Zur Erklärung ethnischer Unterschiede in Partnerwahl und generativem Verhalten bei jungen Erwachsenen deutscher, italienischer und türkischer Abstammung. In: Zeitschrift für Bevölkerungswissenschaft 27: 393-425

Haug, Sonja (2003): Arbeitsmigration, Familiennachzug, Heiratsmigration. In: Zeitschrift für Bevölkerungswissenschaft 28: 335-353

Heer, David M. (1985): Bi-kulturelle Ehen. In: Elschenbroich, Donatha (Hg.): Einwanderung, Integration, Ethnische Bindung. Harvard Encyclopedia of American Ethnic Groups. Eine deutsche Auswahl. Frankfurt a.M.: 179-197

Horstkemper, Marianne (1995): Mädchen und Frauen im Bildungswesen. In: Böttcher, Wolfgang/Klemm, Klaus (Hg.): Bildung in Zahlen. Statistisches Handbuch zu Daten und Trends im Bildungsbereich. Weinheim, München: 188-216

Huinink, Johannes (1995): Warum noch Familie? Zur Attraktivität von Partnerschaft und Elternschaft in unserer Gesellschaft. Frankfurt a.M., New York: Campus

Hwang, Sean S./Saenz, Rogelio/Aguirre, Benigno E. (1995): The SES selectivity of interracially married asians. In: International Migration Review 29: 469-491

Hwang, Sean S./Saenz, Rogelio/Aguirre, Benigno E. (1997): Structural and assimilationist explanations of asian american intermarriage. In: Journal of Marriage and the Family 59: 758-772

Jacobs, Jerry A./Labov, Teresa G. (2002): Gender differentials in intermarriage among sixteen race and ethnic groups. In: Sociological Forum 17: 621-646

Jones, Frank L./Luijkx, Ruud (1996): Post-war patterns of intermarriage in Australia: The mediterranean experience. In: European Sociological Review 12: 67-86

Kalmijn, Matthijs (1993): Spouse selection among the children of european immigrants: A study of marriage cohorts in the 1960 Census. In: International Migration Review 27: 51-78

Kalmijn, Matthijs (1998): Intermarriage and homogamy: Causes, patterns, trends. In: Annual Review of Sociology 24: 395-421

Kalmijn, Matthijs/De Graaf, Paul M./Janssen, Jaques P. G. (2004): Intermarriage and the risk of divorce in the Netherlands: The effects of differences in religion and in nationality, 1974-94. In: Population Studies 59: 71-85

Kalmijn, Matthijs/De Graaf, Paul M./Poortman, Anne R. (2004): Interactions between cultural and economic determinants of divorce in the Netherlands. In: Journal of Marriage and Family 66: 75-89

Kane, Thomas T./Stephen, Elisabeth H. (1988): Patterns of intermarriage of guestworker populations in the Federal Republic of Germany: 1960-1985. In: Zeitschrift für Bevölkerungswissenschaft 14: 187-204

Kienecker, Silke (1993): Interethnische Ehen. Deutsche Frauen mit ausländischen Partnern. Münster: Lit

Klein, Thomas (2000): Partnerwahl zwischen Deutschen und Ausländern. In: Sachverständigenkommission 6. Familienbericht (Hg.): Familien ausländischer Herkunft in Deutschland Band 1: Empirische Beiträge zur Familienentwicklung und Akkulturation. Opladen: 303-346

Klein, Thomas (2001): Intermarriages between germans and foreigners in Germany. In: Journal of Comparative Family Studies 32: 325-346

Kulczycki, Andrzej/Lobo, Arun P. (2002): Patterns, determinants, and implications of intermarriage among arab americans. In: Journal of Marriage and Family 64: 202-210

Lee, Sharon M./Yamanaka, Keiko (1990): Patterns of asian american intermarriage and marital assimilation. In: Journal of Marriage and the Family 21: 287-305

Martin, Frank O. (2001): Marriage squeeze in Deutschland – aktuelle Befunde auf Grundlage der amtlichen Statistik. In: Klein, Thomas (Hg.): Partnerwahl und Heiratsmuster. Sozialstrukturelle Voraussetzungen der Liebe. Opladen: 287-313

Mehrländer, Ursula/Ascheberg, Carsten/Ueltzhöffer, Jörg (1996): Repräsentativuntersuchung '95. Situation der ausländischen Arbeitnehmer und ihrer Familienangehörigen in der Bundesrepublik Deutschland. Bonn: Bundesministerium für Arbeit und Sozialordnung

Müller-Dincu, Barbara (1981): Gemischt-nationale Ehen zwischen deutschen Frauen und Ausländern in der Bundesrepublik. Wiesbaden: Bundesinstitut für Bevölkerungswissenschaft

Nauck, Bernhard (1988): Zwanzig Jahre Migrantenfamilien in der Bundesrepublik. Familiärer Wandel zwischen Situationsanpassung, Akkulturation und Segregation. In: Nave-Herz, Rosemarie (Hg.): Wandel und Kontinuität der Familie in der Bundesrepublik Deutschland. Stuttgart: 279-297

Nauck, Bernhard (2001 a): Generationenbeziehungen und Heiratsregimes – theoretische Überlegungen zur Struktur von Heiratsmärkten und Partnerwahlprozessen am Beispiel der Türkei und Deutschlands. In: Klein, Thomas (Hg.): Partnerwahl und Heiratsmuster. Sozialstrukturelle Voraussetzungen der Liebe. Opladen: 35-55

Nauck, Bernhard (2001 b): Intercultural contact and intergenerational transmission in immigrant families. In: Journal of Cross-Cultural Psychology 32: 159-173

Nauck, Bernhard (2001 c): Social capital, intergenerational transmission and intercultural contact in immigrant families. In: Journal of Comparative Family Studies 32: 465-488

Nauck, Bernhard (2002): Dreißig Jahre Migrantenfamilien in der Bundesrepublik. Familiärer Wandel zwischen Situationsanpassung, Akkulturation, Segregation und Remigration. In: Nave-Herz, Rosemarie (Hg.): Kontinuität und Wandel der Familie in Deutschland. Eine zeitgeschichtliche Analyse. Stuttgart: 315-339

Niesner, Elvira/Anonuevo, Estrella/Aparicio, Marta/Sonsiengchai-Fenzl, Petchara (1997): Ein Traum vom besseren Leben. Migrantinnenerfahrungen, soziale Unterstützung und neue Strategien gegen Frauenhandel. Opladen: Leske + Budrich

Pagnini, Deanna/Morgan, S. Philip (1990): Intermarriage and social distance among U.S. immigrants at the turn of the century. In: American Journal of Sociology 96: 405-432

Roloff, Juliane (1998): Eheschließungen und Ehescheidungen von und mit Ausländern in Deutschland. In: Zeitschrift für Bevölkerungswissenschaft 23: 319-334

Root, Maria P. P. (2001): Love's revolution. Philadelphia: Temple University Press

Rosenfeld, Michael J. (2002): Measures of assimilation in the marriage market: Mexican american 1970-1990. In: Journal of Marriage and Family 64: 152-162

Rüffer, Wolfgang (2001): Bildungshomogamie im internationalen Vergleich – die Bedeutung der Bildungsverteilung. In: Klein, Thomas (Hg.): Partnerwahl und Heiratsmuster. Sozialstrukturelle Voraussetzungen der Liebe. Opladen: 99-131

Ruenkaew, Pataya (2003): Heirat nach Deutschland. Motive und Hintergründe thailändisch-deutscher Eheschließungen. Frankfurt a.M.: Campus

Scheibler, Petra M. (1992): Binationale Ehen: Zur Lebenssituation europäischer Paare in Deutschland. Weinheim: Deutscher Studien Verlag

Schroedter, Julia H. (2006): Binationale Ehen in Deutschland. In: Wirtschaft und Statistik 4: 419-431

Statistisches Bundesamt (1997): Strukturdaten über die ausländische Bevölkerung. Stuttgart: Metzler-Poeschel

Statistisches Bundesamt (2006): Statistisches Jahrbuch 2006 für die Bundesrepublik Deutschland. Wiesbaden: Statistisches Bundesamt

Steinbach, Anja (2004): Soziale Distanz. Ethnische Grenzziehung und die Eingliederung von Zuwanderern in Deutschland. Wiesbaden: Verlag für Sozialwissenschaften

Straßburger, Gaby (2000): Das Heiratsverhalten von Personen ausländischer Nationalität oder Herkunft in Deutschland. In: Sachverständigenkommission 6. Familienbericht (Hg.): Familien ausländischer Herkunft in Deutschland Band 1: Empirische Beiträge zur Familienentwicklung und Akkulturation. Opladen: 9-48

Straßburger, Gaby (2003): Heiratsverhalten und Partnerwahl im Einwanderungskontext. Eheschließungen der zweiten Migrantengeneration türkischer Herkunft. Würzburg: Ergon

Sung, Betty L. (1990): Chinese american intermarriage. In: Journal of Marriage and the Family 21: 337-352

Thode-Arora, Hilke (1999): Interethnische Ehen. Theoretische und methodische Grundlagen ihrer Erforschung. Berlin: Dietrich Reimer

Troy, Adam B./Lewis-Smith, Jamie/Laurenceau, Jean P. (2006): Interracial and intraracial romantic relationships: The search for differences in satisfaction, conflict, and attachment style. In: Journal of Social and Personal Relationships 23: 65-80

Venema, Mathias/Grimm, Klaus (2002): Situation der ausländischen Arbeitnehmer und ihrer Familienangehörigen in der Bundesrepublik Deutschland. Repräsentativuntersuchung 2001. Tabellenband. Bonn: Bundesministerium für Arbeit und Sozialordnung

Waldis, Barbara (2003): Die Dynamik binationaler Familienbeziehungen: Das Beispiel türkisch-schweizerischer Paare und Familien in der Schweiz. In: Alber, Jean L./Ossipow, Laurence/Outemzabet, Valerie/Waldis, Barbara (Hg.): Mariages tous azimuts. Grenzüberschreitend heiraten. Fribourg: 19-39

Waldis, Barbara/Ossipow, Laurence (2003): Binationale Paare und multikulturelle Gesellschaften. In: Wicker, Hans R./Fibbi, Rosita/Haug, Werner (Hg.): Migration und die Schweiz: Ergebnisse des Nationalen Forschungsprogramms ‚Migration und interkulturelle Beziehungen'. Zürich: 390-420

Weick, Stefan (2001): Bei höherer Schulbildung neigen ausländische Männer eher zur Ehe mit deutscher Partnerin. Untersuchung zu Familie und Partnerwahl in der ausländischen Bevölkerung mit Daten des Mikrozensus. In: Informationsdienst Soziale Indikatoren 25: 12-14

Wießmeier, Brigitte (1993): Das ‚Fremde' als Lebensidee. Eine empirische Untersuchung bikultureller Ehen in Berlin. Münster: Lit

Wilpert, Czarina (1992): The use of social networks in turkish migration to Germany. In: Kritz, Mary M./Lim, Lean L./Zlotnik, Hania (Hg.): International migration systems. A global approach: Oxford: 177-189

Persönliche Beziehungen unter Belastungen

Sabine Walper und Mari Krey

Familienbeziehungen nach Trennungen

„Bis dass der Tod Euch scheidet" gilt zwar in Deutschland noch für die Mehrheit aller Ehen, aber der Anteil von Ehen, die durch den Scheidungsrichter beendet werden, steigt seit Mitte der 1950er Jahre mehr oder minder stetig an (Emmerling 2007). Im Jahr 2005 erfolgten 37,5 % aller Ehelösungen durch eine Scheidung, während dieser Anteil in den späten 1950er und frühen 1960er Jahren nicht einmal halb so groß war. Neueren Schätzungen zufolge werden 42 Prozent aller Ehen der aktuellen Heiratsjahrgänge vor dem Scheidungsrichter enden (Sardon/Robertson 2004). In rund der Hälfte aller Fälle sind Kinder mit betroffen. Wenngleich die überwiegende Mehrzahl aller Kinder in Deutschland in einer Kernfamilie aufwächst, ist doch davon auszugehen, dass ca. 20 % aller in den 1990er Jahren geborenen Kinder noch als Minderjährige eine Scheidung ihrer Eltern erleben (Engstler/ Menning 2003).

Zumeist ist diesen Scheidungen schon eine längere Trennungsphase voraus gegangen, die das juristisch vorgeschriebene Trennungsjahr deutlich übertrifft: Nach Befunden der Kölner Längsschnittstudie war 40 Monate nach der räumlichen Trennung erst rund die Hälfte aller Paare geschieden (Schmidt-Denter/Schmitz 2002). Schon insofern unterschätzt die Scheidungsstatistik die Zahl der faktischen Trennungen. Weitet man den Blickwinkel aus und betrachtet nicht nur die Instabilität von Ehen, sondern auch von nichtehelichen Lebensgemeinschaften, also Paaren, die ohne Trauschein in Haushaltsgemeinschaft leben, so erhöht sich die Zahl nochmals, zumal sich nicht-eheliche Lebensgemeinschaften im Vergleich zu Ehen als instabiler erweisen (Lauterbach 1999).

Selbst wenn Trennungen und Scheidungen im Zuge steigender Scheidungsquoten eine gewisse Normalität angenommen haben, gehören sie doch zu den besonders belastenden kritischen Lebensereignissen, die hohe Anforderungen an die Bewältigungskompetenzen der ehemaligen Partner und gegebenenfalls deren Kinder stellen. Dies gilt nicht nur angesichts der zahlreichen alltagspraktischen Anforderungen, die sich im Verlauf einer Trennung stellen, sondern auch angesichts der hohen emotionalen Bedeutung, die einer befriedigenden Paarbeziehung in den Lebensentwürfen der meisten Erwachsenen zukommt (Datenreport 2000). Nicht zuletzt Kinder sind mit ihrem Bedürfnis nach Geborgenheit und ihrer Verwiesenheit auf elterliche Fürsorge wesentlich tangiert. So hat auch die Frage nach dem Kindeswohl zentralen Stellenwert im öffentlichen Interesse an den Scheidungsfolgen.

Im Verlauf der letzten Jahrzehnte hat sich die Scheidungsforschung intensiv entwickelt. Insbesondere in den USA, aber auch in Deutschland und zahl-

reichen anderen Ländern sind vielfältige Studien entstanden, die Scheidungsursachen (Bröning/Walper 2007; Gottman 1994; Klein 1995) und Scheidungsfolgen beleuchten (Amato 2000; Schwarz/Noack 2002). Beide For-
schungszweige – zum einen mit der Frage nach den Vorläufern und Ursachen einer Scheidung, zum anderen mit der Frage nach den Konsequenzen
für die ehemaligen Partner und deren Kinder – blieben lange unverbunden.
Seit jedoch auch die Scheidungsfolgen-Forschung den Blick vermehrt in
die Zeit vor der Trennung gelenkt hat, um Auswirkungen vor dem Hintergrund vorangegangener Belastungen realistischer einschätzen zu können,
rücken beide Zweige näher zusammen. Mit dieser Ausweitung der Perspektive hat die Scheidungsfolgen-Forschung wesentlich an Komplexität gewonnen. Schon lange wurde die simple „Defizit-Perspektive" ad acta gelegt, wenn es etwa darum ging, Einflüsse der Scheidung auf das Kindeswohl angemessen zu entschlüsseln (Walper 2002). Die Reaktionen der Kinder erwiesen sich als zu heterogen, um sie ausschließlich oder auch nur
primär auf das Ereignis der elterlichen Trennung zurück zu führen (Amato
1993; Hetherington et al. 1999).

Aspekte der Familiendynamik und der Beziehungen zwischen den Familienmitgliedern spielen nicht nur in der Erforschung von Scheidungsursachen,
sondern nicht minder in der Forschung zu Scheidungsfolgen eine zentrale
Rolle, nehmen doch Besonderheiten der Familienbeziehungen vor und nach
einer Trennung wesentlichen Einfluss auf die persönliche Entwicklung von
Eltern und Kindern weit über die Trennung hinaus (Amato 2000, 2006; Walper 2002). Diese Beziehungen stehen im Mittelpunkt dieses Kapitels, das sich
primär mit den Folgen einer Trennung für die Beziehungen und Interaktionen
zwischen den Ex-Partnern, zwischen jedem Elternteil und den Kindern, unter
den Geschwistern sowie zwischen den Kindern und weiteren Familienangehörigen, insbesondere den Großeltern befasst. Im Folgenden werden zunächst
wesentliche Perspektiven der Scheidungsforschung vorgestellt, um anschließend auf die einzelnen Subsysteme der Familie einzugehen und einschlägige
Befunde darzustellen. Wir schließen mit einem Abschnitt über Präventions-
möglichkeiten, die dazu dienen, fortgesetzten Beziehungsproblemen auch
nach einer Trennung vorzubeugen.

1. Perspektiven der Scheidungsforschung

Stark beeinflusst durch die strukturfunktionalistische Perspektive Parsons'
scher Prägung galt eine Scheidung bis in die 1970er Jahre hinein als zentrales Indiz für die Desorganisation des Familiensystems (Hill/Kopp 2004). Da
das Verständnis von Familie zunächst genuin an die Struktur der Kernfamilie gekoppelt war (in der die verheirateten Eltern mit ihren bündigen leiblichen Kindern zusammenleben) wurde die Auflösung der elterlichen Paarbeziehung als Ende der Familie schlechthin betrachtet (zum Wandel der
Konzeptualisierung von Familie siehe Schneewind 1999). Erst differenziertere empirische Befunde zur Gestaltung von Familienbeziehungen nach der

Scheidung bereiteten den Weg für einen Perspektivenwechsel. Dieser machte darauf aufmerksam, dass Eltern-Kind-Beziehungen als zentrale Eckpfeiler von Familie auch die elterliche Scheidung überdauern, jedoch im Zuge der veränderten Gegebenheiten eine Reorganisation erfahren, bei der vielfach auch der getrennt lebende Elternteil einbezogen bleibt (Fthenakis et al. 1993). Dieses Reorganisationsmodell hat in der Folgezeit auch die Novellierungen des deutschen Scheidungsrechts wesentlich beeinflusst, das 1977 vom Schuldprinzip abrückte und das Zerrüttungsprinzip einführte sowie das gemeinsame Sorgerecht als Option einführte, die 1998 zum Normalfall gemacht wurde (siehe Abschnitt 3).

Damit geriet auch der Trennungs- bzw. Scheidungsprozess selbst vermehrt in den Fokus der Forschung. Dass es sich hierbei nicht um ein punktuelles Ereignis sondern einen komplexen psychischen und sozialen Prozess mit beträchtlicher zeitlicher Erstreckung handelt, heben vor allem Phasenmodelle der Scheidung hervor. Bei der Beschreibung dieses Prozessverlaufs von Scheidungen werden durchaus unterschiedliche Differenzierungen und Akzentsetzungen vorgenommen (Walper 2002). So unterscheidet Florence W. Kaslow (1990) drei Phasen: (1) Die *Vor-Scheidungszeit*, die durch die *emotionale Scheidung* der Partner (unversöhnliche Konflikte, Entfremdung, emotionale Distanzierung) charakterisiert ist, (2) die Phase der *„eigentlichen" Scheidung*, in der die *finanzielle* und *rechtliche* Scheidung stattfindet, sowie (3) die *Nach-Scheidungszeit*, in der die *psychische Scheidung* vollzogen wird, wobei die ehemaligen Partner zunehmend ihre Eigenständigkeit zurückgewinnen und neue Alltagsroutinen, Rollen und Lebensperspektiven entwickeln.

Eine differenziertere Sicht auf die Vor-Scheidungsphase liefern Betty Carter und Monica McGoldrick (1988), die hier zwischen dem *Entschluss zur Trennung*, der *Trennungsplanung* und dem *Vollzug der räumlichen Trennung* differenzieren. Beispiele für die hierauf bezogenen Entwicklungsaufgaben sind: Das Akzeptieren des eigenen Anteils am Scheitern der Ehe, das kooperative Aushandeln von Sorgerechts- und Besuchsregelungen, das Trauern um den Verlust der intakten Familie und die Restrukturierung der Finanzen und Beziehungen, auch zum erweiterten Familienkreis. Damit wird schon auf emotionale (und praktische) Anforderungen in der Zeit vor der Scheidung hingewiesen, die seitens der Noch-Partner mitunter sogar als belastender erlebt werden als die eigentliche Scheidung.

Auch für die Nachscheidungszeit finden sich leicht abweichende Phasenmodelle. Eileen Mavis Hetherington et al. (1982) unterscheiden zwischen einer anfänglichen *Desorganisationsphase*, die durch mangelnde Alltagsroutinen und wechselhaft-inkonsistentes Erziehungsverhalten des sorgeberechtigten Elternteils bestimmt ist und einer anschließenden *Reorganisationsphase*, in der neue Muster etabliert werden und eine Stabilisierung durch Reorganisation auf individueller, familiärer und kontextueller Ebene erfolgt. Ihre Befunde sprechen dafür, dass den Kindern in der Regel innerhalb von zwei Jahren eine Anpassung an die neuen Lebensverhältnissen gelingt. Demgegenüber beschreiben Judith Wallerstein und Sandra Blakeslee (1989) drei Phasen nach der Scheidung: (1) Eine *akute Phase* von ca. ein bis zwei Jahren Dauer, (2) eine *Übergangsphase*, in der bereits erste Anzeichen von Restabilisierung erkennbar sind, und dann, nach einem Zeitraum von drei bis vier Jahren, (3) das *Stadium der Stabilität*, in dem sich die familiären Beziehungen wieder weitgehend normalisiert haben. Obwohl solche Phasenmodelle den Nachteil haben, den interindividuellen Variationen im Anpassungs- bzw. Bewältigungsprozess kaum Rechnung zu tragen, lassen sich in diesem Kontext doch charakteristische Entwicklungsaufgaben für Scheidungsfamilien ausmachen und darüber hinaus Parallelen zu anderen familialen Übergängen ziehen, wie sie neuerdings im Rahmen des Transitionsmodells in der Scheidungsforschung hervorgehoben werden (Fthenakis 2000; Schwarz/Noack 2002).

Der heutigen Forschung zu Scheidungsfolgen liegt überwiegend eine Sichtweise zugrunde, die an Konzepte der Familiensystemtheorie und Stresstheorie anknüpft. Hierbei wird eine Scheidung als Stressor herausstellt, der je nach Begleitumständen unterschiedliche Belastungen mit sich bringt und je nach verfügbaren Ressourcen unterschiedlich bewältigt werden kann (Hetherington/Stanley-Hagan 1999). Diese *Scheidungs-Stress-Bewältigungs-Perspektive* (Amato 2000) erlaubt einen facettenreichen Blick auf die unterschiedlichen Belastungsfaktoren (Stressoren), mit denen Eltern und Kinder im Verlauf einer Trennung konfrontiert sein können. Hierzu zählen vor allem Konflikte zwischen den Ex-Partnern, ökonomische Belastungen, Einschränkungen im Kontakt zwischen dem getrennt lebenden Elternteil und den Kindern sowie psychische Belastungen der Eltern, die sich nicht zuletzt in deren Erziehungsverhalten niederschlagen können, aber auch andere Stressoren wie Umzüge, Schulwechsel der Kinder, Erwerbseintritt des häuslichen Elternteils etc. Gleichzeitig sensibilisiert diese Perspektive für Unterschiede in den individuellen, sozialen und kontextuell-strukturellen Ausgangsbedingungen (Ressourcen) zur Bewältigung der jeweiligen Anforderungen, die sich etwa am Entwicklungsstand und Temperament der Kinder, sozialen Netzen und Betreuungsangeboten für Kinder oder dem Zugang zu Mediationsverfahren festmachen lassen. Beide Gruppen von Faktoren tragen zu Variationen in den jeweiligen Konsequenzen bei, die für die Betroffenen kurz- und langfristig resultieren können (siehe Amato 2000).

Das wesentliche Gegenstück zur Scheidungs-Stress-Bewältigungs-Perspektive stellt die *Selektionsperspektive* dar (Amato 2000). Sie hebt hervor, dass Scheidungen nicht zufällig in der Population verteilt sind, sondern gehäuft im Kontext familialer und individueller Risiken auftreten, die sich an spezifischen Persönlichkeitsmerkmalen der Partner, belastenden Lebensumständen und nicht zuletzt Problemen in der Gestaltung der Paarbeziehung festmachen lassen (Cheng et al. 2006). Beeinträchtigungen der Befindlichkeit von Familienmitgliedern aber auch der Beziehungen nach einer Trennung wären demnach nicht notwendigerweise Folge der Trennung, sondern gin-

gen ihr – und möglicherweise sogar schon der Heirat – voraus. Dem entsprechen Befunde einer Reihe von Prospektivstudien, nach denen eine antisoziale Persönlichkeit, Depressionen und eine Häufung psychischer Probleme in der Biographie für die Betroffenen das Risiko einer Scheidung erhöhen (Capaldi/Patterson 1991; Davies et al. 1997). Auch unangemessenes
Erziehungsverhalten der Eltern und finanzielle Belastungen wurden in solchen Längsschnittstudien vermehrt in Familien gefunden, in denen sich später die Partner scheiden ließen (Block et al. 1988; Cheng et al. 2006; Furs-
tenberg/Teitler 1994).

Wenngleich die Scheidungs-Stress-Bewältigungsperspektive und die Selektionsperspektive ursprünglich als gegensätzliche Positionen für die Erklärung von Unterschieden zwischen Scheidungsfamilien und Familien mit
stabiler Ehe der Eltern konzipiert waren, lassen sich beide Perspektiven
doch durchaus integrieren (Walper 2006). Nicht zuletzt im Hinblick auf die
Entwicklung der Kinder in Scheidungsfamilien spricht die Befundlage eher
für eine Sichtweise, die deren Nachteile gegenüber Kindern in Kernfamilien
sowohl auf vorangegangene Risikofaktoren als auch nachfolgende Belastungen im Zuge der elterlichen Scheidung zurückführt (siehe auch Wal-
per/Langmeyer 2008). Wie die Gewichte bei der Interpretation von Scheidungsfolgen für die Beziehungen zwischen den Ex-Partnern und Eltern und
Kindern zu verteilen sind, ist allerdings mangels einschlägiger Studien noch
nicht auszumachen.

Vielfach ist die Entwicklung der Familienkonstellation mit der Trennung/
Scheidung keineswegs abgeschlossen. In gut 60 % der Fälle gehen Geschiedene eine neue Ehe ein (Engstler 1997; Textor 2006), Männer häufiger als
Frauen, und vermutlich entsteht noch häufiger vorübergehend oder dauerhaft eine nicht-eheliche Lebensgemeinschaft. Sind Kinder vorhanden, so
bedeutet eine neue Partnerschaft eines Elternteils die Gründung einer Stieffamilie, sei es eine primäre Stieffamilie (in der die Kinder mit dem neuen
Partner zusammenleben) oder als sekundäre bzw. „Wochenend-Stieffami-
lie", in der der getrennt lebende Elternteil mit einem neuen Partner zusammenlebt (Walper/Wild 2002). Von den insgesamt 7 % (primären) Stieffamilien, die Walter Bien et al. (2002) anhand von Mikrozensus-Daten des Jahres 1999 ausmachten, waren etwa zwei Drittel verheiratet, während das
restliche Drittel in einer nichtehelichen Lebensgemeinschaft lebte. 6 % aller
Kinder unter 18 Jahren wuchsen in einer (verheirateten oder nichtehelichen)
Stieffamilie auf, wobei der Anteil von Stiefkindern allerdings in den neuen
Bundesländern mit 10 % nahezu doppelt so hoch war wie in den alten Bundesländern. In den alten wie in den neuen Bundesländern wohnten jeweils
rund 60 % der Stiefkinder mit verheirateten und der Rest mit unverheira-
ten Eltern zusammen. Bedenkt man, dass die Kinder nach einer Tren-
nung/Scheidung der Eltern überwiegend bei der Mutter verbleiben, so verwundert es nicht, dass die überwiegende Mehrzahl primärer Stieffamilien
*Stiefvater*familien sind. Lässt man sekundäre Stieffamilien außer Betracht,
so lebten 1999 rund 90 % der Stiefkinder in Stiefvaterfamilien, d.h. mit der

leiblichen Mutter und dem Stiefvater zusammen (alte Bundesländer: 89%; neue Bundesländer: 94%), während Stiefmutterfamilien nur eine Minderheit ausmachen (Bien et al. 2002).

Aufgrund der strukturellen Asymmetrien in der Elternrolle von leiblichem Elternteil und dessen neuem Partner (der „nur" sozialer Elternteil ist) sowie durch die Doppelung einer Elternposition (in primären Stieffamilien: zumeist Stiefvater – getrennt lebender leiblicher Vater) sind Stieffamilien komplexer und anforderungsreicher als Kernfamilien. Die Besonderheiten von Beziehungen in Stieffamilien, insbesondere die Herausforderungen im Aufbau einer tragfähigen Beziehung zwischen Stiefeltern und Stiefkindern können wir im Folgenden nur punktuell ansprechen, da dies sonst den Rahmen dieses Beitrags sprengen würde (siehe hierzu ausführlicher Walper/Wild 2002). Bevor wir uns den Beziehungen in einzelnen Subsystemen von Trennungsfamilien detaillierter zuwenden, seien jedoch die rechtlichen Rahmenbedingungen angesprochen.

2. Veränderungen des Scheidungsrechts

Veränderungen des Scheidungsrechts reflektieren veränderte Sichtweisen von Scheidung und setzen zugleich wesentliche Rahmenbedingungen für die Ausgestaltung der Beziehungen in Scheidungsfamilien. Mit Einführung des *Zerrüttungsprinzips* bei der Novellierung des Scheidungsrechts im Jahr 1977 wurde darauf verzichtet, eine(n) Schuldige(n) auszumachen. Damit kamen bei Unterhalts- und Sorgerechts-Entscheidungen neue Gesichtspunkte ins Spiel (Schwab 1995). Das mittlerweile überholte Scheidungsrecht, das Anfang 1977 in Kraft trat, sah als Regelfall das alleinige Sorgerecht eines Elternteils vor, gegebenenfalls auch eine Aufteilung der Vermögens- und Personensorge. Die gemeinsame elterliche Sorge stellte eher eine Ausnahme dar, die von den Gerichten nur in „geeigneten Fällen" gewählt wurde. Die Sorgerechts-Entscheidung des Familiengerichts orientierte sich zum einen am Wunsch der Beteiligten, genauer: Daran, ob von den Eltern ein übereinstimmender und inhaltlich zulässiger Vorschlag vorgelegt wurde (bei Kindern nach dem vollendeten 14. Lebensjahr wurden auch deren Wünsche berücksichtigt), und zum anderen vor allem am Wohl des Kindes (Schwab 1995). Als eher praktische Maxime für eine Zuteilung des Sorgerechts nach Kriterien des Kindeswohls galten:

a) Das *Förderungsprinzip*, nach dem derjenige Elternteil das Sorgerecht erhalten soll, der aufgrund seiner Persönlichkeit, Beziehung zum Kind und äußeren Lebenslage eher in der Lage ist, das Kind in seiner Entwicklung zu fördern.

b) Das *Kontinuitätsprinzip*, das eine gewisse Stetigkeit der kindlichen Lebensverhältnisse gewährleisten soll.

c) Das *Bindungsprinzip*, das den Bindungen des Kindes an die Eltern und Geschwister Rechnung trägt, und

d) je nach Entwicklungsstand *Neigung und Willen der Kinder* (auch jenseits der genannten Altersklausel).

Zu bemängeln war, dass die Entscheidung für nur einen und nicht den anderen Elternteil oft eine gewisse Willkür enthielt, zumal richterliche Prognosen über zukünftiges Eltern- und Kindverhalten „auch bei fachpsychologischer Hilfe auf schwankendem Boden" stehen (Schwab 1995: 271). Hinzu kam der Verdacht, dass Konflikte zwischen den Eltern durch den Sorgerechtsentscheid geschürt und die Kinder im Scheidungsverfahren oft instrumentalisiert wurden.

Am 1.7.1998 wurden daraufhin im Familienrecht zahlreiche Änderungen vorgenommen, die unter anderem das *gemeinsame Sorgerecht* zum *Regelfall* machten (Lederle von Eckardstein et al. 1999). Voraussetzung ist eine übereinstimmende Erklärung der Eltern, dass keine Anträge zum Sorgerecht und zum persönlichen Umgang mit dem Kind gestellt werden. Gemeinsame Sorge nach den neuen Bestimmungen bedeutet nicht, dass alle Angelegenheiten, die das Kind betreffen, einvernehmlich von beiden Eltern geregelt werden müssen. Lediglich Entscheidungen von erheblicher Bedeutung (z.B. bezüglich der Ausbildung, einer Operation) sind im gegenseitigen Einvernehmen zu treffen. Beantragt jedoch ein Elternteil das alleinige Sorgerecht, so ist das Einverständnis des anderen Elternteils und bei Kindern ab 15 Jahren auch deren Zustimmung erforderlich, um diesem Antrag ohne zusätzliche Prüfung stattzugeben. In strittigen Fällen wird nach dem Kindeswohl entschieden, wobei auch die Kinder persönlich angehört werden und Kinder über 14 Jahren besonderes Mitspracherecht haben. Um den Vorrang des gemeinsamen Sorgerechts zu stärken, kann in strittigen Fällen auch nur ein Teil der Sorge (z.B. die Entscheidung über den Aufenthalt oder schulische Angelegenheiten) einem Elternteil allein zugesprochen werden.

Besondere Bedeutung misst der Gesetzgeber dem *Recht der Kinder auf Umgang mit jedem Elternteil* zu. Dieses Recht ist unabhängig von der Sorgerechtsregelung. Damit sind die Eltern nicht nur zum Umgang mit dem Kind berechtigt, sondern auch verpflichtet. Finden die Eltern keine Einigung über den Umgang mit dem Kind, so kann das Gericht hierüber entscheiden. Wenn ein Elternteil zum Schaden des Kindes dessen Umgang mit dem anderen Elternteil behindert, kann letzterem sogar das alleinige Sorgerecht zugesprochen werden, falls dieser eher in der Lage ist, den freien Kontakt des Kindes zu beiden Eltern zu gewährleisten, also höhere Bindungstoleranz aufweist. Allerdings kann in problematischen Fällen auch der Umgang mit dem Kind gerichtlich eingeschränkt oder mit der Auflage versehen werden, dass Dritte anwesend sind (Begleiteter Umgang; siehe Präventionsmaßnahmen, Kasten). Maßgeblich ist hierbei vor allem das Kindeswohl.

Hier deutet sich schon an, dass Antagonismen zwischen den Eltern deutliche Risiken für die Eltern-Kind-Beziehungen bergen und umgekehrt auch gesetzlich vorgeschriebene Asymmetrien in der Elternrolle (durch alleiniges Sorgerecht) die Beziehungen zwischen den Ex-Partnern belasten können. Im Folgenden geht es zunächst um diese Beziehungen zwischen beiden getrennten Partnern, die auch im Hinblick auf die Gestaltung der Beziehungen in den anderen familialen Subsystemen eine zentrale Rolle spielen.

3. Beziehungen zwischen den Ex-Partnern

Eine Trennung bzw. Scheidung ist für die Ex-Partner häufig mit unterschiedlichen Konsequenzen verbunden: Während manche schwere Belastungen zu bewältigen haben, von denen sie sich kaum erholen, sind andere nur kurzzeitig in ihrem Wohlbefinden beeinträchtigt, und für wieder andere bringt eine Trennung sogar Vorteile mit sich. Neben zahlreichen anderen Stressoren, die eine Scheidung mit sich bringen kann, sind es vor allem intensive, überdauernde Konflikte mit dem Ex-Partner, die im Zuge einer Trennung belastend wirken (Amato 2000). Auch für die Entwicklung der Kinder stellen sie einen wesentlichen Risikofaktor dar (Amato 2001; Amato/Cheadle 2005; Fthenakis 1996; Niesel 1995; Schmidt-Denter 2000; Schmidt-Denter/Schmitz 1999; Wallerstein/Blakeslee 1989; Walper/Beckh 2006).

Differenzen machen sich jedoch nicht nur in offensichtlichen Konflikten bemerkbar, sondern auch in unterschiedlichen Wahrnehmungen über den Zustand der Beziehung vor der Trennung, die sich auf die jeweilige Trennungsmotivation und damit auch Trennungsbewältigung auswirken (Familienbericht 2006). Häufig ist der Trennungswunsch eines Partners stärker als der des anderen, da die Partnerschaftsprobleme keineswegs einheitlich wahrgenommen und bewertet werden (Emery 1994). So divergiert die Beziehungswahrnehmung von Frauen und Männern zum Zeitpunkt der Trennung zum Teil stark (Pagels 2002). Häufiger sind es die Frauen, die Partnerschaftsprobleme noch vor ihren Männern registrieren, sie intensiver erleben und schließlich zum Trennungsinitiator werden, also konkrete Schritt zur Trennung einleiten (Familienbericht 2006; Hetherington/Kelly 2002).

Die Beziehung zwischen getrennt lebenden Partnern ist gesellschaftlich nicht definiert und muss daher jeweils individuell neu gestaltet werden (Textor 2006). Gemeinsame Kinder stellen jedoch ein wesentliches Bindeglied dar, das die Ex-Partner mehrheitlich auch über ihre Trennung hinaus zumindest in ihrer Elternrolle in Kontakt bleiben lässt. Daher fokussieren die meisten Studien zur Beziehung zwischen den Ex-Partnern insbesondere auf die elterliche Kooperation und Veränderungen im Konfliktverhalten. Beides sind Faktoren, die für die Scheidungsbewältigung seitens der Kinder in hohem Maße ausschlaggebend sind (Bohrhardt 2006; Walper 2002).

Schon Constance R. Ahrons (1981) fand in ihrer Untersuchung, dass ein Jahr nach der Scheidung noch eine deutliche Mehrheit (85 %) der 54 befragten Ex-Paare in direkter Form miteinander interagierte. Während es der Hälfte dieser Eltern gelang, ihre Kontakte relativ konfliktfrei zu gestalten, beschrieben rund 50% die Beziehung zum Ex-Partner zumindest zeitweise als konflikthaft. Eltern, die eine besonders kooperative Elternschaft etablieren konnten, hatten auch den häufigsten Kontakt miteinander – sogar über die Kindeserziehung hinaus – und nahmen ihre Beziehung als unterstützend und unbelastet wahr. Ähnlich zeigte sich in einer Meta-Analyse von Mary F. Whiteside (1998), dass 57% der Eltern fanden, eine exzellente oder kooperative Beziehung zum ehemaligen Partner zu haben, 24% bewerteten die Unterstützung durch den Ex-Partner als inadäquat und nahmen teilweise Spannungen wahr, und 20% der Eltern waren in schwerere, anhaltende Schwierigkeiten mit dem anderen Elternteil verwickelt.

Im Einklang mit zahlreichen Befunden (Kelly 2005; Maccoby et al. 1990; Whiteside 1998), kristallisierten sich auch in der Studie von Nehami Baum (2004) drei Varianten einer nachehelichen Elternbeziehung heraus: Die kooperative, die parallele und die konflikthafte Elternschaft.

1. Die Eltern des *kooperativen Elternmodells* pflegen eine qualitativ bessere Beziehung miteinander als die Eltern der anderen beiden Gruppen und vermeiden gegenseitige Angriffe bei Konflikten. Die elterlichen Pflichten werden weitestgehend zuverlässig erfüllt, und die Kompromissbereitschaft beider Ex-Partner ist relativ hoch. In dieser Gruppe waren auch beide Eltern gleichermaßen an der Trennungsentscheidung beteiligt, hatten eine leichte und schnelle Scheidungsprozedur hinter sich, waren gut in der Lage zu differenzieren und wiesen geringe Werte hinsichtlich narzisstischer Tendenzen auf. Zudem stimmten die Wahrnehmungen beider Partner in diesem Cluster in allen erfragten Variablen überein.
2. Im *parallelen Elternmodell* ist die Beziehung zwischen den Eltern zwar weniger gut, jedoch liegt das elterliche Engagement für die Kinder etwa auf demselben Niveau wie bei der kooperativen Elternschaft. Die Eltern dieser Gruppe hatten eine längere gerichtliche Auseinandersetzung hinter sich, die Väter fühlten sich weniger in die Trennungsentscheidung miteinbezogen und hatten zudem niedrigere Werte bzgl. der Selbstdifferenzierungsfähigkeit und höhere Narzissmus-Werte.
3. Das *konfliktreiche Elternmodell* unterscheidet sich bezüglich der Beziehungsqualität deutlich von den beiden anderen. Vor allem das väterliche Engagement in der Erziehung ist geringer und Konflikte werden offensiver ausgetragen. Die Väter dieser Gruppe empfanden keinerlei Erleichterung über die Trennung und fühlten sich nicht in die Trennungsentscheidung miteinbezogen. Dies führt bei Ihnen möglicherweise zu Gefühlen des Kontrollverlusts und der Hilflosigkeit, wobei sie sich als von der Ex-Partnerin zurückgewiesen und in der Opferrolle erleben. Ihre geringe Differenzierungsfähigkeit sowie ihr hohes Narzissmusniveau wirken sich überdies negativ aus. Diese Ergebnisse werden durch die Befunde von Constance F. Ahrons (1981) gestützt, nach denen weniger unterstützende Elternbeziehungen auch mit geringerem Engagement für die Elternpflichten einhergehen.

Nach Befunden von Eleanore E. Maccoby et al. (1990), die nahezu 1000 Scheidungsfamilien in den USA befragten, lebten 18 Monate nach der Trennung ungefähr ein Viertel der Eltern eine kooperative Elternschaft, rund ein Drittel der ehemaligen Partner war in Konflikte verstrickt, und beinahe ein weiteres Drittel hatte sich weitestgehend von einander gelöst, so dass weder viel Kommunikation noch gehäufte Streitereien vorhanden waren. Hierbei erwies sich die Feindlichkeit zwischen den Eltern kurz nach der Trennung als entscheidend für die Häufigkeit der elterlichen Streitereien bzgl. der gemeinsamen Elternschaft etwa 18 Monate später. Je höher die anfängliche Konfliktintensität war, desto höher war auch das Risiko fortgesetzter Konflikte im zweiten Trennungsjahr. Die Autoren gingen auch der Frage nach, wie sich die Ausgestaltung der Elternschaft in unterschiedlichen nachehelichen Wohnmodellen der Kinder darstellt. Obwohl die Eltern, deren Kinder bei jedem Elternteil einen festen Wohnsitz hatten, deutlich häufiger miteinander kommunizierten, unterschieden sie sich hinsichtlich des Konfliktniveaus nicht von Eltern, bei denen einer der hauptbetreuende Elternteil war. Eine „shared physical custody" (mit doppeltem Wohnsitz des Kindes) scheint also nicht ein geringeres Konfliktniveau zu begünstigen – und umgekehrt.

Wenngleich Kooperation und Konflikt separate Dimensionen der koelterlichen Beziehung darstellen, können die beschriebenen Modelle der Elternschaft auf einem Kontinuum von sehr funktionsfähig mit viel Kooperation und wenig Konflikt an einem Ende bis massiv konfliktbelastet und wenig kooperativ am anderen Ende angesiedelt werden. Kinder aus Familien mit hoher Kooperation und geringem Konfliktniveau zeigen die beste Anpassung. In Familien mit gravierenden Konflikten, in denen weiterhin häufiger elterlicher Kontakt stattfindet, sind die Kinder am meisten beeinträchtigt. Kinder, die eine parallele Elternschaft erleben, befinden sich dagegen hinsichtlich ihrer Scheidungsbewältigung in der Mitte der beiden anderen Gruppen (Buchanan et al. 1991; Whiteside 1998). Entscheidend scheint daher die Frage: Unter welchen Umständen treten hochkonflikthafte Elternbeziehungen auf?

Solchen hochstrittigen Trennungen mit eskalierten Elternkonflikten, die oft langwierige Gerichtsverfahren beinhalten, gilt in jüngerer Zeit vermehrte Aufmerksamkeit (Weber/Schilling 2006). Hochstrittige Elternbeziehungen werden zum einen durch feindselige Attributionen gegenüber dem anderen Elternteil (z. B. Aufbau eines „Feindbildes") und zum anderen durch eine zu starke emotionale Bindung der Eltern aneinander begünstigt. An einer Stichprobe von 180 Personen untersuchten Debra A. Madden-Derdich, Stacie A. Leonard und F. Scott Christopher (1999), ob Konflikteskalationen zwischen den ehemaligen Partnern durch Verstrickung und mangelnde Abgrenzung zwischen der Paarebene und der Elternebene hervorgerufen werden. Tatsächlich führten unklare Grenzen auch zu höheren Konfliktniveaus mit folgendem Geschlechtseffekt: Für Männer war alleine die emotionale Bindung an die Partnerin ausschlaggebend, für Frauen dagegen sowohl die emotionale Bindung als auch Faktoren, die mit Macht und Kontrolle in Verbindung stehen, wie z. B. ökonomische Schwierigkeiten.

Auch Carol Masheter (1997) findet einen Zusammenhang zwischen einer ungesund hohen Bindung zwischen den ehemaligen Partnern und eskalierten Streitigkeiten: Partner mit niedrigen Verstrickungstendenzen und hohen Werten bei freundschaftlichen Gefühlen berichteten auch von einem deutlich höheren emotionalen Wohlbefinden als Partner, die emotional nach wie vor stark involviert waren. Zudem litt das Wohlbefinden in der Gruppe der stark verstrickten und feindseligen Partner mehr als in der Gruppe der weniger verstrickten wenngleich ähnlich feindseligen Ex-Partner.

Ein weiterer wichtiger Faktor für das Wohlbefinden der Expartner und die Aufrechterhaltung von Kontakten zwischen Ex-Partnern scheint die gegenseitige Vergebung zu sein (Rye et al. 2004). Deutliche Anzeichen von Vergebung – sowohl bezogen auf geringe Negativität, als auch bezogen auf vermehrte Positivität in der Beziehung – geht mit einem besseren existentiellen Wohlergehen einher. Darüber hinaus schützt geringe Negativität offensichtlich auch vor Depressionen und dispositionellem wie auch situationsgebundenem Ärger. Die Mehrheit der Befragten in der Studie von Mark S. Rye et al. (2004) war davon überzeugt, dass es für den emotionalen Heilungsprozess in Folge einer Trennung wichtig ist, dem Ex-Partner zu verzeihen.

4. Eltern-Kind-Beziehungen nach Trennung und Scheidung

4.1 Elternschaft ohne Partnerschaft

Obwohl das Ehe- und das Eltern-Kind-System unterschiedliche Subsysteme der Familie bilden, verändert sich bei einer Trennung nicht nur die Beziehung auf der Paarebene, sondern auch das Eltern-Kind-Subsystem ist tangiert (Textor 2006). Wer zum hauptbetreuenden Elternteil wird, ist zwar überwiegend durch die Arbeitsteilung des Paares vor der Trennung vorgegeben. Dennoch können vor allem in der direkten Folgezeit der Trennung bzw. Scheidung die akuten Belastungen des dann hauptbetreuenden Elternteils – in der Regel ist das die Mutter – dazu führen, dass auch ihr Erziehungsverhalten und die Beziehung zu den Kindern beeinträchtig werden (Hetherington et al. 1982; Schmidt-Denter/Beelmann 1995b) (siehe Abschnitt 4.2). Insbesondere für den dann getrennt lebenden Elternteil – mehrheitlich der Vater – findet eine Phase der Neuorientierung statt, in der die gemeinsame Zeit mit den Kindern in neuer Umgebung erst eingespielt und gestaltet werden muss. Vor allem zu Beginn der Trennung erweist sich diese Umstellung für Eltern wie auch Kinder als besonders anforderungsreich. Zudem legen Befunde von Judith Wallerstein und Julia M. Lewis (2007) nahe, dass neben der Instabilität der Eltern-Kind-Beziehungen auch größere Unterschiede in der Behandlung der Geschwister auftreten können. In Familien mit drei oder mehr Kindern neigen vor allem die Väter dazu, sich nur um eines der Kinder besonders zu kümmern. Aber auch bei den Müttern reicht die Energie oft nicht aus, um für alle Kinder gleich intensiv präsent zu sein. Besonders schwierig gestaltet sich die Reorganisation der Rollen im Familiensystem, wenn neue Partner ins Spiel kommen oder andauernde Streiteskalationen zwischen den ehemaligen Partnern die Ausübung der gemeinsamen Elternverantwortung belasten (Dimpker et al. 2005).

Kinder, die bei ständigen Streitigkeiten der Eltern zwischen die Fronten geraten, haben ein erhöhtes Risiko, in Loyalitätskonflikte verwickelt zu werden (Buchanan et al. 1991; Buchanan/Waizenhofer 2001; Maccoby/ Mnookin 1992). Keineswegs nur in Trennungsfamilien erhöhen Konflikte zwischen den Eltern das Risiko, dass diese gewollt oder ungewollt versuchen, ihre Kinder in eine Allianz gegen den anderen Elternteil einzubinden (Walper/Schwarz 2001). Jedoch ist dieser Koalitionsdruck gerade in Trennungsfamilien oft auch noch dann erhöht, wenn die offenen Konflikte aufgrund der räumlichen Trennung abgenommen haben. Die Kinder müssen dann entweder den hohen psychischen Druck in Kauf nehmen, um zu beiden Eltern eine positive Beziehung aufrechtzuerhalten oder sich dazu entschließen, mit einem Elternteil eine Allianz gegen den anderen Elternteil einzugehen (Buchanan/Waizenhofer 2001). Hierdurch verlieren sie jedoch nicht nur eine wichtige Ressource im Trennungsprozess, nämlich die Unterstützung eines Elternteils, sondern sie geraten durch ihre Position als „Verbündeter" auch in eine unangemessene Rolle im Familiensystem. Die Schuldgefühle gegenüber dem abgewiesenen Elternteil und der Groll gegenüber dem verbündeten Elternteil führen auf lange Sicht sogar oft zu der Ablehnung beider Elternteile und einer Verschlechterung der Eltern-Kind-Beziehungen im Allgemeinen (Amato/Afifi 2006; Amato/Cheadle 2005; Emery 1999; BMFSFJ 2006).

Richard A. Gardner (1998) hat in seinen Arbeiten zum „Parental Alienation Syndrom" (PAS; „Elterliches Entfremdungssyndrom") vor allem auf die Risiken einer erheblichen Elternentfremdung in Bezug auf den nicht-hauptbetreuenden Elternteil fokussiert und diese in die Reihe der psychischen Störungen aufgenommen. Er unterstellt, dass sich das Kind aufgrund von Manipulationen des betreuenden Elternteils vom anderen Elternteil abwendet. Dieses Konzept ist jedoch stark umstritten (Emery 2005) und Studien zeigen, dass die kindliche Ablehnung eines Elternteils durch vielfältige Ursachen bedingt wird. Neben dem Verhalten beider Elternteile (z. B. geringes Engagement in der Erziehung) spielen insbesondere auch bestimmte Vulnerabilitäten des Kindes (z. B. geringes Alter, geringe soziale Kompetenzen, Verhaltensprobleme, erhöhte Trennungsängste) eine bedeutsame Rolle als Risikofaktoren für eine ablehnende Haltung der Kinder gegenüber einem Elternteil (Johnston 2003).

Die Aufrechterhaltung einer stabilen Beziehung zu beiden Elternteilen wird für Kinder insbesondere in der unsicheren Zeit des Trennungsprozesses, aber auch generell als eine zentrale Ressource gesehen. In den meisten Fällen haben die Kinder vor der Trennung eine bedeutsame Bindung zu beiden Elternteilen aufgebaut und das Ausbleiben gemeinsamer Erfahrungen würde mit der Zeit zu einer Entfremdung des Kindes vom abwesenden Elternteil führen (Dimpker et al. 2005). In der hiesigen Sorgerechts-Diskussion wird vor allem auf die Bedeutung des kontinuierlichen Kontakts zu beiden Eltern abgehoben. So wird betont, dass ein häufiger Umgang mit beiden Eltern zu einem realistischen Bild von Vater und Mutter beiträgt und somit eine wichtige Orientierung für die eigene Persönlichkeit liefert (Fthenakis 1996). „Wird in der Scheidungskrise ein Teil des kindlichen Beziehungsnetzes abgetrennt, so hat dies hingegen nachhaltige Konsequenzen für das kindliche Selbstbild und Selbstwertgefühl sowie die sozialen Kontaktfertigkeiten des Kindes im späteren Leben" (Fthenakis 1996: 105). Allerdings sind die empirischen Befunde zur Bedeutung der Kontakthäufigkeit für das Kindeswohl weit weniger eindeutig, als es hier nahe gelegt wird (Amato/ Gilbreth 1999; siehe auch Abschnitt 4.3).

In den folgenden Abschnitten wird der Fokus noch einmal gesondert auf den Veränderungen in der Mutter-Kind- und der Vater-Kind-Beziehung liegen. Da die Kinder in Folge einer Trennung nach wie vor meistens bei der allein erziehenden Mutter aufwachsen und der Vater zum getrennt lebenden Elternteil wird, fokussieren die meisten Studien im Wesentlichen auf dieses nacheheliche Modell. Vereinzelte Befunde zum umgekehrten Rollenmodell kommen jedoch ebenfalls zur Sprache.

4.2 Mutter-Kind-Beziehungen nach der Trennung

Hier wie auch in den USA übernimmt in gut 80% der Fälle die Mutter nach der Trennung die alleinige Verantwortung für die Erziehung der Kinder und die Haushaltsführung (Hetherington et al. 1995). Bezieht man sich auf alle Alleinerziehenden in Deutschland (einschließlich lediger Elternschaft und Verwitwung), so waren laut Statistischem Bundesamt im Jahr 2005 sogar 87% der Alleinerziehenden in Deutschland Mütter und dies am häufigsten infolge einer Scheidung.

Auch wenn das Alltagsmanagement der Kinder für die Frauen häufig zur gewohnten Routine gehört, so lastet doch durch trennungsbedingte Stressoren (z.B. Probleme der Vereinbarkeit von Kindererziehung und Erwerbstätigkeit, finanzielle Sorgen) ein größerer Druck auf ihnen als zuvor. In dieser Lebenskrise kann eine positive Beziehung zum Kind für die Mutter eine wesentliche Funktion als Sinnstifter und Quelle emotionaler Unterstützung gewinnen (Textor 2006). Die Beziehungsstruktur in Familien mit alleinerziehender Mutter wird insgesamt als weniger hierarchisch beschrieben, als es in Kernfamilien der Fall ist (Hetherington 1993; Kreppner 2000; Kreppner/Ullrich 2002; vgl. auch Schwarz/Noack 2002; Walper 2002). Allein erziehende Mütter beziehen ihre Kinder häufiger bei wichtigen familiären Entscheidungen mit ein und pflegen einen stärker personalisierten Interaktionsstil mit größerer Selbstöffnung gegenüber den Kindern, so dass sich eine eher partnerschaftliche Beziehung auf gleichberechtigter Basis aufbaut. Dies befördert ein harmonischeres Familienklima im Vergleich zu Kernfamilien: Die Kinder genießen mehr Einfluss und eine gleichberechtigte Stellung, werden schneller selbständig und haben eine andere Ausgangsposition beim Erarbeiten ihrer Autonomie im Jugendalter (Kreppner 2000). Allerdings birgt das geringere Hierarchiegefälle in der Mutter-Kind-Beziehung auch die Gefahr, dass Generationengrenzen verwischen und so eine Auseinandersetzung mit elterlichen Normen und Werten erschwert wird (Kreppner/Ullrich 2002). Die in Scheidungsfamilien oftmals größere Selbstöffnungsbereitschaft der Mütter gegenüber ihren Kindern fördert zwar einerseits eine stärker personalisierte Beziehung, wirkt aber vor allem dann belastend, wenn existenzielle Sorgen, etwa um die finanzielle Situation, und vor allem Probleme der Mutter mit dem Vater zur Sprache kommen (Koerner et al. 2000). Insofern ist ein solches Beziehungsmuster durchaus ambivalent zu sehen: Einerseits stellt die größere psychische Nähe und Offenheit zwischen alleinerziehenden Mütter und ihren Kinder aufgrund der reduzierten Konflikte eine Ressource für die kindliche Entwicklung dar, andererseits kann aber auch eine emotionale Überforderung der Kinder oder Jugendlichen aufgrund der frühen Verantwortungsübernahme resultieren (Rollett 2000).

Zudem besteht die Gefahr, dass die Mutter ein überbehütendes Erziehungsverhalten an den Tag legt und ihre ganze Aufmerksamkeit und Liebe auf das Kind überträgt. So zeigte sich etwa in einer Längsschnittstudie, dass der Selbstwert allein erziehender Mütter mehr unter einer geringen Anhänglichkeit bzw. stärkeren Autonomieentwicklung ihrer Tochter im Jugendalter leidet, als das bei Müttern aus Kernfamilien der Fall ist (Schwarz/Walper in Druck). Auch andere Befunde weisen darauf hin, dass die Pubertätsentwicklung der Kinder für Mütter ohne tragfähige Paarbeziehung schwieriger zu bewältigen ist (Silverberg/Steinberg 1990). Dies mag auf die Risiken einer höheren emotionalen Abhängigkeit alleinerziehender Mütter von ihren Kindern hinweisen.

Allerdings finden sich auch Hinweise auf entgegen gesetzte Effekte, wobei die Mütter aufgrund von psychischen Belastungen im Zuge der Trennung die Erziehung zumindest vorübergehend vernachlässigen und ihre Kinder weniger im Blick haben als verheiratete Mütter (Hetherington 1993; Hetherington/Clingempeel 1992; Schmidt-Denter/Beelmann 1995a, b). So zeigen manche Studien, dass die allein stehenden Mütter im Gegensatz zu verheirateten weniger emotionale Wärme ihren Kindern gegenüber aufbringen, härtere Strafen verhängen und ein negativeres Kontrollverhalten an den Tag legen (Amato/Cheadle 2005; Hetherington et al. 1992; Hetherington/Stanley-Hagan 1995). Nicht zuletzt Belastungsreaktionen der Kinder scheinen in dieser Phase einen positiv-zugewandten und konsequenten Erziehungsstil zu erschweren. Insgesamt erweist sich jedoch die Mutter-Kind-Beziehung im Vergleich zur Vater-Kind-Beziehung als weniger belastet und kann sich zumindest im Jugendalter mit der Qualität der Mutter-Kind-Beziehungen in Kernfamilien messen lassen (Emery 1999; Zill et al. 1993). Bereits zwei Jahre nach der Trennung berichten Dreiviertel der Mütter, dass sie glücklicher sind und ihnen die Kindererziehung einfacher fällt als vor der Trennung (Hetherington/Stanley-Hagan 1995).

Zum Verhalten von getrennt lebenden Müttern existieren insgesamt weitaus weniger Befunde. Fasst man die verfügbaren Studien zusammen (Emery 1999; Hetherington/Stanley-Hagan 1995), so ergibt sich folgendes Bild: Getrennt lebende Mütter haben zweimal soviel Kontakt zu ihren Kindern wie getrennt lebende Väter, und die Kontakthäufigkeit nimmt über die Zeit gesehen auch weniger ab. Möglicherweise mit bedingt durch den intensiveren Kontakt, verbleiben die Mütter weiterhin stärker in der elterlichen Rolle, zeigen mehr Kontrollverhalten und richten ihre Wohnumgebung stärker auf die Kinder aus. Überdies zeigen sie mehr Sensibilität für Bedürfnisse der Kinder und mehr Interesse an deren Aktivitäten, kommunizieren besser und sind unterstützender. Vergleicht man den Einfluss getrennt lebender Mütter und Väter auf das Kindeswohl, so erweist sich der Kontakt zur getrennt lebenden Mutter als relevanter. Dies dürfte nicht zuletzt auf die unterschiedliche qualitative Ausgestaltung der Kontakte zurück zu führen sein.

4.3 Vater-Kind-Beziehungen nach der Trennung

Meist ist der Vater auch heute noch der abwesende Elternteil (Familienbericht 2006), wodurch die Aufrechterhaltung einer engen Bindung zum Kind mit anderen Herausforderungen verbunden ist als für die Mütter. Manche Väter verstärken zwar nach einer Trennung ihr Engagement in der Beziehungspflege (Kruk 1991), in der Mehrzahl der Fälle nehmen jedoch die Begegnungen ab (Lamb 2002). Nach Befunden aus den USA sehen nur 25% der Scheidungskinder ihren getrennt lebenden Vater wöchentlich oder öfter und über 33% haben gar keinen oder lediglich sporadische Kontakte im Jahr zu ihrem Vater (Emery 1999; Hetherington/Stanley-Hagan 1995; Seltzer 1991). Nach eigenen Befunden haben im Jugendalter nur 64% der Trennungskinder mit alleinerziehender Mutter und sogar nur noch 53% derjenigen, deren Mutter in einer neuen Paarbeziehung lebt, noch Kontakt zum getrennt lebenden Vater (Walper/Gödde 2005). 27% aller Trennungskinder sehen ihn mindestens alle zwei Wochen, allerdings treffen ihn auch 18% seltener als einmal pro Monat, zumeist nur wenige Male im Jahr.

Marsha K. Pruett und Kyle D. Pruett (1998) vermuten auch, dass sich getrennt lebende Väter aufgrund eines Kontrollverlustes in der Erziehung häufig nur als „Besucher" im Leben ihrer Kinder fühlen, so dass eine Abnahme der Kontakthäufigkeit zwischen Vätern und ihren Kindern über die Jahre nach der Scheidung nicht verwundert (Amato/Cheadle 2005; Emery 1999). Dem entspricht, dass sich die Sorgerechtsregelung als relevant erweist (Schmidt-Denter 2000). Nach Befunden der Kölner Längsschnittstudie pflegen die Väter einen intensiveren Kontakt zu ihren Kindern, wenn sie das gemeinsame Sorgerecht mit ihrer ehemaligen Partnerin ausüben. Gründe für einen Rückgang der Kontakte können auch darin liegen, dass sich die Väter im Umgang mit den Kindern unsicher fühlen oder der Kontakt zu sehr mit belastenden Erinnerungen an die Ex-Frau sowie die bisherige Lebensweise verbunden ist (Hetherington et al. 1982). Hierbei scheinen auch positive Erinnerungen belastend zu wirken, lässt sich doch die Kontakthäufigkeit zum getrennt lebenden Vater kaum aus der früheren Beziehungsqualität vorhersagen. Erschwerend kommt hinzu, dass allein stehende Väter häufig rasch eine neue Paarbeziehung bzw. Wiederheirat anstreben – oft verbunden mit der Gründung einer neuen Familie –, was Aufmerksamkeit, Zeit und Kräfte bindet. Last not least sind Probleme in der Beziehung zur hauptbetreuenden Mutter ein wesentliches Hindernis für die Aufrechterhaltung der Kontakte zu den Kindern, die sich vielfach in einem „Koalitionsdruck" auf das Kind niederschlagen, d. h. Bemühungen der Eltern, das Kind in eine Allianz gegen den Ex-Partner einzubinden (Walper 2006). Nicht nur bei hohem Koalitionsdruck der Mutter sondern auch bei hohem Koalitionsdruck des Vaters ist typischerweise der Kontakt der Kinder zum Vater geringer.

Überwiegend beschränken sich die Besuchskontakte auf Freizeitaktivitäten (Lamb 2002). Nur wenige Väter übernehmen darüber hinaus Verantwortung für die Erziehung ihrer Kinder. Der Verlust des gemeinsamen Alltagslebens ist vielfach mit einer gewissen Entfremdung verbunden, die das Risiko für geringere emotionale Nähe (Guttmann/Rosenberg 2003) und Belastungen der Vater-Kind-Beziehung bis ins Erwachsenenleben hinein erhöht (Amato/Booth 1996). Wenngleich bei den Kindern der mangelnde Kontakt auch Idealisierungen auslösen kann, so besteht nicht minder Gelegenheit zum Aufbau von „Sündenbock-Bildern" gegenüber dem abwesenden Elternteil. Überwiegend finden sich deutliche Zusammenhänge zwischen häufigen Kontakten und einer positiven Qualität der Beziehung zwischen getrennt lebenden Vätern und ihren Kindern (z. B. Guttmann/Rosenberg 2003; Walper/Gödde 2005).

Befragungen zeigen, dass sich Trennungskinder in der Regel mehr Kontakt zu ihren Vätern wünschen (Kelly 2005). In manchen Fällen lehnen sie den Kontakt jedoch auch ab, sei es, weil das elterliche Konfliktverhalten sie stark belastet, sie in schweren Loyalitätskonflikten stecken und ihrer Mutter gegenüber solidarisch sein möchten (Figdor 2004), oder weil die Beziehung der Kinder zum getrennt lebenden Vater schon zuvor stark belastet war. Nicht in jedem dieser Fälle ist davon auszugehen, dass die Kinder von einer Aufrechterhaltung der Kontakte profitieren würden. So leiden die Kinder insbesondere bei starken Antagonismen zwischen den Eltern eher unter häufigen Kontakten zum getrennt lebenden Vater, während positive Auswirkungen der Kontakte auf ihre Befindlichkeit dann zu verzeichnen sind, wenn sich die Beziehung zwischen den Eltern versöhnlicher gestaltet (Amato/Rezac 1994; Walper 2006). Michaela Lamb (2002) schätzt auf der

Basis unterschiedlicher Befunde, dass sich für 15% bis 20% der Scheidungskinder durch kontinuierliche Kontakte die Entwicklungsbedingungen nicht verbessern würden, sondern möglicherweise sogar Risiken erhöhen könnten.

Entsprechend differenziert ist die Bedeutung der Beziehung zum abwesenden Vater für das Kindeswohl zu betrachten. Eine positive Beziehung zum getrennt lebenden Elternteil und dessen aktive Beteiligung an der Erziehung stellen zentrale Schutzfaktoren für die Entwicklung des Kindes dar (Amato/ Gilbreth 1999; Guttmann/Rosenberg 2003), während eine problembelastete Vater-Kind-Beziehung eher als Risikofaktor zu sehen ist (Schmidt-Denter/ Beelmann 1995a). Laut der Meta-Analyse von Paul R. Amato und Joan G. Gilbreth (1999) haben auch regelmäßige Unterhaltszahlungen einen positiveren Einfluss auf das Kindeswohl, ein Effekt, der sogar stärker ausfällt als der kaum merkliche Effekt der reinen Kontakthäufigkeit. Am wichtigsten erwies sich jedoch die Qualität des väterlichen Erziehungsverhaltens: Bei einem autoritativen Erziehungsstil (gekennzeichnet durch liebevoll-konsequentes und engagiertes Verhalten) weisen die Kinder die meisten Vorteile für ihre Befindlichkeit und Verhaltensentwicklung auf. Häufige Begegnungen mit dem Vater führen zwar in der Regel auch zu einer besseren Vater-Kind-Beziehung, die wiederum eine positive Ressource für die Sozialentwicklung darstellt (Walper/Gödde 2005). Allerdings scheint die reine Kontakthäufigkeit eine entwicklungsförderliche Gestaltung der Vater-Kind-Beziehung per se noch nicht zu garantieren

Abschließend soll noch auf die Situation von Vätern in der Rolle des hauptbetreuenden Elternteils eingegangen werden (zusammenfassend Hetherington/Stanley-Hagan 1995). Väter, bei denen die Kinder nach der elterlichen Trennung verbleiben, berichten von Überlastung, sozialer Isolation und Sorgen bezüglich ihrer elterlichen Kompetenzen. Auf der anderen Seite verfügen sie jedoch über bessere ökonomische Ressourcen und profitieren mehr von praktischen Unterstützungssystemen als Mütter. Insofern scheinen hauptbetreuende Väter und Mütter auch jeweils unterschiedliche „Kapitalien" bereit zu stellen, die ihren Kindern zugute kommen (Entwisle/Alexander 1995).

Nach einigen Befunden schätzen Väter in späteren Phasen, wenn sich die Familienverhältnisse wieder stabilisiert haben, ihre Beziehung zu den Kindern sogar besser ein als alleinerziehende Mütter und klagen weniger über Probleme. Sie scheinen auch weniger Schwierigkeiten in der Kontrolle und Disziplinierung der Kinder zu erleben, obwohl sie insgesamt weniger über die Aktivitäten ihrer Kinder informiert sind (Buchanan et al. 1996). Insgesamt sind jedoch Vergleiche schon allein dadurch erschwert, dass Vaterfamilien häufig unter anderen Ausgangsbedingungen entstehen als Mutterfamilien. Aufgrund der Tendenz der Gerichte, die Kinder eher bei der Mutter zu belassen, erweisen sich Vater-Familien oftmals als selektive Gruppe.

5. Beziehung zu Großeltern

Wenngleich Großeltern ihre Rolle keineswegs einheitlich ausgestalten
(Henry et al. 1992), spielen sie doch vielfach eine wichtige Rolle als Be-
treuungs- und Bezugspersonen der Enkelkinder, unterstützen die Familien
ihrer Kinder finanziell und sind aufgrund ihrer längeren Erfahrungen im
Umgang mit Kindern nicht selten Ansprechpartner bei Fragen zur Kinder-
pflege und Erziehung. Diese Unterstützungsfunktion scheint auch für alleinerziehende Eltern nicht verloren zu gehen, sondern erweist sich als relativ robuste Ressource (Mächler 2002; Niepel 1994). Nicht nur für Frauen,
sondern auch für Männer bleibt nach einer Trennung die eigene Herkunftsfamilie ein wichtiger Bezugspunkt im persönlichen Netzwerk sozialer Beziehungen. Allerdings gilt dies für deren Kinder nicht gleichermaßen: Für
Scheidungskinder mit alleinerziehender Mutter ist die Beziehung zu den
Großeltern väterlicherseits weitaus stärker gefährdet als die Beziehung zu
den Großeltern mütterlicherseits (Hilton/Macari 1997; Kruk/Hall 1995). Ein
nahe liegender Gedanke ist, dass die Mutter, der ohnehin vielfach eine
„Wächterfunktion" über die Familienbeziehungen zukommt, hier als gatekeeper fungiert und den Kontakten der Kinder zu Großeltern väterlicherseits eher im Wege steht.

Eine solche Wächterfunktion scheint aber nicht auf hauptbetreuende Mütter
beschränkt zu sein, sondern vergleichbare Effekte finden sich auch umgekehrt für Familien mit hauptbetreuendem Vater. So zeigt eine Studie, die
jeweils 30 Familien mit alleinerziehender Mutter und alleinerziehendem
Vater verglich, dass weniger das Geschlecht des hauptbetreuenden Elternteils ausschlaggebend ist als vielmehr die Frage, ob die Großeltern zur Herkunftsfamilie des sorgeberechtigten (bzw. hauptbetreuenden) Elternteils
oder des nicht hauptbetreuenden Elternteils gehören. In jedem Fall fielen
die Kontakte zu den Großeltern auf Seiten des getrennt lebenden Elternteils
geringer aus und auch die Involviertheit dieser Großeltern in Aktivitäten
mit den Kindern war geringer (Hilton/Macari 1997).

Relevante Einflussfaktoren, die die Beziehung von Scheidungskindern zu
ihren Großeltern betreffen, sind nicht nur Rahmenbedingungen wie die
Wohnentfernung und das Alter bzw. den Gesundheitszustand der Großeltern, sondern vor allem die Qualität der Beziehung zwischen den Ex-Partnern (Hilton/Macari 1997). Vor allem bei ausgeprägten Belastungen der
Beziehung zwischen beiden leiblichen Eltern scheinen die Kontakte zu den
Großeltern des getrennt lebenden Elternteils gemieden zu werden (Ahrons
2006). Allerdings können auch noch direkte Spannungen zwischen diesen
Großeltern und dem hauptbetreuenden Elternteil den Ausschlag geben.

Eine weniger intensive Ausgestaltung der Großelternrolle deutet sich auch
für Stiefgroßeltern an. So erbrachte eine Befragung von wieder verheirateten Müttern (also Stiefvater-Familien), dass sie das Engagement ihrer neuen
Schwiegermutter gegenüber leiblichen Enkeln höher einschätzten als gegenüber Stiefenkeln, sowohl hinsichtlich ihrer instrumentellen Unterstüt-

zung als auch im Hinblick auf ihr expressives Verhalten und die persönliche Bedeutung, die der Großelternrolle zugeschrieben wird (Henry et al. 1992).

Insgesamt und vor allem langfristig sollten die Effekte einer elterlichen Scheidung auf die Beziehungen zwischen Enkelkindern und Großeltern jedoch vermutlich nicht überschätzt werden. Eine Untersuchung bei College-Studenten konnte keine statistisch bedeutsamen Unterschiede zwischen Befragten aus Kern- und Scheidungsfamilien hinsichtlich ihrer Beziehungen zu den mütterlichen oder väterlichen Großeltern ausmachen (Cogswell/ Henry 1995). Vermutlich liegen dem durchaus heterogene Entwicklungen zugrunde, wobei in manchen Fällen den Großeltern durch eine Scheidung der Eltern eine besonders saliente Bedeutung als Bezugsperson für die Kinder zukommt (Kennedy/Kennedy 1993), während sich in anderen Fällen die Beziehung abschwächt oder sogar abbricht (Ahrons 2006). Wenngleich es nahe liegt, dass die in der Forschung identifizierten Einflussfaktoren auf diese Beziehungen auch in Deutschland relevant sind, lässt sich mangels einschlägiger Befunde nur schwer abschätzen, inwieweit diese Befunde auf Deutschland übertragbar sind.

6. Geschwisterbeziehungen

Die Geschwisterbeziehungen zählen zu den längsten Beziehungen im Lebensverlauf und haben in ihrer je unterschiedlichen qualitativen Ausgestaltung bedeutsamen Einfluss auf die kognitive, soziale und emotionale Entwicklung eines Kindes (Noller 2005). Sie stellen eine wichtige Ressource in Belastungssituationen dar, können allerdings durch familiale Probleme auch ihrerseits in Mitleidenschaft gezogen werden. Entsprechend finden sich zwei unterschiedliche Hypothesen zu möglichen Auswirkungen einer Trennung der Eltern auf die Geschwisterbeziehungen (Geser 2001; Noller 2005):

1. Die *Kompensationshypothese* geht davon aus, dass es zu einer positiven Intensivierung der Geschwisterbeziehungen nach einer Scheidung kommt, da die Geschwister versuchen, die scheidungsbedingten Verluste sozialer Ressourcen zu kompensieren.
2. Die *Kongruenzhypothese* prognostiziert hingegen auf der Basis bindungs- und lerntheoretischer Annahmen eine Verschlechterung der Geschwisterbeziehungen in Scheidungsfamilien, da insgesamt mehr Beziehungsprobleme bewältigt werden müssen und sich die Schwierigkeiten in den Eltern-Kind-Beziehungen negativ auf die Geschwisterbeziehungen auswirken.

Vergleicht man zunächst Geschwister- und Einzelkinder hinsichtlich ihrer Scheidungsbewältigung, festgemacht an ihrer Befindlichkeit und Verhaltensentwicklung, so lassen Befunde der Kölner Längsschnittstudie darauf schließen, dass Geschwisterkinder die Folgen einer Scheidung besser und leichter überwinden als Einzelkinder (Beelmann/Schmidt-Denter 1991).

Geschwister stellen dementsprechend – im Sinne der Kompensationshypothese – überwiegend eine Ressource dar, die es Kindern erleichtert, mit Unsicherheiten und Belastungen im Kontext der Familie konstruktiv umzugehen (Schneewind 1999).

Hinsichtlich der Qualität der Geschwisterbeziehungen in Kern- und Trennungsfamilien ist die Befundlage allerdings weniger einheitlich. Durch die gemeinsame Bewältigung der belastenden Trennungssituation scheinen die Beziehungen unter den Geschwistern an Nähe und Intensität zu gewinnen und die gegenseitige Unterstützung nimmt zu, insbesondere bei konflikthaften Elternbeziehungen oder wenn die Eltern emotional wenig verfügbar sind (Abbey/Dallos 2004; Bush/Ehrenberg 2003; Noller 2005; Sheehan et al. 2004).

Einige Autoren (Noller 2005; Sheehan et al. 2004) verweisen jedoch darauf, dass solche starken Geschwisterbindungen zwar einerseits durch Wärme und Unterstützung, andererseits aber auch durch ein hohes Maß an Feindseligkeit gekennzeichnet sind. Gerade zu Beginn einer Trennung kann es zu mehr Streitereien und belastenden Beziehungen unter den Geschwistern kommen, auch wenn sie sich auf längere Sicht in positiver Weise festigen (Bush/Ehrenberg 2003).

Hierbei ist zu berücksichtigen, dass die Kinder gerade im Kontext konflikthafter Auseinandersetzungen zwischen den Eltern auch ungünstigen Vorbildern und vor allem starken emotionalen Belastungen ausgesetzt sind (Davies et al. 2002). Im Einklang mit der sozialen Lerntheorie scheinen etwa Konfliktlösetaktiken der Eltern untereinander auch von den Geschwistern aufgegriffen zu werden, was nahe legt, dass die Eltern als Modell für das Konfliktlöseverhalten der Geschwister fungieren (Reese-Weber/Kahn 2005). Ein solcher gleichsinniger Zusammenhang zwischen Charakteristika der Beziehung zwischen den Eltern und Kennzeichen der Geschwisterbeziehung findet sich allerdings – wie schon angedeutet – nicht durchgängig (Noller 2005). Auch hier dürfte es nicht selten gegensätzliche Tendenzen geben: Während sich gerade ältere Geschwister in hochkonflikthaften Familien darum bemühen, ihren jüngeren Geschwistern unterstützend zur Seite zu stehen, werden diese Bemühungen von den jüngeren Geschwistern nicht immer positiv angenommen (Noller 2005), möglicherweise, weil sie auch als Bevormundung und Kontrolle erlebt werden können.

Eindeutiger ist der Zusammenhang zwischen der Eltern-Kind-Beziehung und der Geschwisterbeziehung. Im Sinne der Kongruenzhypothese zeigte sich etwa in der Studie von Willi Geser (2001), dass die Kinder bei einer positiven Beziehung zum hauptbetreuenden Elternteil auch untereinander eher ein gutes Verhältnis haben, während bei Belastungen der Eltern-Kind-Beziehung auch die Geschwister-Beziehungen im Mitleidenschaft gezogen sind. In dieser Studie war der Zusammenhang zwischen der Eltern-Kind-Beziehung und den Geschwisterbeziehungen in Scheidungsfamilien sogar stärker als in Kernfamilien.

Durch diese Befunde lassen sich weder die Kompensations- noch die Kongruenzhypothese eindeutig be- oder widerlegen. Vielmehr scheinen beide Szenarien in der Trennungssituation vorzukommen: Geschwister können an Bedeutung gewinnen, wenn Eltern psychisch und emotional weniger erreichbar sind, oder aber Rivalen bei dem Kampf um die knapperen Ressourcen werden. Welche dieser Alternativen sich durchsetzt, oder auch: Welches Mischungsverhältnis beider Tendenzen entsteht, scheint unter anderem von der Qualität der Familienbeziehungen abzuhängen, insbesondere den Eltern-Kind-Beziehungen.

7. Prävention und Intervention

Die Bewältigung der vielschichtigen Anforderungen im Zuge einer Scheidung stellt beträchtliche Anforderungen an die Bewältigungskapazitäten der Betroffenen. Im Verlaufe dieses Übergangs- bzw. Transformationsprozesses müssen Familien simultan auf der *individuellen Ebene* (Restrukturierung der Identität, des subjektiven Weltbildes und des Selbstwertgefühls), auf der *interaktionalen Ebene* (Reorganisation von Rollen und Beziehungen der Familienmitglieder) sowie auf der *kontextuellen Ebene* (Veränderungen im Lebenskontext, wie Umzug, Aufnahme einer Berufstätigkeit oder Veränderungen im finanziellen Lebensstandard) Umstrukturierungen vollziehen und verarbeiten (Cowan 1991). Dies kann je nach vorhandenen Ressourcen des Einzelnen eine Chance zur Weiterentwicklung, aber auch eine enorme Lebenskrise darstellen (Hetherington/Kelly 2003; Paul/Dietrich 2006).

Nicht allen Familien gelingt es, den Übergang selbstständig zu meistern und ein konfliktfreies, positives Umfeld für die Kinder zu schaffen (Maccoby/Mnookin 1992; Sbarra/Emery 2005). Neben den persönlichen, psychischen und finanziellen Folgen der Betroffenen ergeben sich auch für den Staat eine Vielzahl ökonomischer Einbußen aufgrund von Arbeitsausfällen, Verzögerung der kindlichen Schullaufbahn sowie einer höheren Inanspruchnahme von Beratungseinrichtungen, Ämtern und Gerichten (Bastine 2005). Daher wurden in den vergangenen Jahren eine Vielzahl an Präventions- bzw. Interventionsangeboten entwickelt und erprobt. Darunter fallen die *individuelle Beratung* oder *Therapie,* die *Scheidungsmediation, Gruppenangebote für Eltern und Kinder,* der *Begleitete Umgang* und besondere *Interventionen für hochstrittige Familien* (zusammenfassend Paul/ Dietrich 2006; Walper/Bröning 2007; siehe nachstehenden Kasten).

In fast allen US-amerikanischen Bundesstaaten ist das Verfahren der Scheidungsmediation hinsichtlich Umgangs- und Unterhaltsregelungen bereits obligatorisch. Seit den 1990er Jahren werden in den USA ergänzend zu den Einzelinterventionen auch strukturierte Trainings zur Verbesserung der Kooperation zwischen getrennnten/geschiedenen Eltern eingesetzt, da v.a. in konfliktreichen Fällen den Problemen bei der Ausgestaltung der Elternschaft durch die Scheidungsmediation nicht ausreichend begegnet werden kann. Solche Trainingsprogramme für Scheidungsfamilien mit minderjährigen Kindern waren 1999 in 11 US-Bundesstaaten sogar verpflichtend (Clement 1999).

Überblick über bestehende Präventionsmaßnahmen

Individuelle Beratung oder Therapie: Dient dazu, jedem Einzelnen bei der Bewältigung der Trennungssituation zu helfen. Bei den zahlreichen Angeboten für Eltern und Kinder steht zumeist ein gemeinsames Ziel im Vordergrund: Ein strukturiertes zielgerichtetes Arbeiten im Interesse des Kindes (Weber/Schilling 2006).

Trennungs- und Scheidungsmediation: Stellt ein außergerichtliches Vermittlungsangebot zur Regelung aller scheidungsbedingten Themen dar. Gegebenenfalls können auch die Kinder miteinbezogen werden (Haynes et al. 2002).

Gruppenangebote für Eltern: Dienen als Bewältigungshilfe und Informationsquelle für die Eltern. Neben der Hilfe bei der psychischen Verarbeitung durch den Austausch mit anderen Betroffenen, steht insbesondere die Reduzierung elterlicher Konflikte im Vordergrund (Geasler/Blaisure 1999).

Gruppenangebote für Kinder: Unterstützen die Kinder bei der emotionalen und kognitiven Trennungsbewältigung. Je nach Altersgruppe werden hierzu spielerische und kreative Elemente eingesetzt (Hinger/Meixner 2006).

Begleiteter Umgang: Dient als Rahmen für die Aufrechterhaltung der Beziehung zu wichtigen Bezugspersonen, wenn der Verdacht der Kindeswohlgefährdung im Raum steht, etwa bei starken physischen oder psychischen Beeinträchtigungen der Eltern, hohem familiären Konfliktpotential oder bei Verdacht auf Gewalt oder Missbrauch (Staatsinstitut für Frühpädagogik 2007).

Interventionen für hochstrittige Familien: Einsatz von mehreren unterschiedlichen Maßnahmen, wie z. B. gerichtsnahe Beratung, Einsatz von Verfahrenspflegern, Begleiteter Umgang, Formen von therapeutischer Mediation, Elternprogramme oder Parent Coordinators, die alle zum Ziel haben, die elterlichen Konflikte zu reduzieren und den Eltern zu helfen, die Bedürfnisse der Kinder nicht aus den Augen zu verlieren. Hierfür ist eine enge Kooperation von multiprofessionellen Akteuren notwendig, wie es beispielsweise im „Regensburger Modell" oder „Cochemer Modell" bereits praktiziert wird (Paul/Dietrich 2006).

Das 1991 in Kraft getretene Kinder- und Jugendhilfegesetz sieht eine Beratungspflicht der Jugendämter in Angelegenheiten der Partnerschaft, Trennung und Scheidung als festen Bestandteil der staatlichen Familienunterstützung vor. Entsprechend finden unterschiedliche Formen von integrativer Beratung, Scheidungsmediation sowie das Konzept des Begleiteten Umgangs auch in Deutschland zunehmend Verbreitung (Dietrich/Paul 2006). Die Entwicklung und der Einsatz psychoedukativ orientierter und strukturierter Elterntrainings für stark konfliktbelastete Eltern in Trennung stecken hierzulande dagegen noch in den Anfängen (Fichtner 2006). Im November 2006 wurde in München erstmals ein Kursprogramm für Eltern in Trennung gestartet, das stark auf die Stärkung von Erziehungs- und Kommunikationskompetenzen durch erfahrungsbasiertes Lernen setzt (siehe www. kinderimblick.de)

Stephanie Paul und Peter Dietrich (2006) kommen in ihrer Expertise über die „Wirkungen von Beratungs- und Unterstützungsansätzen bei hochstrittiger Elternschaft – Nationale und internationale Befunde" zu dem Schluss, dass die bisherigen Erfahrungen aus der Praxis zahlreiche Hinweise auf die Wirksamkeit der verschiedenen Interventionsformen sowie auf die Zufriedenheit der Teilnehmer mit den Maßnahmen liefern. Sie weisen jedoch auch auf Einschränkungen der Interpretierbarkeit dieser Ergebnisse hin, da umfassende und methodisch vergleichbare empirische Evaluationen bisher weitestgehend ausstehen. Sie definieren folgende Kriterien, an denen sich effektive Interventionen messen lassen sollten:

(1) *Eine profunde Diagnostik*: Kenntnisse über Belastungssymptome, die Familiengeschichte, das Konfliktausmaß u.v.m sind wichtige Faktoren für die Zuordnung zu den jeweils passenden Interventionsformen.

(2) *Ein frühest möglicher Einsatz*: Je eskalierter die Konflikte bereits sind, desto geringer werden die Erfolgschancen der Intervention.

(3) *Eine sehr klare Strukturierung*: Eine Minimierung der Anlässe für Konflikte findet statt.

(4) *Vereinigung psychosozialer Zugänge und des Kontrollaspekts von gerichtlichen Verfahren*: Zwangskontexte helfen auch den Eltern ihren Kampf zu beenden, denen dies auf freiwilliger Basis nicht möglich ist.

(5) *Unabdingbarkeit einer interprofessionellen Kooperation*: Eine Maßnahme reicht meist nicht aus, um auf die komplexen Anforderungsprofile zu reagieren.

Unumstritten ist jedoch, dass erfolgreiche Interventionskonzepte – gerade im Falle von hochstrittigen Scheidungsverfahren – unterschiedliche Ansätze miteinander verknüpfen müssen, um die Wahrscheinlichkeit zu erhöhen, die Familien in ihren individuellen Bedürfnissen und Problemen angemessen zu unterstützen. Die *eine* effektive Interventionsmaßnahme gibt es demnach nicht, vielmehr sind integrative, mit einander kooperierende Multi-Methoden-Ansätze von Nöten.

Literatur

Abbey, Caroline/Dallos, Rudi (2004): The experience of the impact of divorce on sibling relationships: A qualitative study. In: Clinical-Child-Psychology and Psychiatry 9: 241-259

Ahrons, Constance R. (2006): Family ties after divorce: Long-term implications for children. In: Family Process 46: 53-65

Ahrons, Constance R. (1981): The continuing parental relationship between divorced spouses. In: American Orthopsychiatric Association 51: 415-428

Amato, Paul R. (1993): Children's adjustment to divorce: Theories, hypotheses, and empirical support. In: Journal of Marriage and the Family 55: 23-38

Amato, Paul R. (2000): The consequences of divorce for adults and children. In: Journal of Marriage and the Family 62: 1269-1287

Amato, Paul R. (2001): Children of divorce in the 1990s: An update of the Amato and Keith (1991): Meta-analysis. In: Journal of Family Psychology 15: 355-370

Amato, Paul R. (2006): Marital discord, divorce, and children's well-being: Results from a 20-year longitudinal study in two generations. In: Clarke-Stewart, Alison/Judy Dunn (Hg.): Families count: Effects on child and adolescent development. Cambrigde: 179-202

Amato, Paul R./Afifi, Tamara D. (2006): Feeling caught between parents: Adult children's relations with parents and subjective well-being. In: Journal of Marriage and Family 68: 222-235

Amato, Paul R./Booth, Alan (1996): A prospective study of divorce and parent-child relationships. In: Journal of Marriage and the Family 58: 356-365

Amato, Paul R./Cheadle, Jacob (2005): The long reach of divorce: Divorce and child well-being across three generations. In: Journal of Marriage and Family 67: 191-206

Amato, Paul R./Gilbreth, Joan G. (1999): Nonresident fathers and children's well-being: A meta-analysis. In: Journal of Marriage and the Family 61: 557-573

Amato, Paul R./Rezac, Sandra J. (1994): Contact with nonresident parents, interparental conflict, and children's behavior. In: Journal of Family Issues 15: 191-207

Bastine, Rainer (2005): Familienmediation heute. Leistungsfähigkeit und Barrieren in der Praxis. In: Zeitschrift für Konfliktmanagement 1: 1-4

Baum, Nehami (2004): Typology of post-divorce parental relationships and behaviors. In: Journal of Divorce and Remarriage 41: 53-79

Beelmann, Wolfgang/Schmidt-Denter, Ulrich (1991): Kindliches Erleben sozialemotionaler Beziehungen und Unterstützungssysteme in Ein-Elternteil-Familien. In: Psychologie in Erziehung und Unterricht 38: 180-189

Bien, Walter/Hartl, Angela/Teubner, Markus (Hg.) (2002): Stieffamilien in Deutschland. Elter und Kinder zwischen Normalität und Konflikt. Opladen: Leske + Budrich

Block, Jack/Block, Jeanne H./Gjerde, Per F. (1988): Parental functioning and the home environment in families of divorce: Prospective and concurrent analyses. In: Journal of the American Academy of Child and Adolescent Psychiatry 27: 207-213

BMFSFJ (2006): Familie zwischen Flexibilität und Verlässlichkeit. Perspektiven für eine lebenslaufbezogene Familienpolitik. 7. Familienbericht.: Bundesministerium für Familie, Senioren, Frauen und Jugend

Bohrhardt, Ralf (2006): Vom „broken home" zur multiplen Elternschaft. Chancen und Erschwernisse kindlicher Entwicklung in diskontinuierlichen Familienbiografien. In: Bertram, Hans/Krüger, Helga/Spieß, Katharina (Hg.): Wem gehört die Familie? Expertisen zum 7. Familienbericht der Bundesregierung. Opladen: 169-188

Bröning, Sonja/Walper, Sabine (2007): Risikofaktoren und Ursachen für Scheidungen. In: Familie Partnerschaft Recht 13: 260-264

Buchanan, Christy M./Maccoby, Eleanor E./Dornbusch, Sanford M. (1991): Caught between parents: Adolescents' experience in divorced homes. In: Child Development 62: 1008-1029

Buchanan, Christy M./Maccoby, Eleanor E./Dornbusch, Sanford M. (1996): Adolescents after divorce. Cambridge, MA: Harvard University Press

Buchanan, Christy M./Waizenhofer, Robin N. (2001): The impact of interparental conflict on adolescent children: Considerations of family systems and family structure. In: Booth, Alan/Crouter, Ann C./Clements, Mari L. (Hg.): Couples in conflict. Mahwah, N.J.: 149-160

Bush, Jaqueline E./Ehrenberg, Marion F. (2003): Young person's perspectives on the influence of family transitions on sibling relationships: A qualitative exploration. In: Journal of Divorce and Remarriage 39: 1-36

Capaldi, Deborah. M./Patterson, Gerald R. (1991): Relation of parental transitions to boy's adjustment problems: I. A linear hypothesis: II. Mothers at risk for transitions and unskilled parenting. In: Developmental Psychology 27: 489-504

Carter, Betty/Mcgoldrick, Monica (Hg.) (1988): The changing family life cycle. A framework for family therapy 2. New York: Gardner

Cheng, Helen/Dunn, Judy/O'Connor, Thomas G./Golding, Jean + The Alspac Study Team (2006): Factors moderating children's adjustment to parental separation: Findings from a community study in England. In: Journal of Abnormal Child Psychology 34: 239-250

Clement, Debra A. (1999): 1998 nationwide survey of the legal status of parent education. In: Family and Conciliation Courts Review 37: 219-239

Cogswell, Carolyn/Henry, Carolyn S. (1995): Grandchildren's perceptions of grandparental support in divorced and intact families. In: Journal of Divorce and Remarriage 23: 127-150

Cowan, Philipp A. (1991): Individual and family life transitions: A proposal for a new definition. In: Cowan, P. A./Hetherington, M. (Hg.): Family transitions. Advances in family research 2. Hillsdale, N.J.: 3-30

Datenreport (2000): Statistisches Bundesamt. Bonn: Bundeszentrale für politische Bildung.

Davies, Lorraine/Avison, William R./Mcalpine, Donna D. (1997): Significant life experiences and depression among single and married mothers. In: Journal of Marriage and the Family 59: 294-308

Davies, Patrick T./Harold, Gordon T./Goeke-Morey, Marcie C./Cummings, E. Mark/Shelton, K./Rasi, J. A. (2002): Child emotional security and interparental conflict. Monographs of the Society for Research in Child Development (Serial No. 270, Vol. 67, No. 3). Boston: Blackwell

Dietrich, Peter S./Paul, Stephanie (2006): Interventionsansätze bei hoch eskalierten Trennungskonflikten. In: Weber, M./Schilling, H. (Hg.): Eskalierte Elternkonflikte. Beratungsarbeit im Interesse des Kindes bei hoch strittigen Trennungen. Weinheim, München: 73-90

Dimpker, Henning/Gathen, Marion von zu/Maywald, Jörg (2005): Wegweiser für den Umgang nach Trennung und Scheidung. Wie Eltern den Umgang am Wohl des Kindes orientieren können. Deutsche Liga für das Kind in Familie und Gesellschaft e.V.

Emery, Robert E. (1994): Renegotiating family relationships: Divorce, child custody, and mediation. New York: Guilford

Emery, Robert E. (1999): Postdivorce family life for children: An overview of research and some implications for policy. In: Amato, P. R./Thompson, R. A. (Hg.): The postdivorce family: Children, parenting, and society. Thousand Oaks: 3-27

Emery, Robert E. (2005): Parental alienation syndrome: Proponents bear the burden of proof. In: Family Court Review 43: 8-13

Emmerling, Dieter (2007): Ehescheidungen 2005. In: Wirtschaft und Statistik: 159-168

Engstler, Heribert (1997): Die Familie im Spiegel der amtlichen Statistik. Lebensformen, Familienstrukturen, wirtschaftliche Situation der Familien und familiendemographische Entwicklung in Deutschland. Bonn: Bundesministerium für Familie, Senioren, Frauen und Jugend

Engstler, Heribert/Menning, Sonja (2003): Die Familie im Spiegel der amtlichen Statistik. Berlin: Bundesministerium für Familie, Senioren, Frauen und Jugend

Entwisle, Doris R./Alexander, Karl L. (1995): A parent's economic shadow: Family structure versus family resources as influences on early school achievement. In: Journal of Marriage and the Family 57: 399-409

Fichtner, Jörg (2006): Konzeptionen und Erfahrungen zur Intervention bei hoch konflikthaften Trennungs- und Scheidungsprozessen – Exemplarische Praxisprojekte. Expertise aus dem Projekt „Hochstrittige Elternschaft – aktuelle Forschungslage und Praxissituation". Vehlefanz/Potsdam: Institut für angewandte Familien-, Kindheits- und Jugendforschung (IFK) an der Universität Potsdam

Figdor, Helmuth (2004): Kinder aus geschiedenen Ehen: Zwischen Trauma und Hoffnung (Psychoanalytische Pädagogik, Band 18). Gießen: Psychosozial-Verlag

Fthenakis, Wassilios E. (1996): Trennung, Scheidung und Wiederheirat. Weinheim, Basel: Beltz

Fthenakis, Wassilios E. (2000): Kommentar zu Ulrich Schmidt-Denters „Entwicklung von Trennungs- und Scheidungsfamilien". In: Schneewind, Klaus A. (Hg.): Familienpsychologie im Aufwind. Brückenschläge zwischen Forschung und Praxis. Göttingen: 222-229

Fthenakis, Wassilios E./Niesel, Renate/Griebel, Wilfried (1993): Scheidung als Reorganisationsprozeß. In: Menne, Klaus/Schilling, Herbert/Weber, Matthias (Hg.): Kinder im Scheidungskonflikt. Beratung von Kindern und Eltern bei Trennung und Scheidung. Weinheim, München: 261-289

Furstenberg, Frank F. Jr./Teitler, Julien O. (1994): Reconsidering the effects of marital disruption: What happens to children of divorce in early adulthood. In: Journal of Family Issues 15: 173-190

Gardner, Richard A. (1998): The parental alienation syndrome. (2nd Ed.). Cresskill, NJ: Creative Therapeutics, Inc.

Geasler, Margie J./Blaisure, Karen R. (1999): The 1998 nationwide survey of court-connected divorce education programs. In: Family and Conciliation Courts Review 37: 36-63

Geser, Willi (2001): Geschwisterbeziehungen junger Erwachsener aus Scheidungsfamilien. In: Zeitschrift für Familienforschung 1: 23-41

Gottman, John Mordechai (1994): What predicts divorce? Hillsdale, NJ: Erlbaum

Guttmann, Joseph/Rosenberg, Michael (2003): Emotional intimacy and children's adjustment: A comparison between single-parent divorced and intact families. In: Educational Psychology 23: 457-472

Haynes, John N./Bastine, Reiner/Link, Gabriele/Mecke, Axel (2002): Scheidung ohne Verlierer. München: Kösel

Henry, Carolyn S./Ceglian, Cindi Penor/Matthews, D. Wayne (1992): The role behaviors, role meanings, and grandmothering styles of grandmothers and stepfrandmothers: Perceptions of the middle generation. In: Journal of Divorce and Remarriage 17: 1-22

Hetherington, Eileen Mavis/Kelly, John (2002): For better of for worse. Divorce reconsidered. New York: Norton

Hetherington, Eileen Mavis (1993): An overview of the Virginia longitudinal study of divorce and remarriage with a focus an early adolescence. In: Journal of Family Psychology 7: 39-56

Hetherington, Eileen Mavis/Clingempeel, W. Glenn et al. (1992): Coping with marital transitions. Monographs of the Society for Research in Child Development (Serial No. 227, Vol. 57). Boston: Blackwell

Hetherington, Eileen Mavis/Cox, Martha/Cox, Roger (1982): Effects of divorce on parents and children. In: Lamb, Michael E. (Hg.): Nontraditional families: Parenting and child development. Hillsdale, N.J.: 233-288

Hetherington, Eileen Mavis/Stanley-Hagan, Magaret M. (1995): Parenting in divorced an remarried families. In: Bornstein, M. H. (Hg.): Handbook of parenting. New Jersey: 233-254

Hetherington, Eileen Mavis/Stanley-Hagan, Margaret (1999): The adjustment of children with divorced parents: A risk and resiliency perspective. In: Journal of Child Psychology and Psychiatry 40: 129-140

Hetherington, Eileen Mavis/Kelly, Joan (2003): Scheidung. Die Perspektiven der Kinder. Weinheim, Basel: Beltz

Hill, Paul/Kopp, Johannes (2004): Familiensoziologie. Grundlagen und theoretische Perspektiven. Wiesbaden: Verlag für Sozialwissenschaften

Hilton, Jeanne M./Macari, Daniel P. (1997): Grandparent involvement following divorce: A comparison of single-mother and single-father families. In: Journal of Divorce and Remarriage 28: 203-224

Hinger, Otfried/Meixner, Birgit (2006): Gruppen-Interventions-Programm für Scheidungskinder. GIPS: Ein Unterstützungsangebot zur Meinungsbildung und Meinungsäußerung. In: Weber, M./Schilling, H. (Hg.): Eskalierte Elternkonflikte. Beratungsarbeit im Interesse des Kindes bei hoch strittigen Trennungen. München: 163-174

Johnston, Janet. R. (2003): Parental alignments and rejection: An emprical study of alienation in children of divorce. In: Journal of the American Academy of Psychiatry and the Law 31: 158-170

Kaslow, Florence W. (1990): Divorce therapy and mediation for better custody. In: Japanese Journal of Family Psychology 4: 19-37

Kelly, Joan B. (2005): Developing beneficial parenting plan models for children following separation and divorce. In: Journal of American Academy of Matrimonial Lawyers 19: 237-254

Kennedy, Gregory E./Kennedy, C. E. (1993): Grandparents: A special resource for children in stepfamilies. In: Journal of Divorce and Remarriage 19: 45-68

Klein, Thomas (1995): Ehescheidung in der Bundesrepublik und der früheren DDR: Unterschiede und Gemeinsamkeiten. In: Nauck, Bernhard/Schneider, Norbert/Tölke, A. (Hg.): Familie und Lebensverlauf im gesellschaftlichen Umbruch. Stuttgart: 76-89

Koerner, Susan Silverberg/Jacobs, Stephanie L./Raymond, Meghan (2000): When mothers turn to their adolescent daughters: Predicting daughters' vulnerability to negative adjustment outcomes. In: Family Relations 49: 301-309

Kreppner, Kurt (2000): Entwicklung von Eltern-Kind Beziehungen: Normative Aspekte im Rahmen der Familienentwicklung. In: Schneewind, Klaus A.: Familienpsychologie im Aufwind. Göttingen: 174-195

Kreppner, Kurt/Ullrich, Manuela (2002): Ablöseprozesse in Trennungs- und Nicht-Trennungsfamilien: Eine Betrachtung von Kommunikationsverhalten in Familien mit Kindern im frühen bis mittleren Jugendalter. In: Schwarz, Beate/Walper, Sabine (Hg.): Was wird aus den Kindern? Chancen und Risiken für die Entwicklung von Kindern aus Trennungs- und Stieffamilien. Weinheim, München: 91-120

Kruk, Edward (1991): Discontinuity between pre- and post-divorce father-child relationships: New evidence regarding paternal disengagement. In: Journal of Divorce and Remarriage 16: 195-227

Kruk, Edward/Hall, Barry L. (1995): The disengagement of paternal grandparents subsequent to divorce. In: Journal of Divorce and Remarriage 23: 131-146

Lamb, Michael (2002): Nonresidential fathers and their children. In: Tamis-Lemonda, Catherine S./Cabrera, Natasha (Hg.): Handbook of father involvement: Multidisciplinary perspectives. Mahwah, N.J.: 169-184

Lauterbach, Wolfgang (1999): Die Dauer nichtehelicher Lebensgemeinschaften. Alternative oder Vorphase zur Ehe? In: Klein, Thomas/Lauterbach, Wolfgang (Hg.): Nichteheliche Lebensgemeinschaften – Analyse zum Wandel partnerschaftlicher Lebensformen. Opladen: 269-308

Lederle von Eckardstein, Osterhold/Niesel, Renate/Salzgeber, Joseph/Schönfeld, Uwe (1999): Eltern bleiben Eltern. Detmold: Media-Print Merkur

Maccoby, Eleanor E./Depner, Charlene E./Mnookin, Robert H. (1990): Coparenting in the second year after divorce. In: Journal of Marriage and the Family 52: 141-155

Maccoby, Eleanor E./Mnookin, Robert H. (1992): Dividing the child. Social and legal dilemmas of custody. Cambridge, MA: Harvard University Press

Mächler, Ruth (2002): Soziale Unterstützung nach Trennung und Scheidung. Eine Untersuchung zur Tragfähigkeit und Dynamik von Beziehungsnetzen. Hamburg: Verlag Dr. Kovač

Madden-Derdich, Debra A./Leonard, Stacie A./Christopher, F. Scott (1999): Boundary ambiguity and coparental conflict after divorce: An empirical test of a family systems model of the divorce process. In: Journal of Marriage and the Family 61: 588-598

Masheter, Carol (1997): Healthy and unhealthy friendship and hostility between exspouses. In: Journal of Marriage and the Family 59: 463-475

Niepel, Gabriele (1994): Soziale Netze und soziale Untersützung alleinerziehender Frauen. Opladen: Leske + Budrich

Niesel, Renate (1995): Erleben und Bewältigung elterlicher Konflikte durch Kinder. In: Familiendynamik 20: 155-170

Noller, Patricia (2005): Sibling relationships in adolescence: Learning and growing together. In: Personal Relationships 12: 1-22

Pagels, Herbert (2002): Verlassene Väter – Die innerseelische Situation und das Bewältigungsverhalten von Männern nach einer ungewollten Trennung von Frau und Kindern – Eine empirische Untersuchung auf der Basis von Gesprächen und einer Fragebogen – Erhebung. Philosophie. Hamburg: Universität Hamburg

Paul, Stephanie/Dietrich, Peter (2006): EXPERTISE A: Genese, Formen und Folgen „Hochstrittiger Elternschaft" – Nationaler und internationaler Forschungsstand/EXPERTISE B: Wirkungen von Beratungs- und Unterstützungsansätzen bei hochstrittiger Elternschaft – Nationale und internationale Befunde. Vehlefanz/ Potsdam: Institut für angewandte Familien-, Kindheits- und Jugendforschung (IFK) an der Universität Potsdam

Pruett, Marsha K./Pruett, Kyle D. (1998): Fathers, divorce, and their children. In: Child and Adolescent Psychiatric Clinics of North America 7: 389-407

Reese-Weber, Marla/Kahn, Jeffrey H. (2005): Familial predictors of sibling and romantic-partner conflict resolution: Comparing late adolescents from intact and divorced families. In: Journal of Adolescence 28: 479-493

Rollett, Brigitte (2000): Diskussion zu Kurt Kreppners „Entwicklung von Eltern-Kind-Beziehungen". In: Schneewind, Klaus A.: Familienpsychologie im Aufwind. Göttingen: 196-200

Rye, Mark S./Todd, Chad D./Heim, A./Olszewski, Brandon T./Traina, Elisabeth (2004): Forgiveness of an ex-spouse: How does it relate to mental health following a divorce? In: Journal of Divorce and Remarriage 41: 31-51

Sardon, Jean-Paul/Robertson, Glenn D. (2004): Recent demographic trends in developed countries. In: Population 59: 263-314

Sbarra, David A./Emery, Robert. E. (2005): Coparenting conflict, nonacceptance, and depression among divorced adults: Results from a 12-year follow-up study of child custody mediation using multiple imputation. In: American Journal of Orthopsychiatry 17: 63-75

Schmidt-Denter, Ulrich (2000): Entwicklung von Trennungs- und Scheidungsfamilien: Die Kölner Längsschnittstudie. In: Schneewind, Klaus A.: Familienpsychologie im Aufwind. Brückenschläge zwischen Forschung und Praxis. Göttingen: 203-221

Schmidt-Denter, Ulrich/Beelmann, Wolfgang (1995a): Familiäre Beziehungen nach Trennung und Scheidung: Veränderungsprozesse bei Müttern, Vätern und Kindern. Universität zu Köln: Unveröffentlichter Forschungsbericht an die DFG (2 Bände)

Schmidt-Denter, Ulrich/Beelmann, Wolfgang (1995b): Familiäre Veziehungen nach Trennung und Scheidung: Veränderungsprozesse bei Müttern, Vätern und Kindern (Forschungsberichte, 2 Bände). Köln: Universität zu Köln, Psychologisches Institut

Schmidt-Denter, Ulrich/Schmitz, Heike (1999): Familiäre Beziehungen und Strukturen sechs Jahre nach der elterlichen Trennung. Was wird aus den Kindern? Chancen und Risiken für die Entwicklung von Kindern aus Trennungs- und Stieffamilien. In: Walper, Sabine/Schwarz, Beate (Hg.): Was wird aus den Kindern? Chancen und Risiken für die Entwicklung von Kindern aus Stieffamilien. Weinheim, München: 73-90

Schmidt-Denter, Ulrich/Schmitz, Heike (2002): Familiäre Strukturen sechs Jahre nach der elterlichen Trennung. In: Walper, Sabine/Schwarz, Beate (Hg.): Was wird aus den Kindern? Chancen und Risiken für die Entwicklung von Kindern aus Trennungs- und Stieffamilien. Weinheim, München: 73-90

Schneewind, Klaus A. (1999): Familienpsychologie. Stuttgart: Kohlhammer (2. Aufl.)

Schwab, Dieter (1995): Familienrecht. München: C.H. Beck

Schwarz, Beate/Noack, Peter (2002): Scheidung und Ein-Elternteil-Familien. In: Hofer, Manfred/Wild, Elke/Noack, Peter: Lehrbuch Familienbeziehungen. Eltern und Kinder in der Entwicklung. Göttingen: 312-335

Schwarz, Beate/Walper, Sabine (in Druck): Adolescents' individuation, romantic involvement and maternal well-being: A comparison of three family structures. In: International Journal of Behavioural Development

Seltzer, Judith A. (1991): Relationships between fathers and children who live apart: The father's role after separation. In: Journal of Marriage and the Family 53: 79-101

Sheehan, Grania/Darlington, Yvonne/Noller, Patricia/Freeny, Judith (2004): Children's perceptions of their sibling relationships during parental separation and divorce. In: Journal of Divorce and Remarriage 41: 69-94

Silverberg, Susan B./Steinberg, Laurence (1990): Psychological well-being of parents with early adolescent children. In: Developmental Psychology 26: 658-666

Staatsinstitut für Frühpädagogik (Hg.) (2007): Handbuch begleiteter Umgang. München: C. H. Beck

Textor, Martin R. (2006): Trennung/Scheidung. Die Scheidungsphase: Situation der Erwachsenen. In: Online-Familienhandbuch. http://www.familienhandbuch.de/ cmain/f_Aktuelles/a_Trennung_Scheidung/s_274.html (Download am 04.02.08)

Wallerstein, Judith S./Blakeslee, Sandra (1989): Gewinner und Verlierer. Frauen, Männer, Kinder nach der Scheidung. Eine Langzeitstudie. München: Droemer Knaur

Wallerstein, Judith S./Lewis, Julia M. (2007): Sibling outcomes and disparate parenting and stepparenting after divorce: Report from a 10-year longitudinal study. In: Psychoanalytic Psychology 24: 445-458

Walper, Sabine (2002): Verlust der Eltern durch Trennung, Scheidung oder Tod. In: Oerter, Rolf/Montada, Lea (Hg.): Entwicklungspsychologie. 5., vollst. überarb. Auflage. München: 818-832

Walper, Sabine (2006): Das Umgangsrecht im Spiegel psychologischer Forschung. In: V., Deutscher Familiengerichtstag E. (Hg.): Sechzehnter Deutscher Familiengerichtstag vom 14. bis 17. September 2005 in Brühl. Bielefeld: 100-130

Walper, Sabine/Beckh, Katharina (2006): Adolescents' development in high-conflict and separated families. Evidence from a German longitudinal study. In: Clarke-Stewart, Alison/Dunn, Judy (Hg.): Families count: Effects on child and adolescent development. Cambridge, MA: 238-270

Walper, Sabine/Bröning, Sonja (2007): Bewältigungshilfen bei Trennung und Scheidung. In: Petermann, Franz/Schneider, Wolfgang (Hg.): Angewandte Entwicklungspsychologie Enzyklopädie Psychologie, Serie V: Entwicklung, Band 7. Göttingen: 571-604

Walper, Sabine/Gödde, Mechthild (2005): Jugendliche und ihre Beziehung zum Vater. Ein Vergleich von Kern-, Trennungs- und Stieffamilien. In: Schuster, Beate/Kuhn, Hans-Peter/Uhlendorf, Harald (Hg.): Entwicklung in sozialen Beziehungen – Heranwachsende in ihrer Auseinandersetzung mit Familie, Freunden und Gesellschaft. Stuttgart: 65-89

Walper, Sabine/Langmeyer, Alexandra (2008): Auswirkungen einer elterlichen Scheidung auf die Entwicklung der Kinder: Zum Stand der Familienforschung. In: ZKJ 3: 94-97

Walper, Sabine/Schwarz, Beate (2001): Adolescents' individuation in East and West Germany: Effects of family structure, financial hardship, and family processes. In: American Behavioral Scientist 44: 1937-1954

Walper, Sabine/Wild, Elke (2002): Wiederheirat und Stiefelternschaft. In: Hofer, Manfred/Wild, Elke/Noack, Peter: Lehrbuch der Familienbeziehungen. Eltern und Kinder in der Entwicklung. Göttingen: 336-361

Weber, Matthias/Schilling, Herbert (Hg.) (2006): Eskalierte Elternkonflikte. Beratungsarbeit im Interesse des Kindes bei hoch strittigen Trennungen. Weinheim, München: Juventa

Whiteside, Mary F. (1998): The parental alliance following divorce: An overview. In: Journal of Marital and Family Therapy 24: 3-24

Zill, Nicholas/Morrison, Donna Ruane/Coiro, Mary Jo (1993): Long-term effects of parental divorce and parent-child relationships, adjustment, and achievement in young adulthood. In: Journal of Family Psychology 7: 91-103

Albert Lenz

Kinder und ihre psychisch kranken Eltern

„Auch Kinder sind Angehörige" so titulierte der Dachverband psychosozialer Hilfsvereinigungen im Jahr 1997 eine Tagung, auf der das Thema im deutschsprachigen Raum zum ersten Mal in einer breiten Fachöffentlichkeit behandelt wurde. Die Kinder psychisch kranker Eltern wurden dabei als die im wahrsten Sinne des Wortes „vergessenen Kinder der Psychiatrie-Reform" bezeichnet. Wie Untersuchungen zur Prävalenz psychisch kranker Eltern übereinstimmend zeigen, stellen Kinder psychisch kranker Eltern aber in keiner Weise eine Randgruppe dar. So konnte beispielsweise in einer konsekutiven Erhebung, die auf verschiedenen allgemeinpsychiatrischen und psychotherapeutischen Stationen zweier Kliniken über einen Zeitraum von sechs Monaten durchgeführt wurde, festgestellt werden, dass von den erfassten 808 Patient/innen, ca. 27% Kinder unter 18 Jahren hatten (Lenz 2005). Betrachtet man das Geschlecht der Patient/innen, so wird deutlich dass wesentlich mehr Patientinnen Kinder unter 18 Jahren haben (ca. 34%) als Männer (ca. 18%). Ca. 72% der Patient/innen lebten mit ihren Kindern zusammen. Wiederum wird dabei ein deutlicher geschlechtsspezifischer Unterschied sichtbar. Während nur ca. 60% der befragten Patienten mit ihren Kindern im selben Haushalt wohnten, lebten ca. 77% der Patientinnen mit ihren minderjährigen Kindern auch zusammen. Nach den Angaben des Statistischen Bundesamtes haben im Jahr 2002 bundesweit 591.608 Patientinnen und Patienten zwischen 20 und 55 Jahren eine stationäre psychiatrische Behandlung beendet. Wenn man davon ausgeht, dass ca. 27% der Patient/innen Kinder haben, bedeutet dies, dass ungefähr 150.000 Väter und Mütter stationär behandelt wurden. Es ist also anzunehmen, dass allein von einer stationären psychiatrischen Behandlung eines Elternteils in einem Jahr mindestens 150.000 Kinder betroffen sind. Manfred Pretis und Aleksandra Dimova (2004) gehen davon aus, dass ca. 500.000 Kinder unter 18 Jahren mindestens einen psychisch erkrankten Elternteil haben.

Erfreulicherweise hat sich die Situation im deutschen Sprachraum mittlerweile deutlich verbessert. Die Fachöffentlichkeit ist auf die Kinder psychisch kranker Eltern aufmerksam geworden. So wurden in den letzten Jahren nicht nur zahlreiche Fachtagungen, Symposien und Kongresse durchgeführt, sondern es sind darüber hinaus in verschiedenen Regionen und Orten eine Reihe von Initiativen entstanden, die Kindern und ihren psychisch kranken Eltern Hilfen anbieten (Lenz 2008).

Erste empirische Studien zum Thema Kinder psychisch kranker Eltern sind hingegen bereits in den 30er Jahren des letzten Jahrhunderts durchgeführt worden. Systematisch und methodisch differenziert setzte sich erstmals der englische Kinder- und Jugendpsychiater Michael Rutter (1966) mit der Thematik auseinander. Im deutschsprachigen Raum griffen Helmut Remschmidt und Peter Strunk das Thema in den 70er Jahren erstmalig auf. Sie untersuchten die Kinder von schizophren und depressiv erkrankten Eltern, die in der kinderpsychiatrischen Universitätsklinik Marburg behandelt wurden (Remschmidt et al. 1973). In zahlreichen empirischen Studien konnten Zusammenhänge zwischen psychischen Erkrankungen der Eltern und Störungen der kindlichen Entwicklung nachgewiesen werden. Es zeigte sich, dass Kinder, die in Familien aufwachsen, in denen ein Elternteil psychisch krank ist, in vielfältiger Weise durch die elterliche Erkrankung betroffen sind und ein erhöhtes Risiko tragen, selbst eine psychische Störung zu entwickeln. Manfred Bleuler konnte bereits 1972 in einer Langzeitstudie aufzeigen, dass Kinder in schwierigen familiären und sozialen Konstellationen aber durchaus auch in der Lage sind, ihr Leben adäquat zu meistern. Er stellte fest, dass drei Viertel der untersuchten Kinder schizophren erkrankter Eltern gesund geblieben sind (Lenz 2005). Differenzierte Antworten auf die Frage, warum und wie Kinder trotz der vielfältigen Belastungen und Risiken gesund bleiben bzw. mit den belastenden, widrigen und widersprüchlichen Lebenserfahrungen angemessen umgehen können, liefern Befunde aus der Resilienz- und Bewältigungsforschung.

Die subjektive Betroffenheit der Kinder und ihrer Eltern, die familiären Alltagsprobleme und Belastungssituationen gerieten lange Zeit nur ausnahmsweise in das Blickfeld der wissenschaftlichen Forschung. Mittlerweile ist allerdings auch die Forschung in diesem Feld mehr in Bewegung geraten. Es liegen erste Ergebnisse aus qualitativen Studien vor, die einen Einblick in die Erlebnis- und Erfahrungswelt der Kinder, in das Zusammenleben mit einem kranken und einem gesunden Elternteil oder vielleicht sogar mit zwei psychisch kranken Eltern sowie in den Umgang mit Problemen und Konflikten sowie in die Bewältigungsstrategien und ihre Lebensgestaltung vermitteln.

Im Folgenden soll ein Überblick über den aktuellen Stand der Forschung in den verschiedenen Forschungstraditionen gegeben werden. Im Vordergrund steht hierbei die Darstellung von Befunden aus qualitativen Studien, die einen differenzierten Zugang zu den zugrunde liegenden Prozessen in den Beziehungen zwischen Kindern und psychisch kranken Eltern sowie zu komplexen Zusammenhängen zwischen den elterlichen Erkrankungen und den Auffälligkeiten der Kinder ermöglichen.

1. Ergebnisse aus der Risikoforschung

Die aussagekräftigsten Befunde stammen aus Längsschnittsstudien, in denen betroffene Kinder mindestens bis ins Jugendalter begleitet wurden. Es zeigte sich, dass die Auftretensraten schizophrener Störungen bei Kindern mit einem an Schizophrenie erkrankten Elternteil zwischen 8 und 20% lagen. Betrachtet man alle Formen psychiatrischer Störungen, so wurden bei Kindern mit mindestens einen schizophren erkrankten Elternteil im Mittel bei 30 bis 40% der Betroffenen bis zum Jugendalter klinisch relevante Auffälligkeiten festgestellt (Niemi et al. 2003). Helmut Remschmidt und Fritz Mattejat (1994) gehen davon aus, dass Kinder schizophren erkrankter Eltern im familiären Alltag stärker belastet sind als Kinder von depressiven Eltern. Sie kommen zu dem Ergebnis, dass sich Kinder aus Familien mit einem schizophrenen Elternteil insgesamt auch weniger mit ihren Eltern identifizieren als Kinder aus Familien mit einem depressiven Elternteil. Kinder, bei denen ein Elternteil an einer chronischen Depression mit einem rezidivierenden Verlauf erkrankt war, wurden ebenfalls in Längsschnittstudien, meist bis ins Jugend- bzw. junge Erwachsenenalter hinein, untersucht (Niemi et al. 2003). Die vorliegenden Zahlen lassen vermuten, dass bei einer Depression eines Elternteils etwa 40% der betroffenen Kinder selbst bis zum Alter von 20 Jahren mindestens eine depressive Episode erleben und im Mittel bis zu 60% mindestens eine klinisch relevante Störung ausbilden (Beardslee et al. 1998). Gerald Downey und James Coyne (1990) gehen davon aus, dass das Risiko für eine affektive Störung für die betroffenen Kinder zwei- bis dreimal höher, das Risiko für eine Major Depression[1] etwa sechsmal höher als für Kinder unauffälliger Eltern ist. Kinder depressiver Eltern tragen darüber hinaus auch ein erhöhtes Risiko für andere psychische Störungen sowie Verhaltensauffälligkeiten und Anpassungsprobleme im sozialen, emotionalen und kognitiven Bereich (Cummings/Davis 1994). Sie fanden in ihrer Studie eine erhöhte Prävalenz von Depressionen, Abhängigkeitserkrankungen und schulischen Problemen bei Kindern von depressiven Eltern. Michael Rutter und David Quinton (1984) stießen in ihrer Untersuchung auf eine signifikant erhöhte Rate kindlicher Auffälligkeiten bei Eltern mit einer umschriebenen Persönlichkeitsstörung. Es gibt sogar Hinweise, dass Kinder bei einer Persönlichkeits- oder Suchtstörung eines Elternteils ungünstigere Entwicklungsmerkmale aufweisen als bei schizophrenen und affektiven Erkrankungen. Es zeigte sich auch, dass Kinder von Eltern, die an Angststörungen leiden, ein bis zu 7fach erhöhtes Risiko haben ebenfalls an einer Angststörung zu erkranken (Beardslee et al. 1998). Eine andere Studie ergab, dass 83% der Kinder mit einer isolierten Angststörung und/oder mit einer Überängstlichkeitsstörung eine Mutter haben, die ebenfalls an einer Angststörung litt bzw. noch leidet. Mehr als die Hälfte der Mütter hatten zum gleichen Zeitpunkt wie die Kinder eine klinisch relevante Angststörung.

Für die bislang untersuchten psychischen Störungen steigt die Wahrscheinlichkeit eines Auftretens von psychischen Auffälligkeiten bei den Kindern noch einmal deutlich, wenn beide Elternteile von einer Erkrankung betroffen sind. Sind beispielsweise beide Elternteile depressiv erkrankt, beträgt die Wahrscheinlichkeit für die Kinder, im Laufe ihres Lebens eine Depression auszubilden, etwa 70% (Robins/Regier 1991).

---

1 Die Major Depression ist eine schwere, akute Form der depressiven Störung.

Betrachtet man die vorliegenden Befunde der Risikoforschung über Art der elterlichen Erkrankung sowie Form und Ausmaß der kindlichen Störungen, so wird deutlich, dass die Auftretenswahrscheinlichkeit klinisch relevanter psychischer Beeinträchtigungen der Kinder über verschiedene elterliche Diagnosen hinweg ähnlich hoch ist. Die Rochester Longitudinal Study, eine große Risikostudie, kommt zu dem Ergebnis, dass die elterliche Diagnose offensichtlich weniger bedeutsam für die Anpassung des Kindes ist als andere Dimensionen wie Schweregrad, Art und Chronizität der Symptomatik, Komorbidität, Rückfallhäufigkeit und symptomfreie Perioden sowie allgemeine familiäre und psychosoziale Bedingungen des Aufwachsen (Sameroff 1987). Schwere psychische Erkrankungen begünstigen das Auftreten von Belastungsfaktoren wie eheliche Konflikte, familiäre Disharmonien, Scheidung, Störungen in der Eltern-Kind-Beziehung, inadäquate soziale Unterstützung und soziale Isolation sowie eingeschränkte objektive Lebensbedingungen wie Arbeitslosigkeit, finanzielle Probleme und problematische Wohnverhältnisse. So kommen Untersuchungen übereinstimmend zu dem Ergebnis, dass in Paarbeziehungen, in denen ein Partner von einer psychischen Erkrankung betroffen ist, häufiger und schwerere Konflikte auftreten als in Partnerschaften zwischen gesunden Partnern, und dass die Beziehungszufriedenheit insgesamt als geringer eingeschätzt wird (Downey/ Coyne 1990). Auch die Scheidungsrate ist bei Paaren mit mindestens einem psychisch kranken Partner höher als bei unauffälligen Paaren. Psychisch kranke Frauen erleben zudem überdurchschnittlich häufig körperliche und sexuelle Gewalt. Derartig belastende Lebensereignisse wirken als genereller Stressor und beeinflussen die psychosozialen Entwicklungsbedingungen der Kinder und sind für die Störungen bzw. Beeinträchtigungen mit verantwortlich. Darüber hinaus ist allgemein bekannt, dass die sozialen und sozioökonomischen Lebensbedingungen für Familien mit psychisch kranken Eltern in der Regel schlechter sind als für andere Familien. So leben die Eltern nicht nur getrennt, sondern Armut, Arbeitslosigkeit und schwierige Wohnverhältnisse in Gebieten mit allgemein schlechterer Freizeitqualität gehören gehäuft zu den Belastungen, unter denen die Familien leiden. Dabei ist zu beachten, dass das gemeinsame Auftreten mehrerer Risikofaktoren sich besonders gravierend auf die kindliche Entwicklung auswirkt, weil sich ihre Effekte nicht nur einfach aufaddieren, sondern wechselseitig verstärken (Mattejat et al. 2000). Die Kumulation von Risiken oder Stressoren ist besonders bedeutsam. So steigt mit der Anzahl der vorhandenen Risikofaktoren die Wahrscheinlichkeit, dass Kinder eine ernsthafte Störung entwickeln, deutlich an (Rutter 1987).

Die Umweltfaktoren sowie die Schwere und der Verlauf der elterlichen Erkrankung haben mindestens eine ebenso große Bedeutung für ungünstige Entwicklungsverläufe und die Ausbildung von psychischen Störungen wie genetische Faktoren. Die Rolle genetischer Faktoren bei der Entstehung psychischer Störungen konnte in einer Reihe von Studien zwar hinreichend belegt werden (Lenz 2005), allerdings wurde zugleich deutlich, dass es gerade bei vermutlich vorhandenen genetischen Risiken auf die Umwelt ankommt, in der ein Kind aufwächst. Eine determinierende Wirkung genetischer Faktoren kann weitgehend ausgeschlossen werden. So konnte nachgewiesen werden, dass das Risiko späterer psychischer Störungen von Kindern mit einem psychisch kranken Elternteil, die nach der Geburt adoptiert wurden, wesentlich vom Vorhandensein ungünstiger Umweltumstände und familiärer Belastungen in der Adoptivfamilie abhängt (Tienari/Wynne 2004). Weitere Hinweise liefern Zwillingsstudien, in denen vorhandene genetische Risiken die Entwicklung von Kindern umso stärker belasten, je länger das Kind mit dem erkrankten Elternteil zusammengelebt hat. Die kumulative Wirkung von biologischen und psychosozialen Risikofaktoren konnte unter anderem auch in Längsschnittstudien bestätigt werden (vgl. dazu den Überblick von Häfner et al. 2001).

Ob sich eine psychische Erkrankung eines Elternteils bei Mädchen und Jungen unterschiedlich auswirkt, also geschlechtsspezifische Unterschiede in den Reaktionen der Kinder bestehen, ist bislang nicht eindeutig geklärt. So kommen Studien zu dem Ergebnis, dass die Vulnerabilität und das Ausmaß der Belastung bei Mädchen und Jungen etwa gleich stark ausgeprägt sind. Andere Studien kommen hingegen zu dem Schluss, dass die elterliche Erkrankung Mädchen und Jungen unterschiedlich beeinflusst. Töchter depressiver Mütter sind möglicherweise vulnerabler für die Entwicklung psychischer Erkrankungen als Jungen. Peter L. Davies und Michelle Windle (1997) kamen in einer Studie über die Auswirkung mütterlicher Depressionen auf die Kinder zu dem Ergebnis, dass bei den Jungen die Vulnerabilität im Schulalter erhöht ist, während Mädchen insbesondere in der Pubertät anfällig sind. Einen wesentlichen Grund sehen die Autoren hierfür in der besonderen Sensitivität der Mädchen gerade in dieser Altersstufe für familiäre Schwierigkeiten und Konflikte, die häufig mit der psychischen Erkrankung eines Elternteils einhergehen. So kommen Simone Nolens-Hoeksema et al. (1995) aufgrund umfangreicher Literaturrecherchen zu dem Ergebnis, dass sich Mädchen in der Adoleszenz durch kritische Lebensereignisse wie etwa psychische Erkrankung eines Elternteils oder Scheidung der Eltern mehr gefordert und stärker belastet fühlen als Jungen.

Darüber hinaus deuten die vorliegenden Forschungsergebnisse darauf hin, dass die mütterliche Erkrankung sich gravierender auf die kindliche Entwicklung auswirkt als eine entsprechende Erkrankung des Vaters. Dies gilt beispielsweise für Depression genau so wie für Schizophrenie. Gerald Downey und James C. Coyne (1990) verweisen in diesem Zusammenhang auf eine gewisse Einseitigkeit in der Forschung und sprechen von einer gewissen „Mutterlastigkeit" in der Literatur. Bislang wurden in den meisten Studien psychisch kranke Mütter untersucht, so dass es unklar ist, ob eine Erkrankung väterlicherseits einen ähnlichen Risikofaktor wie die Erkrankung der Mutter darstellt. Die Gründe für die Mutterlastigkeit in der Forschung dürften vor allem in der epidemiologischen Verteilung der Erkrankungen und in der geschlechtsspezifischen Reproduktionsrate liegen (Mattejat et al. 2000). So erkranken wesentlich häufiger Frauen als Männer an Depression und darüber hinaus haben schizophren erkrankte Frauen häufiger Kinder als schizophren erkrankte Männer.

2. Ergebnisse aus der Resilienzforschung

Die Resilienzforschung setzt sich mit der Frage auseinander, warum sich manche Kinder trotz hoher Risiken psychisch gesund entwickeln, warum sie kritische Lebensereignisse relativ gut bewältigen, während andere Kinder unter vergleichbaren Bedingungen besonders anfällig sind. Resilienz wird hierbei als Gegenpol zur Vulnerabilität betrachtet. Man versteht darunter sowohl den Prozess der biopsychosozialen Anpassung als auch dessen Ergebnis (Lösel et al. 1992). Im Mittelpunkt des Interesses steht nicht das so genannte invulnerable Kind, sondern die relative psychische Widerstandsfähigkeit gegenüber pathogenen bzw. belastenden Umständen und Ereignissen, die über die Zeit und situativen Umständen hinweg variieren kann.

Die personalen und sozialen Ressourcen stärken, wie die Ergebnisse der Resilienzforschung übereinstimmend zeigen, maßgeblich die psychische Widerstandsfähigkeit von belasteten Kindern und werden deshalb in diesem Zusammenhang als Schutzfaktoren bezeichnet. Laut Michael Rutter (1987), der sich ausführlich mit dem Konzept der Schutzfaktoren befasst hat, moderieren protektive Faktoren die schädliche Wirkung eines Risikofaktors. Er geht davon aus, dass bei Vorliegen eines protektiven Merkmals der Risikoeffekt gemindert oder völlig beseitigt wird, fehlt hingegen ein protektives Merkmal, kommt der Risikoeffekt voll zum Tragen. Dahinter steht die Vorstellung eines Puffereffektes.

Durch prospektive Längsschnittstudien und gut kontrollierte Querschnittsstudien konnten eine Reihe von Schutzfaktoren für eine gesunde psychische Entwicklung von Kindern identifiziert werden. Untersucht wurden hierbei verschiedene Risikogruppen wie beispielsweise Kinder aus Familien mit multiplen Belastungen, aus Scheidungsfamilien, aus Familien mit Kindesmisshandlung und Vernachlässigung sowie Kinder aus Familien mit psychisch kranken Eltern (ausführlich Bender/Lösel 1998). Obwohl sich die Studien auf unterschiedliche Stichproben in vielfältigen Kontexten stützen, eine große Bandbreite an Methoden aufweisen und hinsichtlich untersuchter Entwicklungsabschnitte und Risikofaktoren variieren, zeichnen sich gleichwohl ziemlich konsistente Befunde ab. Es kann also von bedeutsamen generellen Schutzfaktoren ausgegangen werden, die sich in kindzentrierte, familienzentrierte und soziale Schutzfaktoren unterteilen lassen (ausführlich Lenz 2008):

Tab. 1: Generelle Schutzfaktoren bei Kindern

Kindzentrierte Schutzfaktoren

- Temperamentsmerkmale wie Flexibilität, Anpassungsvermögen an Veränderungen, Soziabilität und eine überwiegend positive Stimmungslage
- Soziale Empathie und Ausdrucksfähigkeit (Wahrnehmung eigener Gefühle und sozialer Signale, Verbalisierung und Modulation eigener Gefühle, Wahrnehmung und Verstehen sozialer Regeln, Handlungsausrichtung nach sozialen Regeln, Umgang mit Konflikten)
- Effektive Problemlösefähigkeit und realistische Einschätzung persönlicher Ziele
- Gute bzw. überdurchschnittliche Intelligenz und positive Schulleistungen
- Positive Selbstwertkonzepte, Selbstwirksamkeitsüberzeugungen und internale Kontrollüberzeugungen
- Ausgeprägtes Kohärenzgefühl

Familienzentrierte Schutzfaktoren

- Emotional sichere und stabile Beziehung zu mindestens einem Elternteil oder einer anderen Bezugsperson
- Emotional positive, zugewandte und akzeptierende sowie zugleich normorientierte, angemessen fordernde und kontrollierende Erziehung
- Gute Paarbeziehung der Eltern, in der Konflikte offen und produktiv ausgetragen werden
- Familiäre Beziehungsstrukturen, die sich durch emotionale Bindung der Familienmitglieder und Anpassungsvermögen an Veränderungen bzw. Entwicklungen auszeichnen

Soziale Schutzfaktoren

- Soziale Unterstützung und sozialer Rückhalt durch Personen außerhalb der Familie
- Einbindung in ein Peer-Netzwerk
- Soziale Integration in Gemeinde, Vereine, Kirche etc.

Obwohl bislang noch keine ausreichenden empirischen Befunde vorliegen, deuten die Ergebnisse qualitativer Studien darauf hin, dass eine alters- und entwicklungsadäquate Informationsvermittlung über die Erkrankung der Eltern sowie die Art und der Umgang mit Krankheit in der Familie eine spezifische Schutzwirkung für Kinder psychisch kranker Eltern besitzen (Lenz 2005).

2.1 Informationsvermittlung und Aufklärung

Vieles spricht dafür, dass eine alters- und entwicklungsadäquate Informationsvermittlung und Aufklärung der Kinder über die Erkrankung und die Behandlung des Elternteils einen sehr bedeutenden protektiven Faktor darstellen (Lenz 2005). Es geht hierbei um keine reine Wissensvermittlung etwa über das Krankheitsbild, die Wirkung von Medikamenten oder um die verschiedenen psychiatrischen und psychotherapeutischen Behandlungsformen. Informationsvermittlung sollte vielmehr an den Bedürfnissen und Fragen der Kinder ansetzen sowie an dem vorhandenen Wissen der Kinder und ihren Vorstellungen, inneren Bildern und Erklärungsmustern anknüpfen und darüber die spezifische Familiensituation berücksichtigen. Ziel der Informationsvermittlung ist, die Kinder zu befähigen, die Situation besser zu verstehen und besser einzuschätzen und sie bei der Bewältigung des Stresses zu unterstützen, der durch das Zusammenleben mit dem erkrankten Elternteil entstanden ist. Die große Bedeutung von Informationen liegt in der Vermittlung von Hoffnung, Mut und positiven Zukunftserwartungen. Informationen eröffnen Möglichkeiten Handlungsspielräume zu erweitern, Perspektiven und Wege zu beleuchten und zu erarbeiten sowie die Gefühle der Beeinflussbarkeit, der Kontrolle und Selbstwirksamkeit zu entdecken bzw. für sich (wieder) verfügbar zu machen. Informationsvermittlung und Aufklärung fördern also die Selbstbefähigung und Selbstbemächtigung der Betroffenen. Erst wenn Kinder ein für sich als ausreichend betrachtetes Wissen über die Erkrankung der Mutter oder des Vater besitzen, sind sie in der Lage, als handelnde Subjekte aktiv Stärke, Energie und Fantasie zur Gestaltung eigener Lebensperspektiven zu entwickeln. In der Förderung solcher Empowermentprozesse (Lenz 2002) dürfte vor allem die protektive Funktion von Information, Aufklärung und Wissen liegen. Menschen werden dadurch ermutigt, ihre eigenen Kräfte und Kompetenzen zu entdecken und ernst zu nehmen.

2.2 Krankheitsbewältigung in der Familie

Die Art des Umgangs der Eltern und der familiären Bezugspersonen mit der Krankheit stellt offensichtlich einen spezifischen Schutzfaktor für die betroffenen Kinder dar. Zur Krankheitsbewältigung gehören Faktoren wie die innere Einstellung zur Erkrankung und die aktuellen Bewältigungsformen (Verleugnung versus Überbewertung; Überforderung versus Unterforderung), Einsicht in die Krankheit und in präventive Maßnahmen zur Rückfallverhinderung, die Kooperation bei der Medikation sowie die Auseinandersetzung des erkrankten Elternteils über die Krankheit mit dem Ehepartner und anderen relevanten Bezugspersonen (Mattejat et al. 2000; Lenz 2005). Als besonders hilfreich wird eine Haltung erachtet, die die Krankheit akzeptiert, ohne in eine fatalistische Haltung zu verfallen und die eine aktive Auseinandersetzung mit der Erkrankung und ihren Konsequenzen ermöglicht, ohne sich dabei zu überfordern. Das heißt, als hilfreich ist eine Krankheitsbewältigung ausbalancierte Haltung zu betrachten, die sich zwischen den Polen der Verleugnung und Überbewertung und der Über- und Unterforderung bewegt (Mattejat et al. 2000). Zur angemessenen Krankheitsbewältigung gehören neben Einstellung und Einsicht, die lebenspraktische familiäre Organisation und Aufgabenverteilung, die Nutzung von informellen Hilfsmöglichkeiten im sozialen Netzwerk, die Anpassung der beruflichen bzw. schulischen Situation an die Erkrankung sowie die Zusammenarbeit mit der Psychiatrie und anderen medizinisch-therapeutischen Bereichen und mit der Jugendhilfe.

3. Ergebnisse aus der Bewältigungsforschung

Die Bewältigung hängt maßgeblich davon ab, welche personalen und sozialen Ressourcen einer Person als Schutzfaktoren in stressreichen Lebensumständen zur Verfügung stehen, um konstruktive Aktivitäten und Handlungen in Gang zu setzten. In Anlehnung an Richard Lazarus und Steven Folkman (1984) kann Bewältigung als sich ständig verändernde kognitive, emotionale und aktionale Bemühungen einer Person verstanden werden, sich mit den spezifischen Belastungen und Anforderungen auseinanderzusetzen, sie aufzufangen, auszugleichen oder zu meistern.

Zur Differenzierung der Bewältigungsstrategien werden unterschiedliche Klassifikationen vorgeschlagen. Richard Lazarus und Steven Folkman (1984), deren Klassifikation die weiteste Verbreitung gefunden hat, differenzieren zwischen Bewältigungsstrategien mit instrumenteller bzw. problemlösender Funktion und Bewältigungsstrategien mit palliativer bzw. emotionsorientierter Funktion. Das problemfokussierte Coping ist mit Kontrolle und/oder Veränderung stressauslösender Situations- oder Personenmerkmale verbunden, wie zum Beispiel durch Veränderung des Tagesablaufs oder durch ein klärendes Gespräch. Ziel des emotionsfokussierten Copings ist die Kontrolle und Regulation der mit dem Stresserleben verbundenen negativen physischen und psychischen Wirkungen, wie zum Beispiel durch Ablenkung, Entspannung und Vermeidung. Gemeinsam ist allen Konzepten die Unterscheidung zwischen direkten Bewältigungsstrategien („Annäherungsstrategien"), die auf eine Veränderung des Stressors durch kognitive, affektive und verhaltensbezogene Aktivitäten abzielen und indirekten Strategien („Vermeidungsstrategien"), in der die Belastungssituation nicht unmittelbar, sondern mit Vermeidung, Ablenkung, Senkung eigener Ansprüche etc. angegangen wird. Richard Lazarus und Steven Folkman (1984) betonen, dass bestimmte Bewältigungsstrategien per se nicht als günstig und andere als ungünstig zu bewerten sind. Entscheidend ist vielmehr die Passung zwischen Merkmalen der Situation und dem Bewältigungsverhalten, wobei hierbei sowohl subjektive Einschätzungen als auch objektive Merkmale eine Rolle spielen (Seiffge-Krenke/von Irmer 2007). Wird die gewählte Reaktion den subjektiv wahrgenommenen Anforderungen der Situation gerecht, findet die Person relativ schnell zu einem inneren Gleichgewicht zurück. Kindern steht aufgrund entwicklungsbedingter kognitiver und emotionaler Fähigkeiten, Mangel an Erfahrungen und geringerer Möglichkeiten, die Umgebung zu kontrollieren, sicherlich eine begrenztere Auswahl an Bewältigungsstrategien zur Verfügung als Erwachsenen.

Ähnlich wie im Erwachsenenbereich kommt die Forschung auch im Kindes- und Jugendalter zu dem Ergebnis, dass Problemmeidung mit negativer Anpassung verbunden und als Risikofaktor für die Entwicklung zu betrachten ist. So weisen beispielsweise Inge Seiffge-Krenke und Jörg von Irmer (2007) auf eine Verbindung zwischen Problemmeidung und Depression hin. Sie gehen davon aus, dass Vermeidungsstrategien das Auftreten von

Depression erhöhen und die Dauer depressiver Episoden verlängern. Einige Studien konnten allerdings aufzeigen, dass Problemmeidung eine wichtige Rolle bei der Adaptation an schwerwiegende Stressoren spielt. So wurde dieser Copingstil sehr häufig bei Jugendlichen gefunden, die mit sehr belastenden kritischen Lebensereignissen konfrontiert wurden, wie etwa Scheidung ihrer Eltern, frühe Mutterschaft oder einem Suizidversuch. Problemmeidung ist demnach eine häufige Reaktion nach der unmittelbaren Konfrontation mit einem sehr belastenden Lebensereignis und kann protektive Funktionen erfüllen. Die langfristige Nutzung dieses Copingstils kann jedoch maladaptiv sein und zu einer Kumulierung von Stressoren führen, was zu erhöhter und zusätzlicher Stress- und Symptombelastung beiträgt. Die bislang vorliegenden Ergebnisse zu den Bewältigungsprozessen aus qualitativen Studien der Kinder psychisch kranker Eltern, deuten darauf hin, dass die Mehrzahl der Kinder die dysfunktionale und problemmeidende Bewältigung langfristig einsetzen, wodurch sich die stressreiche Lebenssituation noch weiter verschärft und sich das Risiko für die Entwicklung psychischer Störungen und Verhaltensauffälligkeiten erhöht (Lenz 2005).

4. Ergebnisse qualitativer Studien zu Belastungs- und Bewältigungsprozessen

Ein subjektiver Zugang gibt Einblick in die unmittelbare Betroffenheit der Kinder, in ihre Gefühle, Erfahrungs- und Erlebniswelten sowie in ihren Umgang mit den alltäglichen Anforderungen und Belastungen, die aus dem Zusammenleben mit einem psychisch kranken Elternteil resultieren. Die Rekonstruktion der subjektiven Lebenswirklichkeit ermöglicht eine Sensibilisierung für die Bedürfnisse und Belange der betroffenen Kinder sowie für ihre Arrangements und Gestaltungsbemühungen im familiären und sozialen Alltag. Im Folgenden werden zentrale Ergebnisse der vorliegenden qualitativen Studien vorgestellt, die geeignet sind ein vertieftes Verständnis für die vielschichtigen individuellen und familiären Prozesse, Problemkonstellationen und Belastungsmomente zu vermitteln (Dunn 1993; Sollberger 2000; Lenz 2005).

4.1 Elterliche Krankheit und Persönlichkeit

Kinder sind genaue Beobachter ihrer erkrankten Eltern. Sie nehmen sensibel Veränderungen bei ihrer Mutter oder ihrem Vater wahr und schätzen ein, ob sie ein Anzeichen für eine Verschlechterung ihres Zustandes darstellen oder nicht und richten ihr Verhalten entsprechend darauf aus. Das Belastungserleben der Kinder scheint wesentlich durch akute Symptome sowie durch die Dauer, den Krankheitsverlauf und die damit verbundenen Persönlichkeitsveränderungen beeinflusst zu werden. So leiden beispielsweise die Kinder depressiv erkrankter Eltern darunter, dass sich der erkrankte Elternteil immer mehr zurückzieht und sich damit häufig die sozialen Kontakte der gesamten Familie einschränken. Dieser Rückzug ist für die Kinder der auffälligste Teil der Krankheit, der sie direkt betrifft. Sie erhalten weniger oder keine Zuwendung vom erkranken Vater oder von der erkrankten Mutter. Das elterliche Rückzugsverhalten geht einher mit den typischen Symptomen wie Interessenverlust, Grübeln, Ermüdung, Hoffnungslosigkeit, Besorgnis und diffusen Ängsten (Downey/Coyne 1990), die häufig zu einer Einengung des kindlichen Handlungs- und Bewegungsspielraums führen. Die erkrankten Eltern sprechen Verbote aus, wirken mit allen Mitteln auf die Kinder ein, zu Hause zu bleiben oder sind überfroh, wenn sie „gesund und unverletzt" nach Hause kommen. Die Überbehütung und Überbesorgnis irritiert die Kinder und löst Ängste und Unsicherheit, aber auch Wut und Aggressionen aus, die schnell in Schuldgefühle umschlagen können.

Die Veränderung in der Persönlichkeit, die viele Kinder bei ihrer kranken Mutter oder ihrem kranken Vater miterleben müssen, stellt eine weitere Belastungsquelle dar. Sie führt ganz grundsätzlich zu der Frage nach der Identität des kranken Elternteils: „Ist es die eigene Mutter, die krank ist, welche die Kinder sehen oder ist es doch mehr die kranke Mutter?" (Sollberger 2000: 73). Damit ist gemeint, ob es sich bei der Krankheit um eine Eigenschaft der Person der Mutter bzw. Vater handelt oder ob die Krankheit umfassend und grundlegend den Menschen, den Vater oder die Mutter definiert. Die Frage nach der Identität des kranken Elternteils zeigt sich besonders deutlich im Fall der Schizophrenien und der bipolaren affektiven Störungen, da diese Krankheitsformen die gesamte Persönlichkeit der Betroffenen in ihrem Denken, Fühlen und Handeln einnehmen.

> „Wer ist es, mit dem bzw. mit der es die Kinder zu tun haben, der bzw. die sich plötzlich so anders verhält, anders spricht, einen anderen Ausdruck annimmt? Die Kohärenz und Kontinuität von Denken, Sich-Verhalten und Handeln des Elternteils, die Verlässlichkeit, ja, ein Stück weit sogar die Berechenbarkeit von Emotionalität, welche Grundlagen des Vertrauens, der Identifikation und schließlich auch der Identitäts- und Persönlichkeitsbildung der Kinder darstellen, werden insbesondere durch die psychotischen Episoden erschüttert" (Sollberger 2000: 74).

Die emotionale Ambivalenz der Kinder gegenüber ihren kranken Eltern zeigt sich immer wieder in ihren Aussagen. Es bleibt häufig unentschieden, ob die Mutter bzw. der Vater die Person in ihr bzw. in ihm wechselt oder ob „es" ihr bzw. ihm die Person wechselt. Es bleibt die Ambivalenz eines noch selbst handelnden Elternteils und einer von einer äußeren Macht dominierten kranken Person. Irgendwie scheint die Person zu wechseln, es wird gewissermaßen eine Maske nach der anderen aufgesetzt und wieder abgelegt und die dahinter stehende Person – die Identität des Vaters bzw. der Mutter – ist nur schwer zu erkennen. Es bleibt nur die Hoffnung, es möge hinter all diesen Rollen oder „Masken" eine konstante Referenz geben, die die Einheit der Person garantiert. Diese Identitätsproblematik des kranken Elternteils wirkt sich vielfältig auf die Identitätsbildung der Kinder aus. Sie reagieren teilweise mit Wut und Traurigkeit auf den erkrankten Elternteil, weil er nur unzureichend in der Lage ist, auf ihre Bedürfnisse einzugehen und fühlen sich vernachlässigt, ungerecht behandelt und ungeliebt. Es fehlt eine ausreichende Grundlage für die Identifikation mit dem Vater und der Mutter. In ihrer Verunsicherung wenden sie sich ab, versuchen sich stärker dem gesunden Elternteil anzunähern oder beginnen ihre Wünsche und Bedürfnisse zu verbergen und ziehen sich enttäuscht zurück (Lenz 2005).

4.2 Familienalltag

Insbesondere wenn der erkrankte Elternteil die Mutter ist, erleben die Kinder das Zusammenbrechen vertrauter familiärer Alltagsstrukturen. Sie bemerken, dass die Mutter morgens nicht mehr aufsteht oder vormittags schon wieder zu Bett geht, ständig müde ist und immer mehr Aufgaben im Haushalt unerledigt bleiben. Sie beobachten wie der Vater abends und an den Wochenenden Hausarbeiten übernimmt und unterstützen ihn dabei. Wenn die Kinder allein mit dem erkrankten Elternteil leben, übernehmen sie selbst die notwendigen Tätigkeiten im Haushalt und in der Betreuung der jüngeren Geschwister, um ihn bei den alltäglichen Aufgaben im Haushalt zu entlasten. Sie hoffen auf diese Weise eine Klinikeinweisung verhindern zu können.

Für jüngere Kinder ist der Klinikaufenthalt der Mutter oftmals mit gravierenden Veränderungen im familiären Alltag verbunden, die ein zusätzliches Belastungsmoment darstellen. Sie werden entweder während der Zeit des Klinikaufenthaltes in einer anderen mehr oder weniger vertrauten Familie untergebracht oder eine andere Person kommt in die Familie und übernimmt die Versorgung und Betreuung. Kinder sind also nicht nur gezwungen, sich auf den Verlust der Mutter einzustellen und mit den Ängsten und Unsicherheiten fertig zu werden, sondern sind darüber hinaus mit einer neuen Umgebung, anderen Personen, anderen Regeln, Ritualen und Umgangsformen konfrontiert.

Die Ent-Normalisierung des familiären Alltags setzt sich häufig auch nach dem Klinikaufenthalt fort. Aus Angst vor einem Rückfall entwickelt sich in der Familie eine Atmosphäre der Vorsicht, Rücksichtsnahme und Schonung. Die Kinder versuchen, jede zusätzliche Belastung zu vermeiden, verzichten auf Kritik, Forderungen und stärkere Gefühlsäußerungen. Sie passen sich an die Tagesstruktur und die Ruhebedürfnisse an und stellen ängstlich beobachtend die eigenen Bedürfnisse und Wünsche zurück. Sie passen sich dem Lebensrhythmus und den Alltagsroutinen des erkrankten Elternteils an und werden in ihrem eigenen Handeln immer vorsichtiger und geben dabei ihre Spontaneität auf. Vor allem jüngere Kinder haben wenige Möglichkeiten, sich der veränderten familiären Lebenswirklichkeit zu entziehen und sind unmittelbar mit den Veränderungen im Tagesablauf konfrontiert. Aus Angst vor einem Rückfall bemühen sich die Kinder häufig den erkrankten Elternteil noch stärker zu unterstützen und Aufgaben im

Haushalt zu übernehmen bzw. sich für bestimmte Aufgaben verantwortlich zu fühlen.

Eine besondere Belastung stellt für die Kinder in aller Regel die Klinikeinweisung und die Umstände, die dazu geführt haben, dar. Die Klinikeinweisung des kranken Elternteils ist für viele Kinder ein traumatisches Ereignis, indem sie sich meist sehr allein gelassen fühlen (Lenz 2005). Zu der Dramatik, die damit verbunden sein kann, kommt insbesondere die schmerzliche Erfahrung eines Verlustes von Autonomie und Autorität der Mutter bzw. des Vaters hinzu. Die Schwierigkeit gerade dieses Erlebnis zu verarbeiten, zeigt sich in den vorliegenden qualitativen Studien (Sollberger 2000; Lenz 2005). In den Aussagen der Kinder wird deutlich, wie sie um passende Formulierungen ringen, wie ihr Redefluss stockt und es ihnen sichtlich schwer fällt das Erlebte anzuerkennen und auszudrücken.

Durch die Erfahrung eines Integritätsverlustes der autonomen Persönlichkeit und die institutionellen Handlungen scheinen für die Kinder das Elternbild und die Beziehung zum erkrankten Elternteil zweifelhaft zu werden. Die Mutter oder Vater verlieren durch die akute Symptomatik und die Veränderung in der Persönlichkeit für das Kind offensichtlich die elterliche Rolle. Um die traumatischen Situationen aushalten zu können, versuchen die Kinder, sich emotional zu distanzieren und aktiv als Person vom Elternteil zurückzuziehen. Nach außen hin wirken sie oftmals teilnahmslos, apathisch und scheinbar unberührt von dem Geschehen.

Die Aussagen der Kinder machen deutlich, dass im Nachhinein die Klinikeinweisung auch als Entlastung der angespannten, teilweise sogar unerträglichen familiären Atmosphäre erlebt wird. Daniel Sollberger (2000) spricht von einer Ambivalenz zwischen Erleichterung und Empörung über das Ereignis. Die Zeit vor der Einweisung ist nicht nur gekennzeichnet durch die zunehmende Verschlechterung des Gesundheitszustandes, Zuspitzung einzelner Symptome und Veränderungen in der Persönlichkeit des kranken Elternteils, sondern auch meist durch offene Konflikte zwischen den Eltern, aggressive Ausbrüche, Gewalt und Drohungen. Die Kinder geraten dadurch zwangsläufig in die elterlichen Auseinandersetzungen und werden in die Rolle eines Bündnispartners für beide Elternteile gedrängt, der den Konflikt verdeckt oder verschärft. Bei dieser Triangulierung, das heißt bei der Erweiterung der konflikthaften Zweierbeziehung um eine dritte Person, werden die betroffenen Kinder massiven Loyalitätskonflikten ausgesetzt (Minuchin 1977).

4.3 Familienbeziehungen

Durch die psychische Erkrankung werden die Grenzen zwischen den familiären Subsystemen diffus und das System Familie gerät durcheinander. Insbesondere die Generationengrenzen, die für die Funktionalität einer Familie von großer Bedeutung sind und sich nach Salvador Minuchin und Helen C. Fishman (1983) vor allem aus der Anerkennung von Unterschieden in elterlichen und kindlichen Rollen und deren Einhaltung sowie aus den Interaktionsregeln des elterlichen und kindlichen Subsystems ergeben, verwischen. Die Generationsgrenzenstörungen werden häufig mit dem Bild der „verstrickten Familie" verknüpft. Eine besondere Form der Generationsgrenzenstörungen ist die Parentifizierung, eine Rollenumkehr, in der Kinder Eltern- oder Partnerfunktion für ihre Eltern übernehmen (Boszormenyi-Nagy/Spark 1981). Eine derartige Rollenumkehr ist in der Mehrzahl der Familien mit psychisch kranken Eltern zu beobachten (Lenz 2005). Es zeigt sich, dass sowohl der psychisch kranke Elternteil als auch der gesunde Elternteil häufig den Kindern ihre Bedürftigkeit signalisieren und ihnen die Verantwortung für das Wohlbefinden aufbürden. Kinder werden dadurch zu Vertrauten und Ratgebern ihrer Eltern, zur primären Quelle von Unterstützung und Trost.

Sind die „Aufträge" der beiden Elternteile widersprüchlich oder gar unvereinbar, wenn z. B. der kranke Elternteil vom Kind verlangt, als intimer Gesprächspartner und Versorger im Alltag zur Verfügung zu stehen und der gesunde Elternteil zugleich vom Kind die Erfüllung eigener Lebensträume erwartet, gerät das Kind zudem in kaum auflösbare Loyalitätskonflikte.

Für Kinder ist es jedoch unmöglich, solchen Rollenzuweisungen gerecht zu werden. Sie opfern vielmehr ihre persönlichen Bedürfnisse denen der Eltern bzw. eines Elternteils unter, und zwar auf Kosten ihrer eigenen Entwicklung. Charakteristisch für die Parentifizierungsprozesse ist für die Kinder die Erfahrung, dass sie letztlich den Wünschen und Erwartungen der Eltern niemals genügen können. Sie müssen damit rechnen, dass sich die Mutter bzw. der Vater oder sogar beide Elternteile aus Enttäuschung über die unerfüllt gebliebenen Wünsche aggressiv abwenden oder sogar gegen sie verbünden. Sie geraten dabei häufig in die Rolle eines Sündenbocks, der für die Probleme und Konflikte in der Familie verantwortlich gemacht wird. Das betroffene Kind fühlt sich in einer solchen Beziehungskonstellation unwichtig, emotional unterversorgt und ausgestoßen.

Ivan Boszormenyi-Nagy betrachtet Parentifizierung als Ungleichgewicht des gegenseitigen Gebens und Nehmens, wobei weniger exekutive als vielmehr emotionale Funktionen im Vordergrund stehen. „Definitionsgemäß bedeutet Parentifizierung die subjektive Verzerrung einer Beziehung – so, als stellte der Ehepartner oder gar eines der Kinder einen Elternteil dar" (Boszormenyi-Nagy/Spark 1981: 209). Parentifizierung ist also nicht auf die Eltern-Kind-Beziehung beschränkt, sondern auch ein Partner kann parentifiziert werden. Ausdrücklich weisen die Autoren darauf hin, dass Parentifizierung per se nicht pathologisch ist und ein gewisses Maß normal und für die kindliche Entwicklung sogar förderlich sein kann. Ob sie zu schädlichen Auswirkungen führt, hängt davon ab, ob das Kind für die Verfügbarkeit und für die unerfüllten Bedürfnisse der Eltern anerkannt wird. Ivan Boszormenyi-Nagy und Geraldine Spark (1981) greifen zur Erklärung auf die Metapher der familiären Buchführung zurück. Familienmitglieder errechnen aus dem, was sie anderen geben und von ihnen empfangen, das, was ihnen zusteht. Ist der Kontostand positiv, so ergibt sich daraus ein Anspruch auf Ausgleich. Das heißt, wird die Übernahme der elterlichen Rolle durch das Kind im Rahmen des gegenseitigen Gebens und Nehmens etwa durch Anerkennung und Lob honoriert, erfolgt also ein Ausgleich der Konten, bleiben schädliche Folgen für die kindliche Entwicklung aus. Wenn hingegen keine Entschädigung folgt, das Kind auf Kosten seiner eigenen Sicherheits- und Abhängigkeitsbedürfnisse in die Erwachsenenrolle gedrängt wird und auf diese Weise die Reziprozität von Geben und Nehmen verloren geht, liegt eine Parentifizierung in ihrer destruktiven Form im Sinne einer Ausbeutung des Kindes vor. Pathologische Auswirkungen zeigen sich dann, wenn die Rollenumkehr in der Familie so verfestigt ist, dass eine Entlassung der Kinder in ein eigenes Leben nicht mehr möglich ist, das heißt Ablösungsprozesse in der Beziehungskonstellation zwischen Eltern und Kind nicht mehr in Gang zu setzen sind.

4.4 Tabuisierung und Kommunikationsverbot

In dem Bestreben nach gegenseitiger, vermeintlicher Schonung und Rücksichtnahme vermeiden die Eltern oft eine offene Auseinandersetzung mit der psychischen Krankheit. Am ehesten sucht noch die erkrankte Mutter das Gespräch mit den Kindern und bemüht sich, ihnen eine Erklärung für die Veränderungen in der Persönlichkeit, in den Reaktionen, Wahrnehmungen und Handlungsweisen zu geben (Lenz 2005). Die Schuld- und Schamgefühle, den Kindern und der Familie nicht mehr gerecht werden und Aufgaben im Haushalt nicht mehr oder nur noch sporadisch erfüllen zu können, machen aber ein offenes Reden meist unmöglich. Insbesondere der gesunde Elternteil neigt häufig dazu, die Krankheit zu verschleiern. Er sucht eher nach Umschreibungen und Umdeutungen, indem er versucht, die Probleme beispielsweise als vorübergehend und zeitlich begrenzt, als Reaktionen auf besondere Belastungen oder als somatische Erkrankung zu deuten. Diese Vorgehensweisen sind vielschichtig motiviert. Kinder sollen mit Hilfe bestimmter Sprachregelungen vor möglichen Vorurteilen und Ablehnung des sozialen Umfelds geschützt werden. Möglicherweise steckt aber auch die Furcht dahinter, dass die Kinder den erkrankten Elternteil verachten oder sich von ihm vielleicht sogar zurückziehen könnten, wenn sie von der psychischen Erkrankung erfahren würden.

Oftmals vermitteln Kinder auf den ersten Blick den Eindruck, als ob sie überhaupt nichts Näheres über die Krankheit des Elternteils erfahren möchten. Selbst wenn sie das Verhalten des erkrankten Elternteils verunsichert bzw. irritiert oder sich die familiäre Situation konflikthaft zuspitzt, vermeiden sie möglicherweise aus Rücksichtnahme das Stellen von Fragen und lenken durch ihre Reaktionen das Gespräch auf andere Inhalte. Möglicherweise verbergen sich hinter dem scheinbar nicht vorhandenen Bedürfnis nach Informationen auch Schuldgefühle. Kinder fühlen sich vielleicht schuldig als Mitverursacher der Erkrankung, weil sie die Mutter beispielsweise nicht ausreichend unterstützt haben, wie es aus ihrer Sicht notwendig gewesen wäre. Gerade in den magischen Deutungen jüngerer Kinder taucht die belastende Schuldfrage immer wieder auf, ob sie durch ihr schlechtes Benehmen, ihr lautes Schreien und Herumtoben die Krankheit ausgelöst haben. Sie sind davon überzeugt, dass die Mutter krank geworden ist, weil sie böse waren oder sich nicht „richtig" verhalten haben und vermeiden deshalb Fragen nach der Krankheit und den damit verbundenen Umständen. Die Kinder sind offensichtlich hin und her gerissen zwischen dem Wunsch nach Normalität in der Familie, in der Beziehung zum erkranken Elternteil und ihrem Bedürfnis nach Erklärung und Verständnis für die konkrete Situation. In dem scheinbaren Nicht-wissen-wollen drückt sich diese Ambivalenz aus, in der die Kinder nicht selten allein und unverstanden gefangen bleiben.

Eine außerhalb der engeren Familien stehende vertrauensvolle Bezugsperson könnte in dieser Situation die hilfreiche Rolle eines Ansprechpartners für die Kinder übernehmen. Diese Möglichkeit eröffnet sich für die meisten Kinder nicht. In den Familien herrscht vielmehr ein Rede- bzw. Kommunikationsverbot, nach außen über die psychische Erkrankung und deren Auswirkungen auf das familiäre Zusammenleben zu sprechen. Die Kinder empfinden dieses Schweigegebot intuitiv oder erhalten explizit die Aufforderung, nicht mit außenstehenden Personen über die Krankheit der Mutter oder des Vaters zu sprechen. Die psychische Erkrankung gewinnt auf diese Weise den Charakter eines geteilten Familiengeheimnisses. Alle Familienmitglieder wissen um die Krankheit, von der die Außenwelt nichts oder zumindest möglichst wenig erfahren darf. Geheimnisse können das emotionale Klima von Familien tiefgreifend beeinflussen, ohne dass die Quelle dieses Einflusses bemerkt wird, weil das Thema auch innerhalb der Familie weitgehend tabuisiert ist bzw. bagatellisiert oder nur vorsichtig umschrieben wird. Gerade in akuten Krankheitsphasen kann auf diese Weise ein Gefühl des „Unheimlichen" entstehen. Vor allem hat die Existenz von Geheimnissen eine Bedeutung für die Loyalitätsdynamik innerhalb der Familie, insbesondere wenn Kinder von Elternteilen oder Großeltern in intime Geheimnisse eingeweiht werden, die einen anderen Elternteil betreffen. Hier kann es zu Loyalitätsspaltungen mit Schuld- und Schamgefühlen kommen, die das Kind in seiner Integrität schwer belasten können. Da es sich in den Familien mit einem psychisch kranken Elternteil um ein geteiltes Familiengeheimnis handelt, kann es auch zu einer zusätzlichen Loyalitätsspaltung kommen, da neben dem Bedürfnis nach Loyalität zur Familie auch ein Bedürfnis nach Loyalität und Zugehörigkeit zur sozialen Umgebung, zu Peers, Verwandten und Großeltern besteht. Die Kinder sind häufig davon überzeugt, dass sie ihre Eltern verraten, wenn sie sich dem Schweigegebot widersetzen und sich dennoch jemandem anvertrauen würden. Sie sind hin und her gerissen zwischen der Loyalität zu ihren Eltern, ihrem Schamgefühl, eine psychisch kranke Mutter oder einen psychisch kranken Vater zu haben, und dem Bedürfnis mit jemandem sprechen zu können.

4.5 Fehlende soziale Unterstützung

Eine nahe stehende Bezugsperson aus dem primären sozialen Netzwerk wäre sicherlich nicht in der Lage, den kranken Elternteil zu ersetzen, sie könnte aber vor allem in ausprägten Belastungs- und Krisenzeiten, wie sie meist die akute Krankheitsphase sowie der Klinikaufenthalt darstellen, die Kinder stellvertretend begleiten und im Leben des Kindes zu einem stabilisierenden Faktor und verständnisvollen Ansprechpartner werden, der Schutz und Sicherheit bietet. Wie in der Social Support-Forschung vielfach belegt werden konnte, tragen soziale Netzwerkbeziehungen wesentlich dazu bei, körperliche und seelische Gesundheit zu erhalten und Menschen bei der aktiven Bewältigung von Belastungen und Problemen zu unterstützen. Sie dienen einerseits als Puffer in Krisensituationen, mildern belastende Lebensereignisse, bilden ein Schutzschild gegenüber Stressoren und fördern das generelle Wohlbefinden, indem sie elementare soziale Bedürfnisse nach Geborgenheit, Rückhalt, Zugehörigkeit, Rat und Information erfüllen.

Den Kindern psychisch kranker Eltern fehlen aber häufig Bezugspersonen, die solche Unterstützungsfunktionen übernehmen und so etwas wie ein soziales Immunsystem bilden. Ein Teil der Kinder meidet eher die Kontakte zu familienexternen Personen. Die starken emotionalen Verstrickungen im Familiensystem, das Schweigegebot, die Ängste und Verzweiflung wie auch die aufgeladenen Verantwortungen und Verpflichtungen durch Rollenübernahme absorbieren ein Großteil der zur Verfügung stehenden psychischen Energie. Die Kinder finden oftmals weder innerlich noch äußerlich einen Freiraum, der für den Aufbau und der Aufrechterhaltung von sozialen Beziehungen notwendig ist. Sie fühlen sich vielmehr zu Hause unentbehrlich und können sich meist nicht von der Angst befreien, dass ohne ihre Anwesenheit und Hilfe der labile Zustand innerhalb der Familie zusammenbrechen und vielleicht sogar etwas Schlimmes passieren könnte. Außerfamiliäre Kontakte und Aktivitäten werden auf diese Weise zu Nebenschauplätzen im Leben der Kinder. Die Mehrzahl der Kinder verfügt zwar über ein gewisses, wenngleich meist eher kleines Geflecht an sozialen Beziehungen zu Verwandten, Schulkameraden und Freunden, sie zeigen aber insgesamt eine relativ geringe Bereitschaft, bei der Bewältigung ihrer Belastungen auf soziale Ressourcen aus ihrem sozialen Netzwerk zurückzugreifen (Lenz 2005).

Mit Blick auf eine erfolgreiche Bewältigung von Belastungen scheint es nicht ausreichend zu sein, ein hinreichend großes soziales Netzwerk aufgebaut zu haben, sondern meist auch notwendig, von geeigneten Personen dieses Netzes auch qualitativ angemessene Unterstützung zu erhalten. Soziale Netzwerke stellen zunächst nur ein latentes Potenzial dar, das es in Belastungssituationen durch geeignete Handlungen erst zu aktivieren bzw. zu mobilisieren gilt. Mit dem Begriff der Mobilisierung sind alle von außen wahrnehmbaren Verhaltensaktivitäten einer belasteten Person gemeint, denen die Intention zu Grunde liegt, Unterstützungsleistungen aus dem sozialen Netzwerk zu evozieren (Klauer/Winkeler 2005). Das Mobilisierungsverhalten einer Person, das nicht nur direkte, sprachlich kodierte Appelle um Rat, Rückmeldung und Unterstützung, sondern auch indirekte Handlungsweisen wie mimischen Ausdruck, umfasst, wird offensichtlich durch allgemeine interpersonale Dispositionen bzw. Stile des Hilfesuchens geprägt. Vieles spricht für die Annahme, dass diese Dispositionen im Mobilisierungs- und Hilfesuchverhalten Elemente früh erworbener Beziehungsschemata darstellen. Für Michael Winkeler (2002) erscheint es aus diesem Grund sinnvoll, die Mobilisierung sozialer Unterstützung aus einer übergreifenden theoretischen Perspektive zu rekonstruieren, wie sie etwa die Bindungstheorie anbietet (vgl. Gahleitner i. d. B.).

In mehreren Studien konnten Zusammenhänge zwischen individuellem Bindungsstil und der Bereitschaft zur Suche nach Unterstützung bzw. der Verwendung offener versus verdeckter Mobilisierungsversuche nachgewiesen werden (Klauer/Winkeler 2005). So zeigte sich, dass sicher gebundene Individuen autonomes Hilfesuchverhalten praktizieren, in dem Unterstützung nur dann nachgefragt wird, wenn es zur Problembewältigung notwendig ist. Das Hilfesuchen erfolgt dabei in offener und direkter Weise. Unsicher gebundene Individuen tendieren hingegen entweder zu vermindertem oder übersteigertem Hilfesuchverhalten. Ein unsicher-vermeidender Bindungsstil, der von Zurückweisungserfahrungen seitens der Bindungsfigur herrührt, verstärkt Rückzugstendenzen bei Belastungen. Die Unterstützungsbedürfnisse werden von den betroffenen Personen allenfalls indirekt und unbeabsichtigt offenbart. Ein unsicher-manipulativer Bindungsstil führt zu direkter und hartnäckiger, bisweilen sogar fordernder und manipulativer Unterstützungssuche, da sich die betroffenen Personen auf Grund inkonsistenter Bindungserfahrungen einer positiven Antwort seitens der Bindungsfigur nie sicher sein konnten.

Das Phänomen der Umkehr der Eltern-Kind-Beziehung, mit dem die Mehrzahl der Kinder psychisch kranker Eltern konfrontiert wird, stellt eine Form der Bindungserfahrung dar, die die Entwicklung des Mobilisierungsverhaltens wesentlich beeinflusst. Eltern, die den Kindern ihre Bedürftigkeit signalisieren und ihnen die Verantwortung für das Wohlbefinden aufbürden, erwarten, dass ihre Kinder als Bindungsfiguren zur Verfügung stehen, sie umsorgen und trösten. Das bedeutet aber, dass parentifizierende Eltern das Bedürfnis der Kinder, in einer konstanten und liebevollen Beziehung aufzuwachsen, die durch Nähe, Empathie, Verfügbarkeit und Verlässlichkeit gekennzeichnet ist, nicht in einem ausreichenden Maße erfüllen. Die Eltern stehen nicht bzw. nur partiell als primäre Bezugspersonen zur Verfügung und bieten für die Kinder keine sichere Basis, von der aus sie die Umwelt explorieren können. Im Laufe der Entwicklung lernen Kinder allmählich, dass sie nur dann Nähe zu ihren primären Bezugspersonen herstellen können, wenn sie selbst die Fürsorge-Rolle übernehmen. Nach und nach erwerben sie die Kompetenzen, die es ihnen ermöglichen, sich fürsorglich zu verhalten. Rollenumkehr kann in diesem Sinne als Anpassungsleistung des Kindes verstanden werden. John Bowlby (1977) geht davon aus, dass sich die frühen Beziehungserfahrungen dieser Kinder in ihren internen Arbeitsmodellen von Beziehungen niederschlagen und deren Erwartungen und Verhaltensweisen in zukünftigen Beziehungen prägen. Zwanghaftes Fürsorgeverhalten und die Unfähigkeit zur adäquaten und wirksamen Mobilisierung sozialer Unterstützung sind meist die Folge.

5. Ausblick

Betrachtet man die Ergebnisse sowohl der Risikoforschung als auch der Resilienz-Bewältigungsforschung, so wird deutlich, dass gezielte Interventionen und Unterstützungsmaßnahmen für Kinder und ihrer psychisch kranken Eltern vor allem auf eine Aktivierung und Stärkung von Ressourcen der Kinder und der Familien abzielen sollten. Als Ressourcen werden in der Psychologie all diejenigen Kompetenzen und Kräfte verstanden, deren Verfügbarkeit die Bewältigung von Belastungen erleichtern und die dadurch den Möglichkeitsspielraum einer Person in der Belastungssituation erweitern. Zur Charakterisierung von Ressourcen wird meist eine Differenzierung zwischen sozialen und personalen Ressourcen vorgenommen. Während mit den sozialen Ressourcen das Geflecht an persönlichen Beziehungen zu Verwandten, Freunden und Bekannten gemeint ist, bilden Persönlichkeitsvariablen, persönliche Fähigkeiten und Fertigkeiten wie das Selbstwertgefühl, die Selbstwirksamkeit und Problemlösekompetenz die personalen Ressourcen einer Person. Soziale Ressourcen und personale Ressourcen stehen in einem engen Verhältnis zueinander. Sie bilden gewissermaßen das Potenzial zur Lebensbewältigung. In der Klinischen Psychologie und psychosozialen Beratung steht mittlerweile ein breit gefächertes Repertoire an Methoden zur Ressourcenaktivierung zur Verfügung, das in der Arbeit mit Kindern psychisch kranker Eltern und deren Familien wirkungsvoll eingesetzt werden kann (Lenz 2001, 2005 und 2008).

Literatur

Beardslee, William R./Versage, Eric M./Gladstone, Thomas (1998): Children of affectively ill parents: A review of the past 10 years. In: Journal of the American Academy of Child and Adolescent Psychiatry 37: 1134-1141

Bender, Doris/Lösel, Friedrich (1998): Protektive Faktoren der psychisch gesunden Entwicklung junger Menschen. Ein Beitrag zur Kontroverse um saluto- versus pathogenetische Ansätze. In: J. Margraf, Jürgen/Siegrist, Johannes/Neumer, Stefan (Hg.): Gesundheits- oder Krankheitstheorie? Berlin: 119-145

Bleuler, Manfred (1972): Die schizophrenen Geistesstörungen im Lichte langjähriger Kranken- und Familiengeschichten. Stuttgart: Klett-Cotta

Boszormenyi-Nagy, Ivan/Spark, Geraldine M. (1981): Unsichtbare Bindungen. Die Dynamik familiärer Systeme. Stuttgart: Klett-Cotta

Bowlby, John (1977): The making and breaking of affectional bonds. I: Aetiology and psychopathology in the light of attachment theory. In: British Journal of Psychiatry 130: 201-210

Cummings, Eric M./Davis, Peter T. (1994): Maternal depression and child development. In: Journal of Child Psychology and Psychiatry 35: 73-112

Davies, Peter T./Windle, Michelle (1997): Gender-specific pathways between maternal depressive symptoms, family discord, and adolescent adjustment. In: Developmental Psychology 33: 657-668

Downey, Gerald/Coyne, James C. (1990): Children of depressed parents: An integrative review. In: Psychological Bulletin 108: 50-76

Dunn, Bonnie (1993): Growing up with a psychiatric mother: A retrospective study. In: American Journal of Orthopsychiatry 63: 177-189

Häfner, Stefan/Franz, Michael/Lieberz, Kurt/Schepank, Helmut (2001): Psychosoziale Risiko- und Schutzfaktoren für psychische Störungen: Stand der Forschung. Teil 1: Psychosoziale Risikofaktoren. In: Psychotherapeut 5: 342-347

Klauer, Thomas/Winkeler, Michael (2005): Mobilisierung sozialer Unterstützung: Konzepte, Befunde und Interventionsansätze. In: Otto, Ulrich/Bauer, Petra (Hg.): Mit Netzwerken professionell zusammenarbeiten. Band 1: Soziale Netzwerke in Lebenslauf- und Lebenslagenperspektive. Tübingen: 157-180

Lazarus, Richard S./Folkman, Steven (1984): Stress, appraisal and coping. New York: Springer

Lenz, Albert (2001): Partizipation von Kindern in Beratung und Therapie. Entwicklungen, Befunde und Handlungsperspektiven. Weinheim, München: Juventa

Lenz, Albert (2002): Empowerment und Ressourcenaktivierung. In: Lenz, Albert/Stark, Wolfgang (Hg.): Empowerment. Neue Perspektiven für psychosoziale Praxis und Organisation. Tübingen: 13-53

Lenz, Albert (2005): Kinder psychisch kranker Eltern. Göttingen: Hogrefe

Lenz, Albert (2008): Interventionen bei Kindern psychisch kranker Eltern. Grundlagen, Diagnostik und therapeutische Maßnahmen. Göttingen: Hogrefe

Lösel, Friedrich/Kolip, Petra/Bender, Doris (1992): Stress-Resistenz im Multiproblem-Milieu: Sind seelisch widerstandsfähige Jugendliche „Superkids"? In: Zeitschrift für Klinische Psychologie 21: 48-63

Mattejat, Fritz/Wüthrich, Christian/Remschmidt, Helmut (2000): Kinder psychisch kranker Eltern. Forschungsperspektiven am Beispiel von Kindern depressiver Eltern. In: Nervenarzt 71: 164-172

Minuchin, Salvador (1977): Familie und Familientherapie. Freiburg i.B.: Lambertus

Minuchin, Salvador/Fishman, Helen C. (1983): Praxis der strukturellen Familientherapie. Freiburg i.B.: Lambertus

Niemi, Liane T./Suvisaari, Jari M./Tuulio-Henrickson, Alfred/Lönnqvist, Jari K. (2003): Childhood developmental abnormalities in schizophrenia: Evidence from high-risk studies. In: Schizophrenia Research 60: 239-258

Nolens-Hoeksema, Simone/Wolfson, Abigale/Mumme, David/Guskin, Kurt (1995): Helplessness in children depressed and nondepressed mothers. In: Developmental Psychology 31: 377-387

Pretis, Manfred/Dimova, Aleksandra (2004): Frühförderung mit Kindern psychisch kranker Eltern. München: Reinhardt

Remschmidt, Helmut/Strunk, Peter/Methner, Christian/Tegeler, Emil (1973): Kinder endogen-depressiver Eltern – Untersuchungen zur Häufigkeit von Verhaltensstörungen und zur Persönlichkeitsstruktur. In: Fortschritte der Neurologie und Psychiatrie 41: 328-430

Remschmidt, Helmut/Mattejat, Fritz (1994): Kinder psychotischer Eltern. Göttingen: Hogrefe

Robins, Leo N./Regier, Donald A. (1991): Psychiatric disorders in America. New York: The Free Press

Rutter, Michael (1966): Children of sick parents. An environmental and psychiatric study. London: Oxford University Press

Rutter, Michael (1987): Psychosocial resilience and protective mechanisms. In: American Journal of Orthopsychiatry 57: 316-331

Rutter, Michael/Quinton, David (1984): Parental psychiatric disorders: Effects on children. In: Psychological Medicine 14: 853-880

Sameroff, Albert (1987): Early indicators of developmental risk: The Rochester longitudinal study. In: Schizophrenia Bulletin 1: 3-24

Seiffge-Krenke, Inge/Irmer, Jörg von (2007): Zur Situationsabhängigkeit von Bewältigung. In: Seiffge-Krenke, Inge/Lohaus, Arnold (Hg.): Stress und Stressbewältigung im Kindes- und Jugendalter. Göttingen: 69-80

Sollberger, Daniel (2000): Psychotische Eltern – verletzliche Kinder. Identität und Biografie von Kindern psychisch kranker Eltern. Bonn: Psychiatrie Verlag

Tienari, Peter/Wynne, Leon (2004): Genotype-environment interaction in schizophrenia-sprectrum disorder. In: British Journal of Psychiatry 184: 216-222

Winkeler, Michael (2002): Mobilisierung sozialer Unterstützung im Umfeld eines kritischen Lebensereignisses: Eine quasi-experimentelle Studie. Trier: Universität Trier, Fachbereich I – Psychologie: Dissertation

Irmgard Vogt

Paare mit Suchtproblemen

1. Komplexe Begegnungen

„Mein Sohn war wenige Monate alt, als ich eine junge Frau kennenlernte, die mir schnell sehr viel bedeutete. Sie war so anders als alles, was ich vorher gekannt hatte, sie eröffnete mir neue Welten. Wir drei hatten eine innige Zeit zusammen, sie gab mir das Gefühl, etwas Besonderes zu sein und ich genoss es. Wir ergänzten uns prima, oft dachten und fühlten wir dasselbe, so dass es mich schon ängstigte.

Nach den ersten schönen Jahren kam die Ernüchterung, ich stellte fest, dass sie sich mir verschloss ... Auf meine Frage warum sie so breit sei, antwortete sie mir, dass sie Heroin konsumiere" (Wilde Hilde/Spreyermann 1997: 31).

Begegnungen mit süchtigen Menschen, also mit Männern und Frauen, die alkohol-, drogen- oder medikamentenabhängig sind, verlaufen oft nach diesem Schema: Am Anfang betören sie ihr Gegenüber mit ihrem Charme und mit ihrem überwältigenden Beziehungsangebot. Wohl auch darum imponieren sie zunächst als Personen, die „ganz anders" sind als die anderen, weniger kleinkariert, weniger spießig, weniger engstirnig. Ganz im Wortsinn eröffnen sich dem Gegenüber neue Welten mit neuen Hoffnungen und grandiosen Zukunftsphantasien. Die Psychoanalyse hat uns gelehrt, dass diejenigen, die sich von diesen Menschen angesprochen fühlen, ihre eigenen passenden Konflikte und Traumata mitbringen. Es begegnen sich also zwei Menschen, die in gewisser Weise zueinander passen: Der Süchtige mit seinen Tendenzen zur Selbstbezogenheit und Selbstzerstörung und der oder die andere mit den eigenen Wünsche nach Verschmelzung. Das Spiel kann beginnen (Kennedy 2004), sehr oft läuft es dramatisch ab und endet im Chaos.

Die Alkohol- und Drogenforschung kennt einige Studien, die belegen, dass erwachsene Frauen, die in Familien mit einem alkohol- oder drogenabhängigen Elternteil aufgewachsen sind, signifikant häufiger als andere Frauen einen Partner haben, der selbst Alkohol- oder Drogenprobleme hat (Schuckit et al. 1994; Woititz 1990). Für Männer, die unter ähnlichen Bedingungen aufgewachsen sind, gilt das nicht. Das passt zu den Ergebnissen anderer Studien, die zeigen, dass alkohol- und drogenabhängige Männer, wenn sie denn überhaupt in der Lage sind, Beziehungen zu anderen Menschen aufzubauen und aufrechtzuerhalten, Frauen bevorzugen, die keine Alkohol- oder Drogenprobleme haben (Vogt 1998). Allerdings ist die Datenlage hinsichtlich der geschlechtsspezifischen Differenzen bei der Partnerwahl nicht ganz eindeutig und bislang nicht gesichert (Zobel 2000). Es ist also durchaus möglich, dass erwachsene Kinder aus Suchtfamilien unabhängig vom Geschlecht anfällig sind für die Beziehungsangebote von anderen erwachsenen Süchtigen.

Dazu kommt, dass erwachsene Kinder aus Suchtfamilien ein höheres Risiko als (erwachsene) Kinder aus nüchternen Familien haben, selbst süchtig zu werden. Immerhin betrifft dieses Risiko nicht die gesamte Gruppe. Etwa die Hälfte dieser Kinder entwickelt Abwehr- und Bewältigungsmechanismen, die sie besonders gut vor Suchtproblemen schützten. Allerdings gibt es auch hier eine Reihe von Studien, die Geschlechterdifferenzen festgestellt haben. Danach sind es vor allem die Jungen und Männer aus Suchtfamilien, die ein besonders hohes Risiko haben, selbst wiederum alkohol- oder drogenabhängig zu werden (Lieb et al. 2000; Schuckit/Smith 1997).

Die Anfälligkeit für Sucht ist jedoch nur eine Disposition; es bedarf zusätzlicher Bedingungen, damit sie aktiviert und akut wird. Einige Lebensereignisse, die Sucht wahrscheinlich machen, gelten allerdings für alle, also für die Kinder aus Suchtfamilien wie für die aus nüchternen Familien. Traumatische Erlebnisse in der Kindheit und Jugend wie Vernachlässigung, Erfahrungen von Krieg, Folter oder von häuslicher Gewalt (als Opfer oder als Zeuge), von sexuellem Missbrauch und von ähnlichen schrecklichen Ereignissen machen vulnerabel. Kinder und Jugendliche, die mit diesen Erfahrungen allein gelassen werden und die niemanden finden, der ihnen bei der Verarbeitung hilft, bleiben ihren quälenden Erinnerungen verhaftet (Vogt 1994; Zenker et al. 2002). Psychoaktive Substanzen können diese Qualen für eine gewisse Zeit lindern (z.B. Opiate und Opioide) oder auch auslöschen (z.B. hoher Alkoholkonsum), sie kommen aber wieder, wenn die Drogenwirkungen nachlassen. Man muss also, um den schrecklichen Erinnerungen zu entgehen, immer wieder Drogen nehmen.

In diesem Zusammenhang muss man zudem bedenken, dass psychoaktive Substanzen anders als Menschen, deren Verhalten und deren Zuwendung je nach Situation unterschiedlich ausfallen und oft nicht genau vorausgesagt werden kann, alles in allem genommen immer in derselben Weise wirken. Auch darum werden sie für viele Betroffene unentbehrlich. Das kann so weit gehen, dass sich die Substanzen an die Stelle von Menschen setzen; sie okkupieren sozusagen deren Platz im Beziehungsgeflecht. Man hat es also wiederum mit einer komplexen Begegnung zu tun, in diesem Fall zwischen einem verletzten und traumatisierten Menschen und einem oder mehreren Stoffen. Wiederum beginnt ein Spiel, dessen Verlauf und Ergebnis aber abzusehen ist: Nach dem ersten Probierkonsum und der damit einhergehenden Euphorie über die Stoffwirkung entwickelt sich ein Bedürfnis nach der Substanz, das sich vergleichsweise schnell verselbständigt, oft quälend ist und zum Lebensinhalt wird. Die Krankheit Sucht hat sich etabliert.

Selbstverständlich gibt es auch viel trivialere Entwicklungen von Sucht. Die meisten (abhängigen) Raucher und Raucherinnen haben keine ungewöhnlichen Belastungen in der Kindheit und Jugend erfahren; sie leiden nicht unter posttraumatischen Belastungsstörungen oder anderen Beeinträchtigungen. Oft beginnen sie mit dem Rauchen in der Gruppe und aus schlichter Neugier. Die subtilen Wirkungen des Tabaks gefallen ihnen; das Rauchen wird sehr schnell zur Gewohnheit und schließlich zur Sucht. Der Einstieg in die Sucht, das zeigt sich am Rauchen exemplarisch, ist einfach und leicht. Der Probierkonsum ist sehr oft nicht verknüpft mit Problemsituationen oder Problembelastungen. Das schützt aber nicht vor Sucht, die bei vielen Rauchern und Raucherinnen Jahrzehnte anhält, bei manchen ein ganzes Leben.

2. Schnelle Verstrickungen

„Alles, was uns bisher verbunden hatte, war weg. Wir waren uns fremd geworden. Diese Erkenntnis stachelte mich noch mehr an, verzweifelt an etwas festhalten zu wollen, was mir so viel bedeutet hatte ...
Durch das Heroin entstand eine neue, andere Verbundenheit zwischen uns, die verlogener nicht hätte sein können. Alle meine Prinzipien über Bord werfend, sah ich zu, wie wir untergingen ... Waren wir beide high, erlebten wir schöne Momente zusammen, daraus schöpfte ich wieder etwas Mut ... Es ging nicht lange gut. Wir waren beide berechnend und nicht mehr dieselben. Zogen wir zusammen los, konnte es vorkommen, dass sie mich, nachdem wir das Gift geteilt hatten, einfach stehen ließ. Ich hatte mich so daran gewöhnt, die einsetzende Wirkung des Gifts mit ihr zu genießen, dass es mich jedes Mal zutiefst verletzte. Ihr bedeutete es weniger als mir. Ich begann zu erahnen, dass ich einen hohen Preis dafür zahlte, ihr nahe sein zu können. Langsam ging ich vor die Hunde, unsere Beziehung war zu einem Wechselbad der Gefühle geworden, die Sucht tat das ihre dazu. Ich wurde ausgenutzt und ließ es geschehen. Ich war völlig jenseits: Das Heroin raubte mir die Seele, meine Gefühle raubten mir den Verstand.
Kleinigkeiten führten zu großen Streitereien, wir schrien uns an, jede darauf bedacht, die andere zu verletzen" (Wilde Hilde/Spreyermann 1997: 32).

Die Beziehungen von erwachsenen Paaren mit Suchtproblemen sind fast so vielfältig wie bei anderen Paaren auch; sie sind manchmal befriedigend, sehr oft sind sie jedoch sehr belastet. Das liegt u. a. daran, dass Partner und Partnerinnen, die psychoaktive Stoffe konsumieren, unter deren Einfluss unberechenbar und nicht selten auch gewalttätig werden. Dazu kommt, dass dem süchtigen Partner der Suchtstoff oft wichtiger ist als die Beziehung zum Gegenüber, wie im hier zitierten Beispiel. Dennoch gibt es zunächst einmal viele Gründe, nicht auseinander zu gehen, sondern weiter in dieser Beziehung zu verharren, auch wenn die guten Momente immer seltener werden und sich die schlechten Erfahrungen häufen.

3. Beziehungsalltag von süchtigen heterosexuellen Paaren – die klassische Konstellation

Die Dynamik der Paarbeziehung wird u. a. davon bestimmt, ob nur ein Partner süchtig ist oder beide und ob der Mann oder die Frau süchtig ist. Da Sucht zu den psychischen Störungen gehört, die man bei Männern sehr viel häufiger beobachtet als bei Frauen – das Geschlechterverhältnis liegt in Deutschland bei etwa 3:1 (Merfert-Diete 2006) –, findet man viel mehr Paare, in denen der Mann süchtig und die Frau nüchtern ist. Es handelt sich hier um die klassische Konstellation. Oft gehören zum Paar auch Kinder, auf die in diesem Abschnitt jedoch nicht eingegangen wird.

Für nüchterne Frauen in der klassischen Konstellation hat sich als Chiffre für die Beziehung der Begriff der *Co-Abhängigkeit* etabliert (Aßfalg 2006; Rennert 1990, 1996). Co-Abhängigkeit ist vielfach als Krankheit konstruiert worden; als solche ist sie ähnlich negativ konnotiert wie Sucht selbst. Die Typisierung von co-abhängigen Frauen fällt entsprechend negativ aus. Man unterstellt ihnen, dass sie an der „Sucht, gebraucht zu werden" leiden. Sie „brauchen" also den süchtigen Mann, um ihre eigenen süchtigen Bedürfnisse zu befriedigen. An erster Stelle steht hier das Helfersyndrom, das diesen Frauen unterstellt wird. Da sie vom Mann nicht lassen können und ihm geradezu zwanghaft helfen müssen, unterstellt man ihnen weiterhin eine erhebliche Mitschuld daran, dass der Partner süchtig ist und süchtig bleibt, denn nur im Zusammenleben mit dem Süchtigen sollen sie ihr Helfersyndrom befriedigend ausleben können. Helmut Kolitzus (1997) sagt, dass co-abhängige Frauen drei Phasen durchlaufen. In Phase 1 versuchen sie, ihren Mann zu beschützen und sein Verhalten gegenüber anderen (und sich selbst) zu erklären. Prototypisch für diese Phase ist das Bild der Frau, die beim Arbeitgeber anruft und ihren Mann entschuldigt, weil er wegen Krankheiten oder anderer Schwierigkeiten nicht zur Arbeit kommen kann. Sie vertuscht damit seine Trunkenheit, die ihn daran hindert, den ganz normalen Alltag zu bewältigen. Sie hilft ihm und hält ihn gleichzeitig davon ab, sich konstruktiv mit seinem exzessiven und oft schon krankhaften Umgang mit dem Suchtmittel auseinander zu setzen. In Phase 2 setzen diese Frauen alle möglichen Kontrollen ein, um den Süchtigen vom Konsum der Stoffe abzuhalten. In der 3. Phase schlagen die schützenden und helfenden Motive um in Anklagen und Aggressionen, die zu dauerndem Streit führen. Entschließt sich der Mann dazu, eine Behandlung aufzunehmen, bringt das eine gewisse Entlastung. Einfach ist das nicht, denn den co-abhängigen Frauen wird nicht nur ein krankmachendes Helfersyndrom nachgesagt, sondern auch Dominanzstreben in der Beziehung und in der Familie. Angeblich wollen sie sich an die Stelle der Männer setzen und bestimmen, was gemacht wird. Haben sie sich diese Position erst einmal erobert, wollen sie diese nicht mehr abgeben. So betrachtet haben sie zwei starke Motive, am kranken und süchtigen Mann festzuhalten.

Eine genauere Betrachtung von Paaren mit einem süchtigen Partner und einer nüchternen Partnerin zeigt, dass der Begriff Co-Abhängigkeit für sich genommen und mehr noch als Bezeichnung für eine Krankheit in die Irre führt (Vogt 2004, 2007). Die Gesundheitsforschung belegt mit immer neuen Studien, dass körperlich und psychisch kranke Menschen – vor allem Männer – davon profitieren, wenn sie mit Personen (Frauen) zusammenleben, die sich um ihr leibliches und seelisches Wohlergehen kümmern. Bei Suchtkranken ist das nicht anders. Sie profitieren um so mehr davon, je besser die Beziehung ist. Ich komme darauf an anderer Stelle noch einmal zurück.

Darüber hinaus kommen erste empirische Studien über Frauen, die mit süchtigen Männern zusammenleben, zu ganz anderen Ergebnissen. Untersucht wurden die Partnerzentriertheit und die Partnerdezentriertheit. Unter Partnerzentriertheit verstehen die Autoren das Faktum, dass „eigenes Handeln und Erleben selten fokussiert wird, eigene Belange, Wünsche und Bedürfnisse wenig wahrgenommen" werden (Galliker et al. 2004: 115), unter Partnerdezentriertheit entsprechend die Bezogenheit auf eigene Interessen und Wünsche bzw. die Notwendigkeit, selbst zu handeln ohne Rücksicht auf den Partner zu nehmen. Befragt wurden zwei Gruppen von Frauen, die Untersuchungsgruppe mit einem süchtigen Partner und die Vergleichsgruppe mit einem nüchternen Partner. Die Ergebnisse bestätigen die Annahmen der Co-Abhängigkeit nicht. Frauen der Untersuchungsgruppe sind vielmehr im selben Ausmaß partnerzentriert wie Frauen der Vergleichsgruppe. Anders gesagt heißt das, dass Frauen auch heutzutage vergleichsweise stark partnerzentriert sind, ein Umstand, auf den Emile Durkheim schon vor wenigstens 100 Jahren (Durkheim 1973) aufmerksam gemacht hat. Auch die Frauenforschung hat sich mit diesem Befund intensiv auseinandergesetzt (Gilligan 1984; Nestmann/Schmerl 1991). Die Ergebnisse zur Partnerdezentriertheit zeigen zudem, dass Frauen, die mit einem süchtigen Mann zusammenleben, signifikant stärker partnerdezentriert sind als andere Frauen. Diese Frauen wissen demnach sehr wohl, dass sie ihr „Leben selber in die Hand nehmen" müssen, auch, dass sie ihrem Partner nicht mehr helfen können. Die Frauen haben also die richtigen Einsichten; welche Konsequenzen sie daraus ziehen, steht auf einem anderen Blatt.

Berücksichtigt man weitere empirische Studienergebnisse, dann zeigt sich, dass die Beziehungen von Paaren mit einem süchtigen männlichen Partner oft geprägt sind von Gewalt (Greenfeld/Henneberg 2001; Kaufman et al. 1997; Johnson 2005; Pernanen 1991). Neuere Statistiken zur häuslichen Gewalt belegen, dass Frauen im Vergleich zu Männern sehr viel häufiger Opfer sind; das Geschlechterverhältnis von Frauen zu Männern als Opfer liegt bei 9:1. In etwa einem Drittel der Fälle, die der Polizei bekannt werden, ist Alkohol im Spiel. Meist ist es der Mann, der angetrunken oder betrunken seine Partnerin beschimpft, bedroht, körperlich angreift und nicht selten so prügelt, dass eine ärztliche Versorgung notwendig ist (z.B. Hessisches Landes-Kriminal-Amt 2003). Etienne Maffli und Andrea Zumbrunn (2001: 36 f.) berichten folgendes von einer jungen Frau:

„... seit dem letzten Jahr, als ich den Bescheid bekommen habe, dass ich schwanger bin, hat er mich eigentlich regelmäßig so alle zwei Wochen geschlagen, ja ... Ja, also im nüchternen Zustand würde er mich nie anfassen ... Er ist dann total anders. Wenn er getrunken hat, kann man richtig zuschauen, wie sich der Charakter verändert. Er ist sehr empfindlich, er sieht alles, er reagiert einfach überempfindlich und dann braucht es wirklich nicht viel, wenn nur schon der Ton etwas lauter wird, dann wird er schon aggressiv. Das verändert ihn wirklich total, ich habe ihm schon mehrmals gesagt, ja das ist wie wenn ein Monster vor mir stünde, also wenn er getrunken hat, da ist er wirklich ein Monster."

Diese Beschreibung belegt sehr gut einen möglichen Kontext, in dem die Gewalttätigkeiten stehen können, und die Dynamik, die sie mit dem Alkoholkonsum gewinnen. Es liegt auf der Hand, dass gewaltsame Erfahrungen Beziehung prägen und in vielerlei Hinsicht verformen. Je länger sich Gewalttätigkeiten im häuslichen Bereich hinziehen, je brutaler sie ausfallen, umso stärker belasten sie die Beziehung. Abgesehen von Schwangerschaft und akuten oder chronischen Krankheiten der Partnerin sind auch Drohungen mit Trennung oder die Einleitung eines Scheidungsverfahrens oft Auslöser von Gewalttätigkeiten. Mit Gewalt versucht der Partner, die Partnerin daran zu hindern, die Beziehung zu beenden. Das gelingt auch erstaunlich oft, wird aber wiederum als Zeichen der Co-Abhängigkeit der Frauen gedeutet und ihnen negativ angelastet.

Schließlich kann der Alkohol- und Drogenkonsum zum schleichenden Ruin der Paarbeziehung werden. Wie bereits gesagt, können die Substanzen die Beziehung zum Gegenüber ersetzen; sie schieben sich dann so sehr in den Vordergrund, dass kein Raum mehr bleibt für andere und anderes. Der Süchtige reagiert nicht mehr auf die Partnerin, auch nicht auf andere Angehörige oder Freunde; er nimmt sie einfach nicht mehr wahr. Nach und nach verschwinden die Bezugspersonen aus der Lebenswelt des Süchtigen. Er vereinsamt mehr und mehr, fühlt sich aber, solange er genügend Stoff hat, nicht allein. Er umgibt sich mit Kumpels, mit denen er zusammen Stoff besorgt und konsumiert. Wohl auch darum sagen viele Süchtige, dass sie viele Freunde und Freundinnen haben. Geht ihnen der Stoff aus, bleiben allerdings auch die Freunde aus. Nun sind die Süchtigen wirklich allein, ein Zustand, auf den sehr viele von ihnen mit panischer Angst reagieren. Dagegen hilft wiederum der Stoff, man muss ihn nur irgendwie bekommen. Am Ende, wenn alle anderen längst weggegangen sind, bleiben schließlich die Beziehungen zu den professionellen Helfern in den verschiedenen Ämtern und klinischen Institutionen, ein schaler Ersatz für eine Partnerin oder für Freunde im Alltag.

4. Süchtige Frauen und süchtige Paare

Nun gibt es selbstverständlich auch die umgekehrte Konstellation: Der Partner ist nüchtern und die Partnerin süchtig. Nüchterne Männer, die mit süchtigen Frauen zusammenleben, unterstützen diese zwar auch über einen gewissen Zeitraum hin, drängen dann aber entschieden und energisch auf Veränderung. Die süchtige Partnerin wird vor die Wahl gestellt, eine Behandlung aufzunehmen oder den Partner (und die Kinder) zu verlieren. Auf die Androhung folgt sehr oft die Tat. Das lässt sich ablesen am hohen Anteil von süchtigen Frauen, die getrennt vom Partner leben oder geschiedenen sind (Rudolf 1998; Simmedinger et al. 2001; Winkler 1997).

Frauen, die nach einer Behandlung rückfällig werden und in die alten Verhaltensmuster zurückfallen, tun sich oft mit einem Partner zusammen, der selbst Suchtprobleme hat. Alkoholabhängige Paare besorgen sich zusammen den Stoff, teilen ihn und trinken bis zum Rausch (Homish/Leonard 2007). Betrunken verwickeln sie sich oft in Streitereien und Kämpfe; meist sind es auch in diesen Konstellationen die Frauen, die von der Gewalt stärker betroffen sind als die Männer.

Bei drogenabhängigen Paaren kommen zusätzliche Faktoren ins Spiel. Drogenabhängige Partner erwarten von ihren ebenfalls abhängigen Partnerinnen, dass sie sich an der Beschaffung von Geld oder Drogen beteiligen. Als einfacher Weg zur Geldbeschaffung bietet sich für die drogenabhängigen Frauen die Prostitution an. Manche drogenabhängigen Männer übernehmen eine Art Zuhälterrolle, drängen ihre Partnerin zur Prostitution, nehmen ihr das Geld ab – schützen sie aber nicht vor Übergriffen der Freier. Viele süchtige Frauen machen das alles mit. Einen Partner zu haben ist für sie so wichtig, dass sie auch sehr schwierige und mit Gewalt gesättigte Lebensbedingungen in Kauf nehmen (Vogt 1994, 1998).

Süchtige Paare (ohne Kinder) halten oft erstaunlich lange zusammen. Offenbar überwiegen die Gratifikationen, die sie aus dem Zusammenleben und dem gemeinsamen Konsum von Stoffen ziehen, alle negativen Nebenerscheinungen wie Streitereien, gemeinschaftliche Schlägereien und Ausbeutung. Kurz, Alkohol- und Drogenkonsum kann Paare verbinden, ja geradezu zusammenschweißen und gegen alle guten Ratschläge von Dritten immunisieren.

5. Schwangerschaft, Mutterschaft, Mutter-Kind-Paare, Vaterschaft und Familien

Süchtige Frauen können schwanger werden und Kinder gebären. Die Schwangerschaft und die damit angelegte Mutterschaft bringen besondere Bedingungen und Belastungen mit sich.

Alle psychoaktiven Substanzen gehen vom mütterlichen Kreislauf auf den des werdenden Kindes über; sie beeinflussen also die Entwicklung des Kindes während der Schwangerschaft. Die Folgen davon sind sehr unterschiedlich und variieren systematisch mit den Stoffen. Alkoholkonsum während der Schwangerschaft kann sich besonders schädlich auf die Entwicklung des Kindes auswirken, es kann zum Vollbild des fetalen Alkoholsyndroms kommen mit Mikrozephalie oder anderen dauerhaften zentralnervösen Störungen in den Wahrnehmungssystemen, den kognitiven Funktionen und dem motorischen System, sowie mit Gesichtsfehlbildungen und Missbildungen in anderen Organsystemen. Andere Stoffe, wie die Opiate, sind, wenn es sich um reine Substanzen handelt, weniger gefährlich. Allerdings entwickelt sich bei der Mehrzahl der Kinder, deren Mütter während der Schwangerschaft z.B. ein Opioid (Methadon, Buprenorphin) nehmen, Abhängigkeit, die nach der Geburt zu einem Abstinenzsyndrom führen kann. Auf weitere Details gehe ich hier nicht ein, da die Effekte der psychoaktiven Substanzen während der Schwangerschaft an anderen Stellen ausführlich beschrieben sind (Alcohol/Health 2000; Gerlach et al. 2005; Günthert 2007; Poehlke 1999).

Auch die Behandlungen richten sich nach den Stoffen. Bei Opiatabhängigkeit empfiehlt sich eine Subsitutionstherapie mit einem Opioid, bei Alkohol und vielen anderen Stoffen (z.B. Zigaretten, Kokain und verwandte Stoffe) die Abstinenz (Vogt 2004). Süchtige schwangere Frauen schätzen allerdings die Risiken des Substanzkonsums in dieser Lebensphase falsch ein, was auch dazu beiträgt, eine professionelle Beratung und Behandlung zu vermeiden. Das kompliziert die Sachlage erheblich.

Sucht während der Schwangerschaft kann sich ganz unterschiedlich auf den Prozess des Bonding zwischen Mutter und (ungeborenem) Kind auswirken. Zwar hat die zukünftige drogenabhängige Mutter vielleicht das Gefühl, von den Ereignissen und Veränderungen, die mit der Schwangerschaft verbunden sind, überrollt zu werden (Landesstelle Frauen & Sucht NRW 2002), aber viele träumen sich auch eine idealisierte Zukunft mit dem Kind aus. Sie hoffen darauf, dass mit der Geburt des Kindes alles anders, alles besser wird, dass sich ihr Leben von Grund auf ändert und dass sie ohne Substanzen glücklich und zufrieden mit ihrem Kind leben werden. In diese Bilder und Fantasien drängen sich aber auch Ängste vor den Reaktionen ihrer Umwelt, wenn die Schwangerschaft bekannt wird. Die Angst vor einer Verurteilung mischt sich mit heftigen Schuld- und Schamgefühlen über die eigenen Konsumgewohnheiten und den eigenen Lebensstil. Wird bei der Geburt die Opiatabhängigkeit des Kindes offensichtlich und kommt es zu einem heftigen Abstinenzsyndrom, verstärken sich die Schuld- und Schamgefühle. Dazu kommt zusätzlich die Angst, dass das Kind „weggenommen" und bei Fremden untergebracht wird. Tatsächlich werden Mutter und Kind nach der Geburt sehr oft getrennt, da das Neugeborene entgiftet und intensiv behandelt werden muss. Die Mütter können und sollen zwar die Kinder in der Kinderklinik besuchen und sich mit ihnen beschäftigen, aber das alles spielt sich unter den kritischen Blicken des Klinikpersonals ab. Alle diese Umstände erschweren die Bindung zwischen Mutter und Kind, machen diese aber nicht unmöglich. Auch drogenabhängige Mütter können gute Mütter sein (Banwell/Bammer 2006; Hofkosh et al. 1995; Runde 2000).

Alkoholabhängige Frauen, die während der Schwangerschaft ihre alten Konsumgewohnheiten beibehalten, haben weniger Ängste. Viele von ihnen sind trotz ihrer Sucht in ein funktionierendes soziales Netzwerk eingebunden. Zwar werden sie immer mal wieder ermahnt, während der Schwangerschaft keinen Alkohol zu trinken (und keine Zigaretten zu rauchen), aber nur wenige werden gezwungen, sich professionell beraten und behandeln zu lassen. Viele alkoholabhängige Frauen, die ein Kind mit einem ausgeprägten fetalen Alkoholsyndrom geboren haben, reagieren darauf mit heftigen Schuld- und Schamgefühlen. Das wirkt sich meist negativ auf die Mutter-Kind-Beziehung aus (Lippert 2006). Die ständige Konfrontation mit der eigenen Schuld ist für viele Mütter unerträglich. Als Reaktion darauf lehnen sie diese Kinder ab; in günstigen Fällen stimmen die Mütter einer Fremdunterbringung oder auch einer Adoption zu.

Die Ergebnisse einer Reihe von empirischen Studien weisen darauf hin, dass süchtige Mütter im Unterschied zu nüchternen Müttern weniger feinfühlig auf ihre Kinder eingehen. Sie nehmen die Signale der Kinder, mit denen diese ihre aktuellen Wünsche und Bedürfnisse ausdrücken, weniger genau wahr und reagieren darauf je nach Situation und eigenem Zustand. Sind sie nüchtern, reagieren sie vergleichsweise schnell und eher überschwänglich, sind sie berauscht, sind ihre Reaktionen sehr oft nicht angemessen. Entweder übergehen sie die Signale ihrer Kinder oder sie reagieren darauf eher feindselig, manchmal auch aggressiv (Edwards et al. 2004; Eiden 2001; Eiden et al. 2002, 2004a; Hans 2000, 2004; Hans et al. 1999; Kröger et al. 2006; Mayes/Truman 2002; Spieker et al. 2001; Trost 2003; Vogt/Fritz 2006). Darunter leidet die Beziehungsqualität zwischen den Müttern und ihren Kindern. Je temperamentvoller Kinder sind, je mehr sie Zuwendung einfordern, um so schneller kommt es zu Beziehungsstörungen. Die Kinder reagieren auf ihre Weise auf die mangelnde Feinfühligkeit ihrer Mütter und ihre instabile emotionale Verfügbarkeit: Sie entwickeln Verhaltensauffälligkeiten (Edwards et al. 2001). Im Laufe der Jahre entsteht so abweichendes Verhalten. Leiden die Mütter nicht nur an einer Substanzabhängigkeit, sondern zudem noch an Depressionen oder Persönlichkeitsstörungen, und gesellen sich dazu noch finanzielle Probleme, verschlechtern sich die Entwicklungschancen der Kinder zusätzlich (Hans et al. 1999; Kahler et al. 2002; Kim-Cohen et al. 2005; Suchman/Luthar 2000; Whisman/Uebelacker 2003; Winkler 2007).

Der folgende Ausschnitt aus einem Interview mit einer alkoholabhängigen Frau aus dem Jahr 2005 gibt einen Einblick in das problematische Beziehungsgeflecht zwischen einer süchtigen Mutter und ihrem Sohn, der zum Zeitpunkt des Interviews 11 Jahre alt war.

„… ja und ich bin mit meinem Sohn überfordert gewesen … Da kommt jetzt auch eine Problematik dazu, dass – ich würde sagen, er ist ein schwieriges Kind, sehr trotzig …
Dann ist er auch noch Legastheniker … So und das ist erst sehr spät er-

kannt worden. Na gut, also von der Hinsicht auch. Eigentlich habe ich
das als eine sehr starke Belastung gesehen und ja ...
Ja, das belastet das Verhältnis dann auch. Auf der einen Seite tut er mir
natürlich auch leid, nicht. Gerade da mit dieser Lese- Rechtschreibschwäche. Er kann ja nichts dafür, ich ja auch nicht. Er leidet auch darunter. Klar, auf der einen Seite will ich ihm dann auch helfen, fühle mich
aber auch wirklich damit überfordert ...
Da ist es auch natürlich sehr viel zu Streitigkeiten gekommen. Als ich
das noch nicht wusste. Ich mein, ich weiß nicht, ob Sie das kennen. Es
gibt ja diese Lese- Rechtschreibschwäche, so nennt sich das und bei ihm
ist es die Rechtschreibschwäche ... Die lesen vielleicht nicht das, was
ein Elfjähriger liest so an Büchern, aber er kann fließend lesen, dauert
halt ein bisschen länger und sprachlich ist auch alles in Ordnung. Dadurch ist es erst sehr spät aufgefallen, weil er sich die ersten Schuljahre
über die Zeit gerettet hat. Das Lesen lernen war überhaupt kein Problem,
das hat er altersgerecht gemacht. Eigentlich war die Sprachentwicklung
noch über dem Klassendurchschnitt und als dann das mit dem Schreiben
verstärkt anfing, dann fing es dann an immer. ,Sie müssen mit dem Kind
üben und üben' und man übt und das bringt nichts, weil diese ... Er
macht ja diese Therapie und die bringen ihm das etwas anders bei. Man
fragt sich dann irgendwann, das Kind kennt Pokemon, diese Karten, die
sie sammeln, warum kann er sich hunderte von diesen Namen merken
und schreibt das Wort wieder drei mal in einem Text falsch. Das ist einfach, weil dieses Wort wieder ... Ich mein, sie wissen, wie es geschrieben wird, ich auch, und er setzt sich das immer wieder zusammen. Na ja,
das waren dann halt auch wahnsinnige Dramen, die sich in der Küche
abgespielt haben. Er wollte nicht mehr üben weil er sagt, es bringt nichts,
und ich war ja dann so zu sagen unter diesem Druck oder Zwang ,ich
muss mit ihm lernen', und dann brüllt die Mutter, das Kind brüllt und, ja,
das war ein Grund, warum wir oft einander geraten sind. Da gab's auch
schon mal eine Ohrfeige oder ihn einfach so geschüttelt habe und einfach, ,kapiers doch endlich' oder ,konzentriere dich'. Manchmal habe
ich gedacht ich drehe durch, ne. Ich hab einfach die Hoffnung nicht gesehen, dass er jemals richtig schreiben lernt. Habe mich natürlich auch
schlecht gefühlt, dass ich da versage. Da ich ihm nicht richtig helfen
konnte und weil ich aber auch nicht wusste, was es ist. Und wenn sie
dann auch wissen, das ist das und das, dann kann man die und die Therapie machen, die es dann halt auch besser machen. Das hat auch einen un-
glaublichen Druck von mir genommen und die Beziehung ist etwas besser geworden. Also der Umgang miteinander. Es gibt weniger Streit und
auch dieses Schütteln oder die Ohrfeigen, doch ja, schon ein dreiviertel
Jahr. Da hat mir auch die ambulante Therapie geholfen.

Interviewerin: Wie würden Sie insgesamt die Beziehung zu Ihrem Kind
beschreiben?

A: Auf der einen Seite liiiiebe ich ihn abgöttisch. Ich fühle mich aber nach wie vor überfordert. Das ist sehr komisch. Ich habe immer gedacht, warum kommt es mit so einem Haufen von Problemen an. Im Kindergarten, dann die Legasthenie, dann dieses und jenes (lacht). Warum hat der liebe Gott so ein Kind nicht einer Mutter gegeben, die darin aufblühen würde wenn sie das alles managen könnte. Die sich darin wachsen sehen würde oder ja, die ihre ganze Kraft da rein stecken würde und auch möchte. Die ihren ganzen Lebensinhalt in der Familie sieht. Ich sag's mal so, wie es ist. Also mir bedeutet auch die Anerkennung im Beruf sehr viel. Wichtig ist auch die Zeit für mich, nur für mich. Die ich auch schon wenig hatte, die ich dann halt tot getrunken habe. Warum ich dann dieses Bündel Probleme dann auch noch abbekommen habe."

Das Beispiel belegt anschaulich, dass diese Mutter ihrem Kind gegenüber nicht sonderlich feinfühlig ist. Sie erlebt ihr Kind schon sehr frühzeitig als trotzig, schwierig, realisiert aber erst sehr spät, dass es unter einer Legasthenie leidet. Entsprechend spät wird für das Kind professionelle Hilfe organisiert. Auffallend ist hier auch die ambivalente Einstellung der Mutter zu ihrem Kind, das sie einerseits „abgöttisch" liebt, andererseits als ein Kind mit „so einen Haufen von Problemen" erlebt. Damit kommt sie nicht zurecht. Darüber hinaus fühlt sie sich eingezwängt in ihre Rolle als Mutter, die ihr nicht genug Zeit lässt für ihre eigenen Interessen, ihren Beruf (Vogt/Fritz 2006). Vermutlich setzt sie den Alkohol auch ein, um sich nicht mit ihren widerstreitenden Gefühlen gegenüber der Mutterrolle, ihrem Kind (und gegenüber seinem Vater) sowie dem mit der Gründung einer Familie verbundenen Lebensentwurfes, auseinandersetzen zu müssen.

Problematisch ist weiterhin, dass diese Mütter auf vergleichsweise wenig Hilfe aus dem familiären Umkreis oder damit zusammenhängenden sozialen Netzwerken zurückgreifen können. Was immer der Grund ist, empirische Studien belegen wiederholt, dass der Kontakt von süchtigen Müttern zu Familienangehörigen oder zu Freund/-innen, die ihnen bei der Bewältigung des Alltags helfen könnten, eher lose ist (Kröger et al. 2006; Vogt/Fritz 2006). Die Isolation der Mütter verschärft die Konflikte mit den Kindern.

Nüchterne Väter oder Partner, die mit süchtigen Müttern und ihren Kindern zusammenleben, könnten kompensierend Beziehungs- und Erziehungsaufgaben übernehmen. Zu deren Rolle im Beziehungsgefüge liegen aber so gut wie keine Studien vor. Wir wissen nicht, wie die Beziehungen der Väter und Partner zu den Kindern beschaffen sind, ob sie kompensierende Funktionen übernehmen und den Kindern emotionale Sicherheit geben oder ob sie sich eher aus allem „heraushalten". Auch die Berichte von erwachsenen Kindern aus Suchtfamilien über das Leben in der Familie geben darüber kaum Auskunft.

Nun gibt es nicht nur süchtige Mütter, sondern auch süchtige Väter, die mit ihren Kindern zusammenleben. Jedoch gibt es auch über deren Beziehungen zu ihren Kindern nur sehr wenige Studien (Eiden et al. 2004a, 2004b; Edwards et al. 2006; Fals-Stewart et al. 2004; Gruber/Taylor 2006). Diese weisen darauf hin, dass süchtige Väter im Umgang mit ihren Kindern ebenfalls weniger feinfühlig sind als nüchterne Väter, und dass sie – ähnlich wie die Mütter – eher zu feindseligen und aggressiven Interaktionen mit ihren Kindern neigen. Kommen zur Sucht noch Depressionen oder andere psychische Störungen sowie finanzielle Probleme dazu, verschlechtern sich einmal mehr die Interaktionsmuster zwischen den Vätern und ihren Kindern. Die Kinder reagieren darauf auf ihre Weise: Schon im Kleinkindesalter reduzieren sie ihre Interaktionen mit dem Vater auf das Nötigste und ziehen sich von ihm zurück. Halt geben ihnen vor allem die nüchternen Mütter, wenn diese stabil sind und emotional erreichbar. Allerdings gibt es auch hier abweichende Studienergebnisse, die darauf hinweisen, dass es durchaus auch positive Aspekte im Umgang von süchtigen Vätern mit ihren Kindern gibt, und dass manche Kinder – vor allem Töchter – zu diesen einen sehr engen Kontakt aufbauen (Peleg-Oren/Teichman 2006; Ripke 2003).

Es ist bemerkenswert, dass die Beziehungen von süchtigen Vätern zu ihren Kindern nur ganz am Rande Gegenstand der empirischen Forschung und der Praxis sind (Sieber 2006), weiß man doch seit wenigstens 150 Jahren, dass sie nicht nur gegenüber den Ehefrauen oder Partnerinnen überdurchschnittlich häufig gewalttätig sind, sondern auch gegenüber den Kindern (Baer 1878). Die Vermutung liegt nahe, dass diese Gruppe von Vätern auch überdurchschnittlich häufig für sexuelle Übergriffe in der Familie verantwortlich ist. Vielleicht sind das aber gerade auch die Gründe dafür, dass entsprechende Fragen kaum gestellt und noch seltener untersucht oder auch in der Behandlung bearbeitet worden sind.

Die schwierigen Beziehungen von süchtigen Müttern und süchtigen Vätern zu ihren Kindern kennt man vor allem aus den Beschreibungen erwachsener Kinder aus Suchtfamilien. Diese klagen über die Unberechenbarkeit des elterlichen Verhaltens, über Inkonsistenzen im Belohnungs- und Bestrafungsverhalten, über Loyalitätskonflikte gegenüber den Eltern, über Streit zwischen den Eltern und mit den Kindern und über Gewalttätigkeiten des alkoholabhängigen Elternteils – meist eben des Vaters – in der Familie (z.B. Arenz-Greiving 2003; Klein 2001; Teske 1994). Begibt sich das süchtige Elternteil in eine Behandlung, wirkt sich das auf die Atmosphäre in der Familie aus, auch auf das Ausmaß an Streit und Gewalt: Beides nimmt zumindest phasenweise ab. Dazu kommt, dass die Kinder auf diesem Wege erfahren, dass Sucht behandelbar ist, wenngleich nicht immer mit durchschlagendem Erfolg. Kinder, deren süchtige Eltern sich nicht behandeln lassen, sind in einer schlechteren Lage. Nicht nur ist das Ausmaß von Streit und Gewalt in ihren Familien größer, dazu kommt noch, dass sie keinen Zugang zum Hilfesystem finden (Klein et al. 2003). So gesehen hat man es also auch hier mit unterschiedlichen Risikogruppen zu tun, wobei eben die erwachsenen Kinder, deren süchtige Väter oder Mütter nicht behandelt werden, unter besonders problematischen Entwicklungsbedingungen heranwachsen.

Je nach Situation und Setting kommt dazu, dass die Kinder schon früh im Leben Verantwortungen übernehmen müssen – z. B. für kleinere Geschwister oder für das süchtige Elternteil –, die sie oft auch überfordern. Sie sorgen sich um den Haushalt, um die Mahlzeiten, um das kranke Elternteil. Das gilt vor allem für diejenigen Kinder, die in Ein-Eltern-Familien leben mit wenig Kontakt zu Großeltern oder anderen Erwachsenen, die kompensierende Funktionen übernehmen könnten. In Familien mit zwei Elternteilen, von denen nur ein Teil süchtig ist, kommen solche intergenerationellen Rollenvermischungen eher selten vor (Klein et al. 2003).

Kinder werden von ihren Eltern aber auch oft in die innerfamiliären Konflikte eingesponnen. Typisch dafür sind z. B. Kontrollaufträge, die sie vom nicht-süchtigen Elternteil gegenüber dem Süchtigen übertragen bekommen und die sie in der Regel rigoros ausführen. Sehr schnell verstricken sie sich in schwierigste Loyalitätskonflikte. Das kann auch bei den Kindern zu erheblichen Frustrationen führen, die im Jugendalter in Aggressionen umschlagen können. Auch erwachsene Kinder aus Suchtfamilien können gegenüber dem süchtigen Elternteil gewalttätig werden (Vogt 1994). Kinder in Suchtfamilien werden mit Gewalt also nicht nur in der Rolle als Zeuge oder als Opfer konfrontiert, sondern sie übernehmen auch schon mal das Verhalten des aggressiven Elternteils. Das Beispiel zeigt, wie Gewalt in der Familie „weitergegeben" werden kann, ein Vorgang, der in besonderer Weise beleuchtet, welche negativen Auswirkungen Sucht auf die Entwicklung von Kindern und Jugendlichen haben kann.

Ohne jede Frage sind erwachsene Kinder aus Suchtfamilien vielfältigen Belastungsfaktoren in der Familie ausgesetzt. Es ist bemerkenswert, dass immerhin rund 50 % dieser Kinder diese Erfahrungen gut bewältigt.

6. Schwierige Lösungen

„Ich wollte raus aus diesem Dreck, doch an wen sollte ich mit wenden? Da war auch die Angst, die Scham, alles zuzugeben. Und nicht zuletzt immer und immer wieder der Selbstbetrug, doch noch allein damit fertig zu werden …
Von allen Seiten hagelte es Fragen, Vorwürfe und Anschuldigungen. Die hatte ich mir bei Gott selber schon gemacht. Ich verlor meine Wohnung, das Kind war weg und ich kroch zu Kreuze.
Ich begann ein Methadonprogramm, langsam fing ich mich wieder. Nachdem ich für kurze Zeit bei einer Kollegin untergekommen war, bot man mir eine Notwohnung an. Von den insgesamt vier Zimmern bezog ich zwei. Mein nächstes Ziel bestand darin, so schnell wie möglich mein Kind wieder bei mir zu haben …

Es kam der Zeitpunkt, wo ich nicht mehr mitmachte, ich hatte es satt, auf „Vorrat" zu beweisen, dass ich in der Lage sei, meinem Sohn eine gute Mutter zu sein. Ich erklärte allen Beteiligten, dass ohne mein Kind gar nichts mehr gehen würde ...
Bald beende ich das sechste Jahr ohne Methadon und es geht wunderbar ..." (Wilde Hilde/Spreyermann 1997: 33 ff.).

Viele süchtige Frauen und Männer wollen ihre Abhängigkeit von psychoaktiven Substanzen überwinden. Darum vertrauen sie sich einem Arzt oder einer anderen Person an. Im günstigen Fall finden sie auf diesem Weg einen Ansprechpartner, der ihnen hilft, mit eigenen Mitteln und Netzwerken die Sucht zu überwinden – wir sprechen in diesen Fällen von Selbstheilungen (Klingemann et al. 2001, 2004) –, oder der sie an professionelle Hilfsinstitutionen weiterleitet. Ob süchtige Männer den Weg in die professionelle Suchthilfe leichter finden als süchtige Frauen, ist eine offene Frage. In der Regel ist es aber so, dass Frauen mit psychischen Problemen früher und in größeren Zahlen professionelle Hilfen in Anspruch nehmen als Männer (Vogt/Sonntag 2007). Welchen Weg die Betroffenen gehen, ob sie sich um Selbstheilung bemühen oder ob sie professionelle Hilfen in Anspruch nehmen, die Behandlung von Sucht ist in jedem Fall schwierig und langwierig und sehr oft mit Rückfällen verbunden. Je nach Stoff gibt es zudem unterschiedliche Zwischenstationen und Lösungen, worauf hier jedoch nicht differenziert eingegangen werden soll (u. a. Gerlach/Stöver 2005; Klingemann et al. 2004; Kolte 2005; Vogt et al. 2007).

Auf dem Weg zur Stabilisierung und zur Abstinenz spielen nun aber Bezugspersonen und Netzwerke eine enorme Rolle. Wie man aus einer Vielzahl von Studien weiß, sind Frauen sehr viel stärker als Männer auf Personen aus dem sozialen Nahraum bezogen, insbesondere auf Familienmitglieder. Tatsächlich haben sie im Vergleich zu den Männern im Normalfall auch mehr und engere Kontakte mit Familienangehörigen und den damit einhergehenden Netzwerken. Aus den unterschiedlich dichten und engen sozialen Netzwerken von Frauen und Männern folgt aber nicht automatisch, dass Frauen im Allgemeinen und psychische kranke Frauen im Besonderen – die ja ohnehin weniger dichte soziale Netzwerke haben – von Paar- und Familienbeziehungen mehr profitieren als die Männer. Emile Durkheim hat die Frage, wer von der Ehe mehr profitiert – die Ehemänner oder die Ehefrauen – wohl als einer der ersten gestellt und er hat sie im Kontext seiner Studien zum Selbstmord eindeutig beantwortet: „Wir kommen nun zu einer Schlussfolgerung, die sich ziemlich weit von der landläufigen Vorstellung von Ehe und ihrer Funktion entfernt. Man nimmt allgemein an, dass diese Institution im Interesse der Frau geschaffen worden sei, um sie in ihrer Schwäche gegen die männlichen Launen zu schützen. Besonders die Monogamie ist immer wie ein Opfer hingestellt worden, das der Mann seinen polygamen Trieben gebracht hat, um die Lage der Frau in der Ehe zu erleichtern und zu verbessern. Wie immer auch die geschichtlichen Gegebenheiten waren, durch die er dazu gebracht wurde, sich diese Beschränkungen aufzuerlegen, so profitiert er von der Ehe am meisten" (Durkheim 1973: 318).

In der Nachfolge von Emile Durkheim hat die sozialwissenschaftliche Forschung und aktuell die Gesundheitsforschung sehr gut belegt, dass es in der Tat die Männer sind, die von Ehe und Familie am meisten profitieren. Sie profitieren um so mehr, je besser das Klima zwischen den Partnern und in der Familie ist. Im Vergleich mit unverheirateten und allein lebenden Männern haben verheiratete Männer eine höhere Lebenserwartung, sie haben eine bessere körperliche und psychische Gesundheit und sie haben im Krankheitsfall bessere Chancen, wieder zu gesunden (Altgeld 2004; Klingemann 2004; Vogt 2006). Auch suchtkranke Männer, die sich professionell behandeln lassen, profitieren nachweislich davon, wenn sie eine Partnerin haben und noch mehr, wenn sie in eine Familie eingebunden sind. Letzteres haben zum Beispiel Martin Sieber und Mitarbeiter (2002) in einer ihrer Untersuchungen zur Langzeitwirkung der stationären Behandlung von Alkoholabhängigkeit gezeigt. Sie haben nachgewiesen, dass für Männer das Zusammenleben mit einer Ehefrau oder Partnerin und den Kindern neben Arbeit und beruflichem Erfolg wichtige Faktoren darstellen, die vor Rückfall schützen. Männer, die nach einer Behandlung in ihre Familie zurückkehren können, und die dort gut aufgenommen werden, haben also vergleichsweise gute Chancen, ihr Leben dauerhaft zu ändern und die Krankheit Sucht zu überwinden. Männer, die keine Familie haben, haben im Vergleich dazu ein sehr viel größeres Risiko, in die Sucht zurückzufallen. Diese Ergebnisse unterstreichen einmal mehr den Profit, den Männer haben, die ein familiäres Netzwerk besitzen, das sie nach einer Suchtbehandlung auffängt und stützt. Ehefrauen bzw. Partnerinnen sowie Kinder fördern also nachweislich die Gesundheit ihrer Männer; sie wirken sozusagen salutogenetisch. Die gesundheitsförderlichen Aspekte einer Partnerin und einer Familie für Männer passen nicht zum Stereotyp von Co-Abhängigkeit, worauf im Vorhergehenden bereits eingegangen worden ist. Hier ist ein Perspektivwechsel angesagt.

Frauen profitieren auch davon, wenn sie nicht allein leben, sondern zusammen mit einem Partner (und Kindern), aber längst nicht im selben Umfang wie Männer. Anders als bei den Männern wirkt sich das Zusammenleben mit einem Partner und mit Kindern nicht immer vorteilhaft auf ihre Gesundheit aus. Wenn Frauen nach einer Alkoholbehandlung in ihre Familie zurückkehren, ist das für sie mit besonderen Risiken verbunden, wie die Studie von Martin Sieber et al. (2002) gezeigt hat. Dazu gehört der Rückfall in die Alkoholabhängigkeit. Frauen, die mit dem Ehemann oder Partner und mit den Kindern zusammenleben, werden signifikant häufiger rückfällig als Frauen, die allein leben. Aber die Frauen profitieren auch nicht von einer Trennung oder Scheidung kurz vor oder während der Behandlung in einer Suchtklinik. Vielmehr sind mit einer Scheidung oder Trennung weitere Risiken verbunden, die einen Rückfall in gewohnte und süchtige Verhaltensweisen wahrscheinlicher machen.

Frauen, die Suchtprobleme überwinden wollen, haben es so gesehen erheblich schwerer als Männer, ihr Leben nach einer Behandlung zu ordnen. Interviewstudien zeigen, dass viele von ihnen ihre eigenen Wege durch die Institutionen und die Beziehungen suchen und finden, die allerdings nicht immer den Erwartungen der Helfenden und Angehörigen entsprechen, jedoch durchaus erfolgreich sein können. Die neuen Forschungen zur Langzeitwirkung von Suchtbehandlung belegen, dass die Heilungschancen von süchtigen Frauen mindestens so gut sind wie die von süchtigen Männern. Die Unterschiede im Zugang der beiden Geschlechter zu einer Suchtbehandlung und die Differenzen in der Nutzung der Behandlungssysteme wirken sich am Ende nicht zum Nachteil der Frauen aus (Bischof et al. 2003; Bischof 2004; Funke/Scheller 2004; Smolka/Mann 2002; Zobel et al. 2007).

Abschließend ist also festzuhalten, dass die Bedeutung von Beziehungen für süchtige Frauen und Männer recht unterschiedlich ist. Zunächst einmal prägt die eigene Familie die Bilder, die Kinder mit psychoaktiven Substanzen, mit Rausch und Sucht verbinden. Daraus ergeben sich für Mädchen und Jungen offenbar unterschiedliche Schemata mit unterschiedlichen Gefährdungen. Die Suchtforschung und die Suchthilfe selbst typisieren süchtige Frauen und Männer unterschiedlich, tatsächlich gehen beide Geschlechter unterschiedliche Wege bei der Konsolidierung und Überwindung von Sucht. Männern hilft die Verhaftung in gewohnten Bindungen und Familienbeziehungen, Frauen brauchen sehr oft neue persönliche Beziehungen, über die sich ihnen neue Lebensperspektiven eröffnen.

Literatur

Alcohol and Health (2000): The secretary of health and human services: 10th special report to the U.S. congress on alcohol and health. U.S. Department of Health and Human Services

Altgeld, Thomas (Hg.) (2004): Männergesundheit. Neue Herausforderungen für Gesundheitsförderung und Prävention. Weinheim, München: Juventa

Arenz-Greiving, Ingrid (2003): Das einzig Zuverlässige ist die Unzuverlässigkeit – Kinder in Alkoholfamilien. In: Bundesministerium für Gesundheit und Soziale Sicherung – Die Drogenbeauftragte der Bundesregierung (Hg.): Familiengeheimnisse – Wenn Eltern suchtkrank sind und die Kinder leiden. Berlin: Bundesministerium für Gesundheit und Soziale Sicherung: o. S.

Aßfalg, Reinhold (2006): Die heimliche Unterstützung der Sucht: Co-Abhängigkeit, 5. Auflage. Geesthacht: Neuland

Baer, Alfred (1878): Der Alcoholismus, seine Verbreitung und seine Wirkung auf den individuellen und socialen Organismus. Berlin: Hirschwald

Banwell, Cathy/Bammer, Gabriele (2006): Maternal habits: Narratives of mothering, social position and drug use. In: International Journal of Drug Policy 17: 504-513

Bischof, Gallus (2004): Ausstiegsprozesse aus der Alkoholabhängigkeit mit und ohne fremde Hilfe. Ein Geschlechtervergleich. Freiburg: Lambertus

Bischof, Gallus/John, Ulrich/Rumpf, Hans-Jürgen (2003): Geschlechtsspezifische Aspekte der Abhängigkeit von psychotropen Substanzen. In: Sucht aktuell 10: 24-30

Durkheim, Emile (1973): Der Selbstmord. Neuwied: Luchterhand

Edwards, Ellen P./Leonard, Kenneth E./Eiden, Rina D. (2001): Temperament and behavioral problems among infants in alcoholic families. In: Infant Mental Health Journal 22: 374-392

Edwards, Ellen P./Eiden, Rina D./Leonard, Kenneth E. (2004): Correlates of father-infant and mother-infant attachment stability in a high-risk sample. In: Infant Mental Health Journal 25: 556-579

Edwards, Ellen P./Eiden, Rina D./Leonard, Kenneth E. (2006): Behavior problems in 18 to 36 month old children of alcoholic fathers: Secure mother-infant attachment as a protective factor. In: Developmental Psychology 18: 395-407

Eiden, Rina D. (2001): Maternal substance use and mother-infant feeding interactions. In: Infant Mental Health Journal 22: 497-511

Eiden, Rina D./Edwards, Ellen P./Leonard, Kenneth E. (2002): Mother-infant and father-infant attachment among alcoholic families. In: Development and Psychopathology 14: 253-278

Eiden, Rina D./Leonard, Kenneth E./Hoyle, Rick H./Chavez, Felipa (2004a): A transactional model of parent-infant interactions in alcoholic families. In: Psychology of Addictive Behavior 18: 350-361

Eiden, Rina D./Edwards, Ellen P./Leonard, Kenneth E. (2004b): Predictors of effortful control among children of alcoholic and non-alcoholic fathers. In: Journal of Studies on Alcohol 65: 309-319

Fals-Stewart, William/Kelley, Michelle L./Finchman, Frank D./Golden, James/Logsdon, Timothy (2004): Emotional and behavioral problems of children living with drug abusing fathers: Comparisons with children living with alcohol-abusing and non-substance-abusing fathers. In: Journal of Family Psychology 18: 319-330

Funke, Wilma/Scheller, Reinhold (2004): Differentielle Indikation und Sucht: Einflüsse des Geschlechts auf die Alkoholentwöhnungsbehandlung. In: Sucht 50: 27-35

Galliker, Mark/Grivel, Madeleine/Klein, Margot/Schendera, Christian (2004): Sind Frauen von Männern mit Alkoholproblemen besonders partnerzentriert? Sucht 50: 113-120

Gerlach, Ralf/Rasenack, Regina/Schneider, Gundel (2005): Substitution und Schwangerschaft. In: Gerlach, Ralf/Stöver, Heino (Hg.): Vom Tabu zur Normalität: 20 Jahre Substitution in Deutschland. Zwischenbilanz und Aufgaben für die Zukunft. Freiburg: 180-191

Gerlach, Ralf/Stöver, Heino (Hg.) (2005): Vom Tabu zur Normalität: 20 Jahre Substitution in Deutschland. Zwischenbilanz und Aufgaben für die Zukunft. Freiburg: Lambertus

Gilligan, Carol (1984): Die andere Stimme. Lebenskonflikte und Moral der Frau. München: Piper

Greenfeld, Lawrence A./Henneberg, Maureen A. (2001): Victim and offender self-reports of alcohol involvement in crime. In: Alcohol Research & Health 25: 20-31

Gruber, Kenneth J./Taylor, Melissa F. (2006): A family perspective for substance abuse: Implications for the literature. In: Journal of Social Work Practice in the Addictions 6: 1-29

Günthert, Andreas (2007): Substanzkonsum in der Schwangerschaft. In: Mann, Karl/Havemann-Reinecke, Ursula/Gassmann, Raphael (Hg.): Jugendliche und Suchtmittelkonsum: Trends – Grundlagen – Maßnahmen. Freiburg: 125-138

Hans, Sydney L. (2000): Parenting and parent-child relationships in families affected by substance abuse. In: Fitzgerald, Hiram E./Lester, Barry M./Zuckerman, Barry (eds): Children of addiction. New York: 45-68

Hans, Sydney L. (2004): When mothers use drugs. In: Göpfert, Michael/Webster, Jeni/Seeman, Mary V. (Hg.): Parental psychiatric disorder. Distressed parents and their families. Cambridge: 203-216

Hans, Sydney L./Bernstein, Victor J./Henson, Linda G. (1999): The role of psychophathology in the parenting of drug-dependent women. In: Development and Psychopathology 11: 957-977

Hessisches Landes-Kriminal-Amt (2003): Jahresbericht häusliche Gewalt für Hessen. Wiesbaden

Hofkosh, Dena/Pringle, Janice L./Wald, Holly P./Switala, JoAnn/Hinderliter, Stacey A./Hamel, Sara C. (1995): Early interactions between drug-involved mothers and infants. In: Archives of Pediatrics and Adolescent Medicine 149: 665-672

Homish, Gregory G./Leonard, Kenneth E. (2007): The drinking partnership and marital satisfaction: The longitudinal influence of discrepant drinking. In: Journal of Consulting and Clinical Psychology 75: 43-51

Johnson, Michael P. (2005): Domestic violence: It's not about gender – or is it? In: Journal of Marriage and Family 67: 1126-1130

Kahler, Christopher W./Ramsey, Susan E./Read, Jennifer P./Brown, Richard A. (2002): Substance induced and independent major depressive disorder in treatment-seeking alcoholics: Associations with dysfunctional attitudes and coping. In: Journal of Studies on Alcohol 63: 363-371

Kaufman Kantor, Glenda/Asdigioan, Nancy (1997): When women are under the influence. Does drinking or drug use by women provoke beatings by men? In: Galanter, Marc (ed): Alcoholism and violence. New York: 315-336

Kennedy, Alison Louise (2004): Paradise. New York: Vintage (dt.: 2005)

Kim-Cohen, Julia/Moffitt, Terrie E./Taylor, Alan D./Pawlby, Susan J./Caspi, Avshalom (2005): Maternal depression and children's antisocial behaviour. In: Archives of General Psychiatry 62: 173-181

Klein, Michael (2001): Kinder aus alkoholbelasteten Familien – Ein Überblick zu Forschungsergebnissen und Handlungsperspektiven. In: Suchttherapie 2: 118-124

Klein, Michael/Ferrari, Tatjana/Kürschner, Karin (2003): Kinder unbehandelter suchtkranker Eltern. Eine Situationsanalyse und mögliche Hilfen. Abschlussbericht. Köln: Katholische Fachhochschule Nordrhein-Westfalen

Klingemann, Harald (2004): Sucht, Männergesundheit und Männlichkeit – ein neu entdecktes Thema. In: Abhängigkeiten 2: 19-40

Klingemann, Harald/Sobell, Linda C./Barker, Judith C./Blomqvist, Jan/Cloud, William/Ellinstad, Timothy/Finfgeld, Deborah L./Granfield, Robert/Hodgings, David/Hunt, Geoffrey P./Junker, Christoph A./Moggi, Franz/Peele, Stanton/Smart, Reginald/Sobell, Mark B./Tucker, Jalie A. (2001): Promoting self-change from problem substance use. Dordrecht: Kluwer

Klingemann, Harald/Room, Robin/Rosenberg, Harold/Schatzmann, Sina/Sobell, Linda C./Sobell, Mark B. (2004): Kontrolliertes Trinken als Behandlungsziel – Bestandesaufnahme des aktuellen Wissens. Literatur- und Expertenbericht zum

Modul A. Bern: Bundesamt für Gesundheit (BAG) und Eidgenössische Kommission für Alkoholfragen (EKA)

Kolitzus, Helmut (1997): Die Liebe und der Suff ... Schicksalsgemeinschaft Suchtfamilie. München: Kösel

Kolte, Birgitta (2005): „In einer Spirale nach oben" – Wege zu mehr Selbstkontrolle und reduziertem Drogenkonsum. SCIP – Ein Self Control Information Program für Heroin- und Kokainkonsumenten. In: Dollinger, Bernd/Schneider, Wolfgang (Hg.): Sucht als Prozess. Berlin: 321-332

Kröger, Christoph/Klein, Michael/Schaunig, Ines (2006): Sucht und elterliche Stressbelastung: Das spezifische Belastungserleben in der Kindererziehung von alkoholabhängigen Müttern und substituierten opiatabhängigen Müttern. In: Suchttherapie 7: 58-63

Landesstelle Frauen & Sucht NRW, Bella Donna (Hg.) (2002): VIOLA. Modellprojekt: „Ambulante Hilfen für drogenabhängige schwangere Frauen und Frauen mit Kindern". Juli 1997 bis Juli 2001. Essen

Lieb, Roselind/Schuster, Peter/Pfister, Hildegard/Fuetsch, Martina/Höfler, Michael/Isensee, Barbara/Müller, Nina/Sonntag, Holger/Wittchen, Hans-Ulrich (2000): Epidemologie des Konsums, Missbrauchs und Abhängigkeit von legalen und illegalen Drogen bei Jugendlichen und jungen Erwachsenen: Die prospektiv-longitudinale Verlaufsstudie. EDSP. In: Sucht 46: 18-31

Lippert, Almut (2006): Schuld und Sühne – Die Schuldthematik in der Therapie alkoholabhängiger Mütter. In: Verhaltenstherapie und Psychosoziale Praxis 38: 39-54

Maffli, Etienne/Zumbrunn, Andrea (2001): Alkohol und Gewalt im sozialen Nahraum. Forschungsbericht Nr. 37. Lausanne: SFA-ISPA

Mayes, Linda C./Truman, Sean D. (2002): Substance abuse and parenting. In: Bornstein, Marc H. (ed): Handbook on parenting: Bd. 4. Social conditions and applied parenting. Mahwah, N.J.: 329-359

Merfert-Diete, Christa (2006): Zahlen und Fakten in Kürze. In: Deutsche Hauptstelle gegen die Suchtgefahren (Hg.): Jahrbuch Sucht 07. Geesthacht: 7-21

Nestmann, Frank/Schmerl, Christiane (Hg.) (1991): Frauen – das hilfreiche Geschlecht. Reinbek: Rowohlt

Peleg-Oren, Neta/Teichman, Meir (2006): Young children of parents with substance use disorders (SUD): A review of the literature and implications for social work practice. In: Journal of Social Work Practice in the Addictions 6: 49-61

Pernanen, Kari (1991): Alcohol in human violence. New York: Guilford Press

Poehlke, Thomas (1999): Drogenkonsum und Schwangerschaft. In: Gölz, Jörg (Hg.): Der drogenabhängige Patient. München: 224-233

Rennert, Monika (1990): Co-Abhängigkeit – Was Sucht für die Familie bedeutet. Freiburg: Lambertus

Rennert, Monika (1996): Mitbetroffen von der Sucht: Beratung bei Co-Abhängigkeit. In: Vogt, Irmgard/Winkler, Klaudia (Hg.): Beratung süchtiger Frauen. Freiburg: 157-170

Ripke, Marita (2003): „ich war gut gelaunt, immer ein bisschen witzig." Eine qualitative Studie über Töchter alkoholkranker Eltern. Gießen: Psychosozial-Verlag

Rudolf, Heidi (1998): „Zufrieden? – Was heißt schon zufrieden?". Eine empirische Studie zur Lebensqualität alkoholabhängiger Frauen. Regensburg: Roederer

Runde, Agnes (2000): Drogenabhängigkeit und die Zeit nach der Geburt. In: Heudtlass, Jan-Hendrik/Stöver, Heino (Hg.): Risiko mindern beim Drogengebrauch. Frankfurt a.M.: 304-312

Schuckit, Marc A./Smith, Tom L. (1997): Assessing the risk for alcoholism among sons of alcoholics. In: Journal of Studies on Alcohol 58: 141-145

Schuckit, Marc A./Tipp, Jayson E./Kelner, Eerica (1994): Are daughters of alcoholics more likely to marry alcoholics? In: American Journal of Drug and Alcohol Abuse 20: 237-245

Sieber, Martin (2006): Alkoholabhängige Väter und Kinder als Thema in der Behandlung – Ergebnisse einer explorativen Pilotstudie. In: Verhaltenstherapie und Psychosoziale Praxis 38: 55-62

Sieber, Martin/Hasenfratz, Ursula/Meyer, Thomas (2002): Schutz- und Risikofaktoren des nachstationären Verlaufs bei Patientinnen und Patienten in der Forel Klinik. In: Abhängigkeiten 8: 60-70

Simmedinger, Renate/Schmid, Martin/Vogt, Irmgard (2001): Ambulante Suchthilfe in Hamburg. Statusbericht 2000 zur Hamburger Basisdokumentation im ambulanten Suchthilfesystem. Frankfurt a.M.: ISS

Smolka, Michael N./Mann, Karl (2002): Geschlechtsspezifische Unterschiede bei Entwicklung und Verlauf der Alkoholabhängigkeit. In: Mann, Karl (Hg.): Neue Therapieansätze bei Alkoholproblemen. Lengerich: 145-160

Spieker, Susan J./Gillmore, Mary R./Lewis, M. S./Morrison, Diana M./Lohr, M. (2001): Psychological distress and substance use by adolescent mothers: Associations with parenting attitudes and the quality of mother-child interaction. In: Journal of Psychoactive Drugs 33: 83-93

Suchman, Nancy E./Luthar, Suniya S. (2000): Maternal addiction, child maladjustment and socio-demographic risks: Implications for parenting behaviors. In: Addiction 95: 1417-1428

Teske, Karin (1994): Wie erleben Kinder die Alkoholabhängigkeit ihrer Eltern? Eschborn: Klotz

Trost, Alexander (2003): Interaktion und Regulation bei suchtkranken Müttern und ihren Säuglingen. In: Landschaftsverband Rheinland (Hg.): Tagesdokumentation: Suchtfalle Familie?! Forschung und Praxis zu Lebensrealitäten zwischen Kindheit und Erwachsenenalter. Köln: 50-84

Vogt, Irmgard (1994): Alkoholikerinnen. Freiburg: Lambertus

Vogt, Irmgard (1998): Frauen, illegale Drogen und Armut: Wiederholungszwänge im Elend. In: Henkel, Dieter (Hg.): Sucht und Armut. Alkohol, Tabak, Medikamente, illegale Drogen. Opladen: 191-208

Vogt, Irmgard (2004): Beratung von süchtigen Frauen und Männer. Weinheim, Basel: Beltz

Vogt, Irmgard (2006): Psychologische Grundlagen der Gesundheitswissenschaften. In: Hurrelmann, Klaus/Laaser, Ulrich/Razum, Oliver (Hg.): Handbuch Gesundheitswissenschaften. Weinheim, München: 147-182

Vogt, Irmgard (2007): Doing Gender: zum Diskurs um Geschlecht und Sucht. In: Dollinger, Bernd/Schmid-Semisch, Henning (Hg.): Sozialwissenschaftliche Suchtforschung. Berlin: 235-258

Vogt, Irmgard/Fritz, Jana (2006): Alkoholabhängige Mütter und ihre Gefühle gegenüber ihren Kindern. In: Verhaltenstherapie und Psychosoziale Praxis 38: 17-38

Vogt, Irmgard/Schmid, Martin/Schu, Martina/Simmedinger, Renate/Schlanstedt, Günter (2007): Motivierendes Case Management (MOCA) in der deutschen Studie zur heroin-gestützten Behandlung von Opiatabhängigen. In: Suchttherapie 8: 19-25

Vogt, Irmgard/Sonntag, Ute (2007): Die Dimension Geschlecht im psychosozialen Behandlungsdiskurs in den letzten 30 Jahren. In: Verhaltenstherapie und Psychosoziale Praxis 30: 25-42

Wilde, Hilde/Spreyermann, Christine (1997): Action, Stoff und Innennleben. Frauen und Heroin. Freiburg: Lambertus

Winkler, Klaudia (1997): Zur Behandlung alkoholabhängiger Frauen in Fachkliniken. Eine multizentrische Studie. Regensburg: Roederer

Winkler, Klaudia (2007): Behandlungsangebote für substanzabhängige Mütter kleiner Kinder: Bindungstheoretische Überlegungen. In: Sucht 53: 23-31

Whisman, Mark A./Uebelacker, Lisa A. (2003): Comorbidity of relationship distress and mental and physical health problems. In: Snyder, Douglas K./Whisman, Mark A. (eds): Treating difficult couples: Helping clients with coexisting mental and relationship disorders. New York: 3-26

Woititz, Janet G. (1990): Um die Kindheit betrogen. Hoffnung und Heilung für erwachsene Kinder von Suchtkranken. München: Kösel

Zenker, Christel/Bammann, Karin/Jahn, Ingeborg (2002): Genese und Typologisierung der Abhängigkeitserkrankungen bei Frauen. Baden-Baden: Nomos

Zobel, Martin (2000): Kinder aus alkoholbelasteten Familien. Göttingen: Hogrefe

Zobel, Martin/Missel, Peter/Bachmeier, Rudolf/Funke, Wilma/Garbe, Dieter/Herder, Frank/Kluger, Heinrich/Medenwaldt, Jens (2007): Effektivität der stationären Suchtrehabilitation – FVS-Katamnese des Entlassungsjahrgangs 2004 von Fachkliniken für Alkohol- und Medikamentenabhängige. In: Sucht Aktuell 14: 5-15

Dunkle Seiten
persönlicher Beziehungen

Margrit Brückner

Gewalt in Paarbeziehungen

1. Gesellschaftliche Bedingungen und Ausmaß von Gewalt in Paarbeziehungen[1]

Seit der kulturellen Etablierung romantischer Liebesbeziehungen und freier Entscheidungen über die Partnerwahl verbindet sich mit langfristigen Paarbeziehungen die Hoffnung auf Aufgehobenheit, Glück und Erotik in einer historisch neuen Weise, die hohe Erwartungen weckt und entsprechend anfällig für Auseinanderleben und Enttäuschung sind. Entstehende Wut und Hassgefühle können sich – zumeist entsprechend geschlechtsspezifisch vorgegebener kultureller Muster und Handlungsnormen – gewalttätig entladen. Vor allem schwere und lang anhaltende Misshandlung richtet sich aufgrund der hierarchischen Geschlechterverhältnisse im Wesentlichen gegen Frauen und symbolisiert die noch nicht eingelöste Gleichberechtigung (Hagemann-White et al. 2003). Doch auch in anderen historischen Epochen und Kulturen, die von männlicher Vormachtstellung geprägt sind, trifft körperliche, sexuelle und psychische Gewalt in Paarbeziehungen hauptsächlich Frauen[2]. Aufgrund der gesellschaftlichen Verankerung von Machtkonstellationen in Paarbeziehungen kommt Gewalthandlungen ein persönlichkeits- und ein strukturbezogener Aspekt zu: „Der Gewaltausbruch als Insignie, Recht und Privileg des Mannes kennzeichnet ein Verhältnis von Macht und Unterwerfung völlig unabhängig davon, warum im Einzelfall ein Mann gewalttätig wird" (Hagemann-White 1993: 62).

Die Definition von Gewalt in Paarbeziehungen unterliegt kulturellen Deutungen und unterscheidet sich je nach historischer Epoche: Körperverletzungen können als Gewalttaten im Sinne krimineller Akte, habitualisierte Übergriffe oder als rechtmäßig angesehen werden (vgl. das Züchtigungsrecht des Ehemannes, Firle et al. 1996[3]). Diese jeweiligen Definitionen unterliegen keinem allgemein gültigen Maßstab, sondern sind gebunden an Wertvorstellungen, sowie das Interesse des Definierenden und abhängig von gesellschaftlichen Rechtsverständnissen und Verantwortungszuschreibungen. Heute werden aufgrund einer zunehmenden normativen Sensibili-

---

1 In diesem Kontext werden nur heterosexuelle Paare berücksichtigt, da es um das Geschlechterverhältnis geht.
2 Dennoch sind auch Frauen gewalttätig, zumeist ohne Verletzungsfolgen (Jungnitz et al. 2004; Hagemann-White et al. 2003). In Hessen sind laut Polizeistatistik rund 90 % der Täter männlich (Heinrich et al. 2004).
3 Erst mit Einführung des Bürgerlichen Gesetzbuches Anfang des zwanzigsten Jahrhunderts wurde das Züchtigungsrecht des Ehemannes abgeschafft (Firle et al. 1996).

sierung gegenüber individuellen Rechten auf körperliche Unversehrtheit und persönliche Integrität zunehmend psychische Verletzungen einbezogen (Imbusch 2002).

Erklärungsansätze von Gewalt in Paarbeziehungen verweisen auf die Nähe von Intimität und Konflikt, von Fürsorge und Zwang unter den existierenden Bedingungen geschlechterhierarchischer Abhängigkeitsverhältnisse (Honig 1992)[4]. In alltagstheoretischen Konzepten von Gewalthandeln wird nach Michael S. Honig ein Zusammenhang von Liebe und Gewalt hergestellt, indem Gewalt als Beziehungswunsch und Selbst-Setzung in den Vordergrund und die Dimension der Destruktivität und Entsprachlichung eines Konfliktes in den Hintergrund tritt. Die Botschaft des Gewalthandelns ist, dass sich Liebe und Gewalt nicht aus-, sondern einschließen und dass Zuneigung und Zwang in Beziehungen in besonderer Weise zusammengehen[5]. Sexuelle Übergriffe werden maskiert als Zuwendung, Schläge erscheinen als Fürsorge, Brutalität vermischt sich mit Bedürftigkeit. Diese Vermischungen ermöglichen Tätern, ihre Tat zu negieren und bewirken bei Opfern Verhaltens- und Gefühlsverunsicherungen bis hin zu Traumatisierungen.[6]

Der strukturelle Faktor gewalttätiger Paarbeziehungen zeigt sich in der rechtlichen, ökonomischen und sozialen Situation von Frauen – insbesondere Migrantinnen und Frauen mit Kindern: Die Abhängigkeit vieler – selbst erwerbstätiger – Frauen von männlicher Versorgung, die Bindung von Aufenthaltserlaubnissen an die Aufrechterhaltung der Ehe bei Frauen ohne eigenständigen Status und das hohe Armutsrisiko allein erziehender Frauen. Darüber hinaus spielen bei Gewalthandlungen kulturelle und psychische Faktoren eine wesentliche Rolle, die nach Pierre Bourdieu als „symbolische Gewalt" in den Geschlechterunterschied eingeschrieben sind und zwar „in die Objektivität der sozialen Strukturen und in die Subjektivität der mentalen Strukturen" (Bourdieu 1997: 153). Eine alleinige Fixierung auf körperliche Schädigungen widerspricht daher dem Charakter der in das derzeitige Geschlechterverhältnis eingelassenen Gewalt, da deren Wesensmerkmal nicht immer Angst vor Verletzung ist, sondern sich ebenso auf befürchtete ökonomische und soziale Konsequenzen beziehen kann (Hagemann-White 1997). Einen weiteren Faktor stellt die Gefährdung der sexuellen Integrität

---

4 Das gilt nach Michael S. Honig ebenso für generationshierarchisch konstruierte Abhängigkeitsverhältnisse zwischen Eltern und Kindern.

5 Im häuslichen Kontext erscheinen Gewalthandlungen legitim, die gegenüber Fremden illigitim wären; nur in intimen Beziehungen gibt es moralisch rechtfertigbare Gründe für Gewalttätigkeit (Straus/Gelles 1990).

6 Inwieweit von einer intergenerationellen Transmission von Gewalt gesprochen werden kann, ist umstritten. Eine repräsentative Schweizer Studie ergab, dass in über der Hälfte gewalttätiger Paarbeziehungen nach Angaben der Mütter, die Kinder Zeugen der Gewalt wurden und diese selbst deutlich häufiger Opfer elterlicher Gewalt waren (durch Vater und Mutter) als bei nicht gewalttätigen Paaren (Gillioz et al. 1997; auch Müller/Schröttle 2004).

von Frauen in geschlechterhierarchischen Beziehungen dar, indem Frauen eine passive und Männern eine aktive Rolle zugewiesen wird und Sich-nicht-wehren als Zustimmung auslegbar ist. Die Definitionsmacht über körperliche Berührungen existiert gemäß vorherrschender Machtverhältnisse abhängig von Geschlecht (Alter und sozialem Status) und erschwert es den Untergeordneten, bestimmte Handlungen als Übergriffe zu erkennen und Zurückzuweisen. Sexualität kann so „als eine Art erwartbare oder zu erbringende Leistung der Frau betrachtet werden (…), die zur Not mit Gewalt durchgesetzt werden kann" (Müller/Schröttle 2004: 639).[7]

Eine im Auftrag des Bundesministeriums (BMFSFJ) durchgeführte repräsentative Untersuchung zu Gewalt gegen Frauen in Deutschland ergab, dass nach einem sehr weiten Gewaltbegriff 25% aller Frauen in Paarbeziehungen unabhängig von Bildungsniveau oder Einkommen mindestens einmal einen Übergriff oder Gewalt (mit und ohne Verletzungsfolgen) erlitten haben (Müller/Schröttle 2004). Carol Hagemann-White (2006) interpretiert die detaillierten vorliegenden Daten dahingehend, dass etwa 15% der Frauen in Paarbeziehungen (mit einem höheren Anteil bei Migrantinnen) als misshandelt angesehen werden können, da sie – zeitweise – wiederholt Opfer physischer und sexueller Gewalt mit Verletzungsgefahr und/oder mittlerer bis schwerer psychischer Gewalt (auch in Form von Kontrolle) ausgesetzt waren oder sind.[8] Eine ähnliche Differenzierung von Gewalthandlungen nimmt eine repräsentative holländische Studie vor, in der unterschieden wird zwischen Frauen, die 1- bis 2-mal im Jahr sich nicht steigernde leichte Gewalt ohne Verletzungen in spezifischen Situationen erlitten haben (z. B. Ohrfeigen) am einen Ende der Skala und am anderen Ende der Skala schwer misshandelte Frauen, die wiederholte Gewalt erlitten, welche sich zumeist steigerte, zunehmend Kontext unabhängig wurde und mit weiteren Zwangs- und Kontrollformen einherging (Römkens 1997). Diese letzteren, schwer misshandelten Frauen hatten wachsende Angst vor ihrem Partner (auch davor, ihn zu verlassen) und erlitten häufig sexuelle Gewalt, nicht selten sadistischer Art (6% der befragten Frauen). Aus Frauenhäusern ist zudem bekannt, dass besonders Frauen, die sich von schwer gewalttätigen Männern trennen wollen oder getrennt haben, sehr gefährdet sind.

---

7 In Gruppendiskussionen mit Frauen, die Gewalt erlitten haben (etwa 50 Beteiligte), trafen Frauen Aussagen wie: „Und wehedem, man macht nicht immer so mit, wie der Mann das will" (Müller/Schröttle 2004: 639).

8 Carol Hagemann-White definiert damit Misshandlung als eine zeitlich andauernde Form physischer, psychischer und/oder sexueller Gewalt und legt diese vermutete Zahl dem angenommenen sozialen und rechtlichen Interventionsbedarf zugrunde.

2. Erklärungsansätze männlicher Gewalttätigkeit: Anrecht auf zwei Körper

Die Auslöser für und die Formen von Gewalttätigkeit sind zahllos, aber einige typische Charakteristika lassen sich dennoch nennen (Egger et al. 1995): Von Männern angegebene Gründe reichen von Unzufriedenheit mit dem Essen, über spezifische alltägliche Verhaltensweisen der Frau bis zu ihrem Umgang mit anderen Menschen. Vor allem langdauernde Misshandlungsbeziehungen sind geprägt von mehreren Formen der Gewalttätigkeit gleichzeitig wie alle Arten physischer Angriffe, Zerstörungen von Dingen, Verfolgungen und Drohungen, Zerstörung des Selbstwertgefühls durch Herabwürdigungen, Isolation, Entzug ökonomischer Mittel, sexuelle Zwänge. Orte der Gewalt sind häufig Küche oder Schlafzimmer, oft findet sie in den Abendstunden und besonders an Wochenenden und Feiertagen statt.

Misshandlung korreliert nach einer repräsentativen Schweizer Studie (Gillioz et al. 1997)[9] mit ausgeprägten männlichen Anspruchshaltungen und einer starken Bindung an Dominanzvorstellungen, ausgehend von der Vorstellung eines Verfügungsrechtes über die „eigene" Frau, einschließlich ihrem Körper und allem was sie tut. Die große Mehrheit gewalttätiger Männer ist davon überzeugt, einen legitimen Anspruch auf die Unterordnung der Frau zu besitzen (Honig 1992). Daher wird die angewandte Gewalt zumeist verharmlost, als situationsangemessene Maßnahme zur Aufrechterhaltung der Geschlechterordnung gerechtfertigt und es besteht kein Unrechtsbewusstsein (Godenzi 1996). So gehen diese Männer z. B. davon aus, dass ihnen ein Bestrafungsrecht zukommt und die Gewalthandlung von der Frau selbst verschuldet wird, da sie Fehler macht oder nicht gehorsam ist.[10] Hierzu ein Beispiel zweier Therapeuten, welches das Selbstverständnis eines gewalttätigen Mannes verdeutlicht:

> „Nach M.'s eigener Deutung schlug er seine Freundin immer dann, wenn sie wieder Unordnung gemacht hat. Er betont dabei, dass seine Freundin die Auslöserin gewesen sei und die Ursache für seine Gewalt darin bestünde, dass sie wieder unordentlich gewesen sei. Sein Wunsch und seine Erwartungen an uns bestanden darin, dass wir ihm Tipps geben sollten, wie er die Partnerin dazu bringen könnte, im Haushalt künftig nicht mehr so nachlässig zu sein. Wäre dieser Grund beseitigt, würde er auch nicht mehr schlagen" (Lempert/Oelemann 1995: 149).

Deutlich wird hier auch, dass gewalttätiges Handeln der Ausübung von Macht und Kontrolle dient und insofern auf einem (mehr oder weniger bewussten) Wahlprozess beruht, als es immer auch eine Verhaltensalternative,

---

9 In einer Befragung von 1500 Frauen war die Verteilung von Macht, Einfluss und Kontrolle innerhalb der Paarbeziehungen hoch signifikant (Gillioz et al. 1997)

10 Übernimmt die Frau diese Schuldzuschreibung kann das dazu führen, dass ihr die Schläge gerechtfertigt erscheinen, weil sie keine perfekte Frau ist oder nicht alles für ihn tut.

d. h. andere Formen der Konfliktbewältigung gegeben hätte (Nini et al. 1995).

Wilfried Gottschalch (1997) versteht stereotyp männliches Verhalten als Abwehr „weiblicher" Wünsche. „Unmännliche" Gefühle wie Abhängigkeit und Angst stehen im Widerspruch zum Bild von Männlichkeit als „stark sein" und Gewalthandeln dient der vermeintlichen Lösung dieses Konflikts (Goldner et al. 1992). Abhängigkeit in Beziehungen löst bei diesen Männern Wutgefühle aus, die durch die Erfahrung nur begrenzter Kontrollierbarkeit der Frau noch verstärkt werden. Wenn sich der Wunsch nach Abhängigkeit und der Wunsch nach Getrenntheit unversöhnlich gegenüberstehen und Angst vor Verschmelzung entsteht, scheint eine gewalttätige Grenzziehung erforderlich. Wenn das Ich nicht stark genug ist, sich gleichzeitig zu schützen und zu verlieren wird die eigene Ambivalenz unerträglich und in zwei entgegengesetzte Gefühle aufgespalten, wovon eines dann am Anderen bekämpft wird (Benjamin 1990). So kommt es, dass Frauen Abhängigkeit und Männern Unabhängigkeit zugesprochen wird, die als Verhaltensweisen dem jeweils anderen vorgeworfen werden können oder am anderen bewusst bestraft werden und als eigene Wünsche und Ängste unerkannt bleiben. Ein Beispiel von den Fidschi Inseln zeigt, wie „Störungen" der sozialen Ordnung durch unangemessene Wünsche des vorherrschenden Geschlechts – hier das sexuelle Begehren des Mannes gegenüber seiner jungen Frau – bewältigt werden: Die innere Bedrohung wird – sozial abgesichert – aggressiv nach außen gegen die Frau gewendet und ihr die Schuld zugeschrieben.

„In diesem Kontext wird ein Mann seine Frau erwartungsgemäß in den ersten Ehejahren schlagen, da er sich über die anhaltende sexuelle Leidenschaft ärgert, die ihn hilflos macht und seine Autorität in dem neuen hierarchischen Verhältnis im gemeinsamen Haushalt untergräbt" (Harvey 1997: 129).

Psychodynamisch gesehen stellt Gewalthandeln eher eine Reaktion auf eine subjektiv erlebte Gefährdung der eigenen Macht bzw. ein Gefühl der Ohnmacht dar (Goldner et al. 1992). Gleichwohl ist eine zentrale Voraussetzung für gewalttätiges Ausleben von Ohnmachtgefühlen und deren Umwandlung in Kontrollbedürfnisse ein ausreichendes persönliches und soziales Machtpotential, verstärkt durch die relative Gewissheit, keine Konsequenzen befürchten zu müssen. Diese Gewissheit wird in einer Misshandlungsbeziehung durch Hinnahme der Gewalt und entschuldigende Erklärungen für den Gewaltausbruch durch die Frau bestätigt. Das gilt auch dann noch, wenn diese Erklärungen (Alkoholkonsum oder eigene Fehler) eine subjektiv aktive Verarbeitungsform seitens der Frau darstellen, die dazu dient, ein Gefühl der Kontrolle über die Situation zurück zu gewinnen.

3. Erklärungsansätze weiblicher Gewalterduldung: Dasein für andere

Noch immer scheint die Analyse gewalttätiger Paarbeziehungen des englischen Soziologen und Familienforschers Dennis Marsden zutreffend:

> „Wir können sogar infrage stellen, ob Frauen, die bekanntermaßen gewalttätige Männer heiraten, sehr ungewöhnlich sind, da das Repertoire konventioneller Stereotypen durchaus sozial anerkannte Bilder männlicher Schutzfunktionen und besitzergreifender Eifersucht enthält, ebenso wie die Rollenstruktur, wo die gute Frau den Mann vor den schlechteren Seiten seiner Natur bewahrt und er durch die Eheschließung ruhig und sesshaft wird" (Marsden 1978: 116 f.).

So führen nicht wenige Frauen, welche die Beziehung trotz der Gewalttätigkeit aufrechterhalten wollen oder glauben, bei ihrem Mann bleiben zu müssen, sein Verhalten auf Phänomene zurück, die sie als nicht in seiner Person begründet sehen – wie z.B. Alkoholkonsum (Egger et al. 1995).[11] Sie gehen in Übereinstimmung mit der öffentlichen Meinung und der Justiz davon aus, dass Alkohol nicht nur Hemmungen herabsetzt, sondern unverzeihliches Verhalten erklärbar und entschuldbar (,er wusste nicht, was er tat') und ihn zudem hilfebedürftig macht. Als tragisches Beispiel mag ein „Familiendrama"[12] in Hessen gelten:

Ein 55-jähriger Justizbeamter schlägt seine Frau mit einem Vorschlaghammer für den Rest ihres Lebens zum pflegebedürftigen Krüppel, als sie sich nach 34 Jahren Ehe-Martyrium von ihm trennen will. Der Beamte war immer korrekt und pflichtbewusst seiner Arbeit nachgegangen und galt als angepasst. Doch seine Frau hatte er nach Aussagen des erwachsenen Sohnes regelmäßig geschlagen. Gegenüber der Öffentlichkeit hielten beide Ehepartner das Bild einer intakten Ehe aufrecht. Eine Nachbarin sagt im Prozess aus, dass das Paar immer händchenhaltend spazieren ging, was sie nach so langer Ehe gewundert habe. Das Gericht verurteilt den Mann wegen versuchten Totschlags zu siebeneinhalb Jahren Strafe, wobei seine Alkoholsucht strafmildernd gewertet wird (Frankfurter Rundschau 20.12. 1996).

Nach traditionellen Vorstellungen ist es Aufgabe der Frau, ihre Bedürfnisse mit denen des Mannes zur Deckung zu bringen, so dass sich Harmonie – auch ohne sein Zutun – einstellt. Diese Form der Arbeitsteilung[13] richtet

---

11 Dass heißt nicht, dass Alkohol keine Rolle spielt (Helfferich 2004), sondern dass es viele Gewalttäter gibt, die nicht alkoholisiert sind und dass gewalttätige Alkoholiker häufig auch nüchtern zuschlagen.

12 So genannte Familiendramen sind – wie hier – häufig versuchter oder vollendeter Mord oder Totschlag, die zumeist so nicht benannt werden, sondern hinter dem Begriff Drama verborgen bleiben.

13 Dass für einen Teil junger Frauen (oft mit geringerer Bildung) traditionelle Muster noch Gültigkeit haben, zeigt eine Untersuchung Auszubildender: „Anstelle von In-

sich besonders in einer gewalttätigen Beziehung gegen die Frau, da sie grenzenlose Ansprüche und das Besitzdenken gewalttätiger Männer bestärkt. Am folgenden Beispiel von Frau A., einer über Jahre hinweg physisch und sexuell schwer misshandelten ehemaligen Frauenhausbewohnerin, wird die starke Verantwortlichkeit deutlich, die Frauen für ihren Mann übernehmen und die sie in gewalttätigen Beziehungen festhält. Ebenso deutlich wird die zentrale Rolle der Frauenhausmitarbeiterin, die Frau A. noch Jahre später als „schockierende" Entscheidungshilfe erinnert (zur Bedeutung von Frauenhilfseinrichtungen auch Müller/Schröttle 2004, Teil III). Frau A. brauchte diese Rückendeckung einer Frau, dass es moralisch einwandfrei ist, sich zu trennen, da sie als religiöse Frau an die lebenslange Ehe glaubt. In einem Interview (Teil einer qualitativen Studie zur Lebenssituation ehemaliger Frauenhausbewohnerinnen) berichtet sie über die telefonische Kontaktaufnahme mit dem Frauenhaus:

> „Und da habe ich gesagt: ‚Ja, wann könnte ich denn dann mal kommen?' Da war ich ja ganz schockiert, da hat die gesagt: ‚Morgen'. Und ich kann die Gefühle heute nicht mehr so ausdrücken. Ich weiß nur noch, dass das für mich wie ein Schlag ins Gesicht war, wie so ein Erwachen: Mein Gott – Morgen! Eigentlich wollte ich darüber mal vierzehn Tage schlafen, mich mal entscheiden. Aber heute weiß ich, dass es keine andere Möglichkeit gegeben hat. Wenn ich vierzehn Tage gehabt hätte, hätte ich den Entschluss nicht fertiggebracht. Dann hätte ich wieder …, dann wär' er vielleicht mal wieder …, wenn er vielleicht das geahnt hätte, vielleicht mal einen Moment netter gewesen wäre, weil ich mich immer verantwortlich gefühlt habe, auch für ihn. Es wäre mit Sicherheit irgendein Fünkchen gewesen, an das ich mich geklammert hätte, und ich wäre wieder nicht gegangen. Und so hat diese Frau gesagt[14]: ‚Entweder morgen oder gar nicht, denn das kennen wir, Sie können sich das nicht überlegen. Wie lange ist das denn schon?' Ich sagte, soviel Jahre. Und da sagte sie: ‚Und wie oft haben Sie schon daran gedacht wegzugehen?' Ich habe gesagt: ‚Schon tausend Mal und mehr als tausend Mal'" (Brückner 1987: 125).

Wie tief dieses Verantwortungsgefühl ist und wie schwer die Entscheidung fällt zeigt ein anderes Interview mit einer Frau aus einer Wiener Trennungsgruppe für Frauen, ein knappes Jahrzehnt später:

> „Ich habe es 15 Jahre versucht, habe mich dabei selbst verstümmelt. Ich weiß, es hat keinen Sinn. Aber jedes Mal, wenn ich mir sage, „ich will nicht mehr", kommt sofort das schlechte Gewissen und die Angst, nicht alles versucht zu haben. Vielleicht war ich ganz nahe dran, gerade jetzt darf ich nicht aufgeben" (Egger et al. 1995: 102).

---

dividualisierung sahen wir Konventionalismus, Enge in der Definition von Frauen- und Männerbildern und Unterwerfungsbereitschaft" (Hopf/Hartwig 2001: 10).

14 Was auch immer die Mitarbeiterin gesagt haben mag, war es offenbar hilfreich, das Angebot so zu verstehen.

Das Dilemma vieler misshandelter Frauen ist, dass ihre äußerst brutalen Männer zu anderen Zeiten verletzlich und hilflos sind. Diesem widersprüchlichen Verhalten der Männer entsprechen die paradox erscheinenden mütterlichen Gefühle der Frauen[15], bei Frau A. z.B. die Angst, „der geht doch vor die Hunde, der geht doch kaputt, wenn ich weggehe" (Brückner 1987: 125). Beide, Frau und Mann, teilen das Bild der omnipotenten Liebenden in jeder Frau, die, wenn sie nur will, einen anderen Menschen durch ihre Fürsorglichkeit vollkommen glücklich machen kann. Das heißt aber auch, *sie* hat versagt, wenn sich das Glück nicht einstellt, denn sie verfügt allein über ausreichende Fähigkeit, die Beziehung zu gestalten. Eine Liebeskraft, die noch wertvoller dadurch wird, dass sie nicht einmal das Recht auf Anerkennung und das Recht auf ein eigenes Leben im eigenen Namen fordert. Doch die von beiden geahnte Macht, die einer Frau in einer derartigen Beziehungskonstellation zugesprochen wird, erhöht eher die Aggressivität des Mannes, da er in eine tiefe Abhängigkeit gerät (Benjamin 1990). Jetzt entsteht eine neue Aufgabe, der Frauen sich gemäß ihrer Rolle widmen können: Sie spüren die hinter der Kontrolle und Wut stehende männliche Bedürftigkeit. Die verborgene Seite der Selbstaufgabe der Frau ist ihre Macht, die aus der zunehmenden Angewiesenheit des Mannes auf ihre Verfügbarkeit erwächst. Diese Macht steht jedoch im Widerspruch zum Anspruch männlicher Vorherrschaft, daher muss die Unterordnung der Frau mit Hilfe von Kontrollmaßnahmen in einer sich beschleunigenden Dynamik immer wieder hergestellt werden.

Die weibliche Erziehung zum Dasein für andere kann dazu führen, dass Frauen an einer Beziehung festhalten, auch wenn diese ihnen schon lange nicht mehr gut tut. Pflichtgefühl, Angst vor dem Alleinsein und ein Gefühl des Unvollständigseins ohne Mann lassen sie ausharren. Dennoch sind es nicht selten selbständige, starke Frauen, die an gewalttätig gewordenen Liebesbeziehungen festhalten und ihre Kraft darein setzen, diese zu erhalten und den Mann zu ändern, wenn sie darin einen Beweis ihrer Fähigkeiten und ihrer Möglichkeiten der Einflussnahme sehen (Goldner et al. 1992). Eine passiv erscheinende Haltung wird durch jahrelange Misshandlung verstärkt und stellt eine Form des Überlebens dar, so dass gut zu trennen ist zwischen sozialisationsbedingten Verhaltensweisen und Verhaltensweisen als Folgen der Gewalt, die vorher nicht Teil der Persönlichkeitsstruktur einer Frau waren.

---

15 Hierzu Ursula Müller und Monika Schröttle (2004: 26): „Mehrere Teilnehmerinnen schilderten (im Kontext eines Gruppendiskussionsverfahrens, d. A.), dass sich in ihrer Beziehung ein Muster entwickelt habe, in dem sie die ‚Mutterrolle' oder die der Versorgerin gegenüber ihrem Partner übernahmen."

4. Erklärungsansätze gewalttätiger Beziehungsmuster

Die kulturelle Verankerung potentiell gewaltfördernder, geschlechtsspezifischer Deutungsmuster und Phantasien zeigt sich im geschlechterhierarchischen Bild des Einander-Gehörens, in dem sich das „Gehören" allein auf den Mann bezieht und keine selbstbestimmte Dynamik von Einssein und Selbstsein beider Partner unter gleichberechtigten Bedingungen meint (Brückner 2002).

Zwei Beispiele aus Deutschland und den USA aus verschiedenen Jahrzehnten, in denen misshandelte Frauen den Beginn ihrer später gewalttätigen Beziehung darstellen:

„Am Anfang war das die große Liebe. Und dann waren wir froh, dass wir zusammen waren und haben abends gekocht. Und irgendwann wurde das zur Selbstverständlichkeit. Und irgendwann hatte ich gar keine Zeit mehr für meine Freunde. Und wenn ich dann mal gesagt habe, jetzt will ich mal meine Freunde besuchen: ‚Ach, komm, da machen wir lieber was anderes. Auch wenn er sonst nie was mit mir gemacht hat. Aber an dem Tag, wo ich was vorhatte, wollte er grad was mit mir machen'" (Müller/Schröttle 2004: Teil III, 28).

„Morgens fuhr er mich immer zur Arbeit, mittags holte er mich zum gemeinsamen Mittagessen ab und dann holte er mich wieder nachmittags um fünf Uhr ab, so dass wir zusammen nach Hause fahren konnten. (…) Bob war immer da. Zuerst mochte ich das gerne, es gab mir ein Gefühl der Sicherheit. Nach einer Weile jedoch ist es mir richtig auf die Nerven gegangen, weil es meine Freiheit eingeschränkt hat" (Walker 1979: 83).

Ganz im Sinne traditioneller Erwartungen empfinden diese Frauen in der Phase erster Verliebtheit vom Mann geforderte Begrenzungen ihres Lebensradius als Zeichen von Liebe. Erst im Verlauf der Beziehung zeigt sich, dass ihre Männer in wachsendem Maße Besitz ergreifend werden und all ihre Lebensäußerungen beaufsichtigen wollen, ohne dass es je genug wäre, und ohne dass es sie vor Gewaltausbrüchen schützen würde. In solchen Beziehungsarrangements wird der Frau eine große Wichtigkeit beigemessen, indem sie immer gebraucht wird, mit der Folge, dass Frauen sich darin zunehmend verstricken können. Ein weiteres Frauen bindendes Moment scheint zu sein, wenn die Beziehung gegen den Willen von Eltern, den Rat von Freunden beziehungsweise im Bruch mit Traditionen eingegangen wurde bzw. aufrechterhalten wird und damit das Gelingen der Beziehung quasi gegen den Rest der Welt bewiesen werden soll.

Das traditionelle, geschlechterhierarchische Beziehungsmuster ist weniger geprägt von gegenseitiger Anerkennung zweier eigenständiger Subjekte als von dem nicht bewältigten Spannungsverhältnis zwischen Autonomie und Verbundenheit, von Einssein und Selbstsein, wie weiter oben schon angeführt (Benjamin 1993). Die Dynamik von Verschmelzungswünschen und Verschmelzungsängsten, die jede Liebesbeziehung kennzeichnen, wird in gewalttätigen Beziehungen destruktiv aufgelöst, indem die Liebeswünsche aufgrund der inneren Selbstgefährdung bei dem Mann in gewalttätig ausgelebten Hass umschlagen und bei der Frau ebenfalls das Hasspotential erhöhen, wie auch immer es seinen Ausdruck findet.[16] Voraussetzung für die Bindung des Paares ist, dass beide die zwei Antipoden dieser Wünsche und Ängste in sich tragen, so dass beide Seiten vom jeweils anderen nachempfunden werden können, sonst würde der Partner seine unbewusste Funktion verlieren, nämlich über den anderen eigene Größenphantasien (der Allmächtigkeit oder der Aufgehobenheit) auszuleben. Je schwerer die Wiederherstellung der Ich-Grenzen ist und je schneller der Selbstverlust droht, desto riskanter wird das Ausleben der Verschmelzungswünsche und desto eher können sie in offenen Hass, über den anderen ausgelebten Hass oder Selbsthass umschlagen.

Die Folge einer geschlechtsspezifischen Aufteilung dieser innerpsychisch aus zu balancierenden Grundbedürfnisse von Selbstsein und Einssein kann eine Beziehungsstruktur nach dem Muster einer komplementär-narzisstischen Kollusion sein, in der sich einer (die Frau) für den anderen (den Mann) aufgeben muss, denn aufgrund der Geschlechterrollen wird das Phantasma des Einssein des Paares verkörpert durch den Mann (Willi 1975). Dieses unbewusste Zusammenspiel (Kollusion) ist gekennzeichnet durch Geschlechtern zugeordnete Spaltungsprozesse von Liebe und Hass, Identifikation und Abgrenzung und erhält seine Sprengkraft aufgrund der Bedrohlichkeit von Verschmelzungswünschen für ein fragiles Selbst. Ihm zugrunde liegt eine nicht gelungene Subjekt-Objekt-Trennung, die durch die Wiederbelebung archaisch gebliebener symbiotischer Wünsche und entsprechend panischer Angst vor Selbstverlust sichtbar wird. Voraussetzung für eine gelingende Subjekt-Objekttrennung ist die Entwicklung von Bindungsfähigkeit (durch Integration von gut und böse), die eine Realitätsprüfung über das Selbst (als aktive Person mit eigenen Wünschen) und die Welt der Objekte (als autonome Personen) ermöglicht. Dazu gehört das Herstellen „freundlicher Grenzen" (Moeller 1990) zwischen sich und dem anderen, das innerliche Bewältigen der Ambivalenz des Wunsches nach – und gleichzeitiger Angst vor – Nähe und das Ertragen des damit einhergehenden Leids. Herbert Schultz-Gora (2001) beschreibt psychische Grenzsetzungen als gleichzeitig bindende und trennende Aktivität, denn die Akzeptanz des Anderen als Anderem ist die Bedingung für das eigene Ich-Sein im Sinne eines auf andere bezogenen aber unabhängigen Selbst. Je negativer die (frühen) Erfahrungen bei der Herausbildung eines eigenen Ichs waren, weil es keinen ausreichend fürsorglichen Anderen gab, desto schwieriger ist eine einander dienliche Gestaltung von Beziehungen und desto größer die Gefährdung des fragilen Ichs bis zur Auslösung narzisstischer Krisen (drohender Selbstverlust). „Auf Gewalt zur Lösung narzisstischer Krisen kann je eher verzichtet werden, je eher in der Entwicklung von

---

16 Aufgrund der unzureichenden Trennung zwischen dem Selbst (Subjekt) und dem Anderen (Objekt) kann sich der Hass sowohl gegen das Selbst als auch gegen den anderen richten.

Individuen (…) sich etwas bildet, was in psychoanalytischer Terminologie als „genügend gutes inneres Objekt" bzw. „stabiles Selbst" bezeichnet wird und sich in einem tieferen Verständnis des eigenen Vermögens, des eigenen Wertes, aber auch der eigenen Begrenztheit im Bewusstsein der Bezogenheit auf Andere manifestiert" (Schultz-Gora 2001: 67). Entsprechend bezeichnet Joachim Küchenhoff (1999) die Liebe des Anderen als Voraussetzung für eine gerade auch in Beziehungen notwendige Fähigkeit zur Selbstfürsorge.[17] Diese ermöglicht es, mit den eigenen aggressiven Strebungen umzugehen und destruktive Impulse mit liebevollen auszugleichen, damit sich beide nicht von einander entkoppeln und zu Spaltungsprozessen führen – eine lebenslange Aufgabe der Legierung von Liebe und Hass.

5. Unterschiedliche Gewaltdynamiken

Die Strukturen gewalttätig gewordener Liebesbeziehungen unterliegen durchaus unterschiedlichen Mustern, von denen zwei empirisch fundierte skizziert werden sollen.

5.1 Zyklus der Gewalt in schwer gewalttätigen Beziehungen

Laut dem inzwischen klassisch zu nennenden Erklärungsansatz der Dynamik schwer gewalttätiger Beziehungen von Lenore Walker (2007) („cycle of violence")[18] verstärkt sich die Gewalttätigkeit typischerweise im Verlauf der Beziehung und die Handlungsfähigkeit der Frau nimmt entsprechend ab, bis hin zu Totstell-Reaktionen („learned helplessness"): Das zunehmend grenzüberschreitende, unkontrollierte und gleichzeitig kontrollierende Verhalten des Mannes korrespondiert mit dem hinnehmenden, paralysierten Verhalten der Frau. Die erste Misshandlung wird von beiden zumeist als „Ausrutscher" gesehen, für den sich der Mann entschuldigt und die Frau anschließend umwirbt. Manchmal findet die erste Misshandlung vor dem Zusammenziehen statt. Frauen hoffen dann typischerweise, dass sich die Gewalttätigkeit legt, wenn sich der Mann sicher fühlen kann und kein Grund für Eifersucht mehr gegeben ist. Sie tendieren dazu, dem Vorfall (oder den Vorfällen) wenig Beachtung zu schenken, weil sie sich unter Druck fühlen sich zu binden oder sich binden wollen und nicht selten auch, weil sie selbst gewalttätige Sozialisationserfahrungen gemacht haben. Häufig beginnen die gewalttätigen Handlungen erst nach dem Zusammenziehen, wenn es für die Frau schwieriger ist, den Mann zu verlassen. Was anfänglich ein Ausrutscher war, wird zur Regel, der Mann verliert seine an-

---

17 Selbstfürsorge definiert Joachim Küchenhoff (1999) als Entwicklungsaufgabe auf vier Stufen: 1. Fähigkeit zur Regulierung von Nähe und Distanz, 2. Durchsetzungsfähigkeit und Fähigkeit, sich in Abhängigkeit zu begeben, 3. Gewissensbildung und Selbstbeurteilung (ohne Selbstverurteilung), 4. Verschränkung von Selbst- und Fremdliebe.

18 Leonore Walkers Ansatz beruht auf der Auswertung langjähriger therapeutischer Erfahrungen.

fänglichen Hemmungen und fühlt sich immer sicherer, dass ihm durch Dritte nichts passiert und die Frau ihn nicht verlässt. Gleichzeitig sieht sich die Frau zunehmend in der Beziehung gefangen, verliert ihr Selbstvertrauen und fühlt sich immer weniger zu selbstständigen Handlungen in der Lage: Die Angst zu gehen und die Angst zu bleiben wachsen gleichermaßen. Angst wird allgegenwärtiger Bestandteil des Alltags, in dem es zunehmend um das eigene Überleben geht. Für dieses Überleben kann ein – für Außenstehende unverständliches – Maß an Anpassung an den Täter und eine ebenso unverständliche Deckung oder Leugnung der Gewalttätigkeit als einzig verbliebener Halt erscheinen. Diese Form der Identifikation mit dem Aggressor bei lebensgefährlicher Bedrohung und völligem Machtverlust wurde im Anschluss an einen spektakulären Banküberfall (1973) mit mehrtägiger Geiselhaft als „Stockholm-Syndrom" (Hermann 1993) bezeichnet. Es zeigte sich, dass Opfer großes Verständnis bis hin zur Zuneigung für den Täter aufbringen können. Als Bedingungen gelten: Bedrohung und glaubhaft mögliche Ausführung, subjektiv oder objektiv keine Entkommensmöglichkeit, Isolation von anderen Menschen sowie zeitweilige Freundlichkeit des Täters. Der Verlust der Fähigkeit zu eigenständigem Handeln ist für Opfer einerseits ein gravierendes Problem, andererseits eine ihnen verbleibende Überlebensstrategie und ein zentraler Schutzmechanismus.

5.2 Unterschiedliche, im Beziehungsverlauf möglicherweise wechselnde, Muster der Gewaltdynamik

Anhand von Interviews mit Frauen, zu deren Gunsten die Polizei einen Platzverweis des gewalttätigen Mannes ausgesprochen hat, entwickelte Cornelia Helfferich (2004: 42-47) vier verschiedene Muster der Gewaltdynamik entlang des Grades und der Art der jeweils empfundenen Handlungsmächtigkeit („agency") der Frauen, die sich je nach Beziehungsphase bei derselben Frau ändern kann[19]:

1. „Rasche Trennung nach relativ kurzer (Gewalt-)Beziehung" als Muster nach dem (oft noch jüngere) Frauen von Anfang an keine Gewalt hinnehmen wollen, sich schnell und dauerhaft trennen, sich selbstbewusst fühlen und sozial eingebunden sind;
2. „Neue Chance" als Muster zumeist langjähriger Beziehungen, wo Frauen auf Veränderung ihres Mannes setzen, sich selbst als handlungsfähig und wenig verstrickt beschreiben und in eher gesicherten Rahmenbedingungen leben;
3. „Fortgeschrittener Trennungsprozess" als Muster nach langjähriger Gewalterfahrungen (aufgrund traditioneller familialer Werte) in dem die Frauen begonnen haben, nach neuen Lösungen zu suchen, wo das Ende

---

19 Untersucht wurden Muster und deren Wechsel bei 30 weiblichen Opfern häuslicher Gewalt (Helfferich 2004).

der Beziehung nah ist und nicht selten die Gewalt aufgrund der bevorstehenden Trennung nochmals eskaliert;

4. „Ambivalente Bindung" in längeren Gewaltbeziehungen und sehr unterschiedlichen sozialen Situationen, in denen die Frauen eher traumatisch gebunden sind und wissen, dass sie aufgrund erlittenen Leides gehen sollten, aber sich nicht lösen können, sondern sich hilflos und ausgeliefert fühlen und sich das selbst nicht erklären können (Muster des Gewaltzyklus).[20]

Eine große Rolle für die Beendigungsmöglichkeit von Gewaltbeziehungen spielen nach Ursula Müller und Monika Schröttle (2004: Teil III, 30 f.) Schuldgefühle und Verantwortungsübernahme: Übernehmen Frauen die männlichen Schuldzuweisungen zur Rechtfertigung von Gewalttaten und halten sich für Versagerinnen, die ihre Aufgaben in der Paarbeziehung nicht zureichend erfüllen (zumeist ohne zu fragen, ob der Mann das tut), dann steigt die Wahrscheinlichkeit einer Beziehungsverstrickung und der Fortführung der Beziehung.

6. Analyseebenen des sozialen Phänomens gewalttätig gewordener Liebesbeziehungen

6.1 Strukturelle Faktoren

Geschlechtsspezifische Gewalt stellt insofern eine extreme Konsequenz der sozialen Konstruktion des traditionellen Geschlechterverhältnisses dar, als diese eine persönliche und sexuelle Unterordnung von Frauen äußersten Falls auch erzwungener Weise zu rechtfertigen scheint (hierzu Müller/Schröttle 2004). Ohne eine Hierarchisierung der Geschlechter würde Gewalt nicht vollständig verschwinden, aber individuelle Gewalt hätte keinen strukturellen und kulturellen Rückhalt mehr, und sie hätte ein erheblich geringeres Ausmaß, wie „cross-cultural studies" über den Zusammenhang von relativer Geschlechtergleichheit und geringer Gewalt im Geschlechter- und Generationenverhältnis zeigen (Levinson 1988)[21]. Zu einem vergleichbaren Resultat kommen Diane Coleman und Murray Straus (1990) anlässlich einer repräsentativen amerikanischen Studie: Je egalitärer die Paarstruktur (gemessen an der gemeinsamen Kontrolle über verschiedene familiale Machtbereiche), desto geringer der Grad körperlicher Gewalttätigkeit.

---

20 Eine Erklärung kann in dieser Aussage einer betroffenen Frau gesehen werden: „Weil er trotz allem der einzige war, der noch als Ansprechpartner für mich da war. Egal, wie er mit mir umgesprungen ist" (Müller/Schröttle 2004: Teil III, 38).

21 David Levinson (1988) hat ethnographische Berichte von 90 Kulturgruppen aller Kontinente ausgewertet und festgestellt, dass in gewalttätigen Kulturen Männern die alleinige Entscheidungsmacht zukommt.

6.2 Kulturelle Faktoren

Das Arrangement der Geschlechter spiegelt sich nicht nur in Vorstellungen über Dominanz und Entscheidungsbefugnisse, sondern ebenso in kulturellen Bildern über die Liebe und die jeweilige Rolle von Frauen und Männern (Brückner 2002). Jede Beziehungsform ist sowohl Ausdruck der herrschenden Konstruktion des Geschlechterverhältnisses, als auch geprägt von der spezifischen Dynamik zwischen den beiden Partnern. Während den Gewaltakt der gewalttätig Handelnde zu verantworten hat, wird die Struktur der Paarbeziehung von allen Beteiligten durch ihren jeweiligen Beitrag zur Geschlechterordnung hergestellt (im Sinne von „doing gender"). Das gilt auch für die sozialen Praxen der Reproduktion des Machtgefälles und der Bindungsstruktur zwischen den Geschlechtern (Leemann 1996).

6.3 Psychodynamische Faktoren

Gewalttätige Männer weisen keine spezifischen, psychopathologischen Merkmale auf und zeigen keine Besonderheiten im alltäglichen Sozialverhalten, ebenso wenig misshandelte Frauen (Godenzi 1996). Daher trägt die Suche nach Persönlichkeitsklassifikationen im Sinne von Täter- und Opferprofilen, wie sie in der anglo-amerikanischen Forschung angestrebt werden, weniger zur Aufklärung als zur Verlagerung eines gesellschaftlichen Problems auf die individualpsychologische Ebene durch Etikettierungsprozesse bei. Zwar wurden Gemeinsamkeiten im Beziehungsverhalten gefunden, wie geringes Selbstwertgefühl und Abhängigkeit, woraus im Umkehrschluss aber nicht auf eine individuelle Gefährdung der Gewaltausübung oder Gewalterduldung geschlossen werden kann (Nini et al. 1995).

Zusammenfassend lässt sich sagen, dass die Komplexität von Gewalt in Paarbeziehungen einen theoretischen Ansatz erfordert, der das individuelle Ausagieren aggressiver Affekte oder deren Hinnahme auf der Folie gesellschaftlich zugelassener oder gestützter Handlungsweisen analysiert, zugleich aber die psychodynamische Dimension des widersprüchlichen Verhältnisses von Abhängigkeit und Unabhängigkeit, Macht und Ohnmacht in Beziehungen berücksichtigt.

7. Neuanfänge: Selbstbefreiung und die Bedeutung informeller und formeller sozialer Netzwerke

Für viele Frauen, die Beziehungsgewalt erleiden, gibt es einen Zeitpunkt, wo sie sich selbst nach Jahren der Unterdrückung aus ihrer Abhängigkeit lösen und aktiv ihre Situation – zumeist mithilfe informeller oder auch formeller Netzwerke – verlassen[22]. Solche Situationen beschreiben die folgen-

---

22 Weggehen wie Silvia Staub-Bernasconi (1998) als Machtquelle zu verstehen, bietet eine Handlungsperspektive und konkretisiert den Empowermentansatz, setzt aber Zufluchtsorte voraus.

den beiden Frauen, die schließlich in Hilfseinrichtungen in Österreich und Deutschland Zuflucht gesucht haben:

„In den letzten Jahren hatten wir kaum mehr Kontakt zu anderen Menschen. Wir lebten in totaler sozialer Isolation, in die uns mein Mann mit seinem unmöglichen und aggressiven Verhalten Verwandten und Bekannten gegenüber gebracht hatte. (...) An einem beliebigen Tag, an dem nichts ‚passiert' war, hielt ich es nicht mehr aus. Ich glaubte verrückt zu werden, wenn ich nicht sofort auf der Stelle wegginge. Ich wusste, dass es ein Frauenhaus in Wien gibt und rief sofort an" (Egger et al. 1995: 51).

„Mir wurden Fristen gesetzt, wenn ich meine Schwiegermutter besucht habe. Mir wurden Fristen gesetzt, wenn ich meine Mutter im Krankenhaus besucht habe, zu Hause durfte ich sie gar nicht mehr besuchen, weil da hätte ich ihn ja betrügen können. Besuch selber bekommen ging gar nicht, ich war total isoliert. (...) (Nachdem der Mann ihre Tochter und sie im Alkoholrausch droht umzubringen, beschließt sie die sofortige Flucht, d. A.). Hätte er mich erwischt im Treppenhaus, mit den Kindern in der Absicht zu gehen, das hätte ich nicht überlebt" (Frauen helfen Frauen e.V. 1995: 33 f.).

Gerade angesichts der Isolation in der viele Frauen mit Gewalterfahrungen leben, die über kein informelles soziales Netzwerk mehr verfügen, ist ein öffentlich bekanntes Hilfenetz von zentraler Bedeutung, ebenso wie die Verständnisbereitschaft von Professionellen z.B. Pfarrern, Ärzten oder Arbeitgebern (hierzu Müller/Schröttle 2004).

In Deutschland suchen schätzungsweise 45.000 Frauen mit ihren Kindern jährlich eines der rund 400 Frauenhäuser als vorüber gehenden Schutz auf, andere nehmen eine (Frauen-)Beratungsstelle in Anspruch oder werden mittels des pro-aktiven Ansatzes[23] im Rahmen von Interventionsprojekten nach einem Polizeieinsatz gegen häusliche Gewalt erreicht (Heinrich et al. 2004). Der Aufbau dieses formellen Hilfenetzwerkes begann vor etwa 30 Jahren, als betroffene und in der internationalen Frauenbewegung engagierte Frauen „Selbsthilfeprojekte" im weiteren Sinne gründeten und mit vielen öffentlichen Aktionen auf Gewalt gegen Frauen aufmerksam machten (Brückner/ Hagemann-White 2001). Es gelang: Hilfeeinrichtungen aufzubauen und deren Finanzierung durchzusetzen (auch wenn heute teils wieder um die Finanzierung gerungen werden muss); die soziale und rechtliche Unterstützung von Gewaltopfern zu verbessern (Gewaltschutzgesetz[24], polizeiliche

---

23 Das heißt, Frauen werden nach einem Polizeieinsatz von einer Beratungsstelle kontaktiert, was die große Mehrheit der erreichten Frauen schätzt (Helfferich 2004).

24 Insbesondere das zivilrechtliche Gewaltschutzgesetz von 2002 wird als Meilenstein des Opferschutzes betrachtet; es ermöglicht ein Näherungs- und Kontaktverbot der gewalttätigen Person und dem Opfer kann die gemeinsame Wohnung zugesprochen werden. Eine wichtige Voraussetzung stellt das in den meisten Ländern erlassene polizeiliche Wegweisungsrecht dar, dass es im Zuge der Gefahrenabwehr erlaubt,

Wegweisung, Gesetz gegen Stalking); die Bedeutung von Partnergewalt für
Kinder als Zeugen oder Opfer von Gewalt hervorzuheben und für die
Schutznotwendigkeit von Kindern zu sensibilisieren[25]; die besondere recht-
liche und soziale Not von Migrantinnen bewusst zu machen (Fristverkür-
zung für ein eigenständiges Aufenthaltsrecht); die Aufmerksamkeit auf die
Täter zu lenken, so dass diese häufiger zur Rechenschaft gezogen werden
(Verurteilungen, Beratungs- und Therapieauflagen); kommunale und lan-
desweite Kooperations- und Interventionsprogramme mit beteiligten Institutionen (z. B. Frauenhilfseinrichtungen, Männerberatungsstellen, Polizei,
Jugendamt, Justiz) aufzubauen. Heute ist dieses Netzwerk in den alten Ländern der Europäischen Union weitgehend professionalisiert, in den neuen
Ländern gibt es zunehmend EU-geförderte Non Governmental Organisations (NGOs).

Doch der erste Schritt dieses Aufbruchs ist die innere Entscheidung zu gehen, eine Entscheidung, bei der viele Frauen das Gefühl haben, noch nicht
zu wissen, woher sie die Kraft zum Weggehen nehmen sollen. Der Punkt,
an dem Frauen ihre Handlungsfähigkeit zurückgewinnen, kann sehr unterschiedlich sein, manchmal nach den ersten Schlägen, in einigen dramati-
schen Fällen nach lebensbedrohlichen Zuspitzungen:

> „Aber ich war nicht bereit, weil ich, wie soll ich das jetzt erklären, äh,
> ich wollte (…) ich wollte es eigentlich hart auf hart kommen lassen. Ich
> wollte nicht einfach Sachen packen und wegziehen (…) ich wollte es
> wirklich hart auf hart und auf, und wenn er mich abgestochen hätte, aber
> so wollt ich's gern – weil ich wollte einen triftigen Grund haben – wirk-
> lich wahr – für mich warn die Gründe, die ich ufjezählt hatte der Anwäl-
> tin noch nicht genug, um en Schlussstrich zu ziehen. Er hätte – er HAT
> mir sehr viel weh getan. Aber – es hat mir nicht ausgereicht um Schluss-
> strich – nur den Punkt jetzt wo das passiert ist: da war's zu viel.
> Erstensmal hat er meine Eltern beleidigt, wo se da waren, er hat mich be-
> leidigt, er hat mich sehr de-gedemütigt, SO gedemütigt, dass meine Mut-
> ter da geweint hat. Und meine Eltern und meine Kinder, die stehen über
> meinem Mann, über meiner Arbeit über alles. Und wer das angreift oder
> irgendwie was kaputt macht, in dem Moment da (ahmt ein Geräusch
> nach:) pff – also das war dann der Ausschlag. (…) Ne, du lässt es voll
> auf Konfrontation hart auf hart – und ich WEISS nich, ob er den Abend
> des Messer jenutzt hätte" (Helfferich 2004: 147).

Charakteristisch für Berichte von Frauen über ihren Aufbruch ist auch die
Vehemenz und Plötzlichkeit der Gefühle sowie die Klarheit der eigenen
Gedanken. Es ist eine psychische Erfahrung, welche diese Frauen bis in ih-

---

einen Täter für eine befristete Zeit (zumeist um 14 Tage) der Wohnung zu verweisen
(„wer schlägt, der geht") (Kavemann/Grieger 2006).

25 Hierzu das neue Handbuch mit dem letzten Forschungsstand, der rechtlichen Lage
und mit Unterstützungsmodellen von Barbara Kavemann und Ulrike Kreyssig
(2006).

re Grundfesten erschüttert. Brachliegende – vielleicht besser – bisher in der Aufrechterhaltung von Normalität gebundene Energie und Willenskraft werden verfügbar. Zur Veranschaulichung das Beispiel einer ehemaligen Bewohnerin eines Hamburger Frauenhauses:

> Frau B. ist 31 Jahre alt und Mutter eines Sohnes. Mithilfe eines kleinen Ladens hat sie sich selbständig gemacht. Von ihrem ersten Mann, der sie misshandelt und vergewaltigt hat, ist sie geschieden und hat einen festen Freund. Nachdem sie ihren Mann verlassen hatte, traf sie sich noch einmal mit ihm: „Er kam ... nach Hamburg und wollte ganz selbstverständlich bei mir wohnen. Da kannte ich meinen neuen Freund schon, und den wollte ich auf keinen Fall aufgeben. Mir war es viel sicherer mit ihm. Und trotzdem – ich weiß es noch genau: Er saß im Sessel, und ich kniete vor ihm, und wir haben geredet. Er saß da und tat mir schon wieder so leid, dass ich kurz davor war, ihm was zu essen zu machen. Er war so kaputt, und ich kniete vor ihm, und da hat es bei mir ‚Krach‘ gemacht. Da habe ich gedacht: ‚Was machst du da eigentlich? Nein, das machst du nie mehr!‘ – Ich habe ihn dann rausgeschmissen" (Wendepunkte o.J.: 16).

Frau B. schildert, wie sehr sie sich zu ihrem Erstaunen immer noch in den Bann ihres Ex-Mannes gezogen fühlt und wie das Bedürfnis, ihn aufgrund seiner schwachen Seite mütterlich zu versorgen, wieder hochkommt und droht, sie zu erfassen. Äußerlich drückt sie ihr Gefühl der Abhängigkeit und ihren Wunsch nach Nähe dadurch aus, dass sie sich vor ihn kniet. Plötzlich realisiert sie die Gefahr, in die sie sich begibt und es macht „Krach" in ihr: Sie sagt – innerlich überzeugt und äußerlich vernehmbar – ‚nein‘ zu ihm. Sie gibt der Faszination nicht nach und stemmt sich mit aller Willenskraft gegen ein Abrutschen in ihre alte Haltung. Ihre Gründe nennt sie nicht, sie sind ihr vielleicht selbst unklar. Möglicherweise kann sie sich in dem Moment aufkommender Hingabegefühle die erlittenen Demütigungen ihrer Ehe, sicher nicht zuletzt aufgrund der neuen Beziehung, vor Augen halten.

Im Bruch mit dem alten Selbstbild offenbart sich ein Moment Stärke, der zeigt, dass das Verharren in einer unerträglichen Situation nur eine der vorhandenen Lebensmöglichkeiten ist. Diese ‚Bruchstelle‘ ist ein wichtiger Zeitpunkt für Unterstützung und Hilfe und macht ein ausreichendes persönliches und soziales Netzwerk von großer Bedeutung. Denn die den Neuanfang begleitenden Probleme, sowie aufkommende Einsamkeits- und Verlorenheitsgefühle sind oft erheblich. Sie lassen das vertraute, alte Leben als nicht so schlimm erscheinen und verstärken die Hoffnungen auf eine Änderung des Mannes. Hier können sowohl professionelle Ansätze der Beratung und Frauenhausarbeit als auch Selbsthilfegruppen stabilisierend und unterstützend wirken, vor allem da nicht selten mehrere Trennungsversuche nötig sind.

Wie schwierig es für Frauen ist, in ihrem Selbstbild eine Balance zwischen Selbstständigkeit und Beziehungswünschen herzustellen, soll folgendes Interviewbeispiel mit einer ehemaligen Frauenhausbewohnerin verdeutlichen (Brückner 1987):

Frau C. hat nach langjähriger Misshandlung durch ihren Mann lange in einem Frauenhaus gewohnt. Heute lebt sie mit ihren Kindern „selbstständig" und will sich von niemandem „reinreden" lassen. Ihren später so gewalttätigen Mann hat sie sehr geliebt; er erschien ihr erst „wie ein Gott", dann „wie ein Teufel". Sie hatte große Angst ihn zu verlassen, da sie überzeugt war, dass er sie „überall findet". Als er sie nach ihrer ersten Trennung mit ihren Kindern auf der Straße aufspürt, anspricht und am Arm festhält, ging sie schicksalsergeben zu ihm zurück „da hatte er uns ja dann wieder". Ihre Angst ist heute noch groß, dass ein Mann wieder mit ihr „spielen" und sie nochmals die Kontrolle über ihr Leben verlieren könnte. Im Alltag hat sie trotz ihrer finanziell schwierigen Lebenssituation eine neue Sicherheit gefunden und zieht daraus Selbstbestätigung. Liebe bedeutet für sie jedoch noch immer Aufgabe ihrer Selbstständigkeit, die ihr als „Sonderwünsche" vorkommen.

> „Ich bin ja schon dabei, mir einzureden: du kannst nicht alles haben, einen Mann, der so und so ist und auf der anderen Seite noch Verständnis aufbringt für deine ganzen Sonderwünsche, wie ich die jetzt mal bezeichnen möchte. Das geht nicht, irgendwas musst du in Kauf nehmen. Aber ich bin nicht bereit ... das so zu nehmen, ich will jetzt auch endlich leben. Frei entscheiden, frei Luft holen, ohne dass mir da einer dazwischen redet. Und wenn ich heute dahin gehen will, dann gehe ich dahin, und wenn ich da drei Stunden sitze. Und nicht, ‚in 'ner Stunde musste wieder zuhause sein'. Nicht jetzt wieder auf jemand ausschließlich Rücksicht nehmen. (…) Mit der Einstellung, das ist ja keine Basis für einen Partner. Das geht ja normal nicht, da muss man Abstriche machen" (Brückner 1987: 181).

Wie sehr dieses Muster noch gültig ist, bestätigt die Ministeriumsuntersuchung von 2004 (Müller/Schröttle: Teil III, 30), nach der ein Teil der interviewten Frauen schildert, dass sie sich in Arbeitskontexten durchsetzungsfähig und selbstbewusst erleben, aber nicht in Beziehungen. Eine von ihnen ergänzt: „Weiß ich nicht, warum" (Ibid.). So geht, zumindest zeitweise, für Frauen die Rückgewinnung ihrer Lebensstärke einher mit der Aufgabe von Beziehungswünschen, solange es keine akzeptierten kulturellen Bilder weiblicher Eigenständigkeit in Beziehungen gibt. Als nachträgliche Erkenntnis geben viele der befragten Frauen an, wie wichtig und schwer es sei, rechtzeitig Grenzen zu benennen und durchzusetzen (Ibid.). Das setzt voraus, das Gefühl auf ein Recht dazu zu haben und aber auch, Grenzen des anderen zu akzeptieren und Rettungshoffnungen aufzugeben.

8. Resümee: Stärkung von Konzepten gegenseitiger Anerkennung und weiterer Ausbau von Hilfenetzwerken

Neben gewaltarmen gesellschaftlichen Bedingungen scheinen nicht-gewaltförmige Konfliktlösungen im Kontext von Intimität davon abhängig, inwieweit dem jeweils Anderen das gleiche Recht auf Anerkennung strukturell und kulturell zugestanden und die darin enthaltene Getrenntheit des Anderen vom Selbst für das eigene Ich erträglich ist. Das heißt, Gewalt in Paarbeziehungen macht erstens einen gesellschaftlichen Rahmen erforderlich mit Orten des Schutzes und der institutionalisierten Gewissheit, dass Täter zur Verantwortung gezogen werden und Opfer Recht und Hilfe erhalten. Zweitens braucht es einen individuellen Rahmen, der es ermöglicht, im eigenen Interesse handeln zu können und als lebbar empfundene Alternativen zum Ausharren bietet, sowie die Gewissheit, einen Anspruchs auf ein Leben ohne Gewalt im Sinne der allgemeinen Menschenwürde zu haben.

Literatur

Benjamin, Jessica (1993): Phantasie und Geschlecht. Studien über Idealisierung, Anerkennung und Differenz. Frankfurt a.M.: Strömfeld/Nexus

Benjamin, Jessica (1990): Die Fesseln der Liebe. Frankfurt, Basel: Roter Stern

Bourdieu, Pierre (1997): Die männliche Herrschaft. In: Dölling, Irene/Krais, Beate (Hg.): Ein alltägliches Spiel, Geschlechterkonstruktion in der sozialen Praxis. Frankfurt a.M.: 153-217

Brückner, Margrit (2002): Wege aus der Gewalt gegen Frauen und Mädchen. Frankfurt a.M.: Fachhochschulverlag

Brückner, Margrit (1987): Die janusköpfige Frau. Frankfurt a.M.: Neue Kritik

Brückner, Margrit/Hagemann-White, Carol (2001): Gibt es noch eine Frauenhausbewegung? In: Neue Soziale Bewegungen 2: 102-109

Coleman, Diane/Straus, Murray (1990): Marital power, conflict, and violence in a nationally representative sample of american couples. In: Straus, Murray/Gelles, Richard: Physical violence in american families. New Brunswick, N.J.: 287-304

Egger, Renate/Fröschl, Elfriede/Lercher, Lisa/Logar, Rosa/Sieder, Hermine (1995): Gewalt gegen Frauen in der Familie. Wien: Verlag für Gesellschaftskritik

Firle, Michael/Hoeltje, Bettina/Nini, Maria (1996): Gewalt in Ehe und Partnerschaft. BMFSFJ: Eigendruck

Frauen helfen Frauen e.V. (Hg.) (1995): 10 Jahre Frauenhaus Hofheim. Broschüre: Eigendruck

Gillioz, Lucienne/De Puy, Jacqueline/Ducret, Véronique/Belser, Katharina (1997): Gewalt in Ehe und Partnerschaft in der Schweiz – Resultate einer Untersuchung. In: Schweizerische Konferenz der Gleichstellungsbeauftragten (Hg.): Beziehung mit Schlagseite. Bern: 13-76

Godenzi, Alberto (1996): Gewalt im sozialen Nahraum. Frankfurt a.M.: Helbing & Lichtenhahn

Goldner, Virginia/Penn, Peggy/Sheinberg, Marci/Walker, Gillian (1992): Liebe und Gewalt: geschlechtsspezifische Paradoxe in instabilen Beziehungen. In: Familiendynamik 17: 109-140

Gottschalch, Wilfried (1997): Männlichkeit und Gewalt. Weinheim, München: Juventa

Hagemann-White, Carol (2006): Auswirkungen des Gewaltschutzgesetzes auf Beratung und Unterstützung. In: Bauer, Annemarie/Brand-Wittig, Cornelia (Hg.): Paardynamik in Gewaltbeziehungen (Symposium 20. 12. 2004). Arbeitspapiere aus der Evangelischen Fachhochschule Darmstadt, Nr. 4: 25-37

Hagemann-White, Carol/Kavemann, Barbara/Lenz, Hans-Joachim/Schröttle, Monika (2003): Gewalterfahrungen von Frauen – und Männern?! In: Sozial Extra 4: 22-26

Hagemann-White, Carol (1997): Strategien gegen Gewalt im Geschlechterverhältnis. In: Dies./Kavemann, Barbara/Ohl, Dagmar: Parteilichkeit und Solidarität. Bielefeld: 15-116

Hagemann-White, Carol (1993): Das Ziel aus den Augen verloren? In: Zeitschrift für Frauenforschung 1+2: 57-62

Harvey, Penelope (1997): Die geschlechtliche Konstitution von Gewalt. In: Trotha, Trutz von (Hg.): Soziologie der Gewalt, Sonderheft 37 der Kölner Zeitschrift für Soziologie und Sozialpsychologie: 122-140

Heinrich, Matthias/Werkmann, Ingrid/Stierhof, Friederike/Schiffler, Peter (2004): Bekämpfung häuslicher Gewalt – eine Bestandsaufnahme. In: Hessische Polizeirundschau 4: 6-9

Helfferich, Cornelia (2004): Wissenschaftliche Untersuchung zur Situation von Frauen und zum Beratungsangebot nach einem Platzverweis bei häuslicher Gewalt. Forschungsprojekt i. A. des Sozialministeriums Baden-Württemberg. http://www.sozialministerium.de/sixcms/media.php/1442/Platzverweis-Forschungsprojekt-Abschlussbericht2004.pdf (Download am 17.8.2006)

Hermann, Judith (1993): Die Narben der Gewalt. Traumatische Erfahrungen. München: Kindler

Honig, Michael S. (1992): Verhäuslichte Gewalt. Eine Explorativstudie über Gewalthandeln von Familien. Frankfurt a.M.: Suhrkamp

Hopf, Christel/Hartwig, Myriam (Hg.) (2001): Liebe und Abhängigkeit. Partnerschaftsbeziehungen junger Frauen. Weinheim, München: Juventa

Imbusch, Peter (2002): Der Gewaltbegriff. In: Heitmeyer, Wilhelm/Hagan, John (Hg.): Internationales Handbuch der Gewaltforschung. Wiesbaden: 26-57

Jungnitz, Ludger/Walter, Willi (2004): Gewalt gegen Männer. Broschüre des BMFSFJ

Kavemann, Barbara/Grieger, Katja (2006): Interventionsprojekte zur „Entprivatisierung" der häuslichen Gewalt. In: Heitmeyer, Wilhelm/Schröttle, Monika (Hg.): Gewalt. Bonn: 124-140

Kavemann, Barbara/Kreissig, Ulrike (Hg.) (2006): Handbuch Kinder und häusliche Gewalt. Wiesbaden: Verlag für Sozialwissenschaften

Küchenhoff, Joachim (1999): Die Fähigkeit zur Selbstfürsorge – die seelischen Voraussetzungen. In: Küchenhoff, Joachim (Hg.): Selbstzerstörung und Selbstfürsorge. Giessen: 147-164

Leemann, Regula J. (1996): Die Dialektik der Unterwerfung. In: Komitee Feministische Soziologie (Hg): Sexualität, Macht, Organisationen. Sexuelle Belästigung am Arbeitsplatz und an der Hochschule. Chur: Rüegger

Lempert, Joachim/Oelemann, Burkhard (1995): „... dann habe ich zugeschlagen". Männergewalt gegen Frauen. Reinbek: rororo

Levinson, David (1988): Family violence in cross-cultural perspective. In: Hasselt, Vincent B./Morrison Randall L./Bellack Alan S./Hersen, Michael (eds): Handbook of family violence. New York: 435-455

Marsden, Denis (1978): Sociological perspectives on family violence. In: Martin, John P. (ed): Violence and the family. Chichester: 103-133

Moeller, Michael Lukas (1990): Die Liebe ist das Kind der Freiheit. Reinbek: rororo

Müller, Ursula/Schröttle, Monika (2004): Lebenssituation, Sicherheit und Gesundheit von Frauen in Deutschland. Eine repräsentative Untersuchung zu Gewalt gegen Frauen in Deutschland. Im Auftrag des BMFSFJ http://www.bmfsfj.de/RedaktionBMFSFJ/Abteilung4/pdf-Anlagen/langfassung-studie-frauen,property=pdf,bereich=,rwb=true.pdf (Download am 17.8.2006)

Nini, Maria/Bentheim, Alexander/Firle, Michael/Nolte, Inge/Schneble, Andrea (1995): Abbau von Beziehungsgewalt als Konfliktlösungsmuster. Schriftenreihe BMFSFJ, Bd. 102. Stuttgart, Berlin, Köln: Kohlhammer

Römkens, Renee (1997): Prevalence of wife abuse in the Netherlands. In: Journal of Interpersonal Violence 12: 99-125

Schultz-Gora, Herbert (2001): Zur Not-Wendigkeit von Gewalt. Kann ich „ich" sein, wenn du „du" bist? Oder musst du „du" sein, damit ich „ich" sein kann? In: Psychosozial 24: 57-69

Staub-Bernasconi, Silvia (1998): Soziale Probleme. Soziale Berufe. Soziale Praxis. In: Heiner, Maja/Meinhold, Marianne/Spiegel, Hiltrud von (Hg.): Methodisches Handeln in der Sozialen Arbeit. Freiburg i.B.: 11-137

Straus, Murray/Gelles, Richard (1990): Physical violence in american families: Risk factors and adaptions to violence in 8145 families. New Brunswick, N.J.: Transaction

Walker, Lenore (1979): The battered woman. New York: Springer

Wendepunkte (o.J.): Erfahrungsbericht des Frauenhauses Hamburg: Selbstverlag

Willi, Jürg (1975): Die Zweierbeziehung. Reinbek: Rowohlt

Günther Deegener

Gewalt in Eltern-Kind-Beziehungen

Kindesmisshandlung wird definiert als eine „nicht zufällige, gewaltsame psychische und/oder physische Beeinträchtigung oder Vernachlässigung des Kindes durch Eltern/Erziehungsberechtigte oder Dritte, die das Kind schädigt, verletzt, in seiner Entwicklung hemmt oder zu Tode bringt" (Blum-Maurice et al. 2000: 2). Unterschieden werden folgende Misshandlungsformen:

- Körperliche Misshandlung: Darunter können mit Heinz Kindler (2006) alle Handlungen von Eltern oder anderen Bezugspersonen verstanden werden, die durch Anwendung von körperlichem Zwang bzw. Gewalt für einen einsichtigen Dritten vorhersehbar zu erheblichen physischen oder psychischen Beeinträchtigungen des Kindes und seiner Entwicklung führen oder vorhersehbar ein hohes Risiko solcher Folgen bergen. Dazu gehören z. b.: Ohrfeigen; Schlagen mit Händen, Stöcken, Peitschen; Stoßen von der Treppe; Schleudern gegen die Wand; Schütteln eines Kleinstkindes; Verbrennen mit heißem Wasser oder Zigaretten; auf den Ofen setzen; Einklemmen in Türen oder Autofensterscheiben; Pieksen mit Nadeln; ins kalte Badewasser setzen und untertauchen; eigenen Kot essen und Urin trinken lassen; Würgen; Vergiftungen.
- Vernachlässigung: Hiermit ist die (ausgeprägte, d. h. andauernde oder wiederholte) Beeinträchtigung oder Schädigung der Entwicklung von Kindern durch die sorgeberechtigten und -verpflichteten Personen gemeint aufgrund unzureichender Pflege und Kleidung, mangelnder Ernährung und gesundheitlicher Fürsorge, zu geringer Beaufsichtigung und Zuwendung, nachlässigem Schutz vor Gefahren sowie nicht hinreichender Anregung und Förderung motorischer, geistiger, emotionaler und sozialer Fähigkeiten.
- Seelische Misshandlung/emotionale Kindesmisshandlung: Darunter wird die (ausgeprägte) Beeinträchtigung und Schädigung der Entwicklung von Kindern verstanden aufgrund z. B. von Ablehnung, Verängstigung, Terrorisierung und Isolierung. Sie beginnt beim (dauerhaften, alltäglichen) Beschimpfen, Verspotten, Erniedrigen, Liebesentzug und reicht über Einsperren, Isolierung von Gleichaltrigen und Sündenbockrolle bis hin zu vielfältigen massiven Bedrohungen einschließlich Todesdrohungen. Umgekehrt muss auch ein zu starkes Behüten sowie Erdrücken des Kindes mit Fürsorge in diesem Zusammenhang erwähnt werden: Eltern verhalten sich dann wie „Glucken auf dem Küken", die Kinder werden in ihren Entfaltungsmöglichkeiten behindert, bleiben in ihrer Entwicklung stehen, fühlen sich extrem unsicher, ängstlich, ohnmächtig und abhängig.

Nicht selten werden Kinder auch zu früh und dauerhaft in die Rolle von Erwachsenen gedrängt, welche übermäßig Haushaltspflichten übernehmen, ihre Geschwister versorgen und sich auch um ihre bedürftigen Eltern kümmern müssen.

- Sexueller Missbrauch: Diese Gewaltform umfasst jede sexuelle Handlung, die an oder vor einem Kind entweder gegen den Willen des Kindes vorgenommen wird oder der das Kind aufgrund seiner körperlichen, emotionalen, geistigen oder sprachlichen Unterlegenheit nicht wissentlich zustimmen kann bzw. bei der es deswegen auch nicht in der Lage ist, sich hinreichend wehren und verweigern zu können. Die Missbraucher/innen nutzen ihre Macht- und Autoritätsposition sowie die Liebe und Abhängigkeit der Kinder aus, um ihre eigenen (sexuellen, emotionalen und sozialen) Bedürfnisse auf Kosten der Kinder zu befriedigen und diese zur Kooperation und Geheimhaltung zu veranlassen.

1. Epidemiologie der Formen der Kindesmisshandlung

1.1 Körperliche Misshandlung

In einer vom Kriminologischen Forschungsinstitut Niedersachsen (KFN) 1992 durchgeführten repräsentativen Befragung von Personen im Alter von 16 bis 59 Jahren zu ihren Kindheitserfahrungen mit körperlicher Gewalt durch Eltern ergaben sich folgende Häufigkeiten (Wetzels/Pfeiffer 1997; Pfeiffer/Wetzels 1997):

Insgesamt bejahten also 74,9 % der Befragten, in ihrer Kindheit körperliche Gewalthandlungen durch ihre Eltern erlebt zu haben, und 10,6 % berichteten (eindeutige!) körperliche Misshandlungen, davon wiederum 4,7 % „mehr als selten" (= Antwortmöglichkeiten ‚manchmal', ‚häufig' und ‚sehr häufig'; vgl. Tab. 1). Acht Jahre später wurden in einer eigenen Untersuchung (Libal/Deegener 2005) die gleichen Fragen einer nicht repräsentativen Erwachsenen-Stichprobe (N = 964) vorgelegt, wobei sich ein leichter Rückgang der körperlichen elterlichen Erziehungsgewalt andeutet: 70,0 % der Befragten bejahten, in ihrer Kindheit körperliche Gewalthandlungen durch ihre Eltern erlitten zu haben, unter ihnen 9,8 % mit eindeutigen körperlichen Misshandlungen.

Vom KFN wurden 1998 repräsentativ auch Schüler/innen der 9. und 10. Jahrgangsstufe nach erlittener elterlicher Gewalt bis zum 12. Lebensjahr befragt. Auch hier ergaben sich zur körperlichen Misshandlung vergleichbare Häufigkeiten wie bei den bisher angeführten Untersuchungen (Pfeiffer et al. 1999).

Tab. 1: Ausmaß der körperlichen Gewalterfahrungen durch Eltern in Deutschland

Prävalenz der Gewalterfahrungen durch Eltern (1992)		
Antwortmöglichkeiten: nie, selten, manchmal, häufig, sehr häufig Mehrfachnennungen möglich, N = 3.241		
Fragestellung: Meine Eltern haben ...	selten	mehr als selten
(1) ... mit Gegenstand nach mir geworfen	7,0%	3,7%
(2) ... mich hart angepackt oder gestoßen	17,9%	12,1%
(3) ... mir eine runtergehauen	36,0%	36,5%
(4) ... mich mit Gegenstand geschlagen	7,0%	4,6%
(5) ... mich mit Faust geschlagen oder getreten	3,3%	2,6%
(6) ... mich geprügelt, zusammengeschlagen	4,5%	3,5%
(7) ... mich gewürgt	1,4%	0,7%
(8) ... mir absichtlich Verbrennungen zugefügt	0,5%	0,4%
(9) ... mich mit Waffe bedroht	0,6%	0,4%
(10) ... eine Waffe gegen mich eingesetzt	0,6%	0,3%
körperliche Gewalt insgesamt (Fragen 1-10)	36,1%	38,8%
körperliche Züchtigung (Fragen 1-4)	36,1%	38,4%
körperliche Misshandlung (Fragen 5-10)	5,9%	4,7%

Quelle: Wetzels/Pfeiffer 1997: 149; Pfeiffer/Wetzels 1997: 26

Abb. 1: Ausmaß körperlicher Gewalt durch Eltern nach Schüler/innen-Angaben

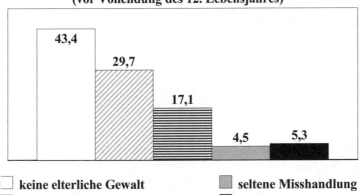

Häufigkeiten (in Prozent) von Opfern elterlicher Gewalt in der Kindheit (vor Vollendung des 12. Lebensjahres)

43,4
29,7
17,1
4,5
5,3

☐ keine elterliche Gewalt
▨ leichte bzw. seltene Züchtigung
☰ schwere bzw. häufige Züchtigung
▧ seltene Misshandlung
■ häufige Misshandlung

Quelle: Pfeiffer et al. 1999: 10

9,8% bejahten seltene und häufige Misshandlungen wie z. B. Faustschläge ins Gesicht, getreten oder zusammenschlagen. 17,1% erlitten schwere bzw. häufigere Züchtigungen, also häufige leichte Schläge und Ohrfeigen oder seltenes Schlagen mit Gegenständen. 29,7% gaben leichte bzw. seltene Züchtigungen an: das waren einfache Schläge oder Ohrfeigen, sofern sie selten geschahen, nicht aber das Schlagen mit Gegenständen.

Neueste Ergebnisse stammen von Kai-D. Bussmann (2002 a, b, c, 2005, 2006). Seine repräsentativen Stichproben umfassten Eltern mit Kindern unter 18 Jahren im Jahre 2001 und 2005 sowie Kinder und Jugendliche im Alter zwischen 12 bis 18 Jahren in den Jahren 1992, 2002 und 2005. Die Frage lautete, wie häufig bestimmte Erziehungsmaßnahmen schon eingesetzt wurden, wobei in den folgenden beiden Tabellen alle Häufigkeiten zusammengefasst wurden, die über „nie eingesetzt" hinausgingen, also angefangen von „1-2 mal" über „selten", „manchmal", „häufig" bis „sehr häufig":

Abb. 2: Vergleich der Häufigkeiten elterlicher körperlicher Gewalt in 2001 und 2005: Elternbefragung

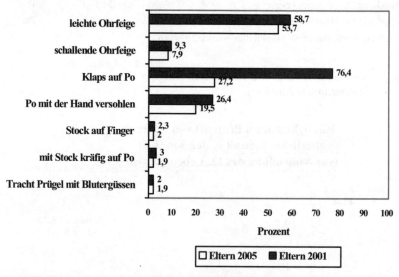

Quelle: Bussmann 2002 a, b, c, 2005, 2006

Die Ergebnisse der Elternbefragung lassen erkennen, dass die elterliche Erziehungsgewalt zum Teil stark abgenommen hat. Das wird auch in den Antworten der Kinder und Jugendlichen von 1992 über 2002 bis 2005 bestätigt, wenn auch von den Kindern und Jugendlichen immer deutlich höhere Häufigkeitsangaben als von den Eltern berichtet werden.

Abb. 3: Vergleich der Häufigkeiten elterlicher körperlicher Gewalt in 1992, 2002 und 2005: Kinder- und Jugendlichenbefragung

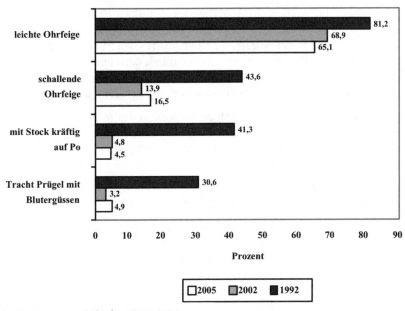

Quelle: Bussmann 2002 a, b, c, 2005, 2006

Die befragten Familien wurden dann nach den Angaben der Eltern zu diesen und anderen Erziehungsmaßnahmen in vier Sanktionsgruppen aufgeteilt: Die sogenannten sanktionsfreien Eltern (2001: 15,7%, 2005: 13,6%) würden nach den Angaben von Kai-D. Bussmann nur „sehr selten" diese körperlichen und andere Sanktionen anwenden, also nicht völlig darauf verzichten. Bei der als körperstrafenfrei eingestuften Erziehung (2001: 12,3%, 2005: 16,8%) würden Eltern „ebenfalls weitgehend auf Körperstrafen" verzichten, sie also dennoch anwenden. Eltern konventioneller Erziehung (2001: 54,3%, 2005: 57,1%) würden häufiger leichte körperliche Strafen anwenden, aber weitgehend auf schwere Körperstrafen verzichten, während die gewaltbelastete Erziehung (2001: 17,1%, 2005: 12,5%) eine überdurchschnittliche Häufigkeit bei schweren Körperstrafen aufweisen würde.

Aufgrund der Befragungen von Jugendlichen errechneten sich allerdings 21,3% gewaltbelastete Familien. Obwohl insgesamt auch in den Erhebungen von Kai-D. Bussmann z.T. sehr deutliche Verbesserung zum Ausdruck kommen (s.a. Bussmann 1995, 1996), besteht m.E. weiterhin bis heute ein sehr hohes Ausmaß an Körperstrafen und vor allen Dingen eindeutiger körperlicher Misshandlung in der Erziehung.

1.2 Sexueller Missbrauch

Zu dieser Thematik findet sich im vorliegenden Handbuch ein gesonderter Beitrag von Claudia Brügge (vgl. i. d. B.), so dass hier nur einige Häufigkeitsangaben angeführt werden. Aufgrund inzwischen doch recht vieler Untersuchungen im deutschsprachigen Raum geht Cécile Ernst (2005: 69) davon aus, dass etwa 10 bis 15 % der befragten Frauen sowie etwa 5 % der Männer bejahen, bis zum Alter von 14 oder 16 Jahren „mindestens einen unerwünschten oder durch die ‚moralische' Übermacht einer deutlich älteren Person oder durch Gewalt erzwungenen sexuellen Körperkontakt" erlebt haben.

Etwa zwei Drittel aller Fälle erfolgen einmalig oder in einem begrenzten zeitlichen Rahmen von z. B. einem Tag, aber beim familiären Missbrauch (insbesondere durch Väter/Stiefväter) kommt nicht selten auch Missbrauch über einen Zeitraum von mehreren Monaten bis zu vielen Jahren vor.

1.3 Vernachlässigung und seelische Gewalt

Zu diesen beiden Formen der Kindesmisshandlung gibt es in Deutschland keine hinreichend empirisch erhobenen Zahlen, sondern nur extrem grobe Schätzungen, die z. B. bezüglich der Vernachlässigung (also u. a. ausgeprägt unzureichende Pflege, Ernährung, gesundheitliche Fürsorge, Beaufsichtigung und Entwicklungsförderung) zwischen 50.000 und 250.000 schwanken (Niedersächsischen Ministeriums für Frauen, Arbeit und Soziales sowie Landesverband Niedersachsen des Deutschen Kinderschutzbundes 2002). Zur seelischen Gewalt wird auf der Internetseite des Bayerischen Staatsministeriums für Unterricht und Kultus (o. J.) aufgeführt: „Über die Häufigkeit der psychischen Misshandlung kann keine Aussage gemacht werden, da es schwierig ist, die Grenze zwischen psychischer Misshandlung und einem noch tolerierten Erziehungsverhalten (z. B. Hausarrest) zu ziehen." Demgegenüber erscheint es aber durchaus möglich, Verhaltensweisen der psychischen Misshandlung zu operationalisieren und einen gesellschaftlichen Konsens darüber zu erreichen, ab welchen (Übergangs-)Schwellen von psychischer Misshandlung zu sprechen ist.

Ein Anfang kann z. B. in den folgenden Zahlen von Kai-D. Bussmann (2005: 45-46; siehe auch Bussmann 2002a, b) gesehen werden zur Häufigkeit verschiedener Erziehungsmaßnahmen. So bejahten 2005 Eltern zu 45,7 %, dass sie ihr Kind „niedergebrüllt" hatten (zusammengefasst: sehr häufig/häufig/manchmal/selten/1-2mal) sowie zu 25,3 %, dass sie nicht mehr mit dem Kind geredet hatte (bei der Kinder- und Jugendlichen-Befragung lagen die entsprechenden Bejahungen bei 65,1 % und 42,1 %).

Auch bei sehr enger Definition dieser beiden Misshandlungsformen – Vernachlässigung und seelische Gewalt – wird weltweit davon ausgegangen, dass ihre Häufigkeit diejenige der körperlichen Misshandlung und des sexuellen Missbrauchs weit übersteigt.

Wird nun die Definition seelischer Gewalt weiter gefasst, so ist es kaum übertrieben, von einer Art weit verbreitetem und alltäglichem „Mobbing" gegenüber Kindern zu sprechen. Damit meine ich die gehäufte, über längere Zeit erfolgende Verwendung folgender Verhaltensweisen:

Du machst mich ganz krank!

Ich halt das nicht mehr aus mit Dir!

Mein Gott, wie blöd bist Du denn?!

Ich hau' Dir gleich eine runter!

Wer nicht hören will, muß fühlen!

Gleich knallt's!

Das kapierst Du nie!

Geh' in Dein Zimmer!

Laß' mich doch einmal in Ruhe!

Du siehst wieder wie ein Schwein aus.

Solche Szenen mit erschreckender Lautstärke, ärgerlicher Mimik, bedrohlicher Gestik und ablehnender Wortwahl machen wir Erwachsenen unseren Kindern sehr häufig, und solches Verhalten kann durchaus auch als „Mobbing" bezeichnet werden. Im Berufsalltag von Erwachsenen wird nach gängigen Definitionen dann von Mobbing gesprochen, wenn entsprechende Verhaltensweisen „mindestens ein Mal pro Woche und über einen Zeitraum von mindestens sechs Monaten" erfolgen. Selbst wenn wir solche Kriterien bei Kindern drastisch erhöhen, also z.B.: „mindestens 20 Mal pro Woche über einen Zeitraum von sechs Monaten", so müssten wir wohl die Diagnose eines „Mobbing im Kinderzimmer" immer noch massenhaft stellen.

1.4 Relative Häufigkeiten der Formen der Kindesmisshandlung untereinander

Aufgrund der unzureichenden Datenlage kann ein Vergleich der Häufigkeiten der verschiedenen Misshandlungsformen in den Eltern-Kind-Beziehungen untereinander für Deutschland nicht erfolgen. Für die USA ergaben sich für 2004 folgende Prozentzahlen: 62% Vernachlässigungsfälle, 18% körperliche Misshandlung, 10% sexueller Missbrauch und 7% seelische Gewalt (U.S. Department of Health and Human Services 2006).

1.5 Überlagerungen der Formen der Kindesmisshandlung und absolute Häufigkeitsschätzungen

Das Kriminologische Forschungsinstitut Niedersachsen kam zu folgenden Ergebnissen (Pfeiffer/Wetzels 1997):

1. Opfer von körperlicher Misshandlung durch die Eltern haben mehr als dreimal so häufig wie Nichtopfer Gewalt zwischen den Eltern beobachtet (59% gegenüber 18%).

2. Kinder, die Opfer sexuellen Missbrauchs waren (hier: nur Opfer von Delikten mit Körperkontakt sowie vor dem 16. Lebensjahr) wiesen eine etwa doppelt so hohe Rate von Gewalt zwischen den Eltern auf als Nichtopfer (45% gegenüber 21%).
3. Die Mehrheit (64%) der Opfer des sexuellen Missbrauchs gab an, gleichzeitig auch häufigere bzw. besonders intensive elterliche körperliche Gewalt erlitten zu haben.
4. Umgekehrt wächst in Fällen elterlicher körperlicher Gewalt auch (statistisch bedeutsam) die Wahrscheinlichkeit, dass die Betroffenen gleichzeitig auch Opfer sexuellen Kindesmissbrauchs werden.
5. Werden nur die schweren Formen der direkt gegen die Kinder gerichteten Gewalt – sexueller Missbrauch mit Körperkontakt vor dem 16. Lebensjahr und körperliche Misshandlung – bei der Häufigkeitsberechnung berücksichtigt, so finden sich unter den Befragten der KFN-Studie 13,5% männliche und 16,1% weibliche Opfer. Wird zusätzlich noch die häufigere Konfrontation mit elterlicher Partnergewalt einbezogen (d.h. nur die Kategorie „häufiger als selten"), so erhöhen sich die Opferraten auf 18,3% bei den Männern und 20,5% bei den Frauen.
6. Bei der Zusammenfassung von elterlicher körperlicher Misshandlung, sexuellem Missbrauch sowie häufigerem Erleben von elterlicher Partnergewalt gehen die Autoren des KFN letztlich davon aus, dass die Prävalenzrate für die 16 bis 29 Jahre alten Personen in der Gesamtbevölkerung mit 95%iger Wahrscheinlichkeit zwischen 16,1% und 20,7% liegt, d.h. etwa ein Fünftel der jüngeren Generation betrifft. Bei Verwendung der unteren Intervallgrenze müssten mindestens 2,5 Millionen in dieser Weise in der Kindheit von Gewalt betroffene Personen angenommen werden. Klammert man das Erleben elterlicher Partnergewalt aus, so muss davon ausgegangen werden, dass etwa jeder sechste Jugendliche oder junge Erwachsene mindestens einmal Opfer von Gewalt in Form häufiger oder schwerer elterlicher physischer Gewalt oder sexuellen Kindesmissbrauchs war.

Um es zu betonen: Seelische Gewalt und Vernachlässigung von Kindern und das vorhin aufgeführte „Mobbing" sowie Kinder/Jugendliche als Zeugen der Gewalt unter den Eltern sind in diesen Zahlen noch gar nicht enthalten.

1.6 Kindesmisshandlung und soziale Schicht

Zur Beziehung zwischen elterlicher körperlichen Gewalt gegenüber Kindern und Jugendlichen sowie der sozialen Schicht geben Christian Pfeiffer und Peter Wetzels (1997) folgende Ergebnisse an:

Tab. 3: Ausmaß körperlicher elterlicher Gewalt in Beziehung zur
sozialen Schicht (Quelle: Pfeiffer/Wetzels 1997: 28)

Opfer körperlicher elterlicher Gewalt (insgesamt) und soziale Schicht der Herkunftsfamilie			
Soziale Schicht	körperliche Elterngewalt insgesamt (in %)		
	nie	selten	häufiger als selten
I von der	20,0	38,6	41,4
II niedrigsten	21,8	34,7	43,4
II zur	25,4	37,3	37,3
IV höchsten	31,8	38,2	29,9

Aus den Ergebnissen wird ein statistisch bedeutsamer Zusammenhang zwischen sozialer Schicht und körperlicher Gewaltanwendung durch Eltern sichtbar. Vergleichbare Unterschiede wurden auch bei der Auswertung nur hinsichtlich der (eindeutigen) körperlichen Misshandlung gefunden (Wetzels 1997). Dennoch bleibt festzuhalten, dass die o.a. absoluten Zahlen nicht die oft fälschlich vertretene Meinung rechtfertigen, es würde sich hierbei um ausgeprägte „Klassenunterschiede" handeln, wobei dann die unteren sozialen Schichten mit „Prügel" und die oberen sozialen Schichten mit „Liebe" gleichgesetzt werden. Auch Kai-D. Bussmann (2002a: 22 f.) stellt für seine Elternbefragung von 2001 zwar fest, dass „das Sanktionsniveau der Oberschicht durchgängig deutlich unter dem der anderen Schichten liegt" sowie „schwerere Körperstrafen ... auch 2001 überwiegend von unteren sozialen Schichten eingesetzt" werden. Aber er ergänzt: „Die Differenzen sind zwar signifikant, aber auch heute nicht so bedeutsam, dass man das Problem der Gewalt in der Erziehung primär einer bestimmten sozialen Schicht zuordnen kann". Und auch bezüglich des Zusammenhanges zwischen Schulbildung und Sanktionsverhalten formuliert er weiter: „In der gewaltbelasteten Sanktionsgruppe finden sich nach wie vor deutlich häufigere niedrige Bildungsabschlüsse, während in den sanktions- und körperstrafenfreien Gruppen öfter höhere Bildungsabschlüsse zu verzeichnen sind. Allerdings wird bereits aus der Verteilung erkennbar, dass man Gewalt in der Erziehung immer weniger eindeutig einer sozialen Schicht zuordnen kann".

2. Ursachen der Kindesmisshandlung

2.1 Biopsychosoziales Bezugssystem der Ursachen

Jay Belsky (1980) ordnete die Ursachen von Kindesmisshandlungen den folgenden Ebenen eines übergreifenden Bezugssystems zu:

1. Ontogenetische bzw. individuelle Ebene (z.B. Merkmale der Biographie und Persönlichkeit wie belastete Kindheit, psychische Störungen, Drogen- oder Alkoholmissbrauch, Minderbegabungen verbunden mit man-

gelnden Fähigkeiten im Umgang mit Stress und bei der Lösung von Konflikten, mangelndes Wissen über die Entwicklung von Kindern),

2. Mikrosystem- bzw. familiäre Ebene (u. a. Partnerkonflikte, gestörte Eltern-Kind-Beziehungen, beengte Wohnverhältnisse),

3. Exosystem- bzw. soziale/kommunale Ebene (z. B. sozial unterstützendes
   Netzwerk der Familie, Kriminalitätsrate in der Gemeinde, sozialer
   Brennpunkt),

4. Makrosystem- bzw. gesellschaftlich-kulturelle Ebene (z. B. hohe Ar-
   mutsquote, Toleranz gegenüber aggressiven/gewaltförmigen Konfliktlösungen oder Erziehungsgewalt, Macht- und Beziehungsgefälle zwischen
   den Geschlechtern).

Jay Belsky (s. a. Belsky/Vondra 1989) betonte dabei die Verzahnung dieses
Bezugssystems: Innerhalb dieser Ebenen und auch zwischen ihnen bestehen
zahlreiche Wechselwirkungen, bei denen spezifische Faktoren oder Fakto-
renkombinationen im Gesamtkontext die Wahrscheinlichkeit von Misshandlungen erhöhen oder auch reduzieren könnten. Kein Faktor sei allerdings typisch für Kindesmisshandlungen, jeder könne auch in Familien auftreten, in denen es nicht zu Kindesmisshandlungen komme. Erst spezifische
Konstellationen würden zur Destabilisierung auf familiärer und individueller Ebene führen, die eine Kindesmisshandlung nach sich ziehen könnte.
Allerdings könnten spezifische Wechselwirkungen auch stützend-kompen-
satorisch wirken und damit das Risiko von Kindesmisshandlung senken.
Für Prävention, Therapie und Beratung bedeutet dieses Modell von Jay
Belsky, dass auf allen Ebenen an die Minderung von Risikofaktoren bei
gleichzeitiger Erhöhung der kompensatorischen Faktoren gedacht werden
muss (Daro 1990).

Dante Cicchetti und Ross Rizley (1981; s. a. Cicchetti 1989) griffen solche
Modellvorstellungen auf und forderten weitere empirische Untersuchungen
über ‚potentiating factors‘, welche die Wahrscheinlichkeit von Misshandlungen erhöhen, sowie über ‚compensatory factors‘, die das Risiko einer
Misshandlung senken. Dabei unterscheiden sie auf einer zeitlichen Achse
nach eher überdauernden sowie eher vorübergehend wirkenden Faktoren
(sowohl bezüglich der Risikofaktoren als auch der kompensatorischen Faktoren). Auch diese Autoren nehmen an, dass erst eine spezifische Kombination von individuellen, familiären und sozialen Faktoren das Risiko der
Gewaltanwendung erhöht oder eben auch herabsetzt. Dabei geht es letztlich
nicht nur um Kindesmisshandlungen, sondern ganz generell um Kindeswohlgefährdungen bzw. um äußerst komplexe Bedingungsgefüge, welche
die kindliche Entwicklung in misshandelnden wie auch nicht misshandelnden Familien negativ bzw. positiv beeinflussen können. Heute spricht man
in diesem Zusammenhang von der Entwicklungspsychopathologie, also einem interdisziplinärem Aufgabengebiet, welches die Entstehung von Entwicklungsrisiken und den Verlauf abweichender Entwicklungen vor dem
Hintergrund biopsychosozialer Sichtweisen erforscht (Resch et al. 1999;
Petermann et al. 2000).

2.2 Risiko- und Schutzfaktoren für Kindesmisshandlung

Die Modellvorstellungen über die Risiko- und Schutzfaktoren bei der Entstehung von Kindesmisshandlungen, Kindeswohlgefährdungen und Entwicklungsstörungen haben sich im Verlaufe der Zeit sehr ausdifferenziert (Petermann et al. 2000; Bettge 2004; Bender/Lösel 2000, 2005). So werden beispielsweise die Faktoren danach unterschieden werden, ob sie eher als a) distal (weiter entfernt) oder proximal (zentral gelegen) sowie b) eher dauerhaft (kontinuierlich) oder kurzzeitig-vorübergehend sind. Zum Beispiel kann als distaler Faktor der sozioökonomische Status einer Familie oder die Wohngegend angesehen werden, als proximaler Faktor der Erziehungsstil der Eltern oder Paarkonflikte, als dauerhafter Faktor chronische Erkrankungen und als kurzzeitiger Faktor Lebensereignisse wie Tod eines Verwandten oder andere traumatische Belastungen. Kombinationen ergeben sich dann beispielsweise bezüglich dauerhafter distaler Risikofaktoren (z. B. Armut, Langzeitarbeitslosigkeit), dauerhafter proximaler Schutzfaktoren (z. B. langfristig gute, sichere Bindung des Kindes an die Eltern oder eine andere Bezugsperson), kurzfristiger proximaler Risikofaktoren (z. B. vorübergehende Trennung der Eltern) sowie kurzfristiger distaler Schutzfaktoren (zeitliche begrenzte Aufnahme eines Kindes bei Pflegeeltern).

Vereinfacht man solche Modellvorstellungen, so kann zunächst allgemein nach risikoerhöhenden bzw. -reduzierenden Bedingungen unterschieden werden, die dann wiederum jeweils nach kind- oder umgebungsbezogenen Faktoren aufgeteilt werden.

Die kindbezogenen Risikofaktoren bezeichnet man auch als primäre Vulnerabilitäts-/Verletzbarkeits-Faktoren oder fixe/strukturelle Marker, d. h. diese Bedingungen verändern sich nicht (z. B. Geschlecht, genetisch bedingte Erkrankungen). Sekundäre Vulnerabilitäts-Faktoren entstehen dagegen im Verlaufe der Zeit sowie dabei auftretenden Phasen erhöhter Vulnerabilität in der Auseinandersetzung mit der Umwelt (z. B. Teenager-Mütter, Drogenabhängigkeit des Vaters). Die Gesamtheit der auftretenden Risikofaktoren kann dann als Belastungen eines Individuums gekennzeichnet werden.

Die kindbezogenen risikomildernden Faktoren (z. B. gute Intelligenz, ausgeglichenes Temperament in der frühen Kindheit) sowie die umgebungsbezogenen risikomildernden Bedingungen (= Schutzfaktoren; z. B. erfahrene Eltern, viele Entwicklungs- und Lernanreize) führen in ihren Wechselwirkungen beim Kind zur Resilienz (= Widerstandsfähigkeit, „Unverwundbarkeit", d. h. die Fähigkeit, auch ausgeprägtere Lebensbelastungen mehr oder weniger erfolgreich bewältigen/überstehen zu können) und zur Erweiterung vielfältiger Kompetenzen (z. B. kognitive und psychosoziale Kompetenzen, Problemlösungs-Fähigkeiten), die dann insgesamt den Bereich der Ressourcen eines Kindes ergeben.

Die angeführten Modellvorstellungen können folgendermaßen veranschaulicht werden:

Abb. 6: Modellvorstellungen zu Risiko- und Schutzfaktoren

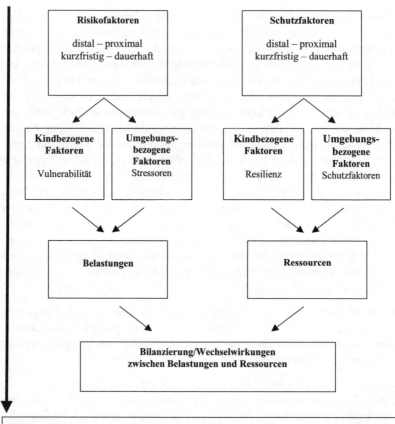

Risikofaktoren der Kindesmisshandlung

Die folgende Tabelle 4 gibt eine Übersicht über Faktoren, die aufgrund der Forschung das Risiko zur Kindesmisshandlung erhöhen, stützt sich weitgehend auf die umfassenden Literaturübersicht von Doris Bender und Friedrich Lösel (2005; vgl. auch die bei Deegener 1992 angeführten empirischen Untersuchungsbefunde) mit Schwerpunkt auf der körperlichen Misshandlung (vgl. Tab. 4).

Diese Übersicht darf natürlich nicht in dem Sinne verstanden werden, dass die angeführten Faktoren nun in der Praxis einfach als Risikoliste mit zu summierendem Gesamtwert angewendet werden kann. Dagegen ist sie eher als Hinweisliste zu betrachten, an welche Faktoren in unterschiedlichen Bereichen u. a. zu denken ist. Aufgrund der angeführten Komplexität und Wechselwirkungen des multidimensionalen Erklärungsmodells für Kindesmisshandlungen kann deswegen die Liste nur im Sinne von ‚besonders im Kopf zu behaltenden Hinweisen' empfohlen werden. Damit wird aber

Tab. 4: Risikofaktoren der Kindesmisshandlung

1. Merkmale der Eltern

1.1 Demographische Variablen:

- Je jünger die Mütter bei der Entbindung ist, desto höher Misshandlungsrisiko
- Jüngere Mütter haben höheres Misshandlungsrisiko als ältere Mütter
- Große Kinderzahl erhöht Misshandlungsrisiko

1.2 Psychische Störungen und Persönlichkeitsmerkmale

- Misshandelnde Eltern sind überzufällig häufig depressiv
- Negative Befindlichkeiten wie erhöhte Ängstlichkeit, emotionale Verstimmung, Unglücklichsein können das Misshandlungsrisiko erhöhen
- Gleiches gilt für erhöhte Erregbarkeit, geringe Frustrationstoleranz, Reizbarkeit verbunden mit Impulskontroll-Störungen
- Stress und Gefühl der Überbeanspruchung erhöhen das Misshandlungsrisiko
- Erhöhtes Misshandlungsrisiko bei Alkohol- und Drogenproblemen
- Erziehungsstil mit vielen Drohungen, Missbilligungen, Anschreien erhöht das Risiko zur körperlichen Misshandlung
- Dissoziale, soziopathische bzw. psychopathische Eltern (uneinfühlsam, manipulativ, impulsiv, bindungsarm) neigen zu Kindesmisshandlungen
- Überhöhte Erwartungen an die Kinder, auch in Verbindung mit mangelnden Kenntnissen über die kindlichen Entwicklungsnormen, erhöhen das Misshandlungsrisiko
- Befürwortung körperlicher Strafen senkt die Schwelle zur körperlichen Kindesmisshandlung

1.3 Eigene Gewalterfahrungen

- Eigene Gewalterfahrungen in der Kindheit erhöhen das Risiko, diese auch selbst in der Erziehung auszuüben. (Die Rate dieses Gewalttransfers wird auf etwa 30 % geschätzt.)

2. Merkmale des Kindes

2.1 Demographische Merkmale

- Tendenzen zu Häufigkeitsgipfeln für Misshandlungen in der frühesten Kindheit und der Pubertät
- Tendenzen zu häufigerer körperlicher Misshandlung von Jungen

2.2 Physische Merkmale

- Mangelgeburten und geringes Körpergewicht führen zu erhöhtem Misshandlungsrisiko
- Gleiches gilt für gesundheitliche Probleme, Entwicklungsverzögerungen, Behinderungen

2.3 Verhaltensprobleme

- Schwieriges Temperament bei Kleinkindern (schwer zu beruhigen, Schlafstörungen, Schreikinder, Fütterstörungen) erhöhen das Risiko zu Misshandlungen
- Bei Kinder mit Verhaltensproblemen (externalisierenden wie internalisierenden) erhöhte sich das Misshandlungsrisiko

3. Merkmale des direkten sozialen Umfeldes

3.1 Unterschicht und Arbeitslosigkeit

- Geringe finanzielle Ressourcen und Abhängigkeit von staatlicher Unterstützung erhöhen das Risiko zu Misshandlung und Vernachlässigung
- Arbeitslosigkeit bei Männern erhöht das Risiko für körperliche Misshandlung

3.2 Wohngegend und Nachbarschaft

- Wohngegend und Nachbarschaft mit hoher Gewaltrate und hoher Armutsrate erhöhen das Misshandlungsrisiko

3.3 Soziales Netzwerk

- Soziale Isolierung, wenig Kontakte zu Verwandten erhöhen das Misshandlungsrisiko
- Das Gleiche gilt für Familien mit wenig sozialer Unterstützung, vielen Umzügen

4. Kulturelle und gesellschaftliche Faktoren

In diesem Bereich müssen u. a. folgende Faktoren beachtet werden, die die Schwelle zu (körperlicher) Gewalt erhöhen (rigide, autoritäre Erziehungseinstellungen und -praktiken, hohe Armutsrate bzw. hohe Anzahl von Sozialhilfeempfängern, gesellschaftliche Toleranz gegenüber Erziehungsgewalt und gewaltförmigen Durchsetzungen von Bedürfnissen, Ausmaß von Gewalterfahrungen in Kindheit und Jugend) oder auch erniedrigen (z. B. gesetzliches Verbot von Körperstrafen[1], Ausmaß der stattlichen Hilfen/Jugendhilfemaßnahmen) können.

keine Aussage darüber getroffen, inwieweit diese Faktoren im individuellen Fall überhaupt oder aber mit welchem Gewicht zu Kindesmisshandlungen beitragen. Dies würde auch gelten, wenn in der Übersicht gleichzeitig angegeben würde, wie stark ausgeprägt der Effekt eines Faktors in einer bestimmten Untersuchung bezüglich des Risikos zur Kindesmisshandlung war. Außerdem können nicht aufgeführte Faktoren dennoch eine mehr oder weniger hohe Wahrscheinlichkeit aufweisen, das Risiko zur Kindesmisshandlung zu erhöhen.

Letztlich ist erneut auf vielfältige Wechselwirkungen und Ursachenzusammenhänge hinzuweisen, wobei Doris Bender und Friedrich Lösel (2005: 329) u. a. die folgenden anführen: „Das Misshandlungsrisiko dürfte gerade dann erhöht sein, wenn Kinder mit schwierigem Temperament auf überlastete, impulsive und wenig kompetente Eltern treffen". Letzteres trifft zum Beispiel vermehrt auf Familien der Unterschicht zu: „Geringe finanzielle Ressourcen und die Abhängigkeit von staatlicher Unterstützung erwiesen sich in verschiedenen prospektiven Studien als signifikante Prädiktoren von Misshandlung und Vernachlässigung" (ebd.: 330). Dabei kann dann auch „das Risiko für Entwicklungs- und Gesundheitsprobleme der Kinder" in unteren sozialen Schichten erhöht sein (ebd.: 390), weiter kann zusätzlich „weniger Kenntnis von kindlichen Entwicklungsnormen" (ebd.: 322) bestehen, was wiederum zu unangemessenen Erwartungen bezüglich des kindlichen Verhaltens sowie negativem Erziehungsverhalten führen kann. Auch ist an das soziale Umfeld von Unterschichts-Familien zu denken: „Ist die Nachbarschaft eher depriviert, arm und durch hohe Gewaltrate gekennzeichnet, erhöht sich das Ausmaß an Gewalt in Familien generell" (ebd.: 330). Dies wiederum kann zu einer erhöhten Rate der Weitergabe von fami-

---

1 In Deutschland wurde 2000 der Paragraf 1631 des Bürgerlichen Gesetzbuches folgendermaßen geändert: „Kinder sind gewaltfrei zu erziehen. Körperliche Bestrafungen, seelische Verletzungen und andere entwürdigende Maßnahmen sind unzulässig".

liärer Gewalt und Kindesmisshandlung von Generation zu Generation führen. Wenn dann Misshandlung in der Familie auftritt, führt dies zu einem
erhöhten Risiko, „dass misshandelnde Familien sozial isolierter sind, kleinere Netzwerke haben und weniger Kontakte zu ihren Verwandten aufweisen und sich insgesamt weniger unterstützt fühlen" (ebd.: 331). Schwieriges
Temperament des Kindes kann dann bei Müttern dazu führen, dass sie „auf
kindliches Schreien stärker physiologisch" reagieren und auch längere Zeit
brauchen, um sich wieder zu beruhigen (ebd.: 321), aber misshandelnde
Mütter können zusätzlich eine Reihe von Merkmalen aufweisen, die sie
„anfällig für eskalierende Eltern-Kind-Interaktionen" machen können (ebd.:
321) wie z. B.: „Sie disziplinierten ihre Kinder häufiger mit feindseligen,
verbalen Reaktionen" (ebd.: 321), „befürworteten häufiger körperliche Bestrafungen als Erziehungsmittel" (ebd.: 322), „hatten geringere erzieherische Kontrollüberzeugungen ... und ein negativeres Selbstkonzept" (ebd.:
322).

Empirische Untersuchungen zu Risikofaktoren von Kindesmisshandlung
können auch dazu beitragen, für Prävention spezifische Schwerpunkte zu
setzen. So führten z. B. Samuel Wu et al. (2004) eine Untersuchung zu Risikofaktoren von Kindesmisshandlung bei Kleinstkindern im Alter bis zu
einem Jahr durch. Die von ihnen gefundenen wichtigsten Risikofaktoren
waren: Mutter rauchte während der Schwangerschaft; mehr als zwei Geschwister; Inanspruchnahme des Gesundheitsdienstes für Bedürftige; un-
verheiratete Mutter; geringes Geburtsgewicht. Bei Kleinstkindern, die vier
dieser fünf Risikofaktoren aufwiesen, trat eine sieben Mal höhere Rate von
Kindesmisshandlung auf als bei der Gesamtstichprobe. Bezüglich präventiver Maßnahmen meinen die Autor/innen, dass z. B. das Rauchen in der
Schwangerschaft als Hinweis auf eine allgemein hohe Stressbelastung der
Mutter angesehen werden kann: Dies würde bedeuten, dass Hilfe zum Verzicht auf Rauchen zwar wichtig für die körperliche Gesundheit von Mutter
und Kind ist, aber zur hinreichenden Vorbeugung von Kindesmisshandlung
Hilfen zur Reduzierung der Stressbelastungen der Mutter notwendig sind.

Schutzfaktoren der Kindesmisshandlung

Die möglichen Auswirkungen von Risikofaktoren dürfen nicht getrennt von
den „kompensatorischen" Schutzfaktoren bewertet werden, welche die Folgen von Risikofaktoren mildern bis aufheben können. Dabei sollte ein
Schutzfaktor nicht lediglich in dem Sinne definiert werden, dass er den Gegenpol eines Risikofaktors auf einem bestimmten Kontinuum darstellt, also
z. B. „wenig" gegenüber „viel" soziale Unterstützung. Martin Holtmann und
Martin H. Schmidt (2004: 196) fordern in diesem Zusammenhang, „dass
ein Schutzfaktor besonders oder ausschließlich dann wirksam ist, wenn eine
Gefährdung vorliegt. Bei fehlender Resilienz kommen die risikoerhöhenden
Umstände voll zum Tragen; beim Vorhandensein eines protektiven Faktors
hingegen werden die entwicklungshemmenden Einflüsse des Risikos gemindert (‚gepuffert') oder ganz beseitigt".

In den als aussagekräftig anzusehenden Untersuchungen wurden vor allen Dingen die folgenden biographischen Schutzfaktoren vor Entwicklungsstörungen (nach: Egle/Hoffmann 2000: 21; eine Übersicht zur Erforschung biologischer Korrelate von Resilienz geben Holtmann et al. 2004) gefunden:

- dauerhafte gute Beziehung zu mindestens einer primären Bezugsperson
- seelisch gesunde Eltern
- sicheres Bindungsverhalten in der frühen Kindheit
- große Familie/Mehrgenerationenfamilie, kompensatorische Elternbeziehungen, Entlastung der Mutter
- gutes Ersatzmilieu nach frühem Mutterverlust
- wenig konflikthaftes, offenes und auf Selbständigkeit orientiertes Erziehungsklima
- überdurchschnittliche Intelligenz
- robustes, aktives und kontaktfreudiges Temperament
- internale Kontrollüberzeugungen, hohe Selbstwirksamkeits-Erwartungen (d. h. das Gefühl, die Probleme und Konflikte und zukünftigen Lebensaufgaben bewältigen zu können)
- wenig kritische Lebensereignisse
- positive Schulerfahrungen
- soziale Förderung (z. B. Jugendgruppe, Schule, Kirche)
- verlässlich unterstützende Bezugsperson(en) im Erwachsenenalter.

Trotz des Vorhandenseins von z. T. erheblichen Risikofaktoren können also diese Schutzfaktoren eine recht gesunde Entwicklung ermöglichen, sogar bei ausgeprägten Traumatisierungen, wie sie schwere und langwährende Kindesmisshandlungen darstellen. Sie bewirken dies offensichtlich durch den Aufbau u. a. der folgenden Faktoren:

- positives Selbstwertgefühl
- geringes Gefühl der Hilflosigkeit
- starke Überzeugung, das eigene Leben und die Umwelt zu kontrollieren
- optimistische Lebenseinstellung
- positive Sozialkontakte und soziale Unterstützung
- hohe soziale Kompetenz, gute Beziehungen
- gutes Einfühlungsvermögen
- hohe Kreativität, viele Interessen
- gute kognitive Funktionen.

Viele wissenschaftliche Untersuchungen ergaben, dass insbesondere „gute" Beziehungen die Folgen von Misshandlungen und anderer Risikofaktoren sehr stark abmildern können. In solchen „guten" Beziehungen werden nämlich die eben angeführten Faktoren stark gefördert (zur Bindungsforschung vgl. Gahleitner i. d. B.)

- Die Gefahr, dass misshandelte Kinder zu misshandelnden Eltern werden, wird durch „gute" Beziehungen herabgesetzt. Dies wurde durch Forschungen bestätigt, in denen Erwachsene, die in ihrer Kindheit misshandelt wurden, in zwei Gruppen aufgeteilt wurden. Die eine Gruppe umfasste dann jene, die ebenfalls ihre eigenen Kinder misshandelten, während in der anderen Gruppe der sog. „Misshandlungszyklus" durchbrochen wurde, die Erwachsenen also ihre selbst erlittene Misshandlung in der Kindheit nicht an die eigenen Kinder „weitergaben". Martin Dornes (2000) fasst drei Hauptunterschiede zusammen, welche insbesondere zwischen den „Wiederholern" und „Nicht-Wiederholern" von Misshandlungen gefunden wurden: „Nichtwiederholer hatten in der Kindheit mindestens eine Person, an die sie sich mit ihrem Kummer wenden konnten und/oder hatten irgendwann in ihrem Leben eine längere (mehr als ein Jahr) Psychotherapie absolviert und/oder lebten gegenwärtig häufiger in einer befriedigenden Beziehung mit Ehepartner/Freund. Ohne die Bedeutung der aktuell befriedigenden Beziehung schmälern zu wollen …, kann doch die Fähigkeit, eine solche einzugehen, zum großen Teil auf den unter Punkt 1 und 2 beschriebenen Einfluss zurückgeführt werden: Die in der Kindheit oder der Therapie gemachte Erfahrung, dass es auch menschliche Beziehungen gibt, die befriedigend sind, erlauben es dem Betroffenen, ihre Misshandlungsschicksale zu relativieren. Theoretisch gesprochen sind ihre Selbst- und Objektrepräsentanten (in Bowlbys Terminologie die ‚inneren Arbeitsmodelle' vom Selbst, vom anderen und von der Beziehung) flexibler und reichhaltiger, weil sie auch Erfahrungen mit Bindungsfiguren einschließen, die verfügbar waren, und ebenso Vorstellungen von sich selbst als liebenswert beinhalten. Dies erhöht die Bereitschaft, eine Beziehung einzugehen bzw. die Fähigkeit, sie erfolgreich zu gestalten" (Dornes 2000: 81).

• Doris Bender und Friedrich Lösel (2000: 58) kommen bei ihrer Auswertung der Forschung zu sehr ähnlichen Ergebnissen: „Für Kinder, welche in der Kindheit häufiger misshandelt oder stark vernachlässigt wurden, können die daraus sich ergebenden vielfältigen negativen Folgen zumindest teilweise abgemildert werden: Wenn sie eine gute und dauerhafte Versorgung durch eine andere Person erhalten; wenn sie eine positive emotionale Beziehung zu einem anderen Erwachsenen (z.B. Verwandte, Lehrer, Pfarrer) haben, der auch als ein Modell für die positive Problembewältigung dienen kann; wenn sie lern- und anpassungsfähig bzw. gute soziale Problemlöser sind; wenn sie einen Bereich haben, in dem sie Erfahrungen der Kompetenz und Selbstwirksamkeit entwickeln können (z.B. akademischer, sportlicher, künstlerischer oder handwerklicher Natur); wenn sie emotionale Unterstützung, Sinn und Struktur auch außerhalb der Familie finden (z.B. in Schule, Heim oder Kirche)".

3. Ausblick

Es muss sich die Einsicht durchsetzten,

a) dass sich die verschiedenen Formen der Kindesmisshandlung untereinander häufig überlagern,
b) dass sich die Formen der Kindesmisshandlung nicht selten auch überlagern mit weiteren Gewalterfahrungen in Kindheit und Jugend (z.B. körperliche Gewalt und Mobbing durch Mitschüler/innen oder verbale Gewalt durch Lehrer/innen, Gewalt im sozialen Umfeld/Brennpunkt, Gewalt unter den Eltern, Gewalt gegen alte Menschen in der Familie, Gewalt im Fernsehen und in Computerspielen) sowie
c) dass oft zusätzlich weitere familiäre Belastungen auftreten wie z.B. Trennung der Eltern, psychische Störung von Elternteilen, Drogen-/Alkoholmissbrauch eines Familienmitgliedes, Armut, beengte Wohnverhältnisse, Leben in einem sozialen Brennpunkt usw.

Gewalt in Deutschland und Kindesmisshandlung kann im Sinne einer extrem verbreiteten „sozialen Krankheit" angesehen werden. Primäres Ziel aller Prävention muss deshalb sein, (1) die hohe „soziale Vererbung" der Gewaltbereitschaft von Generation zu Generation zu schwächen, (2) humanitäre Einstellungen und Zivilisation immer wieder den nachwachsenden Generationen neu zu vermitteln, (3) statt „struktureller" Gewalt so etwas wie (mit Horst Petri, pers. Mitteilung) „strukturelle Geborgenheit" oder (mit Klaus Neumann, pers. Mitteilung) „soziale Elternschaft aller" oder (mit Lanfranchi 2006: 135) „strukturelle zweite Heimat" für die Kinder entstehen zu lassen.

Literatur

Bayerisches Staatsministerium für Unterricht und Kultus (o.J.): Gewalt im sozialen Nahraum. Kinder und Jugendliche als Opfer von Gewalt. www.stmuk.bayern.de/a3/r5/teil1/nah.html (Download am 30.08.2003)
Belsky, Jay (1980): An ecological integration. In: American Psychologist 35: 320-335
Belsky, Jay/Vondra, Joan (1989): Lessons from child abuse: The determinants of parenting. In: Cicchetti, Dante/Carlson, Vicki (Hg.): Child maltreatment. Cambridge: 153-202
Bender, Doris/Lösel, Friedrich (2000): Risikofaktoren, Schutzfaktoren und Resilienz bei Misshandlung und Vernachlässigung. In: Egle, Ulrich T./Hoffmann, Sven O./Joraschky, Peter (Hg.): Sexueller Missbrauch, Misshandlung, Vernachlässigung. Stuttgart: 85-104
Bender, Doris/Lösel, Friedrich (2005): Misshandlung von Kindern: Risikofaktoren und Schutzfaktoren. In: Deegener, Günther/Körner, Wilhelm (Hg.): Kindesmisshandlung und Vernachlässigung. Ein Handbuch. Göttingen: 317-346
Bettge, Susanne (2004): Schutzfaktoren für die psychische Gesundheit von Kindern und Jugendlichen. Charakterisierung, Klassifizierung, Operationalisierung. Dis-

sertation an der Fakultät VII – Wirtschaft und Management/Institut für Gesundheitswissenschaften – der Technischen Universität Berlin. http://edocs.tu-berlin. de/diss/2004/bettge_susanne.pdf (Download am 17.08.2007)

Blum-Maurice, Renate/Knoller, Elisabeth-Charlotte/Nitsch, Michael/Kröhnert, Arthur (2000): Qualitätsstandards für die Arbeit eines Kinderschutz-Zentrums. Köln: Eigenverlag der Bundesarbeitsgemeinschaft der Kinderschutz-Zentren e.V.

Brisch, Karl Heinz (2003): Bindungsstörungen. Von der Bindungstheorie zur Therapie. Stuttgart: Klett-Cotta

Brisch, Karl Heinz/Hellbrügge, Theodor (Hg.) (2006): Bindung und Trauma. Risiken und Schutzfaktoren für die Entwicklung von Kindern. Stuttgart: Klett-Cotta

Bussmann, Kai-D. (1995): Familiale Gewalt gegen Kinder und das Recht. Erste Ergebnisse einer Studie zur Beeinflussung von Gewalt in der Erziehung durch Rechtsnormen. In: Gerhardt, Uta/Hradil, Stefan/Lucke, Doris/Nauck, Bernhard (Hg.): Familie der Zukunft. Opladen: 261-279

Bussmann, Kai-D. (1996): Changes in family sanctioning styles and the impact of abolishing corporal punishment. In: Frehsee, Detlev/Horn, Wiebke/Bussmann, Kai-D. (Hg.): Family violence against children a challenge for society. Berlin: 39-61

Bussmann, Kai-D. (2002a): Schlussbericht. Studie zu den Auswirkungen des Gesetzes zur Ächtung der Gewalt in der Erziehung und der begleitenden Kampagne „Mehr Respekt vor Kindern". Eltern-Studie, Martin-Luther-Universität Halle-Wittenberg, Juristische Fakultät

Bussmann, Kai-D. (2002b): Schlussbericht. Studie zu den Erfahrungen von Beratungs- und anderen Hilfeeinrichtungen mit dem Gesetz zur Ächtung der Gewalt in der Erziehung. Multiplikatorenstudie. Martin-Luther-Universität Halle-Wittenberg, Juristische Fakultät

Bussmann, Kai-D. (2002c): Zwischenbericht. Jugendstudie zu den Auswirkungen des Gesetzes zur Ächtung der Gewalt in der Erziehung und der begleitenden Kampagne „Mehr Resepkt vor Kindern". Jugendstudie. Martin-Luther-Universität Halle-Wittenberg, Juristische Fakultät

Bussmann, Kai-D. (2005): Report über die Auswirkungen des Gesetzes zur Ächtung der Gewalt in der Erziehung. Vergleich der Studien von 2001/2002 und 2005. Eltern-, Jugend- und Expertenbefragung. Hg.: Bundesministerium der Justiz, Berlin

Bussmann, Kai-D. (2006): Bilanz nach fünf Jahren. Auswirkungen des Gesetzes zur Ächtung der Gewalt in der Erziehung. In: Kindesmisshandlung und -vernachlässigung 9: 4-22

Cicchetti, Dante (1989): How research on maltreatment has informed the study of child development: Perspectives from developmental psychopathology. In: Cicchetti, Dante/Carlson, Vicki (Hg.): Child maltreatment. Cambridge: 377-431

Cicchetti, Dante/Rizley, Ross (1981): Developmental perspectives on the etiology, intergenerational transmission, and sequelae of child maltreatment. In: New Directions for Child Development 11: 31-35

Daro, Deborah (1990): Prevention of child physical abuse. In: Ammermann, Robert T./Hersen, Michel (Hg.): Treatment of family violence. A sourcebook. New York: 331-353

Deegener, Günther (1992): Orientierungshilfen bei Kindesmisshandlung. Tabellarische Übersicht zu kompensatorischen Bedingungen und Risikofaktoren. Mainzer Schriften zur Situation von Kriminalitätsopfern. Bd. 4. Mainz: Weisser Ring

Dornes, Martin (2000): Vernachlässigung und Misshandlung aus der Sicht der Bindungstheorie. In: Egle, Ulrich T./Hoffmann, Sven O./Joraschky, Peter (Hg.): Sexueller Missbrauch, Misshandlung, Vernachlässigung. Stuttgart: 70-83

Egle, Ulrich T./Hoffmann, Sven O. (2000): Pathogene und protektive Entwicklungsfaktoren in Kindheit und Jugend. In: Egle, Ulrich T./Hoffmann, Sven O./ Joraschky, Peter (Hg.): Sexueller Missbrauch, Misshandlung, Vernachlässigung. Stuttgart: 3-22

Ernst, Cécile (2005): Zu den Problemen der epidemiologischen Forschung des sexuellen Missbrauchs. In: G. Amann, Gabriele/Wipplinger, Rudolf (Hg.): Sexueller Missbrauch. Überblick über Forschung, Beratung und Therapie. Tübingen: 55-71

Faller, Heiker (2007): Für das Glück eines Anderen. In: Die Zeit 16. http://www.zeit.de/2007/16/patenschaften. (Download am 16.08.2007)

Familienpolitischer Appell (2007): Pressemitteilung. www.zff-online.de/fileadmin/user_upload/infos/zff-dokumente/PM_070515_ Familienpolitischer_Appell.pdf (Download am 16.08.2007)

Grossmann, Klaus E./Grossmann, Karin (Hg.) (2003): Bindung und menschliche Entwicklung. Stuttgart: Klett-Cotta

Holtmann, Martin/Schmidt, Martin H. (2004): Resilienz im Kindes- und Jugendalter. In: Kindheit und Entwicklung 13: 195-200

Holtmann, Martin/Poustka, Fritz/Schmidt, Martin H. (2004): Biologische Korrelate der Resilienz im Kindes- und Jugendalter. In: Kindheit und Entwicklung 13: 201-211

Kindler, Heinz (2006): Was ist unter physischer Kindesmisshandlung zu verstehen? In: Kindler, Heinz/Lillig, Susanna/Blüml, Herbert/Meysen, Thomas/Werner, Annegret (Hg.): Handbuch Kindeswohlgefährdung nach § 1666 BGB und Allgemeiner Sozialer Dienst. München: DJI http://213.133.108.158/asd/ASD_Inhalt.htm (Download am 17.08.2007)

Lanfranchi, Andra (2006): Resilienzförderung von Kindern bei Migration und Flucht. In: Welter-Enderlin, Rosemarie/Hildenbrand, Bruno (Hg.): Resilienz – Gedeihen trotz widriger Umstände. Heidelberg

Libal, Renate/Deegener, Günther (2005): Häufigkeiten unterschiedlicher Gewalterfahrungen in Kindheit und Jugend sowie Beziehungen zum psychischen Befinden. In: Deegener, Günther/Körner, Wilhelm (Hg.): Kindesmisshandlung und Vernachlässigung. Ein Handbuch. Göttingen: 59-93

Petermann, Franz/Niebank, Kai/Scheithauer, Herbert (Hg.) (2000): Risiken der frühkindlichen Entwicklung. Entwicklungspsychopathologie der ersten Lebensjahre. Göttingen: Hogrefe

Pfeiffer, Christian/Wetzels, Peter (1997): Kinder als Täter und Opfer. Eine Analyse auf der Basis der PKS und einer repräsentativen Opferbefragung. Forschungsbericht Nr. 80, Hannover

Pfeiffer, Christian/Wetzels, Peter/Enzmann, Dirk (1999): Innerfamiliäre Gewalt gegen Kinder und Jugendliche und ihre Auswirkungen, KFN-Forschungsbericht Nr. 80, Hannover

Resch, Franz/Parzer, Peter/Brunner, Romuald G./Haffner, Johanni/Koch, Enginhard/Oelkers, Rieke/Schuch, Bibiana/Strehlow, Ulrich (1999): Entwicklungspsychopathologie des Kindes- und Jugendalters. Weinheim: Beltz

Saßmann, Heike/Klann, Notker (2002): Es ist besser das Schwimmen zu lehren als Rettungsringe zu verteilen. Freiburg: Lambertus-Verlag

U.S. Department of Health and Human Services, Administration on Children, Youth and Families (2006): Child maltreatment 2004. Washington, DC: U.S. Government Printing Office. http://www.childtrendsdatabank.org/indicators/40ChildMaltreatment.cfm (Download am 17.08.2007)

Wetzels, Peter (1997): Gewalterfahrungen in der Kindheit: Sexueller Missbrauch, körperliche Misshandlung und deren langfristige Konsequenzen. Baden-Baden: Nomos

Wetzels, Peter/Pfeiffer, Christian (1997): Kindheit und Gewalt: Täter- und Opferperspektiven aus Sicht der Kriminologie. In: Praxis der Kinderpsychologie und Kinderpsychiatrie 46: 143-152

Wu, Samuel S./Ma, Chang-Xing/Carter, Randy L./Ariet, Mario/Feaver, Edward A./ Resnick, Michael B./Roth, Jeffrey (2004): Risk factors for infant maltreatment: A population-based study. In: Child Abuse & Neglect 28: 1253-1264

Claudia Brügge

Sexueller Missbrauch

Sexueller Missbrauch ist das Ausnützen eines Kindes zur sexuellen Erregung und Befriedigung eines Erwachsenen oder Jugendlichen. Dass sexueller Missbrauch zu den dunkelsten und finstersten Phänomenen zählt, die wir uns innerhalb persönlicher Lebensgeschichten und persönlicher Beziehungen überhaupt vorstellen können, darüber herrscht heute weitgehend Einigkeit in der Öffentlichkeit. Die Medien berichten immer wieder von spektakulären Skandalen, und die exponentiell anwachsende Flut an Fachliteratur analysiert ausführlich psychologische Hintergründe, beschreibt Ursachen und Dynamiken. Wir wissen heute, dass Kinder diese Erfahrungen oft nicht unbeschadet überstehen, sondern dass insbesondere bei anhaltendem und wiederholtem Missbrauch gravierende Folgeschäden entstehen. Deshalb gilt sexueller Missbrauch in der Fachöffentlichkeit ganz klar als düstere und schlimme Beziehungserfahrung, die einen dunklen Schatten über das weitere Leben der Opfer werfen kann. So sind Publikationen mit Titeln überschrieben wie „Das dunkle Geheimnis" (Westmeier et al. 1997), „das Dunkel des Schweigens" (May/Remus 1993) „dunkle Triebe" (Salter 2006) „die finsterste Seite der Sehnsucht" (Holzhaider 2006), „die dunkle Seite der Kindheit" (Bange 1992) oder „Kindheit im Schatten" (Gloor/Pfister 1995).[1] Die von den Herausgebern des Handbuches gewählte Kapitelüberschrift „dunkle Seiten persönlicher Beziehungen" ist also passend. Die Bezeichnung „dunkel" trifft auch, weil die Täter ihr Tun im Dunkeln lassen wollen, und oft bleiben sie wirklich unbehelligt. Manche Dunkelfeldschätzungen belaufen sich auf 1:20 (auf eine Tat im Hellfeld der Anzeigenstatistik kommen 20 im Dunkelfeld), beim intrafamiliären Missbrauch steigt die Dunkelziffer bis auf 1:50. Demnach dürfte die Anzahl der nicht-angezeigten Missbrauchsdelikte, die gar nicht erst ans Licht kommen, weit höher als bei jedem anderen „Delikt am Menschen" sein.

Auf der anderen Seite lässt sich feststellen: Das Thema „Sexueller Missbrauch" ist in den letzten 20 bis 30 Jahren durch verschiedene gesellschaftliche Diskurse wie kaum ein anderes Beziehungsphänomen umfangreich bearbeitet worden, so dass hier die Metaphorik der „Dunkelheit" gar nicht mehr zu passen scheint. „Sexueller Missbrauch" wurde diskursiv derart hell ausgeleuchtet, dass sich so betrachtet kaum mehr von Dunkelheit sprechen

---

1 Dass die „Dunkel"-Metapher überstrapaziert werden kann, zeigt die Autorin Karin Jäckel (1996: 50), die stigmatisierend behauptet, dass beim kindlichen Opfer „(...): die Seele, das Lebendige in diesen Augen fehlt. Wenn Augen wirklich die „lieben Fensterlein" der Seele sind (...): sind die Fenster von Kindern, denen der sexuelle Missbrauch die Seele abgedrückt hat, dunkel [sic! C.B.] und leer".

lässt. Gibt es angesichts der Fülle von Diskursaktivitäten überhaupt noch Seiten, die für die Fachwelt im Dunkeln liegen und weiter ausgeleuchtet werden müssten?

Sexuellen Missbrauch erneut – hier in einem Handbuch über „persönliche Beziehungen" – zu thematisieren, erscheint in zweifacher Hinsicht sinnvoll: Zum einen dürfte es für die allgemeine Beziehungs- und Bindungsforschung wichtig sein, inwiefern sich – durch sexuellen Missbrauch – schädigende Beziehungsformen phänomenologisch von gelungenen und fördernden Beziehungen unterscheiden. Warum betrachten wir eine Missbrauchsbeziehung als „dunkel"? Was ist anders als in nicht-missbräuchlichen Beziehungen? Zum anderen ist es wiederum für die fachliche Auseinandersetzung und Forschung um den Sexuellen Missbrauch wichtig, den Beziehungsaspekt, die spezifische Beziehung zwischen Opfer und Täter[2] zu fokussieren.

1. Stand der wissenschaftlichen Kategorisierung des Phänomens „Sexueller Missbrauch":

Mit dem Blick auf Interaktion und Beziehung stellt sich sofort die Frage, wer Täter, wer Opfer und welcher Art die Beziehung zwischen ihnen ist. Und sobald nach der Täter-Opfer-Beziehung gefragt wird, lässt sich nur noch schlecht pauschal von *dem* sexuellen Missbrauch sprechen. Es gibt keine Einheitstäter, keine Einheitsopfer mit einheitlichem Missbrauchs-Syndrom und eben keine Einheits-Missbrauchsbeziehung.

In aufgelisteter Form lassen sich nun Differenzierungen benennen, die man in der Fachliteratur gängiger Weise bezüglich der Formen von sexuellem Missbrauch, dem möglichen Schädigungsgrad beim Opfer, der Tätertypologie, und bezüglich der Beziehungskonstellationen findet. Die Differenzierungen können hilfreiche Folien und Heuristiken in der praktischen Arbeit sein.

Zunächst ist es wichtig, Formen sexueller Übergriffe zu unterscheiden:

Formen des sexuellen Missbrauchs

- Penetrativer Kontakt: Genitale, anale, orale Penetration, mit Penis, Finger, Gegenständen, versuchter Geschlechtsverkehr, Cunnilingus, Fellatio. Diese gelten meist als eindeutige Formen des Missbrauchs
- Nichtpenetrativer Körperkontakt: Berührungen, Streicheln (genital, anal, Brüste), Zungenkuss, Berührungen und Reiben mit Penis oder Vulva, Schenkelverkehr, Ejakulation auf den Körper, sexuell bedrängende Umarmungen

---

2 Begriffe wie „Opfer", „Täter", „Missbrauch", „Inzest", „Pädophilie", die ich in diesem Beitrag benutzen werde, folgen dem allgemeinen Sprachgebrauch. Sie sind nicht präzise, eher missverständlich, was einer kulturellen Unbeholfenheit im Umgang mit dem Phänomen entspringt.

- Kein körperlicher Kontakt: Exhibitionismus, Fotografieren der kindlichen Genitalien, Zeigen von pornographischem Material, Masturbation in Anwesenheit des Kindes, Veranlassung des Kindes im Beisein eines Erwachsenen zu masturbieren, sexualisierte Ansprache, wiederholte anzügliche Anspielungen
- Weitere Perversionen: Kinder zu gegenseitigen sexuellen Handlung auffordern, pornographische Fotos oder Videos von sexuellen Handlungen von Kindern aufnehmen, körperliche Verletzung zur Steigerung der Erregung
- Missbrauch in Sexringen, Nutzung von Kinderprostitution im Ausland
- Missbrauch, der sich oft erst im Nachhinein als solcher herausstellt: Sich dem Kind nackt zeigen, Beobachten des nackten Körpers des Kindes bei intimen Verrichtungen (Toilette, Baden, Waschen, Entkleiden) und evtl. „Hilfsangebote" dazu, sexuelle Aufklärung des Kindes, die den Interessen und dem Alter des Kindes nicht entspricht.

Dass empirische Untersuchungen in ihren Zahlenangaben und Ergebnissen, insbesondere hinsichtlich Häufigkeitsangaben enorm variieren, geht nicht nur auf unterschiedliche Stichprobenauswahl zurück, ein Großteil der Varianz erklärt sich durch die Wahl einer weiten oder engen Definition dessen, was als Missbrauch zu gelten hat (Wipplinger/Amann 1996). Es macht einen Unterschied, ob wir von vollzogenem Geschlechtsverkehr, von Pornographie, von Exhibitionismus, übertriebener Körperpflege des Kindes oder anzüglichen Blicken und Bemerkungen reden. Auch in der Psychotherapie mit sog. „Missbrauchsklientinnen" macht es Sinn, sich nach der Art und Weise des Missbrauchs zu erkundigen statt vorauszusetzen, es seien immer dieselben Handlungen gemeint. Außerdem wird deutlich, dass bei der wissenschaftlichen Operationalisierung von sexuellem Missbrauch die Beziehungsdimension nicht im Zentrum steht. So ist es zunächst unerheblich, ob die sexuellen Handlungen gegen den erklärten Willen des Kindes geschehen. Sexueller Missbrauch wird hier unabhängig vom Willen des Kindes definiert, und unabhängig davon, ob sich das Opfer missbraucht oder geschädigt fühlt. Weiterhin ist das Zufügen körperlicher Verletzung und Lebensbedrohung kein notwendiges Kriterium. Gewalt und Drohungen spielen in höchstens 50 % der Fälle eine Rolle, die meisten Täter verwenden eher manipulative Strategien. Missbrauch beginnt meist mit besonderer Zuwendung und Vorzugsbehandlungen (z.B. Geschenke, Rauchen und Trinken dürfen, Bezeichnung als Lieblingstochter). „Grooming" wird die Täterstrategie genannt, sich Stück für Stück dem kindlichen Opfer zu nähern, ohne dass dies zunächst bemerkt würde. Sowohl für die Täter- wie für die Opferarbeit stellt die Problematisierung dieses „Groomings" ein wichtiges Element der Klärung dar.

Wie für die Taten gibt es auch für die Beschreibung von Tätern unzählige Typologien, die gebräuchlichste und einfachste scheint mir derzeit folgende zu sein:

Tätertypen

1. Fixierter Tätertyp:

Dies ist der klassische „Pädophile". Die primäre sexuelle Orientierung und sexuelle Phantasien sind auf Kinder ausgerichtet. Die pädosexuellen Interessen beginnen bereits in der Adoleszenz. Oft gibt es wenig Beziehungen zu gleichaltrigen Menschen, das Beziehungsverhalten wird oft als unreif beschrieben. Die Opferauswahl ist oft sehr vorüberlegt. Von allen Tätern soll diese Tätergruppe die höchste Rate eigener Missbrauchserfahrungen aufweisen. Fixierte bzw. Kernpädophilie soll ca. 5 bis 10 % der Missbrauchsfälle ausmachen.

2. Regressiver Tätertyp:

Dies ist der klassische Inzesttäter. Die sexuelle Orientierung ist primär auf Erwachsene ausgerichtet und verschiebt sich später auf Kinder. Bei leichter Verfügbarkeit von Kindern, bei Problemen mit erwachsenen Sexualpartnerinnen, insbesondere bei der Konfrontation mit sexueller Unzulänglichkeit in Bezug auf eine erwachsene Frau und bei subjektiver Bedrohung eigener Männlichkeit werden Kinder als Ersatz gewählt (Ersatzobjekttäter). Subjektiv überwältigender Streß gilt als tatauslösende Bedingung. Sog. Inzesttäter machen den größten Anteil im Hellfeld aus.

3. Soziopathischer oder antisozialer Tätertyp:

Dieser Täter zieht vor allem Befriedigung aus der Gewalttat und der Unterdrückung, zuweilen findet sich eine ausgeprägte sadistische Orientierung (vgl. Serienmörder wie Jürgen Bartsch). Sexualität dient nicht als Mittel sexueller Befriedigung, sondern als Mittel der Unterdrückung. Die Interaktionen mit anderen Menschen werden auch sonst ausbeuterisch und manipulativ gestaltet, auffällig ist das komplette Fehlen von Schuldgefühlen, keinerlei Empathie für Opfer, hohe Impulsivität. Der sexuelle Missbrauch ist mitunter eingebettet in polytrope Kriminalität und ist nur eine von vielen ausgelebten sexuellen Perversionen mit Personen jeden Geschlechts und jeden Alters. Soziopathische Täter sollen Einzelfälle sein.

Der sexualwissenschaftliche, der forensisch-juristische und der psychotherapeutische Diskurs nehmen jeweils für die eigene Praxis noch weitere Feinabstufungen vor (Berner 1996, 1997; Kobbe 2004; Rehder 2004; Sigusch 2005).

In der Traumaliteratur wird immer wieder darauf hingewiesen, dass auch auf Seiten der Opfer die Folgesymptomatik nicht eindeutig feststeht, sondern von den Umständen abhängt. Wir sehen hier bereits, dass Beziehungsaspekte in mehrerer Hinsicht eine Rolle spielen und für die Ausprägung relevant sind:

Das Ausmaß der Schädigung ist abhängig von den Tatumständen

– Alter, Entwicklungsstand und zuvor bestehende Störungen auf Seiten des Kindes, Altersunterschied zwischen Opfer und Täter
– Art/Invasivität/Intensität des Sexualkontaktes (Penetration, Hand-On-, Hand-Off-Delikt)

– Art der sexuellen Beziehung
– Häufigkeit der sexuellen Kontakte bzw. Dauer der sexuellen Beziehung (Monotraumatisierung vs. Chronifizierter Missbrauch/serielle Traumatisierung)
– Grad der Bedrohlichkeit, Aggressivität und Ausübung körperlicher Gewalt
– Verwandtschafts- und Bekanntschaftsgrad: Nähe des Täters als Bezugs- und Bindungsperson des Kindes
– Elterliche/Familiäre Unterstützung bei der Aufdeckung des Missbrauchs (Verschweigen müssen, Offenbaren können vs. müssen)
– Andere begleitende ungünstige Lebensumstände: Vernachlässigung, Misshandlung, weitere Belastungsfaktoren.

Um schließlich die Beziehungsdimension deutlicher zu erfassen, schlägt Hertha Richter-Appelt (2001) eine Differenzierung der vielen möglichen Beziehungskonstellationen folgender Art vor:

Beziehungskonstellationen

1. einmaliger extrafamiliärer Missbrauch durch eine fremde Person
2. wiederholter extrafamiliärer Missbrauch durch unterschiedliche fremde Personen
3. extrafamiliärer Missbrauch durch Erziehungspersonen
4. intrafamiliärer Missbrauch: Elterninzest
5. intrafamiliärer Missbrauch II: Geschwisterinzest
6. sog. „Liebesbeziehungen" zwischen sozial verwahrlosten, allein gelassenen Kindern und meist pädophilen Erwachsenen.

Was den Bekanntschaftsgrad bei sexuellem Missbrauch betrifft, so stammen die meisten Täter aus dem sozialen Nahraum. Viele Autoren gehen davon aus, dass 40 bis 50% der Täter mit ihren Opfern gut bekannt aber nicht verwandt sind, ca. 25 bis 30% sind Familienangehörige wie leibliche Väter, Brüder, Stiefväter, Großväter, Onkel oder andere nahe Verwandte, nur 10-25% seien Fremde, zu denen vorher keinerlei Beziehung bestand. Bei männlichen Opfern ist der Anteil der Fremdtäter höher. Auch wird davon berichtet, dass Kinder und Jugendliche am häufigsten von Gleichaltrigen oder geringfügig Älteren missbraucht werden. Die Art der Beziehung – ob ein Vater, ein Bruder, ein Nachbar, ein Lehrer der Täter ist – spielt für das Erleben eine große Rolle. Bei der wahrgenommenen Nähe oder Fremdheit kommt es allerdings nicht auf den biologischen Verwandtschaftsgrad an, sondern auf die gelebte Beziehung: Je länger und enger z. B. der familiäre Kontakt zum Stiefvater besteht, um so geringer dürfte die Fremdheit empfunden werden. Auch ein pädosexueller Lehrer, Erzieher oder Pastor kann zu einer sehr nahen Bezugsperson werden, zu der das Kind eine Nähe und Abhängigkeitsbeziehung aufbaut, als handele es sich um einen „Ersatzvater".

2. Sexueller Missbrauch basiert immer auf einer Missbrauchsbeziehung

Es gibt keinen sexuellen Missbrauch plus oder minus einer davon unabhängigen guten oder schlimmen Beziehung. Sexueller Missbrauch ist ein durch und durch soziales Phänomen: Das Missbrauchsereignis ist Ausdruck und Teil der Beziehung zwischen Opfer und Täter sowie des sozialen Kontextes. Einerseits stellt die jeweilige Beziehung die Bedingung für inzestuöse Sexualität dar und andererseits wirken sexuelle Handlungen zwischen Erwachsenem und Kind auf deren persönliche Beziehung zurück, und zwar bis in ihren Kern hinein, sie wirkt sich auf die Qualität, die Gestaltung der Beziehung, auch auf die zukünftige Beziehungsfähigkeit und die späteren Beziehungsmuster der beteiligten Personen aus. Zu dem relevanten sozialen System des Missbrauchs gehören nicht nur die unmittelbar beteiligten Täter und Opfer, auch weitere Personen aus dem Umfeld haben eine Bedeutung. Zu diesem System treten später noch helfende und kontrollierende Personen sowie gesellschaftliche Institutionen hinzu, so dass hier systemisch betrachtet ein breites Beziehungsgeflecht entsteht.

Im Diskurs zum sexuellen Missbrauch allerdings hat es immer noch den Anschein, dass sexueller Missbrauch als ein für sich genommenes isoliertes und abgegrenztes Phänomen gesehen werden könnte, eine in sich geschlossene kriminell-strafbare Handlung. So als handele es sich um ein skandalöses, punktuelles Einzelereignis, das unabhängig vom spezifischen Beziehungskontext existieren würde und auch so verstanden werden könnte. Klinische Definitionen z.B. in behavioralen Reiz-Reaktions-Modellen oder in psychoanalytischen Ansätzen der Ich-Psychologie, reduzieren sexuellen Missbrauch zuweilen auf eine „aversive Erfahrung" oder auf einen traumatischen „Durchbruch des Reizschutzes". Manche Behandlungsansätze konzentrieren sich auf die Umkonditionierung der Symptome einer – wenn auch „man-made (menschlich verursachten) – „Posttraumatischen Belastungsstörung" – die Bedeutung des Missbrauchs schrumpft dabei zuweilen von einer komplexen Beziehungserfahrung technizistisch zu einem unter vielen möglichen „Auslösern", bzw. einem psycho-genetischen Ursachenfaktor zusammen. Der Zusammenhang zur Beziehungskonstellierung, ja womöglich zum Beziehungsalltag und der subjektiv erlebten Beziehungserfahrung zwischen konkreten Personen verflüchtigen sich dann.

Es sind vor allem Psychoanalytiker (z.T. in Anlehnung an die Objektbeziehungstheorie) sowie systemische Familientherapeuten und Sexualwissenschaftler, die davor gewarnt haben, sexuelle Handlungen zwischen Erwachsenen und Kindern von ihrem Beziehungshorizont zu abstrahieren (Hirsch 1999; Richter-Appelt 1997; Joraschky 2000; Schorsch 1993). Die Verengung des Blicks auf die sexuellen Handlungen bringt Probleme mit sich wie die Gefahr der Isolierung des sexuellen Missbrauchs von anderen kindlichen Beziehungserfahrungen, die in einigen Fällen eine noch größere biographische und traumatische Bedeutung haben können als der sexuelle

Übergriff selbst (Richter-Appelt 1997). In Psychotherapien mit Frauen macht man gelegentlich die Erfahrung, dass sich eine Klientin auf die Suche nach einem isolierten und verborgenen, bisher nicht erinnerbaren Missbrauchserlebnis machen möchte, um sich Schwierigkeiten im Erwachsenenleben erklären und lösen zu können, was vielleicht unserem ubiquitären Kausalitätsbedürfnis zuzuschreiben ist, aber eben durchaus auch der Abwehr von Erinnerungen anderer Beziehungserfahrungen dienen kann (Mayr 2000). Eine vom übrigen Beziehungsgeschehen losgelöste sexuelle Traumatisierung kann in ihrer pathogenetischen Bedeutung also überschätzt werden, sie kann aber auch unterschätzt werden, wenn z. B. im Gutachterverfahren zum Opferentschädigungsgesetz (OEG) Ablehnungen von Entschädigungen erfolgen, weil auch hier der Missbrauch zu unabhängig von der sonstigen oft erheblich traumatisierenden Gewaltbeziehung zwischen Eltern und Kind betrachtet wurde.

Kritik an der Fixierung auf die Missbrauchstat im engeren Sinne kommt nicht nur aus der Richtung der Viktimiologie, sondern auch von Seiten der Täterpsychologie und -therapie: Reduziert man die Erfahrung des sexuellen Missbrauchs auf die sexuellen Handlungen, dann kann man auf die Idee kommen, die „Kastration" des Täters schaffe Abhilfe, was in der Vergangenheit durchaus praktiziert wurde. Solche Lösungsversuche – man kann sie auch überschießende Gegenübertragungsreaktionen und sadistische Racheakte nennen – müssen scheitern, da damit ja das Problem der übergriffig-gewalttätigen, inkompetenten Beziehungsgestaltung des Täters nicht gelöst ist.

Welche Erkenntnisse gewinnen wir, wenn sexueller Missbrauch vor allem als Beziehungsphänomen gesehen wird? Ich denke, dass hinsichtlich a) der Familiendynamik, b) des Täterbildes c) der Folgen des Missbrauchs beim Opfer und d) der Therapie weiterführende Aspekte auftauchen und möchte dies im Folgenden verdeutlichen:

Beim Inzestgeschehen z. B. kann die Beziehung und mit ihr die Familiendynamik (a) als notwendige Bedingung erfasst werden, denn Inzest geschieht definitionsgemäß „innerhalb der Beziehung von Familienmitgliedern. Die Inzesthandlung kann also nicht von der Beziehung der Beteiligten zueinander getrennt werden", so der Psychoanalytiker Mathias Hirsch (1999: 50). Als Konsequenz kann in der Mikroanalyse die Rolle jeder einzelnen Person im inzestuösen Familiensystem untersucht werden, d. h. auch derjenigen Familienmitglieder, die am unmittelbaren Inzest nicht beteiligt sind. Insbesondere das Beziehungsdreieck zwischen Vater-Mutter-Kind kommt dabei in den Blick. Diese Beziehungsperspektive ermöglicht ein komplexeres und tieferes Verständnis der interaktionellen und aufrechterhaltenden Dynamik einschließlich der unbewussten Interaktionsstrukturen des Missbrauchs, ihren unbewussten Ursachen, der Motive sowie des inneren Erlebens des Kindes wie der übrigen Familienmitglieder. Diese soziale und systemische Perspektivausrichtung auf die familiäre Dysfunktion sieht

Zusammenhänge zur Herkunftsfamilie der Eltern, untersucht die vorhandenen Bindungsstörungen und beobachtet den familiären Umgang mit Regeln, Rollen, Grenzen, Trennungen, Kollusionen und Abhängigkeiten. Stets gibt es eine Wechselwirkung der verschiedenen Beziehungsdimensionen, z. B. wenn ein Kind die Erfahrung machen muss, dass in einem von körperlicher Gewalt geprägten Familienalltag tätliche Angriffe eines Vaters gegen die Mutter nachlassen, wenn dieser beginnt das Kind zu missbrauchen. Das Kind wird dabei in der Hoffnung bestärkt, dass mit dem Erdulden des Missbrauchs Gewalttätigkeiten des despotischen Vaters abgewendet und auf diese Weise andere Familienmitglieder geschützt werden können. Es kommt vor, dass alle Familienmitglieder in einer schweigenden Kollusion am Inzest beteiligt sind. Familiengenogramme offenbaren zuweilen chaotische inzestuöse Verflechtungen, die bereits über mehrere Generationen weitergegeben werden. Wenn die Mutter (emotional) abwesend ist, wenn allgemein ein rohes Familienklima herrscht, auch unter den Geschwistern (z. B. ein Bruder, der die Misshandlung des Vaters fortsetzt), ist dies ein Nährboden für Inzest. Inzest tritt selten isoliert auf, vielmehr kombiniert mit körperlicher Misshandlung und Vernachlässigung im Sinne von fehlender Zugewandtheit und Ermutigung, sowie Zurückweisung und Isolation bei gleichzeitig strikter Kontrolle (vgl. Deegener i. d. B.). Auch bei extrafamiliärem Missbrauch durch Fremdtäter lässt sich beobachten, dass das Bindungsangebot eines Täters auf die emotionale Bedürftigkeit eines Kindes trifft. Täter haben häufig ein Gespür dafür, sich besonders den in ihren Familien vernachlässigten und emotional bedürftigen Kindern zu nähern. Fremdtäter nutzen schlechte familiale Beziehungen aus.

Das Bedürfnis des Kindes, die Familienbindung zu erhalten, erklärt, warum Kinder den Missbrauch nicht aufdecken, sie wollen den Familienzusammenhalt nicht gefährden. Und erst die Beziehungsperspektive erklärt, warum es allen Beteiligten zuweilen auch noch als normal erscheinen kann, was vor sich geht: Im gewohnten Beziehungsalltag eines dysfunktionalen Familiensystems fehlt eine Verifizierungsmöglichkeit für die eigene Wahrnehmung, dass schlimme Erfahrungen tatsächlich schlimm sind. Folgeschäden bei sexuellem Missbrauch entstehen nicht nur aufgrund der sexuellen Gewalt selbst, sondern auch, weil andere Familienmitglieder den Erzählungen des betroffenen Kindes nicht glauben. Aber auch ein allzu starkes Engagement der Eltern im Zuge der Aufdeckung eines Missbrauchs, eine empörte Verfolgungsjagd auf den Täter bei gleichzeitiger Tabuisierung des Themas kann das Kind einschüchtern und belasten. Ein sofortiger und lautstarker Abbruch aller Besuche beim Großvater mit der Anordnung „Wir fahren nicht mehr hin, basta, und dann kein Wort mehr darüber." kann die Ohnmachtserfahrung eines Kindes verstärken. Die Anerkennung des erfahrenen Unrechts, das Sprechenkönnen nicht das Sprechenmüssen über den Missbrauch entlastet dagegen, ein intaktes Familienumfeld und ein hohes Ausmaß an familiärer Unterstützung schützen oftmals vor einer bleibenden Traumatisierung. Auch bei extrafamiliärem Missbrauch ist die Beziehung zu den Eltern äußerst wichtig; es macht einen Unterschied, ob ein Kind seine Eltern sofort benachrichtigen und Hilfe holen kann oder ob es allein damit fertig werden muss. – Wir sehen: Mehrere Personen sind beteiligt – das ändert allerdings nichts daran, dass der Täter für die Tat verantwortlich ist.

Schaut man mit dem Beziehungsfokus auf die Täterseite (b), dann kommt die Beziehungsstörung und das Beziehungsdefizit von Missbrauchstätern in den Blick. In der Missbrauchsbeziehung reinszeniert der Täter in der Regel eigene Beziehungsthemen. Das können eigene (sexuelle) Opfererfahrungen sein, eigene Erfahrungen von Beschämung und Liebesverweigerung sollen im Missbrauch mit umgekehrten Vorzeichen überwunden werden. Zuweilen suchen Täter beim Kind die selbst nie erfahrene gute Beziehung – eine Beziehung voller Nähe, Zärtlichkeit, Anerkennung, Bewunderung und Liebe – ein Unterfangen, das ihre Beziehungsstörung allerdings nur noch vertieft. Pädosexuelle Männer nehmen sich selbst oft so wahr, dass sie den Kindern nichts Böses wollen, ganz im Gegenteil: Sie „lieben" die Kinder und wollen von ihnen geliebt werden, sie fühlen sich in Kinder ein, kümmern sich um sie, das Kind soll durch sie glücklich werden. Therapeutische Fremdeinschätzung und subjektive Selbstdefinition klaffen auseinander, denn überzeugte Pädophile sehen sich gern als die einzig echten Beziehungspartner, als wahre Beziehungsexperten. Faktisch können die Beziehungskompetenzen bei Missbrauchstätern sehr variieren, und für die Täterarbeit sind der Grad der Beziehungsfähigkeit und das Ausmaß, in dem sich ein Täter noch in sein kindliches Gegenüber hineinversetzen und darauf einstellen kann, differentialdiagnostisch wichtig und maßgeblich für Behandlungsplanung und weitere Prognose. Je weniger Beziehungskompetenz, je weniger Empathiefähigkeit, desto ungünstiger die Legalprognose. Täterarbeit muss damit Beziehungsarbeit sein![3]

Schaut man schließlich mit dem Beziehungsfokus auf die Opferseite (c), dann fällt ins Auge, dass eine Traumatisierung von Beziehungsfaktoren abhängig ist. Wie Beziehungen vor und nach der Tat aussehen, z.B. ob die gegebenen familiären Beziehungen eher Belastungs- und Risikofaktoren oder aber protektive Faktoren darstellen, ist entscheidend für das Ausmaß einer sexuellen Traumatisierung. Auch wie die Reaktionen des sozialen Umfeldes nach der Aufdeckung des Missbrauchs ausfallen, spielt eine gewichtige Rolle. Was die Erfahrung der sexuellen Missbrauchsbeziehung selbst betrifft, stellt diese nicht irgendein Trauma dar, sondern kann als „Beziehungstrauma" (Fischer/Riedesser 1999) verstanden werden. Manche Autoren gehen davon aus, dass sexuelle Handlungen zwischen Erwachsenen und Kind erst durch die Beziehung zum Trauma werden. Der Miss-

---

3 In der Tätertherapie werden Therapieergebnisse besser, wenn sich die Therapie nicht auf die sexuelle Deviation bzw. auf „Tataufarbeitung" beschränkt, sondern Beziehungselemente mitberücksichtigt (Berner 1996, 1997). Daher stellen heute Empathietraining, Wutmanagement, die Bearbeitung von Feindseligkeit sowie das Training allgemeiner sozialer Kompetenzen grundlegende Elemente der meisten Behandlungsprogramme (z.B. SOTP, BPS) dar.

brauch wird als Verlust und Verrat von Beziehungen erlebt, zentrale Beziehungspersonen zeigen sich wenig einfühlend und bieten keinen Schutz. Die Missbrauchserfahrung führt zudem zu einer traumatischen Verzerrung der Beziehungsschemata. Das Vertrauen in andere geht verloren, und beim Opfer können sich im sozialen Bereich diverse Auffälligkeiten zeigen. Ausgeprägter Hass gegen Vater und Mutter, Ambivalenz gegenüber nahen Bezugspersonen, Angst vor Nähe und sozialer Rückzug, oder aber Distanzlosigkeit, ein übermäßiges Verantwortungsgefühl, fehlendes Vertrauen, Unvermögen, Grenzen zu setzen, das Gefühl, ausgenutzt zu werden, Probleme in der Sexualität und Partnerschaft, eine manipulierende, kontrollierende und ausnutzende Beziehungsgestaltung – all dies sind Beziehungsprobleme, die in der Literatur beschrieben werden (Ecker et al. 1991). Traumatypische Symptome können auch Kommunikationssignale sein. Selbstschädigungen (z. B. Ritzen, Magersucht) oder fremdschädigendes Verhalten (z. B. Stehlen) haben immer auch eine kommunikative Funktion, sie können bewusst oder unbewusst dazu dienen, auf die eigene Not aufmerksam zu machen und stellen mitunter einen mutigen Versuch dar, den Täter öffentlich zu beschämen und soziale Reaktionen herauszufordern.

Wir konnten bereits sehen, dass die Beziehungsperspektive auch Konsequenzen für die Seite der therapeutischen Interventionen (d) hat. Wenn die Erfahrung des Missbrauchs vor allem eine Beziehungserfahrung ist, und wenn ein Kind in der Verarbeitung des Geschehens existentiell auf die Unterstützung anderer Personen angewiesen ist, dann kommt Beziehungsaspekten auch in der Therapie ein besonderer Stellenwert zu. Je nach erfahrenen Beziehungsmustern entstehen im therapeutischen Kontakt unterschiedliche Übertragungs- und Gegenübertragungsdynamiken (Richter-Appelt 2001). Welche Art Beziehung es braucht, wie die Beziehungsgestaltung vonseiten des Therapeuten im Einzelnen auszusehen hat, darüber findet man in der Fachliteratur keineswegs einheitliche Beschreibungen. Ausgeprägt scheint jedoch der Wunsch von Therapeuten zu sein, eine gänzlich andere Beziehung anzubieten. Neue, entgegen gesetzte, „korrigierende Beziehungserfahrungen" bzw. der „maximale Kontrast zur traumatischen Situation" sollen ermöglicht werden. Viele Autoren legen daher hohen Wert auf Gleichwertigkeit und Entängstigung in der therapeutischen Beziehung. In der Opferarbeit ist die Furcht vor Retraumatisierung des Klientels durch therapeutische Techniken sehr groß, während in der Täterarbeit die größere Furcht darin besteht, vom Klientel instrumentalisiert und manipuliert zu werden. Beide Seiten tendieren eher dazu, die Notwendigkeit einer längerfristigen therapeutischen Beziehungsarbeit zu betonen anstatt kurzfristige Kompaktmanuale abzuarbeiten (Hirsch 2004; Kobbe 2004).

3. Spezifische Charakteristika von Missbrauchsbeziehungen

Trotz der aufgezeigten Differenziertheit von Missbrauchsbeziehungen gibt es durchaus Beziehungsaspekte, die immer wieder auftauchen und typischerweise in der therapeutischen Arbeit Thema werden. Es sind Merkmale, die die unmittelbare Missbrauchsszene kennzeichnen, aber auch bezeichnend sind für die gesamte Beziehung zwischen Täter und Opfer. Letzteres wird in der Fachliteratur auch unter „latenter Inzest" oder „inzestoider Struktur" thematisiert (Hirsch 1999, 2004). Diese Charakteristika tauchen auch in dem (scheinbar) nicht-sexuellen Teil der Beziehung auf, selbst bei banalen nichtsexuellen Alltagsangelegenheiten wie am Mittagstisch oder im Umgang mit der Schule findet man Elemente davon. Diese typischen Merkmale gibt es nicht nur bei Inzestfamilien, sondern lassen sich auf außerfamiliären Missbrauch bzw. pädophile Beziehungen übertragen.

Das für die therapeutische Arbeit naheliegendste und zentrale Merkmal wird in der Fachliteratur durchgängig benannt: Das Erleben absoluter Ohnmacht und Kontrollverlust, die Identifikation mit dem Aggressor, die Übernahme von Schuld- und Schamgefühlen, Dissoziation, Spaltung und Sprachlosigkeit, der Verlust von Selbst- und Weltvertrauen und Tendenzen zur Reviktimisierung, mögliche Parallelen von sexuellem Missbrauch zu anderen psychischen Traumata – dies alles kommt in der Traumatherapie regelmäßig und selbstverständlich zur Sprache. Im Folgenden werde ich auf sechs weitere Merkmale genauer eingehen:

3.1 In der Missbrauchsbeziehung findet Sexualität statt

Ob in Fachberatungsstellen, in der Traumaliteratur oder in der Politik – in den letzten Jahren ist der Begriff „Sexueller Missbrauch" vielfach durch die Bezeichnung „sexualisierte Gewalt" ersetzt worden. Argument ist, es handele sich schließlich „nicht um etwas Sexuelles, sondern eben um Gewalt, die sexualisiert eingesetzt wird" (Reddemann 2001: 9). Sexueller Missbrauch sei „keine Sexualhandlung, sondern eine Gewalthandlung" (Linneweber 2000). Der Begriff Missbrauch impliziere einen angemessenen Gebrauch von Kindern. Der Misshandlungs- und Schädigungsaspekt wird durch die neue Wortwahl tatsächlich unterstrichen, denn oft geht es dem Täter tatsächlich um Selbstwertstabilisierung durch Macht und Kontrolle, wobei die Unterdrückung eines wehrlosen Opfers eigene Erfahrungen von Unzulänglichkeit und Ohnmacht in Macht- und Omnipotenz verkehren soll. Aus der Opferarbeit wissen wir, sexueller Missbrauch gilt zu Recht als „eine Form der Kindesmisshandlung" (Hirsch 1999: 254). Hertha Richter-Appelt (2001) hat hingegen kritisiert, dass es begrifflich auch für die betroffenen Opfer selbst verwirrend sein könnte, sexuellen Missbrauch schlicht als Gewalterfahrung zu bezeichnen, da er „nicht immer gegen den Willen der Kinder, auch nicht mit Druck oder Gewalt durchgeführt werden muss, um traumatisierend zu sein" (483).

Ich möchte an dieser Stelle zusätzlich einwenden, dass bei der alleinigen Betonung der Gewaltdimension die Sexualität in der Analyse vernachlässigt werden könnte.[4] Dass es sich hier immerhin auch um ein sexuelles Geschehen handelt, könnte zu einer Art Tabu werden, obwohl sich sexuelle Phänomene des Begehrens, der Erregung und Lust nicht ohne weiteres in den Diskurs der Gewalt übersetzen lassen.

Die fehlende Beschäftigung mit dem Sexualitätsaspekt verhindert ein tieferes Verständnis dessen, was bei „sexualisierter Gewalt gegen Kinder" passiert. Bei den Tätern gilt zu klären, welche „Plomben-Funktion" (Morgenthaler 1974) Sexualität in der jeweiligen Persönlichkeitsstruktur einnimmt (Schorsch et al. 1990). Wie wird die Sexualität inszeniert, und welche Themen werden in der sexuell-übergriffigen Szene reinszeniert? Und was wird mit Hilfe von Sexualität bzw. Sexualisierung abgewehrt (z.B. eigene Ohnmacht, Angst)?

Entgegen der landläufigen Meinung erscheinen fixierte Täter eher als genital zurückgenommene Erwachsene. Es geht oft mehr darum, im Kind die sexuelle Erregung auszulösen und an seiner Erregung teilzuhaben. Das Stimulieren des eigenen Körpers und Penetration wird zuweilen deswegen vermieden, weil volle sexuelle Hingabe und die damit verbundene Angst und Ohnmacht abgewehrt wird.[5] Nicht einmal das Kind soll seine Schwäche erleben (Berner 1996).

Die Sexualitätsauffassungen der Täter entsprechen zudem häufig gängigen Liebesvorstellungen unserer Zeit. Die Beteuerung von Missbrauchern, man habe das Kind eben „so sehr geliebt", es sei „zu viel Liebe gewesen" oder eine „ganz besondere Liebe", „die Gedanken hätten nur noch um sie gekreist", man sei so verliebt gewesen, „dass es zu weiteren Annäherungsversuchen kommen musste", man habe eben „aus lauter Liebe und Sehnsucht mehr gewollt", oder auch man habe die „Beziehung durch Sexualität vertiefen wollen" – sie alle folgen einer Sexualmoral, die gesellschaftlich erstmal durchaus gängig ist, solange es nicht um Kinder geht. Viele Menschen tei-

---

4 Das Thema Sexualität wird ausgeblendet, wenn Fachleute sich nicht an das Thema herantrauen: So weisen z.B. Schuldfähigkeitsgutachten von Sexualstraftätern seit Jahren regelmäßig Mängel in der Sexualanamnese auf. Häufig fehlt diese ganz, oder es gibt nur lückenhafte Angaben (Pfäfflin 1978; Schläfke et al. 2006).
5 Das sollte nicht zur Annahme verleiten, Pädophilen ginge es eigentlich nicht um Sexualität, Sexualität stünde gar „an zweiter Stelle", zwar „begeister(e): der kindliche Körper, aber das Wesen (des Kindes): steh(e): im Vordergrund" (Gellrich 2007). Das wäre wieder vorschnell ein asexuelles Verständnis der Pädophilie. So macht Martin Dannecker (2001) deutlich, dass jeder Pädosexuelle per definitionem von vornherein an einer sexuellen Beziehung interessiert ist, mitunter nur unter großer Anstrengung nimmt er diese Interessen zurück und baut den nichtsexuellen Bereich zunächst stärker aus. Pädophile suchen die Nähe zum Kind nur unter der Vorbedingung der Sexualisierung der Gefühle.

len die Vorstellung von Sexualität als „Privatangelegenheit", vom „sexuellen Notstand", von Liebe als magischer „Anziehungskraft" und Gefühlsmacht, der man sich kaum entziehen kann oder sollte (Kast 2004).

Es kommt daher nicht darauf an, die Sexualität im sexuellen Missbrauch einfach als Gewaltphänomen zu interpretieren. Vielmehr geht es um eine Amalgamisierung von Sexualität und Gewalt.

Auch für die Seite der Opfer dürfte es hilfreich sein, den Sexualitätsaspekt nicht aus den Augen zu verlieren. Nicht nur weil Therapeutinnen manchmal das Thema zusammen mit der Klientin vermeiden, sondern auch um das Erleben der Missbrauchssituation besser zu verstehen. Vielleicht sieht die Klientin dann eher eine Chance, über ein mögliches Erleben sexueller Lust im Missbrauchsgeschehen zu sprechen – was meist große Schuldgefühle verursacht. Die Tiefe der Scham kann auch besser begriffen werden, wenn Therapeutin und Klientin sich über eine Sexualitätsauffassung verständigen können, die Sexualität als etwas so Intimes begreift, dass sie den Kern einer Person trifft.

3.2 In der Missbrauchsbeziehung behandelt der Täter das Kind als Objekt

Wenn ein Erwachsener ein Kind zur Befriedigung seiner sexuellen Bedürfnisse benutzt, dann verfügt dieses Kind nicht länger über seinen Subjektstatus, sondern es findet eine Degradierung zum reinen Objekt statt. Sexualobjekt zu sein bedeutet hier eine Verdinglichung des Kindes, die Beziehung ist kein intersubjektiver Austausch mehr, sondern folgt einer apersonalen Gebrauchslogik, ganz so, wie man im sonstigen Alltag Verfügungsgewalt über Gegenstände und Besitz ausübt. Täter wollen sich nehmen, was sie brauchen. In diesem Sinne handelt es sich psychologisch weniger um eine sexuelle denn um eine massive orale Gier der Einverleibung und Zerstörung (Berner 1996). Wie ein Ding darf das Kind benutzt, vernachlässigt und zerstört werden, an ihm wird allerlei ausprobiert, den eigenen Interessen entsprechend soll es wie ein Automat an- und ausgestellt werden können. Von anderen Gewaltformen weiß man, dass Dehumanisierung der Gewaltbereitschaft immer vorausgeht und das ist durchaus auch bei sexuellem Missbrauch von Kindern so. Das Kind zählt nur in seiner Funktion für die Bedürfnisbefriedigung des Erwachsenen.

Die Verweigerung von Empathie, die Entwertung als Mensch, ist der Grund, warum manche angesichts dessen, was ein Täter dem Kind antut, urteilen, dass man hier doch nicht wirklich von einer „Beziehung" sprechen könne, – von einer „persönlichen Beziehung" wie im Titel dieses Handbuches schon gar nicht: Es gehe vielmehr um Beziehungsverweigerung, das Kind wird längst nicht mehr als Person gesehen. Auch Wolfgang Berner (ebd.) beschreibt, wie Pädosexuelle das Kind wie einen „Fetisch", wie eine „Puppe" und „erotischen Leckerbissen" benützen: Es soll möglichst wenig sprechen und wird nicht als Ganzes, sondern vor allem in Körperteilen wahrgenommen: Die glatte Haut, der Schopf, der unschuldige Blick, Gesten, das haarlose Genital, das runde glatte Gesäß sind Anlass für Erregung. Und ändern sich diese Merkmale (z. B. ab einem bestimmten Alter durch körperliche Reifung) dann lässt sich beobachten, wie schnell ein Pädophiler, der sonst so viel auf seine Beziehungsfähigkeit hält, von jenem Kind zum jüngeren „Sexualpartner" hinüberwechselt.

Auf der Seite des kindlichen Opfers löst die Entpersonalisierung Dramatisches aus: Das Kind lernt, dass es genau durch diese Reduzierung auf den Objektstatus Bedeutung erlangt. Aufgrund seines Entwicklungsstandes merkt es womöglich zunächst nicht einmal, dass es nur Objekt der Befriedigung ist, erlebt die Begegnung vielleicht lange Zeit noch als die zwischen Subjekten. Kommt es zu einer sexuellen Traumatisierung, dann wird die Verdinglichung des Körpers vom Kind mitvollzogen: Das Opfer hat mittlerweile gelernt, sich selbst als totes Ding zu behandeln. In der für Traumaopfer typischen „Depersonalisation" wird der Körper nicht mehr von innen her gespürt, sondern wie ein fremder Gegenstand imaginiert. Der eigene Körper ist wie ein „Kleidungsstück" aus dem man heraustreten könnte, „steif wie ein Brett", „leblos" (Hirsch 1999), dieser Zustand wird in der Traumatologie auch „robote state", Automatenzustand genannt. Dies kann im masochistischen Triumph der Selbstbeschädigung münden, wenn z. B. magersüchtige, suchtmittelabhängige, selbstverletzende oder suizidale Klientinnen angesichts ihrer Selbstbeschädigungen trotzig behaupten: „Das ist mein Körper. Ich kann mit ihm machen, was ich will".

3.3 In der Missbrauchsbeziehung herrscht Grenzverletzung

Bereits für die unmittelbare Missbrauchssituation selbst gilt, dass sie immer eine Grenzverletzung darstellt, Versuche der Verteidigung der Grenzen durch das Kind werden nicht akzeptiert. Es ist sicher ein Unterschied, ob es sich um ein einmaliges Schocktrauma durch einen plötzlichen Überfall handelt oder um kumulative bzw. serielle Traumatisierung bei langjährigem Missbrauch. In beiden Konstellationen findet man jedoch dieses Charakteristikum der Grenzverletzung. Hier wird nicht nur die Grenze des Erlaubten überschritten, und nicht nur eine Grenze, hinter die man nicht mehr zurückkann, sondern mit der sexuellen Handlung werden konkret die Grenzen des persönlichen Schutzraumes des Kindes verletzt. Dies gilt nicht nur für die Penetration, sondern auch für die vielen andere Formen des gewaltsamen Eindringens in den Körper. Der Täter dringt über Grenzen hinweg invasiv in den Nahraum des Kindes ein, und die Grenzverletzung beginnt bereits räumlich: Wenn er nachts ins Kinderzimmer kommt, sich zum Kind ins Bett legt, oder sich Zutritt zum Bad verschafft, wenn die Jugendliche duscht, um sich dann sexuelle Lust zu verschaffen. Der zentrale Angriffs- und Austragungsort von sexualisierter Gewalt ist letztlich dann immer der Körper des Opfers, dessen Grenze immer überschritten wird, und das geht einher mit einer Grenzüberschreitung auf psychischer Ebene. In einer traumatogenen Situation kommt der Täter so nah, dass die Grenze zwischen ihm und dem Opfer komplett verwischen kann. Bereits ein einvernehmlicher lustvoller Geschlechtsverkehr zwischen Erwachsenen wird oftmals als körperliche und psychische Verschmelzungserfahrung erlebt. Mit dem Ausgeliefertsein in einer Missbrauchssituation ist der Angriff auf die Psyche schließlich total.

Um die Grenzüberschreitung weniger spürbar zu machen, nutzen Täter die Strategien des Groomings, der sukzessiven Überschreitung der Grenzen. Betroffene beschreiben, wie sehr sie die Angst vorm Täter und seinen nächsten Übergriffen innerlich beherrscht hat, so als habe der Täter direkten Zugriff auf ihr Inneres. Wie ein Usurpator hält er die innere Welt dauernd besetzt. In der Missbrauchssituation selbst kann die Wahrnehmung des Eigenen so verschwimmen, dass nicht mehr klar ist, wo die Psyche und der Körper der eigenen Person und wo die des Täter anfangen bzw. aufhören. Auch auf Täterseite finden wir Täteraussagen, die ein Phantasma der Verschmolzenheit offenbaren. Ein Täter geht oft selbstverständlich davon aus, das Kind wolle genau dasselbe wie er selbst. Beispiel: „Sie und ich, das war einfach eine Einheit. Ich musste da nichts erklären. Die wusste das von ganz allein, wie sie das machen musste" (Jäckel 1996: 271). Wie sehr es in einer Missbrauchsbeziehung zu einer Grenzverwischung kommt, lässt sich sehr gut bei der Lektüre von Vladimir Nabokovs „Lolita" (1959) nachvollziehen. Auch hier ist irgendwann nicht mehr klar, was dem Erwachsenen Humbert und was Lolita, was der Phantasie und was der Realität, was der Erzählperspektive und was dem Autor zugeschrieben werden kann.

Inzestfamilien sind immer wieder so beschrieben worden, dass sie durch intrafamiliäre Grenzverwischung gekennzeichnet sind. Nicht nur die Missbrauchssituation, auch der sonstige Beziehungsalltag ist von Grenzüberschreitung geprägt. Die Grenzüberschreitung ist sexuell-körperlich intimer Art, wenn der Vater z. B. „fachmännisch" die sich entwickelnden körperlichen Rundungen der Tochter begutachtet, an jedem Ort der Wohnung Pornokassetten und Kataloge aus dem Erotikversand platziert oder aber eine Mutter ihre Tochter ausführlich über die intimen Details der sexuellen Probleme und Aktivitäten zwischen den Eltern auf dem Laufenden hält.

In einem solchen Familienklima, das durch sexuelle Grenzüberschreitung in der Intimsphäre geprägt ist, sind die Voraussetzungen schlecht, dass ein Kind lernt, zwischen eigenen sexuellen Wünschen und Impulsen und denen der Eltern zu unterscheiden.

Doch die Grenzüberschreitungen beschränken sich nicht nur auf den sexuell-körperlichen Intimbereich. Auch sonst darf jeder jederzeit ins Zimmer kommen, persönliche Post oder Tagebücher lesen, Gegenstände und Kleidungsstücke des Kindes nutzen, Schubladen durchwühlen. Nicht selten findet man außergewöhnliche Schlaf- und Wohnverhältnisse. Die Privatsphäre wird nicht respektiert.

In funktionalen Familien bestehen demgegenüber klar definierte Rollen für das Ehesubsystem (z. B. Sexualität, Finanzen), für das Elternsubsystem (z. B. Erziehungsfragen), und zwischen diesen Subsystemen sowie zwischen dem System der Eltern wie der Kinder gibt es Grenzen.

Die Psychotherapie und Psychotraumatologie fasst das psychische Erleben der Grenzüberschreitung in Begriffe der „Introjektion" und „Identifikation mit dem Aggressor". Um die Beziehung nicht zu gefährden und weil es für das eigene Überleben wichtig werden kann, sich in den Täter hineindenken zu können, kommt es zur „Identifikation mit dem Aggressor". Damit induziert der Täter beim Opfer eigene Gefühle, externalisiert das für ihn Unerträgliche, und per projektiver Identifikation werden diese vom Opfer übernommen. Es kommt quasi zur „Vollendung seines Werkes" durch das Opfer, das Opfer gibt ihm gewissermaßen Recht. Selten fühlt sich der Täter im Missbrauch ernsthaft schlecht, schämt sich, fühlt sich schuldig und abscheulich. Das Opfer aber fühlt sich noch lange Zeit beschmutzt, hässlich, verunstaltet, böse, verdorben, entwürdigt und im Innern kaputt, und gar nicht so selten ist es noch voller Verständnis für den Täter.

In der Psychotherapie ist es daher wichtig, die inneren Grenzen wieder aufzurichten. Es geht darum die Unterscheidung zwischen Ich und Du wieder erlebbar zu machen. Wo hört das eigene Ich auf, und fängt das des anderen an, was gehört zu mir, wovon will ich mich trennen.

3.4 Die Missbrauchsbeziehung ist durch Rollenumkehr gekennzeichnet

Im sexuellen Missbrauch behandelt der Täter das Opfer, als gäbe es keine Generationenunterschiede und Familienrollen, sondern als sei das Kind Mitglied der eigenen Peergruppe. Das Kind wird in eine Erwachsenen- und Elternrolle gedrängt bzw. der Täter verlässt seine Eltern- und Erwachsenenrolle und regrediert auf die Ebene eines bedürftigen Kindes. Am deutlichsten wird das Prinzip der Rollenumkehr bei intrafamiliärem Missbrauch, aber auch in pädophilen Beziehungen gibt es eine solche Rollenumkehr. Im sexuellen Missbrauch wird das Kind behandelt wie eine erwachsene Sexualpartnerin, missbrauchte Töchter können sich regelrecht als *die* sexuelle und Hilfe spendende Partnerin ihres Vaters verstehen. Die Tochter tritt als Partner- und Mutterersatz an die Stelle der Ehefrau und Mutter, und die Koalition („vertikale Ehe") zwischen Vater und Tochter wird der Partnerschaftsebene zwischen Vater und Mutter vorgezogen. Nicht nur in der Sexualität, sondern auch im übrigen Familienleben ist das Familiensystem durch verdrehte und unscharfe Rollen- und Aufgabenverteilung gekennzeichnet. Der familiäre Beziehungsalltag ist nicht in erster Linie auf die Entwicklungsbedürfnisse des Kindes abgestimmt, sondern auf die Bedürfnisbefriedigung der Erwachsenen. Missbrauchte Kinder, die in eine Rolle gedrängt werden, für die sie nicht reif sind, gelangen in die Position eines pseudoerwachsenen Substituts, was die Verführung beinhaltet, Allmachtsphantasien zu entwickeln. Missbrauchte Kinder können dominantes, frühreifes und pseudoreifes Verhalten ausbilden, und sie lernen zu wenig, welche Aktivitäten altersadäquat sind. Das Kind erlebt gewissermaßen einen Verlust der eigenen Kindheit und Kindlichkeit.

Nicht nur der oben beschriebene „regressive Tätertyp" gerade auch der „fixierte Tätertypus" (der „klassische Pädophile") gibt sich gern wie ein Kind. Die „Erwachsenen-Welt" wird abgelehnt, erwachsenen Frauen werden in der Regression des Täters zum Kinde Kälte, Bedrohung und verschlingende Aggression zugeschrieben, zu einer reifen Beziehung mit einer reifen Frau ist er unfähig. Eine reife Frau erinnert an die eigene Mutter und in Reinszenierung der eigenen Mutter-Sohn-Beziehung kommt es zu einem regressiven Ausweichen auf Mädchen und Jungen als Sexualpartner, die als weniger bedrohlich erlebt werden. Fehlende Persönlichkeitsreife zeigt sich in Wünschen, noch Kind zu bleiben, man fühle sich wie ein Kind und erlebe sich jünger unter Kindern, die Gesellschaft von Kindern wird bevorzugt. Gleichzeitig wird in der Regression das Kind wie ein Pseudoerwachsener, gesehen, beispielsweise als „raffiniertes Flittchen", „Hure" und „frühreife Geliebte". Die Beziehung erscheint dann wie die von Erwachsenem zu Erwachsener: „So ne richtige kleine Frau mit allem an der richtigen Stelle. Bloß viel neuer irgendwie, zarter eben und weicher" (Jäckel 1996: 190).

3.5 Die Missbrauchsbeziehung ist ein Klaustrum

In der Akutsituation des sexuellen Missbrauch sorgt der Täter dafür, dass er mit dem Kind allein ist, verfügt über oder verschafft sich immer wieder Gelegenheiten, mit dem Opfer allein zu sein. Der Täter schottet die Situation nach außen hin ab, so dass sexueller Missbrauch eher ein „leises" Delikt darstellt im Unterschied z. B. zur körperlichen Misshandlung. Opfer beschreiben, wie sie sich bei dem sexuellen Übergriff in ihrem Bewegungsspielraum eingeengt und ausgeliefert fühlten. Der Täter schloss die Tür zum Schlaf- oder Badezimmer ab, treibt das vor Angst paralysierte Kind in die Enge, hält es fest, begräbt es unter seinem übermächtigen Körper usw. Chronischer Missbrauch wird traumatisch erlebt, weil es aus seiner Enge kein Entrinnen zu geben scheint. Der Täter sperrt das Kind in sein Universum ein, und dazu braucht es nicht unbedingt offene Gewalt.

„Die eigenen (Kinder), die kannst du intensiver und ungestörter genießen. Da guckt dir keiner auf die Finger", so äußert sich ein Täter in der Täter-Studie von Karin Jäckel (1996: 93). Familien, innerhalb derer es zu Inzest kommt, weisen häufig eine soziale Isolation mit rigiden Grenzen und wenig Offenheit gegenüber der Außenwelt auf. Bei innerer Kollusion herrscht äußere Isolation. Nach außen gibt es mitunter eine geordnete, unauffällige Fassade, die Eltern stehen mit sehr wenig anderen Personen in Beziehung, das soziale Netz ist dünn, es gibt keinen bzw. keinen unangemeldeten Besuch, die Kinder dürfen selten ihre Freunde mit nach Hause bringen. Außenkontakte der Kinder werden mitunter eifersüchtig überwacht und jähzornig unterbunden. Der Bewegungsspielraum der einzelnen Familienmitglieder wird streng kontrolliert, aggressiv-dominante Inzestväter isolieren Frau und Kinder von außerfamiliären Beziehungen, sorgen mitunter dafür, dass sie selbst von den Nachbarn nicht gesehen werden. Es herrscht die Maxime, dass alle Bedürfnisse innerhalb der Grenzen der Familie befriedigt werden, so weit gehend, dass es besser sei, Sex in der Familie zu suchen als außerhalb. Was in der Familie vor sich gehe, sei Privatsache und gehe keinen etwas an, mit Problemen in der Familie müsse man selbst fertig werden. Die Außenorientierung des Kindes wird als Verrat an der Familie erlebt. Die Entwicklungsaufgabe des Kindes, sich in die Welt hinauszubewegen, autonomer zu werden und irgendwann die Familie zu verlassen, wird so erschwert. Stützung erfährt die soziale Isolation einer Familie auch durch die gesellschaftliche Norm der Unantastbarkeit der Familie und des Schutzes der Privatsphäre, so dass das Eingreifen in ein Familiengeschehen für Außenstehende tatsächlich eine Hürde darstellt, was selbst umsichtige Nachbarn, Verwandte und Erzieher lange zögern lässt, bis man sich traut einzuschreiten.

Doch nicht nur unter Inzestvätern findet man passive, sozial abhängige Männer, die sich anderweitigen Beziehungen nicht gewachsen fühlen und Sätze formulieren wie „Ich habe niemanden außer meiner Tochter. Die Kleine war die Welt für mich" (Deegener 1995: 200). Unter Missbrauchstätern allgemein, d.h. auch bei Fremdtätern sind schizoide, paranoide und narzisstische Persönlichkeitszüge verbreitet, die zur Abkehr aus sozialen Beziehungen führen. Sexueller Missbrauch wird in der Fantasie intensiv vorbereitet und geplant, Sexualstraftäter bauen ihre sexuellen Missbrauchsfantasien kontinuierlich aus und ziehen sich schließlich in diese Fantasiewelt zurück. In der ausgeprägten und fixierten Fantasietätigkeit zusammen mit der Umsetzung in den faktischen Missbrauch erlebt der Täter Befriedigung und eine subjektive Stärke als Ausgleich für narzisstische Kränkungen. Um die Erregung beizubehalten und zu steigern, werden die Vorstellungen beständig z.B. mit sexuell-aggressiven Bildmedien erweitert und ausgebaut. Der Täter kann eine selbstbezügliche Nebenrealität mit eigenem Wertesystem errichten, aus der ihm ein Überstieg in die Realwelt, die mit Mitmenschen geteilt werden könnte, immer weniger gelingt. Bei allen Sexualstraftätern finden sich kognitive Verzerrungen, durch die sich der Täter u.a. gegen mögliche Schuldvorwürfe von außen und innen abschirmt. Das Ziel ist, sich ein eigenes Universum aufzubauen, in das das Opfer mit eingesperrt wird.[6]

---

6 Dieses Motiv wurde sehr deutlich im Aufsehen erregenden Fall Mario Mederake, der 2006 verurteilt wurde, weil er ein Mädchen entführt, in seiner Wohnung eingesperrt und über Tage schwer missbraucht hatte. Der begutachtende Psychiater gab an, Mederake habe ein „Liebesbiotop" herstellen wollen, zu dem kein anderer Zugang haben sollte. Er habe eine Insel gemalt, die den Vorteil habe, dass niemand fortlaufen und dass kein Fremder auftauchen könne, der einem etwas streitig mache. Noch besser als eine Insel sei ein eigener Planet für ihn und das Mädchen (Holzhaider 2006).

Der Täter schließt das Opfer in sein Klaustrum ein, aus dem der Ausbruch nicht ohne weiteres möglich ist. Dass sich ein Kind in der Übergriffssituation selbst und oft über Jahre hinweg nicht traut, sich zu wehren, von außen Hilfe zu holen und aus der Missbrauchsbeziehung auszusteigen, hat viele Gründe: Es weiß, dass es dem Erwachsenen unterlegen ist, es hat Angst vor Strafe und Gewalt, traumatypische Bewältigungsstrategie ist die Erstarrung, ein „frozen state", Verbote und Drohungen verhindern den Austausch mit anderen und führen in die Isolation. Außerdem schreibt der Täter dem Kind die Verantwortung zu (Du hast es gewollt! Du hast dich nicht gewehrt! Dir hat es auch Spaß gemacht! Du bringst mich dazu!), so dass das Kind schnell Schuldgefühle entwickelt – auch aus Abwehr gegen die erlebte Ohnmacht – und sich daher entscheidet, weiter mitzumachen und zu schweigen, weil es ja selbst schuld sei. Die Kräfte, die das Kind im Missbrauch verharren lassen, sind demnach ausgeprägt, und es ist vor allem die klaustrische Situation selbst, die einsperrt. In der Psychotherapie lohnt es sich, Inzestbetroffene danach zu fragen, warum sie nicht weggelaufen, aus der Situation geflohen sind. Oft kommt als erstes die etwas perplexe Antwort, man sei gar nicht auf die Idee gekommen, irgendwie sei das ja normal gewesen, ihre Welt eben. Es habe die unausgesprochene Regel gegeben, zu bleiben, wo man ist und dass alles eben so ist, wie es ist. Hilfeholen sei ganz abwegig gewesen. Konfusion zwischen Traum und Wirklichkeit ist eine typische Traumafolge: „Meine Welt war dann auch mittlerweile verdreht" (Gahleitner 2005: 28) und gerade weil es in dem Klaustrum der Missbrauchssituation bzw. einer Inzestfamilie kein relevantes Außen zu geben scheint, kann der Missbrauch nicht in seiner Tragweite erkannt werden. Wo es kein Außen gibt, gibt es keine Triangulierung und keine Zeugenschaft durch Dritte. Das Kind bleibt allein, denn der Missbrauch wird von Anderen nicht als real validiert. Die missbrauchstypische Verunsicherung und Verwirrung der Wahrnehmung neben der erzwungenen Geheimhaltung riegeln das Klaustrum nach außen hermetisch ab. Bei traumatypischen Folgen wie Intrusionen und flashbacks bis ins Erwachsenenalter hinein reinszeniert sich schließlich dieses Klaustrum: Intrusionen drängen sich auf, Betroffene fühlen sich erneut in der Szene eingeschlossen und sehen sich nicht in der Lage, daraus zu entfliehen.

3.6 Die Missbrauchsbeziehung wird ambivalent erlebt

Missbrauch wäre vielleicht leichter zu bewältigen, wenn die Beziehung zum Täter als entweder gut oder schlecht erlebt würde. Insbesondere chronischer Missbrauch geht allerdings immer mit ambivalenten und gespaltenen Empfindungen einher, der Täter wird selten als nur böse erlebt. Weil es immer noch eine andere Seite gibt, ist die Empörung auf Opferseite selten so klar, wie sie von Außenstehenden oder z.B. in der Presse vielfach geäußert wird. Auch die Erwartung, in Psychotherapie endlich die nie gelebte Wut gegen den Täter rauszulassen, bringt selten die erhoffte Erlösung, weil der andere Teil fehlt. Schnell spalten sich dann im therapeutischen Raum die Lager in eine angesichts der Gewalt längst empörte Therapeutin und eine fast gleichgültig erscheinende Klientin. Es bringt nicht viel weiter, Betroffene zu eindeutigen Gefühlen der Ablehnung gegenüber dem Täter nötigen zu wollen. Dialektische Ansätze aus der Borderline-Therapie wie DBT nach Marsha M. Linehan (1996) oder die TFP nach Otto F. Kernberg et al. (1999) können helfen, der Spaltung der Missbrauchsbeziehung therapeutisch zu begegnen.

Missbrauchsopfer reagieren auf eine Spaltung, die bereits im Täter angelegt ist und von ihm implantiert wird. In seinem Selbstbild sieht er sich einerseits als fürsorglich-liebenden Mann und Vater, vielleicht als pädophilen Gönner und Förderer eines Kindes, der sich im Verhalten trotzdem übergriffig zeigt und sich des Kindes, dessen Angst und Wohl missachtend, bemächtigt. Diese Dopplung ist tatsächlich oft eine bewusst eingesetzte Strategie: Das Kind wird gezielt umworben, planvoll manipuliert und angelogen, damit es sich auf die sexuellen Handlungen einlässt. Oft genug handelt es sich jedoch weniger um kühl berechnete Strategien (Deegener 1995; Berner 1996), vielmehr werden das umwerbende Grooming wie auch die Taten selbst unreflektiert nach einem stereotypen Skript agiert. Es wäre einfacher, wenn sich sagen ließe, dass der Täter seine guten Worte nicht ernst gemeint hat, seine wohlmeinenden und fördernden Beziehungsangebote unecht sind. Es ist schwer, stehen zu lassen, dass die Freundlichkeit durchaus real sein kann. Die problematische Beziehungsbotschaft entsteht allerdings genau daraus, dass die missbrauchende, mitunter grausame Seite neben einer positiven bestehen kann. Missbrauchsfreie Familienerlebnisse wechseln ab mit Missbrauchssituationen, wo die Signale des Kindes missachtet werden (Gahleitner 2005). Beides gleichzeitig kann psychisch kaum erfasst und integriert werden. Zu den gespaltenen und dissoziierten „states" auf Täter-Seite gibt es also eine Entsprechung auf der Opfer-Seite. Eine Betroffene beschreibt es so: „Er war richtig zärtlich. Und ich empfand das auch als schön, obwohl ich gleichzeitig nicht wollte, dass er es machte. Es war so doppelt … Aber irgendwie war ich das nicht. Die da auf der Pritsche lag und alles mit sich machen ließ, war eine andere" (Jäckel 1996: 31 f.). Auch das Opfer kann oszillieren zwischen Omnipotenzgefühlen und Machtlosigkeit, sich verstanden und unverstanden fühlen, zwischen Nähe- und Distanzwünschen.

4. Resümee

Wenn wir uns mit dem Beziehungsaspekt beim Missbrauchsgeschehen länger befassen, bringt dies neue Einblicke in das Halbdunkel des sexuellen Missbrauchs. Sexueller Missbrauch ist nicht ganz verstanden, wenn nur auf den sexuell-gewalttätigen Akt fokussiert wird. Die Beziehungsperspektive öffnet dagegen den Blick von einer punktuellen Missbrauchstat hin zu einer breiteren systemischen Perspektive – auf Beziehungsszenen, auf Beziehungsalltag und Beziehungsgeflechte rund um den Missbrauch. Zunächst war es jedoch nötig, begriffliche Differenzierungen hinsichtlich Definition, Täter und Opfer und ihrer Beziehung zueinander einzuführen. Erst auf dieser Grundlage lassen sich allgemeinere Merkmale diskutieren, wie sie in der therapeutischen Arbeit sichtbar werden. Dabei wird deutlich: Missbrauchstaten sind sexuelle, oftmals ambivalent erlebte und potentiell traumatisierende Beziehungserfahrungen, die innerhalb einer Beziehungsstruktur stattfinden, die vom Missbraucher – sei er Inzestvater, pädophiler Fremdtäter oder sadistischer Serientäter – entsubjektivierend, invasiv-grenzüberschreitend, rollenverkehrend und als Klaustrum organisiert wird.

Literatur

Bange, Dirk (1992): Die dunkle Seite der Kindheit. Sexueller Missbrauch an Jungen und Mädchen. Ausmaß, Hintergründe, Folgen. Köln: Volksblatt

Berner, Wolfgang (1996): Sexualpathologie des sexuellen Missbrauchs. In: Wipplinger, Rudolf/Amann, Gabriele (Hg.): Sexueller Missbrauch: Überblick zu Forschung, Beratung und Therapie. Tübingen: dgvt

Berner, Wolfgang (1997): Sexueller Missbrauch, Pädophilie und die Möglichkeit der therapeutischen Beeinflussung. In: Richter-Appelt, Hertha (Hg.): Verführung – Trauma – Missbrauch (1896-1996). Gießen: 147-160

Dannecker, Martin (2001): Sexueller Missbrauch und Pädosexualität. In: Sigusch, Volkmar (Hg.): Sexuelle Störungen und ihre Behandlung. Stuttgart: 465-474

Deegener, Günther (1995): Sexueller Missbrauch: Die Täter. Weinheim: Beltz, Psychologie Verlags Union

Ecker, Diana/Graf, Bettina/Mempel, Sigurd/Scheidt, Brigitte/Tempel-Griebe, Helga (1991): Ausgewählte Problembereiche in der Behandlung sexuell missbrauchter und vergewaltigter Frauen im Rahmen eines stationären Settings. In: Praxis der klinischen Verhaltensmedizin und Rehabilitation 4: 116-124

Fischer, Gottfried/Riedesser, Peter (1999): Lehrbuch der Psychotraumatologie. München: Reinhardt

Gahleitner, Silke B. (2005): Neue Bindungen wagen. Beziehungsorientierte Therapie bei sexueller Traumatisierung. München: Reinhardt

Gellrich, Cornelia (2007): Bitteres Begehren. In: Die Tageszeitung. 5. Woche, Nr. 486, tazmag: 2-3

Gloor, Regula/Pfister, Thomas (1995): Kindheit im Schatten. Ausmaß, Hintergründe und Abgrenzung sexueller Ausbeutung. Bern: Lang

Hirsch, Mathias (1999): Realer Inzest: Psychodynamik des sexuellen Missbrauchs in der Familie. Gießen: Psychosozial-Verlag

Hirsch, Mathias (2004): Psychoanalytische Traumatologie – das Trauma in der Familie. Stuttgart: Schattauer

Holzhaider, Hans (2006): Die finsterste Seite der Sehnsucht. Mario M. wollte ein Mädchen ganz für sich besitzen – im Gericht offenbart sich ein Mensch, der mit unvorstellbarer Brutalität nach Liebe verlangte. In: Süddeutsche Zeitung Nr. 286: 3

Jäckel, Karin (1996): Wer sind die Täter? Die andere Seite des Kindesmissbrauchs. München: Deutscher Taschenbuch Verlag

Joraschky, Peter (2000): Sexueller Missbrauch und Vernachlässigung in Familien. In: Egle, Ulrich T./Hoffmann, Sven O./Joraschky, Peter (Hg.): Sexueller Missbrauch, Misshandlung, Vernachlässigung. Stuttgart: 84-98

Kast, Bas (2004): Die Liebe und wie sich Leidenschaft erklärt. Frankfurt a.M.: S. Fischer Verlag

Kernberg, Otto F./Clarkin, John F./Yeomans, Frank, E. (1999): Psychodynamische Therapie der Borderline-Persönlichkeit. Ein Manual. Stuttgart: Schattauer

Kobbe, Ulrich (2004): Standards und Praxis psychotherapeutisch-psychosozialer Täterarbeit. In: Körner, Wilhelm/Lenz, Albert (Hg.): Sexueller Missbrauch. Göttingen: 540-553

Linehan, Marsha M. (1996): Dialektisch behaviorale Therapie der Borderline-Persönlichkeitsstörung. München: CIP – Medien

Linneweber, Volker (2000): Sexualisierte Gewalt an Kindern und Jugendlichen: Ansätze präventiver Arbeit. Magdeburg: Kultusministerium des Landes Sachsen-Anhalt

May, Angela/Remus, Norbert (1993): „... und dann kommt Licht in das Dunkel des Schweigens." Sexueller Missbrauch, Prävention, Prophylaxe und Intervention. Berlin: Verlag de Jongliere

Mayr, Ursula (2000): Ohnmacht und Bewältigung – Gesichter des Inzests. Diagnose und Behandlung im psychoanalytischen Kontext. Stuttgart: Klett-Cotta

Morgenthaler, Fritz (1974): Die Stellung der Perversionen in Metapsychologie und Technik. In: Psyche 28: 1077–1098

Nabokov, Vladimir (1959): Lolita. Reinbek: Rowohlt

Pfäfflin, Friedemann (1978): Vorurteilsstruktur und Ideologie psychiatrischer Gutachten über Sexualstraftäter. Stuttgart: Enke

Reddemann, Luise (2001): Imagination als heilsame Kraft. Zur Behandlung von Traumafolgen mit ressourcenorientierten Verfahren. Stuttgart: Klett-Cotta

Rehder, Ulrich (2004): Klassifizierung von Tätern, die wegen sexuellen Missbrauchs von Kindern verurteilt wurden. In: Körner, Wilhelm/Lenz, Albrecht (Hg.): Sexueller Missbrauch. Göttingen: 554-567

Richter-Appelt, Hertha (1997): Sexueller Missbrauch ist keine Diagnose: eine kritische Auseinandersetzung mit der aktuellen Diskussion. In: dies. (Hg.): Verführung – Trauma – Missbrauch (1896-1996). Gießen: 91-106

Richter-Appelt, Hertha (2001): Psychotherapie nach sexueller Traumatisierung. In: Sigusch, Volkmar (Hg.): Sexuelle Störungen und ihre Behandlung. Stuttgart: 475-488

Salter, Anna (2006): Dunkle Triebe. Wie Sexualtäter denken und ihre Taten planen. München: Goldmann

Schläfke, Detlef/Fegert, Jörg M./Schnoor, Kathleen/König, Cornelia (2006): Psychiatrische Begutachtung in Sexualstrafverfahren. Herbolzheim: Centaurus Verlag

Schorsch, Eberhard (1993): Kinderliebe. Veränderungen in der gesellschaftlichen Bewertung pädosexueller Kontakte. In: Schorsch, Eberhard (Hg.): Perversion, Liebe, Gewalt. Beiträge zur Sexualforschung. Stuttgart: 168-169

Schorsch, Eberhard/Galedary, Gerlinde/Haag, Antje/Hauch, Margret/Lohse, Hartwig (1990): Perversion als Straftat. Dynamik und Psychotherapie. Berlin, Heidelberg: Springer

Sigusch, Volkmar (2005): Neosexualitäten. Über den kulturellen Wandel von Liebe und Perversion. Frankfurt a.M.: Campus

Westmeier, Arline/Aesch, Ellen von/Glöckel, Peter (1997): Ich habe es überlebt: Das dunkle Geheimnis: sexueller Missbrauch. Bern: Blaukreuz Verlag

Wipplinger, Rudolf/Amann, Gabriele (1996): Zur Bedeutung der Bezeichnungen und Definitionen von sexuellem Missbrauch. In: dies. (Hg.): Sexueller Missbrauch: Überblick zu Forschung, Beratung und Therapie. Tübingen: 13-38

Intervention in persönlichen Beziehungen

Andrea Ebbecke-Nohlen

Systemische Paarberatung

Unter den vielfältigen Formen persönlicher Beziehungen stellt die Paarbeziehung sicherlich die intensivste dar. Diese Besonderheit verdankt sie einem Merkmal, das zumindest im westlichen Kulturkreis in der Regel den Ursprung einer Paarbeziehung bestimmt: Die Liebe. Zwei Personen finden zueinander, beschließen, das Leben gemeinsam zu gestalten. Andere Momente kommen hinzu, erlangen gegebenenfalls ein gleiches Gewicht, etwa die Ökonomie. Unter Spezifizierung ihrer jeweiligen Rollen in der Paarbeziehung wollen zwei Menschen sich gegenseitig gegen die Wechselfälle des Lebens absichern. Aber der Zusammenhalt ist wesentlich von der Liebe geprägt. Bereits Konfuzius erkannte: „Die Liebe ist das Gewürz des Lebens. Sie kann es versüßen, aber auch versalzen". Paarbeziehungen sind krisenanfällig. Die Gefahr ihres Scheiterns ruft die Paarberatung auf den Plan. Obwohl die Liebe nicht der Logik unterworfen ist und sich auch nicht erzwingen lässt, kann Beratung hilfreich sein, Schwierigkeiten in Paarbeziehungen zu überwinden (Riehl-Emde 2002). Begreifen wir Paarberatung als Intervention in persönliche Beziehungen, so stellt systemische Paarberatung eine besonders Autonomie schonende Interventionsform dar, was im Folgenden gezeigt wird. Wir stellen zunächst die Paarberatung als Setting im Unterschied zur Einzelberatung vor. Wir führen anschließend in die Prämissen systemischer Paarberatung ein, ehe wir uns ihren handlungsleitenden Ideen zuwenden. In diesem Zusammenhang kontrastieren wir deren Ansätze mit traditionellen Vorstellungen von Beratung. Darauf aufbauend präzisieren wir die Ziele systemischer Paarberatung und zeigen anschließend anhand von vier Paarkonstellationen, in welcher Weise typenspezifisch Lösungen der Schwierigkeiten in den Paarbeziehungen angeregt werden können. Im Schlussteil werden die Vorteile systemischer Paarberatung zusammenfassend dargestellt.

1. Paarberatung im Unterschied zur Einzelberatung

In der Paarberatung haben wir es mit einem spezifischen Setting zu tun, das sich gegenüber der Einzelberatung und der Familien- oder Gruppenberatung deutlich abhebt. Auch wenn systemische Prämissen und Beratungskonzepte für die verschiedenen Beratungssettings übergreifend gelten, so ist es doch aufschlussreich, die Besonderheiten näher zu betrachten, die sich aus der Form des Paar-Settings ergeben.

Wenn wir die Beratung eines Paares mit Einzelberatung vergleichen, fallen folgende Charakteristika auf: Zunächst sieht sich der/die Berater/in der Beziehung zweier Individuen gegenüber, mit anderen Worten, die Beziehung, ihre Struktur und ihre Gestaltung ist von Anfang an im Spiel. Gehen wir davon aus, dass Paarberatung dann nachgefragt wird, wenn ein Paar in Schwierigkeiten geraten ist, so können wir ebenfalls die Annahme teilen, dass diese Schwierigkeiten von beiden Partnern in der Regel unterschiedlich wahrgenommen bzw. gedeutet werden. So ist Paarberatung auch von Anfang an gefordert, mit gegensätzlichen Standpunkten umzugehen. Nehmen wir die individuellen Ambivalenzen beider Partner hinzu, so stehen in der Beratung von zwei Personen in der Regel mindestens vier unterschiedliche Positionen im Raum und wollen berücksichtigt werden. Sie verfestigen sich vor allem in der Frage, wer von beiden denn die Schuld an den Schwierigkeiten trägt, in welche die Paarbeziehung geraten ist. In der Wahrnehmung des Paares liegt die Verantwortung dafür oft jeweils beim Anderen. Daraus folgt für die Überwindung der Schwierigkeiten, dass jeder Partner denkt, wenn meine Frau/mein Mann sich nur ändern würde, wäre uns schon geholfen. Die jeweilige Auftragslage liegt daher in gewisser Weise von Anfang an fest: „Ändern Sie doch bitte meinen Mann bzw. meine Frau!" Nicht nur die Erklärung der einen Seite dazu, wie die Schwierigkeiten in der Paarbeziehung zustande gekommen sind, sondern auch die entsprechenden Lösungsversuche werden von der anderen Seite meist negativ wahrgenommen und kommentiert (Hess 2003).

In den unterschiedlichen Sichtweisen manifestiert sich in nachdrücklicher Weise die Uneinigkeit eines Paares. Individuelle Unterschiede können vom Paar daher nicht für die Überwindung der Schwierigkeiten genutzt werden, da sie mit Abwertungen gekoppelt sind. Dies erschwert auch die Suche nach „gemeinsamen" Lösungen. Einerseits wird diese Suche fast immer als vergeblich empfunden, da befürchtet wird, dass die individuellen Bedürfnisse beider Partner in solchen Lösungen nicht ausreichend Berücksichtigung finden. Andererseits ist das Bedürfnis nach einer einvernehmlichen Lösung in der Regel hoch, selbst wenn durch sie eine Trennung ins Auge gefasst wird (Jellouschek 2004).

All diese Merkmale einer Paarberatung können im Vergleich zur Einzelberatung als besondere Herausforderungen begriffen werden, denen sich zu stellen nur gerechtfertigt erscheint, wenn gegenüber dem Einzelsetting auch eindeutige Vorteile benannt werden können. Der Nutzen des Paarsettings liegt indessen gleich in mehreren Hinsichten auf der Hand: Da der bzw. die Andere in jedem Fall auch Inhalt der Gespräche ist, lohnt es sich, ihn bzw. sie auch in diese Gespräche als Person durch physische Anwesenheit mit einzubeziehen. Es macht einen erheblichen Unterschied, ob wir als Berater/in zu einer Person über Dritte informiert werden oder ob wir dieser Person direkt begegnen. Zudem lassen sich im Paarsetting die Beziehungsgestaltung eines Paares unvermittelt beobachten und die Muster und Strukturen dieser Beziehung unmittelbar erforschen. Das Paar selbst kann Synergieeffekte besser nutzen, dadurch dass beide Partner jeweils für sich vom jeweils Anderen lernen können. Die Wirksamkeit systemischer Paarberatung ist im

Rahmen der systemischen und familientherapeutischen Psychotherapieforschung auch für das paartherapeutische Setting erforscht und belegt (von Sydow et al. 2007: 69 ff.).

2. Zehn Prämissen Systemischer Paarberatung

> 1. Systemische Paarberatung ist zukunfts- und gegenwartsorientiert und nutzt die Vergangenheit lediglich zur Erhellung von Zukunft und Gegenwart.
> 2. Systemische Paarberatung sieht Krisen als vorübergehend an, konnotiert sie positiv als Entwicklungschancen und nimmt ihnen damit das Pathologische. Sie versteht Probleme als im Moment passende Lösungsversuche und fragt nach den guten Gründen einer Krise.

Versetzen wir uns in den Beratungskontext, so interessiert natürlich, in welcher Art des Dialogs zwischen Berater/in und Klient/innen, in welchen Fragen sich die Prämissen systemischer Paarberatung konkretisieren. Hinsichtlich der ersten Prämisse können Fragen zur Zukunfts- bzw. Gegenwartsorientierung in die Richtung gehen, Skepsis und Hoffnung auf die in Aussicht genommenen Gespräche zu formulieren und Befürchtungen und Erwartungen des Paares in Bezug auf die Paarberatung zu erforschen. Sie können außerdem ausfindig machen, wie die Partner sich und ihre Beziehung in der mittelfristigen Zukunft sehen. Antworten darauf können wiederum Fragen danach auslösen, welche Schritte in der Gegenwart nötig wären, um diese Zukunft zu verfehlen oder welche Schritte erforderlich wären, um die entwickelten „Zukunftsvisionen" zu erreichen.

Was die zweite Prämisse angeht, kann beispielsweise ein Paar, bei dem ein Partner sich depressiv zeigt, gefragt werden, wofür das depressive Verhalten ein Lösungsversuch sein kann. Einfach ist die Beantwortung einer solchen Frage nicht, und manchmal bedarf es mehrerer Versuche des/der Berater/in, um auf diese oder ähnliche Fragen Antworten zu erhalten. Da Menschen im allgemeinen und Klient/innen im besonderen in der Regel ein tiefes Bedürfnis haben zu verstehen, was vorgeht, wollen sie im Rahmen einer Beratung nach und nach auch herausfinden, warum sie sich auf eine bestimmte Art und Weise fühlen und warum sie entsprechend denken und handeln. Um sich nicht in einer vergeblichen Suche nach möglichen Ursachen in der Vergangenheit zu verlieren, wird in der systemischen Beratung die Frage nach dem Warum in ein „Wozu" umformuliert, um so funktionelle Aspekte des Problems in der Gegenwart besser beleuchten zu können. So können als sinnstiftende Elemente für depressives Verhalten folgende Motive in Frage kommen: Sich eine Ruhepause nehmen, die Verantwortung an den anderen abgeben, den Anderen wichtig machen, indem man ihn zum Retter und Helfer erklärt, den Anderen einladen, die Anforderungen an einen selbst zu reduzieren, den anderen dafür gewinnen, nicht nachlassende Zuwendung zu zeigen, und schließlich sich Aufmunterung und Trost abholen (Ebbecke-Nohlen 2004).

3. Systemische Paarberatung baut auf bereits vorhandenen Stärken auf und macht nicht die Diskussion der Schwächen zum Ausgangspunkt ihres Vorgehens. Ausnahmen und Erfolge spielen für die Zielfindung der Beratung eine besondere Rolle.

4. Systemische Paarberatung geht davon aus, dass Problemgespräche Probleme und Lösungsgespräche Lösungen hervorbringen.

Entsprechend der dritten Prämisse kann z. B. ein Paar, das uneins ist in der Frage der Kindererziehung, dahingehend befragt werden, was es jeweils schätzt beim anderen an dessen Rollenverhalten als Mutter oder als Vater. Es können auch Momente erinnert werden, als beide Eltern „an einem Strang zogen" oder jeweils froh waren, dass der/die jeweils andere ihr eigenes Verhalten ergänzte. Bezüglich der vierten Prämisse kann z. B. darüber gesprochen werden, wann und wie beide heute ihre unterschiedlichen Erziehungsstile als hilfreiche Ergänzung sehen können, sowie wo und wie sie sich heute wünschen, einig zu sein, und wie sie dies erreichen können. Die Aufmerksamkeit wird auf diese Weise nicht auf belastende frühere Ereignisse gerichtet, sondern auf gangbare Lösungen (De Shazer 1995).

5. Systemische Paarberatung bezieht sich auf die Beziehungsmuster eines Paares und weniger auf individuelle Verhaltensauffälligkeiten.

6. Systemische Paarberatung interessiert sich für die wechselseitige Wahrnehmung beider Partner, also für die Beschreibungen und Bewertungen des Verhaltens des jeweils anderen.

Paare, die sich in der Beratung eher unterschiedlich geben – die eine Seite möchte z. B. die Dinge verändern, die andere plädiert dafür, sie gleich zu belassen – zeigen auf der Ebene der Beziehungsgestaltung möglicherweise eher Ähnlichkeiten, beide werten einander ab und beide sind geneigt, heftig miteinander zu streiten. Was die fünfte Prämisse angeht, können Abwertung und Streit als verbindende Muster ihrerseits als Lösungsversuche wahrgenommen werden, die das Nähe-Distanzgleichgewicht entweder stabilisieren oder ins Wanken bringen. In Bezug auf eine Überwindung der Krise in der Zukunft gibt sich die eine Seite manchmal eher zuversichtlich, die andere dagegen eher skeptisch. Hinsichtlich der sechsten Prämisse können beide Haltungen in Wechselwirkung zueinander gesehen werden. Sie sind keine unveränderbaren Zustände, sondern abhängig vom Verhalten des/der jeweils Anderen. Zu erkennen, dass die Partnerin nicht nur agiert, sondern auch reagiert und dass hinter ihrem Verhalten auch für den anderen nachvollziehbare Gefühle stehen, kann für beide Seiten sehr entlastend sein.

7. Systemische Paarberatung fokussiert auf die Eigenverantwortung beider Partner im Veränderungsprozess.

8. Systemische Paarberatung versucht, Wahlmöglichkeiten für beide Partner zu schaffen sowohl für das jeweils eigene Verhalten als auch für die Bewertung des Verhaltens der jeweils anderen Seite.

Entsprechend der siebten Prämisse kann der Blick weg vom Tun des Anderen hin auf das eigene Handeln gelenkt werden. Fragen können dahin gehen, was jede bzw. jeder der beiden Partner nach dem Finden einer guten Lösung selbst anders machen wird. Durch die positive Konnotation des beanstandeten Verhaltens und die erfolgreiche Suche nach dem erwünschten Verhalten entsteht hinsichtlich der achten Prämisse für beide Partner ein Spielraum, in dem sie Neues ausprobieren und doch bei Bedarf auf Bewährtes zurückgreifen können (Ziegler/Hiller 2004). Das zum alten Muster gehörende Verhalten kann für das neue Muster modifiziert und neues Verhalten kann hinzugenommen werden. Statt der vorher erlebten Sackgassen öffnen sich mehrere Wege; mehrere Optionen stehen zur Verfügung.

9. Systemische Paarberatung fühlt sich einer Haltung der „Neugier", der „Allparteilichkeit" und der „Sensibilität gegenüber den Geschlechterrollen" verpflichtet.

10. Systemische Paarberatung fokussiert bei der Auftragsklärung auf die unterschiedlichen Erwartungen beider Partner und sucht nach dem höheren gemeinsamen Ziel eines Paares.

Was die neunte Prämisse angeht, kann der/die Berater/in in ihren Bemühungen gründlich scheitern, wenn sie sich auf eine der beiden Seiten schlägt. Um nicht in die Falle der Parteilichkeit zu geraten und stattdessen dem Ziel sich anzunähern, beiden Partnern in ähnlicher Weise gerecht zu werden, hat der/die Berater/in mehrere Möglichkeiten. Wenn ein Partner sich beispielsweise gefühlsbetont und der andere rational zeigt oder der eine sich für mehr Milde gegenüber den Kindern und der andere für mehr Strenge einsetzt, kann der/die Berater/in durch positive Konnotation der gegensätzlichen Temperamente und der verschiedenen Erziehungsstile beiden Eltern ermöglichen, in ihrer individuellen Bemühung wahrgenommen und in ihrer Unterschiedlichkeit gewertschätzt zu werden. Auch die Aufmerksamkeit für die jeweilige Interpretation der Geschlechterrollen ist von beträchtlicher Bedeutung. Ob ein Paar die Geschlechterrollen auf klassische Weise lebt oder ob es sie gegen das Stereotyp besetzt, birgt jeweils andere Ressourcen (Ebbecke-Nohlen 1996, 2002).

Hinsichtlich der zehnten und letzten Prämisse ist es für den/die Berater/in eine große Herausforderung, die Unterschiede und die Gemeinsamkeiten eines Paares so herauszuarbeiten und zu gewichten, dass es einen Unterschied macht, und dass das Paar die Möglichkeit hat, sich anders als üblicherweise zu erleben. Ein Paar, das z. B. nach einem Seitensprung des einen Partners in die Beratung kommt, hat in der Regel unterschiedliche Erwartungen. Die eine Seite möchte ihre Verletzung, Enttäuschung und Wut zum Ausdruck bringen, die andere Seite will nicht auf der Anklagebank sitzen und möchte auch nicht die Verantwortung für die Krise des Paares allein tragen. Mit diesen verschiedenen Bedürfnissen sind jeweils andere Aufträge an die Beratung verbunden, die ausgesprochen werden wollen. Das gemeinsame höhere Ziel eines Paares in dieser Situation könnte sein zu entscheiden, sich zu trennen oder sich als Paar eine neue Chance zu geben. Das Balancieren unterschiedlicher und gemeinsamer Aufträge entspricht daher dem besonderen immanenten Spannungsfeld „Individuum – Paar" (Schmidt 2004).

3. Handlungsleitende Ideen systemischer Paarberatung

Am besten können die Prämissen systemischer Paarberatung verdeutlicht und begründet werden, wenn wir sie mit den Grundlagen traditioneller Vorgehensweisen im Beratungskontext vergleichen. Einige dieser klassischen Ideen sind derart tief verankert in der allgemeinen Vorstellungswelt beratender Tätigkeit, dass sie kaum hinterfragt werden. Das hat damit zu tun, dass sie quasi intuitiven, wohlgemeinten Überlegungen entsprechen, wie Anderen in belastenden Situationen beratend geholfen werden kann, etwa durch Hineinversetzen in deren Schwierigkeiten, durch Forschen nach den Ursachen der Probleme, durch einen guten Rat, etc. Die Beliebtheit dieser alltagstäglichen Beratungsformen lässt den Schluss zu, dass sie durchaus ihr Gutes haben, sonst wären sie sicherlich schon längst allgemein verworfen worden. Fraglich ist aber, ob sie sich auch dort bewähren, wo es um professionelle, zielgerichtete Beratung geht, die vornehmlich dann gesucht wird, wenn die herkömmlichen Leitideen wohlmeinender Beratung an ihre Grenzen gestoßen sind. Anders ausgedrückt: Paare, die eine professionelle Beratung vereinbaren, sind vermutlich mit dem traditionellen Beratungslatein am Ende. In den Situationen, in denen im Vorhinein professioneller Beratung die herkömmlichen Ideen nicht mehr greifen, bieten sie in der Regel auch für die professionelle Beratung keine Erfolg versprechenden Annahmen mehr. Der systemische Ansatz dekonstruiert diese handlungsleitenden Annahmen traditioneller Herkunft nicht nur, er stellt ihnen auch konstruktiv alternative Handlungsorientierungen gegenüber. An den sechs folgenden traditionellen Vorstellungen von Beratung soll dies verdeutlicht werden:

Sechs traditionelle Vorstellungen von Beratung

1. Mehr Information zum Problem vereinfacht das Finden einer Lösung.
2. Das Erkennen von Fehlern führt dazu, sie in der Zukunft zu vermeiden.
3. Beraten heißt „jemandem einen Rat geben".
4. Ratsuchende befolgen die ihnen gegebenen Ratschläge.
5. Viel hilft viel.
6. Gute Absichten führen unmittelbar zu guten Auswirkungen.

---

1. Beginnen wir mit der ersten Idee: „Mehr Information zum Problem vereinfacht das Finden einer Lösung". Viele Berater/innen kennen aus ihrer Beratungserfahrung die Situation, dass jemand von einem Problem erzählt und dass sie, um es besser verstehen zu können, weiter nachfragen. Sie meinten weitere Informationen zu brauchen, um sich hilfreich in die problematische Geschichte hineindenken und einschalten zu können. Es ist jedoch eher selten der Fall, dass wir, je mehr Details wir erfahren,

umso leichter beraten können. Oft geraten wir vielmehr gerade durch zuviel Wissen über ein Problem in eine Problemhypnose und finden zu keiner passenden Lösung (Schmidt 2005). Mehr und mehr Information zu einem Problem einzuholen, kann dazu führen, sich in das Problem zu verstricken, vom Problem emotional absorbiert zu werden, die Konzentration ausschließlich auf das Problem zu richten und so möglicherweise die neben der wichtigen Nähe auch hilfreiche Distanz in der Beratung zu verlieren.

In Bezug auf die Idee „Viel Information zum Problem erleichtert die Lösung", können wir in Beratungsgesprächen beobachten, dass Problemorientierung eher zu Problemen führt, Lösungsorientierung hingegen eher zu Lösungen (Schlippe/Schweitzer 1996: 35). Hier könnte ein Perspektivenwechsel vom Problem zur Lösung also einen Unterschied machen. Fragen wie: „Was wäre aus Ihrer Sicht eine gute Lösung?" oder: „Welche verschiedenen Bausteine würden zu einer für Sie passenden Lösung gehören?" führen in eine andere Richtung als z.B. die Fragen: „Was führt Sie zu mir?" oder „Wie geht es Ihnen heute?" Und das Erstaunliche ist, wir können nach Lösungen fragen, bevor wir die Problemgeschichte kennen. Die Berater/in kann lösungsorientierte Kommentare auf der E-bene der Beziehungsmuster machen, ohne die Inhalte eines Problems im Detail zu kennen. Zu den Beziehungsmustern eines Paares bekommt sie in erster Linie Zugang über die Beratungsbeziehung. Die Art und Weise, in der Klient/innen Beziehung zu Berater/innen aufnehmen, gibt Aufschluss über deren bevorzugte Interaktionsmuster und löst auf Seiten des/der Berater/in Gefühle und Gedanken aus, die er/sie nutzen kann, um daraus Hypothesen und Fragen für den weiteren Beratungsprozess zu entwickeln.

2. Die zweite Idee beruht auf der Vorstellung zu meinen, dass Paare, wenn sie Fehler bzw. Defizite in der Vergangenheit erkannt haben, diese in der Zukunft besser vermeiden können. Das mag in der alltäglichen Erfahrungswelt möglicherweise so sein. Aus Fehlern lernt man im Allgemeinen sogar mehr, weil man sich der Faktoren stärker bewusst wird, von denen Erfolg oder Misserfolg einer Handlung abhängen. Ob die Defizitorientierung jedoch für professionelle Beratung nützlich ist, darf bezweifelt werden. Fehler haben die Eigentümlichkeit, dass sie in der Regel erst im Nachhinein als solche zu erkennen sind. Im Vorhinein stellen sie gelegentlich die best gangbare Alternative dar, und es spricht häufig auch einiges dafür, sich in ihrem Sinne verhalten zu haben. Extrapolieren wir diese Erfahrung in die Zukunft, erkennen wir unsere Unsicherheit bei prognostischen Einschätzungen und werden darauf aufmerksam, dass sich u.U. Fehler von gestern als richtige Entscheidungen für morgen erweisen können. Die Annahme, dass Fehler erst erkannt werden müssen, bevor sie vermieden werden können, führt eher zu Vermeidungsversuchen, die Gefahr laufen zu scheitern. Die gut gemeinte Aufforderung „Denke nicht an blau!", hat oft bemerkenswerte Auswirkungen, jedoch nicht im eigentlich er-

wünschten Sinne. Das, was im Gedächtnis bleibt, ist „blau". Es nagt auch
am Selbstwert, wenn man einer scheinbar so einfachen Aufforderung, etwas nicht mehr zu tun, nicht nachkommen kann.
Wir können in diesem Zusammenhang den Perspektivenwechsel als Methode nutzen, indem wir nach Ausnahmen und Erfolgen in der Vergangenheit fragen. Wenn Paare in der Beratung z. B. davon berichten, dass
sie falsche Entscheidungen getroffen haben, können wir sie nach gegen-
teiligen Erfahrungen fragen, nach Situationen, in denen sie Entscheidungen getroffen haben, zu denen sie auch später gut stehen konnten. „Wann
und unter welchen Bedingungen ist es Ihnen gelungen, gute Entscheidungen zu treffen. Was hieße dies für die Zukunft? Welche positiv formulierten Ziele wollen Sie sich für künftige Entscheidungen setzen? Angenommen, Sie wollten in Zukunft mit Ihren Entscheidungen zufrieden
sein, wie könnten sie ihre bisherigen positiven Erfahrungen als Lernge-
schichte nutzen? Welche kreativen Ideen können zur Umsetzung dieser
Ziele entwickelt werden?"

3. Die dritte Idee nährt die Illusion, dass Beraten gleich gesetzt werden
   kann mit „jemandem einen Rat geben". Viele Berater/innen haben schon
   erlebt, dass sie, wenn sie sich in bester Absicht zu einem Ratschlag haben verleiten lassen, ein mageres „Ja, aber" geerntet haben. Das, was ihnen selbst als gute Lösung erschien, war für das Paar nicht akzeptabel,
   sei es, dass es dies schon einmal ohne Erfolg ausprobiert hat oder sei es,
   dass die Rahmenbedingungen so waren, dass der Ratschlag nicht passte.
   Einen Rat zu geben bedeutet zudem, eine hierarchische Situation zu
   schaffen, sich zum Experten für das Leben eines Paares aufzuschwingen
   und damit in der Folge Gefahr zu laufen, aus einer dialogischen Beziehung auszusteigen und dem Gegenüber zu sagen, was er oder sie tun
   sollte. Zwar mag es manchmal den Erwartungen eines Paares entsprechen, einen Rat hören zu wollen, da es möglicherweise die Lösung seiner
   Probleme auf diese traditionelle Weise anstrebt, in der professionellen
   Beratung kann sich ein solcher Schritt jedoch schnell als Falle erweisen.
   Die Verantwortung für die Lösung wird dem/der Berater/in übertragen;
   dies wird vor allem im Falle des Scheiterns Teil des Problems. Das
   Scheitern von Lösungen, die von Berater/innenseite erarbeitet wurden,
   ist von Seiten eines Paares eventuell sogar intendiert. Es kann dadurch
   zeigen, dass einfache Lösungen nicht greifen, auf sie wäre das Paar übrigens allein auch schon gekommen. Einen konkreten Rat zu geben hilft
   nicht, die Eigenverantwortung des Gegenübers zu stärken.
   Die Erfahrung zeigt zudem, dass ein/eine Berater/in, die Ratschläge gibt,
   in Versuchung gerät, in der Beratungssituation die Hauptarbeit zu machen und Lösungen vorzuschlagen, die das Paar mehr oder weniger dankend ablehnen kann. Der Perspektivenwechsel als Methode würde in
   diesem Zusammenhang bedeuten, Fragen zu stellen, Neugier zu zeigen
   und Zuversicht, dass der/die Klient/in genug Erfahrungen hat, um Ideen
   zur Lösung zu entwickeln. Beraten hieße dann für den/die Berater/in, den

Beratungsbegriff selbstreflexiv zu füllen und Beratung als einen Prozess zu verstehen, in dem man sich mit jemandem berät. Sie würde dann auf die Exklusivität ihres Expertinnentums verzichten, sich lediglich als Expert/in für professionelle Gesprächsführung verstehen und sich auf einen dialogischen Gesprächsprozess unter zwei oder mehreren Expert/innen einlassen.

4. Die vierte Idee und Illusion besteht darin zu erwarten, dass Paare die ihnen gegebenen Ratschläge befolgen und die Ideen umsetzen, die in einer Beratung entwickelt werden. Diese Idee basiert auf der Annahme, wir könnten mit unserem Gegenüber instruktiv interagieren und reduziert andere Menschen potentiell auf triviale Maschinen, die auf Knopfdruck reagieren. Auch wenn es manchmal geschieht, dass sich andere Menschen entsprechend den getroffenen Vereinbarungen verhalten, so liegt zwischen der Absprache und dem Verhalten doch immer noch die Entscheidung, sich auch tatsächlich dem Ratschlag entsprechend zu verhalten. Und Entscheidungen können in der konkreten Situation oft auch ganz anders ausfallen.

In der systemischen Paarberatung gehen wir davon aus, dass Klient/innen prinzipiell eigenständig in ihren Entscheidungen sind, und wir wissen: „Wir können die anderen nicht ändern, aber wir können uns selbst entscheiden, etwas anders zu machen". In diesem Zusammenhang verweist uns der Perspektivenwechsel als Methode darauf, den zwei Seiten einer Medaille mehr Geltung zu verschaffen. Statt nur danach zu sehen, was an einer bestimmten Entwicklung „schlecht" war, kann darauf geschaut werden, wofür sie auch „gut" war, d.h. welche positiven Effekte mit ihr verbunden waren. Wenn im Verlauf einer Paarberatung das Problem als Lösungsversuch erkannt wurde, können neben den neu gefundenen Lösungen auch die alten Lösungsversuche in modifizierter Form wieder aufgegriffen werden. Statt nur eine Lösung am Ende eines Beratungsprozesses erarbeitet zu haben, können auf diese Weise mehrere Lösungsalternativen zur Wahl gestellt und auf ihre Vor- und Nachteile hin überprüft werden. Der Perspektivenwechsel von der eindeutigen Unterscheidung von „gut" und „schlecht" und „richtig" und „falsch" zum abwägenden „Einerseits – Andererseits" eröffnet häufig neue Lösungsmöglichkeiten. Eigene Hypothesen und Ideen von Seiten des/der Berater/in sind in diesem Zusammenhang durchaus erwünscht, aber immer in dem Wissen, dass Paare selbst entscheiden, ob sie diese aufgreifen oder nicht (Ebbecke-Nohlen 2003 a).

5. Die fünfte Idee und Illusion „Viel hilft viel" beruht auf der Meinung, dass Beratungen häufig stattfinden und über einen langen Zeitraum angelegt werden sollten. Sie sollten gemäß dieser Vorstellung von Beratung zudem nicht oberflächlich sein, sondern stattdessen über viel Tiefe verfügen und möglichst starke emotionale Erlebnisse ermöglichen. Die „Viel hilft viel" – Idee ist eher dem mechanistischen Weltbild entlehnt: Will man früher ankommen, muss man mehr Gas geben. Mehr desselben

führt im Beratungskontext jedoch nicht unbedingt zu besseren Ergebnissen.

Systemische Paarberatung handelt stattdessen in der Erkenntnis: „Weniger ist mehr". Gemeint ist damit, dass eine Beratung, die sich auf das Wesentliche konzentriert, oft zu einem besseren Ergebnis führt als eine Beratung, die mit viel Beiwerk überfrachtet ist. Als Kurzzeitansatz nimmt systemische Beratung in der Regel wenig Zeit in Anspruch und hält die Anzahl der Sitzungen auf wenige begrenzt (2 bis 10 Sitzungen). Wesentlicher Bestandteil der Beratungsarbeit ist das Bestreben, einen Unterschied zu machen, der einen Unterschied macht (Bateson 1981). Menschen so zu begegnen, dass sie über sich und ihre Welt etwas Neues erfahren, zeigt sich in der Beratung darin, dass der/die Berater/in je nach Gegenüber andere Schwerpunkte setzt und entweder auf kognitive Überlegungen, auf affektive Inhalte oder auf Verhalten verstärkt fokussiert. Klient/innen, die z. B. ihre Ressourcen im kognitiven Bereich haben, voller Einsicht sind, diese Einsicht jedoch nicht in Verhalten umsetzen, können in der systemischen Beratung bei ihrer kognitiven Stärke abgeholt werden und in der Folge darin begleitet werden, sich ihrer emotionalen Seite zuzuwenden. Personen, die affektiv geladen in die Beratung kommen, voller Gefühle, Enttäuschung, Wut oder Angst, können für ihre Gefühle gewertschätzt und später dazu eingeladen werden, mit ihrer kognitive Seite Kontakt aufzunehmen. Menschen, die sich besonders als Macher/innen vorstellen und ausgiebig davon erzählen, was sie alles wann bereits unternommen haben, beim Erzählen aber wenig affektive und kognitive Seiten bei sich zum Schwingen bringen, können für ihre Aktivität Anerkennung bekommen und schließlich angeregt werden, mit ihren anderen Seiten Verbindung aufzunehmen (Ciompi 1997).

6. Die sechste Idee und Illusion liegt darin anzunehmen, dass die mutmaßlichen Auswirkungen einer Beratung mit der Absicht, die ihren Inhalt prägt, übereinstimmen. Am deutlichsten wird diese häufig anzutreffende Fehlannahme in der Vorstellung, dass der gute Wille, für andere Gutes zu tun, auch Gutes bewirkt. In einer solchen oder ähnlichen Mutmaßung liegt eine große Gefahr, denn gut gemeint ist nicht automatisch gut gelungen. Ein gut gemeinter Rat kann in manchen Fällen fruchtbar sein, unter Umständen jedoch das Gegenteil von dem bewirken, was intendiert war. Auch die inverse Erfahrung ist zu berücksichtigen, dass aus schlechten bzw. schlecht gemeinten Ratschlägen Gutes hervorgehen kann. „Frag Deinen Feind um Rat, und mach es umgekehrt!", sagt ein altes jüdisches Sprichwort.

Greifen wir die Idee auf, in der Beratung „Jemand anderem etwas Gutes tun zu wollen", dann könnte ein Perspektivenwechsel darin liegen, das Augenmerk auch einmal auf sich selbst als Berater/in zu richten und zu prüfen, ob und wie wir uns selbst erlauben, in unserer Arbeit auch „Gutes für uns selbst zu tun". Ausgebrannte Berater/innen sind gar nicht so selten. Der Grenzgestaltung kommt in diesem Zusammenhang große Bedeutung zu. Neben dem Einfühlungsvermögen, dem Mut zu Nähe und dem Bedürfnis, helfen zu wollen, ist es für eine professionelle Beratung zentral, auch Mut zu Distanz zu zeigen und Grenzen zu setzen. Dies kann konkret bedeuten, in der Beratung nicht jedes Verhalten zu verhandeln, wenn es z. B. rechtlichen Normen oder den Spielregeln der Beratung widerspricht. Im Beratungskontext besteht oft auch die Gefahr des Verschlimmbesserns. Für einen/eine Berater/in ist es daher unerlässlich, sich in ihrem Tun selbst zu begrenzen, da er/sie von ihrem Gegenüber nicht unbedingt erwarten kann, dass es diesbezüglich Grenzen zieht: Bitte nicht helfen, es ist schon schwer genug (Hargens 2006).

Sechs systemische Gedanken zu Beratung

1. Erkennen von Beziehungsmustern erleichtert Lösungen.
2. Aufspüren von Ressourcen legt die Grundlagen für Veränderung: „Mach mehr von dem, was funktioniert".
3. Beraten heißt sich mit jemandem beraten.
4. Wir können die anderen nicht ändern, aber wir können uns entscheiden, selbst etwas anders zu machen.
5. Weniger ist mehr.
6. Unterscheiden von Absicht und Auswirkungen schafft Wahlmöglichkeiten.

---

4. Ziele systemischer Paarberatung

Die erwähnten systemischen Gedanken helfen uns, die Frage zu beantworten, was sinnvolle Ziele systemischer Paarberatung sein können. In diesem Zusammenhang ist es hilfreich, zwischen Zielen der Beratung, Zielen der beiden Partner und Zielen des Paares zu unterscheiden. Die Ziele der Beratung werden nicht inhaltlich, sondern prozessual definiert. Lösungsorientierung heißt also nicht, dass der/die Berater/in für das Paar Lösungen entwickelt, sich z. B. weniger zu streiten oder etwa mehr miteinander zu unternehmen. Ziele der Beratung orientieren sich vielmehr an der professionellen Gestaltung des Beratungsprozesses. Sie sind als Metaziele zu verstehen und ihr Nutzen liegt darin, Transparenz gegenüber einem Paar zu schaffen und für Orientierung in der Beratung zu sorgen. Transparenz und Orientierung dienen als Rahmen für eine detaillierte Auftragsklärung mit beiden Partnern und helfen dabei, einerseits Kriterien für einen Beratungserfolg zu konkretisieren und andererseits Kriterien für die Ablehnung oder Modifizierung eines Beratungsauftrages zu finden.

Da systemische Paarberatung auftragsorientiert arbeitet, liegt ein vorrangiges Ziel darin, eine Atmosphäre zu schaffen, in der die unterschiedlichen und die gemeinsamen Erwartungen und Befürchtungen beider Partner Raum bekommen. Da sich systemische Paarberatung zudem ressourcen- und lösungsorientiert definiert, besteht ein weiterer wesentlicher Aspekt ihrer Arbeit darin, zusammen mit dem Paar erreichbare Ziele zu erarbeiten und die beiden Partner dazu einzuladen, Ziele so zu formulieren, dass sie diese auch aus eigenen Kräften erreichen können. Die Ziele für das Paar ergeben sich aus der Zusammenschau der einzelnen Ziele beider Partner und der Suche nach deren gemeinsamem Nenner. Will eine Seite sich z.B. trennen und die andere die Beziehung fortsetzen, kann die Entscheidungsfindung das gemeinsame Ziel sein. Will ein Partner mehr Ruhe vom anderen und der andere Partner mehr Gemeinsamkeit, kann die Nähe-Distanzregulierung das gemeinsame Ziel sein. Wichtig ist, dass im höheren gemeinsamen Ziel sich beide Partner wieder finden können und dass es nicht nur dem Wunsch einer Seite entspricht.

Vor dem Hintergrund der Beratungsziele können wir z.B. folgende auftragsklärende Fragen stellen: „Was würden Sie nach einer erfolgreichen Beratung am liebsten machen, und wofür hätten Sie hier gern Unterstützung?" „Angenommen, diese Beratung wäre ein Erfolg und Sie hätten wieder eine erfülltes Sexualleben, was würden Sie anschließend gegenüber Ihrer Frau anders machen, so dass der Erfolg auch anhalten könnte?" Oder in die Gegenrichtung gefragt, um möglicherweise ein Scheitern zu vermeiden: „Wie müssten Sie sich nach erfolgreicher Beratung verhalten, wenn Sie sich wieder einen Rückfall in alte Muster nehmen wollten?" .

5. Paarkonstellationen

Paare finden sich unter sehr unterschiedlichen Motiven. Manche Menschen suchen im Partner eher die ideale Ergänzung des Selbst, sie finden sich unter dem Motto: „Gegensätze ziehen sich an". Der eine Partner schwärmt z.B. in der Erinnerung „Sie konnte mir so gut zuhören, wie noch keine zuvor, und ich hatte ihr so viel zu sagen". Andere Menschen nehmen eher die Ähnlichkeit ihrer Weltbilder als Basis für ein gemeinsames Leben. „Wir haben uns auf einem Konzert kennen gelernt und waren beide so begeistert." Solche Paare finden sich unter dem Motto: „Gleich und gleich gesellt sich gern" (Ebbecke-Nohlen 2000). Erzählungen anderer Paare erwähnen sowohl Unterschiedliches als auch Gemeinsames, z.B.: „Er war der Fels in meiner Brandung, und wir liebten es, zusammen spazieren zu gehen". Schon beim Kennenlernen eines Paares beginnt das Spiel mit den Gemeinsamkeiten und den Unterschieden. Und dieses Spiel macht oft nicht nur Vergnügen. Das, was man zu Beginn am anderen am meisten schätzte ist oft das, was man nach einigen Jahren zu beklagen beginnt. Der anfangs bewunderte Unterschied wird zum unerwünschten Anderssein und die ursprünglich geliebte Gemeinsamkeit wird zur langweiligen Selbstverständlichkeit. „Sie kann so gut zuhören" wird zu „Sie schweigt sich aus". „Er war der Fels in meiner Brandung" wird zu „Er ist so unbeweglich!"

Wie Unterschiedlichkeit und Ähnlichkeit der Partner, so bilden auch Nähe und Distanz Parameter, welche die Erwartungen an und die Strukturen von Paarbeziehungen bestimmen können. Jede Geschichte, die im Rahmen einer

Beratung erzählt wird, kann unmittelbar dahingehend betrachtet werden, ob sie auf der Beziehungsebene eher für Nähe oder eher für Distanz steht. In der folgenden Paartypologie, die als Vierermatrix angelegt ist, sind in Bezug auf Nähe und Distanz in den Feldern 1 und 2 die Paarkonstellationen abgebildet, die eine unterschiedliche Organisation vorweisen, in den Feldern 3 und 4 die Paarkonstellationen, die sich durch eine ähnliche Organisation auszeichnen (Ebbecke-Nohlen 2003 b):

Tab. 1: Paartypologie: Die Organisation von Nähe und Distanz bei Paaren

	Typ	Nähe	Distanz
unterschiedlich organisiert	1	♀	♂
	2	♂	♀
ähnlich organisiert	3	♀♂	
	4		♀♂

Paartyp 1 organisiert den Alltag in der Weise unterschiedlich, dass die Partnerin mehr Nähe zu ihrem Partner wünscht, wohingegen der Partner durch sein Verhalten eher die Distanz betont. Gemeinsame Interessen und Gemeinsamkeit treten in den Hintergrund.

Herr und Frau A. kommen in Beratung, weil Frau A. beklagt, dass sich sexuell nichts mehr zwischen ihrem Mann und ihr abspiele, sie fühle sich von ihrem Mann nicht mehr begehrt. Sie habe schon alles versucht, aber ihr Mann wolle nicht mehr mit ihr schlafen. Sie habe Angst davor, dass ihre Beziehung in die Brüche gehen könne. Herr A. beschreibt die Situation anders. Er fühle sich von seiner Frau bedrängt, ihm bleibe kaum Spielraum für seine eigenen Bedürfnisse. Er habe immer das Gefühl, er müsse ihren Erwartungen entsprechen. Das Gefühl dafür, was er selber wolle, sei ihm zunehmend verloren gegangen. Unterschiedliche Erwartungen nach mehr Sexualität und nach mehr Abgrenzung stehen einem gemeinsamen höheren Ziel gegenüber, nämlich dem, als Person vom anderen akzeptiert und gewertschätzt zu werden. Man kann in der Beratung die Idee entwickeln, dass Frau A.'s Absicht, häufiger sexuellen Kontakt mit ihrem Mann zu haben, kontrastiert mit den Auswirkungen ihres Tuns, wenn sie das sexuelle Beisammensein mit heftigen Vorwürfen einfordert. Mehr derselben Vorwürfe wirken auf ihren Mann nicht sehr verführerisch. Frau A. kann durch den Vergleich von Absicht und Auswirkungen erkennen, dass sie durch ihr Handeln eher das verhindert, was sie eigentlich erreichen möchte. Herr A.'s Absicht, mehr Ruhe zu haben und angesichts einer beruflich sehr stressigen Phase mehr zu sich selbst zu kommen, steht ebenfalls im Gegensatz zu den Auswirkungen seines Tuns. Je mehr er sich zurückzieht, umso mehr verfolgt ihn seine Frau mit Vorhaltungen. Da beide für das Finden einer neuen Lösung nur bei sich selbst ansetzen können, ermöglicht die Unterscheidung von Absicht und Auswirkungen beiden Partnern, neue Ideen zu entwickeln. Sie können damit aufhören, den jeweils Anderen ändern zu wollen und verstehen das Handeln des Anderen nicht mehr als gegen sich gerichtet. Herr

A. hat in der Folge den Einfall, einen Paartanzkurs für seine Frau und sich zu buchen. Seine Frau schildert ganz erstaunt, wie gut er sie beim Tanzen führen könne und sieht in ihm wieder einen „richtigen Mann".

Paartyp 2 organisiert den Alltag ebenfalls unterschiedlich, nur steht hier der Partner auf der Seite der Nähe und will sie intensivieren, wohingegen sich die Partnerin eher auf der Seite der Distanz befindet. Auch hier werden gemeinsame Interessen und Unternehmungen seltener gelebt.

Herr und Frau B. kommen in Beratung, weil sie sich in entscheidenden Fragen der Kindererziehung uneins sind. Beide haben einen gemeinsamen einjährigen Sohn. Herr B. hat aus einer früheren Beziehung zwei Söhne, die in regelmäßigen Abständen bei ihm und seiner neuen Familie übernachten. Herr B. möchte es bei diesen Besuchen möglichst allen recht machen und ist gegenüber seinen beiden älteren Söhnen sehr großzügig. Frau B. moniert, dass ihr Mann in dieser Situation keine Grenzen setze und Dinge erlaube entgegen den vorher miteinander getroffenen Absprachen. Er sei inkonsequent und damit kein guter Vater, und sie müsse immer die Böse spielen. Herr B. zieht sich gekränkt zurück und fühlt sich von seiner Frau missverstanden und angegriffen. Seine ganze Hilflosigkeit zeigt sich in der Bemerkung: „Sie sollten dann allein ihr Gesicht sehen!" Als gemeinsames höheres Ziel erarbeitet das Paar, dass es ein friedliches Miteinander und allen Kindern eine gute Erziehung zukommen lassen wolle, zu der sowohl Unterstützung als auch Grenzziehung dazu gehören. Als Herr. B. aufhören kann, seine Frau und ihr Gesicht verändern zu wollen, und auf sein eigenes Veränderungspotential schaut, kann er das Gefühl der Abhängigkeit von den Reaktionen seiner Frau überwinden. Er sieht sie nicht mehr als die Schuldige an, die seine Erziehungsbemühungen ständig missversteht. Auch Frau B. gibt nicht mehr ihrem Mann die Schuld, wenn ihre beiden „Patchwork-Söhne" sich nicht benehmen und wartet auch nicht mehr so lange voller Ungeduld, dass ihr Mann Grenzen setzt, sondern wird selbst aktiv, wenn die beiden Jungen gegen die ausgehandelten Spielregeln verstoßen. Für konkrete Konfliktsituationen denkt sich das Paar einen Lösungssatz aus, den sie mit einem Fingerschnippen begleiten: „Hier ist der Dreh!" Mit diesem Satz erinnern sie sich an ihr Vorhaben, sich nicht mehr in wechselseitige Kritik verstricken zu wollen, schalten ihren Humor ein und können über manche schwierige Situation erst einmal lachen.

Paartyp 3 lebt in sehr vielen Bereichen des Alltags in großer Nähe. Das Gemeinsame steht an erster Stelle, der individuelle Freiraum ist nahezu verschwunden.

Herr und Frau C. leben nicht nur in einem gemeinsamen Haushalt, sie haben den gleichen Beruf, verdienen ihr Geld am selben Arbeitsplatz und verbringen zudem auch große Teile ihrer Freizeit miteinander. Gemeinsame Kinder haben sie nicht. Herr C. bedauert, dass die Sexualität zwischen ihnen eingeschlafen sei. Er habe seit einiger Zeit eine Außenbeziehung, an der ihm jedoch nicht viel liege. Sein Wunsch sei es, die Beziehung zu seiner Frau wieder zu beleben. Frau C. möchte auch in die Beziehung zu ihrem Mann wieder mehr Schwung bringen. Sie empfinde aber sexuell bei ihrem Mann nicht mehr so viel. Man kann hier mit der Idee spielen, dass das „Nein" in der Sexualität wohl ein wichtiger Abstandhalter sei, da ja beide Partner alles außer der Sexualität gemeinsam unternehmen, dass sie sich in fast allen Bereichen des Alltags zu fast jeder Zeit sehr nah sind und sie sich tatsächlich nur „im Bett" erlauben, etwas getrennt zu machen. Die Lösung liegt daher nicht im „mehr des selben", d.h. in noch mehr Nähe auch auf sexueller Ebene, sondern im „weniger des selben" in einigen Bereichen, so dass Freiraum für ein „mehr" geschaffen wird, dessen Mangel bislang beklagt wird. Im Laufe der Beratung entwickeln beide Partner als gemeinsames höheres Ziel, sich mehr Freiräume zu schaffen und mehr Dinge individuell zu planen. Da sie ihre Berufe und ihren Arbeitsplatz nicht ändern wollen, kommen sie zu dem Schluss, sich wieder getrennte Wohnungen zuzulegen, wie zu der Zeit, als sie sich kennen lernten. Das Begehren des anderen und die gemeinsame lustvolle Sexualität können in der Folge zur Freude des Paares wieder in beide Domizile Einzug halten (Schnarch 2006).

Paartyp 4 lebt den Alltag mit viel Distanz und Eigenständigkeit. Die gemeinsam verbrachte Zeit ist knapp bemessen. Das Paar führt gegebenenfalls eine Wochenendbeziehung und sieht sich selten. Beide Partner/innen haben viel Zeit für ihre eigenen Belange, können ihre Individualität weitgehend ausleben.

Frau D. und Frau E. leben in einer gleichgeschlechtlichen Beziehung und kommen zur Beratung, weil sie unterschiedliche Vorstellungen darüber haben, wie öffentlich sie ihre Beziehung leben wollen. Frau D. ist in ihrem „Coming out" eher weit fortgeschritten und möchte die Beziehung zu Frau E. auch in der Öffentlichkeit leben. Frau E. ist dies nicht recht. Sie hat ihrer Familie noch nicht mitgeteilt, dass sie lesbisch ist und befürchtet große Konflikte, wenn sie dies täte. Es fällt nicht schwer, die unterschiedlichen Bedürfnisse der beiden Partnerinnen positiv zu konnotieren. Das gemeinsame höhere Ziel der beiden liegt darin, dass sie ihrem eigenen Rhythmus folgen wollen. Als sie aufhören können, in der jeweils Anderen den Hinderungsgrund zu sehen, ihr Leben so zu gestalten, wie es ihnen passend erscheint, können beide Verantwortung für ihr eigenes Tun entwickeln und sich überlegen, wie sie in der Zukunft leben wollen und welches die nächsten Schritte in diese Zukunft sein können. Frau D. kommt zu dem Schluss, sich von Frau E. zu trennen. Frau E. möchte lieber so weiter machen wie bisher und mit Frau D. zusammen bleiben; der Preis für ein „Coming out" ist ihr jedoch zu hoch. Bei diesem Fall handelt es sich um eine zugespitzte Situation. Die eine Option scheint die andere auszuschließen. Der Fall ist paradigmatisch für Paarschwierigkeiten, in denen ein Rat an das Paar, diese oder jene Entscheidung zu treffen, die schlechteste aller „Beratungen" wäre. Die alternativen Möglichkeiten, sich zu trennen oder zusammenzubleiben, werden in der Paarberatung ebenso durchgespielt wie auch Lösungen im Sowohl-als-auch-Bereich, z.B. mit etwas mehr Eigenständigkeit zusammen zu bleiben oder sich als Liebespaar zu trennen, aber als Freund/innen weiterhin Kontakt zu halten.

Die vier Paartypen der Paartypologie sind idealtypisch zu verstehen. In Reinform sind sie selten anzutreffen. Wie die knapp beschriebenen Beratungsfälle zeigen, lassen sich Paare häufig in Hinblick auf bestimmte Lebensthemen, wie z. B. Sexualität, Kindererziehung oder Gestaltung des beruflichen Lebens und in Bezug auf konkrete Lebensphasen einer der vier Paartypen, bzw. Paarkonstellationen zuordnen. Die Typologie hilft somit, Beziehungsmuster in Partnerschaften zu unterscheiden und aus dem allgemeinen Repertoire systemischer Paarberatung typenspezifische Ansätze zu wählen. Ist die Ausgangssituation eher durch Unterschiede geprägt (Typ 1+2), ist es wichtig, zunächst die Unterschiede zu explorieren und ausgiebig wertzuschätzen, um damit den Raum schaffen zu können für das Gemeinsame, das später zu entwickeln ist. Sind es eher die Ähnlichkeiten, die zu Beginn einer Beratung im Vordergrund stehen (Typ 3+4), gilt es erst einmal, die Ähnlichkeiten und Gemeinsamkeiten genau zu erfragen und anzuerkennen, um damit im folgenden den Perspektivenwechsel hin zu den Unterschieden zu ermöglichen.

An der möglicherweise auffallenden Einfachheit der Lösungen sollte man sich nicht stören. Muster sind Abstraktionen, die per se Vereinfachungen der Wirklichkeit darstellen. Das Denken in Mustern zieht quasi einfachere Lösungen nach sich. Die Einfachheit ist Teil des systemischen Ansatzes, wie ein Blick auf die Arbeit Steve de Shazer`s unschwer erkennen lässt. Seine drei Anregungen, die Paradebeispiele sparsamer und autonomieschonender Interventionen darstellen, lauten: „If it ain't broke, don't fix it!", „Once you know what works, do more of it!", „If it doesn't work, then don't do it again! Do something different!" (zit. n. Duncan et al. 2003: 107 f.). Im Übrigen ist es nicht so einfach, auf das Einfache zu kommen. Paare erschweren sich das Auffinden einfacher Lösungen dadurch, dass sie sich auf das Inhaltliche festlegen. Dadurch konzentrieren sie sich vor allem auf das, worin sie sich gegenseitig abwerten, das dadurch für eine beidseitig akzeptierte Lösung nicht taugt. Bei komplizierten Inhalten gibt es in der Regel keine einfachen inhaltlichen Problemlösungen, auch wenn damit nicht gesagt sein will, dass, je schwieriger ein Problem ist, desto schwieriger die Lösung sein muss. Für einfache Muster bedarf es allerdings keiner komplizierten Lösungen.

Mit der Paartypologie hat der/die Berater/in ein ressourcenorientiertes Diagnostikum und ein lösungsorientiertes Ideenpotential zur Hand, das ihr den Weg von den Inhalten zu den Mustern weist und ihr damit das Einnehmen einer allparteilichen Haltung erleichtert. Allparteilichkeit ist im Dickicht der Erzählungen eines Paares nur schwer möglich. Erst die Möglichkeit eines Wechsels auf die Musterebene ebnet den Weg dahin, beiden Partnern auch nur annähernd gerecht werden zu können. Mit Hilfe der Paartypologie kann sie jeglicher Form von Problematik bzw. Symptomatik, die im Rahmen einer Partnerschaft auftritt, unter lösungsorientierter Perspektive begegnen. Sexuelle Störungen, depressive Verstimmungen, Alkoholmissbrauch, Ängste, Gewaltprobleme, Erziehungsschwierigkeiten usw. können auf ihre beziehungsgestaltenden Funktionen hin untersucht und als Lösungsversuche in schwierigen Beziehungskonstellationen betrachtet werden. Bei dem oben beschriebenen überwiegend unterschiedlich organisierten Paar (Typ 1) können z. B. die Ängste der Frau vor allem die Funktion haben, Nähe durch Sexualität herzustellen, Trennung zu vermeiden und parallel durch die Vorwürfe den Partner doch auf Distanz zu halten. Die Rückzugstendenzen und depressiven Stimmungen des Mannes können z. B. die Funktion haben, Distanz gegenüber den Erwartungen seiner Frau zu schaffen, Trennung zu vermeiden und zugleich, dadurch, dass er sich in der Beziehung so rar macht, seine Frau doch dazu zu bewegen, seine Nähe zu suchen. Das Verhalten beider Partner erweist sich daher als ein „idealer" Kompromiss im Sinne eines „weder noch". Weder müssen sich die beiden auf der sexuellen Ebene begegnen, noch müssen sie sich trennen. Indem für Probleme bzw. Symptome je nach Paartyp Gemeinsamkeiten oder Unterschiede betont werden, können sie damit je nach Bedarf zur Regulierung von Nähe und Distanz eingesetzt werden.

In der systemischen Paarberatung ist also die Wertschätzung des bisherigen Verhaltens der Schlüssel zum Verständnis und zur Veränderung. Indem Paare Beachtung und Anerkennung finden für das, was sie machen, öffnen sie sich für Verhaltensalternativen, die sowohl ihren Wünschen entsprechen als auch den Bedürfnissen ihrer Partner. Ein weiterer wichtiger Schlüssel zur Lösung der Paarprobleme liegt, wie es in den Fallbeispielen angedeutet wird, darin, die verschiedenen beziehungsgestaltenden Funktionen oder – anders ausgedrückt – die vielen „guten Gründe" einer Symptomatik zusammen mit einem Paar herauszuarbeiten, um dann gemeinsam herauszufinden, welche anderen, möglicherweise mit weniger Leidensdruck verbundenen Lösungswege es noch geben könnte, um das erwünschte Ziel zu erreichen. Sind auf diese Weise verschiedene Lösungen in das Blickfeld eines Paares gerückt, können Vor- und Nachteile gegeneinander abgewogen und gangbare Wege von beiden Partnern gefunden werden. Durch die Fokussierung auf die Ressourcen des Beziehungsmusters kann der oft zusätzlich pathologisierende Effekt einer Konzentration auf die Symptomatik vermieden werden.

Keiner der in der Paartypologie erwähnten vier Paartypen verweist auf eine ideale Partnerschaft. Jede Konstellation beinhaltet sowohl eigene Vorteile als auch Nachteile. In der Regel führen jedoch die unerwünschten Nebenwirkungen einer spezifischen Organisationsform der Partnerschaft Paare in die Beratung. Die gleichwohl vorhandenen Vorzüge werden von den Paaren in der Regel als selbstverständlich angesehen. Die Erfahrung zeigt zudem, dass in der Partnerschaft fest vereinbarte Rollen zwar auf der einen Seite Sicherheit vermitteln, auf der anderen Seite jedoch oft als einengend erlebt werden. Paare schaffen es eher selten aus eigener Kraft bzw. in Selbsthilfe, ihre Beziehungsmuster zu erkennen, da ihnen die dazu nötige Distanz zu sich selbst schwer fällt.

In der systemischen Paarberatung geht es also vornehmlich um veränderte Perspektiven und neue Dynamiken in der Paarbeziehung und um die Chance, die eigene Umwelt und das eigene Verhalten sinnvoll interpretieren zu können, passende Ressourcen verfügbar zu haben und die Anforderungen des Lebens als Herausforderung zu betrachten (Antonovsky 1993). Dies könnte bedeuten, dass Paare je nach Lebensphase und Bedürfnislage ihre Bedürfnisse nach Nähe und Distanz entsprechend den vier Organisationstypen leben können. Eine solche bewegliche Lösung würde auch der Empfehlung folgen, nicht das homöostatische Gleichgewicht, sondern das Balancieren der Heterostase zum erwünschten Normalzustand einer Partnerschaft werden zu lassen. Durch das Alternieren zwischen den verschiedenen Organisationstypen können Paare erstarrte „Entweder-Oder-Muster" zugunsten von „Sowohl-Als-Auch-Mustern" aufgeben und sowohl Nähe als auch Distanz leben, wenn auch nicht zeitgleich, so doch zeitversetzt (Ebbecke-Nohlen 2000).

Zusammenfassend lässt sich sagen: Die Kunst systemischer Paarberatung liegt darin, sowohl den unterschiedlichen Vorstellungen eines Paares gerecht zu werden als auch die Gemeinsamkeiten beider Partner wieder in das Blickfeld zu rücken, d.h. über den gesamten Beratungsverlauf Unterschiede und Gemeinsamkeiten herauszuarbeiten und so mit ihnen zu spielen, dass eine Bewegung beider Partner hin auf eine für beide passende und akzeptable Entwicklung möglich wird. Für den/die Berater/in bedeutet dies, selbst immer wieder die Perspektive zu wechseln und auch das Paar kontinuierlich immer wieder zum Perspektivenwechsel einzuladen. Konkret heißt dies, das Paar dazu zu bewegen, die gemeinsamen und getrennt erlebten Geschichten aus der Vergangenheit neu zu sehen und gemeinsame und unterschiedliche Visionen für die Zukunft zu entwerfen. Dies schließt ein, neben den Aspekten des Paarlebens, die verändert werden können, auch solche zu suchen, die erhalten bleiben sollen, was bedeutet, Raum zu geben für Bindung und Zusammenhalt ebenso wie für Selbstverwirklichung und Autonomie.

Literatur

Antonovsky, Aaron (1993): Gesundheitsforschung versus Krankheitsforschung. In: Franke, Alexa/Broda, Michael (Hg.): Psychosomatische Gesundheit. Versuch einer Abkehr vom Pathogenese Konzept. Forum für Verhaltenstherapie und psychosoziale Praxis. Tübingen: 3-14

Bateson, Gregory (1981): Ökologie des Geistes. Anthropologische, psychologische, biologische und epistemologische Perspektiven. Frankfurt a.M.: Suhrkamp

Ciompi, Luc (1997): Die emotionalen Grundlagen des Denkens. Entwurf einer fraktalen Affektlogik. Göttingen: Vandenhoeck/Ruprecht

De Shazer, Steve (1995): Wege der erfolgreichen Kurzzeittherapie. Stuttgart: Klett-Cotta

Duncan, Barry L./Miller, Scott/Sparks, Jaqueline (2003): Interactional and solution-focused brief therapies. Evolving concepts of change. In: Sexton, Thomas/Weeks, Gerald R./Robbins, Michael S. (eds): Handbook of family therapy. The science and practice of working with families and couples. New York: 101-125

Ebbecke-Nohlen, Andrea (1996): Spiel mit Gemeinsamkeiten und Unterschieden. Sucht und Geschlechterrollen in der systemischen Therapie. In: Richelshagen, Kordula (Hg.): SuchtLösungen. Systemische Unterstellungen zur ambulanten Therapie. Freiburg: 124-140

Ebbecke-Nohlen, Andrea (2000): Systemische Paartherapie – Das Balancieren von Gemeinsamkeiten und Unterschieden. In: Psychotherapie im Dialog 2: 21-28

Ebbecke-Nohlen, Andrea (2002): Die Geschlechterperspektive in der systemischen Familientherapie. In: Rücker-Embden-Jonasch, Ingeborg/Ebbecke-Nohlen, Andrea (Hg.): Balanceakte. Familientherapie und Geschlechterrollen. Heidelberg: 152-187

Ebbecke-Nohlen, Andrea (2003 a): In der Kürze liegt die Würze – Systemische Kurzzeitkonsultation für Paare. In: Kontext. Zeitschrift für Systemische Therapie und Familientherapie. Göttingen: 36-55

Ebbecke-Nohlen, Andrea (2003 b): Systemische Paarberatung. In: Nestmann, Frank/Engel, Frank/Sickendiek/Ursel (Hg.): Das Handbuch der Beratung. Disziplinen und Zugänge. Tübingen: 345-358

Ebbecke-Nohlen, Andrea (2004): Symptome als Lösungsversuche – Die Suche nach dem subjektiven Sinnzusammenhang in der Psychotherapie. In: Gunkel, Stefan/Kruse, Gunther: Salutogenese, Resilienz und Psychotherapie. Was hält gesund? Was bewirkt Heilung? Hannover: 309-328

Hargens, Jürgen (2006): Bitte nicht helfen! Es ist auch so schon schwer genug. (K)ein Selbsthilfe-Buch. Heidelberg: Carl Auer

Hess, Thomas (2003): Lehrbuch für die systemische Arbeit mit Paaren. Ein integrativer Ansatz mit Elementen aus Paarberatung, Einzeltherapie und Mediation. Heidelberg: Carl Auer

Jellouschek, Hans (2004): Liebe auf Dauer. Die Kunst, ein Paar zu bleiben. Stuttgart: Kreuz

Riehl-Emde, Astrid (2002): Liebe im Fokus der Paartherapie. Stuttgart: Klett-Cotta

Schmidt, Gunther (2004): Liebesaffairen zwischen Problem und Lösung. Hypnosystemisches Arbeiten in schwierigen Kontexten. Heidelberg: Carl Auer

Schmidt, Gunther (2005): Einführung in die hypnosystemische Therapie und Beratung. Heidelberg: Carl Auer

Schlippe, Arist von/Schweitzer, Jochen (1996): Lehrbuch der systemischen Therapie und Beratung. Göttingen: Vandenhoeck/Ruprecht

Schnarch, David (2006): Die Psychologie sexueller Leidenschaft. Stuttgart: Klett-Cotta

Sydow, Kirsten von/Beher, Stefan/Retzlaff, Rüdiger/Schweitzer, Jochen (2007): Die Wirksamkeit der systemischen Therapie/Familientherapie. Göttingen: Hogrefe

Ziegler, Philipp/Hiller Tobey (2004): Verliebt, verlobt und dann …? Paartherapie – lösungsorientiert. Dortmund: Borgmann

Rudolf Sanders

Ehe- und Beziehungstraining

1. Die Bedeutung persönlicher Beziehungen

Die Zufriedenheit in persönlichen Beziehungen, insbesondere in Paarbeziehungen, hat für die meisten Menschen eine ganz zentrale Bedeutung. Dies zeigt sich beispielsweise an dem hohen Stellenwert, der dem Gelingen von Paar- und Familienbeziehungen in Umfragen wie zuletzt in der Shell Studie beigemessen wird (Hurrelmann/Albert 2006). Dem entsprechend hat das Scheitern von persönlichen Beziehungen für alle Beteiligten gesundheitliche Folgen in bedenklichem Ausmaß (Hahlweg/Bodenmann 2003). Angesichts der steigenden Scheidungsrate und der Zunahme von Single-Haushalten machen sich Partnervermittlungen sowohl in Fernsehshows als auch im Internet ein (noch) Nichtgelingen zu Nutze. Ob es allerdings möglich ist, mit einem per Computer ausgewerteten Interessenvergleich unter Millionen den Richtigen zu finden, konnte bisher empirisch noch nicht nachgewiesen werden. Aber was ist eigentlich nötig, um sich fit zu machen für eine Zweierbeziehung bzw. bei Schwierigkeiten und Beziehungsproblemen nicht als einzigen Lösungsweg die Beendigung der Beziehung zu sehen?

Der folgende Beitrag will aufzeigen, dass unrealistische Erwartungen an eine Beziehung ein Scheitern oftmals vorprogrammieren. Es gibt theoretische Überlegungen und empirische Befunde, die darauf hinweisen, dass solche überhöhten Erwartungen aus frühkindlich gelernten dysfunktionalen Beziehungsmustern entstanden sind (z.B. Willi 1978; Young et al. 2005; Riemann 2007). Tragischerweise verhindern diese Muster (bzw. Schemata) implizit genau das, was man an Nähe, Zuneigung und Verständnis in einer persönlichen Beziehung eigentlich erwartet (Otte 2005). Darüber hinaus soll deutlich werden, dass es im Rahmen von Ehe- und Paarberatung möglich ist, funktionale Beziehungskompetenzen zu erwerben und dadurch enge persönliche Beziehungen zufrieden stellender zu gestalten. Das Besondere an dem hier dargestellten Weg des Beziehungstrainings, der „Partnerschule" (Sanders 2006) ist, dass dieser in den letzten 15 Jahren unter den ganz alltäglichen Bedingungen einer Ehe- und Familienberatungsstelle in enger Zusammenarbeit mit den Ratsuchenden entwickelt wurde.

Immer mehr Paare suchen professionelle Hilfe, wenn in ihrer Beziehung emotionale Spannungen und aggressive Auseinandersetzungen zunehmen. So werden allein in katholischen Ehe- und Familienberatungsstellen jährlich über 100.000 Klienten betreut und die Nachfrage nach gerade diesem Beratungsangebot wächst kontinuierlich. Angesichts dieser überaus großen Praxis erstaunt es sehr, dass bislang kaum Beschreibungen über die konkreten beraterischen Vorgehensweisen und noch weniger empirische Untersuchungen über deren Wirksamkeit vorliegen (Engl et al. 2004). Auf einer sehr allgemeinen Ebene können drei Beratungszugänge unterschieden werden: Ein psychoanalytischer, ein systemischer und ein verhaltenstherapeutischer. Das populärste analytische Modell ist das „Kollusions-Konzept" (Willi 1978). Es geht von vier Grundmustern des unbewussten Zusammenspiels der Partner aus, die sich weitgehend mit den psychosexuellen Entwicklungsphasen (Libido: oral, anal, phallisch) decken. Partner, die auf derselben psychosexuellen Entwicklungsstufe fixiert sind, die also auf einer kindlichen Entwicklungsstufe „stehen geblieben" sind, wählen einander gerade deshalb und nehmen dann innerhalb dieser Fixierung die gegensätzliche – regressive oder progressive – Position ein. Für ein Paar, das eine „anale" Beziehungsstörung hat, bedeutet dies, dass sie vor allem in den folgenden Bereichen Konflikte haben: Aktivität gegen Passivität, Sparsamkeit gegen Verschwendung, Ordnungsliebe gegen Nachlässigkeit, Sauberkeit gegen „Beschmutzungslust". Die Konflikte entstehen dann, wenn ein Partner falsche Erwartungen hinsichtlich der Bedürfnisse des anderen hatte, entweder durch Wahrnehmungsverzerrung oder Projektion. Ein Konflikt entsteht auch, wenn einer der Partner z. B. aus der progressiven Position ausbrechen möchte, wenn etwa in einer „oralen Kollusion" der bis jetzt versorgende und umsorgende Partner die eigene Bedürftigkeit entdeckt und selbst einmal verwöhnt werden will, gleichzeitig der bisher „regressive" aber nicht bereit ist, in die „progressive Position" des Versorgenden zu wechseln.

Im systematischen Ansatz wird die Familie, das Paar, als eine sich selbst organisierende, von anderen abgrenzbare und aus einzelnen Subsystemen bestehende Einheit verstanden, wobei dem Austausch oder den Interaktionen zwischen den einzelnen Familienmitgliedern besondere Bedeutung beigemessen wird (Retzer 2002; Ebbecke-Nohlen i. d. B.). Eine systemische Sicht auf Familie soll es zum einen ermöglichen, die Komplexität des sozialen Miteinanders in der Familie zu verstehen und zum anderen eine zu sehr individuumszentrierte Perspektive zu überwinden.

Eine zentrale systemische Idee ist, dass alle Systeme versuchen, sich durch homöostatische Bestrebungen im Gleichgewicht zu halten. Dies wird durch Feedback-Schleifen erreicht. Auf dieser Grundlage entwickelten sich verschiedene Formen der Familientherapie, die Störungen als systembedingt ansehen und eine Therapie nur dann als Erfolg versprechend ansehen, wenn alle Systemmitglieder in den Heilungsprozess einbezogen werden.

Lerntheoretische Konzepte zur Erklärung des Erfolges oder Scheiterns einer Zweierbeziehung wurden vor allem aus den Annahmen der sozial-kognitiven Lerntheorie und der sozialen Austauschtheorie entwickelt (Schindler et al. 1998). Danach gehen die Partner mit ihren Erwartungen an den jeweils anderen – die sich sowohl aus Beziehungserfahrungen, die jeder in die Zweierbeziehung mitbringt, als aus dem alltäglichem Miteinander speisen – in einer sich gegenseitig zum Negativen verstärkenden Weise um. Diese kontinuierliche Verschlechterung wird zu einem „Zwangsprozess". Durch Training von Kommunikations- und Problemlösefertigkeiten lernen die Partner angemessenere Interaktionsformen.

Das im Folgenden vorgestellte Modell einer Ehe- und Beziehungsberatung „Partnerschule" (Sanders 2006a) zeichnet sich durch folgende Eigenschaften aus. Zunächst einmal ist es nicht „ergebnisoffen", sondern zielorientiert und evidenzbasiert. Da die Zufriedenheit in persönlichen Beziehungen, insbesondere in einer Zweierbeziehung, für die meisten Menschen eine ganz zentrale Bedeutung hat und dementsprechend ein Scheitern für alle Beteiligten mit bedenklichen gesundheitlichen Folgen verbunden ist (Hahlweg/ Bodenmann 2003), besteht das erklärte Ziel der Partnerschule darin, die Ehe der Ratsuchenden zu stabilisieren und zu „sanieren" (Sanders 2005). Dabei wird unterstellt, dass Ratsuchende implizit das Bedürfnis haben, dass ihre Beziehung gelingen möge. Partner, die sich explizit für eine Trennung entschieden haben und eine Begleitung in diesem Prozess suchen, werden auf die Möglichkeit der Mediation hingewiesen (vgl. Fücker i.d.B.). Der Ansatz Partnerschule wurde seit 1990 unter den alltäglichen Arbeitsbedingungen einer Eheberatungsstelle entwickelt und kontinuierlich in prospektiven Untersuchungen auf seine Wirksamkeit hin überprüft (Sanders 1997; Kröger/Sanders 2002, 2005, 2006). Es handelt sich um eine Beratung in und mit Gruppen, die zu großer Zufriedenheit auf Seiten der Klienten führt und ihnen auf Grund der gemachten Erfahrungen Möglichkeiten aufzeigt, sich in Selbsthilfegruppen weiter gegenseitig zu unterstützen.

Er wendet sich an Paare in schweren Beziehungskrisen, hilft, diese psychoanalytisch zu verstehen und dann neue effektive Muster des Miteinanders verhaltenstherapeutisch zu lernen (Sanders 2006b).

2. Die ganz normale Ausgangslage

Anna und Bernd sind seit 22 Jahren ein Paar und seit 12 Jahren verheiratet. Sie haben zwei Kinder, acht und vier Jahre alt. Mit 15 beziehungsweise 16 Jahren haben sie sich in der Schule kennen gelernt. Heute sind beide Ende 30. Er leidet darunter, dass er „keine Gefühle" mehr für seine Frau hat. Trotzdem (!) sind sie miteinander in der Lage, sich heftig zu streiten. Sorgen machen sie sich um ihre Kinder, weil die unter den Streitigkeiten leiden. Er ist jetzt ausgezogen, weil er den Streit nicht mehr aushält. Darüber hinaus hat er eine Kollegin kennen gelernt, die in einer ähnlich miserablen Situation mit ihrem Partner steckt. Beide haben sich ineinander verliebt, möchten endlich ihr Leben genießen.

Ein verständlicher Wunsch, das Leben genießen zu wollen. Aber warum geht das nicht mit dem Partner, mit dem man eine lange gemeinsame Geschichte und gemeinsame Kinder hat? Wie hindert sich jeder selber daran? Was ist mit dem Schmerz, dem Liebesleid in der Beziehung? Ein möglicherweise ganz zentrales Problem in unserer Gesellschaft ist, dass Glück in erster Linie als eine „Maximierung von Lust und Minimierung von Schmerz" (Schmidt 2006: 12) verstanden wird. Kaum eine philosophische Auffassung hat sich dermaßen durchgesetzt, wie diese moderne Formel des Wohlfühlglücks. Das Glück nur in der Lust zu suchen wird so zum sichersten Weg, unglücklich zu werden. Eine Paarbeziehung beraubt sich dem Motor zur Veränderung, der gerade im Schmerz, in den „schlechten Zeiten" steckt, wenn Gelingen ausschließlich mit „guten Zeiten" gleichgesetzt wird. Deshalb ist es wichtig, bereits im ersten Kontakt mit einem Paar diesen Schmerz auch positiv zu deuten, ihm einen neuen Rahmen zu geben und so die Handlungsoptionen zu erweitern. Er könnte nämlich anzeigen, dass es so nicht weiter gehen kann, dass Entwicklung ansteht. Mit dem Wissen um die Wechselprozesse von Ordnung und Chaos (Gerok 1990) ist es dann möglich, einem Paar Sicherheit zu vermitteln. Eine Sicherheit, die es sinnvoll macht, beim jetzigen Partner zu bleiben, mit ihm die Beziehungskrise zur persönlichen und gemeinsamen Entwicklung bzw. Reifung zu nutzen. Denn immer dann, wenn eine bisherige Ordnung nicht mehr stimmt, wie bei Anna und Bernd nach 22 Jahren, ist das Chaos die logische Konsequenz, vor einer neuen Entwicklungsstufe. Das Chaos, richtig ausgekostet, hat immer Lösungen zweiter Ordnung zufolge, die mit einer größeren Komplexität des Paares einhergehen. Eine Lösung erster Ordnung wäre die Trennung, mit der hohen Wahrscheinlichkeit, sich in der nächsten Paarbeziehung wieder ganz ähnlich zu verhalten, da man einem Entwicklungsschritt zu einer größeren Komplexität ausgewichen ist. Nicht ohne Grund liegen die Scheidungsraten in der zweiten Ehe bei 70 und in der dritten Ehe bei 80%.

3. Beziehungsberatung als Lernprozess

Klaus Grawe (1998) hat darauf hingewiesen, dass die Besonderheit des psychischen Funktionierens von Menschen darin liegt, dass wir in der Lage sind, mehrere Intentionen gleichzeitig zu verfolgen. So fühlt sich jemand einerseits seinem Partner inniglich verbunden, erlebt andererseits aber auch autonome Bestrebungen, die nichts mit dem Partner zu tun haben. Nicht wenige Paare leiden darunter, dass sie um die Nähe des Partners fürchten, wenn sie autonomen Bestrebungen nachgehen. Sie nehmen sich also zurück, versuchen es dem Partner recht zu machen, in der Hoffnung, genau dafür geliebt zu werden. Aber genau das Gegenteil ist notwendig: Erst die Differenzierung, die weitere Entwicklung der eigenen Persönlichkeit, ist der Weg zu größerer Gemeinsamkeit (Schnarch 2006).

Die Gleichzeitigkeit mehrerer Intentionen bedeutet auch, dass neben der Idee der Trennung immer auch die Idee, dass man zusammen bleiben will, vorhanden ist. Denn jedes Paar hat einmal gute Erfahrungen miteinander gemacht, wollte zusammen bleiben, bis dass der Tod sie scheidet! Die Intention, der man als Beraterin[1] die Aufmerksamkeit widmet, hat eine wesentlich größere Chance Wirklichkeit zu werden. So ist es eines der wichtigsten Anliegen zu Beginn einer Beratung, deutlich dieses Ziel, an der Zufriedenheit mit der Beziehung zu arbeiten, zu benennen. Darüber hinaus gilt es natürlich auch aufzuzeigen, wie genau dieses Ziel erreicht werden kann. Das induziert Hoffnung und setzt Selbstheilungskräfte im Sinne der Zielerreichung frei.

4. Erfahrungen machen im Sinne der Grundbedürfnisse

Neben dem Besprechen von Problemen mit dem möglichen Ziel, Bewertungen des Sachverhaltes zu erweitern oder dem direkten Trainieren neuer Verhaltensweisen weist Klaus Grawe (2004) darauf hin, dass insbesondere das *Wie* der Beziehungsgestaltung zwischen Ratsuchenden und Berater von zentraler Wichtigkeit für den Erfolg ist. Hier schlägt er vor, dass die Beraterin dafür Sorge trägt, dass Klienten ab dem ersten Beratungskontakt Erfahrungen im Sinne ihrer Grundbedürfnisse, die als Voraussetzung für psychische Gesundheit gelten, machen können.

Da ist zunächst einmal das Grundbedürfnis nach Bindung (vgl. Gahleitner i. d. B.), es gehört von Geburt an zur Grundausstattung eines Menschen. Durch Bindungsverhalten sendet der Säugling aktiv Signale nach Nähe, Nahrung oder Anregung. Werden diese feinfühlig beantwortet, entwickelt sich ein sicheres Arbeitsmodell für die Gestaltung von Beziehungen (Bowlby 1979). Ein sicher gebundener Mensch ist später selber in der Lage, enge Bindungen einzugehen, Hilfe anzunehmen und Hilfe zu geben. Eine Metaanalyse über das Bindungsverhalten psychisch gestörter Menschen lässt darauf schließen, dass ca. 90% von ihnen keine sichere Bindung erfahren haben (Dozier et al. 1999). Deshalb können auch Beraterinnen häufig davon ausgehen, dass Ratsuchende unsicher gebunden sind und dass es zu ihrer Aufgabe gehört, sich im Sinne einer „guten Mutter" oder eines „guten Vaters" für deren Wohlergehen verantwortlich zu fühlen, damit Klienten Erfahrungen einer sicheren Bindung in der Beratung machen können (im Sinne Grawe 2004).

Ein weiteres menschliches Grundbedürfnis ist das nach Orientierung und Kontrolle. Bekommt ein Säugling regelmäßig das, was er an Nahrung, an Anregung, an Ruhe braucht, wird er die Erwartung ausbilden, dass die Welt ein verlässlicher Ort ist. Werden seine Signale allerdings nicht angemessen wahrgenommen, wird das Grundbedürfnis nach Orientierung und Kontrolle verletzt, so wird dieser Mensch möglicherweise in seinem weiteren Leben akribisch darauf achten, dass dieses Grundbedürfnis nicht verletzt wird. Da er allerdings vor allem Erfahrungen mit Verletzungen gemacht hat, kann es schnell passieren, dass er in Interaktionen trotz intensiver Kontrolle solche

---

[1] Da es überwiegend Frauen sind, die in der Beratung arbeiten, wird die weibliche Form gewählt. Alle Berater mögen sich auch angesprochen fühlen.

entdeckt. Er verhält sich dann so, als ob die Bezugsperson von früher immer noch anwesend sei.

Ein weiteres wichtiges Grundbedürfnis ist das Streben nach Selbstwerterhöhung. Jeder Mensch möchte die Erfahrung machen, dass er etwas kann, dass er wichtig und wertvoll ist. Wenn er in der Lage ist, für solche Erfahrungen zu sorgen, geht es ihm gut. Hat er allerdings einen Vater gehabt, dem er nie etwas recht machen konnte, der seine Kinderzeichnungen als Papierverschwendung bezeichnete, wird er sich vor diesen Verletzungen schützen wollen und potentiell Selbstwert erhöhende Erfahrungen oder Situationen vermeiden.

Schließlich ist noch das Bedürfnis nach Lust und die Vermeidung von Unlust zu nennen, eine automatische Bewertung aller Erfahrungen hinsichtlich der Qualität „gut-schlecht". Bezogen auf die Beziehungsberatung lösen in der Regel solche Prozesse „gute Bewertungen" aus, die im Jetzt erleben lassen: „Es macht einfach Freude, neues und erfolgreiches miteinander Umgehen zu lernen!"

Es ist nahe liegend, dass Menschen, die hinderliche Erfahrungen in ihrer Kindheit gemacht haben, diese als „Grundausstattung" mit in jede neue persönliche Beziehung bringen. Das Wissen darum entlastet Ratsuchende. Denn es ist nicht der „böse Charakter" des anderen oder der eigene, der das Miteinander so schwer macht, sondern es sind die Muster, die man einmal gelernt hat. Und da man das, was man nicht kann, noch dazu lernen kann, um eine befriedigende persönlichen Beziehung zu gestalten, lassen sich Ratsuchende gerne auf ein solches Lernfeld ein. Das Motto: *Lieber mit dem alten Partner etwas Neues als mit einem neuen das Alte*, trifft ihre Intention.

In einem erfolgreichen Beratungsprozess machen Ratsuchende Erfahrungen im Sinne ihrer Grundbedürfnisse. Sie spüren nach der ersten Stunde, dass die Beraterin an ihrem Wohl und Gedeihen persönlich interessiert ist (Bindung). Alles das, was sie tut, welche Interventionen bzw. Hausaufgaben sie vorschlägt, begründet sie plausibel (Orientierung und Kontrolle). Selbst wenn die Ratsuchenden keinen Blick mehr dafür haben, was ihnen gelingt, ist sie in der Lage, in jeder Stunde genau das zu finden und zu benennen (Selbstwerterhöhung). Und last but not least, man kommt einfach gerne in die Beratung (Lust).

4.1 Der erste Kontakt

Im ersten Beratungsgespräch lobt die Beraterin Anna und Bernd ausdrücklich für die gegenseitige Wertschätzung, die sie einander dadurch ausdrücken, dass sie beide in die Beratung gekommen sind, um ihre Situation zum Positiven hin zu verändern. Sie schätzt ihre Verantwortung, die sie als Eltern wahrnehmen, da sie sich Sorgen um die Entwicklung ihrer Kinder machen. Sie erzählt von anderen Paaren und von einer Untersuchung (Saßmann/Klann 2002) in der deutlich wurde, dass viele Paare Probleme in den Bereichen der Zuwendung, der Sexualität, der Kommunikation oder der fehlenden Unterstützung durch den Partner haben. Sie macht ihnen Mut, dass, wenn sie sich auf diesen Beratungsprozess einlassen, sie mit hoher Wahrscheinlichkeit (ca. 80%) auf eine deutliche Verbesserung hoffen können. Das kann sie deshalb so bestimmt sagen, weil sie ihre Beratungen seit vielen Jahren auf ihre Wirksamkeit hin überprüft (z.B. Kröger/Sanders 2005).

Anschließend informiert sie sie über den wissenschaftlichen Forschungsstand zur Behandlung von Beziehungsstörungen der besagt, dass diese am effektivsten in und mit Gruppen verbessert werden können. Sodann erläutert sie ihnen, wie sie von sich aus diesen Prozess gestalten will. Dazu stellt sie den Ablauf der drei Seminarangebote der Partnerschule genau vor. Diese finden an Abenden in der Beratungsstelle oder wochenweise in einem Bildungshaus statt. In dieses können sie gerne auch ihre Kinder mitbringen. Während der Arbeitszeit der Eltern werden die Kinder betreut. Damit sie sich das Angebot in Ruhe zu Hause durchlesen können, bekommen sie das Programm mit. Darüber hinaus verweist sie auf Rückmeldungen von ehemaligen Ratsuchenden, die an den Seminaren teilgenommen haben (www. partnerschule.de/forum). Beide wollen sich auf dieses Beratungsangebot einlassen und verabreden einen Folgetermin. Die Beraterin informiert sie darüber, dass sie bei dem nächsten Treffen ein Interview zur Beziehungsgeschichte durchführen wird. Zur Verabschiedung gibt sie dem Paar noch einen Fragebogensatz mit. Die Ergebnisse will sie dafür nutzen, um ihnen gezielt helfen zu können. Ferner ermöglicht ihr dieser, am Ende der Beratung den Erfolg zu überprüfen. Gerne können auch beide miteinander darüber ins Gespräch kommen, wie sie die Fragen beantwortet haben.

Der Erfolg des Lernprozesses Beziehungsberatung hängt wesentlich davon ab, dass ein Paar möglichst schnell wieder einen Zugang zu den immer auch vorhandenen Fähigkeiten findet, liebevoll und wohlwollend miteinander umzugehen, daran anknüpfen kann und in diesem Sinne Erfahrungen von Selbstwirksamkeit macht.

Hierzu bietet das Paarinterview zur Beziehungsgeschichte eine gute Grundlage (Saßmann 2000). In der Rolle der interessierten Zuhörerin ermöglicht die Beraterin beiden Partnern ein Erfahrungsfeld, in dem jeder seine Sicht der Geschichte ausbreiten darf. Die Frage nach dem Beginn der Beziehung, wie das Paar sich kennen lernte und ineinander verliebt hat, induziert häufig eine ausgesprochen positive Stimmung (auch Schindler et al. 1998). Es ist davon auszugehen, dass mit guten Gefühlen erinnerte Netzwerke im Gehirn angesprochen bzw. aktiviert werden und Hormone ausgeschüttet werden, die einer entspannten Atmosphäre den Weg bereiten; eine Grundvoraussetzung, um überhaupt neue Erfahrungen miteinander machen zu können (Bauer 2004). Im weiteren Verlauf des Interviews erzählt das Paar von der Hochzeit, von guten, aber auch schweren Zeiten miteinander, von dem, wie sie es bisher geschafft haben, Krisen zu bewältigen. Die Frage nach der Gestaltung der Sexualität, nach dem Umgang mit der Familienplanung signalisiert, dass auch diese Themen in den Beratungsprozess gehören. Beziehungsberatung und Sexualberatung lassen sich nicht voneinander trennen, sondern gehören wie die Kehrseite einer Medaille zusammen. In einer weiteren Frage geht es um die Ideen, die dieses Paar von einer Ehe hat. Kognitionen steuern im Sinne sich selbst erfüllender Prophezeiungen die Beziehung und sind wesentlich für das Gelingen bzw. Nichtgelingen mit verantwortlich. Der letzte Themenkomplex des Interviews wendet sich der Ehe der Eltern und deren Beziehungsgestaltung zu. An dieser Stelle wird häufig deutlich, dass in der Herkunftsfamilie erlernte Beziehungsmuster genau das verhindern können, was sich die Betreffenden eigentlich wünschen. So kann ein Muster, wie „Ich wünsche mir so sehr deine Nähe, aber fasse mich bloß nicht an", aus dem früh enttäuschten Grundbedürfnis nach Bindung entstanden sein.

4.2 Das Paarinterview zur Beziehungsgeschichte

In der Schule haben sich beide kennen gelernt. Bernd konnte immer so gut zuhören und wirkte schon ganz erwachsen, so dass sie sich an seiner Seite immer ganz stark fühlte. Ihm gefielen ihre schönen schwarzen Haare und ihr lustiges Wesen. Beide können sich gut daran erinnern, dass sie am Anfang die Hände nicht voneinander lassen konnten und in der Schule als Liebespaar galten. Als Bernd seine Lehre als Werkzeugmacher beendet hatte, nahmen sie sich eine Wohnung und sind zusammengezogen. Sie fühlt sich seitdem für alles im Haushalt verantwortlich, hat jedoch trotz größter Bemühungen den Eindruck, es Bernd nie Recht machen zu können. Er fühlt sich von ihrem Bedürfnis nach Nähe und Liebe völlig erdrückt, macht Überstunden, um seiner Frau aus dem Weg gehen zu können. Mit den Kindern kommt sie überhaupt nicht klar, sie fühlt sich völlig überfordert, diese tanzen ihr auf der Nase herum. Die Erziehung würde ihr Mann viel besser schaffen, der sei einfach strenger zu ihnen.

Über Verhütung haben sie bisher kaum gesprochen, irgendwie passen sie auf, aber sie haben sowieso kaum noch Sex miteinander. Zu den Lieblingsfernsehsendungen von Anna gehört ‚Nur die Liebe zählt'. Und genau so etwas wünscht sie sich, so eine richtig romantische Beziehung. Er fragt sich, ob eine Ehe überhaupt möglich sei, da in dieser der Mann letztlich doch unterdrückt wird. Er kennt viele Beispiele aus seinem Freundeskreis, die ein Leben als Single vorziehen.

Bei der Frage nach der Herkunftsfamilie erzählt Anna davon, dass sie in einem Geschäftshaushalt groß geworden ist. Für sie war niemand so richtig da, aber von ihr wurde ganz viel erwartet. Als sie sich einmal darüber beschwerte, dass der Sprudelkasten doch für sie als Kind zu schwer sei, um ihn in den Keller zu tragen, wurde sie aufgefordert, die Flaschen einzeln herunter zu tragen. An Lob kann sie sich nicht erinnern, dafür aber an ganz

Vieles, was sie alles falsch gemacht hat. Genauso empfindet sie ihre Ehe, auch hier kann sie es keinem Recht machen, weder ihrem Mann noch ihren Kindern.

Bernds Vater hatte sich vor der Geburt von der Mutter mit einem Brief verabschiedet, in dem er diese zur Abtreibung aufforderte. Seine frühen Kindheitserfahrungen waren von viel Prügel geprägt und davon, dass seine Mutter ihm regelmäßig den Abschiedsbrief vom Vater vorgelesen hat, um ihm zu zeigen, was dieser doch für ein „Schwein" war. Trotz der teilweise sehr belastenden Erinnerungen, waren Bernd und Anna irgendwie froh, alles im Rahmen dieses Interviews einmal benennen zu können. Gleichzeitig hatten sie viel Neues voneinander erfahren. „Das zu Hören, hat einfach gut getan!", meinten beide am Ende des Interviews.

In der Beratung erleben die Partner durch die Haltung der Beraterin, dass jeder Einzelne mit seiner Geschichte, mit seinen Gefühlen und Gedanken richtig ist. Darüber hinaus gehört es zu den „Spielregeln", dass man hier nichts Falsches denken oder fühlen kann, selbst wenn der Partner oder die Partnerin das ganz anderes fühlt, denkt und beschreibt! Da die Konstruktion der augenblicklichen Wahrnehmung zu „99,9 Prozent" von dem Input, den das Gehirn liefert, konstruiert wird (Spitzer 1996), ist die Frage, wer Recht hat oder nicht, einfach irrelevant (Eine gute Übersicht über die verschiedenen Wege der Konstruktion der Wirklichkeit findet sich bei Burkhard Peter 2006). Wichtiger ist vielmehr die im Augenblick gemachte Erfahrung, ich darf (und auf Dauer immer mehr: ich kann) im Angesicht meines Partners so sein wie ich bin. Dieser erste Schritt einer Differenzierung wird deshalb auch ausdrücklich als solcher durch die Beraterin betont. Die Geschichten von Bernd und Anna sind im Rahmen einer Beziehungsberatung typisch. Wiederholte Verletzungen der Grundbedürfnisse in der Kindheit werden zu unstillbaren Bedürfnissen, zu überhöhten affektiven Erwartungen an den Partner. Die Bedürfnisse sind da, aber es fehlen die Skills, die Beziehungskompetenzen, um Erfahrungen im Sinne dieser Grundbedürfnisse herbei zu führen.

5. Hintergründe dysfunktionaler Beziehungsmuster

Etliche Ratsuchende sind in vielfältiger Hinsicht durch den Erziehungsstil in ihrer Herkunftsfamilie belastet. 49 % bezeichnen die Erziehung durch ihre Eltern als sehr streng (im Vergleich zu 18 % in der Normalbevölkerung, NB), 43 % wurden von ihren Eltern nur dann geliebt, wenn sie sich so verhielten, wie ihre Eltern es wollten (13 % NB) und 33 % berichten davon, dass sie machen konnten, was sie wollten, immer war für ihre Eltern irgendetwas etwas falsch (13 % NB) (Saßmann/Klann 2002). Es erscheint nahe liegend, dass solche frühen Erfahrungen Auswirkungen auf das konkrete Gestalten von persönlichen Beziehungen heute haben. Auch aus neurowissenschaftlicher Sicht ist der Inhalt des psychischen Apparates individuell

konstruiertes Wissen. Von entscheidender Bedeutung für diesen Lernprozess sind die frühen Jahre: „Wie alle lernfähigen Gehirne, ist auch das
menschliche Gehirn am tiefsten und nachhaltigsten während der Phase der
Entwicklung programmierbar" (Hüther 2001: 23).

Es ist plausibel, dass diese frühen Erfahrungen auch Auswirkungen auf die
aktuelle gefühlsmäßige und körperliche Befindlichkeit haben. So berichten
82 % davon, in Gefühlsdingen sehr verletzlich zu sein, 78 % meinen, sich zu
viele Sorgen machen zu müssen, 71 % geben an, gespannt oder aufgeregt zu
sein, 63 % hatten den Eindruck, andere nicht zu verstehen und 60 % berichteten davon, dass es ihnen schwer fällt, etwas anzufangen (Saßmann/Klann
2002).

Die unstillbare Sehnsucht, die aus einer frühen affektiven Unterversorgung
resultiert, wird darüber hinaus durch ein unrealistisches Ehe- und Familien-
bild in den Medien noch geschürt und verschärft. In diesem steht die Romantik – diese entstand vor gerade mal 200 Jahren – als Beziehungsbild
hoch im Kurs. Hier wird in zunehmendem Maße die Einheit von Ehe und
Liebe, mit Liebe und Zuneigung als sinnstiftendes Moment postuliert (Erler
2003). Ökonomische Aspekte verlieren dabei immer mehr an Bedeutung
mit der Folge, dass das Scheitern von Ehen neben Arbeitslosigkeit der
Hauptgrund für die Verarmung von Familien ist (Wilbertz 2007).

5.1 Erste Erfolge

Bis zum Beginn des Basisseminars Partnerschule in den Herbstferien blieben noch zwei Monate mit 3 Beratungsgesprächen. In diesen wurde als erstes immer darauf geschaut, was dem Einzelnen bzw. was beiden miteinander gelungen war. In einem zweiten Schritt ging es darum, was es zu
verbessern galt. Immer dann, wenn im aktuellen Miteinander des Paares
dysfunktionale Beziehungsmuster auftauchten, wurden diese durch die Beraterin benannt und ein Vorschlag wurde unterbreitet, wie sie statt dessen
mit der Situation umgehen könnten. Als sie wieder einmal Ping Pong der
gegenseitigen Vorwürfe spielten, unterbrach die Beraterin dieses „Spiel",
ohne auf dessen Inhalte einzugehen und fragte, ob sie auch in der Lage sei-
en, sich etwas Freundliches zu sagen. Sie erklärte anschließend, wie man
durch spezifisches Loben genau dieses machen kann. Dabei beschreibt jemand möglichst konkret ein Verhalten oder ein Aussehen und teilt dieses
dem Partner ehrlich und begeistert mit. Da beide mit diesem Experiment
noch wenig anfangen konnten, stellte sich die Beraterin hinter die Ehefrau,
legte ihr die Hand auf die Schulter und sagte: „Es gefällt mir richtig gut,
wie du deine Kleidung zusammen stellst". Anschließend bekamen beide
den Auftrag, einander im Wechsel dreimal ein Lob auszusprechen. In der
Auswertung über diese kleine Übung waren beide ganz erstaunt, wie sich
innerlich plötzlich ein ganz warmes und wohliges Gefühl ausbreitete. So
wurde durch diese Übung auch eine ressourcen-orientierte Wahrnehmung
geschärft in dem Sinne, dass nicht alles in der gegenwärtigen Situation

schlecht ist. Dieses hat eine Erhöhung der Differenzierungsfähigkeit zur Folge.

Als Hausaufgabe bekamen sie die Aufgabe, den anderen zweimal in der Woche dabei zu „erwischen", wie er etwas Gutes getan hat und ihn dabei spezifisch zu loben. Begründet wurde diese Hausaufgabe mit der Funktionsweise des menschlichen Gehirns. Dazu wurde ihnen ein Schaubild mit einem kleinen roten (ein schädliches Muster) und einem größeren grünen (ein förderliches Muster) gezeigt. Dazu wurde erklärt, dass all unser Fühlen, Denken und Handeln in ganz vielen Mustern im Gehirn gespeichert ist und dass es nicht möglich sei, alte Muster einfach weg zu machen, also die schädlichen roten (sich gegenseitig Vorwürfe machen). Stattdessen sei es notwendig, neue Muster zu lernen (das Gute des anderen zu entdecken) und diese Muster so stark zu machen, wie das grüne auf dem Bild, damit diese dann schneller anspringen und die roten Muster keine Chance haben.

Neues zu lernen wird leicht möglich, wenn sich in der Beratung das Problem aktualisiert und Ratsuchende dann positive Erfahrungen mit alternativen Verhaltensweisen machen können. Besonders gefördert wird dieses, ganz im Sinne des Grundbedürfnisses nach Orientierung und Kontrolle, wenn Ratsuchende wissen, warum es wichtig und hilfreich ist, etwas Bestimmtes (das „Experiment") auszuprobieren bzw. zu verändern. Machen sie positive Erfahrungen damit, wird aus dem Experiment eine „Hausaufgabe", denn erst durch das Training zu Hause im Alltag werden neue funktionale Beziehungsmuster im Gehirn verstärkt und können dadurch aktiv schädliche hemmen (Grawe 1998, 2004).

5.2 Beziehungsprobleme verstehen

Das *Basisseminar* bestand aus einer Gruppe von acht Paaren, einer Beraterin und einem Berater. Schon auf dem Parkplatz wurden die Teilnehmer empfangen, anschließend wurde ihnen der Weg zu ihren Zimmern gezeigt. Sie brachten 16 Kinder im Alter von einem Jahr bis 14 Jahren mit, um die sich während der Seminarzeiten der Eltern drei Kinderbetreuer kümmerten. Zu Beginn war es für manche Eltern nicht leicht, den Betreuern ihre Kinder anzuvertrauen, denn manche weinten bei der Übergabe. Aber diese Skepsis wich schnell, als die Eltern merkten, dass die Betreuung ihren Kindern ganz gut tat.

Ganz ungewöhnlich war es für viele Teilnehmer in der ersten Runde, dass sie sich noch gar nicht vorstellen sollten, sondern zunächst einmal aufgefordert wurden, wie Kinder den Gruppenraum zu erkunden. Also sich mal auf einen Stuhl zu stellen, sich auf die Erde zu legen usw. um aus dieser Perspektive diesen, aber auch die anderen Teilnehmer wahrzunehmen. Ferner gab es einige Bewegungsübungen, wie etwa beim Gehen durch den Raum den Fuß unterschiedlich abzurollen oder mit einem fremden Teilnehmer zusammen im Raum ein Stück zu gehen, die ermöglichten, sich selbst und die anderen ganz anders zu erleben. In der anschließenden gegenseitigen Vorstellung wurde jeder eingeladen, lediglich so viel oder so wenig zu erzählen, wie er es wollte. Denn zu den wichtigsten Regeln der Seminararbeit gehört es, dass jeder nur so viel sagt, wie er will. Keiner soll sich gezwungen fühlen, überhaupt etwas zu sagen. Darüber hinaus ist es ganz wichtig, dass jeder das, was er denkt und fühlt, einfach so sagen darf. Unabhängig davon, was sein Partner denkt oder fühlt. So ergab sich in der Anfangsrunde schon eine recht entspannte und lockere vertrauensvolle Atmosphäre.

Das Seminar dauerte eine Woche und bestand aus zwei großen Teilen. In einem ersten modellierten die Teilnehmer nach einer Trance mit geschlossenen Augen ihre Situation als Paar, so wie sie sich gerade im Miteinander erlebten. Wenn sie die Augen geöffnet haben, ließen sie sich von ihrem Ausdruck, der Tonfigur, wieder beeindrucken und schrieben das auf. Als Anna die Augen aufschlug, fiel ihr spontan die Überschrift ein: Wenn du mich nicht hältst, falle ich auf die Schnauze. Anschließend stellten die Partner vor den wohlwollenden Augen der anderen Teilnehmer sich gegenseitig ihre Tonfigur und den Text, den sie dazu geschrieben hatten vor. Bernd hatte eine dicke Kugel gemacht und drei kleine Kugeln, die um diese dicke positioniert waren. In seiner Erklärung wies er darauf hin, dass Anna die dicke Kugel sei und die drei kleinen Kugeln würden seine beiden Kinder und ihn selbst repräsentieren und das Problem ihre Ehe bestünde darin, dass sich Anna, seitdem die Kinder da seien, nicht mehr ausreichend um ihn kümmern würde. Da ja jeder der Teilnehmer Fachmann/-frau in Sachen Ehe, Liebe und Sexualität sei, wurden sie von der Beraterin aufgefordert, das, was sie gerade zwischen Bernd und Anna erlebt hätten, was sie von dem selber kennen würden, diesen mitzuteilen. Dabei hören sich diese das nur an und entscheiden, was sie von dem für sich verwenden wollen und was nicht.

In einem zweiten Schritt malten die Teilnehmer wieder nach einer Trance ein Bild zu ihren Kindheitserinnerungen. Auch diese wurden dem Partner vor der Gruppe vorgestellt. So malte Bernd auf seinem Bild einen Kleiderbügel und ein Bett unter das er sich immer versteckt hatte, wenn die Mutter ihn verprügeln wollte. Anna malte eine Tür, unter der sich kleine Zettel befinden. Denn jedes Mal, wenn sie „Widerworte" gab, wurde sie in ihr Zimmer gesperrt. Dann schickte sie Botschaften durch die Türschwelle, um nachzufragen, ob die Eltern sie noch lieb hätten.

Nichts ist schlimmer, als wenn der „Film", der zwischen zwei Menschen läuft, immer wieder zu Verletzungen und Gewalteskalationen führt, aber keine Möglichkeit besteht, diesen Prozess zu kommunizieren, um ihn zu verstehen und zu verändern. Häufig diskutieren Paare mit Beziehungsproblemen zwar nächtelang, aber das Verständnis für einander wird dadurch oftmals nicht größer. „Wir können nicht miteinander reden, wir haben uns nichts zu sagen, haben uns auseinander gelebt!" bleibt dann als Quintessenz zurück. Dabei ist es weniger entscheidend, was inhaltlich gesagt wird, sondern vielmehr wie und mit welcher Intention etwas gesagt wird. Es liegen verschiedene theoretische Überlegungen und empirische Befunde vor, die darauf verweisen, dass dieses Wie und die damit verknüpften Intentionen sehr früh, praktisch vom Mutterleib an, gelernt und als neuronale Erregungsmuster im Gehirn gespeichert werden (Bauer 2004; Grawe 2004).

Es kann vermutet werden, dass viele Ratsuchende aufgrund dysfunktionaler früher Beziehungserfahrungen kaum Selbstwirksamkeit entwickeln konnten, stattdessen waren sie damit beschäftigt, Stress und Angst zu bewältigen. Dass solche frühen Lernerfahrungen Auswirkungen auf das konkrete Gestalten von persönlichen Beziehungen im Heute haben, ist nahe liegend. Ein Kind, das viel Angst und Stress erlebt, speichert von Anfang an die Erfahrungen im Umgang mit diesen Zuständen und nutzt diese Erfahrung bis auf weiteres, um das Wohlbefinden zu sichern, so gut es geht.

„Je früher sich diese prägenden Erfahrungen im Umgang mit der Angst in das Gehirn eingraben können, je verformbarer die Verschaltungen des Gehirns also zu dem Zeitpunkt sind, zum dem diese Erfahrung gemacht werden, desto besser sitzen sie für den Rest des Lebens. Sie sehen dann aus wie angeborene Instinkte, lassen sich auslösen wie angeborene Instinkte, sind aber keine angeborenen Instinkte, sondern in das Gehirn eingegrabene, während der frühen Kindheit gemachte Erfahrungen mit der Bewältigung von Angst und Stress" (Hüther 2001: 51). Ähnlich wie ein Kind mit zehn Jahren seine Muttersprache fließend spricht, ohne die Regeln der Syntax benennen zu können, wendet es implizit die Beziehungsregeln an, die es in seiner Herkunftsfamilie gelernt hat. So hatte Anna bereits sehr früh die Kompetenz (!) entwickelt, keine eigene Meinung mehr zu vertreten, um nicht weg gesperrt zu werden. Bernd die Kompetenz, ganz im Sinne des „Überlebens" wegen seiner Angewiesenheit auf menschliche Grundbedürfnisse wie Nähe, Nahrung, Kleidung usw., trotz aller Gewalttätigkeit, an der Mutter zu kleben. So wusste er 14 Tage nachdem er seine Frau kennen gelernt hatte, dass er diese heiraten wollte und sie hatte ja nie gelernt, sich abzugrenzen und gegebenenfalls zu seinem Angebot Nein zu sagen. Die Betrachtung dieser individuellen Lerngeschichten wird von Peter Fiedler (1994) nahe gelegt. Er fasst „problematische" Verhaltensweisen als einmal erworbene Kompetenzen auf, um auf psychosoziale Anforderungen, einschneidende Lebensereignisse oder zwischenmenschliche Krisen zu reagieren. Sie lassen sich als Teil eines Bemühens begreifen, gegenüber diesen Belastungen und Krisen zu bestehen und/oder die eigene Vulnerabilität zu schützen. Bei der Eskalation interpersoneller Konflikte und Krisen wird oftmals auf diese Verhaltensweisen zurück gegriffen. Probleme ergeben sich dann insbesondere daraus, dass diese Verhaltensweisen (etwa Trotz, sozialer Rückzug oder aggressive Abwehr sozialer Anforderungen) für die Bezugspersonen gar nicht als Vulnerabilitätsschutz verstehbar sind, sondern beispielsweise als Verletzung interpersoneller Umgangsformen interpretiert werden. Betrachtet man also die „Störung" eines Menschen unter diesem

Aspekt, bekommt sie ein ganz neues Gewicht. Durch ihre Deutung als eine früh erworbene Kompetenz zur Lebensbewältigung ist sie ein Anknüpfungspunkt, dem Klienten Mut zu machen und an seine Fähigkeit zu glauben, auch heute wieder die notwendigen Kompetenzen für sein Leben zu lernen.

6. Beziehungskompetenzen erwerben

Durch solche Klärungsarbeit werden also Bedeutungen verändert, in denen sich der einzelne Partner im Verhältnis zu sich selbst und seiner Umwelt erfährt. Diese Klärung alter, in die Beziehung mitgebrachter störender Beziehungsmuster ermöglicht oftmals erst ein Erlernen von beziehungskompetentem Verhalten.

Im Rahmen des beraterischen Vorgehens werden Kindheitserinnerungen beispielsweise durch eine Trance aktiviert und anschließend aufgemalt, so dass ein Zugang zu diesen Regeln ermöglicht wird. Motiviert durch das Wissen um diese frühen Erfahrungen, konnten Anna und Bernd durch unterschiedliche Bewegungsübungen (z. B. zum Training des eigenen Standes, was Selbstständigkeit und die Fähigkeit sich selbst Halt zu geben erfahrbar macht und fördern kann, aber auch durch gezielte Abgrenzungsübungen), ihr Miteinander auf ein völlig neues Fundament stellen.

Lernen durch gute Erfahrungen

Hoch motiviert durch die guten Erfahrungen, die Anna und Bernd mit sich selbst und mit den anderen Teilnehmern der Gruppe gemacht hatten, absolvierten sie auch die zwei weiteren Seminare der Partnerschule, das *Kleine Genuss Training* (3 Wochenenden) und den *Paarkibbuz*, einem Training von Autonomie und Zweisamkeit (14 Tage). So dauerte ihr Lernprozess, in befriedigender Weise miteinander umzugehen, insgesamt ca. zwei Jahre. Ganz wichtig für den Erfolg waren und sind noch immer die anderen Gruppenmitglieder. Mit einzelnen von ihnen treffen sie sich regelmäßig im Rahmen der Selbsthilfegruppe Netzwerk Partnerschule e.V. (Sanders 2008). Die Inhalte dieser Treffen sind – wie unter guten Nachbarn bzw. Freunden üblich – gemeinsames Grillen, Einladung zu Kindergeburtstagen, Urlaubsfahrten etc. Diese Kontakte zeichnen sich insbesondere durch eine emotional wohlwollende und akzeptierende Atmosphäre aus, ganz so wie sie es in den Seminaren erlebt hatten. Anna und Bernd hatten noch besonderes Glück. Im Paarkibbuz freundeten sie und insbesondere auch ihre Kinder sich mit einem älteren kinderlosen Ehepaar an. Aus diesem Kontakt wurde eine ganz neue persönliche Beziehung. Das ältere Ehepaar wurde, ohne dass ein Wort darüber verloren wurde, von den Kindern zu „Großeltern" gemacht und diese nahmen das implizite Angebot an und adoptierten diese als „Enkel".

Die konkrete Erfahrung, die Paarbeziehung hin zu größerer Zufriedenheit gestalten zu können, wird zum Motor für weitere Entwicklungen. Im *kleinen Genusstraining* finden Ratsuchende ganz neue Wege zu ihrer eigenen Lebendigkeit, Sinnlichkeit und Sexualität. Das erste Wochenende ist von einem Wohlwollen an der eigenen Körperlichkeit geprägt. Denn eine lustvolle Sexualität lässt sich nur dann erleben, wenn jemand seinen eigenen Körper, die „Hardware", mag. Am zweiten Wochenende lernen die Teilnehmer mit und ohne Worte über Sexualität miteinander ins Gespräch zu kommen. Das dritte Wochenende widmet sich dann den eigenen gegengeschlechtlichen Anteilen.

Im *Paarkibbuz* erleben die Ratsuchenden, dass sie eigenständig in der Lage sind, ihren Selbstwert zu stabilisieren. Das Selbstwertgefühl ist Voraussetzung, sich in einer persönlichen Beziehung auf gleicher Augenhöhe zu begegnen. Die 14 Tage gliedern sich in drei große Blöcke. Im ersten geht es um vielfältige Erfahrungen nach dem Motto: Das bin ich und das kann ich! Im Mittelteil trainieren die Teilnehmer dann mit Hilfe eines Kommunikationstrainings (EPL = Ein partnerschaftliches Lernprogramm, Engl/Thurmaier 1992) das Sprechen und Zuhören. Dabei handelt es sich um eine Gesprächsform, die das eigene Erleben („Ich-Botschaft" statt „Du bist") in den Vordergrund stellt, die sich auf konkrete Sachverhalte bzw. Verhaltensweisen bezieht (statt „immer" oder „nie"). Die ganze Aufmerksamkeit gilt dem Sprecher, indem dessen Aussagen wörtlich – wie in einem Spiegel – wiederholt oder paraphrasiert werden. Ferner wird durch offene Rückfragen diesem die Möglichkeit geboten, sein Thema zu präzisieren. Im dritten Teil geht es schließlich um Zukunftsperspektiven, um das Entwickeln von partnerschaftsbezogenen, aber auch individuumsorientierten Zielen. Während des Paarkibbuz nehmen Bewegungsübungen einen großen Raum ein. So wird im mittleren Teil nicht nur das EPL trainiert, sondern auch der Umgang mit Aggressionen am Beispiel des Schwertkampfes. Die Abende werden in der Verantwortung einzelner Teilnehmer gestaltet. So demonstrierte ein Vater zusammen mit seinem Sohn die Funktionsweise eines Detektorradios, ein Paar übte mit den anderen Teilnehmern die Grundschritte des Disco Fox ein und eine Teilnehmerin vermittelte den anderen die Kunst der Fußreflexzonenmassage.

Probleme im Miteinander, konkret benannt oder nicht, sind zwar der Auslöser eine Beratung aufzusuchen, diesen wird aber relativ wenig Aufmerksamkeit geschenkt, um dadurch die entsprechenden neuronalen Netzwerke nicht unnötigerweise zu „befeuern".

Stattdessen stehen die Einübung von Beziehungskompetenzen und die Ermöglichung von beziehungskompetenten Erfahrungen im Mittelpunkt des Beratungsgeschehens. Dafür bietet das Zusammenleben in einer Gruppe von Menschen mit gleichen Schwierigkeiten vielfältige Möglichkeiten, die dann zu „sozialen Erfolgserlebnissen" werden. Deshalb bietet sich für eine Veränderung der Beziehungsqualität vor allem eine Beratung in und mit

Gruppen an (Fiedler 1996; Grawe et al. 1994; Grawe 1998, 2004). Diese findet meist im „Block", das heißt über mehrere Tage bis hin zu zwei Wochen in einer Bildungsstätte unter Einbezug der Kinder statt. Gerade die lebendige Erfahrung, für andere bedeutsam zu sein, ermöglicht oft ganz neue Beziehungsmuster für die eigene Ehe und Familie.

7. Neue Wege in der Familienberatung

Paarberatung ist für Paare mit Kindern immer auch Familienberatung! Zum einen erleben rund zwei Drittel der Klienten, die aufgrund von gravierenden Partnerschaftskonflikten eine Eheberatungsstelle aufsuchen, die Kindererziehung als anstrengend bzw. „nervenaufreibend" (Kröger et al. 2004); zum anderen haben die Interaktionen zwischen den Partnern einen kaum zu überschätzenden Einfluss auf das Gedeihen der Kinder. Schließlich gilt eine durch anhaltende Unzufriedenheit und destruktive Konflikte geprägte Ehebeziehung als bedeutender Risikofaktor für die Entwicklung der betroffenen Kinder (z. B. Cummings/Davies 1994, 2002; Sanders et al. 1997). Dass Kinder während der Seminararbeit ihrer Eltern parallel in einer eigenen Gruppe betreut werden, also nicht fremd untergebracht werden müssen, hat für beide Seiten hohe Bedeutung. Die Eltern wissen die Kinder in ihrer Nähe und erleben sie gut versorgt. Die Kinder beginnen sich zu entspannen, wenn sie spüren, dass sie nicht mehr auf ihre Eltern „aufpassen" müssen, dass diese sich nicht streiten etc., sie also die Verantwortung für ihre Eltern bei den Beratern abgeben können! Diese Erfahrungen korrespondieren mit den Befunden von Albert Lenz (2001), der feststellte, dass Kinder ein kindbezogenes Setting katamnestisch zufrieden stellender einschätzen als einen familienbezogenen Ansatz mit Familiengesprächen. Denn hier stehen die Aktivitäten der Kinder und die Zuwendung durch deren Gruppenleiter im Vordergrund und nicht die Probleme der Erwachsenen. Aus diesem Grund ist es nicht verwunderlich, dass dies positiver eingeschätzt wird als ein familienbezogenes Setting, bei dem das Reden im Mittelpunkt steht – auch dann, wenn versucht wird, in Familiensitzungen mit handlungsorientierten Methoden zu arbeiten.

8. Ein soziales Netzwerk knüpfen

Die Individualisierung der Gesellschaft, deutlich etwa am Zusammenbrechen der Arbeitervereine oder des kirchlichen Vereinswesen führt zu einem „Grundkonflikt des Wir-losen Ichs: Ein Verlangen nach Gefühlswärme, nach affektiver Bejahung anderer Personen und durch andere Personen gepaart mit dem Unvermögen, spontane Gefühlswärme überhaupt zu geben" (Elias 1987: 273). So ist es nicht verwunderlich, dass 89% aller Ratsuchende sich wünschen, dass ihnen Beratung bei der Suche nach Freunden helfen soll. Aber sie wollen auch ihren Teil dazu beitragen, denn 61% sind bereit, sich in Selbsthilfegruppen zu engagieren (Saßmann/Klann 2002). Ein einzelfallorientiertes Vorgehen in der Beratung in und mit Gruppen (Fiedler 1996) statt gruppendynamischer Verwicklungen und Inszenierungen ermöglicht neue Erfahrungen sozialer Kompetenz.

Durch eine Beziehungsberatung in und mit Gruppen ist es somit möglich, zum Auf- und Ausbau tragfähiger sozialer Netze beizutragen. Diese bieten die Möglichkeit, das, was in der Beratung z. B. an Problemlöse- und kommunikativen Kompetenzen erarbeitet wurde, im Alltag umzusetzen, denn: „Ein Großteil alltäglicher Problembelastungen in den verschiedenen Lebensbereichen [...] wird nicht von betroffenen Individuen alleine und auch nicht unter Hinzuziehung professioneller HelferInnen vermieden, bearbeitet, bewältigt, sondern durch die Beteiligung alltäglicher „natürlicher" HelferInnen" (Nestmann 1988).

So gründeten z. B. im Mai 2000 ehemalige Ratsuchende den gemeinnützigen Förderverein „Netzwerk Partnerschule e. V.". Mittlerweile gehören mehr als 200 ehemalige und noch aktiv Ratsuchende diesem Netzwerk an. Einerseits wollen die Initiatoren mit diesem Förderverein finanzielle Mittel zur Verfügung stellen, so dass z. B. auch Paare und Familien mit nur eingeschränkten finanziellen Möglichkeiten an den Seminaren teilnehmen können. Andererseits verfolgen die Gründungsmitglieder das Ziel, mit dem Netzwerk einen Rahmen für gegenseitigen Kontakt und Unterstützung zu schaffen: Durch die beraterische Arbeit in Gruppen haben sie vermutlich festgestellt, dass jeder von ihnen kompetent in Fragen von Liebe, Partnerschaft, Ehe, Kindererziehung etc. ist, nur jeder eben anders und einmalig. Sie haben erfahren, dass, wenn diese Fähigkeiten und Potentiale zusammenkommen und sich ergänzen, das Ergebnis für alle Beteiligten gewinnbringend sein kann. Sicherlich ist dieses Motiv nicht ausschließlich altruistisch zu bewerten, denn durch das aufgebrachte Engagement profitiert auch jeder Einzelne. So verbinden sich Eigennutz und Gemeinwohlorientierung, die zwar häufig als Gegensätze verstanden werden, aber letztlich den Kern jeder Nachbarschaftshilfe und christlicher Gemeindebildung ausmachen. Gesellschaftspolitisch ist die Verknüpfung dieser beiden Haltungen zentrale Quelle dessen, was wir heute bürgerschaftliches Engagement nennen. Alle Beteiligten schöpfen so Mut für ihr Leben, für die Gestaltung und Bewältigung ihres Alltags und machen quasi „Empowerment"-Erfahrungen (Sanders 2008).

9. Evaluation

Bislang ist es eher die Ausnahme als die Regel, dass Arbeitsweisen in der Ehe- und Paarberatung so transparent beschrieben und hinsichtlich ihrer spezifischen Wirksamkeit untersucht werden, wie es bei der Partnerschule (Sanders 1997, 2006; Kröger/Sanders 2002, 2005) oder – um ein anderes Beispiel zu nennen – dem KOMKOM (KOMmunikationsKOMpetenz-Training, Engl/Thurmaier 2005) der Fall ist.

Die dringende Notwendigkeit zu einer regelmäßigen Evaluation ergibt sich aus mehreren Gründen (Baumann/Reinecker-Hecht 1991): Erstens aus ethischen Gesichtspunkten, die aus der Verantwortung gegenüber den Ratsuchenden resultieren. Zweitens ist es vor dem Hintergrund von Kosten-Nutzen-Überlegungen dringend geboten, Ehe- und Paarberatung zu evaluieren. Darüber hinaus vermittelt es den ratsuchenden Paaren natürlich Orientierung und Kontrolle, wenn zu Beginn des Beratungsprozesses darauf hingewiesen wird, dass das Vorgehen in Bezug auf seine Wirksamkeit wissenschaftlich überprüft ist und auf entsprechende Ergebnisse verwiesen werden kann. Auf der Grundlage der bisherigen Evaluationsstudien (Kröger/Sanders 2002, 2005; Sanders 1997) lassen sich die partnerschaftlichen Problemfelder der Ratsuchenden zu Beratungsbeginn folgendermaßen charakterisieren:

Rund sieben bis acht Bereiche des Zusammenlebens (wie Zuwendung des Partners, Sexualität, Haushaltsführung) aus der Problemliste (Hahlweg 1996) führen zu häufigen nicht mehr lösbaren Konflikten. Dabei kommt insbesondere solchen Problembereichen ein hohes Konfliktpotential zu, die direkt die emotional-affektive Qualität einer Zweierbeziehung repräsentieren, wie z.B. Zuwendung des Partners oder Kommunikation/gemeinsame Gespräche. Für die eher individuelle Belastungssymptomatik ist kennzeichnend, dass knapp 40% der Frauen und gut 20% der Männer unter ernsthaften, d.h. klinisch relevanten depressiven Verstimmungen leiden. Klinische Beeinträchtigungen durch Allgemeinbeschwerden (wie z.B. innere Unruhe, Reizbarkeit, Mattigkeit oder Rückenschmerzen) weisen rund 50% der Frauen und gut 30% der Männer auf. Insgesamt dokumentiert dies den hohen Leidensdruck der Klienten, die mit dem Angebot der Partnerschule erreicht werden und es wird deutlich, dass deren Beeinträchtigungen recht exakt mit der typischen Belastungskonstellation von Klienten in der Ehe- und Paarberatung übereinstimmen (Klann 2002; Kröger et al. 2003; Saßmann/Klann 2002, 2004).

Entsprechende Mittelwertsvergleiche (Kröger/Sanders 2005) belegen, dass sich die Problembelastung der Paare durch die Teilnahme an der Partnerschule bedeutsam reduziert: Sowohl die Männer als auch die Frauen geben zu Beratungsende durchschnittlich rund drei Konfliktbereiche weniger an als zu Beratungsbeginn. Außerdem bewirkt die Partnerschule signifikante Verbesserungen der globalen Partnerschaftszufriedenheit, der affektiven Kommunikation, der Problemlösefertigkeiten, der Freizeitgestaltung und der sexuellen Zufriedenheit.

Auch die individuellen Belastungssymptome (depressive Verstimmungen und körperliche Beschwerden) bessern sich in einem statistisch bedeutsamen Ausmaß (Kröger/Sanders 2002, 2005). Der Anteil an weiblichen und männlichen Klienten mit klinisch relevanten depressiven Verstimmungen verringert sich von anfänglich 40% (Frauen) bzw. 20% (Männer) auf rund 15%. Guy Bodenmann (2006) zeigt in einer aktuellen Veröffentlichung sogar auf, dass bei der Behandlung von Depressionen Paartherapie angezeigt sei, da diese insbesondere durch die Art der Interaktion aufrechterhalten wird. Die Rate an Klienten mit klinisch auffälligen körperlichen Allgemeinbeschwerden vermindert sich für beide Geschlechter auf rund 25 %.

Die Befundlage zur Lebenszufriedenheit verdeutlicht, dass auch aus einer globaleren Perspektive auf die Lebenssituation der Klienten bedeutsame Beratungseffekte der Partnerschule festzustellen sind (Kröger 2006): Es ist eine Steigerung der allgemeinen Lebenszufriedenheit zu verzeichnen, die allerdings vor allem auf positive Veränderungen im Bereich der Partnerschaft und Sexualität zurückzuführen ist.

Besonders interessant ist, dass sich während des halbjährigen Katamnesezeitraums Verbesserungen im Erleben der Zweierbeziehung ergeben, die in ihrem Ausmaß die bisherigen Befunde zur Wirksamkeit von Eheberatung (Klann 2002; Kröger et al. 2003) übersteigen. Beispielsweise zeigt sich für beide Geschlechter eine hohe Effektstärke für die allgemeine Zufriedenheit mit der Ehe. Außerdem erleben vor allem die Männer während des Katamnesezeitraums einen deutlichen Zugewinn an Zufriedenheit mit dem affektiven Austausch sowie mit den partnerschaftlichen Problemlösekompetenzen (Kröger/Sanders 2002, 2005). Das Untersuchungsdesign entspricht dem der beratungsbegleitenden Forschung (Kröger et al. 2005), d.h. es wurde ein prospektives Vorgehen mit einer Fragebogenerhebung bei den Klienten zu Beginn der Beratung (Prä), zu Beratungsende (Post) und einer Follow-up Erhebung (FU; 6 Monate nach Beratungsende) umgesetzt. Insgesamt sind in die Evaluation die Daten von über 80 Paaren mit vollständigen Prä-Postdatensätzen eingegangen, die in der Beratungsstelle für Ehe-, Familien- und Lebensfragen Hagen-Iserlohn-Menden nach der Vorgehensweise der Partnerschule beraten wurden (Kröger/Sanders 2005).

Somit regt die Partnerschule Veränderungen an, die sich teilweise erst nach Abschluss der Beratung in vollem Umfang entfalten. Selbstverständlich darf dieser Befund zur spezifischen Wirkungsweise der Partnerschule nur mit angemessener Vorsicht interpretiert werden, da jeweils nur von einem Teil der Klienten Katamnesedaten erhoben werden konnten (Kröger/Sanders 2002, 2005). Dennoch ist plausibel, dass diese besonderen Zugewinne im Katamnesezeitraum vor allem auf zwei Einflussgrößen zurückzuführen sind: Zum einen ermöglicht die Beratung in und mit Gruppen bei der Partnerschule einen unter ökonomischen Gründen vertretbaren vergleichsweise hohen Stundenumfang; zum anderen spielen vermutlich die besonderen Wirkbedingungen im Gruppensetting eine wichtige Rolle. Dabei handelt es sich nach Peter Fiedler (1996) u. a. um die wechselseitige Unterstützung der Gruppenmitglieder beim Bewältigen persönlicher Schwierigkeiten, die Erfahrung von Solidarität und Altruismus sowie die Modellfunktion, die die Gruppenmitglieder füreinander haben können.

Literatur

Bauer, Joachim (2004): Das Gedächtnis des Körpers. Wie Beziehungen und Lebensstile unsere Gene steuern. München: Piper

Baumann, Urs/Reinecker-Hecht, Christa (1991): Methodik der klinisch-psychologischen Interventionsforschung. In: Perrez, Meinrad/Baumann, Urs (Hg.): Klinische Psychologie. Band 2: Intervention. Bern: 64-79

Bodenmann, Guy (2006): Paartherapie bei depressiven Störungen. In: Lutz, Wolfgang: Lehrbuch der Paartherapie. München: 105-118

Bowlby, John (1979): The making and breaking of affectional bonds. London: Tavistock Publications

Cummings, E. Mark/Davies, Patrick T. (1994): Children and marital conflict. New York: Guilford

Cummings, E. Mark/Davies, Patrick T. (2002): Effects of marital conflict on children: Recent advances and emerging themes in process-oriented research. In: Journal of Child Psychology and Psychiatry 43: 31-63

Dozier, Mary/Stovall, K. Chase/Albus, Kathleen E. (1999): Attachment and psychopathology in adulthood. In: Cassidy, Jude/Shaver, Phillip R. (eds): Handbook of attachment. New York: 497-519

Elias, Norbert (1987): Die Gesellschaft der Individuen. Frankfurt a.M.: Suhrkamp

Engl, Joachim/Thurmaier, Franz (1992): Wie redest Du mit mir? Fehler und Möglichkeiten in der Paarkommunikation. Freiburg: Herder

Engl, Joachim/Keil-Ochsner, Adrienne/Thurmaier, Franz (2004): Ehe-, Familien- und Lebensberatung und empirische Erfolgskontrolle – ein ausbaubares Verhältnis. In: Beratung Aktuell 4: 200-215

Engl, Joachim/Thurmaier, Franz (2005): KOMKOM – ein hochwirksames Kommunikationstraining in der Eheberatung. In: Beratung Aktuell 1: 22-40

Erler, Michael (2003): Systemische Familienarbeit. Eine Einführung. Weinheim, München: Juventa

Fiedler, Peter (1994): Persönlichkeitsstörungen. Weinheim: Psychologie-Verlags-Union

Fiedler, Peter (1996): Verhaltenstherapie in und mit Gruppen. Weinheim: Psychologie-Verlags-Union

Gerok, Wolfgang (Hg.) (1990): Ordnung und Chaos in der unbelebten und belebten Natur. Stuttgart: Hirzel

Grawe, Klaus (1998): Psychologische Therapie. Göttingen: Hogrefe

Grawe, Klaus (2004): Neuropsychotherapie. Göttingen: Hogrefe

Grawe, Klaus/Donati, Ruth/Bernauer, Friederike (1994): Psychotherapie im Wandel. Von der Konfession zur Profession. Göttingen: Hogrefe

Hahlweg, Kurt (1996): Fragebögen zur Partnerschaftsdiagnostik (FPD). Göttingen: Hogrefe

Hahlweg, Kurt/Bodenmann, Guy (2003): Universelle und indizierte Prävention von Beziehungsstörungen. In: Grau, Ina/Bierhoff, Hans-Werner (Hg.): Sozialpsychologie der Partnerschaft. Berlin: 191-217

Hurrelmann, Klaus/Albert, Mathias (2006): Jugend 2006. 15. Shell Jugendstudie. Eine pragmatische Generation unter Druck. Frankfurt a.M.: Fischer Taschenbuch Verlag

Hüther, Gerald (2001): Bedienungsanleitung für ein menschliches Gehirn. Göttingen: Vandenhoek/Ruprecht

Klann, Notker (2002): Institutionelle Beratung – ein erfolgreiches Angebot. Von den Beratungs- und Therapieschulen zur klientenorientierten Intervention. Freiburg i.b.: Lambertus

Kröger, Christine/Sanders, Rudolf (2002): Klärung und Bewältigung von Partnerschaftsstörungen in und mit Gruppen. Effektivität und Effizienz des paartherapeutischen Verfahrens Partnerschule. In: Beratung Aktuell 3: 176-195

Kröger, Christine/Sanders, Rudolf (2005): Paarberatung in und mit Gruppen – eine wirksame Intervention? In: Zeitschrift für Klinische Psychologie und Psychotherapie 34: 47-53

Kröger, Christine (2006): Evaluation. In: Sanders, Rudolf: Beziehungsprobleme verstehen Partnerschaft lernen. Partnerschule als Kompetenztraining in Ehe und Familienberatung. Paderborn: 256-268

Kröger, Christine/Wilbertz, Norbert/Klann, Notker (2003): Wie wirksam ist Ehe- und Paarberatung? Ergebnisqualitätssicherung in den katholischen Ehe-, Familien- und Lebensberatungsstellen in Nordrhein-Westfalen. In: Beratung Aktuell 2: 136-157

Kröger, Christine/Hahlweg, Kurt/Klann, Notker (2004): Eltern in der Eheberatung: Zu den Auswirkungen von Ehe- und Paarberatung auf die Zufriedenheit mit der Kindererziehung. In: Verhaltenstherapie/Psychosoziale Praxis 36: 821-834

Kröger, Christine/Klann, Notker/Hahlweg, Kurt/Baucom, Donald H. (2005): Beratungsbegleitende Forschung: Ein Zugang zur Wirksamkeit von Paarberatung unter Feldbedingungen. In: Verhaltenstherapie und Psychosoziale Praxis 37: 531-539

Lenz, Albert (2001): Partizipation von Kindern und Jugendlichen in Beratung und Therapie. Weinheim, München: Juventa

Nestmann, Frank (1988): Die alltäglichen Helfer. Berlin: de Gruyter

Otte, Hilka (2005): Prozeduren sozialen Verhaltens. Wie unbewusste Regel unsere Beziehungen gestalten -und behindern. Paderborn: Junfermann Verlag

Peter, Burkhard (2006): Einführung in die Hypnotherapie. Heidelberg: Carl-Auer

Riemann, Fritz (2007): Die Fähigkeit zu lieben. München, Basel: Ernst Reinhardt Verlag

Retzer, Arnold (2002): Systemische Paartherapie. Stuttgart: Klett-Cotta

Sanders, Matthew R./Nicholson, Joanne M./Floyd, Frank J. (1997): Couples' relationship and children. In: Halford, Kim/Markman, Howard J. (eds): Clinical handbook of marriage and couples interventions. Chichester: 225-253

Sanders, Rudolf (1997): Integrative Paartherapie. Grundlagen-Praxeologie-Evaluation. Eine pädagogische Intervention zur Förderung der Beziehung von Frau und Mann als Partner. Frankfurt a.M.: Peter Lang

Sanders, Rudolf (2005): Vermittlung von Beziehungs- und Erziehungskompetenz in der Ehe- und Familienberatung. In: Beratung Aktuell 1: 41-56

Sanders, Rudolf (2006a): Psychoanalytisch verstehen – pädagogisch handeln. Ein Schlüssel zum Erfolg in der Paarberatung. In: Beratung Aktuell 2: 2-87

Sanders, Rudolf (2006b): Beziehungsprobleme verstehen Partnerschaft lernen. Partnerschule als Kompetenztraining in Ehe und Familienberatung. Paderborn: Junfermann Verlag

Sanders, Rudolf (2008): Empowerment – Hilfe zur Selbsthilfe in der Ehe- und Familienberatung am Beispiel des „Netzwerkes Partnerschule e.V.". In: Beratung Aktuell 1: 43-60

Saßmann, Heike (2000): Diagnostik in der Paarberatung durch ein Interview zur Beziehungsgeschichte (PIB). In: Beratung Aktuell 3: 155-172. (Download unter www.beratung-aktuell.de)

Saßmann, Heike/Klann, Notker (2002): Es ist besser das Schwimmen zu lehren als Rettungsringe zu verteilen. Beratungsstellen als Seismografen für Veränderungen in der Gesellschaft. Freiburg i.B.: Lambertus

Saßmann, Heike/Klann, Notker (2004): Wünsche der Ratsuchenden und Erfahrungen von BeraterInnen als Orientierung für eine bedarfsgerechte Planung. In: Beratung Aktuell 3: 151-164

Schindler, Ludger/Hahlweg Kurt/Revenstorf Dirk (1998): Partnerschaftsprobleme: Diagnose und Therapie. Handbuch für den Therapeuten. (2., aktualisierte, vollständig neu bearbeitete Aufl.). Berlin: Springer Verlag

Schmidt, Wilhelm (2006): Brauchen wir Gefühle zu unserem Glück? In: Reuser, Bodo (Hg.): Die Macht der Gefühle. Affekte und Emotionen im Prozess von Erziehungsberatung und Therapie. Weinheim, München: 11-19

Schnarch, David (2006): Die Psychologie der sexuellen Leidenschaft. Stuttgart: Klett-Cotta

Spitzer, Manfred (1996): Geist im Netz: Modelle für Lernen, Denken und Handeln. Heidelberg: Spektrum, Akademischer Verlag

Wilbertz, Norbert (2007): „Wir wollten niemals auseinander gehen!" Der Preis des Scheiterns der Paarbeziehung oder ein Tabuthema unserer Zeit. In: Beratung Aktuell 4: 218-239

Willi, Jürg (1978): Therapie der Zweierbeziehung. Reinbeck: Rowohlt

Young, Jeffrey E./Klosko, Janet S./Weishaar, Marjorie E. (2005): Schematherapie – Ein praxisorientiertes Handbuch. Paderborn: Junfermann

Michael Fücker

Mediation

Persönliche Beziehungen sind existenziell für die soziale Einbindung des Menschen. Jeder Mensch verfügt über ein facettenreiches Netz persönlicher Beziehungen, das seine individuelle Lebenswelt maßgeblich prägt. Dabei basieren persönliche Beziehungen zwar auf institutionell vorgegebenen Ordnungsmustern, unterliegen aber hinsichtlich ihrer Qualitäten, Funktionen und Inhalte einem aktiven Gestaltungsprozess. Persönliche Beziehungen beinhalten immer schon den Bezug auf den Anderen und lassen sich mithin nur als Ergebnis eines wechselseitigen Aushandlungsprozesses vollständig erfassen. Selbstbilder und Lebensentwürfe, Interessen und Leidenschaften, Präferenzen und Motivationen werden durch die ausgeprägte Interdependenz persönlicher Beziehungen geformt, ebenso wie Veränderungen einer Seite der Beziehung immer auch Auswirkungen auf die andere Seite besitzen und umgekehrt (Lenz 2006). Eine Beziehung bleibt so lange Fiktion, bis beide Seiten der Dyade, in beziehungsrelevanten Aspekten, eine gemeinsame Weltsicht entwickelt haben, wenngleich diese über die Dauer der Beziehung mehr oder weniger tief greifenden Veränderungen unterworfen ist. So verändern sich dominante Beziehungsthemen, Abhängigkeiten, Rollenmuster oder auch Machtbeziehungen. Nicht verwunderlich ist es daher, dass Aushandlungsprozesse in persönlichen Beziehungen eng mit Konflikten verknüpft sind. Konflikte bilden als anthropologische Konstante ein durchlaufendes Grundmuster menschlicher Gesellschaft und mithin auch persönlicher Beziehungen (Simmel 1983). Ebenso facettenreich stellt sich auch das Spektrum möglicher Formen des Umgangs mit Konflikten dar, welches die Gesellschaft bereithält. Konflikte werden durch Krieg, Mord, Rache, Delegation, Verhandlung, Recht, Gerichte, Sündenböcke, durch Wegleugnen, durch Flucht und anderes mehr angegangen (Duss-von Werdt 2005).

Eine mögliche Form des Umgangs mit Konflikten stellt die Mediation dar. Mediation ist als strukturiertes Vermittlungs- oder auch Verhandlungsverfahren nicht auf Konflikte in persönlichen Beziehungen begrenzt, sondern findet ebenso bei Konflikten in und zwischen Gruppen, Organisationen, Ethnien oder Staaten Anwendung. Es verwundert daher nicht, dass Mediation keinesfalls eine moderne Erfindung darstellt, sondern sich in der Geschichtsschreibung über alle Zeiten mehr oder weniger bedeutsame Zeugnisse von Mediation finden lassen. Dennoch ist Mediation gerade in jüngster Zeit, über die Bearbeitung von Konflikten in persönlichen Beziehungen, als Konfliktbearbeitungsmethode wieder entdeckt wurden. Als „dritter Weg zwischen Therapie und kontradiktorischem gerichtlichen Verfahren" (Bastine/Ripke 2005: 143) ist sie auf dem Weg, Bestandteil der modernen Streit-kultur zu werden.

Im Folgenden möchte ich neben einer Begriffsklärung zunächst einen kur-zen Überblick über die Entwicklung von Mediation geben. Daran anschlie-ßend wird der Konfliktbegriff in den Kontext persönlicher Beziehungen ge-setzt, was als Grundlage für die Diskussion von Mediation als Interventi-onsinstrument dienen soll. Abschließend werden aus einer eher praktischen Perspektive die Relevanz und Eignung für verschiedene Konflikttypen, die Angebotsstruktur sowie die rechtliche Stellung von Mediation untersucht.

1. Entwicklung von Mediation und Mediationsbegriff

Mediation bezeichnet zunächst ein strukturiertes und lösungsorientiertes Vermittlungsverfahren, welches über die Integration eines unbeteiligten, allparteilichen Dritten ohne Entscheidungsbefugnis eine interessenorientier-te und im Ergebnis wechselseitig akzeptierte Konfliktbearbeitung ermögli-chen soll (Sinner 2005). Mit Blick auf die sprachlichen Wurzeln wird je-doch noch ein weiterer Aspekt von Mediation deutlich. Der Begriff der Mediation leitet sich vom lateinischen Stammverb *mederi* (heilen, kurrie-ren) ab. Neben *mediatio* leiten sich auch die Begriffe *medicina* (Heilkunst) sowie *meditation* (Meditation, nachdenken über, sich mental einmitten) von diesem Ursprung ab. Zusammen verweisen all diese Begriffe aus den Be-reichen des Heilens, sich Vertiefens und der Zentrierung auf die Wurzelidee von der „Mitte", die auch dem Begriff der Mediation zugrunde liegt. Medi-ation bezeichnet so einerseits einen Prozess, der ein verloren gegangenes Gleichgewicht wieder herstellt, aber auch ein besonderes Ergebnis, welches sich durch Ausgewogenheit, Harmonie und Ruhe kennzeichnet. Der Media-tor ist eine Mittelsperson, ein Bote hin zur Mitte (Duss-von Werdt 2005).

Die Grundidee der Mediation reicht in Europa bis in die griechische und römische Antike zurück, findet sich im mittelalterlichen „loveday" oder im „Palaver" traditioneller afrikanischer Stammeskulturen (Bastine/Theilmann 2004; Breidenbach 1995; Duss-von Werdt 2005). Für Mitteleuropa finden sich erste Belege für Mediation bei der Vermittlung des Westfälischen Friedens, die durch den Mediator Alvise Contarini (1597-1651) durchge-führt wurden und 1648 zur Beendigung des Dreißigjährigen Krieges führ-te.[1]

Dennoch klafft zwischen den ersten Erwähnungen von Mediation und deren heutigen Anwendung eine gewaltige Lücke. Es mag an dieser Stelle dahin-gestellt bleiben, ob Mediation als Vermittlungsverfahren im europäischen

---

1 Ausführlich zur historischen Rolle und zur Vermittlungsphilosophie Alvise Contarinis sowie zur Rolle des Co-Mediators Fabio Chigi bei den Friedensgesprächen: Duss-von Werdt 2005; zu einer historischen Annäherung an den Mediationsbegriff: Sinner 2005.

und angloamerikanischen Raum zwischenzeitlich tatsächlich in Vergessenheit geraten ist oder ob die prominenten und alltäglichen Zeugnisse von Mediation lediglich durch die Geschichtsschreibung nicht erfasst wurden (Duss-von Werdt 2005). In den 60er Jahren erfährt Mediation in den USA unter dem Label „Alternativ Dispute Resolution" (ADR) einen enormen Aufschwung. Wesentlich bedingt durch Defiziterfahrungen mit dem juristischen System, wird Mediation zunächst als Einigungsverfahren bei Trennung und Scheidung sowie bei familialen Konflikten wieder entdeckt und bald auch bei Auseinandersetzungen zwischen Gewerkschaften und Arbeitgebern, im kommunalen Feld (Anliegen der Bürgerrechtsbewegung) und bei öffentlichen Entscheidungen (besonders über die Verwendung öffentlicher Gelder) als produktives Konfliktbearbeitungsverfahren (re-)etabliert (Haynes et al. 2002; Sinner 2005).

Auch in Deutschland kommt es, wenn auch zeitlich versetzt, zu einer Neuentdeckung der Mediation. Nachdem Ende der 80er Jahre auf einer interdisziplinären Fachtagung zur Familienmediation (dem „Arnoldshainer Familiengerichtstag", 1988) das Verfahren der Mediation erstmals auf große Resonanz stieß, entstanden 1992 mit der Bundes-Arbeitsgemeinschaft für Familien-Mediation (BAFM) und dem Bundesverband Mediation (BM) die ersten von derzeit acht bundesweit tätigen Organisationen und in Folge eine Vielzahl regionaler Mediationsvereine und -verbände sowie Ausbildungsinstitute. Ausgehend von der Mediation bei Konflikten in der Familie sowie bei Trennung und Scheidung, breitete sich die Anwendung von Mediation relativ schnell auf andere Konfliktfelder wie Nachbarschaft, Wirtschaft, Gestaltung und Nutzung der Umwelt, Schule oder auch innerstaatliche und internationale Auseinandersetzungen aus. Die Mediation bei Trennung und Scheidung stellt jedoch nach wie vor das prominente Einsatzfeld von Mediation dar. Dies liegt zum einen darin begründet, dass Mediation im deutschsprachigen Europa besonders von Familientherapeuten als alternatives Marktsegment zu einer als verbesserungsbedürftig eingeschätzten Scheidungspraxis entdeckt wurde und eine Institutionalisierung des Angebotes in entsprechenden Verbänden stattfand (Sinner 2005). Zum anderen haben aber auch rechtliche Änderungen, wie die Reform des Kindschaftsrechtes, insbesondere die Neuregelungen zum Sorge- und Umgangsrecht oder die Reform der Zivilprozessordnung, einen Bedarf für Mediationsangebote geschaffen.

Auf Grundlage einer umfassenden Literaturdurchsicht im deutschsprachigen Raum fasst Alex von Sinner (2005) eine Liste von Merkmalen zusammen, die trotz verschiedenster Akzente in der Mediationslandschaft eine Arbeitsdefinition dessen darstellen könnten, was derzeit unter Mediation verstanden wird. Demnach liegt Mediation immer ein Konflikt oder ein für wichtig erachtetes Entscheidungsproblem zugrunde. Ein neutraler oder zumindest in der Sache unbeteiligter Dritter ohne Entscheidungskompetenz unterstützt die Verhandlungen. Ziel ist eine einvernehmliche Entscheidungsfindung oder Konfliktregelung, welche die Interessen und Bedürfnisse aller Parteien befriedigt. Methodisch durchläuft jede Mediation eine idealtypische Abfolge bewährter Arbeitsschritte, die durch weitere, strukturierende und wertschöpfende Methoden ergänzt werden. Die Teilnahme ist freiwillig und das Verfahren bleibt bis zur abschließenden, vertraglichen Vereinbarung ergebnisoffen. Letztlich findet Mediation außergerichtlich, gegebenenfalls auch als Alternative oder als Ergänzung zu einem Gerichtsverfahren statt.

Die Neuentdeckung des Verfahrens der Mediation zur Konfliktbearbeitung scheint auf den enormen Regelungsbedarf im Zusammenleben zu reagieren, der aus der Pluralisierung und Individualisierung der Gesellschaft erwächst. Während das Recht als klassische Konfliktbearbeitungsinstanz zunehmend nicht mehr in der Lage ist, Gesellschaft zu integrieren, spiegelt Mediation als „verhandeltes Recht" einerseits das Vertrauen in die Selbstgestaltungspotentiale moderner Gesellschaften, aber auch die Eigenverantwortlichkeit für die Rechtfertigung individueller Entscheidungen.

Im Folgenden soll es weniger um eine detaillierte Beschreibung des Ablaufs[2] oder der Vor- und Nachteile von Mediation gegenüber anderen Interventionsformen gehen. Ausgehend von einer Konzeptualisierung von Konflikten in persönlichen Beziehungen sollen vielmehr innerhalb der Konfliktdynamik Ansatzpunkte für die Intervention durch Mediation herausgearbeitet werden, deren Spezifik Mediation auch von weiteren Formen der Konfliktbearbeitung bzw. Intervention abgrenzt.

2. Konflikte in persönlichen Beziehungen

Einer begrifflichen Konzeptualisierung von Konflikten liegt immer der Bezug auf eine soziale Einheit zugrunde, da diese die Form des Konfliktes sowie Möglichkeiten der Konfliktbearbeitung beeinflusst. Anders als individuenzentrierte Ansätze macht das Konzept der „persönlichen Beziehungen" die soziale Wirklichkeit als institutionelle Ordnung sowie deren Konstruktionsprozesse zum Gegenstand der Analyse. Handlungs- und Deutungsmuster in persönlichen Beziehungen sind keine individuellen Erfindungen, sondern einerseits Folge von Aushandlungsprozessen innerhalb der Beziehung, resultieren aber auch aus der versichernden Orientierung an kulturellen und institutionellen Vorgaben. Die auch in persönlichen Beziehungen gegebene Unzugänglichkeit des Anderen wird durch die kontrafaktische Unterstellung einer gemeinsamen Wirklichkeit aufgebrochen und soziales Handeln, verstanden als wechselseitige Bezugnahme von Handlungsentwürfen, von Begründungszwängen und Interpretationsleistungen entlastet. Anders als in Interaktionen mit Fremden entfallen so viele Vorleistungen, was das Miteinander-in-Kontakt-treten in einem hohen Maße erleichtert (Lenz 2006). Je nach Form, Ausprägung und zeitlicher Dauer der persönlichen Beziehung müssen für deren Fortbestand große Anteile oder nur kleine Schnittstellen einer gemeinsamen Wirklichkeit aufrechterhalten werden.

---

2 Entsprechende Ausführungen finden sich beispielsweise bei Haynes et al. (2002); Diez et al. (2002) oder Haft/von Schliefen (2002).

Konflikte entstehen aus der Ungewissheit über die Welt (Dahrendorf 1962) und bilden so eine anthropologische Konstante einer jeden Gesellschaft. Auch aus persönlichen Beziehungen lassen sich Konflikte aufgrund der Fragilität der gemeinsamen Weltdeutung nicht wegdenken. Denn das Wissen über den Anderen, wie auch das Wissen über die Beziehung ist niemals objektiv, sondern erlangt über die Einordnung in innere Erlebnismuster oder Schemata einen subjektiven Bedeutungsgehalt. Die gemeinsam erlebte Wirklichkeit ist mithin immer eine konstruierte Wirklichkeit und in diesem Sinne anfällig für Enttäuschungen (Geißler 2000). Realisieren die Mitglieder einer persönlichen Beziehung den partiellen oder kompletten Verlust ihrer gemeinsamen Wirklichkeit, bilden sich Konfliktsysteme heraus, die auf eine wie auch immer geartete Wiederherstellung einer gemeinsamen Sinndeutung abzielen. Einer fragil gewordenen Weltdeutung wird der Konflikt als neues, wenngleich temporäres Ordnungsschema gegenüber gestellt. Befindet man sich erst einmal in einem Konflikt, weiß man wenigstens, dass man über Sachfragen, Wertefragen, Rollenverteilungen, Auslegungen des Alltags oder die eigene Beziehungsgeschichte nicht einer Meinung ist. Konflikte werden, in Abgrenzung zu anderen Konfliktbegriffen, so nicht als Ursache gesehen, in deren Folge sich eine Konfliktbearbeitung anschließt, sondern zunächst als ein Prozess, der den partiellen oder kompletten Verlust einer gemeinsamen Wirklichkeit kompensiert. Anders ausgedrückt bildet die spezifische Ordnung des Konfliktes zunächst eine gemeinsame Basis, auf deren Grundlage überhaupt Anschlusshandlungen möglich werden und eine neue Weltdeutung ausgehandelt werden kann.

Ein Konflikt stellt demnach eine paradoxe Struktur dar, indem er einerseits Erwartungssicherheit erzeugt, aber gleichzeitig die aus der fragil gewordenen gemeinsamen Weltdeutung resultierende Erwartungsunsicherheit prozessiert. Analytisch muss daher auch bei der Betrachtung von Konflikten in persönlichen Beziehungen zwischen dem Konflikt selbst und den Möglichkeiten seiner Bearbeitung unterschieden werden. Als Phänomen betrachtet, zeichnet sich der Konflikt immer durch die wechselseitig kommunizierte Ablehnung von Sinnofferten aus, wobei sich die Ablehnung nicht auf ein Missverständnis zurückführen lässt (Messmer 2003). Der ebenfalls unter dem Konfliktbegriff subsumierte Prozess der Bearbeitung des Konfliktes, also den auf der Basis des Konfliktsystems realisierten Anschlusshandlungen zur erneuten Aushandlung einer gemeinsamen Weltdeutung und zur Herstellung von Erwartungssicherheit jenseits des Konfliktsystems, verweist dagegen auf die durch den Konflikt ermöglichten und für den Fortbestand der Beziehung notwendigen Wandlungs- und Anpassungsprozesse. Nur indem Erwartungshaltungen aufgebrochen und in Frage gestellt werden, werden auch persönliche Beziehungen flexibel und entwicklungsfähig.[3] Konflikte stehen so in einem dialektischen Verhältnis zwischen Ursa-

---

3 Analog dazu die Doppelfunktion von Anomie und Verbrechen, wie sie von Emile Durkheim (2003) herausgearbeitet wurde.

che und Konsequenz. Sie entstehen einerseits als Konsequenz von Wandlungsprozessen, die eine gemeinsame Weltdeutung in Frage stellen, sind aber auch Ursache von Veränderungsprozessen im Selbstverständnis persönlicher Beziehungen (Schneider 1994).

Konflikte bezeichnen keinen statischen Zustand, sondern ein Verlaufsgeschehen mit einer Eigenlogik und Eigendynamik (Krainz 1998). Dabei stehen persönliche Beziehungen exemplarisch für die Problematik des Widerspruchs zwischen ausnehmender Konfliktgefährdung und Konfliktresistenz. „Einerseits kann gerade wegen der engen inneren Einheit die Toleranz gegenüber inneren Widersprüchen groß genug sein, um ein Auseinanderbrechen [der Gruppe] zu verhindern. Andererseits ist die Bedrohung für eine Gruppe, die auf innerer Einheitlichkeit und Zusammengehörigkeit beruht, gerade durch innere Widersprüche besonders groß" (Schneider 1994: 67). Diese auf Georg Simmel zurückzuführende Argumentation (Simmel 1983) lässt sich auch auf persönliche Beziehungen übertragen. Denn anders als Interaktionen sind persönliche Beziehungen einerseits in einem hohen Maße resistent gegenüber der Ausdifferenzierung von Konfliktsystemen. Das umfangreiche beziehungsspezifische Wissen, die gemeinsam gelebte Geschichte der Beziehung und die wechselseitige Orientierung bei der Wahl von Handlungsoptionen ermöglichen gewöhnlich ein unkompliziertes Beziehungsmanagement. Erklärungen, Entschuldigungen, Bagatellisierungen oder die Korrektur der wechselseitig geteilten Wirklichkeit dienen zudem als kommunikative Regulationsmechanismen zur dauerhaften Aufrechterhaltung und Anpassung einer gemeinsamen Beziehungswirklichkeit[4] (Goffman 1986). Die hohe kommunikative Erreichbarkeit innerhalb persönlicher Beziehungen schneidet andererseits aber auch Rückzugsräume oder Möglichkeiten kommunikativer Neurahmungen als alltägliche Konfliktbearbeitungsformen ab, woraus die besondere Konfliktanfälligkeit persönlicher Beziehungen resultiert. Zudem bieten persönliche Beziehungen durch ihre eigene, mehr oder weniger umfangreiche Beziehungsgeschichte eine Vielzahl anschließbarer Themen, die auch innerhalb des Konfliktsystems die thematische Anschließbarkeit immer neuer Konfliktinteraktionen ermöglichen und mithin die Eskalation von Konflikten vorantreiben (Lenz 2006; Nollmann 1997).

Der Rückgriff auf die Vorstellung ungebrochener Wechselseitigkeit und innerer Einheitlichkeit persönlicher Beziehungen ermöglicht schließlich eine letzte Differenzierung von Konflikten. Indem sich persönliche Beziehungen darin unterscheiden, wie umfassend die gemeinsam geteilte Wirklichkeit sein muss, entwickelt sich aus dem beziehungseigenen Spannungsfeld zwischen Freiräumen der Individualität und der Notwendigkeit zur Anpassung ein beziehungstypisches Verhältnis zwischen Konfliktresistenz und Konfliktanfälligkeit. Anders ausgedrückt können sich beziehungsrelevante Kon-

---

4 Sofern man hier überhaupt von Konflikten sprechen kann, werden diese „Konfliktepisoden" (Messmer 2003: 109 ff.) oder auch Bagatellkonflikte noch vor der vollständigen Ausdifferenzierung eines Konfliktsystems bearbeitet.

flikte erst ausdifferenzieren, wenn wechselseitig divergente Weltdeutungen kommuniziert werden, die *elementare* Bereiche der Beziehung berühren und für den Fortbestand der Beziehung auf eine Anpassung der Weltdeutung angewiesen sind. So eignet sich trotz der relativ voraussetzungslosen Möglichkeit zur Kommunikation eines Widerspruchs nicht jedes Thema, um ein Konfliktsystem auszudifferenzieren und auch die Mittel der Konfliktbearbeitung – sei es durch Gewalt, Überredung, Normbindung, Verhandlung, materielle Anreize oder Einsatz von Macht – unterscheiden sich je nach Ausprägung der persönlichen Beziehung (dazu auch Schneider 1994).

Zusammenfassend sollte deutlich geworden sein, dass persönliche Beziehungen einerseits ein großes Potential im Umgang mit möglichen Konfliktsituationen besitzen, andererseits aber auch sehr anfällig für eskalierende Konflikte sind. Konflikte werden dabei weniger als destruktive Prozesse, sondern vielmehr als Möglichkeit verstanden, eine gemeinsame Beziehungswirklichkeit aufrecht zu erhalten bzw. zu entwickeln. Mit Blick auf die Intervention in derartige Konflikte verweist die grundlegende Bedeutung der gemeinsamen Wirklichkeit für die Entstehung aber auch die Bearbeitung von Konflikten auf die Notwendigkeit eines Interventionsinstrumentes, welches den Konflikt sowohl in der Beziehung, am Ort seiner Entstehung belässt, als auch in der Lage ist, Handlungs- und Gestaltungsräume für die Konfliktbearbeitung zu eröffnen. Mediation stellt hier ein strukturiertes Verhandlungsverfahren zur Verfügung, welches auf eine wechselseitig akzeptierte Transformation der Beziehung abzielt und die enttäuschte Konsensfiktion über die gemeinsame Wirklichkeit zumindest in beziehungsrelevanten Aspekten in Konsensgewissheit wandelt.[5]

3. Mediation als Interventionsinstrument in Konflikten – Funktionalität und Methode

Die Intervention in persönliche Beziehungen durch Mediation unterstützt die Entwicklung und Wiederherstellung einer gemeinsamen Weltdeutung, die durch den Konflikt zumindest partiell enttäuscht wurde. Dieser recht allgemeine Zielfokus von Mediation macht deutlich, dass Mediation nicht primär am Erhalt der aktuellen Beziehung interessiert ist, sondern ausgehend von den Interessen der Beziehungsmitglieder auf eine zukunftsorientierte Neugestaltung der Beziehung zielt, die sowohl den Fortbestand der aktuellen Beziehung, als auch eine Transformation der Beziehungsform oder die Auflösung der Beziehung zum Gegenstand haben kann. Mediation interveniert daher anders als eine normative Entscheidung nicht in den Konflikt selbst, sondern verhandelt basierend auf der Ordnung des Konflikts mögliche Anschlusshandlungen, wobei der besondere Fokus auf den Inte-

---

5 Dies begründet auch den Wert sowohl gescheiterter als auch erfolgreicher Mediationsverfahren, indem schon durch die Verbalisierung von Erwartungshaltungen und Sinndeutungen zukünftig Handlungssicherheit hergestellt werden kann.

ressen und Bedürfnissen der Konfliktbeteiligten liegt. Auch das Bewusstsein über die Differenz, verbunden mit der Akzeptanz der daraus erwachsenden Handlungsentwürfe kann mithin Ergebnis einer gelungenen Mediation sein.[6] Mediation unterscheidet sich so einerseits von einer vergangenheitsorientierten Entscheidung zwischen Recht und Unrecht, wie sie das Rechtssystem leistet, aber auch von einer rein restorativen Intervention in Beziehungskonflikte. Als Instrument einer produktiven Neustrukturierung persönlicher Beziehungen wird Mediation durch den beidseitigen Willen zur Umstrukturierung oder aus der Erkenntnis der Unvereinbarkeit von Lebensentwürfen, Erwartungshaltungen und Weltbildern motiviert.

Mediation kann sich als Verfahren der Konfliktbearbeitung nicht selbst thematisieren. Vergleichbar zum Rechtssystem oder auch zur Therapie stellt Mediation eine Handlungsoption dar, die sich jedoch qualitativ dadurch abhebt, dass sich beide Seiten einvernehmlich einer dritten Perspektive öffnen bzw. Rat und Unterstützung suchen. Ausgehend von dem gescheiterten Versuch, den Konflikt aus der Beziehung heraus zu lösen, setzt Mediation zunächst die gemeinsame Entscheidung voraus, *überhaupt* einen Dritten in die Konfliktbearbeitung zu integrieren, aber auch die Entscheidung für einen *spezifischen* Dritten, den Mediator. Wenngleich die Initiative zur Integration eines Dritten auch einseitig ergriffen werden kann, erfordert die Freiwilligkeit des Verfahrens einen Hintergrundkonsens bzw. einen notwendigen Anteil von Gemeinsamkeit über den konkreten Konflikt hinaus, ohne den eine derartige Intervention nicht denkbar wäre. Mediative Settings sind mithin immer triadisch und das Ausscheiden einer Partei (den Mediator inbegriffen) führt notwendig zum Abbruch der Mediation.

Mit der Entscheidung für Mediation wird eine Umstrukturierung des zunächst dyadischen Konfliktsystems in eine Triade eingeleitet, wobei dem Mediator (dem Dritten) eine besondere Stellung zukommt. Als Fremder ist er nicht inhaltlich in den Konflikt eingebunden, setzt sich jedoch als „Botschafter zur Mitte" für eine interessengerechte Bearbeitung des Konfliktes ein. Wenngleich ihm als Sachverwalter der Interessen beider Konfliktparteien die Hoheit über den Verfahrensablauf obliegt und er im Vorfeld zwischen den Konfliktparteien getroffene Vereinbarungen über die Struktur und die Inhalte des Verfahrens durchsetzt, versteht er sich nicht als Konfliktlöser. Deutlich wird eine wesentliche Abgrenzung des Mediationsverfahrens zu anderen Interventionsformen, indem die Konfliktparteien zwar die Verantwortung für das Verfahren weitgehend delegieren können, nicht aber die inhaltliche Verantwortung für den Konflikt. Der Mediator steuert das Verfahren, indem er zur Klärung von Zielen, Interessen und Bedürfnissen der Medianten beiträgt und diese durch die Entwicklung von Optionen, der Vorbereitung von Lösungsmög-

---

6 Daraus resultieren besonders seitens therapeutisch arbeitenden Fachpersonals oftmals Widerstände, sich dem Verfahren der Mediation zu nähern, indem sie aufgrund ihres Auftragsverständnisses und ihrer inneren Haltung keine „Totengräberarbeit" leisten möchten (Mathys 2005: 147).

lichkeiten und das Schaffen einer akzeptierenden und kooperativen Arbeitsweise unterstützt, ohne eigene Lösungsvorschläge zu unterbreiten (Bastine/ Theilmann 2004). Dies ist in sofern konsequent, da Konflikte in persönlichen Beziehungen, wie oben dargestellt, den zumindest partiellen Verlust einer gemeinsamen Weltdeutung kompensieren, das Mediationsverfahren jedoch nicht dazu dient, eine Weltdeutung für verbindlich zu erklären, sondern den gewöhnlich unreflektiert und unproblematisch ablaufenden Aushandlungsprozess einer gemeinsamen, neuen Weltdeutung unterstützt.

Sich auf Mediation einzulassen, setzt zunächst die Erkenntnis voraus, dass alltägliche Konfliktbearbeitungsroutinen im konkreten Konfliktfall versagt haben, aber auch die Bereitschaft, zumindest temporär auf tradierte Handlungsmuster zu verzichten. Die über routinisiertes Alltagshandeln sowie verfügbares „Rezeptwissen" ermöglichte Verkürzung von Handlungssträngen wird damit aufgebrochen und die Möglichkeit eröffnet, den Konflikt in einem klar strukturierten Rahmen, ausgehend von seiner Entstehung Schritt für Schritt zu bearbeiten.[7] In diesem Sinne kann Mediation in persönlichen Beziehungen als reflektiertes oder besser „professionalisiertes Alltagshandeln" (Zirkler 2005: 14) beschrieben werden, welches über den Phasenverlauf einer Mediation lösungsorientiert gesteuert wird.[8] Das Phasenmodell der Mediation bildet dabei die einzelnen Schritte der alltäglichen Konfliktgenese bis hin zur Konfliktbearbeitung ab[9], unterstützt jedoch jenseits von Alltagsroutinen einen bewussten und reflektierten Prozess der Konfliktbearbeitung. Strukturell gesehen wird der Konflikt durch den Rückgriff auf vertraute Modi der alltäglichen Konfliktkommunikation weitgehend am Ort seiner Entstehung belassen und vor allem keiner sprachlichen Transformation unterzogen.[10] Für die Konfliktparteien bleibt so ein Höchstmaß an Eigenverantwortung für die Konfliktbearbeitung erhalten. Denn trotz des Versagens im konkreten Fall, wird die *prinzipielle Kompetenz* zur Bearbeitung des Konfliktes aber auch die *individuelle Verantwortung* für den Konflikt nicht in Frage gestellt oder delegiert. Mediation ermöglicht so den Spagat, den Konflikt weitgehend basierend auf dem Alltagsverständnis der Konfliktbeteiligten zu bearbeiten und gleichzeitig die mit dem Konflikt aufgebrochenen Wandlungspotentiale produktiv für die Neugestaltung der Beziehung zu nutzen.

---

7 Deutlich wird hier das besondere Konfliktverständnis von Mediation, welches anders als therapeutische Verfahren nicht in der Erschließung individueller oder intersubjektiver Ursachen des Konfliktes Lösungspotentiale sieht, sondern in der kommunikativen Aufarbeitung des Konfliktes.

8 Hier werden Abgrenzungen zu anderen Mediationsfeldern (Wirtschaftsmediation, Gemeinwesenmediation) deutlich, die sich in ihren kommunikativen Settings stärker an Verhandlungsmodelle anlehnen.

9 Dazu zählen vor allem die Thematisierung des Widerspruchs, die Darlegung von Interessen und Bedürfnissen, die Entwicklung von Handlungsoptionen oder auch die Verhandlung von Werten und Normen.

10 Anders zum Beispiel das Rechtssystem, welches den Konflikt zunächst in die Sprache des Rechts transformieren muss, um Anschlusshandlungen zu ermöglichen.

Mediationsprozesse werden gewöhnlich in drei Hauptabschnitte (Eingangs-phase, Verhandlungsphase und Abschlussphase) untergliedert, wobei jeder Abschnitt eine differenzierte Abfolge von Arbeitsphasen umfasst, die der Reihe nach durchlaufen werden. Der Phasenverlauf einer Mediation stellt je-doch kein Dogma dar und wird zuweilen an die Konfliktkonstellation, die zur Verfügung stehende Zeit oder auch die Konfliktbeteiligten angepasst. So werden in Theorie und Praxis verschieden differenzierte Einteilungen und Wichtungen vorgenommen, die zwischen drei und acht Phasen unterschei-den. In Deutschland hat sich seit Anfang der 90er Jahre das Fünf-Phasen-Modell sowohl für die Didaktik der Mediationsausbildung, als auch für die praktische Arbeit als sinnvoll erwiesen und somit auch weitgehend Eingang in die professionelle Praxis gefunden (Diez et al. 2002). Zu anderen Phasen-modellen ergeben sich jedoch nur graduelle Unterschiede, da über die einzel-nen Verfahrensschritte einer Mediation gerade durch den grundlegenden Be-zug auf die alltägliche Konfliktkommunikation weitgehend Einigkeit herrscht. Angemerkt sei an dieser Stelle, dass es sicherlich für Ausbildungs-zwecke, aber vor allem im Sinne der Transparenz des Verfahrens sinnvoll er-scheint, den Ablauf eines Mediationsverfahrens derartig zu strukturieren. Der Erfolg einer Mediation hängt jedoch immer von einer Passung des Verfahrens an die individuelle Konfliktsituation ab, womit auch stark strukturierte Inter-ventionsformen vor der Herausforderung stehen, auf der Verfahrensebene die nötige Flexibilität bereitzustellen, sich zwischen verschiedenen Phasen hin und her zu bewegen oder andere Interventionsformen als weitere Optionen der Konfliktbearbeitung auszutesten und anzubieten.

Anders als ein kontradiktorisches Verfahren, welches den Konflikt mit der Bereitstellung einer oft normativen Entscheidungsanleitung nur partiell aufgreift (und damit eine Transformation des Konfliktes in ein Entschei-dungsproblem zwischen Recht und Unrecht voraussetzt), nimmt Mediation den Konflikt als Ganzes in den Blick. Ziel ist es, ausgehend von der Kon-fliktbeschreibung jeder Seite, die Wahrnehmung des Konfliktes weg von den jeweiligen Positionen zu den dahinter liegenden Interessen zu trans-formieren, diese Interessen entsprechend ihrer Wertigkeit zu verhandeln und abschließend die Ergebnisse in einer Mediationsvereinbarung schrift-lich zu fixieren. Die Intervention geschieht grundsätzlich auf Wunsch der Konfliktparteien, wobei die Umfänglichkeit der Intervention über den Me-diationsauftrag von den Konfliktparteien selbst bestimmt wird.

Jedes Mediationsverfahren beginnt mit einer *Vorbereitungsphase*. Außer im Fall einer gesetzlichen Initiierung[11], tritt gewöhnlich eine der Konfliktpartei-

---

11 Gesetzlich initiierte Mediationsverfahren oder mediationsähnliche Verfahren der au-ßergerichtlichen Konfliktbearbeitung werden im Bereich des Täter-Opfer-Ausgleichs (TOA) praktiziert. Zudem werden mit der bundesrechtlichen Öffnungsklausel des § 15a EGZPO seit 1999 in einigen Bundesländern im Zivilprozess obligatorische Schiedsver-fahren dem eigentlichen Prozess vorgeschaltet. Letztlich regelt § 278 Abs. 2-5 ZPO seit 2002, dass zu Beginn jedes gerichtlichen Verfahrens eine obligatorische Güteverhand-lung durchzuführen ist, wobei § 278 Abs. 5 ZPO dem Gericht auch die Möglichkeit er-

en an den Mediator mit dem Wunsch heran, ein Mediationsverfahren einzuleiten. Der Mediator oder die Partei selbst informiert die andere Partei über das beabsichtigte Verfahren. In dieser Phase werden vor allem die Erwartungen beider Seiten an das Verfahren und die Grundregeln der Mediation geklärt. Deutlich wird bereits hier, dass das Mediationsverfahren nicht als Intervention im klassischen Sinne verstanden werden kann, da es niemals ungefragt, sondern nur auf Initiative mindestens einer Partei zustande kommen kann und zusätzlich auch die Einwilligung der zweiten Partei in das Verfahren voraussetzt. Mediation setzt also bei den Konfliktparteien bereits einen Konsens auf zwei Ebenen voraus: Nämlich darüber, dass überhaupt ein (bearbeitungswürdiger) Konflikt besteht und Mediation (und nicht etwa eine kontradiktorische Auseinandersetzung oder Therapie) das geeignete Verfahren darstellt. Zudem werden in dieser Phase wichtige Verhandlungs- und Verfahrensgrundsätze besprochen. Dies ergibt sich einerseits daraus, dass Mediation nicht über ein normativ gesetztes Verfahren verfügt und andererseits auch aus dem Grundverständnis von Mediation, indem es der Selbstverantwortung der Parteien obliegt zu entscheiden, über was, mit wem und wie verhandelt wird. Die Verfahrensgrundsätze, die Vergütungsansprüche des Mediators sowie die Aufteilung der entstehenden Kosten werden gewöhnlich in einem Mediationsvertrag festgehalten. Anders ausgedrückt wird in der Vorbereitungsphase zunächst ein minimaler Grundkonsens und mithin ein Mindestmaß an Vertrauen wieder hergestellt. Den Konfliktparteien wird eine Investition in die zukünftige Beziehung, ein Vertrauensvorschuss abverlangt, wie er auch in der Aufbauphase einer jeden persönlichen Beziehung getätigt wird, ohne dass von vornherein klar ist, ob sich diese Investition „auszahlt".

Mit der sich anschließenden *Bestandsaufnahme* oder auch *Thematisierungsphase* beginnt die eigentliche Konfliktbearbeitung. In Anlehnung an das Harvard-Modell sachgerechten Verhandelns (Fisher et al. 1998) geht es hier um die Verbindung sachgerechten Verhandelns und psychologischer Problemlösung. Die Bestandsaufnahme zwingt die Parteien, ihren Konflikt zu thematisieren und, vermittelt über den Mediator, einen weiteren Schritt der Wechselseitigkeit zu gehen, indem der Konflikt nicht mehr als ein abstrakter, vermuteter Widerspruch im Raum schwebt, sondern konkret fassbar wird.[12] Dazu werden zunächst die Themen abgesteckt, die in der Mediation besprochen werden sollen und entsprechend ihrer Bedeutung für den Konflikt die Reihenfolge der zu besprechenden Themen ausgehandelt. Der Mediator enthält sich weitgehend einer inhaltlichen Einflussnahme auf die Themen der Mediation und sorgt bestenfalls dafür, dass Regelungen für die zukünftige Bearbeitung

---

öffnet, den Parteien während des laufenden Prozesses eine freiwillige außergerichtliche oder gerichtsinterne Streitschlichtung anzubieten (Ortloff 2002).

12 Ähnlich auch Heinz Messmer (2003) wenn er darauf aufmerksam macht, dass allein die Ablehnung einer Sinnofferte noch kein Konfliktsystem ausdifferenziert, sondern erst im vierten Redezug (Sinnofferte – Ablehnung der Sinnofferte – Bestand auf der Sinnofferte – erneute Ablehnung) von einem vollständigen Konfliktsystem gesprochen werden kann, welches die Möglichkeit eines Missverstehens ausschließt.

von Konflikten getroffen werden. Selbst eine Ausweitung der Verhandlungs-
themen kann, um die allparteiliche Position des Mediators nicht zu gefährden,
nur über die Motivation von Eigeninitiative (Bekannte fragen, Rechtsbeistand
fragen etc.) angestrebt werden.[13] Mediation erreicht so eine Partialisierung
des Konfliktes und wirkt mithin deeskalierend, indem eine Ausweitung des
Konfliktes auf immer neue Themenbereiche verhindert wird (Schneider
1994; Glasl 1997). Die starke Strukturierung dieser Verhandlungsphase
zwingt die Parteien zudem zu einer Entschleunigung des Konfliktes und ermöglicht so ein konstruktives und vor allem kontrolliertes Problemlösen.[14]

Durch den durchgängigen Fokus der Mediation auf die gemeinsam als
wichtig anerkannten Konfliktthemen, hat die Mediationsverhandlung nie
die gesamte Beziehung im Auge, sondern zielt auf eine Reduktion der
Komplexität des Konflikts. Gleichzeitig wird aber der Konflikt in seiner
Gesamtheit angesprochen, indem jede Seite ihre subjektiv für wichtig erachteten Aspekte des Konfliktes sowie ihre subjektiven Interessen bezüglich der Konfliktgegenstände in die Konfliktbearbeitung einbringen und
thematisieren kann. Die Thematisierungsphase reagiert damit auf die Eska-
lationslogik von Konflikten, die sich durch eine zunehmende Unübersicht-
lichkeit der Konfliktthemen (Issues) kennzeichnet. Nicht nur können in der
alltäglichen Konfliktkommunikation immer neue Konfliktthemen eingebracht werden, wofür gerade persönliche Beziehungen ein breites Spektrum
bereithalten, sondern auch die Wahrnehmung der Themen der Gegenseite
wird zunehmend verzerrt und selektiv. Letztlich leben die Parteien hinsichtlich der Konfliktpunkte in völlig verschiedenen Welten, was eine eigenständige Bearbeitung unmöglich macht (Glasl 1997). Werden dagegen gemeinsam als wichtig erachtete Kernthemen vermittelt und bearbeitet, greifen auch die alltäglichen Konfliktbearbeitungsformen wieder, die eine
schnelle und unkomplizierte Lösung auch auf den Nebenschauplätzen des
Konfliktes ermöglichen. Mediation motiviert mithin auch Prozesse des sozialen Lernens, indem eine bestimmte Form der Konfliktkommunikation
durch den Mediator vorgelebt und von den Konfliktparteien zur Bearbeitung zukünftiger Konflikte eingeübt und ausgetestet werden kann.

Die dritte Phase dient der *Interessenfindung*. Dem liegt die Logik zugrunde,
dass Konflikte vielfach auf der Ebene sich widersprechender Positionen
ausgetragen werden und so die eigentlichen Interessen und Bedürfnisse der

---

13 Dies stellt einen weiteren wesentlichen Unterschied zu therapeutischen Zugängen dar,
   die sich deutlich stärker auf die Aufarbeitung oft unbewusster oder unreflektierter
   Gründe, Motive und Emotionen als Ursache für destruktive Verhaltensweisen oder
   Beziehungsdynamiken konzentrieren, während Mediation die Bedeutung und Relevanz der thematisierten Aspekte des Konfliktes zumindest nicht offen hinterfragt.
14 Der Faktor Zeit spielt im Phasenverlauf eine wesentliche Rolle. Während der Bestandsaufnahme und Interessenfindung wird gezielt auf eine Verlangsamung der
   Kommunikationssequenzen hingewirkt, um die Bezugnahme auf entscheidungsver-
   kürzende Handlungsroutinen zu kompensieren. In der kreativen Phase der Optionen-
   findung wird das Verfahren dagegen beschleunigt, um in einer Brainstorming-
   Situation möglichst umfassende und kreative Lösungen zu generieren.

Konfliktparteien verdeckt werden. Wenn der Zugang zur Weltsicht des Anderen nur sprachlich vermittelt werden kann, kommt der Form, *wie* der Konflikt thematisiert wird, eine entscheidende Bedeutung zu. Interessen unterscheiden sich von Positionen oder Forderungen dadurch, dass sie eine Antwort auf die Frage geben: Und warum ist das wichtig? Was einem anderen Menschen wichtig ist, ist ungleich leichter anzuerkennen als daraus abgeleitete Forderungen. Zudem sind unterschiedliche Interessen eine gute Grundlage für Tauschgeschäfte, in denen weniger Wichtiges aufgegeben und gegen Wichtigeres abgetauscht werden kann (Sinner 2005). Die fortgesetzte Kommunikation von Forderungen und Positionen steuert dagegen die Bearbeitung des Konflikts auf eine Drittentscheidung, denn Positionen lassen sich nicht verhandeln, sondern nur mit Bezug auf normative Grundlagen oder Machtressourcen entscheiden, wie es exemplarisch durch das Rechtssystem angeboten wird.[15]

Die Kommunikation von Interessen und Bedürfnissen weitet somit den Verhandlungsspielraum aus und ermöglicht die für Mediation typische Win-Win-Situation, bei der in der Konfliktbearbeitung die Interessen beider Konfliktparteien Platz finden (Brams/Taylor 1999). Die Phase der Interessenfindung dient zudem dazu, gemeinsame Bezugs- und Wertesysteme als Grundlage für eine Entscheidungsfindung zu identifizieren, welche anders als in einem juristischen Verfahren nicht als allgemein verbindlicher Garant für Gerechtigkeit unterstellt werden können. Mediation verweist so nicht auf ein vorab bestehendes Set von Normen, die nur noch zur Anwendung gebracht werden müssen, sondern verhandelt im Vorfeld der Konfliktbearbeitung individuelle Bedeutungen, Werte und Normen, die sich die Konfliktpartner einzeln oder auch gemeinsam zu Eigen gemacht haben. Die Potentiale für die Konfliktbearbeitung liegen vor allem darin begründet, dass in dieser Phase die Möglichkeit eröffnet wird, eine wechselseitig geteilte Vorstellung von Gerechtigkeit zu entwickeln, die als Grundlage für die Bewertung erarbeiteter Handlungsalternativen herangezogen werden kann und gleichzeitig bewusst den Mythos einer objektiven Gerechtigkeit hinterfragt. Indem Mediation auf den in der Geschichte der persönlichen Beziehung enthaltenen Bestand an Werten und Normen Bezug nimmt, bzw. deren Herausbildung als Grundlage einer beidseitig akzeptierten und nachhaltigen Befriedung des Konfliktes motiviert, kann Mediation als „verhandeltes Recht" verstanden werden.[16]

---

15 Beispielsweise ändern sich der Verhandlungsspielraum und die Optionenvielfalt bei der Regelung von Unterhaltsansprüchen für gemeinsame Kinder deutlich, je nachdem ob ein bestimmter Betrag (Position) für den Kindesunterhalt eingefordert wird oder ob das Interesse an der Absicherung des Lebensunterhaltes des gemeinsamen Kindes thematisiert wird.

16 Ivo Schwander (2005) leitet daraus die Bedeutung von Mediation für die Modernisierung des staatlichen Rechtssystems ab, indem Mediation nicht als Alternative zur staatlichen Normsetzung, sondern als realistische Ergänzung gesehen wird, die dem Willen nach Privatautonomie sowie pluralen Wertevorstellungen gleichermaßen Rechnung trägt.

In der *Konfliktlösungsphase* werden ausgehend von den zuvor formulierten Interessen und Bedürfnissen unkommentiert Lösungsvorschläge bzw. Handlungsoptionen zusammen getragen und diese anschließend diskutiert und bewertet. Den Konfliktparteien wird es so möglich, zunächst unverbindlich verschiedene Lösungsmöglichkeiten für den Konflikt zu formulieren und so gemeinsam gangbare Wege zu entwickeln. Der Konflikt bleibt so nicht in einer Erwartungshaltung gegenüber der anderen Seite stecken, sondern entfaltet durch die gemeinsame Suche nach alternativen Lösungen seine produktive Wirkung.

Letztlich werden in der *Ergebnisphase* die getroffenen Vereinbarungen schriftlich niedergelegt und vor der Unterzeichnung, besonders bei Beteiligung eines nicht-anwaltlichen Mediators, einer rechtlichen Prüfung unterzogen. Denn obwohl das Mediationsverfahren sowohl in der Durchführung als auch hinsichtlich der Ergebnisse im Rahmen der Privatautonomie der Konfliktpartner an keine rechtlichen Vorschriften gebunden ist, dürfen die im Verfahren getroffenen Vereinbarungen zwingenden gesetzlichen Vorschriften widersprechen[17] (Berger/Ukowitz 2005). Einen möglichen Abschluss stellt auch ein vollstreckbarer Vergleich dar, der eine rechtliche Absicherung der Mediationsergebnisse ermöglicht.

Zusammenfassend kann Mediation als ein Modell interessenbasierten Verhandelns beschrieben werden, welches verschiedene Facetten zwischenmenschlicher Konflikte berücksichtigt. So wird die Beziehungsseite des Konfliktes thematisiert, indem Erwartungen und Hoffnungen an die Ausgestaltung der zukünftigen Beziehung verbalisiert werden. Dies kann ähnlich therapeutischer Interventionen eine Neugestaltung der persönlichen Beziehung zum Ergebnis haben oder auch deren Auflösung. Mediation bietet aber nicht nur Unterstützung bei Konflikten im klassischen Sinne, die sich wesentlich durch eine spezifische Kommunikationsstruktur der Ablehnung auszeichnen, sondern eignet sich auch als professionelle Unterstützung in Entscheidungssituationen, indem sie eine besondere Problemlösungsstrategie vorhalten kann. Mediation bearbeitet weiterhin die emotionale Seite eines Konfliktes. Emotionen strukturieren das Soziale, zeigen Nähe und Differenz und fungieren als Indikator für die gewünschte oder aktuelle Beziehung. Wenngleich Emotionen im Unterschied zu therapeutischen Verfahren nicht direkt thematisiert werden, bekommen sie, durch die Möglichkeit Interessen und Bedürfnisse zu artikulieren, einen Platz in der Verhandlung. Letztlich agiert Mediation auch auf einer sachlichen und handlungs-

---

17 Dies betrifft beispielsweise formelle Regelungen bei der Übertragung oder Belastung von Grundstücken und Immobilien, die Veränderung von Güterständen oder Gesellschaftsverhältnissen sowie besonders die Schutzrechte von Kindern. Allgemein zielt dieser Formzwang auf den Schutz der Rechte Dritter, wenn diese durch die in der Mediation ausgehandelten Vereinbarungen betroffen sein könnten. Ausführlich zur Stellung der Mediation im Rechtssystem: Iris Berger und Robert Ukowitz (2005).

bezogenen Ebene, indem konkrete und zeitnah umsetzbare Entscheidungen getroffen werden, die die zukünftige Beziehung gestalten.

Reiner Bastine und Lis Ripke (2005: 143) bezeichnen Mediation als einen „Dritten Weg" zwischen juristischem Verfahren und Therapie. Dabei sind die Übergänge durchaus fließend. Die Abgrenzung zum juristischen Verfahren scheint wenig problematisch. Verstanden als „verhandeltes Recht" agiert Mediation in der Nähe des Rechtssystems, indem die Ergebnisse des Mediationsverfahrens an den wahrscheinlichen Entscheidungen eines kontradiktorischen Verfahrens gemessen werden können und in der Regel gerade bei Beteiligung von Rechtsanwälten am Mediationsverfahren auch werden. Mediation vermeidet aber die vordergründige Transformation des Konfliktes in ein Entscheidungsproblem zwischen Recht und Unrecht, ohne die der Konflikt für das Rechtssystem nicht anschlussfähig wäre.

Weniger deutlich erscheint die Abgrenzung zu therapeutischen Interventionsformen. Therapie und Mediation bezeichnen jeweils ergebnisoffene Verfahren und verfügen keinesfalls über eine verbindliche Wegbeschreibung, die ähnlich dem juristischen Verfahren notwendig zu einem Ziel führen muss. Beide Interventionsformen greifen bewusst in die Beziehungsdynamik ein, wobei die Intensität und Umfänglichkeit der Intervention weniger von den intervenierenden Personen, sondern viel mehr aus der Konfliktdyade heraus bestimmt wird. Im Verlauf des Verfahrens können neue oder geänderte Erwartungen an den Dritten herangetragen werden, was zu einer Abänderung der Interventionsform führen kann. Mediation fokussiert jedoch anders als Therapie über den gesamten Prozess ausschließlich auf die zu lösenden Inhalte des Konfliktes, untersucht die Interessen und Bedürfnisse der Konfliktparteien bezüglich der zu bearbeitenden Probleme und leitet daraus Regelungen für das zukünftige Miteinander der Konfliktparteien ab (Bastine/Theilmann 2004). Mediation verfügt über einen konkreten Mediationsauftrag, eine explizite Problemstellung also, die bearbeitet werden soll, während in der Therapie ein eher diffuses, emotionales Problemszenario auf seine Ursachen hin aufgelöst werden soll. So verbinden sich mit Therapie Begriffe wie Zusammenführen, Verbessern, Klären, Neuorientieren, Helfen, Gestalten, Heilen und Vergangenheit. Der Mediation werden dagegen Begriffe wie Trennen, Scheiden, Verhandeln, Verstehen, Fairness, Nachhaltigkeit und Zukunft zugeordnet (Mathys 2005). Beide Interventionsformen weisen somit eine starke Zukunftsorientierung auf, wobei Therapie zur Konfliktbearbeitung stärker von den Ursachen des Konfliktes ausgeht, während Mediation eher einen lösungsorientierten Verhandlungsprozess aktueller Sachprobleme motivieren will.

Trotz dieser Unterschiede plädiert Paul Mathys (2005: 151) dafür, wenn irgend möglich, in der Praxis keine strikte Trennung zwischen Mediation und Therapie zu etablieren, um den Konfliktparteien den Wechsel zwischen beiden Verfahren zu ermöglichen und so mehr Ergebnisoffenheit anzubieten. Gerade die Integration von Mediation und Therapie eröffnet neue konstruktive Wege und Wirkungen, indem die wertvollen Inhalte jeder Diszip-

lin genutzt werden können, um in jeder Phase eine Tür „zu einem nicht geplanten, nicht voraussehbaren, neuen Weg" offen zu halten.

4. Eignung des Mediationsverfahrens

Wie oben dargestellt, kann sich Mediation als Interventionsinstrument nicht
selbst thematisieren, ist aber naturgemäß auch nicht für alle möglichen
Konfliktkonstellationen in persönlichen Beziehungen das geeignete Verfahren der Konfliktbearbeitung. Die Frage nach der Eignung eines Interventionsinstrumentes setzt zunächst immer eine Vorstellung darüber voraus, was
im Ergebnis erreicht werden soll. Das Ziel von Mediation lässt sich allgemein damit beschreiben, dass durch eine interessenbasierte Verhandlung für
beide Seiten Handlungsmöglichkeiten (Anschlusshandlungen) eröffnet werden, die durch den Konflikt blockiert wurden. Mediation zielt als professionalisiertes Alltagshandeln auf die Korrektur oder Entwicklung einer gemeinsamen Weltdeutung, die Anschlusshandlungen jenseits der Logik des
Konfliktsystems[18] ermöglicht. Daraus ergeben sich einige wesentliche Indi-
kationskriterien, die im Folgenden dargestellt werden sollen.

Indem Mediation nicht zwischen Recht und Unrecht unterscheidet, sondern
eine zukunftsorientierte Vermittlung zwischen verschiedenen Interessen anstrebt, muss bei beiden Konfliktparteien entweder der Wille oder die Notwendigkeit vorhanden sein, auch zukünftig miteinander zu interagieren.
Mediation ist mithin nur in auf Dauer angelegten Beziehungen sinnvoll,
was im Bereich persönlicher Beziehungen gewöhnlich der Fall ist. So bilden einerseits zukünftig erwartbare Interaktionen und der daraus resultierende Zwang zu Anschlusshandlungen die motivationale Basis, auf der der
Konflikt bearbeitet werden kann, während andererseits die mit der Mediation angestrebte, zukunftsorientierte Neustrukturierung der persönlichen Beziehung gerade die Fortdauerfiktion bewusst in Frage stellt. Zukünftige Interaktionen können durch räumliche Trennung oder durch strukturelle Veränderungen etwa in Organisationen unterbunden werden, was dann zur
Auflösung der persönlichen Beziehung führt. In der Mehrzahl der Fälle
bleiben die persönlichen Beziehungen jedoch aufgrund ihrer räumlichen
oder organisatorischen Einbindung bestehen bzw. wären die Kosten einer
Auflösung der Beziehung gemessen am Konfliktgegenstand zu hoch. Wird
dagegen der Fortbestand der Beziehung als solches thematisiert, stellt Mediation nur ein nachrangiges Interventionsinstrument dar, welches Sachfragen mit Bezug auf die Ausgestaltung der Beziehungsauflösung mediieren
kann, nicht jedoch den Fortbestand der Beziehung selbst.[19]

---

18 Unter Bezug auf Niklas Luhmann soll unter der „Logik des Konfliktsystems" die
   Negativversion doppelter Kontingenz, also die wechselseitige Erwartung der Ablehnung einer Sinnofferte, verstanden werden (1984: 531; Messmer 2003).
19 Dies wird besonders im Bereich der Trennungs- und Scheidungsmediation deutlich.
   Zwar kann die Zweierbeziehung aufgelöst werden, nicht aber die Eltern-Kind-

Zudem stellt das Mediationsverfahren aufgrund der hohen Eigenverantwortlichkeit der Konfliktpartner für die Konfliktbearbeitung Anforderungen
an die *Verhandlungsbereitschaft* und *Verhandlungsfähigkeit*. Mediation basiert dabei auf der wesentlichen Grundannahme, dass Menschen auch in
Konfliktsituationen prinzipiell in der Lage sind, ihre Interessen zu erkennen, diese zu kommunizieren, selbstverantwortlich zu handeln und ihre
Probleme rational zu lösen. Zur Unterstützung dieser Potentiale bedürfen
sie jedoch geeigneter Formen der Hilfe und Beratung. Als einzig „hartes"
Indikationskriterium wird daher vorausgesetzt, dass Menschen, die eine
Mediation aufsuchen, grundsätzlich daran interessiert sind, ihren Konflikt
gemeinsam mit der anderen Person zu bearbeiten, wobei die Motivation dazu durchaus widersprüchlich, gering oder auch schwankend sein mag (Bas-
tine/Theilmann 2004). Neben dem Kriterium der Verhandlungsbereitschaft
führen Rainer Bastine et al. (1995, auch Haynes et al. 2002) noch zwei weitere „weiche" Kriterien ein, die sich auf die Verhandlungsfähigkeit beziehen. Demnach ist es erforderlich, dass die Medianten ihre eigenen Interessen und Bedürfnisse überhaupt vertreten können (firmness) und dass beide
Seiten bereit sind, durch ein gemeinsames Vorgehen zu einer kooperativen
Lösung zu gelangen (fairness).

Das Kriterium der Fairness unterstellt dabei die Notwendigkeit eines strukturellen Machtgleichgewichtes, welches zwischen den Konfliktpartnern bestehen sollte oder aber zumindest innerhalb des Mediationssettings hergestellt
werden muss. Weniger problematisch sind in diesem Zusammenhang Ungleichheiten, die sich auf der sprachlichen Ebene, auf intellektueller Ebene
oder auch durch hierarchische Rollenbeziehungen manifestieren, da diese
durch den Mediator ausgeglichen werden können. Durchaus kontrovers diskutiert wird dagegen, inwiefern Mediation in persönlichen Beziehungen beim
Vorliegen von Sucht, (familialer) Gewalt, sexuellem Missbrauch oder psychischen Störungen kontraindiziert ist (Haynes et al. 2002). Ohne diese Problematik näher erörtern zu können, wird in diesem Zusammenhang häufig darauf verwiesen, dass in anderen Mediationsbereichen (gewalttätige Konflikte
in Schulen, zwischen Jugendgruppen, beim Täter-Opfer-Ausgleich oder der
Mediation ethnischer Konflikte) gerade durch Mediation erfolgreich zu einer
Konfliktbearbeitung beigetragen wurde. Um jedoch in derartigen Fällen eine
konstruktive und faire Verhandlung zu gewährleisten, muss geprüft werden,
ob und vor allem wie das Verfahren an die speziellen Bedingungen des Konfliktes angepasst werden kann und ob der Mediator über die erforderlichen
Fähigkeiten verfügt, mit psychischen Erkrankungen, Gewalterfahrungen oder
Abhängigkeiten umzugehen (Diez/Krabbe 1995; Bastine et al. 1995).

Beziehung, was in der Regel auch eine zukünftige Interaktion der Eltern einschließt.
Mit Blick auf die Auflösung der Zweierbeziehung kann Mediation zwar konkrete
Konflikte um die Ausgestaltung von Umgangsrechten gegenüber den Kindern, der
Gütertrennung, von Unterhaltsansprüchen etc. bearbeiten, nicht aber die Ambivalenz
um die weitere Fortführung der Beziehung mediieren. Hier ist es in der Praxis sinn-
voll, zunächst eine Paartherapie durchzuführen.

Das Kriterium der Fairness unterstellt, dass die Medianten grundsätzlich bereit sind, alle Informationen offen zu legen, miteinander zu kooperieren und berechtigte Interessen des Konfliktpartners anzuerkennen. Eine Mediation ist nicht durchführbar, wenn einer der Partner versucht, seine Interessen einseitig auf Kosten des anderen durchzusetzen (Haynes et al. 2002). Fairness verbindet sich aber auch damit, dass der Konflikt nicht mehr von festen Positionen, sondern eher von Interessen her gedacht wird, was zunächst ein Zugeständnis beider Seiten hinsichtlich der prinzipiellen Ergebnisoffenheit einer mediativ strukturierten Verhandlung erfordert. Im Verhandlungsablauf wird dieser Transformation der Konfliktkommunikation dadurch Rechnung getragen, dass jegliche Zugeständnisse erst mit der abschließenden Mediationsvereinbarung Verbindlichkeit erlangen. Die Bereitschaft, sich auf eine Verhandlung einzulassen, spiegelt sich im Gebot der Freiwilligkeit des Mediationsverfahrens wieder. Wird ein Verfahren von einer Seite als unfair empfunden, führt dies zu einem Abbruch des Mediationsverfahrens. Gleichwohl zeigen vor allem Studien aus dem angloamerikanischen Raum, dass selbst gerichtlich verfügte Mediationen nicht weniger erfolgreich sind, wenn es Mediation schafft, ein Interesse an einer zielgerichteten und konstruktiven Lösung zu induzieren (Bastine/Theilmann 2004). Der Lösungs- und Einigungswille der Konfliktparteien unterliegt in Abhängigkeit von der Ambivalenz der Beteiligten sowie des Fortschritts der gemeinsamen Verhandlungen starken Schwankungen. Dies muss besonders mit Bezug auf die Freiwilligkeit des Verfahrens, die es jeder Seite gestattet, jeder Zeit aus dem Verfahren auszusteigen, durch den Mediator kompensiert werden, indem ebenso offen über Alternativen zum Mediationsverfahren sowie daraus erwachsende mögliche Vor- und Nachteile nachgedacht wird.

Durch die Einbettung des Konfliktes in ein soziales Umfeld, die psychische Verfasstheit der Konfliktbeteiligten, die Konfliktgeschichte sowie explizite oder implizite Erwartungen hinsichtlich der Ergebnisse der Konfliktbearbeitung bei den Konfliktparteien, entstehen spezifische Anforderungen an die Verfahrensgestaltung und den Mediator, denen im Rahmen eines adaptiven Mediationsansatzes Rechnung getragen werden muss.

Mediation bedeutet bei den Parteien in der Bearbeitung des Konfliktes immer ein Umdenken von einer Anspruchsorientierung hin zu einer Interessenorientierung. Dies ist umso schwerer, wenn der Konflikt durch Bearbeitung mit Rechtsanwälten oder einer Klageerhebung schon verrechtlicht wurde. Bei einer klaren Rechtslage ist gerade in Deutschland der Gang zum Gericht, nicht zuletzt auch durch die Absicherung über Rechtsschutzversicherungen, derartig normalisiert, dass die Entscheidung für Mediation eher eine Frage der prinzipiellen Einstellung zu Konflikten darstellt. So weist auch Stephan Breidenbach (1995) darauf hin, dass für die Wahl der Gerichte als Forum für die Auseinandersetzung weniger Kosten-Nutzen-Aspekte relevant sind, sondern die Wahl auch Ausdruck einer kulturellen Prägung bzw. eines kulturellen Kontextes ist. Andererseits belegt etwa der groß angelegte Modellversuch zur gerichtsnahen Mediation in Niedersachsen, dass auch nach Klageerhebung erfolgreiche Mediationsverfahren durchführbar sind (dazu Spindler 2006). Unbestritten ist dagegen, dass bereits verrechtlichte Konflikte für alle Beteiligten eine große Herausforderung darstellen. Denn Mediation agiert durch den bereits gesetzten Bezug zum Rechtssystem deutlich stärker im „Schatten des Rechts", indem das Recht eine nicht zwingend offen thematisierte Ergebnismarke bereit hält, die durch das Mediationsergebnis nicht unterschritten werden darf.[20] Unabhängig davon, wie realistisch diese Einschätzungen und Erwartungen sein mögen, bildet sich aus der Überschneidung dieser potentiellen Ergebnismarken ein mehr oder weniger großer Verhandlungsspielraum, der zur Bearbeitung des Konfliktes überhaupt genutzt werden kann. Um derartige Mediationsverhandlungen erfolgreich zu gestalten, müssen zusätzliche Gesichtspunkte (nicht beachtete Aspekte des gerichtlichen Weges, emotionale oder finanzielle Kosten, Auswirkungen auf Dritte) sichtbar gemacht werden, die den Verhandlungsspielraum verändern oder auch erweitern (Haynes et al. 2002).

Zusammenfassend kann Mediation in viele Konfliktfelder, die sich innerhalb persönlicher Beziehungen eröffnen können, gewinnbringend intervenieren, sofern sie durch die Konfliktparteien als Handlungsoption gewählt wird. Die besonderen Potentiale von Mediation liegen nicht zuletzt darin begründet, dass gerade für Konflikte in persönlichen Beziehungen ein frühzeitiges Interventionsangebot bereit gestellt wird, wenn der Konflikt in der Selbstwahrnehmung der Beteiligten noch eher ein Problem oder eine Krise darstellt, zu dessen Bearbeitung man auf professionelle Unterstützung zurückgreifen möchte. Differenziert nach einzelnen Mediationsfeldern umfasst der weite Begriff der Familienmediation zusätzlich zur Paarbeziehung auch Konflikte in der Eltern-Kind-Beziehung, wie sie sich aus der Neustrukturierung der elterlichen Paarbeziehung (Umgangsrecht), der schrittweisen Verselbständigung oder auch aus der Transformation der Eltern-Kind-Beziehung im weiteren Lebensverlauf (Unternehmensnachfolge, Unterstützung im Alter) ergeben können. Mediation ist somit nicht nur auf dyadische Konfliktkonstellationen festgelegt, sondern ist durchaus in der Lage, mehrere Konfliktparteien zu integrieren. Ein weiteres Einsatzfeld stellen Nachbarschaftskonflikte dar, die sich gewöhnlich durch einen rechtlich nur schwer fassbaren Streitgegenstand, aber ein vergleichsweise hohes Eskalationsniveau auszeichnen. Nicht zuletzt findet Mediation auch bei Konflikten am Arbeitsplatz Anwendung, wobei im Kontext persönlicher Beziehungen besonders Mobbingerfahrungen den Ausgangskonflikt bilden.

---

20 Die Verhandlungstheorie bezeichnet diese Marke als Best-Alternative-to-Negotiated-Agreement (BATNA), wobei eine vermeintlich bessere Alternative zu einer ausgehandelten Vereinbarung die Verhandlungsbereitschaft prägt (dazu Fisher et al. 1998).

5. Organisation, Praxisrelevanz und Zugang zu Mediation

Das Mediationsangebot in Deutschland ist inzwischen breit gefächert und wird in einer Vielzahl von Einrichtungen angeboten. Dazu zählen private Mediationspraxen, Anwaltskanzleien, Beratungsstellen der Wohlfahrtsverbände, Jugendämter oder spezielle Mediationsinstitute. Dabei unterscheiden sich die Angebote zum Teil deutlich hinsichtlich der Qualifikation der Mediatoren, der konkreten Vorgehensweise während der Mediation sowie der anfallenden Kosten. Einige Dachverbände der Mediation bieten im Internet einen Mediatoren-Suchservice an und vermitteln entsprechende Mediationsanfragen an regionale Mediatoren weiter.[21] Da der Mediator in Deutschland derzeit keine geschützte Berufsbezeichnung ist, haben verschiedene Berufsverbände für ihre jeweiligen Mediationsfelder eigene Ausbildungsstandards und Regelungen für die berufliche Praxis erarbeitet. Dies soll zum einen im Sinne des „Konsumentenschutzes" die Auswahl eines qualifizierten Mediators erleichtern, aber auch die Erfüllung der qualitativen Ansprüche an die berufliche Praxis eines professionellen Mediators sicherstellen.[22]

Das Angebotsspektrum von Mediation lässt sich grob in anwaltliche und nicht-anwaltliche Mediatoren unterteilen. Anwaltsmediatoren bieten Mediation in der Regel als zusätzliche Leistung im Vorfeld einer möglichen juristischen Auseinandersetzung an oder um nach einem gerichtlichen Verfahren noch offene Punkte zu klären. Selbst wenn Anwaltsmediatoren Mediation als eigenständiges Leistungssegment für rechtlich nicht oder nur schwer lösbare Konflikte anbieten, stehen sie von Beginn an in einem nur schwer zu lösenden Rollenkonflikt. Wendet sich eine Konfliktpartei mit dem Wunsch einer juristischen Vertretung an den Anwalt, hat die eine Konfliktpartei den Konflikt bereits in einen Rechtskonflikt transformiert und erwartet vom Anwalt eine Bewertung der rechtlichen Position. Aus dieser Erwartungshaltung heraus ist eine Einwilligung in Mediation nur schwer denkbar. Die Vorteile anwaltlicher Mediatoren liegen, wie Reiner Bastine und Lis Ripke (2005) bemerken, jedoch darin, dass gerade die Kenntnis des Rechts zu mehr Autonomie innerhalb des Mediationsverfahrens verhilft. Nichtanwaltliche Mediatoren speisen sich aus einem breiten Berufsfeld, welches jedoch von den psycho-sozialen Berufsgruppen dominiert wird. Ein letztes Feld im Angebotsspektrum stellt die so genannte gerichtsnahe oder gerichtsinterne Mediation dar, die besonders durch den groß angeleg-

---

21 Derartige Angebote hält die „Centrale für Mediation" sowie die „Bundes-Arbeitsgemeinschaft Familien-Mediation" (BAFM) vor.

22 Nachdem Österreich mit dem Zivilrechts-Mediations-Gesetz (ZivMediatG) 2003 umfassende gesetzliche Regelungen zur Qualitätssicherung von Mediation in Kraft setzte (dazu Oberhammer/Domej 2003), bemüht sich in Deutschland das Bundesland Niedersachsen mit dem im April 2007 veröffentlichten Entwurf eines Mediations- und Gütestellengesetzes um eine landesrechtliche Regelung der Mediationslandschaft (Mediations- und Gütestellengesetz 2007).

ten, niedersächsischen Modellversuch bekannt geworden ist.[23] Hier werden bereits bei Gericht anhängige Fälle an besonders ausgebildete Richter oder externe Mediationsanbieter zur weiteren Bearbeitung verwiesen. In dieser Zeit ruht das juristische Verfahren und wird erst bei einem Scheitern der Mediation wieder aufgenommen.

Die Praxisrelevanz von Mediation steht in enger Verbindung mit der Frage nach dem Zugang zu Mediation. Mediation ist ein freiwilliges Verfahren und es obliegt zunächst der Initiative zumindest einer der Konfliktparteien, den Dritten in den Konflikt zu involvieren. Für den Beginn des Mediationsverfahrens ist die Zustimmung beider Konfliktpartner erforderlich. Eine gesetzlich verordnete, vorgerichtliche Einigung, wie sie im deutschen Recht mit der obligatorischen Güteverhandlung vorgesehen ist, besitzt in der Praxis nur geringe Erfolgsaussichten. Zudem entfalten sich hier psychologische Prozesse, die trotz einer Einigung im außergerichtlichen Verfahren von einer juristischen Auseinandersetzung zusätzliche „Gewinne" erwarten lassen. Dies konnte letztlich auch mit dem Modellversuch „Außergerichtliche Beilegung von Rechtsstreitigkeiten (a.be.r)" zum bayrischen Schlichtungsgesetz (BaySchG) bestätigt werden (Greger 2006). Eine freiwillige Anrufung geschieht meist nur in Bagatelldelikten und bei einer im Schlichtungsgesetz vorgesehenen obligatorischen Verweisung besteht oft kein Einigungswille, da die außergerichtliche Streitbearbeitung eher als Durchlaufstation und weitere Schwelle zum „richtigen Verfahren" verstanden wird. Wie die vorhandene Forschungsliteratur belegt, ist dieser Zustand wesentlich auf die mangelnde Akzeptanz und Kenntnis außergerichtlicher Verfahren sowohl bei den Streitparteien als auch bei der Anwaltschaft und den Richtern zurückzuführen (Birner 2003).[24]

Um den Zugang zu außergerichtlicher Konfliktbearbeitung und insbesondere zu Mediation zu erleichtern, hat sich in den USA der Begriff „multidoorcourthouse" etabliert.[25] Ausgehend von der Erkenntnis, dass die Mehrzahl von Konflikten zunächst bei einem Rechtsberater anlandet und von dort, sofern es sich um eine verrechtlichungsfähige Materie handelt, folgerichtig zum Gericht weitergeleitet wird, werden Gerichte und soziale Einrichtungen als „Türweiser" dem institutionalisierten Prozess der Konfliktbearbeitung vorgeschaltet. Konflikte können so, ausgehend von einer zentralen Anlaufstelle, an die geeigneten und den Interessen der Konfliktparteien am besten entsprechenden Institutionen zur Bearbeitung weiter geleitet werden. In Deutschland setzte das seit 1. Juli 2004 gültige Rechtsanwaltsvergütungsgesetz (RVG) ähnliche Akzente, indem eine höhere Vergütung anwaltlicher Bemühungen um eine außergerichtliche Streiterledigung geregelt

---

23 Zur Auswertung und Evaluation des Modellversuchs: Gerald Spindler (2006) sowie Kati Zenk et al. (2006).

24 Reiner Bastine (2003: 125) schlägt daher vor, über Mediationsagenturen bzw. lokale Clearingstellen das Informationsdefizit aufzufangen.

25 Ausführlich dazu: Stephen B. Goldberg et al. (2003); Marietta Birner (2003); für die „Schnittstellen-Diskussion" in Deutschland: Stephan Breidenbach (1995).

ist. Dies trägt der Tatsache Rechnung, dass Rechtsanwälten durch das Monopol der Rechtsberatung bei der Wahl einer Konfliktbearbeitungsstrategie sowohl außer-, vor- und innergerichtlich eine dominante Position besitzen. Durch ihre relativ frühe Einschaltung in den Konflikt haben Rechtsanwälte wahrscheinlich höhere Potentiale, die Form der Konfliktbearbeitung zu beeinflussen, als der später angerufene Richter. Hinsichtlich der prinzipiellen Passung von Konfliktkonstellationen auf Formen der Konfliktbearbeitung bestehen jedoch große Forschungsdefizite, was auch eine Aussage über die Falleignung für ein Mediationsverfahren erschwert.

Einen weiteren Schritt zu einem verbesserten Zugang zu außergerichtlicher Konfliktbearbeitung in Deutschland stellt die Novellierung des § 278 ZPO dar, womit die rechtlichen Grundlagen zur Integration alternativer Streitbearbeitungsformen in bereits bei Gericht anhängige Verfahren geschaffen wurden.[26] Die Neufassung fordert das Gericht nicht nur auf, eine gütliche Beilegung des Verfahrens anzustreben, sondern räumt auch im laufenden Verfahren ausdrücklich die Möglichkeit einer außergerichtlichen Streitschlichtung ein, wenn diese Form der Konfliktbearbeitung besser geeignet scheint, dauerhaft den Streit der Parteien beizulegen. Laut Begründung des Regierungsentwurfs ist dabei insbesondere Mediation gemeint (Gesetzentwurf der Bundesregierung 2000). Der Richter hat somit die Möglichkeit, die Parteien auch nach erfolgter Klageerhebung auf eine andere Art der Konfliktbearbeitung hinzuweisen. Der Gesetzgeber verfolgt damit das Ziel, außergerichtliche Konfliktbearbeitung zu institutionalisieren, um die Qualität und Effizienz der Justiz zu erhöhen. Gleichzeitig geht dieser Ansatz weit über das obligatorische Güteverfahren hinaus, indem den Streitparteien die Möglichkeit eröffnet wird, aus einer Vielzahl von außergerichtlichen Formen der Konfliktbearbeitung das jeweils passende Verfahren zu wählen.

Trotz aller Bemühungen zur Institutionalisierung, bleibt Mediation besonders mit Blick auf die Privatautonomie der Konfliktbeteiligten wesentlich ein Angebotsverfahren, zu dem es keinen institutionalisierten Zugang gibt. Selbst mit der Kopplung an das Justizsystem, sei es als Zugangsvoraussetzung oder als Ausstiegsoption, obliegt es der gemeinsamen Entscheidung beider Konfliktparteien, sich einem Mediationsverfahren zu öffnen oder eine andere Form der Konfliktbearbeitung zu wählen.

---

26 Neufassung mit Wirkung vom 01.01.2002 durch Art. 2 Abs. I Nr. 41 ZPO-RG

Literatur

Bastine, Reiner (2003): Was leistet die Familienmediation in der Praxis? Empirische Evaluation in der Familienmediation. In: Familienmediation, Evangelische Akademie Bad Boll, Protokoll 6/03: 116-127

Bastine, Reiner/Link, Gabriele/Lörch, Bernd (1995): Bedeutung, Evaluation, Indikation und Rahmenbedingungen von Scheidungsmediation. In: Duss-von Werdt, Joseph/Mähler, Gisela/Mähler, Hans-Georg (Hg.): Mediation: Die andere Scheidung. Stuttgart: 186-204

Bastine, Reiner/Ripke, Lis (2005): Mediation im System Familie. In: Falk, Gerhard/Heintel, Peter/Krainz, Ewald (Hg.): Handbuch Mediation und Konfliktmanagement. Wiesbaden: 131-146

Bastine, Reiner/Theilmann, Claudia (2004): Mediation mit Familien. In: Nestmann, Frank/Engel, Frank/Sickendiek, Ursel (Hg.): Das Handbuch der Beratung. Band 2, Ansätze, Methoden und Felder. Tübingen: 1029-1040

Berger, Iris/Ukowitz, Robert (2005): Die Stellung der Mediation im Rechtssystem. In: Falk, Gerhard/Heintel, Peter/Krainz, Ewald (Hg.): Handbuch Mediation und Konfliktmanagement. Wiesbaden: 105-112

Berger, Peter L./Luckmann, Thomas (1969): Die gesellschaftliche Konstruktion der Wirklichkeit. Frankfurt a.M.: Fischer

Birner, Marietta (2003): Institutionalisierung von außergerichtlichen Verfahren. Das Multi-Door Courthouse-Modell. In: Zeitschrift für Konfliktmanagement 6: 149-152

Brams, Steven J./Taylor, Aland D. (1999): The win-win solution. Guaranteeing fair shares to everybody. New York: W.W. Noton & Company

Breidenbach, Stephan (1995): Mediation· Struktur, Chancen und Risiken von Vermittlung im Konflikt. Köln: Otto Schmidt

Dahrendorf, Ralf (1962): Gesellschaft und Freiheit. Zur soziologischen Analyse der Gegenwart. München: Piper

Diez, Hannelore/Krabbe, Heiner/Thomsen, C. Sabine. (2002): Familien-Mediation und Kinder. Grundlagen – Methoden – Techniken. Köln: Bundesanzeiger

Diez, Hannelore/Krabbe, Heiner (1995): Indikation und Grenzfälle der Scheidungsmediation. In: Bundeskonferenz der Erziehungsberatung e.V. (Hg.): Scheidungsmediation: Möglichkeiten und Grenzen. Münster: 118-123

Durkheim, Emile (2003): Der Selbstmord, 9. Aufl. Frankfurt a.M.: Suhrkamp

Duss-von Werdt, Joseph (2005): homo mediator. Geschichte und Menschenbild der Mediation. Stuttgart: Klett-Cotta

Fisher, Roger/Ury, Williams/Patton, Bruce (1998): Das Harvard-Konzept: Sachgerecht verhandeln – erfolgreich verhandeln, 17. Aufl. Frankfurt a.M.: Campus

Geißler, Peter (2000): Mögliche Schnittstellen zwischen Mediation und Psychotherapie. In: Geißler, Peter (Hg.): Mediation – die neue Streitkultur. Gießen: 51-63

Gesetzentwurf der Bundesregierung (2000): Entwurf eines Gesetzes zur Reform des Zivilprozesses. Deutscher Bundestag, Drucksache 14/4722

Glasl, Friedrich (1997): Konfliktmanagement. Ein Handbuch für Führungskräfte, Beraterinnen und Berater. Bern: Haupt

Goffman, Erving (1986): Interaktionsrituale. Über Verhalten in direkter Kommunikation. Frankfurt a.M.: Suhrkamp

Goldberg, Stephen B./Sander, Frank E. A./Roger, Nancy H. (2003): Dispute resolution. Negotiation, mediation, and other processes. New York: Aspen

Greger, Reinhard (2006): Erste Erfahrungen mit dem bayrischen Güterichterprojekt. In: Zeitschrift für Konfliktmanagement 9: 68-70

Haft, Fritjof/Schliefen, Katharina von (Hg.) (2002): Handbuch Mediation. Verhandlungstechnik, Strategien, Einsatzgebiete. München: C.H. Beck

Haynes, John M. et al. (2002): Scheidung ohne Verlierer. Familienmediation in der Praxis. München: Kösel

Krainz, Ewald (1998): Kann man soziale Kompetenz lernen? In: Falk, Gerhard/ Heintel, Peter/Pelikan, Christa (Hg.): Die Welt der Mediation. Klagenfurt: 35-56

Lenz, Karl (2006): Soziologie der Zweierbeziehung. Eine Einführung, 3. Aufl. Wiesbaden: Verlag für Sozialwissenschaften

Luhmann, Niklas (1984): Soziale Systeme. Grundriss einer allgemeinen Theorie. Frankfurt a.M.: Suhrkamp

Mathys, Paul (2005): Psychotherapeut und Mediator. In: Sinner, Alex/Zirkler, Michael (Hg.): Hinter den Kulissen der Mediation. Kontexte, Perspektiven und Praxis der Konfliktbearbeitung. Bern: 142-153

Messmer, Heinz (2003): Der soziale Konflikt. Kommunikative Emergenz und systemische Reproduktion. Stuttgart: Lucius & Lucius

Mediations- und Gütestellengesetz (2007): Gesetzentwurf über die Einführung eines Mediations- und Gütestellengesetzes sowie zur Änderung anderer Gesetze. Niedersächsischer Landtag, Drucksache 15/3708

Nollmann, Gerd (1997): Konflikte in Interaktion, Gruppe und Organisation. Zur Konfliktsoziologie der modernen Gesellschaft. Opladen: Westdeutscher Verlag

Oberhammer, Paul/Domej, Tanja (2003): Ein rechtlicher Rahmen für die Mediation in Österreich. Zum neuen Zivilrechts-Mediations-Gesetz. In: Zeitschrift für Konfliktmanagement 6: 144-148

Ortloff, Karsten-Michael (2002): Der Richter als Mediator. In: Zeitschrift für Konfliktmanagement 5: 199-201

Schneider, Werner (1994): Streitende Liebe. Zur Soziologie familialer Konflikte. Opladen: Leske + Budrich

Schwander, Ivo (2005): Mediation und Rechtssystem. In: Sinner, Alex von/Zirkler, Michael (Hg.): Hinter den Kulissen der Mediation. Kontexte, Perspektiven und Praxis der Konfliktbearbeitung. Bern: 63-75

Simmel, Georg (1983, orig. 1908): Soziologie. Untersuchungen über die Formen der Vergesellschaftung. Kapitel IV: Der Streit. Berlin: Duncker

Sinner, Alex von (2005): Was ist Mediation? Versuch einer Annäherung. In: Sinner, Alex von/Zirkler, Michael (Hg.): Hinter den Kulissen der Mediation. Kontexte, Perspektiven und Praxis der Konfliktbearbeitung. Bern: 18-48

Spindler, Gerald (2006): Gerichtsnahe Mediation in Niedersachsen. Eine juristisch-rechtsökonomische Analyse. Göttingen: Universitätsverlag Göttingen

Zenk, Kati/Strobl, Rainer/Böttger, Andreas (2006): Sozialwissenschaftliche Aspekte der gerichtsnahen Mediation. In: Zeitschrift für Konfliktmanagement 7: 43-48

Zirkler, Michael (2005): Konflikte, Mediation und mediatives Handeln. Einige einführende Bemerkungen. In: Sinner, Alex von/Zirkler, Michael (Hg.): Hinter den Kulissen der Mediation. Kontexte, Perspektiven und Praxis der Konfliktbearbeitung. Bern: 11-17

Achim Haid-Loh, Martin Merbach und
Ingeborg Volger

Familienberatung und Familientherapie

Yve (4 Jahre):	„Mama ist die Beste – Papa der größte …"
Sven (8 Jahre):	„Das ist ja wie im Knast hier …!"
Mutter (35 Jahre):	„Ich muss dringend in Kur – ich will hier weg!"
Vater (42 Jahre):	„Ich halt' hier seit 100 Jahren die Stellung – nu' kann ich nicht mehr …"

Abb 1: Genogramm der Familie K.

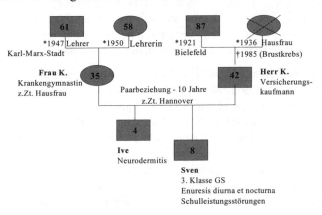

Wie in dieser Familie wird Beratung angefragt, wenn Vater oder Mutter mit ihrem eigenen Latein am Ende sind. Dabei zeigt die Erfahrung, dass die Probleme und Sichtweisen der Kinder meist auch Ausdruck der mehr oder weniger verborgenen Probleme ihrer Eltern sind. Umgekehrt gilt, dass Kinder häufig in dem Maße in der Lage sind, Schwierigkeiten in ihrer Entwicklung zu überwinden, in dem die Eltern ihre eigenen Schwierigkeiten besser verstehen und handhaben lernen. Eine integrative Familienberatung setzt also nicht nur Offenheit für alle Altersgruppen im familiären Lebenszyklus voraus, sondern auch eine mehrgenerationale Perspektive.

Dabei geht es durchgängig um das gleichzeitige Bezogen- und Unterschiedensein zwischen den Generationen: Dass Eltern sich z. B. verabschieden müssen von eigenen Träumen, die ihre Kinder stellvertretend realisieren sollen, damit die Kinder ihre eigenen Träume, vor allem aber ihre Neigungen und Potenziale herausfinden und realisieren können. Oder dass Kinder lernen müssen, sich von ihren Allmachtsphantasien und Willkürakten zu verabschieden, dadurch, dass ihnen verständnisvoll, aber deutlich Grenzen gesetzt werden.

1. Historischer Abriss

Familienberatung hat sich vom Ende des 19. Jahrhunderts an, vor allem in den 20er Jahren des 20. Jahrhunderts auch in Deutschland als eigenständige professionelle Methode entwickelt. Nach der Unterbrechung durch die Hitlerdiktatur bestand nach Ende des 2. Weltkrieges ein enormer Bedarf an Beratung für Familienprobleme von Erwachsenen, speziell von allein erziehenden Müttern mit Kindern. Dies wurde von den freien Trägern in Deutschland, vorab von den Kirchen, durch die Gründung von Ehe-, Familien- und Lebensberatungsstellen aufgegriffen (EKD 1981). Dabei war es zunächst überwiegend die Beratung einer Person, häufig der Frau, die im Zentrum stand.

Die Einführung eines Angebots, in dem neben einer Einzelperson (Patient, Symptomträger oder Problembringer) auch seine Bezugspersonen wie Eltern, Partner oder gar Großeltern in den beraterisch-therapeutischen Prozess mit einbezogen wurden, gehörte in den 70er Jahren des letzten Jahrhunderts zu einem der markantesten Paradigmenwechsel in der Familienberatung.

Bildete früher der identifizierte Patient (IP) mit seiner Lebensgeschichte, der Genese seiner Auffälligkeiten und Störungsbilder das Zentrum beraterischer und therapeutischer Bemühungen, rückte nun die Einladung der ganzen Familie ins Zentrum (Stierlin et al. 1997). Sowohl verschiedene Richtungen der psychoanalytischen Paar- und Familientherapie als auch die neu erblühenden systemischen Konzepte und Herangehensweisen rückten das Gefüge von Zirkularität und Wechselwirkung familiärer Bindungen und Beziehungen in den Mittelpunkt der Exploration und Analyse (Bauriedl 1984; Richter 1990; Satir 1979). In der Folge wurde es vielerorts üblich, alle am familiären Problemsystem beteiligten Personen gemeinsam einzuladen, um die beraterisch-therapeutische Interventionen so effektiv wie möglich gestalten zu können.

Ausgehend von einer inhaltlichen und institutionellen Begriffsbestimmung der Familienberatung sowie einer Definition des Interventionsbegriffs werden nachfolgend die heute wesentlichen Beratungskonzepte samt ihrer Interventionen beschrieben.

2. Begriffsbestimmung

2.1 Definitionen

Familie als komplexes Mehrpersonensystem zeichnet sich vielfach durch das Zusammenleben von mindestens zwei Generationen unter einem Dach aus (Keil 1983; Lüscher 1998). Zu verschiedenen Zeitpunkten und Schwellensituationen im Lebenszyklus einer Familie können die unterschiedlichsten Entwicklungsprobleme auftreten: Bei Schwangerschaft und Geburt, Erziehungsfragen und Entwicklungsproblemen bzw. Verhaltensauffälligkeiten von Kindern, Ablösungs- und Identitätsthemen bei und mit Heranwachsenden oder jungen Erwachsenen, Fragen der Berufssuche und Partnerwahl, bei Trennung, Scheidung und Wiederheirat, bei der Bewältigung sog. „Krisen der Lebensmitte", der Revision von Lebensentwürfen und Lebensstilen bis hin beim Umgang mit Krankheit und Behinderung, Alter und Tod.

Familienberatung (FB) im weitesten Sinne bezeichnet alle Beratungsangebote, die sich auf Probleme und Aufgaben beziehen, die Familien zu bewältigen haben. Sie ist *Beratung für Personen, die Krisen, Probleme oder Entscheidungen im familiären Lebenszyklus bewegen.* Diese können jung oder alt sein, als Einzelne, Paare oder Familie bzw. Teilfamilien Hilfe, Unterstützung und Rat in Anspruch nehmen. Dabei werden Ledige oder Alleinstehende, die zum Zeitpunkt ihrer Beratung weder in einer Partnerschaft noch mit Kindern oder Eltern zusammenleben, von diesem Angebot der Familienberatung nicht ausgeschlossen: „... denn auch hier werden Lebensmuster durch familiale Lebenszusammenhänge geprägt" (BMFuS 1993).

Als zentrale Ziele können dabei gelten:

- Wiederherstellung und Förderung einer eigenverantwortlichen *Erziehungskompetenz* im Umgang mit Kindern und Jugendlichen
- Entwicklung und Förderung einer erweiterten *Konfliktbewältigungskompetenz* in innerfamiliären Lebenszusammenhängen ebenso wie im Umfeld der Familie (Nachbarschaft, Kindergarten und Schule)
- Entwicklung und Förderung einer *intergenerationalen Versöhnungskompetenz* im Sinne der *„filialen Reife"* (Schütze/Wagner 1991).

In den letzten Jahrzehnten kam es zunehmend zur Vernetzung der einzelnen Felder in der Familienberatung: Dem Fundament der Erziehungsberatung wurden Angebote der Ehe-, Paar- und Lebensberatung hinzugefügt sowie der Schwangeren- und Schwangerschaftskonfliktberatungen.

Seit der Jahrtausendwende wurde am Ev. Zentralinstitut für Familienberatung in Berlin das *Konzept* einer *Integrierten, familienorientierten Beratung (IFB)*® entwickelt, in dem eine Entwicklungsförderung der jeweiligen Familie als Gesamtsystem mit all ihren Teilen ins Zentrum gerückt wird (u. a. Richter 1990; Petzold 1992; Cierpka 1996; Haid-Loh/Lindemann 2004).

Als generalistisches Angebot im Sinne des *„Hausarztmodells"* (Haid-Loh et al. 1995), bei dem das Beratungsangebot von den Ratsuchenden, gleich ob als Einzelner, Paar, Teil- oder Gesamtfamilie als erste umfassende Anlaufstelle wahrgenommen werden kann, fungiert die *Erstberatung* (ebd.) zur Abklärung geeigneter weiterer Hilfe und Unterstützung und mindert so die Schwellen der Inanspruchnahme, zugleich aber auch Scham und Stigmatisierung.

Als *Familienberatung* im engeren familienpolitischen Sinne wird die „Institutionalisierte Beratung der öffentlichen und freien gemeinnützigen Träger" bezeichnet (BMFuS 1993: 3), die im Deutschen Arbeitskreis für Jugend-, Ehe- und Familienberatung (DAKJEF 2001) zusammenarbeiten. Als Repräsentanten der einzelnen Arbeitsfelder wie z.B. der Erziehungs- und Familienberatung, der Ehe- und Lebensberatung, der Schwangeren- und Schwangerschaftskonfliktberatung sowie der Schuldnerberatung gehören dazu die einschlägigen, bundesweit tätigen Fachverbände wie die Bundeskonferenz für Erziehungsberatung (bke), die Deutsche Arbeitsgemeinschaft für Jugend- und Eheberatung (DAJEB), die Evangelische Konferenz für Familien- und Lebensberatung (EKFuL), die Katholische Bundesarbeitsgemeinschaft für Beratung (BAG) und die Deutsche Gesellschaft für Sexualberatung und Familienplanung (PRO FAMILIA).

2.2 Charakteristika institutionalisierter Familienberatung

Familienberatung unabhängig ihrer theoretischen Ausrichtung präsentiert sich uns heute als ein spezifisches beraterisch-therapeutisches Verfahren mit gesellschaftlichem Wertebezug, in dem sich Ratsuchende ergebnisoffen neue Erlebnis-, Verhaltens- und Denkweisen aneignen und alternative Handlungsoptionen zur Lebensbewältigung erschließen können.

Mittels einer genuinen Beratungsmethodik für komplexe Mehrpersonen-Systeme werden Ratsuchende befähigt, die Bedingungen ihres Erlebens und Verhaltens zu erkennen, zu verstehen und zu verändern.

Charakteristische Elemente aller Beratungsansätze dabei sind:

- die *Kontraktbildung bzw. Auftragsklärung* als Mittel der Eingrenzung und Zielbestimmung des gemeinsamen Beratungsprozesses zwischen Ratsuchenden und Fachkraft;
- die *Aktivität des/der Berater/in* als spezifisches Merkmal der Methodik und Gestaltung des Beziehungsgeschehens zwischen Ratsuchenden und Mitarbeitenden
- die *Zeitbegrenzung* sowie Flexibilität und Variabilität als wesentliche Merkmale des Beratungssettings.

Als allgemeine Ziele der Beratung können dabei eine differenziertere Beobachtungsfähigkeit der Ratsuchenden für die eigenen inneren Prozesse (*Introspektion)*, eine verbesserte Integrationsfähigkeit neuer sinnstiftender Einsichten, eine gesteigerte Kreativität und Phantasie verbunden mit einer wachsenden Flexibilität im Handeln sowie eine verantwortliche Selbststeuerung ihres Verhaltens benannt werden. Letzteres wird in der Regel noch während des Beratungsprozesses selbst gestützt durch eine Umsetzung von Teilzielen in die Alltagsrealität der Klienten (*Projektbildung)* sowie die Beschreibung und Einübung der hierfür notwendigen Lernschritte (*Coaching)*.

Eine *erfolgreiche* Familienberatung erfordert eine angemessene *Theorie*, geeignete *Mittel* und bescheidene *Ziele* sowie eine offene, professionelle *Haltung* mit der Bereitschaft, das Beziehungsgeschehen zwischen Ratsuchenden und Mitarbeitenden stets intersubjektiv zu reflektieren. Aufgrund des jeder Art von Humandienstleistungen zugrunde liegenden *„Uno-actu-Prinzips"* (Meinhold 1996) ist andererseits für eine effiziente Beratung wesentlich und maßgebend, die *Bereitschaft der Ratsuchenden,* sich auf den Kontakt mit dem/der Berater/in einzulassen und mit diesem/r gemeinsam ein *tragfähiges Arbeitsbündnis* zu kreieren.

Aus professioneller Sicht ist für diese Arbeit ein *Team* notwendig, in dem Fachleute verschiedener Richtungen zusammenwirken. Durch *Multiprofessionalität* ist am besten zu gewährleisten, dass sich das Beratungsangebot an den je spezifischen Nöten und Fragen der Ratsuchenden ausrichten kann und eine nachhaltige Orientierung an der Lebenswelt der Familien und den Entwicklungsbedürfnissen ihrer Mitglieder sowie die Förderung ihrer Ressourcen realisiert wird (DAKJEF 2001). Eine breite Kompetenz und Methodenvielfalt im Team gewährleistet bei erfolgreicher Zusammenarbeit (Raiff/Shore 1998) eine optimale Passung zwischen Klientenbedürfnis, Prozessentfaltung und Beteiligung der Ratsuchenden am Prozess.

2.3 Interventionen

Da der Interventionsbegriff sehr unterschiedlich gebraucht wird, soll an dieser Stelle eine Erläuterung unseres Verständnisses stehen, bevor wir dann auf spezifische Interventionen in der Familienberatung eingehen. Intervention leitet sich von dem lateinischen Wort „intervenire" ab und bedeutet „dazwischenkommen, unterbrechen, durchkreuzen, vermitteln". Allgemein ist damit das Eingreifen einer unbeteiligten Person in eine Situation gemeint.

In der Beratung und Therapie wird unter Intervention das veränderungsrelevante Handeln des Beraters/Therapeuten verstanden. Somit ist das, was der Berater professionell tut, unter dem Begriff Intervention zusammenzufassen. Interventionen können demzufolge die Fragen des Beraters sein, seine „Empathie" oder auch seine „Empfehlungen". Sie hängen eng mit der Haltung und dem Wissen des Beraters zusammen und sind je nach beraterischer Ausbildung interindividuell verschieden. Gemeinsam ist ihnen jedoch, dass Interventionen Hypothesen bzw. Diagnosen brauchen. Dabei lassen sich die Hypothesen und Interventionen noch grundsätzlich danach unterscheiden, ob sie sich am Konflikt bzw. der Ursache (der Genese) des Problems orientieren oder sie eine Handlungsoption (Intention) verfolgen.

3. Interventionen im Prozess der Familienberatung

3.1 Das Beratungs-Setting als grundlegende Intervention

Eine der grundlegendsten Interventionen in der Familienberatung ist der Fakt der professionellen Beratung an sich. Dass in einem nichtfamiliären Raum über die Familie gesprochen wird, das heißt also das Aufsuchen einer

Beratung, ist bereits ein Eingreifen, ein Verändern, also eine Intervention in die Situation. Da Familien Mehrpersonensysteme sind und die einzelnen Mitglieder in unterschiedlichen Konstellationen die Beratung in Anspruch nehmen können, gewinnt die Frage, mit welchen Teilen der Familie effektiv gearbeitet werden kann und soll, eine große Bedeutung.

In einigen Konzepten der Familienberatung ist es üblich, alle am familiären Problemsystem beteiligten Personen gemeinsam einzuladen, um so die beraterisch-therapeutischen Interventionen so effektiv wie möglich gestalten zu können. In der Beratung wird dann nochmals diskutiert, ob alle für das Problem relevanten Personen anwesend sind und wie mit den relevanten *abwesenden Personen* zu verfahren ist. Es kommen ja sowieso eher weniger Personen als gebraucht.

Werden Kleinkinder mit in die Beratung gebracht, nehmen auch sie an dem Beratungsprozess teil. Das weitgehende Fehlen einer methodischen und empirischen Fundierung von Beratungskonzepten einer solchen Beratung, die Kinder mit einbezieht, ist allerdings sehr erstaunlich. Eine der wenigen Studien im deutschsprachigen Raum dazu (Lenz 2001) konnte zeigen, dass die Mehrzahl der Professionellen im Rahmen des Familiensettings erwachsenenorientiert handelt und die anwesenden Kinder kaum mit in das Geschehen einbezieht. Auf der anderen Seite standen 78 der befragten 100 Kinder dem familientherapeutischen Setting mehr oder weniger offen ablehnend gegenüber. Während die 6- bis 9-Jährigen in dem gesprächsorientierten, erwachsenendominierten Setting offensichtlich kognitiv überfordert sind, beklagen sich die 10- bis 13-Jährigen über die mangelnde Berücksichtigung ihrer Interessen und Belange bzw. über ein geringes Einbezogensein in das Geschehen und ihre Reduzierung auf die Rolle eines Zuhörers (Lenz 2001). Letzteres Ergebnis ist sicherlich ohne große Modifizierung auch auf die Jugendlichen übertragbar. Diese Ergebnisse sprechen eher für eine gezielte Kontaktaufnahme primär zum Elternpaar, dass zudem in einem spezifischen – auch rechtlich codifizierten – Verantwortungsverhältnis zu seinen Kindern steht. Bei der Beratung von Familien mit Kleinkindern (bis 6 Jahre) steht außerdem noch die Frage, inwieweit die Kinder die Beratung an sich stören, in dem sie unterbrechen und inwieweit diese Kinder die Beratung überhaupt kognitiv erfassen können – also eine gemeinsame Sprache zu finden überhaupt möglich ist.

Auf der anderen Seite ist in der Beratung von Jugendlichen mit Adoleszentenkrisen eindeutig ein Einzelsetting zu bevorzugen, da es hier aufgrund der Entwicklungsphase der Jugendlichen i. d. R. um Ablösungsprozesse geht.

Zusammenfassend lässt sich aus diesen Überlegungen schlussfolgern, dass „Familienberatung" sich nicht primär über das Credo des Einbeziehens aller Familienmitglieder definiert, sondern über die Perspektive, die der Berater auf jedes einzelne Familienmitglied unabhängig seiner physischen Anwesenheit einnimmt. Dies erfordert vom Berater die besondere Fähigkeit des *Perspektivwechsels* und der *Bereitschaft zur Identifikation* auch mit allen abwesenden Familienmitgliedern.

3.2 Interventionen im Prozess der Familienberatung

Die Methoden der Familienberatung sind geprägt von dem hinter der jeweiligen therapeutischen Orientierung stehenden Menschenbild und dem jeweiligen Störungskonzept. Die beiden großen therapeutischen Systeme der Familienberatung – der tiefenpsychologische und der systemische Ansatz – bilden dabei zwei theoretische Perspektiven ab und stellen den Bezugsrahmen für die daraus abgeleiteten Interventionen im beraterischen Kontext dar. Darüber hinaus gibt es ein umfangreiches und eher heterogenes Methodenarsenal, das eher den vielfältigen Beratungsanliegen der Ratsuchenden geschuldet ist und oft als „pragmatischer Eklektizismus" (Hundsalz 1995) bezeichnet wird, da es sich keiner eindeutigen theoretischen Position zuordnen lässt. Im Folgenden sollen zunächst die tiefenpsychologische und dann die systemische Perspektive in ihrer theoretischen Orientierung skizziert werden und Konsequenzen für die Interventionspraxis aufgezeigt werden.

4. Tiefenpsychologische Perspektiven

4.1 Tiefenpsychologische Theorie und Familienberatung

Aus der Perspektive der Tiefenpsychologie sind die Beeinträchtigungen, deretwegen Klienten Beratung aufsuchen, in der Regel das Produkt eines lebensgeschichtlichen Prozesses, der eine Antwort auf unerträgliche und unlösbare, oft unbewusste innerpsychische Konflikte darstellt. Die Entwicklung von Beschwerden ist damit ein kreativer Lösungsversuch, der unerträgliches und nicht kommunizierbares Leid in ein Ich-fernes und damit handhabbares Symptom verwandelt. Auch wenn es sich immer um subjektiv erlebte Einschränkungen und Behinderungen handelt, so ist Symptomatik zugleich auch stets eine adaptive, die jeweilige innerpsychische Situation stabilisierende Kompromisslösung zwischen den Wünschen und Bedürfnissen des Klienten einerseits und seinen internalisierten Beziehungserfahrungen mit ihren je spezifischen Ängsten andererseits.

Diese Konzeptualisierung psychischer Störungen verdeutlicht, dass eine Veränderung nur zu erwarten ist, wenn eine neue innerpsychische Balance zwischen den verschiedenen widerstreitenden Tendenzen entwickelt werden kann. Um zu erkunden, welche inneren Wünsche, Hoffnungen, Impulse, aber auch Ängste und Befürchtungen miteinander im Konflikt liegen, ist ein verstehender Zugang zur inneren Dynamik der jeweiligen psychischen Situation jedes Einzelnen ebenso wie zur Konfliktdynamik der gesamten Familie notwendig. Ein so verstandenes familiendynamisches Verstehen beinhaltet in der beraterischen Arbeit zwei unterschiedliche Zugänge zum Problem der Familie.

4.2 Diagnostik und Hypothesenbildung in der tiefenpsychologisch orientierten Familienberatung

Die rekonstruierende Perspektive

Die rekonstruierende Perspektive tiefenpsychologischen Verstehens befasst sich mit den unbewussten psychischen Prozessen und Motiven der Eltern- und Großelterngeneration, die den Hintergrund für die Entwicklung der innerpsychischen Repräsentanzen jedes Menschen bilden. Erlebtes und Erfahrenes aktiviert mit seinen je individuellen Be- und Verarbeitungen durch Phantasie und Abwehr emotionale Vorgänge, die bei Wiederholung und Chronizität innerpsychische Strukturen bilden.

Das kindliche Selbst kann sich in seiner Entwicklung zunächst nur an elterlichen Verhaltensweisen und Haltungen orientieren, die wiederum geprägt sind durch deren lebensgeschichtliche Erfahrungen. Sind die Repräsentanzen und die innerpsychische Verfassung der Eltern von massiven Konflikten geprägt, werden auch diese durch Internalisierung zu zentralen Inhalten des kindlichen Selbsterlebens und können in der Folge zu psychischen und sozialen Störungen des Kindes beitragen. In der Rekonstruktion dieser inneren Dynamik vermittelt sich die Sinnhaftigkeit der entwickelten Kompromisslösung, indem Ich-fremdes nachvollziehbar wird und sich dem Betreffenden ein Gefühl innerer Konsistenz erschließt. In der sich auf diese Weise entwickelnden empathischen und akzeptierenden Haltung der eigenen Psyche und den persönlichen Beeinträchtigungen gegenüber liegt bereits eine wesentliche, Veränderung induzierende und unterstützende Ressource.

Wiederholungsbedürfnis und „Szenisches Verstehen"

Eine zweite Perspektive tiefenpsychologischer Beratung bezieht sich auf das Verständnis von Wiederholungen und Reinszenierungen persönlicher Lebensgeschichten in der Alltagswirklichkeit von Familien. Dem Bedürfnis und der Notwendigkeit, die äußere Welt innerlich abzubilden und als strukturbildendes Element beim Aufbau innerpsychischer Strukturen zu integrieren steht das Bedürfnis gegenüber, die äußere Welt nach den inneren Strukturen und Bedürfnissen zu gestalten bzw. eine mit den inneren Strukturen kompatible Außenwelt aufzusuchen. Die Tendenz zur Internalisierung findet ihre äußere Entsprechung immer im Bedürfnis nach Externalisierung, d. h. die Wiederholung und Reproduktion innerpsychischer Themen bildet ein zentrales menschliches Bedürfnis ab. Diese Tendenz realisiert sich in unterschiedlichen sozialen Kontexten und nimmt in Abhängigkeit vom Lebensalter und dem Umfang der innerpsychischen Beeinträchtigung Einfluss auf die individuelle Lebensgestaltung, die Beschaffenheit der Partnerbeziehung oder die Gestaltung des familiären Umfeldes.

Familien sind durch das Zusammenleben verschiedener Generationen mit unterschiedlichen Verantwortungs- und Bedürfnisstrukturen in besonderem Maße zur Externalisierung innerpsychischer Konfliktlagen prädestiniert, da in der Kontakt- und Beziehungsgestaltung zum Kind immer eine Aktualisierung der innerpsychischen Konfliktdynamik ihrer Eltern anklingt. Eltern können durch eigene innere Konflikte in ihrer Wahrnehmungsfähigkeit so eingeschränkt sein, dass sie als Ergebnis ihrer Projektionen im Kind nur noch ihre eigene innere Situation erleben können. In ihrer Projektion übertragen sie möglicherweise einen inneren Konflikt aus ihrer eigenen Biographie auf ihr Kind und externalisieren auf diese Weise eine eigene innerpsychische Spannung.

Transgenerationalität

Derartige Projektionen sind bereits pränatal wirksam, werden aber durch das Auftauchen eines realen Kindes, das alle Phasen der affektiven und triebhaften Entwicklung durchläuft, verstärkt, indem es die Eltern nötigt, erneut mit z. T. schmerzhaften Aspekten des eigenen Lebens in Berührung zu kommen, die bisher durch Abwehrmanöver und Kompromissbildungen bewältigt werden konnten. Je nachdem, welche inneren und äußeren Themen in der eigenen Biographie konflikthaft erlebt wurden, wird die Konfrontation mit dem sich entwickelnden Kind diese alten Konflikte wieder beleben. Es gibt keine menschliche Strebung, keinen Triebbereich und keinen Impuls, mit dem Eltern im Laufe der Entwicklung ihres Kindes nicht konfrontiert werden würden.

Daher ist der Kontext, in dem Familien leben ebenso wie ihre Spannungen und Konflikte unter tiefenpsychologischer Perspektive nicht in erster Linie als Resultat äußerer Bedingungen zu verstehen, sondern ist stets auch Ausdruck der inneren Konfliktdynamik des Einzelnen, des Elternpaares oder des gesamten familiären Systems. Tiefenpsychologisch orientierte Familienberatung, unabhängig davon, in welchem Setting sie durchgeführt wird, befasst sich demnach immer mit Familiensystemen, die in realer und internalisierter Form die Repräsentanzen der Protagonisten bestimmen und im familiären Lebenszyklus ihren Niederschlag finden können in beeinträchtigten Kommunikationsmustern, kindlichen Störungen, unsicheren Bindungen oder familiären Konflikten.

Gemäß dieser Grundannahmen ist eine Veränderung familiärer Konflikt- und Problemfelder erst möglich, wenn gemeinsam mit den Eltern ein psychodynamisches Verständnis ihrer eigenen lebensgeschichtlichen Erfahrungen, Brüche und Katastrophen und deren Verarbeitung und Bewältigung in persönlichen Haltungen, Lebensstilen, Persönlichkeitsstrukturen oder auch Symptomen und Beschwerden herausgearbeitet werden kann. Ziel tiefenpsychologischer Familienberatung ist demnach eine Auflockerung innerer, oft unbewusster Barrieren und eine Lösung aus einer oft mehrere Generationen umfassenden Verstrickung in innere und äußere Konflikte! Ein solcher Prozess ermöglicht ein größeres Maß an Autonomie und damit die Freiheit, die eigene Familie nicht mehr unreflektiert für die Inszenierung persönlicher Konflikte benutzen zu müssen.

Tiefenpsychologische Familienberatung richtet ihren Blick also auf zwei Zeitpunkte im Leben eines Menschen:

1. Sie befasst sich mit aktuellen Problemen, Einschränkungen und Handlungen der Familienmitglieder, die verstanden werden als Niederschlag, Ausdruck und Wiederholung einer innerpsychischen Konfliktdynamik.
2. Sie befasst sich mit der Rekonstruktion familiärer und persönlicher Biographien und gewinnt darüber einen verstehenden Zugang zu dem lebensgeschichtlichen Prozess, der den Hintergrund der aktuellen Probleme bildet.

Beide Verstehensperspektiven sind aufs engste miteinander verschränkt: Der Blick auf Biographisches verweist immer auch auf dessen Auswirkungen und Wiederbelebung im familiären Alltagsleben, während aktuelle Beeinträchtigungen immer auch Hypothesen über ihre biographische Entwicklung aufscheinen lassen.

4.3 Tiefenpsychologische Methodik als „Beziehungsanalyse"

Kernstück tiefenpsychologisch orientierter Beratung ist die Analyse der Beziehungsdynamik zwischen Klienten und Berater. Die Übertragungsanalyse verfolgt zwei Intentionen: Zum einen geht es um ein Verständnis der Inszenierungen des Klienten mit dem Ziel, einen diagnostischen Zugang zu seinen inneren Konflikten zu finden. Zum anderen beinhaltet sie einen therapeutischen Zugang zu den Behinderungen des Klienten, indem die gemeinsam erlebten Inszenierungen dem Berater Hinweise auf das Potenzial ihrer Überwindung geben.

Auch in der Beratungsbeziehung neigen Menschen dazu, durch Externalisierung zuvor internalisierter Selbst- und Objektanteile ihre innere Konfliktdynamik in Szene zu setzen. Diese unter dem Einfluss einer gegenwärtigen Beziehung aktualisierten und reinszenierten verinnerlichten Konflikte sind seit den Anfängen der Tiefenpsychologie als Übertragungsphänomene bekannt. Sie sind nicht auf therapeutische Prozesse beschränkt, sondern stellen ein allgemein menschliches Phänomen dar, das dem Bedürfnis nach Familiarität geschuldet ist und den Wunsch des Menschen widerspiegelt, seine innere Welt in der äußeren Welt wiederzufinden und Fremdes vertraut zu machen.

In der Beziehung des Klienten zum Berater werden demnach dieselben innerpsychischen Themen in Szene gesetzt, wie sie von dem Betreffenden auch in seiner Alltagsrealität reproduziert werden. Die sich jeweils konstellierende Beratungsbeziehung bildet die behindernden aber auch konstruktiven Haltungen und Einstellungen in der aktuellen Interaktion mit dem Berater mikroskopisch ab und macht diese so einem diagnostischen Verständnis und einer therapeutischen Beeinflussung zugänglich.

Um diesen diagnostischen und therapeutischen Zugang zu den inneren Konflikten des Klienten nutzen zu können, bedarf es der Herstellung einer professionellen Beratungsbeziehung, die Fremdverstehen ermöglicht und eine beraterische Haltung realisiert, die dem Klienten eine möglichst weitgehend durch ihn selbst gestaltete Kontaktaufnahme eröffnet. Über seine Teilnahme an der therapeutischen Interaktion erschließt sich dem Berater der unbewusste Sinn einer szenischen Darstellung der inneren Konflikte des Klienten in der Beratungsbeziehung, indem er seine antwortenden Gefühle (Gegenübertragung) versteht als kontrollierte Übernahme einer Rolle, die der Klient ihm durch sein Verhalten nahe legt. Dieser komplexe Verstehensprozess des kommunikativen Angebots des Klienten setzt mit der Betonung des interaktionellen Charakters von Übertragungs- und Gegenübertragungsprozessen einen Berater voraus, der neben intensiven konzeptionellen Kenntnissen über einen sicheren Zugang zu seinen persönlichen Reaktionsbereitschaften und eigenen inneren Konflikten verfügt. In diesem Zusammenhang wird besonders das Nicht-Verstehen als Instrument des Verstehens deutlich, das im Berater kreative Prozesse in Gang setzt, die ihn zu neuen, ungewöhnlichen Wahrnehmungen und Austauschprozessen mit dem Klienten motivieren. In seiner therapeutischen Funktion kann der Berater dann sein diagnostisches Verständnis nutzbar machen, indem er den Wiederholungscharakter der Beratungsbeziehung thematisiert und durch ihre Bearbeitung zu einer Überwindung der sich aktuell realisierenden kommunikativen und emotionalen Behinderungen beiträgt.

Die Übertragungsbeziehung ist demnach sowohl der zentrale diagnostische Schlüssel zum Verstehen von Klienten, als auch das therapeutische Medium, in dem Veränderung entstehen kann. Indem die familiäre Interaktion vom Berater verstanden wird als eine Reinszenierung grundlegender konflikthafter Themen der Eltern, kann sich eine Veränderung ihrer inneren Welt entwickeln, sofern es dem Berater gelingt, ihnen in seinen Deutungen neue Perspektiven für ein besseres Verständnis ihrer Wünsche und Bedürfnisse oder Ängste zu eröffnen und damit eine unverzerrtere Wahrnehmung ihres Kindes zu ermöglichen. Entsprechend bemüht sich Familienberatung um ein Verständnis der bewussten und unbewussten Hintergründe der familiären Schwierigkeiten über

1. ein Verstehen der Reinszenierung dieser Konflikte in der Beratungsbeziehung und
2. ein Verstehen der Real- und Übertragungsbeziehungen zwischen den Eltern und ihrem Kind.

Tiefenpsychologische Beratung ist demnach immer gekennzeichnet durch die konsequente Arbeit mit der Beziehung zwischen Klient und Berater einerseits und durch die Analyse und gezielte beraterisch-therapeutische Nutzung von Übertragungs- und Gegenübertragungsprozessen andererseits.

Abb. 2: Tiefenpsychologisch orientierte Methodik als Beziehungsanalyse

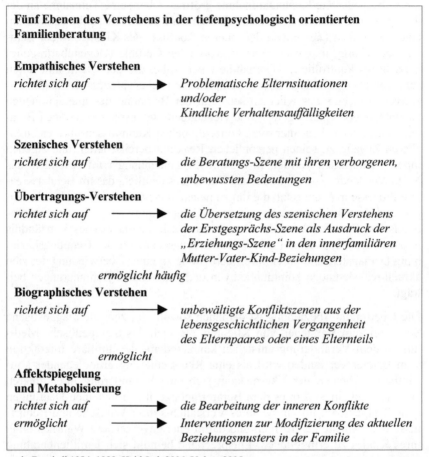

Fünf Ebenen des Verstehens in der tiefenpsychologisch orientierten Familienberatung

Empathisches Verstehen

richtet sich auf ⟶ *Problematische Elternsituationen und/oder Kindliche Verhaltensauffälligkeiten*

Szenisches Verstehen

richtet sich auf ⟶ *die Beratungs-Szene mit ihren verborgenen, unbewussten Bedeutungen*

Übertragungs-Verstehen

richtet sich auf ⟶ *die Übersetzung des szenischen Verstehens der Erstgesprächs-Szene als Ausdruck der „Erziehungs-Szene" in den innerfamiliären Mutter-Vater-Kind-Beziehungen*

ermöglicht häufig

Biographisches Verstehen

richtet sich auf ⟶ *unbewältigte Konfliktszenen aus der lebensgeschichtlichen Vergangenheit des Elternpaares oder eines Elternteils*

ermöglicht

Affektspiegelung und Metabolisierung

richtet sich auf ⟶ *die Bearbeitung der inneren Konflikte*

ermöglicht ⟶ *Interventionen zur Modifizierung des aktuellen Beziehungsmusters in der Familie*

nach: Bauriedl 1984, 1999; Haid-Loh 2006; Volger 2005

4.4 Interventionen der tiefenpsychologisch orientierten Beratung

Im Prinzip zielen tiefenpsychologische Interventionen darauf ab, den/die Klient/innen in die Lage zu versetzen, im Innen das eigene Erleben besser wahrnehmen zu können, um für seine Wirkungen im Außen (Partnerschaft, Familie) sensibilisiert zu werden. Die Förderung eines Dialogs mit dem Klienten soll ihn dazu befähigen, über einen eigenen Bewusstwerdungsprozess Veränderungen seines Erlebens und Verhaltens zu entwickeln.

Berater-Klienten-Beziehung und beraterisch-therapeutische Haltung

Entsprechend der Überlegungen zur Bedeutung der beraterisch-therapeutischen Beziehung in der tiefenpsychologisch orientierten Beratungsarbeit werden Interventionen nicht aus einer Expertenrolle heraus formuliert, sondern immer mit Blick auf die sich zu dem Klienten konstellierende Beziehung. Eine basale und unverwechselbare therapeutische Intervention im Rahmen tiefenpsychologischen Arbeitens ist daher die aktive Herstellung einer „hilfreichen" Beratungsbeziehung (Ermann 1996), die gekennzeichnet ist durch eine empathische Grundhaltung. Das Konzept der Empathie setzt nach Peter Kutter (1981) verschiedene Kompetenzen voraus, so z. B. die Fähigkeit zur Einfühlung, Distanzierung und Oszillierung, aber auch die Fähigkeit, auf die Äußerungen des Klienten gefühlsmäßig zu reagieren, ohne diese Gegenübertragungsgefühle mit eigenen Gefühlsbereitschaften zu vermischen. Darüber hinaus handelt es sich hier um einen aktiven Prozess, in dem der Berater sein sich fortentwickelndes Verstehen mit dem Klienten teilt und austauscht. Mit der Verbalisierung des Verstandenen löst der Berater im Klienten nicht nur das Gefühl aus, angenommen zu sein, sondern bietet ihm Gelegenheit, seine Erlebensweisen in einen sinnstiftenden Verstehenszusammenhang zu bringen und im dialogischen Prozess ein gemeinsames Konfliktverständnis herzustellen. Mit einer derartigen Verständniskommunikation werden Störungen positiv konnotiert und explizit als Ausdruck eines Selbstheilungsversuches gewertet, was unmittelbar positive Rückwirkungen auf die Selbstheilungskräfte des Klienten hat.

Klarifizieren

Das Klarifizieren von Affekten gehört zum zentralen Interventionsrepertoire tiefenpsychologischer Beratung. Es umfasst zum einen das Bemühen des Beraters, den Klienten darin zu unterstützen, sich seinem Erleben zuzuwenden, es differenziert wahrzunehmen und zu benennen, zum anderen das oben beschriebene empathische Spiegeln des affektiven Erlebens. Im Prinzip handelt es sich darum, dass vom Berater bewusste bzw. bewusstseinsnahe Informationen benannt und miteinander verknüpft werden, so dass aus der Fülle des angebotenen Materials die innere Realität des Klienten als nachvollziehbare und sinnhafte innere Gestalt entsteht. Methodisch kann der Klärungsprozess des Klienten durch so unterschiedliche Interventionen wie Nachfragen, Zusammenfassen oder Aufforderungen zum Assoziieren gefördert werden. Für die Familienberatung besteht die „heilsame" Wirkung dieses Prozesses neben dem bereits beschriebenen supportiven Effekt, das jedem sinnstiftenden Verstehen inne wohnt, in einem ersten therapeutischen Zugang zu z. B. konflikthaften familiären Beziehungen, indem den anwesenden Familienmitgliedern die Möglichkeit gegeben wird, mit ihrem aus dem unlösbar scheinenden familiären Konflikt entstehenden Erleben von Ohnmacht gehört zu werden und so ggf. verstehen zu können, dass möglicherweise das aggressive und willkürliche Verhalten ihres Kindes ebenfalls einem Ohnmachtsgefühl entspringt.

Konfrontieren

Bei der Konfrontation wird der Klient auf widersprüchliche Aspekte seines Erlebens und Handelns aufmerksam gemacht, die vorbewussten Charakter haben und seiner Wahrnehmung entzogen sind. So kann ein Klient z. B. mit seinem nonverbalen Verhalten konfrontiert werden, das im Gegensatz zu seinen inhaltlichen Mitteilungen steht oder mit Lücken in seinem Erleben, die dazu führen, dass innere oder äußere Prozesse unverständlich bleiben. Bei der Konfrontation geht es also immer um eine Vervollständigung der Wahrnehmung des Klienten, indem ihm nicht unmittelbar zugängliche Informationen seines Handelns mitgeteilt werden mit dem Ziel, eine bewusstere Auseinandersetzung mit dem in der Diskrepanz zum Ausdruck kommenden innerpsychischen Konflikt zu ermöglichen.

Deuten

Klarifizieren und Konfrontieren sind Interventionsformen, die Deutungen vorbereiten und häufig nicht klar voneinander abgrenzbar sind. Unter Deutungen versteht man in der Regel Interventionen, die darauf abzielen, unbewusste Inhalte mit vom Klienten bewusst wahrgenommenen Material zu verknüpfen. Deutungen können unterschiedliche Aspekte des beraterischen Prozesses aufgreifen. Sie können

• Abwehrvorgänge
• Widerstandsphänomene
• Übertragungsprozesse und
• biographische Verknüpfungen

thematisieren (Wöller/Kruse 2001).

Eine **Abwehrdeutung** könnte z.B. abgewehrte aggressive Impulse ansprechen: *Könnte es sein, dass Sie Ihrem Sohn gegenüber so nachsichtig sind, weil Sie ärgerliche Gefühle ihm gegenüber nicht zulassen können?*

Widerstandsdeutungen thematisieren die in der therapeutischen Situation auftretende Abwehr: *Sie berichten mir gerade viele Gründe, warum Sie unsere Vereinbarung von der letzten Stunde nicht durchführen konnten, halten Sie es für denkbar, dass Sie sie vielleicht für unpassend hielten und Sie es schwierig fanden, mir das mitzuteilen?*

Übertragungsdeutungen thematisieren die Wiederholung spezifischer Beziehungskonstellationen in der Beziehung zum Berater: *Sie haben schon wiederholt beschrieben, wie angespannt und ärgerlich Sie werden, wenn Ihre Kinder „trödeln", könnte es sein, dass es Ihnen auch hier zu langsam geht?*

Biographische Deutungen stellen eine Verknüpfung her zwischen einer aktuellen und einer biographisch relevanten Beziehungsperson: *Sie verhalten sich Ihrer Tochter gegenüber oft ganz unsicher und ängstlich, beinah so, als wenn Sie Ihrer Mutter gegenüberstehen würden.*

Diesen Beschreibungen einzelner verbaler Interventionsformen haftet naturgemäß etwas Künstliches an, da diese ihre Wirkung nur durch ihre Einbettung in die beraterisch-therapeutische Beziehungsdynamik entfalten und von dieser nicht losgelöst beschrieben werden können. Diesen Aspekt thematisiert u. a. das Problem des Timings von Interventionen. Dieselbe Intervention zu Beginn einer Beratung kann möglicherweise als kränkend oder beschämend wahrgenommen werden und entsprechende Abwehr- und Widerstandsprozesse mobilisieren, während sie in einem späteren Stadium der Beratung womöglich als Entlastung und Befreiung verstanden werden kann. Das Zusammenwirken von Einsicht und Beziehung und die daraus resultierende therapeutische Veränderung wird heutzutage (Ermann 1996) nicht mehr als Ergänzungsreihe, sondern als ein sich gegenseitig bedingender Prozess beschrieben. So entwickelt sich eine gelungene Deutung nur im Rahmen einer guten beraterischen Beziehungsgestalt und wirkt umgekehrt beziehungsstabilisierend und produktiv auf das therapeutische Arbeitsbündnis zurück (Daser 2001).

5. Fallbeispiel

5.1 Vorinformationen zum Verständnis (vgl. Genogramm, S. 925)

Frau K., 35 Jahre alt, von Beruf Krankengymnastin, lebt seit 10 Jahren mit ihrem Mann zusammen. Herr K. (42 Jahre) ist von Beruf Versicherungsmakler. Die beiden haben zwei Söhne, den 8-jährigen Sven und den 4-jährigen Yve. Sie sind seit 8 Jahren verheiratet. Bei der telefonischen Anmeldung wurden Einschlafstörungen von Sven und nächtliches Einnässen angegeben. Es wurde das Elternpaar zum Erstgespräch eingeladen.

5.2 Das Erstgespräch

Zum verabredeten Termin erschien ein hagerer, jugendlich wirkender Mann, mit leicht gehetztem Blick und etwas atemlos, dessen förmliche Bekleidung zu seinem Auftreten wenig passte. Er zeigt sich dem Berater gegenüber erleichtert, dass so schnell ein Beratungstermin zustande gekommen sei und entschuldigt sich umständlich für die Nichtanwesenheit seiner Frau: Sie sei kurzfristig und überraschend mit dem 4-jährigen Yve, ihrem „Quälgeist" und „Trotzkopf", in eine Mutter-Kind-Kur zur Neurodermitis-Behandlung abgereist. Gleichzeitig gibt er zu erkennen, dass aber auch er als Vater ein dringendes Beratungsbedürfnis habe, weil ihn die Einschlafstörungen seines Sohnes Sven, vor allem aber dessen „Schulunwilligkeit" mit morgendlichem Trödeln und einem aus seiner Sicht bedrohlichen „Leistungsabfall" in der 3. Grundschulklasse Sorgen bereiten. Der Vater offenbart weiter (ungefragt), er stehe einem Versicherungsbüro mit fast 100-jähriger Familientradition vor, das jüngst in wirtschaftliche Schwierigkeiten geraten sei, weshalb er beruflich stark eingespannt und gefordert sei. Er habe daher in der letzten Zeit von der Entwicklung seiner Söhne wenig mitbekommen. Auf Drängen seiner Frau habe er sich jetzt jedoch wieder stärker in die Kindererziehung „einspannen lassen", da „der Kleine" durch eine exzessive Trotzphase einen stetig größer werdenden Teil der mütterlichen Aufmerksamkeit und Zuwendung auf sich ziehe, wodurch seine Frau sich überfordert fühle. So sei ihm die Erledigung der Hausaufgaben, die Sven verweigert habe, als erzieherische Aufgabe zugefallen. Auch habe seine Frau gefordert, dass er sich dem ausgiebigen Zubettgeh- und Vorleseritual „stelle", das Sven jeden Abend vor dem Einschlafen einfordere.

Er wisse nun leider nicht, welche Schwierigkeiten und Probleme seine Frau vorgetragen hätte, wenn sie beim Gespräch hätte anwesend sein können. Allerdings seien sie – das „sei wohl wichtig" – an vielen Stellen unterschiedlicher Meinung über Erziehungsfragen. Seine Frau lege eine eher nachsichtige und viel zu verwöhnende Haltung den Kindern gegenüber an den Tag.

Der Berater explorierte zunächst gemeinsam mit dem Vater die aktuelle Familiensituation, dessen bisherigen Umgang mit den Einschlafstörungen von Sven und die „Leistungsverweigerung" seines Sohnes aus „Faulheit und Bequemlichkeit". Dabei spürte der Berater deutlich einen starken Wunsch nach Entlastung und Entspannung, bei gleichzeitig heftigem Druckgefühl auf den Magen. In seiner Gegenübertragung phantasierte der Berater die abwesende Mutter als mächtige und korpulente Person, die die Erziehungsberatung aus der Ferne mit hohen Erwartungen und engmaschiger telefonischer Kontrolle „supervidiert". In den Schilderungen ihres Ehemannes imponierte sie durch eine gespannte Gereiztheit, vorwurfsvolle Klagen und die drängende Forderung nach Entlastung und Hilfe.

Dem kleinen Sven gegenüber ging derweil des Beraters Herz auf: Er imaginierte ihn als kleinen, schüchternen, aber durchaus charmanten Jungen, dessen Werdegang durch Gymnasialempfehlung, 1er Abitur, BWL-Studium und Übernahme der väterlichen Firma präformiert schien. Er vermutete Neidgefühle dem kleinen Bruder gegenüber, der beim Einschlafen immer noch eine Nuckelflasche mit warmen Tee von der Mutter gereicht bekam.

Der Berater antwortete die immer drängenderen Bitten des Vaters nach Rat und Handlungsanweisungen („Was sollen wir bloß tun?") in Bezug auf die Hausaufgaben- und Einschlafsituation mit einigen vom entwicklungspsychologischen Standpunkt aus „aufklärenden" Ausführungen zur vermutlich vorliegenden Problematik der Geschwisterrivalität und dem gut gemeinten Hinweis, den Bedürfnissen des älteren Sohnes zunächst einmal doch möglichst entgegenzukommen, also „ein bisschen lockerer zu lassen …!". Der Vater nahm diese Hinweise dankend auf mit der Bemerkung, er selbst „habe ja keinerlei Erfahrungen in diesem Gebiet, da er als Einzelkind aufgewachsen sei" und ging sichtbar erleichtert von dannen.

5.3 Das zweite Gespräch

Zur Überraschung des Beraters kam der Vater zur der nächsten Sitzung in eher gereizter Stimmung wieder, um mit vorwurfsvollem Unterton zu berichten, dass sich die Lage dramatisch zugespitzt habe: Er habe dem Sohn durch eine strukturierte Zeiteinteilung für die Hausaufgabenerledigung und das Vorlesen im Bett zunächst einmal klare Grenzen gesetzt und sich ihm täglich von 18:30 Uhr bis 21:00 Uhr fast ununterbrochen gewidmet. Das Ergebnis dieser Herumplagerei sei jedoch gewesen, dass Sven immer undankbarer und nörgeliger geworden sei und den Vater schließlich habe gar nicht mehr weggehen lassen wollen.

Der Berater spürte den Widerstand des Vaters, aber auch Ärger darüber, wie der Vater die intendierten Absprachen umgesetzt bzw. uminterpretiert hatte – daneben Unwohlsein, Ungeduld und Anflüge von Neid auf die der Beratung ferne (sich in der Kur „erholende") Kindesmutter. Der Berater sah die „Verweigerungshaltung" des Vaters als Widerspiegelung des kindlichen Trotzes und identifizierte sich mehr und mehr mit der Rolle und dem Erleben des Kindes in der Familie. Er interpretierte daraufhin auch das vom Vater im ersten Gespräch noch (schamhaft?) verschwiegene Einnässen des 8-jährigen Sohnes als Ausdruck stark regressiver Bedürftigkeit und abgewehrter Abhängigkeitswünsche.

5.4 In der Supervisionsgruppe

In der Supervisionsgruppe konnte der Berater Hypothesen entwickeln, wie der Vater Teile eines ihm wohlvertrauten familiären Interaktionszirkels wiederbelebt: *Er reinszenierte das „innere Arbeitsmodell" eines gestrengen väterlichen Regiments, das er vom eigenen Vater her kannte.* Der Großvater hatte seinerzeit, wie sich später herausstellte, aus einer kühlen und distanzierten Haltung heraus, seinen Sprössling mit Strenge und materiellen Anreizen zwar zu gesteigerten schulischen Leistungen herausgefordert, sich aber für das innere Erleben (des Vaters), seine Sorgen und Nöte, wie auch für seine Hobbys und Interessen (Fußball spielen) nie wahrhaft interessiert. In der aktuellen „Erziehungsszene" des abendlichen Rituals hatte nun trotz intensiver Zuwendung und Beieinanderseins mit seinem Sohn, unbemerkt jene innerlich kühle und distanzierte Haltung die Oberhand gewonnen, die er vom eigenen Vater her kannte.

Die Übertragung dieser Beziehungserfahrung bzw. dieses inneren (groß-) väterlichen Objekts auf den Berater, in deren Folge dieser als „verfolgend" wahrgenommen wurde, evozierte eine unbewusste Reaktion im Vater, im Zuge derer sich „das Kind im Manne" mit Sabotageakten verweigerte und trotzig-resignativ zurückzog. Indem der Berater nun in einer komplementären Gegenübertragung mit Gefühlen der Distanz, Kühle und Enttäuschung reagierte und zu einer aggressiv getönten Verstärkung seiner Anforderungen neigte, wurde auf diese Weise im Beratungsprozess zwischen erster und zweiter Sitzung ein Gefühl der „Familiarität", nämlich des *„vertrauten Scheiterns, in Kontakt zu kommen und Nähe herzustellen"* reinszeniert. Das verschlimmerte die Lage zunächst, lieferte aber zugleich den diagnostischen Schlüssel für ein vertieftes Verständnis des Vaters und der (mehrgenerational determinierten) Vater-Sohn-Interaktionsdynamik. Mit dieser veränderten Wahrnehmungseinstellung und inneren Haltung konnte der Berater sich aus dem *Sog zur Identifikation mit dem Kind* befreien und nun dem Vater selbst mit Mitgefühl, Sympathie und Verständnis begegnen.

Es ging im weiteren Beratungsprozess methodisch also darum, die für die Erziehungsberatung wesentliche positive (Gegen-)Übertragung zum bzw. von Seiten des Vaters aktiv wieder herzustellen und in den weiteren Sitzungen aufrecht zu erhalten, um einem wirksamen beraterisch-therapeutischen Arbeitsbündnis mit der ganzen Familien den Weg zu ebnen.

Mitgefühl, Anerkennung und Ermutigung auszusprechen gegenüber den Eltern sind technische Hilfsmittel, um negativen Übertragungsreaktionen entgegen zu wirken. Der Berater zeigte also Verständnis für die Enttäuschung des Vaters und dessen Frustration, mit soviel Mühe so wenig Positives bewirkt zu haben bei seinem Sohn: *„Mit soviel Zeitaufwand, Kraft und liebevoller Zuwendung, so vielen gut gemeinten Überlegungen ... dann doch nicht landen zu können beim eigenen Sohn ... muss furchtbar sein, oder wie erleben Sie das? Ich kann mir vorstellen, dass Sie enttäuscht sind ... und vielleicht auch ganz schön ärgerlich ... oder eher verzweifelt? ... oder noch ganz anders gestimmt?"* Und weiter (zunächst immer im Hier und Jetzt der aktuellen Erziehungsszene): *„Ist dieses „Nicht-ankommen, Nicht-landen-können" in ihrer Familie vielleicht auch zwischen anderen Beteiligten ein Thema?" „In seinen Bemühungen nicht gewürdigt, nicht gehört, nicht gesehen und anerkannt zu werden – was glauben Sie, kennen Sie selbst (oder Ihre Frau und/oder andere Familienmitglieder?) dieses Gefühl auch noch aus anderen Situationen?"*

Mit solchen Fragen öffnet sich im anwesenden Elternteil ebenso wie im Beratenden ein Blick auf die Beziehungen der verschiedenen Familienmitglieder untereinander. Der Vater erhält zum einen die Chance, sich mit der Perspektive seines Sohnes (etwa als Geschwisterkind) zu identifizieren. Zum anderen wird die Möglichkeit eröffnet, auf der Beziehungsebene des Elternpaares die Wünsche, Erwartungen, Bedürftigkeiten und Frustrationen von Vater und Mutter untereinander näher in Betracht zu ziehen.

Weitere Fragen könnten zur Exploration der Ressourcen in der Familie führen, dabei zugleich ermutigend und Ich-stärkend wirken, indem beispielsweise nach „Ausnahmen" gefragt wird und nach solchen Erziehungssituationen, die aus Sicht des Vaters „gut laufen".

In den nächsten Stunden war es nun in unserem Fall dem Vater mit Hilfe der veränderten Perspektive und Haltung des Beraters möglich geworden, sich mit seiner eigenen schulischen Karriere, dem Leiden unter den Leistungsansprüchen seines Vaters, seinen enttäuschten Hoffnungen und Wünschen in Bezug auf seinen Sohn sowie mit den – zunächst unbewussten – Gefühlen des Neides auf die liebevoll-kuschelige Zuwendung der Mutter ihren Söhnen gegenüber auseinanderzusetzen. Schließlich konnte der Vater im Schutz dieses dyadischen Beratungssettings sogar Gefühle des Ärgers und des Grolls seinem Ältesten gegenüber zulassen, der es ihm so schwer macht, ein „guter" und „erfolgreich-liebevoller" Vater zu sein.

5.5 Elternpaarberatung

Im weiteren Verlauf des Beratungsprozesses (Mittelphase) kam es zu gemeinsamen Sitzungen mit der Mutter, in denen das Elternpaar seine unterschiedlichen Erziehungshaltungen und Erziehungsstile auf dem Hintergrund sehr verschiedener Herkunftsfamilienerfahrungen reflektieren und miteinander in Beziehung setzen konnte. Unterschiede konnten so als historisch gewachsen und zugleich biographisch bedeutsam anerkannt und in der Gegenwart als Verschiedenheit akzeptiert werden. Die Beschäftigung mit den Fragen:

„Und wie wollen Sie jetzt mit diesen Unterschieden umgehen? Was könnte es für Ihren Sohn bedeuten, zwei Eltern zu haben mit so unterschiedlichen Lebensgeschichten, Wertmaßstäben und inneren Modellvorstellungen?" führte zu einem zunehmend partnerschaftlicheren Aushandlungsprozess zwischen Vater und Mutter. Das Ergebnis war eine „Stärkung der Elternkoalition" (Lidz 1971) und eine deutlichere Grenzziehung zwischen den Generationen, die letztendlich auch zu einem Ausschluss der Söhne aus dem Ehebett der Eltern führte. Die so geschaffene „Leerstelle" ließ nun sogar Raum für eine allmähliche Wiederannäherung des (Liebes-)Paares (Neumann 1984).

5.6 Schlussphase

In der Schlussphase dieser Erziehungs- und Familienberatung wurden für zwei Sitzungen auch die Kinder selbst mit eingeladen, um einen passgenauen Transfer der erarbeiteten, veränderten Erziehungshaltung der Eltern und ihrer geplanten, neuen Familienrituale gemeinsam mit den Kindern vorzubereiten. Diese Familiensitzungen ermöglichten eine optimale Berücksichtigung der Entwicklungsbedürfnisse und Wünsche der Kinder.

6. Systemische Perspektiven

6.1 Systemische Theorie und Diagnostik in der Familienberatung

Die systemische Familienberatung betrachtet Familien als Systeme. Dabei gibt es sehr unterschiedliche Auffassungen in der systemischen Theorie darüber, was eigentlich Systeme sind und wie sie funktionieren. Im Folgenden soll deshalb nur kurz auf diejenigen Bestimmungsstücke systemischer Theorie eingegangen werden, die unmittelbare Auswirkungen auf die beraterischere Arbeit haben.

Zum Verständnis des Funktionierens von Familien ist *operationale Geschlossenheit* von Systemen bedeutsam, d.h. sie folgen nur ihrer eigenen inneren

Logik, die anderen (dem System nicht zugehörigen Personen) *nicht offensichtlich* wird. Systeme sind daher nur in ihrem Verhalten beobachtbar, die Ursachen dieses Agierens sind aber *nicht sichtbar* und *nicht verstehbar*. In der Konsequenz dieser theoretischen Annahme lassen sich solche Systeme auch nicht zielgerichtet verändern. Ein Beobachter (z.B. Familienberater) kann demzufolge das familiäre System mit seinen Verhaltensweisen oder Mustern nur beobachten, aber nicht die innere Logik (und so auch die Ursachen für diese Verhaltensweisen) begreifen.

Der Beobachter beobachtet allerdings nicht nur, er schafft durch seine Wahrnehmung zugleich auch ein neues System. Dieses zweite theoretische Postulat wird als *Konstruktivismus* bezeichnet. Ein Beobachter konstruiert also durch seine Wahrnehmung die Welt. Das bedeutet allerdings nicht, dass es die Welt um ihn objektiv nicht gibt. Durch die Wahrnehmung von Unterschieden kann aber aus der Welt eine bestimmte Struktur herauskristallisiert werden und diese ist personenabhängig. Hierzu ein Beispiel zur Veranschaulichung: Ich könnte alle Menschen als gleich und undifferenziert wahrnehmen, was auch der Realität irgendwie entsprechen würde. Fast alle haben zwei Beine, zwei Arme, zwei Augen, aufrechten Gang ... Diese Wahrnehmung besitzt aber ihre spezifische Funktionalität und Aussagekraft beispielsweise bei der Unterscheidung zwischen Mensch und Tier – sie hilft mir aber nicht bei der Orientierung im Alltag unter meinen Mitmenschen. Also entscheide ich mich, Unterschiede zu sehen: Mann und Frau, große Menschen – kleine Menschen, weiße, schwarze, gelbe ... Das bedeutet wiederum nicht, dass diese Merkmale dann auch objektiv vorhanden wären. Im Vergleich zu einem afrikanischen Volksstamm sind alle Europäer vielleicht klein?

Um Unterschiede wahrnehmen zu können, bedarf es immer eines Dialogs mit anderen – eines Austauschprozesses, einer sprachlichen Kommunikation. Dies ist die dritte Grundannahme, dass wir durch *Sprache* Realität erzeugen. Durch unsere Bezeichnung werden die Dinge unterscheidbare Wirklichkeit, könnte man pointiert formulieren. Diese Annahme macht nochmals deutlich, dass es nicht beliebige Konstruktionen gibt, sondern diese in einem kommunikativen Kontext stattfinden.

Aus einem systemischen Verständnis heraus entstehen Probleme, Krankheiten oder Störungen erst in den Augen der Beobachter, die ein Problem zunächst einmal als solches wahrnehmen müssen, um einen Unterschied zu dem „üblichen Alltag" postulieren zu können. Ein Problemsystem wird somit in der Interaktion zwischen mehreren Menschen „geschaffen". Sehend zu sein und sich nicht Riechen zu können ist unter Blinden nur für den Einäugigen ein Problem. Ein gutes Beispiel für diesen Problemdiskurs ist unser Diagnosesystem der Krankheiten (ICD 10), bei dessen Entwicklung mehrere Beobachter Kriterien für Störungen konstruierten, also Unterscheidungen trafen. „Ein Problem ist also etwas, das von jemanden einerseits als unerwünschter und veränderungsbedürftiger Zustand angesehen wird, andererseits aber auch als prinzipiell veränderbar" (Schlippe/Schweitzer 1996: 103).

Wenn also eine Familie ein Problem hat, ist dieses bereits von mehreren erkannt worden und von anderen Prozessen in der Familie unterschieden wurden. Hierbei ist davon auszugehen, dass relativ häufig über ein Verhalten kommuniziert werden muss, bevor es als Problem angesehen wird. Wenn wir zum Beispiel das Einnässen in dem unter 5. beschriebenen Fall betrachten: Ein einmaliges Verhalten würde wahrscheinlich von der Familie nicht als Problem beschrieben werden. Um zum Problem zu werden, müssten mehrere Mitglieder der Familie darüber kommunizieren – also es muss wiederholt eingenässt werden und die anderen müssen eine Reaktion zeigen.

In dem Fallbeispiel wird ein weiteres Bestimmungsstück systemischer Theorie deutlich. Das Beispiel begann mit dem angemeldeten Symptom „Einnässen" und beschrieb dann die Kommunikation darüber. Somit wurde eine Kausalität produziert (durch das Schreiben war auch etwas anderes gar nicht möglich). Systemtheorie geht aber von einer *Zirkularität* aus, von Phänomenen, die gemeinsam auftreten und erst einmal nicht in einer Ursache-Wirkungskette stehen. Einnässen und verstärkte Kommunikation traten in der beschriebenen Familie gleichzeitig auf und wurden dann in dem Diskurs der Familie miteinander verbunden – nicht von allen Familienmitgliedern gleichermaßen, wie sich im Erstgespräch mit dem Vater zeigte.

Problemdiskurse haben meist eine Funktion in den Familien. Sie entstehen wenn Systeme (Familien) sich nicht an neue Bedingungen anpassen können, rigide werden oder in Sackgassen geraten und sich also nicht mehr entwickeln können. In ausschließlich biologischen Systemen kann es dann zu einer Zerstörung des Systems kommen. Soziale Systeme haben die Ressource der Kommunikation und ihrer Modifikation – des Austauschs und der Beratung.

6.2 Systemische Methodik als „Verstörung"

Das familiäre System soll durch die Beratung neue Impulse erhalten, sich wieder (weiter) entwickeln können. Beratung ist demzufolge eine *Verstörung* des Systems von Außen.

Systemische Interventionen zielen darauf hin, von einem Problemzustand, mit welchem eine Familie (ein System) die Beratung aufsucht, zu einem Nicht-Problemzustand zu gelangen. Oftmals wird dieser Nicht-Problemzustand auch als Lösung bezeichnet, was jedoch einseitig und zu sehr den Veränderungsaspekt von systemischen Interventionen betont. Ein Nicht-Problemzustand kann beispielsweise neben einer Initiierung von Veränderungen oder einem Neubewerten des Problems auch eine Akzeptanz des Unveränderbaren bedeuten.

Da das System (die Familie) aber einer inneren Eigenlogik folgt, die der Berater nicht verstehen kann – so das Postulat – kann er auch nicht zielgerichtet intervenieren. Er kann nur das Problemsystem durch Wahrnehmung von Unterschieden aufweichen oder durch Einwirkungen seinerseits „... aus der Bahn werfen", um ein Bild aus der Quantenphysik zu gebrauchen. Dies schafft er, in dem er verfestigte, starre Wahrnehmungen „verstört". Man könnte diese Verstörung (Pertubation[1]) als Irritation der Familie sehen, die diese in eine neue Umlaufbahn lenkt – wobei unvorhersehbar bleibt, wie diese neue Bahn ausschaut.

Für den Berater ergeben sich im Setting der Familienberatung dadurch folgende Implikationen:

Er soll stets so handeln, dass er die Möglichkeitsräume des Klienten vergrößert. In diesem Zusammenhang ist auch die Ressourcenorientierung systemischer Interventionen zu sehen. Es geht nicht nur um die Dekonstruktion von Problemen, sondern die Arbeit mit den so genannten „Ressourcen" von Familien besitzt eine eben so große Bedeutung. In der systemischen Beratung wurde eine Vielzahl von Techniken entwickelt, die gewohnte Sichtweisen von Familien aufweichen, Unterschiede schaffen und Ressourcen erlebbar machen sollen.

Aus Platzgründen werden im Folgenden exemplarisch einige unseres Erachtens nach zentrale Techniken systemischer Familienberatung vorgestellt. Nicht näher eingegangen werden dabei auf Methoden aus dem Psychodrama, auf die Familienkonferenz, Rollenspielarbeit, Externalisierungsübungen etc.

6.3 Systemische Interventionen

Systemische Fragen

Fragen, wie wir sie aus dem Alltag kennen, dienen normalerweise der Informationsgewinnung. Wir möchten etwas über unser Gegenüber wissen, wie es zum Beispiel in der Schule war oder wie sich unser Gesprächspartner fühlt.

Dabei haben wir sicher auch die Erfahrung gemacht, dass durch unsere Frage, in dem Gegenüber ein Prozess ausgelöst wird und sich unser Gegenüber zu verändern beginnt, z.B. die „Schotten dicht macht". Mit dieser besonderen Eigenschaft von Fragen haben sich die systemischen Ansätze sehr intensiv beschäftigt. Als eine der ersten stellte die Arbeitsgruppe um Paul Watzlawick (1969) fest, dass wir mit unseren Fragen, die Wirklichkeit strukturieren und Interpunktionen setzen. In den nachfolgenden Jahrzehnten wurde eine Reihe von Fragetechniken entwickelt, die andere (alternative)

---

1 Pertubation (engl.) 1. Störung, Schwankung; 2. Beunruhigung, Verwirrung, Bestürzung; 3. astronomisch: Ablenkung, Abweichung, Störung im Umlauf eines Gestirns; 4. biol./med.: Flüssigkeitsdurchspülung oder -durchblasung (Langenscheidt 1962).

Wirklichkeiten herstellten. Die Fragen wurden zum Markenzeichen systemischer Beratung – zum Königsweg systemischer Intervention.

Systemische Fragen gehen davon aus, dass der Fragende (Berater) einerseits Teil des Systems ist, also in Wechselwirkung mit diesem steht. Andererseits ist das Problem, Symptom oder Verhalten eines Familienmitglieds nicht unabhängig von seinem Kontext zu erfragen und wirkt auf diesen zurück. Diese Einbettung systemischer Fragen in den Berater-Familien-System-Zusammenhang wurde auch als zirkulär bezeichnet. Es geht also nicht um Fragen nach den Ursachen (Kausalitäten), sondern nach den gegenseitigen Bedingtheiten (Zirkularitäten).

Streng genommen sind alle systemischen Fragen als zirkulär zu bezeichnen, da ja systemisches Denken ein zirkuläres ist.

Um die Zirkularität von systemischen Fragen zu veranschaulichen, sollen anhand unseres Fallbeispiels einige Fragen formuliert werden: *Für wen ist das, was Ihr Sohn macht, ein Problem? Wen beunruhigt dieses Verhalten Ihres Sohnes am meisten? Wen am wenigsten? Was würde Ihre Frau auf die oben genannte Frage antworten, wenn Sie hier wäre?*

Es wird also nicht direkt die Person gefragt, die das Verhalten zeigt. Um die Kausalbeziehung etwas aufzuweichen, wird um die Ecke gefragt, eine dritte Person (Vater), wie sie das Verhalten der zweiten Person (Sohn) meint mit den Augen der ersten Person (Mutter) zu sehen.

Mit dieser zirkulären Haltung lassen sich zwei „Konstruktionsräume" des Klienten (Systems) erfragen. Einerseits kann die Wirklichkeitskonstruktion des Klienten oder der Familie genauer erfasst oder evtl. veränderbar gemacht werden. Dies geschieht durch:

- Skalierungsfragen: *Wie belastend empfindet Ihre Frau auf einer Skala von 0 bis 100 das Trödeln Ihres Sohnes am morgen, dabei ist 0 überhaupt nicht belastend und 100 sehr belastend?*
- Fragen nach Alternativen im Verhalten: *Wann belastet Sie das Trödeln Ihres Sohnes weniger? Wann besonders schlimm?*
- Fragen zum räumlichen und zeitlichen Kontext des Problems: *Wie genervt ist Ihre Frau beim Frühstück? Im Bad? Zur ersten oder zur zweiten Stunde von Sven?*
- Fragen nach Ausnahmen: *Gab es schon einmal einen Tag, wo Sie das Trödeln Ihres Sohnes überhaupt nicht nervte?*

Andererseits können mit zirkulären Fragen die Möglichkeitskonstruktionen des Systems eruiert werden und zwar mit Hilfe von

- Wunderfragen: *Wenn das Problem in Ihrer Familien über Nacht weg wäre, woran könnten Sie das erkennen?*
- Verschlimmerungsfragen: *Was könnte Sven noch tun, damit Sie so richtig genervt sind?*

- Hypothetischen Fragen: *Angenommen, dass Sie erst 30 Minuten nach Sven aus dem Haus müssten, wie würde der morgendliche Ablauf bei Ihnen aussehen?*

Generell haben alle systemischen (zirkulären) Fragen zum Ziel, Unterschiede im Verhalten sichtbar werden zu lassen und gewohnte Sichtweisen der Familie in Frage zu stellen.

Genogrammarbeit

Mit Hilfe des Genogramms lassen sich komplexe Familienstrukturen oder die Fülle von Informationen über das Familiensystem übersichtlich darstellen (McGoldrick/Gerson 1990). Es ist somit ein familienrekonstruierendes Verfahren, was meist eine Zeichensprache benutzt, in der die einzelnen Zeichen für bestimmte Merkmale stehen. So ist beispielsweise ein Kreis immer eine Frau und ein Quadrat ein Mann. Verwandtschaftliche Beziehungen werden durch Striche miteinander verbunden. Normalerweise werden folgende Informationen im Genogramm festgehalten: *Name, Vorname, Alter, evtl. Todesdatum; Datum von Heirat, Kennenlernen, Scheidung; Wohnorte, Herkunft der Familie; Krankheiten, Symptome, Todesursachen sowie Berufe.*

Die wohl bekanntesten Genogramme sind die Familienstammbäume. Auch sie dienten zur Strukturierung der Informationen über die Herkunft. In der Genogrammarbeit hat die Familie die Möglichkeit, ihre Geschichte besser zu verstehen, sich bestimmter Traditionen, Regeln und Muster bewusst zu werden. In dieser Rekonstruktion kann die Familie aber auch ihre Ressourcen erkennen und diese in die Gegenwart und Zukunft transportieren. Somit erfüllt das Genogramm eine diagnostische und therapeutische Funktion. Andere Verfahren der Familienrekonstruktion sind beispielsweise die Arbeit mit Familenfotos oder -aufzeichnungen.

Familienskulptur

Bei der Familienskulptur werden die Perspektiven einzelner oder mehrerer Familienmitglieder nicht mit Worten beschrieben, sondern körperlich-räumlich dargestellt. Die Beziehungen der Personen zueinander werden somit in einer Art Standbild festgehalten.

Je nachdem wie statisch oder ausdrucksstark dieses Standbild ist, lassen sich verschiedene Formen der Skulpturarbeit unterscheiden.

- Das Familienstellen arbeitet nur mit dem räumlichen Abstand der einzelnen Familienmitglieder, ihrer Blickrichtung und ihrer Größe.
- Die pantomimische Familienskulptur bezieht Gesten, Mimik und vielleicht auch einzelne Bewegungen mit ein.
- In einer Familienchoreografie werden zusätzlich durch Bewegungen bestimmte Dynamiken in den Beziehungen ausgedrückt und möglicherweise prägnante „Schlüsselsätze" eingesetzt (vgl. auch die sog. „parts party" von Satir 1979, 1990).

Generell können in Skulpturen die Gefühle und Beziehungen der einzelnen Familienmitglieder untereinander differenzierter zum Vorschein kommen. Somit ist die Familienskulptur eine der erlebnisintensivsten Methoden in der Familienberatung.

Refraiming und positive Konnotation

Das Umdeuten, einen anderen Rahmen geben (Refraiming) ist neben dem systemischen Fragen eine zentrale systemische Idee. Das Erlebte der Familie wird in einen anderen Kontext gestellt und erhält somit einen anderen Sinn.

Zum Beispiel kann das Zu-Späte-Heimkommen des Mannes, was von der Partnerin in der Richtung interpretiert wird, dass die Arbeit ihr vorgezogen wird, so bewertet werden, dass der Mann erst nach Hause kommen kann, wenn seine Arbeit wirklich abgeschlossen ist, er also aus Achtung vor seiner Frau entspannt nach Hause kommt.

Durch diese Umdeutung kann ein Verhalten, ein Problem oder ein Symptom in seiner positiven Bedeutung gesehen (positiv konnotiert) werden. Auch hier werden wieder Ursache-Wirkungsbezüge in Frage gestellt und somit neue Sichtweisen eingeführt.

Reflecting Team

In diesem von dem norwegischen Therapeut Tom Andersen (1990) stammenden Ansatz gibt es zwei Subsysteme – das therapeutische System bestehend aus Familie und Berater einerseits – und das beobachtende System bestehend aus zwei oder mehreren anderen Beratern, die entweder im gleichen Raum oder hinter einer Einwegscheibe sitzen, andererseits. Die Beratung wird in vorher festgelegten Abständen unterbrochen und es findet ein Austausch zwischen dem beobachtenden und dem beratenden System statt. Ziel ist wiederum, dem familiären System mehrere Sichtweisen zu ermöglichen und ein Annehmen der Perspektiven zu erleichtern, dass Beziehungsaspekte eine untergeordnete Rolle spielen. Auch ist es als sehr wertschätzend zu verstehen, wenn mehrere Berater sich dem Problem widmen.

Schlussinterventionen

Die Abschlussintervention ist schließlich ein weiteres charakteristisches Merkmal systemischer Beratung. Hier lassen sich zwei Arten von Interventionen unterscheiden: Eine Möglichkeit ist, am Ende der Stunde der Familie eine Aufgabe zu verschreiben, um zum Beispiel den Transfer des Erarbeiten in den Alltag zu ermöglichen. Solche Hausaufgaben sollten natürlich zu den Hypothesen über das Problem passen und anschlussfähig sein, d.h. auch zu dem System passen. Eine besondere Form der Hausaufgabe, die immer wieder kontrovers diskutiert wird, ist die Symptomverschreibung. Hier wird das Problem bewusst als Hausaufgabe aufgegeben. Zum Beispiel kann einem depressiven Klienten Traurigkeit verschrieben werden, also an einem Tag besonders traurig zu sein. Der Klient soll hier seine Wahrnehmung schärfen und Differenzen erfahren.

In letzter Zeit gewannen aber die Abschlusskommentare immer mehr an Bedeutung. Bereits die Mailänder Schule (Selvini Palazzoli et al. 1977) betonte die Bedeutung des Kommentars. Sie forderten eine Beratungspause gegen Ende der Beratung, in der die Hypothese gebildet und das Problem definiert werden soll. Anschließend geht der Berater zurück in das System und gibt seine Auffassung über das Problem positiv und wertschätzend wieder. Ein Nachfragen ist nicht erlaubt. Auch diese Intervention hat zum Ziel, starre Vorstellungen aufzuweichen und Unterschiede wieder wahrzunehmen.

7. Synthesen?

In letzter Zeit fanden sich zunehmend neuere konzeptionelle Entwicklungen, die u. a. den Versuch unternehmen, die beiden großen theoretischen Ansätze in der Familienberatung miteinander zu integrieren. So rückte beispielsweise Peter Fürstenau (1992) mit Hilfe einer integrativen psychoanalytisch-systemischen Betrachtungsweise verstärkt das Thema „Entwicklungsförderung" ins Zentrum der gemeinsamen Bemühungen mit den Ratsuchenden.

Auch neuere Erkenntnis der Säuglings- und Bindungsforschung wurden zunehmend für die Weiterentwicklung einer integrativen Konzeption der Familien- und Paarberatung (Wirsching/Scheib 2002) rezipiert, indem die *Qualität früher Bindungen* in ihrer Bedeutung für die Gestaltung, Prägung und vorhersehbare Dynamik späterer Partnerschafts- und Bindungserfahrungen im Lebenszyklus erkannt (Brisch et al. 2002) und genutzt wurde (Scheurer-Englisch 1999; Suess/Röhl 1999).

Andererseits fanden mit der Entwicklung einer *ökologisch-koevolutiven Beratungs- und Therapiekonzeption* in diesem neueren Diskurs auch Konzepte einer „ökologischen Psychotherapie" (Bronfenbrenner 1981; Willi 1996; Limacher/Willi 1998) Eingang in eine moderne Auffassung von Familienberatung.

Mit Hilfe der Methode der *koevolutiven Fokusbildung* (Willi 1996) lässt sich präzise eingrenzen, vor welchen anstehenden nächsten Entwicklungsschritten die einzelnen Familienmitglieder zurückscheuen, in welch lebensgeschichtlichem Sinnzusammenhang und Kontext das aktuelle Problem bzw. „Symptom" jetzt auftaucht und welche Ressourcen bei den beteiligten Partner vorhanden, aber momentan blockiert sind. Diese können dann im Prozess einer koevolutiven, psychoanalytisch-systemischen Beratung mobilisiert werden, um den Beteiligten gemeinsam die Bewältigung des *nächsten* kleinen, aber entscheidenden *Entwicklungsschrittes* zu ermöglichen und so einen Prozess *bezogener Individuation* anzustoßen.

8. Resümee

Abschließend ist zu bemerken, dass aus der Psychotherapieforschung inzwischen bekannt ist, dass die Wirksamkeit unterschiedlicher Therapieverfahren nicht auf den Effekt spezifischer Interventionsformen zurückzuführen ist, sondern dem Einfluss genereller Wirkfaktoren geschuldet ist (Wampold 2001; Berns 2004). Zwar wurden für den Beratungsbereich vergleichbare Untersuchungen im deutschsprachigen Raum noch nicht durchgeführt, doch kann man annehmen, dass sich die Ergebnisse der Psychotherapieforschung generalisieren lassen.

Danach ist es für das Ergebnis einer Beratung relativ unerheblich, ob ein Berater dem Klienten eher „sinnstiftende Deutungen" anbietet oder „verstörende" zirkuläre Fragen stellt. Weitaus wichtiger sind hingegen die Qualität der angebotenen Beziehung des gemeinsam entwickelten Arbeitsbündnisses und die so genannte *Allegianz*[2], d.h. die Überzeugung des Beraters von der Wirksamkeit seiner Methode. In diesem Sinne sind demnach nicht so sehr spezifische Interventionen das wirksame Agens in einer professionellen Beratung, sondern ein hoher Grad an Identifikation des Beraters mit seinem Konzept und seiner Fähigkeit zur Herstellung einer tragfähigen Beratungsbeziehung (Berns 2004).

Literatur

Anderson, Tom (1990): Das reflektierende Team. Dortmund: Modernes Lernen

Bauriedl, Thea (1984): Beziehungsanalyse – das dialektisch emanzipatorische Prinzip der Psychoanalyse und seine Konsequenzen für die psychoanalytische Familientherapie. Frankfurt a.M.: Suhrkamp

Bauriedl, Thea (1999): Die Therapie von Kindern, Jugendlichen und ihren Eltern aus beziehungsanalytischer Sicht. In: Bauriedl, Thea (Hg.): Auch ohne Couch. Stuttgart: 289-315

Berns, Ulrich (2004): Spezifische psychoanalytische Interventionen. Kaum wirksam, doch unverzichtbar? In: Forum der Psychoanalyse 20: 284-299

BMFuS (1993): Familie und Beratung: familienorientierte Beratung zwischen Vielfalt und Integration: Gutachten. Schriftenreihe des Bundesministeriums für Familie und Senioren 16. Stuttgart: Kohlhammer

Brisch, Karl Heinz/Grossmann, Klaus E./Grossmann, Karin (Hg.) (2002): Bindung und seelische Entwicklungswege: Grundlagen, Prävention und klinische Praxis. Stuttgart: Klett-Cotta

Bronfenbrenner, Urie (1981): Die Ökologie der menschlichen Entwicklung: natürliche und geplante Experimente. Stuttgart: Klett-Cotta

Cierpka, Manfred (Hg.) (1996): Handbuch der Familiendiagnostik. Berlin: Springer

DAKJEF (2001): Zielvorgaben und Orientierung: Deutscher Arbeitskreis für Jugend-, Ehe- und Familienberatung beschließt einheitliche „Fachliche Standards". In: Blickpunkt EFL – Beratung: 63-67

---

2 Allegiance (engl.): 1. Untertanenpflicht, Untertanengehorsam, Untertanentreue;
   2. Treue, Ergebenheit, adj. treu, loyal (Langenscheidt 1962).

Daser, Eckhard (2001): Deuten als Form der hilfreichen Beziehung. Dargestellt an zwei Sequenzen aus psychoanalytischen Kriseninterventionen. In: Psyche 55: 504-532

EKD (1981): Leitlinien für die Psychologische Beratung in evangelischen Erziehungs-, Ehe-, Familien- und Lebensberatungsstellen. Hannover: EKD

Ermann, Michael (Hg.) (1996): Die hilfreiche Beziehung in der Psychoanalyse. Göttingen: Vandenhoeck/Ruprecht

Haid-Loh, Achim/Lindemann, Friedrich-Wilhelm/Märtens, Michael (1995): Familienberatung im Spiegel der Forschung: Ergebnisse und Entwicklung beratungsbegleitender Forschung und Selbstevaluation auf dem Feld der Psychologischen Beratung in den alten und neuen Bundesländern. Evangelisches Zentralinstitut für Familienberatung Berlin: Untersuchungen; 17. Berlin: EZI

Haid-Loh, Achim/Lindemann, Friedrich-Wilhelm (2004): Integrierte familienorientierte Beratung: ein zukunftsfähiges Konzept der Weiterbildung in Psychologischer Beratung. In: Fokus Beratung 6: 90-96

Haid-Loh, Achim (2006): Tiefenpsychologisch orientierte Familienberatung – Zur Methodik des Erstgesprächs am Beispiel einer Erziehungsberatung. In: Psychotherapie in Psychiatrie, Psychotherapeutischer Medizin und Klinischer Psychologie 11: 64-73

Hundsalz, Andreas (1995): Die Erziehungsberatung. Weinheim, München: Juventa

Fürstenau, Peter (1992): Entwicklungsförderung durch Therapie: Grundlagen psychoanalytischer-systemischer Psychotherapie. Leben lernen: Band 81. München: Pfeiffer

Keil, Siegfried (1983): Familie. In: TRE, Bd. 11. Berlin, New York: 1-23

Kutter, Peter (1981): Empathische Kompetenz. Begriff, Training, Forschung. In: Psychotherapie, Psychosomatik und medizinische Psychologie 31: 37-41

Lenz, Albert (2001): Partizipation von Kindern und Jugendlichen. Entwicklungen, empirische Befunde und Handlungsperspektiven. Weinheim, München: Juventa

Lidz, Theodore (1971): Familie und psychosoziale Entwicklung. Frankfurt a.M.: Suhrkamp

Limacher, Bernhard/Willi, Jürg (1998): Wodurch unterscheidet sich die ökologisch-koevolutive Therapiekonzeption von einer systemisch-konstrukivistischen? In: Familiendynamik 23: 129-155

Lüscher, Kurt (1998): Überlegungen zu Begriff und Bedeutung von Familie unter „postmodernen" Verhältnissen. In: Gottes Gabe und persönliche Verantwortung: zur ethischen Orientierung für das Zusammenleben in Ehe und Familie; eine Stellungnahme der Kammer der EKD für Ehe und Familie. Gütersloh: 125-141

McGoldrick, Monica/Gerson, Randy (1990): Genogramme in der Familienberatung. Stuttgart: Huber

Meinhold, Marianne (1996): Qualitätssicherung und Qualitätsmanagement in der sozialen Arbeit. Freiburg: Lambertus

Neumann, Anne (1984): Paarberatung in der Erziehungsberatung, ein Zwischenbereich. In: Wege zum Menschen 36: 191-201

Petzold, Matthias (1992): Familienentwicklungspsychologie: Einführung und Überblick. München: Quintessenz

Raiff, Norma R./Shore, Barbara K. (1998): Fortschritte im Case Management. Freiburg: Lambertus

Richter, Horst-Eberhard (1990): Patient Familie: Entstehung, Struktur und Therapie von Konflikten in Ehe und Familie. Hamburg: Rowohlt

Satir, Virginia (1979): Familienbehandlung. Freiburg: Lambertus

Satir, Virginia (1990): Kommunikation, Selbstwert, Kongruenz. Paderborn: Junfermann

Scheurer-Englisch, Hermann (1999): Bindungsdynamik im Familiensystem und familientherapeutische Praxis. In: Suess, Gerhard J./Pfeifer, Walter-Karl P. (Hg.): Frühe Hilfen. Bundeskonferenz für Erziehungsberatung. Gießen: 141-164

Schlippe, Arist von/Schweitzer, Jochen (1996): Lehrbuch der systemischen Therapie und Beratung. Göttingen, Zürich: Vandenhoeck/Ruprecht

Schütze, Yvonne/Wagner, Michael (1991): Sozialstrukturelle, normative und emotionale Determinanten der Beziehungen zwischen erwachsenen Kindern und ihren alten Eltern. In: Zeitschrift für Sozialisationsforschung und Erziehungssoziologie 11: 295-313

Selvini Palazzoli, Mara/Boscolo, Luigi/Cecchin, Gianfranco/Prata, Giuliana (1977): Paradoxon und Gegenparadoxon. Stuttgart: Klett

Springer, Otto (1962): Langenscheidts Enzyklopädisches Wörterbuch der Englischen und Deutschen Sprache. Berlin: Langenscheidt

Stierlin, Helm/Rücker-Embden, Ingeborg/Wetzel, Norbert/Wirsching, Michael (1997): Das erste Familiengespräch, 7. Aufl. Stuttgart: Klett-Cotta

Suess, Gerhard J./Röhl, Jürgen (1999): Die integrative Funktion der Bindungstheorie in Beratung/Therapie. In: Suess, Gerhard J./Pfeifer, Walter-Karl P. (Hg.): Frühe Hilfen. Bundeskonferenz für Erziehungsberatung. Gießen: 165-199

Volger, Ingeborg (2005): Bilder werden Wirklichkeit. Theoretische Grundlagen tiefenpsychologisch-orientierter Erziehungsberatung. In: Reuser, Bodo/Nitsch, Roman/Hundsalz, Andreas (Hg.): Die Macht der Gefühle. Affekte und Emotionen im Prozess von Erziehungsberatung und Therapie. München: 157-174

Wampold, Bruce E. (2001): The great psychotherapy debate. Models, methods, and findings. Mahwah, N.J.: Lawrence Erlbaum Associates

Watzlawick, Paul/Beavin, Janet H./Jackson, Don D. (1969): Die menschliche Kommunikation. Stuttgart: Huber

Willi, Jürg (1996): Ökologische Psychotherapie: Theorie und Praxis. Göttingen: Hogrefe

Wirsching, Michael/Scheib, Peter (Hg.) (2002): Paar- und Familientherapie. Berlin: Springer

Wöller, Wolfgang/Kruse, Johannes (2001): Tiefenpsychologisch fundierte Psychotherapie. Stuttgart: Schattauer

Frank Nestmann

Netzwerkintervention und soziale Unterstützungsförderung

1. Netzwerk- und soziale Unterstützungsforschung

Seit über 30 Jahren hat eine der breitesten internationalen sozial- und gesundheitswissenschaftlichen Forschungsrichtungen, die Netzwerk- und soziale Unterstützungsforschung (vgl. Laireiter i. d. B.), überzeugende Belege dafür erbracht, dass persönliche Beziehungssysteme und Bindungen dazu beitragen können, Gesundheit und Wohlbefinden generell und präventiv zu fördern und in Belastungssituationen zu schützen und zu erhalten. Bei eingetretener Störung und Krankheit können soziale Netzwerke ihre Mitglieder kurativ in der Bewältigung und Heilung unterstützen, in der Erholung und Rehabilitation hilfreich sein und auch die Anpassung an unveränderliche chronische Beeinträchtigung erleichtern sowie ein gelingenderes Arrangement in begleitender Pflege und Versorgung erreichen (Vaux 1988; Röhrle 1994; Nestmann 1988; Diewald 1991). Soziale Netzwerke, ihr Rückhalt und ihre alltäglichen wie problembezogenen Unterstützungsleistungen helfen offensichtlich den unterschiedlichsten Personen und Gruppen in den unterschiedlichsten Lebensphasen und Lebenskonstellationen die unterschiedlichsten Anforderungen, Risiken, Probleme und Krisen ihrer Lebensführung und Lebensbewältigung erfolgreich zu meistern und gesünder zu sein und zu bleiben (Cohen et al. 2000). Dass die Forschung zur Wirkung sozialer Netzwerkeinbindung und persönlicher Unterstützungsbeziehungen auch fehlende, nicht hilfreiche oder sogar negative Effekte registrieren musste, kann angesichts einer empirisch inzwischen unüberschaubaren Anzahl methodisch und inhaltlich sehr diverser Einzeluntersuchungen weder verwundern, noch vom Gesamtresümee abhalten, dass generell formuliert eine signifikante Beziehung zwischen Isolation, mangelnder Netzwerkintegration, niedrigem Support und schlechter psychischer und physischer Gesundheit ebenso existiert wie eine (nahezu) eben so enge Verknüpfung zwischen der Einbettung in ein soziales Netzwerk, guter sozialer Unterstützung und guter Gesundheit und gesteigertem Wohlbefinden (Cohen/Syme 1985; Sarason et al. 1990).

Diese Erkenntnis trug auch bald dazu bei Überlegungen anzustellen, wie durch professionelle Intervention in soziale Netzwerke diese Gesundheit schützenden und Wohlbefinden fördernden Wirkungen zu optimieren wären. Alle Ansätze der Netzwerk- und Unterstützungsintervention, so unterschiedlich sie auch sind (s. u.), basieren auf den gleichen Annahmen und Wissensbeständen der Grundlagenforschung zu sozialen Netzwerken und zu social support, die soziale Beziehungen mit Gesundheit verknüpfen. Obwohl weder die Theorie der Netzwerkintervention und Supportförderung wie ihre empirische Evaluation und Erforschung auch nur im Entferntesten den quantitativen Stand und die qualitativen Standards der Netzwerk- und Supportforschung selbst erreicht haben, bieten sie doch einen heute reichhaltigen Hintergrund für die Entwicklung einer konzeptgeleiteten Interventionspraxis (Röhrle et al. 1998; Otto/Bauer 2005a; Nestmann 1989, 1991, 1997, 2000; Milne 1999; Bullinger/Nowack 1998; Ningel/Funke 1995; Gottlieb 1988a, b, 1995, 2000).

2. Netzwerkintervention und persönliche Beziehungen

‚Netzwerkintervention' und ‚Förderung sozialer Unterstützung' sind einerseits ‚Schirmbegriffe' über eine Vielfalt von professionellen Einflussversuchen auf persönliche Beziehungen und sie sind gleichzeitig ganz spezifische Interventionskonzepte, die sich stark von anderen ‚üblichen' Formen der psychosozialen und gesundheitsbezogenen Einflussnahme unterscheiden. Sie können aus mehrerlei Gründen als ‚Prototypen' der Intervention in persönliche Beziehungen gelten:

Persönliche Beziehungen stehen im Mittelpunkt ihrer Aufmerksamkeit. Trotz einer langen Tradition fast unverbundener sozialer Netzwerk- und Unterstützungsforschung einerseits und dem großen Forschungsfeld zu persönlichen Beziehungen andererseits, die erst langsam zusammen finden (Sarason/Duck 2001; Badr et al. 2001), wird zunehmend die entscheidende Rolle persönlicher Beziehungen für die Netzwerkeinbindung wie für soziale Unterstützungsfunktionen anerkannt. Es ist davon auszugehen, dass soziale Unterstützungsprozesse außer durch individuelle und Kontextfaktoren in erster Linie durch persönliche Beziehungsdimensionen beeinflusst sind (Acitelli/Antonucci 1994; Cutrona 1996; Duck et al. 1997; Badr et al. 2001). Soziale Interaktionen, in denen sich grundlegende zwischenmenschliche Funktionen ausdrücken, sind die zentralen Bausteine persönlicher Beziehungen wie auch sozialer Unterstützungstransaktionen (Heller/Rook 1997, 2001). Alltägliche persönliche Beziehungsstrukturen sind der Hintergrund, vor dem soziale Unterstützung generell wie in Krisensituationen oder in bestimmten Bedürfniskonstellationen gegeben bzw. ausgetauscht wird. Es ist falsch, soziale Netzwerkunterstützung als isoliertes Ereignis im sozialen Leben eines Individuums zu konzipieren und zu erfassen und sie sozusagen aus den persönlichen Beziehungs- und Interaktionskontexten herauszureißen, ohne den Rahmen der Beziehungsroutinen, die der soziale Kontext bereitstellt, zu berücksichtigen (Leatham/Duck 1990). Social support aus sozialen Netzwerken ist ein kontinuierlicher und alltäglicher Prozess, der am besten in seinem Auftreten und Niederschlag in persönlichen Beziehungen verstanden und untersucht werden kann, weil persönliche Beziehungen unterstützen können, weil sie Supportbedürfnisse und Supportbereitstellung beeinflussen und auch die Interpretation von Supporttransaktionen einbetten (Gottlieb 1985; Gottlieb/Wagner 1991). So sind positive persönliche Beziehungen zu anderen nur dann positiv mit Wohlbefinden verknüpft, wenn auch positive Gefühle und ein soziales Miteinander in der Gemeinschaft beteiligt sind, nicht aber alleine über die Bereitstellung einer bestimmten Unterstützungsleistung. Zudem beeinflusst die Qualität der Beziehung zwischen dem Unterstützer aus dem sozialen Netzwerk und dem Unterstützungsrezipienten stark den Einfluss der Unterstützung auf Gesundheit und Wohlbefinden (Duck et al. 1991; Sarason et al. 2001).

Soziale Unterstützung ist also keine isolierte Variable. Sie ist nicht einfach eine Ressource aus dem sozialen Netzwerk, die bereitgestellt wird oder nicht. Sie ist vor allem auch Ausdruck einer persönlichen Beziehung, charakterisiert durch Gefühle der Zuneigung, der Bindung, der Intimität, Gegenseitigkeit, Solidarität etc., und es sind Beziehungen, die eine unterstützende Bedeutung einer bestimmten Handlung erst herstellen (Rutter 1987).

Die Netzwerk- und Unterstützungsintervention unterscheidet sich von anderen, z.B. therapeutischen oder beraterischen Verfahren, vor allem dadurch, dass *über, mit* oder *durch* informelle persönliche Beziehungen *in* persönliche Beziehungen interveniert wird. Die Versuche, durch eine Aktivierung und Förderung persönlicher Beziehungen und Interaktionen jene Unterstützungs- und Hilfebedürfnisse von Personen zu erfüllen, die aus einer generellen Lebenslage oder einer spezifischen Anforderungs- oder Krisensituation resultieren, sind ‚selbst'-hilfeorientiert. Im Gegensatz zur Psychotherapie, Beratung oder sozialen Arbeit werden die Interventionswirkungen aus der Interaktion von Betroffenen und mehr oder weniger engen Mitmenschen angestrebt und erwartet – nicht aus einer Interaktion mit professionellen Helfern und Helferinnen. Professionelle Helfer/innen, die Netzwerke und soziale Unterstützung fördern, intervenieren weniger direkt und selbst durch eigenes Hilfehandeln, sondern indirekt in einer Rolle, Ressourcen persönlicher Beziehungen zu entdecken, zur Geltung zu bringen und sie auf die Bedürfnisse eines Individuums oder einer Zielgruppe abzustimmen. Netzwerk- und Supportförderer sind primär Anstifter zu alltäglichem Rückhalt und alltäglicher gegenseitiger Hilfe (s.a. Nestmann/Projektgruppe DNS 2002).

Netzwerk- und Supportintervention sind daher auch an Ressourcen und Stärken orientiert. Sie betrachten die Beziehungen von Personen als ebenso zentrale Potenziale der Entwicklung, Entfaltung und Hilfe wie die Bewältigungskräfte des Einzelnen und die der Lebenskontexte. Persönliche, soziale sowie Kontextressourcen in ihrer Interaktion werden zum Fokus und zum Ziel der netzwerk- und supportorientierten Intervention.

3. Formen der Netzwerkintervention und der sozialen Unterstützungsförderung

Es gibt eine facettenreiche Palette bisher international praktizierter netz-
werk- und unterstützungsorientierter Interventionsprogramme, und deren
große Diversität erschwert sowohl eine systematische Darstellung wie auch
ihre vergleichende Evaluation (s. u.).

Prinzipiell versuchen sie alle, eines oder mehrere Charakteristika sozialer
Netzwerke zu analysieren und zu verändern:

* Netzwerk*strukturen* (wie Größe, Dichte, Erreichbarkeit etc.),
* Beziehungs*qualitäten* (wie Reziprozität, Multiplexität, Intimität etc.) und
* *Funktionen* (wie insbesondere soziale Unterstützung aber auch Regulati-
  on oder Kommunikation).

Meist geschieht dies in der Absicht, die für Gesundheit und Wohlbefinden
förderlichen Potenziale von Einzelnen und Gruppen zu aktivieren und besser zur Geltung zu bringen, die wiederum anderen Personen und Gruppen in
ihren spezifischen Bedürfnissen der Lebensführung und Lebensbewältigung
hilfreich sein können (Gottlieb 1988 a, b, 1992, 2000).

Nach einem Typisierungsversuch von Bernd Röhrle und Gert Sommer (1998)
lassen sich netzwerkorientierte Interventionen zunächst hinsichtlich zweier zu
Grunde liegender *Paradigmen* unterscheiden. Werden Individuen verändert
oder beziehen sich die Veränderungsabsichten auf soziale Systeme?

Bezüglich der unterschiedlichen *Vorgehensweisen* lassen sich z. B. eher
edukativ instruierende, stark kognitiv orientierte Programme von eher ver-
haltens- und übungsbezogenen lernorientierten sowie eher emotional unterstützenden Konzepten unterscheiden. Zudem gibt es Ansätze, die stärker
eine Verknüpfung informeller und professioneller Hilfen anstreben, entweder direktiv angeleitet oder koordinierend und kollegial.

Der jeweilige *Fokus des Vorgehens* lässt Programme, die sich ganz auf
Netzwerkveränderung konzentrieren, unterscheiden von solchen, in denen
die Modifikation der Netzwerkcharakteristika eher ein Nebenprodukt anderer diagnostischer und therapeutischer Interventionen ist.

Die sehr verschiedenen *Aufgaben*, die Netzwerkinterventionen haben können, lassen eine Differenzierung in eher allgemeine, oft auch diffuse Ziele
(wie das Erreichen von genereller Zuwendung und Geselligkeit) oder sehr
spezifische Ziele (konkrete alltagsmedizinische Versorgung und Medika-
mentierung zur Linderung eines bestimmten Leidens) vornehmen.

Anlässe und Zielgruppen von Netzwerkintervention reichen über alle Altersgruppen, beide Geschlechter, verschiedenen Status und unterschiedliche
Ethnien. Sie umfassen verschiedenste Risiko- und Krankheitsgruppen,
Menschen in allen nur vorstellbaren Lebenslagen und Lebensumständen,
konfrontiert mit den diversesten kritischen Lebensereignissen.

Klare Unterscheidungen lassen sich hinsichtlich einer stärkeren Beeinflussung *quantitativer* oder *qualitativer Netzwerkdimensionen* vornehmen (z.B. mehr Freunde in ein Netzwerk integrieren oder höhere Sensibilität für Hilfesuche entwickeln). Allerdings versuchen viele Programme beides zu berücksichtigen und zu verknüpfen.

Eng verbunden mit dieser Differenzierung ist oft eine stärkere Berücksichtigung *objektiver* (beobachtbarer, z.B. Verhaltens- oder Struktur-)Veränderungen oder eher *subjektiver* Netzwerk- und Supportbeurteilungen der Beteiligten (z.B. Wichtigkeit von/oder Zufriedenheit mit erfahrenen Hilfen).

Schließlich unterscheiden sich mikro-, meso- oder makrosystemische *Ansatzpunkte und Interventionsebenen*, die das ganze Spektrum der Netzwerkintervention ausmachen. Es reicht von Individuen über Dyaden, natürliche und künstliche Gruppen, persönliche soziale Netzwerke, Organisationen, die Gemeinde-(community-)ebene sowie nationale und internationale Vernetzungsstrukturen bis zu globalen Netzwerkkontexten. Auf all diesen Ebenen – an einzelnen Ansatzpunkten oder auch in ihrer Kombination – setzt Netzwerkintervention an. Sie geht damit auch zum Teil über die Intervention in *persönliche* Beziehungen hinaus, denen hier die Hauptaufmerksamkeit gilt.

4. Interventionsebenen

4.1 Individuen

Auf der *individuellen Ebene* der Intervention werden Betroffene und Klienten als Hilfe- und Unterstützungsrezipienten ebenso wie einzelne Netzwerkmitglieder als potenzielle oder faktische Helfer und Unterstützer einbezogen. Individuen lernen Netzwerke aufzubauen und zu pflegen, Unterstützung zu geben und zu nehmen. Anwendungsorientiert hat sich insbesondere Richard E. Pearson (1997) damit befasst, wie in Beratungsprozessen einzelne Personen (Klienten oder wichtige andere Menschen) lernen können, persönliche Netzwerk- und Unterstützungsbarrieren zu überwinden und soziale Unterstützung für sich und andere zu fördern. Einzelpersonen lernen, z.B. in Gesprächen, Rollenspielen, Trainings etc. Netzwerke und ihre Unterstützungsleistungen wahrzunehmen und zu würdigen. Sie lernen Hilfe zu signalisieren, zu mobilisieren, sie zu suchen und anzunehmen, auf Hilfe angemessen zu reagieren, Gegenseitigkeit zuzulassen etc. Einzelpersonen lernen andererseits ihre Helferkompetenz in Netzwerken zu entwickeln, Hilfebedarf anderer wahrzunehmen und angemessener zu helfen, Angst vor falscher Hilfe abzubauen etc. Sie werden zur Hilfe motiviert, können aber auch lernen, besser oder passender zu helfen, Hilfe zu dosieren, ihre Hilfebereitschaft nicht ausnutzen zu lassen. Neben den von Richard E. Pearson in den Mittelpunkt gerückten kognitiv-behavioralen Einstellungs- und Verhaltensänderungsstrategien lassen sich auch personenzentrierte, lösungs- und ressourcenorientierte, psychodramatische und andere Vorgehensweisen in der Einzelberatung mit informellen Helfer/innen und Hilferezipient/innen praktizieren, um deren Reflexivität und

Kompetenzen der Hilfesuche, der Hilfeannahme oder der Hilfeleistung zu verbessern.

Eine ganz spezifische individuelle Interventionskonstellation ist hier auch die professionelle Hilfe für Menschen, die vielen anderen vielfältig helfen oder die dauerhaft pflegen – meist weibliche Angehörige. Typisch ist z. B. die Versorgung kranker oder pflegebedürftiger Familienmitglieder durch familiale Helferinnen (Hausfrauen und Mütter), die die gesamte Last der Sorge und Hilfe ohne Reziprozität tragen, mit dem Risiko eines Zusammenbruchs der Helferin, eines Zusammenbruchs der Gegenseitigkeit und eines Zusammenbruchs der einbettenden persönlichen Beziehung. Gerade angesichts zunehmender chronischer Erkrankungen und angesichts der Versorgungsnotwendigkeiten immer größerer Gruppen z. B. von alten Menschen, vor allem von altersdementen Patienten (zusätzlich zu ,alltäglichen' Versorgungsroutinen für Kinder und Partner) scheint die gezielte Unterstützung für diese Helferinnen von größter Bedeutung. In zahlreichen Studien wurden die drastischen Überforderungen insbesondere von Müttern und Töchtern in diesen Konstellationen eindrücklich nachgewiesen (Grunow et al. 1983; Nestmann/Schmerl 1991; Schmerl/Nestmann 1990). Ein geringer alltäglicher sozialer Rückhalt dieser Helferinnen, fehlende Unterstützung z. B. durch Partner und andere enge Familiengehörige wird zu einem zentralen Risikofaktor für alle unmittelbar und mittelbar Beteiligten im Beziehungssystem. Neben der Notwendigkeit einer praktischen und materiellen Kompensation scheint emotionale Unterstützung hier das zwar am schlechtesten definierte, aber dennoch wichtigste Bedürfnis der extrem belasteten Helfer/innen (Kuipers 1998). Bisher wird in der Praxis therapeutischer und psychosozialer Arbeit eine *Unterstützung der Unterstützer* noch selten realisiert. Unterstützungsförderung z. B.

- durch Rollenreflexion, Gefühlsreflexion und Helfertrainings,
- durch Unterstützungsgruppen von Versorgern in ähnlichen Situationen oder,
- durch Selbsthilfegruppen von Angehörigen und Pflegenden,
- durch Netzwerkmanagement zur Entlastung von Helfer/innen oder auch durch Entwicklung kompensierender Familienressourcen,
- durch die gezielte Aktivierung anderer Netzwerksektoren (ehemalige und neue Bekannte, alte Freund/innen etc.) zur Ablenkung und zur Schaffung von emotionalem Gegengewicht

sind Strategien, die in diesen Konstellationen praktiziert werden können.

Versuche des ,linkage', d. h. der gezielten Verknüpfung informeller Hilfequellen mit professionellen Hilfeangeboten sind zu verstärken. Hierbei scheint wichtig, dass Professionelle die Beteiligten in ihrer Wahrnehmung der Helferrolle und der Hilfeerfahrung, in ihrer Alltagsexpertise ernst nehmen und sie stärker würdigen als bisher geschehen (Solomon et al. 1996; Winefield/Burnett 1996). Die sorgsam auszuwählenden informellen Helfer, die ebenso zum Unterstützungsbedürfnis des/der Betroffenen wie zum

Problem- und Bewältigungskontext ‚passen' müssen, müssen lernen, eben diese zu verstehen und ihre eigenen Hilfemöglichkeiten richtig einzuschätzen und in konkrete Unterstützungsformen umzusetzen.

Individuum zentrierte Netzwerk- und Supportinterventionsprogramme können allerdings auch über enge persönliche Beziehungen und Bindungen hinaus auf *alltägliche Helfer und Schlüsselpersonen einer Gemeinde* bezogen sein. Es gibt eine Gruppe von entfernten Netzwerkmitgliedern und potenziellen sozialen Unterstützern und Helfern, die in der Netzwerkinterventionspraxis weiterhin eher randständig bleiben, die ‚natural helpers' oder ‚community carers', also die alltäglichen Helfer/innen einer Gemeinde (Nestmann 1988). Es sind vor allem die wichtigen ‚weak ties', also die ‚schwachen Bindungen' unseres sozialen Netzwerks (Granovetter 1973). Schon seit den 70er Jahren und der umfassenden Bestandsaufnahme von Michael Gershon und Henry B. Biller (1977) ‚The other helpers' wurde deren Bedeutung als Schlüsselpersonen für Funktionen der sozialen Regulation, der sozialen Unterstützung und der sozialen Kontrolle in sozialen Systemen und Settings herausgearbeitet. Dennoch hat sich im Gegensatz zur Support- und Netzwerkforschung weder eine natural-helper-Forschung weiterentwickelt, noch eine anwendungsbezogene Programmatik ihrer Berücksichtigung in Hilfepraxis und Interventionsprogrammen ausgebreitet. Dabei sind diese Personen quasi allgegenwärtig – sei es, dass sie über ihre Stellung und Rolle in der Gemeinschaft und der Nachbarschaft, über ihre publikumsintensiven Berufe oder über ihr ausgeprägtes soziales Engagement, z.B. in Vereinen etc., zu Hilfegeneralisten oder Hilfespezialisten (Caplan 1974) werden. In Netzwerkinterventionsprogrammen (im deutschsprachigen Raum) wurde bisher nur selten erprobt, wie professionelle Hilfe diese Gruppen und Personen aktivieren kann, ohne sie in ihrem Selbstbild und ihren Hilfestrategien lediglich zu ‚Hilfstherapeuten' zu machen und ohne über einen unreflektierten Transfer professioneller Hilfevorstellungen ihrer alltäglichen Hilfequalitäten zu gefährden. Sie könnten durch bessere Information über gezielte Weiterverweisungswege, über Austauschforen, über angeleitete Supervisionsgruppen und auch über vorsichtige und alltagssensible Hilfetrainings für diese wichtigen Funktionen aufgeschlossen und darin unterstützt werden. Hier liegt ein weites, kaum bearbeitetes Forschungs- wie Interventionsfeld (siehe auch Nestmann/Projektgruppe DNS 2002).

Wie diese Förderung von einzelnen Schlüsselpersonen überschreiten auch Ansätze einer primär präventiven Erziehung und Bildung von Kindern, Jugendlichen und Erwachsenen zur Entwicklung von Netzwerkorientierung und Netzwerkperspektive, zur Wahrnehmungssensibilisierung für Hilfebedarf, zur Ausbildung von Hilfemotivation, Realisierung eigener Hilfekompetenz, Erfahrung von Reziprozität etc. in gewisser Weise die individuelle Ebene. Zwar werden einzelne Personen in ihren Hilfeleistungs- und Hilfenutzungskompetenzen gefördert, aber in Programmen, die sich an viele Menschen richten, an bestimmte Gruppen, Schulklassen, Berufe, Gemeinden oder gar eine ganze Bevölkerung (s. u.).

4.2 Dyaden

Dyaden sind die nächst höhere Interventionsebene. Entweder werden ‚echte' bereits vorhandene persönliche Beziehungen eines Netzwerks angezielt – dies sind oft Beziehungen zu zentralen Personen, die viele Kontakte und Bindungen und viele Funktionen (vor allem unterstützende) auf sich vereinen, oder aber neu in ein soziales Netzwerk eingeführte Helfer/innen, die als Unterstützungsinstanzen für die jeweiligen Betroffenen wirksam werden sollen. Oft sind es Partner/innen (z.B. in der Unterstützung durch den Ehemann bei und nach einer Geburt). Das ‚dyadische Coping' hat in den letzten Jahren eine große theoretische, empirische und praktische Aufmerksamkeit auf sich gezogen (Buchwald et al. 2004; Bodenmann 1995, 2004). Eine feste und intime Bindung ist für viele Menschen neben lockeren Netzwerkbezügen zentrale Bedingung für Gesundheit und Wohlbefinden. Gegenseitige Achtung, Eingebettetsein in ein Vertrauensverhältnis, Offenheit für die Bedürfnisse des anderen, Verlässlichkeit etc. insbesondere aber emotionale Unterstützung machen starke Beziehungen (strong ties) so bedeutsam. Eine der wichtigsten Erwartungen ist hier ‚geliebt zu werden' und ein Vertrauen auf Hilfe bei Hilfebedarf (Baxter 1986). Solche Unterstützungsbeziehungen sind oft nicht ersetzbar durch andere Supportquellen, sei es auf den eher psychologischen Dimensionen der Vermittlung von Geborgenheit und Sicherheit oder auf den praktischen Dimensionen längerfristiger und intensiver Betreuung und Versorgung. Insofern bieten diese dyadischen Konstellationen auch gute Interventionsperspektiven. Sie scheinen insbesondere deshalb für die professionelle Praxis so bedeutsam, weil zahlreiche Untersuchungen (z.B. Katz et al. 1996) belegen, dass in einem solchen Interventionsprozess mit unterstützenden Partnern und Partnerinnen sowohl ‚primäre' positive Wirkungen, d.h. Wirkungen in Bezug auf betroffene Klienten (z.B. in der Reduktion depressiver Verstimmungen oder Suchtverhaltensweisen) wie auch ‚sekundäre' Vorteile in Bezug auf die unterstützenden Partner/innen (z.B. mehr Selbstreflexion und gesteigerter Selbstwert in der Hilfe für andere) erreicht werden können. Zeigten sich traditionelle psychotherapeutische Programme einer Beteiligung von Partnern als so genannte ‚Co-Therapeuten' zur Verlängerung therapeutischer Wirkungen nur zum kleinen Teil erfolgreich, so wurde deutlich, dass Programme die wirklich die Unterstützungsinteraktionen der Partner oder Paare gezielt einbeziehen, einen großen Gewinn für beide bedeuten können. Voraussetzung ist, dass sie in die gemeinsame Lebenswelt und Lebensführung und die gemeinsame Geschichte der Beteiligten eingebettet sind. Partner können so lernen:

- Die Bedeutung von sozialer Unterstützung für Gesundheit und Wohlbefinden zu erkennen,
- ihre Kommunikation zu verbessern,
- hilfreiche Unterstützungsformen zu identifizieren und zu praktizieren und
- als ein ‚Team' zusammenzuarbeiten

(so Cutrona 1996). Zu dyadischen Helfern werden auch Eltern oder Kinder (z. B. von enthospitalisierten Patienten), Freund/innen (z. B. in Raucherentwöhnungs- oder Gewichtsreduzierungsprogrammen, in denen sich Freundespaare gegenseitig in den Veränderungsvorhaben unterstützen).

4.3 Gruppen und soziale Netzwerke

Auf der *Gruppenebene* der Netzwerk- und Unterstützungsintervention werden einmal Mitglieder ‚natürlicher' Kleingruppen einbezogen – typische Beispiele sind hier alle Ansätze unterschiedlicher familientherapeutischer Richtungen (vgl. Haid-Loh i. d. B.), aber auch die sozialpädagogische Familienhilfe insbesondere dann, wenn z. B. Ehrenamtliche in die Unterstützung von Familien integriert werden. Die Netzwerkarbeit mit ‚natürlichen' Gruppen richtet sich sowohl auf eine Unterstützung und Neugestaltung des sozialen Systems und sozialen Feldes, also auf netzwerkstrukturelle Veränderung (Verstärkung oder Ausdünnung, Neuknüpfung, Erweiterung oder Einengung von Einzelbindungen und Gruppenbezügen) als auch auf die Veränderung von Unterstützungstransaktionen (Verhalten) und -qualitäten (Wahrnehmungen und Interpretationen) der beteiligten Personen. In einigen Programmen versucht man, *alltägliche und natürliche* Unterstützungsgruppen durch andere (z. B. problemspezifische Hilfequellen) in neuen sozialen Systemen zu erweitern. Ein geschätzter Vorteil gruppenbezogener Intervention ist u. a. die Bereitstellung einer großen Palette von verlässlichen Kontakten über intime Einzelbeziehungen hinaus, gerade, wenn diese durch Verlust bedroht sind.

Zum anderen wird mit künstlich *organisierten und ‚geschaffenen'* Gruppenbezügen gearbeitet. Das sind vor allem Selbsthilfegruppen und Unterstützungsgruppen Gleichbetroffener (peer-support-groups). Unterstützungsgruppen Gleichbetroffener unterscheiden sich von klassischen Selbsthilfegruppen insbesondere durch kontinuierliche professionelle Anleitung, durch curriculare Planung, durch zeitbegrenzte feste Mitgliedschaften und durch das weitgehende Fehlen sozialer Aktionsziele. In Supportgruppen werden gezielt gemeinsame Erfahrungen der Problembearbeitung und Problembewältigung gesucht und ermöglicht, die allen Beteiligten ihre Ressourcen für sich und für andere deutlich werden lassen. Das Entstehen breit gefächerter Hilferessourcen und die Sicherung grundlegender gemeinsamer Geselligkeits- und Zugehörigkeitsbedürfnisse werden in dieser Form angestrebt. ‚Normalisierungseffekte' der Gruppenerfahrung, die die Einzigartigkeit der individuellen Betroffenheit einerseits akzeptieren und würdigen, aber andererseits ‚entdramatisieren', sind für viele wichtig. Die Ermöglichung eigener Kompetenzerfahrungen im Hilfreichsein für sich selbst und für andere, gilt als zentral für persönlichen Selbstwert und individuelles Kontrollbewusstsein. Organisierte Gruppen gibt es heute nahezu zu allen Gesundheitsbeeinträchtigungen, Risikobereichen und kritischen Lebensereignissen. In Netzwerkinterventionen, die sich auf ‚künstliche Gruppen' richten, wird oft das Diffundieren dieser neuen sozialen Kontakte in die alltäglichen Netzwerke der Mitglieder angestrebt oder als eine positive Begleiterscheinung begrüßt.

Die Gruppenebene der Intervention lässt sich nur schwer von der *sozialen Netzwerkebene* differenzieren. Natürliche und organisierte Gruppen können verdichtete Teile sozialer Netzwerke sein oder werden. Soziale Netzwerke (z. B. von Klienten) haben eine Geschichte und eine Zukunft, sind überdauernder und weniger klar abgegrenzt. Oft sind sie offener und beinhalten auch indirekte schwach ausgeprägte Kontakte zu anderen Menschen. Insofern erstreckt sich die Netzwerkintervention auf der sozialen Netzwerkebene selbst über die Arbeit mit Einzelnen und Gruppen hinaus (z. B. dadurch, dass neben den Primärgruppenmitgliedern entferntere Bekannte und Verwandte oder auch professionelle Helfer/innen und fremde Mitglieder einer Nachbarschaft, entfernt wohnende Freunde etc. einbezogen werden). Vor allem in den USA und in Skandinavien praktizierte soziale Netzwerk- und Unterstützungsinterventionen auf der Netzwerkebene selbst unterscheiden sich in Ausdehnung und Reichweite. Generell ist es möglich, anlassbezogen oder präventiv ein persönliches Netzwerk (z. B. eines Klienten) in seinen definierten Bedeutungsgrenzen einzubeziehen oder auch ein bestimmtes soziales Netzwerk (z. B. einer Nachbarschaft oder einer Organisation) ohne diesen Bezug auf eine einzelne Person als Interventionsziel zu wählen (z. B. wenn eine bessere gegenseitige Unterstützungs- oder Bewältigungskompetenz des Systems angestrebt wird).

In eher seltenen Gesamtnetzwerkprogrammen werden bis über hundert Netzwerkmitglieder und mehrere Therapeuten/Berater beteiligt und zu gemeinsamen Versammlungen zusammengeführt (Speck 2003). Hier wird z. B. versucht, in einem entstehenden gemeinsamen Entwicklungsprozess von einer Phase des (Wieder-)Zusammenfindens und sich Zugehörigfühlens, der Übernahme von ‚Teil'-Verantwortung für die Problembearbeitung und -lösung, die Identifizierung und Aktivierung von individuellen und gemeinsamen Ressourcen bis zum Entstehen verbindlicher Leistungs- und Unterstützungspläne und Hilfevereinbarungen zu gelangen. Zu diesem Prozess gehört auch die Schaffung von Offenheit und Transparenz in der gegenseitigen Wahrnehmung und Erwartung, die emotionale Konfrontation mit verschiedenen Perspektiven, wie das emotionale Zusammenfinden und die gemeinsame Erleichterung und positive Erregung solidarischer Aktion (Speck/Attneave 1983; Rueveni 1979).

In Teilnetzwerkinterventionen sind es nur bestimmte problematische und/ oder ressourcenreiche Netzwerksektoren, mit denen gearbeitet wird.

Gemeindenetzwerkprogramme integrieren neben Betroffenen und deren engen Beziehungssystemen oft wichtige Netzwerkmitglieder und Vertreter von Behörden, Institutionen oder Hilfeeinrichtungen meist mit dem Ziel eines ‚linkage',d. h. einer langfristigen Verknüpfung formeller und informeller Hilferessourcen im Einzelfall oder bezogen auf eine Risikogruppe. Der

Neuaufbau sozialer Netzwerke wird meist in der Intervention bei isolierten oder vereinsamten Klienten versucht (z. B. bei Strafgefangenen oder ehemaligen Psychiatriepatienten). Man ist bemüht, alte Beziehungen je nach erwünschter und gebrauchter unterstützender Qualität wieder zu aktivieren (oder auch auszugrenzen), neue Kontakte aufzubauen (auch als ‚Alternative' zu belastenden ehemaligen Netzwerkmitgliedern oder -sektoren), möglichst eine Kombination enger Bindungen und lockerer Kontakte zu erreichen, die eine Vielzahl von Supportfunktionen gewährleisten können. Die professionelle Hilfebeziehung selbst ist eine zunächst zentrale Ressource.

Ein *Netzwerkmanagement* und eine angeleitete Netzwerkgestaltung sind hingegen Verfahren, die an konkrete Beeinträchtigungen und Problemstellungen von Personen und Gruppen gebunden sind. Auch wird versucht, die Unterstützungsressourcen sozialer Netzwerke in familialen wie extrafamilialen Bereichen strukturell und qualitativ zu verbessern und andererseits Belastungs- und Schädigungsquellen strukturell und qualitativ zu verringern (siehe auch Bullinger/Nowack 1998; Klefbeck 1998; Straus/Höfer 1998; Röhrle/ Sommer 1998; Lenz 2000).

Bedeutsam sind auch Interventionsebenen *formeller sozialer Systeme* – also Organisationen und Institutionen. So bestimmen auch hier formelle wie informelle Netzwerkstrukturen und -qualitäten das berufliche Handeln von Individuen wie die Leistungen und das Klima der Organisation als Ganzes mit. Nicht nur soziale Organisationen können in ihren Dienstleistungs- und Versorgungskonzepten und -strategien nach außen, wie in ihren organisationsstrukturellen und humanprozessualen Dimensionen nach innen netzwerkförderlicher entwickelt werden. Auch in anderen Organisationen, wie wirtschaftlichen oder Verwaltungseinrichtungen, ist eine gesundheitsförderliche (Um-) Gestaltung durch die gezielte Beeinflussung physikalischer und soziostruktureller Kontexte möglich. Die Entwicklung von Mitarbeiterteams zur Arbeits- und Organisationsentwicklung in Unternehmen oder von Selbsthilfegruppen (z. B. alkoholgefährdeter Betriebsmitglieder) sowie die Einrichtung von Unterstützungsgruppen professioneller Helfer/innen sind Interventionsbeispiele praktischer organisationsbezogener Netzwerkarbeit (Bauer/Otto 2005).

4.4 Größere soziale Systeme und Kontexte

Die Ansatzebene der *Gemeinde* wird bereits in den genannten Netzwerkprogrammen erreicht. Sie verknüpft alle beschriebenen Ebenen sowie die formalen, institutionellen und informellen Sektoren. In Stadtteil- und Nachbarschaftsprojekten wird z. B. im Rahmen von gemeindepsychologischer Intervention, von Empowermentprogrammen und Gemeinwesenarbeit versucht, Netzwerkbeziehungen und ihre sozialökologischen Bedingungen vor Ort gemeinsam mit den Bewohnern und Nutzern zu entwickeln. Ein anderer eigenständiger Bereich ist die Kooperation, Koordination und *Vernetzung der Einrichtungen* psychosozialer Versorgung (Bergold/Filsinger 1993, 1998; von Kardorff 1998; Seckinger 1998).

Auf der höchsten *makrosozialen* Netzwerkinterventionsebene sind allerdings auch Ansätze anzusiedeln, die versuchen, Netzwerke von überregionalen Akteuren auf- und auszubauen, in größeren (nationalen, internationalen oder gar globalen) Zusammenhängen gemeinsame Ressourcenentwicklungsprogramme zu etablieren, z. B. ‚Soziale Städte‘ oder ‚Gesunde Schulen und Hochschulen‘ etc. Es gibt Konzepte über Massenmedien oder über
breit angelegte Erziehungs- und Bildungskampagnen (in Schulen oder Erwachsenenbildung), Netzwerkorientierung von ganzen Bevölkerungsgruppen zu verbessern, gegenseitige Hilfe- und Unterstützungsmotivation im
Alltag zu wecken, Bereitschaft zu erster Hilfe, Unfallhilfe und Selbsthilfe
zu erhöhen, bürgerschaftliches Engagement z. B. in Stiftungswettbewerben
über Anerkennungen oder Auszeichnungen zu fördern (Gottlieb 1988 a).

Bisher weitgehend theoretisch und praktisch vernachlässigt sind Interventionsprogramme, die als Ansatzebenen physikalische Umwelt und Lebensräume, materielle und soziale Lage, kulturelle und subkulturelle Bedingungen der persönlichen Lebens- und Arbeitswelt wählen. Das sind die Kontexte, die die potenziellen Unterstützungsquellen und Hilfetransaktionen
entscheidend mitprägen. Wie schon Stephanie Riger (1993) zum Empowermentkonzept feststellt, bleiben Netzwerk- und Supportförderung letztlich zynisch, wenn diese Kontexte nicht immer mitgedacht werden. Milieu-
und Settingqualitäten beeinflussen Netzwerke und Unterstützung maßgeblich mit. Sie prägen die Grenzen und Möglichkeiten gegenseitiger persönlicher Hilfeleistungen und damit auch die Möglichkeiten Erfolg versprechender Netzwerkintervention. Dies gilt gerade für defizitäre und riskante Lebensräume, also z. B. Kontakt verhindernde, der eigenen Kontrolle entzogene, unüberschaubare oder überfüllte Settings. Hier kann Netzwerk- und
Supportintervention als ‚soziale Aktion‘ über proximale Netzwerkinterventionen hinaus auf distale Kontexte Einfluss nehmen, um beispielsweise Lebensverhältnisse und Lebensräume zu erhalten, Lebensbereiche und Settings zu schaffen oder umzugestalten, die gegenseitige Unterstützung fördern, statt lediglich Personen und persönliche Beziehungen verändern zu
wollen. Das gleiche gilt für materielle und soziale Deprivation in Bezug auf
Arbeit und Beschäftigung, auf Wohnen, Ernährung und Bildung als unabdingbare Kontexte von persönlichem Coping wie von Netzwerkintegration
und Unterstützungsaustausch. Soziale Netzwerke und deren Supportleistungen können diese Deprivationen und ihre Folgen puffern, aber die Ressourcendefizite beeinträchtigen ihrerseits Gesundheit und Wohlbefinden,
besonders in längerfristigen nicht selbst gewählten und unkontrollierbaren
Lebenslagen, und sie begrenzen und gefährden positive Netzwerkintegration wie gegenseitige hilfreiche Unterstützung.

Die Vielfalt und Verschiedenheit möglicher Netzwerk- und Supportintervention ist eine positive Bedingung hinsichtlich einer spezifischen anlass-
und bedürfnisbezogenen Angemessenheit und Passung gesundheitsfördernder Maßnahmen. Allerdings erfordert die Aufgabe, ‚das richtige‘ oder ‚beste‘ Programm auszuwählen oder zu entwickeln eine differenzierte Erhebung

ebenso zahlreicher persönlicher, sozialer und kontextualer Beziehungsfaktoren. Es bleibt die Frage, welche Vernetzungs- und Unterstützungsstrategien am besten geeignet scheinen, bestimmte gesundheitsbezogene Ziele in bestimmten kulturellen und sozialen Kontexten bei welchen Bedürfnissen und Präferenzen, welcher Zielpersonen und -gruppen zu erfüllen. Die engsten Beziehungen der Personen (z. B. im Haushalt), das Ausmaß und der Inhalt ihrer Unterstützungsleistungen generell und bezogen auf einen bestimmten Anlass, der Gehalt an Konflikt, Spannung und Kritik in der jeweiligen persönlichen Beziehung, ein Katalog der Hilfeleistungen, die das Netzwerk und die einzelnen Netzwerkmitglieder erbringen und erbringen könnten, das Vorliegen gleicher Erfahrungen etc. sind wichtige Informationsbestände vor der Interventionsplanung. In einer Unterscheidung von Programmen, die sich einmal auf die ‚individuelle und dyadische‘ Ebene und zum anderen auf soziale ‚Netzwerksektoren oder Gesamtnetzwerke‘ beziehen und die entweder ‚gegebene‘ ins Alltagsleben eingebettete soziale Beziehungen anzielen oder ‚geschaffene‘, neue Beziehungen zur Geltung bringen wollen, sieht Benjamin H. Gottlieb (2000) die Möglichkeit,

- durch geplante Veränderung der Struktur und Zusammensetzung des sozialen Feldes,
- durch die Veränderung individueller Einstellungen und Verhaltensweisen oder
- durch Veränderung der Häufigkeiten und Qualitäten der Interaktion zwischen Individuen und einem oder mehreren Netzwerkmitgliedern

Gesundheits- und Wohlbefinden fördernde und Gesundheit sichernde Wirkungen zu erreichen.

Als Bedingungen, die die Einführung *neuer* sozialer Beziehungen nahe legen, gelten hierbei

1. defizitäre, belastete oder konfliktreiche Netzwerke, die nicht im Stande sind, aus sich heraus ihre Mitglieder zu unterstützen und Netzwerke, in denen die Mitglieder dem gleichen Stress unterliegen wie die Zielpersonen, oder die von deren Stress ‚sozial angesteckt‘ werden
2. Netzwerke, die unerwünschte Verhaltensweisen oder schädigende persönliche Identitäten eher verstärken als regulieren, solche, die falsche Vorstellungen von Bewältigungsabläufen und falsche Hilfekonzeptionen tief verinnerlicht haben und vertreten sowie solche, die Support nur aus Eigeninteressen heraus leisten und Hilfebedarf für sich ausnutzen
3. Netzwerke und Netzwerkmitglieder, die zu einem Überengagement neigen, die Allzuständigkeit für Betroffene und ihre Probleme reklamieren, sich allein verantwortlich fühlen und bei fehlender Besserung Enttäuschung und kritische Reaktionen zeigen
4. Netzwerke, deren Erfahrungswissen hinsichtlich anstehender Probleme und kritischer Lebensereignisse fehlt, deren Mitglieder daher oft unsicher sind und Ängste haben, richtig zu helfen sowie

5. Konstellationen, in denen ein bestimmtes Spezialwissen oder Expertise unabdingbar zur Problembewältigung ist (z. B. wenn neben emotionalem Rückhalt insbesondere Fachinformation und Wissen über Krankheiten, Behandlungsformen oder Hilfequellen nötig wird).

Hingegen scheint es sinnvoll, über die Restrukturierung und die Verbesserung von Supportinteraktionen in *existierenden* Netzwerkbeziehungen zu intervenieren und deren Mitglieder als zentrale Unterstützer einzubeziehen:

1. Wenn das Erreichen der Veränderungsziele primär vom belastenden und fördernden Verhalten eines Mitglieds oder mehrerer Netzwerkmitglieder abhängt.
2. Wenn Netzwerke eher für langwierige kontinuierliche Unterstützungsleistungen eine Stärkung brauchen (z. B. bei aufwendigen Versorgungsleistungen, eine Unterstützung der Unterstützer, Pflegemanagement oder Entwicklung von Unterstützungsclustern, die Supportleistungen breiter verteilen).
3. Wenn ein Problem hoch stigmatisierend ist und ein Netzwerk keine Veröffentlichungsbereitschaft gegenüber Außenstehenden zeigt oder
4. wenn die kulturelle und subkulturelle Kluft zwischen den Unterstützungsrezipienten und den potenziellen externen Unterstützer/innen zu groß ist (siehe auch Gottlieb 2000; Heller/Rook 2001).

Theorie und Praxis der Netzwerkintervention streben eine solche oder ähnliche ‚Passform' an. Je nach Beziehungen zum Betroffenen oder zur Zielgruppe, je nach gemeinsamer Lebens- und Bewältigungserfahrung und je nach Ressourcenbestand der Supporter sind Netzwerke mehr oder weniger geeignet, bestimmte Supportleistungen zu erbringen (Cutrona/Russel 1990; Rook/Underwood 2000). So fordern unterschiedliche Belastungen unterschiedliche Supportarten, die in der Netzwerkintervention zu aktivieren sind – informative, praktische, sozial integrative und Selbstbewusstsein fördernde oder emotionale. Vor allem kulturelle Vorgaben betten die Erwartungen und Normen ein, die bevorzugte und ausgeschlossene Unterstützungsquellen anlässlich bestimmter Lebensereignisse definieren. Die *Kontrollierbarkeit* eines bestimmten Stressors entscheidet z. B. darüber, ob direkte und praktische instrumentelle Hilfe oder Information angemessen ist oder ob emotionaler Rückhalt (bei nicht kontrollierbarem Anlass) das einzige (und passende) ist, was ein soziales Netzwerk für Betroffene bereithalten kann. Eine Programmplanung der Netzwerkintervention und sozialen Unterstützungsförderung ist komplexer als die meisten traditionellen Vorgehensweisen psychosozialer und psychotherapeutischer Arbeit. Sie braucht zwingend eine gewissenhafte und sensible Voruntersuchung und begleitende Evaluation des sozialen Beziehungsfeldes, der Akteure und ihrer Interaktionen in jedem Einzelprojekt, die über einen notwendigen aber nicht hinreichenden Kenntnisstand zur Effektivität von Netzwerkintervention aus Forschung und Literatur hinausgeht (Rook/Underwood 2000; Heller/Rook 2001).

5. Zur Effektivität netzwerk- und unterstützungsorientierter Intervention

Trotz der Vielzahl international praktizierter Förderprogramme für soziale Netzwerke (die nur zum Teil auch wissenschaftlich begleitend und evaluiert wurden) gibt es bis heute kaum abgesicherte Erkenntnisse über deren Wirksamkeit und Effektivität. Dies liegt zum einen an der Diversität der Programme selbst, in denen durch verschiedenste (oft nicht einmal ausreichend beschriebene) Strategien verschiedenste quantitativ-strukturelle oder qualitativ-funktionale Netzwerkdimensionen unterschiedlicher Zielgruppen bei verschiedenen Anlässen durch verschiedene Supportquellen beeinflusst werden sollen. Es liegt zum anderen an der Konzeption der meisten begleitenden Untersuchungen und Evaluationen, die nur mit erheblichen methodischen Einschränkungen aussagekräftig sind. Von einer häufigen Beliebigkeit und Verschwommenheit der Definition der Variablen (soziale Netzwerke, soziale Unterstützung, Ziel der Intervention etc.) über mangelhafte Untersuchungsdesigns, zu kleine Samples und unrandomisierte Untersuchungsgruppen, nicht standardisierte oder zu globale Erhebungsmethoden (meist nur Selbstauskunftsdaten) bis zur fehlenden Berücksichtigung von Nebenwirkungen oder negativem Support, fehlenden follow-up-Studien etc. reichen die Kritiken an den Untersuchungen einer ‚Multikomponentenintervention'. Sie erlauben nur selten einzelne Wirkungsdimensionen zu differenzieren. So gibt es weder eine Übereinstimmung hinsichtlich der effektivsten Interventionsformen, noch hinsichtlich der Frage, welche Netzwerk- und Unterstützungsintervention am günstigsten bezüglich spezifischer Anforderungen und Belastungen einer spezifischen Zielgruppe sein könnte. Es scheint noch nicht einmal endgültig geklärt, ob soziale Netzwerkintervention, wie in den Programmen geplant, auch wirklich soziale Unterstützung fördert (die von den Zielgruppen oder Personen auch als solche wahrgenommen wird) (Lakey/Lutz 1996; Hogan et al. 2002).

Inzwischen wurde über mehrere Metaanalysen und Sammelreviews versucht, Ordnung in eine sehr unübersichtliche Landschaft von Wirkungsstudien zu bringen und die übereinstimmend am besten gesicherten Erkenntnisse zusammenzustellen. Alle diese Versuche kranken aber prinzipiell an einer nur geringen Anzahl von Studien, die auf Grund ihrer zumindest minimalen theoretischen und methodischen Qualitäten aus einer Unzahl von Interventionsversuchen ausgewählt werden können (siehe auch Röhrle/Sommer 1998; Lakey/Lutz 1996; Hogan et al. 2002). Eine metaanalytische Studie von Bernd Röhrle und Gert Sommer (1998) wird von den Autoren in ihrer zentralen Konsequenz resümiert: „Zum allgemeinen Nutzen der netzwerkorientierten Intervention ist trotz einer hohen mittleren Effektstärke unter Berücksichtigung der vielen inhomogenen Ergebnisse zu sagen: Im Großen und Ganzen haben sie nicht geschadet, in einigen Fällen waren sie in mäßigem Umfang vorteilhaft und in anderen Fällen waren sie eher schädlich" (39). Mehrfache Bestätigungen in der Metaanalyse fanden eine Reihe von Wirkungsergebnissen:

- Es scheint, dass Unterstützungsinterventionen gewünschte Wirkungen entfalten, wenn vor allem *wahrgenommene* Unterstützung (mehr als das objektive Unterstützungshandeln und die Netzwerkstruktur) gefördert wird.
- ‚Beiläufige' Formen netzwerkorientierter Intervention (z. B. als Flankierung anderer therapeutischer Maßnahmen) scheinen hilfreich.
- Längerfristige Netzwerkinterventionen scheinen wirksamer als kurzfristige.
- Soziale Unterstützungsgruppen scheinen gegenüber nicht behandelten Kontrollgruppen effizienter und verglichen mit anderen Behandlungsgruppen von gleicher Effizienz.
- Vor allem Interventionen die ein Training sozialer Kompetenzen einbeziehen, zeigen Wirkung und vor allem die Information über Bedeutung und Potentiale von sozialer Unterstützung erweist sich als wirkungsvoll.
- Klient/innen profitieren von Netzwerkinterventionen (im Vergleich zu Kontrollgruppen).
- Risikogruppen mit besonderer Belastung profitieren stärker als unbelastete Personenkreise (Dies ist ein Hinweis auf die stärkere Bedeutung von ‚Pufferwirkungen' sozialer Unterstützung als auf ihre stressunabhängigen Haupteffekte).
- Auch Angehörige von Personen aus Risiko- oder Betroffenengruppen profitieren stärker als Kontrollgruppen.
- Frauen profitieren besonders stark und bei Kindern scheint der Effekt von Netzwerkintervention eher gering (Röhrle/Sommer 1998).

Ein (auf Grund der Unterschiedlichkeit von hundert verglichenen Studien) lediglich narrativ gehaltenes Review von Brenda E. Hogan, Wolfgang Linden und Bahman Najarian (2002) führt zu dem Schluss, dass Netzwerkintervention und soziale Unterstützungsförderung weitgehend wirksam sind.

Die Autoren klassifizieren die berücksichtigten Studien in Gruppeninterventionen, Individuum bezogene Interventionen, Supportintervention, die Gruppen und individuelles Treatment kombinieren, sowie Vergleiche zwischen Gruppeninterventionen und individueller Intervention.

Da 39 Studien bessere Wirkungen von Supportinterventionen gegenüber Kontrollgruppen (ohne Treatment oder in Standardversorgung) berichten, 12 bessere Wirkungen als andere (ebenfalls erfolgreiche) Treatments, 22 partielle Erfolge der Supportprogramme finden, 17 keine signifikanten Effekte und 2 negative Wirkungen berichten sowie 8 Studien nicht über Vergleichskontrollgruppen verfügen, belegen zusammenfassend 81 % der einbezogenen Programme zumindest einige Wirkungen und angestrebte Verbesserungen durch Netzwerkintervention und soziale Unterstützungsförderung (im Vergleich zu Nicht- oder alternativer Behandlung). Den verschiedenen Formen der Netzwerk- und Unterstützungsförderung kann somit generell durchaus ein wirksamer Effekt zugeschrieben werden. Im Einzelnen wird der Eindruck anderer Analysen bestätigt:

- Dass soziale Unterstützung durch Familienmitglieder und Freunde wirksam und hilfreich ist und
- dass vor allem soziale Skilltrainings in Unterstützungsprogrammen gute Effekte zeitigen (und zwar für Gruppen wie für Einzelinterventionen und für Peer- wie professionelle Unterstützungsquellen) (siehe auch Lakey/Lutz 1996).
- Viele Ergebnisse sprechen deutlich für die Einbeziehungen von Personen aus den alltäglichen sozialen Netzwerken in die Programme. Unterstützung von signifikanten Netzwerkmitgliedern scheint hier wichtiger und wirksamer als der durch ‚eingeführte fremde' Helfer und der durch soziale Unterstützungsgruppen.
- Vor allem Programme, die reziproke Netzwerke und Unterstützung zulassen und fordern, zeigen sich als wirksam.
  Soziale Unterstützung nur zu erhalten, scheint nicht so positiv wirksam wie eine Förderung von gegenseitigem Supportaustausch, d.h. für alle Beteiligten die Möglichkeiten, auch selbst helfen zu können.
- Ein Ergebnis von Laura Glynn et al. (1999) hinsichtlich der Geschlechtertypik erweitert die von Bernd Röhrle und Gert Sommer (1998) herausgearbeitete Erkenntnis einer höheren Rezeptivität von Frauen für soziale Unterstützung dahingehend, dass der Support, den Frauen bereitstellen, bessere (physiologisch gesundheitliche) Wirkungen hat als die durch Männer bereitgestellte soziale Unterstützung.

6. Konsequenzen für die Praxis einer Netzwerk- und Unterstützungsförderung

Der Kenntnisstand zu Möglichkeiten und Wirkungen sozialer Netzwerk- und Unterstützungsförderung kann weder die ‚euphorische' Rezeptionsphase der frühen Netzwerk- und Supportforschung bezüglich ihrer praktischen Wirkmächtigkeit z.B. in Anwendungsprogrammen der Gesundheitsförderung wiederbeleben, noch kann er eine später eingetretene ‚Ernüchterung' in eine prinzipielle ‚Skepsis' gegenüber netzwerkorientierter Intervention abgleiten lassen. Wie alle professionellen psychosozialen und gesundheitlichen Interventionsformen haben auch Netzwerkintervention und Unterstützungsförderung ihre spezifischen Potentiale und Grenzen. Diese sind heute klarer als noch vor 30 Jahren – insbesondere auch deshalb, weil soziale Netzwerk- und soziale Unterstützungsprogramme entwickelt, erprobt und (leider noch allzu selten und zu schlecht) wissenschaftlich untersucht und evaluiert werden.

Da alltägliche persönliche Beziehungen sich

- als grundlegend bedeutsam für Gesundheit und Wohlbefinden
- als vielseitige und geeignete Ansatzpunkte für soziale Netzwerkintervention und
- als wirksamer Zugang und wirkungsvolles Agens der Förderung einseitiger und gegenseitiger sozialer Unterstützung herausgestellt haben,

sollten sie im Fokus der netzwerk- und supportorientierten Intervention stehen.

Die Entwicklung existierender und die Gestaltung neuer persönlicher Beziehungen auf all ihren Ebenen – von der engen bis zur lockeren Bindung, von der Dyade bis zum Netzwerk – sind Erfolg versprechende Wege und Ziele einer persönlichen und sozialen Gesundheitsförderung.

Bedingung hierfür ist, dass Netzwerk- und Unterstützungsinterventionen in der Praxis eine Reihe von Maximen berücksichtigen:

- Transparenz und Freiwilligkeit der Beteiligten gewährleisten, Stigmatisierungen vermeiden und sich deshalb, wo es möglich ist, als generelles Interventionsprinzip auf alle Mitglieder eines sozialen Settings richten.
- Einen Programmrahmen schaffen, in dem sich Beteiligte willkommen, angenommen und respektiert fühlen und darauf orientiert sein, soziale Umweltbedingungen zu schaffen, die Beziehungsentwicklung und -gestaltung fördern.
- Reziprozität sicherstellen und Erfahrungen als Helfer und Hilfeempfänger ermöglichen. Selbstwert- und Kompetenzgefühle der Beteiligten müssen erhöht werden.
- Integration und Bindung sowie Selbstständigkeit und Autonomie ausbalancieren.
- Die Einbettung von Unterstützungsleistungen in existierende persönliche Beziehungen ebenso realisieren, wie ihre grundlegende kulturelle und subkulturelle Überformung (z. B. in normativen Präferenzen und Erwartungen).
- Personenmerkmale der Beteiligten (Züge, Haltungen und Kompetenzen) Beziehungsstrukturen und -qualitäten
  Interaktionsmodalitäten und -prozesse
  wie deren gesellschaftliche, kulturelle und sozialökologische Kontexteinbettungen
  reflektieren, analysieren und in ihren Interdependenzen erfassen.
- Den Unterstützungsanlässen und insbesondere den Unterstützungsbedürfnissen und -wünschen der Betroffen angemessen sein.
- Das Zusammenpassen von Unterstützungsquellen und Unterstützungsformen berücksichtigen.
- Ressourcen des Netzwerks, Unterstützungsinteraktionen und Unterstützungsbedeutungen insbesondere in der Wahrnehmung der Beteiligten aufeinander abstimmen.
- Gewissenhafte Planung auf der Basis existierender Wissensbestände wie programmspezifischer Erhebungen und Analysen.
- Verschiedene Vorgehensweisen miteinander verbinden und hierbei den Aufbau sozialer Kompetenz mit positiven Gemeinschafts- und Gruppenerfahrungen kombinieren.

- Die gesamte Bandbreite potentieller informeller Integrationssettings und Hilfequellen berücksichtigen und vor allem die Einbindung enger und weiterer Netzwerkmitglieder gewährleisten.
- Über Integration, Rückhalt und Bewältigungshilfen (support) hinaus auch soziale Gesellligkeit und Gemeinschaft (companionship) sowie soziale Regulation (regulation/control) als potentiell hilfreiche Ressourcen von Beziehungen erachten und gegebenenfalls fördern.
- Möglichst multimethodisch evaluierende Begleitung und Auswertung gewährleisten.
- Kontrolle nicht beabsichtigter und negativer Effekte einschließen.
- Netzwerkintervention und soziale Unterstützungsförderung muss in Grundlagentheorie, Empirie und praktischer Anwendung weiter systematisch erforscht und verstärkt systematisch gelehrt und vermittelt werden, um eine erfolgreiche zukünftige Anwendungspraxis zu gewährleisten.

Literatur

Acitelli, Linda K./Antonucci, Toni C. (1994): Gender differences in the link between marital support and satisfaction in older couples. In: Journal of Personality and Social Psychology 67: 688-698

Badr, Hoda/Acitelli, Linda K./Duck, Steve/Carl, Walter J. (2001): Weaving social support and relationships together. In: Sarason, Barbara R./Duck, Steve (eds): Personal relationships. Implications for clinical and community psychology. Chichester: 1-14

Bauer, Petra/Otto, Ulrich (Hg.) (2005). Mit Netzwerken professionell zusammenarbeiten. Band 2: Institutionelle Netzwerke in Steuerungs- und Kooperationsperspektive. Tübingen: dgvt

Baxter, Leslie A. (1986): Gender differences in the heterosexual relationships rules embedded in break up accounts. In: Journal of Social and Personal Relationships 3: 289-375

Bergold, Jarg B./Filsinger, Dieter (1993): Vernetzung psychosozialer Dienste. Theoretische und empirische Studien über stadtteilbezogene Krisenintervention und ambulante Psychiatrie. Weinheim, München: Juventa

Bergold, Jarg B./Filsinger, Dieter (1998): Die Vernetzung psychosozialer Dienste und ihre Konsequenzen für Professionelle und Nutzer. In: Röhrle, Bernd/Sommer, Gert/Nestmann, Frank (Hg.): Netzwerkintervention. Tübingen: 223-258

Bodenmann, Guy (1995): Bewältigung von Stress in Partnerschaften. Bern: Huber

Bodenmann, Guy (2004): Neuere Entwicklungen und die Zukunft des dyadischen Copings in Theorie und Praxis. In: Buchwald, Petra/Schwarzer, Christine/Hobfoll, Stevan E. (Hg.): Stress gemeinsam bewältigen. Göttingen, Bern, Toronto: 185-190

Buchwald, Petra/Schwarzer, Christine/Hobfoll, Stevan E. (2004): Stress gemeinsam bewältigen. Göttingen, Bern, Toronto: Hogrefe

Bullinger, Hermann/Nowak, Jürgen (1998): Soziale Netzwerkarbeit. Freiburg: Lambertus

Caplan, Gerald (1974): Support systems. In: Caplan, Gerald (ed): Support systems and community mental health. New York: 1-40

Cohen, Sheldon/Syme, S. Leonard (1985): Social support and health. Orlando, FL: Academic Press

Cohen, Sheldon/Underwood, Lynn G./Gottlieb, Benjamin H. (2000): Social support measurement and intervention. A guide for health and social scientists. New York: Oxford University Press

Cutrona, Carolyn E./Russell, Daniel W. (1990): Type of social support and specific stress: Toward a theory of optimal matching. In: Sarason, Barbara R./Sarason, Irwin G./Pierce, Gregory R. (eds): Social support: An interactional view. New York: 319-366

Cutrona, Carolyn E. (1996): Social support in couples. Thousand Oaks: Sage

Diewald, Martin (1991): Soziale Beziehungen: Verlust oder Liberalisierung? Soziale Unterstützung in informellen Netzwerken. Berlin: Edition Sigma

Duck, Steve/West, Lee/Acitelli, Linda K. (1997): Sewing the field: The tapestry of relationships in life and research. In: Duck, Steve (ed): Handbook of personal relationships: Theory, research, and interventions, 2nd edn. Chichester, UK: 1-23

Duck, Steve/Rutt, Deborah J./Hurst, Margaret/Strejc, Heather (1991): Some evident truths about conservations in everyday relationships: All communication is not created equal. In: Human Communication Research 18: 228-267

Gershon, Michael/Biller, Henry B. (1977): The other helpers: Paraprofessionals and non-professionals in mental health. Lexington, Mass.: Heath

Glynn, Laura M./Christenfeld, Nicholas/Gerin, William (1999): Gender, social support, and cardiovascular responses to stress. In: Psychosomatic Medicine 61: 234-242

Gottlieb, Benjamin H. (1985): Social support and the study of personal relationships. In: Journal of Social and Personal Relationships 2: 351-375

Gottlieb, Benjamin H. (1988a): Marshaling social support: The state of the art in research and practice. In: Gottlieb, Benjamin H. (ed): Marshaling social support. Newbury Park: 11-52

Gottlieb, Benjamin H. (1988b): Support interventions: A typology and agenda for research. In: Duck, Steve (ed): Handbook of personal relationships. Chichester: 519-541

Gottlieb, Benjamin H./Wagner, Fred (1991): Stress and support processes in close relationships. In: Eckenrode, John (ed): The social context of coping. New York: 165-188

Gottlieb, Benjamin H. (1992): Quandaries in translating support concepts to intervention. In: Veiel, Hans O. F./Baumann, Urs (eds): The meaning and measurement of social support. New York, Washington: 293-309

Gottlieb, Benjamin H. (1995): Theories and practices of mobilizing support in stress circumstances. In: Cooper, Cary L. (ed): Handbook of stress, medicine and health. Boca Raton: 339-356

Gottlieb, Benjamin H. (2000): Selecting and planning support interventions. In: Cohen, Sheldon/Underwood, Lynn G./Gottlieb, Benjamin H. (eds): Social support measurement and intervention. A guide for health and social scientists. Oxford: 195-219

Granovetter, Mark (1973): The strength of weak ties. In: American Journal of Sociology 78: 1360-1380

Grunow, Dieter/Breitkopf, Helmut/Dahme, Heinz-Jürgen/Engfer, Renate/Grunow-Lutter, Vera/Paulus, Wolfgang (1983): Gesundheitsselbsthilfe im Alltag. Stuttgart: Klett

Heller, Kenneth/Rook, Karen S. (1997): Distinguishing the theoretical functions of social ties: Implications for support interventions. In: Duck, Steve (ed): Handbook of personal relationships. Theory, research and intervention. Chichester: 649-670

Heller, Kenneth/Rook, Karen S. (2001): Distinguishing the theoretical functions of social ties: implications for support interventions. In: Sarason, Barbara R./Duck, Steve (eds): Personal relationships. Implications for clinical and communtiy psychology. Chichester: 119-139

Hogan, Brenda E./Linden, Wolfgang/Najarian, Bahman (2002): Social support interventions. Do they work? In: Clinical Psychology Review 22: 381-440

Kardorff, Ernst von (1998): Kooperation und Vernetzung. Anmerkungen zur Schnittstellenproblematik in der psychosozialen Versorgung. In: Röhrle, Bernd/ Sommer, Gert/Nestmann, Frank (Hg.): Netzwerkintervention. Tübingen: 203-221

Katz, Jennifer/Beach, Steven R./Andersson, Page (1996): Self-enhancement versus self-verification: Does spousal support always help? In: Cognitive Therapy and Research 30: 345-360

Klefbeck, Johan (1998): Netzwerktherapie – eine Behandlungsmethode in Krisen. In: Röhrle, Bernd/Sommer, Gert/Nestmann, Frank (Hg.): Netzwerkintervention. Tübingen: 139-152

Kuipers, E. (1998): Working with carers: Interventions for relative and staff carers of those who have a psychosis. In: Wykes, Til/Tarrier, Nicholas/Lewis, Shôn (eds): Outcome and innovation in psychological treatment of schizophrenia. Chichester: 201-214

Lakey, Brian/Lutz, Catherine J. (1996): Social support and preventive and therapeutic interventions. In: Pierce, Gregory R./Sarason, Barbara R./Sarason, Irwin G. (eds): Handbook of social support and the family. New York: 435-465

Leatham, Geoff B./Duck, Steve (1990): Conversation with friends and the dynamic of social support. In: Duck, Steve (ed): Personal relationships and social support. London: 1-29

Lenz, Albert (2000): Praxis der netzwerkorientierten Trennungs- und Scheidungsberatung. In: Körner, Wilhelm/Hörmann, Georg (Hg.): Handbuch der Erziehungsberatung. Göttingen: 93-126

Milne, Derek L. (1999): Social therapy. A guide to social support interventions for mental health practitioners. Chichester: Wiley

Nestmann, Frank (1988): Die alltäglichen Helfer. Theorien der sozialen Unterstützung und eine Untersuchung alltäglicher Helfer aus vier Dienstleistungsberufen. Berlin: de Gruyter

Nestmann, Frank (1989): Förderung sozialer Netzwerke – eine Perspektive pädagogischer Handlungskompetenz? In: Neue Praxis 19: 107-123

Nestmann, Frank (1991): Beratung, soziale Netzwerke und soziale Unterstützung. In: Beck, Manfred/Brückner, Gerhard/Thiel, Heinz-Ulrich (Hg.): Psychosoziale Beratung: Klient/inn/en – Helfer/innen – Institutionen. Tübingen: 45-66

Nestmann, Frank (1997): Beratung als Ressourcenförderung. In: Nestmann, Frank (Hg.): Beratung – Bausteine für eine interdisziplinäre Wissenschaft und Praxis. Tübingen: 15-38

Nestmann, Frank (2000): Gesundheitsförderung durch informelle Hilfe und Unterstützung in sozialen Netzwerken. In: Sting, Stephan/Zurhorst, Günter (Hg.): Gesundheit und Soziale Arbeit. Weinheim, München: 128-146

Nestmann, Frank/Projektgruppe DNS (2002): Beratung als Ressourcenförderung. Präventive Studentenberatung im Dresdner Netzwerk Studienbegleitender Hilfen (DNS). Weinheim, München: Juventa

Nestmann, Frank/Schmerl, Christiane (Hg.) (1991): Frauen – Das Hilfreiche Geschlecht. Reinbek: rororo

Ningel, Rainer/Funke, Wilma (Hg.) (1995): Soziale Netze in der Praxis. Göttingen: Hogrefe

Otto, Ulrich/Bauer, Petra (Hg.) (2005): Mit Netzwerken professionell zusammenarbeiten. Band1: Soziale Netzwerke in Lebenslauf- und Lebenslagenperspektive. Tübingen: dgvt

Pearson, Richard E. (1997): Beratung und Soziale Netzwerke. Weinheim: Beltz

Riger, Stephanie (1993): What's wrong with empowerment. In: American Journal of Community Psychology 21: 279-293

Rook, Karen S./Underwood, Lynn G. (2000): Social support measurement and interventions. Comments and future directions. In: Cohen, Sheldon/Underwood, Lynn G./Gottlieb, Benjamin H. (eds): Social support measurement and intervention. A guide for health and social scientists. New York: 311-334

Röhrle, Bernd (1994): Soziale Netzwerke und soziale Unterstützung. Weinheim: Psychologie Verlags Union

Röhrle, Bernd/Sommer, Gert (1998): Zur Effektivität netzwerkorientierter Intervention. In: Röhrle, Bernd/Sommer, Gert/Nestmann, Frank (Hg.): Netzwerkintervention. Tübingen: 13-50

Röhrle, Bernd/Sommer, Gert/Nestmann, Frank (Hg.) (1998): Netzwerkintervention. Tübingen: dgvt

Rueveni, Uri (1979): Networking families in crisis. Intervention strategies with families and social networks. New York: Human Science Press

Rutter, Michael (1987): Psychosocial resilience and protective mechanism. In: American Journal of Orthopsychiatry 57: 316-331

Sarason, Barbara R./Sarason, Irwin G./Pierce, Gregory R. (eds) (1990): Social support: An interactional view. New York: Wiley

Sarason, Barbara R./Duck, Steve (eds) (2001): Personal relationships. Implications for clinical and community psychology. Chichester: Wiley

Sarason, Barbara R./Sarason, Irwin G./Gurung, Regan A.R. (2001): Close personal relationships and health outcomes: A key to the role of social support. In: Sarason, Barbara R./Duck, Steve (eds): Personal relationships. Implications for clinical and community psychology. Chichester: 15-41

Schmerl, Christiane/Nestmann, Frank (Hg.) (1990): Ist Geben seliger als Nehmen? Frauen und Social Support. Frankfurt a.M.: Campus Verlag

Seckinger, Mike (1998): Vernetzung und Kooperation in der Jugendhilfe. In: Röhrle, Bernd/Sommer, Gert/Nestmann, Frank (Hg.): Netzwerkintervention. Tübingen: 259-268

Solomon, Phyllis/Draine, Jeffrey/Mannion, Edie/Meisel, Marilyn (1996): Impact of brief family psycho-education on self efficacy. In: Schizophrenia Bulletin 22: 41-45

Speck, Ross V./Attneave, Carolyn L. (1983): Die Familie im Netz sozialer Beziehungen. Freiburg: Lambertus

Speck, Ross V. (2003): Social network intervention. In: Sholevar, G. Pirooz (ed): Textbook of family and couples therapy: Clinical applications. Washington, DC: 193-201

Straus, Florian/Höfer, Renate (1998): Die Netzwerkperspektive in der Praxis. In: Röhrle, Bernd/Sommer, Gert/Nestmann, Frank (Hg.): Netzwerkintervention. Tübingen: 77-98

Winefield, Helen R./Burnett, Peter L. (1996): Barriers to an alliance between family and professional caregivers in chronic schizophrenia. In: Journal of Mental Health 5: 223-232

Vaux, Alan (1988): Social support. Theory, research, and intervention. New York: Praeger

Sachregister

Abstinenzregel 552 f.
Alkohol- und Drogenabhängigkeit 767
Alleinerziehende 286, 684, 727 ff., 732
Alter 202, 236, 300, 527
  höheres 301, 306
Alter-Ego-Beziehung 559
Altersnormen 269, 303
Altruismus 426 ff., 520, 897
Ambivalenz 137, 268, 271, 302 f., 349,
  471, 560, 611, 641, 691, 755 ff., 760,
  777, 795, 800, 844, 853, 860
Ansatz
  evolutionsbiologischer 198
  kulturalistischer 199
  utilitaristischer 196
Anziehungsforschung 18, 204 f.
Arbeit 304
Arbeitsbeziehung 558
Arbeitsmodell
  internales 148 ff., 153, 162, 377, 492
Arbeitsteilung 33, 535 f., 725, 796 f.
Arbeitsteilung im Haushalt 127 f., 171,
  174, 175, 231, 267, 687
Arbeitswelt 465, 467
Arzt 547
Arzt-Patient-Beziehung 565 ff.
Ästhetik 355
Asymmetrie 546, 555 f., 577
Attraktivität
  körperliche 204
Aufbauphase 189 ff., 224, 666, 911
  Individualisierung der 195 f.
Auflösungsphase 241 ff., 668 f.
Austauschtheoretiker 18
Austauschtheorie 104, 130, 132, 196,
  227, 249, 355, 427, 706
Autonomie 229, 234, 285, 286, 288,
  289, 290, 313, 495, 610, 618, 679,
  684, 728, 799, 920, 933, 972

Berater-Klienten-Beziehung 936
Beratung 161 f., 656, 671, 735 f., 805,
  807 f., 822, 859, 864 f., 880, 894 f.,
  925 ff.
Bestandsphase 209, 213, 221 ff., 666 f.
Betreuung 322, 492 f., 539, 588 ff.

Bewältigungsforschung 753
Beziehung 404, 410, 547 ff.
  asymmetrische 491 ff., 504 f.
  parasoziale 652 ff., 671
  soziale 533 f., 652, 660, 671
  symmetrische 496, 503
  therapeutische 545 ff., 572
Beziehungsalltag 20, 175, 686, 770
Beziehungsanalyse 934 ff.
Beziehungsanfänge 205, 208, 660, 666
Beziehungsaufbau als Prozess 205 ff.
Beziehungsberatung 882
Beziehungserfolg 56, 880
Beziehungsgeschichte 886
Beziehungskompetenzen 892
Beziehungslehre 36 ff.
Beziehungsmuster, dysfunktionales 887
Beziehungsprobleme 242, 669 ff., 733,
  844, 889 ff.
Beziehungsqualität, intergenerationale
  328
Beziehungsverlauf 63, 65, 130 f., 212,
  535, 799, 801 f.
Beziehungszufriedenheit 535, 748
Bi-kulturell 696, 708
Bildung 201, 231, 241 f., 297, 340, 588,
  598 ff., 616 f., 685, 704 ff., 821
Bildungshomogamie 705
Bildungsprozess 616
Bindung 11 f., 64, 93, 145 ff., 152 ff.,
  163, 180, 235, 279 ff., 289, 349, 358,
  390, 492 f., 495, 537 f., 588 ff., 592 f.,
  652, 654, 657, 686, 688, 724 f., 727,
  729, 751, 774, 800, 803, 823, 828,
  883 f., 926, 962, 972
Bindungsforschung 131, 145 f., 282,
  305, 415, 950
Bindungsstil 64, 150 f., 253, 684, 688,
  762
Bindungsstörung 153
Bindungstheorie 358, 762
Bindungstyp 147 f., 153, 361, 492
Biophilie 354 ff.

Chicagoer Schule 40
Clique 520

Co-Abhängigkeit 771 ff., 781 f.
Compliance 579
Computer 655
Coping 92, 153, 246, 690, 753 f., 966
  dyadisches 246, 251, 962
Cybersex 664

Delinquenz 410 ff., 502
Depression 56, 65 ff., 747 ff., 753, 775,
  778, 897
Dialog-Beziehung 560
Diskurse 20
Dissonanz, kognitive 104
Distanzbeziehung 677 ff.
Doppelkarriere-Paare 172 ff., 183, 232
Doppel-Team-These 318
Drei-Generationen-Haushalte 312
Dual Career Couples 172 ff., 680, 691

Ehe 16 f., 29, 32, 39, 125 ff., 130 f.,
  174 ff., 179, 190 ff., 227, 233 f., 246,
  263, 341, 343, 345, 390, 424, 531,
  534 ff., 539, 661, 681, 696 ff., 703,
  780
  arrangierte 191 ff.
  gemeindezentrierte Modelle der 192
Ehe- und Beziehungsberatung 881
Ehe- und Beziehungstraining 879 ff.
Einelternfamilie, Einstellungen 204
Eltern 404, 410
  autoritative 283 f.
  permissive 283
  psychisch kranke 745 ff.
Eltern-Kind-Beziehung 21, 133 ff., 136,
  279 ff., 297 ff., 312 f., 321, 323, 404,
  410, 425, 532, 587, 595, 612, 638,
  666 f., 717, 721, 725 f., 733 f., 745,
  758, 762, 919
Elternmodell 723
Elternschaft 17, 132 f., 271, 723 ff.,
  735 f.
Emergenztheorem 42
Emotionen 11, 33 f., 56, 129, 148, 197,
  348, 358 f., 396, 589, 595, 759, 914,
  937
Empathie 374, 579
Empowerment 752
Enkel(kinder) 311, 317, 323 f., 732 f.
Entgrenzung 651
  von Arbeit 469

Entwicklung 283, 360, 368 f., 373 ff.,
  404, 748 f., 773, 828, 932, 933 f.
Entwicklungsaufgaben 480, 514, 522,
  717 f.
Erwachsenenalter 150, 270, 297 ff.,
  303 f., 348, 358, 383, 503, 520,
  679 f., 691
Erzieherin-Kind-Beziehung 587
Erziehung 135, 282 ff., 313, 588,
  593 ff., 605, 729 ff., 887 f.
Erziehungsberatung 927 f., 942
Erziehungsstil 133, 269, 282 f., 502 ff.,
  728, 731, 825, 862, 887 f.
Ethik 355, 552
Ethnizität 615, 695, 700
Evaluation 249, 895 ff.
Evolutionsbiologie 198
Evolutionspsychologie 353

Face-to-Face 664 f., 689
Face-to-Face-Kommunikation 653, 659
Fairness 918
Familie 16 f., 133 f., 174, 179, 227, 233,
  264 f., 302, 315, 316, 320, 339 f.,
  342 f., 349, 368, 375, 424, 425 f.,
  434 ff., 492, 505, 521, 589, 669,
  716 ff., 726, 748, 750 f., 926 f., 943 ff.
Familienberatung 925 ff.
Familienbeziehung(en) 715 ff., 757
Familiendemografie 314, 340
Familienforschung 16, 29, 128, 171,
  172, 200, 260, 263 f., 312
Familiengründung 131 f., 193, 213 f.,
  225, 231, 236, 269 ff., 315, 348
Familienmodell, bürgerliches 29, 311
Familienskulptur 948
Familiensoziologie 123
Familientherapie 925 ff.
Feedback 107
Feinfühligkeit 147, 162
Fernsehen 654
Flexibilisierung 468
Flexibilität 470
Frauenforschung 262, 771
Frauenfreundschaft 393 ff.
Freiwilligkeit 385, 403, 501, 520
Freundschaft 29, 434, 473
  differenzierte 383, 389
Freundschaftsbeziehung 32, 39, 343,
  348, 384 ff., 500, 504, 515 f., 665

unter Frauen 393
unter Jugendlichen 517, 666
unter Kindern 403 ff., 666
Freundschaftsverständnis 405

Gegenübertragung 548 f.
Generationen 17, 136, 298, 305, 312 f.,
    315 ff., 324, 325, 339, 531 f., 538 f.,
    827, 842, 925 f.
Generationenbeziehungen 17, 133,
    301 f., 305, 306, 319 f., 322, 330, 530
Generationenkonflikt 306, 641
Generationensolidarität 306, 321
Genogramm 842, 948
Geschlecht 299, 393, 469
    Unterschiede 480
Geschlechterbeziehung 126, 183
Geschlechterdifferenz 33, 171, 175,
    177 ff., 223, 230 f., 262, 315, 749,
    768
Geschlechternormen 128, 171, 174 ff.,
    183
Geschlechterordnung 179, 181, 183 f.,
    230, 794, 804
Geschlechterverhältnisse 171 ff.,
    181 ff., 230, 534, 536, 538, 641 f.,
    690 f., 770, 791 ff., 803 f.
Geschwister 338
Geschwisterbeziehung 17, 51, 337 ff.,
    733 f.
Gesprächstherapie 549
Gesundheit 15, 85, 91, 325, 328, 360,
    409 f., 454, 503, 536 f., 573 f., 747,
    754, 761, 781, 827, 955 f., 958, 962,
    966, 971
Gewalt 242 ff., 262, 281, 297, 415, 596,
    613, 616, 620, 757, 771, 772, 778,
    779, 791 ff., 803, 813 ff., 842, 846
    körperliche 820
    seelische 813, 819, 848
Gewaltdynamik 801
Gewalterduldung 796
Gleichaltrigenbeziehung 287
Großeltern-Enkel-Beziehung 493
Großelternschaft 311 ff., 320, 325 f.,
    328 ff., 732
Großmutter 320, 328
Großvater 320, 328
Gruppe 33, 37 f., 101 ff., 223, 371, 447,
    449, 493, 501, 503, 520, 538 f., 591,

633, 696, 881, 885, 895 ff., 906, 958,
    963 f.
    künstliche 116 ff.
    reale 116 ff.
Gruppendynamik 101
Gruppeneffektivität 106

Handeln, professionelles 494, 546, 567,
    572 ff., 639, 645
Heiratsantrag 193, 213 f., 224
Helfer, alltägliche 961
Herkunft, soziale 201, 820 f.
Hilfe 346, 377, 408, 428, 450, 454,
    476, 480 f., 529, 533, 535, 550, 554,
    576, 578, 592, 631 ff., 642 f., 777,
    780, 807, 883, 927, 959 f., 962, 968
Hilfen zur Erziehung 637 ff.
Homogamie 200, 202
Homosexualität 259, 261 ff.
Human Relations-Ansatz 115
Human Relations-Bewegung 466

Ich-Identität 515
Idealselbst 58
Identität 11, 43, 57, 119, 206, 209 f.,
    367 ff., 393, 403, 410, 491, 497, 499,
    545, 639, 655, 659 f., 755 f., 967
Individualisierung 164, 177, 183, 189,
    191 ff., 215, 388 f., 412, 660, 670, 691
Individualisierungsprozess 20, 127,
    172 f., 178
Individuation 289 f., 495, 498, 593,
    618 f., 950
Integration, soziale 17, 452, 455, 633 f.,
    669 f.
Interaktion 10 f., 15 f., 38 ff., 103 f.,
    108, 110, 148 ff., 246 f., 251, 268,
    288 f., 357 ff., 365, 367, 371 f., 374 f.,
    396, 448, 456, 472 f., 479, 491 f.,
    495 ff., 516, 553, 557, 558, 566,
    569 f., 574 f., 580, 587, 599 ff., 653 f.,
    838, 904, 906, 916, 935, 944
    parasoziale 655
    symmetrische 404
    themenzentrierte (TZI) 112 f., 117 f.,
    581
    virtuelle 658, 663
Interaktionismus, symbolischer 39 ff.
Internal Working Model 377
Internet 652, 655, 658, 660 ff.

Intervention 735 ff., 859, 929, 969
Interventionsinstrument 907 ff.
Intimität 52 ff., 65, 69, 228, 233, 305,
    349, 522, 588, 653, 679, 689, 958
Inzest 345 f., 841 f., 845, 849, 851 f.

Jugend 358, 394, 769
Jugendalter 279 ff., 326 f., 327, 342,
    343, 348 f., 368, 412 f., 513, 728,
    729, 779
Jugendfreundschaften 520
Jugendhilfe 635, 640 ff.
Jugendsubkultur 518

Kind 404
Kinder- und Jugendhilfe 633 ff.
Kinder- und Jugendhilfegesetz 736
Kinderbetreuung 231
Kindertagesbetreuung 587
Kinderzahl 340
Kindesalter 279 ff.
Kindesmisshandlung 819
    Häufigkeit von 814
Kindheit 135, 150, 326 f., 342, 358,
    368, 394, 498 f., 513 ff., 605, 612 f.,
    644, 768 f., 829 f., 851, 884, 887
Kita 497
Klassenlage 201
Kohärenz 162
Kohäsion 103 ff., 120, 449
Ko-Konstruktion 162, 496, 599 ff.
Kollegenbeziehung 469, 471 f., 478,
    481, 484 f.
Kollusion 235
Kommunikation 68, 69, 112, 129,
    215 f., 234, 247 f., 250, 251, 269,
    330, 358 f., 366, 371, 377, 390,
    395 f., 466, 473, 476, 533, 535,
    558 f., 566 ff., 608, 651 f., 667, 670,
    688, 907, 913, 944 f.
    computervermittelte 659 ff., 668
    nonverbale 568 f.
    non-verbale 367
Kommunikationstraining 112
Kompetenzen 152, 160, 247, 254, 269,
    300, 416 f., 470, 516, 552, 554, 556,
    558, 575, 579, 593 f., 598, 643 f.,
    662, 671, 829, 891, 909, 937, 970
Komplementaritätsthese 203
Konflikt(e) 62 f., 134, 203, 230, 232,

234, 248, 250, 267, 288, 289, 290, 297,
    302 f., 305 f., 319, 348, 393, 395 f.,
    406 f., 415, 457, 475, 495 f., 498, 535,
    536, 560, 591, 595, 618, 638, 688,
    718, 722, 724, 726, 751, 757, 758,
    767, 777, 779, 795, 880, 891, 894,
    896, 901 ff., 907 ff., 916 ff., 933 ff.
Konfliktbearbeitung 902, 904, 908 ff.,
    916 ff., 921 f.
Konkurrenz 475
Konstruktivismus 944
Kontakte 456
Kontrolle, soziale 427, 453, 456, 643,
    663
Konvoi-Modell 528
Körper 794
Krankheitsbewältigung 752 f.
Kriminalität 455
Kultur 16, 190, 312, 337 f., 344, 347,
    499, 826

Lebensbewältigung 85, 636, 763, 955,
    958
Lebenslauf 13, 236, 297, 300 f., 305,
    528, 677, 684
Lebenspartnerschaft, eingetragene
    259 f., 270
Lebenswelt 634, 636, 689, 772
Lehrer-Schüler-Beziehung 605 ff.
Leidenschaft 52 ff., 228
Lernprozess 616
Lerntheorie 248, 346, 734
Lesbenforschung 262
Liebe 34, 52 ff., 60, 129, 176, 194 f.,
    199, 222 f., 228, 232, 251, 263, 354,
    473, 522, 792, 846
    als subjektives Erleben 194, 210 f.
    kameradschaftliche 54 f.
    romantische 34, 54 f., 57, 129, 194 f.,
    210, 215 f., 228 f., 342, 522
Living-apart-together-Beziehung 267,
    539 f., 679 f., 684 ff.
Long-distance-relationship 679, 680,
    684 f., 688
Loyalitätskonflikt 726, 730 f., 757 ff.,
    778

Macht 126 ff., 232, 312, 405, 474, 535,
    551, 576, 596, 609, 639, 794 f., 798,
    803, 845

Männerfreundschaft 393, 395, 398
Medialisierung 651 f.
Mediation 596, 735, 881, 901 ff., 916
Mediationsangebot 920
Mediatisierung 651 f,, 668
Medien 651, 835
Medizin 565
Mehrgenerationenfamilie
    multilokale 313
Mensch-Tier-Beziehung 353 ff.
Migration 316 f., 349, 439, 699, 702,
    708
Mikrosoziologie 132
Minorität, ethnische 696
Missbrauch 281, 474, 492
    sexueller 550, 768, 814, 818, 820,
    835 ff.
Misshandlung 791 ff., 813 ff., 820
    körperliche 813, 814
Mobbing 474 ff., 498, 820
Modernisierung 179, 241 f., 390, 430 f.,
    448, 609, 610 f., 660, 697
Monogamie 190 f., 271, 780
Moral 355
Mutter-Kind-Beziehung 727
Mutterliebe 342
Mutterschaft 425, 754, 773 ff.

Nachbarschaft 445 ff.
Nachbarschaftsbeziehung 445, 478
Nachbarschaftshilfe 454 ff., 895
Nähe und Distanz 537, 618, 637, 644,
    645, 688, 871 f.
Narzissmus 56, 63 ff., 69
Netzwerk 77, 269, 270, 389 ff., 433,
    451 f., 470, 477, 521, 634, 643, 755,
    760, 780 f.
    egozentriertes 13, 77, 78 ff., 94, 96
    personales 77, 79, 82, 96
    persönliches 732
    soziales 12 ff., 75 ff., 265, 266, 272,
    349, 389 f., 416, 446, 521, 530, 532,
    636, 652, 663 f., 667, 761, 775, 777,
    804 ff., 826, 894 f., 955 ff.
Netzwerkanalyse 76 ff., 314
Netzwerkintervention 955 ff.
Neuropsychologie 357
Neurotizismus 245, 253

Online-Beziehung 652, 658 ff.

Online-Datings 208 f., 661
Online-Kommunikation 664 f.
Opfer 474, 638, 836 ff.
Organisation 10 f.
Organisationsentwicklung 114
Organisationssoziologie 17

Paar 31, 37 f., 174 ff., 180 ff., 181, 193,
    199, 209, 223, 224, 226, 228, 248,
    264 f., 424, 483, 522, 669 f., 677 f.,
    688 ff., 748, 870, 885 f.
    binationales 695
    homosexuelles 230, 267
Paarberatung 879 f., 894, 895 f.
    systemische 859 ff.
Paarbeziehung 11, 21, 32, 51 ff., 70,
    109, 111, 126 ff., 171 ff., 189, 221,
    245, 248, 249, 251 ff., 259 ff., 266 ff.,
    267, 270 f., 287, 384, 471, 472, 473,
    482, 661, 667, 669, 677 ff., 681 f.,
    696 ff., 748, 770, 772, 859, 870
Paarbildung 189, 190, 193, 196, 198,
    208 ff., 697
Paaridentität 266
Paartypologie 871
Paarungsmuster, bürgerliches 193
Parentifizierung 758 f.
Partizipation 134, 448, 528, 535,
    596 f., 606 f., 613 f.
Partnerschaft 148, 173, 183, 228, 437,
    678, 691
Partnerschaftsmodell 578
Partnerwahl 189 ff., 197 ff., 200 ff., 251,
    696 f., 767, 791
    interethnische 700 ff.
Patient 547
Peer 496, 518
Peergroup 501, 513
Perspektive, interpretative 132, 199,
    607, 654
Pflege 299, 301, 529, 539
Pickup 205 ff.
Polygamie 190
Prävention 95, 281, 735 ff., 827, 830
Psychoanalyse 346, 547 ff., 552, 560,
    767, 801, 840, 931 f.
Psychologie, analytische 357, 370
Psychotherapie 546 f., 656, 853
    allgemeine 554
    systemische 549

Pubertät 288, 326 f., 368, 495 ff., 500, 502, 728, 749
Puffer 761
Puffereffekt 90

Queer Theory 263, 272

Raum 413
Rechtliche Vorgaben 806
Reflecting Team 949
Regelungen, rechtliche 432, 717
Regenbogenfamilie 269
Repräsentation, symbolische 21
Resilienz 827 f.
Resilienzforschung 750 f., 763
Ressource 85, 86, 92, 95, 111, 127, 164, 177, 231 f., 300, 345, 348, 397, 454 ff., 460, 528, 556, 579, 635, 643, 644, 645, 662, 706 f., 726, 727, 733 ff., 750, 753, 761, 763, 823, 825, 875 f., 932, 942, 946, 950, 957, 963, 964, 968, 972
Re-Traditionalisierung 179
Reziprozität 136 f., 183, 223, 288, 384 ff., 405, 428, 440, 497, 500, 501, 653, 677, 759, 958, 960, 972
Risikofaktoren 151, 153, 154, 246, 247, 253, 722, 726, 748, 749 f., 753, 822 ff., 843, 960
Risikoforschung 746 ff., 763
Risikoverhalten 410 ff., 412
Roboter 656 ff.
Rollenbeziehung 545, 567
Rollenidentität 44

Salutogenese 781
Scheidung 226, 241 ff., 254, 316, 322, 493, 536, 715 ff., 754, 772, 781, 903 f.
Scheidungsfolgen 716
Scheidungsgründe 242
Scheidungsrecht 720
Scheidungstheorien 248
Scheidungsursachen 245
Schicht, soziale 820
Schule 287, 297, 413 ff., 494, 498 ff., 520, 590, 605, 606, 609, 610 ff., 618, 621 ff.
Schutzfaktoren 151, 731, 750 ff., 823 ff.
Schwulenforschung 261
Selbsterfahrungsgruppe 109

Selbsthilfegruppe 807, 963
Selbstmitteilung 371
Selbstobjekte 365
Selbstoffenbarung 395 f.
Selbstverwirklichung 61, 230 f., 388, 392
Selbstwahrnehmung 61, 199, 919
Selbstwert 59, 63 ff., 67 ff., 152, 613, 728, 866, 884, 893, 962
Sensitivity Training 110
Sexualität 199, 212 f., 223, 225 f., 228, 261, 264, 267, 271, 391, 484, 522 ff., 527, 664, 689, 793, 838, 845 ff., 850
Sexuelle Belästigung 474
Situation, therapeutische 555
Skill Training 107, 111
Social Network 77, 667
Social Support 85 f., 761, 956 f.
Solidarität 136 f., 183, 230, 269, 300, 302 f., 305 f., 321, 339, 346, 347, 450, 466, 468, 471, 477 f., 481, 597, 677 f., 897
Sorgerecht 720 ff.
Soziale Arbeit 631 ff.
Sozialisation 150, 281, 285, 287, 299, 320, 367, 369, 371 f., 398, 405, 414, 455, 493, 499, 521, 587, 594, 601, 615, 746, 758, 798, 801, 822, 828
Sozialisationsforschung 134 f.
Sozialstruktur 20, 452, 690
Soziobiologie 198, 353, 426, 428 f.
Soziometrie 18, 503
Staatsbürgerschaft 695
Stabilität 235
Stieffamilie 719
Störung, psychische 931
Stress 243, 246 ff., 250 ff., 286, 478 ff., 528, 718, 753, 825, 827, 891, 967
Strong Ties 96
Strong-Tie-Beziehungen 427
Sucht 768
Suchtprobleme 767 ff.
Systemtheorie 608
Szenisches Verstehen 932

T-(rainings)gruppe 109
Tätertypen 838
Team 929
Themenzentrierte Interaktion (TZI) 112 f., 117 f., 581

Theorien der Partnerwahl 196 ff.
Therapie 565
Trauma 792, 843, 848
Trennung 688, 715 ff., 781, 903 f.

Übergänge 13, 39, 126, 131, 670
Übertragung/Gegenübertragung 552 f.,
     559 f., 844, 942
Übertragungs/Gegenübertragung 935
Ungleichheit, soziale 615
Unterhaltspflicht 344 ff., 433
Unterstützung 15, 229, 265, 285, 300,
     346, 349, 358, 397, 403, 409, 410,
     415, 427, 454, 459, 477, 501, 531,
     533 ff., 595, 619 ff., 631, 688, 731,
     734, 761, 807, 842 ff., 895, 927
     emotionale 397, 398, 435 ff., 455 f.,
     620, 727 f., 960, 962
     instrumentelle 15, 89 ff., 323, 398,
     435 ff.
     psychologische 89
     soziale 14, 75, 84 ff., 94, 151 f.,
     154 ff., 286 f., 359, 405, 412, 434 ff.,
     453, 457, 477 ff., 761, 956
     wahrgenommene 88, 91 f., 970
Unterstützungsförderung, soziale
     955 ff.

Vater 135
Vater-Kind-Beziehung 729
Vaterschaft 231, 425, 773, 777 f.
Verhaltensauffälligkeit 591, 747, 754,
     775
Verhaltenskontrolle 285, 591

Verhaltenstherapie 549
Verlobung 213 f., 224 f.
Vernachlässigung 638, 768, 813, 818 f.
Vernetzung 653, 965
Vertragsmodell 578
Vertrauen 348, 385, 388, 390, 396, 398,
     440, 466 ff., 471, 473, 476, 492, 533,
     545, 554, 558 f., 574, 844
Verwandtschaft 338, 423 ff., 535
     genetische 423 ff., 440
     soziale 424
Verwandtschaftsbeziehung 436
Verwandtschaftslinie 337
Virtualisierung 651 f.
Vulnerabilität 151, 253 f., 749, 750,
     823, 891 f.
Wandel, demografischer 265, 298, 529,
     699
Wechselwirkung 31 ff., 40 ff., 286, 566
Wendepunkt 213, 224
Wir- und Ihrbeziehung 38 f.
Wirklichkeitskonstruktion 226, 227,
     496, 599
Wirkungsforschung 553
Wirkungspanorama, biopsychosoziales
     361
Work-Life-Balance 468

Zeit 413, 468
Zusammengehörigkeit 387
Zweierbeziehung 17, 189, 213, 223,
     263 ff., 391, 514 f., 522 ff., 527 f., 531,
     534 ff., 539, 669, 687, 697, 757
     homosexuelle 260 f., 266, 270

Personenregister

Abbey, Caroline 734
Acitelli, Linda K. 956
Adams, Ryan 503
Adler, Alfred 549
Afifi, Tamara D. 726
Ahnert, Lieselotte 493, 494, 592
Ahrons, Constance R. 722 f., 732, 733
Ainsworth, Mary D. S. 147, 162 f., 280, 361, 492
Ajrouch, Kristine J. 528, 532
Akkermann, Antke 262
Aksan, Nazan 281
Alba, Richard D. 707
Alberoni, Francesco 226
Alexander, Karl L. 731
Alisch, Lutz-Michael 405 f., 415, 500, 520 f.
Allen, Joseph P. 502, 504, 631
Allert, Tilman 11, 223
Alsaker, Françoise D. 498
Altgeld, Thomas 781
Althoff, Wolfgang 496
Amann, Andreas 105
Amann, Gabriele 837
Amato, Paul R. 241, 716, 718, 722, 726 ff.
Anderson, Claire J. 484
Ang, Rebecca P. 286
Anonyma (= Christa v. Petersdorf) 550
Antonovsky, Aaron 152, 574, 876
Antons, Klaus 105, 108, 109
Antonucci, Toni C. 528, 956
APA, American Psychological Association 553
Arber, Sara 300, 532 f.
Arenz-Greiving, Ingrid 778
Argyle, Michael 452, 454, 473 f., 477 f.
Ariès, Phillippe 342
Aron, Arthur P. 54, 57
Aron, Elaine N. 57
Aronson, Elliot 566
Aronson, Vera 566
Arránz Becker, Oliver 234
Arts, Wil 432
Asendorpf, Jens B. 76, 79 f., 85, 95, 151, 679

Asher, Steven R. 503
Ashforth, Blake 670
Asquith, Pamela 290
Aßfalg, Reinhold 770
Attias-Donfut, Claudine 312, 314, 322 ff., 533, 537, 539
Attneave, Carolyn L. 964
Augerolles, Joëlle 550
Auhagen, Anne E. 51, 383 ff., 387, 389, 391, 393 f., 398, 520
Averill, James R. 53, 211
Axelrod, Robert 427, 429

Bach, George R. 110
Bacher, Johann 326 f.
Bachmann, Randall W. 376
Back, Kurt W. 107
Backes, Gertrud M. 30, 137, 299 f.
Badawia, Tarek 615
Badr, Hoda 14, 956
Baer, Alfred 778
Bagwell, Catherine L. 410, 503
Bailenson, Jeremy 662
Bailey, Becky A. 594
Bailey, Darlyne 478, 480
Bakel, Hedwig J. A. van 286
Baker, Andea 664 f.
Balint, Michael 566
Bammer, Gabriele 774
Bange, Dirk 835
Banse, Rainer 76, 79 f., 85, 95, 679
Banwell, Cathy 774
Barbara, Augustin 707, 806
Bargh, John 659
Barry, Caroline M. 455, 500
Bartholomew, Kim 93
Bartrip, Jon 279
Barz, Heiner 621
Bastine, Reiner 735, 902, 909, 915, 917 f., 920 f.
Bateson, Gregory 868
Battegay, Raymond 103
Bauer, Joachim 885, 891
Bauer, Petra 956
Baum, Nehami 723
Baumann, Urs 82, 88, 896

Baumeister, Roy F. 68
Bäumer, Gertrud 632
Baumert, Gerhard 126
Baumert, Jürgen 494, 615 ff., 619, 621
Baumrind, Diana 282 f., 495
Bauriedl, Thea 926, 936
Bawin-Legros, Bernadette 680
Baxter, Leslie A 962
Beardslee, William R. 747
Beck, Ulrich 215, 242, 299, 389
Becker-Schmidt, Regina 128, 299 f.
Beck-Gernsheim, Elisabeth 131, 242, 299 f., 388 f.
Beckh, Katharina 722
Beelmann, Wolfgang 725, 728, 731, 733
Beer, Bettina 705, 707
Beher, Karin 635
Behnke, Cornelia 172 f., 177, 232
Behnken, Imbke 136
Behringer, Luise 458
Bell, Silvia M. 147
Bellenberg, Gabrielle 614
Belsky, Jay 285, 494, 821 f.
Bender, Doris 198, 253, 411, 750, 823 f., 826, 829
Bengtson, Vern L. 529
Benjamin, Jessica 245, 795, 798, 799
Ben-Porath, Yoram 430
Ben-Ze'ev, Aaron 664
Berger, Iris 914
Berger, Peter L. 174 f., 199, 226, 234, 697
Berger, Rony 254
Berger, Walter 269
Bergmann, Thomas 458
Bergold, Jarg B. 965
Berndt, Thomas J. 410, 502
Berner, Wolfgang 838, 843, 846 f., 854
Bernfeld, Siegfried 609
Berns, Ulrich 951
Berscheid, Ellen 49, 51, 204
Bertels, Lothar 447
Bertram, Hans 125, 136, 305, 313, 317, 349, 425
Best, Stefanie 651, 919
Bettge, Susanne 823
Bevers, Antonius M. 31, 35
Beyers, Wim 289
Bhavnagri, Navaz P. 413, 416

Bickmore, Timothy 656
Biegel, David E. 454
Bien, Walter 136, 349, 425, 434, 437, 682, 719
Bierhoff, Hans-Werner 19, 49, 54 ff., 64 ff., 68 ff., 103, 210, 222, 687 f.
Bigelow, Brian J. 406
Biller, Henry B. 961
Bimschas, Bärbel 635 ff., 639, 642, 645
Birch, Sondra H. 590
Birchmeier, Zachary 662
Birner, Marietta 921
Bischof, Gallus 782
Bitkom, Bundesverband Informationswirtschaft Telekommunikation und neue Medien e.V. 661
Bitzer, Eva Maria 576
Blaisure, Karen R. 736
Blakeslee, Sandra 718, 722
Blankertz, Herwig 605
Blatt-Eisengart, Ilana 284
Blech, Jörg 566
Bleuler, Manfred 746
Block, Jack 719
Block, Jeanne H. 719
Blood, Robert O. 126 ff.
Blossfeld, Hans-Peter 201
Blüher, Stefan 529, 531
Blum, Werner 813
Blumer, Herbert 41, 44
Blum-Maurice, Renate 813
Blumstein, Philip 222, 233, 261
BMFSFJ, Bundesministerium für Familie, Senioren, Frauen und Jugend 131, 431, 726, 793
BMFuS, Bundesministerium für Familie und Senioren 927 f.
Bø, Inge 410
Bochner, Arthur P. 227
Bochow, Michael 262
Bocij, Paul 668
Bock, Karin 637
Bodenmann, Guy 130 f., 233, 234, 241, 243, 246 ff., 251, 252, 253, 255, 286, 879, 881, 896, 962
Böhme, Jeanette 611 f., 614
Böhnisch, Lothar 300, 533, 632, 635 f., 643 f.
Bohrhardt, Ralf 722
Bohrmann, Thomas 571 f., 576, 578 f.

Bois-Reymond, Manuela du 133, 136, 610 f.
Boissevain, Jerome 79, 81
Bolger, Kerry E. 502
Bommes, Michael 80, 634, 637
Bookwala, Jamila 535
Boos-Nünning, Ursula 615
Booth, Alan 241, 730
Boothroyd, Phyllis 211
Borchardt, Knut 340
Bösch, Peter 458
Boszormenyi-Nagy, Ivan 758
Bouchard, Geneviève 246
Bourdieu, Pierre 177 f., 180, 557, 609, 644, 792
Bowlby, John 93, 146 f., 152, 154, 163, 280, 358, 492, 762, 883
Boyd, Danah 667
Boyd, Monica 439
Bradbury, Thomas N. 243, 245 ff., 253, 254
Bradford, Leland P. 109
Brake, Anne 312
Brams, Steven J. 913
Brandtstädter, Jochen 254
Braun, Alexander 656
Braun, Norman 429
Braunmühl, Ekkehard von 607
Breger, Rosemary 707
Breidenbach, Stephan 902, 918, 921
Breidenstein, Georg 500, 608, 615, 617, 621, 622
Brendel, Sabine 616
Brendgen, Mara 410
Brisch, Karl Heinz 146 ff., 152 ff., 160, 162 ff., 950
Brody, George 348
Bronfenbrenner, Urie 285, 950
Bröning, Sonja 716, 735
Brookes, Carolyn 594
Brown, Sue-Ellen 365
Bruckner, Elke 390, 391
Brückner, Margrit 791, 797 ff., 804, 805, 808, 1017
Bryant, Brenda K. 374, 414
Bryson, Ken 313
Buba, Hans P. 262, 266 ff., 698
Buber, Martin 145, 162 ff., 550
Buchanan, Christy M. 724, 726, 731
Buchen, Sylvia 264

Buchholt, Stefan 455, 457
Buchholz, Michael B. 582
Buchmann, Marlis 202
Büchner, Peter 133, 136, 297, 312, 614
Buchwald, Petra 962
Bucka-Lassen, Edlef 579
Budde, Gunilla-Friederike 341 f.
Buehler, Cheryl 287
Buhl, Monika 291
Bühler-Ilieva, Evelina 208
Buhrmester, Duane 348, 410, 500
Bukowski, William M. 500, 503
Bullinger, Hermann 636, 956, 965
Bundesärztekammer 580
Bunker, Barbara B. 687
Burgess, Ernest W 40, 126
Buri, John 283
Burkart, Günter 123, 125, 128 f., 133, 135, 175 ff., 180 f., 189, 194, 199, 210, 221 f., 225, 229 ff., 265, 522, 666
Burleson, Brant R. 247
Burlingham, Dorothy 497
Burman, Bonnie 287
Burnett, Peter L. 960
Burst, Michael 655
Burt, Ronald S. 96
Bush, Jaqueline E. 734
Buss, David M. 198, 353
Busse, Susann 621
Bussmann, Kai.-D. 816 ff., 821
Butler, Judith 171, 263
Byrne, Donn A. 59, 103, 205
BZgA, Bundeszentrale für gesundheitliche Aufklärung 522, 524

Campbell Quick, James 478
Campbell, W. Keith 56, 63 f.
Campe, Joachim Heinrich 605
Capaldi, Deborah. M. 719
Caplan, Gerald 85, 961
Carl, Walter J. 163
Carlson, Frances M. 589, 591
Carter, Betty 717
Casper, Lynne M. 313
Cassel, John C. 86
Cassidy, Jude 145
Cate, Rodney M. 209
Catell, Padma 678
Chan, Darius K. S. 665

Charcot, Jean-Martin 547
Cheadle, Jacob 722, 726, 728 f.
Cheek, Neil H. 501
Cheng, Grand H.-L. 665
Cheng, Helen 718, 719
Cherlin, Andrew 241, 321
Chesler, Phyllis 550
Christmann, Gabriela 40
Christopher, F. Scott 513, 724
Chvojka, Erhard 311
Cicchetti, Dante 151 f., 822
Cicirelli, Vincent 347
Cierpka, Manfred 927
Cillessen, Antonius H. N. 503 f.
Cina, Annette 246, 247
Ciompi, Luc 868
Cipolla, Carlo 340
Claes, Michel 502
Clemens, Wolfgang 30
Clement, Debra A. 736
Cline, Sally 261
Clingempeel, W. Glenn 728
Clore, Gerald L. 103
Co-Abhängigkeit 770
Cobb, Stanley 75, 86, 90
Cochran, Moncrieff 410
Cogswell, Carolyn 733
Cohen, Jonathan 654
Cohen, Sheldon 88, 91 ff., 955
Cohen-Mansfield, Jiska 658
Cohn, Ruth C. 112, 581
Coie, John D. 503
Coleman, Diane 196, 803
Coleman, James 427 f.
Collet, Beate 707
Comelli, Gerhard 114 f.
Conger, Rand D. 284, 287
Connell, Robert W. 171
Cooley, Charles Horton 501
Coontz, Stephanie 189, 191, 194
Cooper, Alan 659, 664
Cooper, Catherine R. 289 f., 495
Corsaro, William A. 497
Coulthard, Melissa 452 f.
Cowan, Philipp.A. 735
Cox, Donald 429, 431 f.
Coyne, James C 66, 747 ff., 755
Crester, Gary A. 707
Crittenden, Pat M. 153
Crosnoe, Robert 321

Crouter, Ann C. 247
Crowder, Kyle D. 707
Cui, Ming 415
Cummings, E. Mark 747, 894
Cupach, William R. 51, 70
Cutrona, Carolyn E. 92, 956, 963, 968

Dahme, Heinz-Jürgen 33, 41, 47
Dahrendorf, Ralf 905
DAKJEF 928 f.
Dallos, Rudi 734
Daneback, Kristian 664
Daniel, Gabriele 163, 757
Dannecker, Martin 261, 846
Dannenbeck, Clemens 523
Daro, Deborah 822
Daser, Eckhard 939
Dasgupta, Partha 427
Datenreport 677, 715
Daub, Claus-Heinrich 31, 37
Daum-Jaballah, Marita 243
Davidov, Maayan 282
Davies, Lorraine 719
Davies, Patrick T. 734, 894
Davies, Peter L. 749
Davis, Keith E. 52
Davis, Kingsley 700
Davis, Murray S. 205 ff.
Davison, Kathryn B. 371
Dawkins, Richard 426, 429
De Bruyn, Eddy H. 504
De Graaf, Paul M. 708
De Shazer, Steve 862
De Wolff, Marianne S. 492
Deegener, Günther 813 f., 824, 842,
  852, 854
Degele, Nina 260, 263
DeHart, George 348
Deindl, Christian 390
Dekker, Arne 684
Dellinger, Kirsten 483 f.
Denton, Wayne H. 247
DeStefano, Charles T. 413
Dettmer, Susanne 173
Deutsches Institut für Urbanistik 460
Dewe, Bernd 636
DGPT Deutsche Gesellschaft für Psy-
  choanalyse, Psychotherapie, Psycho-
  somatik und Tiefenpsychologie e.V.)
  552

DGVT Deutsche Gesellschaft für Verhaltenstherapie 552
Dickson, William J. 30, 114, 466
Diefenbach, Heike 439, 615
Diekmann, Andreas 132
Dieris, Barbara 304, 305
Dierks, Marie-Luise 571
Dietmar, Christine 104, 598
Dietrich, Peter S. 735 ff.
Diewald, Martin 123, 299, 393, 405, 423, 428, 432, 439, 477, 480, 681, 688, 955
Diez, Hannelore 904, 910, 917
Dimova, Aleksandra 745
Dimpker, Henning 726 f.
Dishion, Thomas J. 502
Ditton, Hartmut 614 f.
Doblhammer, Gabriele 301 f.
Dodge, Kenneth A. 503, 505
Doermer-Tramitz, Christiane 204
Domej, Tanja 920
Donath, Matthias 653
Dorbritz, Jürgen 315
Döring, Else 163
Döring, Nicola 208 f., 651, 658 f., 664, 669, 670
Dörner, Klaus 566, 569 f., 573, 575 f., 579, 582
Dornes, Martin 147, 151 f., 829
Dörr, Margret 637
Dorst, Brigitte 393
Downey, Gerald 747 f., 755
Dozier, Mary 883
Dreher, Eva 522
Drew, Jana Brittain 88, 94
Drew, Linda M. 324
Drigalski, Dörte von 550
Drigotas, Stephen M. 60
DuBois, David L. 413, 494
Duck, Steve 14, 16, 18, 49 f., 222, 668, 956
Duncan, Barry L. 874
Dunn, Bonnie 754
Dunn, Judy 497 ff., 503
Dunphy, Dexter C. 501
Durkheim, Emile 42, 226, 771, 780 f., 905
Duss-von Werdt, Joseph 901 ff.
Dutton, Donald G. 54
Dux, Günter 232

Dwairy, Marwan 286
Dwyer, Diana 536
Dyroff, Hans-Dieter 414
DZA Deutsches Zentrum für Altersfragen 298, 306

Ebbecke-Nohlen, Andrea 859, 861, 863, 867, 870 f., 876, 880
Ecarius, Jutta 297, 313, 319, 610, 636
Eccles, Jacquelynne S. 411
Eckart, Christel 302
Ecker, Diana 844
Eder, Ferdinand 494
Eder, Franz X. 193
Ederer, Elfriede 409
Edwards, Ellen P. 775, 778
Edwards, Nigel 575
Egbringhoff, Julia 469 f.
Eggen, Bernd 267, 269 f.
Egger, Renate 794, 796 f., 805
Egle, Ulrich T. 828
Ehrenberg, Marion F. 734
Eiden, Rina D. 775, 778
Eisenstadt, Shmuel N. 385, 388, 498
Eisner, Manuel 202
EKD 926
Elder, Glen H., Jr 318, 321
Elias, Norbert 610, 894
Ellison, Nicole 659, 667
Emanuel, Ezekiel J. 568
Emanuel, Linda L. 568
Emery, Robert E. 722, 726, 729, 735
Emmerling, Dieter 715
Emnid 445 f.
Endres, Manfred 148, 163, 165
Endreß, Martin 38
Engelhard, Jutta-Beate 450, 452 f.
Engels, Rutger C. M. E. 502
Engfer, Anette 416
Engl, Joachim 880, 893, 895
Engstler, Heribert 313 f., 715, 719
Ennulat, Gertrud 589
Entwisle, Doris R. 731
Erdheim, Mario 609
Erel, Osnat 287
Erikson, Erik H. 367, 492, 515
Erler, Michael 888
Erlinghagen, Marcel 322
Ermann, Michael 937, 939
Ernst, Cécile 643, 818

Eskin, Mehmet 409
Essenfelder, Petra 446
Esser, Axel 476
Esser, Hartmut 124, 130 f., 196
Essers, Hans 548
Everard, Kelly M. 454
Eyal, Keren 654

Faber, Christel 172
Fabian, Thomas 322
Fäh, Markus 554
Falck, Hans S. 164
Fals-Stewart, William 778
Familie 345
Farau, Alfred 112
Fatke, Reinhard 388, 392
Faulstich-Wieland, Hannelore 615
Fauser, Richard 455
Faust, Katherine 34, 77 f., 494, 815
Faust-Siehl, Gabriele 494
Feeney, Judith A. 19, 50
Feingold, Alan 204
Feldhaus, Michael 125, 347, 666
Felser, Georg 254
Fend, Helmut 607, 610, 612 f., 616 f.,
    619, 621
Fenstermaker, Sarah 178
Festinger, Leon 104, 451
Fichtner, Jörg 736
Fiedler, Peter 891, 894 f., 897
Figdor, Helmuth 730
Filsinger, Dieter 965
Finch, Janet 678
Fine, Gary A. 395
Finke, Jobst 162, 163, 558 ff.
Finkel, Eli J. 50
Firle, Michael 791
Fischer, Claude S. 96
Fischer, Gottfried 554, 843
Fischer, Manfred 449
Fisher, Helen E. 357
Fisher, Roger 911, 919
Fishman, Helen C. 757
Fittkau, Bernd 112
Flaake, Karin 262
Fleeson, June 493
Fletcher, Garth J. O. 353
Fliedner, Renate 600
Flintrop, Jens 575
Flöck, Martina 375

Folkman, Steven 753
Fooken, Insa 301, 316, 534 f., 538
Foster, Craig A. 64
Foucault, Michel 609
Foulkes, Siegmund H. 106
Fraley, Barbara 57
Franco, Nathalie 410
Franzkowiak, Peter 412
Frauen helfen Frauen e.V. 805
Frei, Bernadette 613
Freitag, Marcus 409
Frenzel, Hansjörg 200
Frerichs, Petra 176, 178
Freud, Anna 288 f., 369, 497
Freud, Sigmund 63, 288, 346, 547 ff.,
    551, 577, 609
Frey, Dieter 104
Friedeburg, Ludwig von 212
Friedman, Maurice 550
Friedrich, Hedi 595, 597
Fritz, Jana 775, 777
Fromm, Erich 354, 522
Frosch, Cynthia A. 280
Fthenakis, Wassilios E. 231, 269 f.,
    272, 322, 493, 717 f., 722, 727
Fu, Vincent K. 707
Fuchs, Marek 613
Fücker, Michael 408, 881, 901
Fuhrer, Urs 282, 291
Fuhrman, Teresa 289
Fuligni, Andrew J. 411, 502
Funk, Heide 300, 523
Funke, Wilma 782, 956
Furman, Wydol 410, 500
Fürstenau, Peter 950
Furstenberg, Frank F., Jr. 321, 677, 719

Gahleitner, Silke B. 131, 145, 153 ff.,
    161, 163 f., 281, 297, 762, 828,
    853 f., 883, 1019
Galal, Injy 662
Galaskiewicz, Joseph 77
Galliker, Mark 771
Gängler, Hans 634
Gardemin, Daniel 178
Gardner, Richard A. 726
Gather, Claudia 236
Gauthier, Anne 322, 680
GdW 459
Geasler, Margie J. 736

Geis, Karlyn J. 454
Geißler, Peter 905
Geller, Helmut 707
Gelles, Richard 792
Gellrich, Cornelia 846
Gendlin, Eugene T. 162
Gennep, Arnold van 224
Georgas, James 424, 430
George, Carol C. 149, 153
Gergen, Kenneth J. 59
Gerhards, Jürgen 33, 129
Gerlach, Ralf 774, 780
Gern, Christiane 202
Gerok, Wolfgang 882
Gershon, Michael 961
Gerson, Randy 948
Geser, Willi 348, 733 f.
Gestrich, Andreas 191 ff.
Giarrusso, Roseann 321
Gibson, Anja 621
Giddens, Anthony 129, 215, 229 f.,
  242, 691
Gilbreth, Joan G 727, 731
Gilligan, Carol 518, 771
Gillioz, Lucienne 792, 794
Gillis, John R. 192
Gilmour, Robin 49
Ginn, Jay 300
Glasl, Friedrich 912
Glenn, Norval D. 248
Gloger-Tippelt, Gabriele 133, 149, 152
Gloor, Regula 835
Glowsky, David 704, 706
Glynn, Laura M. 971
Göckenjan, Gerd 311
Gödde, Mechthild 416, 729 ff.
Godenzi, Alberto 794, 804
Goffman, Erving 38, 42 f., 132, 181 f.,
  206, 209, 227, 906
Goh, Dion H. 286
Goldberg, Stephen B. 921
Golden, Reid 707
Goldmann, Ulrike 593
Goldner, Virginia 795, 798
Gonzalez-Ferrer, Amparo 700, 704
Goodson, Barbara D. 591, 601
Goody, Jack 191
Goossens, Luc 289
Göppel, Rolf 521
Gordon, Milton M. 707

Gore, Susan 86
Gottlieb, Benjamin H. 154, 956 ff.,
  966 ff.
Gottman, John M. 247, 249 f., 498, 716
Gottschalch, Wilfried 795
Götz, Maja 655
Gouldner, Alvin W. 428
Gourdon, Vincent 311
Grandin, Temple 358
Granovetter, Mark 96, 427, 663, 961
Grant, Katryn E. 286
Grau, Ina 19
Grawe, Klaus 553, 554, 882 f., 889,
  891, 894
Gray, Christine R. 189
Grayson, Donald K. 426
Greenberg, Jerald 478
Greenberger, Ellen 286
Greenfeld, Lawrence A. 771
Greenhalgh, Trisha 566
Greger, Reinhard 921
Grieger, Katja 806
Griese, Hartmut M. 136
Grimm, Klaus 286, 702 ff.
Grimm-Thomas, Karen 286
Gross, Harriet 680, 681
Großelternschaft 320
Großmann, Heidrun 598
Grossmann, Karin 145 ff., 154, 159,
  161 f., 164 f., 281, 492
Grossmann, Klaus E. 145 ff., 154, 159,
  161 f., 164 f., 492
Grotevant, Harold D. 289 f., 495
Gruber, Kenneth J. 778
Grundmann, Matthias 135, 611, 615
Grunert, Cathleen 30
Grunow, Dieter 454, 960
Grusec, Joan E. 282
Guiffre, Patti A. 483, 484
Guldner, Gregory T. 687
Gündüz-Hosgör, Ayse 695
Günther, Julia 383, 446, 454 ff.
Günthert, Andreas 774
Gurman, Alan S. 254
Guttmann, Giselher 359
Guttmann, Joseph 730, 731

Haffner, Yvonne 173 f., 232
Häfner, Stefan 749
Haft, Fritjof 904

Hagemann-White, Carol 791 ff., 805
Hagestad, Gunhild O. 317
Hahlweg, Kurt 247, 255, 291, 879, 881,
  896
Hahn, Alois 127, 227, 234
Hahn, Kornelia 129
Haid-Loh, Achim 925, 927, 936, 963
Hall, Barry L. 732
Hamburger, Franz 635, 807
Hamilton, Claire E. 592
Hamilton, William D. 423, 426 f., 429
Hamm, Bernd 445 ff., 452, 455 ff., 459,
  460
Hammerschmidt, Helga 536
Hamre, Bridget K. 590
Hangebrauck, Uta-Maria 478
Hank, Karsten 322
Hannah, Mo Therese 254
Hänsch, Ulrike 262, 263
Hardach-Pinke, Irene 707
Hareven, Tamara K. 137
Hargens, Jürgen 869
Hargreaves, David H. 608
Hark, Sabine 260, 262, 263
Harloff, Hans Joachim J. 451
Harlow, Harry F. 148, 152
Harlow, Margaret K. 148, 152
Harris, Paul L. 424, 498
Hart, Lynette A. 359
Hartup, Willard W. 491, 498, 502
Hartwig, Myriam 231, 797
Haselager, Gerbert J. 411
Haskey, John 681, 683, 684
Hassebrauck, Manfred 204, 234
Hatfield, Elaine 204
Haug, Sonja 700, 708
Hauser, Susanne 148, 163, 165
Hauser, Sylvia 243
Haustein, Sonja 687, 688
Haynes, John M. 736, 903 f., 917 ff.
Hays, Robert B. 386
Hazan, Cindy 358
Heberle, Rudolf 448
Heer, David M. 700, 707
Hegel, Georg Wilhelm Friedrich 606 f.
Heidbrink, Horst 383
Heider, Fritz 18, 104
Heigl, Franz 107
Heigl-Evers, Annelise 107
Heikkinen, Riitta-Liisa 531, 532

Heimann, Paula 549
Heimer, Carol A. 222
Heinrich, Matthias 805
Heintz, Bettina 178, 181
Heinze, Thomas 608
Heinzel, Friederike 314
Held, Thomas 128
Helfferich, Cornelia 796, 802, 805 f.
Heller, Caroll 15, 956, 968
Helmke, Andreas 614, 616
Helms, Lilian 69
Helsper, Werner 605, 609 ff., 614 f.,
  617, 619 ff.
Henderson, Monika 452, 454, 473 f.,
  477, 478
Hendrick, Clyde 19, 51, 210
Hendrick, Susan S. 19, 51, 210
Hendrix, Charles 374
Henke, Catharina 504
Henneberg, Maureen A. 771
Henneberg, Rosy 596
Henry, Carolyn S. 732 f.
Henry-Huthmacher, Christine 316
Herbart, Johann Friedrich 581, 605
Herbst, Kenneth C. 53
Hergemöller, Bernd-Ulrich 261
Herlyn, Ingrid 320 f., 326, 493
Herlyn, Ulfert 452, 453
Hermann, Judith 802
Hess, Judye 678
Hess, Sabine 178
Hess, Thomas 860
Hesse, Erik 150, 153 f., 281
Hessisches Landes-Kriminal-Amt 771
Heß-Meining, Ulrike 203
Hetherington, E. Mavis 131, 287,
  716 ff., 722, 725, 727 ff., 735
Heuer, Rainer 305 f.
Heyman, Richard E. 247
Hildenbrand, Bruno 10, 234
Hill, Paul B. 129
Hiller, Tobey 863
Hilton, Jeanne M. 732
Hinde, Robert A. 498, 503
Hinger, Otfried 736
Hirsch, Barton J. 413, 417
Hirsch, Mathias 840 f., 844 f., 848
Hirschauer, Stefan 171, 261
Hirseland, Andreas 183
Hite, Shere 475, 482

Hobart, Cathy J. 498
Hochschild, Arlie Russel 128, 175, 177, 467 ff., 479 ff.
Hoepfner, Friedrich G. 111
Hofer, Manfred 290 f.
Höfer, Renate 965
Hoff, Andreas 298, 315, 321 f.
Hoff, Ernst H. 173, 286
Hoffmann, Elisabeth 316
Hoffmann, Rainer 262 ff.
Hoffmann, Sven O. 828
Hofkosh, Dena 774
Hogan, Brenda E. 969 f.
Hogg, Michael A. 102
Hohenester, Birgitta 31, 38, 234
Holler, Birgit 408
Höllinger, Franz 454
Hollstein, Bettina 13, 76 f., 79, 84, 323
Holmbeck, Grayson N. 289
Holmes, John G. 57, 59
Holtappels, Heinz Günter 608
Holtmann, Martin 827, 828
Holzbrecher, Monika 262
Holzer, Boris 75
Holzhaider, Hans 835, 852
Homans, George C. 103, 425
Homish, Gregory G. 773
Hondrich, Karl Otto 205
Honig, Michael S. 792, 794
Honneth, Axel 606
Hoobler, Greg 668
Hopf, Christel 154, 231, 492, 797
Höpflinger, François 123, 298, 300, 306, 311, 313 f., 316 ff., 320 f., 323 f., 327 ff., 431, 492, 529, 531, 536, 538
Hörmann, Georg 565 ff., 571 f., 574
Horrigan, John 661
Hörster, Reinhard 637, 643, 645
Horstkemper, Marianne 615, 698
Horton, Donald 653
House, James S. 453
Howard, Kenneth I. 553
Howe, Nina 51
Howes, Carollee 414, 592
Hradil, Stefan 264
Hrdy, Sarah B. 358
Hughes, Robert 42, 666
Huinink, Johannes 11, 123, 125, 127 f., 132 f., 222, 226, 231, 387, 678, 697
Hummel, Cornelia 320 f., 323 f., 326

Hummrich, Merle 605, 610 f., 615 ff., 622
Hundsalz, Andreas 931
Hurrelmann, Klaus 408, 521, 568, 570 f., 608, 879
Hurwitz, Brian 566
Huston, Ted L. 243
Hüther, Gerald 888, 891
Hwang, Sean S. 707

IAB Institut für Arbeitsmarkt- und Berufsforschung 465
Idel, Till-Sebastian 621
Ihle, Wolfgang 86
IJzendoorn, Marinus H. van 154, 280, 492
Illouz, Eva 210
Imbusch, Peter 792
Irle, Martin 104
Irmer, Jörg von 753
Irwin, Chris 369, 370
Iványi, Nathalie 211, 214

Jäckel, Karin 849, 851, 854
Jäckel, Ursula 203
Jacobs, Jamie 535
Jacobs, Jerry A. 707
Jacobson, Neil S. 254
Jaeggi, Eva 545, 550
Jäger, Ulle 263, 353
Jagose, Annamarie 260
Jang, Sung J. 454
Jansen, Dorothea 76, 78 ff., 96
Janssen, Jaques P. G. 708
Jellouschek, Hans 860
Jessen, Silke 608
Joas, Hans 40, 41
Johnston, Janet. R. 726
Joiner, Thomas E., Jr. 66 f.
Jones, Edward E. 59 ff.
Jones, Frank L. 707
Jong Gierveld, Jenny de 678, 680 f., 683
Joraschky, Peter 840
Jordan, Erwin 632
Judson, Olivia 198
Juffer, Femmie 281
Jung, Carl Gustav 369 f., 548 f., 551
Jungnitz, Ludger 791
Jurczyk, Karin 307, 469 f.
Jussen, Bernhard 425, 430

Kade, Jochen 608
Kahl, Alice 445, 450, 453
Kahler, Christopher W. 775
Kahn, Jeffrey H. 734
Kahn, Raimond L. 86
Kalmijn, Matthijs 696, 700, 708
Kalthoff, Herbert 608
Kandel, Denise B. 502
Kane, Thomas T. 700
Kaplan, Bernard H. 75, 86
Kappelhoff, Peter 427 f.
Karakaşoğlu, Yasemin 615
Karcher, Michael J. 494
Kardorff, Errist von 965
Karney, Benjamin R. 243, 245 ff., 253 f.
Karsten, Maria-Eleonora 636
Kaslow, Florence W. 536, 717
Kast, Bas 847
Kast, Verena 394, 397
Kasten, Hartmut 339, 349, 721, 735
Katz, Jennifer 962
Katz, Judith 211
Kaufmann, Franz-Xaver 29, 126, 131
Kaufmann, Jean-Claude 129, 175 f.,
    189, 200, 210, 213, 224 f., 554
Kavemann, Barbara 806
Keefe, Keunho 410
Kegan, Robert 514, 518
Keil, Siegfried 926
Keilmann, Nico 431
Kelek, Necla 192
Kelle, Helga 500, 608, 615
Keller, Heidi 164, 886
Kellert, Stephen R. 355, 356
Kelley, Harold H. 18, 49 ff., 132, 249
Kelley, Harold W. 196
Kellner, Hansfried 174, 199, 226, 234,
    697
Kelly, Joan B. 104, 131, 454, 722 f.,
    730, 735
Kendon, Adam 42
Kennedy, Alison Louise 767
Kennedy, C. E. 733
Kennedy, Gregory E. 733
Kenny, David A. 429
Keppler, Angela 234
Kernberg, Otto F. 854
Kessler, Susan 171
Keul, Alexander 80
Keupp, Heiner 13, 152, 164

Kiecolt-Glaser, Janice K. 247, 250
Kienecker, Silke 707
Kim-Cohen, Julia 775
Kindheit 317
Kindler, Heinz 813
King, Vera 636
Kirchler, Erich 409
Kitson, Gay C. 249
Kivnick, Helen Q. 312, 320
Klafki, Wolfgang 607
Klages, Helmut 448, 452
Klann, Notker 885, 887 f., 894, 896 f.
Klauer, Thomas 761 f.
Klefbeck, Johan 965
Klein, Michael 615
Klein, Thomas 203, 681, 698, 700 f.,
    704 ff., 716
Klein-Lange, Matthias 571
Kleinmann, Andreas 106
Kleit, Rachel G. 455
Klimmt, Christoph 654
Klingemann, Harald 780 f.
Kluckhohn, Paul 194
Knaup, Karin 390, 391
Knee, C. Raymond 53
Knoblauch, Hubert A. 42
Knoester, Chris 241
Kobbe, Ulrich 838, 844
Koch, Katja 614
Kochanska, Grazyna 281
Koch-Burghardt, Volker 262
Kock, Tanja 680, 687
Köckeis, Eva 136
Koerner, Susan Silverberg 728
Kohlbacher, Josef 458
Kohlberg, Lawrence 517
Kohli, Martin 30, 137, 306, 313, 315,
    321, 605
Kohlmann, Anette 439
Kohut, Heinz 365, 367
Kokula, Ilse 262
Kolip, Petra 409, 516, 520
Kolitzus, Helmut 770
Kolk, Bessel A. van der 148
Kollock, Peter 222, 233
Kolte, Birgitta 780
Kolthoff, Martina 594, 596
Kon, Igor S 105, 196, 383, 387 f., 397,
    759, 902, 905, 917
Könekamp, Bärbel 173, 232

König, Oliver 116, 119, 349
König, René 29, 222
Kontos, Susan 591
Kopp, Johannes 124, 131 f., 197, 716
Koppetsch, Cornelia 33, 128 f., 171,
175 ff., 180 f., 210, 222, 230 ff., 265,
480
Korchmaros, Josephine D. 429
Kösters, Walter 575
Kounin, Jacob S. 616
Kowol, Uli 172
Krabbe, Heiner 917
Kracauer, Siegfried 386 f., 391, 466
Krainz, Ewald 906
Krallmann, Dieter 567
Kramer, Rolf-Torsten 614, 618
Krappmann, Lothar 288, 317, 403, 405,
416, 498, 499 ff., 504, 608
Kraß, Andreas 260
Kreppner, Kurt 290, 348, 727
Krishnakumar, Ambica 287
Kröger, Christine 775, 777, 881, 885,
894 ff.
Kröger, Christoph 897
Krotz, Friedrich 651
Kruger, Ann C. 288
Krüger, Heinz-Hermann 30, 313, 320,
614, 620
Krüger, Helga 137 f., 174
Kruk, Edward 729, 732
Kruse, Joachim 287
Krüsken, Jan 614
Krutzenbickler, H. Sebastian 548, 550
Küchenhoff, Joachim 801
Kugele, Kordula 389
Kuhl, Julius 373 f.
Kuhn, Hans Peter 291
Kuipers, E. 960
Kulczycki, Andrzej 707
Kumashiro, Madoka 61 f.
Künemund, Harald 30, 137, 322 f.
Kunter, Mareike 494, 616
Künzler, Jan 171
Kuo, Frances E. 447
Kupersmidt, Janis B. 503
Küpper, Beate 204
Küster-Schapfl, Ernst-Uwe 637, 643
Kutter, Peter 937

La Gaipa, John J. 406

Labov, Teresa G. 707
Ladd, Garry W. 590
Ladwig, Arndt 269 f., 272
Lähnemann, Lena 269
Laireiter, Anton-Rupert 12, 75, 82, 85,
88 ff., 93, 96, 151, 154, 636, 955
Lakey, Brian 88, 94, 969, 971
Lalive d'Epinay, Christian 325
Lamb, Michael E. 729, 730
Lamnek, Siegfried 135
Landesstelle Frauen & Sucht NRW 774
Landis, Karl R. 453
Lanfranchi, Andrea 830
Lang, Frieder R. 394, 423 ff., 433, 436,
480
Langer, Klaus 566, 571
Langmeyer, Alexandra 719
Langness, Anja 610
Larcher, Sabine 615
Larson, Reed W. 291
Lauretis, Teresa de 263
Laursen, Brett S. 491
Lauterbach, Wolfgang 123 f., 136, 137,
297, 315 f., 324, 492, 715
Lautmann, Rüdiger 260 f., 264
Layzer, Jean I. 591, 601
Lazarus, Richard S. 88, 92, 753
Leary, Mark R. 68
Leatham, Geoff B. 956
Lederle von Eckardstein, Osterhold 721
Lee, Kwan 657
Leemann, Regula J. 804
Lehmann, Bianca 320 f., 326
Lehmann, Rainer 617
Leidenschaft 215
Leigh, Goffrey K. 431, 439
Leionen, Jenni. A. 286
Leitner, Alexander 151
Lempert, Joachim 794
Lengerer, Andrea 205
Lenhart, Amanda 661
Lenz, Albert 193, 212 ff., 455 f., 745 f.,
748, 750 f., 754, 756 ff., 761, 763,
894, 965
Lenz, Karl 9 ff., 16, 19, 29, 42, 101,
125 ff., 132, 175, 176, 193, 194, 195,
196, 199, 206 f., 210, 222, 224 f.,
227, 337, 384, 387, 391, 472, 478,
480, 482, 503, 605, 660, 666, 668,
678, 698, 901, 904, 906, 930

Leon, Joseph J. 104, 707
Leonard, Kenneth E. 773
Leonard, Stacie A. 724
Leppin, Anja 91, 412, 568, 570 f.
Lettke, Frank 137
Lettner, Karin 81, 390
Leupold, Andrea 177, 229
Leurs, Elisabeth 313
Leven, Ingo 432
Levenson, Robert W. 249, 250
Levin, Irene 34 f., 40, 678 f., 681 ff., 691
Levine, Donald N. 34 f., 40
Levinger, George 51, 130, 243, 249
Levinson, David 803
Levitt, Mary J. 410
Lewis, Julia M. 725
Lewis, Michael 318
Leyendecker, Birgit 286
Leymann, Heinz 475
Libal, Renate 814
Libin, Alexander 658
Lidz, Theodore 943
Lieb, Roselind 768
Liegle, Ludwig 299, 302 ff., 312, 320
Limacher, Bernhard 950
Limbach, Jutta 338
Lind, Inken 316
Lindemann, Friedrich-Wilhelm 927
Linden, Wolfgang 385 f., 388, 392, 970
Linehan, Marsha M. 854
Ling, Richard 667
Lingkost, Angelika 614
Linneweber, Volker 457, 845
Lipp, Carola 212
Lippert, Almut 775
Litwak, Eugen 431
Livson, Florine B. 531, 537
Lobo, Arun P 707
Locher, Mélanie D. 318
Locke, Harvey J. 126
Lollis, Susan P. 497
Lösel, Friedrich 198, 253, 411, 750,
    823 f., 826, 829
Löw, Martina 644
Lucke, Doris 433
Ludwig-Mayerhofer, Wolfgang 127
Luedtke, Jens 297
Luhmann, Niklas 20, 38, 43, 194, 199,
    210, 215, 222, 227, 234, 383, 392,
    428, 546, 567, 574, 608, 916

Luijkx, Ruud 707
Lumsden, Charles J. 354
Lupton, Deborah 662
Lüscher, Kurt 133, 136 ff., 299, 302 ff.,
    312, 320, 926
Luster, Tom 285
Luthar, Suniya S. 775
Lutz, Catherine J. 969, 971
Lynch, John H. 289
Lyyra, Tiina-Mari 531 f.

Ma, Chang-Xing 290
Maasen, Sabine 547
Macari, Daniel P. 732
Maccoby, Eleanor E. 283 f., 286, 723,
    724, 726, 735
MacDonald, Kevin 415
Mächler, Ruth 732
Madden, Mary 661, 724
Madden-Derdich, Debra.A. 724
Maffli, Etienne 771
Maheu, Marlene 669
Mahlmann, Regina 193
Maier, Maja S. 126, 128 f., 189, 200,
    233, 259, 268 f., 271 f.
Maihofer, Andrea 264, 269
Main, Mary 148, 153 f., 163, 280 f.,
    492, 1025
Maloney-Krichmar, Diane 663
Mangelsdorf, Sarah C. 280
Mann, Karl 782
Mansel, Jürgen 136
Marbach, Jan H. 152, 299, 349, 425,
    434, 437, 536, 682
Marcoen, Alfons 314
Markefka, Manfred 136
Markman, Howard J. 255
Marotzki, Winfried 611
Marsden, Denis 796
Märtens, Michael 156
Martin, Frank O. 203, 698
Martin, John A. 283 f., 286
Martin, Mike 534 f., 537
Martin, Peter 529, 531 f.
Marx, Sabine 478
Masche, Jan Gowert 290
Masheter, Carol 725
Mason, Jennifer 678
Mathys, Paul 908, 915
Mattejat, Fritz 747 f., 750, 752

Matthias(-Bleck), Heike 16, 29, 123, 125 f., 133 f., 210, 243
Matthiesen, Silja 684
Mäulen, Bernhard 575
Mauss, Marcel 176
May, Angela 835
Mayes, Linda C. 775
Mayr, Ursula 390 f., 841
Mayr-Kleffel, Verena 390 f.
McCall, George J. 44
McCloskey, Laura Ann 415
McCullough, John M. 426
McFarlane, Leroy 668
McGreevy, Paul 359
McGregor, Douglas 115
McKenna, Katelyn 659, 665
McKenna, Wendy 171
Mead, George 41, 199, 491, 517, 654
Mechanic, David 410
Mehrländer, Ursula 702 f.
Meier, Carl A. 357
Meier, Ulrich 614, 616, 619
Meinhold, Marianne 929
Melbeck, Christian 455
Melson, Gail 657
Menning, Sonja 313 f., 715
Menshar, Kariman E. 286
Merfert-Diete, Christa 770
Meschkutat, Bärbel 476
Messmer, Heinz 905, 906, 911, 916
Metalsky, Gerald I. 66, 67
Mettler-von Meibom, Barbara 653
Metts, Sandra 51, 70, 230
Meuser, Michael 172 f., 177, 232
Meuss, Wim 409
Mey, Jürgen 262
Meyer, Hilbert 616
Meyer, Meinart A. 614
Meyer, Sibylle 128
Meyer, Thomas 124
Michaelis, Martina 575
Mielke, Bettina 344, 345
Mikula, Gerold 103, 104, 151
Milan, Anne 678, 681, 683, 685
Milardo, Ronaldo M. 79 ff.
Milne, Derek L. 956
Minsen, Heiner 481
Minuchin, Salvador 757
Mitchell, Clyde J. 76
Mitterauer, Michael 191, 340

Mnookin, Robert H. 726, 735
Moeller, Michael Lukas 800
Mollenhauer, Klaus 515, 633, 636
Montada, Leo 514, 518
Moreno, Jacob L. 18, 76
Morgan, Lewis Henry 424
Morgan, S. Philip 700, 707
Morgenthaler, Christoph 318
Morgenthaler, Fritz 846
Moss, Marc 591, 601
Mounts, Nina S. 410
Moynihan, M. 411
Mueller, Margaret M. 318
Müller, Burkhard 636 f., 643, 645
Müller, Ursula 803
Müller, Walter 191
Müller-Dincu, Barbara 698, 700
Münder, Johannes 345
Munzinger, W. 111
Murdock, George P. 424
Murray, Sandra L. 57, 59, 803
Murstein, Bernard I. 53

Najarian, Bahman 970
Naparstek, Arthur J. 454
Napp-Peters, Anneke 135
Nass, Clifford 654
Nauck, Bernhard 124, 134, 202, 305, 439, 695, 697 f., 708
Nave-Herz, Rosemarie 123 f., 126, 128, 130 f., 135 f., 213 f., 231, 235, 243, 337, 343, 345, 347, 349
Nedelmann, Birgitta 31, 33 ff.
Neitzke, Gerald 574
Nestmann, Frank 9, 13, 75, 101, 154, 161, 337, 361, 365, 455 f., 471, 472, 477, 480, 528, 636, 771, 895, 955 ff., 960 f.
Neumann, Eva 70
Neumann, Ingo 446
Newcomb, Theodore M. 18, 104, 204
Neyer, Franz J. 424 ff., 429
Nickel, Horst 498
Nieke, Wolfgang 574
Niemi, Liane T. 747
Niepel, Gabriele 732
Niesel, Renate 722
Ningel, Rainer 956
Nini, Maria 795, 804
Nittel, Dieter 608, 614, 618

Noack, Peter 287, 290, 716, 718, 727
Noam, Gil 149
Nohl, Herrmann 17, 641
Nolens-Hoeksema, Simone 749
Noller, Patricia 50, 733, 734
Nollmann, Gerd 906
Nolteernsting, Elke 518, 520
Nötzold-Linden, Ursula 384 ff., 392, 396
Nowak, Jürgen 636
Noyon, Alexander 680, 687
Nye, Francis I. 130, 132

Oberhammer, Paul 920
Oberhoff, Bernd 553
OECD 297, 621
Oechsle, Mechthild 307
Oelemann, Burkhard 794
Oelkers, Jürgen 612
Oerter, Rolf 514, 518, 522, 594
Oevermann, Ulrich 609
Offer, Daniel 289
Okagaki, Lynn 285
Olbrich, Erhard 312, 353, 360
Oorschot, Wim van 432
Opaschowski, Horst W. 307
Opp, Karl-Dieter 426
Orden, Kimberley A. van 66
Orlinsky, David E. 160, 553
Orth, Ilse 162
Ortloff, Karsten-Michael 911
Ortmann, Margaret R. 281
Oser, Fritz 318, 319, 496
Ossipow, Laurence 707
Ostermayer, Edith 589, 600
Oswald, Hans 288, 405, 491, 499 ff., 608, 611, 1023
Otis-Cour, Leah 191 f.
Ott, Notburga 430
Otte, Hilka 879
Ottermann, Ralf 135
Otto, Ulrich 965

Pagels, Herbert 722
Pagnini, Deanna 700, 707
Palmonari, Augusto 409
Papoušek, Mechthild 279
Park, Robert E. 40, 44
Parke, Ross D. 413, 415 f., 499
Parker, Jeffrey G. 498, 503

Parks, Malcolm R. 665
Parsons, Talcott 136, 222, 227, 425, 431, 494, 576, 607, 716
Passeron, Jean-Claude 609
Patterson, Charlotte J. 502
Patterson, Gerald A. 248, 719
Paul, Andreas 426 f.
Paul, Elizabeth 374
Paul, Stephanie 736 f.
Paulhus, Delroy L. 63
Pauli, Christine 281, 617
Pauli-Pott, Ursula 281
Pauls, Helmut 151, 161
Payer, Margarete 483
Payne, Arnie Lapp 592
Pearson, Richard E. 959
Pebley, Anne R. 313
Peiper, Albrecht 341
Peisner-Feinberg, Ellen S. 590, 592
Peleg-Oren, Neta 778
Pennebaker, James W. 371
Pennisi, Elizabeth 426
Perlman, Daniel 19, 50, 51
Pernanen, Kari 771
Perren, Sonja 410, 498
Perrenoud, David 323
Perrez, Meinrad 91
Perrig-Chiello, Pasqualina 298, 301, 318, 536 f.
Perry-Jenkins, Maureen 286
Peter, Burkhard 887
Peter, Jochen 664, 667
Petermann, Franz 822, 823
Peters, Alice 678, 681, 683, 685
Petillon, Hans 494
Petzold, Hilarion G. 162
Petzold, Matthias 927
Peuckert, Rüdiger 131, 133, 135
Pfäfflin, Friedemann 846
Pfeiffer, Christian 814 f., 819 ff.
Pfeil, Elisabeth 453
Pfingstmann, Gertraud 82
Pfister, Thomas 835
Pflanz, Manfred 412
Piaget, Jean 287, 404, 491, 515, 517
Pianta, Robert C. 590 f.
Picard, Rosalind 656
Pierce, Gregory R. 93, 95
Pierce, Tamarha 94
Pikowsky, Birgit 290

Pingel, Rolf 262
Pittman, Thane S. 59 ff.
Plant, Sadie 670
Plenge, Johann 36
Poehlke, Thomas 774
Pombeni, Maria Luisa 409
Pond, Kris 668
Pongratz, Hans J. 469, 470
Pongratz, Ludwig A. 609
Poole, Millicent E. 410
Poortman, Anne R. 708
Popenoe, David 449
Popitz, Heinrich 30
Poresky, Robert H. 374
Posner, Richard A. 429, 431
Preece, Jenny 663
Prenzel, Manfred 615 f., 620
Pretis, Manfred 745
Preuss-Lausitz, Ulf 407, 410, 414
Previti, Denise 241
Pringle, Rosemary 182
Pruett, Kyle D. 729
Pruett, Marsha K. 729
Punamäki, Raijy-Leena 286
Puschner, Bernd 290

Quadrello, Tatian 324
Quinton, David 747

Rabbata, Samir 572
Radkau, Joachim 547
Raem, Arold M. 575
Raiff, Norma R. 929
Raisch, Michael 75
Randall, Bill 376, 458
Randoll, Dirk 621
Rank, Mark R. 429, 431 f.
Rasche, Lois 802
Rasner, Anika 300
Rastetter, Daniela 182
Rauch, Gabriele 450
Rauchfleisch, Udo 269 f.
Rawls, Anne W. 42
Re, Susanna 106, 211, 392, 534, 536, 539, 554, 635, 971
Reader, Will 424
Reccia, Holly 51
Rechtien, Wolfgang 101, 108, 1023
Reddemann, Luise 845
Reese-Weber, Marla 734

Reeves, Byron 654
Regier, Donald A. 747
Rehder, Ulrich 838
Reiche, Reimut 261
Reichertz, Jo 211, 214, 670
Reichle, Barbara 133
Reid, Helen M. 395
Reinecker-Hecht, Christa 896
Reinhardt, Sybille 614
Reis, Harry T. 204
Reischl, Thomas 417
Reisenzein, Elisabeth 81
Reisenzein, Rainer 81
Reiss, Paul J. 431, 439
Remschmidt, Helmut 746 f.
Remus, Norbert 835
Renn, Joachim 38
Rennert, Monika 770
Repetti, Rena L. 247, 286
Resch, Franz 822
Retzer, Arnold 880
Reusser, Kurt 617
Rezac, Sandra 730
Rhodes, Jean E. 495
Riach, Kathleen 482, 484
Rich, Adrienne 263
Richter, Horst-Eberhard 839 f., 844 f., 921 f., 926 f.
Richter-Appelt, Hertha 839 f., 844 f.
Riedesser, Peter 843
Riehl-Emde, Astrid 859
Riemann, Fritz 879
Riemann, Viola 202
Riesebrodt, Martin 179
Riger, Stephanie 966
Riksen-Walraven, J. Marianne A. van 286
Ripke, Lis 902, 915, 920
Ripke, Marita 778
Ripke, Thomas 575
Ritter, Joachim 388
Rizley, Ross 822
Roberto, Karen A. 317
Roberts, Lynne D. 665
Robertson, Glenn D. 715
Robertson, Joan F. 317
Robins, Lee N. 431, 439, 747
Robinson, David 452
Roethlisberger, Fritz J. 30, 114, 466
Rogers, Carl R. 107 f., 162 f., 549, 550

Röhl, Jürgen 950
Röhler, H. Karl Alexander 127 f., 231
Rohmann, Elke 19, 49, 54, 56, 222
Röhrbein, Sabine 262
Röhrle, Bernd 85, 93, 955 ff., 965, 969 ff.
Rollett, Brigitte 279, 728
Rollmann, Bruce L. 575
Roloff, Juliane 701
Römkens, Renée 793
Rook, Karen S. 15, 956, 968
Room, Robin 663 f.
Root, Maria P. P. 707
Röper, Gisela 149
Rose, Amanda J. 499 f., 504
Rosenbauer, Nicole 636
Rosenbaum, Heidi 342
Rosenberg, Michael 730 f.
Rosenberg, Rachel L. 107
Rosenfeld, Michael J. 707
Rosenmayr, Leopold 136
Ross, Catherine E. 454
Ross, Hildy S. 497
Rössler, Wulf 566
Rost, Harald 133
Rothacker, Erich 367
Röthel, Anne 345
Rousseau, Jean-Jacques 605
Roux, Susanna 597, 598
Ruckdeschel, Kerstin 681, 683, 685
Rudkin, Laura L. 313
Rudolf, Heidi 773
Rudolph, Karen D. 499
Rüegg, Johann C. 566
Ruenkaew, Pataya 705, 707
Rueveni, Uri 964
Rüffer, Wolfgang 698
Runde, Agnes 774, 889
Runkel, Gunter 261
Rusbult, Carol E. 53, 104
Russell, Donald W. 92
Russell, Robin J. H. 246
Rutschky, Katharina 341
Rutter, Michael 746 ff., 750, 957
Ryan, Richard M. 289
Rye, Mark S. 725

Sabatelli, Ronald M. 249
Sacco, Joshua M. 106
Sackmann, Reinhold 303
Sader, Manfred 104 f.

Saenz, Rogelio 656
Saft, Elizabeth W. 590 f.
Sahle, Rita 634
Salisch, Maria von 410 f., 499, 520
Salomon, Judith 492
Salter, Anna 835
Sameroff, Albert 748
Sammet, Natalie 394
Sanders, Matthew R. 894
Sanders, Rudolf 879, 881, 885, 895 ff.
Sanderson, Jennifer A. 411
Sandler, Irwin N. 411
Sandring, Sabine 621
Sarason, Barbara R. 88, 93, 955 ff.
Sarason, Irvine G. 957
Sardon, Jean-Paul 715
Sarimski, Klaus 279
Saßmann, Heike 885, 887 f., 894, 896
Satir, Virginia 926
Sawadogo, Alfred Yambangba 190
Sax, Günter 636
Sbarra, David A. 735
Schaefer, Earl S. 285
Schafroth, Kahtrin 615
Scharer, Matthias 529
Schartmann, Dieter 410
Schattenhofer, Karl 108
Schaub, Johannes 391
Scheepers, Peer 432
Scheib, Peter 950
Scheibler, Petra M. 707
Scheller, Gitta 243
Scheller, Reinhold 782
Schelsky, Helmut 126, 513
Schenk, Michael 75 ff., 81, 96
Scherm, Alfred 388
Scherr, Albert 634, 637
Schilling, Heinz 450, 453
Schläfke, Detlef 846
Schleiffer, Roland 153, 163
Schlemmer, Elisabeth 681
Schliefen, Katharina von 904
Schlieper, Peter 575
Schlippe, Arist von 865, 945
Schmerl, Christiane 480, 771, 960
Schmid, Christine 502
Schmidt, David P. 198
Schmidt, Ernst A. E. 521
Schmidt, Gunter 129, 213, 228, 681 ff.,
    865

Schmidt, Martin H. 827, 864
Schmidt, Michelle E. 614
Schmidt, Ralf 614
Schmidt, Uwe 123, 135 f.
Schmidt, Wilhelm 882
Schmidt-Denter, Ullrich 149, 151 f.,
 281, 498, 715, 722, 725, 728 f., 731,
 733
Schmitt, Marina 221, 524, 534, 536 f.
Schmitt-Rodermund, Eva 524
Schmitz, Heike 715, 722
Schmitz, Hermann 557
Schmohr, Martina 55, 70
Schnabel, Peter E. 41
Schnarch, David 873, 882
Schneekloth, Ulrich 325, 432
Schneewind, Klaus A. 133, 716, 734
Schneider, Norbert F. 125 ff., 129 ff.,
 133 f., 189
Schneider, Werner 125, 906 f., 912
Schneppen, Anne 456 f.
Schölmerich, Axel 286
Schönhammer, Rainer 368
Schöningh, Insa 390, 393
Schoppe-Sullivan, Sarah J. 281
Schorsch, Eberhard 840, 846
Schreiber, Lukas 233, 234
Schröder, Achim 164, 635 ff., 639, 642,
 645
Schroeder, Daniel G. 69
Schroedter, Julia H. 704, 708
Schröer, Wolfgang 632 f.
Schröter, Michael 191
Schröttle, Monika 792 f., 797 ff., 803,
 805, 808
Schubert, Herbert 454
Schuckit, Marc A. 767, 768
Schulte, Jürgen 172, 174
Schultz, Lynn H. 516, 800
Schultz-Gora, Herbert 800
Schulz von Thun, Friedemann 569
Schulz, Winfried 651
Schulze, Eva 128
Schulze, Gerhard 178
Schümer, Gundel 617
Schürmann, Lena 233, 267
Schuster, Beate 279, 288, 290, 495
Schuster, Peter 432, 495
Schütz, Alfred 36, 38 f., 132
Schütze, Yvonne 134 f., 137, 348, 394,

 425, 431, 433, 436, 614, 621 f., 637,
 642, 927
Schwab, Dieter 191, 720 f.
Schwabe, Matthias 636
Schwander, Ivo 913
Schwartz, Friedrich-Wilhelm 571 f.
Schwartz, Pepper 261
Schwarz, Baruch B. 496
Schwarz, Beate 131, 287, 716, 718,
 727 f.
Schwarzer, Ralf 91, 412
Schweitzer, Jochen 865, 945
Schweizer, Thomas 76
Schwennen, Christian 66, 68
Schweppe, Cornelia 636
Seckinger, Mike 965
Seelheim, Tanja 105, 106
Seelmeyer, Udo 636
Segalen, Martine 312, 314, 322, 324
Seidel, Tina 617
Seiffge-Krenke, Inge 151, 494, 753
Seligman, Martin E. P. 56
Selman, Robert L. 406, 514, 516 f.
Seltzer, Judith A. 729
Selvini Palazzoli, Mara 950
Sengling, Dieter 632
Senkbeil, Martin 621
Sennett, Richard 467, 469, 481
Seymour, Wendy 662
Shantinath, Shachi D. 255
Shantz, Carolyn U. 498
Shapiro, Arthur K. 566
Shapiro, Elaine 566
Shaver, Philip R. 70, 145
Shaw, Benjamin A. 454
Sheehan, Grania 734
Sheeks, Miranda 662
Sherif, Carolyn W. 501
Sherif, Muzafer 501
Shibata, Takanori 658
Shore, Barbara K. 929
Shrum, Wesly 501
Sickendiek, Ursel 383, 465
Sieber, Martin 778, 781
Sieder, Reinhard 193, 195
Siegal, Michael 411
Siegrist, Hannes 546
Signori, Guiseppe 338
Sigusch, Volkmar 838
Silbereisen, Rainer K. 135 f., 524

Silverberg, Susan B. 289, 728
Silverstein, Marshall L. 366
Simmedinger, Renate 773
Simmel, Georg 12, 16, 31 ff., 40 ff., 76,
132, 176, 194, 199, 222, 346, 389,
498, 901, 906
Simmons, Jerry L. 44
Simo, Sandra 281
Simons, Leslie G. 284, 287
Singly, François de 179
Sinner, Alex von 902 f., 913
Siraj-Blatchford, Iram 600
Skinner, Burrhus F. 107
Smetana, Judith G. 290
Smith, Peter K. 324
Smith, Tom L. 768
Smits, Jeroen 695
Smolka, Adelheid 287
Smolka, Michael N. 782
Smollar, Jaqueline 289
Snow, David L. 480
Soenens, Bart 285
Solantaus, Tytti S. 286
Solga, Heike 172 f., 232
Solomon, Judith 153, 280
Solomon, Phyllis 960
Sommer, Gert 958, 965, 969 ff.
Sonderen, Eric van 81
Sonnert, Gerhard 232
Sonntag, Ute 780
Sorgerecht 717
Soukup, Charles 661
Spangler, Gottfried 145, 148 ff., 280,
281
Spanier, Graham B. 249
Spark, Geraldine M. 758
Späth, Karl 634
Speck, Ross V. 964
Spieker, Susan J. 775
Spindler, Gerald 919, 921
Spiro, Herzl R. 454
Spitz, René 152
Spitzberg, Brian H. 668
Spitzer , Manfred 887
Sprecher, Susan 204
Spreyermann, Christine 767, 769, 780
Sroufe, L. Alan 152, 493
Staatsinstitut für Frühpädagogik 736
Stafford, Laura 683, 687 f.
Standfest, Claudia 621

Stanley-Hagan, Magaret M. 718, 728 f.,
731
Starke, Kurt 213, 229, 534
Statistisches Bundesamt 259, 465, 531,
698 ff.
Staub-Bernasconi, Silvia 804
Stayton, Donelda J. 147
Steele, Howard 150, 154
Steele, Miriam 150, 154
Stegmann, Anne-Katrin 221
Steinbach, Anja 706
Steinberg, Laurence 284 f., 288, 289,
410, 416, 728
Steinhardt, Kornelia 154
Steinkuehler, Constance 661
Steinrücke, Margareta 176, 178
Stelmaszyk, Bernhard 611 f.
Stemmer-Lück, Magdalena 161
Stenchly, Susanne 450
Stephan, Egon 449, 918
Stephen, Elisabeth H. 355 f., 410, 700
Stern, Daniel 163
Sternberg, Robert J. 51, 52, 53, 210
Stich, Jutta 523
Stiehler, Steve 383 f., 394, 403, 480,
520
Stierlin, Helm 926
Stinchcombe, Arthur L. 222
Stöcker, Kerstin 151
Stoller, Frederick H. 110
Stölting, Erhard 38
Stone, Lori D. 371
Stoneman, Zygot 348
Story, Lisa B. 246, 247
Stöver, Heino 780
Straßburger, Gaby 695
Strätz, Rainer 521
Straus, Florian 76 f., 85, 95, 965
Straus, Murray 803
Strauß, Bernhard 163
Streib, Uli 269
Stroebe, Wolfgang 204
Stroes, Johanna 317
Strong, Greg 57
Strub, Silvia 322
Strunk, Peter 746
Strzoda, Christiane 408
Stubenrauch, Herbert 611
Stuckelberger, Astrid 431
Stuewig, Jeffrey 415

Stuhlman, Megan W. 590
Sturzbecher, Dietmar 592, 598
Sturzenegger, Matthias 536 f.
Stutz, Heidi 322
Subotnik, Rona 669
Suchman, Nancy E. 775
Suckow, Jana 305
Suess, Gerhard J. 163 f., 950
Sullivan, Harry Stack 496, 500
Sung, Betty L. 454, 707
Surra, Catherine A. 189, 198
Suttles, Gerald D. 389
Swann, William B. 67, 69
Swidler, Ann 210
Sydow, Kirsten von 151, 861
Syme, S. Leonard 955
Szagun, Gisela 279
Szydlik, Marc 136 f., 305 f., 312, 321, 431

Tacke, Veronika 80
Tartler, Rudolf 136
Taylor, Aland D. 913
Taylor, Frederick W. 466
Taylor, Melissa F. 778
Teckenberg, Wolfgang 201
Teichman, Meir 778
Teitler, Julien O. 719
Tenbruck, Friedrich H. 29
Teske, Karin 778
Textor, Martin R. 587 f., 599, 719, 722, 725, 727, 1025
Theilmann, Claudia 902, 909, 915, 917 f.
Thibaut, John W. 18, 104, 196, 249
Thiedeke, Udo 652
Thiersch, Hans 636 f., 644 f.
Thode-Arora, Hilke 696, 707
Thoits, Peggy A. 86
Thole, Werner 636, 637, 643
Thomä, Helmut 553
Thompson, Theresa L. 568, 576
Thurmaier, Franz 893, 895
Tienari, Peter 749
Tietze, Wolfgang 601
Tillmann, Klaus-Jürgen 135, 614, 616, 619
Tillmann, Rolf-Torsten 620
Timm, Andreas 196, 201
Timm, Uwe 201

Todd, Michael J. 52
Tölke, Angelika 201, 203
Tolnay, Steward E. 707
Toman, Walter 347
Tomanec, Miroda 431, 439
Tomasello, Michael 288
Topal, Jozsef 361
Toprak, Ahmet 192
Torney-Purta, Judith 496
Trappmann, Mark 76
Traub, Angelika 499, 687
Trautvetter, Wolfgang 262
Treptow, Rainer 518
Triebenbacher, S. Lookabaugh 358
Trost, Alexander 775
Trost, Jan 681, 683
Troy, Adam B. 707
Truman, Sean D. 775
Tschan, Franziska 479
Tscheulin, Dieter 163, 553
Tschuschke, Volker 103
Turkle, Sherry 669
Turner, Victor 224
Tyrell, Hartmann 124, 131, 171, 180, 194, 431, 608

Uebelacker, Lisa A. 775
Ugolini, Bettina 305
Uhlenberg, Peter 311
Uhlendorff, Harald 404, 405, 415, 493, 502
Uhlendorff, Uwe 495, 513
Ukowitz, Robert 914
Ullrich, Heiner 606, 610, 611, 612, 613, 617, 621
Ullrich, Manuela 290, 727, 728
Umberson, Debra 453, 535 ff.
Underwood, Lynn G. 15, 968
Unger, Donald G. 452, 455
Unger, Nicola 504
Updegraff, Kimberly A. 415
Urberg, Kathryn A. 501, 502

Valkenburg, Patti 667
Valtin, Renate 388, 392, 406 f.
Vangelisti, Anita L. 19, 50
Vaskovics, Laszlo A. 123, 131, 264, 266
Vaughn, Brian E. 415
Vaughn, Roger 410, 411

Vaux, Alan 87 ff., 955
Veiel, Hans O. F. 86
Venema, Mathias 702 ff.
Veroff, Joseph 226
Vester, Michael 178
Vierecke, Kurt Dieter 453
Viernickel, Susanne 497
Villeneuve-Gokalp, Catherine 681, 683, 685 f.
Vitaro, Frank 502
Vogel, Berthold 477
Vogt, Irmgard 767 f., 771, 773 ff., 777, 779 ff.
Vohs, Cathleen D. 50
Voland, Eckart 426, 428
Völger, Gisela 189
Volger, Ingeborg 925, 936, 1025
Völkel, Petra 497
Volmer, Gerda 608
Vondra, Joan 822
Vorderer, Peter 653
Voß, G. Günter 469, 470
Voss, Thomas 427

Wada, Kazuyoshi 658
Wagenmann, Sonia 368
Wagman, Morton 656
Wagner, Fred 957
Wagner, Jürgen W. L. 405 ff., 415, 500, 520 f.
Wagner, Michael 129 ff., 235, 241, 247, 251, 349, 432, 434, 927
Waizenhofer, Robin N. 726
Waldis, Barbara 707
Walker, Lenore 799, 801
Wallerstein, Judith S. 131, 718, 722, 725
Walper, Sabine 131, 286, 287, 416, 715 ff., 719, 720, 722, 726 ff., 735
Walster, Elaine 104, 204, 249
Walster, G. William 104
Walter, Wolfgang 137
Wampold, Bruce E. 554, 951
Wandersman, Abraham 452, 455
Warren, Donald J. 448, 454, 459
Wartner, Ulrike G. 281
Wasserman, Stanley 77
Watermann, Rainer 621
Watzlawick, Paul 359, 360, 566 ff., 574, 946

Weber, Andreas 566
Weber, Martina 615
Weber, Matthias 724
Weber, Max 34 ff., 183, 199, 337, 387 f., 424
Weeks, Jeffrey 265
Wegener, Angela 269, 270, 272
Weick, Stefan 132, 705
Weinert, Ansfried 478, 480
Weinert, Franz E. 614, 616
Weisbach, Christian-Rainer 566
Weiß, Anja 178
Weiß, Bernd 129 f., 235, 241, 247, 251
Weiß, Hannes 262, 266
Weiss, Karin 405
Weizenbaum, Joseph 655
Welck, Karin von 189
Wellendorf, Franz 609
Wellman, Barry 76 f., 85, 455
Wells, Pamela A. 246
Welskopf, Rudolf 598
Wendepunkte 214, 807
Wendl, Peter 678, 689
Wendorf, Gabriele 449
Wendt, Verena 423, 480
Wentzel, Kathrin R. 500
Werneck, Harald 133
Weschler, Irving 110
West, Candace 178
Westmeier, Arline 835
Wetzels, Peter 814 f., 819, 820 f.
Whisman, Mark A. 775
White, Lynn K. 241, 254
Whiteside, Mary F. 723 f.
Whitty, Monica Therese 659
Widmer, Eric D. 425
Wiedemann, Hans G. 393
Wieners, Tanja 314, 324 f.
Wiese, Leopold von 16, 36 ff., 40, 76
Wiesing, Urban 573
Wießmeier, Brigitte 707
Wiezorek, Christine 617, 620
Wikman, Karl 192
Wilbertz, Norbert 888
Wilcox-Herzog, Amanda 591
Wild, Claudia 454
Wild, Elke 719 f.
Wilde, Hilde 767, 769, 780
Wilk, Liselotte 313, 324, 326 f.
Wilkinson, Derek 452

Willems, Katharina 617
Willi, Jürg 203, 205, 210, 228, 235, 522, 734, 800, 879 f., 950
Williams, Christine L. 483 f.
Williams, Dmitri 661, 664
Williams, Kevin M. 63
Williams, Kristi 535 ff.
Wills, Thomas 91 f., 410 f.
Wilpers, Susanne 151
Wilpert, Czarina 708
Wilson, Edward O. 353 f.
Wilson, Fiona 482, 484
Wimbauer, Christine 172, 193, 214
Winch, Robert F. 202, 203
Windle, Michelle 749
Winefield, Anthony H. 409
Winefield, Helen R. 409, 960
Winkeler, Michael 761 f.
Winkler, Klaudia 773, 775
Winnicott, Donald W. 163
Winterhager-Schmid, Luise 610 f.
Wipplinger, Rudolf 837
Wireman, Peggy 449
Wirsching, Michael 950
Wirth, Heike 196 f., 201
Witte, Erich H. 105 f.
Wittig, Barbara A. 147, 162 f.
Wobbe, Theresa 33
Wohl, Richard 35, 653
Wohlfahrt, Norbert 636
Woititz, Janet G. 767
Wolchik, Sharlene A. 410
Wolf, Christof 390, 432, 434
Wolf, Ernest S. 365
Wolf, Hartmut K. 608
Wolf, Marianne 127
Wolf, Reinhard 447
Wolfe, Donald M. 126 ff.
Wolff, Mechthild 635
Wöller, Wolfgang 938
Wolmerath, Martin 476
Wolter, Heidrun 314
Wood, Jennifer 286
Workman, Lance 424

Wortley, Scot 455
Wouters, Cas 610
Wright, Kevin B. 665
Wright, Paul H. 392 f., 398
Wu, Samuel S. 53, 827
Wufka, Stefan 390
Wulf, Christoph 608, 617
Wunderer, Eva 234
Wurzbacher, Gerhard 126, 133
Wynne, Leon 749

Yablonski, Lewis 501
Yamanaka, Keiko 707
Yates, Miranda 291
Yee, Nick 662
Young, Carl F. 454
Young, Jeffrey E. 879
Young, Kimberly 669
Youniss, James 288 f., 291, 385, 404, 491, 496
Yuval-Davis, Nira 178

Zank, Susanne 324
Zeifman, Debra 358
Zeig, Jeffrey K. 549
Zenk, Kati 921
Zenker, Christel 768
Zhao, Shanyang 658
Ziegenhalg, Jenny 391
Ziegenhain, Ute 152, 163, 281
Ziegler, Philipp 863
Ziehe, Thomas 611
Ziemann, Andreas 567
Zill, Nicholas 729
Zimmermann, Peter 280, 415
Zinnecker, Jürgen 135 f., 314, 316, 326, 327, 408, 493, 501, 520 f., 608
Zirkler, Michael 909
Zobel, Martin 768, 782
Zonabend, Françoise 190 f.
Zulehner, Peter M. 391
Zumbrunn, Andrea 771
Zurhorst, Günter 151
Zygowski, Hans 567

Die Autorinnen und Autoren

Dr. Vera Bamler ist Diplom-Pädagogin und arbeitet als wissenschaftliche Mitarbeiterin am Institut für Berufliche Fachrichtungen/Fachrichtung Sozialpädagogik an der Fakultät Erziehungswissenschaften der Technischen Universität Dresden. Ihre Forschungs- und Lehrbereiche sind Beratung, Alter und Sexualität, informelle Hilfen und frühkindliche Bildung.
Anschrift: Technische Universität Dresden, Fakultät Erziehungswissenschaften, Institut für Berufliche Fachrichtungen, 01062 Dresden;
E-Mail: Vera.Bamler@tu-dresden.de

Prof. Dr. Hans-Werner Bierhoff ist Diplom-Psychologe, Professor und Leiter der Arbeitseinheit Sozialpsychologie an der Fakultät für Psychologie der Ruhr-Universität Bochum. Seine Forschungsschwerpunkte umfassen sowohl die Grundlagenforschung als auch angewandte Forschungsgebiete. Neuere Arbeiten befassen sich mit Regeln der Fairness in Aufteilungssituationen, Freiwilligem Arbeitsengagement, Kundenzufriedenheit, Bindung, Bestätigungssuche und Narzissmus in persönlichen Beziehungen. Er war von 2002 bis 2004 Vizepräsident der Deutschen Gesellschaft für Psychologie und ist gegenwärtig Vorsitzender des Wissenschaftlichen Beirats des Zentrums für Psychologische Information und Dokumentation der Universität Trier.
Anschrift: Ruhr-Universität Bochum, Fakultät für Psychologie – Sozialpsychologie, Universitätsstr. 150, 44780 Bochum; *E-Mail:* hans.bierhoff@rub.de

Prof. Dr. Guy Bodenmann ist Professor für Klinische Psychologie mit Schwerpunkt Kinder/Jugendliche und Paare/Familien an der Universität Zürich (Schweiz). Seine Forschungsschwerpunkte sind Stress und Coping bei Paaren, Scheidungsforschung, Prävention von Beziehungsstörungen bei Paaren, Paartherapie, klinische Störungen (insbesondere Depressionen, Angststörungen, Sexualstörungen) bei Paaren sowie die Rolle der Partnerschaft für die Entwicklung der Kinder. Er hat das Freiburger Stresspräventionstraining für Paare (FSPT) entwickelt.
Anschrift: Universität Zürich, Psychologisches Institut, Binzmühlerstr. 14, 8050 Zürich;
E-Mail: guy.bodenmann@psychologie.uzh.ch

Prof. Dr. Margrit Brückner ist Diplom-Soziologin, Gruppenanalytikerin und Supervisorin (DGSv), tätig an der Fachhochschule Frankfurt, Fachbereich Soziale Arbeit und Gesundheit. Sie ist Koordinatorin des Studienschwerpunktes „Theorie und Praxis der Frauenarbeit"; Co-Vorsitzende des Arbeitskreises Häusliche Gewalt des vom Justizministerium einberufenen Präventionsausschusses des Landes Hessen und Vertrauensdozent im Studienwerk der Heinrich-Böll-Stiftung. Ihre Veröffentlichungen liegen in den Feldern Geschlechterverhältnisse, Gewalt gegen Frauen, Frauen- und Mädchenprojekte, Das Unbewusste in Institutionen, Internationale Care-Debatte. Ein aktuelles Forschungsprojekt befasst sich mit Frauen in der Prostitution.
Anschrift: Fachhochschule Frankfurt, Fachbereich Soziale Arbeit und Gesundheit (Fb4), Nibelungenplatz 1, 60318 Frankfurt a.M.;
E-Mail: brueckn@fb4.fh-frankfurt.de

Claudia Brügge ist Diplom-Psychologin und niedergelassene Psychotherapeutin in eigener Praxis, externe Psychotherapeutin der Justizvollzugsanstalt Bielefeld, sowie Supervisorin und Lehrbeauftragte am psychotherapeutischen Lehrinstitut Bad Salzuflen und an der Universität Bielefeld. Sie ist ehemalige Mitarbeiterin in der Beratungsstelle „Wildwasser Bielefeld e.V." und der Beratungsstelle für Schwangerschaftskonflikte und Sexalberatung in Hamm.
Anschrift: Turnerstr. 49, 33602 Bielefeld; *E-Mail:* claudia.bruegge@t-online.de

Prof. Dr. Günter Burkart ist Professor für Soziologie an der Universität Lüneburg und Sprecher der Sektion Familiensoziologie. Neuere Veröffentlichungen liegen in den Bereichen:

Ausweitung der Bekenntniskultur – neue Formen der Selbstthematisierung? sowie Handymania. Wie das Mobiltelefon unser Leben verändert hat. Arbeitsschwerpunkte: Familie, Paar- und Geschlechterbeziehungen, Individualismus, Kultursoziologie.
Anschrift: Universität Lüneburg, Scharnhorststr. 1, 21335 Lüneburg;
E-Mail: burkart@uni-lueneburg.de

Prof. Dr. Günther Deegener ist Diplom-Psychologe und Psychologischer Psychotherapeut. Seit 1971 ist er an der Klinik für Kinder- und Jugendpsychiatrie und Psychotherapie, Universitätskliniken des Saarlandes tätig. Seine Arbeits- und Forschungsschwerpunkte sind: Diagnostik und Therapie im ambulanten Bereich der Kinder- und Jugendpsychiatrie, Gewalt in der Familie/Kindesmisshandlung, Begutachtung der Glaubhaftigkeit von Kindern im Rahmen von sexuellem Missbrauch, empirische Erfassung des Risikos von Kindesmisshandlung.
Anschrift: Universitätsklinikum des Saarlandes, Klinik für Kinder- und Jugendpsychiatrie und Psychotherapie, 66421 Homburg/Saar;
E-Mail: negdee@uniklinik-saarland.de

Prof. Dr. Martin Diewald ist Diplom-Soziologe und Professor für Soziologie und Sozialstrukturanalyse an der Fakultät für Soziologie der Universität Bielefeld. Seine Arbeitsschwerpunkte und Publikationen umfassen die Sozialstrukturanalyse, Familiensoziologie, Soziale Ungleichheit, Netzwerk-, Lebenslauf- sowie Arbeitsmarktforschung.
Anschrift: Universität Bielefeld, Fakultät für Soziologie, Postfach 10 01 31, 33501 Bielefeld;
E-Mail: martin.diewald@uni-bielefeld.de

Prof. Dr. Nicola Döring ist Diplom-Psychologin und Leiterin des Fachgebietes „Medienkonzeption und Medienpsychologie" an der Technischen Universität Ilmenau. Ihre Arbeitsschwerpunkte sind psychologische Aspekte neuer Informations- und Kommunikationstechnologien (insbesondere Online- und Mobilkommunikation), Lernen und Lehren mit neuen Medien, Forschungsmethoden und Evaluation, Geschlechterforschung.
Anschrift: TU Ilmenau, Institut für Medien- und Kommunikationswissenschaft, Medienzentrum, Am Eichicht 1, D-98693 Ilmenau; *E-Mail:* nicola.doering@tu-ilmenau.de

Andrea Ebbecke-Nohlen ist Diplom-Psychologin und Psychologische Psychotherapeutin für systemische Einzel-, Paar- und Familientherapie und hat zudem Sprachen und Politische Wissenschaft studiert. Sie leitet das hsi – Helm Stierlin Institut in Heidelberg und ist dort als Lehrtherapeutin, Lehrende Supervisorin und Lehrender Coach tätig. Ihre Arbeitsschwerpunkte sind Diagnosenspezifische Psychotherapie, Einzel- Paar- und Familientherapie sowie Supervision, Coaching und Beratung.
Anschrift: hsi – Helm Stierlin Institut, Schloß Wolfsbrunnenweg 29, 69118 Heidelberg;
E-Mail: info@ebbecke-nohlen.com

Michael Fücker ist Diplom-Soziologe und arbeitet seit 2002 als wissenschaftlicher Mitarbeiter am Institut für Soziologie der TU Dresden. Ausbildung zum Mediator an der Fernuniversität Hagen; Lehrtätigkeit u. a. zu den Themen Konfliktsoziologie und Soziologie persönlicher Beziehungen. Seine Forschungsschwerpunkte liegen in den Bereichen: Gerichtsnahe Mediation/außergerichtliche Konfliktbearbeitung, Demografischer Wandel und Schulentwicklung.
Anschrift: Institut für Soziologie, Lehrstuhl für Mikrosoziologie, Bürogebäude Falkenbrunnen, Chemnitzer Str. 46 a, 01187 Dresden; *E-Mail:* mfuecker@dresden.de

Prof. Dr. Silke Birgitta Gahleitner ist als Professorin für Klinische Psychologie und Sozialarbeit mit dem Schwerpunktbereich Psychotherapie und Beratung sowie Psychotraumatologie an der Alice-Salomon-Hochschule Berlin tätig. Sie studierte Soziale Arbeit und promovierte in Klinischer Psychologie. Sie arbeitete langjährig als Psychotherapeutin in eigener Praxis sowie in der sozialtherapeutischen Einrichtung ›Myrrha‹ für traumatisierte Mädchen.
Anschrift: ASFH Berlin, Alice-Salomon-Platz 5, 12627 Berlin;
E-Mail: sb@gahleitner.net, Internet: www.gahleitner.net

Prof. Dr. Ruth Großmaß war nach dem Studium der Philosophie, Germanistik und Erziehungswissenschaften viele Jahre Mitarbeiterin der Zentralen Studienberatung der Universität Bielefeld und ist seit 2004 Professorin für das Fach Ethik an der Alice-Salomon-Fachhochschule Berlin. Ihre Arbeitsschwerpunkte in der Praxis waren Beratung von Frauen sowie Methoden akademischen Arbeitens. Ihre Forschungs- und Publikationsschwerpunkte liegen in den Bereichen Beratung als eigenständige Profession, Phänomenologie von Handlungsabläufen, ethische Reflexion in der beruflichen Praxis, Macht in sozialarbeiterischen Handlungskontexten und Gender.

Anschrift: Alice-Salomon-Fachhochschule Berlin, Alice-Salomon-Platz 5, 12627 Berlin; *E-Mail:* grossmass@asfh-berlin.de

Julia Günther ist Diplom-Pädagogin und als wissenschaftliche Mitarbeiterin am Institut für Sozialpädagogik, Sozialarbeit und Wohlfahrtswissenschaften der TU Dresden tätig. Ihre Arbeits- und Forschungsschwerpunkte sind: Soziale Netzwerke und soziale Unterstützung unterschiedlicher Zielgruppen, Wohnquartier und Nachbarschaft.

Anschrift: Technische Universität Dresden, Fakultät Erziehungswissenschaften, Institut für Sozialpädagogik, Sozialarbeit und Wohlfahrtswissenschaften, 01062 Dresden; *E-Mail:* julia.guenther@tu-dresden.de

Achim Haid-Loh ist Diplom-Psychologe, Psychologischer Psychotherapeut und Supervisor sowie Kinder-, Paar- und Familientherapeut (DGSF, BvPPF). Er arbeitet als wissenschaftlicher Mitarbeiter und Dozent am Evangelischen Zentralinstitut für Familienberatung Berlin gGmbH zu: Psychoanalytische Paar- und Familientherapie; tiefenpsychologisch-orientierte Erziehungsberatung; Integrierte Familienorientierte Beratung (IFB)®; Methodik der Paarberatung und des Paarcoaching; Organisationsentwicklung und Supervision in der Jugendhilfe, in der auch seine Forschungs- und Veröffentlichungsschwerpunkte liegen.

Anschrift: Evangelisches Zentralinstitut für Familienberatung gGmbH, Auguststr. 80, 10117 Berlin; *E-Mail:* Haid-Loh@ezi-berlin.de

Dr. Werner Helsper ist Diplom-Pädagoge und seit 1999 Professor für Schulforschung und Allgemeine Didaktik am Institut für Schulpädagogik und Grundschuldidaktik der Martin-Luther-Universität Halle-Wittenberg; von 2001 bis 2007 leitete er als Geschäftsführender Direktor das Zentrum für Schul- und Bildungsforschung (ZSB) an der Martin-Luther-Universität. Seine Arbeitsschwerpunkte sind: Schul- und Jugendforschung, Professionstheorie und -forschung, Theorie der Schulkultur und qualitative, rekonstruktive Methoden.

Anschrift: Martin-Luther-Universität, Philosophische Fakultät III, Institut für Schulpädagogik und Grundschuldidaktik, Franckeplatz 1, Haus 5, 06114 Halle/ Saale; *E-Mail:* werner.helsper@paedagogik.uni-halle.de

Prof. Dr. François Höpflinger ist als Soziologe und in der Forschungsdirektion „Universitäres Institut ‚Alter und Generationen'" (INAG), Sion, tätig. Er ist Autor diverser Buchpublikationen zu Familiensoziologie, Alternssoziologie und Demografie. Seine aktuellen Forschungsschwerpunkte sind Generationenbeziehungen im Wandel, Wohnen im Alter, Entwicklung von Pflegebedürftigkeit, Stellung älterer Mitarbeitender.

Anschrift: Soziologisches Institut der Universität Zürich, Andreasstr. 15, 8050 Zürich; *E-Mail:* hoepflinger@bluemail.ch, Internet: www.hoepflinger.com

Prof. Dr. mult. Georg Hörmann ist Diplom-Psychologe, Mediziner, Pädagogiker und Musikwissenschaftler und seit 1990 Inhaber des Lehrstuhls Pädagogik/Gesundheitspädagogik an der Universität Bamberg. Seine Publikations- und Arbeitsschwerpunkte liegen in den Bereichen: Wissenschaftstheorie, Gesundheitspädagogik, psychosoziale Beratung, Pädagogik und Therapie, Filmmusik. Er ist langjähriger Herausgeber mehrerer Fachzeitschriften.

Anschrift: Lehrstuhl Pädagogik, Universität Bamberg, Markusplatz 3, D-96047 Bamberg; *E-Mail:* georg.hoermann@uni-bamberg.de

Dr. Merle Hummrich ist Diplom-Pädagogin und wissenschaftliche Mitarbeiterin am Institut für Schulpädagogik und Grundschuldidaktik der Martin-Luther-Universität Halle-Wittenberg. Ihre Arbeits- und Forschungsschwerpunkte sind: soziale Ungleichheit, Heterogenität, Migration, qualitative Schul- und Bildungsforschung.

Anschrift: Martin-Luther-Universität, Philosophische Fakultät III, Institut für Schulpädagogik und Grundschuldidaktik, Franckeplatz 1, Haus 5, 06114 Halle/Saale; *E-Mail:* merle.hummrich@paedagogik.uni-halle.de

Prof. Dr. Hubert Jall ist Diplom-Pädagoge, Familientherapeut und Professor für Soziale Arbeit an der Katholischen Stiftungsfachhochschule München, Abteilung Benediktbeuern. Er leitet dort den Studienschwerpunkt „Familienhilfen". *Anschrift:* Kath. Stiftungsfachhochschule München, Abt. Benediktbeuern, Don Bosco Str. 1, 83671 Benediktbeuern; *E-Mail:* hubert.jall@ksfh.de

PD Dr. Cornelia Koppetsch ist Soziologin und zur Zeit Gastprofessorin am Institut für Sozialwissenschaften der Humboldt-Universität zu Berlin. Ihre Publikations- und Forschungsschwerpunkte sind: Qualitative Methoden der Sozialforschung, Geschlechterverhältnisse im Milieuvergleich, Familiensoziologie, Wandel von Arbeit und Identität, Ökonomie und Emotionen. *Anschrift:* Adalbertstr. 42, 10179 Berlin; *E-Mail:* Koppetsch@uni-lueneburg.de

Mari Krey ist Pädagogin M. A. und Mediatorin. Sie ist in der Projektkoordination des Forschungsprojektes „Kinder im Blick" an der LMU München (www.kinder imblick.de) tätig, in dessen Rahmen ein Kurs für Eltern in Trennung konzipiert und evaluiert wird. Ihre aktuellen Arbeitsschwerpunkte sind Präventions- und Interventionsmöglichkeiten im Bereich Trennung/Scheidung. *Anschrift:* Ludwig-Maximilians-Universität München, „Kinder im Blick", Department Pädagogik und Rehabilitation, Leopoldstr. 13, 80802 München; *E-Mail:* mari.krey@gmx.de

Dr. Anton-Rupert Laireiter ist Diplom-Psychologe und arbeitet als Assistenz-Professor für Klinische Psychologie und Psychotherapie an der Paris-Lodron-Universität Salzburg sowie als Leiter der Beratungsstelle für Klinische Psychologie, Psychotherapie und Gesundheitspsychologie am FB Psychologie. Seine Arbeitsschwerpunkte in Forschung, Lehre und Publikation umfassen Diagnostik, Psychotherapie und Klinisch-psychologische Behandlung (Erwachsene, alte Menschen), Ausbildung in Psychotherapie, Zwischenmenschliche Beziehungen, Soziales Netzwerk, Soziale Unterstützung; Klinische Gerontopsychologie und -therapie sowie Psychotherapieforschung. *Anschrift:* Fachbereich Psychologie, Universität Salzburg, Hellbrunnerstr. 34; 5020 Salzburg; *E-Mail:* anton.laireiter@sbg.ac.at

Prof. Dr. Frieder R. Lang ist Diplom-Psychologe und Inhaber des Lehrstuhls für Psychogerontologie sowie Direktor des Instituts für Psychogerontologie der Friedrich-Alexander-Universität Erlangen-Nürnberg. Seine Arbeitsschwerpunkte liegen in den Bereichen: Gesundheit im Alter; Psychologie der Lebenszeit; Motivationale und soziale Entwicklung über die Lebensspanne; Persönlichkeit und subjektives Wohlbefinden; Familie, Verwandtschaft und Generationenbeziehungen. *Anschrift:* Institut für Psychogerontologie, FAU Erlangen-Nürnberg, Nägelsbachstr. 25, 91052 Erlangen; *E-Mail:* flang@geronto.uni-erlangen.de

Prof. Dr. Albert Lenz ist Diplom-Psychologe und Professor für Psychologie am Fachbereich Sozialwesen, Abteilung Paderborn an der Kath. Fachhochschule Nordrhein-Westfalen. Seine Arbeits- und Forschungsschwerpunkte sind Sozial- und Gemeindepsychiatrie, Psychiatrie und Jugendhilfe, psychologische Beratung und Krisenintervention, soziale Netzwerke und Empowerment, sowie Theorie und Praxis der Gemeindepsychologie. Er absolvierte eine Ausbildung in Familientherapie und psychologischer Krisenintervention und ist Mitherausgeber der Zeitschrift „Praxis der Kinderpsychologie und Kinderpsychiatrie". *Anschrift:* Kath. Fachhochschule Nordrhein-Westfalen, Abteilung Paderborn, Fachbereich Sozialwesen, Leostr. 19, 33098 Paderborn; *E-Mail:* a.lenz@kfhnw.de

Prof. Dr. Karl Lenz ist Diplom-Soziologe und seit 1993 Professor für Mikrosoziologie an der TU Dresden. Seine Forschungsschwerpunkte sind: Soziologie persönlicher Beziehungen; Soziologie der Geschlechter; Interaktion und Kommunikation sowie Qualitative Sozialforschung. Seine Publikationen beschäftigen sich u. a. mit der Soziologie der Zweierbeziehung, der Geschlechtstypik persönlicher Beziehung, Wandel der Sexualität, soziologischen Klassikern der zweiten Generation (Goffman) etc.

Anschrift: Institut für Soziologie, Lehrstuhl für Mikrosoziologie, Bürogebäude Falkenbrunnen, Chemnitzer Str. 46 a; *E-Mail:* karl.lenz@tu-dresden.de

Dr. Maja S. Maier ist wissenschaftliche Mitarbeiterin an der Pädagogischen Hochschule Freiburg im Bereich Schulpädgogik, Gender Studies und Soziologie. Ihre Arbeitsschwerpunkte liegen in den Bereichen: Paar- und Familienforschung, Geschlechterverhältnisse, Qualitative Methoden, Soziale Ungleichheit und Bildung, Generationenverhältnisse und demografischer Wandel.
Anschrift: Pädagogische Hochschule Freiburg, Kunzenweg 21, 79117 Freiburg;
E-Mail: maja.s.maier@ph-freiburg.de

Dr. Ruperta Mattern ist Diplom-Sozialpädagogin und Erzieherin. Nach Berufstätigkeit im Kindergarten, Jugendamt und der Deutschen Multiple Sklerose Gesellschaft Landesverband Bayern e.V. arbeitet sie seit 2004 als Wissenschaftliche Mitarbeiterin am Lehrstuhl für Allgemeine Pädagogik/Gesundheitspädagogik an der Universität Bamberg. Ihre Arbeitsschwerpunkte sind: Gesundheitspädagogik, psychosoziale Beratung/Kommunikation, Migration.
Anschrift: Lehrstuhl Pädagogik, Universität Bamberg, Markusplatz 3, 96047 Bamberg; *E-Mail:* ruperta.mattern@uni-bamberg.de

PD Dr. Heike Matthias ist Diplom-Sozialwissenschaftlerin und arbeitet als Dozentin an der Polizeiakademie Niedersachsen in Nienburg; Privatdozentin an der Carl von Ossietzky Universität Oldenburg. Davor war sie als Wissenschaftliche Mitarbeiterin in mehreren familiensoziologischen Forschungsprojekten und im Institut Frau und Gesellschaft (Hannover) sowie als wissenschaftliche Assistentin am Institut für Soziologie der Universität Mainz tätig. Ihre Arbeitsschwerpunkte sind Soziologie der Lebensformen und der Lebensführung, qualitative empirische Familienforschung, Familie und Recht, Stalking und häusliche Gewalt.
Anschrift: Polizeiakademie Niedersachsen, Bürgermeister-Stahn-Wall 9, 31582 Nienburg;
E-Mail: heike.matthias@polizei.niedersachsen.de

Dr. Martin Merbach ist Diplom-Psychologe, Systemischer Berater und Familientherapeut. Er arbeitet als Wissenschaftlicher Mitarbeiter und Dozent am Evangelischen Zentralinstitut für Familienberatung Berlin gGmbH und vertritt dort die Schwerpunkte: Integrierte Familienorientierte Beratung (IFB), Paarberatung und interkulturelle Beratung.
Anschrift: Evangelisches Zentralinstitut für Familienberatung gGmbH, Auguststr. 80, 10117 Berlin; *E-Mail:* merbach@ezi-berlin.de

Prof. Dr. Bernhard Nauck ist Professor für Allgemeine Soziologie I am Institut für Soziologie und Dekan der Philosophischen Fakultät der Technischen Universität Chemnitz. Seine Forschungs- und Publikationsschwerpunkte sind Empirische Sozialforschung zu Familie, Migration, Lebensalter, Demographie, Sozialindikatoren, Sozialstrukturanalyse und zum interkulturellen Vergleich. Er war Präsident des Committee on Family Research der International Sociological Association und Sprecher der Sektionen „Migration und ethnische Minderheiten" und „Familie und Jugend" in der Deutschen Gesellschaft für Soziologie sowie Mitglied der Sachverständigenkommission des 6. Familienberichts der Bundesregierung zu „Familien ausländischer Herkunft".
Anschrift: Technische Universität, Professur für Allgemeine Soziologie I, Thüringer Weg 9, 09126 Chemnitz; *E-Mail:* bernhard.nauck@phil.tu-chemnitz.de

Prof. Dr. Dr. hc. Rosemarie Nave-Herz ist Professorin (emerit.) für Soziologie an der Universität Oldenburg.Nach dem Studium der Soziologie, Wirtschaftswissenschaften und Germanistik war sie wissenschaftliche Mitarbeiterin am Max-Planck-Institut für Bildungsforschung und später ord. Professorin am Lehrstuhl für Soziologie an der Universität Köln. Ihre Arbeits- und Forschungsschwerpunkte sind Familiensoziologie, Soziologie der Lebensformen und Bildungssoziologie.
Anschrift: Universität Oldenburg, Fac I, Institut für Soziologie, Ammerländer Heerstraße, 26129 Oldenburg; *E-Mail:* rosemarie.nave.herz@uni-oldenburg.de

Prof. Dr. Frank Nestmann ist Diplom-Psychologe, Professor für Beratung und Rehabilitation und Direktor des Instituts für Sozialpädagogik, Sozialarbeit und Wohlfahrtswissenschaften an der Fakultät Erziehungswissenschaften der TU Dresden. Seine Lehr-, Forschungs- und Publikationsschwerpunkte liegen in den Bereichen: Beratung, soziale Netzwerke und soziale Unterstützung, soziale Psychiatrie, Mensch-Tier-Beziehungen. Er ist Mitglied im Forum Beratung der DGVT und Mitinitiator der Deutschen Gesellschaft für Beratung (DGfB), des Nationalen Forums für Beratung in Bildung, Beruf und Beschäftigung sowie der Vereinigung der Hochschullehrerinnen und Hochschullehrer zur Förderung von Beratung und Counselling in Forschung Lehre (VHBC).

Anschrift: Technische Universität Dresden Fakultät Erziehungswissenschaften, Institut Sozialpädagogik, Sozialarbeit und Wohlfahrtswissenschaften, 01062 Dresden;
E-Mail: Frank.Nestmann@tu-dresden.de

Prof. Dr. Erhard Olbrich ist Diplom-Psychologe und Professor (emerit.) für Psychologie an der Universität Erlangen. Seine aktuelle Tätigkeit liegt in Vortrags- und Unterrichtstätigkeit in den Bereichen Gerontologie sowie Psychologie der Mensch-Tier-Beziehung. Er ist Fellow des Andrew-Norman Center der University of Southern California. Seine Publikations- und Arbeitsschwerpunkte sind: Entwicklungspsychologie der Lebensspanne, Coping und seine Grenzen, Psychologie der Mensch-Tier-Beziehung.
Anschrift: Mühlemattstr. 15 B, CH-8903 Birmensdorf (Schweiz);
E-Mail: erhardolbrich@gmail.com

Prof. Dr. Hans Oswald ist Professor (emerit.) für Erziehungswissenschaft an der Universität Potsdam. Seine Forschungs- und Publikationsschwerpunkte liegen in der Soziologie der Kindheit, insbesondere Studien zur Peergroup; Soziologie der Jugend, insbesondere politische Sozialisation und Studien zu Liebe und Sexualität.
Anschrift: Fischerstr. 16, 14778 Päwesin; *E-Mail:* oswald@rz.uni-potsdam.de

Dr. Wolfgang Rechtien ist Diplom-Psychologe und Klinischer Psychologe (BDP) sowie Supervisor (FPI/EAG). Er ist Geschäftsführendes Vorstandsmitglied des Kurt Lewin Institutes für Psychologie in der Fakultät für Kultur- und Sozialwissenschaften der Fernuniversität und Ausbildungsleiter für Psychologische Psychotherapie, Vertiefungsgebiet Verhaltenstherapie. Er ist Mitglied der Studiengangskommision des Masterstudienganges „Personzentrierte Beratung" und 1. Vorsitzender der „Vereinigung von Hochschullehrerrinnen und Hochschullehrer zur Förderung von Beratung und Counseling in Forschung und Lehre e.V." (VHBC e.V.). Seine Arbeitsschwerpunkte in Forschung, Lehre und Veröffentlichungen sind: Gruppendynamik, psychologische Beratung, Psychologische Psychotherapie.
Anschrift: Kurt Lewin Institut für Psychologie, Fakultät für Kultur- und Sozialwissenschaften, FernUniversität, 58084 Hagen;
E-Mail: wolfgang.rechtien@Fernuni-Hagen.de

Dr. Elke Rohmann ist Diplom-Psychologin und wissenschaftliche Mitarbeiterin am Lehrstuhl für Sozialpsychologie der Fakultät für Psychologie der Ruhr-Universität Bochum. Ihre Forschungsthemen sind Enge Beziehungen, Bindung, Narzissmus, Altruismus sowie Freiwilliges Arbeitsengagement.
Anschrift: Ruhr-Universität Bochum, Universitätsstr. 150, 44801 Bochum;
E-Mail: Elke.Rohmann@rub.de

Dr. Rudolf Sanders ist Diplom-Pädagoge und Leiter der Katholischen Ehe- und Familienberatungsstelle Hagen/Iserlohn. Er lehrt und forscht im Bereich Eheberatung und Paartherapie und ist der Begründer des Verfahrens Partnerschule sowie Herausgeber der Fachzeitschrift „Beratung Aktuell".
Anschrift: Alte Str. 24 e, D-58313 Herdecke; *E-Mail:* Dr.Sanders@partnerschule.de

Sebastian Sattler ist Soziologe (M. A.) und arbeitet als Wissenschaftlicher Mitarbeiter im DFG-Projekt „Interdependenzen zwischen beruflichen und verwandtschaftlichen Netzwerken im Kontext der Familiengründung und -entwicklung" an der Fakultät für Soziologie in Bielefeld. Seine Arbeitsschwerpunkte sind: Familiensoziologie, Soziologische Theorie, Soziologie der Kriminalität, Wissenschaftliches Fehlverhalten, Journalismusforschung.
Anschrift: Universität Bielefeld, Fakultät für Soziologie, Postfach 10 01 31, 33501 Bielefeld;
E-Mail: sebastian.sattler@uni-bielefeld.de

Prof. Dr. Norbert F. Schneider ist Diplom-Soziologe und Professor für Soziologie an der Johannes Gutenberg-Universität Mainz. Seine Arbeitsschwerpunkte in Forschung, Lehre und Publikationen sind die Soziologie der Familie und der privaten Lebensführung, Konsumsoziologie und die Mobilitätsforschung.
Anschrift: Johannes Gutenberg-Universität Mainz, FB 02 Sozialwissenschaften, Medien und Sport, 55099 Mainz; *E-Mail:* norbert.schneider@uni-mainz.de

PD Dr. Beate H. Schuster ist Diplom-Psychologin, Psychologische Psychotherapeutin und Dozentin am Institut für Erziehungswissenschaft der Universität Potsdam. Ihre Arbeitsschwerpunkte liegen in der Forschung zu Eltern-Kind-Beziehungen und sozial-kognitiver Entwicklung in Kindheit und Jugend sowie therapeutische Tätigkeit. Sie war Leiterin des DFG-Projektes „Aushandlungsprozesse zwischen Müttern und Kindern in Brandenburg" (1997-2002).
Anschrift: Universität Potsdam, Institut für Erziehungswissenschaft, Karl-Liebknecht-Str. 24-25, 14476 Golm bei Potsdam; *E-Mail:* beaschu@rz.uni-potsdam.de

Ursel Sickendiek ist Diplom-Pädagogin und arbeitet als Studienberaterin in der Universität Bielefeld. Im Rahmen ihrer Publikationen zu beruflicher Beratung hat sie sich auch mit Kolleg/innenbeziehungen beschäftigt. Ihre Arbeitsschwerpunkte sind: Beratung und neue Beratungstheorien, berufliche Beratung, Geschlecht und Diversität in der Beratung.
Anschrift: ibfw-beratung e.V., Breite Str. 37, 33602 Bielefeld;
E-Mail: urselsickendiek@t-online.de oder mail@ibfw-beratung.de

Stephanie Spanu hat im Lehramt Sekundarstufe II die Fächer Berufliche Fachrichtung Sozialpädagogik und Psychologie studiert und ist wissenschaftliche Projektmitarbeiterin am Fachbereich Erziehungswissenschaften an der Universität Dortmund. Sie ist im Vorbereitungsdienst für das Lehramt an berufsbildenden Schulen des Landes NRW.
Anschrift: Universität Dortmund, Fachbereich 12, Emil-Figge-Str. 50, 44227 Dortmund;
E-Mail: nichtwirklichoder@t-online.de

Christopher Spenner hat im Lehramt Sekundarstufe II die Fächer Berufliche Fachrichtung Sozialpädagogik und Psychologie an den Universitäten Dortmund und Duisburg studiert und ist wissenschaftlicher Projektmitarbeiter am Fachbereich Erziehungswissenschaften an der Universität Dortmund. Seit 2007 ist er im Vorbereitungsdienst für das Lehramt an berufsbildenden Schulen des Landes NRW.
Anschrift: Elisabeth-Selbert-Str. 14, 50999 Köln;
E-Mail: christopherspenner@gmx.de

Steve Stiehler ist Diplom-Pädagoge und Dozent am Fachbereich Soziale Arbeit an der FHS St. Gallen. Nach seinem Studium der Sozialpädagogik an der Fakultät Erziehungswissenschaften der TU Dresden und einer langjähriger Beschäftigung in der Jugendhilfe begann er 2002 eine mehrjährige Tätigkeit als wissenschaftlicher Mitarbeiter am Institut für Sozialpädagogik, Sozialarbeit und Wohlfahrtswissenschaften. Primäre Forschungs- und Lehrschwerpunkte sind persönliche Beziehungen im Kontext von Sozialisation und Lebensalter sowie Institution und Geschlecht.
Anschrift: Fachhochschule St. Gallen, Fachbereich Soziale Arbeit, Industriestr. 35, 9401 Rorschach; *E-Mail:* Steve.Stiehler@fhsg.ch

Dr. Martin R. Textor ist Mitbegründer des Instituts für Pädagogik und Zukunftsforschung (www.ipzf.de) in Würzburg. Er studierte Erziehungswissenschaften, Beratung und Sozialarbeit in Deutschland, den USA und Südafrika und arbeitete in der politischen Erwachsenenbildung und in der frühpädagogischen Forschung. Er veröffentlichte zahlreiche Fachbücher zu den Themen Kindergartenpädagogik, Sozialarbeit und Psychologie.
Anschrift: Institut für Pädagogik und Zukunftsforschung, Fichtestr. 14 a, 97074 Würzburg; *E-Mail:* martin.textor@freenet.de, Internet: www.martin-textor.de

Prof. Dr. Harald Uhlendorff ist Diplom-Psychologe, Psychologischer Psychotherapeut in eigener Praxis sowie apl. Professor an der Humanwissenschaftlichen Fakultät der Universität Potsdam. Seine Arbeitsschwerpunkte sind die therapeutische Tätigkeit, Erziehungsstilfor-

schung, soziale Netzwerke von Kindern, Jugendlichen und Erwachsenen, Entwicklung im mittleren und höheren Erwachsenenalter und psychische Belastungen im Beruf.
Anschrift: Universität Potsdam, Institut für Erziehungswissenschaft, Karl-Liebknecht-Str. 24-25, 14476 Golm bei Potsdam; *E-Mail:* uhlend@rz.uni-potdam.de

Prof. Dr. Uwe Uhlendorff ist M. A. für Pädagogik, Soziologie und Kommunikationswissenschaft. Seit 2004 ist er Professor für Sozialpädagogik am Fachbereich Erziehungswissenschaften an der Universität Dortmund. Seine Arbeitsschwerpunkte liegen in den Bereichen der Sozialpädagogik und Fachdidaktik der Sozialpädagogik.
Anschrift: Universität Dortmund, Fachbereich 12, Emil-Figge-Str. 50, 44227 Dortmund; *E-Mail:* UUhlendorff@fb12.uni-dortmund.de

Prof. Dr. Irmgard Vogt ist Diplom-Psychologin und Professorin an der Fachhochschule Frankfurt am Main, Fachbereich Soziale Arbeit und Gesundheit. Ihre Arbeits-, Lehr- und Forschungsschwerpunkte liegen in den Feldern: Beratung in der Sozialen Arbeit; Drogenpolitik/Sucht/Behandlung; Frauengesundheitsforschung. Sie ist Geschäftsführende Direktorin des Instituts für Suchtforschung an der Fachhochschule Frankfurt a. Main (www.fh-frankfurt.de).
Anschrift: Fachhochschule Frankfurt am Main, University of Applied Sciences, Nibelungenplatz 1, D-60318 Frankfurt am Main; *E-Mail:* vogt@fb4.fh-frankfurt.de

Dr. Ingeborg Volger ist Diplom-Psychologin, Psychologische Psychotherapeutin, Psychoanalytikerin und Paartherapeutin. Sie arbeitet als Wissenschaftliche Mitarbeiterin und Dozentin am Evangelischen Zentralinstitut für Familienberatung Berlin gGmbH mit den Schwerpunkten: Entwicklungspsychologie, Persönlichkeitspsychologie, Supervision, Therapie und Beratung, tiefenpsychologisch-orientierte Erziehungsberatung und Integrierte, Familienorientierte Beratung (IFB)®.
Anschrift: Evangelischen Zentralinstitut für Familienberatung Berlin, Auguststr. 80, 10117 Berlin; *E-Mail:* Volger@ezi-berlin.de

Prof. Dr. Sabine Walper ist Diplom-Psychologin und arbeitet als Professorin für Allgemeine Pädagogik und Bildungsforschung, Schwerpunkt Jugend- und Familienforschung an der Ludwig-Maximilians-Universität München. Sie ist psychologische Psychotherapeutin, hat Forschungsprojekte zu Scheidungsfolgen für Kinder, Jugendliche und deren Eltern, zur Partnerschaftsgestaltung im Jugend- und Erwachsenenalter sowie zu Familien in Armut durchgeführt und dort Elternprogramme („Familienteam" und „Kinder im Blick") entwickelt.
Anschrift: Ludwig-Maximilians-Universität München, Department Pädagogik und Rehabilitation, Leopoldstr. 13, 80802 München; *E-Mail:* sabine.walper@lmu.de

Karin Wehner ist Diplom-Pädagogin und arbeitet nach mehrjähriger Forschungs- und Lehrtätigkeit am Institut für Sozialpädagogik, Sozialarbeit und Wohlfahrtswissenschaften der TU Dresden in einer Beratungsstelle für Kinder, Jugendliche und Familien der Stadt Dresden. Ihre Forschungsschwerpunkte sind: Soziale Netzwerke und soziale Unterstützung, soziale Beziehungen von Kindern.
Anschrift: Beratungsstelle für Kinder, Jugendliche und Familien, August-Bebel-Str. 29, 01219 Dresden; *E-Mail:* ka.wehner@web.de

Verena Wendt ist Diplom-Psychologin und wissenschaftliche Mitarbeiterin im DFG-Projekt „Interdependenzen zwischen beruflichen und verwandtschaftlichen Netzwerken im Kontext der Familiengründung und -entwicklung" am Institut für Psychogerontologie an der Friedrich-Alexander-Universität Erlangen-Nürnberg. Ihre Arbeitsschwerpunkte sind: Psychologie der Lebensspanne, Individuelle Netzwerkgestaltung und Lebensplanung, Emotionsregulation im Jugendalter und ihre Veröffentlichungen liegen im Feld der Entwicklungspsychologischen Grundlagen der Diagnostik.
Anschrift: Institut für Psychogerontologie, FAU Erlangen-Nürnberg, Nägelsbachstr. 25, 91052 Erlangen; *E-Mail:* wendt@geronto.uni-erlangen.de

Dr. Cornelia Wustmann ist Diplom-Lehrerin und Diplom-Sozialpädagogin und arbeitet als Verwaltungsprofessorin für die Prof. für Sozialdidaktik an der Leuphana Universität Lüneburg. Ihre aktuellen Forschungs-, Lehr- und Publikationsschwerpunkte sind: Professionalisierung frühpädagogischer Fachkräfte, Elementarpädagogik, Geschichte und und Didaktik der Sozialpädagogik.

Anschrift: Leuphana Universität Lüneburg, Fakultät I, Scharnhorststr. 1, 21335 Lüneburg; *E-Mail:* Cornelia.Wustmann@leuphana.de

Prof. Dr. Gabriela Zink ist Diplom-Soziologin und Professorin an der Hochschule München, Fakultät für angewandte Sozialwissenschaften. Vorher war sie als wissenschaftliche Referentin am Deutschen Jugendinstitut e.V. tätig, an dem sie zahlreiche Forschungsprojekte durchgeführt hat. Ihre Forschungs- und Publikationsschwerpunkte liegen in den Bereichen Zweierbeziehungen/Paarforschung, Kinderalltag; Belastungen und Bewältigungsstrategien, Sozialstruktur, Sozialer Wandel und soziale Ungleichheit, Kindheitsforschung.

Anschrift: Fakultät für angewandte Sozialwissenschaft Hochschule München, Munich University of Applied Sciences, Am Stadtpark 20, D-81243 München; *E-Mail:* g.zink@hm.edu